江宁年鉴 2017

JIANGNING YEARBOOK

中共南京市江宁区委党史工作办公室
南京市江宁区地方志编纂委员会办公室　编
南京市江宁区档案局（档案馆）

方志出版社

江宁年鉴编纂委员会

江宁年鉴编辑部

审 稿 人 名 单

（按姓氏笔画为序）

丁　雪　马龙祥　王　宁　王　凯　王　露　王韦琳　王远龙
王肖飞　王幸梅　王金宽　王德生　王德武　毛为桂　方广和
邓璐君　邢祯雁　朱文剑　朱志坚　朱宗继　刘忠青　刘美莉
刘德明　江开明　纪小飞　芮大舜　芮雪平　苏明海　李　亮
李　培　李仕富　李红梅　李明山　李爱琳　李瑞山　李满红
杨　亮　杨大鸿　杨先保　杨守文　杨林富　宋　洋　张　兵
张　洁　张　斌　张　燕　张义勤　张云鹏　张江华　张欢庆
陆晓锋　陈炳晖　陈爱群　易剑秋　岳守东　金世哲　周　强
周心林　周婷婷　孟向前　经　伟　段　俊　侯玉平　侯玉斌
俞玉和　俞有兵　施　磊　施爱兵　晁如足　钱兵兵　倪冰峰
倪宝银　郭传华　唐孝庆　陶宏亮　屠　建　蒋存涛　韩　荔
焦义贤　蓝　波　虞长来　窦竞超　端木传毅

编 辑 说 明

《江宁年鉴》是由中共南京市江宁区委、南京市江宁区人民政府主办，中共南京市江宁区委党史工作办公室、南京市江宁区地方志编纂委员会办公室承办的具有公报性质的地方综合年鉴。

江宁年鉴编纂工作以马克思列宁主义、毛泽东思想、邓小平理论、“三个代表”重要思想和科学发展观为指导，贯彻落实习近平总书记系列重要讲话精神和治国理政新理念新思想新战略，坚持辩证唯物主义和历史唯物主义的立场、观点和方法，全面系统、准确翔实地记载2016年江宁区政治、经济、文化、社会和生态文明等建设的基本情况，致力于“两聚一高”新实践，反映建设“强富美高”新江宁的最新进程，旨在为各级领导提供决策参考，为江宁经济社会发展服务，为中外人士了解和研究江宁提供权威信息，也为编史修志积累资料。

《江宁年鉴（2017）》是2001年创刊出版后的第16卷。该年鉴内容编辑坚持“大稳定、小调整”，力求规范与创新相统一。增设“资源环境”“旅游业”“资本经营”“人力资源”类目；撤销“开放型经济”类目，相关内容作为分目移至“商贸服务业”类目；拆分“法治 武装”类目，分别设置“法治”“军事”类目。

《江宁年鉴（2017）》主要采用类目、分目、条目三级层次结构，按平列式共设特载、大事记、区情概览等28个类目，类目下按行业或事业设157个分目；少数分目下设29个副分目。收录条目1401条。全书刊发画页93页，随文插图145张，表格68幅。为便于检索，除卷首设详细目录外，卷尾还设主题分析索引1983条。

《江宁年鉴（2017）》所采用的稿件、资料和图片，由各供稿单位提供且署撰稿人名或供稿单位名，并经供稿单位负责人审定。初稿编辑后，还专门进行内审，由各供稿单位按要求提出修改意见。年鉴正文所用统计数据，因统计来源、口径、方式、方法和时间不同而有一定差异。

《江宁年鉴》编辑部

2017年6月

江宁区地图

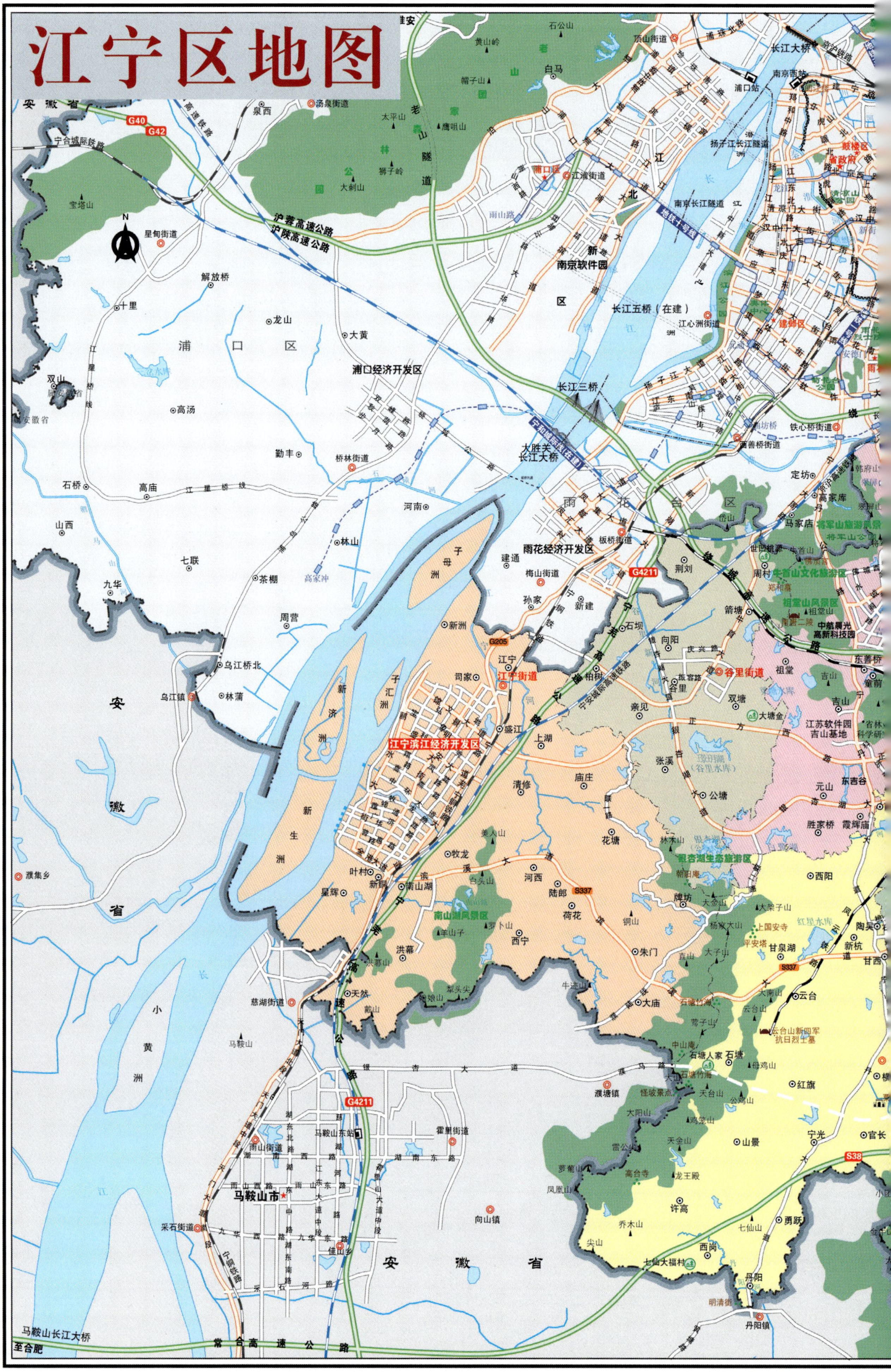

江宁区地名委员会　江宁区民政局监制　南京星光测绘科技有限公司编制

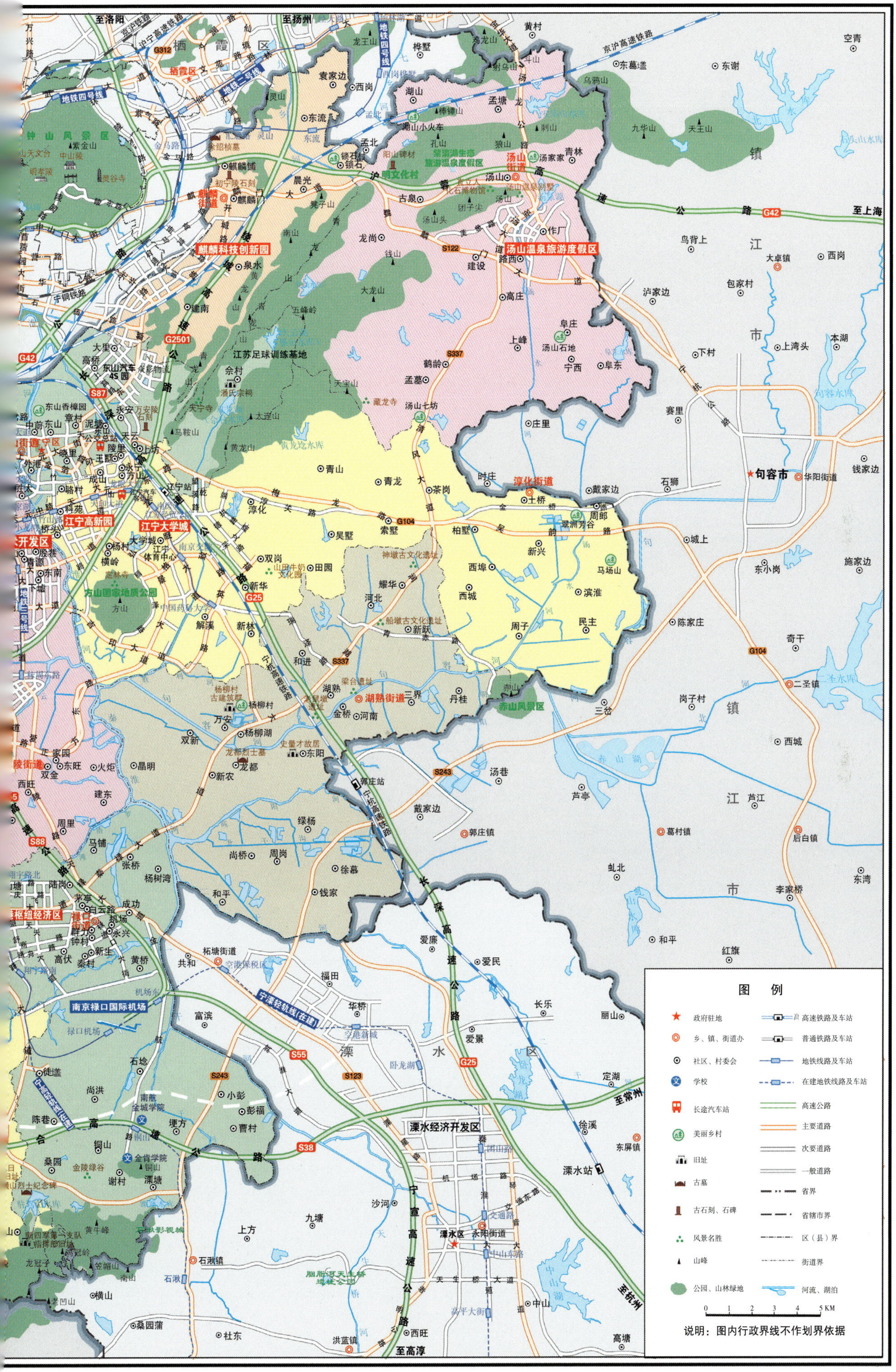

审图号：宁 S（2017）002 号　　　版　次：2017 年 3 月第 1 版

江宁区部分机构（单位）简称与全称对照表

简 称	全 称
区委	中国共产党南京市江宁区委员会
区人大常委会	南京市江宁区人民代表大会常务委员会
区政府	南京市江宁区人民政府
区政协	中国人民政治协商会议南京市江宁区委员会
区纪委	中国共产党南京市江宁区纪律检查委员会
区法院	南京市江宁区人民法院
区检察院	南京市江宁区人民检察院
区委组织部	中共南京市江宁区委组织部
区委宣传部	中共南京市江宁区委宣传部
区委统战部	中共南京市江宁区委统一战线工作部
区委政法委	中共南京市江宁区委政法工作委员会
区人武部	南京市江宁区人民武装部
区编办	南京市江宁区机构编制委员会办公室
区委农工委	中共南京市江宁区委农村工作委员会
区级机关工委	中共南京市江宁区委区级机关工作委员会
区台办	南京市江宁区人民政府台湾工作办公室
区委老干部局	中共南京市江宁区委老干部工作局
区信访局	南京市江宁区信访局
区委党校	中共南京市江宁区委员会党校
区委党史办	中共南京市江宁区委党史工作办公室
区总工会	南京市江宁区总工会
团区委	中国共产主义青年团南京市江宁区委员会

简　称	全　　　称
区妇联	南京市江宁区妇女联合会
区科协	南京市江宁区科学技术协会
区残联	南京市江宁区残疾人联合会
区红十字会	南京市江宁区红十字会
区人才办	南京市江宁区人才工作办公室
区侨办	南京市江宁区人民政府侨务工作办公室
区工商联	南京市江宁区工商业联合会
区关工委	南京市江宁区关心下一代工作委员会
区文联	南京市江宁区文学艺术界联合会
区房产局	南京市江宁区房产管理局
区文明办	南京市江宁区精神文明建设委员会办公室
区综治办	南京市江宁区综合治理委员会办公室
区政府法制办	南京市江宁区人民政府法制办公室
区双拥办	南京市江宁区双拥共建办公室
区食药监局	南京市江宁区食品药品监督管理局
区发改局	南京市江宁区发展和改革局
区经信局	南京市江宁区经济和信息化局
区住建局	南京市江宁区住房和城乡建设局
区征收办	南京市江宁区房屋征收管理办公室
区建工局	南京市江宁区建筑工程局
区人防办	南京市江宁区人民防空办公室
区科技局	南京市江宁区科学技术局
区教育局	南京市江宁区教育局
区民政局	南京市江宁区民政局

简　称	全　　　　称
区司法局	南京市江宁区司法局
区财政局	南京市江宁区财政局
区人社局	南京市江宁区人力资源和社会保障局
区审计局	南京市江宁区审计局
区统计局	南京市江宁区统计局
区物价局	南京市江宁区物价局
区市场监管局	南京市江宁区市场监督管理局
区安监局	南京市江宁区安全生产监督管理局
区环保局	南京市江宁区环境保护局
区城管局	南京市江宁区城市管理局
区交运局	南京市江宁区交通运输局
区农业局（区农开局）	南京市江宁区农业局（南京市江宁区农业资源开发局）
区林业局	南京市江宁区林业局
区水务局	南京市江宁区水务局
区商务局	南京市江宁区商务局
区粮食局	南京市江宁区粮食局
区旅游局	南京市江宁区旅游局
区文广局	南京市江宁区文化广电局
区卫生计生局	南京市江宁区卫生和计划生育局
区民宗局	南京市江宁区民族宗教事务局
区国资办	南京市江宁区国有资产监督管理办公室
区政务办	南京市江宁区政务服务管理办公室
江宁公安分局	南京市公安局江宁分局
江宁国土分局	南京市国土资源局江宁分局

简　称	全　　　　称
江宁规划分局	南京市规划局江宁分局
区体育局	南京市江宁区体育局
区档案局	南京市江宁区档案局
区供销社	南京市江宁区供销合作总社
江宁开发区	南京江宁经济技术开发区
江宁高新园	南京江宁高新技术产业园
滨江开发区	南京江宁滨江经济开发区
汤山旅游度假区	南京汤山温泉旅游度假区
空港经济开发区	南京空港经济开发区
江宁台创园	南京江宁台湾农民创业园
紫金（江宁）科创社区	紫金（江宁）科技创业特别社区
东山研发园	南京东山国际企业研发园
牛首山文化旅游区	南京市牛首山文化旅游区
上坊建设开发公司	南京江宁上坊建设开发有限公司
江宁国资集团	南京江宁国有资产经营集团
江宁城建集团	南京江宁城市建设集团
江宁交建集团	南京江宁交通建设集团
江宁科创投集团	南京江宁科技创业投资集团
江宁商贸集团	南京江宁商务商贸发展集团
南京农副物流中心	南京农副产品物流中心
江宁公交集团	南京江宁公共交通集团
区国税局	南京市江宁区国家税务局
开发区国税局	南京江宁经济技术开发区国家税务局
江宁地税局	南京市江宁地方税务局

（宁　鉴）

2016·江宁数字

户籍人口102.53万人，常住人口121.57万人
地区生产总值（现价）1680.52亿元
人均地区生产总值13.96万元
全社会固定资产投资915.4亿元
一般公共预算收入210.2亿元
实际利用外资7.88亿美元
全体居民人均可支配收入46063元
城镇居民人均可支配收入48526元
农村居民人均可支配收入21699元
规模以上工业总产值2996.9亿元
工业企业产品销售收入2341.96亿元
工业企业利税总额400.12亿元
工业投资382.57亿元
建筑企业总产值401.55亿元
公路通车里程2300公里
客运量4189万人次，货运量1976万吨
社会消费品零售总额469.4亿元
国家等级旅游景区16处
省级乡村旅游点24处
旅游业接待游客3002.56万人次
旅游业总收入320.08亿元
农林牧渔业总产值（现价）106.46亿元
粮食总产量23.04万吨，油料产量1.88万吨
农业机械总动力51.09万千瓦
新增高效设施农业面积2146.7公顷
休闲农业接待游客840万人次
银行业存款余额2290.63亿元
银行业贷款余额1404.77亿元
拥有上市企业54家
年绿化造林540.1公顷，村庄绿化50个
林木覆盖总面积4.39万公顷，覆盖率28.5%
空气质量优良天数265天，比例达72.4%
各类企业研发机构600家
实施市级以上科技项目232项
获市级以上科技进步奖47项
年新增高新技术企业146家，累计415家
万人发明专利拥有量38件
新引进国家“千人计划”“万人计划”和省“双创”计划人才26人
驻区高等院校27所，在校生25万人
江宁区考生被各类高校录取3310人
每万人拥有公共文化设施面积1800平方米
每万人拥有执业医师26人
“10分钟体育健身圈”覆盖率100%
新增城镇就业33341人，农村劳动力转移 2363 人
新增参保企业2187家，累计参保职工78 万人
新增养老床位100张，累计8063张
农村居民人均住房面积59平方米
城镇居民人均住房面积44.2平方米

（宁　鉴）

2016 · 江宁荣誉

江宁区	2016 全国创新社会治理优秀城市
江宁区	全国社会工作服务示范区
江宁区	2016—2020 年全国科普示范区
江宁区	国家未来网络特色产业基地
江宁区	国家节能环保技术与装备特色产业基地
江宁区(基本建设项目模拟审批)	国家创新奖
江宁区	2014—2016 年全国计划生育优质服务先进单位
江宁区	国家级农村职业教育和成人教育示范区
江宁开发区	国家生态工业示范园区
开发区科创中心	国家级科技企业孵化器
开发区污水处理厂	全国“工人先锋号”
高新园生命科技创新园	国家级生物医药孵化器
滨江开发区	全国绿化模范单位
牛首山风景区	国家 AAAA 级旅游景区
牛首山风景区	中国厕所革命十大典型景区
江苏软件园	2016 年度全国优秀服务软件园区奖
江苏软件园	2016 年度中国信息化领军人物奖
东山敬老院	全国敬老文明号
汤山街道	全国计划生育协会乡级先进单位
汤山街道	全国社区教育示范街道
江宁街道黄龙岘茶文化旅游村	全国美丽宜居示范村庄
民进江宁总支	全国先进集体
区司法局	全国司法行政系统先进集体
区司法局	全国人民调解宣传工作先进集体
江宁车管所	全国优秀县级车辆管理所
区教育局	全国安全教育示范单位
江宁实验小学	全国安全教育示范学校
丹阳学校	全国安全教育示范学校
东善桥幼儿园	全国安全教育示范学校
淳化中心小学	中国少科院科普教育示范基地
南京农副物流中心	国家级公益性农产品示范市场
区安监局	全国“安康杯”竞赛优胜集体
江宁公交集团	2016 年度中国交通运输企业诚信建设先进单位
区工商联	全国“五好”工商联
区看守所	全国一级看守所
奥赛康药业	全国“五一”劳动奖状
横溪街道西阳社区	全国综合减灾示范社区
横溪街道新杨社区	全国“一村一品”示范村

（宁　鉴）

扬帆起航的江宁特色小镇

江宁特色小镇建设的号角已经吹响，未来网络小镇、禄口皮草小镇、大塘金香草小镇、黄龙岘茶文化小镇已完成核心区域概念性规划编制，吉山软件小镇、空港枢纽小镇等已实现控制性详细规划全覆盖。这些创建中的特色小镇，既集聚了人才、资本、技术等高端要素，又能让这些要素充分融合，在宜居宜业的小空间里产生化学反应，释放创新动能。特色小镇的“溢出效应”正在江宁大地逐步显现。

筱 潇 供稿

未来网络小镇 2016 年，紫金（江宁）科创社区按照省、市、区特色小镇规划建设要求，推进南京未来网络小镇建设，促进未来网络和智能制造领域资源项目集聚，打造战略性新兴产业高地，并成功入选南京市级特色小镇。小镇规划面积 4.62 平方公里，东至新宁溧路，西至机场高速，南至江城路，北至阳山河，位于高铁南站至禄口国际机场发展“金轴”与环绕城高速创新经济增长“银带”交汇点。

吉山软件小镇 小镇规划面积 4.5 平方公里，核心区面积 1.5 平方公里。东至科技大道，南至银杏湖大道，西至科技南路，北至正方大道。以智慧应用、移动互联、信息安全和云计算等“3+1”特色产业集群为基础，重点打造智慧应用产业园、移动互联网产业园、信息安全产业园等特色软件产业集聚区。力争到 2018 年建成省级特色小镇，到 2020 年创成国家软件和信息服务业示范基地。

筱 潇 供稿

筱 潇 供稿

空港枢纽小镇 小镇规划范围是禄口空港新城规划的核心区域，规划面积 4.8 平方公里。北至吴歌路，西至云龙路，东至羲和路，南至蓝天路。依托禄口国际机场，努力建设成为集电子商务、现代物流、产业研发、会展培训、空勤服务等功能为一体的现代化临空商务区。在产业集聚发展基础上，加快规划区域内居住项目以及教育、医疗等商业配套项目，完善小镇城市功能，促进港、产、城融合发展。

生命科技小镇 江宁高新园以“南京生命科技小镇”为平台，发挥江宁大学城科教资源优势，聚力新药创制、高端医疗器械和高端医疗服务等细分领域，加快构筑产业核心竞争力，力争建成世界一流的生命科学产业高地。

筱 潇 供稿

筱 潇 供稿

禄口皮草小镇 小镇规划位于信诚大道以南，万象路以北，飞天大道以东，新宁溧路（规划）以西。占地面积 2.32 平方公里，其中核心区面积 0.86 平方公里。分为东西两个片区，以中铁皮草城、裘皮广场、皮草名品街区、领鑫皮草市场、皮草体验社区等为主体，以实现“产业、文化、旅游”三位一体和“生产、生态、生活”融合为目标，着力打造皮草产业集聚、皮草文化体验、皮草文创设计、旅游时尚购物等功能为一体的皮草主题特色小镇。

东山汽车文化小镇　2016 年，东山汽车文化小镇全面启动规划建设，规划面积 2.88 平方公里，其中核心区域 1.25 平方公里。围绕“千亿小镇、千亿产业”目标，按照产业、文化、旅游、社区“四位一体”的功能定位，坚持生产、生活、生态融合发展理念，紧扣汽车研发设计、汽车销售服务、汽车科技创新创业以及汽车文化四大主导产业，打造“一带、一园、四中心”六大特色板块。全年完成小镇客厅建设，签订项目 13 个，总投资 11.5 亿元。

筱　潇　供稿

筱　潇　供稿

汤山温泉养生小镇　小镇北至老宁杭公路，南至汤山大道，西至汤山，东至圣汤大道，辖区包括欢乐水魔方、房车营地和汤家家地块，规划面积 8.01 平方公里。以“温泉”为特质，以养生为内涵，遵循“产、城、人、文”四位一体的发展理念，采用“温泉 +”的创新发展模式，推动温泉与健康养生、旅游度假、文化创意、运动娱乐、会展培训等功能嫁接互融，形成多链条、高融合的新型温泉产业圈，打造国际知名温泉养生小镇。

牛首山文化小镇 2016 年 10 月 28 日，由牛首山集团公司、无锡灵山集团公司和五季公司共同打造的牛首山文化小镇项目签约落户江宁区。项目总投资 80 亿 ~ 100 亿元，占地面积 3 ~ 5 平方公里。依托牛首山历史文化、自然山水等旅游资源，以佛禅文化为特色，按照国家 AAAAA 级景区标准打造集商业、观光、文化、休闲、禅修、养生、旅游等为一体的旅游特色小镇。

筱　潇　供稿

筱 潇 供稿

苏家文创小镇 小镇规划范围北起秣陵街道行政边界，南至龙山水库，东起白鹭湖，西至观音殿村，规划面积 7.56 平方公里。规划依托现有的苏家乡村文化创意聚落、观音殿非物质遗产文化集市和上范、兴范匠人村等乡村文化旅游资源，整合周边存量建设用地，以文化创意产业为主导，重点发展乡村文化创意旅游和乡村休闲农业，打造集民宿体验、体育娱乐、培训会展、创客孵化为一体的综合型文化旅游小镇。

大塘金香草小镇 小镇规划范围北起现状双金路，南至正方大道，东起谷里街道行政边界，西至在建的绿道北延线，规划面积 3 平方公里，其中核心区域 1.5 平方公里。以薰衣草种植为特色资源，以婚庆文化为主题，打造以婚恋为主线，以婚庆产业为核心的特色小镇。该区域将成为承载婚庆摄影、旅游、休闲度假的特色产业集聚区，为南京市特色婚庆创意文化和生活提供服务。

筱 潇 供稿

筱 潇 供稿

石塘互联网联想小镇 小镇建设分为 3 块：以现有石塘村为核心启动区，推进综合体（i 创杯大会会址）、创客中心、智慧田园、云数据基地等 31 个项目的建设；将现有的云台山硫铁矿矿区进行整体改造，作为创客集聚的重要载体，并完善小镇的生活、生产、旅游等各项功能；与国家级农业开发园区南京台湾农民创业园合作，打造互联网智慧农业示范区。

黄龙岘茶文化小镇 小镇规划范围北起黄龙岘村，南至汤铜公路，东起江宁街道行政边界，西至牌坊水库，规划面积 12.33 平方公里。依托黄龙岘周边现有乡村旅游和区域茶文化产业为发展基础，通过对茶主题概念的延伸，着重研究相关产业结构和商业业态的演化，结合场地景观资源和可利用村庄集体用地，将传统茶产业和茶具等衍生品相关业态、山茶花景观种植和花卉相关业态、油茶种植和健康饮食等相关业态内容纳入区域产业发展范畴，丰富产业内容和体验方式，构建具有“新中式生活方式”独特标签的黄龙岘茶主题小镇。

朱 杰 摄

江宁万达广场　　区新闻中心　供稿

灯火辉煌的东山总部商务园　　区新闻中心　供稿

2016 年 12 月 31 日，绕越高速公路东南段谷里互通建成通车。项目建成后，进一步优化了旅游出行路径，拉动了牛首山旅游资源开发，促进了江宁区域经济发展。图为绕越高速公路东南段俯瞰　　区新闻中心　供稿

2016 年 4 月，秦淮河大桥完成建设。该桥是江宁区投资建设的跨内河单体体量最大桥梁工程，也是第一座设置 4 座观光塔楼与 4 个观景平台的桥梁　　区新闻中心　供稿

彩虹桥两岸风光　　戴典全　摄

江宁新天地公园新貌　　区新闻中心　供稿

汤山新城俯瞰　　　　区新闻中心　供稿

江宁台创园鸟瞰　　　　区新闻中心　供稿

禄口街道百利广场　　熊金陵　摄

谷里街道银杏湖乐园　　蒋梦炎　供稿

2016年12月，南京市（江宁）农业电商产业园落户淳化街道青龙社区　　区新闻中心　供稿

湖熟现代农业科技展馆　　区新闻中心　供稿

百家湖全景

区新闻中心　供稿

宁安高铁江宁西站

滨江开发区　供稿

2016 年 5 月 10 日，江宁开发区在深圳举办“智创未来、携手共赢”深圳招商会，总投资 51 亿元的光大环境科技总部、科陆能源互联网研发中心等一批项目在会上签约　　陈　晓　摄

2016 年 9 月 12 日，江宁开发区智能制造产业对接峰会举行，涵盖智能电网、机器人、物流等多个领域的 9 个项目现场签约　　陈　晓　摄

2016 年 10 月 29 日，江宁开发区举行“诺贝尔科学与艺术小镇”揭牌仪式，并迎来小镇首位诺奖得主荣誉市民

陈　晓　摄

2016 年 11 月 11 日，首届智能制造新模式高峰论坛在江宁开发区举行，智能制造首家众创平台——“我做”众创平台在论坛上发布

陈　晓　摄

位于麒麟科创园的麒麟国际企业研发园作为清华科技园网络布局长江经济带的重要平台，启迪科技城重点集聚多类型产业要素与公共服务资源，提高区域创新创业氛围，推动创新创业项目及产业的集聚、升级　　区新闻中心　供稿

位于麒麟科创园的紫金（麒麟）科技创业特别社区，主要建设科技企业孵化器、加速器、中试基地、人才公寓及服务设施，构建公共技术服务平台、科技金融服务平台、综合公共服务平台等　　区新闻中心　供稿

位于麒麟科创园的圣和智能健康项目由南京圣和药业股份有限公司投资建设，该项目已开展竣工验收工作，包括企业科研中心、多个业务部门在内的企业总部已正式入驻

区新闻中心　供稿

位于麒麟科创园内的麒麟现代有轨电车车辆基地，主要承担有轨电车车辆的检修。该项目路基工程已完成石杨路至天泉路段及芝嘉东路段约7公里范围路基、铺轨及绿化，建成9个车站，车辆段已全面建成，首列车到场进行调试

区新闻中心　供稿

2016年4月22日，2016苏商创新创业发展高峰论坛暨首届苏商“金茉莉奖”颁奖典礼在江宁会展中心举行，500多名苏商代表出席活动

张海洋 郭 芳 摄

2016年5月3日，江宁高新园自主培育的上市企业——南京多伦科技股份有限公司在上海证券交易所主板A股挂牌上市

张海洋 郭 芳 摄

2016 年 9 月 12 日，中国·南京金秋经贸洽谈会举行江宁高新园重大项目签约活动，会上有 11 个项目签约，总投资超过 200 亿元　　张海洋　郭　芳　摄

2016 年 10 月 11 日，舍弗勒（南京）有限公司 3 号厂房落成典礼在江宁高新园举行　　张海洋　郭　芳　摄

2016 年 11 月 7 日，中民筑友南京绿色建筑科技园项目在滨江开发区投产　　滨江开发区　供稿

位于滨江开发区的国家电网客服中心南方分中心

2016 年 12 月 13 日，由鲁能集团有限公司投资建设的滨江生态节能科技创新园项目与江宁区政府举行签约仪式

滨江开发区　供稿

滨江开发区　供稿

2016年5月，位于汤山旅游度假区的人才公寓工程进入收尾阶段，共8栋总建筑面积8.1万平方米，有841套住宅，满足高层次创业创新人才居住需求 区新闻中心 供稿

2016年12月9日，江宁汤山第八届温泉文化旅游季开幕式暨重大项目签约仪式在汤山旅游度假区举行
李 宁 摄

2016 年 10 月 20 日，位于江宁开发区空港片区的南京航鹏航空系统装备有限公司举行投产典礼　　陈　晓　摄

2016 年 10 月 20 日，国内首家民营全服务航空上市公司——吉祥航空与空港经济开发区共同签约，设立吉祥航空江苏运行基地，项目总投资 12 亿元　　陈　晓　摄

紫金（江宁）科创社区南京增材制造研究院为科研人员搭建良好的创新创业平台。图为该研究院发展公司年轻科研骨干冯亚云在进行3D打印机项目研究　　区新闻中心　供稿

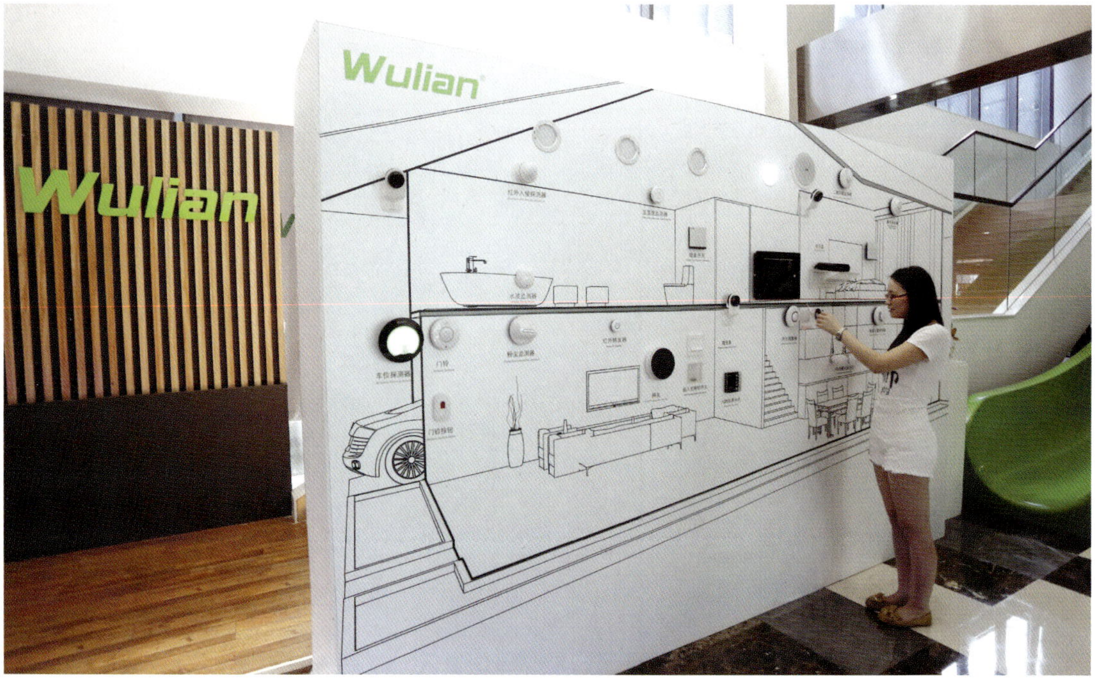

位于紫金（江宁）科创社区的南京物联传感技术有限公司，凭借在物体感知、学习、控制等领域的综合优势，成为物联网智能家居产业的主要推动者之一，其智能家居产品和解决方案已应用于全球多个重点项目　　区新闻中心　供稿

2016 年 11 月 10 日，第五届全球（南京）研发峰会在江宁会展中心举行　　王　俊　摄

位于东山研发园的江苏宏源电气有限责任公司，是国网电力科学研究院产业体系中专业从事配电、特种变压器研发、生产、销售和服务的高科技公司。该企业生产的节能配电变压器入选国家节能产品惠民工程高效节能配电变压器推广应用产品目录

区新闻中心　供稿

2016 年 10 月 27 日，首届"一带一路"沿线国家《心经》文化论坛在牛首山文化旅游区开幕

牛首山文化旅游区　供稿

2016 年 10 月 27 日，在牛首山文化旅游区重点项目签约仪式上，总投资 250 亿元的五大重点产业项目落户牛首山文化旅游区

牛首山文化旅游区　供稿

2016 年 7 月 23 日，江苏省台办副主任张为与江宁区委副书记严应骏共同为江苏省对台交流基地——南京牛首山文化旅游区揭牌

牛首山文化旅游区　供稿

2016 年 7 月 5 日，牛首山文化旅游区承办的 2016 金陵刻经处与近现代佛教义学研讨会暨第二届南朝佛教与金陵学术研讨会举行

牛首山文化旅游区　供稿

2016 年春节前夕，花卉市场持续升温，江宁台创园花博园内的商户们积极备货，抢占红火的节日市场

区新闻中心　供稿

江宁台创园农艺馆内的蛇瓜、鹤手南瓜、鸡蛋茄等新品种长势喜人，通过展示高科技栽培模式和各种趣味珍奇果蔬，让游客享受到别样的科技农业盛宴

区新闻中心　供稿

2016 年 9 月 13 日，首届智慧城市互联网安全论坛暨江苏软件园创新类项目签约活动举行，创业服务、大数据产业、新一代信息、人才、奇虎 360 合作五大类项目落户江苏软件园　　陈　晓　摄

2016 年 11 月 23 日，航天科技军民融合平台与示范基地项目签约仪式在江苏软件园举行　　邹　川　摄

2016 年 4 月，南京医科大学附属逸夫医院投入运营　　区新闻中心　供稿

2016 年 5 月，江宁医疗服务中心工程项目进行机电安装、暖通、消防、智能化等附属配套工程穿插施工，幕墙及其他附属工程施工也在积极推进中　　区新闻中心　供稿

江宁福利中心外景　　区新闻中心　供稿

2016 年 6 月，位于金箔路以北、竹山路以东的玉堂花园安置房供气工程完工，正在进行供水、供电、室外绿化及硬质化景观施工　　区新闻中心　供稿

2016 年 3 月，江宁区住建部门对东山文化休闲广场进行封闭改造，新增 160 米游人步道，局部休闲场地全部采用碎石拼铺，挡墙绿化与原生植物无缝对接，让市民步入广场时感受到动静皆宜的优美景色　　区新闻中心　供稿

2016 年 3 月，东山街道对商城附近的水上栈道护栏进行出新加固，为市民休闲提供安全保障　　区新闻中心　供稿

2016 年 11 月，上坊管委会全面启动万安西路、万安北路、上高线、综合管廊及其他景观、市政配套建设。其中，万安北路已建成通车，总投资约 1.8 亿元的万安西路项目南半幅施工基本完成，北半幅已动工，上高线、天赐路等 7 条道路已陆续开工。图为建成的景观道路　　区新闻中心　供稿

2016 年 3 月 21 日，经拓宽改造后的万安北路焕然一新，路边樱花开放，春意盎然　　杨　彬　摄

双闸水源厂是江宁区长江引水工程的第一个取水口，该水源厂经过扩建后，由原先日输水量15万立方米扩增至45万立方米，为全区生产生活提供了水源保障

区新闻中心 供稿

2016年5月，被列为南京市库坝重点消险工程项目之一的汤山窑湾水库应急消险工程已接近尾声，已完成258米长的库坝防渗处理和坝体平台框格混凝土护坡及其附设消险施工，为水库蓄水度汛打下坚实基础

区新闻中心 供稿

2016年，江宁区境内所有公共自行车服务网点完成改造和升级，实现全市公共自行车统一服务和收费标准。全年新建服务网点 100 个，安装车棚 250 垮，新增公共自行车 3000 辆　　区新闻中心　供稿

2016 年，全省最大的充换电站——国网牛首山电动汽车充换电站投入使用　　区新闻中心　供稿

2016 年 9 月 1 日，位于诚信大道的诚信小学正式投入使用。该校具有六轨制办学规模，可同时容纳 1600 多名学生，辐射周边 10 多个楼盘，片区内的适龄孩子均可就近入学　　区新闻中心　供稿

2016 年建成投用的麒麟科创园学校　　区新闻中心　供稿

2016 年，江宁市民文化中心小剧场对外开放　　区新闻中心　供稿

位于江宁市民中心的江宁书房不仅创设了良好的阅读环境，还结合暑假举办亲子阅读、沙龙阅读和传统文化讲习等活动，使市民享受到阅读的乐趣　　区新闻中心　供稿

东山街道中前社区　　区新闻中心　供稿

秣陵街道胜家桥社区的白鹭田园　　区新闻中心　供稿

汤山街道上峰社区　　区新闻中心　供稿

淳化街道马场村　　区新闻中心　供稿

淳化街道周郎社区　　　　顾宝明　供稿

江宁街道大庙社区精耕牛落示范村　　　　区新闻中心　供稿

禄口街道彭福社区　　　　区新闻中心　供稿

谷里街道大塘金　　　　王官文　摄

湖熟街道社区新貌　　王官文　摄

横溪街道七仙大福村　　区新闻中心　供稿

总　目

目 录

特 载

大事记

区情概览

资源环境

开发园区

城市建设与管理

工业　建筑业

农　业

资本经营

财税 金融

经济监督管理

党政 群团

人力资源

科学技术

教　育

文 化

卫生 体育

社会民生

街　道

人　物

统计资料

文件选编

附　录

索　引

Special Issue

Chronological Events

General Introduction of Jiangning District

Resources and Environment

Development Zones

City Construction & Management

Industry & Construction

Agriculture

commercial Service Industry

Tourist Industry

Capital Management

Finance and Taxation & Financial Institution

Economic Administration & Supervision

Party and Government Mass Organizations

Politics & Laws

Military Affairs

Human Resource

Science & Technology

Education

Culture

Health & Sports

Social and Livelihood

Streets Construction

Figures

Statistical Information

Other Documents

Appendix

Index

践行新理念 引领新发展
为建设“强富美高”新江宁而努力奋斗（摘要）
——在中国共产党南京市江宁区第十三次代表大会上的报告

市委常委、区委书记 李世贵

（2016年7月29日）

一、5年来的工作回顾与总结

过去的5年，是江宁发展历程中很不平凡的5年。面对复杂严峻的内外环境和变化交织的各种挑战，区委在省市委的坚强领导下，团结带领全区人民，深入贯彻党的十八大精神和习总书记系列重要讲话特别是视察江苏重要讲话精神，围绕“四个全面”战略布局，统筹推进经济、政治、文化、社会、生态文明建设和党的建设，胜利完成了区第十二次党代会确定的目标任务。这5年，是江宁综合实力大幅提升、发展方式加速转变、人民生活水平明显提高、各项事业取得显著成就的5年。

转型升级实现重大突破。经济实力在稳增长中持续跃升。地区生产总值2015年突破1500亿元，人均GDP达到2.39万美元，5年均翻了一番多；一般公共预算收入稳居全省第三，去年达到191.7亿元；规模工业总产值达3000亿元、比2010年增长1.3倍，高新技术产业产值比重由59%提高到64.2%，建筑业进入全省五强、被评为“中国建筑之乡”。产业升级在调结构中成效显著。全社会固定资产投资5年累计4000多亿元，服务业投入年均增长16.8%；形成汽车、智能电网两个千亿级主导产业，智能制造、生命科学、节能环保、航空海洋装备等新兴产业增势强劲，软件业务收入达800亿元、物流产业能级达千亿元；牛首山文化旅游区、银杏湖主题乐园等龙头项目建成开放，汤山温泉旅游度假区创成首批国家级旅游度假区。创新动力在转方式中不断增强。电力自动化、3D打印、机器人、新药研发等领域技术创新能力凸显，“双自”上市企业总数增加到44家，中国网络创新环境（CENI）获批全省首个国家重大科技基础设施项目。“质量强区”成效明显，驰著名商标数位列全省前列。累计引育科技创新创业领军人才（团队）1000个以上，其中国家“千人”“万人”计划125人，省“双创”人才124人，创成中央“千人”“万人”计划和欧美同学会留学报国3个国家级人才基地，人才创新创业综合性指标连续多年位居省市前列。2015年全社会研发投入占GDP比重达3.5%。

改革开放取得重要进展。主动承接国家、省市赋予的改革试点，重点领域、关键环节改革形成一批制度性成果。稳步推进供给侧结构性改革，“三去一降一补”重点任务落地见效；实施基本建设项目模拟审批，取消调整行政审批事项672项，服务型政府建设迈出新步伐；推进国资优化整合和企业重组，国资总量及经营收入跻身全省三强；启动商事制度改革，5年新增民营注册资本760亿元；公立医院、科技与人才管理体制、农村土地综合整治和城镇低效用地再开发、轻微刑事案件速裁、主任检察官办案责任制等改革卓有成效。对外开放优势不断扩大，5年累计实际利用外资41亿美元，是“十一五”的1.4倍；外贸出口在世界经济复苏乏力背景下保持平稳增长，总额与增幅连续3年位居全市第一。江宁开发区保持全省前五强地位，被评为全省先进开发区；麒麟科创园升格省级高新区，高新园创成国家创新型特色园区，滨江开发区成为江苏省新型工业化（装备制造）示范基地，空港经济开发区获批省级开发区。援藏援疆、宁高产业园以及与淮阴挂钩共建工作取得实效。

城乡统筹迈出坚实步伐。科学确立“一轴三带四片区”的生产力布局和“一核五城八市镇”的城镇规划体系，5年投入基础设施建设1200亿元，完成了上坊、殷巷、方山、麒麟4个老集镇动迁，基本健全道路交通、水电气、通信、环保等市政设施体系。禄口机场T2航站楼、宁杭宁安高铁江宁站投入使用，轨道交通里程超过150公里；秦淮河生态水利工程启动实施，百家湖、万达商圈功能显现，城市现代品质明显提升。开展系列环境综合整治行动，城市管理精细化水平不断提高。深入实施美丽乡村“千百”工程，建成石塘人家、黄龙岘等35个省市级美丽乡村示范村，形成每年千万人次的乡村休旅市场规模，有力带动了农民增收致富，连续4年包揽全市镇街3个类型考核第一名，农业现代化水平提高到全省第六位。

生态文明建设扎实推进。实施创建全国生态文明示范区“十大行动”，全面推进控尘、治水、减排、清洁、增绿等近百项生态工程，空气质量优良天数比例由2011年47.1%提高到74.8%，污水管网总长达980公里，城镇污水处理能力提高到36.5万吨/日，新增170公里绿道，实施一批国家和省矿山治理重点工程、完成治理800万平方米，森林覆盖率、城镇绿化覆盖率分别达28.5%和47.2%，农村环境连片整治得到国家环保部肯定和推广，生态红线面积占比达到33.6%。低碳发展持续推进，5年淘汰“三高两低”企业超过600家，主要污染物减排提前完成市政府下达目标，万元GDP能耗、万元工业增加值能耗累计分别下降52%和67%，城乡生态环境更加宜居。

人民生活得到持续改善。千方百计推动创业、扩大就业、扶贫帮困，2015年城乡居民收入分别达44735元和20001元，为“十一五”期末的1.6倍和1.8倍。基本社会保障实现全覆盖，20万失地农民全部纳入城镇社保体系，5次提高城乡低保标准。加快构建多层次住房保障体系，商品房销售面积累计达916万平方米，建成安置房920万平方米，年底前将基本完成安置房“两证”办理。各项社会事业蓬勃发展，各类教育发展水平明显提升，教育集团化办学、与名校合作办学成效显著，成为全国义务教育基本均衡区；“33518”医疗服务体系初步建成，南医大逸夫医院正式启用，区医疗服务中心年内将建成交付，人口与计生优质服务全面覆盖；市民中心、社会福利中心、江宁博物馆等建成使用，创建国家公共文化服务体系示范区持续推进，创成全国科普示范区。成功举办亚青、青奥赛事，大力践行社会主义核心价值观，深入推进城乡文明建设，向亚洲和世界充分展示了江宁现代文明的新形象。

民主法治开创新的局面。进一步发挥人大权力机关作用，支持和保证区人大及其常委会依法履行职权，人大在监督、重大事项决定上的重要作用充分发挥，责任人大、规范人大、实效人大建设有了新进步。支持政协履行政治协商、参政议政、民主监督职能，注重政协专题调研、委员视察、协商议政成果应用，推动协商民主广泛、多层、制度化发展。进一步巩固壮大爱国统一战线，积极推进与各民主党派、工商联、无党派人士合作共事，人武、双拥、民宗、侨台、外事、关心下一代等工作取得新成绩，工会、共青团、妇联、文联、科协、残联、红十字会等人民团体的桥梁纽带作用进一步增强。扎实推进“法治江宁”“平安江宁”建设，突出抓好社会矛盾化解、社会治理创新、公正廉洁执法3项重点，人民群众安全感持续攀升，社会大局持续稳定，被评为全国和谐社区建设示范区、全国社会管理综合治理先进集体、全省幸福家庭建设示范区。

党的建设得到全面加强。坚持党要管党、从严治党，精心组织群众路线教育实践活动、“三严三实”专题教育和“两学一做”学习教育，提升干部教育培训质量，取得了重要的认识、实践、制度成果，成为全省首批学习型党组织和学习型领导班子建设工作示范区。5年发展党员3749名，党员队伍扩大到59969人，“两新”组织党组织组建率达93.5%。严格落实中央八项规定，扎实抓好中央和省委巡视组反馈意见整改，开展“四风”专项治理，一大批群众关注的热点难点问题逐步得到解决。深化干部人事制度改革，干部选拔任用进一步规范，日常监督管理实现制度化。完成超职数配备干部消化、党政领导干部在企业兼（任）职清理和规范工作。选优配强基层党组织“带头人”，选派优秀年轻干部沉入“四个一线”，大力开展“党旗高扬美丽乡村”“十百千万”等主题实践活动，持续整顿软弱后进基层党组织，党在基层的凝聚力战斗力进一步增强。特别是今年面对1961年以来的最大降雨量、超历史的江河水位、最长汛期的考验，全区上下紧急动员、严防死守，各级党组织周密部署、落实措施，广大党员干部不畏艰险、冲锋在前，用实际行动谱写了一曲曲动人的抗洪赞歌，夺取了防洪抢险的全面胜利。坚决落实党风廉政建设党委主体责任和纪委监督责任，深入贯彻《廉洁自律准则》和《纪律处分条例》，把纪律规矩挺在前，强化对权力运行的监督制约，严查违法违纪案件，营造了风清气正、干净干事的良好环境。

这5年，最鲜明的特点是，江宁呈现出不断超越的发展态势。面对激烈的区域竞争，广大干部群众切实按照“当先锋、作示范”的要求，肩负起“走在最前列、建设新江宁”的光荣使命，团结拼搏、加压奋进、苦干实干，一批重大新兴产业项目签约落户，一批高科技企业站在了行业和国际前沿，一批重点工程相继竣工，办成了一件又一件事关改革发展稳定全局的大事，江宁跨越超越的势头一年比一年强劲，在省市发展大局中的地位不断凸显。实践启示我们，跨越争先是赢得主动权、抢占制高点的必然选择，必须始终坚持不懈。

这5年，最宝贵的经验是，坚持和深化了开发园区龙头带动的战略。改革开放决定着江宁的前途命运，开发园区是发展的动力之源。面对经济全球化的新趋势，我们大力推动重点园区创新驱动、转型升级，进一步加速集聚全球高端资源要素，形成了高起点、宽领域、全方位的开放格局，有力带动了综合实力的新飞跃、城市功能的新提升、区域协调的新融合。实践启示我们，园区兴则经济兴、园区强则江宁强，只要始终坚持园区龙头带动不动摇，深度做好“支持、服务园区建设，并主动接受园区辐射”这篇大文章，就一定能推动经济社会发展不断迈上新台阶。

这5年，最深刻的变化是，凝聚了江宁人谋则立、立则干、干则成的精气神。凭着干在实处、走在前列的责任担当，江宁广大干部和群众总能把各种困难和挑战的不利影响降到最低，把稍纵即逝的机遇抓得更牢，始终以“争一流、创唯一”的奋进标杆，推动经济转型升级、生态文明提升、美丽乡村建设、城市功能完善和人民生活改善，创造了深受群众认可的发展业绩。实践启示我们，只要始终保持创新勇气、昂扬锐气、蓬勃朝气，上下同心、团结奋斗，就一定能够把困难踩在脚下，不断取得改革发展的新成就。

这5年，最根本的保证是，与时俱进地推进党建创新工程。区委贯彻落实全面从严治党要求，始终以改革创新精神加强党的思想、组织、作风、制度和反腐倡廉建设，着力提高科学执政、民主执政、依法执政水平，充分发挥党委领导核心作用、基层党组织战斗堡垒作用和党员先锋模范作用，凝聚起改革发展的整体合力。实践启示我们，事业兴旺，关键在党。从严从实加强和改进党的领导，提高各级党组织新常态下领导和推动发展的能力，才能为“走在最前列、建设新江宁”提供坚强保证。

回顾5年历程，我们也清醒认识到工作中的问题和不足：一是经济结构性矛盾和体制性障碍依然存在，科技创新动力不够强，制造业面临诸多挑战，经济下行压力较大，保持中高速增长的难度增大。二是城乡区域不平衡、不协调性仍然突出，农民持续增收的有效办法不多，人口资源环境约束凸显，既制约了经济可持续发展，也增加了城市管理、社会治理的难度。三是环境基础设施仍是比较突出的“短板”，水环境治理任务依然繁重，环境容量和承载力进一步受限。四是优质公共服务供给不足，教育、医疗、养老、交通等方面仍有许多群众不满意的地方，民生短板还需加紧补齐补长。五是党的建设还存在薄弱环节，少数基层党组织抓党建的主业意识不强、能力不足，少数党员干部精神懈怠、为官不为，从严管党治党仍需常抓不懈。这些都迫切需要我们在新一轮发展中积极应对和解决。

二、谱写“强富美高”新江宁精彩篇章

江宁干部群众历来敢闯敢试、追求卓越、勇于担当。20多年前，我们抓住浦东开放开发机遇打造了由内转外的“开放优势”；进入新世纪，我们抓住推进全面小康建设的历史机遇绘就了小康社会的“总体模样”；2008年国际金融危机爆发后，我们以此为倒逼，在全国较早地确立起创新驱动的核心战略，迈出了转型发展的坚实步伐。进入“十三五”发展新阶段，江宁有责任也有能力牢记习总书记视察江苏谆谆教诲和省市委重托，顺应全区人民的新期盼，成功走出一条以新理念引领新发展的“强富美高”新江宁建设之路，为省市发展大局积累新经验、多作新贡献。

今后5年，是江宁创新驱动、改革攻坚的关键时期，也是全面建成更高水平小康社会并向基本现代化迈进的决胜阶段。纵观新阶段新形势，我们既处于“内涵相应变化、仍可大有作为”的重要战略机

遇期，也面临区域竞争加剧、各种挑战交织的矛盾凸显期。一方面，世界经济在深度调整中曲折复苏，新技术革命和产业变革孕育突破，绿色、低碳、包容增长成为新的共识。我国经济进入新常态，正以“五大发展理念”为总揽，进行一场事关全局的深刻变革，经济发展长期向好的基本面不会改变。随着国家“一带一路”和长江经济带建设深入推进、长三角世界级城市群规划实施、江苏“一中心一基地”以及南京“四个城市”加快建设等重大战略机遇有效叠加并持续放大，我区发展的条件和机会更优越。另一方面，国际环境不确定性在增加，国内新一轮竞争更趋激烈，区域发展格局正发生新的变化。我区在前进道路上也面临不少矛盾和困难，既要解决供给侧结构性的问题，又要破除发展体制性的障碍；既要破解土地、资源、环境等瓶颈制约，又要增创新的发展优势，面临的任务艰巨而繁重。我们必须增强机遇意识、忧患意识和担当精神，在抢抓机遇中增强主动，在应对挑战中保持定力，在改革创新中释放活力，奋力谱写“强富美高”新江宁建设的辉煌篇章。

今后5年，全区工作的指导思想是：高举中国特色社会主义伟大旗帜，以邓小平理论、“三个代表”重要思想、科学发展观为指导，深入贯彻习近平总书记系列重要讲话特别是视察江苏重要讲话精神，按照“五位一体”总体布局和“四个全面”战略布局，大力践行创新、协调、绿色、开放、共享发展理念，更高起点地推进“创新驱动、园街联动、绿色带动、枢纽拉动、改革推动”战略，加快建设江苏高端产业集聚区、长三角自主创新引领区、美丽中国典范区和现代化国际性南京主城南部中心，全面提升综合实力、创新活力、区域竞争力和可持续发展能力，以全面建成更高水平小康社会的过硬成果，和“五大发展理念”在江宁落地生根的强大生命力，充分展示“强富美高”新江宁建设的现实模样。

今后5年，全区总的奋斗目标是：全面建成更高水平小康社会标杆区域，在探索基本现代化的路子上迈出坚实步伐，成为建设新南京新江苏的排头兵。具体而言，一是在推动“经济强”上取得重大进展。地区生产总值、一般公共预算收入年均增速不低于10%，到2020年分别达3000亿元和300亿元。“3+3+3”产业进入价值链中高端，科技创新能力大幅提升，“五型经济”发展实力位于省市领先行列。二是在加快“百姓富”上创造更多成果。到“十三五”末，城乡居民收入分别达到7万元和3.3万元，低收入农户收入明显增加，中等收入群体比重扩大到60%。建立均等、公平、优质的公共服务体系，“七个更”的目标基本实现，老百姓美满幸福指数位于省市领先行列。三是在打造“环境美”上取得显著突破。资源利用效率明显提升，可持续发展能力进一步增强，万元GDP能耗持续下降，主要污染物排放总量削减达到省定指标，生态文明制度体系更加健全，实现全国生态文明示范区建设目标，绿色低碳集约发展位于省市领先行列。四是在促进“社会文明程度高”上展现新的风貌。中国梦、社会主义核心价值观深入人心，市民思想道德素质、科学文化素质、健康素质明显提高。民主法治建设扎实推进，公平正义切实保障，社会行为文明有序，向上向善、诚信互助的社会风尚更加浓厚，治理体系和治理能力现代化处于省市领先行列。总之，我们要以全面建成更高水平小康社会全省标杆的姿态，向党和人民交出一份满意的答卷。

（一）建设创新发展的高地

深入落实《国家创新驱动发展战略纲要》和“中国制造2025”省市区行动纲要，以重点园区、重要产业、重大项目为依托，全力打造产业升级、人才创业、科技创新的高地，力争2020年工业经济进入全省五强行列，成为江苏创新强区。

着力做强先进制造业集群，增创产业发展的优势。支持上汽大众、长安马自达等龙头企业前瞻布局前沿技术研发，加快高端转型，推动汽车产业与新能源技术、材料技术、信息技术高度融合。充分发挥南瑞继保、国网电科院等领军企业引领带动，加快集聚一批智能电网重大项目，在产业链延伸、核心技术研发应用、百亿级企业打造上实现更大突破。加紧建设中国网络创新环境重大科技基础设施项目，开展5G移动通信、未来网络核心技术等研发攻关，创造未来产业的先发优势。深入推进生命科学产业技术创新，开展国家生物医药成果转化项目的挖掘工作。大力发展高端装备、工业机器人、节能环保等新兴产业，引育一批拥有自主知识产权、处于行业龙头地位的高科技企业。继续从供给端发力，大力实施品牌强区、质量强区、标准强区、智能化改造“三强一智造”工程，5年建成智能制造项目200个，撑起制造业“高精尖”的新业态。

着力提升现代服务业能级，打造转型升级的引擎。抓住南京“四名城四中心”建设契机，推动现代服务业跨越发展，“十三五”末，服务业增加值占GDP比重达47%。以汤山温泉、青龙山郊野公园、世茂梦工厂、上秦淮湿地、银杏湖、牛首山等为核心节点，大力建设环绕越文化休旅经济带，构建大旅游公共服务体系，促进“文体旅”有机融合，创成国家全域旅游示范区。加快集聚国内外金融机构和企业区域总部，强化金融创新对实体经济的支撑。壮大软件与信息服务业，完善航空、江港物流服务体系，提升区域物流中心地位，到2020年，软件、物流收入均突破1500亿元。发展高品质的健康、文创、教育培训、养老等新兴业态，培育和挖掘新的消费增长点。

着力集聚高端创新人才，筑牢创新发展的根基。大力实施“创聚江宁”人才工程，全力引育科技领军人才、高水平创新团队、科技企业家，以及金融服务、资本运作、创意产业等领域高端人才，5年集聚10名以上世界级顶尖科技专家、百名创新型企业家、千名高层次创新创业人才，形成万名创投风投、中介服务等专业人才集群，新增10万先进制造业和现代服务业的产业科技人才。加大人才安居、创业服务、子女入托就学等方面突破力度，加强公共租赁房和安居型商品房建设，使江宁人才政策创新和创业成效力争达到国内领先水平。

着力提高科技孵化能力，激发引领发展的动能。深耕苏南自主创新示范区这块国家级的“试验田”，瞄准科技前沿和顶尖水平，整合、集成、优化科技资源，全力打造东南科技创新带。抓实产学研平台建设，深化拓展与东大、河海、南医大、药科大等驻区高校及科研院所的协同创新，加快建设南航大、南邮大等一批大学科技园和战略性新兴产业中心。加强紫金“三区一园”科创平台创新能力建设，大力引育先进技术研发、成果转化和产业孵化机构，打造人才集聚、模式创新的创客中心和共享经济中心。深入推进“孵鹰”、“小升高”、上市“翻番”等企业成长计划，5年培育孵化科技小微企业1500家，新增高新技术企业180家，“双自”上市企业总数突破70家。推动资源配置从以研发环节为主向产业链、创新链、资金链统筹配置转变，完善科技中介服务体系、知识产权保护和应用体系。

（二）打造协调发展的样板

深入贯彻落实中央城市工作会议和省市全委会精神，按照优化城市产业结构等“六个优化”要求，大力建设和谐宜居、富有活力、独具特色的现代化新城区，推动江宁城市现代化和城乡一体化建设实现更大突破。

加快建设南京主城南部中心。对接南京城市总体规划修编，加强开发区、高新园、东山副城、禄口空港新城“四位一体”统筹与协调，既优化宏观布局，更强化微观空间治理，科学绘制现代化中心城区建设的路线图。要以南站到空港沿线开发为导向，大力实施“中轴提升”，推动轴线上重点片区互相促进、共同提升，着力增强杨家圩—百家湖核心商圈发展能级，加快九龙湖产学研居综合发展片区及研发商务园建设，推进天元路、胜太路老工业地块提档升级，做强江苏软件园和东吉谷片区产城功能，在保护生态格局基础上科学、适度开发上秦淮湿地片区，加紧打造高品质的紫金江宁生态科技新城。深入推进“两山两河”生态提升工程，力争3年实现19.4公里秦淮河沿线公共空间全面贯通，未来5年要让这条城市中轴成为江宁现代服务业走廊、高科技产业标志轴和绿色生态的宜居空间。要以禄口空港新城综合开发为依托，全力推动“城市南拓”，完善71平方公里新城规划，高标准编制一批重要节点城市设计，以规划管理等“六个统一”抓好开发区托管禄口街道工作，打造空港枢纽小镇，推动核心区开发，做大临空产业集群，形成“园港街”一体化发展的新格局，推动新城加快成为人口规模达到百万、现代产业高度集聚、产城功能深度融合，对南京南部具有带动力、辐射力和影响力的重要增长极。要以重大交通基础设施工程为牵引，扎实推进“北融主城”，完成土山机场迁建并推动现代化开发，规划建设天印大道至苜蓿园大街、土山路至友谊河路等与主城衔接的新通道，建成地铁5号线及3号南延线，高起点规划建设高铁站前片区，构筑南站南部和土山机场“两翼”发展格局。要以上坊片区开发建设为重点，着力加快“副城东进”，有序推动城市发展轴向麒麟、梅龙湖、方山南等板块延伸，强化公共设施配套和生态约束，优化城市东部形态，激发区域活力。要进一步完善城市现代基础设施体系，超前布局下一代网络设施，打造一流的智慧城市，建成国内领先的宽带中国示范区；规划建设机场二通道，完成宁高城际轻轨、340省道等一批重点交通工程，打造现代化、立体式、综合性交通网络体系，建成南京公交都市示范区；加强综合管廊、海绵城市建设以及地下空间科学开发和利用，推进建筑产业现代化，不断提升城市基础设施建设标准。要加强城市管理体制创新，建立健全区、街、社区“三级管理”网络，深化城市执法体制改革，推进城市管理与执法重心下移并属地化。常态开展交通、市容、街巷环境、渣土运输、违章建筑等专项治理，构建整洁、有序、高效、安全的城市现代管理格局。

大力推进新市镇和特色小镇建设。发挥新市镇“优化空间、集聚人口、带动发展”的重要作用，推进江宁街道国家发展改革试点城镇建设，和汤山、谷里、横溪省市城乡统筹发展试点改革，加快淳化、湖熟等引入社会资本实施的新市镇战略合作开发，进一步优化秣陵、禄口、麒麟等市镇功能，推进土桥、丹阳、铜山、陆郎等边界城镇建设和“边界经济”发展，到

2020年将新市镇建成相对独立、产镇融合、集约紧凑、功能混合、生态良好的现代活力城镇。加快未来网络小镇、石塘互联网联想小镇、苏家文创小镇等13个特色小镇规划建设，以新理念、新机制、新载体推进产业集聚、产业创新和产业升级，5年完成优质投入300亿元以上，打造若干“百亿小镇、百亿产业”。

全力打造美丽乡村升级版。实施“盆景变成百花园、农村变成大景区、大学生变成创业者、农民变成富裕户”美丽乡村“四变”工程，到2017年在全市率先建成全域美丽乡村，形成西部生态休旅、中部田园水乡、东部休闲养生的新格局。加强农村交通、环保、通信、休闲服务等基础设施建设和管养，培育特色民宿、文化创意、农村电商等新业态，大力发展乡村智慧旅游，催生大批扎根农村的田园创客和农民老板。持续深化农村综合改革，加快发展生物、科技、精品农业，壮大龙头企业、专业合作社、家庭农场等新型经营主体，到2020年将高效农业比重提高到60%，把台创园建设成为南京国家现代农业示范园区的核心区。5年投入50亿元加强水利建设，全面提升农田水利基础设施保障能力和防洪抗旱减灾能力。

（三）塑造绿色发展的典范

树牢“绿水青山就是金山银山”的理念，开展能源和水资源消耗、建设用地总量和强度“双控”，大力整治生态环境，优化绿色空间布局，推动低碳循环发展，建成美丽中国典范区。

着力营造生态安全空间。构筑以不开发区、“三纵两横”生态廊道为基底，水源涵养区、生态湿地、郊野公园为支撑的生态安全格局，严守可持续发展的生命线。发挥滨江、沿河、临湖、环山等优势，大力建设以生态景观林、长江防护林、公路绿化林等为主体的林网体系，完成所有废弃采石宕口生态复绿，林木覆盖率提高到28.8%。实施城市增绿扩绿工程，构建“自然公园—城市公园—街心公园”三级公园体系，5年新增公共绿地150万平方米。

大力实施环境综合治理。严格落实“水十条”“气十条”“土十条”，加大治污、防洪、排涝、供水、节水统筹力度，推进管网全覆盖全贯通、污水全收集全处理，到2017年，基本消除城市黑臭水体。强化节能减排，扎实抓好控煤、控车、控尘、控制工业污染、控制新建项目排放，空气优良天数比例未来5年达到90%。推进江南环保产业园建设，加快发展绿色再制造和资源循环利用产业，努力建成全国环保产业循环经济示范园区。实施低效用地再开发和农村土地综合整治，未来3年盘活低效用地、完成农地综治均达667公顷以上。积极推广节地生态安葬工作，保障基本建设用地。

加大生态文明制度创新。健全体现资源消耗、环境损害、生态效益等要求的考核奖惩机制，严格落实党政同责、一岗双责、终身追究责任制。强化规范执法、综合执法，依法从严管控和打击各类环境违法违规行为。健全市场化治污机制，完善区域生态补偿机制，加快环境信用体系建设，改进环保投融资政策，加快形成谁污染、谁付费、第三方治理的运行模式。积极倡导环保理念，激发全民保护环境的行动自觉，率先建成全国生态文明示范区。

（四）争做开放发展的标兵

充分发挥江宁地缘、商缘、人缘优势，全方位拓展开放广度和深度，率先形成开放型经济新优势，争当全省新一轮高水平开放的排头兵。

做强开放型经济主阵地。着力把重点园区打造成为新常态下转型升级的主阵地、稳定增长的“压舱石”、落实新理念的示范区。江宁开发区要着力壮大高端产业、总部研发、人才与科技创业的实力，加快培育大企业大集团，到2020年形成一批超百亿元企业和行业龙头企业集群，创造企业、城市、人才国际化的新优势，5年内迈入全国经开区十强，空港经济开发区进入江苏省级开发区十强。麒麟科创园要在信息与大数据、智能装备、节能环保为代表的产业集群培育上重点突破，努力建成国家创新型经济示范区。江宁高新园要全力主攻高科技、发展新经济，做强生命科技创新园和大学科教创新园实力，加快建设苏南国家自主创新示范区的核心区，争创国家级高新区。滨江开发区要推进工业强基工程，大力提升装备制造、精密制造、成套制造能力，加快滨江大道贯通等基础设施建设和现代服务业发展，努力成为带动西部崛起的龙头。汤山温泉旅游度假区要做强休旅康养功能，全面进入国家级旅游度假区第一方阵。牛首山文化旅游区要提升旅游经济能级，创成国家AAAAA级景区，打造世界级文化旅游胜地。要深化“一园一街”体制创新，助推街道工业集中区转型发展，努力成为新技术孵化的基地、新经济示范的园区。要加强和创新对口支援工作，提高工作的精准性、实效性和社会化效应。

提高“引进来”的能级和水平。坚持内外资并举、引资引智并重，创新外资利用方式，加大产业链高端招商，吸聚更多的国资、民资、外资、股资、银资参与新一轮开发建设，争取更多的世界500强和国内百强企业来江宁投资兴业，重点园区要确保外资利用“份额不减少、位次有进步、质量有提升”。抓住《长三角城市群发展规划》获国务院批准契机，积极引入上海自贸区经验，扩大服务业开放，努力聚集一批具有国际影响力的服务业龙头企业。

拓展“走出去”的新空间。创新外贸发展方式，提高优势产品出口比重和竞争力，做强服务外包特别是离岸服务外包，到2020年，高新技术产品出口比重超过55%,服务外包执行额达50亿美元。发挥“三港”在江宁参与“一带一路”建设中的战略支点作用，积极打造沿线国家经贸合作平台和载体，鼓励有条件的企业“走出去”参与国际并购、开辟国际市场，打造有影响力的本土跨国公司。

（五）放大共享发展的红利

始终把人民放在心中最高位置，加大保障和改善民生力度，扩大优质公共服务覆盖面，满足老百姓多样化的需求，切实增强人民群众的获得感。

提升基本公共服务优质化均等化水平。继续加大对就业困难群体的帮扶，加强对灵活就业、新就业形态的支持，5年新增就业岗位10万个以上；推动创业带动就业，重点扶持大学生自主创业。抓好低收入农户和经济薄弱村精准扶贫，到2020年，所有低收入人口人均年收入达到市级脱贫目标。完善全覆盖、保基本、多层次、可持续的社会保障体系，大力发展慈善事业，实现医疗和生育保险市级统筹、养老保险省级统筹、基础性养老金全国统筹。完成城中村、棚户区改造480万平方米，建成安置房500万平方米，保持房地产业平稳健康发展。落实《南京市住宅物业管理条例》，抓好老旧小区市场化管理，以及二次供水和供电设施改造工作。加快普及学前段和高中段教育，促进义务教育优质均衡发展、职业教育产教融合发展、终身教育按需发展，全面提升教育质量、提高全民共享度。用好迁址后的江宁医院存量资源，更好满足群众医疗需求；调整完善城乡医疗布局，健全公共卫生服务体系，建立分级诊疗和双向转诊制度，研究解决二孩生育面临的新问题，全力建设“健康江宁”。加快苏豪健康养老产业园等项目建设，积极发展居家养老、寄家养老、机构养老，为市民提供更加普惠便利的养老服务。

增强城市文化软实力。大力培育、践行、弘扬社会主义核心价值观，从时代精神、优秀传统文化、红色资源中汲取充足养分，把核心价值观深深贯穿于江宁改革发展事业、根植于社会道德生态、融入百姓日常生活，让价值观内化为群众自觉、外化为城市精神，成为凝聚共识的“最大公约数”。开展丰富多彩的道德实践和文明创建活动，加强社会诚信体系建设，不断提高市民文明素质。始终把握意识形态和舆论工作的主导权，讲好“江宁故事”，选树先进典型，唱响“江宁好声音”。精准对接群众文化需求，加强主题文体活动、精品文艺创作、国际文化交流等多层次的公共文化服务供给，发展体育产业、促进体育消费，建成东吴、南唐博物馆，加强对文物资源和非物质文化遗产的保护，创成国家公共文化服务体系示范区。实施“文化+”战略，建设一批示范性的文创空间，培育一批有梦想的文化创客，做强一批引领性的文化企业，积极创建文化科技融合示范基地，文化产业增加值占GDP比重达6%。

进一步创新社会治理。立足党建、服务、管理、自治“四位一体”，加强城乡社区服务设施建设，培育发展社会组织，推进全科服务和政社互动，建立完善民情恳谈会、民事调解会、民意听证会、民主评议会“四会”制度。健全重大决策和重大项目社会稳定风险评估机制，加大劳动、医疗、征迁、环保、消费等领域纠纷的多元调解，推进信访法治化进程。健全留守儿童和妇女、老人关爱服务体系，加强残疾人和困境未成年人的保障和服务。继续深化“平安江宁”建设，把公共安全落实到建设发展各领域、各环节，健全隐患排查治理体系、社会综合治理防控体系、食品药品监管体系、防灾减灾保障体系，筑牢城市发展的安全基石。

切实加强民主法治建设。加强党对人大工作的领导，支持人大依法行使职权、强化组织建设、积极开展工作，使人大监督、决定重大事项和人事任免更好地体现人民意志、维护人民利益。坚持和完善中国共产党领导的多党合作和政治协商制度，充分发挥人民政协作为协商民主重要渠道和专门协商机构作用，提高协商民主制度化、规范化、程序化水平。全面加强统一战线建设，积极为各民主党派、工商联、无党派人士发挥作用搭建平台，认真做好民族宗教、港澳台侨工作。进一步加强党对工会、共青团、妇联等人民团体的领导，使之成为党联系广大人民群众的桥梁和纽带，成为党做好群众工作的参谋和助手。加强国防教育、国防动员和后备力量建设，扎实做好优抚安置和双拥工作，推进军民融合发展。加快法治政府建设，深化行政执法体制改革和司法行政领域改革，推动党群机关、企事业单位、村（社区）普遍建立法律顾问制度，认真开展“七五”普法教育，实现行政行为全程纳入法治轨道。

（六）当好深化改革的先锋

坚持全面深化改革不动摇，坚决破除制约科学发展的体制机制障碍，率先在重点改革上引领示范，在难点问题上探索攻坚，争当深化改革的先行者。要突出市场导向，大力释放经济体制改革的红利。深入推进供给侧结构性改革，扎实抓好“三去一降一补”重点任务，健全优胜劣汰机制，打好降低实体经济成本“组合拳”，发展新技术、新产业、新模式，推动以政府为主导的增长机制向以市场为主导的增长机制转变。加大财政管理创新，完善区、街道和园区事权与支出责任相适应的财税体制，优化政府融资机制，在公用事业、基础设施等领域推出一批政府与社会资本合作项目，严格政府债务限额管理和规模控制。继续深化国企改革，提高国有资产证券化水平，探索国资流动机制，推动国企核心业务资产上市，健全国资监管、考核、激励机制，引导国企更好服务全区战略目标。构建“亲”“清”新型政商关系，优化非公经济发展环境，拓展民营企业准入领域，支持更多的本土民营企业家回乡创业、转型升级、做大做强，激发非公经济活力和创造力。要推动政府职能转变，加大简政放权力度。继续深化权力清单、责任清单、负面清单“三张清单”制度改革，进一步理顺政府与市场、政府与社会的关系。落实省市行政审批制度改革部署，实施“互联网＋政务”改革，优化和完善基本建设项目模拟审批，逐步将前置审批转变为事中事后监管，让创业者办事更方便、让企业得到更实在的政务服务。要积极推动中介机构与政府部门脱钩，培育形成真正独立的行业自治组织。要增强改革攻坚的责任感，加快形成更多可复制的成果。继续扎实抓好城镇、科技、司法、政务、教育、农田水利等方面中央和省市交给江宁的重要改革试点任务，大胆先试、率先突破，努力创造新经验、新做法、新品牌。更加注重把各领域基础性改革抓在手上，分清轻重缓急，持续用力发力，加快推进民主政治体制、生态文明体制、文化体制，以及户籍、土地制度和投融资体制等改革，确保把全面深化改革各项任务落得更扎实。

三、全面加强从严管党治党

履行新使命、实现新目标，关键在党，关键在干部。要认真学习贯彻习总书记在纪念中国共产党成立95周年大会上的重要讲话精神，深刻认识党执政兴国的历史责任和面临的形势考验，始终不忘初心、继续前进，以全面从严治党为改革发展提供坚强保证。

要加强思想建党，努力提高思想政治水平。坚持把理论武装与加强学习型党组织建设相结合，组织广大党员特别是领导干部深入学习、系统掌握习总书记系列重要讲话精神，扎实开展“两学一做”学习教育，切实增强“四个意识”“四个自信”。要坚持把理论武装与提高干部能力素质相结合，扎实开展大规模干部培训工作，推动各级干部结合江宁实际、工作实际和自身实际，广泛深入学习践行“五大发展理念”所需要的各方面知识，不断提高战略思维、创新思维、辩证思维能力，真正做到想问题有新观念新思路、干事情有新方法新举措、谋发展有新理论新高度。要坚持把理论武装与提高党建工作科学化水平相结合，强化民主集中制，完善党内民主决策机制，不断推进党的建设制度化、规范化、程序化。

要从严管理干部，锻造引领发展过硬队伍。坚持正确的用人导向，按照“20字”好干部标准，切实把那些思路清、作风硬、敢担当、善作为、群众认可的干部选出来、用起来，真正做到让能干事者有机会、干成事者有舞台，不让老实人吃亏，不让投机钻营者得利。加大干部交流轮岗力度，重视优秀年轻干部、女干部、党外干部的培养选拔，认真按照中办国办有关意见精神做好老干部工作，充分调动各方面干部的积极性和创造性。严格落实“五个要”的要求，从严管理监督干部，着力形成系统完备、科学规范、有效管用、简便易行的干部监管体系。坚持从严管理和正向激励相结合，建立健全党政领导班子和领导干部综合绩效考评体系，客观公正差别化地评价干部业绩，奖优罚劣，引导干部把全部精力放在推动发展、实干为民上。

要坚持抓常抓长，大兴为民务实优良作风。持续加强对违反中央八项规定行为的监督执纪问责，时刻紧盯作风领域新情况、新问题、新动向，强化源头治理，防止“四风”反弹。领导干部作为“关键少数”，要抓好家风建设，发扬艰苦奋斗精神，弘扬优秀传统文化，保持健康的工作方式和生活方式，切实做到正好家风、管好家人、处好家事。要深入开展“四解四促”“十百千万”等活动，坚持问政于民、问需于民、问计于民，把执政本领的增强深深扎根于群众的创造性实践之中。要把规矩意识与实干精神有机结合，坚持以“马上办”的行动、讲奉献的情操、“钉钉子”的精神干事情，坚决整庸治懒，杜绝为官不为。要进一步营造干事创业的良好环境，建立容错机制，保护干部积极性，激励各级干部敢闯敢试、先行先试、勇探新路，切实增强想为的境界、敢为的担当、勤为的作风、善为的本领。

要强化基层党建，夯实扎根群众坚实基础。深入实施基层党建“强优”工程，推进党建工作“五全一提升”，长效化整顿软弱后进党组织，落实党代表常任制，积极探索不同领域、不同行业党组织发挥作用的有效路径，推动基层党组织全面进步、全面过硬。继续扩大党组织在农民专业合作社、保障房小区、科技创业社区、非公企业和社会组织中的有效覆盖，打造一批基层党建品牌，构筑区域化党建工作新格局。多渠道选拔优秀人才充实社区党组织带头人队伍，让党组织书记真正成为农村发展的领路人、农民群众的贴心人。强化党员教育管理服务，完善党内组织生活制度和党员进出口机制；健全党内关怀帮扶机制，尤其要健全完善村（社区）干部激励保障机制，为基层干部开展工作、服务群众创造必要条件。

要落实“两个责任”，营造风清气正政治生态。严格落实党风廉政建设党委主体责任和纪委监督责任，把从严治党贯穿到“五位一体”建设的各方面和全过程，构建横向到边、纵向到底的责任落实体系。严格遵守党的政治、廉洁、组织、群众、工作和生活“六大纪律”，贯彻执行好《廉洁自律准则》《纪律处分条例》和《问责条例》，用好监督执纪“四种形态”，坚决同违反党纪的行为作斗争。进一步弘扬廉政文化，开展警示教育，引导广大党员干部特别是领导干部知敬畏、明底线、拒腐蚀、永不沾。坚持有案必查、有腐必惩，做到无禁区、全覆盖、零容忍，既坚决查处发生在领导机关、领导干部中的滥用职权、贪污贿赂、腐化堕落、失职渎职案件，又严肃查处发生在群众身边，与民争利、损害群众利益的不正之风和腐败问题，打造山清水秀的政治生态，以反腐倡廉的实际成效取信于民。

相关名词注解

1.“四个全面”：全面建成小康社会、全面深化改革、全面依法治国、全面从严治党。

2.“双自”上市企业：拥有自主知识产权和自有品牌的上市企业。

3.“千人”“万人”计划：“千人计划”指国家海外高层次人才引进计划，“万人计划”指国家高层次人才特殊支持计划。

4.“三去一降一补”：去产能、去库存、去杠杆，降成本、补短板。

5.“一轴三带四片区”：“一轴”是南站到空港这条“黄金轴线”；“三带”是东南科技创新带、环绕越文化休旅经济带、西部沿江经济带；“四片区”是东山副城中心区、高铁站前商务商贸集聚区、空港枢纽经济区、西南生态经济美丽乡村示范片区。

6.“一核五城八市镇”：“一核”是南京主城南部中心的核心区；“五城”是禄口、麒麟、滨江、汤山、湖熟5个综合性新城；“八市镇”是秣陵、谷里、横溪、丹阳、淳化、土桥、陆郎、铜山等8个特色新市镇。

7.“千百”工程：美丽乡村“千村整治、百村示范”工程。

8. 创建全国生态文明示范区“十大行动”：生态文明建设、节能减排、蓝天、清水、产业结构及工业布局调整、绿色江宁建设、农村环境综合整治、生态品质新城建设、生态园区建设、垃圾资源化利用十大行动计划。

9.“三高两低”：高污染、高能耗、高排放和低效益、低产出。

10.“33518”医疗服务体系：江宁医院、同仁医院、逸夫医院3个三级医院，中医院、二院、妇保所3个专科医院，5个具有二级医疗规模的社区卫生服务中心，以及18家社区卫生服务中心。

11.“三严三实”：严以修身、严以用权、严以律己，谋事要实、创业要实、做人要实。

12.“两学一做”：学党章党规、学系列讲话，做合格党员。

13.“两新”组织：新经济组织和新社会组织。

14.“四风”：形式主义、官僚主义、享乐主义和奢靡之风。

15.“四个一线”：发展一线、民生一线、稳定一线和党建一线。

16.“十百千万”：市管领导“十结对”、百名领导驻基层、千名干部到村（企）、万名党员干部带万户。

17.“一带一路”：“丝绸之路经济带”和“21世纪海上丝绸之路”。

18. 江苏“一中心一基地”：具有全球影响力的产业科技创新中心和具有国际竞争力的先进制造业基地。

19. 南京“四个城市”：“一带一路”节点城市、长江经济带门户城市、长三角区域中心城市、国家创新型城市。

20.“五位一体”：经济建设、政治建设、文化建设、社会建设、生态文明建设。

21.“3+3+3”产业：汽车、新一代信息技术、智能电网三大支柱产业；高端装备制造、生命科学、节能环保三大战略性新兴产业；文化休旅、现代物流、软件和信息服务三大现代服务业。

22.“五型”经济：创新型经济、服务型经济、枢纽型经济、开放型经济、生态型经济。

23.“七个更”：更好的教育、更稳定的工作、更满意的收入、更可靠的社会保障、更高水平的医疗卫生服务、更舒适的居住条件、更优美的环境。

24.“四名城四中心”：国际软件名城、中国“互联网+”名城、中国智能制造名城、中国现代服务业名城；区域金融服务中心、区域商贸物流中心、区域文创旅游中心、区域健康医疗中心。

25. 紫金“三区一园”：“三区”指紫金江宁、紫金方山、紫金吉山3个科创特区，“一园”指东山国际企业研发园。

26.“六个优化”：优化城市产业结构、空间布局、现代功能、文化特色、生态环境、治理服务。

27.“两山两河”：东山、竹山和秦淮河、外港河。

28.“六个统一”：规划管理、土地和征迁管理、建设管理、城市管理、招商引资、计划统计6个统一。

29.“三纵两横”生态廊道：“三纵”为长江水生态廊道、牛首山—云台山廊道、秦淮河生态廊道；“两横”为安基山—青龙山—祖堂山生态廊道、横山—云台山—马头山生态廊道。

30.“水十条”“气十条”“土十条”：国家出台的水、大气、土壤污染防治行动计划。

31.“三港”：空港、高铁港、江港。

32.“四个意识”：政治意识、大局意识、核心意识、看齐意识。

33.“四个自信”：道路自信、理论自信、制度自信、文化自信。

34.“20字”好干部标准：信念坚定、为民服务、勤政务实、敢于担当、清正廉洁。

35.“五个要”：管理要全面、标准要严格、环节要衔接、措施要配套、责任要分明。

36.“四解四促”：了解社情民意、破解发展难题、化解社会矛盾、力解机制束缚；促进干群关系融洽、促进基层发展稳定、促进机关作风转变、促进机关执行力提升。

37.“五全一提升”：党员管理全覆盖、党员教育全方位、党组织服务全天候、党建考评全过程、党情分析全系统，推动新常态下党建工作的全面提升。

38. 监督执纪“四种形态”：党内关系要正常化，批评和自我批评要经常开展，让咬耳扯袖、红脸出汗成为常态；党纪轻处分和组织处理要成为大多数；对严重违纪的重处分、作出重大职务调整应当是少数；而严重违纪涉嫌违法立案审查的只能是极极少数。

2016年7月29日，中国共产党南京市江宁区第十三次代表大会在区人民大会堂开幕，全区各条战线的300多名党代表出席会议　　宁　鉴　供稿

南京市江宁区人民政府工作报告（摘要）

——在南京市江宁区第十七届人民代表大会第一次会议上

代区长 祁豫玮

（2017 年 1 月 5 日）

过去5年工作回顾

过去 5 年，是江宁发展进程中极不平凡的 5 年。我们坚持以习近平总书记系列重要讲话特别是视察江苏重要讲话精神为根本遵循，紧紧围绕中央和省市区委工作要求，主动适应经济新常态，积极把握发展新走向，努力探索江宁新实践，在“迈上新台阶，建设新江宁”的征程上取得重大进展，顺利完成了区十六届人大历次会议确定的各项目标任务，为率先高水平全面建成小康社会奠定了坚实基础。其中，2016 年实现地区生产总值 1680.5 亿元，完成年度计划 100.5%，同比增长 9.5%；一般公共预算收入 210.2 亿元，完成年度计划 100.5%，直比增长 9.7%；全社会固定资产投资 915.4 亿元，完成年度计划 101.7%；社会消费品零售总额 469.4 亿元，完成年度计划 101.4%；城乡居民收入同步增长 8.5%。

一、经济发展跨越争先

综合实力大幅跃升。2016 年地区生产总值较 2011 年翻一番，在全市占比提高了 2.7 个百分点。一般公共预算收入年均增长 12.8%，总量连续 4 年位列全省区县第三。规模以上工业产值突破 3000 亿元。社会消费品零售总额是 5 年前的 1.9 倍。5 年累计固定资产投资 4400 亿元、工业投资 2300 亿元。金融机构人民币存贷款余额分别为 2291 亿元、1405 亿元，年均分别增长 16.3%、30%。

产业集群稳步崛起。“3+3+3”现代产业体系有效构建，创成智能电网、可再生能源、通信与网络、生物医药、节能环保、未来网络等 6 个国家火炬特色产业基地。汽车产业产值超 1300 亿元，智能电网产值突破 1000 亿元，新一代信息技术产值超 700 亿元。高端装备制造、节能环保、生命科学产业分别实现产值 280 亿元、300 亿元、40 亿元。现代物流交易额突破 1000 亿元，较 2011 年翻两番，农副物流综合竞争力蝉联全国第二，创成全省唯一国家级公益性农产品流通示范平台。软件和信息服务业收入超 900 亿元，江苏软件园入选首批国家级智慧软件园试点园区。旅游业高速发展，旅游收入年均增长 52.4%，成为首批“国家全域旅游示范区”创建单位。建筑业产值在 2011 年基础上翻了 3 番，获评“中国建筑之乡”。

发展质态持续优化。三次产业结构由 5∶62.8∶32.2 调整为 3.6∶53.1∶43.3，服务业比重提升 11.1 个百分点。高新技术企业 415 家，产值占规上工业产值 64.7%，成为国家级可持续发展实验区。累计上市企业 54 家，数量居全省三甲。新增中国驰名商标 6 件，省级名牌产品 29 个，参与制定国际标准 6 项、国家标准 56 项。新增规上民营企业 205 家，民营经济增加值占比 32.4%。农业现代化水平提升至全省第三位。

二、改革创新走在前列

创新能力显著提升。集聚国家“千人计划”专家 104 人、“万人计划”专家 21 人，创成国家“千人”“万人”计划及欧美同学会留学报国 3 个国家级人才基地。创投机构 150 家，占全市 20% 以上，撬动社会资本 240 亿元，成为省级创业投资集聚发展示范区。企业研发机构突破 600 家，科技进步贡献率由 56% 提升到 61%，连续 7 届获“全国科技进步先进区”称号。CENI 项目成为全省首个国家重大科技基础设施项目。建成科技企业孵化器、众创空间 68 家，其中国家级 17 家，获评国家小微企业创新创业示范基地。科技型企业与高校院所产学研合作率达 60%，年均实施产学研项目 120 项以上，获“中国产学研合作促进奖”。专利申请量和授权量连续 5 年领跑全市，成为国家知识产权强县工程示范区。成功承办中德智能制造合作峰会和省“i 创杯”互联网创新创业大赛等重大活动。

改革步伐纵深推进。围绕“三去一降一补”五大任务，制定实施“1+5+7”系列政策意见，供给侧结构性改革取得初步成效。17 个改革事项纳入市级以上试点，初步形成具有江宁特色的改革体系。行政审批事项由810项减少至138项，项目代办服务机制进一步建立健全，基本建设项目模拟审批荣获中央编办创新奖并在全省示范推广。以权责清单为基准的政府运行制度有效建立，完成新一轮政府机构调整和职能划转。实施开发区托管禄口街道，空港片区开发进入提速提升新阶段。组建九大国企集团，国资净资产达923.7亿元，列全省区县第一。农村改革多点突破，基本完成农村土地承包经营权确权登记颁证，深入推进农村社区股份制改革试点。深化公立医院改革，在全省率先破除以药养医机制。全面推行商事制度改革、“营改增”试点。实现“两证”向不动产权证平稳过渡。

开放开发加速拓展。5年累计利用外资40.6亿美元、外贸出口345.1亿美元、对外承包工程及劳务合作营业额28.3亿美元、服务外包执行额127.8亿美元，“四外”指标全市领先。江宁开发区进入全省四强，冲刺全国十强上升为市级战略。高新园发展进入快车道，苏南国家自主创新示范区建设加速推进。滨江开发区创成省新型工业化示范基地。麒麟科创园获得筹建省级高新区资格。空港经济开发区成功获批筹建省级开发区。汤山温泉旅游度假区创成国家级，入选首批省地共建体育健康特色小镇。南京综合保税区江宁片区封关运行，空港跨境电商产业园正式运营。援疆、援藏和对口帮扶淮阴、洛南工作取得明显成效。

三、城乡品质明显提升

功能布局更趋合理。初步形成了“3个500平方公里”的主体功能区空间布局，科学确立了“一轴三带四片区”生产力空间布局和“一核五城八市镇”城镇规划布局。全区城镇化率由68.1%提高到72%，建成区面积由196平方公里拓展到226平方公里。东山片区与开发区、高新园深度融合，南站片区现代服务业功能展开布局，上坊片区旧城改造初见成效，空港新城、滨江新城港产城一体化有序推进。秣陵、谷里、横溪等新市镇建设进展顺利。13个特色小镇在省市率先启动，其中南京未来网络小镇、禄口皮草小镇、汤山温泉养生小镇、石塘互联网小镇入选市级特色小镇。

基础设施更加完善。5年完成投资1270亿元，是上一个5年的1.6倍。禄口机场二期、宁杭高铁江宁站、宁安城际江宁西站投入使用，滨江港建成16个万吨级以上泊位。溧马高速、机场高速拓宽、绕越高速牛首山·谷里互通建成通车，高速里程由118公里提高到148公里。地铁3号线、机场线S1开通运营，地铁运营里程由18.9公里提升至68.7公里。文靖路、天印大道、将军大道、双龙大道、正方大道东延等完成改造和新建，东山副城形成“三横四纵”主干路网。提档升级农路690公里，改造危桥50座，乡村道路安全通行能力大幅提高。5年新辟、优化调整公交线路88条，新增、更新公交车835辆，建成公共自行车网点313个、配置自行车9000辆，公交分担率提升12.3个百分点。新建地下人防设施81万平方米，新增1.6万个公共停车泊位。基本健全水电气、网络通信等市政设施。5年累计投入37.5亿元，建成长江干堤达标等一批重点水利工程，水安全保障能力显著增强。特别是面对2016年“四超历史”特大汛情考验，我们坚韧顽强、勇于担当、不畏艰险、冲锋在前，夺取了抗洪抢险的全面胜利，激发出“人在堤在、日夜奋战、办法总比困难多”的抗洪精神，为推动江宁发展凝聚了新的精神动力。

城市面貌焕然一新。获评“中国宜居宜业典范区”。高品质推进城市核心区建设，新建成7家城市综合体，百家湖商圈成为全市第二大商圈。5年累计征迁760万平方米，基本完成殷巷、麒麟、横岭等老旧集镇征迁。加快建设“两河”风光带等城市景观，建成杨家圩、新天地等30个广场公园，完成60个小区整治出新。“931”“9322”“大干一百天”等城市综合整治任务圆满完成，5个“三年行动计划”全面展开。应急应对管理能力显著提升，为成功承办“亚青会”“青奥会”部分赛事，有效保障国家公祭日、G20等重大活动和社会和谐稳定大局做出了应有贡献。

美丽乡村创响品牌。基本建成西部430平方公里美丽乡村示范区，全区美丽乡村覆盖率达47%，创成全国休闲农业与乡村旅游示范区。累计完成147个示范村、重点整治村和287个一般整治村整治，农村环境连片整治获环保部肯定。建成60公里乡村生态循环道路、6个景观节点、14个驿站及相关配套设施，谷里街道创成全市首个全域美丽乡村。建成市级以上农业园区8家，新增省级示范家庭农场10家，全区新型经营主体适度规模经营比重提升至79%，农业综合开发投资规模位居全市各区之首。创成省级电子商务进农村示范区。台创园连续两年成功承办南京农业嘉年华。“横溪西瓜”成为全区首件地理标志注册商标。

四、环境保护扎实推进

综合治理效果显现。工地扬尘、餐饮油烟、工业废气得到有效整治，淘汰近万辆黄标车，连续4年实现秸秆禁烧“零火点”，5年年均空气质量优良天数保持在270天左右。实施太湖流域水环境综合治理，完成37条黑臭河道和岔路、殷巷片区水污染整治，关闭畜禽养殖场273户、长江取水口沿线码头船厂21家，建成投运20座城镇污水处理厂，基本完成街镇污水厂一级A提标改造，污水处理能力达到46万吨/日，国考断面水质逐步改善，饮用水源水质达标率100%。推进84个宕口矿山环境治理，治理面积达500万平方米。以中央环保督察为重要契机，全面排查发现问题，强力整改解决问题，对中央环保督察组的交办单全部分办、落实到位。

节能减排有力推进。5年累计关停“三高两低”企业130家，关闭造纸、电镀、选矿等严重污染企业75家，取缔“新五小”企业540家，淘汰落后产能37项，提前完成主要污染物减排任务。绿色能源推广应用，531辆新能源及清洁能源公交车、10个充换电站和130个充电桩投入使用。342家企业通过清洁生产审核，217家企业开展循环经济试点，228家企业通过ISO 14000环境管理体系认证，186家企业建成环境友好型企业。

生态管控富有成效。构建了生态准入、生态补偿、源头监管等制度体系，生态指标考核权重提高到20%。划定77块生态功能区和9个基本农田保护区，严守生态红线和耕地红线。盘活低效用地333公顷，集约用地水平有效提高。全区林木覆盖率由25.3%提高到28.5%，城镇绿化覆盖率由43%提高到47.3%，城镇人均公共绿地面积由14.5平方米提高到14.9平方米。新济洲创成国家级湿地公园。获得国家生态文明示范区创建资格。

五、民生福祉显著改善

生活水平持续提升。民生支出占一般公共预算支出72%以上，5年累计财政投入超500亿元。城乡居民收入年均分别增长9.3%和9.6%，农民收入增幅连续7年超城镇居民。年人均收入6000元以下农户全面脱贫。新增就业11.1万人，城镇登记失业率控制在2.6%以内。城乡居民基本养老、基本医疗、失业等保险覆盖率均在98%以上，低保标准市区统一，医保实现市级统筹，20.1万被征地人员全部纳入社会保障体系。5年保障性住房竣工1100万平方米，城镇住房保障体系健全率100%，大力度推进安置房不动产权证办理。

公共服务均衡布局。获评全国义务教育基本均衡区，新建中小学幼儿园14所、整体改扩建35所，引进10所名校合作办学，组建江宁高职校，启用专用校车服务。构建“33518”医疗服务体系，江宁医院创成三甲医院，区医疗服务中心进入装修阶段，区新中医院、南医大逸夫医院投入运营，基本形成“15分钟健康服务圈”，创成国家级卫生应急综合示范区和省妇幼健康优质服务示范区。市民中心、社会福利中心正式运营。成功获得国家公共文化服务体系示范区创建资格，南京直立人博物馆、牛首山遗址公园、区博物馆、民俗博物馆建成开放，区图书馆与文化馆获评国家一级馆,区档案馆创成省AAAA级数字馆。上坊孙吴墓、杨柳村古民居群和阳山碑材晋升全国重点文物保护单位。成功举办佛顶骨舍利供奉大典、春牛首国际马拉松等重要活动。

社会治理不断完善。社会主义核心价值观深入人心，群众文明素质明显提高，区文联获评全国文联工作优秀集体，创成全国文明单位2个、江苏最美乡村4个，和谐社区建设、社会管理综合治理获全国表彰，社工服务、村（居）务公开工作进入全国示范行列。建立覆盖全区的公共法律服务体系，成为全国法治创建活动先进单位，连续5年获评“全省法治建设示范区”。深化网格化社会管理，防控网络覆盖全区，群众安全感保持在97%以上,10个街道全部创成“全国安全社区”。民宗、双拥、侨台、区志、慈善、群团等工作取得新成绩。

在统筹推进经济社会发展的同时，政府自身建设全面加强。5年来，坚决贯彻区委决策部署，认真执行区人大及其常委会的各项决议决定，自觉接受区人大及其常委会的法律监督、工作监督，主动接受区政协的民主监督，共办理建议提案1914件，办结率100%。深化法治政府建设，认真履行决策听证、信息公开等法定程序。深入开展党的群众路线教育实践活动、“三严三实”专题教育和“两学一做”学习教育，严格落实中央“八项规定”，以“项目攻坚突破、社会治理创新、作风建设提升”主题年为抓手，推动政府部门服务效能大幅提升。更加重视群众来电来信来访，“12345”政务热线在全市考核中升至第二位。

过去5年,是江宁民生在共建共享中改善的5年，是江宁发展在转型转变中提升的5年，是江宁特色在创业创新中凸显的5年，是江宁地位在提速提质中争先的5年，是江宁自信在奋斗奋进中升华的5年。5年的砥砺前行，不仅为未来发展奠定了更加坚实的基础，也积累了弥足珍贵的经验，留下了许多有益的启示。第一，民生民心是事业之基。我们坚守为民初心、造福百姓，凝聚起强区富民的强大合力。始终坚持问题导向，着力补齐民生短板；始终坚持需求导向，着力响应群众期盼；始终坚持效果导向，着力对标人民评判，在保障和改善民生上迈出了坚实步伐，切实让群众共享改革发展带来的丰硕成果，把过去5年干成又一个可观可感的黄金发展期。“实现新发展,一切为人民”成为时代最强音。实践证明，以民生为中心，才能赢得民心；以民心为导向，才能厚植民生。第二，创业创新是发展之要。我们始终坚持改革创新、干事创业，激发起江宁奋勇前行的强大动力。紧扣“三区一中心”发展定位，深入实施创新驱动战略，推动以科技创新为核心的全面创新，充分释放了大众创业、万众创新的能量。实践证明，以创新为动能，才能跨越前行；以创业为基调，才能焕发激情。第三，开放开发是强区之路。我们始终坚持开放引领、园街联动，树立起执着奋进的战略定力。“开放的江宁”成为最重要的品牌，产业发展、园区转型、城乡建设等领域的特色亮点不断涌现，开放开发的优势不断放大。实践证明，以区情为基点，才能找准方向；以特色为追求，才能行稳致远。第四，统筹统揽是关键之策。我们始终坚持统筹谋划、系统推进，创造性地探索了一条具有江宁特色的发展之路。统筹空间、功能、产业三大结构，增强了区域工作的全局性；统筹改革、科技、文化三大动力，增强了发展的持续性；统筹政府、社会、市民三大主体，增强了各方发展的积极性。实践证明，只有坚持统筹统揽，才能在把握规律中提高政府工作的科学化水平。第五，自信自强是进步之魂。我们始终坚持一张蓝图绘到底、一个目标干到底，一任接着一任干，一锤接着一锤敲，不断为江宁长远发展打好坚实基础。对江宁的发展自信、道路自信，已成为我们接续奋斗最宝贵的精神资源和精神财富。实践证明，只有自信，才能坚韧不拔、不受干扰，使符合江宁实际的发展道路越走越坚定，越走越宽广；只有自强，才能不畏挑战、把握机遇，使江宁各项工作取得更大突破，始终占据发展的制高点。

在总结成绩的同时，我们也清醒地看到工作中还存在一些问题和不足，主要表现在：新常态背景下经济下行压力较大，作为经济体量大、产业规模大的江宁，经济发展继续保持中高速的难度越来越大；发展动力向创新驱动的转换速度不够快，创新成果就地转化率、产业化率不够高，战略性新兴产业培育亟需加大力度;园街发展分化趋势明显，城乡发展不够平衡，城市功能品质有待进一步提高；教育、医疗等优质公共资源供给不足，生态环境尤其是水环境还存在一些突出短板，提供更好的公共服务、更佳的人居环境、更优的社会治理任重道远；政府职能转换还不够到位，行政效率和依法行政水平有待提高。这些问题和不足，需要我们高度重视、正确面对，采取有力措施，加以有效解决。

未来5年工作展望

今后5年，是率先高水平全面建成小康社会的决胜阶段，是建设“强富美高”新江宁的关键时期。江宁未来发展的最大优势在开放，最大潜力在创新，最大着眼点和落脚点在富民。站在新的历史起点，我们必须准确把握市委对江宁提出的“要在全市发展中发挥支撑示范引领作用”最新要求和战略坐标，增创发展新优势，开辟发展新境界。当前，“一带一路”、长江经济带、长三角区域发展一体化等国家战略交汇叠加，为江宁带来了更多的战略机遇；南京被明确为东部地区重要中心城市、长三角区域特大城市和现代化国际性人文绿都，为江宁拓展了更广阔的发展空间。贯彻落实中央精神、省市部署，需要我们把清时代脉搏，廓清思想认识，认清自身优势，坚定江宁的道路自信和发展自信。只要我们咬定率先高水平全面建成小康社会的目标不动摇，把各项机遇和条件用足用好用到位，江宁未来前景一定会更加美好！

今后5年工作的指导思想是：在以习近平同志为核心的党中央坚强领导下，高举中国特色社会主义伟大旗帜，以中国特色社会主义理论为指导，深入贯彻习近平总书记系列重要讲话特别是视察江苏重要讲话精神,统筹推进“五位一体”总体布局,协调推进“四个全面”战略布局,深入践行创新、协调、绿色、开放、共享发展理念，聚力创新，聚焦富民，紧扣“产业结构显著提升、城乡面貌显著变化、生态环境显著改善、民生福祉显著增加、文化自信显著增强、党的建设显著加强”奋斗目标，纵深推进“创新驱动、园街联动、绿色带动、枢纽拉动、改革推动”战略，加快建设江苏高端产业集聚区、长三角自主创新引领区、美丽中国典范区和现代化国际性南京主城南部中心，率先高水平全面建成小康社会，展现经济强、百姓富、环境美、社会文明程度高新江宁的现实模样！

建设“强富美高”新江宁，必须重点突出5个方面：

发展水平要有新跨越。关键是继续走在省市最前列。经济增速高于苏南平均增速，地区生产总值突破3000亿元，一般公共预算收入突破300亿元，文化产业增加值占地区生产总值比重提高到6%。居民人均可支配收入与经济增长保持同步，城乡居民收入差距不断缩小，分别达7万元和3万元；低收入人口全部脱贫，经济薄弱村全部摘帽。在全市率先高水平全面建成小康社会，率先开启基本实现现代化建设新征程。

发展定位要有新内涵。重点是推进发展转型出关。突出南京主城南部中心建设，扎实推进“中轴提升、城市南拓、北融主城、副城东进”，建成一批新市镇和特色小镇，实现美丽乡村全覆盖。突出江苏高端产业集聚区建设，形成6个千亿级和3个500

亿级产业集群，工业经济进入全省五强，战略性新兴产业成为支柱产业，服务业增加值占地区生产总值比重达 47% 以上。突出长三角自主创新引领区建设，大力建设苏南国家自主创新示范区，全力打造东南科技创新带，高新技术产业产值占规上工业产值比重达 68%，科技进步贡献率达 67%，区域创新能力大幅提升。突出美丽中国典范区建设，绿色发展成为鲜明特色，创成全国生态文明示范区。

发展动力要有新增强。核心是发展动能转换取得显著进展。着力培育一批具有爆发力和引领力的创新型增长点，在调整存量、优化增量、提升质量上下功夫，加速形成创新集群，使创新驱动发展逐步成为主动力。提高改革整体效能，扩大改革受惠面，大力推进供给侧结构性改革，确保各项改革落地见效，努力形成一批可推广可复制的改革成果。推进开发园区转型升级，打造人才高地、创新高地、产业高地，不断提升开放型经济竞争力。更加主动融入国家、省、市发展战略，加强战略融合互动，发挥比较优势，再造发展新优势。

发展品质要有新提升。根本是使群众有更强的获得感和幸福感。要强化民生导向，实现政府有形之手、市场无形之手、群众勤劳之手同向发力，共同创造群众幸福生活。以更丰厚的居民收入，夯实百姓富的基础；以更均衡的公共服务，提升百姓富的质量；以更完善的社会保障，筑牢百姓富的底线；以更丰富的文化休旅生活，满足百姓富的精神需求。新增城镇就业 10 万人以上，全区 90% 以上学校达到教育质量优质标准，基本建成现代公共卫生服务体系，着力构建多层次、多元化养老服务体系，城乡社会保险覆盖率达 98% 以上，新建安置房 340 万平方米、3.5 万套以上，让群众分享到实惠，感受到富足，体会到尊严。

发展特色要有新彰显。要义是让特色彰显影响力，让特色成为竞争力。坚持有所为有所不为，收拢五指抓重点，集中力量创特色，着力在提高全面建成小康社会的质量和水平上下功夫，在建设“强富美高”新江宁征程上取得新业绩。正确处理好抓全局、打基础、创特色之间的关系，既要对标找差、补齐短板、全面提升，又要局部超越、争创优势、形成特色，走出一条以特色打造亮点、谋求突破、质态提升的发展路子。

2017年工作部署

今年是全面落实省第十三次党代会、市第十四次党代会精神的开局之年，是实施“十三五”规划的重要之年，也是推进供给侧结构性改革的深化之年。做好今年工作意义重大。

今年政府工作的总体要求是：全面落实党的十八大和十八届三中、四中、五中、六中全会精神，深入贯彻习近平总书记系列重要讲话特别是视察江苏重要讲话精神，全面贯彻中央和省市区经济工作会议精神，统筹推进“五位一体”总体布局和协调推进“四个全面”战略布局，按照省市区党代会部署要求，坚持稳中求进工作总基调，践行创新、协调、绿色、开放、共享发展理念，围绕“两聚一高”主题、紧扣“六个显著”目标、瞄准“三区一中心”定位，更加突出深化供给侧结构性改革、主攻重大项目、优化作风建设、创新社会治理、强化从严治党“五个工作主抓手”，大力实施“十项行动计划”，促进经济平稳健康发展、社会和谐稳定，全力开创“强富美高”新江宁建设的崭新局面，以优异的成绩迎接党的十九大胜利召开！

今年全区经济社会发展的预期性目标是：地区生产总值增长 9% 左右，其中服务业增加值增长 10%，占地区生产总值比重提高 1 个百分点；一般公共预算收入同口径增长 9% 左右；全社会固定资产投资完成 1100 亿元左右，增长 15% 以上；社会消费品零售总额增长 9%，达到 500 亿元；实际利用外资、地方外贸出口持续增长；全体居民人均可支配收入增幅与经济增长同步，其中农村居民人均可支配收入增速高于城镇居民。约束性指标是：万元工业增加值能耗同比下降 1%，规上工业能源消费总量控制在 130 万吨标煤以内，空气质量达到二级标准的天数比例达 70%。

围绕今年目标，我们必须坚持“一个原则”，把握“三个导向”。

坚持“一个原则”：就是坚持“稳中求进”工作总基调。要把“稳中求进”治国理政重要原则贯穿到政府工作的各个方面，尊重客观规律，强化辩证思维，努力把稳的基础打得更牢，把进的势头发展得更好。要在“稳”字上下功夫，重点稳住经济运行、稳住物价水平、稳住市场预期、稳住社会大局，突出抓牢实体经济、重点企业、重大项目，坚决守住金融风险、社会民生、生态环境等底线；要在“进”字上求突破，突出转型升级主攻方向，重点在结构调整、动力转换、开发新的区域增长极、培育新的产业增长点等方面取得较大进展，在改革深化、民生改善、社会治理等关键领域有新的进步。通过“稳”与“进”的良性互动，确保换挡不减速、量增质更优，努力实现效益质量、规模总量、人均均量、贡献分量全面提升，转型升级指数、民生幸福指数、生态环境指数、社会文明指数省市领先。

把握“三个导向”：一是聚力创新创业。全面实施重点产业项目建设、科技创新创业行动计划，努力形成更多的引领型发展，为省市转型发展提供示范。要让大众创业、万众创新成为新风尚，在新技术、新产业、新业态、新机制上率先突破，打造创新要素高度集聚、创新活力竞相迸发、重点产业自主创新能力跻身行业前沿的创新高地。二是聚焦富民惠民。全面实施富裕百姓改善民生、生态建设暨“两减六治三提升”、信访积案化解行动计划，把发展的红利最大程度转化为民生的福利，既看平均数，也看大多数，更关注极少数，着力在提高富民惠民的覆盖率、精准性、获得感、满意度上下功夫。滚动实施一批重大民生工程、年度民生实事和重要民生政策，促进基本公共服务均衡优质发展，让群众充分感受到江宁发展的温度。三是聚策融入融合。全面实施城乡建设暨动迁拆违、重点水利工程建设、文化及休旅重点项目建设、美丽乡村建设、禄口空港新城建设行动计划，打造国内领先的国家产城融合示范区。主动对接南京主城，争取更多政策试点和重大项目落户江宁；强化全域互动融合发展，以空港、汤山、滨江等重点片区的综合开发为突破口，加快全域一体化。深入推动社区生产生活生态的融合，全力打造特色小镇和特色社区。

一、深化创新驱动，提升产业发展新能级

经济新常态下加快转型升级，需要足够的定力和韧劲。要着力构建现代产业高地，扎实抓好171个重点产业项目，厚植发展优势，推动江宁经济发展迈上更高台阶。

着力打造支柱产业升级版。加快支柱产业转型升级，进一步扩总量、优存量、育增量、提质量。推动汽车产业向智能化、混合动力及新能源方向发展，推进上汽大众、长安马自达新生产线布局，确保产值稳中有升。巩固提升智能电网产业发展水平，深入推进国家高端装备智能电网产业标准示范点建设，鼓励智能电网领头企业向标准制定者转型，实现产值1200亿元。集全区之力办好2017年首届全球未来网络峰会，放大峰会红利效应，支持未来网络研究院等科研机构与产业对接，推进5G移动通信、CENI等前沿核心技术成果就地转化，筹建网络安全国家实验室，打造高端特色产业集群。积极推进工业投资“双百”工程和重点技改项目，技改投资占工业投资比重提高2个百分点。推动建筑业转型升级，建成省级建筑产业现代化示范区。

着力培育战略性新兴产业。制定战略性新兴产业发展计划和扶持政策，促进产业加快集聚，形成产业集群的领先优势。深入实施“中国制造2025”江宁行动计划，新增规上企业40家，创成智能工厂和智能车间10家，培育经济增长点50个。推进中船海洋、南京传动高端装备产业园等项目建设，推动高端装备产业向智能化、数字化方向迈进，实现产值300亿元。加快生命科技小镇建设，努力形成一批具有自主知识产权的生命医药产品，力争新增国内外知名研发企业5家，构筑具有国际竞争力的生命科学产业集群。规划建设江宁开发区环保服务业集聚区，加速推进江南环保产业园二期等重大项目，推动节能环保技术装备和服务水平显著提升，实现节能环保产业产值310亿元。

着力壮大现代服务业。发挥区位交通优势，以新业态、新模式打造现代服务业的新增长点，服务业投资增长10%。推动阿里巴巴菜鸟等项目建设，依托空港跨境电商产业园、滨江港、农副物流等载体，实现物流交易额1155亿元。加快东久互联技术创新园等重点项目建设，新招引软件关联企业100家，全区实现软件收入1050亿元。按照全景布局、全域覆盖、跨界联动、业态提升的要求，大力推进国家全域旅游示范区创建，构建旅游公共服务体系，全面提升环绕越文化休旅经济带，重点建设世茂梦工厂、牛首山二期、紫清湖二期、上秦淮生态湿地公园、华谊兄弟影视基地等项目，旅游产业集团实现实体运作，全年实现旅游收入350亿元。加大文化产业政策扶持力度，培育建设文创园区、文创街区、文创空间、创客中心等文创载体，鼓励文化产业与科技融合发展，实现文化产业增加值占地区生产总值比重提高0.5个百分点。

着力优化创业创新生态。加大对科技创新的投入，推广“科技创新券”，发挥好财政资金的杠杆作用，新引进创投资金10亿元，撬动各类社会资本290亿元。稳步提升载体和平台质效，加快紫金江宁悠谷等创客中心建设，新认定市级以上各类众创空间5家。加强大学科技园等公共平台的建设，组织实施产学研成果转化等高新技术产业化项目200项。推进与南理工、南工程全面战略合作，启动建设南航、金科院等15万平方米大学科技园和东大智能制造创新中心、中科院南京分院麒麟科技园等创新平台，推动大学城向科技城转型。落实好人才引育政策，加强人才与产业的对接，引进专家和高端人才团队4个以上、高层次创新人才150名，培育创新型企业家18名，推动400名青年创客创业。强化企业的创新主体作用，支持企业战略性新兴产业创新中心、产业研究院等重大科技创新平台建设，新增市级以上企业技术中心10

个，实施市级企业研发项目700个，新认定国家高新技术企业35家、省民营科技企业65家，“双自”上市企业总数突破60家。

二、统筹区域协调，打造城乡一体新形态

深入实施5个“三年行动计划”，坚持高起点规划、高标准建设、高水平管理，实施358个城乡建设项目，着力打造宜居宜业的南京主城南部中心。

加快城市功能品质提升。树立精明增长理念，编制完成南京主城南部中心战略研究，加强东山副城、开发区、高新园、禄口空港新城“四位一体”统筹协调、联动发展。大力开展动迁拆违提速行动，实现违法建设零增长，全区完成征迁100万平方米。深入实施“中轴提升”，以南站到空港沿线为黄金发展主轴，推进天元路、胜太路老工业地块“腾笼换凤”，着力增强杨家圩—百家湖片区发展能级，加快九龙湖—紫金江宁片区向创新型、智慧型、人文型、生态型转型。提前研究土山片区旧城改造方案，推进秦淮河综合整治工程城市核心段建设，加快外港河景观工程主体建设，基本形成“两河”整体景观体系。全力推动“城市南拓”，加快禄口空港新城核心区开发，同步推进征地拆迁、产业集聚和功能配套，做大空港经济开发区、空港枢纽小镇等载体，壮大临空产业集群，启动空港会展中心、如意湖景观示范区等功能项目建设，加快形成“园街港”一体化发展格局，完成全社会固定资产投资80亿元，为“2年形成核心区、5年基本建成新城区”打下坚实基础。扎实推进“北融主城”，高品质打造南站片区枢纽商圈，完善周边配套工程建设，加快绿地之窗等项目建设，启动建设天印大道至苜蓿园大街等融入主城的新通道。着力加快“副城东进”，围绕上坊旧城改造和青龙地铁小镇开发，提升上坊—麒麟片区城市基础设施和功能形态，激活东部地区发展资源。

加快基础设施建设。服务推进地铁5号线、宁句线等省市重点项目动迁、建设工作，启动3号线南延工程及梦工厂专线前期工作，续建S338、S246、S340、滨淮大道江宁段等一批骨干道路，打造完善的综合交通网络。开工建设宁杭高速淳化互通、东麒路北延等工程，完成150公里农路提档升级，着力提升区域交通通行能力。按照“江河库联通、洪涝旱联防、水安全水环境水生态联动”的水利发展思路，加快推进水利建设三年行动计划，在汛前确保60个项目竣工验收，为全区经济社会可持续发展提供有力的水利保障。加强海绵城市、综合管廊和地下空间规划建设，完成8个城市积淹水片区改造。稳步推进供水管网向农村延伸和供气管网更新，新辟城市公共停车位1000个。实施城市亮化工程，对城市重要干道、标志性建筑进行景观亮化提升，完成秦淮河、外港河、东山公园、竹山公园等施工段亮化工程建设，按照节能规范标准基本改造完成城区道路照明系统。

加快建设新市镇和特色小镇。充分调动社会资本积极性，加强与资质优、实力强、社会诚信度高的大型企业合作，运用PPP模式积极稳妥地开发建设江宁、湖熟、横溪、淳化等4个新市镇。注重城镇、产业、生态的深度融合，加快禄口、汤山等街道产城融合和公共服务配套步伐，努力打造产城融合发展的新名片。高质量打造南京未来网络小镇、石塘互联网小镇、诺奖小镇、苏家文创小镇等特色小镇，促进特色小镇产业、休闲、文化和社区等功能的叠加，使特色小镇专业更专、特色更特、精品更精，争创一批省市示范特色小镇。推进陆郎、丹阳、土桥等边界集镇建设和“边界经济”发展，展现江宁地域特色和独特魅力。

加快提档升级美丽乡村。深入实施美丽乡村“四变”工程，加大“千百”工程推进力度，更加注重长效管理，统筹推进34个示范村规划建设，形成西部生态休旅、中部田园水乡、东部休闲养生的新格局，全区美丽乡村覆盖率达到70%。提升430平方公里美丽乡村西部示范区建设内涵，重点打造大岘风景区核心组团和西部美丽乡村文化展示中心，实现生态绿道、重要景点和旅游驿站之间的互联互通、快联快通；全面启动美丽乡村中部片区建设，立足田园水乡定位，提升项目特色；东部片区依托汤山温泉核心资源，全面融入、主动对接全域旅游示范区建设，打好旅游牌、养生牌。大力发展民宿经济，以一体化推动、特色化塑造、规范化管理、多元化运作、信息化融合“五化”为重点，加大政策落实力度，开发独具品牌、独具创意的精品民宿，建成7个民宿示范点。发挥现代农业园区龙头作用，提升台创园、汤山翠谷等8个省市级现代农业园区建设水平，继续推进大生农业科技文化园等现代农业项目。提升农业生产经营水平，发展设施农业533公顷、高效农业1333公顷，培育新型职业农民4000人，建成区级以上示范家庭农场20家，新型经营主体适度规模经营比重达82%，农业现代化发展水平稳定在93%，创建国家农业可持续发展试验示范区。鼓励“互联网+农业”发展，新增省级电子商务示范街道1个、省级电子商务示范村（社区）2个。鼓励支持大学生利用互联网扎根农村创业、本地农民返乡居家创业，创成全国电商进农村示范区。

加快提升城市精细化管理水平。实施城市畅通工程，迅速启动建设地下通道和人行天桥，重点治理上元大街、莱茵达路等42个路段交通堵点，积极推广智能停车诱导系统，大力提升城市路网通行效率。推进环卫保洁、市政设施管养、园林绿化养护的标准化、精细化、网格化。实施城市美化工程，深入开展占道经营、户外广告、店招店牌等综合整治专项行动，完成50条背街小巷环境整治工作，打造10个特色街巷，营造干净、整洁、有序的市容环境。落实《南京市物业管理条例》，完善区、街道、社区三级矛盾调处和应急处置机制，推广安置房及老旧小区物业市场化运作。深化城市管理体制改革，推进执法重心下沉，先行在东山等街道开展综合行政执法改革试点，建立高效运行的城市综合执法机制。

三、坚持绿色发展，走出生态江宁新路径

围绕创建国家生态文明示范区目标，以“两减六治三提升”环保专项行动、生态文明建设工程三年行动计划等5个方案为统揽，打一场生态环境治理与改善的攻坚战，努力使天更蓝、地更绿、水更清、空气更清新，让群众看到实实在在的环境变化，在解决突出环境问题上取信于民，切实让良好的生态环境成为提高百姓生活质量的增长点。

强力推进水环境整治。对照中央环保督察组交办和反馈的问题清单，综合施策，全面整改落实到位。从“拆、截、清、修、引、测、管”7个环节入手，全方位、立体式落实治理举措，2017年底基本消除城市建成区内黑臭河道。在城市建成区特别是老旧小区加大雨污分流改造力度，铺设岔路、外港河等片区35公里污水管网，高标准完成107个排水达标区建设任务。实施水系贯通、补水引水工程，完成开发区、高新园等污水处理厂扩能升级改造，严格“河长制”“断面长制”管理，确保通过国考、省考断面达标考核。

强力推进大气环境整治。针对空气污染源，着力推进“七个严控”：严控能源消耗，稳步推进“煤改气”等一批节能减排项目，淘汰落后产能项目10个，加快落实开发园区生态化改造；严控工业污染，对小化工、小铸造企业实施有计划的关停并转整治，争取用2年时间淘汰到位；严控臭氧污染，完成汽车喷漆车间密闭化改造，基本完成包装印刷、机动车维修挥发性有机物污染专项整治，全面禁止露天喷漆作业；严控车船污染，持续淘汰黄标车、老旧车等高污染车辆，实施船舶排放控制区；严控扬尘污染，落实工地扬尘防控“9个100%”措施，鼓励采用装配式建筑，建成绿色建筑200万平方米以上，加强秸秆禁烧管控；严控面源污染，规范新建餐饮企业的选址和排污，创建12条餐饮油烟整治示范街区；严控重污染天气，强化落实重污染天气应急预案，积极实施人工增雨等综合应对措施，实现区域空气质量继续好转，顺利通过国家年度大气考核。

强力推进生态保护修复。严格管控77块生态功能区，明确生态红线边界责任，深入实施环境准入制度和差别化准入政策。编制江宁区城镇开发边界规划，划定城镇开发边界红线，区域基本农田保护面积保持在5.47万公顷以上。实施城市绿化工程，建成一批城市微公园，新增公共绿地30万平方米以上，完成绿化造林333公顷。制定“土十条”三年行动计划，开展污染土壤修复试点，建成一批关停污染企业场地修复示范工程。大力推进低效闲置土地盘活，确保完成200公顷任务。采取生态措施开展地质灾害修复，努力消除地质灾害安全隐患点。健全燃煤企业燃煤权交易体系，启动排污权、水权交易试点，进一步完善环境准入、生态文明建设考核等制度，加大生态补偿和生态环境损害责任追究力度。制定环境污染第三方治理实施意见，引导鼓励社会资金以不同形式参与生态保护与修复。

四、推进改革开放，激发持续发展新活力

聚焦重点领域改革，提升开放型经济水平，创造具有江宁特色的改革开放新经验，更大程度地激发发展新活力。

进一步推进各项改革落地。深入推进供给侧结构性改革，突出“三去一降一补”任务，重点打好降低实体经济成本组合拳。积极开展国家、省、市改革试点，在试点城镇、投融资机制等方面取得新突破。深化“放管服”改革，聚焦体制创新，适时开展相对集中行政许可权改革试点；聚焦投资建设，推进“三联四多”，优化完善基本建设项目模拟审批，推广项目代办制，适时开展“不再审批、有效监管”改革试点；聚焦创业环境，探索“证照联办”，开展“证照分离”改革；聚焦民生热点，制定公共服务事项目录清单，推广“民意110”；聚焦“互联网+”，健全政务服务“一张网”；聚焦科学监管，建立依据权责清单追责机制。推进园街联动，重点在江宁开发区托管禄口街道的体制机制方面取得新进展。深化财税体制改革，完善全口径预算管理，提高专项资金使用效率。加大金融支持实体经济发展力度，创成全市首批金融生态区。稳妥推进全区国企改革，做大国有企业资产，加快资产证券化，加大国有企业股份制改造和拟上市公司培育，稳步推进科创投集团、污水处理厂股改工作。按照“改造自我、服务农民”的要求，推进供销合作社综合改革。全力支持有条件的企业运用市场化手段融资，力争新增上市企业8家。加大对民营经济的政策支持力度，全年新增民营经济注册资本450亿元以上，培育具有较强竞争力的规模企业，鼓励民营企业技术创新，促进民营经济形成新的优势。

进一步提升开发园区建设水平。开发区瞄准全国经开区十强目标，着力壮大高端产业、总部研发、人才与科技创业的实力，全面提升九龙湖国际企业总部园、江苏软件园、综保区、中创科技、中国无线谷能级。麒麟科创园聚焦建成国家创新型经济示范区目标，着力在信息与大数据、节能环保等产业集群培育上重点突破。江宁高新园以建设苏南国家自主创新示范区为契机，全力主攻高科技、发展新经济，做强生命科技小镇和大学科教创新园实力。滨江开发区推进工业强基工程，加快基础设施建设和现代服务业发展，打造高端产业与新型城镇深度融合的品质滨江新城，进一步增强对西部发展的带动和辐射能力。汤山温泉旅游度假区充分放大世界温泉小镇品牌效应，重点发展温泉养生、会议会展、文化创意、体育运动等产业，力争进入国家级旅游度假区第一方阵。牛首山文化旅游区加快完善配套设施，打造全国著名旅游度假区和世界知名佛教文化圣地。空港开发区瞄准省级开发区十强目标，重点发展航空运输、航空制造、航空物流等现代临空产业，争创国家临空经济示范区。紫金江宁依托未来网络、智能制造等战略性新兴产业，加快推进产城融合。

进一步构筑开放型经济发展优势。主动参与“一带一路”、长江经济带、扬子江城市群建设，促成一批国家、省、市重点项目布局江宁。开展“四百招商行动”，全年引进亿元以上内资项目50个，千万美元以上外资项目40个，完成利用外资7.8亿美元。落实促进外贸回稳向好系列政策，积极做好空港跨境电子商务综合试验区建设和服务贸易创新试点等工作，全力稳定外贸增长。鼓励企业加快“走出去”，支持金智科技、南瑞继保、寒锐钴业等一批有竞争力的企业拓展国际市场，逐步提升一般贸易出口比重，力争实现出口1亿美元以上的企业超过10家。优化外贸结构，重点发展信息技术外包和知识流程外包为主的服务外包，服务外包执行额达1000万美元以上的企业争取突破20家。

五、注重共建共享，开创幸福江宁新局面

切实回应好民生关切，突出民生政策、民生工程、民生实事三大板块，解决一批必须办、应该办、能办好的民生实事，让群众有更多获得感、更高满意度。

全力落实民生政策。宁愿政府日子过紧点，也要让群众生活过好点。在财力允许的条件下，对民生政策进一步提标扩面。持续扩大社保制度覆盖面，新型合作医疗年人基标准从880元提高到980元。继续推进公立医院改革，逐步构建新型医疗服务模式。城乡居民养老保险基础养老金每人每月从370元提高到390元，联动提高城乡低保标准。制定失地老人生活补助办法，建立失独老人关爱援助制度，完善80岁以上老人普惠型高龄津贴制度，为“五类老人”中失能、半失能老人免费提供居家关照服务。实施更加积极的就业带动、创业扶持、政府兜底等富民惠民政策，新增城镇人员就业2万人以上。为全区户籍居民购买自然灾害民生保险。实行幼儿园学前一年基本免费教育，提高义务教育段生均公用经费补助标准。

全力办好民生实事。坚持问题导向，对群众诉求强烈的问题，要做一件成一件，把实事办成好事。坚持以创业带动就业，新增自主创业700人，转移农村劳动力6000人，加大对农民自主创业小微企业的扶持力度。按照精准扶贫、精准脱贫要求，完成132个经济薄弱村增收和3048户家庭脱贫任务。开展农村宅基地和农房统一登记调查，推进农村宅基地和农房不动产权证发放工作。全面完成已分配安置房小区不动产权证办理。完善老旧小区公共设施配备，更加注重长效管理，确保40万平方米老旧小区全面达到“五有”服务标准。提升改造5家农贸市场，建成20个垃圾分类示范区。全区公立医院统一接入全市卫生信息平台，实现网上预约取号。新辟、优化调整公交线路15条，更新公交车180辆，新建公共自行车服务点100个，新增自行车3000辆。开展1000场文化惠民活动，进一步做好锡剧等优秀地方剧种保护工作。

全力推进民生工程。对教育、医疗、养老、住房、文化等关乎群众生活品质的诉求，要加大力度、加快进度，真正把民生工程建成民心工程。优化城乡教育资源配置，全面启动教育资源优化提升三年行动计划，提前谋划初中、高中教育资源布局，启动将军山初中、玉树路初中、南站滨河学校及力学小学、琅琊路小学、拉萨路小学等江宁分校建设，开发区学校投入使用。完善“33518”医疗体系，区医疗中心建成使用，完成区妇幼保健院规划建设方案，建成6个社区卫生服务中心站，稳步推进滨江二级医院、省中医院谷里分院项目，建立出生人口预测预警机制，扎实开展省“十三五”人口协调发展先进区和省慢性病管理示范区创建。鼓励和支持社会力量举办养老机构，启动区社会福利中心二期建设，新增养老床位300张，建成市AAA级社区居家养老服务中心30个，加快苏豪汤山健康养老产业园建设。高效推进保障性住房建设，落实公共租赁住房300套，竣工安置房260万平方米。合理增加土地供应，经营性用地出让67公顷以上。以加快创建国家公共文化服务体系示范区为抓手，推进区综合档案馆和东吴、南唐等博物馆建设，创建省公共文化服务体系示范街道1个、市公共文化服务体系示范街道3个，建成省社区（村）综合文化服务中心50个。深入贯彻落实《“健康中国2030”规划纲要》，举办第二届春牛首国际马拉松等重大体育赛事活动，定期更新公共健身设施，鼓励支持体育产业与文化、旅游、养生跨界融合发展。

全力做实民生共治。健全重大决策社会稳定风险评估机制，完善群众诉求的表达机制、解决机制、反馈机制，使群众问题能反映、矛盾能解决、权益有保障。畅通群众利益协调、积案化解等法律渠道，进一步提高法治建设满意度和公共安全感。扎实做好“七五”普法工作，打造“法治广场”“法治讲堂”等法治文化建设品牌。深化网格化服务管理，落实社区治安责任承包制和“平安护民十项举措”，构建全方位立体化社会治安防控格局。以争创全国农村社区建设示范区、全国社区治理和服务创新实验区为契机，打造区级社会组织服务发展中心。推进轻微刑事案件“速裁”试点工作。坚守“发展决不能以牺牲安全为代价”这条红线，严格落实安全生产“党政同责、一岗双责”，加强重点领域、重点行业常态化监管，严控较大以上事故发生。以南京创建国家食品安全示范城市为契机，进一步提升全区食品安全保障水平。

六、强化政府建设，展示勤廉高效新形象

切实增强政治意识、大局意识、核心意识、看齐意识，全面提升政府治理能力，推进行政效能大幅提升、工作质量大幅提高。

增强贯彻执行能力。坚持以区委为领导核心，始终秉持“上级党委和区委有要求，第一时间有行动，落实部署有成效”的政治自觉，确保上级党委和区委每一项重大决策部署，全面及时地在江宁贯彻执行、落地生根。维护政府决定的权威性，对政府工作报告确定的重点目标、重点任务，要坚决落实到位，杜绝走形式、搞变通、打折扣。要打造敢于担当、积极作为、真抓实干、马上就办的干部队伍，确定的事情要雷厉风行、抓紧实施，部署的工作要紧抓不放、一抓到底，重点工作亲力亲为、全程督办，以扎实的工作促进实实在在的发展。继续巩固拓展群众路线教育实践活动、“三严三实”专题教育、“两学一做”学习教育成果，坚决反对“四风”，深入基层，深入一线，推动作风建设常态化、长效化。

增强法治建设能力。规范操作“三重一大”等制度，修订区政府议事规则，落实公众参与、专家论证、风险评估、合法性审查、集体讨论决定等决策规范，严格按照法定权限和程序行使权力、履行职责。主动接受人大法律监督和工作监督、政协民主监督、社会群众监督，高质高效办结办成人大代表建议、政协委员提案。全面深化政府法律顾问制度，区、街道、村（社区）法律顾问聘请率达100%，鼓励法律援助向基层延伸。突出执法重心下移、集中综合导向，建立健全多主体协同执法机制，完善执法办案终身负责和违法倒查制度。

增强机制创新能力。实行导向鲜明的考核体系，健全有为激励、无为问责的考评体系和奖惩机制，切实避免干得越多问题越多、少干不干反而没有麻烦的逆向激励。建立大督查机制，以“抓铁有痕”的劲头和“钉钉子”的精神狠抓落实，推动工作高效推进。优化政府绩效目标管理，严格重大任务和重点工作限时办结制。健全政府部门分工合作制，强化主动协作配合，杜绝推诿扯皮。创新民生诉求快速反应和解决机制，充分发挥“12345”政务热线、领导信箱等诉求主渠道作用，做到件件有落实、事事有回应。

增强服务发展能力。大力弘扬求真务实的作风，把精力更多地放在调整结构、推动改革、富民惠民上，说实话、办实事、求实效，抓具体、抓深入、抓到位，显著提升服务发展的能力水平和实际效果。要提升服务项目的能力，建立健全服务实体经济常态化机制，多了解企业的困难，多听企业的意见，多为企业解决问题，拉长服务短板，提升服务浓度，实现服务效率再提速、发展环境再优化。要提升服务高校科研院所的能力，建立、健全定期会商、定期征询工作机制，完善创新平台和配套条件，充分激活驻宁驻区的高校资源。要提升服务基层的能力，健全区政府领导现场调研办公、走访服务项目企业制度，切实做到工作在基层推动、问题在一线解决。

增强廉洁从政能力。严格落实中央“八项规定”、《党内政治生活的若干准则》和《党内监督条例》的要求，把从严治党落实到从严治政之中。进一步落实党风廉政建设责任制和“一岗双责”。建设节约型机关，严格管控“三公”经费。构建“亲”“清”的新型政商关系，严格政府投资工程、政府采购、征地拆迁、土地出让等重点领域监督管理，严肃查处各类违法乱纪行为，实现权力的规范化、阳光化运行，始终保持政府清正廉洁本色。

相关名词注解

1. CENI项目：未来网络试验设施项目（英文缩写CENI）。

2.“3个500平方公里”：500平方公里功能片区

和新市镇、500平方公里美丽乡村示范区、500平方公里生态涵养不开发区。

3.“四超历史”：水位超历史、流量超历史、降雨量强度超历史、高水位持续时间超历史。

4.“931”“9322”：“九整治、三规范、一提升”行动和“九整治、三规范、两集中、两提升”行动。

5.“两聚一高”：聚力创新、聚焦富民，高水平全面建成小康社会。

6.“六个显著”：产业结构显著提升、城乡面貌显著变化、生态环境显著改善、民生福祉显著增加、文化自信显著增强、党的建设显著加强。

7.“十项行动计划”：重点产业项目建设、富裕百姓改善民生、生态建设暨“两减六治三提升”、科技创新创业、城乡建设暨动迁拆违、重点水利工程建设、文化及休旅重点项目建设、美丽乡村建设、信访积案化解、禄口空港新城建设计划。

8.“三区一中心”：江苏高端产业集聚区、长三角自主创新引领区、美丽中国典范区和现代化国际性南京主城南部中心。

9.“中国制造2025”：建设中国为制造强国的3个十年战略中第一个十年的行动纲领。

10. 5个“三年行动计划”：环境综合整治三年行动计划、城市品质提升三年行动计划、交通秩序治理三年行动计划、市民文明素质提升三年行动计划、城市精细化管理三年行动计划。

11. 美丽乡村“四变”工程：盆景变成百花园、农村变成大景区、大学生变成创业者、农民变成富裕户。

12.“两减六治三提升”：减煤、减化，治太湖、治垃圾、治黑臭、治畜禽、治VOC、治隐患，提升生态保护水平、提升经济调控水平、提升执法监管水平。

13.“土十条”：《土壤污染防治行动计划》简称。

14.“三联四多”：联合勘验、联合测绘、联合验收，区域性联合评价、多规合一、多图联审、多评合一。

15.“五有”：有治安防范、有清扫保洁、有绿化养护、有物业维修、有停车管理。

16.“五类老人”：城镇“三无”人员、农村“五保”人员；低保及低保边缘的老人；经济困难的失能、半失能老人；70周岁及以上的计划生育特殊扶持老人；百岁老人。

17.“三公”经费：政府部门人员因公出国（境）经费、公务车购置及运行费、公务招待费。

2017年1月5日，南京市江宁区第十七届人民代表大会第一次会议在区人民大会堂开幕

区新闻中心　供稿

开展“两学一做”学习教育纪实

按照中央和省、市委统一部署安排，江宁区“两学一做”学习教育于2016年5月初正式启动，全区有94家单位、6万余名党员干部参加。区委把开展专题教育作为落实党建工作的龙头任务，立足基层党组织和党员队伍实际，因地制宜创新学习载体，丰富教育形式，切实推动学习教育抓在平常、严在经常、融入日常。学习教育开展以来，《南京日报》、南京广电台、南京电视台在全市率先对江宁区“两学一做”学习教育进行集中报道，《南京日报》头版刊登《学在先、做在实、走在前，江宁区推动“两学一做扎实开展”》文章，专题报道全区高起点组织推进学习教育情况；南京电视台“直播南京”节目播放全区“两学一做”学习教育专题片，进一步放大学习教育的影响力。省、市“两学一做”学习教育《情况通报》多次刊发全区学习教育特色工作，南京党建网“繁星—党员微故事”专栏摘录江宁区13名党员的先进事迹。

强化目标引领。区委和全区各级党组织把“两学一做”学习教育作为一项重要的政治任务摆上议事日程，明确“强党性、转作风、当先锋、促发展”的总要求，重点突出“三专题、两考评、五突出”等10个方面具体举措，要求全体党员在做到“四讲四有”的基础上，争做“五种人”，即做理想信念的传承人、做遵纪守法的规矩人、做廉洁自律的干净人、做为民服务的贴心人、做干事创业的带头人。

创新特色载体。坚持做到学在先、做在实、走在前，深入开展“比学习争先进让党性更坚强、比作为争贡献让党徽更闪亮、比业绩争一流让党旗更鲜艳”（简称“三比三争三更”）活动，引导党员立足岗位做贡献，推动党组织凝聚人心创佳绩。

坚持重心下移。突出基层支部在学习教育中的主体作用，扎实开展“强优”工程（党建强、服务优工程），持续整顿软弱后进党组织，深入推进“有困难找党员”为民服务体系建设，建好“江宁党建e家”智慧管理平台，推动全区基层党组织全面进步全面过硬，努力实现“五全一提升”，即实现党员管理“全覆盖”、党员教育“全方位”、党组织服务“全天候”、党建考评“全过程”、党情分析“全系统”，推动新常态下党建工作的全面提升。狠抓支部书记队伍建设，组织村（社区）党组织、非公企业党组织等200余名支部书记集中培训，指导基层支部抓好规定动作落实。

注重知行合一。把学习教育和全区改革发展稳定各项工作有机融合，引导党员干部在争先率先中加强党性修养，在转变作风中树立良好形象，在服务群众中筑牢宗旨意识，在担当作为中发挥中坚作用。各开发园区、街道、部门及国企平台针对党员干部的思想实际和不同特点，把学教课堂从会议室搬到田间地头、社区服务中心、企业和项目工地，通过解决如何服务群众、如何促进社区管理、如何提高参训率等难题，不断推动全区学习教育深入开展、取得实效。

（组织部）

全域旅游看江宁

习近平总书记指出：“旅游是人民生活水平提高的一个重要指标，是拉动经济发展的综合性产业和重要动力。”坐拥丰富的自然山水、历史人文资源，以及便利的交通条件，江宁在推进全域旅游创建工作中抢占了有利的起跑位置。区委、区政府明确提出，“十三五”期间，将江宁打造成国家全域旅游示范区。在全区各部门单位协调配合、全民参与下，全域旅游已在江宁展现出现实模样。

全地域，规划引领“盆景”变成“百花园”

市委常委、区委书记李世贵在全区旅游工作暨创建国家全域旅游示范区动员大会上指出：“江宁‘山水城林、江河湖泉’一应俱全，历史人文、典故传说、宗教文化、红色文化等极为丰富，又坐拥空港、江港、高铁三大交通枢纽之便利，这样得天独厚的‘黄金资源'，理应创造更具影响力的'黄金效益'。"

提到江宁的旅游，人们过去最常想到的便是"五朵金花"。如果把"五朵金花"比作"盆景"的话，那么如今，江宁1561平方公里全域已经成为"百花园"。从"盆景"变成"百花园"，这得益于规划引领。

高标准规划，一张蓝图绘到底。翻开《南京市江宁区国民经济和社会发展第十三个五年规划纲要》，文化休旅作为"3+3+3"产业体系中的一个重要环节，被画上浓墨重彩的一笔。江宁"十三五"规划明确提出，未来5年，江宁要"建成以温泉养身游、文化体验游等十大文化休旅产品为主要特色的精品旅游区，努力实现从旅游资源大区向旅游强区跨越，建成'国家全域旅游示范区'。"在"十三五"规划的引领下，江宁借助专业智库及各部门合力，高标准编制了《江宁区"十三五"旅游产业发展总体规划》《江宁区创建"国家全域旅游示范区"规划纲要》《江宁区全域旅游公共服务体系专项规划》等全域旅游发展配套规划，从宏观、中观、微观3个层面对全域旅游工作进行谋篇布局，并实现旅游与土地利用、城市统筹、生态保护、美丽乡村等规划有机对接，形成了一张看得见、摸得着、可操作的蓝图。

规划落地，描绘出全域旅游画卷。一系列规划落地后，在江宁大地上绘制出"1246"全域旅游新画卷。从汤山到谷里，南京绕越高速犹如一条"黄金腰带"，东南环横穿江宁，沿途人文、自然风景丰富。以环绕越文化休旅经济带这条"金腰带"为主线，全区构建了"一带双核四廊六大旅游集聚区"的空间发展战略，包含牛首文化核、汤山温泉度假核，长江水岸观光廊道、牛首云台山山林廊道、秦淮河湿地生态廊道、汤山青龙山生态廊道，汤山温泉度假、牛首山宗教文化、城市商贸休闲、美丽乡村休闲、上秦淮生态、滨江生态湿地六大旅游集聚区。

规划进村，打造"千村千面"好风景。除了发挥宏观引领作用，规划下沉进村也避免了旅游产品的同质化、"千村一面"。结合"千百工程"，全区把规划编制延伸至美丽乡村建设，结合各村特有的文化、自然、历史资源，在保留村庄乡土气息的基础上进行差别化的"精雕细琢"，避免大拆大建，保护美丽乡村原有的自然生态环境和人文历史环境，并赋予乡村景点多元化的发展活力，让村民和游客看得见山、望得见水、留得住乡愁。2016年以来，在美丽乡村"四变"工程引导下，江宁的乡村景点在规划编制及建设打造上呈现出更加丰富多样的面貌：东山街道佘村社区瞄准"古风"这一主题，计划对潘氏宗祠和潘氏老宅进行修缮改造，并配套对周边民居、村中节点进行"复古"改造；谷里街道新打造的新塘村里，蜜蜂元素"飞上"院墙、围栏……江宁的广袤农村变成了大景区。江宁还积极借鉴浙江乌镇等地经验，规划建设了大塘金香草小镇、石塘互联网小镇等一批生态创业小镇，力争将其打造成为南京南部乡村休闲旅游的知名品牌。

牛首胜景　　王官文　摄

全领域，跨界融合让“聚宝盆”变“万花筒”

“要按照‘一产围绕旅游做精、二产围绕旅游转型、三产围绕旅游强功能、综合产业围绕旅游调结构’的思路，促进旅游与区内相关产业深度融合、相融相盛，形成新的生产力和竞争力。”这是市委常委、区委书记李世贵在区委十三届二次全体（扩大）会议上对全域旅游发展提出的要求。

当下，江宁旅游产业逐步打破传统边界，与农业、文化、工业等多产业融合，整合开发出生态观光、乡村旅游、文化休旅等具有浓郁“江宁味”的拳头产品，实现江宁旅游资源从“聚宝盆”到旅游产品“万花筒”的转变。

“接一连二融三”，旅游附加值激增。第八届南京文化创意产业交易会上，来自江宁的金箔艺术品吸引众人的目光。作为全国工业旅游示范点，游客在金箔集团里还有机会看到非遗传承人现场展示切箔、贴箔等技艺；在位于江宁台创园的第12届南京农业嘉年华上，先进栽培技术、新奇农产品等丰富的农业元素吸引游人驻足拍照，很多游客还通过VR技术亲自体验当“农夫”的乐趣。随着“旅游+”链条的不断延伸，江宁旅游业与一二三产业的融合日益密切。湖熟菊花展、横溪西瓜节等成为农业休旅经济新亮点；禄口皮草、大众汽车等打造了工业旅游新名片；百家湖、九龙湖等重点商圈已发展成商贸旅游点。各个产业的加盟为江宁旅游增添了许多新亮点，而旅游业的发展，也带来了新的附加值。

“私人订制”，盘活存量资源。如果你喜欢娱乐，欢乐水魔方、方山汽摩基地、银杏湖乐园等大型乐园能满足你不同季节、不同时段的游玩需求；如果你热爱红色文化，那么不妨前往横山县抗日民主政府旧址、龙都革命烈士墓等地寻找红色记忆……不论年龄、不分季节，来到江宁，多种旅游线路“总有一款适合您”。随着游客出游心理的日渐成熟，对旅游品质、特色旅游产品的要求越来越高。适应市场需求，全区积极调整旅游产品供给结构，盘活存量旅游资源，优化提升现有旅游产品，并多样开发全新旅游产品，将传统的观光旅游向以休闲度假为主导的旅游产品转变。而今，江宁区正主推文化体验游、宗教朝觐游、乡村休闲游、主题娱乐游、红色教育游、研学体验游等十大主题线路。

“互联网+”，打造智慧旅游。走进牛首山景区应急指挥大厅，LED大屏上显示着当天景区的游客接待量、停车场、消防设备运行，以及客流预测、分析等信息。目前景区智慧旅游建设已取得一定成果，可为游客提供票务订购、导游导览、投诉建议等一条龙智慧服务。同时，借助智慧旅游应用系统，景区今后还可以基于客流、客源等数据分析游客结构、游客偏好等信息，为景区运营决策优化提供数据支持。旅游与互联网携手，让江宁旅游变得更加“聪明”。如今智慧旅游已经成为旅游需求预测、智慧景区管理、线上旅游销售的新手段。江宁区将统筹全区公安、城管、交通等各类数字平台，建设“江宁旅游在线”智慧旅游平台和江宁旅游大数据管理中心，实现旅游的智能化宣传推介和管理运行；各景区景点也将逐步布点高清监控、大数据管理平台等，通过智慧服务给游客带来更加便捷、丰富的旅游体验。

全方位，“风景”成产业“美丽”变生产力

实现“风景”变成产业、“美丽”转化为生产力的美好愿景，需要凝聚社会各界的力量。江宁全区联动，为全域旅游创建提供智力、财力、人力等多方面支持，合力兴旅。

金融整合，多元资本流向旅游业。全域旅游的版图打开后，多元资本慕名而来：台资企业落户谷里街道，开发建设了集主题游乐、生态观光等为一体的银杏湖乐园；国资参与美丽乡村建设，推出了黄龙岘茶文化旅游村、公塘头民宿等特色旅游品牌；社会资本独立运营的七仙大福村也成为备受欢迎的乡村游目的地……通过建立完善财政引导、金融支持、社会参与的多元化投入体系，全区逐步破解旅游产业发展的资金“瓶颈”，并进一步打开辖区旅游市场，吸引更多懂经营、有创意的社会资本参与其中，让多元资本扎根江宁大地，产生更多经济和社会效益。

人才集聚，“智”援旅游开发。江宁创新创业的沃土加速汇聚各类人才，人才、智力的“反哺”也促进了全域旅游的发展。秣陵街道乡伴苏家文创小镇一期于2016年10月试运营，吸引了一群回归乡村扎根田园的大学生，规划设计专业毕业的郑雅婧便是其中一位。毕业后，她加入了乡伴团队，与小伙伴们一起运营10间圃舍民宿，创意的室内布置吸引众多游客慕名而来，实现了营业额和口碑的双提升。而在汤山街道石地村，村民通过众筹方式自发参与村庄环境提升工作，并建起“村博馆”，向游客展示历经“风雨”的老物件。在免费提供孵化场地、免费提供技能培训等一系列利好政策的吸引下，越来越多的年轻人回到故乡参与乡村建设与旅游开发，江宁大学城集聚的高校人力资源也为旅游产业的持续发展输送了源源不断的新鲜血液。

全员参与，从旁观者变成参与者。随着创建工作的深入，全体江宁人正逐步从旁观者、局外人变成全域旅游的参与者、建设者、宣传者、受益者，大家以自己的实际行动推动“美丽”向生产力的转变。2016年秋开幕的第四届“花漫湖熟·菊花大赏”吸引了大量客流，菊花丛中有一群人每天忙到无暇欣赏身边的美景，他们便是来自街道的志愿者们。菊花展期间，来自街道、村（社区）的80多名工作人员主动加入志愿服务队伍，义务提供展区垃圾清理、交通疏导、游客咨询等服务。全区各部门单位工作人员和驻区高校的大学生也纷纷加入到旅游志愿服务队伍中。而在景区景点外，热情好客的“江宁人”也以自己的方式迎接四方游客。通过开展文化讲坛、志愿者培训、“美丽江宁人”评选等活动，“人人都是江宁形象、处处都要为游客服务”的观念逐渐深入市民心中，文明劝导员、“小红帽”志愿者穿梭在社区街巷，为江宁居民和游客提供帮助。感受到江宁志愿者的热情服务，来自马鞍山的陈先生竖起了大拇指：“江宁景美、人更美，下次还要再来江宁旅游。”

全要素，让游客来江宁“织造幸福”

“江宁”二字承载着千年文脉，如今，“来江宁织造幸福”的旅游品牌正吸引着众多国内外游客慕名而来，江宁也通过“食、宿、行、游、购、娱”等方面服务水平的提升，让游客乘兴而来，满意而归。

硬件提档，打造旅游“绿色通道”。“路通了，游客进村、村民出门都方便多了。”借助旅游联二线沿村而过的交通优势，谷里街道双塘社区新塘村迎来新的发展契机，道路畅通为村庄带来人气，村民们也纷纷琢磨起适合自家的创业致富项目，逐步将“人气”转化为“财气”。在江宁美丽乡村西部核心区，20多公里的联一线和联二线打通了旅游“绿色通道”，将原本散落分布在偏远地段的乡村景点、水库等旅游“明珠”串联在一起，为游客提供便利，也带动了沿线乡村旅游的发展。便捷的交通是发展旅游的必要条件。依托空港、江港、高铁三大交通枢纽，全区加快高速路网、轨道交通、市政道路建设，已建成景观游线总里程73.4公里，全域旅游交通实现环线闭合。同时，注重餐饮、住宿等旅游要素的配套建设。结合市场需求，已建成高端酒店12家、精品驿站8家、乡村民宿客栈98家。

软件升级，以优质服务“留客”。2016年10月26日，江宁区举办第三届农家乐美食节暨烹饪大赛，来自农家乐和餐饮企业的大厨们拿出“看家绝活”，现场比拼厨艺。大赛前夕，区商务局与区餐饮行业协会聘请国家级和省、市高级厨师，对全区美丽乡村示范村农家乐厨师和服务人员进行专业培训，受训人员达1000余人。结合全域旅游创建工作，邀请行业内专家、学者组建46人的专业辅导队伍，并启动全域旅游从业人员培训班，按照行业领域开展系列专题培训、交流学习等，不断提升旅游从业人员的服务水平，真正实现以优美风景吸引游客，以优质服务留住游客。

共建共享，服务体系全要素。2015年4月，石塘人家电商服务中心悄然“上线”，打开乡村游的网络“窗口”。100多平方米的电商服务中心分为培训区、孵化区、拍摄区，有专业团队定期为农户进行网上销售辅导。村里的农家乐经营户刘华学以致用，首批搭建了自家的农产品销售网站，年营业额增加7万多元。石塘人家电商服务中心还为村民提供多项便民服务，如代充话费、交纳水电费等，让普通村民共享旅游建设成果。坚持从“市民”需求转向“市民和游客”需求的理念，江宁区将旅游创建工作与民生工程建设相结合，加快建设信息咨询、安全保障、行政服务等五大类旅游公共服务体系，并不断丰富城乡基础设施的功能，健全完善江宁旅游要素，打造主客共享、宜居宜游的幸福乐土。 （原载《江宁新闻》，转载有删节）

情系特克斯

天山北麓，刻下江宁人民的深情

2016年8月中旬，天山北麓的新疆特克斯县日光如炽，金黄的向日葵恣意盛开，投入2000万元改造的“离街”民族街区热闹非凡。两条600多米长的巷道里蕴藏着大大小小37个院落，院里有原汁原味的哈萨克族食品、别具风情的树屋书店、震撼人心的丝路文化展示……每一位到此观光的游客，都会被这

"小而精"的民族街区深深吸引。

"自从在这儿开了小店，每天最高营业额能有三四百块，以后可能会更多，真让人高兴！"哈萨克族下岗女工古丽波生成了街区改造的第一批受益者，而帮助他们规划改造院落、迈出创业步伐的，正是江宁区援疆指挥组第八批援疆干部。

江宁和特克斯，东西遥望，相距万里。从2014年起，按照中央和省、市部署，江宁区继续对口援建新疆维吾尔自治区伊犁哈萨克自治州特克斯县。3年中，江宁坚持"建好项目、搞好交融、带好队伍、树好形象"，把援疆任务落到实处，几十个民生、产业和人才项目陆续实施，几十名干部、教师和医生先后进疆工作，两地手牵手、心连心、共发展，跨越万里阻隔，结下浓浓情谊。

3年来，江宁投入援疆资金1.95亿元，实施援疆项目32个，先后完成县双语中学续建、喀拉托海卫生院新建、科克铁热克乡县3万立方米自来水沉淀池新建、县公安技侦大楼、太极坛布展及250名特困户建房、10所双语幼儿园出新改造等项目工程。其中，用于民生工程的资金达1.69亿元，占全部援疆资金的87%。2016年度计划安排援建项目13个，援助资金7455万元，县人民医院、第六小学等5个基建类项目全部开工，8月底前完成全年任务。

在产业招商领域，江宁援疆指挥组依托特克斯县得天独厚的自然风光和悠久的历史文化积淀，不断在挖掘资源、利用资源上下功夫。近年来，江宁援疆指挥组重点开发了喀拉峻草原旅游设施，引进天翼航空公司动力滑翔伞和三角翼项目，填补了当地空中旅游空白；打造太极坛展馆、离街民族风情街区，新增旅游精品景点；在南京、成都等地成功举办特克斯旅游推介活动，创新"互联网＋旅游"；促成5家企业在特克斯完成投资和签约，两年多来带动近千名本地劳动力就业。在"真诚江宁人·情暖特克斯"主题活动中，江宁援疆指挥组围绕全县特困优秀学子、特困重度残疾人、特困孤儿等六大群体开展帮扶，3年中救济特困群体资金达90余万元。

江宁援疆指挥组始终坚持高标准、严要求，牢记援疆使命，统筹抓好各项工作任务落实，着力打造忠诚、干净、担当的江宁援疆干部队伍。1000多个日日夜夜，他们默默奉献的汗水洒满八卦城，他们践行使命的热情烙在人们心中。江宁援疆指挥组先后被省前指授予2015年度"援疆工作先进单位"，被特克斯县委、县政府授予"民族团结进步模范集体""先进基层党组织"。

江宁亲人再绘"特克斯好地方"

2016年9月，由江宁参与援建的特克斯县第六小学正式投用，首批学生入校就读。现代化的校园里，教学楼、综合楼、有400米标准塑胶跑道的运动场、篮球场、足球场一应俱全。学校的建立填补了特克斯县九宫新城的小学教育配套空白，对片区经济社会发展起到关键作用。3年来，江宁跨越万里实施的一个个援疆项目，正在惠及特克斯百姓。

"不只做项目，还帮我们把民族文化断层修复了"。离街是特克斯"乾坤震巽坎离艮兑"八街之一，该街区住有群众42户，由哈萨克族、汉族、回族、维吾尔族、蒙古族、柯尔克孜族等6个民族组成。一年多前，江宁援疆干部、特克斯县委常委、副县长蓝军在这里转悠时，它还只是八卦城中较为破旧的居民区。而蓝军考虑的是，如何结合本地特色将这里发展为旅游景点。在他眼里，多民族聚居本就是特克斯的代表性符号，这个街区建设出来可以充分展示这样的民族文化。最大限度保留现有民居院落和手工皮雕、冬不拉、瓜果油囊等诸多特色，将村民长期使用的旱厕改为水厕，修路粉墙，让村民变商户，帮助他们挖掘更多民族旅游产品，实现错位发展，这样的做法让当地群众眼前一亮，"江宁不只是在做项目，还帮我们把民族文化的断层修复了。"蓝军说："这与江宁因地制宜打造'金花村'是同样道理，我们必须尊重每个地区、每个民族的文化，规划打造不一定要最漂亮，但一定要让内行人一看就知道是哪个民族的东西。"如今，多元文化的交汇融合，民族文化的吐故纳新，在离街小院的一砖一瓦里都能找到翔实的证据。

一批学校新改扩建，援疆教师"收徒"传道。特克斯双语中学作为援建项目，是特克斯县最好的中学，也是全疆唯一一所用汉、哈、维、蒙、柯5种语言授课的学校。援建过程中，除了先后提供1.7亿元建设资金，江宁还派出了强大的援教师资。2014年，李道武、彭大礼、迪贺斌、秦晓巧、陈银海、张伏家等6名高级教师作为援疆教师，前往特克斯双语中学任教。学校专门成立了"江宁实验班"，并实施"青蓝工程"，由每一名援教教师带两名本地教师做"徒弟"，共同提高学校的教学水平。除双语中学外，在江宁援疆指挥组的带动下，一批中小学校和乡村双语幼儿园新改扩建工程也在稳步推进。3年里，援教老师和当地各民族的同学结下了深厚的师生情谊。这里的孩子大多家境贫寒，有的孩子家里最好的电器就是一台14英寸的黑白电视机。为了不让孩子因贫辍学，援教老师每年拿出一定资金资助贫困学生。江宁援疆前方指挥组还联系江宁的开发园区，设立每年30万元的基金，每年资助100名学生。在他们的努力下，许多贫困家庭的孩子继续留在了学校。

县人民医院2018年投用，江宁专家可“隔空”看病。原特克斯县人民医院因地处老城中心，且医疗设施相对滞后，发展受限。2016年3月开始，江宁援建项目——异地新建的占地4.3公顷、按照二甲医院设计的县人民医院破土动工，半年不到，工程主体顺利封顶，2018年即可投用。速度和干劲，成了江宁在特克斯的代名词。江宁援疆指挥组组长焦龙介绍说，特克斯因气候等原因是各种地方病及慢性病高发地区，但原有医疗资源已不能满足群众需求。江宁除帮助特克斯新建医院外，还将通过柔性引才等举措，为当地招徕更多专业人才。援疆的江宁医生们就发挥了不小的作用，他们依托江宁的医疗资源，为特克斯县的患者们解决了不少疑难杂症。待县人民医院全部建成后，该院有望引进高端远程会诊系统，届时远在万里之外的江宁的医疗专家就可以“隔空”为特克斯的百姓们看病。

真情援疆，在大美特克斯写下江宁大爱

“南京江宁有医仙，医德高尚业精湛，治病救人赛华佗，留得美名满天山。”这是悬挂在援疆医生刘虹飞在特克斯中医院针灸科办公室的一面锦旗。“刘医生，您今年回去后，还来吗？我这风湿老毛病以后找谁扎针啊？”听着“老病患”的抱怨，年近六旬、两度援疆的刘虹飞轻拍病人肩膀，笑着说：“放心，即使我离开了，技术还是会传给这里的年轻医生的。”3年来，在万里之遥的特克斯，常常上演着这样的温情画面。

2013年，怀着对新疆的无限热爱，江宁城建集团的郭霖华积极报名，成为一名光荣的援疆干部，担任伊犁州特克斯县住建局副局长。两年前，郭霖华走进一家特克斯的幼儿园，里面的景象令他心头一震：零下30摄氏度的严寒中，教室里没有暖气，10多个孩子只能围在一个炉子旁取暖。郭霖华回到援疆工作组的第一件事，就是申请来300万元的援疆资金，将全县的幼儿园修葺一新，通暖气、建厕所……郭霖华的努力，换来了当地百姓的信任。在群众的支持下，他又干起了抗震房与自来水厂项目。如今，全县人都住上了能抗8级地震的房屋，喝上了放心的自来水。“援疆是一份工作，更是一份沉甸甸的责任。”郭霖华访农户、跑项目、建学校，把特克斯当作第二故乡，用实际行动践行着真情援疆的真谛。

郭霖华感受到的“沉甸甸的责任”也是所有江宁援疆干部、教师、医务工作者的共同感受。“特克斯的孩子是那么渴望知识，我要将自己的一切奉献给他们！”来到特克斯的第一个月，援疆老师迪贺斌在日记中这样写道。在特克斯双语中学，迪贺斌不仅在校授课，每逢周末还为班里孩子补习。有些别人眼中逃课厌学的“笨孩子”，在他这里找到了学习的乐趣。不仅如此，对于班里10名家庭困难的学生，迪贺斌等教师积极向组织争取，给予每人每月300元补贴。功夫不负苦心人，在迪贺斌等江宁援疆老师的帮助下，2016年6月，江宁班的50个高考毕业生中26人考上本科，其中多名学生考上重点本科，本科达线率再创新高。

简朴的客厅地毯上，堆满油囊和奶茶，热情的哈族小女孩哈丽达忙不迭地往大伙手里传递。“哈丽达，我替‘江宁妈妈’来看你了。”时隔一月，江宁援疆医生、特克斯县妇幼保健院副院长徐庆芳再次来到哈丽达家里。刚上初一的哈丽达品学兼优，但因父母收入少,家庭条件十分困难。在和江宁同行电话聊天时，徐庆芳无意说到了孩子情况，对方当即表示要长期资助哈丽达。一年多来，徐庆芳成了哈丽达与江宁联系的纽带，她时常带着学习用具、生活用品看望孩子。“感谢‘江宁妈妈’，感谢徐阿姨，我一定好好学习，争取长大成为一名医生，像你们一样帮助更多人！”临别前，小姑娘载歌载舞，为客人们表演了哈萨克族歌曲《黑骏马》表示感谢。

从江宁奔赴万里之外的广袤边疆，援疆干部带着人才、项目、资金、技术、理念和浓浓的民族情谊，扎根遥远的西北边陲，为边疆的稳定和发展建功立业。而在他们背后，都有割舍不断的情，都有“上有老下有小”的负担，但他们却很少提及这些。他们说的更多的，是怎样精益求精地建好援建项目，是如何摆正姿态向新疆当地的干部群众学习，以及在新疆的日日夜夜里收获的点滴感动。“就快结束了，还真舍不得这里的一切，这是一段宝贵的人生经历。”江宁援疆指挥组组长焦龙感慨地说。

（原载《江宁新闻》，转载有删节）

1月

7—9日，政协江宁区第十一届委员会第五次会议召开，市委常委、区委书记李世贵发表讲话，区政协主席孙桂明向大会作工作报告，区政协副主席蔡正英作提案工作报告。出席会议的区政协委员围绕江宁经济社会发展大局和“十三五”规划，为“走在最前列、建设新江宁”建言献策。

8—10日，江宁区第十六届人民代表大会第五次会议举行。大会审议并通过了区长陈发喜代表区政府向大会所作的工作报告、区人大常委会主任王国亮所作的人大常委会工作报告及其他各项报告，明确了今后5年及2016年经济社会发展目标任务，依法增选蒋戈木、王登华为区十六届人大常委会副主任。

12日，区委常委会专题听取区委直属党组织书记抓基层党建和履行党风廉政建设主体责任述职。市委常委、区委书记李世贵主持会议。

16日，国务院侨务办公室主任裘援平率全国相关省（市）侨办负责人、各“侨梦苑”所属园区负责人、海内外侨商代表、归国创业华侨华人代表等300多人到麒麟科创园，考察园区建设的江苏南京侨梦苑。

25日，市委常委、区委书记李世贵主持召开区委常委会，传达贯彻市“两会”精神。

27日，区委、区政府召开“走在最前列、建设新江宁”观摩点评会，对各园区、街道2015年统筹“五位一体”建设进行全面总结点评。

2月

1日，市委常委、区委书记李世贵专题调研基层社区发展及扶贫工作，与村（社区）党组织书记共同谋划社区发展和扶贫良策，区领导刘玲、陈升、王登华等参加。

5日，十二届区纪委六次全会召开，市委常委、区委书记李世贵出席会议并讲话。全会审议通

2016年1月16日，国务院侨务办公室主任裘援平（左四）率队到江宁麒麟科创园“侨梦苑”考察园区建设的江苏南京“侨梦苑”

薛 琼 供稿

过了区委常委、纪委书记蒋戈木代表区纪委常委会所作的工作报告，学习了习近平总书记在十八届中央纪委六次全会上的重要讲话，传达了省、市纪委全会精神。

17日，江宁区“春风行动”首场招聘会在江宁开发区举办，园区、街道40多家企业进场招聘，提供研发、财务等工作岗位近1000个。

19日，省委书记罗志军到江宁区调研生态文明建设情况。省、市、区领导黄莉新、许津荣、缪瑞林、李世贵、陈勇、陈发喜、陆蓉等参加。

26日，江宁区召开旅游工作暨创建“国家全域旅游示范区”动员大会，全面部署国家全域旅游示范区创建工作。

3月

3日，省人才创新创业促进会秘书长会议在江宁区召开。同日，省人才创新创业服务中心落户江宁科创投集团。

4日，江宁区召开农村工作暨扶贫开发会议，研究部署推进农业现代化、美丽乡村建设和扶贫开发工作。

5日,第53个“学雷锋纪念日”之际，区政府办、区妇联等20多个志愿者组织和机关单位组织志愿者深入10个社区，开展形式多样的志愿活动,为广大群众提供服务。

7日，江宁高新园举行重大产业项目开工仪式，总投资169亿元的9个重大产业项目集中开工建设。

18日，全国政协副主席韩启德率全国政协调研组到江宁区，就“深化医药卫生体制改革”进行专题调研，省、市、区领导范燕青、李世贵、王建华、陆蓉陪同。

21日，全市重大项目集中开工空港、海港、高铁港枢纽经济区专场活动在江宁区举行，集中开工的29个重大项目，总投资339.85亿元，其中江宁区开工项目12个，总投资53.29亿元。

23日，区政府与苏豪控股集团签订南京苏豪健康养老产业园项目合作框架协议，共同建设国家级健康养老产业园区。

29日，澳门特别行政区行政长官崔世安率澳门特区江苏参访团到江宁区参观考察。

4月

7日，在省委书记罗志军、省长石泰峰的带领下，参加全省供给侧改革工作会议的省领导和与会代表到江宁区考察。

9日，“才市之春·才聚江宁”专场招聘会在江宁大学城文鼎广场举行。216家企业为26所驻区高校大学生提供了4000多个岗位，近万名应届大学生进场应聘。

10日，“牛首山杯”2016南京·江宁“春牛首”国际马拉松赛暨TOUR RUN南京站开赛，8020名选手参赛。

15日，“记住美丽江宁，乡伴最美田园”休闲乡村建设论坛在江宁区举办。

19日，区政府与中国银行、江苏银行、招商银行、徽商银行共同举办产业基金合作协议签约仪式，首期签约资金规模100亿元，期限5年以上。

20日，2016年江苏省暨南京市长江水生生物增殖放流活动在江宁区长江新济洲码头举行，省委书记罗志军、省长石泰峰等参加。

22日，2016苏商创新创业发展高峰论坛暨首届苏商“金茉莉奖”颁奖典礼活动在江宁区举行，省委常委、市委书记黄莉新会见企业家代表并参观企业展区。珠海格力电器股份有限公司董事长董明珠出席并获首届苏商“金茉莉”终身成就奖。

同日，第16届“江宁之春”群众文化节开幕暨秣陵街道专场文艺演出在百家湖凤凰台广场举行，区领导高吉祥、于茂高、蔡正英参加活动。

23日，江宁区图书馆市民中心分馆对读者开放。

29日，南京市第四批党外干部江宁实践基地挂职锻炼动员对接会召开，10名来自民革、民建、民进等民主党派的中青年干部将在区相关单位，开展为期6个月的挂职锻炼。

5月

4日，全市美丽乡村建设现场推进会在江宁区召开，市、区领导黄莉新、龙翔、刘以安、李世贵、陈发喜、刘玲参加会议，区长陈发喜作交流发言。会前，与会人员先后考察了谷里街道大塘金香草谷、双塘社区寻蜜小镇、公塘头民宿。

9日，区委召开“两学一做”学习教育工作座谈会,对全区“两学一做”学习教育进行动员部署。

12日，第12届“江宁十佳青年”评选活动颁奖仪式在江宁电视台演播室举行，区领导李世贵、陈发喜、孙桂明、刘玲、孟向前出席。

17日，位于汤山旅游度假区环镇北路的温泉房车露营地开营。

同日，莫桑比克共和国总统纽西率考察团，到江宁区考察经济社会发展情况。

18日，区委、区政府召开全区推进供给侧结构性改革工作会议，贯彻落实中央和省、市相关部署要求，动员全区上下结合区情实际，解决突出问题，坚决打赢供给侧结构性改革攻坚战。

26日，省委组织部（人才办）在江宁区举办江苏人才创新创业促进会双创人才分会成立大会，省促进会双创人才分会秘书处工作机构落户江宁。

30日，江宁区召开负责干部大会，宣布省、市委对江宁区区政府主要领导调整的决定：省委同意提名祁豫玮为江宁区人民政府区长候选人，陈发喜不再担任江宁区人民政府区长。市委决定，祁豫玮任江宁区委委员、常委、副书记。免去陈发喜区委副书记、常委、委员职务。

31日，江宁区首家街道总工会在江宁街道成立。年内，全区10个街道全部成立了总工会。

6月

12日，空港跨境电商产业园正式通关运营。

16日，澳门特别行政区政府经济财政司司长梁维特一行到江宁区考察，市长缪瑞林陪同并与澳门代表团进行座谈。

21日，全市重大项目、工业投资现场推进会在江宁区召开，省委常委、市委书记黄莉新讲话，市长缪瑞林作工作部署。

22日，第六届金陵礼佛文化月开幕式在牛首山文化旅游区举行。在7月23日举行的闭幕式上，牛首山文化旅游区被授牌为“江苏省对台交流基地”。

28日，位于江宁高新园的南京医科大学附属逸夫医院正式启用。

7月

2日，省长石泰峰率省相关部门负责人，到江宁区检查防汛工作，要求全面动员、全力以赴、严防死守，坚决打赢防汛抗灾这场硬仗。市委常委、区委书记李世贵深入部分街道、园区，实地检查防汛工作，并主持召开全区防汛抗洪工作部署会，对防汛抗洪工作进行再动员、再部署。

4日，代区长祁豫玮主持召开全区防汛工作紧急会议，通报全区汛情和防汛抗洪工作情况。

13日，全省“国家全域旅游示范区”创建工作推进会在江宁区召开，省旅游局局长秦景安，市委常委、区委书记李世贵，区领导祁豫玮、于茂高参加会议。会前，与会人员观摩了江宁区牛首山文化旅游区、银杏湖主题乐园和黄龙岘茶文化旅游村。

14日，全国人大常委会委员、财经委副主任委员尹中卿率调研组在省、市人大相关领导陪同下，到江宁区考察经济社会发展情况。

同日，全市深化行政审批制度改革暨江宁区模拟审批现场会在区政务中心召开，市、区领导刘以安、祁豫玮参加会议。

15—22日，2015—2016年度中国高中女子足球联赛总决赛在江宁高级中学开幕，全国8个城市的代表队在江宁区进行为期一周的比赛。

20日，江宁区扶贫基金会成立,第一期筹集原始基金650万元。

21日，江宁区在全市率先建立涉农街道规划所，为街道提供规划业务支撑和技术服务支持。当日，8个涉农街道规划所全部挂牌成立。

29—31日，中共南京市江宁区第十三次代表大会召开，全区各条战线的300多名党员代表参加会议。大会选举产生了33名区委委员、7名区委候补委员、15名区纪委委员，以及35名出席市第十四次党代会代表。在31日举行的区委十三届一次全会上，选举产生了新一届区委常委会，李世贵当选为区委书记，祁豫玮、严应骏当选为区委副书记。在区十三届纪委第一次全体会议上，选举杨彬为区纪委书记，杨蓉、薛松为区纪委副书记。

2016年6月28日，南京医科大学附属逸夫医院正式启用。图为邵逸夫先生塑像揭幕暨南京医科大学附属逸夫医院启用仪式现场
张海洋　郭　芳　摄

8月

2日，全国政协副主席、科技部部长万钢到江宁区考察科技

创新工作，科技部副部长徐南平参加考察，省、市领导黄莉新、张敬华、李世贵陪同考察。

4日，区政府召开2016年度省市重大项目及市政府议定事项推进会，专题研究和协调解决省市重大产业项目建设和市政府议定事项推进过程中遇到的问题。

12日，区委十三届二次全体（扩大）会议召开。全会全面贯彻省、市委全会和区党代会部署，总结上半年工作，明确下半年任务，对做好城市工作进行安排。区委常委会主持会议，市委常委、区委书记李世贵代表区委常委会作工作报告。

23日，全区“落实全面从严治党，推动作风建设”专题培训班开班。此次培训为期4天，各街道、园区和职能部门纪检、组工干部参加培训。

24日，全国青少年“未来之星”阳光体育大会江苏分会场暨全省少年儿童羽毛球训练营活动在江宁区举行，全省各地的28支代表队在江宁进行为期5天的训练竞技和拓展交流。

25日，江宁区举行专用校车服务启动仪式。根据10个街道24所学校的分布情况，全区开辟校车线路242条，配备专用校车248辆。9月1日起，1.2万多名学生可乘坐符合国家校车安全标准的专用校车上下学。

30日，“爱国敬业诚信友善”——江苏省道德模范与身边好人（南京·江宁）现场交流活动暨第二届“春风旗帜·江宁好人颂”主题活动在区人民大会堂举行。

9月

1日，农业部休闲农业扶贫培训现场会在江宁区召开，全国各地农业部门的近200名代表参加培训。

同日，江宁区召开全区生态文明建设推进大会，区领导李世贵、祁豫玮、孙桂明等参加会议。

2—5日，第12届中国（南京）国际软件产品和信息服务交易博览会期间，江宁区签约18个项目，总投资58.67亿元。

6日，环保部原副部长、中国生态文明研究与促进会常务副会长祝光耀率环保部调研组到江宁区，调研生态文明建设推进情况。

8日，在2016中国·南京金秋经贸洽谈会重大项目集中签约仪式上，江宁区15个项目参加集中签约，总投资282.9亿元。

同日，在第32个教师节来临之际，江宁区召开优秀教师先进事迹报告会，区领导李世贵、王国亮、孙桂明等参加活动。

11日，世界温泉及气候养生联合会主席恩贝托·索利曼等一行到江宁区，考察汤山旅游度假区。

14日，江宁区召开水利工程建设推进暨防汛抗洪总结表彰大会，市委常委、区委书记李世贵，区领导祁豫玮、王国亮、孙桂明、陈升、李滨、言明林、李雁等参加会议。

22日，江宁开发区与中科院南京分院签约，合作建设中科院科技服务网络（STS）江苏中心。

同日，全国人大常委会副委员长严隽琪率全国人大常委会执法检查组，到江宁区视察安全生产工作。

23日，江宁区与东南大学签署全面战略合作协议，省委常委、市委书记黄莉新，东南大学党委书记易红出席签约仪式并讲话。签约仪式上，东南大学还与江宁开发区管委会签署了共建江苏省高档数控机床及智能装备制造业创新中心、东南大学幼儿园江宁分园项目建设及运营协议。

26日，市委常委、区委书记李世贵专程到挂钩帮扶的湖熟街道和平社区，指导社区及低收入农户脱贫工作。

28日，第12届中国·南京农业嘉年华在江宁台创园开幕。活动持续54天，累计接待游客80万人次，创造直接经济效益2000万元，带动农产品销售1亿元，综合性经济收入8亿多元。

2016年8月30日，“爱国敬业诚信友善”——江苏省道德模范与身边好人（南京·江宁）现场交流活动暨第二届“春风旗帜·江宁好人颂”主题活动在区人民大会堂举行　郭志军　摄

同日，省政协主席张连珍主持召开政协主席会议，并以“改善城市空气质量”为题，到江宁区进行集中视察。

10月

10日，全国首个诺贝尔奖获得者及团队交流聚集区——“诺贝尔奖科学与艺术小镇”正式落户江宁开发区。

11日，以“推动全民终身学习，建设学习型江苏”为主题的2016年江苏省暨南京市全民终身学习活动周在江宁区行政服务中心启动。

14日，由青海省委书记王国生和省委副书记、省长赫鹏率领的青海省党政代表团到江宁区，就对口办学、科技创新、转型发展等情况进行考察。省、市、区领导石泰峰、樊金龙、缪瑞林、李世贵、祁豫玮等陪同考察。

同日，全区新一批20名中青年干部奔赴部分经济薄弱、欠发达村（社区）担任“第一书记”。

18日，由区纪委主办、以“传家训、树家风”为主题的传统文化文物展在江宁博物馆开展。

21日，第九届江宁学习节在淳化街道科苑社区启动，区委常委、宣传部部长张思明出席。

26日，区委、区政府召开“走在最前列、建设新江宁”观摩点评会，全面分析经济形势，对四季度工作进行部署。

28日，全市首个区级邮政管理机构——江宁邮政管理局挂牌成立。

11月

1日，江宁区召开“六五”普法总结表彰暨“七五”普法动员大会，要求深入实施“七五”普法规划，建设更高水平法治江宁。

7日，省人大常委会党组书记、常务副主任蒋定之率省人大相关委员会负责人，调研江宁区行政审批制度改革和优化发展环境工作开展情况。

10日，以“开放创新，合作共赢”为主题的第五届全球(南京)研发峰会在江宁区举办，20多个国家的300名代表参加大会，一批创新研发类项目集中签约、发布对接。

13日，禄口空港新城建设指挥站成立。

14日，全区村（社区）党组织书记专题培训班开班，市委常委、区委书记李世贵作开班动员。

22日，江宁区第一届青年大学生创业大赛拉开战幕，全市各大高校的318支创业团队争夺20个决赛出线名额。大赛决赛于11月26日举行，共产生一、二、三等奖10名，奖金3万～5万元；优秀奖10名，奖金1万元。

24日，区人大代表换届选举的投票选举日，全区153个选区全部进行了区人大代表投票选举。

29日，最高人民检察院党组成员、副检察长孙谦一行到江宁区检察院调研。

同日，全国人大常委会副委员长、全国妇联主席沈跃跃一行到江宁区，调研网格化妇联和妇女创业工作。

12月

1日，全省开发区人才工作交流推进会暨2016江苏人才发展专家峰会在江宁区召开，全省各开发园区的人才工作者及专家就“优化人才供给，打造创新园区”进行交流和探讨。

5日，首届世界智能制造大会系列活动——2016中德智能制造合作峰会暨南京未来网络小镇重大项目签约仪式举行，智能制造领域的众多行业精英和专家学者围绕促进中德技术与人才合作、融合发展进行交流。当天，15个重大项目签约落户，总投资166亿元。此外，中德技术合作转化中心和南京未来网络小镇分别被授予“国家小型微型企业创业创新示范基地”“国家火炬江宁未来网络特色产业基地”。

同日，江宁区在上海召开项目合作交流恳谈会。

9日，第八届汤山温泉文化旅游季开幕式暨重大项目签约仪式举行。

15日，南京医科大学康达学院江宁临床医学院成立并在江宁医院挂牌。

同日，江宁区在北京举办项目合作交流恳谈会，与在京的央企、民企及外企对接合作，加快推进北京地区在手在谈重点项目建设。

20日，海峡两岸关系协会会长陈德铭一行到江宁区，调研台资企业经营和发展情况。

24日，区委召开十三届三次全会，对深入推进全面从严治党作出部署。区委常委会主持会议，市委常委、区委书记李世贵受区委常委会委托作工作报告。

25日，共青团南京市江宁区第二十次代表大会召开，全区各条战线的200多名团员代表参加大会。

26日，根据省委统一部署，市委决定在全市开展2016年度党风廉政建设责任制重点检查考核工作。省委副书记、市委书记吴政隆带领第一检查考核组，对江宁区委及江宁开发区党工委领导班子落实党风廉政建设责任制情况开展检查考核。（宁　鉴）

历史文化

区名由来 “江宁”一名由来有二说：一是据清朝江宁人金鳌所著《金陵待征录》载，西晋太康二年（281），黄河以北，战乱已萌。晋武帝司马炎南巡，渡江后夜宿临江县（县治在今江宁街道）身感江野寂静而慨叹“江外（江南一带）无事，宁静若此”，于是将临江县改名为江宁县。查史书无晋武帝南巡记载，其“江外无事，宁静若此”一语也无从稽考。二是南朝梁、陈时训诂学家顾野王在其《舆地志》载有“江外无事，于南浦置江宁”之语。“江宁”乃濒临长江且秩序安宁之意。

建置沿革 江宁县始建于西晋太康二年（281），建县之前县域或属一邑，或分属数县。据《史记·吴太伯世家》记载，周朝以前，江宁属荆蛮之地。春秋战国时期，江宁属吴国。战国初期为越国管辖。周显王三十六年（前333），属楚国金陵邑管辖。秦始皇三十七年（前210），废金陵邑设秣陵县，又另设丹阳、江乘县，同属会稽郡。汉初，江宁地域为江都国，分置秣陵、胡孰、丹阳三侯国。汉末，孙权改秣陵县为建业县。晋太康元年（280），改建业县为秣陵县，又于秣陵西南置临江县。次年（281），改临江县为江宁县，县治在今江宁街道。隋开皇九年（589），建康、秣陵、同夏三县并入江宁县，属蒋州。至隋大业三年（607），废蒋州，复置丹阳郡，江宁县属丹阳郡。唐武德三年（620），江宁县更名归化县。与丹阳、安业等县属扬州郡。宋开宝八年（975），改江宁府为升州府，辖江宁、上元二县。明洪武元年（1368），江宁属应天府。清顺治二年（1645），改应天府为江宁府。咸丰三年（1853），太平天国定都江宁府，改名“天京”。同治三年（1864），复称江宁府，辖江宁、上元等县。中华民国元年（1912）1月1日，民国临时政府定都江宁府，改为南京府，次年废南京府设江宁县。民国22年2月10日，江宁自治实验县成立，直属江苏省政府。民国23年县治由南京迁至东山镇，与南京市分开。民国27年，江宁地区先后建立江宁、横山、上元县抗日民主政权，其间，汪伪在东山镇建立伪“县政府”。

1949年4月24日江宁县解放，4月28日，江宁县人民政府成立，隶属苏南行政区镇江专区。1949年12月，改属南京市。1950年1月，仍划回镇江专区。1958年7月，改属南京市。1962年5月，复归镇江专区。1971年3月，重新划归南京市。2000年12月，撤县设立南京市江宁区。

名人与江宁 数千年中，江宁悠久的历史、秀丽的山川和十朝的京畿重地，既孕育无数俊杰，又云集一代又一代名人刻留履痕。在江宁辈出的英才中，有南朝齐梁间著名道教思想家、被誉为“山中宰相”的陶弘景，南朝梁开国皇帝萧衍；南宋以身殉国、被封为义烈显节侯的抗金将领秦钜；明朝兵部尚书、戍边功臣王以旂；清朝女科学家王侦仪，著名爱国英雄邓廷桢，云锦挑花工艺家张长荣；民国时期的“国医泰斗”张栋梁，报业巨子史量才，方志大家陈作霖等。与江宁结下不解之缘的，号称千古一帝的秦始皇嬴政于秦始皇三十七年（前210）东巡经丹阳为泄金陵"王气"而废金陵邑设秣陵县，秦始皇"赶山塞海"，一鞭子把方山一分为三的民间传说，被广为流传；晋武帝司马炎改临江县为江宁县；东晋补辅谢安曾在东山营造别墅，中国军事史上一场以少胜多、以弱胜强的"淝水之战"参谋指挥部就设于此，相传古代成语"东山再起"一词也源出于此；唐代李白、刘禹锡都曾涉足江宁的山山水水，并为之留下许多不朽的诗篇，如李白的《东山吟》、刘禹锡的《牛头山新塔记》等；宋代宰相王安石曾任江宁府判，其父王益曾做过江宁通判，死后就葬于牛首山麓；唐宋八大家之一的苏东坡也到过东山，并赋诗言志，写下《东山》一诗；民族英雄岳飞在江宁牛首山抗金的事迹家喻户晓，而杀害岳飞的元凶、奸相秦桧是江宁桦墅人，死后葬在江宁铜井牧龙亭，坟墓人称"秽冢"；南宋末年的民族英雄文天祥曾两度到金陵，最后一次是被元兵押解北上，路经金陵驿（今江宁麒麟南面），写下《金陵驿》一诗。江宁还是抗日战争时期的红色革命根据地，留下了粟裕、傅秋涛、钟期光、邓仲铭等共和国元勋们豪迈壮烈、彪炳史册的光辉业绩。

文化遗存 全区有历史文化遗产139处，各级文物保护单位72处。远祖遗踪有汤山葫芦洞"南京猿人""湖熟文化"及遗址，昝缪文化遗址等；陵寝墓葬有上坊东吴大墓，南朝宋武帝刘裕陵，陈武帝陈霸先万安陵，南唐二陵，宋秦桧及家族墓，明沐英及家族墓，郑和墓等；寺庙古塔有圣汤延祥寺，上坊祈泽寺，方山定林寺，牛首山佛窟寺，湖熟清真寺等和牛首山弘觉寺塔，牛首山铁板道人塔，方山定林寺塔等；祠宅旧居有杨柳村古建筑群，佘村潘氏宗祠，张栋梁故居，史量才故居，民国汤山炮校，蒋介石温泉别墅等；砖石木雕有南朝陵墓石刻，牛首山摩崖石刻，杨柳村古建筑群雕刻，窦村石戏台雕刻等；古代器物有石器，陶器，铜器，瓷器，铁器，玉器，骨器等；桥梁水井有藏龙桥，湖熟桥，横溪桥，周郎桥等和陶吴响井，佘村万历井，耿岗井，东山戴家塘崇祯井等；非物质文化遗产有方山大鼓"麻雀蹦"，丹阳龙舞，铜山狮舞，横溪花鼓，马铺锣鼓，秦淮渔音，江宁白局，龙舟竞渡等。 （宁　鉴）

淳化街道引进宁粳8号和南粳系列优质新品种，使土桥绿色优质大米品牌越打越响、农业特色产业越做越强。图为该街道农业服务中心工作人员正在包装新上市的"土桥"珍珠米　　区新闻中心　供稿

旅游景点及地方名特产

旅游景点 江宁区内拥有国家级旅游度假区——汤山温泉旅游度假区，有国家等级旅游景区16个，其中AAAA级旅游景区3个、AAA级旅游景区4个、AA级旅游景区8个；有全国工农业旅游示范点7个，省级工业旅游示范点2个，省级房车露营地1个，省自驾游基地2个；有省四星级乡村旅游点18个，省三星级乡村旅游点6个。

特色菜肴 传统农家菜有周郎地锅小杂鱼、汤山汉林红烧肉、赵村大鱼头、方山混蛋狗肉、朱门黑鱼荷包蛋、山田烤全羊、陆郎富贵鱼头煲、陆郎羊糕、孟墓水晶蹄膀、黄桥滩红烧河豚、江宁镇土锅盐煲鸡、插花羊肉、东善桥扣肉、谷里鱼圆、湖熟鸭席宴等。酒店招牌菜有粤鸿和的烤乳鸽、鱿鱼粉丝煲，新东新的东山老鹅、骨头汤，小厨娘的烧牛排等。

特色食品 有丹阳羊肉面、土桥贴炉面筋、湖熟板鸭、汤山板鸡、陆郎茶干等。

品牌农产品 有湖熟“奇水”牌青虾、土桥“五城”牌青虾、“土桥”牌珍珠米、淳化“山田”牌牛奶、金箔集团“金东海”牌酱菜、横溪“大自然”牌西甜瓜、“绿王大自然”牌蔬菜、“春牛首”牌蔬菜、丹阳“天仙”银芽茶、土桥西城茶叶、淳化“梅龙”茶、方山“紫雾”茶、陆郎黄龙岘“龙毫”茶等。

地方名牌工业产品 有“南锗”牌系列锗产品、“双猴”牌水泥、“天宝山”牌水泥、“晨虹”牌工业气体、“顺艺”牌白厂丝和捻线丝、“金陵”牌金箔和复合铝箔纸等。 （宁 鉴）

区划人口

区划与调整 2016年5月31日，设立淳化街道大学城社区居民委员会。到2016年年底，全区有10个街道，129个社区居委会，72个社区村委会。

2016年江宁区社区居（村）委会一览表

表 1

街道	数量（个）	社区居（村）委会名称																
东山	居 16	东山	外港	中前	章村	晓里	岔路	邵圣	骆村	龙西	上坊	泥塘	天云	永安	高桥	大里	佘村
秣陵	村 4	建东	凤凰	周里	火炬	—	—	—	—	—	—	—	—	—	—	—	—
	居 21	秦淮	胜太	殷巷	湖滨	太平	长山	东南	青源	牛首	下墟	东旺	西旺	双金	家园	童前	东善桥
		祖堂	吉山	霞辉庙	元山	胜家桥	—	—	—	—	—	—	—	—	—	—	—
汤山	村 8	孟塘	龙尚	路西	建设	湖山	宁西	阜庄	阜东	—	—	—	—	—	—	—	—
	居 8	汤山	古泉	青林	作厂	孟墓	上峰	高庄	鹤龄	—	—	—	—	—	—	—	—
淳化	村 9	民主	茶岗	西埠	周子	周郎	西城	滨淮	柏墅	新林	—	—	—	—	—	—	—
	居 21	淳化	青山	青龙	吴墅	田园	索墅	双岗	土桥	新兴	科苑	方山	成山	桥头	杨村	横岭	王墅
		新华	永宁	解溪	陵里	大学城	—	—	—	—	—	—	—	—	—	—	—
禄口	村 15	马铺	杨树湾	成功	张桥	黄桥	秦村	埂方	小彭	曹村	徒墡	陈巷	溧塘	石埝	桑园	尚洪	—
	居 15	茅亭	机场	白云路	铜山	群力	陆岗	新生	山塘	谢村	永兴	高伏	彭福	上穆	钟村	陶东	—
江宁	村 10	清修	上湖	新洲	大庙	西宁	牌坊	庙庄	花塘	洪幕	天然	—	—	—	—	—	—
	居 12	荷花	星辉	南山湖	江宁	司家	陆郎	河西	朱门	叶村	盛江	新铜	牧龙	—	—	—	—
谷里	村 5	荆刘	柏树	双塘	石坝	亲见	—	—	—	—	—	—	—	—	—	—	—
	居 6	谷里	公塘	张溪	向阳	箭塘	周村	—	—	—	—	—	—	—	—	—	—
湖熟	村 8	三界	丹桂	晶明	万安	钱家	和平	徐慕	绿杨	—	—	—	—	—	—	—	—
	居 14	和进	金桥	湖熟	河南	双新	龙都	周岗	杨柳湖	新农	尚桥	河北	耀华	新跃	东阳	—	—
横溪	村 11	红旗	官长	安民	横山	许呈	云台	山景	宁光	勇跃	许高	石塘	—	—	—	—	—
	居 10	横溪	陶吴	丹阳	西岗	西阳	甘泉湖	新杨	新杭	西泉	甘西	—	—	—	—	—	—
麒麟	村 2	东流	袁家边	—	—	—	—	—	—	—	—	—	—	—	—	—	—
	居 6	泉水	建南	锁石	晨光	麒麟门	麒麟铺	—	—	—	—	—	—	—	—	—	—

（李 佳 张祖东）

人　口　2016年年末，全区户籍户数370074户，比2015年年末增长4.17%。户籍人口1025308人，增长3.19%。户籍人口中，男性505833人，女性519475人，男女性比例为97.37：100。人口出生率15.02‰；人口死亡率4.97‰。

民　族　2016年年末，全区有少数民族42个，少数民族人口11181人，比2015年增加1419人，占总人口数的1.1%。其中回族人数最多，共5334人。

2016年年末江宁区少数民族人口情况表

表 2

民　族	总人数(人)	男性(人)	女性(人)	民　族	总人数(人)	男性(人)	女性(人)
合　计	11181	4976	6205	土家族	847	314	533
蒙古族	663	303	360	哈尼族	15	3	12
回　族	5334	2619	2715	傣　族	40	17	23
藏　族	65	26	39	黎　族	74	32	42
维吾尔族	152	61	91	傈僳族	5	2	3
苗　族	495	168	327	畲　族	54	25	29
彝　族	244	64	180	高山族	9	8	1
壮　族	466	158	308	水　族	16	6	10
布依族	290	70	220	纳西族	14	2	12
朝鲜族	362	162	200	土　族	16	8	8
满　族	1433	715	718	羌　族	19	6	13
侗　族	214	67	147	鄂伦春族	3	2	1
瑶　族	93	42	51	仫佬族	12	5	7
白　族	94	28	66	达斡尔族	21	9	12
锡伯族	42	25	17	仡佬族	32	7	25
哈萨克族	23	7	16	鄂温克族	3	1	2
毛南族	4	1	3	京　族	1	—	1
门巴族	1	0	1	佤　族	4	3	1
拉祜族	6	2	4	景颇族	2	—	2
俄罗斯族	3	2	1	怒　族	1	—	1
柯尔克孜族	3	3	0	乌孜别克族	3	1	2
裕固族	3	2	1	—	—	—	—

（俞　亮）

经济社会发展

经济运行 2016年，江宁区完成地区生产总值1680.5亿元，比2015年增长9.5%；一般公共预算收入210.2亿元，增长9.7%，稳居全省前三；规模以上工业总产值2996.9亿元，增长1.8%；全社会固定资产投资915.4亿元，增长1.1%；社会消费品零售额469.4亿元，增长11.6%；地方外贸出口、实际利用外资分别完成74.5亿美元和7.9亿美元。服务业增加值占地区生产总值比重43.3%，比2015年提高1个百分点。实现旅游收入320.1亿元，增长14.3%；物流交易额1000亿元，农副物流综合竞争力蝉联全国第二；软件和信息服务业务收入900亿元以上；金融业增加值增长15%以上，累计54家科技型企业在境内外及“新三板”市场挂牌，上市公司数量居全省县域前三强。深入实施“中国制造2025”江宁行动计划，形成汽车、智能电网两大千亿级主导产业，吉宝通讯平板电脑、康宝莱生产基地一期粉剂保健品、华电节能环保设备等项目投产。新增国家“千人计划”人才4人，“万人计划”人才7人，省“双创计划”15人，均位列全市各区之首，培养高技能人才400人，举办全省互联网创新创业大赛。高新园获批省级众创集聚区试点，新引进入驻孵化科技型企业336家，孵化毕业企业32家，载体入驻率整体提高5个百分点。新认定各类研发机构51家，总数突破600家，高新技术产业产值占规模以上工业总产值比重达65%，万人发明专利拥有量38件。实施“初创科技企业培育”“小升高”计划，新增高新技术企业146家，实施产学研合作项目126项。

社会发展 2016年，全区城乡居民收入均增长8.5%，最低工资标准提高到1770元/月。出台一系列扶贫脱贫政策，年人均收入9000元以下农户脱贫2013户，占脱贫目标的20%。新增城镇就业人员2.6万人，农村劳动力转移9000人次。被征地农民社会保障实现全覆盖，职工医保实行全市统筹。开工建设开发区学校、玉树路中学等5所中小学，成功创建江苏联合职业技术学院江宁分院。新型合作医疗年人基金标准提高到880元，区医疗服务中心主体竣工。建成各类保障性住房260万平方米，筹集公共租赁住房100套。淳化敬老院主体建设，新增民办养老床位210张。全面推进国家公共文化服务体系示范区建设，成功举办“春牛首”国际马拉松赛活动。溧马高速连接线、将军路南延、正方大道东延等建成通车，建设地下停车场2座，新增公共自行车3000辆，完成农村公路提档升级230公里、危桥改造10座。制定实施城市品质提升、交通秩序治理等5个三年行动计划，完成征迁面积77万平方米，景枫中心、21世纪太阳城等综合体开业运营，启动外港河景观整治、秦淮河滨水风光带建设。禄口空港新城拉开新一轮建设序幕，规划建设大塘金香草小镇、石塘互联网小镇、诺奖小镇等一批特色小镇。创成全省现代社区治理创新实验区，建成江宁、禄口、谷里3个街道社区综合服务中心。淘汰落后产能企业15家，燃煤消耗总量控制在72万吨以内，新增新能源公交车80辆，创建省级散装水泥示范街道2家。实施蓝天工程，完成淳化、禄口覆盖拉网式农村环境综合整治，空气质量优良天数265天。启动玉带圩、鞭鞍河等5条黑臭河道整治，城北污水处理厂二期、南区污水处理厂试运行，新增污水管网35公里。林木覆盖率、城镇绿化覆盖率分别为28.5%和47.3%。完成第三批美丽乡村示范村规划，推进“千百工程”，完成重点整治村27个和一般整治村84个。

（区发改局）

景枫中心外景效果图　　宁　鉴　供稿

政治文明建设

概　况　2016年，中共江宁区委坚持以中共十八大和十八届三中、四中、五中、六中全会及习近平总书记系列重要讲话精神为指导，切实担负管党治党整治责任，着力加强党风廉政建设和反腐败斗争，以“永远在路上”的姿态持续深化作风建设，不折不扣把全面从严治党各项要求落到实处。按照中央和省、市委统一部署，扎实开展“两学一做”学习教育，坚持以上率下抓好学习研讨、履行职责清单，推动学习教育覆盖每个支部、每名党员。举办10期专题培训班，形成“三人”微宣讲等特色品牌，推进基层党建7项重点任务，党员干部在学习教育中受到深刻的党性锻炼。坚持正确的用人导向，选优配强领导班子和领导干部，选派一批年轻干部到“四个一线”和经济薄弱村挂职锻炼。创新开展基层党建“强优”工程，建设“江宁党建e家”互联网+党建平台，推动党建工作“五全一提升”。抓好中央和省委巡视组反馈意见长效整改，严格落实“两个责任”，成立区巡察办，突出挺纪于前，强化干部从严监督与管理，严肃查处一批违法违纪案件，党风廉政建设和反腐败工作取得新成效。切实加强民主政治建设，支持区人大围绕全区发展大局依法履行职能、提升监督的刚性和实效，支持区政协开展议政建言、协商讨论、视察调研、民主监督活动，区大大、政府、政协换届筹备工作有序推进。爱国统一战线进一步巩固壮大，工会、共青团、妇联等群团组织在服务大局中创出新成效。强化宣传思想工作，加大意识形态领域管理，落实落细社会主义核心价值观主题教育，常态化推进文明城区创建，正面宣传和舆论引导扎实有力。

（黄　川）

精神文明建设

概　况　2016年，江宁区精神文明建设工作坚持以社会主义核心价值观建设为根本，组织开展道德模范评选、文明城市创建、志愿服务活动等重点工作，努力提升城市品质，提高市民综合素质。

培育社会主义核心价值观。开展“农民心中的核心价值观”“我们的村规民约”“我的家风家训”和“善行义举榜”等征集展示活动，征集核心价值观表述1.4万余条，形成新的村规民约32种、家风家训3000余条，设立“善行义举榜”134个，建成核心价值观宣传教育文化墙184面、宣传橱窗395个。表彰2015年度全区“美丽江宁人”年度人物10人、年度人物提名奖10人，组织2016年度候选人物宣传推选活动。开展江苏省道德模范与身边好人现场交流系列活动（南京江宁）暨第二届“春风旗帜·江宁好人颂”主题活动，进一步营造崇德向善、见贤思齐的浓厚氛围。

深化文明城市创建。制定《江宁区市民文明素质提升三年行动计划（2016—2018年）》，明确五大类19项提升行动。加大城市文明示范点建设，分别建设市级、区级文明示范点48个、30个。组织开展江宁市民文明公约征集活动和“文明出行、机关干部先行”活动，编发《市民文明礼仪规范》1万册、《致全区市民一封信》和《致机关干部一封信》150万份。组织机关单位志愿者参与路口执勤等文明劝导志愿服务10万多人次。在区广电台开设“文明交通曝光台”，在《江宁新闻》（工作简报）开辟“文明大家谈”市民互动平台，全年播（刊）发文明旅游宣传稿件3000多件次。

推动群众性文明创建活动。组织开展文明单位（行业）、文明示范村（社区）、美丽乡村、美丽家庭、文明户和“城乡携手文明共建”等系列创建活动，全面推进区域共建、城乡共建、企地共建、军民共建，全区有2个村获“全国文明村”、1个村获“江苏省文明村标兵”、4个村获“江苏最美乡村”称号；69个村（社区）获江苏省、南京市“文明村（社区）”、117个村（社区）被评为区级文明示范村（社区）称号，“美丽家庭”创建活动获江苏省“创新案例一等奖”，“美丽乡村——幸福社区行”获南京市“创新案例奖”。

加强志愿服务工作。全年开展各类志愿服务活动300多场次，发放配套补助资金60余万元，超过8万人次参与志愿服务。举办第二届江宁区志愿服务“双选会”，吸引45个优秀项目和60多支志愿者团队参加。指导40个志愿服务大队、300多个志愿服务分队，共20多万名志愿者完成“志愿江苏平台”注册。获南京市“志愿服务项目最佳口碑奖”1项、“南京市最美志愿者”2人、“最佳志愿服务组织”1个、“最美志愿服务社区”2个、“街道志愿服务示范点”4个。承办中央文明办学雷锋志愿服务工作培训班在秣陵街道社会组织发展中心现场观摩活动。

强化未成年人文明礼仪养成教育。广泛开展“八礼四仪”教育实践活动，在全市“十岁成长仪式”暨“十岁生日”优秀案例征集评选活动中，获评优秀案例数占全市1/5，并获优秀组织奖。承办2016年度南京市百万未成年人“儒雅少年”评选系列活动启动仪式，组织开展“熟读国学经典、争做儒雅少年”活动，5人被评为2016年度南京市“儒雅少年”。在全市庆祝中国共产党成立95周年暨红军长征胜利80周年主题教育系列活动中，13所学校获优秀组织奖，2人获诗词朗诵比赛二等奖。

“学习雷锋纪念日”活动 2016年3月5日，在第53个“学习雷锋纪念日”来临之际，区政府办、妇联、老干部局、残联等20多家志愿服务组织和机关企事业单位组织志愿者深入基层，走进10个社区，开展形式多样的志愿活动，为广大群众提供关爱、科普、利民等服务。全区10个街道志愿服务总站分别选择1个社区作为会场，集中在社区以及各大重要交通路口、公交站点、街道敬老院、康复中心，开展政策宣讲、现场咨询、义诊、计生服务、公益讲座、盲人推拿、免费理发、维修家电以及文艺演出等志愿服务。其中，东山街道外港社区广场内的照相馆为美丽家庭拍照、为环卫工理发；汤山社区、汤山街道敬老院开展医疗卫生、健康陪护、保健咨询等志愿服务；横溪社区居民活动广场组织青年志愿者专场招聘会；禄口街道成功社区开展关爱留守儿童志愿服务；供销合作总社在溧塘社区为残疾人提供体检、理发；区残联为区康复托养中心内长期无法回家的精神残疾人包饺子；上坊建设开发公司到安置房建设现场给施工人员提供法律讲解及咨询等。

中华经典诵读系列活动 2016年4月1日，由区委宣传部、区文明办、区文联主办的“与经典同行——‘我们的节日’中华经典诵读系列活动”启动仪式暨首场活动在谷里街道周村社区举办。新民乐、访谈、诗歌朗诵、评弹等节目竞相上演，受到现场观众一致好评。此次活动是响应中央宣传部、中央文明办关于开展“全民阅读”活动的创新之举，围绕“我们的节日”“美丽乡村”“做文明有礼江宁人”等主题宣传，精选古代、近代、现代优秀诗歌、散文、小说等文学作品，由表演者进行诵读。此外，该活动还先后深入南师附中江宁分校、驻区94672部队、东山街道骆村社区等地，围绕端午节、建军节、重阳节等传统节日，开展中华经典诵读系列活动，累计受众1万多人。

“幸福社区行——美丽在江宁”活动 2016年6月21日，“幸福社区行——美丽在江宁”活动协调会召开，区委宣传部、区文明办、区广电台、区文广局等21家单位出席会议，会议对2016年度“幸福社区行——美丽在江宁”活动的组织实施细则进行讨论，并会商确定区环保局、城管局、公安分局、广电台等10家单位获2015年度“美丽乡村——幸福社区行”优秀组织奖，区民政局、区教育局、区人社局等15家单位获优秀参与奖。6月25日，2016年度首场“美丽乡村——幸福社区行”活动在东山街道骆村社区举行，社区负责人和幸福家庭代表走上舞台，畅谈社区在推动精神文明建设中取得的成果，东山街道文体中心、区群艺馆等单位的文艺爱好者们纷纷登台，表演歌舞、小品等文艺节目。演出间隙还设立有奖问答环节，主持人与台下观众互动。此外，区妇联、区环保局、区教育局、区卫生计生局等24家单位还在舞台周围设置展台，为社区群众提供医疗保健、法律宣传等惠民服务。是年，区文明委还围绕“介绍社区名片、展示社区风采、讲述感人故事、传播乡村文化”等美丽乡村建设主题，通过现场采访、文艺会演、交流互动、为民服务等方式，深入谷里街道双塘社区、江宁街道新铜社区、秣陵街道东旺社区、淳化街道成山社区，组织开展“幸福社区行——美丽在江宁”活动，进一步落小落细落实核心价值观，推进“三下乡”活动的长效常态。

第二届志愿服务“双向选择”交流会 2016年6月25日，第二届江宁区志愿服务双向交流会在区体育馆举行。此次“双选会”以“选你所愿”为主题，面向全区各企业、社区、高校、社会组织，征集确定“社会公益类”“助老类”“助残类”“青少年服务类”“环保类”五大类、45个参展志愿项目，并采取面对面交流的形式，与南京航空航天大学、金陵科技学院、江苏海事职业技术学院等15家驻区高校、社会组织的60余名（个）志愿者、志愿者团队沟通合作意向，并吸引南京体育学院等数个区外大学生志愿者团队到江宁参会。此外，还组织第一届“双选会”优秀项目颁奖仪式、优秀项目负责人志愿服务体会分享会、区外高校优秀志愿服务团队路演等活动。其间，供需双方共达成初步合作意向460多项。

省道德模范与身边好人现场交流活动在江宁举行 2016年8月30日，江苏省道德模范与身边好人（南京·江宁）现场交流活动暨第二届“春风旗帜·江宁好人颂”主题活动在区人民大会堂举行。此次活动以“爱国敬业诚信友善”为主题，突出弘扬“爱敬诚善”的核心价值，重点展示身边榜样的凡人善举，用身边事教育身边人。活动借助故事员讲述、视频展示、情景再现、互动访谈、致敬辞等方式，生动再现江宁榜样人物的先进事迹，传递社会正能量。通过故事员的讲述，增强事迹感染力，并结合视频播放榜样事迹，用语言将一个个感人事迹真实地呈现在观众面前，触动观众心灵；互动访谈采用多种形式，既有同榜样、受益者的交流，又有现场观众与榜样的互动；文艺节目凸显江宁特色与符号，以“江宁榜样”为原型，以情景剧、诗音画等方式进行创作，引导观众在欣赏节目中受到启示。省、市相关部门领导及区领导张思明、高吉祥、李雁、蔡正英参加活动。

市民文明素质提升三年行动计划印发 2016年9月21日，江宁区制定下发《江宁区市民文明素质提升三年行动计划（2016—2018年）》。该“行动计划”结合全国文明城市测评体系和未成年人思想道德建设测评体系等文件要求和江宁区实际，遵循以人为本、分类指导、因势利导、务实创新的原则，成立以区委副书记、区长祁豫玮为组长，区委常委、宣传部部长张思明为副组长的领导小组，并明确城市人文精神进一步彰显、思想道德素养进一步提升、科学法治观念进一步强化、文明礼仪规范进一步养成、志愿服务氛围进一步浓厚等5项总体目标。“行动计划”确定今后3年的五大重点任务，主要是以深化理想信念教育、铸就弘扬市民精神、推动全民科学普及、深化全民法治教育、加强市民健康教育为主要内容的精神培育行动，以文明单位、文明村（社区）、文明家庭、文明校园创建为主要内容的创建示范行动，以深化公民道德建设、未成年人思想道德建设、社会诚信建设、志愿之城建设为主要内容的道德提升行动，以推进优秀文艺作品创作、增强传统文化价值感知、推进书香江宁建设、丰富市民文化生活为主要内容的文化涵养行动，以开展“做彬彬有礼江宁人”“做文明出行江宁人”“做文明旅游江宁人”活动为主要内容的礼仪教化行动。区文明办还配套制定《江宁区市民文明素质提升三年行动计划考核工作实施方案》，对考核对象、考核内容、考核方式、实施步骤、结果运用等事项提出具体要求。

（易　扬）

组织机构及负责人名录

·领导机关·

中共南京市江宁区委员会

书　记　李世贵
副书记　陈发喜（5月免）
　　　　祁豫玮（5月任）
　　　　刘　玲（女,7月免）
　　　　严应骏
常　委　李世贵
　　　　陈发喜（5月免）
　　　　祁豫玮（5月任）
　　　　刘　玲（女,7月免）
　　　　严应骏
　　　　李　滨
　　　　戴华杰（1月免）
　　　　高德臣（4月免）
　　　　李万平（4月免）
　　　　陈　升（7月免）
　　　　蒋戈木（4月免）
　　　　刘维新（7月免）
　　　　周立军（7月免）
　　　　梁爱国（7月任）
　　　　杨　彬（4月任）
　　　　陆　蓉（女,7月任）
　　　　张会祺（7月任）
　　　　于茂高（7月任）
　　　　张思明（7月任）
　　　　张　荣（7月任）

南京市江宁区人大常委会

主　任　王国亮
副主任　刘维新（7月任）
　　　　王登华（1月任）
　　　　高吉祥
　　　　蒋戈木（3月任）
　　　　孟向前（1月免）
　　　　梁六生（1月免）

南京市江宁区人民政府

区　长　陈发喜（5月免）
　　　　祁豫玮（5月代）
副区长　祁豫玮（5月任）
　　　　高德臣（6月免）
　　　　李万平（6月免）
　　　　陆　蓉（女,7月免）
　　　　李　滨（7月任）
　　　　张会祺
　　　　李　雁
　　　　周育刚
　　　　焦　龙
　　　　言明林
　　　　于茂高（7月免）
　　　　米永强（11月任，挂职）
副巡视员
　　　　薛天如
副区级干部
　　　　谢从军
　　　　蓝　军（12月免）

政协南京市江宁区委员会

主　席　孙桂明
副主席　丁圣荣
　　　　蔡正英（女）
　　　　王仕国
　　　　吴凤平
　　　　潘龙泉
副巡视员
　　　　程德玉

中共南京市江宁区纪律检查委员会

书　记　蒋戈木（4月免）
　　　　杨　彬（4月任）
副书记　端木和海（7月免）
　　　　杨　蓉（女）
常　委　蒋戈木（4月免）
　　　　端木和海（7月免）
　　　　杨　蓉（女）
　　　　薛　松
　　　　金新峰
　　　　杜春泉（7月任）
　　　　易昌明（7月任）
　　　　陈　敏（7月任）
　　　　荆开虎（3月免）
　　　　张　敏（7月免）

区人民法院

院　长　史兆祥（11月免）
　　　　严忠琴（女，12月代）
副院长　杨双富
　　　　程　序
　　　　朱同福
　　　　徐正清（5月免）
　　　　孙　祥
　　　　冯晓华（5月任）
政治处主任
　　　　朱同福（5月免）
　　　　孙　哲（5月任）
纪检组长
　　　　方金保

区人民检察院

检察长　金　波
副检察长
　　　　汤文国
　　　　马　虹（女）
　　　　陈正平（5月免）
　　　　钱启玉
　　　　张咏梅（女，5月任）
政治处主任
　　　　张咏梅（女，5月免）
　　　　迟玉先（5月任）
纪检组长
　　　　王宝国（5月任）

区人民武装部

部　长　张　荣
政　委　周立军（6月免）
副部长　谢振东（6月免）

·区属部门·

区委办公室

主　任　张思明
副主任　吴孝江（3月免）
　　　　黄国平（5月免）
　　　　沈　哲（女）
　　　　庞　旸
　　　　王　飞（3月任）
　　　　俞　平（7月任）
　　　　陈　宾（10月任）

区委机要局

局　长　张思明
副局长　俞　平（7月免）
　　　　吴文虎（5月任）

区国家保密局

副局长　夏巍巍（3月免）

区委研究室

主　任　吴孝江（3月任）
副主任　张　钧（3月任）
　　　　王　飞（3月任）
　　　　夏巍巍（3月任）
　　　　张雅丽（3月任）

区委组织部

部　长　陈　升（7月免）
　　　　梁爱国（7月任）
副部长　戴　伟
　　　　崔吉胜
　　　　刘春明

区委组织员办公室

主　任　奚静静
副主任　易忠国（10月免）
组织员　刘　伟（5月免）
　　　　钱云锋
　　　　王培元
　　　　茆维荣（5月任）

区党代表联络办公室

主　任　刘春明

区人才办

主　任　刘　伟（5月任）

区深改办

常务副主任
　　　　吴孝江（3月任）

区级机关工委

书　记　刘　宏
副书记　陈　宾（10月免）
　　　　陈福明（10月任）
　　　　聂秀美（女，7月任）

区委宣传部

部　长　李　滨（7月免）
　　　　张思明（7月任）
常务副部长
　　　　吴仁成
副部长　王兰英（女）
　　　　陈春晴（女）
　　　　王瑞林（兼）
　　　　王　诚（3月免）
　　　　李大宏（3月兼）

区精神文明办公室

主　任　王兰英（女）
副主任　魏川雄（8月免）
　　　　宋池涛
　　　　朱建忠（10月免）
　　　　方广和（10月任）

区文联

主　席　高吉祥
党组书记
王晓丹
副主席　王晓丹
许宏亮
李　萍（女）

区委统战部

部　长　陆　蓉（女，7月任）
常务副部长
刘道成
副部长　王德武
肖　宁（9月免）
马兆永
李爱琳（女，7月任）

区工商联

主　席　潘龙泉
党组书记
王德武
副主席　王德武

区委政法委员会

书　记　刘维新（7月免）
于茂高（7月任）
副书记　杨立根
张　钧（3月免）
张思保（7月免）
徐正清（5月任）
王　军（5月任）

区综合治理委员会办公室

主　任　杨立根
副主任　王　军（5月免）
卞骁峰
张宝卿（5月任）

区委社建工委

书　记　张　钧
副书记　张雅丽（女）

区国安办

主　任　张思保（7月任）

区委农工委

书　记　顾晓群（3月免）
刘　群（3月任）
副书记　傅顺龙
聂秀美（女，7月免）
尚征明（10月免）

区编制委员会办公室

主　任　戴　伟
副主任　刘德明

区事业单位登记管理局

局　长　戴　伟（兼）

区委老干部局

局　长　崔吉胜
副局长　王　洪
王　伟（5月免）
刘美莉（10月任）
胡少和（12月任）

区信访局

局　长　朱晓星（5月免）
朱茂胜（5月任）
信访督查专员
吕井宏
王贵斌（10月任）
副局长　张行德（10月免）
陈　敏（女，10月免）
徐腊顺（7月免）
朱玉红（女，10月任）

区纪律检查委员会机关

办公室
主　任　金新峰（10月免）
朱振权（10月任）
纪检监察干部管理监督室
主　任　朱振权（10月免）
张德莹（10月任）
宣传教育室、党风廉政教育中心
主　任　邹　芒
党风政风监督室
主　任　周宗贵（10月免）
顾　明（10月任）
信访室
主　任　张德莹（10月免）
陈　敏（女，7月任）
纪检监察二室
主　任　吴玉虎
案件审理室
主　任　俞冬升
第一纪检监察工作室
副主任　张明洪
第二纪检监察工作室
副主任　刘建明
第三纪检监察工作室
副主任　赵　忠（7月免）
秦金平（10月任）

区监察局

局　长　端木和海（10月免）
杨　蓉（女，10月任）
副局长　荆开虎（3月免）
伏进进（7月免）
杜春泉（10月任）

区巡察办

主　任　朱晓进（10月任）
副主任　程志军（10月任）
董立国（10月任）

区委台湾工作办公室

主　任　张　燕（女，10月任）
副主任　费广进
廖书来

区总工会

主　席　孟向前（10月免）
副主席　赵普芳（女，7月免）
谢桂明（5月任）
李苏兵
孙继红（女）

团区委

书　记　丁　雪（女，5月免）
夏　旸（女，10月任）
副书记　夏　旸（女，10月免）
蓝　波
郝明亮（10月免）

尹颉鸣（12月任）

区妇联

主　席　张　蕾（女，7月免）
　　　　宋　洋（女，7月任）
副主席　朱玉红（女，10月免）
　　　　刘　青（女）
　　　　徐建丽（女）

区科学技术协会

主　席　谢桂明（5月免）
　　　　邢祯雁（女，5月任）
副主席　张和平（7月免）
　　　　姚本祥
　　　　茅　昊（7月任）

区残疾人联合会

理事长　陆琪惠（女，7月免）
　　　　毛为桂（女，7月任）
副理事长
　　　　王忠梅（女）

区人大常委会机关

办公室
主　任　高正峰
副主任　戴祖林（5月免）
　　　　郑胜华（女）
　　　　于小强（10月免）
研究室
主　任　戴祖林（5月免）
　　　　于小强（10月任）
内务司法工作委员会
主　任　陈筱青（女）
副主任　柳增林
预算工作委员会
主　任　朱建平
副主任　李晓琴（10月任）
农业和农村工作委员会
主　任　顾晓群（10月任）
副主任　尚征明（10月任）
教育科学文化卫生委员会
主　任　刘桂联（10月任）
副主任　陈建平（10月任）
人事代表联络委员会
主　任　张　洪
副主任　吴　坤（10月任）
环境资源城乡建设委员会
主　任　沈　毅
副主任　陈　华（10月任）
民族宗教侨务台湾事务委员会
主　任　姚小荣（女，10月任）
副主任　陈　波（10月任）

区政协机关

秘书长　倪　平
办公室
主　任　倪　平
副主任　窦淑华（女）
　　　　刘忠青
提案文史委员会
主　任　张卫宁
副主任　朱建忠（10月任）
经济科技委员会
主　任　刘桂红（女）
委员工作委员会
主　任　张景萍（女，10月免）
　　　　刘忠青（10月任）
教卫文体委员会
主　任　赵洪军
社会法制和民族宗教委员会
主　任　马菊香（女，10月免）
　　　　许　芸（女，10月任）
人口资源环境（城市建设）委员会
主　任　陈玉明（10月任）
副主任　朱安平（10月任）

区委党校

校　长　刘　玲（女，7月免）
　　　　严应骏（7月任）
常务副校长
　　　　王瑞林
副校长　俞　华
党总支书记
　　　　王瑞林
副书记　胡　敏（女）

区行政学校

校　长　高德臣（5月免）
　　　　李　滨（10月任）
常务副校长
　　　　王瑞林（兼）
副校长　俞　华（兼）

区委党史工作办公室（区志办）

主　任　郭传华
副主任　苏子懿
　　　　黄　东

区红十字会

常务副会长
　　　　倪宝银（女，3月任）
副会长　焦秀君（女）
　　　　张　辉

区人民政府办公室

主　任　吴德厚
副主任　宋　洋（7月免）
　　　　屠　骏（兼，3月免）
　　　　朱晓星（5月免）
　　　　赵诗侠（10月免）
　　　　陈　宁
　　　　经　伟
　　　　张旭忠
　　　　汤　磊
　　　　王宜荣
　　　　吕　华（女）
　　　　施爱兵
　　　　许守江
　　　　张　敏（7月任）
　　　　朱茂胜（5月任）
工委书记
　　　　宋　洋（7月免）
　　　　张　敏（7月任）
副书记　陈　宁
纪工委书记
　　　　陈　宁

区政府接待办公室

副主任　沈　哲（女）

区外事办公室

主　任　陈　宁

副主任　张　瑛（女）

区法制办公室

主　任　经　伟
副主任　马林瑞
　　　　李国光（7月免）

区应急办公室

主　任　王宜荣

区政务服务管理办公室

主　任　孙卫民（9月免）
　　　　伏进进（女，7月任）
副主任　徐步龙
　　　　江良圣（10月免）
　　　　邹伍锁（10月任）

区发展和改革局

局　长　姜立波
副局长　刘晓斌
　　　　李越峰
　　　　谢　林（9月免）
　　　　张彩千
　　　　龚　轲
　　　　杨桂祥
工委书记
　　　　刘晓斌
纪工委书记
　　　　朱宁凡（女，5月任）

区经协办

主　任　李越峰
副主任　夏献国

区经济和信息化局

局　长　詹明杰（3月任）
副局长　詹　军（3月任）
　　　　蒋继平（3月任）
　　　　鲁志全（3月任）
工委书记
　　　　詹　军（3月任）
副书记　詹明杰（3月任）
纪工委书记
　　　　顾爱妍（女，3月任）

区住房和城乡建设局

局　长　林云飞（11月免）
副局长　丁　勇（3月免）
　　　　朱　光（10月免）
　　　　丁长俊（3月免）
　　　　芮雪平（3月任）
　　　　徐明芬（女）
　　　　王　富
　　　　沈建贵
　　　　黄　繁（7月任）
　　　　陈扶仁
　　　　郑立英（女）
工委副书记
　　　　徐　静（女）
　　　　林云飞（11月免）
纪工委书记
　　　　徐　静（女）

区房屋征收管理办公室

主　任　丁长俊（3月免）
　　　　黄　繁（7月任）
副主任　刘国美

区建工局

局　长　潘有为
副局长　陈扶仁
　　　　郑立英（女）
　　　　黄　繁（7月免）
　　　　曹　扬（7月任）
工委书记
　　　　陈扶仁
副书记　潘有为
　　　　严　斌（5月任）
纪工委书记
　　　　严　斌（5月任）

区人民防空办公室

主　任　俞玉和（5月任）
副主任　俞玉和（5月免）
　　　　费　超

区科学技术局

局　长　陈炳晖
副局长　徐　丽（女）
　　　　张学强
　　　　朱春明

区教育局

局　长　朱　慧（3月免）
　　　　周　强（3月任）
副局长　刘尹武
　　　　潘章华（7月免）
　　　　宋　军
　　　　刘　勇
工委书记
　　　　刘尹武
副书记　朱　慧（3月免）
　　　　周　强（3月任）
纪工委书记
　　　　高红英（女）

区民政局

局　长　古德武（3月任）
副局长　冯勇年（5月免）
　　　　张明根
　　　　袁道法
　　　　张和平（7月任）
　　　　薛　奎
　　　　闻正华（7月免）
工委书记
　　　　冯勇年（5月免）
　　　　张明根（7月任）
副书记　毛为桂（女）
纪工委书记
　　　　毛为桂（女）

区双拥共建办公室

常务副主任
　　　　张明根
副主任　王津东

区老龄委办公室

副主任　张广文

区司法局

局　长　周守忠
副局长　王　钢（女）
　　　　苏克刚

刘玉财（10月任）

区财政局

局　长　王登华（3月免）
张会祺（3月任）
副局长　邢祯雁（女,5月免）
张远庆
郭孝谦
张春雨

区国有资产监督管理办公室

主　任　范晓明
副主任　胡长顺（7月任）
陶家莹
续兴林（3月任）
徐晓明（3月免）
工委书记
徐晓明（3月免）
胡长顺（7月任）
副书记　范晓明
纪工委书记
束永存

区人力资源和社会保障局

局　长　陈国运（3月免）
杨嘉清（3月任）
副局长　倪宝银（女,3月免）
王义谦（9月免）
把国荣
栾修龙
陈国庆
王　兰（女）
孙　军（5月任）
工委书记
倪宝银（女,3月免）
孙　军（5月任）
副书记　陈国运（3月免）
杨嘉清（3月任）
纪小飞
纪工委书记
纪小飞

区公务员局

局　长　把国荣

区军队干部转业安置办公室

主　任　陈国运（3月免）
杨嘉清（3月任）
副主任　史明华

区医改办

副主任　马　凌

区人才服务中心

主　任　杨宝清

区审计局

局　长　段　俊
副局长　范晓兰（女）
奚玉国
徐成标

区统计局

局　长　汪　洁（女）
副局长　王金宽
王　垚
许　峰（7月任）

区物价局

局　长　王耀林
副局长　王花生
陈维发
姚应盛（5月任）

区安全生产监督管理局

局　长　侯玉平
副局长　左胜富（7月免）
张道平
吴　起（7月任）
吴　腾（7月任）

区安委办

主　任　侯玉平
副主任　吴　起（7月免）

区投资促进局

副局长　王　珏（3月免）
甘　颖（女,3月免）

区环境保护局

局　长　杨林富
副局长　何明进
于　萍（女,5月免）
赵志凌
管永麟

区城市管理局

局　长　许文林
副局长　孙千福（5月任）
张　皞
姜言海
徐文成
穆明忠（9月免）
工委书记
孙千福（5月任）
副书记　许文林
孙千福（5月免）
张祥华（7月任）
纪工委书记
孙千福（5月免）
张祥华（7月任）

行政执法大队

大队长　王　飞
政　委　张付廷

区城市管理行政执法局

局　长　许文林

区交通运输局

局　长　易骏飞（3月任）
副局长　李小靖
胡长顺（7月免）
曹志勇
李克林
沈庆元
工委书记
李小靖
副书记　易骏飞（3月任）
夏金华（女）
纪工委书记
夏金华（女）
总工程师

孙孝刚（7月免）
马明宏（10月任）

区农业局

局　长　吴常宝
副局长　杨文明
钱晓斌（5月任）
陈子旺
周敦银
王正林
秦文远
于文熙
马培洪
高春林
李　海
邹余明（7月免）
工委书记
杨文明
副书记　吴常宝
戴孝林
纪工委书记
戴孝林

区林业局

局　长　于文熙
副局长　高春林
刘铁梅
马培洪

区农开局

局　长　钱晓斌（5月任）

区水务局

局　长　姜　平（3月任）
副局长　戴　忠（5月任）
杨　华（3月任）
佘礼晔（3月任）
工委书记
戴　忠（5月任）
副书记　姜　平（3月任）
陈　凤（女，7月任）
马兴余（7月免）
纪工委书记
陈　凤（女，7月任）
马兴余（7月免）

区商务局

局　长　周志勇
副局长　范满荣（5月免）
陈开勇（10月免）
周传平
李小波
甘　颖（3月任）
工委书记
范满荣（5月免）
副书记　周志勇
严荣发
纪工委书记
严荣发

区粮食局

局　长　殷丽玲（女，5月免）
朱晓星（5月任）
副局长　余小海
言明海
肖明亮（5月免）

区旅游局

局　长　贡　清
副局长　王　珏（5月任）
王　华（5月免）
茅　昊（女，7月免）

区文化广电局

局　长　张　斌
副局长　张　桦
骆晓鹏
李小静（7月免）
工委书记
杨嘉清（女，3月免）
副书记　张　斌
曹湘龙（10月免）
赵　忠（7月任）
纪工委书记
曹湘龙（10月免）
赵　忠（10月任）

区卫生计生局

局　长　姚燕玲（女，3月任）
副局长　荆开虎（3月任）
黄朝霞（女，3月任）
刘太安（3月任）
孙　海（10月任）
丁　政（3月免）
周圣祥（9月免）
工委书记
荆开虎（3月任）
工委副书记
姚燕玲（女，3月任）
谢　俊（3月任）
纪工委书记
谢　俊（3月任）

区爱卫办

副主任　赵　严

区民族宗教事务局

局　长　马兆永
副局长　王　华（5月任）
陈　波（10月免）

南京市公安局江宁分局

局　长　赵立宏
副局长　李成平（7月免）
侯为东
夏家荣
陈永安
王　静（女，7月任）
政　委　王汉福（7月任）
工委书记
赵立宏
副书记　王汉福（7月任）
蓝家喜
纪工委书记
蓝家喜

维稳办

主　任　王汉福（7月免）
李成平（7月任）
专职副主任
王　静（女，7月免）
盛文巍（10月任）

区规划分局

局　长　王德家
副局长　方　倩

王振友
胡传宏
顾小松（10月免）
党组书记
王德家
副书记　方　倩
纪检组长
徐　明（7月任）

区市场监督管理局

局　长　金业友（3月免）
江开明（3月任）
副局长　高德军
庞　宁
刘　炜
王德喜
王　强
王纯勇
张　伟
李　宇
魏宏伟
万善春
工委书记
高德军
工委副书记
金业友（3月免）
江开明（3月任）
庞　宁
潘金龙
纪工委书记
潘金龙

区药监局

局　长　庞　宁

区体育局

局　长　周贵平（7月免）
张　蕾（女，7月任）
副局长　吴传春
高　阳

区档案局（馆）

局（馆）长
王幸梅（女）
副局（馆）长
李义明
谢伟春（10月任）

区供销合作总社

主　任　刘先顺
副主任　吴文娟（女，5月免）
翟光春（5月免）
工委书记
吴文娟（女，5月免）
副书记　刘先顺
芮大舜
纪工委书记
芮大舜

·开发园区·

江宁经济技术开发区

党工委
书　记　李世贵
副书记　陈发喜（4月免）
戴华杰（1月免）
李万平（4月任）
管委会
主　任　陈发喜（4月免）
李万平（4月任）
常务副主任
戴华杰（1月免）
副主任　张会祺
祁明红（女）
王爱军
副巡视员
鲁跃东（11月免）
人大工委
主　任　鲁跃东（10月免）
衡艾明（10月任）
政协工委
主　任　金业友（3月任）
纪工委
书　记　杨　彬（4月任）
副书记　徐晓明（3月任）
管委会办公室
主　任　倪冰峰
副主任　张　立（10月任）
王　静（女，10月任）
屠　骏（5月免）
科技人才局
局　长　张　宾
副局长　张　洋（女）
李艳宁（女，12月任）
国土规划建设局
局　长　金业友（3月任）
副局长　易　庆
倪立峰
顾小松（10月任）
城市管理局
局　长　易骏飞（3月免）
孙　俊（10月任）
副局长　陈玉明
张　勇（7月免）
环境保护局
局　长　张　勇（7月任）
副局长　黄　斌
张贵平（10月免）
社会事业局
副局长　王立平
孙　俊
财政局
局　长　戴迎春（女）
副局长　马良君
姚　猛
经济发展局
局　长　杨良虎
副局长　丁禄祥
邵松林
张　振
党群工作部
部　长　衡艾明（10月免）
副部长　赵志成
袁　媛
投资促进局
局　长　陈志海
副局长　张　锐（10月任）
人武部
部　长　金远会
江苏软件园管理处
副主任　杨永清
江诗新
陈开庆
综合事务部
部　长　刘步强（10月任）

经济社会事业部
部　长　薛洪波（10月任）
产业合作部
部　长　范双学（10月任）
平台促进服务部
部　长　杨　军（10月任）
南京综合保税区（江宁）管理局
副局长　王　中
　　　　俞　清
经贸发展处
处　长　朱　勇（10月任）
商务处
处　长　陈　浩（10月任）
综合服务处
处　长　何　伟（10月任）
安全生产监督管理局
局　长　张贵平（10月任）
工会工委
主　任　蒋根林（12月任）
开发总公司
副总经理
　　　　苏　华（7月任）

江宁高新园

党工委
书　记　周育刚
副书记　李大宏（3月免）
　　　　端　俊（3月任）
　　　　庄　涛
　　　　张玉力（兼）
管委会
主　任　李大宏（3月免）
　　　　端　俊（3月任）
副主任　王伟军（兼,5月任）
　　　　汤卫宁
　　　　王宁邦
　　　　贝淑芳
　　　　张　圣
人大工委
主　任　周大鹏
政协工委
主　任　庄　涛
纪工委
书　记　庄　涛

滨江经济开发区

党工委
书　记　李　滨
副书记　周　强（3月免）
　　　　祁　林（7月免）
　　　　段惠元（3月任）
　　　　黄正勇（10月任）
　　　　李国忠（兼）
管委会
主　任　周　强（3月免）
　　　　段惠元（3月任）
副主任　张朋芳（兼,5月任）
　　　　梁越民
　　　　马明星
　　　　吴　伟（7月任）
　　　　蒋立佳（7月任）
　　　　陶　亮（10月任）
　　　　李毓鑫（7月免）
　　　　庞志贵（兼,3月免）
　　　　黄正勇（10月免）
　　　　苏　华（5月免）
　　　　赵禄祥（7月免）
人大工委
主　任　赵禄祥（7月任）
政协工委
主　任　祁　林（10月免）
　　　　黄正勇（10月任）
纪工委
书　记　祁　林（7月免）
　　　　张建平（7月任）
管委会办公室
副主任　吴　伟
　　　　王　萌
　　　　黄正勇
江南环保产业园
主　任　段惠元（3月免）
　　　　祁　林（7月任）
副主任　李毓鑫（7月任）
　　　　任启龙（7月任）

汤山温泉旅游度假区

党工委
书　记　于茂高（3月免）
副书记　缪秀梅（女）
管委会
主　任　缪秀梅（女,3月免）
　　　　王　诚（3月任）
常务副主任
　　　　朱晓进（3月免）
副主任　戎云宝（5月免）
　　　　倪晓林（女）
　　　　潘　静
　　　　程杰恒（7月任）
纪工委
书　记　王　萍（女）

台湾农民创业园

管委会
主　任　言明林
常务副主任
　　　　昝家乾
副主任　俞旭东
　　　　李　伟
　　　　徐　平
　　　　贝业海（兼）
党组
书　记　俞旭东
副书记　昝家乾
纪检组长
　　　　路中双（5月任）

紫金（江宁）科创社区

党工委
工委书记
　　　　周金文
副书记　陈国运（3月任）
　　　　张彩千（5月任）
纪工委书记
　　　　周　静（5月任）
管委会
主　任　李万平（3月免）
　　　　陈国运（3月任）
常务副主任
　　　　邓　旭
副主任　周金文
　　　　张彩千（5月任）
　　　　穆　闽（5月任）
　　　　常　楠（5月任）

陈开庆
杨家成（兼）
顾小松（兼,10月免）
副总经理
丁　砒（7月任）

东山国际企业研发园
党工委
书　记　倪忠生
副书记　江开明（3月免）
李爱琳（女,7月免）
纪工委书记
姜孝亮（5月免）
管委会
主　任　江开明（3月免）
常务副主任
金　华
副主任　李爱琳（女,7月免）
郭家军（10月任）
艾鹂娜（女,10月任）

江宁牛首山文化旅游区
党工委
书　记　周贵平（5月任）
于茂高（5月免）
副书记　杨嘉清（女,3月免）
纪工委书记
王　伟（5月任）
管委会
主　任　于茂高（5月免）
李万平（5月任）
常务副主任
杨嘉清（女,3月免）
副主任　王德家（兼）
马兆永（兼）
丁禄祥（兼）
陶　敏
王光荣
屠　建（12月任）
许　芸（女,12月免）

上坊旧城改造片区
指挥部
指挥长　高德臣
副指挥长
孟向前
管委会
常务副主任
芮雪平（3月任）
副主任　施代成
王德家
蒋根林
吴仁飞（7月免）
沈建贵（7月免）
开发公司
副总经理
咸　敏（女）
王　强（7月任）

·直属单位·

江宁高等职业学校（筹）
校　长　王小林
副校长　李国平
党委书记
梁光林
副书记　王小林
纪委书记
李国平

江宁高级中学
校　长　周世东（10月免）
副校长　徐　斌
刘光彬（10月免）
易笃宁
陈在平（女）
党委书记
周世东（10月免）
副书记　戎仁堂
纪委书记
戎仁堂

秦淮中学
副校长　刘光彬（10月任）
李宏兴
张昌卫（5月免）
曾春霞（女）
许　明

江宁医院
院　长　丁　政
副院长　朱　锋
王仕国
王　琪
李军荣
党委书记
朱　锋
副书记　李沪英（女,10月免）
纪委书记
李沪英（女,10月免）

广播电视台
台　长　王　诚（3月免）
李大宏（3月任）
副台长　丁梦然（女）
张四新
卢　军
党委副书记
王世鸿
纪委书记
王世鸿

区土地收储中心
主　任　冒炳华

国有资产经营集团
董事长　施代成
总经理　施代成（7月免）
黄根中（7月任）
副总经理
笪永松

城市建设集团
董事长　葛　玲（女）
党委书记
葛　玲（女）
党委副书记
陈建平（10月免）
纪委书记
陈建平（10月免）
总经理　芮雪平（3月免）
常务副总经理
续兴林（3月免）

副总经理
汪　骅
乔红杰（女）
吉万军（7月任）
郭霖华（12月任）

交通建设集团

董事长　费盛忠（3月任）
党委书记
费盛忠（3月任）
党委副书记
钱鹏辉
纪委书记
钱鹏辉
总经理　费盛忠（7月免）
李　蓉（女，7月任）
副总经理
李　蓉（女，7月免）
赵嗣宝
吉万军（7月免）

科创投集团

董事长　车　鸣
总经理　车　鸣
副总经理
薛德余
许　淞（7月免）
王露露（女）
叶　桂（7月任）

商务商贸集团

董事长　俞有兵
党委书记
俞有兵
党委副书记
赵大荃
总经理　赵大荃
副总经理
杨瑞坤
庞　强
许　淞（7月任）
纪委书记
丁谦林（10月任）

农副产品物流配送中心

董事长　言　宣
党委书记
陶四清（女）
党委副书记
言　宣
纪委书记
袁金城
总经理　言　宣
副总经理
陶四清（女）
赵章武
焦　鹏（12月任）

公交公司

董事长　王　鸽
党委书记
王　鸽
总经理　王　鸽
副总经理
王峻峰

旅游产业集团

董事长　费盛忠（12月任）

（区委组织部）

·垂直部门·

区国家税务局

局　长　庞宝林
副局长　喻　祥
尤胜宇
谭　军
纪检组长
杨冬梅（女）
党组书记
庞宝林

区地方税务局

局　长　马玉宁（2月免）
罗　斌（2月任）
副局长　陆晓民
业德瑞
陶向武
周　密

国土资源江宁分局

局　长　蒋根林（12月免）
范满荣（12月任）
副局长　贝业海
戚荣建（2月免）
王　晋
杨家成
黎一畅（2月任）

江宁邮政管理局

局　长　杨亚哲（9月任）
副局长　曹志勇（10月任）

电信江宁分公司

总经理　沈振勇
副总经理
潘　勇
王小彬
吴仕兵
缪　镠

区烟草专卖局（烟草公司）

局　长　刘亚军
副局长　李劲松
经　理　刘亚军
副经理　杨　亮

区气象局

副局长　梁金顺（主持工作）
王怀宁

（宁　鉴）

资源环境

自然地理

区位区域 南京市江宁区地处长江下游南岸，江苏省西南部苏皖交界地带，位于北纬31° 37′ ~ 32° 07′、东经118° 28′ ~ 119° 06′。东与市内栖霞区及镇江句容市接壤，东南与溧水区毗邻，南、西南与安徽省马鞍山市相交，北、东北分别与雨花台区、秦淮区相邻。区域总面积1561平方公里，水域面积186平方公里。

地形地貌 江宁区地貌区域为宁镇丘陵山地的一部分，结构复杂。东北部是宁镇山脉西段，西南部为宁芜断陷盆地的北缘，中部为东北和西南低山丘陵有明显倾斜的黄土岗地及一个由秦淮河串连冲积而成的秦淮河平原，西部为滨江平原。地势南北高、中间低，形同“马鞍”。按地貌形态分类，大体可分为低山、丘陵、岗地和平原。低山丘陵和黄土岗地约占总面积的2/3，沿河沿江平原约占1/3。低山丘陵在区境东北部和西南部，总面积316平方公里，海拔高程300米左右。黄土岗地分布于南北低山丘陵之间，面积816.1平方公里。地势呈残丘缓岗，局部留于平原圩区之中。沿河沿江平原以秦淮河平原较为宽广，面积569.6平方公里，地面高仅6 ~ 8米。此外，还有沿江平原，位于区内西部的江宁街道。地势平坦，海拔高多在5米以下，最低处海拔2.2米。沿江平原成土和耕作较迟，一般在数百年和数十年不等。

自然资源 江宁区是江苏省自然资源比较丰富的区（县），境内有山有水，有丘有岗，平原与丘陵相间。全区国土总面积15.61万公顷，可开发利用的土地资源较丰富。江宁属北亚热带季风气候区，由于一年四季太阳高度角变动和昼夜长短变化适中，所以四季分明，气候温和，无霜期长，光照充足，气候条件较为优越。区域雨量充沛，水资源丰富，地表水系发育良好，地下水多藏于平原、山丘地带，水质较好，年总水资源量10多亿立方米。宁镇山脉西段绵延至境内，山水兼得，地貌多样，矿藏资源丰富，已发现矿产41种，探明储量的20多种，矿产地100多处。拥有丰富的森林野生植物、木本植物和药用植物1000多种，有动物400多种。列入国家重点保护珍稀濒危植物8种，列入国家重点保护野生动物37种，其中珍稀野生动物9种。 （宁 鉴）

气候特点 2016年，江宁区年平均气温16.8℃，较历年平均（16.1℃）偏高0.7℃；年总降水量1807.7毫米，比历年平均（1116.3毫米）偏多691.4毫米；年总日照时数1856.1小时，比历年平均（1912.6小时）偏少56.5小时。年平均气温16.8℃，比历年平均偏高0.7℃。除2月（6.7℃）和12月（7.3℃）比常年偏多3成，其余月份均与常年同期基本持平。年最高气温为38.5℃，出现在7月28日；年最低气温出现在1月24日，为-9.8℃。年总降水量1807.7毫米，比历年平均偏多691.4毫米。年内，除2月、3月、8月外，其余各月降水均偏多，其中10月出现2次暴雨天气，降水量达308毫米，比历年平均异常偏多404%，9月、7月、12月比历年平均偏多1倍以上；全年降水量≥0.1毫米降水日130天；年最长连续无降水日17天，出现在7月16

日—8月1日；年最长连续降水日7天，出现在7月1—7日，过程雨量379.5毫米；年一日最大降水量116.8毫米，出现在7月1日。6月18日进入梅雨期。7月20日出梅。入梅后，持续出现暴雨、大暴雨天气，梅雨量597.3毫米。年总日照时数1856.1小时，比历年平均偏少56.5小时。全年日照条件总体较好。上年度初霜日为11月26日（2015年度），终霜日为3月14日，本年度初霜日为11月24日，年无霜期254天，比常年224天偏多。年平均气温比常年偏高，降水显著偏多，日照时数较常年偏少。年内梅雨、台风、雾霾等灾害性天气给交通、人民生活造成一定影响。

气候与农业 1月，全区平均气温略偏高，降水偏多，气象条件变化大。其中，前期冷空气势力弱，气温明显偏高，中后期冷空气逐渐活跃，特别是下旬出现强寒潮过程，全区出现雨雪低温和严重冰冻天气。月内冬小麦和油菜处于越冬缓慢生长阶段，气象条件前期利于小麦和油菜生长，中后期寒潮低温过程，造成部分旺长以及长势偏弱的冬小麦和油菜出现一些冻害。根据农业部门田间调查发现，此时段正处于小麦最佳的耐寒阶段，加之前期雨雪覆盖，对低温冻害起到缓解作用，未发生大面积的严重冻害和死苗情况。2月，平均气温偏高，日照充足，降水偏少，月初有一次降雪过程。温高光足，有利于小麦和油菜改善前期苗情，提高苗情质量。据农业部门返青期调查，小麦苗情与越冬期相比差距缩小，茎蘖数已接近常年，平均叶龄仍偏小；油菜苗情总体接近常年平均水平，部分已经初花。月末，小麦处于返青拔节期，油菜处于现蕾抽薹期。气温回升快，春长春发进程加快。3月，多晴好天气，平均气温偏高，日照充足，16日起达到入春标准。上旬末（7—9日）出现寒潮天气过程，48小时最低气温下降9℃以上，并伴有7～8级东北大风。月内降水明显偏少，主要降水过程在上旬末和月末。月内冬小麦处于返青分蘖至拔节孕穗期，油菜处于抽薹至盛花期，甜桃经历萌芽至开花期，螃蟹处于第一次脱壳期，气象条件总体有利于作物生长，但是月初的寒潮大风过程对冬小麦和油菜生长以及设施大棚有一定不利影响。4月，平均气温明显偏高，降水偏多，局部创下历史极值，降水主要集中在上旬、中旬后期和下旬前期，以过程性降水为主，未发生明显连阴雨过程。月内农田土壤总体呈现偏湿状态，部分低洼地块一度出现湿渍害。旬末，南部地区小麦进入灌浆期，其他处于齐穗扬花期，油菜处于角果发育期，春耕春播大面积推进，水稻选种育秧工作也陆续开展。5月，平均气温明显偏低，降水显著偏多，阴雨日数偏多，日照明显偏少。月内有多降水过程，主要降水集中在上旬和下旬。月内冬小麦处于灌浆至收获期，中旬开始夏收夏种工作逐步开展。月内气象条件有利有弊，多阴雨过程对冬小麦灌浆生长不利，大部分麦田因长期湿渍导致早衰，小麦灌浆不充分，对产量和品质影响大，同时影响夏收进度。6月，江宁区于18日入梅，入梅时间正常，入梅后多降水过程，且伴随有局地的暴雨到大暴雨天气过程。月平均气温偏低，降水偏多，日照偏少。主要降水过程在上旬和下旬，上旬晴雨相间，入梅后下旬多强降水过程。中旬前期全区夏收工作结束，下旬中期夏种工作也完成扫尾。移栽水稻处于返青至分蘖期，活棵率较高，苗情总体良好。7月上、中旬，全区处于梅汛期，气温偏低，多降水过程，大部分地区出现多次暴雨，局部大暴雨的强降水过程；20日出梅，随后受副热带高压系统控制，下旬持续晴热高温天气，气温显著偏高，平均气温和最高气温都创历史纪录，下旬无明显降水过程。月内水稻处于分蘖至拔节期，西瓜、葡萄处于成熟采摘季，螃蟹完成第四次脱壳。月前中期气象条件不佳，低温、多阴雨和寡照天气导致水稻生长受限，对瓜果蔬菜的成熟上市也不利，下旬晴热高温天气有利于各类作物生长发育。8月，月内降水时空分布不均，降水集中在上旬，中下旬多晴热高温天气，日照非常充足，而降水显著偏少，平均气温明显偏高。月内全区水稻处于拔节至抽穗期，气象条件对农作物生长有利有弊，总体是利大于弊。9月，气象条件变化较大，上旬多晴好天气，中下旬多台风和冷空气活动，其中旬末受台风“鲇鱼”的残留低压和冷空气共同影响，全区普降大雨到暴雨，局部地区出现大暴雨。月内全区杂优籼稻处于灌浆至腊熟期，中晚熟粳稻处于抽穗至灌浆期，月末油菜进入播种出苗期，月气象条件对农作物生长有利有弊。10月，气温偏高，降水异常偏多，特别是中下旬出现重度连阴雨和历史罕见的强降水天气，大部分地区的降水量、雨日数均为有气象记录以来同期的最多值。罕见的阴雨寡照天气给秋收秋种工作以及农作物生长造成较大不利影响，农业气象条件较差。11月，气温变化大，中旬异常偏高，而上、下旬明显偏低，雨日数偏多，日照偏少。全区多降水过程，特别是中旬后期至下旬前期遭遇较为严重的连阴雨雪天气过程，并伴随大风、初霜冻等灾害天气，对秋收秋种工作造成较大影响。受不利天气影响，全区秋收秋种工作推进缓慢，月末秋收秋种工作还未结束，秋播晚播面积大，苗情一般。12月，气温显著偏高，日照充足，前干后湿，中后期有几次较强的降水过程，造成大田湿渍害再次显现。月内冬小麦和油菜处于越冬生长阶段，气象条件有利有弊。

说明：历史值采用江宁区气象台 1981—2010 年平均值。

（夏　斌）

国土资源管理

概　况　2016年，江宁区国土资源管理部门以供给侧结构性改革为引领，深入践行“五大发展理念”，切实履行“保护资源、节约集约、维护权益”工作职责，重点推进国土资源保护、重点项目用地保障、土地使用制度改革等工作，较好完成市、区下达的年度目标任务。是年，江宁国土分局获得国家、省、市、区各项荣誉表彰16项。

建设用地保障　2016年，区国土资源管理部门累计落实市、区重大项目建设用地153个，落实新增建设用地面积259公顷，用地保障率分别为91%和74%。完成新增建设用地报批31件，面积800公顷。加强土地资源供应，办理各类供地181宗，土地供应总面积667公顷，土地出让金316亿元。

国土资源保护　2016年，区国土资源管理部门继续加大耕地保护力度，核减基本农田保护任务面积6667公顷，划定基本农田47907公顷。发放耕地保护补贴资金1.4亿元，补贴11.5万户，耕地保护补贴面积31733公顷。推进土地综合整治工作，横溪、谷里两个片区完成复垦面积169公顷，新增耕地面积167公顷。

2016 年 6 月 28 日，江宁区不动产权证书首发仪式在区市民中心举行，首批不动产权证书亮相。图为 5 名市民率先领取不动产权证书

江宁国土分局　供稿

民生保障　2016年，区国土资源管理部门切实做好征地补偿安置等批后实施工作，制定出台江宁区征地补偿安置新政策、补偿标准及配套政策，全年累计安置农业人员6211人。受理“12345”群众诉求工单831件，综合考核得分位于全区前列。开展不动产登记工作，颁发不动产权证和不动产登记证明10.6万本（份），发证量位居全省区（县）第三、全市第一。加强地质灾害治理工作，梳理排查地质灾害隐患点37个，完成方山六和斋滑坡等地质灾害治理。

土地使用制度改革　2016年，区国土资源管理部门加快推进城镇低效用地再开发工作，制定《2016年江宁区低效用地再开发试点实施计划》，盘活低效闲置存量土地229公顷，位居全市第一。推进农村宅基地和农房统一调查登记试点工作，完成淳化街道周子社区试点工作。

（孙　俊）

首批不动产权证发放　2016年6月28日，全区不动产权证书首发仪式在区市民中心举行，首批不动产权证书正式亮相，5名市民率先领取不动产权证书。大红色的不动产权证书，内页上登记有权利人、共有情况、坐落、不动产单元号、权利类型、权利性质、用途、面积、使用期限、权利其他状况以及附记等信息。不动产权登记证将原房产证、土地证的内容合二为一，并且增加镭射区、二维条形码及不动产单元号。镭射区、二维条形码用于防伪，不动产单元号具有唯一性，相当于该证书记录的不动产在全国范围内唯一的“身份证号”，有效保护权利人的合法财产权。两证合一后，买房办证，市民不用再国土、住建部门两头跑，一个窗口就可以完成办理，10个工作日办结，并且办证费用也有所降低，住宅不动产登记费用为80元/本，如果市民有房产证但尚未办理土地证，申请不动产权证，不再收取土地登记费，只需要缴纳10元工本费即可。同时，针对换证的市民，办证大厅专门开通“绿色通道”，程序更加便捷，一般只需要3～4个工作日即可办结。

国土资源部领导到江宁调研 2016年12月28日，国土资源部党组成员、国家土地副总督察严之尧率调研组到江宁区，专题调研农村土地综合整治工作。市、区领导李世贵、华静、祁豫玮、李万平、张会祺参加。严之尧一行先后前往谷里街道柏树社区农村土地综合整治、土地整治村庄拆迁安置房建设现场及周村世凹桃源，通过看现场、听汇报、问情况，详细了解全区农村土地综合整治工作开展情况。调研组对江宁区农村土地综合整治工作取得的成效给予肯定，希望江宁在推进农村土地整治中切实维护好农民利益，同时创新工作思路，进一步优化土地利用空间结构和功能，提升土地节约集约利用水平。（宁 鉴）

生态文明建设

概　况 2016年，江宁区空气质量优良天数265天，优良率72.4%；PM10浓度均值比2015年下降17.7%，PM2.5浓度均值下降8.3%，降尘浓度均值下降20.3%。集中式饮用水源地水质达标率100%。声功能区达标率100%，区域环境噪声55分贝以下。建成城北污水处理厂二期、江宁开发区南区污水处理厂，新增污水处理能力10万吨，污水收集主次干管、到户支管35公里，街道集镇建成投产区污水处理厂网全覆盖，集镇污水处理率88%。356个断面达标工程项目加快推进。绿色比重不断提高。完成宕口治理复绿519万平方米，全区废弃矿山宕口生态修复率92%。全区新增公共绿地33万平方米，建成区绿化覆盖率47.3%，林木覆盖率28.5%。城区垃圾分类覆盖率70%以上，生活垃圾无害化处理率100%。城区道路保洁机扫率85%，主干道100%。渣土车密闭化运输率100%，规模畜禽养殖粪便无害化处理和资源化利用率95%以上，生活污泥处置率100%，在建工地控尘措施抽查合格率92.5%，秸秆综合利用率93%。组建江宁区环保联合执法中心，构建三级环境监管网格216个。全年征收排污费3654万元，下达行政处罚决定428起，收缴罚款610万元。其中，实施按日计罚3起，查封扣押48起，限产停产2起，移送司法机关3起。调处各类环境信访投诉5912件，按时办结率100%，提前办结率71.6%，答复率98%，作风满意率88.3%，结果满意率75.6%。深化环境宣传教育，组织新《中华人民共和国环境保护法》、清洁生产、挥发性有机物治理等培训20次，开展环保“四进”公益活动18场，发放宣传资料5万多份；在《中国环境报》等媒体上发表稿件93篇，各类政府门户网站发布环保信息1381篇。

结构调整优化 2016年，全区围绕低碳绿色发展，调整优化经济结构、产业结构和能源结构，推进工业企业“退城进园”和产业布局“优二进三”，关停整治“三高两低”“两高一资”企业15家（市13家、区2家），市政府下达的15个落后产能淘汰项目通过验收。控制煤炭消费总量，全区规模以上工业综合能源消费量82万吨标准煤，下降2.4%；万元工业产值能耗0.0343吨标准煤/万

2016年，位于秣陵街道新跃河以北的江宁南区污水处理厂项目主体工程通过验收。项目主要收集秣陵新市镇和谷里新市镇污水。工程投运后，每天可处理6万立方米污水，排放尾水标准为一级A，改善了区域地表水环境现状和居民生活环境　　区新闻中心　供稿

元，下降3.9%；工业企业年综合能耗100万吨标准煤；燃煤消耗总量72万吨标准煤，万元工业增加值能耗同比下降12%。

控尘降霾 2016年，全区推进重点企业堆场治理，完成市政府下达的22项挥发性有机物整治、3项堆场扬尘管控目标任务。实施汽车、建材、印刷、喷涂、铸造、家具制造等行业挥发性有机废气治理，开展上海大众汽车、长安马自达、依维柯第一车身厂等3家整车企业VOC在线监测试点和26家印刷行业、17家表面涂装行业VOCs污染治理。推进清洁生产，完成25家企业鼓励性和28家企业强制性清洁生产审核，加快实施南京协鑫发电公司“煤改气”工程。强化工地扬尘污染防控，严格夜间施工许可审批，建成省级文明工地83个，市级文明工地106个，绿色建筑比例达75%，标准化施工现场达标率100%。加强秸秆焚烧管控和肥料化、基料化、资源化、能源化综合利用，全区设立秸秆集中收储中心16个、小堆放点416个，实现秸秆禁烧“零火点”。巩固餐饮业整治成效，完成33条街、36家餐饮企业环境整治，规模以上餐饮企业油烟净化设施在线监控率80%以上。落实高污染车辆限行措施，加大路查路检执法力度，淘汰黄标车2804辆。保障G20峰会、世界互联网大会、国家公祭日等重大活动，形成空气应急管控长效机制。

污水治理 2016年，全区落实省、市“水十条”工作要求，实施整治项目356个，其中泵站整治51个、污水处理设施及管网建设9个、排水达标区建设（小区雨污分流）238个、黑臭河道治理6个、畜禽养殖关停36个、砂石码头治理16个。其中，完成332个，开工5个，制订施工方案19个。围绕秦淮河流域治理和断面达标，组建区水质断面达标办公室，明确41个考核断面的27名“断面长”，加大督查督办力度，落实属地主体责任。清理秦淮河流域围网养殖户172户，清淤疏浚河塘541面，实施小流域综合整治项目1项和东山、九龙湖片区水循环工程2项。结合打造秦淮河十里风光带，编制秦淮河流域水质提升方案，提前整治鞭鞍河、中心河、玉带圩、小西圩、一纵沟等5条黑臭河流。开展饮用水源地达标建设工作，完成子汇洲水源地一级保护区保护区隔离围栏、苏皖交界水质监测站、监控管理房、烈山河、牧龙河入江口岸坡整治、标志牌竖立等主体工程。赵村水库备用水源地达标建设已进入招投标阶段。区域集中式饮用水源保持100%达标，41个考核断面水质有所提升，无水质下降断面。

环境综合整治 2016年，全区按照建设“现代化国际性南京主城南部中心”战略定位，实施环境综合整治、城市品质提升、交通秩序治理和文明素质提升等4个三年行动计划。开展城郊接合部、城中村、老旧小区、背街小巷、城市河道、低洼易淹易涝片区等9项专项整治，整治主次干道53条、背街小巷50条，改造棚户区70万平方米，出新老旧小区30万平方米。结合中央环保督察，采用有奖举报形式，着力解决一批环境管理的痼症顽疾，市环委会推广了江宁区有奖举报与环境专项整治的经验做法。加强渣土运输管理，完成23家渣土企业489辆运输车辆的全密闭改造，城市渣土车密闭化运输率近100%。按照“专业化、机械化、规范化、全覆盖”的要求，打造金箔路等7条机械化保洁精品路段，城区机扫率85%、主干道机扫率100%。加快环卫设施建设和提档升级，升级改造2座垃圾中转站，消除敞开式垃圾箱（池）。建成大件垃圾贮存分拣中心，新建20个垃圾分类示范小区和10个厨余垃圾收集处置项目，生活垃圾密闭化收集运输率100%，城镇生活垃圾无害化处理率继续保持100%。厨余垃圾资源化利用已覆盖50%的街道，镇村生活垃圾集中收集率100%。

美丽乡村建设 2016年，全区按照《江宁区2016年“千村整治、百村示范”工程全面深化美丽乡村建设的实施意见》，编制互联网小镇、香草小镇等13个美丽乡村特色小镇规划，推进黄龙岘茶文化、苏家文创等2个美丽乡村特色小镇建设，建成旅游精品村5个，完成18个示范村、27个重点村和84个一般村整治任务。至此，全区累计完成147个示范村、重点村和287个一般村整治。建成淳化、禄口街道农村环境综合整治示范区，新建村级污水处理设施47套，铺设污水收集管网131公里，并通过省、市验收。建成西部430平方公里美丽乡村示范区，启动美丽乡村中部片区建设，新建60公里乡村生态循环道路、6个景观节点、14个驿站及相关配套设施，创建市级以上美丽乡村示范村41个，谷里街道成为全市首个全域美丽乡村，全区美丽乡村覆盖率47%，位居全国乡村旅游热点目的地第三位，全区“美丽经济”规模超过50亿元。石塘人家、黄龙岘、大塘金、世凹桃源等一批美丽乡村分别获中国十大美丽乡村、中国最美休闲乡村、中国乡村旅游模范村、中国乡村旅游金牌农家乐、中国最美村镇典范等荣誉称号。

生态红线区域保护 2016年，全区继续构建“500平方公里功能片区和新市镇、500平方公里美丽乡村示范区、500平方公里生态涵养不开发区”等3个板块，对生态红线保护区域进行优化和调整，划定生态红线区域77块，总面积523.88平方公里，占全区国土面积的33.56%，对全域八大类15块生态功能保护区实施有效保护。制定红线管理考核办法，设立界桩标牌，明确管理责任，守住生态环境安全底线。制定补偿意见，对生态红线区域、耕地、流域断面等实施补偿、赔偿。建成长江新济洲国家湿地公园、“上秦淮”湿地公园和中华虎凤蝶保护区。

绿色江宁行动 2016年，全区进一步优化城市绿地布局，强化绿色生态空间的系统性和均衡性，加快公园绿地、防护绿地、城市绿廊、城市湿地等绿化建设，维护“三纵二横”生态网架，构建城乡一体化的绿色生态网络体系。全年完成造林540.1公顷，其中，建设绿色通道30.3公顷、高效产业林244.1公顷、更新造林140.3公顷。中幼林抚育2333.3公顷，其中汤山、江宁、谷里、横溪、东善桥林场、汤山林场、牛首山林场等重点林区示范抚育900公顷。实施公园路街心公园、石塘人家水系景观美化、开发区绿化改造工程、牛首山景区景观配套改造一期工程等项目建设，栽植各类景观苗木和经济林果35.9万株，新增公共绿地33万平方米。建成绿化村庄50个，其中达到省级绿化示范村标准10个。宕口治理复绿519万平方米，全区废弃矿山宕口生态修复率92%，已竣工验收的14个治理项目苗木成活率95%以上，实现“山体基本修复、地灾有效治理、宕底平整利用、坡面逐步绿化、环境显著改善”的预期目标。全区累计林木覆盖率28.5%，建成区绿化覆盖率47.3%，城镇人均公共绿地面积14.9平方米。

2016年，各街道在保持经济稳定增长的同时，加大民生投入，注重打造宜居宜业的人居环境，街心公园成为市民生活休闲的好去处。图为湖熟街道宝塔山公园群花争艳　　区新闻中心　供稿

2017—2019生态文明建设工程项目库建立 2016年，江宁区以改善区域环境质量为核心，结合区域实际，编制、建立2017—2019年生态文明建设工程项目库作为未来3年指导生态文明建设的纲领和蓝本，同时作为承接省、市乃至中央资金补助的项目储备库。项目库围绕生态保护、环境综合整治、水环境整治、大气环境治理、土壤污染防治和农业生活污染防治等6个方面，列出1531个工程项目，总预算投入77.14亿元。其中，在生态保护方面，实施生态红线区域项目清理及修复、矿山采石宕口修复、园林与湿地保护等项目31个。在环境综合整治方面，实施工业集中区管网及污水处理设施建设、餐饮一条街整治以及砂石堆场、医疗、农贸市场、学校、垃圾站等长期存在的污染治理盲点区域综合整治等项目68个。在水环境整治方面，实施污水处理厂改（扩）建、污水管网探测与贯通、污水管网建设、雨污分流改造、泵站应急、区域水循环、河道清淤、黑臭河道整治等项目639个。在大气环境整治方面，实施优化产业结构和布局、挥发性有机物整治、高污染车辆淘汰、大气自动站布点和加油站地下油罐防渗漏改造等项目473个。在土壤污染防治方面，实施退役场地污染土壤修复、危险废物处置、餐厨垃圾综合处置等项目38个。在农业生活污染防治方面，实施农村环境连片整治、秸秆综合利用和畜禽养殖整治等项目282个。

（刘建平）

罗志军调研江宁区生态文明建设 2016年2月19日，省委书记罗志军就推进生态文明建设到江宁区调研。省、市、区领导黄莉新、许津荣、缪瑞林、李世贵、陈勇、陈发喜、陆蓉等参加。位于谷里的大塘金旅游特色村，粉墙黛瓦，山水相依，慕名而来的游客络绎不绝。过去由于交通不便、农业生产落后，大塘金村庄破旧，村民多外出打工。近年，当地通过农村环境连片整治，依托山水林居自然风貌，打造生态旅游特色村。现在，全村约1/3的农户经营农家乐，每年游客超过50万人。在大塘金，罗志军实地察看特色村养生广场、香草谷主题馆、旅游接待中心、餐台有机物处理站等，了解农村环境治理和保护举措，并走进部分农家乐经营户家中，与村民们拉家常。当听说大塘金环境改善后乡村旅游蓬勃兴起，不仅带动村民增收致富，而且吸引很多大学生和年轻人返乡创业时，罗志军高兴地说，江宁的实践更加证实了绿水青山就是金山银山，要继续加大生态文明建设力度，让美丽乡村的“盆景”变成“百花园”，让百姓通过生态文明建设有更多获得感。

环保部调研江宁生态文明建设 2016年9月6日，原环保部副部长、中国生态文明研究与促进会常务副会长祝光耀率环保部调研组到江宁区，调研生态文明建设推进情况。区领导祁豫玮、陆蓉、谢从军陪同。调研组一行分别前往中电环保股份有限公司和石塘村、黄龙岘村、牛首山、大塘金村等地，通过实地调研和听取汇报，全方位了解江宁区发展生态环保产业、实施生态修复、推进农村生态文明建设等方面取得的成绩。调研过程中，江宁美丽的生态风光和蓬勃发展的环保产业赢得调研组成员的一致称赞，并就推进生态文明建设所积累的经验进行深入交流、探讨。

省生态文明研究与促进会在江宁举行 2016年10月12日，江苏省生态文明研究与促进会2016年年会暨农村生态文明建设论坛在江宁区召开，省内生态文明建设领域有关领导和专家聚集一堂，共商农村生态文明发展大计。区委常委、统战部部长陆蓉参加。围绕“大力推进江苏农村生态文明建设”这一主题，参加论坛的基层有关领导、相关方面专家学者和高校学生代表纷纷畅所欲言，提出很多真知灼见。与会专家普遍认为，农村生态文明建设关系全局，是一项复杂的系统工程，研究和推动农村生态文明建设应该着眼全局、统筹考虑、深化改革、找准抓手，各行各业、每个公民都要行动起来，不断把农村生态文明建设推向前进。针对江宁区“3个500平方公里”功能布局划分等经验做法，与会专家给予高度评价，称生态文明建设的“江宁样板”对全省生态文明建设具有推广和借鉴作用。

（宁　鉴）

环境保护

概　况 2016年，江宁区环境保护工作以改善区域环境质量为核心，以确保完成污染减排任务，实现大气、水环境考核达标为重点，坚持基础建设与强化管理并重、全面整治与重点突破并举，大力实施生态工程，全面推进污染防治，深入开展违法违规建设项目清理，强化环境执法监管，在配合中央环保督察、开展大气污染防治、实施断面达标工程和保障G20峰会等方面，取得明显成效。全年审批建设项目375个，完成“三同时”项目验收230家。完成排污初始权核定31家、排污许可证换证年审730家、环境统计300家。征收排污费3654万元，调处各类环境信访投诉5912件，其中“12345”工单5237件，下达行政处罚决定428起，收缴罚款610万元。实施按日计罚3起，查封扣押48起，限产停产2起，涉嫌环境污染犯罪案件移送司法机关3起。完成市政府下达的22项挥发性有机物整治、3项堆场扬尘管控、15家企业落后产能淘汰、14家码头拆除、36家养殖场关闭、28家企业清洁化改造工作。实施3247家违法违规建设项目清理整顿工作，其中完善备案企业906家，整顿规范企业1712家，关闭淘汰搬迁企业629家。建成10个绿色社区、3所绿色学校、3条餐饮业污染控制示范街。完成化学需氧量（COD）、氨氮、二氧化硫、氮氧化物等4项主要污染物减排目标。全年获得各类监测数据20余万个，其中手动监测数据9.6万个，自动站监测数据10.5万个。是年，区环保局获“2013—2015年度江苏省文明单位”称号。

中央环保督察交办事项完成 2016年7月17日—8月16日，中央环保督察组进驻江苏。其间，中央环保督察组向江宁交办31批85件94个问题。区环保部门进行分门别类，列出清单，拉条挂账、督办落实、快速整改、办结销号。其中，责令立即整改19件，限期整改19件，停产整改24件，查封扣押2件，关停取缔20件，立案处罚48件，处罚金额174.66万元，行政约谈4起。至年末，已经整改到位的交办件65件，需要一定时间进一步整改或需要实施长效管理的交办件20件。

环境准入负面清单制定 2016年，根据市政府《关于印发建立严格的环境准入制度实施方案的通知》、市环保局《关于落实建设项目排污权指标有关问题的通知》精神，结合江宁区实际，制定江宁区环境准入负面清单，明确提出禁止准入的新（扩）建产业、行业名录。禁止准入的产业、行业包括燃煤发电、钢铁、水泥、原油加工、制浆造纸、平板玻璃、有色金属冶炼、多晶硅冶炼等和以煤炭为主要原料的高耗能、重污染项目。全区范围内将禁止新（扩）建这些项目，凡列入负面清单的项目，投资主管部门不予立项，金融机构不得发放贷款，土地、规划、住建、环保、安监、质监、消防、海关、工商等部门不得办理相关手续；执行严格的污染物排放标准。在严格执行国家和省、市现行环境标准的基础上，针对江宁实际需要，研究制定相关行业、区域更严格的污染物排放规定，研究制定重点流域（秦淮河）制造业污水排放限量规定；出台建设项目污染物排放总量管理规定，将建设项目污染物排放总量指标作为项目环评审批的前提条件，严控新增排放量。

环境监管体系建立 2016年，区政府印发《组建江宁区环保联合执法中心工作方案》，结合中央环保督察，组建并运行联合执法指挥中心（现与区环保局信访中心合署办公，待区环境监测中心启用后正式运行），多部门联合执法机制初步建立，基本形成防范和打击环境污染违法犯罪活动的合力。按照“条块结合、属地管理”原则，建立“定区域、定人员、定任务、定责任”的三级环境监管网格化管理模式，全区构建区级监管网格1个、街道（园区）级网格15个、村（社区）级网格200个，明确网格长、网格责任人，三级环境监管网格正式启动运行。

环境保护检查 2016年，区环保部门按照全面排查、从严执法、注重实效、部门联动、企业自纠的要求，全面开展环境保护大检查工作。全区出动工作人员2.41万人次，摸排企业4200多家，排查发现违法违规建设项目3247家，查处一批污染物超标排放、违反环保“三同时”规定擅自投产、违规夜间施工、工地扬尘污染、设备不正常运转等环境违法行为。

环保“模拟审批” 2016年，全区建立并施行“模拟审批”制度后，区环保局按照“能合不分、能并不串，快审快批”的原则，落实公开公正、便民高效、依法审批要求，打通项目审批“绿色通道”，不断提高工作效率和服务水平。在区行政服务中心环保窗口设立专柜，指派一名科长具体负责，并抽调一名业务骨干在窗口办理，实行“统一受理、统一传递、统一发放模拟审批件”的审批模式，改变以往科室之间衔接不畅等问题，提高申办效率。按照专窗工作的职责，从资料受理、质量把关、内部传递、督促办理、业主沟通等方面提供“一站式”无障碍服务。对进入模拟审批项目，明确规定，局长亲自参与对项目的调研走访，沟通情况，分管局长、业务科长具体落实，确保在每个环节上不留空白。实施纵向对接，主要包括与园区、街道代办员的对接，与项目负责人的对接，与环评编制单位的对接。约定完成编制时间，并要求环评编制单位抽调业务骨干从受理之日起着手编制，从而实现快编、快审、快批，确保项目开工不等批文。当遇到产业政策、规划等情况不明确时，做好与发改、规划等部门之间的沟通协调，促使项目尽早完成模拟审批。专题召开模拟审批工作办公会，明确领导责任、科室职责和窗口要求，落实每个环节的“质量”把控要求。责任科长与具体办事人员每天多次在模拟审批网上查看项目推进情况，确保在承诺4个工作日出具模拟审批意见的基础上，尽可能地再提前，留予更多时间给企业办理其他手续。

工地扬尘管控 2016年，区环保部门突出建筑、拆迁、市政、交通、水利、园林施工等重点工地，针对新开工工地基础开挖、桩基、渣土运输和竣工前绿化、管网开挖等重点环节，严格落实属地管理责任、业主主体责任、部门监管责任。按照《南京市扬尘污染防治管理办法》《南京市建设工程施工现场管理办法》《市政府加强扬尘污染防控“十条措施”》和“九个100%”标准，严格开工验收，督促各类工地落实“围挡、硬化、覆盖、冲洗、保洁”等控尘措施，并实施全过程、全方位动态管理，对违规工地严格落实“一律停工整顿、一律上限处罚、一律挂牌警示、一律暂停审批”要求。对照《南京市城市施工工地扬尘排污费征收管理试行办法》，全面开征建筑施工噪音、扬尘排污费，全年征收近2800万元。建立空气质量预警系统，健全重污染天气应急预案体系，完善大气环境监察监测质量管理机制，实时公布城市空气质量，推进工地环境管理“天地一体化”进程。全区有在建工地384个，全年下达扬尘限期整改通知书515份，督办联系单52份，处罚工地71家。是年，全区降尘浓度均值为4.52吨/平方公里·月，比2015年下降20.3%。

新增4所省级绿色学校 2016年，省环保厅、教育厅联合印发《关于公布江苏省第十五批“绿色学校（幼儿园）”名单的通知》，江宁区铜井初级中学、陆郎初级中学、东山小学和龙都幼儿园等4所学校（幼儿园）榜上有名。至此，全区已累计建成3所国际生态绿旗学校、30所省级绿色学校和63所市级绿色学校，数量位居全市第一。

新增13个省级生态村 2016年3月9日，省环保厅印发《关于命名南京市江宁区亲见村等行政村为“江苏省生态村”的通知》，江宁区谷里街道亲见村、箭塘村，湖熟街道新跃村、杨柳湖村，禄口街道谢村，汤山街道孟塘村，江宁街道牧龙村、荷花村、庙庄村，秣陵街道霞辉庙村，横溪街道石塘村、甘溪村，淳化街道滨淮村等13个村名列其中。

“十三五”环境保护与生态建设规划通过评审 2016年3月30日，《江宁区“十三五”环境保护与生态建设规划》通过专家评审。该“规划”提出规划的总体目标和指标体系，明确优化空间格局，推进水体质量改善，深化大气污染防治，开展土壤环境保护，强化固废、噪声、辐射污染防治，健全环境保护支撑等六大任务，列出六大类共41项重点工程，对江宁区“十三五”时期环境保护与生态建设具有重要的指导作用。

企业环境信用评价 2016年，区环保部门将企业环保信用评价工作与年度企业污染物排污申报工作相结合，以纳入排污申报企业为基础，扩大参评企业覆盖面，并将2015年环保大排查结果运用于信用评价。凡2015年被挂牌督办、列入突出环境问题整治、受到环保行政处罚、发生污染事故、污染物排放超过国家或地方排放标准、污染物排放超总量控制指标、被限期治理或整改和扰民投诉严重的单位，必须纳入企业环境行为评价范围。同时，还将申报环保核查企业、规模化三产企业、建筑施工企业、具有一定规模的知名企业和单位纳入评价范围。全年参加环保信用评价企业520家，评价时限为2016年1月1日—2016年12月31日。11月23日，全区农村环境综合整治通过市复核验收。

农村环境综合整治 2016年，江宁区完成禄口、淳化街道覆盖拉网式农村环境综合整治试点工作，2个示范片区覆盖40个村庄，直接受益人口1.6万人。投入8585万元，建成污水收集管网131公里、污水处理设施47套，日处理生活污水1462吨，实现示范片区村庄生活污水处理全覆盖。提档升级垃圾中转站2个，新增自卸式垃圾清运车、封闭式拖运车、压缩车、保洁车23辆，设置各类垃圾收集箱（桶）1529个，生活垃圾集中收集率90%以上，无害化处理率100%。同时，完善环境综合整治配套项目建设，拆除违章搭建、乱堆乱放1.3万平方米，墙面出新42万平方米，河塘清淤49面22万立方米，村庄绿化82万平方米，铺设、维修村级道路117公里，新建公厕22座、停车场46个、市民健身休闲广场和文体活动场（室）51个，安装太阳能路灯1524盏。

德国联邦环境部长考察江宁农村环境保护工作 2016年4月19日，德国联邦环境、自然保护、建设与核安全部部长芭芭拉·亨德里克斯一行10人，到江宁街道牌坊社区，考察农村环境保护工作。

省、市、区重点环保建设项目——南区污水处理厂建设工程，经过一年科学施工，已进入污水处理各单体设备的安装和调试阶段。该污水处理厂正式投运后，服务面积将达到25.13平方公里

区新闻中心 供稿

省环保厅副厅长陈志鹏、副区长周勇陪同考察。亨德里克斯一行先后考察了牌坊社区农村环境综合整治、污水处理设施建设与运行、垃圾收集处置、农家乐油烟处理等项目和工程，听取了该社区农村环境保护资金投入、社区产业发展、百姓收入等方面情况介绍，并走进农家乐与业主亲切交谈，详细询问经营、收入和保护环境的做法。

城乡环境专项整治行动月 2016年8月1日—9月1日，江宁区组织“城乡环境专项整治行动月”活动，开展工业企业、餐饮油烟、工地扬尘、渣土运输、黑臭河道、城郊接合部等九大专项整治行动，着力解决城乡环境管理存在的问题，实现城乡环境整洁有序、生态环境质量有效改善和人民群众满意度显著提升。整治工业企业。重点整治工业企业废气、废水、噪声超标排放，固体废物乱堆乱放和危险废物擅自转移、不规范处置，治污设施不正常运行，不按环评要求落实“三同时”制度，限期整改未经环保验收擅自恢复生产等问题。整治餐饮油烟。重点整治未经环保审批，未安装油烟净化器、隔油池，或虽经过环保审批，但未通过环保验收擅自营业等问题，督促规模以上餐饮企业安装在线监控设施。整治工地扬尘。督促所有工地实行封闭围挡挂网施工，采用临时绿化或覆盖裸露土方和易扬尘堆场，落实施工防尘降尘措施。硬化场内道路，配备车辆高压冲洗设施，设置排水沟、沉淀池，减少施工扬尘污染。整治渣土运输。建立健全渣土运输处置管理机制，严格渣土运输审批，实现渣土运输处置和管理规范化。实行密闭化运输，杜绝抛撒滴漏，防止出现道路二次扬尘。整治城郊接合部。重点开展城市出入口及交通干线沿线环境综合整治，全面清理垃圾渣土、露天粪坑、黑臭沟塘、残墙断壁和乱搭乱建、乱堆乱放、乱拉乱挂、乱涂乱画，整治乱设废品收购、加工维修等经营站点，规范广告设置，实施绿化美化。整治城中村。根据土地权属、基础条件、环境影响程度，集中清理暴露垃圾、脏乱死角、影响市容的乱搭乱建和乱堆乱放，增添路灯、垃圾箱（房）等基本设施，整治各类违法违规加工作坊。整治老旧小区。针对群众反映的突出问题，有序整治违章搭建，改造老旧管线，实施雨污分流，修整破损道路，补建绿化植被。加强环卫保洁，及时清运垃圾杂物和建筑装潢垃圾。推行专业化物业服务，落实长效管理机制。整治背街小巷。重点改善环境卫生状况，增加环卫设施，加大保洁力度，做到无积存垃圾。改善道路排水设施，消除道路坑洼不平、污水横流现象。整治乱停车辆、乱设摊点、占道经营，科学设置停车泊位和经营疏导点，做到街巷整洁、管理有序。整治河道环境。重点整治城区黑臭河道与河岸垃圾杂物，加强日常保洁，做到垃圾不入河、河岸无暴露垃圾。推进河道清淤疏浚，加快水系沟通和调水引流。制定完善雨污分流规划，加快建设污水收集管网，纳入整治的河道沿岸污水实施全收集，消除河道黑臭异味，提高水环境质量。

市人大视察江宁生态红线区域保护管理工作 2016年10月13日，市人大常委会副主任单景南率市人大常委会部分组成人员、部分人大代表视察江宁生态红线区域保护管理工作。副市长谢志成，市环保局、发改委、财政局、国土局、规划局、绿化园林局、农委、水务局负责人陪同视察，区领导祁豫玮、王国亮、陆蓉，区环保局、住建局负责人参加调研。单景南一行在视察牛首祖堂风景区后，主持召开生态红线区域保护工作座谈会，市环保局局长包洪新，区委常委、统战部部长陆蓉分别汇报市、区生态红线区域保护工作推进情况。市人大常委会部分组成人员、部分人大代表发表视察评议意见，单景南、谢志成就生态红线区域保护工作提出要求。

41个考核断面的27名“断面长”公布 2016年10月21日，江宁区公布41个考核断面的27名“断面长”，各街道“断面长”由党工委书记、办事处主任担任，园区“断面长”由园区管委会主任、副主任和环保局长担任。这是江宁区对全区30条骨干河道、72座在册水库实行“河长制”管理，明确113名“河长”后，对41个国考、省考、市考、区考地表水重点断面实行“断面长”制度，并明确27名“断面长”。“断面长”负责对断面水质改善相关工作的组织、协调、推进，做好控源截污、泵站排水管理、黑臭河流整治等断面水质改善相关具体工作的落实，实现断面水质改善工作的方案、资金、项目、责任落实。

环保违法违规建设项目清理整治 2016年3月，区环保部门按照“三个一批”（登记一批、整改一批、关停一批）的要求，在全区范围内开展环境保护违法违规建设项目清理整治工作，清理整顿新《中华人民共和国环境保护法》实施前环保违法违规建设项目存在的历史遗留问题。11月28日，3247家违法违规建设项目全部落实“三个一批”要求，完成率100%。其中，完善备案企业906家，整顿规范企业1712家，关闭淘汰搬迁企业629家。同时，对175家企业实施立案查处，其中查封扣押48起，停产限产2家，因涉嫌环境污染罪移送司法机关3起。

横向生态补偿机制建立 2016年，根据《国务院办公厅关于健全生态保护补偿机制的意见》《建立以绿色生态为导向的农业补贴制度改革方案》和《南京市生态保护补偿办法》等有关规定，江宁区出台生态保护补偿实施意见，稳妥有序开展生态环境损害赔偿制度改革试点，推进横向生态保护补偿，鼓励流域下游与上游通过资金补偿、产业转移等方式，建立横向补偿关系。对全区纳入国考关联、省考、市考、区考的41个断面，实施每月监测，测算补偿资金，进行补偿赔偿。凡考核断面水质指标超过目标水质指标的，由影响该断面水质的责任地区向专用账户缴纳赔偿金；凡考核断面水质指标达到目标水质指标的，由专用账户向责任地区支付补偿金；连续达标的考核断面，专用账户每年向责任地区支付额外奖补资金。

（刘建平）

4个社区获评省级绿色社区 2016年9月，省环保厅公布2015年度江苏省绿色社区名单，江宁区淳化街道永宁社区、横溪街道西阳社区、汤山街道孟墓社区、禄口街道尚洪社区等4个社区榜上有名。省绿色社区评选由省环保厅发起，旨在弘扬生态文明理念，倡导绿色生活方式，培育生态文化，推进生态文明建设共建共享。获评的绿色社区都开展了环保主题行动，如协助社区居委会推进垃圾分类，倡导绿色出行，建立家庭节能减排档案等，提高居民的环保意识。同时，获评社区的面貌都发生巨大改变，社区环境不断美化、亮化、绿化，社区居民生活更加文明、和谐，真正做到环境优美、百姓宜居。

省政协主席会议视察江宁空气质量 2016年9月28日，省政协主席张连珍主持召开政协主席会议，并以“改善城市空气质量”为题，到江宁区开展集中视察。市、区领导沈健、刘以安、李世贵、祁豫玮、孙桂明、陆蓉等参加。走进位于东山研发园的华海爱特汽车服务有限公司钣喷中心，几乎闻不到油漆味，所有打磨、喷漆环节都在密闭环境中进行。每个密闭工作间都装有全自动系统处理粉尘，钣喷全部采用水性漆，减少了VOC有毒物质进入空气。张连珍对企业改善城市空气质量的做法给予肯定，希望企业继续坚持绿色环保的理念，在保护员工身心健康的同时，为城市空气质量改善做出贡献。江宁开发区污水处理厂为减少污水气味对居民生活的影响，处理水池上全部加上顶棚，并采用生物滤池法除臭，收集污水气体，净化空气环境。当得知污水处理厂正在进行提标改造，尾水排放从原来的一级B提高到一级A标准时，张连珍对他们自加压力的做法大加赞赏，希望省、市相关部门大力推广污水处理加盖的举措，将污水处理厂打造成花园式厂区。张连珍还到爱德印刷有限公司，了解印刷行业废气处理情况。爱德采取冷却截油活性炭吸附法，降低油墨烘干时所产生的甲苯、苯等挥发性有机废气，印刷车间空气质量超过国家环保要求，有效避免了挥发性有机物对厂区和周围大气环境产生影响。张连珍肯定江宁改善城市空气质量的做法，希望继续狠抓环保措施的落实，大力推动产业结构调整，依法加强环境执法监督，让群众呼吸上更清洁的空气。（宁　鉴）

2016年10月，由区环保局牵头组织的生态环境宣传服务活动走进淳化街道吴墅社区。环保志愿者通过设立咨询台，发放环保生活手册、环保袋等形式，呼吁市民低碳生活、爱护环境、保护生态。活动发放环保宣传资料200多份，现场接受咨询60多人次　　区新闻中心　供稿

开发园区

综述

概　况　2016年，江宁开发园区积极应对复杂多变的国内外经济形势，克服经济下行压力和环境、资源等因素影响，按照“四个全面”战略部署，突出“强富美高”新江宁建设要求，攻坚克难，开拓创新，开发建设取得新成就。开发园区经济总量主要指标增幅快于全区，江宁开发区、江宁高新园、滨江开发区的地区生产总值、一般公共预算收入增幅分别高于全区0.8个和3.1个百分点。开发园区实现地区生产总值占全区总量的55.9%，与2015年持平；一般公共预算收入占全区总量的55.3%，提高1.53个百分点；规模以上工业总产值占全区总量的85.9%，下降0.3个百分点。江宁开发区进入全省四强，冲击全国十强上升为市级战略。江宁高新园发展进入快车道，苏南国家自主创新示范区建设加速推进。滨江开发区创建成省新型工业化示范基地。麒麟科创园获批筹建省级高新区。空港经济开发区获得创建省级开发区资格。

全市重大项目开工仪式在江宁举行

2016年3月21日，全市重大项目集中开工空港、海港、高铁港枢纽经济区专场活动在江宁区举行，集中开工的29个重大项目，总投资339.85亿元，其中江宁区开工项目12个，总投资53.29亿元。省委常委、市委书记黄莉新宣布项目开工，并要求积极扩大有效投入，全力加快项目建设，切实强化服务保障，以大项目建设推动和支撑经济发展迈上新台阶。市、区领导缪瑞林、刘以安、李世贵、储永宏、陈发喜、张会祺等参加活动。此次集中开工的项目中，空港经济开发区江宁片区项目9个，海港枢纽经济区滨江片区项目3个，包括产业项目、基础设施项目和民生工程。其中，百世集团江苏基地项目总投资10亿元，主要建设电商运营中心、分拣及仓储配送中心、第三方物流供应链管理中心及江苏区域总部基地，将成为百世快递国内最大的业务中心之一。作为打通空港经济开发区的关键节点，空港启航大道机场连接线项目主要建设启航大道至机场连接线的快速通道，计划6月开工。此外，民生工程空港小学项目主要建设建筑面积2万平方米的百家湖小学分校，有36个班级，实行公办教学。

15个重大产业项目集中签约

2016年9月8日，2016年中国·南京金秋经贸洽谈会重大项目集中签约仪式在南京国际博览会议中心举行，江宁区有15个项目集中签约，总投资282.9亿元。其中，内资项目7个，总投资157亿元；外资项目8个，总投资19.37亿美元。市、区领导缪瑞林、龙翔、刘以安、罗群、黄澜、祁豫玮、李万平、李滨等参加签约仪式。15个签约项目涉及节能环保新能源、软件和信息服务业、现代物流业、健康养老产业、总部研发等领域，大部分签约项目投资额达到10亿元或1亿美元，签署正式协议的有7个项目，总投资110.2亿元。其中，天臣新能源电池智能制造研发生产基地项目投资30亿元，在江宁高新园设立天臣（南京）智能制造研究院和智能电池生产基地，专注锂离子结构设计和生产技术、电池材料和部件、制造技术和装备产业核心力研发生产，助力江宁智能制造发展。签订正式协议的外资项目体量最大的为总投资6亿美元的阿里巴巴菜鸟电商运营项目，拟在空港江宁片区开展电商运营、仓储物流、电商服务等。

"金洽会"上签约千亿投资项目 2016年9月14日，2016年南京"金洽会"江宁专场活动全部结束，该届"金洽会"江宁区共签约54个重点项目，总投资额超过1000亿元。"金洽会"期间，围绕"构建现代产业体系，推动制造业高端化发展"主题，结合全区现代产业体系，开展主题鲜明的系列招商推介活动，组织开展麒麟科创园产业项目签约暨重大项目集中开工仪式、2016年国际服务机器人产业高峰论坛等9场区级专场活动。其间，全区吸引700多名中外客商踊跃参会，一批符合江宁区域发展布局的重点项目和国内外行业领军企业落户，产业类型涵盖智能制造、现代服务、文化旅游等方面。签约项目与江宁"3+3+3"现代产业体系高度契合。如江宁开发区智能制造业产业对接峰会上，9个总投资33.5亿元的智能制造业项目落户，涉及智能电网、智能机器人、智能物流等领域；江宁高新园专场活动上，11个重大项目落户，总投资超过200亿元，有总部型、产业型项目，也有研发型、人才型项目，涉及高端制造、新能源、生命科学等战略性新兴产业；滨江开发区的重大项目集中签约活动上，签约项目总投资195.8亿元，涉及高端装备制造、新型节能环保材料研发制造、现代物流等领域。

5个文创项目落户江宁 2016年10月28—30日，2016第八届中国南京文化创意产业交易会在南京国际展览中心举行。此届南京文交会以"文化+新创意、新业态、新经济"为主题，集合全国近2000家文化科技企业和园区参展。其中，江宁区以10家企业展位加"最江宁"全域旅游文创展的编排，全面展示江宁文化与科技融合催生的新技术、新创意、新产品和新模式，江宁"文化+"品牌广受好评。在文交会上举行的文化部文化产业项目服务平台第三期精品项目交流对接会暨2016南京创意文化产业项目推介会上，全区有5个项目现场签约，总投资26亿元，占推介会所有项目投资总额的37%。苏弘在线游戏运营平台落户东山街道，南京大塘金婚庆文化创意产业基地签约谷里街道，五季文化旅游总部项目、南京1912LOFT科技文化财智创新中心入驻江宁开发区，艺中国加盟东山研发园。其中，南京1912LOFT科技文化财智创新中心集文化创意类研发型孵化器、创客空间和总部经济园为一体，有望成为江宁开发区新的地标性建筑群体。

禄口空港新城建设指挥部成立 2016年11月13日，禄口空港新城建设指挥部成立，市委常委、区委书记李世贵，代区长祁豫玮，江宁开发区管委会主任李万平参加成立大会。此次成立的禄口空港新城建设指挥部，就是以空港开发区、空港经济开发区、禄口空港新城、空港枢纽小镇"四位一体"建设，高起点、深层次开发建设空港，全面释放禄口机场积蓄的强劲带动力。李世贵在讲话中要求江宁开发区紧贴航空装备制造、航空物流等核心产业开展靶向招商，禄口街道推动特色产业与空港航空产业体系融合，相关职能部门做好路径策略研究；按照"两年形成核心区、五年基本建成新城区"的时序任务，抓好配套基础设施建设等工作。

赴沪举办项目交流恳谈会 2016年12月5日，江宁区在上海召开项目合作交流恳谈会，加快推进上海地区在手在谈项目，确保项目早签约、早落地、早启动，推动政企双方合作共赢。市委常委、区委书记李世贵及区领导李万平、李滨、张会祺、周育刚等参加。此次活动共邀请20家拟在江宁投资项目的主要负责人参加，这些项目投资体量大、投资意愿强、成熟度较高。其中，协鑫集团将与中国商飞合作拟在空港片区投资建设临空产业园及航空城，近期将签订框架协议；东久（上海）互联技术创新园拟落户高新园，将集聚包括软通动力在内的多家中外领军型企业及软件信息产业上下游关联企业，年税收5亿元，于2016年年底开工建设；爱立信拟在江宁开发区投资建设服务全球物流项目，每年可实现出口5亿～8亿美元。恳谈会上，就各项目负责人提出的项目落户、建设中存在的问题，区各有关园区和部门负责人一一现场解答，并表示将全力帮助协调解决。

江宁在京举办项目合作交流恳谈会 2016年12月15日，江宁区在北京举办项目合作交流恳谈会，与在京的央企、民企及外企对接合作，加快推进北京地区在手在谈重点项目建设。市委常委、区委书记李世贵和区领导李万平、李滨、张思明、周育刚参加活动。此次恳谈会共邀请12家已在或拟在江宁投资项目的企业负责人参加，项目涉及智能制造、节能环保、文化休旅等产业类型。其中，由中国中铁股份有限公司投资40亿元建设的中铁宏盛智能制造研发区项目，将在开发区打造国际最先进的高铁道岔、钢结构研发基地和盾构机、硬岩掘进机研发制造基地；已落户高新园的东方航科翼翔无人机项目，由东方航科（北京）科技有限公司投资5亿元建设，将打造无人机研发与生产中心、航空科技软件研发与飞行服务中心等五大中心；江苏航天云网项目拟在滨江开发区建设南京智能制造产业示范区基地，整合共享社会化制造资源能力，创新优化产业协作模式，打造成为智能制造、工业互联网等领域的产业集群区。

区领导赴深圳走访企业推进重点项目 2016年12月26—27日，区委常委、副区长张会祺率商务、经信、国土、规划等部门及相关园区负责人，赴深圳拜访企业、召开项目合作交流恳谈会，加快推进在手在谈产业项目。在深圳期间，张会祺一行分别到平安证券、光大国际、迈瑞医疗、固高科技、深圳汇川5家企业，向企业负责人推介江宁良好的创业、创新环境。平安证券计划在江宁高新园设立投资并购产业基金，最终规模30亿元，将协助高新园引进国内外一些上市公司及拟上市公司总部入驻园区，打造IPO总部产业园，并辅助园区企业境内外上市。由光大国际投资的光大环境科技中国区总部项目，落户于九龙湖国际企业总部园，项目正在进行内部装修。张会祺与项目负责人深入交流，希望企业将更多优质项目落户江宁开发区。创维集团、科陆电子股份有限公司、华大基因等10家企业负责人就投资意向、项目建设中存在的问题等，与区相关部门、园区负责人进行深入洽谈。

（宁　鉴）

南京江宁经济技术开发区

概　况 2016年，江宁开发区坚持抓经济、促转型，抓项目、促投入，抓改革、促发展，经济在逆境中平稳较快增长，产业在创新发展中加快转型升级，实现“十三五”规划的精彩开局。全年完成地区生产总值、服务业增加值、一般公共预算收入分别达738亿元、194亿元、100.9亿元，比2015年分别增长10.3%、15%、11.9%。其中，一般公共预算收入进入江苏省开发区前三；地方外贸出口56.1亿美元，位列南京各区、开发区首位。

全年引进光大环境等千万美元以上外资项目25个，其中1亿美元以上外资项目10个，落户台积电设计中心等知名总部型、功能性机构4个，实际利用外资4.2亿美元，增长9.9%，总量和增幅均位列南京第一，在江苏省排名由2015年的第七位升至第三位；引进亿元以上内资项目27个，其中百亿级项目2个；11个省、市重大项目当年完成投资51.4亿元，57个区重大项目当年完成投资104.9亿元。汽车、智能电网、电子信息技术三大支柱产业产值分别为1305.32亿元、823亿元、455.08亿元，软件业务收入760亿元。在南京市率先落实招商机构扩容优化、绩效考核，成立项目代办中心。国内首个通信与信息领域的国家重大科技基础设施项目、江苏省历史上牵头承建的第一个国家重大科技基础设施——未来网络实验设施项目获批立项。举办首届中国智谷大会等高端活动，成为长江经济带国家级经开区协同发展联盟副理事长单位。

新引进院士1人，引育“万人计划”专家5人、省“双创计划”人才10人，人才工作竞争力位列江苏开发区第四。新增工程技术研究中心9家、高端研发机构2家，实施产学研合作项目30项、重点科技计划项目88项，完成全社会研发经费支出41.5亿元。新增国家级众创空间3家、省级众创空间2家、国家级科技企业孵化器1家，列南京首位；新增高新技术企业42家、民营科技企业48家，完成高新技术产业产值1523亿元，占规模以上工业总产值比重达70%。完成专利申请量6412件、专利授权量3278件，发明专利申请量2883件、发明专利授权量976件，国家知识产权试点园区建设加快推进。

景枫中心、21世纪太阳城等城市综合体相继开业，1912商业街升级改造，秦淮路以南“优二进三”加快推进，百家湖商圈跃升为南京第二大商圈。空港省级开发区获批筹建，整建制托管禄口街道，全面启动禄口空港新城建设。诺贝尔奖与科学艺术小镇、空港枢纽小镇、吉山软件小镇启动建设，多点多极的城市发展格局初步形成。有序推进综合整治三年行动计划实施，完成数字化城市管理系统二级平台建设，城市治理连续7个月位居南京第一。有序推进东善桥、殷巷等片区73.3万平方米保障房建设，基本完成安置房不动产权证办理，较好完成卫生城市迎复审、中央环保督查、防汛抗洪等任务，正式获批为国家生态工业示范园区。

新增4家省质量信用AA级企业 2016年1月26日，省质监局和社会信用体系建设领导小组办公室公布2015年江苏省获质量信用AA级以上的企业名单，在南京市获评的7家企业中，江宁开发区的南京大全变压器有限公司、南京大全电气有限公司、南京音飞储存设备股份有限公司和南京海尔曼斯集团有限公司入围。同时，南京国电南自电网自动化有限公司获2015年南京市市长质量奖（组织），南京朗坤软件有限公司获2015年南京市市长质量奖（组织）提名奖。

美特林科在“新三板”挂牌 2016年3月1日，江苏美特林科特殊合金股份有限公司在“新三板”挂牌。美特林科主要从事特殊、高端稀有金属合金材料的研发、生产和销售，先后通过ISO 9001体系认证和相关专业领域资格认定。

科润工业介质股份在“新三板”挂牌 2016年3月28日，江宁开发区科润工业介质股份有限公司在“新三板”挂牌。作为一家工业介质整体解决方案提供商，该公司是国家火炬计划重点高新技术企业，主导制定5项国家标准和8项行业标准，有多项科研成果填补国内空白，已为3000余家工业客户成功提供整体解决方案。

未来网络众创空间示范基地落户 2016年4月27日，在第九届南京留交会专场活动——“网络驱动创新，人才引领创业”论坛上，未来网络众创空间示范基地签约落户江宁开发区，3个创新创业项目同时入驻孵化。未来网络众创空间示范基地由江宁开发区和江苏省未来网络创新研究院共同建设，面积3500平方米，项目依托国家重大科技基础设施——未来网络试验设施（CENI）项目的技术引领，引进优质项目，引导以大学生为主的创业人才入驻，实现以培养大学生为核心的新型创业模式，推进未来网络技术及产品的创业推广及产业化工作。签约入驻的创新创业项目中，南京纳凯永馨信息科技有限公司致力于研发、销售LTE无线宽带接入产品，具有完全自主知识产权，其产品可广泛应用于公共安全、智慧城市、无线监控等信息化领域；南京揽仁信息科技有限公司致力于视频内容聚合平台的开发和推广，依托网络存储核心技术及“视频源智能切换”专利技术，实现动态选优，显著改善视频效果和用户体验；南京闳良信息科技有限公司致力于提供家庭智能游戏SDK方案，打造最大的OTT细分应用分发平台，产品已获得市场主流机顶盒、智能电视及蓝牙游戏手柄的支持。

深圳招商签约51亿元项目 2016年5月10日，江宁开发区在深圳举办“智创未来、携手共赢”招商会，签约光大环境科技总部等6个项目，总投资51亿元，涉及环保、物联网、智能电网、电子商务、光伏新能源等产业领域。其中，创维数字电视研发总部项目由创维集团投资建设，总投资12亿元，主要整合智能家电、移动互联网等领域的研发资源，建设创维移动数字电视研发总部。谷阳光伏工程研发制造基地项目由谷阳新能源科技有限公司投资建设，总投资10亿元，主要从事高效能光伏电池和组件技术研发制造以及新型集成光伏接线盒制造等。科陆能源互联网研发中心项目由深圳市科陆电子科技股份有限公司投资建设，总投资6.4亿元，致力于建设科陆南京研发大厦，内设能源互联网软件研发中心、运营中心和营销中心，成为科陆股份华东区域总部基地。总投资1.5亿美元的光大环境科技总部项目与开发区签署框架合作协议，该项目由中国光大国际有限公司投资建设，主要从事环境科技整合研发、工艺设计及装备制造、总包服务等。

百家湖1912升级改造工程启动 2016年5月12日，江宁开发区百家湖1912升级改造工程启动，打造全国首创“Anti-Mall”第四代体验式商业街区。该工程融合百家湖1912的166.7公顷天然湖景观、临湖而建的英伦低密度建筑与城市商业，环湖打造区域内首个城市荧光沙滩、浪漫摩天轮，融入潮酷运动文化概念，增加运动、文化、游乐、机车等业态。改造后的百家湖1912以“湖+湾+场+街”物业硬件为基础，以“水上游乐+激情运动+主题娱乐+浪漫餐饮+时尚零售”为核心功能，分为4个主题街、1个互联网多功能空间、3个湖上体验业态。其中，4个主题街细分为时尚文创街、浪漫多国餐饮街、激情主题酒吧街、速度机车街；3个湖上体验业态细分为戏湖区、观湖区、玩湖区，是城市人可以轻度假又兼具商务社交的多功能空间。

北京招商推介会签约10个项目 2016年6月13日，江宁开发区举办“南来北往，京彩无限”北京投资环境推介会，共签约迪盛四联新能源、联东U谷凯腾产业园等处于产业链、技术链、价值链高端项目10个，总投资76亿元，涉及环保、智能电网、新能源、轨道交通、资本运营、投资总部等领域。迪盛四联新能源项目投资总额15亿元，建设内容包括新能源供应链整合、EPC总包、设计院、光伏现代农业、工程施工、电站投资建设等。联东U谷凯腾产业园二期项目投资总额13亿元，主要致力于环保新材料研发和生产、膜分离系统及设备设计研发、环保科技成果转化、创业项目孵化等。赛伯乐双创云城项目投资总额10亿元，以双创云城建设为契机，重点发展创投基金、产业生态园、上市公司市值管理等领域。北京盛世凯睿智能电网研发中心和产业项目投资总额8.5亿元，项目内容主要包括发电、输电、变电、配网、用电设备及自动化管理、智能控制、能源管控、运维管理等。惟思得轨道交通设备研发和生产项目投资总额2.5亿元，主要致力于轨道交通关键设备的研发、生产。超凡网络COMO中国总部项目投资总额2亿港元，项目专注于整合、挖掘全球旅游资源，提供客户个性化出游服务和产品。凤凰城科技平台项目投资总额13亿元，主要投资建设以信息安全为主导的新型科技平台。北控水务市政设计研究院项目投资总额5亿元，主要从事城市建设相关工程的设计咨询、科研、监理、工程总承包以及水环境和大气环境治理技术的研发等业务。亿江集团智能电网通信系统项目投资总额5亿元，致力于信息物理融合通信系统技术在核心行业内的定制化应用。此外，江宁开发区与清华大学和创新科技国际联盟签署战略合作协议，借助清华大学智库资源和创新科技国际联盟的优势资源，依托开发区产业基础和发展环境，共同创建国家级新能源汽车国际创新园，共同建设国际技术交易中心，致力于发展成为立足南京、面向全国、辐射全球的技术交易中心、资金结算中心、供应链金融服务中心。

5人入选国家“万人计划” 2016年6月27日，中央人才工作协调小组办公室公布第二批国家“万人计划”领军人才名单，江宁开发区有5人入选，分别是江苏省未来网络产业创新研究院副院长尹浩、南京南瑞继保电气研究院首席专家田杰、南京龙渊微电子科技有限公司董事长陈勇、南京碧泽环境科技有限公司董事长王爱杰、南京阳登信息科技有限公司董事长季向阳，其中尹浩等4人入选科技创新领军人才，陈勇入选科技创业领军人才。尹浩主要从事计算机网络体系结构相关研究工作，主导建立覆盖全国的网络测量与信息服务平台，监测超过100万点击量网站，谷歌检索排名第一，2011年获国家自然科学二等奖，2012年获国家技术发明二等奖等。田杰是中国直流输电控制保护领域的学术带头人和江苏省“333工程”首批中青年科学技术带头人，主持研发PCS-9500/9550超高压直流输电控制和保护系统等。陈勇主要从事国产龙芯SOC芯片的产业化研究，参与的龙芯SOC芯片项目突破嵌入式系统、自主物联网协议等多项产业核心技术，达到国内领先、国际先进水平，先后获人才计划8项、科技计划支持30余项、科技进步奖20项。王爱杰长期从事废水处理资源化理论与技术研究，发展了微生物过程优化控制理论，提出难降解污染物定向转化原理与方法，形成专利核心工艺和废水处理集成技术，并实现大规模工程应用，获国家科技进步二等奖2项、国家技术发明二等奖1项等。季向阳主要从事视频编码与通信、立体视频技术研究，获国家发明专利15项以及多项国际发明专利，获得国家技术科技进步二等奖1项。

12个重大项目集中开工 2016年9月10日，江宁开发区举行重大产业项目集中开工仪式，12个项目集中开工，总投资102亿元，涉及新能源、总部研发、高端制造、互联网等产业领域。其中，高端制造、智能制造类项目7个，总投资55亿元，包括菲特高端机械装备制造基地、亿泰精密模具设计研发及制造、惟思得轨道交通配套设备、航胜飞机零部件组装、协鑫蓝天燃机热电联产等项

2016年9月10日，江宁开发区重大产业项目集中开工仪式举行。市、区领导李世贵、祁豫玮、刘玲等参加仪式　　陈　晓　摄

目；总部研发、会展贸易类高端服务业项目5个，总投资47亿元，包括协鑫新能源投资管理总部、吉宝全球维修中心、综保区国际采购配送中心、科陆能源互联网研发中心和联亚保税展示项目。协鑫新能源投资管理总部项目总投资30亿元，总建筑面积7.6万平方米，主要建设技术研究、运营管理、新能源展示等中心，对光伏发电、风力发电、分布式能源等新能源产品进行研究利用。协鑫蓝天燃机热电联产项目是“十三五”期间重点分布式清洁能源建设项目，总投资20亿元，总建筑面积2.25万平方米。

2016年10月10日，全国首个国际诺贝尔奖获得者及团队交流聚集区——“诺贝尔奖科学与艺术小镇”落户江宁开发区。市委常委、区委书记李世贵，区领导祁豫玮、李万平、王爱军等参加签约仪式

陈　晓　摄

9个智能制造项目签约　2016年9月12日，江宁开发区举行智能制造产业对接峰会暨重大项目签约仪式，9个项目签约，涵盖智能电网、智能机器人、智能物流等领域，总投资33.5亿元。其中，南京音飞储存设备股份有限公司投资15亿元，建设集仓储、运营、研发、双创、培训等功能为一体的智能物流及研究院项目。智能机器人行业领军企业埃斯顿集团投资5亿元，从事智能化工厂及融合视觉技术的智能机器人系统研发和应用。此外，还有总投资5000万美元的法雷奥高端湿式双离合器项目，总投资4亿元的我乐家居智能工厂扩建、研发中心与智能平台建设项目等。

中科院科技服务网络江苏中心入驻　2016年9月22日，江宁开发区与中国科学院南京分院签约，合作建设中科院科技服务网络（STS）江苏中心。STS江苏中心位于开发区翠屏科创园，是一家独立运行的新型科技服务机构，创新性地采用“一社团+一公司”再聚集“一圈企业”的“1+1+N”运行模式，建成中科院科技服务网络信息平台，并组建技术经纪人队伍，以中科院在江苏布局的近200家院地共建科技创新平台为基础，形成覆盖江苏省的科技服务网络，实现科技成果和企业技术需求的精准对接，同时瞄准区域重大产业发展方向和创新目标，组织、凝练重大科技专项。

全国首个诺奖小镇落户　2016年10月10日，全国首个国际诺贝尔奖获得者及团队交流聚集区——诺贝尔奖科学与艺术小镇（简称“诺奖小镇”）落户江宁开发区。诺奖小镇由江宁开发区管委会、德国中德科技园、中国工业报社、南京艺术学院共同合作建设，集聚以诺奖得主为代表的各领域顶尖人才开展科技交流研究和产业互动工作，打造全球科技资源向中国汇集的人才新高地。诺奖小镇以智能制造、生命科学等为产业定位，以创新、艺术为文化内涵，以科技研发、产业发展为支撑，突出高端化、国际化以及科技的尖端性与文化艺术的融合性，形成集科研、文化、休闲与旅游为一体的世界级特色生态小镇，成为落实中德两国“一带一路”建设的重要示范。诺奖小镇以政府为引导、以企业为主体、以市场化模式进行建设和运营，项目选址在江苏软件园，一期工程规划用地8公顷，建设生活区、工作区与功能配套区，二期工程规划用地1平方公里，按照“产、城、人、文”四位一体融合发展的目标规划建设。除引进诺奖得主到宁开展科技交流、研究和产业互动外，还计划在德国海德堡中德科技创新园设立海德堡基地，帮助中国高新技术企业加快“走出去”进程，推动国外先进技术、人才等创新资源引进，并组建“诺奖小镇发展基金”，推进诺奖小镇和海德堡基地的规划、开发、建设、运营及科技研发和技术转移转化。同时，诺奖小镇定期举办“诺奖小镇高端峰会”暨中德高科技对话论坛，形成国内与国外、企业与高校、科技与产业的全面对接，提升小镇对外影响力，推动小镇快速发展。

迪盛四联入选全球新能源企业500强 2016年10月11日，2015年全球新能源企业名单发布，江宁开发区迪盛四联新能源投资有限公司入选全球新能源企业500强榜单，位列118位，并摘得最具发展潜力大奖。“全球新能源企业500强”活动是《中国能源报》与中国能源经济研究院共同推出的针对新能源行业权威研究评价的大型公益活动，参照国际通行做法，以新能源企业上一年度营业收入为标准，以人民币为计算单位，致力于打造一个权威客观的全球新能源企业排行榜。作为国内光伏行业精英品牌，2016年迪盛四联战略上完成“开发平台+集成（EPC及研发制造）平台+投资平台+互联网金融”的资源聚合，业务上向新能源价值链方向拓进延伸，构建绿色能源商业生态系统，具备面向全国、跨地区、多基地同时建设和运营管理光伏及风电项目全产品线的能力，已成为领跑中国光伏行业发展、改善中国能源结构的重要生力军。

五季文旅与东方集团项目签约落户 2016年10月28日，在第八届中国南京文化创意产业交易会创新类项目签约仪式上，五季文旅、东方集团2个文化类项目签约落户江宁开发区。五季文旅项目注册资本20亿元，主要业务为文化旅游产业项目开发建设、文化园区基础设施开发建设、电影放映及会展组织策划等。东方集团与密尔顿科技合作建设的1912LOFT文创科技园项目总投资5亿元，建立具有适应性、高资源效率的智慧4.0型科创载体，打造集科研办公、创意型联合办公空间及配套服务等为一体的新一代科技平台类产品。

首届中国智谷大会在开发区召开 2016年11月1—2日，首届中国智谷大会暨人工智能与产业创新论坛在江宁开发区举办。此次大会为人工智能、智能制造领域的科研机构、领先企业和亟待转型的传统行业搭建交流产业发展动态信息、探索核心技术研发、成果落地转化和产业化机制的全方位交流平台，包括中科院院士张钹、陈润生等在内的500多名专家学者参会。其中，作为大会联合主办方的清华大学智能技术与系统国家重点实验室有1名院士和7名教授聚首江宁开发区，集中展示机器人、无人驾驶、脑机接口等前沿领域科研成果。

首届智能制造新模式高峰论坛在开发区举行 2016年11月11日，首届智能制造新模式高峰论坛在江宁开发区举行，智能制造首家众创平台——“我做”众创平台正式发布。此次论坛由南京埃斯顿自动化股份有限公司、江苏大任智库有限公司、江宁开发区管委会共同主办，旨在探索智能制造领域合作发展创新模式。“我做”众创平台由埃斯顿、大任智库等企业和专业机构共同发起，可以实现协同设计、协同加工、协同营销、协同服务。埃斯顿和大任智库还正式倡议创建“智能制造新模式战略联盟”，并得到音飞储存、博世力士乐中国、东南大学机械学院、南京航空航天大学机电学院、南京理工大学机械学院、新华网融媒体未来研究院和场景实验室等知名企业、高校和专业机构响应。

国内首个通信与信息领域的国家重大科技基础设施项目获批立项 2016年12月2日，未来网络试验设施重大科技基础设施项目（简称“CENI”）获国家发改委批复立项，这是中国在通信与信息领域唯一的国家重大科技基础设施，也是江苏省历史上牵头承建的第一个国家重大科技基础设施。CENI项目总投资1.67亿元，建设期5年，由落户于江宁开发区的江苏省未来网络创新研究院作为法人单位牵头承担建设，清华大学、中国科学技术大学、深圳电信研究院为共建单位。项目建设覆盖全国40个城市的试验设施，支撑不少于128个异构网络，支持4096个并行试验，支持与现有网络（IPv4/ IPv6）的互联互通，致力于建设一个开放、易使用、可持续发展的大规模通用未来网络试验设施，探索适合中国未来网络发展的技术路线和发展道路，促进产业创新与发展，提升国家网络空间安全保障机制和手段，使中国在网络空间国际竞争中掌握主动权。

南瑞继保成功研制世界首套500千伏直流断路器 2016年12月15日，南瑞继保公司自主研制的世界首套500千伏高压直流断路器完成各项型式试验项目。该断路器可在3毫秒内开断25千安直流电流，技术指标达到国际领先水平，标志着南瑞继保公司在柔性直流输电核心装备研发领域再次取得重大突破，为中国柔性直流输电技术的跨越式发展奠定了基础。柔性直流输电技术是解决新能源并网和消纳问题的有效技术手段之一，高压大容量柔性直流输电工程需要直流断路器具备快速重合能力，对直流断路器的要求极为苛刻。针对500千伏直流断路器高电压、强电流开断等特点，南瑞继保公司创造性地提出具有完全自主知识产权的高压混合直流断路器的拓扑结构，完成大规模电力电子器件强电流关断暂态特性、高压机械开关超高速分合闸，以及高电位供能等关键技术的攻关研究；分析、梳理出高压直流断路器各种极限电气应力，提出各项针对性的试验检测方案，完成整套500千伏试验平台建设，能够有效验证高压直流断路器各项电、磁、热和机械性能。500千伏高压直流断路器的研制成功，填补了中国乃至世界范围在柔性直流输电领域的相关空白，将推进高压断路器的工程化应用，为国家重大柔性直流输电工程建设提供支撑。500千伏直流断路器的关键技术创新，也将带动中国电力电子半导体器件、特种高压开关等相关领域技术发展和制造能力提升，进一步巩固在柔性直流输电核心装备研发的技术领先地位。

中国无线谷（未来网络谷） 2016年，中国无线谷（未来网络谷）以创新成果产业化为目标，推进高端产业项目培育引进。核心技术研发方面，“国家2011计划”无线通信技术协同创新中心取得重大进展，5G实验样机系统初步完成；江苏首个国家重大科技基础设施——未来网络试验设施项目批准启动建设；超高速通信芯片、802.11.aj国际标准等50多项核心技术和标准的研发与制定取得新进展。核心技术成果产业化方面，联合中国泰尔实验室建成投运电磁兼容暗室、芯片检测中心等20多个国际先进的专业公共技术服务平台和无线通信试验场，全年对外提供开放服务500余次；新建联合研究中心8个，30多个具有自主知识产权国际领先的核心技术成果年内实现就地产业化；无线谷创业服务中心升级为国家级科技企业孵化器。高端人才引培方面，入选省“双创”人才5人，5家企业入围“创新型企业家”。高科技企业集聚方面，新增创远信息、牛芯微电子等科技型企业40家、高新技术企业6家。

九龙湖国际企业总部园 2016年，九龙湖国际企业总部园以载体招商和企业服务为重心，推进载体运营，实现经营性业务收入36亿元、一般公共预算收入2300万元。引进光大环境科技总部、台积电设计研发中心、甲骨文软件研发中心、正威新材料公司总部等项目58个，其中世界500强投资项目4个，上市公司及国内知名企业投资项目8个，实现到位外资1016万美元。南京科思工贸股份有限公司在“新三板”挂牌，成为该园自主培育的首家上市公司。建筑面积4.7万平方米的甲级写字楼开工建设，建筑高度99.75米，办公楼出租率95%以上。总部园至周边商业中心的购物班车开通。

南京综合保税区（江宁） 至2016年年底，南京综合保税区江宁片区实现进口13.78亿美元，比2015年增长9.4%；出口30亿美元，下降6.7%；进出口总额41.75亿美元，下降6.8%。

谷里重点产业园 2016年，谷里重点产业园完成工业产值16.02亿元，比2015年增长7.5%；销售收入15.3亿元，增长7.8%；全社会固定资产投资2.6亿元，其中工业投资2.2亿元，分别增长13%、10%；引进亿元以上重点项目8个，增长33%；新增规模以上企业4家，增长33%。加快基础设施建设，安康路建成通车，江谷路部分路段通车；完成板霞路、兴谷路辅道等老旧破损道路的维护、改造；盘活低效用地13.3公顷。

宁淮工业园 至2016年年底，宁淮工业园累计实现工业增加值50亿元、工业产品销售收入217亿元、一般公共预算收入4.49亿元，各项指标年增速超过15%。全年新引进项目16个，总投资68亿元，其中亿元以上项目5个、外资项目3个，项目注册外资6523万美元，实际到位外资4550万美元。投入1.62亿元进行基础设施建设，新建康马路古淮河大桥、经九路，启动宁连路、广州路、淮河东路景观改造工程，新增绿化面积21万平方米，新铺设电网2.9公里，安装路灯627盏。

（陈　晓）

科技创业服务中心新晋国家级 2016年3月，江宁开发区科技创业服务中心新晋2015年度国家级科技企业孵化器名单。科技企业孵化器是以促进科技成果转化、培养高新技术企业和企业家为宗旨的科技创业服务载体。其主要功能是以科技型创业企业为服务对象，通过开展创业培训、辅导、咨询，提供研发、试制、经营场地和共享设施，以及政策、法律、财务、投融资、企业管理、人力资源、市场推广和加速成长等方面的服务，以降低创业风险和创业成本，提高企业的成活率和成长性，培养成功的科技企业和企业家。江宁开发区科技创业服务中心成立于2000年，主要为科技型中小企业提供科研孵化场所、共享服务空间、创业辅导、落实优惠政策、园区管理以及各类咨询服务，对市场前景广阔的项目提供推荐贷款、贷款担保、参股经营、种子基金服务。该中心运行以后，累计孵化企业216家，毕业企业186家，其中中电联公司、光一科技公司已在创业板和中小企业板上市。

开发区及园区企业获省表彰 2016年4月，省委、省政府下发文件，对一批业绩优良、创新发展、社会贡献大的开发区、企业和企业家进行表彰，其中江宁开发区及园区4家企业和2名优秀企业家入选。在新一轮发展中，江宁开发区坚持向结构调整要增长、要质量、要效益，统筹推进转型升级、创新驱动、产城融合，迈出转型创新跨越发展新步伐。在全省各级各类开发区综合评价中，江宁开发区跻身第五，在全国2010年后新晋国家级的41家开发区中位居第一。同时，开发区内一批优秀企业和企业家与园区共同成长，长安马自达、优倍电气、中兴软创、晨光集团此次被表彰为江苏省优秀企业，南瑞继保总经理李九虎、科远自动化董事长胡歙眉被表彰为江苏省优秀企业家。

两大特色小镇启动建设 2016年5月，江宁开发区全面启动空港枢纽小镇和吉山软件小镇规划建设，为创新要素集聚搭建平台，加快产业转型升级。江宁开发区结合空港经济开发区、江苏软件园的资源禀赋，制定空港枢纽小镇和吉山软件小镇规划建设实施意见，加快形成形态上“小而精”、产业上“特而强”、发展上“聚而合”的特色小镇。根据规划，空港枢纽小镇以禄口空港新城规划核心区域为依托，规划面积4.8平方公里，将依托禄口国际机场，努力建设成为集电子商务、现代物流、产业研发、会展培训、空勤服务等功能为一体的现代化临空商务区。吉山软件小镇规划面积4.5平方公里，核心面积1.5平方公里，将瞄准智慧应用、移动互联、信息安全和云计算等“3+1”特色产业集群，重点打造智慧应用产业园、移动互联网产业园、信息安全产业园等特色软件产业集聚区，与雨花软件谷、徐庄软件园实现差别定位、错位发展。空港枢纽小镇在产业集聚发展基础上，加快规划区域内居住项目以及教育、医疗等商业配套项目，完善小镇城市功能，促进港、产、城融合发展。吉山软件小镇坚持“绿色生态、智慧创新”发展理念，努力打造成国际软件创新生态社区，形成独特的“人文、智慧、生态”文化。两大“特色小镇”的运作上一方面强化政府引导，另一方面还将借助市场力量。注册成立的南京空港枢纽小镇发展有限公司、南京吉山软件小镇发展有限公司，作为政府投资主体带动特色小镇的开发建设，同时探索产业基金、PPP等融资方式，引导各方社会力量参与。吉山软件小镇拟设立1亿元专项资金作为小镇建设启动资金，成立“软件创业计划”专项资金用于扶持优秀创业者。

开发区获批国家生态工业示范园区 2016年8月3日，江宁开发区创建国家生态工业示范园区通过环保部、商务部、科技部验收，成为此次全市唯一获批的园区。江宁开发区牢固树立“环保优先、生态立区、工业强区、科教兴区”理念，走出一条独具特色的生态创建之路。2013年国家三部委发文同意江宁开发区创建国家生态工业示范园区后，园区依据生态工业园创建规划，从招商源头严控项目准入，全力引进有利于循环经济、清洁生产项目，对不符合产业导向、重污染、高能耗、低水平项目“一票否决”，重点引进符合生态产业链群企业，并有选择地进行补链招商，构筑产业生态链系统。园区还大力推进低碳经济建设，推广循环经济企业发展经验，对入园企业实施动态监管，形成布局合理、绿色低碳的现代产业体系，不断提升经济总量和质效。同时，不断完善环境基础设施和监管体系，实施污水处理、水环境整治、空气污染防治、绿色通道建设“四大工程”，提高环境监管水平，逐步降低资源消耗和污染排放，并开展环境综合整治，将其作为生态园区建设的重要内容，实现经济发展与环境改善的良性循环。

143亿元项目集中签约 2016年9月8日，2016年“金洽会”重大项目集中签约仪式上，江宁开发区与泉峰集团、香港协鑫集团等8家企业签署投资协议。8个项目总投资143亿元，其中6个外资项目总投资17.47亿美元。签约的8个项目涵盖高端制造、区域总部、现代服务业等领域。协鑫云仓及仓储机器人研发制造项目由新能源、清洁能源企业协鑫（集团）控股有限公司投资7.1亿美元建设；世界500强企业西门子扩大产能及电机生产项目总投资1亿美元，建成后将提升工厂自动化系统和机床控制系统的生产制造能力。区域总部项目成为当天签约项目中的亮点，泉峰集团将投资1亿美元建设中国区域总部；华君控股中国区总部项目总投资1.6亿美元。现代服务业项目中，神州长城数据中心项目由神州长城股份有限公司在南京吉山软件小镇投资15亿元开发建设。该项目规划建筑面积30万平方米，集中发展云计算中心、大数据医疗、智慧城市应用、金融信息大数据为主的新兴产业。另外，签约的还有阿里巴巴菜鸟电商运营项目。

项目投资建设代办中心成立 2016年9月13日，江宁开发区专门成立项目投资建设代办中心，为入园企业代办从企业注册到竣工验收的全过程手续，以专业化的优质高效服务助推项目早开工、早建成、早投产、早达效。该中心按照“高效、务实、便捷”原则，配备专人，对企业投资项目做好推进、管理、服务工作。代办中心的职能涵盖企业注册到竣工验收全过程，主要包括4个方面：负责签约项目的公司注册、税务登记、银行、外汇管理、进出口登记等手续代办及协办；企业开工建设前的各项服务工作；项目建设过程中各项评审、审批等手续的协调和代办；项目竣工验收手续的代办及协办。

开发区千人基地园入选省留学回国人员创新创业园 2016年9月27日，省人社厅公布江苏省留学回国人员创新创业园入选名单，全省共5家入围，江宁开发区千人基地园成为全市唯一入选平台。江宁开发区主动参与国际人才竞争，以“创业苗圃+专业孵化器+加速器”的载体建设、优质的专业服务、良好的创新创业环境吸引越来越多的海外留学人员。对于优质项目，园区给予启动资金、房租补贴、办公场所等一系列优惠政策。开发区千人基地园已建成孵化场地10万平方米，累计引进创业企业110余家，涉及网络通信、智能电网、生物医疗等领域，在孵企业70家，其中31家在孵企业拥有自主知识产权107项，提供就业岗位近1200个。

开发区“诺奖小镇”揭牌 2016年10月29日，江宁开发区“诺贝尔科学与艺术小镇”举行揭牌仪式。“诺奖小镇”项目现已初步搭建工作班子、形成集聚效应，吸引众多顶尖专家、知名高校与高新技术企业，为项目进一步发展壮大奠定了基础。仪式上，“诺贝尔奖科学与艺术小镇”专家顾问委员会、高校创新联盟、企业创新联盟授牌。专家顾问委员会由省政协常委、省区域发展研究会会长张颢瀚牵头，将集成各方优势和资源，为“诺奖小镇”的规划、建设、政策、运营等方面提供决策咨询；高校创新联盟由中国科学院院士、南京工业大学校长黄维牵头，将集聚省内高校优势，为落户诺奖得主提供创新合作资源；企业创新联盟由省内高新技术企业牵头，帮助落户诺奖得主与企业开展产学研合作与技术嫁接。同时，通过发挥两个联盟的资源整合作用，把以诺奖得主为代表的高层次人才引得进、留得住、用得好，为小镇乃至园区发展提供智力支撑。此次活动中，诺贝尔奖得主詹姆斯·罗斯曼成为小镇首位荣誉市民，并发表演讲。詹姆斯·罗斯曼是耶鲁大学细胞生物学系主任，2013年获诺贝尔生理学或医学奖。

承办世界智能制造大会系列活动 2016年12月6—8日，2016年世界智能制造大会展览会在南京国际博览中心举办，展会以“让制造更聪明”为主题，发布世界智能制造前沿技术和最新产品。其中，江宁开发区承办了中国工业机器人技术应用技能邀请赛。江宁开发区拥有埃斯顿、西门子数控、科远自动化等智能制造相关企业100多家，形成一批核心技术和核心产品。区内南瑞继保、迈瑞医疗等3家企业入选“江苏省示范智能车间”，埃斯顿、国电南自等5家企业入选“南京市首批智能工厂建设计划”。此次邀请赛，江宁开发区邀请到15个省的30名选手参赛，均为2016年中国机器人应用技术大赛的优胜选手。邀请赛比赛项目覆盖设备装配、示教器编程、设备调校、设备操作等智能制造全环节，鼓励企业、院校培育复合型专业人才。除完成指定比赛任务，选手完成任务过程中的能源消耗情况和工序操作规范等也被列为重点考核指标，旨在倡导社会节能环保，弘扬兢兢业业的工匠精神。

（宁　鉴）

南京市麒麟科技创新园

概　况 麒麟科创园规划总面积48.1平方公里，东至青龙山山脊线以东的麒麟街道行政范围，北至沪宁高速公路，西至马高路—122省道—马群科技园百水分园西侧规划路—土城头路—天麒路—运粮河—土花四路—土城头路—钟学北路—绕城公路—撇洪沟—运粮河，南至纬七路—绕越公路—麒麟街道行政范围。2016年，麒麟科创园围绕“迈上新台阶、建设新南京”的总要求，深入推进与江宁区的融合发展，聚焦智能、低碳两大主导产业，开展招商引资、引智活动，加快园区项目、平台建设，打造创新、创业、创客空间载体，主要经济指标稳步增长，一批重点项目开工建设，省级高新区获筹建批复。全年实现地区生产总值36亿元，完成全社会固定资产投资43亿元，其中市重大项目投资24.4亿元；新引进创新型企业450家，引育高新技术企业4家，引育上市公司2家，实现一般公共预算收入10.2亿元。

高端产业集群 2016年，麒麟科创园主导产业进一步发展，信息与大数据领域新引进企业151家，南京百度创业中心、跨境电商产业园2个项目已签订意向协议，五星控股总部基地项目完成选址，银江股份江苏公司注册，丰顿科技“新三板”挂牌准备工作有序推进。智能装备领域新引进企业39家，深圳上市公司汇川技术下属图像视觉技术研究院、大连机床下属南京智能技术研发有限公司落户园区，机器人中试基地二期改造、智能制造展示体验中心、楼兰股份、中泰停车等项目加快推进。节能环保领域新引进企业48家，CIGS柔膜太阳能电池项目验证线投入运营，新能源汽车电源及电控系统公共服务平台投入使用，欧姆龙—麒麟科技创新园智慧园区协同创新示范中心签订战略合作协议。科技载体进一步丰富，以总部经济发展为引领，推动一批大项目开工建设，紫金（麒麟）科技人才创业特别社区A区完成验收并移交物业，B区即将全面开工，麒麟·荔枝广场开工建设，圣和智能健康产业基地入驻办公，金元天甲智能配网设计研发孵化基地、江苏有线三网融合枢纽中心加快建设，中科院南京分院麒麟科技园、中水新能源总部基地、长江黄浦智能医疗中心等一批项目启动建设，启迪麒麟国际学校、麒麟·吾悦广场、东南青年汇签订合作协议。

创新资源集聚 2016年，麒麟科创园完成高新区总体规划和产业规划编制工作，加强协调，做好省、市高新区统计管理对接。强化人才政策支持，出台“创业麒麟”人才计划，科研用地项目、科研（服务）项目认定及管理办法，人才公寓管理办法等一系列政策。全年引育国家“千人计划”特聘专家1人，申报国家“万人计划”2人、省“双创计划”5人、市“创新型企业家”4人，组织开展“高层次创业人才引进计划”申报，通过园区评审并确定扶持人才21人，推选参加市级申报20人。加快开放创新平台建设，依托“江苏南京侨梦苑”和“海峡两岸青年创业基地”两大国家级平台，推进江苏南京侨梦苑华侨华人创新中心和创业社区建设，新增涉侨项目50个，在园区落户的涉侨企业总数超过120家。按“双中心”模式打造中德科技创新中心并加快中英、中以、中日及VR科技创新中心建设，中德科技创新中心已注册企业10家，中英、中日、中以科技创新中心运营主体完成注册。推进两岸中小企业创新园建设，8万平方米载体已交付使用，入驻台湾创业团队15个，陆资企业40家，总注册资本超过6亿元，拟入驻台资企业11家。加快科技成果认定，通过园区财政补助科技企业资金4736万元，帮助6家企业审核科技贷款项目11项5100万元。组织企业申报并获批国家、省、市科技计划项目69项，通过江苏省民营科技企业资质认定13家、江苏省科技型中小企业11家。组织企业申请专利276件，其中发明专利95件、实用新型160件、外观设计21件，获授权专利107件，其中发明专利22件、实用新型76件、外观设计9件。

麒麟科创园夜景　　　　宁　鉴　供稿

产城融合协调 2016年，麒麟科创园坚持生态为基，启动东片区控详修编、窦村规划单元图则调整和园区综合管廊及海绵城市专项设计工作，综合管廊结合东片区建设实施，海绵城市结合中心区、东片区建设实施。加快基础设施建设，完成芝嘉东路中段、天麒路部分和8号地块配套道路建设并通车，麒麟现代有轨电车1号线车辆段完成建设，区间路基工程累计完成90%，马群特大桥主体工程基本建成，具备试运行条件。着力解决公共交通“最后一公里”，新建园区公共自行车租赁点30个。基本完成麒麟生态公园施工，新增绿化面积5万平方米。加快道路、河道景观施工，新增绿化面积25万平方米，水条绿带形象初现。加强城市综合治理，管养工作进入常态化，完成园区36.8公里道路、200万平方米景观绿化，95公里长雨污水管网日常管养和285万平方米公园及景观物业管理和考核工作。做好土地出让工作，全年出让经营性用地3宗、科研用地2宗，出让总面积27.9公顷。

民生保障 2016年，麒麟科创园坚持民生为要，多措并举做好老百姓最关注的经适房各项工作，一期经适房完成S122集镇段拆迁安置房1586套、二期经济适用房区域拆迁安置房847套分配，办理一期经适房已安置的6041套房屋和上坊北经适房已安置的4339套房屋的产权证和土地证，二期经适房H地块加快建设，G地块进入方案审批阶段。统筹推进新市镇配套工程建设，麒麟实验小学及附属幼儿园与区教育局办理交接手续，街道便民中心、文体中心、社区教育中心和新市镇社区中心完成各项招标工作，启迪国际学校正办理模拟审批手续。着力解决东郊小镇出行问题，完成十一街区和十二街区北侧道路改造施工前的各项准备工作。

（虞　行）

一批项目开工和签约 2016年9月8日，2016年南京“金洽会”江宁区专场活动之一的麒麟科创园重大产业项目集中开工暨项目签约仪式举行，麒麟科创园3个重大产业项目开工建设，总投资120亿元的一批产业项目同时签约落户。市、区领导刘以安、李世贵、张会祺、张思明和麒麟科创园领导李振楚、田斌、韦斌参加活动。开工建设的3个重大产业项目中，省广电“麒麟·荔枝广场”文化商业综合体项目总投资17亿元，将建设集精品酒店、亲子娱乐教育、科技影城、文化美食等于一体的商业综合体。中水新能源总部基地项目总投资4亿元，将建设成为固废处理业务的全球研发中心、国内首个固废行业的院士工作站、国内外唯一一个垃圾填埋气及生物质气化发电多联产高效利用示范项目。长江黄浦智能医疗中心项目总投资2.5亿元，将建设成为集生物医药诊断治疗、医药软件系统开发、高端医疗中心设计建设及运营于一体的“大健康+互联网”的智能医疗行业创新服务型产业园。当天，麒麟科创园还签约落户一批产业项目，总投资120亿元，其中包括中科院南京分院麒麟科技园、南京百度创业中心、江苏华商环球中心、麒麟吾悦广场、跨境电商产业园、欧姆龙智慧园区协同创新示范中心等一批重大产业项目。

（宁　鉴）

南京江宁高新技术产业园

概　况 2016年，江宁高新园坚持以“五大发展理念”和“三个主题年”活动为抓手，以龙头项目引进和建设为重点，以提高经济发展质量和效益为中心，以“项目、人才、资本”的高度集聚助推产业转型升级，着力推进稳增长、调结构，不断培育经济新增长点。全年完成地区生产总值179.27亿元，比2015年增长10%，其中服务业增加值83.15亿元，增长18%，二三产比重调整为53.6：46.4；一般公共预算收入26.61亿元，增长12.2%；社会消费品零售额总额8.94亿元，增长12%；规模以上工业总产值、全社会固定资产投资、地方外贸出

2016年9月12日，在江宁高新园重大项目签约活动上，江宁高新园与华淳环保、中建环球、以色列摩尔、汇银乐虎等企业签订合作协议

区新闻中心　供稿

口分别完成308.98亿元、127.4亿元、5.79亿美元。

重大项目攻坚。全年实际利用外资2.12亿美元，增长21.9%。新引进千万美元以上外资项目12个，总投资2亿美元；新引进亿元以上内资项目14个，其中10亿元以上5个。全年列入区重大产业项目25个，开工率100%，当年完成投入50.2亿元。省重大产业项目中，正大天晴生物制剂生产车间进入内外装修，中试车间及综合配套楼主体施工；世茂梦工厂一期主题乐园和轨道交通方案完成初步设计，4条市政道路启动建设。市重大产业项目中，康宝莱保健品南京工厂、舍弗勒汽车精密轴承（二期）全面竣工投产；中国传动齿轮科技产业园办公楼主体封顶，厂房内外装修，部分设备进场安装；万宇一期商业综合体、南汽江宁基地厂房推进至内外装修。

主导产业培育。生命科学产业资源加速汇聚，累计建成各类创新载体近30万平方米，集聚企业近500家，形成以天印健华、前沿生物、海融医药等高层次人才企业为引领，以金斯瑞、米度生物、倍邦医疗等50余家高成长型企业为支撑，以康宝莱、奥赛康、康缘药业等20余家成熟型企业为基础的产业格局。新引进总投资35亿元的国内最大上市制药企业恒瑞医药，进一步提升产业发展能级。高端装备制造业布局不断优化，新引进总投资30亿元的天臣新能源等龙头型项目，南高齿、舍弗勒、蒂森克虏伯等领军企业实现扩大再生产；自主培育的智能交通领域领军企业多伦科技成功登陆沪市主板。现代服务业蓬勃发展，加快方山梦想小镇规划建设，方山和杨柳湖景区内涵和人气进一步提升；推进东久互联技术创新园等软件重点项目建设；享佳健康、有爱科技等电商发展势头良好，汇银乐虎规划打造一站式全球购平台。

科技人才引育。完成苏南国家自主创新示范区江宁25平方公里核心区规划，争取省、市优惠资源，牵头19个创新载体因势利导、先行先试。人才引育工作实现新突破，全年6项指标居全区第一、4项指标居全市第一、1项指标居全省第二，其中新培育“万人计划”专家4人、占全市20%，“万人基础计划”专家4人、占全市35%，省“双创”团队2个、占全市67%，“创业南京”顶尖专家4人、占全市30%；新增“千人计划”专家1人、累计30人，省“双创”人才8人、累计33人，创新型企业家培育计划4人、占全区40%，区科技顶尖专家5人、占全区56%；各类领军人才累计335人，在苏南各高新区中名列前茅。科技创新实力不断提升，全年新增国家级孵化器、众创空间5家，各级孵化器、众创空间累计17家；新增高新技术企业13家、累计60家；发明专利申报量、授权量均保持40%以上增幅。深入推进政产学研合作，加快推进与各高校共建合作平台，金陵科技学院大学科技园投入使用，南京工程学院大学科技园加快规划建设。

群众福祉改善。全年新建续建道路13条，完成秦淮河洋桥段河堤加固等工程，实现安全度汛。按照全区部署，全面办理安置房产权证，新一批安置房竣工交付，基本还清历史旧账。深化软环境建设，推进力小分校、苏派实验中学、南外方山分校筹建；区社会福利中心、逸夫医院投入运营；中航樾广场、鲁能地产酒店等一批高端综合体加快建设，城市环境持续提升。

正大天晴药物研发生产基地开工 2016年1月，总投资30.4亿元的江苏省重大产业项目正大天晴创新药物研发生产基地开工建设。作为国内最大肝病药物研发和生产企业、国家重点高新技术企业、国家火炬计划新医药产业基地重点骨干企业，正大天晴计划新建生产车间6座、中试车间4座、生产配套建筑2座等，占地面积34.7公顷，总建筑面积近40万平方米，一期开工面积20万平方米。

天臣新能源项目落户 2016年3月1日，总投资30亿元的天臣新能源动力锂电池项目签约落户江宁高新园。该项目以规模化动力电池电芯生产为核心，建设国内规模领先的新能源动力电池资产整合平台、智能制造产业研究院和现代化生产基地，产品包括锂离子电芯、电池组件及相关生产装备等。其中智能制造产业研究院已于9月8日正式营业。生产基地首期4条电芯生产线日产能200万只电芯，年销售收入25亿元。

多伦科技登录上海证券交易所 2016年5月3日，江宁高新园自主培育的国家重点高新技术企业——南京多伦科技股份有限公司成功登录上海证券交易所，股票代码603528，发行价格9.45元/股，此次公开发行的股票数量为5168万股，公开发行后的总股本20668万股。该公司在智能交通领域拥有核心科技优势，是中国道路交通安全协会常务理事单位。

天印健华医药科技有限公司开业 2016年5月16日，由江宁高新园与清华大学生命科学院及“千人计划”联谊会合作打造的生命科学成果转化基地首个核心项目——天印健华医药科技有限公司正式开业。该企业以靶向治疗药物与肿瘤免疫治疗为重点，专注于自身免疫与抗肿瘤等领域开发一类新药和新技术产品，计划在3～5年成长为国内外生物医药行业领军企业。天印健华的运营不仅将实现更多新药在南京的研发与创制，同时将为南京生命科学产业发展提供技术支撑和人才支撑，加速迈向国际高端。

华洋天润率先实现清洁燃油技术产业化 2016年6月，江宁高新园企业南京华洋天润新能源科技有限公司在国内率先开发出秸秆规模化、低成本生产清洁燃油联产炭、热技术，并实现产业化。该公司成功研制的用秸秆规模化生产生物质清洁燃油的大型成套化高技术装备，每2万吨秸秆可生产出生物质清洁燃油1万多吨、生物炭粉5000多吨。此外，在生产过程中释放的热量还能被吸收后再次用于生产，转化率高达50%～60%，达到世界先进水平。

全国第二大医学检验中心入驻 2016年6月28日，全国第二大医学检验机构——艾迪康医学检验南京公司签约落户南京生命科技创新园。该公司是全国首家跨地区连锁经营的第三方独立医学检验机构，已有19家一流检验分中心遍布全国，2017年一季度完成卫生部门验收。至此，南京生命科技创新园已集聚南京检验检疫院、金斯瑞、广州华银检验、上海宇研生物、江苏和泽干细胞等一批专业从事检验检测、诊断治疗领域的优质企业。

中国首家大数据分析师认证中心入驻 2016年8月，由中科院院士鄂维南领衔的南京茗郦彦数据科技有限公司规划建设的“互联网金融大数据中心”入驻江宁高新园，将打造中国首家大数据分析师认证中心，同时建立互联网大数据相关产业的孵化基地，以此带动大数据产业链发展。鄂维南院士系北京大学和普林斯顿大学教授，主要从事计算数学、应用数学、力学等方面的研究，曾获国际工业与应用数学协会颁发的Collatz奖、首届美国青年科学家和工程师总统奖、冯康科学计算奖等。

舍弗勒集团南京新厂房投产 2016年10月11日，舍弗勒南京有限公司3号厂房竣工投产，舍弗勒集团所有人乔治·F.W.·舍弗勒出席投产典礼活动。舍弗勒南京基地是该集团在中国最重要的轴承生产基地，项目总投资2.1亿欧元，注册资本7000万欧元，占地面积25.9公顷。3号厂房是该项目二期工程，建筑面积3万平方米，主要生产可变正时凸轮相位调节器、液压挺杆、链条及张紧器等汽车发动机零部件产品，供货于国内外多家整车品牌。该项目三期建成后，年产精密轴承83.6万套，成为国内最大工业轴承生产基地。

南京首个大学生联盟自办众创空间运营 2016年11月22日，“江宁合伙人”众创空间在江宁高新园321人才大厦运营，占地面积2000平方米，首批30多个大学生创业项目进驻，成为南京市首个由大学生创业联盟自办的众创空间。该众创空间致力于帮助在校大学生及毕业5年内的大学生搭建高校与社会的桥梁，帮助提供择业创业。“江宁合伙人”直接带动600多名大学生创业，已帮助60多个大学生创业项目成功孵化，12个创业团队先后获得“赢在南京”等省、市以上创业大赛奖项。

高新园与丹麦哥本哈根生命健康产业集群签订合作协议 2016年11月23日，江宁高新园与丹麦哥本哈根生命健康产业集群签订合作协议，开展生命健康产业发展合作，高新园将成为丹麦生命健康产业项目落地的优先承接地。丹麦首都大区的生命健康产业是欧洲最先进的产业集群之一，尤其在新药研发、医疗设备、健康服务、养老康复等领域具有特殊优势。哥本哈根生命健康产业集群由丹麦首都大区政府和哥本哈根市政府共同成立，负责促进区域内生命健康产业的持续增长与对外合作。根据双方签订的合作协议，哥本哈根生命健康产业集群与江宁高新园还实行项目资讯即时共享，双方建立常态沟通机制，定期更新生命健康产业资讯，协助双方政府、生命健康企业更加顺畅地了解与沟通，促进投资与合作。

“艾博卫泰”进入国家创新药品审评审批绿色通道 2016年11月23日，江宁高新园生命科学领军企业前沿生物研发的抗艾滋病长效药物“艾博卫泰”，通过食品药品监管总局与新药创制国家科技重大专项建立的“创新药品审评审批绿色通道”，获得优先审批、加快审评，并已启动针对该药III期临床试验数据的核查程序，使该药提前进入上市前冲刺阶段，有望成为世界首个长效注射抗艾滋病药物。“艾博卫泰”通过阻断病毒与靶细胞膜的融合而抑制病毒进入靶细胞，能在感染初始环节阻断病毒复制周期。从有效性、安全性和耐药性看，“艾博卫泰”比发达国家普遍采用的二线药物疗效好，病人可将每天服药改变为每周注射1次，对肾的损害大为减轻。

高新园科创中心获批国家级孵化器 2016年12月26日，南京江宁高新园科技创业服务中心获批国家科技企业孵化器。该中心总面积4.5万平方米，在孵企业86家，已上市及备案企业3家，提供就业岗位近2000个。至年末，江宁高新园累计建成国家级孵化器2个、国家级众创空间3家，省级大学科技园2个，省级众创空间4家。此外，园区还依托实体产业优势，打造2个企业加速器，从而构筑起一条从苗圃（众创空间）到加速直至产业化较为完整的“双创”链条。

恒瑞医药项目入驻 2016年12月27日，总投资35亿元的恒瑞研究院及医疗项目签约落户江宁高新园。项目规划占地18.7公顷，总建筑面积25万平方米，注册资金10亿元。其中，恒瑞医药将独资建设新药研发中心规划占地面积4公顷，总建筑面积6万平方米。该公司是国内最大的抗肿瘤药、手术用药和造影剂供应商，唯一将注射剂规模化销往欧美日市场的中国药企，也是A股市值最大的制药上市公司。

（王志鑫　王世杰）

生命科创园入选国家级孵化器 2016年1月，科技部公布2015年新认定的国家级孵化器名单，位于江宁高新园的南京生命科技创新园生物医药孵化器榜上有名。江宁高新园加速打造众创空间、孵化器、加速器等各级各类创新创业载体，已构筑一条从苗圃到加速直至产业化的较为完善的创业链条，并出台一系列针对孵化器运营机构和在孵企业的激励办法，累计兑现科技创新和知识产权方面奖励资金963万元。此次被评为国家级孵化器的南京生命科技创新园生物医药孵化器经过数年发展，已拥有南京碧迪可医药科技有限公司、南京瓦克森生物科技有限公司等科技型在孵企业56家，拥有自主知识产权的在孵企业20家，累计毕业企业16家，培育高新技术企业2家。

9个重大产业项目集中开工 2016年3月7日，江宁高新园举行重大产业项目开工仪式，总投资169亿元的9个重大产业项目集中开工建设。市委常委、区委书记李世贵和区领导陈发喜、王国亮、孙桂明、刘玲等参加开工仪式。此次集中开工的9个重大产业项目，涵盖高端制造、生物医药、新能源、高端商贸等高科技含量、高附加值的新兴产业领域。其中，总投资20亿元的华平投资互联科技创新园项目，建设以智慧城市、移动互联网、电子商务、信息技术等相关企业为目标客户的企业加速器，集聚多家中外领军型企业及软件信息产业上下游关联企业。乾元浩动物生物制品研发生产基地项目分两期建设，总投资10亿元，新建畜禽病毒活疫苗生产车间、研发中心等，将成为乾元浩在华东地区功能高度集中的现代化生产基地。南汽汽车产品研发中心项目总投资10亿元，建设综合技术楼、产品实验楼、车桥联合厂房等，建成后可满足南汽集团下一个5年规划内跃进全新产品开发需求，同时兼顾依维柯产品大改型、新能源汽车集成开发要求。此外，当天开工的重大产业项目还包括万德斯健康环保产品生产基地、金丝瑞生物工程与生物医药研发中心、航景商贸综合体、南京九一工业齿轮箱大型装配生产基地、南京汽轮电机3.6兆瓦及以上大型风力电机生产基地和宝迪集团总部等。

市食品药品监督检验院迁建高新园 2016年4月，市食品药品监督检验院与江宁高新园签订迁建协议，该院将整体搬迁至高新园生命科技创新园内。园区将依托市食品药品监督检验院雄厚的分析检测能力和经验丰富的专业队伍，建立合作机制，发挥平台作用，完善生命科学公共技术服务和检测服务，为生命科学产业发展提供技术支撑。该项目位于地铁1号南延线终点站中国药科大学对面，交通便利，环境优美，周边人才公寓、商业、运动休闲等配套设施一应俱全。

新增2家国家级企业博士后工作站 2016年5月，经人社部、全国博士后管委会办公室批准，江宁高新园企业江苏博睿光电有限公司、江苏先特能源装备有限公司筹建的博士后科研工作站获得国家级认定。至此，高新园内博士后工作站已达14家，涉及生物医药、新材料和高端制造等战略性新兴产业。江宁高新园始终坚持以政策指引为导向，以创新驱动为抓手，通过划拨专项资金、拓展各级科技项目申报、强化项目平台管理等方式，推动以博士后工作站和工程技术研究中心为核心的“三站三中心”建设，打造科学、完善的科技创新体系，推进苏南国家自主创新示范区和国家级特色园区建设。高新园设立专项资金，对成功申报博士后工作站的企业给予每家8万～10万元奖励。

首家市领军人才创办企业上市 2016年6月，南京生兴有害生物防治技术股份有限公司作为江宁高新园首家市领军型科技创业人才创办企业，成功在“新三板”挂牌上市，这也是江宁区第一家南京“321引进计划”人才上市企业。南京生兴有害生物防治技术股份有限公司成立于2012年8月，该公司长期致力于农林业有害生物的检测、鉴定与防治，以及有害生物普查、林业调查等，是一家集科研、生产、销售和服务于一体的专业性高科技产业公司。

康宝莱一期生产线试生产 2016年6月，位于江宁高新园的康宝莱生产基地一期项目粉剂保健品生产线建成并开始试生产。康宝莱保健品公司是全球生物保健品领域领军企业、纽交所上市公司。康宝莱江宁高新园生产基地是市2016年重大项目，一期投入6000万美元，在高新园建设亚太地区最大的生产基地。一期项目中，康宝莱分别建设2条粉剂保健品生产线和1条片剂保健品生产线。粉剂保健品生产线已建成并试生产，待国家食药总局下发生产许可证后，7月正式投产。同时，片剂保健品生产设备7月底安装调试。3条生产线于是年年底全部建成投产，实现年产2500万瓶粉剂保健品、1600万瓶片剂保健品的生产规模。

杨柳湖红色文化艺术馆开馆 2016年7月1日，由江宁高新园打造的杨柳湖红色文化艺术馆开馆迎客。杨柳湖红色文化艺术馆位于杨柳湖文化旅游风景区，毗邻被称为“小九十九间半”的朱家大院。该馆共有9个展厅，主要是以名人名家瓷板画、塑像、像章、宣传画、报纸等4000余件展品为脉络，串联起世界共产主义伟人和中国共产党从1921年至1976年革命、建设时期的近30万字故事。A展厅内，马克思、恩格斯、列宁、斯大宁、毛泽东和开国“十大元帅”“十大将军”等25块大全套瓷板画像色彩饱满、栩栩如生。这一大全套瓷板画是由著名的景德镇人物像瓷画大师吴康绘制，在国内外极为罕见。不仅如此，场馆内还展示了吴康的另外20多幅瓷板画作品，其中近2米的“开国大典”瓷板画堪称镇馆之宝，这幅作品于1965年绘制，当时共制作10块，但制作过程中损坏8块。此外，其他展厅内还分别展示了毛泽东的书法诗词（仿制品），中国革命和建设不同时期的海报、图片，刊登红色历史故事的报纸，以及数千枚毛泽东像章和数十座毛泽东雕塑像。馆内还设有迷你型影视厅，参观者可观看经典老电影和老纪录片。

以色列MOR创新研究院入驻 2016年7月，以色列知名医疗机构MOR创新研究院落户江宁高新园。以色列拥有世界顶尖水平的医疗资源和大规模优质的医疗基础设施，人均医疗设备注册专利量全球第一。健康管理组织CLALIT是以色列4所全国性的健康维护组织中最大的一所，超过一半的以色列人是其会员。MOR创新研究院是CLALIT旗下专业从事健康医疗领域研究的科研平台。以色列MOR创新研究院注册资本1500万美元，将重点引进以色列MOR方优质技术、专利及产品资源，并采用其孵化创新管理模式。该研究院集合项目引进、项目研发、项目资本化等一条龙服务，并有多家基金公司和其他金融服务机构相配套。

4人入选国家“万人计划” 2016年7月，“国家高层次人才特殊支持计划”（简称“万人计划”）第二批入选人员名单公示结束，江宁高新园有4名企业家入选。高新园此次入选的4名“万人计划”人才，包括1名科技创新领军人才和3名科技创业领军人才。另外，高新园引进的中国科学院上海生命科学研究院研究员杜久林也入选此批“万人计划”科技创新领军人才。作为首批国家创新人才培养示范基地，江宁高新园依托独特的科教资源禀赋、优质的服务体系、完善的金融配套，在人才引进和人才培养体制机制上大胆创新，先行先试，全力打造中国人才与创业创新名城的先导区、核心区。

科技创业人才投融资集训营举行 2016年9月，为期两天的2016中国科技创业人才投融资集训营（长三角·新兴产业专场）在江宁高新园举办，长三角地区的近100名科技创业人才现场与50家国内外投资机构进行面对面投融资对接。中国科技创业人才投融资集训营是由科技部指导，科技部人才中心联合有关省市科技主管部门共同搭建的国家高层次科技创业人才非营利性辅导平台，集训营依托国家创新人才推进计划，旨在提升科技创业人才融资能力、解决企业融资问题、培养具有创新精神的企业家，推进大众创业、万众创新。此次投融资集训营由“融资与企业发展”主题培训、导师团个案辅导、优秀项目公开路演及金融投资机构定向邀约等三大板块组成，针对企业融资问题进行集中辅导、训练和对接。汉坤律师事务所合伙人张平、国资委国新基金董事总经理刘刚就融资法律实务、资本运作、融资路演策略及投资人选择进行深度解析。经过前一天的集训选拔后，在优秀项目公开路演及金融投资机构定向邀约板块中，9家科技企业负责人登台路演，涉及新能源、信息技术、生物、节能环保等领域，这些企业都拥有核心技术或自主知识产权，有较好的成长性和融资需求。每家企业路演后，资深投资人进行现场点评，多家金融创投机构现场邀约与对接。活动最终评选出最具投资价值、最具创新魅力、最具成长潜力项目各1个。

242亿元项目签约落户　2016年9月12日，江宁高新园举行南京“金洽会”重大项目签约活动，总投资242亿元的11个重大产业项目签约落户。市委常委、区委书记李世贵和区领导祁豫玮、王国亮、孙桂明、周育刚参加活动。当天签约的11个项目产业类型和方向涉及高端智造、新能源、生命科学、跨境电商、大数据等。其中，互联网金融大数据中心项目将在高新园建设“征信云”信用审核平台和“互联网金融大数据中心”，建立互联网大数据产业孵化基地，打造中国首家大数据分析师认证中心；高性能气凝胶新材料研发生产项目能够低成本、高效、快速、大规模生产高韧性气凝胶，广泛用于隔音、绝热等。在新兴产业方面，天臣新能源电池智能制造研发生产基地项目在高新园投资动力电池产业研究院及动力电池生产基地。此外，签约落户的重大产业项目还包括东方翼翔无人机制造项目、环普大工业基地及科技园项目、联动U谷产业园项目、中建环球产业总部项目、汇银乐虎跨境电商总部项目、华淳环保研发生产总部项目、融创动力南京创新创业基地项目。

“天印梦工场”众创空间入围国家级　2016年9月，科技部公布第三批国家级“众创空间”公示名单，江宁高新园“天印梦工场”入围。“天印梦工场”众创空间是依托江宁高新园以及南京工程学院原有的国家级技术转移中心、创新学院和省级大学生创新创业园等多个创新创业平台建设的“培训辅导型”众创空间。现有在孵项目200余个；创业团队62个，其中已正式注册成立公司的43个；年提供就业岗位600余个，2016年上半年已实现产值4030.75万元。拥有国家高新技术企业1家，江苏省民营科技企业7家，江苏省“双软”认证企业1家，江苏省青年大学生优秀项目1个，南京市青年大学生优秀项目4个。

天臣（南京）智能制造研究院运营　2016年9月，由天臣新能源（深圳）有限公司投资设立的天臣（南京）智能制造研究院在江宁高新园正式运营。天臣新能源（深圳）有限公司是香港天臣控股旗下的全资子公司和天臣控股在国内新能源领域整体布局的控股平台，也是一家拥有国际资金筹措实力与资源优势的战略性产业投资运营企业。天臣（南京）智能制造研究院技术起点是日韩美等国的研究发展方向，根据科研业务范围和结构，该研究院下设5个研究所，专注于锂离子电池结构设计、材料和部件、生产制造技术和装备产业核心力研究，未来将建设成为国家级工程研究中心和工业技术研究基地，并在国内主板上市。除设立研究院外，天臣新能源（深圳）有限公司还将在高新园建设生产基地，包括2个锂电池电芯生产基地和6家包装厂。

全国干细胞行业高峰论坛在高新园举办　2016年10月12日，“2016（第二届）中国干细胞行业高峰论坛”在江宁高新园举办，国内外的300名行业专家、学者出席论坛。此次论坛通过专家主题演讲、访谈热点剖析、互动提问等形式，从政策制定与解读、技术研发与应用、临床研究与试验等方面，全面探讨中国干细胞产业发展，并通过现场的引荐服务促进干细胞行业合作和投融资对接等。论坛期间，位于高新园的中源协和细胞基因工程股份有限公司负责人主持专场访谈环节，介绍公司发展情况，并带领参加论坛人员参观公司建立的中源协和（江苏）细胞资源库。中源协和2001年即进入细胞产业化发展领域，从脐带血造血干细胞存储开始，逐渐发展成为集细胞存储、细胞研发、细胞治疗等为一体的产业化公司。2014年，该公司推出“生命银行卡”业务，提供从新生儿至成人的服务，打造干细胞全龄化产业结构平台。

首届江苏生物医药创新创业峰会在高新园举行　2016年11月28日，首届中国江苏生物医药创新创业峰会在江宁高新园召开。中国工程院院士、中国药科大学教授王广基及生物医药领域专家、相关领军企业负责人、知名风投机构代表等240余人参加峰会，就生物医药产业面临的机遇挑战及未来发展方向进行探讨。市委常委、区委书记李世贵，区领导祁豫玮、梁爱国、周育刚等参加。江宁区推进以江宁高新园为主阵地的生命科技创新园建设，集聚以施一公、章方良、谢东为代表的6200余名高层次创新创业人才，汇聚前沿生物、奥赛康、康宝莱、康缘药业、正大天晴等为代表的300多家生命科技企业，构建了覆盖研发孵化、中试加速、产业生产全链条的创业创新体系。当天，相关专家还就食品药品最新政策解读、创新生物药研发、新药临床研究等主题发表演讲。

新增3家省级企业工程技术研究中心 2016年12月，省科技厅下发关于公布2016年度省级企业工程技术研究中心立项公示的通知，江宁高新园辖区企业南京金斯瑞生物科技有限公司、南京因泰莱电器股份有限公司和南京星乔威泰克汽车零部件有限公司3家企业获批省级认定。企业工程技术研究中心等研发机构是构建区域科技创新体系的重要环节，是加强科技创新工程化研究的重要平台，也是企业申报省科技成果转化专项资金及博士后科研工作站的重要条件，具有较高的品牌度和含金量。为推动此项工作，高新园制定专项奖励政策，对申报工程研究中心的企业按级别给予5万～20万元奖励。园区现有各级各类企业工程技术研究中心74家，其中省级以上19家，国家级博士后工作站19个。

（宁　鉴）

南京江宁滨江经济开发区

概　况 2016年，滨江开发区践行新发展理念，落实“十三五”发展规划确定的目标任务，坚定不移调结构、促转型、增后劲，切实做好“三去一降一补”等各项工作，全力推进园区经济社会持续、平稳、健康发展。全年实现地区生产总值165.7亿元，比2015年增长14.7%；财政收入27.87亿元，增长22.6%；工业总产值325.57亿元，增长9.3%；全社会固定资产投资108.56亿元，其中工业固定资产投资76.41亿元；实际利用外资0.8亿美元；外贸出口1.94亿美元，增长55.2%。引进中国科工、香港泉康现代化汽车分拨中心等12个项目，涉及装备制造、新能源汽车、现代物流等产业，其中千万美元以上外资项目4个、10亿元以上内资项目2个。总投资56.3亿元的中船海洋装备机电产业园、总投资8.5亿元的中民筑友等19个省市区重点项目全部开工建设，全年完成投资30亿元，其中华实齿轮、华电节能环保设备等8个装备制造业项目建成投产。盘活闲置土地20公顷，仪机股份二期、同济堂医药物流、江苏三弦等嫁接项目投产运营。孵化器新增湛德包装材料、汉瑞生物科技等注册企业6家；江苏省一夫新材料科技有限公司在“新三板”上市。实施重点科技项目6项，引进公共服务平台1家，新增天使投资项目1项；新增工程技术研究中心2家，培育高新技术企业5家、民营科技企业6家。组织申报省市名牌8件、省市著名商标6件；完成专利申请量800件、专利授权量350件，发明专利申请量260件、授权量22件。

基础设施建设 2016年，滨江开发区完成商品房建设面积12万平方米，销售面积20万平方米。宁安高铁江宁西站及站前广场建成投入运行，同步完善公交枢纽站点建设并布局公共自行车站点，一站式服务中心完成改扩建工程，滨江中部组团控规编制成果获市政府批复，同步启动铜井组团控规编制工作。城市标准化建设工作有序推进，11个重点单元标准化创建工作通过验收。滨江海港枢纽经济区加快建设，中储码头建成2万平方米仓库及0.8万平方米办公楼，远锦码头完成水利工程及附属设施建设；港口物流业加速转型，累计完成物流交易额289亿元。

园街联动发展 2016年，滨江开发区江南垃圾焚烧发电厂项目一期建成投入运行，二期项目加快建设，累计处理生活垃圾168万吨，发电5.15亿千瓦时。灰渣填埋场一期工程建成运营，接收填埋江南、江北焚烧发电厂灰渣3.4万吨。8个项目签约落户，总投资68.5亿元，涉及固废综合处理、餐饮及厨余垃圾处理、城市污泥无害化处理等环保产业。

三弦SX新材料项目入驻 2016年6月29日，三弦SX新材料项目签约入驻滨江开发区。该项目由南京三弦建筑声学系统有限公司投资建设，总投资2亿元，主要从事SX新型建筑板材产品的研发、生产和销售。

中储发展股份滨江物流中心获评国家级智慧物流示范企业 2016年8月20日，中储发展股份南京滨江物流中心被商务部评为国家级智慧物流示范企业。该物流中心于2012年经省发改委核准开工建设，2014年投入试运营，总投资3.1亿元，主要建设码头工程、仓库、堆场及办公设施。

滨江小学投用 2016年9月1日，江宁滨江小学举行开学典礼，该小学建成并投入使用。滨江小学位于滨江开发区新城中心位置，东至安居街，西至润寿北路，南至青莲路，北至如练路，办学规模为8轨48班，总建筑面积33223平方米。其中，行政办公、教学楼建筑面积19462平方米，操场、食堂楼建筑面积6759平方米，文体楼建筑面积6942平方米。该学校由原江宁街道中心小学整体搬迁而建。

中民筑友绿色建筑科技园投产 2016年11月7日，中民筑友南京绿色建筑科技园项目在滨江开发区投产。该项目由中国民生投资股份有限公司下属中民筑友有限公司投资建设，总投资8.5亿元，总建筑面积6.5万平方米，旨在打造省内规模最大的绿色建筑科技园，主要从事绿色建筑PC的研发设计、生产制造、现场装配等业务。

国家电网生态节能科技园项目签约 2016年12月13日，国家电网生态节能科技园项目签约落户滨江开发区。该项目由南京鲁能地产有限公司投资建设，总投资60亿元，计划分三期建设，将在滨江开发区建设集节能科研、节能展示、商务会议、低碳生活等功能为一体的国家电网生态节能科技创新园。（徐　亮）

滨江获评“全国绿化模范单位” 2016年5月11日，全国绿化委员会公布新一批“全国绿化模范单位”名单，表彰在绿化国土、改善生态事业中做出突出成绩的单位，滨江开发区管委会成为此次全省唯一一家获此殊荣的开发园区。滨江开发区瞄准“高端产业与新型城镇深度融合的生态品质滨江新城”的建设目标，坚持生态立区，在编制园区总体规划及落户企业规划时，为绿色留足空间。根据规定，凡是由滨江开发区承建的市政主干道，每侧绿化带宽度皆不低于8米，广场绿化面积68%以上；企业落户园区后，外围院墙须退让2米作为绿化用地，企业绿化面积不得低于40%，否则不予通过规划审批。在绿色硬指标的引导下，植绿、护绿已成为滨江人的共识，园区在加强日常绿化管护的基础上，每年都会组织开展“我为园区添绿”活动，已累计植树32公顷。科学的规划布局、扎实的长效管理，使“山、水、林、洲”为一体的生态环保“画卷”在滨江区域内缓缓展开。滨江开发区现有绿地面积443万平方米，绿地率32.6%，绿化覆盖率35.1%。

新添16个公共自行车网点 2016年8月20日，滨江开发区内新建的16个公共自行车网点投入使用。此次在滨江开发区内投入200辆公共自行车，建立16个公共自行车网点，安装锁车桩320个，服务网点主要分布在各大企业、居民小区、商业中心和高铁站，主要有盛江商业广场、宝色股份、行政服务中心、江宁西站、中核动力、滨江管委会等地。

（宁　鉴）

2016年9月投入使用的滨江小学　　区新闻中心　供稿

南京空港经济开发区

概　况 2016年，空港经济开发区紧扣全年目标任务，狠抓落实、奋力作为，园区各项工作圆满收官，实现“十三五”规划精彩开局。全年实现地区生产总值55亿元，比2015年增长14.6%；服务业增加值14亿元，增长16.7%；全社会固定资产投资74亿元，增长8.8%，其中工业固定资产投资44亿元，增长22.6%；规模以上工业总产值82亿元；财政总收入9.62亿元，增长20.7%，公共预算收入5.04亿元，增长41.1%；外贸出口2.75亿美元，增长285%。

产业体系日趋完善。全年实现到位外资1.35亿美元，总投资361亿元的37个项目签约落户，包括苏宁华东物流中心、吉祥航空、星月航空、圆通速递等核心类项目10个，泉康投资、益丰医药江苏总部等关联类项目27个，临空产业体系进一步完善。引进市高层次创业人才1人，入选市高层次团队1个，区高层次创业人才10人，区高层次创新人才7人，实施产学研项目5个。

项目建设强力推进。克服央企改革、土地供给、环评审批等因素制约，推进省市区三级重大项目建设，中航机电、孩子王、安博物流、中邮速递南京总部等6个省市重点项目在内的22个项目开工建设，完成固定资产投资25.45亿元，增长66.33%，累计开工建设面积55.18万平方米，增长82.72%。航鹏航空、萧朗、航申、江苏公务航空等5个项目建成投产；跨境电商产业园通关运营，并获批“省级电子商务产业园试点”和“南京市电子商务示范园区”。

城市品质提档升级。集聚“百万人口、千亿产业”的禄口空港新城启动建设，空港新城中心区城市设计、空港枢纽小镇产业规划设计和城市设计已完成，朗诗青春街区、招商依云郡、新城保利、空港生活广场等高端商住类项目加快推进，空港消防站主体竣工，空港小学加快建设，空港邻里中心建成投用，完成启航路机场连接线一期、经七路等道路建设，开通环线公交，初步形成公共自行车、公交、轻轨等公共交通体系。

改革创新活力凸显。5月，省级开发区获批筹建，实行现行省级经济开发区政策，为新一轮发展带来机遇和挑战；国家临空经济示范区加快申报，将修改后的申报方案上报国家发改委和民航总局。7月，区委、区政府决定，由江宁开发区按照统一规划管理、统一土地和征迁管理、统一建设管理、统一城市管理、统一招商引资、统一计划统计等“六统一”方针，对禄口街道实行整建制托管，进一步整合放大园街发展合力，为空港江宁片区率先实现港产城一体化发展提供了机制保障。

民生事业统筹并进。完成空港公寓A组团7栋180套复建房建设和永欣新寓春兰苑384套复建房分配工作，办理7948套安置房不动产权证，已出证5368套。举办各类招聘会36场，安置劳动力就业2000余人，培训1000余人。办理“12345”工单385件、领导信箱7件、网络问政8件、人大代表建议和政协委员提案6件。

（王永剑）

15个亿元项目集中签约 2016年4月29日，15个总投资亿元以上项目在空港经济开发区重大项目暨银企对接集中签约仪式上签约，总投资额158.6亿元。银企对接签约项目7个，授信额度103亿元。此次签约的项目投资强度大，辐射带动能力强，15个签约项目多聚焦航空运输服务业、航空物流业及临空高科技产业等，凸显空港经济开发区主导功能定位和产业发展方向。

148亿元重大项目落户 2016年9月9日，在“2016中国·南京金秋经贸洽谈会”空港经济开发区专场签约仪式上，空港经济开发区有10个项目集中签约，总投资额269.72亿元。其中江宁片区5个项目签约，总投资148亿元。市、区领导黄澜、李万平、张会祺、王爱军等出席签约仪式。签约的5个项目中，苏宁航空物流园项目总投资50亿元，将建设占地面积100公顷的航空货运基地和占地面积66.7公顷的华东物流运营中心；星月航空总部项目总投资90亿元，主要建设总部基地和机场运营基地，含停机坪、过夜保障和地面服务设施等；益丰医药江苏总部项目总投资3.7亿元，主要建设江苏行政管理总部、益丰医药江苏所有门店的汇

2016年9月9日，在“2016中国·南京金秋经贸洽谈会”南京空港开发区专场签约仪式上，江宁片区5个项目签约，总投资148亿元

陈晓 摄

总结算中心、华东区域电商运营中心、生产配套仓储物流中心及研发（培训）中心等；国润达商业综合体项目总投资1亿元，主要建设商业综合体、航空公司飞行员和空乘等高端人员配套设施；孩子王投资公司项目总投资5000万美元，主要从事孕婴童上下游产业的VC投资、PE合作及增值服务投资等。

南京航鹏项目在空港投产 2016年10月20日，由中航工业金城南京机电液压工程研究中心和美国派克宇航集团合资设立的南京航鹏航空系统装备有限公司项目迁入位于江宁开发区空港片区的新厂房并投产。该项目总投资4350万美元，主要为C919大飞机等项目提供燃油液压系统的研发、生产和销售服务。南京航鹏航空系统装备有限公司项目注册资本2800万美元，中航工业金城南京机电液压工程研究中心和美国派克宇航集团双方各占50%股份。项目用地面积1.7公顷。

苏宁航空物流园项目落户空港 2016年10月20日，空港经济开发区（江宁）管委会与苏宁控股集团签订项目投资协议，共建占地166.7公顷的苏宁航空物流园。市委常委、区委书记李世贵，区领导祁豫玮、李万平、王爱军，苏宁控股集团董事长张近东等参加。苏宁控股集团有限公司此次投资建设的航空物流园项目包含两大功能，航空货运基地主要建设航空基地、后勤保障及配套设施等，总占地100公顷；华东物流中心主要建设物流云综合平台、国内快速干线运输、跨境电商、进出口贸易和社会开放平台等，占地66.7公顷。

吉祥航空江苏运行基地签约 2016年10月20日，上海吉祥航空股份有限公司与空港经济开发区（江宁）管委会签约，投资12亿元打造吉祥航空江苏运行基地。市、区领导李世贵、黄澜、祁豫玮、李万平等参加活动。吉祥航空江苏运行基地项目位于江宁开发区空港片区，将以南京禄口国际机场作为运行基地。2016年在南京机场投放飞机5～7架，至2020年年底将达到20～25架，通过不断加密南京始发到达国内省会城市以及旅游城市航班频次，逐步开辟国际航线。

江苏公务航空获CCAR-135部运行合格证 2016年10月26日，民航江苏监管局副局长秦晨阳向江苏公务航空有限公司总经理许建强颁发CCAR-135部运行合格证和运行规范，标志着全国首家以省命名的公务航空公司具备了正式运行资质，成为公务航空运输市场的合格承运人。江苏公务航空有限公司由常州新誉宇航股份有限公司在江宁开发区空港片区投资建设，注册资本1亿元，主要从事公务机运营、租赁及托管相关业务。按照战略规划，江苏公务航空将依托南京禄口国际机场，逐步开展航空器代管、出租飞行、空中游览、医疗救护、通用航空包机飞行、公务机代理销售、紧急救援、航空器机体维修、航空器发动机维修、航空器部附件维修等项目。江苏公务航空有限公司是江苏南京地区首家提供公务航空服务的通用航空企业，于2013年10月获得民航华东管理局批准筹建，2015年11月获得民航华东地区管理局颁发的“通用航空企业经营许可证”。

（杨淏涵）

紫金(江宁)科技创业特别社区

概　况 紫金（江宁）科创社区于2011年12月8日成立，是江宁上秦淮片区创新发展的全新区域，也是苏南自主创新引领区。紫金（江宁）科创社区成立后，坚持走创新驱动发展之路，以打造江宁南部新城为目标，大力推进创新创业载体、秣陵新市镇、上秦淮湿地等项目建设，已形成悠谷、砂之船、创服中心、洲际酒店等一批载体“舰队”，载体面积98.4万平方米。同时，围绕未来网络和智能制造等主导产业，突出内涵提升，广泛招选优质项目和高层次创新创业人才，初步建设成为载体支撑有力、生活配套完善、高层次人才汇聚的社区化、创业型园区。2016年，紫金（江宁）科创社区按照省、市、区委特色小镇规划建设要求，全力推进南京未来网络小镇建设，促进未来网络和智能制造领域资源项目集聚，打造战略性新兴产业高地，并成功入选南京市级特色小镇。未来网络小镇规划面积4.62平方公里，东至新宁溧路，西至机场高速，南至江城路，北至阳山河，位于高铁南站至禄口国际机场发展“金轴”与环绕城高速创新经济增长“银带”交汇点。未来5年，紫金（江宁）科创社区将以“一城、两镇、三大产业、四个特色”为主线，围绕未来网络、智能制造、文化休旅、现代服务业等四大产业体系，通过打造“南京未来网络”和“水栖秦淮”两个特色小镇，加快未来网络、未来智能制造、未来旅游、未来影视、未来文化等未来系列产业集聚和发展，努力建设成为一个集科技、文化、旅游、商业、休闲为一体的南京未来科技新城。

载体建设 2016年，紫金（江宁）科创社区围绕已经形成悠谷、科技创业服务中心、科技交流中心、专家公寓等一批载体，建设孵化器、加速器等载体98.4万平方米，已建成运营载体45万平方米。悠谷建成全市单体面积最大的科技创新综合体，商业综合体砂之船奥特莱斯开业并创全国奥特莱斯行业开业首日客流量和营业额纪录，当年营业收入9亿元。洲际套房酒店入住率80%。公共配套服务中心（洲际酒店）外装完成，2017年将投入使用。

城市建设 2016年，紫金（江宁）科创社区按照产城融合的总体思路，推进道路、电力、绿化等市政设施，以及商贸、文化、旅游、教育、卫生、体育等功能配套建设，建成紫金路、紫金一路等“绿道”路网体系5公里，同步完成配套雨污水管网。完成阳山河、云台山河、悠湖水环境整治，5年累计新增绿化面积100万平方米，上秦淮湿地公园成为省级湿地公园。建成园区体育公园、空中球场，开工建设游府西街小学上秦淮分校，建设人才公寓、专家公寓等创新创业保障性住房50万平方米，完成30公顷经营性商业用地出让。

招商引资 2016年，紫金（江宁）科创社区突出未来网络、智能制造、文化旅游等高增长性产业，累计引进孵化型项目769个，入驻项目253个，引进500万元以上总部型、成熟型项目34个，其中1000万元以上15个，1亿元以上项目8个。集聚华为、中软等新兴产业领军企业，清华高端装备研究院、途牛OTA未来智慧旅游科技研发基地、海昌海洋主题文旅项目、华谊影视等行业顶尖企业签约入驻。全年入园企业销售收入30多亿元，税收1.1亿元。在人才集聚上，围绕产业导向，引进院士2人，“千人计划”专家9人，省“双创人才”2人，市科技创业家1人，市“321人才”26人，区创聚工程人才6人，集聚海归人才和创业博士200余人、硕士1500余人，园区创业人口超万人，创建成国家级科技企业孵化器、国家级高新技术创业服务中心、国家小微企业创新创业示范基地和国家火炬江宁未来网络特色产业基地，并获中国众创空间典范奖；建成省级创业示范基地，创成悠创汇、悠谷创客等省级众创空间2家、米立方悠谷开放实验室等市级众创空间3家。

中德技术转化合作研讨会举办 2016年3月17日，紫金（江宁）科创社区携手德国Fraunhofer研究院举办“紫金（江宁）—弗劳恩霍夫中德技术合作转化”研讨会。德国弗劳恩霍夫研究院常任理事、弗劳恩霍夫研究院激光所所长、亚琛工业大学副校长、美国激光协会院士Reinhart Poprawe教授，市发改委、市经信委、市科委以及区相关部门负责人出席研讨会。会议就双方如何开展中德技术合作、转化、孵化进行交流及研讨，并结合“紫金江宁中德技术合作转化中心项目”，明确合作思路与方案。

“制造大数据与智能监控系统”研讨 2016年3月22日，中国工程院院士卢秉恒、高金吉、李德群，中国科学院院士徐宗本、丁汉，以及机床、航空航天、机械工程、增材制造等领域40余名行业内学术专家共聚江宁，专题研讨教育部战略研究项目“制造大数据与智能监控系统”。“制造大数据与智能监控系统”项目是由卢秉恒院士和徐宗本院士牵头承担，该项目旨在对接“中国制造2025”，从基础研究、重大共性关键技术，到应用示范的纵向创新链，以及横向协作的产业链进行全链条一体化规划，组织提出国家重点研发计划重大项目的实施方案。此次会议由紫金（江宁）科创社区公共技术平台南京3D打印研究院主办。

南京野研院农林特产资源科技研发中心项目开工 2016年4月12日，中华全国供销合作社南京野生植物综合利用研究院农林特产资源科技研发中心项目综合楼开工典礼举行。2013年7月初，紫金（江宁）科创社区与野研院签署投资协议，南京野生植物综合利用研究院农林特产资源科技研发中心主要从事“农林特产资源科技及野生植物资源调查与综合利用的研发和产业化”项目，项目建设用地面积1.7公顷，总投资2亿元。

“南京AR/VR社区”拟筹建 2016年9月8日，紫金（江宁）科创社区与南京领略信息科技服务有限公司、南京瑶石投资管理顾问有限公司举行三方合作签约仪式，拟筹建“南京AR/VR社区”，以促进科技创新，提升科技服务，对AR/VR（增强现实/虚拟现实）和互联网+相关产业进行闭环式资源整合。南京AR/VR社区将对接海内外AR/VR产业投资领域资源，打造成为集产学研服四位一体化的VR/AR产业创新创业孵化基地。同时，为其设立大数据信息分享、项目路演、投资合作、项目众筹、创业孵化、产业加速等平台进行配套。各方将围绕南京未来网络小镇的总体规划，通过搭建AR/VR行业领域的共性技术平台和提供专业化的创新创业服务，营造AR/VR创新创业氛围，集聚AR/VR行业优质项目，最终打造闭环的产业生态。

欧洲综合能源科技项目入驻

2016年9月30日，在南京未来网络小镇悠谷，紫金（江宁）科创社区与欧洲工业技术与工业用品中心举行签约仪式。根据签约协议，欧洲工业技术与工业用品中心在紫金（江宁）投资建设ENI·GENGAS综合能源项目，成立多能科技（中国）南京股份有限公司及欧洲综合能源科技研究所。未来，双方以统一资源整合优势，共同加快项目的落地发展，及早完成建设以ENI·GENGAS综合能源技术、能源储存技术与移动式综合能源设备为核心的江宁项目。项目落地后的第一台ENI·GENGAS综合能源设备将应用于紫金（江宁）综合能源改造项目，并将该项目建设成为长三角地区再生能源综合利用、可持续发展的节能减排技术应用示范工程。

首届“江苏智造”创新大赛开幕

2016年10月14日，由省经信委指导，省企业信息化协会、省企业技术改造协会主办，未来网络、新浪江苏、润展国际承办的首届“江苏智造”创新大赛智通化生产分赛在南京未来网络小镇悠谷拉开帷幕。省经信委领导、业界资深专家、知名企业家、媒体代表，以及南京未来网络小镇、迅雷、南京银行等支持单位代表280多人出席。此次赛事的主题是“智能化生产”，围绕新一代信息技术与制造技术融合发展和新型生产方式的培育，重点推动现有生产装备、生产线数控化和智能化升级改造提升，智能车间与智能工厂建设，以及工业机器人、增材制造（3D打印）装备、高档数控机床、精密仪器仪表等生产装备国产化智能化。

（王文文）

2016年12月5日，首届世界智能制造大会系列活动——2016中德智能制造合作峰会暨南京未来网络小镇重大项目签约活动在紫金（江宁）科创社区举行　　向　穗　摄

中德智能制造合作峰会在江宁举行

2016年12月5日，首届世界智能制造大会系列活动——2016中德智能制造合作峰会暨南京未来网络小镇重大项目签约活动在江宁区举行，智能制造领域的众多行业精英和专家学者围绕促进中德技术与人才合作、融合发展展开交流探讨，一批重大项目签约落户南京未来网络小镇，中德技术合作转化中心和两大国家级基地同时揭牌。市、区领导缪瑞林、沈健、李世贵、祁豫玮、王国亮、孙桂明、李滨、周育刚，以及工信部、科技部相关领导参加活动。在当天举行的南京未来网络小镇重大项目签约活动中，有国际合作类、智慧旅游类、总部类、居民融合类、金融合作类等5类15个重大项目签约落户，总投资166亿元。项目包括中德技术合作转化中心、多能科技综合能源、海昌海洋文化休闲度假、汇百川金融科技总部、清华高端装备南京产业园等项目。此外，中德技术合作转化中心和南京未来网络小镇被授予的“国家小型微型企业创业创新示范基地”“国家火炬江宁未来网络特色产业基地”在峰会开幕式上揭牌，华谊兄弟（南京）电影小镇、未来网络小镇CENI（智能制造）加速器也同时启动。峰会期间，中国科学院院士、清华大学机械工程学院院长雒建斌，德国亚琛工业大学副校长、国际著名学者Prof. Dr.Reinhart Poprawe等嘉宾，围绕智能制造和中德合作等主题作演讲。双方还就如何更好地进行中德技术转化，务实推进“德国工业4.0”和“中国制造2025”，共同发出倡议。

（宁　鉴）

南京东山国际企业研发园

概　况　东山研发园是按照市委关于聚焦“四个第一”，实施创新驱动战略，打造中国人才与科技创新名城的决定，在原东山工业集中区基础上升级打造的新兴科技型开发园区。园区总规划面积2.42平方公里，位于南京市东南部，北临主城秦淮区，东接麒麟生态科技城，南与江宁高新园无缝对接。宁杭高速、东麒大道、纬七路等高速路网穿境而过，紧邻南京禄口国际机场和高铁南京南站，交通条件便利，区位优势明显。园区坚持以“国际化、专业化、特色化、集约化”为建设标准和运营模式，致力于引进低碳、智能、总部、研发类企业。2016年，园区实现地区生产总值99.4亿元，比2015年增长7.9%，其中服务业57.19亿元，增长0.48%；全社会固定资产投入50.41亿元，增长15.41%；社会消费品零售总额129.9亿元，增长9.5%；规模以上工业总产值100.7亿元，增长7.9%；一般公共预算收入4亿元，地方外贸出口1.93亿美元；实际利用外资1400万美元。全年引进江苏印加新能源、南京无忧行、浙江迪安诊断等5个亿元以上内资项目，5个区级重大项目开工建设，总投资68.75亿元，完成投入5.4亿元。申报区高层次创业人才18人，高层次创新人才2人；培育省“双创”人才1人；引进大学生创业项目25个，引进或培育创新创业人才8人。新增高新技术企业5家、民营科技型企业7家，实施产学研项目5个。是年，“5·1空间”入选市级众创空间，华脉和华创入选市级工程研究中心，并建立迪安公共技术服务平台，实施“苏科贷”2项。

迪安医学检验中心落户　2016年5月，南京迪安医学检验中心有限公司签约落户东山研发园国际总部基地。迪安是国内最大的第三方医学检验中心之一，也是行业内唯一上市企业，年业务规模超过20亿元，且每年以40%的增幅增长。南京迪安开展的医学检测项目已达1000多项，服务范围覆盖全省及皖北部分地区，为近1000家各级医疗机构提供服务。该公司业务涵盖医疗诊断服务外包（独立医学实验室）、司法鉴定、诊断产品销售、诊断技术研发生产、健康管理等领域，拥有迪安医学检验中心、研发中心、迪安生物等业务板块，已在环渤海湾、长三角、珠三角区域等地设立19家子公司。

一创新成果填补国内空白　2016年8月，东山研发园企业——中石化物探研究院研发的“非常规油气压裂微地震监测技术”获中石化科技进步一等奖，这一技术实现页岩气勘探开发中水力压裂微地震监测技术的从无到有，填补国内相关技术空白。该研究院通过连续5年的技术攻关，开发出的具有完全自主知识产权的监测软件，打破国外服务公司的垄断，真正实现中国勘探技术“从无到有、从有到优”的突破。同时，研发团队紧紧围绕生产需求，将研发现场前移到生产第一现场，和现场处理人员一起发现问题、解决问题。推出的实时处理版软件，为现场实时分析、调整施工参数、指导设计提供参考和依据。

“甜点”技术探测页岩气被运用　2016年9月，东山研发园企业——中石化物探研究院开发出的“甜点”技术，已经成功在四川盆地发现页岩气气层，2017年开始大规模开发。油气储量的95%以上是用物探方法找到的，就是在探测地点埋设一批炸药点，采用爆破方式制造人工地震波，地震波可以穿到地下3000米左右，研究院技术人员负责捕捉这些从地底传回的地震波，然后进行分析。如果地下蕴含丰富页岩气，反射波就较为平稳，反之则较为凌乱。中国页岩气分布较广，大部分很薄，没有开发价值，科学家要做的就是寻找最甜最好的那一块，所以这一技术被称为“甜点”技术。按照这一方法，地球物理学家已在四川涪陵发现首个千亿方级储量页岩气田，还在四川威远县发现页岩气层。

国内最大产量分瓶机南京造
2016年9月，东山研发园企业——南京华创包装机械设备有限公司历经3个多月试验，成功研发出产量高达85000瓶/时的分瓶机。此前，国内分瓶机的最高效率在48000瓶/时左右，该公司研发的分瓶机将效率提高近1倍。公司研发团队在机械设备结构和系统软件技术上进行大胆创新，推动国内分瓶机效率大幅提升，赶超国际业内一流水平。

大峘集团获节能减排领域多项发明专利授权　2016年10月，东山研发园企业——大峘集团有限公司连续获得“煤粉补热烧结高温烟气自循环余热回收装置”等3项发明专利授权和4项实用新型专利授权。大峘集团各类工程技术人员占职工总数的90%，公司为国内外冶金企业的炼铁、炼钢、轧钢、自动化等提供60余万吨具有国际先进水平的产品，部分产品已进入欧美等发达国家市场。其中，高炉喷煤系统核心技术及工艺，市场占有率稳居全国第一。该企业拥有有效发明专利11项，实用新型专利17项，所有专利围绕节能减排和品种结构调整总体目标，大胆引进吸收国内外先进技术，有针对性地进行跟踪研究，做好技术储备工作，同时对现有技术进行巩固和完善，持续创新，发挥关键技术和核心设备优势。

第五届全球（南京）研发峰会在江宁召开 2016年11月10日，以“开放创新，合作共赢”为主题的第五届全球（南京）研发峰会在江宁会展中心举办，这是由科技部、江苏省人民政府共同主办的中国·江苏第五届国际产学研合作论坛暨跨国技术转移大会的专场活动。此次峰会由南京市人民政府主办，南京市科学技术委员会、江宁区人民政府共同承办，东山研发园等6家国际企业研发园协办。参加峰会人员300人，其中外方嘉宾100余人，涉及德国、英国、法国、美国、以色列、澳大利亚、俄罗斯等20多个国家，涵盖节能环保、信息技术、生物医药、医疗健康、智能制造等技术领域。峰会上，参会嘉宾围绕“开放创新，合作共赢”展开主旨发言、交流研讨和寻求跨国技术转移项目合作。南京江北新区就“江北新区推动国际合作，打造产业创新创业高地”作主旨发言，德国工业生物技术集群顾问委员会主席曼弗雷德·基歇尔就“德国的生物经济”、英国伦敦大创新中心首席执行官比吉特·安德生就“英国创新技术转移和中英科技合作”作主旨发言和经验分享。峰会上还举行包括“中欧创新技术转移中心”等13个南京市创新平台类和联合研发类的重点国际科技合作项目集中签约，涉及德国、英国、美国、加拿大、瑞典、奥地利等多个国家和地区。

（俞菁菁）

2016年11月10日，第五届全球（南京）研发峰会在江宁会展中心举行。图为与会现场各类专家云集　　王　俊　摄

南京江宁台湾农民创业园

概　况 江宁台创园自2008年批准设立后，先后被确定为江苏省现代农业产业园区、南京市农业科技成果转化基地、南京市定点花卉市场、农业物联网示范基地及江苏省四星级乡村旅游点，2013年年底创成为国家AAA级旅游景区，2015年被确定为江苏省重点农产品批发市场，连续3年在全省12家苏台农业合作园区考核评比中名列前茅。2016年，根据区委台创园转型为农业开发区的要求，园区因地制宜发展“农旅结合”乡村旅游经济和“接二连三”的农业新型业态，逐步形成设施农业、生物种业、农产品加工物流、休闲农业四大特色产业，持续推进基础设施升级，建设农业科技研发基地，探索农业展会新模式，将园区打造成农业领域“大众创业、万众创新”平台。

基础设施建设 2016年，江宁台创园按照全域旅游示范园区创建标准，推进绿化、道路、水利、旅游等环境综合治理，加大基础设施配套建设力度，初步建成精品农业休闲观光区、现代农业科技展示区、生物农业产业园创新区及农产品物流加工厂等功能片区。完成3.5公里河道景观提升工程，建成陶扬路、纬二路、台新路南沿、种业环形大道等2.3公里，实施农艺馆等3个场馆改造和景区绿化亮化提档升级，新建2万平方米停车场，园区环境得到优化，配套设施进一步改善。

设施农业提质增效 2016年，江宁台创园围绕花卉产业发展，

江宁台创花博园外景　　　　江宁台创园　供稿

申报“国家重点花文化示范基地”，着力打造全国重点花文化产业核心区，建成百花园生态休闲广场。花博园全年花卉苗木零售批发销售额突破5亿元，年出口蝴蝶兰200万株，出口额300万美元。以原有O2O商务平台为基础，与江苏移动、南京广电等单位合作探索“互联网+花卉苗木展销模式”，创建“电子商务示范园区”，初步形成完整的研、产、供、销花卉产业链，推动园区产品销售模式转型升级。以“园区+公司+合作社+家庭农场+农户”方式，辐射周边地区，带动整个南京地区农业新品种、新技术的普及推广，直接带动1000多户农户，增加就业1500多人，引导农民进入第二、第三产业，调整产业结构，增加农民收入，经济效益提高。

生物种业发展　2016年，江宁台创园制定生物农业产业园规划，加大生物农业产业招商力度，引进生物农业项目2个，花卉产业项目1个，申报“创聚江宁”人才2人，引进院士1人。重点建设以江苏省种业创新基地（中国工程院院士万建民创办）及蝴蝶兰组培中心（台湾“神农奖”得主陈隆辉创办）等项目为代表的一批高科技农业研发型项目。扩大组培中心规模，新建1万平方米蝴蝶兰生物组培室。推进南农大“蚯蚓纤溶酶”生物制药项目及种苗快速繁育基地建设，整合国内外种子产业各类要素资源，打造以生物育种科研和产业体系创新为重点的生物种业创新示范基地。年末，4.6万平方米的肖家庄生物农业科技研发基地大楼主体封顶，有10余个农业研发和总部基地项目达成入驻意向。

休闲农业发展　2016年，江宁台创园围绕全域旅游示范园区创建工作，按照“建精品、创特色、树品牌”的思路，对景区进行全面提档升级，新建六朝古都景观、农业互联网+示范区等30余个创意项目，农艺馆、六朝古都景观被市旅游局评选为优秀农业创意景观。采取“政府主导、园区承办、企业运营、市场开发”新模式，融入扶贫开发要素，成功举办第12届中国·南京农业嘉年华。其间，共接待游客80万人次，实现旅游综合收入2亿多元。

农业交流　2016年，江宁台创园引进台湾以及国内外西甜瓜、功能稻米、蔬菜新品种30余个，花卉新品种40余个，应用优质蝴蝶兰栽培和组培、台湾稻米种植等先进种植技术3项，接待英国约克郡市市长等考察团体200多批次。利用网络微信、报刊、电视媒体等，借助各类展会活动平台，全方位扩大园区知名度和影响力。（台创园）

第12届中国·南京农业嘉年华开幕
2016年9月28日，第12届中国·南京农业嘉年华在江宁台创园开幕。围绕“农”情之约，我心“乡”往的主题，此届农业嘉年华融合农业科技、文化科普、生态环保、精准扶贫等内涵元素，为广大农民、市民奉上一场丰盛的“农业大餐”。市、区领导龙翔、李世贵、华静、祁豫玮、刘玲、陈升等参加开幕式。在主展馆，各种果蔬原料搭建的1200平方米六朝古都主题景观吸引众多游客驻足拍照。前行至台湾厅内，有缓缓“驶来”的阿里山小火车，五彩缤纷的兰花，以及飘满天空的天灯。“农业+科技”是此届嘉年华的一大特色，展会现场，游客通过VR虚拟技术，可手不沾土体验农机驾驶和农事操作的乐趣，还能近距离观察新型的植保无人机，及管道水培、雾培、立柱、墙体等10多种高科技栽培技术，源自台湾的蛇瓜、鼠瓜、白茄、莲雾、木瓜等50多种新品也让人大饱眼福。第12届农业嘉年华活动持续至11月20日，历时54天。活动期间，位于江宁台创园的主会场采取“一轴四区”的整体布局，即“农业文化轴”“创意展销区”“花木展示区”“休闲体验区”及“功能拓展区”等区域，有展示、互动项目30多个。同时，位于六合、高淳、浦口、溧水、栖霞的5个分会场也将展示各具特色的农产品。贯彻落实“精准扶贫”，该届嘉年华在项目建设和主题景观搭建中所使用的农业原材料基本面向贫困地区采购，农产品展销区域也为新疆伊犁州伊宁、哈萨克自治州、宁夏中宁县等扶贫地区无偿提供7个展位。

省“双创”活动周南京主题日在台创园启动 2016年10月13日，2016年度江苏省“大众创业万众创新”活动周分会场南京主题日活动拉开帷幕。首场活动暨第12届农业嘉年华创业扶贫活动在江宁台创园举行，新疆、内蒙古、西藏等贫困地区的特色农产品销售红火，负责对口销售的相关展位前，询问者络绎不绝。此次活动周南京主题日江宁系列活动，以创业者和创业创新活动为中心，采取成果展览、会议论坛、项目路演、技能竞赛、专业服务等形式，展示全区各类创业创新活力和生动局面，促进要素的聚集和对接，推动“双创”政策落地。之后，江宁区还举办“江苏智造”创新大赛、U谷企业家沙龙、I创杯互联网创新创业大赛等活动。10月17—23日，江宁台创园嘉年华新引进6个陕甘宁贫困地区的农产品进行展销，并给不能到场的农户提供线上商城推广销售服务。活动现场还开展爱心助学众筹活动，为贫困地区的孩子购买书包等学习用品，助力少年儿童成长。

（宁 鉴）

江苏软件园

概 况 2016年，江苏软件园紧扣全面建设“中国首个绿色生态软件社区”和“中国智慧软件（示范）园区”的目标定位，以项目建设和产业培育为中心，以提升服务和完善配套为抓手，全力拓展创新创业空间，经济运行总体良好。全年实现软件业务收入760亿元、服务外包执行额30.5亿美元、离岸执行额10.8亿美元，分别比2015年增长15.2%、11%和13.1%；工业固定资产投资6.31亿元，实际利用外资826万美元，市重大实施类项目投资额4.23亿元；税收2.65亿元，增长128.4%；一般公共预算收入1.9亿元，增长112%。

招商引智。围绕智慧应用、移动互联、信息安全、云计算等“3+1”特色产业导向，全力开展招商引智工作。全年新引进神州长城大数据中心等项目161个，其中千万元以上项目35个、2000万元以上项目9个。累计引进软件企业526家，其中世界500强企业5家、中国百强企业2家。在2016年“软博会”和“金洽会”专场活动上，签约各类项目27个，总投资超过100亿元。入选省“双创计划”人才1人、“创业南京”人才计划1人、区高层次创新创业人才13人、区青年创客33人。累计集聚各类领军型创业人才60人，王晓东团队合作开发的快牙软件用户3亿多人次。

项目建设。协鑫新能源项目、中国电信二期等项目全部开工建设，享佳科技购地项目基本落实，腾达新能源、江苏竣博总部基地等项目快速推进。人才公寓二期2栋楼全部完工。交付使用的江苏软件园科技转化中心出租率85%，软件从业人员3200余人，项目和人才集聚效应初显。

科技创新。全年新增专利申请量35件、专利授权量34件，新增国家级高新技术企业4家、省级民营科技企业9家，君立华域等一批企业进入“新三板”上市筹备阶段。首度与航天科技签约打造军民融合示范平台，为人才创新创业和产业集聚注入新活力。

环境提升。结合城市环境专项整治行动、国家公祭日期间环境质量保障等活动，全面推进环境整治和网格化管理，围绕园区16平方公里14条主次道路，开展违建管控、道路整治、卫生清理等工作，清理卫生死角750处，清运垃圾500余吨，维修损坏路面6000平方米，补缺和维修路牙3000米，新设雨水箅、窨井盖200个，完成14栋楼载体及东吉大道、银杏湖大道、东吉湖等道路水域城市治理标准化建设考核验收，其中东吉湖被授予全区唯一“南京市示范河道”称号。400米宁丹路污水管道改造、1300米河道整治绿化提升工程挂图推进。

品牌推广。先后组织和承办南京软博会和“金洽会”专场推介、江苏省“I创杯”创新大赛、航天军民融合高峰论坛等各类大型活动数十场次，策划并开展“文化四季”系列精品活动近10次，获工信部颁发的“创新创业优秀园区奖”以及国家级“优秀服务软件园区奖”和“2016年度中国信息化领军人物奖”等荣誉。

朗坤获工信部“两化融合”权威认证 2016年3月9日，入园企业南京朗坤软件有限公司通过专家评审、考核等程序，被工信部认定为2015年度“两化融合”管理体系贯标咨询服务机构。朗坤软件作为工业4.0的践行者，顺应工信部“两化融合”的政策，专注于为工业企业提供信息化解决方案。

中兴软创ZSmart获全球权威机构大奖 2016年3月，园区企业中兴软创被国际权威第三方咨询机构Frost & Sullivan授予2015年“全球客户价值领导奖”，中兴软创ZSmart解决方案在运营商计费领域的卓越领导与重要地位得到肯定和认可。ZSmart方案现已在全球80多个国家和地区商用，与130多家运营商合作，服务于6亿终端用户。

南京软博会上签约一批优质项目 2016年9月2—5日，在第12届中国（南京）国际软件产品和信息服务交易博览会上，江苏软件园签约北京凤凰城、昆龙智能电网产业基地、腾达新能源研发基地等15个项目，涉及信息安全、移动互联、新能源、智能电网等领域，总投资超过40亿元。9月3日，省委书记李强到江苏软件园企业馆朗坤展区视察，对朗坤在智慧产业领域取得的成果表示赞赏。随后，在江苏软件园专场“互联网+智慧终端安全”主题论坛暨创新类项目签约仪式上，涉及大数据通讯、挖掘、分析和应用等领域的4个创新类项目正式落户江苏软件园，总投资2.1亿元。

60亿元项目“金洽会”上签约 2016年9月8日，在第27届南京“金洽会”重大项目集中签约仪式上，神州长城数据中心项目签约落户江苏软件园，总投资额15亿元。该项目由神州长城股份有限公司在江苏软件园特色功能区——吉山软件小镇投资建设，规划建筑面积30万平方米，致力于发展云计算中心、大数据医疗、智慧城市应用、金融信息大数据为主的新兴产业领域，建成后涵盖总部发展中心、数据中心、创业中心、研发中心、服务中心等功能区。9月13日，在“金洽会”专场活动——2016首届智慧城市互联网安全论坛暨江苏软件园创新类项目签约活动上，11个人才、创业服务、大数据、新一代信息等项目签约落户江苏软件园，总投资近60亿元。

“I创杯”大赛优质创业孵化项目入驻 2016年10月25日，在第二届“I创杯”互联网创新创业大赛总决赛上，智汇云人才服务一体化平台项目和艾倍特智能服务机器人等优质创业孵化项目落户江苏软件园。其中，智汇云人才服务一体化平台项目以“互联网+人才服务”为核心导向，为企业提供高效员工内训及全方位人才评测服务，同时充分对接企业招聘需求，为大学生个人提供定制化课程培训等一站式技能提升方案。艾倍特智能服务机器人项目是一款针对家庭设计的可自由语音对话的实用新型机器人产品，包含生活、教育和娱乐三大功能，实现从单一的舵机控制发展到对机器人整机硬件控制，已拥有多项国家专利。

与航天科技共建军民融合项目落户 2016年11月23日，由中国航天科技集团主办、江苏软件园承办的航天军民融合高峰论坛在江苏软件园举行。论坛期间，著名央企中国航天科技集团与江苏软件园签约共建“航天科技军民融合示范平台”。该平台将围绕产业研发与人才集聚，发挥江苏软件园资源优势和科研实力，促进产学研结合，加速技术创新和科技成果转化，发展高新技术产业。同时，双方将以平台为主体，合作申报各类型的科学与技术研究、技术孵化与成果转化类项目，申报各类人才项目，承接技术孵化项目。（王韦琳）

2016年10月25日，“I创杯”大赛优质创业孵化项目落户江苏软件园。图为项目签约仪式现场　　邹川 摄

城市建设与管理

城市规划

概　况　2016年，江宁区城市规划部门注重发挥规划引领作用，服务全区经济社会发展大局。开展南京主城南部中心规划战略研究，对南部中心的内涵、发展阶段的功能定位、指导体系、发展方向等进行规划研究，为主城南部中心建设提供理论指导和规划引导。推进控制性详细规划全覆盖，启动土山机场片区、淳化组团北部、铜山新市镇、汤山新城西片区等一批控详规划编制和控详图则调整，奠定城市规划和管理的法定依据。开展一批市政专项规划，完成古凤铁路改造利用研究、上秦淮新市镇管线综合、土山机场片区市政专项及禄口、空港、汤山排水专项规划及控详标准化六线规划。服务区重点项目建设，完成紫清湖度假区总体规划，推进苏豪健康产业园、大生农业园、龙湖天街综合体等一批重大项目的规划编制。启动特色小镇规划选址、规划编制和设计策划工作，在乡村地区规划苏家文创小镇、大塘金香草小镇、石塘互联网联想小镇、黄龙岘茶文化小镇4个特色小镇。同时，组织编制特色小镇规划建设导则，以进一步指导全区各小镇的规划建设。根据全区“千村整治、百村示范”工作要求，组织开展18个示范村规划编制工作，并指导街道和村（社区）实施示范村建设。起草《关于开展规划布点村农民建房规划管理工作的通知》《江宁区规划布点村农民建房规划管理实施意见》，并获区政府批准下发，在有农民建房需求的布点村逐步展开。在南京市率先成立8个涉农街道规划所，专门负责街道乡村规划和农民建房审批。以进驻区市民中心为契机，抽调专人组建工业项目审批小组，加快2016年省市区重点项目推进。办理建设工程规划许可804件，面积1473.35万平方米；落实模拟审批制度，加快模拟项目审批，办理模拟审批80余件，服务全区67个安置房“两证”办理工作。制定《江宁区城市品质提升三年行动计划（2016—2018年）》，统筹提升江宁城市新建地区建筑和空间品质，优化老城等建成区环境质量，增强城市活力。是年，江宁规划分局连续第3年被评为全市规划系统先进单位，地形测绘服务项目和江宁区城乡规划与地理信息移动系统项目分别获2016年中国地理信息产业优秀工程银奖和铜奖，城市地下管线探测普查项目被省测绘地理信息学会评选为2016年度江苏省优秀测绘地理信息工程。

2016年“千百工程”示范村规划工作启动　2016年2月29日，江宁规划分局组织召开2016年度“千百工程”示范村规划工作启动会，新一轮美丽乡村示范村相关街道主要领导、村（社区）负责人及村镇规划助理员参加会议。根据全市“千百工程”建设要求，江宁区2016年度将创建包括横溪街道山景社区谷塘凹、江宁街道大庙社区大小牛落、禄口街道彭福社区沈庄、湖熟街道耀华社区吴家庄、汤山街道湖山社区湖山村等在内的11个市级以上“美丽乡村示范村”。会上，江苏省城镇与乡村规划设计院、南京大学城市规划设计研究院有限公司、南京长江都市建筑设计股份有限公司城市规划所等6家设计单位设计师参加座谈，围绕“挖掘乡村文化、振兴乡村经济”主题进行探讨。

外协单位管理服务 2016年3月，江宁规划分局立足规划工作实际，围绕提升服务满意度，制定出台《测绘外协单位考核管理办法》，对测绘外协单位设定服务标准、办结时限、考评机制，进一步强化监督管理，减少服务周期，提升办件效能。该局以验放线5栋建筑为例，原先需要10余个工作日，现要求外协单位4个工作日内完成外业测量和内业成图，3个工作日完成系统审批流程并将资料移交窗口发件，效率提升30%。竣工测量5栋建筑，则要求5个工作日完成外业测量和内业成图，并移交成果报告至窗口发件，效率提升50%。考核管理办法的实行，将充分发挥社会监督作用，促使外协单位切实履职尽责，缩减测绘服务周期，建设单位也可以随时掌握申报项目运行情况，实现服务透明化。

113个示范村规划建设过半 2016年6月16日，江宁规划分局组织召开2016年“千百工程”示范村专家评审会，上会的18个示范村规划成果均通过评审。至此，江宁区113个示范村规划建设目标已完成61个。此次参加评审的示范村规划，包括秣陵街道元山社区观音殿、江宁街道牌坊社区大冯村、禄口街道桑园社区后业村、湖熟街道耀华社区吴家庄、淳化街道青山社区上堰村、汤山街道湖山社区湖山村等在内的18个示范村。规划前期，江宁规划分局加强与街道、村（社区）的沟通，与村民代表座谈，征求对村庄规划意见和建议。规划过程中，对每个示范村依据当地发展现状、基地特征、自然环境、未来发展机遇等情况进行功能定位，实施差别化发展。例如：汤山街道的王盖村，虽然没有丰富的特色资源，但农田的规模化种植，以及荷藕文化凸显当地的经营特色；禄口街道的小彭村，水利特征明显，池塘较多，当地引入“水八仙”，不仅具有观赏价值，还有经济价值；江宁街道的大冯、晏子等村庄，依托周边黄龙岘茶文化旅游村的乡村旅游市场效益，打造与之功能互补的茶文化体验区。

率先在全市设立街道规划所 2016年7月21日，江宁区举行8个涉农街道规划所授牌仪式，在全市率先建立街道规划所。新设立的8个规划所涉及秣陵、汤山、淳化、禄口、江宁、谷里、湖熟、横溪街道，受街道和江宁规划分局双重领导，主要职能是为街道提供规划业务指导和技术服务支持，参与街道重大项目的选址及建设，配合规划分局开展街道各层次规划编制的组织和审查工作，负责街道农民个人建房审查和其他农村建设项目初审，同时对建设项目进行实时监督。为便于项目审批管理，规划所还将在涉农街道各社区服务中心设立办事窗口，受理农民建房等相关审批事项。

7个市级特色村规划通过评审 2016年7月25日，江宁规划分局组织召开2016年市级特色村专家评审会，邀请市市政设计院、南京大学建筑设计院、省城乡规划研究院等单位专家、教授，对将启动建设的7个市级特色村规划编制工作进行审议，7个特色村规划编制工作全部通过专家评审。7个市级特色村分别为湖熟街道杨家村、邓府村，江宁街道南门村、和尚庄村，横溪街道沈阳村，汤山街道周棚村，淳化街道塘东村。各特色村规划编制在现状调研的基础上，研究村庄自然、历史文化资源特色，有效衔接了相关规划。参加评审会的专家一致认为，7个市级特色村发展定位较为准确，规划内容较为全面，村庄建设规划方案基本合理，对后续特色村建设具有指导作用。其中，塘东村定位为历史文化特色村，突出具有传统风貌特点及历史文化价值的建筑遗存，进行有效保护和开发利用；杨家村定位为城市与农村老年人的集结地，为周边城市与农村老年人提供寄家养老服务；沈阳村基于村庄丘陵地貌和生态景观资源，将打造成风景怡人、宜游宜养的自然景观特色村。通过规划编制的7个特色村风格各异，建成后将进一步丰富全区美丽乡村内涵，提升美丽乡村建设整体水平。

禄口新城中心区城市设计通过专家评选 2016年10月12日，《禄口新城中心区城市设计》通过专家评选。禄口新城中心区是空港经济开发区重要组成部分，此次城市设计旨在完善禄口新城中心区公共服务功能，推进空港经济开发区“港、产、城”深度融合发展，提升空港经济开发区新形象。城市设计范围西至胜利河、东到机场高速公路、南至信诚大道、北至规划楚风路，总面积11.08平方公里。研究范围西至将军路、东到机场高速公路、南至信诚大道、北至规划新城北路，总面积13.7平方公里。城市设计落实并深化上位规划对中心区“禄口新城服务区”的总体功能定位。突出中心区作为“地区综合公共服务中心、枢纽经济区商务聚集地、生态宜居综合新城”的复合功能，谋划片区内以航空关联产业为主导的产业特色，体现港产城融合特色。结合翔宇路北站地铁站点和水面景观布置核心区，塑造邻水公共开敞空间，合理组织慢行活动系统，营造活力街区，展现禄口新城中心区风貌。完善道路交通系统，合理组织交通体系，将翔宇北站周边交通进行一体化设计，确保无缝换乘，通过发展慢行交通体系，营造高品质的人居环境。

禄口中心区城市设计效果图　　江宁规划分局　供稿

2个特色小镇规划在全市率先通过评审　2016年10月25日，“苏家—龙山文创小镇”及“黄龙岘茶文化小镇”规划专家评审会在秣陵街道苏家村召开，建筑、景观、规划、交通、旅游等方面专家及相关职能部门代表参加会议。会上，“苏家—龙山文创小镇”及“黄龙岘茶文化小镇”规划编制成果通过专家评审。黄龙岘茶文化小镇规划范围北起黄龙岘村，南至汤铜公路，东起江宁街道行政边界，西至牌坊水库，规划面积12.33平方公里。规划依托黄龙岘周边现有乡村旅游和区域茶文化产业为发展基础，通过对茶主题概念延伸，着重研究茶主题相关产业结构和商业业态的演化，结合场地景观资源和可利用村庄集体用地，将传统茶产业和茶具等衍生品相关业态、山茶花景观种植和花卉相关业态、油茶种植和健康饮食等相关业态内容纳入区域产业发展范畴，并进一步延展茶文化，丰富产业内容和体验方式，最终构建具有“新中式生活方式”独特标签的黄龙岘茶主题小镇。苏家—龙山文创小镇规划范围北起秣陵街道行政边界，南至龙山水库，东起白鹭湖，西至观音殿村，规划面积7.56平方公里。规划依托现有苏家乡村文创聚落、观音殿非遗文化集市和上范、兴范匠人村等乡村文化旅游资源，整合周边存量建设用地，以文化创意产业为主导，重点发展乡村文创旅游和乡村休闲农业，打造集民宿体验、体育娱乐、培训会展、创客孵化为一体的综合型文旅小镇。2个特色小镇规划在调研片区现状产业特征、旅游市场、自然山水资源等要素的基础上，借鉴浙江特色小镇发展经验，结合江宁区实际情况，以“美丽乡村+”为核心，整合江宁美丽乡村点状资源，提出江宁美丽乡村由点向面转型发展的总体思路，有效推动乡村地区产业的集聚、创新和升级，促进生产、生活、生态融合，推进江宁区城乡一体化发展。

城市地下管线探测普查项目获省一等奖　2016年12月10日，江宁区城市地下管线探测普查项目在全省126个测绘地理信息项目中脱颖而出，被江苏省测绘地理信息局评选为省测绘地理信息工程一等奖。江宁区于2015年组织开展城市地下管线探测普查工作，通过一年的勘查、测绘，普查全区市政地下管线13864公里，建立地下管线数据库，形成地下管网CAD总图。此项普查工作时间紧、任务重、标准高，江宁规划分局作为牵头单位，加快工作时序，保证普查实效，采取全程实时进度跟踪、定期质量检查的方式，摸清全区市政地下管网分布情况。自该普查项目开展以后，已为各类政府公益项目、民生工程、市政规划、商业开发等提供地下管线资料120余次，总长5000余公里，为东山街道雨污水规划、市交通局126省道改造、华润燃气老旧管网整治等省市区重点市政项目建设发挥了作用。

（戚建江）

城市建设

概　况　2016年，江宁区住建部门围绕区委、区政府组织的“项目攻坚突破年、社会治理创新年、作风建设提升年”三大主题活动，以加强民生工程、生态工程、环境综合整治、“千百工程”、新市镇等工程的统筹管理和建设为抓手，加速推进城乡一体化发展，争当苏南现代化样板区建设主力军和先行军。加快保障性住房、路网交通、生态环境等城乡建设项目进度，实现年度投资261亿元。牵头制定区城建项目储备办法和城建项目考核办法，做好全区城乡建设项目的储备和年度考核工作。推进“千百工程”和新市镇基础设施建设，加强督查指导，严格建设标准，完成27个重点整治村和84个一般整治村建设任务，督促完成农村危旧房改造100户。落实“环境综合整治三年行动计划”，加快“两山两河”和雨污水管网项目建设，秦淮河完成部分示范段建设，外港河进场施工，“两山”项目进行前期调研。完成开发区南区污水处理厂新建、城北污水厂二期扩建及一级A提标改造工程，推进鞭鞍河、中心河等5条市政黑臭河道治理，实施东沟、中前沟等68条河道整治。启动岔路等片区管网建设，铺设污水主次干管77公里。开展重大项目审图工作，做好重大项目的登记、对接和回访，全年受理勘察项目110个，施工图审查项目240个。是年，区住建局先后获“南京市房屋安全管理先进单位”、市“防汛抗洪有功集体”、2016年度市级园林式单位、江苏省白蚁防治先进单位等荣誉称号。

园林绿化　2016年，区住建部门按照《江宁区城市绿化养护管理考核标准》及《绿地养护考核细则》，加强绿化巡查和整改，严禁占绿毁绿行为。成立区绿化工程安全质量监督管理站，开展对全区园林绿化工程的安全质量监督和竣工验收备案管理。严格绿化审批，全面落实“绿色图章”管理。实施城市绿化工程建设，新建绿雕、绿化小品和微景观10处，新增公共绿地30万平方米，城镇绿化覆盖率47.3%。按照绿色建筑标准，加强施工图审查，新增民用建筑绿建率100%。

黑臭河道治理　2016年，针对全区水环境污染较为严重问题，区委、区政府于6月出台水污染防治行动计划，8月成立区水质断面达标工程领导小组，设立水质断面达标工程办公室。根据任务分工，由区住建局牵头负责全区68条黑臭河道的专项整治工作。在前期黑臭河道整治中，区住建局会同东山街道、江宁高新园、江宁城建集团等单位摸排出大型排污口33个，并对沿线40余个小区和企事业单位管网建设情况进行梳理。同时，督促各河道采取河道清淤、投放生物制剂、栽植绿岛、引水补源等措施，进行临时整治，完成清淤20余万立方米。各责任单位安排专人定期对河道漂浮物进行清理，并加强巡查，严禁乱排污水、乱投垃圾等。至年末，外港河已拆除阻水老桥3座，完成1号截污泵站建设，沿线近60万平方米老旧小区实施综合整治，配套建成雨污水管网50公里，已基本消除黑臭；池田沟基本完成排口截污；小西圩沟在截污的基础上，投入运行膜处理设备；殷巷一纵沟、大马墩圩一横沟、大马墩圩四横沟等制定截污方案，引水系统工程正进行施工。

“千百工程”实施　2016年，全区完成27个重点整治村和84个一般整治村建设，其中1个重点整治村创建为市级示范村，6个村创建为市级特色村，其他重点整治村创建为市级宜居村。年初，区住建部门会同相关部门和责任单位细化实施方案，结合各街道

2016年7月，区住建部门组织工作人员开展市政养护　葛煜伟　摄

实际，编制印发《2016年重点整治村整治规划》和《2016年重点整治村和一般整治村建设实施方案》，以提升农民居住舒适程度为导向，突出农村基础设施、垃圾及污水处理、村庄绿化、景观塑造、文化元素注入等建设内容。在工作推进中，强化协调服务，督促指导各街道采集、分析村庄影像范围、现场照片和现有特色等信息。动态优化完善规划设计方案，协助做好建设项目前期手续办理，及时拨付50%预补资金。多次组织开展现场检查指导，及时梳理和解决存在的问题，保障项目建设有序推进，重点整治村和一般整治村建设品质进一步提升。

雨污分流及排水达标区创建 2016年，全区按照东山新市区（含东山副城）、开发区新城、新市镇的排水防涝要求，以及河道主流沿线片区河长制管理和完善污水收集处理系统划分排水片区，统一编号形成网格化管理。重点推进江宁开发区殷巷片区、南部新城岔路片区、东山老城外港河片区、高新园玉带圩河片区排水达标区创建试点工作。东山老城外港河片区创建工作于2015年启动，已完成该片区30万平方米的老旧小区雨污分流改造和竹山路（外港河—新亭路段）污水主管建设，正加快推进31.7万平方米的小区雨污分流项目建设；南部新城岔路片区创建工作已制定3年行动计划，结合鞭鞍河以南、双龙大道以东范围内污水主管改造和建设，逐步解决该区域污水入河问题；宏运大道（双龙大道—秦淮河段）污水管以及金盛公寓、天水雅居、名嘉佳园等6个小区雨污分流改造工程已完成施工图设计；江宁开发区殷巷片区已列入区水污染防治行动计划，通过加快实现开发区南区污水处理厂运营，推进双龙大道、苏源大道、银杏湖大道污水主管以及配套管网和小区雨污分流建设，从根本上减少污水入河，促进水质改善。（王德生）

城防监控装上“电子眼” 2016年6月，城区100多个防汛“电子眼”陆续上岗，新增的汛情信息收集系统也进行安装调试，城区防汛的电子监控网络逐步形成。在位于鞭鞍河泵站的江宁城区防汛指挥中心，鞭鞍河泵房、开发区雨水泵站等实景画面一目了然。区住建部门在原有城防监控设备的基础上，逐步接入江宁开发区、高新园范围内的防汛监控信号，实时监控视频信号由57个增加到162个，实现江宁城区汛期实时监控全覆盖。视频监控设备主要集中于城区范围内的雨水泵站、市政道路易积水点。除实现重点区域的实时监控，城区防汛指挥部还对信息系统进行升级，新系统可将城区每个泵站的实时排水量、内外河水位等相关数据统一汇集发送到指挥中心，为指挥中心分析雨情、研判汛情和部署调度提供依据。在定点监测的基础上，还在巡逻车及防汛抢险应急泵车上安装车载移动监控设备，及时将现场情况通过4G网络传回指挥中心，便于中心根据实际情况部署调度防汛资源。

新增98套公租房交付 2016年8月，江宁区收购的东山国际滨河街区98套商品房正式交付，成为继大市口公租房、九龙湖人才公寓后的第三处公共租赁住房。位于东山国际滨河街区公租房，约50平方米的套房内生活设施一应俱全，除油烟机、灶台、热水器基本厨卫设施外，新装修的房屋还配备床、衣柜等家具，方便租客拎包入住。东山国际滨河街区公租房西依秦淮河，北接宏运大道，东临武夷花园等小区，周边公交、地铁等交通便利，商业配套也可满足租客的生活需求。全区自开展公共租赁住房配租后，共收到申请材料4000多份，解决区内60余家企业2000多名职工和中低收入住房困难家庭问题。是年，全区加快住房保障体系转型，将廉租房和公租房并轨统称公租房。根据新的政策，以下3类人群可申请保障性住房：江宁区城镇中低收入住房困难家庭可到户口所在地街道民政办申请，新就业、外来务工人员以单位为载体统一到区住建局申请。

“PPP模式”指导意见出台 2016年10月，江宁区出台《江宁区新市镇建设项目PPP合作模式指导意见》，该意见秉承市委、市政府《关于加快推进全市新市镇建设的意见》的精神和要求，围绕全区“十三五”期间“一核五城八市镇”建设目标，对新市镇建设项目PPP合作模式的操作和执行进行规范化、制度化，为全区新市镇建设项目实施PPP运作提供蓝本。根据指导意见，全区将建立新市镇建设项目PPP合作模式组织架构，成立开发建设领导小组，负责新市镇建设项目PPP合作模式开发建设工作的协调、推进、管理和服务。同时，明确合作条件，合作对象要满足新市镇建设必备的行业资质、项目经验、资信和投融资能力，并由区政府授权，明确新市镇建设PPP项目实施机构为区国资办和指挥部（街道办事处），新市镇建设范围内与社会资本合作的主体为区政府指定的区属国有企业。该意见还明晰了各方责任，包括项目招商、招标、评审、实施运作和项目移交等各个环节的责任主体及工作要求。
（宁　鉴）

房屋征收

概　况　2016年，江宁区房屋征收管理部门结合全区“项目攻坚突破年、社会治理创新年、作风建设提升年”三大主题活动，紧扣年初确定的各项目标任务，对全区房屋征收工作开展跟踪、督查、监管，力促征收工作阳光规范操作，稳步推进房屋征收工作稳步实施。全年实施征收项目33个（含跨年度项目10个），完成征收面积76.98万平方米。

房屋征迁监管　2016年，区征收办强化房屋征迁监管督查，从统一政策标准、坚持信息公开、加强资金监管、强化培训考核等方面着手，狠抓整改落实，全面推进阳光征收。项目监管方面，继续推行“联合确认”“信息公开”“跟踪审计”三大机制。全年累计组织丈量面积210万平方米，S340禄口段、潭园路征收、外港河房屋征收等项目均按要求进行信息公示。资金监管方面，S340禄口段、潭园路征收、上坊片区旧城改造等项目已纳入资金监管，全年兑付资金13.14亿元，自统一实施监管后，累计完成资金兑付30.94亿元。队伍管理方面，加强征收人员监管，开展征收项目岗前培训，全年组织岗前业务培训16次，培训人员561人次，持证上岗率100%。

征收政策调研　2016年，区征收办面对新常态下经济社会发展形势，结合全区征收工作实际，深入开展调查研究，加快调整完善房屋征收政策。牵头区法制、发改、国土、规划等部门对全区房屋征收政策进行修改完善，涉及集体土地征收实施行为的“三个政策文件”（《南京市江宁区征收集体土地涉及房屋补偿安置实施办法》《江宁区政府关于公布征收集体土地涉及房屋补偿标准的通知》《南京市江宁区征收集体土地涉及房屋补偿安置实施细则》）已于9月出台。新政策的出台，将进一步规范征收实施行为，推动全区房屋征收管理工作迈上新台阶。　（尹泽文）

征迁从业人员培训　2016年10月26日，区征收办组织全区各街道、园区和相关国企集团动迁分管领导和征迁部门全体人员，以及相关评估机构的业务骨干200余人，开展征迁工作业务培训，以更好地服务全区房屋征迁和城市建设。房屋征收补偿安置工作涉及的政策性强、层面广，群众关心、社会关注。培训中，区征收办负责人对新出台的《南京市江宁区征收集体土地涉及房屋补偿安置实施办法》及相关配套政策进行详细解读，并结合具体征迁项目案例，对集体土地房屋征迁操作流程进行讲解。此外，相关专家还就江宁区国有土地上房屋征收政策、房屋征收有关法律知识作辅导。　（宁　鉴）

上坊旧城改造

概　况　上坊片区旧城改造管委会、上坊建设开发有限公司于2012年12月11日挂牌成立，主要任务为实施上坊片区棚户区改造及建设开发，具体范围为东北至万泰路、东南至绕越高速、西南至宁杭高速、西北至文靖东路，核心区规划用地面积3.92平方公里（用地面积392公顷，其中可出让土地126公顷）。上坊建设开发公司采用PPP模式，引入中化集团下属中国金茂，与其共同承担上坊片区总投资达180亿元的一级开发任务。项目总建筑面积450万平方米，包括270万平方米住宅、70万平方米商业用房、70万平方米安置房和其他配套设施，功能片区涵盖核心商务区、品质住宅区、公建配套区和景观区，业态类型包括品质住宅、五星级酒店、写字楼、公寓等，总体定位为“智慧品质新城、国际生活社区”，力争打造成为东山都市区城市现代化新标杆和南京主城南部中心示范区。2016年，上坊建设开发公司紧抓“副城东进”战略契机，围绕区委、区政府工作部署，创新实干，攻坚克难，全力建设南京主城南部中心示范区，规划编制、项目运作、片区拆迁、工程建设、招商引资等工作取得新突破。

规划编制　2016年，上坊建设开发公司继续坚持以高起点、高标准规划为引领，进一步优化核心区规划和城市设计，为整个片区的有序开发建设提供支撑。加大重点项目前期手续和供地手续办理力度，为新城建设创造有利条件。结合青龙山生态资源优势，将项目整体包装，以“南京青龙山国际生态新城”向住建部申报国家绿色生态示范城区，上坊新城一级开发展示馆于是年5月建成开馆，描绘了新上坊未来的发展蓝图。

2016年9月13日，由上坊建设、中国金茂联合承办的“金洽会”专场活动——“青龙山国际生态新城开发暨绿色城市发展峰会”举行

杨 彬 摄

项目运作 2016年，上坊建设开发公司严格按照合作协议约定，推动片区开发进程，全年完成各类基础设施投资20亿元。同时，推进地块开发，保证按序时进度挂牌出让。加快已出让地块（融侨、金茂）开发，实现年内开工、年内销售。2个项目总建筑面积22万平方米，已投入28亿元，销售近5万平方米。推进核心区内1号东、3号、7号3个地块13.3公顷土地上市，分别于6月14日、7月8日由中南、融侨地产拍下，3个项目已投资近22亿元，即将对外销售。

工程建设 2016年，上坊建设开发公司根据片区开发计划和项目储备安排，全面加快片区重点工程建设，重点推进70万平方米安置房项目建设。该项目已开工面积45万平方米，主体结构封顶，2017年将建成交付。“三纵两横”主要道路建设进度提速，其中万安北路于年初建成通车，总投资1.8亿元的万安西路项目主路基本贯通，地下管廊、景观绿化等同步推进，即将完工；上高线、天赐路等7条总长8公里、总投资7亿元的道路陆续开工，片区交通体系逐步完善。

旧城拆迁 上坊片区总拆迁面积约117万平方米，涉拆住户1524户、企业178家，是江宁历年单个片区拆迁量最大地块，且住户、企业情况复杂，拆迁难度大。上坊建设开发公司与东山街道紧密配合、协同作战，坚持以人为本的拆迁政策，确保拆迁顺利推进。涉及845户住户、85家企业，面积54万平方米的一期拆迁于2013年4月启动，现已基本完成。共679户、93家企业的二期拆迁于2014年10月全面展开，已完成总拆迁量的90%。核心区内的江宁殡仪馆、区救助站等功能性项目搬迁也全面启动。

招商引资 2016年，上坊建设开发公司根据片区功能定位及开发进度，加大招商引资力度，为片区后期二级开发市场储备优质资源。先后引入1个亿元以上内资项目和1个千万美元外资项目，安置房商业配套招商工作也有序推进。9月13日，举办“金洽会”——青龙山国际生态新城开发暨绿色城市发展峰会，并与南京市琅琊路小学签约，合作创办琅琊路小学江宁分校。

万安西路建成通车 2016年4月，位于上坊片区内的万安西路扩宽改造项目启动，并于2017年1月10日建成通车。该工程由上坊建设开发公司投资，江苏顺通建设集团有限公司承建。根据上坊片区总体规划，万安西路为片区未来主要交通道路，也是青龙山国际生态新城的城市景观迎宾大道。万安西路拓宽改造项目西起宁杭高速（城东路）、东至绕越高速（规划路），道路全长1.6公里，设计时速60公里，路幅由24～27米拓宽至45～52米，为双向6车道，道路两侧分别设置4米宽的非机动车道和3米宽的人行道。项目秉承“绿色、环保、节约”的理念，建设海绵城市和地下综合管廊工程，也是全区首个采用预制综合管廊技术的道路改造工程。其中，人行道采用“海绵城市”设计理念，通过面层透水层将雨水收集后，经预埋在底部的软式透水管，集中排入雨水井内。同时，于上高路—润麒路段中分带底部建设综合管廊，工程投资1.2亿元。

上坊片区安置房封顶 2016年7月，上坊片区安置房45万平方米已开工区域全部封顶。上坊安置房项目位于万安东路、宁杭高速公路、绕越高速公路围合范围内，总投资30亿元，项目占地22.1公顷，总建筑面积70万平方米（其中地上面积53万平方米），由32栋高层住宅、1栋社区服务中心以及超市、幼儿园等配套设施组成，共建安置房5054套，分为60平方米、90平方米、120平方米3种户型，并建有可停放4500多辆机动车的地下车库和1000多个地面停车位。

（王泽宁）

国际国内绿色生态三方认证启动 2016年9月13日，由上坊建设、中国金茂联合承办的“金洽会”专场活动——“青龙山国际生态新城开发暨绿色城市发展峰会”举行。会上正式签署琅琊路小学入驻协议，邀请中外知名绿建专家“论剑”绿色城市发展，并启动国家级绿色生态示范区、BREEAM、LEED三方认证。区领导刘玲、陈升、张会祺、孟向前、李雁等参加。此次签约的琅琊路小学江宁分校规划规模为36班制，预计2018年9月开学，将填补青龙山国际生态新城高品质教育的空白，实现江宁区域教育能级提升。当天，3名中外知名绿建专家围绕青龙山国际生态新城未来发展，共同解读绿色城市发展理念和发展内涵，提出建设性的意见和建议。青龙山国际生态新城正倾力发展绿色城市和海绵城市，为进一步提高新城建设品质，新城开启国家级绿色生态示范区、BREEAM、LEED三方认证，迈向绿色节能发展新时代。

（宁　鉴）

房产开发与管理

房产开发 2016年，江宁区在供给侧去库存等政策推进及宏观调控政策实施的背景下，房地产市场总体呈现供应大幅增长、成交保持高位、房价涨幅较大的发展态势。全年实现商品房开工面积401.7万平方米，比2015年增长24.5%；商品房竣工面积408.79万平方米，下降1.7%；商品房上市面积377.96万平方米，增长25.9%，其中商品住宅上市面积295.45万平方米、26373套，分别增长15.2%和8.6%；商品房合同销售面积395.62万平方米，增长71.7%，其中商品住宅销售面积350.01万平方米、33159套，分别增长70.4%和68%。商品房合同销售总金额687.03亿元，增长112.8%。实现存量房成交面积314.57万平方米，增长74.8%。其中，存量住宅成交面积306.05万平方米、29924套，分别增长92.5%和70.4%；存量房总成交金额387.65亿元，增长98.4%；存量住宅成交均价12550元/平方米，增长11.5%。

老危楼房排查改造 2016年，区住建部门组织开展老旧房屋排查及改造工作，排查房屋3708栋，总面积453.3万平方米；排查出疑似危险房屋118栋，总面积约4.2万平方米，其中，危险房屋中20世纪80年代以前建造66栋，占56%；砖木结构78栋，占66%；住宅61栋，占52%。此次排查，重点对2009年以后由房屋安全鉴定机构鉴定为危险等级的35栋房屋进行检查，其中6栋已排险，4栋已拆除，9栋已翻建，4栋已停止使用，尚有12栋危房仍在排险中。完成市下达江宁区100户农村特困户危房改造计划，其中C级危房（修缮加固）33户，D级危房（拆除重建）67户，涉及7个街道，其中横溪街道41户、江宁街道26户、淳化街道7户、禄口街道8户、湖熟街道5户、汤山街道8户、谷里街道5户。至年末，全区有农村特困户危房341户，计划分3年时间完成改造。

住房保障 2016年，全区实施保障房项目46个，当年计划新增面积260万平方米，当年计划完成投资85.6亿元。至年末，46个保障房项目全部开工，已完成投资82.6亿元，占当年计划投资96.5%，完成总建筑面积268万平方米。其中，空港公寓、汤山复

2016年6月，区住建部门举行公共租赁住房配租仪式　葛煜伟　摄

建房三期C组团、牛首山遗址公园谷里复建房（一期）、大里魏村安置房、岔路圩村安置房7个项目竣工；东善桥复建房三期、盛江花苑七期、秣陵新市镇安置房一期等8个项目进入装修阶段；新河佳苑安置房、晓里安置房、东善桥复建房五期等7个项目主体封顶；其余项目正按序时进度推进。

物业管理　2016年，区住建部门全面启动物业管理体制创新工作，推进“重心下移、属地管理、条块结合、以块为主”的物管体系建设，全区建立物业管理“社区工作站”80余个，化解基层物业管理矛盾600余件。申报怡湖华庭、东方龙湖南湖苑市优项目2个，申报千花溪苑、东郊小镇省优项目2个。加强物业企业监管，组织物业企业培训22次，开展物业管理专项检查115次，处罚物业服务企业5家，对检查发现的问题及时要求整改，并跟踪监督，全区物业服务质量水平不断提升。（王德生）

住房保障新政施行　自2016年起，江宁区参照南京市住房保障转型“4+1”文件，施行新的住房保障政策，进一步完善住房保障制度，推动公共资源公平、优化配置，提升基本住房保障水平。根据新政策，经济适用房将退出住房保障范围，取而代之的是共有产权房，即保障对象按出资比例与政府委托部门或机构按份拥有产权的保障性住房；公共租赁住房与廉租房实现并轨运行，并轨后统称为公共租赁住房，进行统一受理申请和联动审核。新政策支持通过租赁补贴和实物配租两种方式实现公共租赁住房保障。其中，租赁补贴是指低收入住房困难家庭自行在市场上租赁住房，政府部门向其发放相应的货币补贴，借此扩大住房保障的覆盖范围。此外，在租金管理方面，新配租的公共租赁住房按照租金减免和租补分离相结合方式实施管理。

住房保障准入门槛再次降低　2016年7月，江宁区再次上调住房困难家庭收入认定标准，进一步放宽保障性住房准入门槛。城市低收入住房困难家庭月人均可支配收入标准由1513元调整至1921元；城市中等偏下收入住房困难家庭月人均可支配收入标准由2421元调整为3074元。除收入标准上调外，城市低收入、中等偏下收入住房困难家庭财产、车辆及住房面积认定仍按原标准执行。（宁　鉴）

城市管理

概　况　2016年，江宁区城市管理部门以区“十三五”规划为指引，围绕城市治理中心工作和年度目标任务，结合全区城市管理实际，以“9322”新一轮环境综合整治接续行动、中央环保督查、全国卫生城市迎复审、全国文明城市迎复审、城市治理标准化建设、全区城市精细化管理三年行动等为契机，突出重点，真抓实干，全面完成各项目标任务。制定《江宁区城市精细化管理三年行动计划（2016—2018）》，办理“12345”“12319”等群众信访投诉事项近3000件，办结率100%，办理人大代表建议、政协委员提案43件，其中市人大建议2件，办理率、满意率均为100%。

市容市貌管理　2016年，区城管部门持续开展占道经营专项整治行动，重点清理违章早餐、夜市、西瓜流动摊点和露天烧烤摊点等，全区设立28处临时西瓜经营摊点，发放“西瓜临时摊点证”200张。在全区范围内开展户外广告和店招店牌专项整治行动，新增违法户外广告拆除率100%。开展“橱窗洁净”行动，推广运用除癣新举措、新技术，实施立面出新，完善清洗管理平台楼宇信息，加强对楼宇清洗的监督和长效管理。

环境卫生管理　2016年，全区道路机械化清扫保洁作业率85%，重点打造金箔路、天印大道（金箔路路口—东麒路交界口）、胜太路（利源北路—双龙大道）等7条环卫保洁精品路段。推动生活垃圾“资源化利用”“直运式处置”“无害化处理”，生活垃圾密闭化收集运输率100%，城镇生活垃圾无害化处理率继续保持100%，农村厨余垃圾资源化利用已覆盖50%的街道，镇村生活垃圾集中收集率100%。继续落实《南京市“门前三包”管理办法》，重点创建牛首山文化旅游区窗口“门前三包”管理示范点，建立东山街道大理聚福城商业街、开发区胜太路商业街等3个“门前三包”群众性组织。全区“门前三包”责任书签订率100%，包环境卫生、包外立面、包设施秩序履约率92%以上，依法处罚“门前三包”案件400余起。推进生活垃圾分类，落实资金保障，投入垃圾分类专项经费1200万元，垃圾分类市场化服务按照200元/户标准给予补贴，创建垃圾分类示范小区20个。

环卫设施建设 2016年，全区投入环卫专项经费4700万元，其中街道（园区）3200万元，新建公厕5座、改造公厕28座，升级改造垃圾中转站2座，新增垃圾压缩车6辆、小型垃圾清运车40辆、电动保洁车160辆，配备更新垃圾桶12676个、果皮箱5000个、分类垃圾桶3000组。完成高新园金陵科技学院垃圾中转站、东山城北垃圾中转站升级改造，更新牛首大道、学院路等32条道路垃圾分类收集容器。

专项整治行动 2016年，区城管部门切实加强南京南站江宁片区市容环境卫生管理，全面提升南京南站整体形象。推进外港河沿线综合整治，拆除各类沿河违建。严格落实“9322”各项目标任务，完成5条背街小巷、3处经营疏导点、42块户外广告整治和示范路、示范社区创建工作。实施东麒路江宁段环境综合整治，有效解决沿线群众的诉求。重点治理岔路口、园区（街道）等区街管理交叉地带市容环境问题，周边秩序明显好转。在辖区绕城高速出入口设置卡点，开展绕城公路卡点专项整治行动。推进背街小巷环境整治，完成50条背街小巷的环境治理，并以点带面，对全区所有街巷环境进行治理提升。

数字城管建设 2016年，区城管部门注重发挥网格化巡查和数字化城管的联动作用，对软件系统进行升级，通过3145个视频监控点巡查主要道路和重点区域，采集范围基本覆盖全区10个街道的主要集镇区域。全年受理市数字城管派遣工单6972件，按时结案率99.6%。区数字城管立案94401件，结案率99.99%；视频监控案件6883件，处置率100%。全面推动数字城管二级平台建设，东山街道、汤山街道、秣陵街道、禄口街道数字城管二级平台建设已初具规模，逐步实现区街互联互通。

停车管理 2016年，区城管部门会同区住建局、江宁公安分局等部门，在全区290多条主次干道和背街支巷划设停车泊位1.55万个。新增备案经营性停车场20余家，增加泊位近1.1万个。确定全区45条主、次干道实行收费管理，设置非机动车架423米，已收费道路37条，泊位4289个，上岗收费人员130余人。开展停车秩序整治工作，规范各类非机动车辆8960辆，机动车辆贴单5462次，清拖机动车辆4652辆。

2016年8月13日，区城管局组织行政执法人员开展占道经营专项整治 范有邦 摄

城管制度建设 2016年，区城管部门进一步完善户外广告管理机制，编制完成《江宁区户外广告控制性详细规划》。增创环卫市场化优势，拓展环卫市场化实施范围，滨江开发区、东山小龙湾和文鼎广场、台创园的清扫保洁完成公开招标。创新常态化监管考评工作机制，一月一个主题，充分发挥城市治理点评会制度优势。健全信访接待工作制度，设立信访接待室，确定每周三下午为固定接访日。制定并完善《违章处罚的自由裁量标准》。按照《南京市行政执法机关聘用协管员管理规定》，办理协管员上岗证170本，成为全区首家完成协管员上岗证件办理的行政执法机关。推行行政机关负责人出庭应诉制度，行政首长出庭应诉率100%。

依法行政 2016年，区城管部门坚持围绕职能，依法行政。行政处罚方面，查处各类违章案件2153起，处罚金额260万余元。行政复议方面，强制拆除违法建设类行政复议案件1起，区法制办审结并维持原行政决定。行政诉讼方面，办理案件12起，撤诉6起，交法院审理6起，涉案诉讼标的1600余万元。行政强制方面，行政强制执行案件1起，为违法当事人擅自设置建筑垃圾弃置场地拒不缴纳罚款案。行政许可方面，办理各类许可、备案1744件，发放许可证12530张，其中渣土准运证11762张，户外广告、店招标牌等许可备案765家，许可城市生活垃圾经营性清扫、收集企业3家。行政征收方面，征收建筑垃圾处置费495.57万元。（付玉帅）

10个标准化停车示范点建成 2016年，区城管部门全面启动停车服务标准化管理，完成东山街道、江宁开发区、江宁高新园和秣陵街道的竹山路、招商街、胜太西路等路段10条道路的标准化停车示范点建设。竹山路片区的竹山桥路段是老旧小区、繁华商业、办公商住云集的区域，以前由于车位稀缺，与密集的人流量和车流量严重不匹配，道路上随处可见违停车辆。经过改造后，竹山桥路段统一安装电子监控，重新规划停车泊位，合理区分机动车和非机动车区域，道路的一边整齐停放着车辆，秩序井然。平时，可以通过区域内电子监控和执法巡查，以及道路停车泊位管理员实时上传违停信息，形成管理和执法快速互动、精准管理的全覆盖管控。只要有违停情况发生，经过停车收费员上报至平台，执法中队会在5~30分钟内抵达现场，对违停车辆进行处罚。（宁 鉴）

交通运输

概 况 2016年年末，江宁区境内公路总里程2288.3公里，公路密度140.93公里/百平方公里。其中，国道里程145.7公里，省道里程212.1公里（高速公路148.3公里），县道里程449.4公里，乡村道里程1482公里。辖区通航里程136.39公里。其中，四级航道17.17公里，六级航道46.22公里，等外级航道73公里。拥有港口6个，码头泊位18个，码头总延长1350米。是年，区交通运输部门围绕区委、区政府工作中心，按照“强化枢纽、融入主城、引导城市、统筹城乡、重在服务、倡导绿色、创新驱动”的发展思路，加快推进综合交通运输体系建设，不断提升交通运输服务经济发展和公众出行的能力。

基础设施建设 2016年，全区加快公路建设，正方大道东延、将军路南延、绕越高速牛首山谷里互通建成通车，滨淮大道基本建成，东麒路北延工程完成开工前准备，省道340一期工程征迁扫尾工作结束。全力推进农路提档升级工程，专门成立农村公路提档升级工程建设指挥部，分片管理、落实责任。全年完成农路提档升级65条、230公里，实施危桥改造10座。是年，江宁区创建为全省首批“四好农村路”示范区。

运输行业管理 2016年，全区新增、更新新能源（含清洁能源）汽车201辆，其中纯电动公交车90辆、街道园区企业公共领域64辆、私人领域47辆。镇村公交开通率100%。全年完成车辆技术等级评定13454辆，检查监督准入车辆3373辆，纠正不合格车辆34辆；道路货运企业质量信誉考核184家；审验道路运输业户6833户、道路运输车辆13601辆；从业人员考核10985人、新增760人。全区有道路运输业户10358户，道路运输车辆14588辆，从业人员17115人。优化调整公交线路39条，其中新辟公交线路12条、调整线路走向23条、延长服务时间4条。至年末，区内有公交车辆1155辆，公交线路155条，镇村公交线路覆盖率100%，公交站点平均500米覆盖率98%，副城机动化出行分担率54.1%。

汽车维修行业管理 2016年，江宁区有机动车维修企业321家（一类47家、二类143家、三类129家、摩托车维修企业2家），其中新增一类维修企业7家、二类维修

2016年12月，区交通运输局完成年度农村危桥改造任务
区新闻中心 供稿

企业23家、三类维修企业22家。区交通运输部门加强对维修企业的日常管理，对违规经营企业处罚45起，无证经营店处罚8起，关停取缔无证维修点18家。

驾校监督管理 2016年，区交通运输部门把好初审和准入教学资源关口，办理新增教练员14人次，异地调动24人次，遗失补证1人次，以及教练车新增初审28辆。审核各驾校上报计划77677人次，审核后上报68931人次。开展科目一审核34676人次，科目二、三联审17713人次。查处使用不符合国家规定的车辆从事机动车驾驶人培训经营活动行为1起、罚款2000元。

路政管理 2016年，区交通运输部门注重队伍建设，努力提升依法治路水平。组织相关人员参加交通行政执法轮训学习；9月，开展暑期集训、全员执法考试。坚持路政、养护、路网协同巡查，联合街道和公安、市容等部门，全面推进路域环境整治工作，干线公路路域环境进一步优化。全年处理行政许可案件42件，路损案件36起，清除路障119处，整治摊点735个、非标110块。加强部门联动，开展联合治超，会同公安交警部门和横溪街道以宁丹超限检测站为中心开展联合治超行动。继续开展超限非现场处罚，使用不停车检测系统，提高超限治理效率。全年查处超限车辆2017辆，处罚抛洒滴漏污染路面车辆170辆，卸驳载车辆604辆，卸驳载总量9045.41吨，确保超限率及卸驳载率达到省交通运输厅要求。

航道管理 2016年，区交通运输部门通过开展内河交通安全专项整治、“打非治违”专项整治以及“安全生产月”等一系列活动，辖区通航秩序进一步改善，船舶违章率明显下降。全年上船检查1828人次，签证船舶975艘次，开展动态巡航721小时，巡航里程4293公里，及时纠正违法违章行为。检查航标264座，航标正常率100%，发光率100%。对辖区内11座侧面标进行除锈打漆，完成辖区航标除锈油漆等维护保养工作。辖区未发生水上交通事故，继续保持水上交通安全“四项指标”为零，没有发生24小时以上阻航和船舶污染水域重大责任事件。按照序时进度，对辖区53.44公里干线航道进行扫床，清除部分垃圾和废弃渔网。办理江宁自来水公司穿越秦淮河管道行政许可1件，收取赔补偿费110.8万元。

黄砂码头整治 2016年，全区列入实施专项整治的黄砂码头35家。其中，推行环境保护标准码头9家（长河铜井港区永辉码因存在重大安全隐患未列入验收范围），回购搬迁码头1家，清理取缔无证输送带码头25家。经过相关街道、园区及码头企业的共同努力，全部按要求完成整治工作。10月28日，通过市整治领导小组验收。

交通运输安全监管 2016年，区交通运输部门组织召开安全生产专题会议12次，危险化学品专项整治和安全生产紧急会议2次，及时传达贯彻省、市和区政府安全生产会议精神，吸取江西丰城“12·24”特大爆炸事故教训。制定《江宁区交通运输系统制度完善年活动工作方案》，完善《江宁区交通运输系统监督管理制度》《江宁区交通运输系统安全责任追究（问责）办法》《江宁区交通运输系统重点监管名单制度办法》《江宁区交通运输系统安全隐患挂牌督办办法》等安全规章制度，梳理安全监管权力、责任清单。开展全区客运班线通行安全隐患整改工作，完成市督查提出的63条线路（15条正常线路），其中48条线路存在的64处安全隐患均全部整改到位。组织开展全系统元旦、春节、清明及“五一”、夏季高温、国庆期间安全生产大检查，联合公安、安监和街道对7家危险化学品运输企业进行23次抽查，发现的20处安全隐患均督促整改。对道路客运、危险化学品运输、水上旅游企业开展3次暗访，加大对全区农路提档升级工程的安全监管，督促各单位将事故隐患全部及时进行整改。组织全系统各单位负责人、安全分管领导、安全管理干部进行集中培训，参加培训200人。经考试考核，安全资格证书全部通过审验，全系统安全管理干部持证率100%。

交通运输法制建设 2016年，区交通运输部门办理各类交通运输行政许可1216件，办结率100%；查处违法违章处罚案件4736件、处理案件37件，所有案件无行政复议、诉讼。开展法治江宁示范单位创建暨基层执法评议活动，按照区依法治区领导小组开展此项工作的实施方案，制定《江宁区交通运输局开展法治江宁示范单位暨基层执法评议活动实施方案》，此项工作分3个阶段，从6月开始至10月结束。推进城市综合治理标准化建设，30段交通道路全部通过南京市城市管理委员会验收。其中，104国道与205国道南京南段根据城市对外通道标准化建设要求，按照“通畅、舒适、整洁、安全”的标准，深化以路面清洁化、路肩草坪化、边坡线条化、排水通畅化、路田分割化、设施规范化、道口标准化为核心的精细化养护，全线公路技术状况指数（MQI）93.7，路面状况（PCI）优良率100%。

江宁成为首批“四好农村路”示范区　2016年，全区围绕争创全省首批“四好农村路”示范区目标，成立以区长为组长、分管副区长为副组长、区各相关单位、部门主要负责人为成员的江宁区“四好农村路”建设领导小组，保障创建工作有序推进。“建设”好农路方面，通过科学编制规划、加强道路建设、严格建设程序，夯实农路通行基础，全年实施农路提档升级230公里、农桥改造10座。“管理”好农路方面，通过规范农路管理机构、完善农路保护设施、整治农村路域环境，保障农路养护管理工作的正常有效开展，提高农路通行能力。“养护”好农路方面，通过建立健全农路养护技术规范体系，加强农路日常养护，加快农路养护信息化，优化农路通行环境。“运营”好农路方面，通过推进城乡客运一体化，全区开设镇村公交线路66条，投入车辆133辆，投入校车246辆，城乡道路客运一体化发展水平评价达到AAAAA级标准。完善农村公交基础设施，建成公交场站80座，候车亭1240对。推进农村物流健康发展，全区有276家专业运输公司，辐射10个街道，基本建成覆盖区、街、村（社区）三级的农村物流网络，省级农村物流示范点4个。　（行俊文　叶敬华）

区社会福利中心开通直达公交　2016年1月25日，江宁公交集团开通专门公交819区间线路，可直达区社会福利中心。819区间线路由盛泰桥始发，沿途停靠盛泰桥、明月花园、雅仕居、商城、天印公园、区行政服务中心、五小区等站点后，最终停靠区社会福利中心站点。819区间线路与819路的大部分线路重合，在海事学院站点之前，两条线路沿途停靠站点基本一致。819区间线路服务时间为盛泰桥7:00—19:00，江宁区社会福利中心8:10—20:00。每个整点发车，配车2台，实行无人售票，票价2元，IC卡通用。

新辟875路公交　2016年6月1日，江宁公交集团新辟875路公交，串联江宁开发区内各企业，与地铁机场线、区内干线公交相衔接，方便园区内60余家企业员工出行。875路公交从吉印大道客运站始发，经吉印大道、将军大道、长青街、水阁路、康平街、诚信大道、隐龙路、康平街、水长街、水阁路、吉印大道至吉印大道客运站往返行驶，形成以开发区企业为中心的环线。结合开发区内客流特点，环线采用高峰时段发车方式，吉印大道客运站服务时间为：7:00—9:30；16:00—18:30。该线路沿途停靠站点：吉印大道客运站、吉印大道北、长青街·将军大道、康平街·水阁路、康平街·诚信大道、诚信大道水阁路东、隐龙路北、隐龙路·诚信大道、隐龙路·康平街、水长街·长青街、水长街·长盛街、水长街长平街、水阁路客运站、吉印大道客运站。全程9公里，实行无人售票，票价2元，IC卡通用。

首条旅游观光公交线开通　2016年8月1日起，江宁公交集团新辟G70旅游观光线路，连接牛首山风景区与百家湖公交枢纽站，无缝对接地铁1号线和3号线，方便市民前往景区观光游玩。G70线路全长9公里，配备5辆12米的纯电动公交车，发车间隔15~20分钟，沿途停靠百家湖、利源路、天元西路地铁站、爱涛路、河海大学佛城西路、牛首山风景区东等站点。服务时间：百家湖站8:00—17:00，牛首山风景区东站8:30—17:30。实行无人售票，投币2元，IC卡通用。

新能源汽车分时租赁项目入驻　2016年12月22日，在EVREADY@NANJING电动汽车友好城市计划暨南京EVCARD分时租赁项目运营启动仪式上，江宁区与国内最大的电动汽车分时租赁公司——环球车享签署协议，国内最大的新能源汽车分时租赁项目入驻，江宁市民出行可租赁电动汽车。全区现已布设30多个租赁网点，投放100辆新能源电动车，2017年将设150个网点、新增800辆车。投放的电动汽车有荣威E50、奇瑞EQ、之诺1E3种车型，其中荣威、奇瑞租赁价格为0.5元/分钟，24小时为180元；之诺租赁价格为1元/分钟，24小时为360元。新能源汽车分时租赁有助于缓解交通拥堵，更可以节约能源、减少尾气排放、改善空气质量。租赁电动汽车流程非常简单，市民只要在软件商城下载“EVCARD”，注册成为会员，就能通过手机APP远程预定，在网点刷卡开门、取车使用，还车时需插一下电源以便他人使用，可以在任意网点进行取还车，非常便捷。根据规划，2017年将以区域微循环模式对江宁行政区划内的政府机关、交通枢纽、企业园区、大学城高校、主要商圈、美丽乡村等标志性应用场景进行网点布设，聚焦客群1.5万～2万人以上。业务建设方面，全市租还网点将达到300个，投放1000辆车。到2020年，新能源汽车分时租赁项目将覆盖南京全部城区。

绕越高速谷里互通工程通车 2016年12月31日，全市重点城建项目、南京绕越高速谷里互通工程建成通车，为主城至江宁西部新添一条快速通道。谷里互通工程是在南京绕越高速东南段上新建的一座互通式立交，位于西善桥互通和东善桥互通之间、江宁区谷里街道箭塘社区附近。该工程于2015年9月底开工，2016年11月底完工。谷里互通采用匝道上跨主线的A形单喇叭形式，主体位于西北象限，并设有一处收费站。该工程涉及主线改造长度1.03公里，新建匝道总长1.94公里，设置桥梁5座，总长630米，总投资1.25亿元。

滨江公交充电站投用 2016年6月18日，滨江公交车充电站投入使用，这是全区继谷里充电站后，又一座位于江宁主城以外的充电站。滨江公交充电站紧邻江宁高铁西站，设有8个公交充电工位，可同时为8辆纯电动公交车提供充电服务，车辆充一次电需要45分钟，充电后可行驶80公里。此站投入使用后，871路、873路两条公交线也将进行优化调整，以此站为首末站点的环行线，覆盖原有线路的站点，串联起滨江开发区内企业和江宁高铁西站。加之2015年12月调整的872路环形线，3条线路已全覆盖滨江开发区园区企业，方便企业员工出行。此外，该集团将投放12辆6.8米长的21座纯电动公交车到871路、872路、873路，更好地为市民提供出行服务，在滨江开发区内形成绿色公交网。

878路公交线开通 2016年8月6日，新辟878路公交线路开通。该线路全长15.5公里，对接地铁机场S1号线。线路自正方中路客运站始发，经将军大道、秣周中路、东虹街、东屏街、宁丹路、银杏湖大道、胜家桥路至胜家桥社区。沿途停靠站点：正方中路客运站、正方中路、新丰、秣周中路、宏图路、广利路、山边村、东善桥、东虹花苑西苑、东善桥小学、东善桥卫生院、东虹花苑南苑、林科院、154W车站、杨树桥、正方大道、紫金吉山、霞辉庙、银杏湖大道后汉桥、胜家桥、胜利、沟西、胜家桥社区。服务时间：正方中路客运站6:30—17:00，胜家桥社区：7:00—17:45。

852路调整线路 2016年8月27日，江宁公交集团调整公交852路线路走向，方便市民出行。调整后的852路合理利用百家湖公交枢纽站，由百家湖始发经双龙大道、爱陵路、天禄大道、天禄路、永欣大道、正阳路、蓝天路、翔宇路路段。沿途增设站点：秣陵初级中学、西旺社区、长塘村、周桥、新宁路、小里、八家村、马塘、陆岗、来凤路、星汉城、令桥北、茅村路、永欣大道东、永欣大道中、永欣大道西、正阳路南、正阳路、华商科技园、蓝天路中、翔宇路南等。该线路调整后原天元东路、天印大道、金箔路、上元大街、双龙大道部分路段、正方中路、凤仪街、建兴街不再经过停靠。服务时间：百家湖6:00—18:00，翔宇路南7:15—19:15。无人售票，分段计价，IC卡通用。

新辟854路公交运营 2016年9月1日，江宁公交集团新辟854路开通运营。该线路串联江宁开发区内各企业，与地铁3号线、区内干线公交相衔接，并合理调配公交资源，填补公交空白。854路由诚信大道客运站始发，经诚信大道、殷富街、九竹路、清水亭东路、中科路、松岗路、殷华街、梅林街、清水亭东路、前庄路、燕湖路、双龙大道、吉印大道、铺岗街至铺岗街南往返行驶。服务时间：诚信大道客运站7:00—9:30，16:00—18:30，铺岗街南7:30—10:00，16:30—19:00，IC卡通用。

新增121个公共自行车租赁点 2016年12月29日，江宁区新增121个公共自行车租赁点，所有新增网点全部投入使用。此次新增的121个网点90%分布在开发区、高新园和滨江开发区等开发园区内地铁站点、居民小区、企业集中区等人员密集场所。其中，江宁开发区片区新增网点63个，高新园片区新增网点35个，滨江开发区片区新增网点16个，东山主城新增网点7个。在江宁境内地铁3号线、机场线沿线站点基本实现全覆盖。地铁沿线网点都设置为双向网点，马路两边都设立相应锁车桩，更好地解决“地铁、公交最后一公里”的问题。新增网点还增设自助查询终端功能，市民可以刷卡查询卡号、押金、借车状态、余额等基本信息和借车信息、站点、桩号、车号、还车时间等借还信息。后期，自助查询终端功能还将新增周边站点信息，让市民出行更便捷。至年末，全区共有公共自行车租赁网点313个，车桩7252个，办卡21324张。随着新增网点的投用，江宁公交集团购置的4000辆公共自行车也陆续分批到位。

（宁 鉴）

将军路南延工程通车 2016年10月1日，将军路南延工程建成通车。该工程被列入全区城乡建设行动计划，由江宁交建集团负责实施。道路按一级公路标准建设，设计时速100公里，道路全长2.2公里，路基宽26米，采用沥青混凝土路面，设有徒墟河桥1座。该工程建成后，将彻底打通宁高新通道的最后2公里，有效改善南京主城到高淳的出行条件。同时，该道路还将连接宁高新通道和禄口机场，缩短从宁高新通道到机场里程。

正方大道东延工程建成 2016年10月1日，由江宁交建集团承建的正方大道东延工程竣工通车。该道路起于正方大道与东万路交叉口，向东北延伸，上跨秦淮河后，终点接弘景大道，路线全长7.2公里，最宽处路面57米，按一级公路标准双向6车道建设，设计时速60公里，道路沿线设秦淮河大桥1座和10座拱式景观桥，同时对分离式路基间地块进行土方整治和补植绿化，总投资7亿元。该工程建成后，将串联起滨江开发区、江宁开发区、紫金（江宁）科创社区、江宁高新园等开发园区，有效改善秣陵街道东旺、火炬、双金等社区和高新园居民出行条件，进一步促进江宁城市空间拓展，增强东山新城辐射作用。

美丽乡村生态循环线北延工程竣工 2016年10月，由江宁交建集团承建的江宁美丽乡村生态循环线北延工程竣工并通车。江宁美丽乡村生态循环线北延工程位于江宁区西部地区，地属谷里街道，路线南起正方大道，途经双塘村、大泉村、金尹村，终点接东周线，路线全长5.3公里。该道路通车后，进一步完善江宁西部美丽乡村生态环线路网，丰富当地生态旅游内涵，改善人居环境。

美丽乡村生态循环线南延工程建成 2016年12月17日，由江宁交建集团承建的美丽乡村生态循环线南延工程建成通车。美丽乡村循环线南延工程位于江宁区横溪街道，该项目路线北起S340省道，向南串联明镜寺水库、新坳水库、大岘水库、泗陇水库等7座水库，穿越万顷良田，上跨常合高速，南至七仙大福村与丹向线相交，全长19.6公里，全线采用四级公路双向2车道标准设计，设计时速20公里，路面宽6米，路基宽8米。该道路建成后，与现有的生态循环线联一线、联二线、联二线北延、朱石线以及生态循环线北延形成整体，成为长60公里的江宁西部美丽乡村快速通道。

（张 凡 林喜妮）

秦淮河大桥建成通车 2016年10月1日，正方大道东延线建成通车，该条快速通道上的秦淮河大桥同时投入使用。秦淮河大桥还创造了江宁桥梁建设的“四个之最”——单体体量最大、跨内河长度最长、主跨最大、宽度最宽。秦淮河大桥全长477米，其中主桥183米，东、西引桥分别为152米和135米，两边分别建有3.5米长的耳墙，桥面宽50米，规划四级航道，航道净空80米×7米。大桥主桥东西两侧分别建有两座7层的塔楼，其中西塔楼高31.62米，东塔楼高34.12米。秦淮河大桥建成后，不仅连接方山和上秦淮生态湿地公园两大景区，还串联正方大道及其东延线，成为区内一条重要的快速通道。

S002上峰段工程启动建设 2016年12月，由江宁交建集团承建的S002上峰段工程启动建设。该工程路线起于S122，顺接圣汤大道，向南沿老路扩建至南京21世纪双语学校，沿上峰集镇西侧改线新建，于古禄庙处接回老路，与宁峰路相交，经谭山农场后终于汤山新城规划边界线，顺接先导段，路线全长5.3公里，道路全线采用一级公路标准，设计时速80公里。工程改造后，公路段路基宽度拓宽至33米，城镇路段宽度拓宽至40米，道路也将从4车道变为双向6车道。该工程建成后，将于此前建成的S002先导段、湖熟非集镇段、禄口段以及在建的S002湖熟集镇段连接成整体，不仅有效提高道路通行质量，并将提升S002作为南京市公路三环和国省公路干线网重要窗口的对外形象。

（宁 鉴）

水 利

概 况 2016年，江宁区水务部门围绕区委、区政府工作中心和率先实现水利现代化目标，进一步深化水利管理体制改革，突出防汛抗旱、农田水利、工程管理、水环境保护等工作，全区水利工程建设与管理工作取得新进展，为建设“强富美高”新江宁提供了水利保障。

（宁 鉴）

农村水利建设 2016年，区水务部门完成重点片区、重点泵站、

1条民生翻水线、13座村级小泵站初步设计，做好水利综合统计年报、水利建设投资统计年报、重点水利项目建设进度表、省农田水利建设报表等编报工作。完成秦淮河、外港河整治水利资金筹集等前期工作。推进重点农村水利工程建设，完成2014年中小河流治理重点县工程、2015年度农田水利重点片区工程、2015年度江宁街道小庄泵站和湖熟街道河北翻水线工程以及2016年度农田水利重点县工程建设。推进全区农田水利设施产权制度改革，创新运行管护机制，基本完成产权明晰及产权移交，落实管护主体和责任，建设项目实行公开公示制度。年初制定2016年度全区农水管理工作计划，确定工作要点，召开工作布置会，并签订年度管护责任书，保证项目维修养护到位。开展3个生产建设项目水土保持方案实施情况跟踪检查，完成13个项目的水土保持方案审批，完成水土流失治理8平方公里。

水利工程建设　2016年，区水务部门实施秦淮东河（九乡河）与地铁4号线交叉段应急加固工程，工程总投资6849.59万元，于当年2月初全面动工，6月27日完成主体结构，8月15日完工。2012年中小河流治理重点县综合整治和水系连通试点项目（马西河）总投资2935.71万元，实际投资3005.38万元，2016年2个项目建成并通过竣工验收。姜林闸除险加固工程批复资金1018万元，于2015年11月18日开工，2016年5月20日主体完工，5月25日通过水下阶段验收，年末工程全部通过验收。江宁河下坝泵站改扩建工程总投资3232.91万元，2016年10月18日在市水利规划设计院召开施工图审查会议，年末已进入招投标阶段。完成2014年大中型水库移民（第二批）后期扶持结余资金项目，工程总投资980.03万元；2015年大中型水库移民后期扶持（第一批、第二批）结余资金项目，工程总投资1097.61万元。2015年和2016年大中型水库移民后期扶持结余资金项目（75%部分），工程计划总投资1748万元，已完成施工招投标。

水利工程管理　2016年，区水务部门继续开展水库达标创建工作，有13座水库通过省规范化管理小型水库复核验收。按有关规定，水利工程维护实行公开招投标、市场化养护、专业化维修，完成2015年省级水利工程维修养护项目的竣工验收，对2016年省级水利工程维修养护项目实施方案进行批复，督促各管理单位及相关街道尽快完成施工，并开展2017年省级维修养护工程上报工作。年初与各街道水利站签订责任状，督促各街道加强水库的日常管理，强化水库巡视检查与安全监测，逐库落实管护人员，定期开展水库安全隐患排查。举办水利工程管护及维修养护资金规范化使用培训班，对全区71座小型水库进行半年考核和年底考核。8月，对全区所有小水库白蚁防治工作进行全面巡查，完成23座小水库和句容南河等7条河道6.4公里的堤坝蚁害复查验收。

防汛防旱　2016年4月，区防指、城防指、10个街道办事处、3个开发园区及相关村（社区）分别成立防汛防旱指挥机构，并组建防汛应急队伍，编制防汛应急预案，落实防汛责任。区水务局建立专门防汛防旱网站，对全区72座在册水库、重点河流水雨情信息24小时不间断实测，还配合省、市防办加快国家防汛防旱指挥系统二期建设。修订完善相关预案，对在册水库、骨干河道、行洪障碍、重点险工险段、防汛物资进行专项检查，现场跟踪督查系统外在建重点涉水工程，并下发整改通知书。建立防汛巡查队伍11支，其中区级堤防专业巡

2016年6月7日，江宁区上秦淮河道开始打桩施工，此工程为中央财经小型农田重点县项目之一　　李满红　摄

查队伍1支，街道堤防专业巡查队伍10支。区防指根据水情雨情变化，及时调整响应等级，指导街道、园区和有关部门，全力打赢防汛攻坚战。对重点堤段、薄弱环节、险工险段全部加固加高加实，科学调度抢险队伍、物资、机械，在最短时间内有效控制了横溪河漫堤、溧水河机场新泵站堤防塌方等58处不同程度险情。全区投入固定排涝泵站149座，流量470立方米/秒，其中秦淮河沿线139座、流量412立方米/秒，尽可能在最短时间内排除积水，尽快恢复受淹群众的生产生活。把救助受灾群众生命安全放在首位，妥善安置群众，第一时间查核、摸清受淹灾情，协调保险公司启动惠民系列保险理赔。是年，全区战胜特大洪涝灾害，防汛抗洪斗争取得全面胜利，区水务局被南京市委、市政府记二等功1次。

河道堤防管理 2016年，根据省、市对河湖和水利工程确权划界工作的要求，区水利部门完成河湖和水利工程确权划界实施方案的编制，并启动确权划界招投标工作。全年落实河道管护经费750万元，并做到专款专用，开支规范，无违规违纪行为。落实河道堤防维修养护工作措施，确认管理范围，在河道两岸各街道交界处安装界牌20个。明确各街道达标堤防创建任务，与各街道水利站签订河道堤防管理养护责任书，由区堤防水库管理所进行考核、验收。

水资源管理 2016年，区水务部门加强用水计划下达和用水大户节水管理，核实用水户的实际需要，合理分配用水量。开展取水计量设施日常巡查，并结合水资源信息系统，通过网络对取水口用水情况进行监督。针对汤山地区取水量大的情况，实行“采一封一”，即封填一口地下井、开采一口地下井，通过压采方式，严格控制地下水用水总量。做好用水单位的“四个一”管理台账复核工作，重新对全区66个取水许可证进行资料更新，编制《南京市江宁区取水口基本情况》。完善水资源信息系统建设，区水政监察人员与信息系统维护单位对全区30个监测站点进行巡检，申请注销4家街道水厂及6家停产企业不在线站点。同时，加强对新增取水单位水资源信息系统建设，确保水资源信息在线率达标。

节水型社会建设 2016年，区水务部门利用“3·22世界节水日”“3·28中国水周”，联合江宁公安分局、江宁城建集团等多家单位，在江宁开发区范围人流量、车流量较大的路口，利用LED电子屏全天滚动发布2016年“世界水日”“中国水周”宣传口号；联合区教育局、区检察院、竹山中学开展以“践行绿色发展，建设生态家园”为主题的文艺会演活动。根据省节约用水办公室《关于开展2011年命名的省级节水型载体复查工作的通知》，按照省节水型企业（单位）、社区、灌区和高校的考核标准，组织对全区2013年前命名的18个省级节水型载体进行复查。继续开展节水型学校创建活动，召开节水型学校创建会，指导学校的创建工作。是年，全区启动创建节水型学校7所、节水灌区1个。

水资源保护 2016年，区水务部门继续推进饮用水源地达标建设，按照《子汇洲水源地达标建设工程初步设计》，实施烈山河、牧龙河入江口段岸坡整治和一级保护区内围栏及巡查道路建设，并新建1处水质监测站房，完成全部建设内容。委托南京市水利规划设计院编制《南京市江宁区赵村水库备用水源地达标建设工程可行性研究报告》和《南京市江宁区赵村水库水生态系统保护与修复工程（一期）可行性研究报告》，并完成项目立项手续。加强排污口管理，按照《南京市2013年入河排污口监测工作方案》，联合市水文局、区环保局继续对全区13个入河排污口进行水量和水质监测。

水行政执法 2016年，区水务部门在防汛检查中，发现新林河存在违法施工行为，3月11日向当事人送达限期整改通知书，责令其于3月20日前拆除拦水坝，恢复河道原貌。针对秦淮河洋桥段河道管理范围的建筑物、构筑物严重妨碍秦淮河防洪安全，联合多部门召开会议，制定实施预案，并组织人力对相关建筑物、构筑物进行拆除，拆除房屋面积1200平方米，为秦淮河洋桥段消险工程的实施扫除障碍，还查处河道行洪障碍案。年内，组织对水库、禁采基地、在建水利工程及直属部门进行专项安全检查127次，下达整改通知书15份，整改安全隐患11项。（周　鑫）

田学斌调研江宁水政执法工作 2016年6月1日，水利部副部长田学斌到江宁区铜井水政执法基地，详细了解长江江宁段水域内的江砂禁采管理工作。省水利厅厅长李亚平及市、区领导华静、祁豫玮、言明林等参加。是年，铜井水政执法基地建设了远程监控系统，在24个监测点安装30个全景式高清夜视探头，24小时不间断监测江面动态，所有动态信息第一时间传递回基地后台系统，执法人员可随时掌握管辖水域的江面情况。同时，在新济洲新建多功能执法基地，实现对长江南北岸通道的严密管控，有效监管外省籍采砂船舶流窜入境偷采。田学斌详细听取相关情况介绍后，对江宁区水政执法工作给予肯定，希望进一步关注水政改革动态，立足江宁实际，不断探索新形势下推进水政执法的思路、内容、方法和措施，积累好的经验做法，持续做好禁采工作，守好长江江苏段南大门。

九乡河地铁加固工程完工 2016年8月15日，经过近7个月的连续施工，九乡河地铁加固工程完工，为该段九乡河河道拓宽和地铁4号线如期运营提供了保障，同时也开创了国内在已建盾构隧道上方近距离、大规模施工的先河。九乡河发源于区境内的青龙山，流经江宁、栖霞后最后注入长江，河道总长21.65公里，是南京仙林副城中部主要的行洪河道。由于九乡河部分河道狭窄，行洪能力不能达到20年一遇的防洪要求，市政府决定对九乡河进行疏浚拓宽。该工程涉及水利、地铁两个领域，建设工期紧，施工难度大、要求高。在与相关部门对工程进行研究论证并确定建设方案后，是年2月，江宁交建集团全面启动九乡河地铁加固工程施工。九乡河地铁4号线加固工程完工后，该段九乡河河道已由40米拓宽到100米，既满足行洪排涝要求，也确保南京地铁4号线安全运营。（宁　鉴）

邮　电

中国邮政江宁分公司 2016年，中国邮政江宁分公司围绕创新驱动，主动应对复杂多变的市场环境，妥善解决发展中的各项困难，适应经济发展新常态，不断创新业务手段，持续扩大收入规模，完成年度各项工作任务，并被授予“江苏省文明单位”。全年实现收入2.48亿元，比2015年增长15.4%；完成收支差6686万元，增长6.2%；金融储蓄余额106.7亿元，增长10.2%；完成邮政快递包裹收入2642万元，增长89.7%。11月11日，单日揽收42808件。完成东山投递部及邮件处理中心楼房建设工程，并于2016年8月完成搬迁。成立同城投递部，投入车辆20辆，专投快递包裹和同城业务。建设村邮站94个，安装智能包裹柜74组，建成自提点124个。新建区（县）级邮政电子商务运营中心1家、镇（街）示范站18家、加盟店330个，完成对江宁区域的全覆盖。（江宁邮政）

江宁邮政管理局成立 2016年10月28日，全市首个区级邮政管理机构——江宁邮政管理局挂牌成立。成立江宁邮政管理局，对进一步强化邮政行业监管、推动快递产业园区建设、促进邮政业及其关联产业发展等方面都具有重要意义，同时，也标志着江宁邮政业发展进入一个新的时期。新成立的江宁邮政管理局由南京市邮政管理局管理，主要职责是贯彻执行国家邮政法律法规、方针政策和邮政服务标准，监督管理辖区邮政市场及邮政普遍服务和机要通信等特殊服务的实施，负责辖区行业安全生产监管、统计等工作，保障辖区邮政通信与信息安全等。（宁　鉴）

2016年1月5日，南京邮政公司江宁区分公司在区文化馆举办2016丙申年生肖邮票首发式，吸引数百名集邮爱好者。图为参与首日封和纪念封设计的区内书画家谭三喜（左一）和张光仙（左二）现场签售

区新闻中心　供稿

中国电信投15亿元共建“智慧江宁” 2016年3月3日，区政府与中国电信南京分公司举行战略合作签约仪式，共同推进“智慧江宁”建设。区长陈发喜，区委常委、副区长李万平与中国电信南京分公司总经理陈志强出席签约仪式。根据协议，双方将以构建“江苏高端产业集聚区、长三角自主创新引领区、美丽中国典范区和现代化国际性南京主城南部中心”为目标，在信息通信基础设施建设、“两化”深度融合、政务公共服务、促进信息消费、智慧服务业态等领域开展深入合作。5年内，南京电信计划在江宁投入资金15亿元，实现信息产值3亿元以上，带动信息消费40亿元。

中国电信江宁分公司 中国电信股份有限公司南京江宁区分公司是江宁区最具实力的电信运营商之一，共有员工219人，2016年业务收入8.53亿元，增幅列全省各区县公司第一、全市各区县单位第一，获全省市场经营十大先进县、江苏省文明单位、南京市文明单位等称号，被南京市经信委授予2016年度先进基层党组织荣誉称号。2016年，中国电信江宁分公司加快企业转型，大力发展4G业务，基本实现江宁区域全覆盖，有效面积覆盖率93%，人口覆盖率95%。完成695个自然村H覆盖建设和61个B小区的H改造，基本实现全区的光网覆盖。秉承“用户至上，用心服务”的宗旨，以优质的服务，高效的网络，推进江宁信息化进程。新建手机卖场（专营店）23家、县级核心商圈24家。同时，抓住智慧城市信息化建设机遇，着力打造三网融合、监控等优势项目，完成近100个小区的光纤改造。

（陶金生）

中国移动江宁分公司 中国移动通信集团江苏有限公司江宁分公司是江宁地区用户规模最大的运营商，公司专注于通信领域的发展和社会信息化进程的推动，秉承“正德厚生，臻于至善”的核心价值观，企业综合实力持续增强。2016年，中国移动江宁分公司经营业绩稳步提升，网络运营质量不断提高，并率先开展4G网络运营，为江宁用户提供高质量的通信网络服务。至年末，拥有4G用户93.5万户，经营网点500多个，全年运营收入近10亿元。是年，中国移动江宁分公司在继续为用户提供优质移动通信服务的基础上，加大4G网络建设和有线宽带建设力度，拥有现网基站1453个，其中新开通4G宏站662处，4G室分系统106处，小基站150处；新增有线宽带信息点10.48万个，净增宽带用户3.2万户，为江宁广大企业、家庭和个人用户提供价廉质优的网络服务，使用户能够提前感受4G时代信息化生活的便捷，为建设数字化江宁做出新贡献。

（谭慧玲）

中国联通江宁分公司 中国联合网络通信有限公司南京市江宁分公司有员工160余人，承担中国联通在江宁地区的通信设施建设和通信业务发展任务。2016年，联通江宁分公司继续把规模效益发展放在首位，加快移动业务、宽带业务发展，大力拓展集团客户、创新型业务，发展结构不断优化，经营效益快速提升，网络能力持续增强，服务水平持续改善。建有物理基站760个，其中2G基站260个，3G基站587个，4G基站760个；现有管道850孔公里，传输光缆总皮长6000多公里，280个室内分布系统，网络覆盖率近100%。建有300余家服务网点，实行网格化管理，分为东山网格、开发区网格、南区网格，细致的分工更加方便用户充值或办理相关业务。加强行政村网点建设，在重点集镇建立沃店，全区联通通信用户30余万户。在全区范围内开展“联通宽带百万用户大提速”活动，安排专业施工人员为用户进行免费的光纤提速，还免费上门提供宽带线路检修和测速服务。与此同时，举办数百场次社区摆摊活动，方便消费者在家门口办理联通业务。全区联通宽带覆盖小区350个，固网覆盖用户31万户。进一步加强校企合作，新拓展南京医科大学、南京正德学院，合作院校达到22所，新生新增市场占有率44%。不仅为大学生开展优质通信服务，还为大学生提供实习和创业机会，通过在高校建立学生团队、沃创社等形式，让大学生享受多内容、多服务的通信体验。

（杨　琳）

工 业

概 况 2016年，江宁区工业战线围绕“五位一体”总体布局和“四个全面”战略部署，大力践行发展新理念，主动适应经济发展新常态，全面落实稳增长、调结构、抓创新、促转型、惠民生各项举措，全区各项工业经济指标实现平稳增长。全年完成规模以上工业总产值2996.9亿元，比2015年增长1.8%，高出全市平均增幅0.8个百分点，产值总量占全市的23%，提高0.2个百分点。工业增加值726.2亿元，增长9.4%，高于全市3.4个百分点。主营业务收入2414亿元、利税400.1亿元、利润268.5亿元，分别下降1.5%、5.6%、7.5%。工业固定资产投资382.6亿元，下降15.2%，其中技术改造投资226.7亿元，占工业投入比重为59.2%；战略性新兴产业投资170亿元，占44.4%。

支柱产业。汽车、电子信息以及智能电网三大支柱产业全年实现工业总产值2297亿元，增长2.5%，占全区规模以上工业总产值比重为76.5%。其中，72家汽车产业规模企业实现产值1395.8亿元，增长5%，占全区规模以上工业总产值的46.5%；116家电子信息类规模企业实现产值558.7亿元，下降2%，占全区规模以上工业总产值的18.6%；智能电网产业实现产值1103亿元，增长5%，占全区规模以上工业总产值的36.7%。

新兴产业。高端装备、节能环保、生命科学等新兴产业产值全年实现549亿元，增长0.3%，占全区规模以上工业总产值的比重为18.3%。高端装备制造业规模以上企业实现产值338.8亿元。生命科学产业克服市场竞争加剧、政策相对收紧等不利因素影响，区内8家规模以上企业实现产值36.5亿元，增长2%。节能环保产业完成产值300.2亿元，增长5.62%；销售产值288.5亿元，增长4.16%。软件和信息服务业快速发展，软件和信息服务业完成收入930亿元，增长14.1%。

节能降耗。全年工业用电42亿千瓦时，增长5.2%；661家规模以上工业企业综合能耗96.2万吨标准煤，下降4.1%。

（刘金红）

位于江宁开发区的泉峰控股集团有限公司，是最早落户园区的企业之一。该企业已成为国内最大、全球排名前十的电动工具专业供应商，产品在全球65个国家超过3万家顶级连锁商店进行销售

区新闻中心　供稿

智能电网装备成为国家标准化试点

2016年2月，国家标准委、工信部发布首批11个国家高端装备制造业标准化试点名录，江宁区国家高端装备制造业标准化项目（智能电网装备）名列其中，为全省唯一。国家高端装备制造业标准化试点项目是国家标准委和工信部为推动战略性产业、先进制造业发展，加快传统产业转型升级的战略部署，推进实施《中国制造2025》，发挥标准化的支撑和引领作用，于2015年7月开始在全国范围内征集。江宁智能电网装备制造标准化试点项目，计划用3年时间探索建立标准化与科技创新、产业发展相结合的协同机制，完善区内企业智能电网装备标准体系，力争全区智能电网装备领域科技成果标准转化显著提高。同时，试点项目还强调标准化监督管理，确保节能、环保、安全等强制性标准有效实施；鼓励企业参与国际标准制定和国际标准化活动；培育标准化人才，建立智能电网装备制造业标准化专家库；建立标准化信息服务平台等。

（宁　鉴）

位于江宁开发区的上海大众汽车有限公司南京分公司是大众公司全球第49家整车生产基地，同时也是上海大众位于中国的第4个整车生产基地。该公司年产能现已提升至36万辆，生产车型包括新帕萨特、新朗逸和新速派

区新闻中心　供稿

支柱产业及新兴产业

汽车制造产业　2016年，江宁区72家汽车产业规模企业实现总产值1395.8亿元，比2015年增长5%，占全区规模以上工业总产值的46.5%，整车产量56万辆。上海大众和长安马自达公司2家龙头整车企业实现产值占整个汽车产业比重为80.1%。生产运行差异明显，上海大众南京公司生产平稳运行，实现产值928亿元，增长3.4%；长安马自达公司实现高速增长，年产值189.4亿元，增长25%。产品结构加速调整，上海大众南京分公司年产B级车新帕萨特车型及新朗逸车型28.2万辆，新速派车型年产4.4万辆。长安马自达有限公司新车型CX-5 2016年产5万辆，新马三昂克赛拉年产13.5万辆，新车型占全部产量的98%。整车档次的不断提高，为全区汽车产业加速提升档次、加快转型升级步伐提供了支撑。产业集聚效应初现，围绕整车企业的配套汽车零部件制造业规模不断扩大，形成以江宁开发区为中心的汽车制造产业集中区，汇聚上海大众、长安马自达两大整车企业以及近百家汽车零部件生产企业，正逐步成为全省乃至国家重要的汽车产业制造基地。产业集聚能力不断提高，重点项目有序推进，列入市级重点项目的汽车产业项目12个，总投资38.5亿元，当年投资15.1亿元。

电子信息产业　2016年，全区116家电子信息类规模企业实现产值558.7亿元，下降2%，占全区规模以上工业总产值的18.6%；完成利税增长9.8%，利润增长28.9%。20个信息技术类重点产业项目当年完成投资42.2亿元，五十五所（江宁）科研生产基地、南京群志光电有限公司、英华达（南京）科技有限公司等项目建成投产。部分行业保持平稳较快增长，全区电子信息产业涉及行业较多，其中通信终端设备制造（含平板电脑）、电子元件及组件制造、电工仪器仪表制造等行业实现快速增长。以吉宝、英华达为代表的终端设备制造5家企业实现产值211.5亿元，增长35.6%，占电子信息产业比重为37.8%；以爱立信熊猫为代表的通信系统设备制造10家企业实现产值112.9亿元，占电子信息产业比重的20%；以代傲电子、菲尼克斯为代表的电子元件制造13家企业实现产值45亿元，增长21.7%；电工仪器仪表制造行业实现产值增长20%。开发园区和重点街道聚集作用明显，三大园区电子信息产业完成产值493亿元，占全区电子信息产业的比重达88.2%，其中江宁开发区完成455亿元，占全区电子信息产业的比重为81.5%；东山、秣陵街道电子信息产业实现产值47.6亿元，占10个街道的比重为72.5%。产品转型升级效果凸显，全区电子信息制造企业加快产品转型升级，紧跟国家4G网络建设、“互联网+”和智能终端设备更新换代步伐，移动通讯基站、智能通讯设备、电力自动化和手机软件、电子元件等产品产出和市场不断扩大，使全区电子信息产业保持平稳增长，全年实现新产品产值54.7亿元，增长16.2%，新产品产值率近10%。大中型企业发挥龙头作用，全区电子信息产业中，产值超亿元企业55家，完成产值527.5亿元，在产业中的比重为94%；产值过10亿元企业8家，完成产值398亿元，在产业中的比重为71%。其中，吉宝通信年产值近200亿元，拉动产业增长10个百分点，拉动全区工业经济增长2个百分点。

智能电网产业 2016年，全区智能电网产业完成产值1103亿元，增长5%。其中，纳入统计的118家规模以上企业完成产值465亿元，比2015年略有增长。全年实施智能电网产业区级重大产业项目20个，7个被列入市重大投资项目，总投资217亿元，当年投资37.7亿元，其中当年投资超亿元项目19个。竣工投产项目4个，主体竣工部分设备到位项目9个，主体建设7个，完成投资32亿元。全年新培育省、市著名商标4件，培育省名牌产品4个、市名牌产品6个。南自自动化公司获“2015年度南京市市长质量奖（组织奖）”。由国电南自主办的科学技术期刊——《电力自动化设备》连续第四次获评“中国国际影响力优秀学术期刊”，并入编美国《工程索引》（EI）数据库。南瑞集团、金智集团、国电南自获2016“中国软件与信息技术服务综合竞争力百强企业”。南瑞继保、国电南自完成G20峰会保电任务，南瑞继保为G20杭州峰会主场馆杭州国际博览中心提供完整的供电二次系统解决方案，国电南自水处理项目为上海迪士尼国际旅游度假区天然气分布能源站保驾护航，并组团参加第六届中国国际智能电网建设技术与设备展览会（中国智电展）、首届南京智能制造大会、2016南京软博会、第三届中国国际分布式能源与燃气轮机装备技术展览、首届镇江国际低碳技术产品交易展示会等。南瑞继保再次通过CMMI5级复评估，继2014年1月首次通过CMMI 5级评估以后，南瑞继保成为国内电力行业中率先通过5级评估的企业，取得“电力行业（变电工程、送电工程）专业丙级”工程设计资质证书；江苏东大金智信息系统有限公司取得“涉密信息系统集成甲级资质（系统集成/综合布线/安防监控）”；国电南自获“信息安全风险评估服务”一级资质认证，并取得信息系统集成与服务大型一级企业资质。南瑞继保的“电力装备智能调试车间”、南京国电南自电网自动化的“电力设备智能生产车间”被省经信委、省财政厅联合评定为全省第二批示范智能车间。南京科远自动化集团股份有限公司、南京国电南自电网自动化有限公司、国电南瑞科技股份有限公司、南京南瑞继保工程技术有限公司、菲尼克斯亚太电气（南京）有限公司等企业的智能工厂建设项目有序推进。全年智能电网产业专利申请量1120件，其中发明专利申请量380件，参与制定标准10件。国电南自“智能变电站集成优化关键技术的研究及应用”获2016年度中国电力创新奖，“智能变电站标准化建设技术体系研究与应用”项目获2016年度中国电力科学技术进步奖，“南自美卓分散控制系统DCS软件V1.0”获江苏省优秀软件产品奖（金慧奖）；南京南瑞继保电气有限公司获国家技术创新示范企业认定，并获“2016年中国标准创新贡献奖三等奖”，获奖的《电力系统安全稳定控制技术导则》等6项系列标准，使中国成为国际市场电力系统安全稳定控制类设备主要供应商，确立了中国在该领域的领先地位；国电南自、金智科技参加中国A股上市公司创新指数论坛并获“2016中国A股上市公司紫金创新奖”；四方亿能参与申报的“高压大容量多端柔性直流输电关键技术开发、装备研制及工程应用”项目，获2015年中国机械工业科学技术一等奖、中国南方电网公司科技进步特等奖；新联电子Onpower3000智能配电自动化系统获省电工技术学会颁发的江苏省电工科学技术奖，参与研发的“面向智能用电信息交互的高可靠通信评测关键技术研究与应用”项目分获广东电网公司科技进步奖一等奖、中国南方电网公司科技进步奖二等奖；金智信息“大型省级电网企业信息通信运维资源模型的研究与应用”项目获2015年度江苏省电工科学技术奖。全年引进辉创电气、紫科光电、万孚源电气等智能电网类孵化企业18家，济中能源、德闽新能源等6家企业孵化毕业；引育智能电网产业高层次创业创新人才20人，智能电网领域新入选2名“万人计划”、1名“双创计划”，17人进入“创聚江宁”公示名单。

软件及未来网络产业 2016年，全区完成软件和信息服务业收入930亿元，增长14.1%。25家企业通过CMMI三级以上认证，南瑞继保、国电南自软件、中兴软创、金智科技、金智教育5家企业被认定为国家规划布局内重点软件企业，远景能源、科远、南瑞继保、金智教育、金智科技、南瑞信通、龙渊微电子7家企业被认定为2016—2017年江苏省规划布局内重点软件企业。江苏软件园内的微软（南京）IT学院、惠普软件测试中心、中国首个移动互联网青年创新创业孵化基地、IBM（中国）全球服务执行中心南京分中心一期、中国电信南京云计算中心一期建成并投入运营。打破国外技术垄断、填补国内空白的60GHZ通信芯片技术在江苏软件园问世，竣博智能机器人研发项目完成土地招拍挂办理，进入后续节评、环评等相关程序。全年引育软件类高层次创业创新人才25人。

高端装备制造业 2016年，全区规模以上高端装备制造业企业增加到137家，占全部规模以上企业数的20.7%，比2015年提高2.6个百分点。高端装备制造业规模以上企业全年实现产值338.8亿元，增长31.8%。全区有南京市“双百工程”重点项目71个，其中高端装备制造业项目12个，全年完成投资34.5亿元。总投资17亿元的中航工业南京机电科技项目、总投资15亿元的中航工业伺服控制系统项目等一批投资规模大、科技含量高和带动作用强的重大项目，带动了高端装备制造业快速增长，为增强产业发展后劲奠定了基础。着力打造以空港工业园为核心的航空航天装备制造基地、以江宁开发区（含高新园）为核心的高档数控机床和机器人制造基地、以滨江开发区为核心的工程装备制造及核电装备制造为主体的智能制造装备产业园，三大产业园区建设使一批为龙头企业配套的零部件企业加快聚集，使高端装备制造业产业链更完整。

生命科学产业 2016年，全区生命科学产业8家规模以上企业实现产值36.5亿元，增长2%，占规模以上工业总产值比重为1.2%。以江宁高新园为主阵地，打造南京生命科学创新园，加速生命科学产业发展。园区建立相对完备的孵化体系，核心创新区位于紫金（方山）科创社区，规划面积1.82平方公里，由生命科学创新南北区组成，主要承担孵化、小试、研发等功能，已与中国药科大学、南京医科大学等高校共建科技成果转化基地，与南药集团等机构共建转化医学中心、公共技术平台，并引进一批国内外知名药企总部及研发中心。加速成长区已建成并投入使用10万平方米生命科学加速带，主要为入园企业提供加速和中试放大功能，引进前沿生物、宇研生物、江原安迪科等近20家加速型企业。产业集中区规划面积8平方公里，为生命科学产业化企业聚集提供承载，引进乾元浩、先声药业等一批优质项目。江苏奥赛康药业全年实现产值27亿元，增长2%。该公司获得质子泵抑制剂注射剂新药—注射用艾司奥美拉唑钠的生产批件，此品种现为国内首仿；同时全面开展PPI一类新药研发，并进入化合物筛查的研发阶段。生产方面正进行注射用艾司奥美拉唑钠的GMP认证工作，认证完成后，将全面上市销售。前沿生物自2014年2月起陆续在全国12个临床中心启动中国第一个治疗艾滋病新药艾博卫泰的临床III期试验，对已完成治疗的208例患者的中期数据分析显示，该特效药物的疗效与世界卫

江宁高新园南京生命科技创新园是南京生命科学产业“一谷两园”的重要组成区域，总规划面积10平方公里，已集聚生命科学企业408家，初步形成以领军型人才为龙头，以高成长型项目为依托，以领军型企业为引领的生命科学产业发展格局　　区新闻中心　供稿

生组织推荐的药物药效相当或更优，同时对人体脏器保护作用更明显，2016年上半年已向国家食药总局申报新药上市许可，2018年有望实现批量生产。普爱医疗设备股份有限公司新建年产5000台医用X射线影像设备项目，占地面积14614平方米，将建成总建筑面积21864平方米的现代化工厂。项目总投入6600万元，其中设备投入600万元。

节能环保产业 2016年，全区节能环保产业完成产值300.2亿元，增长5.62%；销售产值288.5亿元，增长4.16%；新产品产值118.4亿元，增长6.08%。大唐南京环保科技有限责任公司、南京中电环保股份有限公司、江苏中圣高科技产业有限公司、光大环保能源（南京）有限公司等环保企业的产值保持增长。受产品升级转型影响，江苏宏源电气有限责任公司、南京德邦金属装备工程股份有限公司、南京高速齿轮制造有限公司等节能企业产值下降。受市场大环境的影响，部分企业订单减少、产品价格下跌。普莱克斯上海梅山实用气体有限公司和普莱克斯梅山（南京）工业气体有限公司的订单明显减少，工业产值严重下滑。南京大全新能源有限公司、中电电气（南京）光伏有限公司实现产值下降数亿元。（刘金红）

建筑业

概　况 2016年，江宁区建筑业围绕“打造千亿级建筑产业集群”目标，坚持走以建筑产业现代化为核心的转型升级和创新发展之路，全区建筑业取得较好发展。建筑业市场竞争力逐步凸显，综合实力进入江苏省第一方阵，建筑业已成为推动城乡统筹发展、富民强区、建设美丽新农村的支柱产业。全年建筑企业完成建筑施工产值500亿元，比2015年增长11%；施工面积1900万平方米，下降10%，竣工面积700万平方米，下降7%；建筑业入库税收19亿元，下降10.1%。全区建筑企业总产值超10亿元的12家，其中超80亿元的1家，超40亿元的1家，超20亿元的3家，超10亿元的3家。全区拥有资质等级建筑企业371家，其中一级资质企业23家，二级资质企业168家，资质等级、企业规模均位居南京市第一。拥有注册一级建造师748人，二级建造师2705人。

2016年11月18日，由区建工局主办的江宁建筑工程质量安全施工现场观摩会在中航樾公馆项目工地举行　　陈今波　摄

建设市场监管 2016年，区建工部门着力推进建筑行业有序发展，进一步规范市场行为。公开公示办理建设工程施工许可审批信息，全年核发“施工许可证”245项，办理合同备案443项，分包合同备案476项。严格执行企业资质管理规定，规范建筑行业市场秩序，根据资质管理要求，对照资质标准，对区内建筑企业进行信用手册核验换证，完成2015年度建筑业企业信用等级考评工作。加大对未办理“施工许可证”擅自开工建设的各方责任主体处罚力度，全年对未办理“施工许可证”擅自开工项目处罚46件。加强建设领域从业人员管理，试行对建造师分值评定管理办法，规范从业人员执业行为。

工程质量监管 2016年，区建工部门累计受监房屋建筑工程2093项，面积2204万平方米；开展住宅工程分户验收监督372项，建筑面积479.8万平方米，涉及32049户。继续开展工程质量治理行动，在工程质量过程监督和竣工验收监督中，加大对工程质量通病的专项治理，开展预拌砼、原材料、保障房工程、质量通病、安装工程的专项质量检查。对建设单位擅自开工建设、施工单位及配备人员不在岗，分包合同不备案等违法违规行为进行监督和诚信考评。设立项目负责人质量终身信息档案，对新报监工程，将信息档案列入报监首要条件之一。推进建筑工程创优活动，全年申报“扬子杯”工程15项、优质结构工程278项，获“金陵杯”工程57项、优质结构工程130项。

安全生产监管 2016年，区建工部门依据建设行业法律、法规和相关标准规范，按照“安全第一，预防为主，综合治理”的方针，坚持“关口前移、提前防范、落实责任、强化监管”的工作要求，围绕“杜绝较大以上等级事故、减少一般事故，努力推进安全生产和文明施工水平再上台阶”目标，不断完善管理制度，强化责任落实，改进监督方式，提升队伍素质。全年组织各类监督检查3700余人次，开展季节性安全生产专项检查6次、综合执法检查2次。完善制度规定，全面夯实监管基础，从建筑安全生产的规范化、标准化、制度化入手，先后制定《建设工程责任主体安全生产文明施工管理实施办法》《关于做好2016年建设工程安全生产和文明施工的通知》《关于使用建筑工程“e路安全”监督管理信息系统的通知》等规范性文件20件。建立LBS项目管理人员在岗定位系统、远程视频监控系统和“e路安全”监管信息平台，通过信息化手段，及时掌握施工现场实时动态，并将施工现场与建设市场行为相结合，有效规范参建各方行为。实行安全生产承诺，要求全区建设施工、监理和起重机械安装拆卸单位签订“建设工程安全生产无事故承诺书”。全年申报市级文明工地106个，省级文明工地83个。

招投标工作 2016年，区建工部门深入贯彻落实有关法律、法规和政策文件，严把工程项目交易关，加强对交易项目的监管，重点抓好对政府和国有投资项目进场审核。依法确定工程项目的发包、资质审查方式，审核招标文件中各项招标条件设置。以“e路阳光”建设工程网上招投标平台为抓手，加快招投标改革，全面推行电子化招标投标以及规模以上政府投资建设工程项目网上远程评标，以及网上资格预审、全过程无纸化、档案电子化电子招投标。对区内非国有资金投资开发的商品房项目发包方式调整为直接备案，促使非国有资金项目在市场经济中发挥更大效益。加强行政许可类行政审批管理，完善审批程序，实行初审、复审、审核、决定、签发内部审批程序，做到程序规范、依据充分、档案齐全。全年建设工程承发包交易792标段，交易额199.38亿元。

“双清”工作 2016年，区建工部门受理农民工投诉433起，涉及民工工资5215万元，工程款1.87亿元，接访民工4698人次，有效保障民工的合法利益诉求，维护社会稳定。推进实名制管理，切实保障民工基本权益，全年征缴社会保障费3.92亿元，划缴工伤保险费2285万元，参保人员34248人，持有市民卡22782张，组织民工体检20633人，兑付工伤赔付224人。

建筑产业现代化建设 2016年3月，全区召开建筑产业现代化建设动员大会，进一步明确建筑业转型升级和建筑产业现代化的发展方向，增强建筑企业在产业现代化建设中的责任感和使命感。区政府印发《关于加快推进建筑产业现代化，促进建筑产业转型升级的实施意见》，细化建筑产业现代化实施措施及任务分工，为建筑产业现代化推进提供政策支持和引导。在全市率先将装配式建筑的相关指标在出让公告中予以明确，要求装配式建筑覆盖率100%，建筑单位预制率不低于30%，已有20个地块落实装配式建筑相关指标。至年末，全区成功创建3个省级建筑产业示范基地和1个省级示范项目，思丹鼎建筑材料有限公司开发生产的“梦想居”未来屋示范项目，在江苏省绿色建筑博览会上获银奖。

建筑业协会工作 2016年，区建筑业协会发挥在政府和企业间以及企业和企业间的桥梁纽带作用，深入基层会员企业，了解建筑企业发展状况，倾听企业诉求，为企业转型发展出谋划策。开展年度评比，评选表彰2015年度江宁区建筑业“十强企业”10家、“优秀企业”20家、“科技创新先进企业”11家、质量创优先进企业9家、安全生产先进企业16家和优秀建造师70人、质量管理先进个人40人、安全管理先进个人40人。围绕创建国家及省级“双百强”企业，对照中建协及江苏省建筑业“双百强”企业的申报条件和标准，鼓励骨干企业踊跃申报。是年，宏亚建设集团、海通建设集团获“中国建筑业最具竞争力百强企业”称号，润盛集团获“中国建筑业最具成长性百强企业”称号，南京金中建幕墙装饰有限公司、江苏天茂建设工程有限公司、南京久大路桥建设有限公司等14家企业进入省建筑业“双百强”企业及“优秀企业”行列。 （陈今波）

农业

综　述

概　况　2016年，江宁区持续推进农业现代化和创建苏南现代化示范区农业样板区进程，全区农业现代化建设水平位列全省第三、全市第一，各项农业综合指标完成情况在全市名列前茅。全年新增高效农业面积1466.7公顷、设施农业面积680公顷；建设高标准农田1033.3公顷；成功创成江宁、横溪、汤山街道3个市级现代农业示范园区。农业信息化覆盖率68.6%，比2015年提高6个百分点。通过第三方平台新增自建农业电商主体80家，实现农产品网络销售额2.36亿元，增长31.1%。新增10家省级、10家市级和20家区级示范家庭农场；新增农业龙头企业13家，其中省级2家、市级10家、区级1家，农业龙头企业年销售收入620.75亿元，增长8.2%，带动农户45万户，增长12.5%。培育新型职业农民6200人，培育程度57%，提升9个百分点。全年新认定“三品（无公害农产品、绿色食品、有机食品）”29个，“三品”产量占比55%。地产农产品抽样检查合格率98.34%，未发生农产品质量安全事故。农业面源污染防治率95%以上，秸秆综合利用率91%。开播“希望的田野”专题节目12期。

农业园区建设　2016年，江宁、横溪、汤山3个街道创建成市级现代农业示范园区。至此，全区已建成8个省市级园区，包括台创园、汤山翠谷、湖熟园等3个省级园区，以及淳化、谷里、江宁、横溪、汤山园等5个市级园区。在2016年全市40个市级园区水平综合评价中，湖熟、谷里、台创园等3个园区进入A类园区，其中湖熟名列A类园区第一。湖熟建成并开放全市第一、全省领先的现代农业科技展示中心，并成功举办第四届金秋菊花展；台创园连续2年举办农业嘉年华，当年的嘉年华持续54天，累计接待游客80万人次，综合性收益突破2亿元。8个农业园区累计投入资金40多亿元，其中财政资金10多亿元，已建成面积8400公顷。建设各类玻璃温室、钢架大棚总面积近1000万平方米，高效农业面积2000公顷，培育合作经济组织、家庭农场、龙头企业共60家，年创造农业增加值20亿元，吸纳就业近5000人。

生物与智慧农业　2016年，全区实现生物农业总产值100.2亿元，增长5.25%，总产值连续4年位列全市第一。拥有生物农业企业98家，引进人才11人，专利产品产业化66个。全区智能化设施种植面积373.3公顷，增长22.27%。湖熟园与省农科院合作，引入国际CAC安全标准稻米生产技术体系控制项目。

“互联网+”农业　2016年，全区通过第三方平台自建农业电商主体80家，农产品网络销售额2.36亿元，增长31.1%。淳化街道新建南京（江宁）农业电商产业园。南京博拓、卫岗乳业等5家单位获南京市“十佳农产品网商”称号，获奖数全市第一。

农业信息化　2016年，全区建成湖熟、淳化、横溪3个第一批市级镇街农技推广综合服务示范中心，并启动谷里、汤山、江宁3个第二批农技推广综合服务示范中心建设。按照“五有”标准，完成41个第一批市级村规范化农业综合服务示范站建设。推广使用农业科技服务云平台，开播江宁电视台“希望的田野”栏目12期，为各类新型农业生产经营主体提供“精准、及时、全程顾问式”的信息服务。

生态农业 2016年，全区继续推进秸秆综合利用新技术的示范与推广，秸秆综合利用率91%。加大绿色生态农业建设力度，轮作休耕制度试点推广733.3公顷，测土配方施肥率95%，高效低毒农药使用占比84%，加拿大一枝黄花防除率95%。大力推广清洁化生产、资源化利用和农业废弃物资源化可再生利用，农业面源污染防治率95%。

现代农业经营体系建设 2016年，全区加快农业龙头企业建设，新增东海生态农业等农业龙头企业13家。农业龙头企业年销售收入620.75亿元，增长8.2%；带动农户45万户，增长12.5%。至年末，全区有农业龙头企业89家，包括国家级3家、省级12家、市级37家、区级37家。支持示范家庭农场发展，全年新增陈美芳家庭农场等10家省级、玉峰家庭农场等10家市级、明子山家庭农场等20家区级示范家庭农场。其中，粮食生产型家庭农场14家，种养结合型家庭农场5家，蔬菜园艺16家，水产养殖5家。分布情况为湖熟7家、谷里2家、淳化8家、江宁3家、禄口8家、秣陵1家、汤山3家、横溪8家。家庭农场生产经营总面积1.28万公顷，占家庭承包耕地面积的37.6%。各家庭农场重点建设田间基础设施（如硬质沟渠），生产附属设施配套（如机库、管理用房、晒场等），配套社会服务体系（如植保专业合作社、农机专业合作社），完善生产管理等制度，促进了家庭农场规范、有序发展。

农产品质量安全监管 2016年，区农业部门组织开展春秋种子、肥料、农药市场等专项整治行动8次，出动执法人员3305人次，检查农资经营店650家次，调解农业生产纠纷，挽回部分经济损失。通过建立农资经营单位“经济户口”档案，制定“红、黄、绿”信誉等级等，开展农产品生产企业“创牌立信”活动，创建放心农资消费市场。全年新认定无公害农产品24个、绿色食品2个、有机食品3个，“三品”产量占比达55%以上。农产品检测中心年检测量10万个，农产品检测合格率98%，农产品质量安全事故保持零发生。

2016年8月，谷里街道现代农业大棚内，大生公司采用椰糠无土栽培系统种植的厚皮甜瓜长势喜人　　区新闻中心　供稿

农民培训和农技入户工作 2016年，全区培训培育农业科技示范户1500个，培育新型职业农民6200人，培育程度57%，增加9个百分点。开展部省级农业科技入户工程，遴选出90名中高级农业技术指导员通过上门入户、远程指导、专题培训等方式，把农业技术、信息、项目传送给示范户，帮助解决生产难题，提高农业科技服务到位率。

（汤　雯）

新增6家市级农业产业化龙头企业 2016年2月，市政府公布市级农业产业化龙头企业名单，江宁区2015年申报的江苏翠谷鸽业有限公司等6家企业榜上有名；南京甘汁园糖业有限公司等27家企业经监测合格，继续保留市级农业产业化龙头企业称号。至此，全区市级以上农业产业化龙头企业43家，其中省级龙头企业10家。龙头企业是推进农业产业化的关键，也是构建新型农业经营体系的重要力量。全区重视农业龙头企业的培育工作，坚持把培育壮大农业龙头企业作为推进农业产业化经营、带动农民增收致富的有效措施，以龙头带动基地、基地带动农户，不断强化其辐射带动能力，有效推进农业产业化经营。

省人大调研江宁区农产品质量安全 2016年7月15日，省直南京组、宿迁组、省人大年中专题调研组一行，到江宁区调研农产品质量安全工作。省政协副主席许津荣，市、区领导林克勤、华静、蒋戈木、言明林陪同调研。省人大专题调研组首先深入谷里农产品质量安全监管站、靓绿蔬菜生产基地，详细了解农产品质量安全检测过程。谷里落实“三定一考核”监管模式，对区域内的农产品质量安全实行“一对一”网格化监管，每名监管员和协管员严格明确监管任务的绩效管理方法得到调研组一致好评。在禄口禽业发展有限公司，调研组考察了蛋品分选配送中心全自动鸡蛋分选包装生产线。该生产线可实现鸡蛋的自动清洗、干燥、涂油保鲜、自动分级喷印质量管理码。依据蛋壳表面的质量管理码，可以将鸡蛋的生产、加工、配送、销售信息进行整合，做到来可溯源、去可追踪。当天，省人大专题调研组还就农产品质量安全工作召开座谈会。会上，调研组对江宁区推行农业标准化生产和全程质量控制，重视和维护人民群众舌尖上安全的系列举措给予肯定，同时希望继续坚持源头管控，切实把好农产品安全生产关口，坚持例行监测提升风险防控能力，不断提升安全监管水平。

市人大常委会视察江宁现代农业示范园 2016年10月21日，市人大常委会视察全市国家现代农业示范区建设，实地考察湖熟、谷里现代农业产业园。市、区领导臧正金、王登华等参加。全区依托农业资源优势、近郊优势、产业优势，将农业园区作为转变农业发展方式、建设高效生态现代农业的主抓手，坚持以工业化理念打造农业园区，以产业化思路调整园区结构，以品牌化战略提升园区效益，以多元化投入推动园区发展，已建成台创园、汤山翠谷、湖熟等3个省级农业园区，淳化、谷里等2个市级农业园区。市人大常委会副主任臧正金对江宁区农业产业园建设成果给予肯定，希望继续做好产业融合文章，为全市现代农业又好又快发展做出更大贡献。就推进全市国家现代农业示范区建设，臧正金要求进一步强化农业科技转化，加强统筹协调，做大做强优势产业，实现现代农业发展水平新提升。

全省现代农业园区建设推进现场会在江宁召开 2016年12月1—2日，全省现代农业产业园区建设推进现场会在江宁区召开，各市县农业部门领导和专家，对江宁区现代农业园区建设给予高度评价。与会人员参观了江宁台创园和湖熟现代农业示范园，现场了解全区现代园区发展。江宁区已创成台创园、汤山翠谷、湖熟等3个省级农业园区，淳化、谷里等5个市级农业园区，累计建成各类玻璃温室、钢架大棚总面积近1000万平方米，高效农业面积2000公顷。省农委相关负责人认为，江宁区现代农业园区规划设计科学、产业特色鲜明、科技含量高、综合效益显著，值得全省学习借鉴。（宁　鉴）

种植业

概　况 2016年，江宁区围绕藏粮于地、藏粮于技，促进农业增效、农民增收、大宗农产品竞争力提升目标，推进高产、优质、多抗新品种及配套栽培技术普及应用，促进粮棉油平衡增产，发展以“高产、绿色、外向”为标志的都市农业，取得成效。全年实现种植业总产值63.82亿元，比2015年增长8.64%。是年，江宁区被省农委授予“全省发展现代高效农业成效显著区”荣誉称号。

产业结构调整 2016年，全区粮食播种面积3.97万公顷，总产量28.8万吨。其中，夏粮总产量

2016年11月，江宁区晚季水稻开机收割，图为淳化街道民主社区467公顷粳稻收割现场　　区新闻中心　供稿

6.8万吨、秋粮总产量22.1万吨，水稻总产量20万吨、小麦总产量6.5万吨、油菜总产量1.29万吨，稻麦油良种覆盖率95%。蔬菜播种面积3.1万公顷，总产量80万吨，地产蔬菜消费自给率70%；特色农产品——西甜瓜种植面积3666.7公顷，总产量1.47万吨，主要分布在横溪、禄口街道；草莓种植面积426.7公顷，总产量1.47万吨，主要分布在汤山、秣陵、淳化、谷里、湖熟街道。

规模经营扩大 2016年，全区有户均种植2公顷（折合30亩）以上的种植大户660户，种植面积1.15万公顷。其中，家庭经营农田面积在13~33公顷，且以家庭种植为主。

惠农政策落实 2016年，全区发放各类农业补贴资金4685万元，支持保护补贴面积2.72万公顷。水稻、小麦、油菜政策性保险应保尽保，覆盖率100%。高效农业保险保费占总保费比值60%以上。年内，洪涝抗灾减灾和保险赔付工作有序推进。

高标准农田建设 2016年，全区新增淳化、禄口、江宁等街道5个总面积1033.3公顷的高标准农田。通过高标准农田建设，实现项目区内沟渠路硬质化，育秧中心和农机库房配套，田间主干道林网化，农业生产条件改善，农业综合生产能力提高，抗御自然灾害能力增强。

粮油高产创建 2016年，全区新增水稻万亩高产创建示范方7个，分别为湖熟2个，淳化2个，汤山、禄口、横溪各1个。示范方内平均单产均超过650公斤。建设小麦示范方3个，分别为湖熟1个，江宁、横溪各1个。在湖熟街道建设油菜示范方1个，示范方内大部分面积增产5%以上。

高效设施农业建设 2016年，全区新增高效农业面积1466.7公顷、设施农业面积680公顷，高效设施农业总面积1.63万公顷。完成省级“菜篮子”工程建设3300公顷，占规划面积的99%。

（汤　雯）

林　业

概　况 2016年，江宁区林业部门围绕创建“美丽乡村示范区”“生态文明示范区”和“苏南现代化建设样板区”，贯彻落实“绿色江宁”建设行动计划，充分利用江宁独特的区位和山水资源优势，紧扣人与自然和谐发展、促进农业增效、农民增收总目标，整合和统筹生态资源及产业布局，加快推进形成生态优先、产业化、集约化、市场化，融经济、社会、生态功能于一体的都市型现代化林业生产体系，取得新进展。自2003年开展“绿色南京”工程建设以后，全区累计完成造林造绿2.35万公顷，新增造林面积位居省市前列。全区现有林总面积4.39万公顷，其中市级以上公益林2.12万公顷，林木覆盖率28.5%。全年实现林业产值3.54亿元，比2015年增长9.91%。

“绿色江宁”建设 2016年，南京市下达江宁区造林任务266.7公顷，其中新增造林133.3公顷。经省市检查验收，全区实际完成造林540.1公顷，其中新增造林274.5公顷，主要建设项目包括绿色通道30.3公顷、高效产业林244.1公顷，更新及其他造林265.7公顷。完成村庄绿化50个，其中达省级村庄绿化示范村标准6个、森林生态村标准4个，共建设公共绿地3.1万平方米，栽植各类景观苗木和经济林果35.9万株。围绕

2016年6月，淳化街道青龙社区百果园内，红艳艳的油桃挂满枝头，吸引众多市民采摘　　区新闻中心　供稿

提质增效，全区完成中幼林抚育2333.3公顷，其中汤山、江宁、谷里、横溪、东善桥林场、汤山林场、牛首山林场等重点林区示范抚育900公顷。

园艺生产　2016年，区林业部门围绕“林业增效、农民增收”目标，推进示范基地建设，加快园艺产业化进程。成立江宁区茶叶协会，开展江宁区第三届“交建杯”名特优茶评比活动，进一步提升茶叶生产制作水平和市场知名度。举办3期园艺技术（茶叶、苗木、森防检疫）培训班，培训专业技术人员414人。全年完成茶叶总产量500吨，产值2亿元；果品总产量1.8万吨，产值1.1亿元；花卉苗木总产量2880万株（枝），产值3.8亿元。开展森林环境条件下非木质林产品（茶叶）森林认证，首批9家茶场联合申报（南京雨花茶·江宁）认证工作，面积200公顷。

森林防火体系建设　2016年，全区森林防火管控体系建设纳入年度国民经济和社会发展目标。全年新建区级防火通道40公里、防火蓄水池11个、护林卡点4个、防火阻隔网3.5公里、生物防火阻隔林带1.5公里，提档升级市级防火通道24.7公里（其中新建6.5公里），争取市级森林防火专项资金1080万元、省级资金40万元。全区已基本建立以区应急消防分队和森林防火专业队、半专业队为主体的森林防火队伍，包括瞭望、通讯、快速交通等较为完整的林火防控体系。区级森林防火指挥中心项目开始施工，2017年防火期前将投入使用。

森林资源保护　2016年，区林业部门出动森林资源巡查车辆250台次，出动警力500余人次；接处警80起，林业行政案件立案27起（含3起非法猎捕、收购野生动物案件），查结27起，补种树木5803株，收缴野生动物296只（条）；调查处置各类火情15起，调处涉林纠纷3起，其他警情23起。严格执行检疫制度，对6.7公顷以上苗木基地进行备案登记，种苗产地检疫率100%。开展松材线虫病除治，对所有衰弱木、枯立木和病死树全部实行卫生伐处理，完成松材线虫病清理671.2公顷、病死树11985株。4月下旬，江宁区首次发现美国白蛾，及时启动应急预案，开展专项防治，有效控制了美国白蛾的扩散蔓延。

国有林场改革　2016年，区林业部门稳步推进国有林场改革，与省、市国有林场改革领导小组对接，成立国有林场改革工作领导小组，对国有林场现状进行摸底排查，对照文件梳理改革的重点内容，讨论制定《江宁区国有林场改革实施方案》《汤山林场改革实施方案》《东善桥林场改革实施方案》《牛首山林场改革实施方案》，明确各项改革工作的牵头单位、时间节点以及改革成本的核算等内容，方案修改完善后上报至省国有林场改革工作领导小组，并通过省改办的初审。

（于存勇）

36家茶场参加名特优茶叶评比　2016年4月17日，江宁区第三届“交建杯”名特优茶叶评比活动在黄龙岘晏湖驿站举行。在由区林业局组织的这次评比活动中，全区36家茶场的43个茶叶样品参评，参评茶场和茶样分别比2015年增加5家、7个。经省、市茶叶评审专家采取双密码、百分制方式，对茶叶的外形、汤色、香气、滋味和叶底进行5轮专业评审，评出雨花茶和名特茶金奖、银奖，许呈茶树良种场、土桥西城林场、黄龙岘建设开发公司等8家茶场的雨花茶获金奖，马大山茶叶合作社、牛首山林场、丹阳台子石林场等8家茶场的名特茶获金奖。

（宁　鉴）

畜牧业

概　况　2016年，江宁区林业部门继续推进畜禽规模养殖场所综合整治，加快畜牧业生产提档升级，划定“禁养区”与“非禁养区”，“禁养区”已无规模畜禽养殖。全区生猪存栏7.8万头，年出栏22万头；奶牛存栏3510头；家禽存栏139.4万羽，年出栏480万羽，有家禽规模场88个；肉羊（山羊）年出栏3.2万头。全年实现畜禽产值超过11.16亿元，比2015年增长5.01%。全区有兽药生产企业13家、饲料生产企业13家、动物诊疗机构23家；有生猪屠宰场4个、临时集中屠宰点1个。完成2个部级示范场、3个省级示范场创建任务，3个市级示范场通过复检。全区生猪大中型规模养殖比重超过76%，畜禽规模养殖场备案比重58%以上。对生猪年出栏500头以上、肉禽年出栏2万只以上、蛋禽存栏2000只以上、奶牛存栏20头以上的规模养殖场（小区）实行登记备案制度，已有78家养殖场（小区）通过审核、登记备案，并取得畜禽养殖代码。全区农业面源污染防治率96%以上，大中型规模畜禽养殖场粪便无害化处理和资源化利用率98.3%。

畜禽规模养殖清理整治 2016年，区林业部门根据省、市、区要求，制定下发《江宁区畜禽养殖污染综合治理实施方案》，组织开展畜禽规模养殖场所清理整治行动。对照工作要求、时间节点和工作标准，全面完成禁养区内36家规模养殖场关闭和搬迁，关停非禁养区不规范养殖场27家，整治秦淮河流域养殖场18家。全区大中型规模化养殖场已基本实现雨污分流、干湿分离。

动物卫生监督 2016年，全区屠宰生猪40余万头，检疫冷冻动物产品12万吨，产地检疫家禽32万羽、生猪3.1万头、牛羊241头。开展屠宰环节生猪“瘦肉精”监测工作，场方按照5%比例进行自检，现场检验人员按照6%的比例监督检测，全年抽检生猪24735头，均为阴性。严格生猪屠宰环节无害化处理工作，严禁病害生猪出场，无害化处理病害生猪322头。

动物防疫检疫 2016年，区林业部门组织开展春季、秋季集中免疫和夏季补免及高温消毒灭源工作，应免率100%。全年免疫家畜49.3万头次、家禽375.8万羽次，检测血样7050份，抗体合格率均在90%以上。区化验室检测牲畜口蹄疫1800余份、猪瘟1800余份、蓝耳病2600余份、禽流感35000余份、新城疫35000余份，免疫抗体总合格率90%；检测H73500份，阳性数为0；抽检生猪养殖猪尿样43200份，分别检测莱克多巴胺、沙丁胺醇及盐酸克伦特罗，阳性数均为0。区家禽种苗繁育中心被确定为省级疫病监测点，每月采集15份血清、双拭子，重大动物疫病免疫合格率均已超过省市规定的80%的标准。推进病死动物无害化收集处理体系建设，区政府出台《关于加强全区病死动物无害化处理工作的意见》。经变更建设地点，由位于秣陵街道的南京立升再生资源开发有限公司承建，2016年12月底建成投入运营。

（于存勇）

水产业

概　况 2016年，江宁区林业部门围绕现代渔业建设，加强渔业生产监管，调整渔业结构，渔业生产保持持续健康发展态势。全区放养总面积1.19万公顷，其中水产养殖面积0.76万公顷，稻田养殖面积0.43万公顷。全年实施鱼池改造533.3公顷，新建高效渔业面积153.3公顷。完成水产品总产量5.17万吨，实现产值24.23亿元。

高效渔业建设 2016年，全区建设池塘工业化生态养殖系统34条槽、4000余平方米，推广太湖1号青虾、黄颡鱼单养，虾蟹等双主养面积1000公顷。在横溪雅琦、秣陵金鱼馆、铜山大晋象等原有养殖基地生产的基础上，淳化鑫淼龙锦园通过新一轮建设，沟渠、养殖等设施配套逐步完成。在周岗、土桥建设2个二级扩繁场，总面积38.2公顷，繁殖虾苗4.5亿尾、仔虾1万余公斤。坤泰农业发展有限公司申报为省级良种繁育场，并取得省级财政扶持资金100万元，开展繁育设施建设。

水产品质量监管 2016年，区林业部门宣传《中华人民共和国农产品质量安全法》《水产养殖质量安全管理规定》等法律法规，提高相关人员安全生产意识，并印发《江苏省水产养殖管理记录》1000余本，发放“致全区水产养殖单位（户）的公开信”1500余份，督促相关单位建立生产记录制度。进一步完善水产品质量安全监管网格化体系，

淳化街道民主社区的“特种水产养殖基地”主要养殖鱼虾蟹等水产，年产优质无公害青虾28吨、螃蟹80多吨、草虾20多吨、各类特种鱼80多吨。2016年产中华大闸蟹5000公斤，经济收益比往年增长40%
区新闻中心　供稿

建立区、街道、社区（基地）三级网络，覆盖10个街道，159个社区（单位）3546.7公顷水面，有24名监管员、159名协管员和728名监管对象，基本形成“横向到边、纵向到底”规范化、全覆盖的水产品质量安全监管新格局。全区建有区、市场和街道7个快检室，全年开展快检507个样，未检出阳性样品；配合上级部门到区采样113个，未查出超标样品。

水生动物疫病防控体系建设　2016年，区林业部门依据淳化、湖熟、禄口、江宁4个测报点的测报情况，每月对上月病害发生情况进行统计，开展分析和预测，有针对性的发布预警，提前做好防控工作。区水生动物疫病防控中心针对细菌性疾病、寄生虫病等开展检测，共完成59个样，细菌性疾病阳性样20个，检出寄生虫病9个，覆盖全区10个街道，涉及各重点基地。以街道农服中心为主培单位，抓住春季防控时节，组织养殖户开展病害防控专题培训，全年举办培训班10期，培训600余人次，其中区站培训3期，培训178人次。

科技服务体系建设　2016年，区林业部门组织技术人员参加部、省、市技术培训，其中参加市级业务骨干培训3批、24人次。借助渔业科技入户、基层农技推广等活动，强化新品种、新技术的推广，选聘30名技术指导员结对技术帮扶450户渔业大户，在淳化民主等5个重点村开展入户服务活动。全区指导员及专家组成员累计入户服务5300余人次，开展示范户主体培训35期，培训2000余人次，发放技术资料12500余份。围绕太湖1号青虾、黄颡鱼2个特色品种和多品种主养模式推广，在淳化、湖熟、横溪等地聘请专家教授开展相关培训班7期，培训400余人次。邀请专家就水产养殖基本理论及发展热点等，对水产生产和管理人员进行培训，培训150余人次。　（于存勇）

2016年1月，谷里街道农业园的草莓种植户王国全在农技专家周宁琳的帮助下采用“转光膜”技术，提高了草莓的产量和品质

区新闻中心　供稿

长江水生生物增殖放流活动　2016年4月20日，江苏省暨南京市长江水生生物增殖放流活动在江宁区长江新济洲码头举行，省委书记罗志军、省长石泰峰和省、市、区领导黄莉新、樊金龙、徐鸣、龙翔、李世贵、陈发喜、李滨、言明林参加。长江水生生物增殖放流，可以补充和恢复长江生物资源群体，改善生物群体结构，有利于维护生物的多样性。同时，通过发挥水生生物的“碳汇”生态功能，还可以改善长江水质和水域生态环境。此次增殖放流活动中，省、市、区领导和现场的渔政员、渔民、志愿者们冒雨将一桶桶各色鱼种、蟹苗投入长江，包括20多万尾“四大家鱼”和胭脂鱼、河豚等濒危物种种苗及2万只中华长江绒毛蟹。当天，罗志军、石泰峰一行还观看了江苏长江水生生物资源养护成果展，并考察江宁子汇洲饮用水源地，听取长江南京段水环境质量和江苏长江流域生态环境保护工作情况汇报。

（宁　鉴）

农业资源开发

概　况　2016年，江宁区农业资源开发按照“三农”工作要求，树立“创新、协调、绿色、开放、共享”的新发展理念，加强农业基础设施建设，改善农业生产条件，提高农业综合生产能力，促进农业增效和农民增收。全年完成国家级土地治理项目3个1000公顷，省级丘陵山区基地项目5个193.3公顷，累计完成项目总投资2781.5万元。

国家级土地治理项目　2016年，全区投资2070.5万元，完成国家级农业综合开发土地治理项目3个1000公顷。其中，湖熟街道万安社区高标准农田建设333.3公顷，江宁街道洪幕、天然社区高标准农田建设333.3公顷，淳化街道民主社区高标准农田建设（老项目区改造）333.3公顷。新建泵站16座、衬砌渠道29.6公里、农桥16座、滚水坝2座、拦水闸1座、涵洞463座、放水口862座、机口27座、分水池3座。铺设水泥路20.2公里、砂石路7.3公里。新增灌溉面积120公顷，改善灌溉面积280公顷，新增除涝面积200公顷，改善除涝面积367公顷，新增节水灌溉面积253.3公顷。扩大良种种植面积400公顷，新增优质粮食生产能力107万公斤、油料生产能力15万公斤，新增种植业总产值1084.2万元。

省级丘陵山区基地项目 2016年，全区投资711万元，完成省级农业综合开发丘陵山区基地项目5个193.3公顷。其中，汤山街道生态农业园基地项目35.3公顷，淳化街道生态茶园基地项目33.3公顷，横溪街道特色苗木基地项目35.3公顷，禄口街道林果基地项目66.7公顷，江宁区牧龙经济林果建设项目22.7公顷。新建涵洞60座、截流沟1.59公里、喷滴灌6.7公顷、溢洪道1座、50吨冷库1座，塘坝沟护砌7.7公里，铺设水泥路10.4公里、砂石路0.9公里。

（谈永志）

农业机械

概　况 2016年，江宁区新增插秧机、联合收割机等农机具194台，其中秸秆还田机械14台，联合收割机全部配套安装秸秆切碎抛撒装置。有98个（户）合作组织和个人购置农机。新增农机合作社2个，农机农业合作社占比65%。秸秆机械化还田率55.6%，秸秆还田面积1.91万公顷。全区农机装备水平进一步提高，农业综合机械化水平91.09%，比2015年提高0.27个百分点。

落实农机补贴政策 2016年，中央及省级财政共安排江宁区农机购置补贴资金789万元，比2015年增加250.82万元。区农业局、财政局联合下发《关于做好2016年农机购置补贴实施工作的通知》《江宁区2016年农业机械化推进工作实施方案》，重点围绕水稻机械化种植、秸秆机械化还田、农机技术培训、农机公共服务能力等方面，实行以奖代补，鼓励农机手、农机合作社购机用机，提高农机化水平。

农机跨区作业 2016年，全区继续加大农机跨区作业力度，努力提高农业机械跨区作业服务质量和劳动生产率。全年发放跨区作业证40张，参与跨区作业的农业机具65台，跨区机收的作业面积2066.7公顷。其中，机收小麦面积1000公顷，机收水稻面积1066.7公顷。

农机安全监理 2016年，全区农机监理工作坚持“以人为本、预防为主、保障安全”的原则，切实做好农机登记检验、安全生产监督检查、安全生产宣传教育、支农惠农服务等工作。全年新注册登记拖拉机44台，联合收割机12台；备案登记高速插秧机73台。通过“送检下乡”等形式，年检拖拉机1280台、联合收割机130台，农机“三率”水平92%。在加强农业机械注册登记、安全技术检验和考试发证工作的同时，先后组织开展农机安全检查96次，纠正违章行为73起，隐患按期整改率100%，全年未发生重特大农机安全生产事故。加强农机安全生产宣传教育，通过电视采访、送农机科技下乡、“安全生产月”活动等方式开展专题宣传，发放宣传资料2500多份。

（汤　雯）

全省农机现场演示会在江宁举行 2016年8月25日，全省粮食生产全程机械化推进行动高效植保机械化现场演示会在江宁区召开，全省各区县农机主管部门负责人参加会议。副区长严明林参加活动。在湖熟街道现代农业园，无人植保机盘旋在农田上方喷洒农药，十分灵活；高地隙自走式喷雾机展开双臂，覆盖20余米操作面；担架式喷杆喷雾机直接开到田间，稻田里弥漫着一层白色的药雾……一旁的祥鹏家庭农场机库仿佛一座农机展示馆，插秧机、联合拖拉机、收割机等依次排列，实现粮食生产全程机械化。与会人员认为，江宁区在加快农业现代化发展中，综合运用财政补贴、项目倾斜等多种举措，狠抓安全生产，不断推进主要农作物全程机械化，相关做法和经验值得学习和借鉴。

（宁　鉴）

商贸服务业

综　述

概　况　2016年，江宁区把促进商贸服务业提速壮大作为经济发展的重点，创新工作举措，加快市场主体培育，开拓商贸市场，全区商贸服务业总体呈现出规模扩大、结构优化、质量提升的良好势头。全年实现社会消费品零售总额469.4亿元，比2015年增长11.6%。其中，批发业实现零售额194.4亿元，增长12.6%；零售业实现零售额260.6亿元，增长10.9%；住宿业实现零售额2.1亿元，增长9.5%；餐饮业实现零售额12.4亿元，增长12.4%。

（宁　鉴）

市场体系建设　2016年，全区继续加快城乡一体化建设，稳步实施《南京市江宁区商业网点规划（2013—2030）》，优化东山副城等10个商贸中心、商贸市场等8类主要商业设施规划，初步形成南京南部新城岔路口商圈、河定桥商圈、东山大市口商圈、百家湖商圈、九龙湖商圈、三山商圈及大学城商圈等七大商圈，推动各商业载体在同一或相邻商圈内的错位发展。全区有2000平方米以上的购物中心、百货店、超市、商品交易市场、农贸市场等商业网点208家，总营业面积607.5万平方米；营业额超1亿元的商业批发零售企业近70家，其中农村分布占比达到48.5%。

百家湖商圈形成　2016年，江宁区承接市商贸流通体制综合改革任务，重点推进百家湖商圈融合发展，新增21世纪太阳城、景枫KINMO、胜太电子电器商城3家商业综合体，较好满足居民个性化、多元化消费需求。年末，该商圈已初步形成营业面积超80万平方米的城市商贸集中区，服务半径覆盖包括江宁城区在内的200个社区，消费人口达150万人，年商业购买力80多亿元，稳居南京新兴商圈之首、市内仅次于新街口。

电子商务发展　2016年，全区完成电子商务交易额200亿元、网络零售额 47亿元，比2015年分别

百家湖商业圈新开业的21世纪太阳城商业中心吸引众多消费者，火爆的人气让这里成为全区又一高端商贸集聚区　　区新闻中心　供稿

增长24.2%、25%。出台《江宁区电子商务“十三五”发展规划》《江宁区电子商务发展专项资金管理办法》，建成全市最大的电子电器O2O商城和23家村（社区）电子商务服务中心，创建成“江苏省2016年农村电子商务十强县（区）”，全区电子商务特别是农村电子商务服务体系进一步健全。筹建区级电子商务行业协会，初步梳理出会员企业149家。开展全区农村电子商务管理层培训，着力提升各街道农村电商管理和发展水平。（冯光平）

“1912”打造城市荧光沙滩 2016年5月12日，百家湖1912升级改造动工仪式举行，这里将升级为IPARK公园式休闲文化商街，新增水上游乐、主题娱乐、时尚零售等业态，打造区域内首个城市荧光沙滩，当年底项目全部完工。改造升级后的百家湖1912整体定位为公园式休闲文化商街，与江宁金鹰、景枫、21世纪太阳城等周边商业综合体形成业态互补、人流共享的关系。该街区未来将分为4个主题街、3个湖上体验业态和1个互联网多功能空间。其中，4个主题街分为时尚文创街、浪漫多国餐饮街、激情主题酒吧街和速度机车街；3个湖上体验业态包括戏湖区、观湖区和玩湖区，整体布局动静结合。速度机车街有望成为全国唯一的激情运动街，主要业态为超酷机车、户外用品集合店、运动产品集合店，现已进驻该街区的有宝马摩托车、哈雷摩托车、比亚乔摩托车等品牌。在湖上体验中，水上运动、户外婚庆、沙滩游乐成为最大亮点，今后江宁人在家门口就能体验城市荧光沙滩。此外，时尚文创街内还将引入创意零售业态。

百家湖商圈三大城市综合体开业 2016年9月28日，位于百家湖商圈的景枫中心、21世纪太阳城和胜太电子电器商城三大城市综合体同时开业。当天开业的景枫中心项目，总面积37万平方米，定位为都市时尚型购物中心，入驻近200个品牌，国际品牌占比40%，首次进入江宁市场的品牌105家；分4期建设的21世纪太阳城项目，商业中心一期前期已建成使用，二期、三期于当日对外开放，汇集国际时尚、娱乐美食、美容休闲、魔法城主题公园等中高端商业复合业态；胜太电子电器商城项目经营面积5万平方米，主要销售电子电器元器件、低压电气、电脑器材、数码产品等，为江宁及周边地区生产制造业配套服务，已招商商户300多家。

位于百家湖商业圈的景枫中心内景　　区新闻中心 供稿

农村电商发展格局初步形成 2016年，全区通过完善产业规划布局、网点布局和物流网络布局，基本构建了农村快递物流网络，受益人群10万～15万人，有效带动了农业增效、农民增收。全区已形成以南京农副物流线上线下农产品交易中心的“一个中心”，东山电子商务总部园、空港跨境电子商务产业园、湖熟电子商务物流园、横溪台湾农业创意园等“四个园区”共同发展的农村电商发展格局。同时，引进淘宝网、苏宁易购、京东等国内知名电商企业在各街道开设线上馆或线上旗舰店，建成村（社区）电子商务服务中心40家和电子商务、快递物流服务站点248个。

义乌青年广场试营业 2016年10月1日，位于江宁区龙眠大道的义乌青年广场试营业。义乌青年广场是南京义乌商品城结合开业10周年打造的一个崭新商业项目，定位为年轻人的休闲娱乐购物基地，主攻以大学生为代表的年轻市场。义乌青年广场一楼休闲、运动品牌全线升级，二楼增加精品、妆品品牌，三楼荟萃人气特色餐饮品牌，贴合年轻人的需求。（宁　鉴）

物流业

概　况 2016年，江宁区完成物流业交易额1065亿元，比2015年增长6.2%。推进物流标准化试点和城市功能配送项目建设，促进航空、港口、农副、园区、快递等五大物流集聚区快速健康发展。全区物流企业累计127家，其中规模物流企业99家，专业化物流企业占比提升到65%。众彩农副物流、九州通医药、江苏安吉汽车零部件、南京长安民生住久等一批重点物流企业交易额保持2位数增幅，众彩农副物流被商务部评为2016年“全国十强市场”，并创建成江苏唯一一家国家级公益性农产品流通示范平台。（冯光平）

农副物流新冷库链竣工投产 2016年6月，南京农副物流中心投资建设的D区冷库链项目竣工并投产运营。为应对果品业态多样化快速发展的趋势，进一步满足果品市场对冷藏配套设施的需求，农副物流中心于“十二五”期间启动D区冷库链项目，D区一层建设的27个冷库现已全部竣工，建设面积1950平方米。该项目集果品采购、加工、储存、销售、配送各冷链环节于一体，完善了农产品流通产业链，更大程度地满足果品市场商户的经营需求，为各类果品的冷藏保鲜提供了保障，同时市民也能购买到更安全、更便宜、更新鲜的果品。

“物流最后100米”行业交流峰会 2016年9月24日，2016中国“物流最后100米”行业交流峰会在紫金（江宁）科创社区召开，全国各地的快递企业、电商公司、智能快递柜企业齐聚一堂，共同探讨“物流最后100米”难题以及解决之道。随着网购市场的迅猛发展，包裹最后100米环节的配送问题，成为电商公司、快递公司、消费者之间最大的痛点，第三方代收网点模式应运而生。会上，物流行业代表还就“物流最后100米”解决方案及掘金契机进行巅峰对话，深度剖析末端配送面临的形势和商机，重点阐述快递企业、快递柜面临的痛点及“最后一百米”蕴含的商业机遇。

苏宁航空物流园落户江宁 2016年10月20日，南京空港经济开发区（江宁）管委会与苏宁控股集团签订项目投资协议，在江宁开发区空港片区共建苏宁航空物流园。市委常委、区委书记李世贵，区领导祁豫玮、李万平、王爱军，苏宁控股集团董事长张近东等出席。苏宁控股集团有限公司是中国最大的零售企业，位列国内民营企业前三强。苏宁航空物流园项目包含两大功能：一是航空货运基地，主要建设航空基地、后勤保障及配套设施等，总占地约100公顷；二是华东物流中心，主要建设物流云综合平台、国内快速干线运输、跨境电商、进出口贸易和社会开放平台等，占地约67公顷。整个项目达产后，年主营业收入50亿～100亿元，可提供上千个就业岗位。

2016年10月20日，空港经济开发区与苏宁控股集团签订项目投资协议，共建占地166.7公顷的苏宁华东物流中心　　陈　晓　摄

吉宝新平板项目物流中心启用 2016年12月14日，吉宝新平板项目物流中心在江宁开发区启用。该项目主要生产9.7英寸平板电脑新产品，总投资1亿美元，对推动全区新一代信息技术产业发展具有支撑作用。作为仁宝集团新项目，吉宝新平板选址江宁开发区综保区，该项目用时5个月完成建设，将引进全球最先进的40多条生产线，用工2万人。2017年量产后，当年出口额将超过20亿美元。为保证新项目的顺利实施，1.3万平方米的新项目物流中心仓库已交给吉宝公司使用。（宁　鉴）

商贸流通业

概　况 2016年，江宁区商务部门努力适应经济新常态，不断深化改革，加快转型发展。改建农贸市场5家，创建“绿色市场”6家，肉菜追溯体系建设稳

步推进，《江宁区加油站网点规划（2016—2025）》通过专家评审，生活必需品保供、酒类流通市场良性发展。（宁 鉴）

“放心工程”实施 2016年，区商务部门按计划对5家农贸市场硬件进行升级改造，全区50家农贸市场升级改造率达到54%，新创建市级“绿色市场”6家。联合市场监管、卫生等部门开展专项检查75次，督促全区各批发市场、生鲜超市、农贸市场检测进场蔬菜60余万批次。加强肉菜流通体系建设，举办业务培训班2期，培训业务骨干26人，保障主城区16家农贸市场肉菜流通追溯系统平稳运行。

应急保供工作 2016年，区商务部门运用商务部市场监测平台，对重点商贸企业进行监测，同时做好平时尤其是重要节假日的分析和预警，及时发现市场异常波动苗头，维护市场稳定。与众彩物流、商贸集团等11家具有一定保供能力企业签订保供协议，储备物资品类达到11个大类112种，其中蔬菜储备量7000吨左右，饮用水、粮油、猪肉等储备量800吨左右，基本保障了应急状态下的市场供应。

餐饮市场管理 2016年，区商务部门举办江宁区第三届农家乐美食节暨烹饪大赛，受到普遍欢迎。推广“互联网+餐饮”模式，促进大众餐饮转型升级。组织开展13个“金花村”农家乐厨艺轮训，培训经营户200多家、400余人次。

成品油市场监管 2016年，区商务部门编制《江宁区加油站网点规划（2016—2025）》，并通过专家评审。开展成品油经营企业年检及换证工作，办理成品油零售企业电子年检56家，按规定对宁瑞加油站、上城加油站等6家不合格加油站（点）进行督促整改，办理成品油零售经营批准证书变更登记33家。（冯光平）

“智慧粮库”项目建设 2016年，江宁商贸集团根据江苏省“粮安工程”粮库智能化升级工程建设规划，所属将军山、汼首山、云泰山3个粮库申报成为首批省级“智慧粮库”建设项目，并于5月启动该项目建设。至年末，牛首山、将军山粮库已完工并通过竣工验收，云泰山粮库正在建设中。“智慧粮库”项目的建设，将助力集团所属粮食企业实现传统化向智能化的转变，进一步提升企业经济效益和经营管理水平。

元润生猪屠宰项目启动建设 2016年11月，江宁商贸集团元润生猪屠宰项目启动建设。该项目是该集团年度重点产业项目，也是江宁区重点“菜篮子”工程之一。项目建成后将成为全区唯一一家大型生猪屠宰加工企业，年生猪屠宰能力100万头。

（邢 然）

达美家居广场开业 2016年6月，南京达美家居广场在江宁高新园开门迎客，成为全区单体面积最大的一站式家居广场，其购物环境优越、商品种类丰富、品牌商品多。南京达美家居广场位于江宁大学城核心区域，经营面积3万平方米，汇集品牌建材、陶瓷卫浴、地板门业、灯具锁具、厨房电器等九大行业门类，经营商户超过100家，商品覆盖主要的家装主材和品牌家居，还能提供配套的家装设计、工程估算、施工等一条龙服务。（宁 鉴）

供销合作商业

概　况 2016年，江宁区供销合作社系统着力做大做强主营业务，打造为农服务新平台，提升为农服务实力，各项工作取得新成效。全年完成商品销售总额58.6亿元，比2015年增长8.74%；社会消费品零售总额41.2亿元，增长12.26%；农业生产资料销售总额1.85亿元，增长6.32%。新建村级为农服务社20个，改造农家店30个；通过“赶超网”电子商务平台创建电子商务社区21个，帮助专业合作社开设网店10个。

供销社综合改革 2016年，区供销合作总社根据中发〔2015〕11号、苏发〔2015〕31号和宁委发〔2016〕16号文件要求，成立深化供销合作社综合改革领导小组，明确分工、落实责任。围绕拓展经营服务领域、推进基层社改造、创新联合社治理机制等改革重点，深入开展调研，制定深化供销社综合改革实施方案。12月28日，区委、区政府以江宁委发〔2016〕103号文件印发并实施。

农村电子商务发展 2016年，区供销合作总社继续构建农村电商三级服务体系，以农产品流通为重点，推进电商公司、电商协会、运营中心、中转物流“四位一体”建设，按照“城区有平台、街道有中心、农村有站点”的目标，不断完善农村电商三级经营服务体系，着力打造“网上供销社”。围绕全区智慧农业、互联网小镇发展，引领带动物流快递下乡入村，推动街道电子商务发展。年内，淳化、秣陵街道农村电商服务中心已建成投入使用，汤山、谷里、东山、湖熟4个街道电商服务中心正加快建设。推进村（社区）电子商务服务站和电子商务进为农服务社建设工作，帮助农村居民开展网上代购农资、在线指导农业生产技术、发布“三农”信息、代缴水电费、代购票务、代办充值、代办预约挂号等便民服务，已累计建成53个。帮助农民专业合作社、家庭农场等各类农村经济组织发展电子商务，先后为区内农民专业合作社等开办网店146家，为有效解决农产品电商“最初一公里”和农产品卖难问题发挥作用。5月12日，组织成立江宁区农村电子商务协会，吸纳农民专业合作社、家庭农场、农产品加工销售企业等会员单位52家。同时参与南京市电子商务协会建设，成为协会副会长单位。组织开展农村电商工作培训，全年举办3期培训班，培训学员近300人次。年末，全区已建成街道电子商务服务中心2家，电子商务进村（社区）20家，电子商务进为农服务社16家，为专业合作社开网店10家。

服务城乡居民 2016年，区供销合作总社推进20个为农服务社建设及30家农家店改造工作，高质量完成年度目标任务。发挥“岗山超市”品牌作用，加快直营连锁店和加盟店建设。做好农资供应、防汛物资储备等传统为农服务工作，汛前，根据区防汛指挥部下达的计划，超额完成储备任务。汛期，适时启动防汛预案，加强与区防汛指挥部和街道、村（社区）对接，确保防汛抢险物资随要随送，共组织调运草包6.93万只、麻袋7.42万只、编织袋3.88万只，以及彩条布、麻绳、救生衣等，为全区夺取防汛抗洪的全面胜利提供了后勤保障。经区政府同意，在淳化街道新兴社区水门桥、横溪街道集镇、秣陵街道集镇及元山社区新建4个防汛物资储备库，建筑面积8000平方米，总投资1500万元。引领、扶持、参与农村各类专业合作组织建设，全年引办、领办专业合作社9个。促进农村合作金融发展，巩固完善基层社、资金专业合作社、专业合作社联合社“三社合一”改革试点，为农民群众发展生产提供资金支持。由横溪供销社牵头组建的资金专业互助合作社，向社员循环投放互助金1.47亿元，惠及农户4208户，入社社员受益分红910万元。

2016年，横溪街道石塘村电商服务中心主营的米酒、年糕、竹制品等农副产品的销售额已突破40万元，农家乐餐饮和民宿网上订单的销售额达20多万元

区新闻中心 供稿

资产开发运营 2016年，区供销合作总社重点推进天元路供销科技大厦项目建设，抢进度、抓质量，并开展招商工作。全年完成投资7000多万元，力争2017年5月主楼封顶。指导所属各单位强化资产经营，对部分协议到期的门面房、加油站等实施公开招租、竞标，进一步提高资产使用效率，实现资产保值增值。

（杨禄秀）

粮油业

概　况 2016年，江宁区粮食系统以粮食安全责任制为中心，突出粮食收购、仓储建设、监督检查、军粮保供和放心粮油等重点工作，始终把确保全区粮食安全的责任扛在肩上、抓在手中，全面推进粮食流通现代化建设，为建设“强富美高”新江宁多做贡献。全年国有粮食系统收购粮食15.29万吨，比2015年增长3%，并完成国家、省、市、区四级粮食储备计划。

粮食收购 2016年，区粮食系统面对粮食库存高、仓容缺口大、价格低迷等情况，坚持早谋划、早准备，强化组织领导，提前做好收购准备，协调收购资金、腾并仓容，完成全年收购任务。根据储备粮运作情况，发挥粮食储备宏观调控作用，降低承储企业运营成本和风险，联合发改局、财政局、农发行江宁支行共同制定《关于下达区级储备粮品种数量调整计划的通知》，在保持总量不变的情况下，新增籼稻储备，增加小麦储备，减少粳稻储备。建立区储粮收购贷款共同担保资金，降低承储企业融资成本，化解承贷银行信贷风险，保证农民售粮款及时兑现，促进粮食宏观调控政策有效落实。

放心粮油监管　2016年，区粮食系统严格准入标准和准入制度，新发展放心粮油店2家，全区累计30家，基本形成覆盖城乡放心粮油供应网络。加大监管力度，重点检查各店经营的粮油质量、经营台账、进货渠道、检验报告。实施放心粮油店与应急保供网点并轨，进一步完善放心粮油产销服务体系和应急供应体系。

依法管粮　2016年，区粮食系统组织开展各类粮食执法检查251次，检查粮食经营企业195家。坚持服务和监管并举，加强粮食收购资格核查，对偏远地区的经营者，主动上门服务。对全区63家涉粮经营者进行年审，其中30家国有企业和24家个体工商户通过核查，9家个体工商户暂停收购资格。

军粮保供　2016年，区粮食系统坚持重质量、优服务，按照军粮供应工作要求，强化监管，注重质量安全。军供粮油实行从田头到餐桌链式管理，构建“供应环节锁定粮源、生产环节定点加工、配送环节质量追溯、消费环节服务跟踪”的全程保障体系。4月28日，区军供站组织人员历时5小时，途经350公里，为正在连云港某基地参训的官兵运送军粮物资，完成跨区域远程军供保障工作。（刘兴荣）

2016年3月11日，区粮食局与粮食企业签订安全生产和食品安全责任书　　邹巍 摄

烟草专卖

概　况　2016年，江宁区烟草专卖局（分公司）以全面推动“行业楷模”战略在基层落地落实为主线，以基层创优为主题，围绕“战略、规范、创新、质效、管理、文化、队伍”，管好市场，卖好卷烟，抓好管理，带好队伍，各项工作取得新进步。全年累计销售卷烟52606箱，比2015年下降3%，其中主城区累计销售19430箱，增长0.04%；农村销售33176箱，下降4.7%。卷烟销售价格157.8元/条，增长4.52%。卷烟销售总额207575万元，增长1.42%。28个行业重点品牌卷烟销售48141箱，占销售总量的91.51%，增长2.2%。其中，销量增长的品牌有16个。

行政执法　2016年，区烟草专卖局（分公司）先后组织开展“冬季会战”“宁剑3号”“闪电19号”“春、秋季清无”等专项行动，查获违法案件572起（其中5万元以上案件14起，30万元以上案件1起，100万元以上案件2起），查获违法卷烟31220条，总案值639.72万元；拘留14人，批捕4人，判刑3人。办结国标网络案件2起，受到省烟草专卖局通令嘉奖1次。

企业管理　2016年，区烟草专卖局（分公司）建立以“目标管理、基础管理、基层创优”为重点的管理体系，推进精益管理工作全面落地。层层签订目标管理责任书，与绩效管理对接，推动战略目标落实。组织开展“找短板、查不足、促提升、创一流”活动，确定每月25日为“楷模战略推进日”，发现不足，及时整改，推进工作落实。开展岗位安全达标工作，注重安全文化宣传，通过制作安全展板、张贴安全文化理念标识牌、组织全员横幅签名、开展消防培训及逃生演

2016年9月8日，区烟草专卖局（公司）开展物流快递企业涉烟行为监管　朱为东　摄

练等活动，不断增强全员岗位安全意识。加强车辆安全管理，严格派车单制度，开展驾驶员技能竞赛，全年出车3800余台次，安全行驶21.2万公里，无一起违规违章事故发生，被市烟草专卖局评为2016年度优秀车队。开展“3·15”“6·29”“12·4”普法宣传活动，向消费者宣传烟草专卖法规和卷烟真假鉴别知识。稳妥处理部分重复投诉类客户询访工作，全年处理“12313”投诉159件，处理率100%，回访满意率98.5%，李从文获南京市政府2015年度“12345”工单办理工作先进个人称号。（王时庆）

对外及港澳台贸易

概　况　2016年，江宁区围绕“3+3+3”现代产业体系，参加南京市赴韩国、日本等国家和中国香港地区开展招商推介活动，并组团赴北京、上海、深圳等地举办招商恳谈会，加强与国内外重点企业的对接合作，加快推进重点项目落地。努力开拓国际市场，扩大出口创汇，境外投资持续增长，“走出去”步伐明显加快。全年新批注册外商及港澳台商投资企业123家，比2015年增加7家；实际使用外资及港澳台资7.88亿美元，增长11.8%；注册协议外资及港澳台资19.99亿元，增长5.4%；出口创汇74.5亿美元，下降6.1%。新签对外承包工程4个，对外承包工程完成营业额6.69亿美元，增长11.7%。服务外包离岸执行额35.37亿美元，增长12.8%。

（宁　鉴）

外贸出口　2016年，全区完成外贸出口总额74.5亿美元，比2015年下降6.1%，总量连续5年全市第一。落实国家、省、市各项支持外经外贸发展的政策措施，用足各项扶持资金，组织外贸企业参加境内外各类展会80余场，引导企业做强做优主业，提升自主品牌创新能力，增强核心竞争力。全市出口前50强企业中，江宁区有12家，其中11家出口超亿美元；吉宝通讯、英华达新产品生产线等一批出口重点项目落地。充分发挥空港经济开发区作为“江苏省现代服务业集聚区”优势，培育发展“互联网+外贸”模式，推动跨境电子商务快速发展。是年，江苏跨境电子商务服务有限公司被省商务厅认定为全省外贸综合服务平台试点企业，该企业全年完成出口额4.5亿美元。

服务外包　2016年，全区完成服务外包执行额35.37亿美元，其中离岸执行额14.3亿美元，分别增长12.8%、7.5%。从外包类型看，以信息技术外包（ITO）和知识流程外包（KPO）为主，占比分别为74.9%、24.8%。从离岸市场看，以承接欧美市场业务为主，离岸业务来自24个国家和地区，主要分布在欧美、非洲和亚洲，其中承接欧美市场业务22.67亿美元，占总量的64.1%。从外包企业看，完成执行额超千万美元的企业有南瑞继保、吉宝通讯等21家，共完成执行额34.13亿美元，占总量的96.5%；完成离岸执行额超千万美元的企业有金斯瑞、福特汽车工程研究等17家，共完成离岸执行额12.9亿美元，占总量的90.2%。

利用外资及港澳台资　2016年，全区实际使用外资及港澳台资7.88亿美元，比2015年增长11.8%，绝对值占全市总量的22.6%，提高1.5个百分点，连续3年保持全市第一。全年新增和增资外资及港澳台资项目123个，其中包括协鑫新能源、蒂森克虏伯等千万美元以上项目46个，新增合同利用外资及港澳台资19.99亿美元。先后引进中圣清洁能源、金鹰国际、维宜通仓储

等服务业项目，服务业到资4.81亿美元，占实际利用外资及港澳台资总额的61.1%。聚焦金融、商贸、物流、软件、咨询等领域，引进外商投资功能性机构5家，其中研发性机构3家。

（冯光平）

空港跨境电商产业园通关运营 2016年6月12日，空港跨境电商产业园正式通关运营，市、区领导储永宏、李万平、于茂高等参加通关仪式。南京空港跨境电商产业园总建筑面积23万平方米，建设内容包括跨境电商海关商检联合监管中心、总部基地、数据中心、运营中心、商品展销中心、邮件集散中心和国际标准的物流仓储设施等。孩子王、美国wish、舜天淘、跨易等企业已入驻，亚马逊、京东等多家企业已有入驻意向。

省外事办调研江宁创新开放发展 2016年8月15日，省外事办主任费少云率相关处室负责人到江宁区调研创新、开放发展工作情况。市委常委、区委书记李世贵和区领导祁豫玮、周育刚陪同调研。当天，费少云一行先后走访了位于江宁高新园的康宝莱（江苏）保健品有限公司和南京天印健华医药科技有限公司，走进两家公司实验室及生产车间，了解公司生产经营、产品开发、人才引进等相关情况，并听取高新园生命科学产业发展情况介绍。得知高新园在短短4年时间内，生命科学企业加速集聚，从3家发展到428家，费少云表示赞赏，希望高新园生命科学产业持续加快发展，取得更加丰硕成果。

外贸新政业务培训 2016年6月，区商务局组织各街道、园区外贸工作者以及40多家驻区企业人员开展外贸新政宣讲和业务培训，为外贸企业解决政策信息不对称、流程不熟悉等问题。培训班上，海关、国检、国税等职能部门负责人和中信保、银行等金融机构专家，就最新的外贸促进政策和海关、商检、出口退税、外汇管理等政策进行详细解读，并对企业进行现场答疑。举办此次培训班旨在促进企业提高政策运用能力，共同推动江宁外贸健康持续发展。

泉峰跨国并购博世旗下百年品牌 2016年8月31日，江宁区本土民企泉峰控股集团有限公司与博世电动工具签署并购协议，将接管博世旗下有着近百年历史的SKIL品牌在北美和欧洲的相关电动工具业务。当日，并购双方联合召开新闻发布会，市、区领导李世贵、孙桂明、李万平、陈升等参加。SKIL于1924年创立于美国，享有“建设美国的工具”之美誉，是全球三大DIY电动工具品牌之一。1996年，SKIL并入博世集团，成为博世电动工具业务旗下事业部之一。按照计划，泉峰控股集团将接收美国芝加哥、荷兰布雷达以及中国杭州的约100名博世员工。为加速海外布局，泉峰在坚持自主创新的同时，同步进行海外并购。2013年，泉峰首次成功并购德国百年企业Flex，3年过后，该公司在欧洲当地的销售额增长50%。此次收购SKIL与上次收购的Flex品牌在产品定位、重点市场等都有所不同，Flex品牌侧重欧洲市场，属高端品牌，SKIL品牌侧重北美市场，走民用路线，两者互补。

（宁　鉴）

2016年8月31日，位于江宁开发区的泉峰控股集团有限公司宣布签署博世旗下SKIL品牌并购协议，市委常委、区委书记李世贵（左四），区政协主席孙桂明（左二），开发区管委会主任李万平（左一）等出席发布会

陈　晓　摄

旅游业

综 述

概 况 2016年年末，江宁区拥有国家级旅游度假区1个、市级旅游度假区1个，国家等级旅游景区15个（AAAA级3个、AAA级4个、AA级8个），省四星级、三星级乡村旅游区（点）分别为18个、6个，全国工农业旅游示范点7个，省级工业旅游示范点2个，省级房车露营地1个，省自驾游基地2个，旅游星级宾馆饭店7家（五星级宾馆饭店1家，四星级宾馆饭店3家，三星级宾馆饭店3家）。是年，区旅游部门结合区委、区政府工作部署，贯彻落实中央和省、市旅游业改革发展要求，以创建“国家全域旅游示范区”为目标，全面提升传统旅游要素、加快发展新兴旅游业态，大力促进旅游跨界融合发展。全年接待游客3002.56万人次，旅游收入320.08亿元，分别比2015年增长24.9%和14.3%。区旅游局获“江苏省旅游系统先进集体”称号。

旅游宣传推介。在央视“朝闻天下”“新闻30分”栏目持续一年播放“来江宁织造幸福”旅游形象宣传片；全国“两会”期间，在《中国旅游报》两次整版宣传江宁全域旅游，并在长三角广电旅游联盟推介会期间重点宣传推介江宁全域旅游。组团参加第13届上海旅游博览会、2016南京旅游新产品推介会、2016第八届中国南京文化创意产业交易会等，并在南京地铁集庆门大街站举办江宁全域旅游地铁广告发布会。7月12—15日，在会展中心举办江宁礼道“旅游+”产业融合展销会，向全省展示江宁丰富的“旅游+”商品。举办江宁旅游服务技能培训、讲解员大赛等系列活动，运用网络新媒体深度宣传和南京南站平台户外广告宣传，有效提升江宁旅游品牌知名度。

旅游项目建设。牛首山文化旅游区推进西峰大穹顶、摩崖石刻、莲花广场地下通道、牛头禅文化园、山体塑石假山和景观绿化主体工程建设；银杏湖乐园投入4.8亿元，用于景区内绿化、停车场修整、道路指示牌制作安装和景区内城堡项目、商务区门店装修；南京世茂梦工厂动漫文

2016年7月12—15日，江宁会展中心举办江宁礼道“旅游+”产业融合商品展销会。图为特色农产品吸引群众围观　　区新闻中心　供稿

化创意体验中心加快基础建设；汤山紫清湖旅游综合体二期项目完成投入1亿元，度假酒店进入内部装修。智慧旅游建设进程加快，完成部分重点景区视频监控布点建设，通过增设摄像头、对接市旅委大数据平台等方式，实现对牛首山、银杏湖、石塘人家、大塘金、黄龙岘、阳山碑材等6个景区及高铁南站、禄口机场等2个交通枢纽点人流密集区域的视频监控、视频信息采集。建立重点景区客流人数统计、客源市场及游客行为习惯的分析系统，完成目标景区到访客流情况，客源分布情况和到访游客年龄、性别、职业、国籍的组成架构，喜好分布等统计数据分析系统建设。

国家示范区创建。自2015年10月正式启动申报创建工作后，特别是2016年2月江宁被国家旅游局批准成为首批“国家全域旅游示范区”创建单位、召开全域旅游创建工作动员大会以后，全区坚持“规划引领与规划指导相结合、分类试点与分批推进相结合、功能布局与体系完善相结合、示范创建与项目支撑相结合、运营管理与宣传推介相结合、督查指导与组织保障相结合”的要求，扎实有序推进创建工作，并取得阶段性成果。

旅游品质提升。是年，江宁区被确定为首批“江苏省乡村旅游创新发展示范区”创建城市；汤山紫清湖旅游区、牛首山文化旅游区获批国家AAAA级旅游景区；谷里公塘头、淳化翠洲芳谷被省旅游局认定为“江苏省四星级乡村旅游区”，南京景业百果园、金和园旅游盆景基地和陡门口村乡村旅游点被省旅游局认定为“江苏省三星级乡村旅游区”；汤山华宁温泉房车露营地被省旅游局认定为江苏省房车露营地，汤山温泉房车露营地、大塘金香草谷被省旅游局评为江苏省自驾游基地，石塘人家、大塘金香草谷获批全省首批五星级省级乡村旅游点创建资格。

2016年6月22日，第六届金陵礼佛文化月在牛首山文化旅游区开幕
牛首山文化旅游区 供稿

全域旅游江宁样本推出 2016年1月，由区旅游局、南京中陆必得旅游规划设计研究院、南京中陆必得旅游策划设计有限公司编制的《江宁全域旅游发展总体规划建议书》推出，成为引领江宁“国家全域旅游示范区”创建的样本。“建议书”由基础研究、战略规划、规划实施、保障措施4部分、16章节组成。江宁全域旅游发展总体规划范围为江宁区行政区域范围，含10个街道，规划面积1561平方公里。江宁“国家全域旅游示范区”发展定位是：把江宁1561平方公里行政区当作一个大旅游景区打造，依托江宁优良的生态环境、丰富的文化积淀，以汤山、牛首山两大龙头景区与特色乡村为引擎，以构建全域化旅游服务体系为支撑，把江宁建设成为集温泉度假、文化体验、山水风光、宗教朝觐、乡村休闲、主题娱乐、商务会奖、美食购物于一体的国内一流、国际知名的全域旅游目的地。在所有街道（园区）、景区景点、美丽乡村成为全域旅游目的地同时，牛首山文化旅游区要成为中国国际特色旅游目的地，汤山旅游度假区要成为温泉养生旅游度假目的地，西部“美丽乡村”示范区要成为“美丽乡村”旅游目的地。江宁全域旅游发展总体目标是：把江宁区建设成为“国家全域旅游示范区”，实现规划全领域、行业全联动、资源全利用、生态全覆盖、文化全渗透、产业全链接的大旅游发展格局，树立全域旅游发展的典范与标杆，打造“全域旅游，江宁样本”在全省乃至全国加以推广。

十大举措促进全域旅游创建 2016年，区委、区政府以文件形式下发《关于促进旅游业发展的若干意见》，明确十大举措，加快构建产业融合、全域联动的大旅游发展格局，努力把江宁打造成“国家全域旅游示范区”。《关于促进旅游业发展的若干意见》以10个方面提出任务和举措，并明确责任单位。（一）提升旅游产业发展定位。以建设环绕越文化休旅经济带为重点，着力构建汤山温泉度假、牛首山佛教文化、东山主城商贸休闲、黄龙岘乡村休闲、上秦淮主题娱乐、滨江生态湿地六大旅游功能片区，打造温泉休旅、礼佛参禅、乡村休闲、主题娱乐等重点旅游产品体系，力争成为江苏乃至全国重点旅游推广线路。到2020年，全区旅游业增加值占地区生产总值比重16%，旅游税收占地方财政税收比重13%。（二）加强旅游规划统筹引领。抓紧编制并实施《江宁区“十三五”旅游产业发展规划》《江宁区创建“国家全域旅游示范区”规划体系》《江宁区旅游公共服务体系规划》《全域旅游示范街道、园区、社区、院校创建标准体系》等系列规划，同时做好旅游规划与城乡规划、土地利用规划的协调衔接。（三）强化重大旅游项目保障。通过建立旅游项目库、搭建旅游招商平台、引入PPP投资模式，加大城市旅游综合体项目引进与建设力度，将重大旅游题材开发项目纳入区委“三重一大”决策范围。全面对接并落实省、市关于旅游发展土地利用政策，每年以不低于15%的土地指标，用于保障国家级、省级旅游度假区以及重点旅游项目用地。（四）完善旅游公共服务体系。落实区域旅游公共服务体系规划要求，加快完善旅游信息咨询、安全保障、交通便捷、便民惠民、行政服务等五大类旅游公共服务体系，推进城市公共服务设施与旅游公共服务设施相衔接，促进旅游指引标识、导游导览、智慧旅游、旅游停车场、旅游厕所、无障碍设施在所有景区实现统一标配。（五）开展全域旅游示范创建。以点带面，深入开展全域旅游示范街道（社区、园区）和全域旅游工业（农业、商业）示范单位、全域旅游示范院校（科所）创建考评工作，推进区域旅游资源全方位开发、旅游产业全要素融合。对于当年创建不达标的，实行自动退出机制，3年之内不得再次申报创建。（六）提升旅游品质品牌。采取以奖代补形式，鼓励有条件的度假区、景区景点创建或提升品牌等级。实行景区品牌年度复核制，对运营水平下降、低于行业认证标准的景区实行淘汰退出机制。（七）扩大旅游购物消费。鼓励旅游纪念品创意设计，着力提升江宁旅游辨识度，切实打造“江宁礼道”旅游商品专属品牌，加快建设集文创、金融、互联网营销为一体的“江宁礼道”研发生产体系。对地域特色鲜明、游客满意度高的上市旅游产品，优先进驻各旅游窗口单位销售展示。（八）创新旅游宣传营销。高标准策划、多渠道开展江宁城市旅游形象宣传，加强与国际组织的合作，积极引进重大会议和会奖旅游项目，并给予一定的财政补助。开展新媒体营销，加强与网络媒体、旅游电商平台合作，提高旅游营销精准度。（九）加快旅游人才队伍建设。抓紧出台江宁区旅游产业高层次人才引进与培养专项规划及实施办法，加快培养和引进一批专业化、领导型城市旅游综合体高级运管人才与团队，以及实用型、紧缺型旅游专业技术人才。（十）完善旅游发展促进机制。增加区财政旅游产业发展专项引导资金规模（连续3年总量不低于1亿元），切实保障“国家全域旅游示范区”创建工作，推进全区旅游产业转型升级，抓紧设立并运行江宁全域旅游服务中心，加快构建并完善旅游联合监管机制，推进文明旅游诚信体系建设。

创建“国家全域旅游示范区”专题培训　2016年7月12日，江宁区创建“国家全域旅游示范区”专题培训在区会展中心举行。市委常委、区委书记李世贵参加培训并作动员讲话，要求抓落实、谋实招、求实效，进一步增强对全域旅游示范区创建工作的认识和理解，从而坚定信心，以改革的精神、创新的思路、务实的作风，扎实推进全域旅游各项工作，确保江宁始终走在创建工作前列，为建设“强富美高”新江宁增添新优势。副区长于茂高主持培训会。会上，市旅游委主任金卫东围绕“国家全域旅游示范区”创建工作作专题讲座，相关专家分别就江宁全域旅游公共服务体系规划、江宁全域旅游示范街道、园区、社区、企业和院校创建要求作专题辅导。

“江宁蓝”亮相上海世界旅游博览会　2016年5月19日，第13届上海世界旅游博览会在上海展览中心开幕。该届博览会由上海市旅游局、VNU欧洲展览集团共同主办，全球50多个国家和地区的750余家联合展商参展。“江宁蓝”精彩亮相展会现场，受到参展商和上海市民的普遍欢迎。江宁旅游特装展位沿袭蓝白清新风格，以“打造国家全域旅游示范区、欢迎来江宁织造幸福”为主题，宣传江宁全域旅游产品，合力推广江宁旅游整体品牌形象。牛首山文化旅游区以山水禅音、清心牛首为主题，主推禅境大观、巨型卧佛、禅修文化；汤山旅游度假区以温泉度假、亲子汤山为主题，主推全区2个国家AAAA级景区紫清湖和阳山碑材、南京直立人化石遗址博物馆寻猿记亲子科普；方山国家地质公园以古火山奇貌、文创方山为主题，主推古火山口、方山艺术营、方山汽摩基地；江宁金花村以创意村落、乡游江宁为主题，主推黄龙岘茶文化旅游村、大塘金、秣陵杏花村、东山香樟园、锁石生态旅游村、三界稻花村；银杏湖生态旅游区以主题娱乐、欢乐江宁为主题，主推山水生态、亲子旅游；江宁开发区以商务会奖、会客江宁为主题，主推丽湖雅致吉山酒店、百家湖山水风光、爱涛艺术馆、江宁金鹰；紫金（江宁）以文旅新秀、精彩江宁为主题，主推上秦淮湿地公园等在建旅游项目。展会现场，牛首山文化旅游区的大瓷大杯文创产品，黄龙岘茶文化村绿茶、红茶及品种齐全的土特产品，谷里薰衣草系列产品，“湖熟熟、天下丰”湖熟大米系列等，吸引众多参展商驻足参观。

“最江宁”亮相2016南京文交会 2016年10月28日，第八届中国南京文化创意产业交易会在南京国际展览中心开幕。该届文交会由南京市人民政府、中共江苏省委宣传部、江苏省科学技术厅共同主办，是国家文化和科技融合示范基地建设办公室支持的综合型展会。江宁区作为国家全域旅游示范区创建单位应邀参展，“最江宁”全域旅游文创展精彩亮相。“最江宁”全域旅游文创展，围绕“来江宁织造幸福、打造国家全域旅游示范区”的品牌宣传，结合文交会“文化+：新创意、新业态、新经济”的展示主题，凸显江宁全域“旅游+”与文化、科技跨界融合特点，以“江宁礼道：一份独具匠心的礼物”“江宁匠艺：把文化记忆带回家”“江宁智慧旅游：带来更新鲜的旅途体验”“江宁特色小镇：邂逅全域旅游新风情”“江宁民宿：让您的旅途更有格调”为主线。展位布置江宁礼道旅游商品展销超市、江宁匠艺文化互动体验区、江宁智慧旅游产品体验区、江宁茶道文化交流区等4个功能区域，组织街道、园区、国企集团及相关部门40家单位2000余件“最江宁”文创展品参加展销，为广大市民和游客提供好看、好吃、好喝、更好玩的全新江宁全域旅游文创体验。

中央媒体采风江宁全域旅游 2016年11月19日，由江苏省旅游局、中国旅游报社共同主办的“2016美丽中国行，聚焦扬子江名城之旅”大型采风活动走进江宁，国家旅游局官网、央视网、光明日报、中国国际广播电台、中国旅游报、旅游央视等10多家中央主流媒体的记者深入江宁采风，深度采访江宁全域旅游在旅游机制体制改革、供给侧结构改革等方面的探索及经验。采风团对牛首山文化旅游区、苏家文创小镇、黄龙岘茶文化村进行了考察采风，牛首山极其丰富的佛文化内涵和独具匠心的“牛首捌厕”、苏家文创小镇的特色文化创意产业和建设模式、黄龙岘茶文化村独特的田园风光和特色茶文化体验让中央媒体团的记者们赞叹不已。采风过程中，中央媒体记者对3家景区的相关负责人进行了深入交流和采访。至11月，已有两批中央主流媒体团到江宁采访江宁全域旅游发展情况。

两景区获省“互联网+”智慧旅游项目表彰 2016年12月28日，全省智慧旅游培训班暨工作推进会在常州举行，会上，省旅游局与省信息化领导小组办公室对2016年度江苏省“互联网+”智慧旅游项目进行表彰，江宁区牛首山文化旅游区的智慧牛首山综合管控平台项目和石塘人家智慧旅游平台受到表彰。牛首山文化旅

2016年10月28日，第八届中国南京文化创意产业交易会在南京国际展览中心举行。江宁区作为国家全域旅游示范区应邀参展

区新闻中心　供稿

游区紧扣智慧服务、智慧营销、智慧管理，重点打造具有牛首山特色的智慧型景区，利用最新信息化技术、物联网技术、互联网技术为景区智慧旅游发展奠定基础。在石塘互联网小镇的电商平台上，游客可以网购当地特产；在乡村旅游网上，游客可以直接进行网上预约；在旅游途中，也可以按照网站上提供的旅游路线自主安排自己的行程。景区游客大数据分析、基于管理模块可以实现社区巡检管理、远程会议系统、会议云服务等。景区酒店160间客房还提供有宽带和iTV服务，游客入住酒店后可通过电信iTV电视平台了解集酒店、农家乐等于一体的服务指南及个性化服务内容。

端午小长假旅游接待量增长95% 2016年端午小长假期间，全区各旅游景点接待游客132.49万人次，实现旅游收入25866.88万元，分别比2015年增长95.2%和37.1%。其中，美丽乡村接待游客41.47万人次，旅游收入6644.3万元，增长111%和71%。丰富的节庆活动精彩纷呈，“浓情端午幸福相约”银杏湖主题乐园端午系列活动、汤山“逛奥莱、游阳山、泡温泉”系列活动、谷里玫瑰山庄“大手牵小手，开心端午行”青少年快乐实践活动、横溪石塘“米酒飘香，粽情石塘”等节庆特色活动，以及淳化街道睿汐蓝莓园“亲子采摘蓝莓”、秣陵杏花村“户外亲子端午”、砂之船“缤纷六月端午乐购”、丽湖雅致酒店“关注特殊儿童 丽湖雅致与你同行”等活动吸引大批游客。各景区（点）均迎来出游高峰，客流量增大，民宿餐饮爆满，出现一车位难求、一餐桌难订的场面。

国庆黄金周主要旅游指标创新高 2016年国庆黄金周，全区主要旅游经济指标创历史新高。各旅游景点接待游客230万人次，旅游收入6.3亿元，分别比2015年同期增长57.6%和55.73%，其中美丽乡村接待游客47万人次，旅游收入1.1亿元。节前，区旅游局赴上海、杭州、宁波参加2016南京新产品推介及南京“美丽乡村游”等系列推介活动，提前预热市场。各景区（点）组织开展系列宣传营销活动，第12届中国南京农业嘉年华9月28日启幕，牛首山佛顶骨舍利接受公开瞻礼，银杏湖玩转景区“十个一”活动，黄龙岘茶文化旅游村“品茗养生话金秋、茶村民宿最生活”活动，石塘互联网小镇、秣陵苏家文创小镇分别推出“田园e站邀您同high十一”和开业活动，秣陵白鹭田园“智慧农业机器人展示月”等40余项假日旅游特色活动，受到周边游客广泛青睐。国庆期间，全区民宿客栈入住率90%以上，汤山房车露营地温泉房车全部住满；黄龙岘、汤家家等乡村旅游点餐饮爆满。

元旦小长假80万人游江宁 2016年元旦小长假期间，全区各旅游景点累计接待游客80.07万人次，实现旅游收入33608.72万元，游客接待量和旅游收入均创历史新高。其中美丽乡村接待游客15.99万人次，旅游收入2445.91万元；汤山旅游度假区接待游客25.3万人次，旅游收入22800万元；牛首山文化旅游区接待游客2.73万人次，旅游收入294万元；银杏湖主题乐园接待游客1.95万人次，旅游收入370.5万元。全区无一起旅游安全事故发生，实现品质和效益双提升。围绕扩大冬游市场和元旦假日旅游市场，区旅游局统筹谋划，指导各景区开展一系列宣传营销活动。银杏湖冰雪嘉年华跨年活动吸引近3万人参与跨年狂欢，元旦假期天天爆满；牛首山文化旅游区“我为牛首换新衣”、佛顶骨舍利公开瞻礼让市民尽情参与，不留遗憾；“方山圣诞嘉年华”让许多小朋友流连忘返，微园“大师归来”艺术品展众多大师真迹让人大饱眼福；汤山紫清湖首届新春欢乐节、缤纷百味百联奥莱环球食品节、阳山碑材明文化村户外亲子活动以及跟着跑男玩转南京直立人化石遗址博物馆等系列活动精彩纷呈，吸引众多游客踊跃参与温泉季活动，亲身体验源远流长的温泉文化。

春节黄金周旅游收入9亿元 2016年春节黄金周期间，全区各旅游景点共接待游客153.75万人次，实现旅游总收入95201.25万元。牛首山文化旅游区以祈福礼佛为主题，打造“牛首山新春—拜舍利”新民俗，“献花礼佛·牛首禅音”实景演出和献花仪式，为市民和游客提供一场丰盛的视觉盛宴。方山定林寺除夕夜的“新年撞钟祈福”，马场山、七仙大福村的“DIY炒米糖”“打年糕”，锁石村的草莓采摘和文艺会演，砂之船的舞龙舞狮、财神送惊喜、齐天大圣cosplay表演，黄龙岘茶文化旅游村手工糖画制作等江宁年味年俗活动，让广大游客重温久违的年味。汤山温泉度假、牛首山祈福礼佛、银杏湖主题娱乐、江宁金花村乡村休闲等度假产品深受市场欢迎，亮点层出不穷。牛首山文化旅游区吸引12余万游客参与祈福礼佛，汤山旅游度假区有近65万游客享受温泉度假，银杏湖接待近2万游客娱乐休闲，全区各美丽乡村累计18.64万游客在乡村过年。

清明小长假接待游客72万人 2016年清明小长假期间，全区各旅游景区景点共接待游客72.74万人次，实现旅游收入23590.8万元，比2015年同期分别增长27.8%和2.3%。清明小长假江宁旅游主要呈现4个特点：踏青赏花仍为清明小长假的主打产品，境内的大片樱花、梨花、桃花、油菜花、杜鹃花，为广大市民踏青、赏花提供了更多选择，游客中以踏青赏花为出游目的占70%以上；清明祭扫助推乡村游，节假日期间，全区陵园的祭扫市民如期而至，市民在默哀、缅怀亲人之后，就近在附近的集镇或乡村旅游景点品一下乡村新鲜时蔬、看一下似锦繁花、访一下亲朋；近郊游、自驾游成为市场主体，近郊游、自驾游成为市民外出旅游的首选，自驾游、本地游的游客占游客总量的75%以上；乡村游火爆，东山香樟园、石塘人家、世凹桃源、大塘金、秣陵杏花村等乡村旅游景点人头攒动，挤满踏青、赏花、拍照摄影的人群。美丽乡村景区点接待游客18.94万人次，增长11%，实现旅游收入3576.61万元。

（刘海燕）

全区旅游工作暨创建“国家全域旅游示范区”动员大会 2016年2月26日，江宁区召开旅游工作暨创建“国家全域旅游示范区”动员大会，市委常委、区委书记李世贵和区领导陈发喜、王国亮、孙桂明、高德臣、张会祺、于茂高及省、市旅游部门相关负责人参加会议。李世贵在讲话中指出，随着供给侧结构性改革不断深入，“五大发展理念”激发动力转型，以及旅游政策红利有力释放，旅游业在发展中的战略性地位更加凸显。区委、区政府把文化休旅纳入“3+3+3”现代产业体系，并作出创建国家全域旅游示范区的重要决策，是江宁加快产业转型升级的客观需要，也是顺应群众过上更好生活新期待的现实需求。要咬定目标，乘势而上，不断提升旅游产业能级，力争“十三五”时期将江宁打造成为“魅力独具、环境一流，集散便捷、服务完善，旅游产业体系健全、产品结构丰富”的国家全域旅游示范区。李世贵就旅游业发展提出4点要求：突出规划统筹和引领，科学构建江宁“大旅游”发展格局；突出板块联动和融合，全力打造环绕越文化休旅“金腰带”；突出品牌创建和塑造，进一步提高江宁旅游对外“知名度”；突出服务提升和优化，加快构筑倍受欢迎的旅游“目的地”。区长陈发喜在部署国家全域旅游示范区创建工作时要求，进一步明确创建目标任务，对照相关指标查漏补缺、固强补弱，将旅游要素融入各项建设发展工作中，实现全域共建、全域共融、全域共享；建立旅游项目库，搭建旅游招商平台，切实加大重点旅游项目引进与建设推进力度，积极打造重点旅游品牌；创新旅游管理体制、完善旅游公共服务体系、改革旅游考核评价体系，以创促建，扎实推动全区旅游业发展走在最前列。

“五一”期间接待游客122万人 2016年“五一”小长假，全区旅游景区累计接待游客122.08万人次，实现旅游收入27049.56万元。其中，美丽乡村接待游客41.85万人次，实现旅游收入1468.98万元；等级景区接待游客21.77万人次，实现旅游收入5004.45万元。牛首山接待游客5.43万人次，实现旅游收入631.6万元；银杏湖接待游客3.7万人次，实现旅游收入1610万元；汤山旅游度假区接待游客6.7万人次，实现旅游收入6101万元。小长假期间，江宁美丽乡村西部片区游人如织，青山翠竹环绕的石塘人家，茶香四溢的黄龙岘，含苞欲放的大塘金薰衣草园……春光正好的美丽乡村景点格外吸人眼球。小长假首日，黄龙岘景区游客接待量超过3万人次，其中以家庭游、散客自驾游为主。黄龙岘景区推出一系列丰富多彩的活动，满庭芳驿站新增餐饮功能，以花瓣入菜推出“花瓣鱼”等风味美食，吸引大批游客就餐、游玩；黄龙岘大茶馆举办茶艺、古筝表演，为品茶的游客送上一道高雅清新的视听大餐。长假3天，黄龙岘景区内观光车、餐饮、住宿、土特产销售等各项旅游收入超过100万元。而在汤山旅游度假区，扶阳登山、直立人化石遗址博物馆寻猿记、爱心后备厢、湖山啤酒狂欢节等众多活动火热上演。“五一”当天，汤山度假区组织扶阳登山节活动，近百名登山爱好者齐聚阳山碑材景区，登山赏景观民俗。乡村游中，汤山七坊、汤家家、石地水乡依然是热门景点，打糕、磨豆腐、泡温泉、吃农家菜、住民宿，悠闲的乡村生活让游客流连忘返。湖山小火车漫步公园也受到都市游客的青睐，很多游客携亲带友来此吃美食、坐小火车，玩皮划艇、骑自行车。

江宁全域旅游“蓝图”绘成 2016年5月，《江宁区“十三五”旅游产业发展总体规划》《江宁区创建“国家全域旅游示范区”规划纲要》《江宁区旅游公共服务体系专项规划》等规划文件陆续敲定，江宁全域旅游“蓝图”初步绘成。坚持“城市即旅游、旅游即生活”的发展理念，生态文化旅游将成为全区城乡旅游主打品牌，而随着全域旅游的深入推进，旅游公共服务体系提升、区域生态环境改善将释放出更多“红利”。创建“国家全域旅游示范区”就要促进旅游业全区域、全要素、全产业链发展，实现旅游业全域共建、全域共融、全域共享。全区明确以汤山、谷里、横溪3个街道和中前、牌坊、三界、青龙、滨淮等9个社区，牛首山、高新园、紫金（江宁）、台创园、众彩物流5个园区，以及海龙红木、禄口皮草等7家企业、院校为首批试点单位，率先开展“全域旅游示范街道（村、社区）”和“工业（农业、商业、科研院所）旅游示范点”创建考评工作，在成功试点的基础上全面推进创建，确保1年推一批、3年全覆盖、5年上台阶。根据《江宁区旅游公共服务体系专项规划》，将凝聚辖区各部门、单位的合力，分3年逐步完善信息咨询、安全保障、便民惠民、行政服务等旅游公共服务体系。城乡旅游的融合将更加紧密，从设立旅游专线，到增设厕所、停车场，便捷的旅游公共服务设施也将与城市公共服务设施无缝对接，在服务游客的同时，服务本地居民。

“旅游+”展会　2016年7月12—13日，江宁礼道·旅游+产业融合商品展销会在江宁会展中心开幕。此次展销会以“畅游美丽江宁，乐享购物嘉年华”为主题，环状分布着商品展销、江宁非遗文化体验、江宁茶禅茶道文化交流、智能旅游展、旅游车展、红木家具艺术展等区域，展示了方山汽摩基地的沙滩车、禄口皮革城的各式皮草制品、紫金（江宁）的3D打印设备、各美丽乡村的农副产品和文创纪念品等1000余件旅游商品，而将旅游元素与文体活动、工业生产、科技研发等相融合，通过跨行业合作推进全域旅游的创新做法受到称赞。

张雷调研江宁旅游工作　2016年8月16日，副省长张雷率队到江宁区调研旅游工作，市、区领导胡万进、祁豫玮、于茂高陪同。张雷一行首先到牛首山文化旅游区，实地查看景区游客服务中心等服务设施以及智慧旅游系统的运行情况，并详细询问游客接待和在建项目推进情况，希望进一步提升购票系统的网络信息化水平，方便市民进园游览。在黄龙岘特色村，张雷走进乡村民宿、梦想茶社、沿线驿站等地，与景区工作人员交流，实地了解特色品牌产品打造和旅游配套服务，以及当地老百姓创业、就业等情况，对黄龙岘秀美的自然景观和整洁的村容村貌，以及当地发展丰富多样的旅游业态给予肯定。

长三角53家电视媒体聚焦江宁全域旅游　2016年10月27—28日，长三角县市（区）广电旅游联盟携手区委宣传部，联合开展以“走进魅力江宁”为主题的江宁旅游项目推介暨媒体采风活动，聚焦江宁全域旅游创建成果，推介江宁旅游项目，探讨联盟旅游未来发展。长三角县市（区）广电旅游联盟的53家电视媒体参加活动，区委常委、宣传部部长张思明出席推介会并致辞。推介会上，长三角县市（区）广电旅游联盟与牛首山文化旅游区、汤山旅游度假区、黄龙岘茶文化村旅游项目负责人签订合作协议。双方将通过联合营销、广告置换等方式，开展旅游宣传推介，开发景区旅游精品线路，打造一体化区域旅游市场，为景区输送客源，支持配合联盟区域内举办的各种推广活动。长三角县市（区）广电旅游联盟由区域内县市区广电媒体会同相关旅游产业组织自愿结成，现有58家成员单位和30家景区及企业。（宁　鉴）

2016年8月16日，江苏省副省长张雷（前右二）一行调研牛首山文化旅游区　牛首山文化旅游区　供稿

2016年江宁区旅游景区（点）一览表

表3

街道（园区）	景区等级	景区（点）名称	门票价格（元）	负责人	电话
汤山街道（汤山度假区）	AAAA	明文化村	48	杨立功	84113997
	AAAA	紫清湖旅游区	—	赵永建	87138999
	四星级省级乡村旅游点	汤山翠谷	—	火　静	84145203
	—	欢乐水魔方	180	唐　朝	84105666
	四星级省级乡村旅游点	汤家家	—	王祝艳	84107888
	四星级省级乡村旅游点	石地水乡	—	沈　荣	15051859917
	四星级省级乡村旅游点	汤山湖山村	—	艾钱云	—
	四星级省级乡村旅游点	汤山七坊	—	陆　瑶	84148888
	省级房车露营地/省自驾游基地	华宁温泉房车露营地	—	王静平	—
麒麟	AA/全国农业旅游示范点/四星级省级乡村旅游点	锁石村	—	孟凡荣	84193210
淳化	三星级省级乡村旅游点	景业百果园	—	陈贞林	—
	四星级省级乡村旅游点	马场山三国村	—	张业龙	52292108
	四星级省级乡村旅游点	翠洲芳谷亲子文化园	—	刘　佳	84150698
湖熟	三星级省级乡村旅游点	陡门口村	—	王正超	—
	AA	周岗奇水园	—	胡　杰	84168775
	省级工业旅游示范点	海龙红木	—	刘立海	—
	三星级省级乡村旅游点	三界稻花村	—	张　勇	—
	四星级省级乡村旅游点	杨柳湖	40	李祥波	—
禄口	AA	鑫农庄	—	徐家宏	86198188
	全国农业旅游示范点	彭福旅游村	—	沈东方	52772834
	AA/全国农业旅游示范点	黄桥滩	—	徐晓丽	52776858
	三星级省级乡村旅游点	豪祥农庄	—	李正豪	86199199

续表

街道（园区）	景区等级	景区（点）名称	门票价格（元）	负责人	电话
秣陵	全国农业旅游示范点	周里旅游村	—	刘建雄	52758056
	四星级省级乡村旅游点	杏花村	—	姜孝美子	52796988
	省工业旅游示范点	海欣丽宁服饰	—	谢先富	57917039
横溪	四星级省级乡村旅游点	石塘人家	—	李　飞	84919695
	AA	龙山上庄园	—	徐刘斌	52739802
	AA/ 全国农业旅游示范点	横溪蔬菜园	15	李　可	86165506
	四星级省级乡村旅游点	七仙大福村	—	胡绪建	—
	AAA/ 四星级省级乡村旅游点	台湾农民创业园	30	关　旭	52739790
谷里	四星级省级乡村旅游点	公塘头	—	—	—
	AAA	银杏湖	—	景　丹	86139988
	四星级省级乡村旅游点 / 省自驾游基地	大塘金香草谷	—	张正兴	86133823
	四星级省级乡村旅游点	世凹桃源	—	王　宁	—
江宁	三星级省级乡村旅游点	金和园旅游盆景基地	—	金润林	—
	AAA	南山湖	—	陈红琳	86121015
	AA	雁南飞	—	孔　然	86142718
	三星级省级乡村旅游点	朱门农家	—	虞　康	86149488
	四星级省级乡村旅游点	黄龙岘	—	李　军	18252096699
东山	全国工业旅游示范点	金箔集团	—	经小红	52287074
	四星级省级乡村旅游点	东山香樟园	—	彭燕华	52715668
高新园	AAA	方山风景区	—	刘岳云	52712282
牛首山	AAAA	牛首山文化旅游区	—	武　娇	—
	AA	唐明文化园	南唐二陵 27	刘文庆 夏仁琴	86138528 52741826
开发区	全国工业旅游示范点	海尔曼斯	—	覃其明	52102877

2016年江宁区主要星级宾馆（饭店）一览表

表4

序号	单位名称	单位地址	负责人	日常负责人	
				姓名	电话
1	南京御豪汤山温泉酒店（五星）	江宁区圣汤大道汤泉东路288号	达式勇	张一华　伍晓妍	84109999
2	南京水秀苑大酒店（四星）	江宁区佳湖西路11号	张余国	李晓龙　李俊杰	52105588
3	江苏翠屏山宾馆（四星）	江宁区天元西路168号	胡成萍	张　力　倪　黎	52427626
4	南京中琅假日酒店（四星）	江宁区谷里街道邻里大道1号	陈昌喜	胡　强	86132666
5	南京东山宾馆（三星）	江宁区竹山路159号	张建良 郝　伟	董　焰	86833115
6	纳尔达斯大酒店（三星）	岔路口宏运大道1890号	吴成才 张　昕	喻家胜	—
7	空港宾馆（三星）	禄口机场	忻　宏	吴新敏　刘　慧	52488303

2016年江宁区主要旅行社一览表

表5

序号	旅行社名称	营业地址	负责人	联系电话
1	江苏新华航空旅游有限公司	江宁区上元大街29号	朱仪洪	86871286
2	南京上元国际旅游有限公司（三星）	江宁区金箔路326号	薛　青	52289117
3	南京苏式旅行社有限公司	江宁区金盛路175号	苏丛林	52158140
4	南京尚品国际旅行社有限公司（三星）	江宁区竹山路244号	鲁亚宁　鲁　楠	87180106
5	南京远通国际旅行社有限公司	江宁岔路口中驰路111号中驰商都楼	陈海涛	52071581
6	南京辉煌旅行社有限公司	江宁区科苑路128号兴民工业园	韩稚云	84058188
7	南京新景界国际旅行社有限公司（三星）	江宁区上元大街518号绿野大厦506室	蒋兆泉	52289600
8	南京幸福旅行社有限公司	江宁区竹山路102号	关亚峰　周永红	84058885
9	南京源翔旅游有限公司	江宁区禄口街道正阳路84-4号	李　超	52775256
10	南京环亚国际旅行社有限公司（三星）	江宁区东新南路15号瓯江大厦726室	杨明春　朱艳军	52162070
11	南京同业旅行社有限责任公司（三星）	江宁区天印大道1410号东渡青年城	严　波	85094508
12	南京富德国际旅行社有限公司（二星）	江宁区庄排路179号瑞鸿名邸	王慧琴	52106208

续表

序号	旅行社名称	营业地址	负责人	联系电话
13	南京飞跃彩虹旅行社有限公司（三星）	横溪街道甘泉湖社区后石塘村九里街17号	李　飞	52736886
14	南京佰庆旅游有限公司	江宁区滨河路东山国际街区	庄　珂	52718288
15	江苏超群国际旅行社有限公司（二星）	江宁区天印大道700号东山总部商务园	张超群	52188889
16	南京中云国际旅行社有限公司	江宁区万达广场C区1幢2304室	张　毅　余孟洁	83765099
17	南京趣去国际旅行社有限公司	江宁高新园天元东路555号	刘以宁　刘以晋	84900070
18	南京优途国际旅行社有限公司	江宁区秣周东路12号2号楼U530	潘世旋	87158111
19	江苏五方国际旅行社有限公司（四星）	江宁区西门子路19号	赵建兰　柳　灵	87181102
20	南京大福村文化旅游有限公司（二星）	江宁区天印大道788号	业阳阳　张建文	68561508
21	南京国际旅行社有限公司	江宁高新园天元东路555号	刘承忠　武利婷	84900070
22	南京尚游国际旅游有限公司	江宁区双龙大道新都汇广场1—1幢	豆美述　丁德学	86196891
23	南京达而美国际旅行社有限责任公司	麒麟科技创新园智汇路300号	陆　波　程慧君	68665068
24	南京梦想佳旅游有限公司	江宁区天元东路228号莱茵铂郡大厦18楼	董叶丽	68921666
25	南京齐行旅行社有限公司	江宁开发区董村路8号	佘为诚	86139988
26	江苏新势力国际旅行社有限公司	江宁区上元大街万达广场C座2305室	顾红吕　余孟洁	83765099
27	南京睿阳旅行社有限公司	江宁高新园天印大道1299号	张月波	84912311

（刘海燕）

南京汤山温泉旅游度假区

概　况　2016年，汤山旅游度假区立足国家级旅游度假平台，推进转型发展，努力打造世界著名温泉小镇。抓住创成国家级旅游度假区的历史性机遇，以“巩固创建成果、推动跨越提升”为工作总基调，以“重大项目突破年、社会治理创新年、机关作风提升年”活动为抓手，践行新理念，推动新发展，各项工作取得新成效，实现“十三五”规划良好开局。全年旅游接待量突破1000万人次，旅游综合收入120亿元，分别比2015年增长11.1%和9.1%。

产业项目建设和引进　2016年，汤山旅游度假区6个重大产业项目建设全部达到或超过序时进度。其中，房车露营基地、协众汽车文化产业园奥迪4S店竣工投运，紫清湖综合体纳入市重大产业项目、二期度假酒店建成运营，颐美精品酒店装修施工基本完成，具备投产运营条件。同时，总投资120亿元的省级重点产业项目苏豪健康养老产业园签约落地，项目公司注册成立，省中医院分院签约落户；阳光城国际温泉健康特色小镇、复星中青旅汤山特色温泉小镇等重大产业项目入驻；华鼎台湾特色街区、汤山温泉物联网、温泉疗养人才基地、世界温泉馆、青狐城（日韩免税店）等一批特色项目落户汤山。

品牌宣传营销 2016年，汤山旅游度假区制定以南京为核心、辐射周边、拓展长三角为主的宣传营销总体方案，突出春踏青、夏冲浪、秋运动、冬温泉“四季汤山”活动主题，先后举办第八届温泉文化旅游季、缤纷嘉年华系列活动、雪花啤酒节、意大利房车巡展、泥浆足球、汤山12H单车200公里认证赛、“我是轮滑之星”、南京第一届青少年马术公开赛等系列活动。推进汤山街道创建全域旅游示范街道、汤山百联奥特莱斯创建全域旅游示范企业建设，并具备验收条件。入选首批省地共建体育健康特色小镇，获全省旅游风情小镇称号。汤山华宁温泉房车露营地创成省级房车露营地，汤家家获评“全市美丽乡村精品民宿村”，颐尚温泉酒店成为星级温泉酒店，御庭、颐尚、御豪、紫清湖等酒店被评为“江苏精品休闲度假饭店”，“水润江南”温泉9日游获评“2016中国十大温泉旅游精品线路”。

公共服务体系建设 2016年，汤山旅游度假区聚焦游客需求，开通汤山首批环保电动车，环线旅游巴士运营体系不断完善，新增房车营地、紫清湖等2处公共自行车停放点。小镇休闲客厅启动规划建设，旅游大数据中心一期工程全面建成，汤山官方微信提档升级，实现信息查询、网上预订、在线支付等功能全覆盖。出台旅游厕所改造提升激励办法，完成一批A级旅游厕所改造提升工程。

苏豪健康养老产业园落户 2016年3月23日，苏豪控股集团公司与江宁区政府正式签约，双方将在汤山共同整合开发旅游资源，打造苏豪健康养老产业园。苏豪健康养老产业园位于汤山旅游度假区核心地段，周边环绕香樟华苹酒店、御庭精品酒店、颐尚温泉等知名温泉特色酒店。根据双方签订的框架协议，产业园内将设置医疗保健区、文化养生区、休闲养生区、适老公寓区、商业服务区五大功能区，充分展现汤山国家级旅游度假区的功能特色。

汤山温泉房车露营地开门迎客 2016年6月5日，位于汤山环镇北路的温泉房车露营地一期项目试营业。一期项目主要包括游客接待中心、房车露营区、房车体验区、房车展示销售区和户外活动广场等。营地内可同时停放80辆房车，游客可以将自家房车开进营地，也可以在此购买或租赁房车外出旅行。

紫清湖景区建国际马戏城 2016年9月14日，汤山旅游度假区北部片区紫清湖景区规划在南京市规划局进行公众意见征询，紫清湖景区将新增两栖爬行野生动物园和国际马戏城，还将配建动物主题酒店。紫清湖景区位于汤山新城北部，占地面积188.94公顷。景区在功能定位上，将打造成为长三角地区以扬子鳄、娃娃鱼等珍稀两栖爬行动物观赏为特色的旅游目的地、汤山国家级旅游度假区北部核心。

缪瑞林专题调研汤山旅游度假区 2016年12月27日，市长缪瑞林专题调研汤山旅游度假区建设，市委常委、常务副市长刘以安，市委常委、江宁区委书记李世贵参加调研。调研中，缪瑞林先后考察百联奥特莱斯、汤山国际房车营地、紫清湖旅游度假区等商旅服务业项目，并主持召开座谈会，听取汤山旅游度假区发展规划、产业集聚、项目建设等情况汇报。缪瑞林指出：汤山旅游度

2016年9月，第二届汤山TT12H单车200公里认证赛开赛

宁鉴 供稿

假区有国家级旅游度假区的优势品牌，有建设温泉特色小镇的独特条件，要倍加珍惜、抓住机遇、乘势而为，把旅游度假区与温泉特色小镇建设有机结合起来，进一步提升品牌、彰显特色。（李　宁）

区委常委会集体调研旅游度假区 2016年8月27日，区委常委会集体调研汤山旅游度假区工作，研究和谋划度假区新一轮发展，要求打好“世界著名温泉小镇”特色牌，推动度假区全面进入国家级旅游度假区“第一方阵”。当天，区委常委们先后调研汤家家温泉民宿村、汤山温泉房车露营基地、汤山温泉度假区核心区域、苏豪健康养老产业园项目选址地点，并走进房车露营基地实地探访经营情况，通过项目规划图详细了解苏豪健康养老产业园内部功能布局。调研中，市委常委、区委书记李世贵主持召开会议，听取汤山旅游度假区工作情况汇报，并研究《关于促进国家级汤山温泉旅游度假区发展加快打造世界著名温泉小镇的意见（讨论稿）》和《关于建设国家级汤山温泉旅游度假区加快打造世界著名温泉小镇的扶持办法（讨论稿）》，原则上同意以上意见和办法。会议要求区相关部门在帮助支持汤山旅游度假区发展上拧成一股劲，为度假区发展创造良好环境，特别要在资源配置、政策扶持上给予最有力的支持，共同推动度假区跻身国家级旅游度假区“第一方阵”。

世温联考察汤山旅游度假区 2016年9月11日，世界温泉及气候养生联合会主席恩贝托·索利曼等人在市委常委、区委书记李世贵等陪同下，考察汤山旅游度假区。恩贝托·索利曼一行先后考察汤家家温泉民宿、汤山温泉房车露营基地、南京直立人化石遗址公园和紫清湖温泉度假区，每一处都让恩贝托·索利曼等人啧啧称赞。在随后的座谈会上，代区长祁豫伟与恩贝托·索利曼共同签署合作备忘录，双方就进一步提升江宁区温泉旅游资源的利用水平、扩大温泉品牌的国际知名度，将进行深入合作。

第八届汤山温泉文化旅游季开幕 2016年12月9日，第八届汤山温泉文化旅游季开幕式暨重大项目签约仪式举行，市、区领导龙翔、李世贵、梁爱国、于茂高等参加。开幕式上，汤山为海外旅游宣传大使颁发聘书、纪念章，“江苏省高层次人才休养活动基地”揭牌，汤家家被授予“南京市美丽乡村精品民宿村”。汤山旅游度假区管委会分别与世温联签订顾问合作协议，与中科院浙江数字内容研究院签订温泉物联网项目合作协议。当天还进行温泉创新项目推介、低碳环保电动车开通、缤纷嘉年华开园仪式，汤山温泉治疗人才基地、青狐城（日韩免税城）、阳光城国际温泉健康特色小镇、汤山特色温泉小镇等一批重大项目签约。其中，汤山特色温泉小镇项目总投资60亿元，将建设地中海俱乐部、乌镇戏剧节、华东师范大学法国国立艺术学院、和睦家医疗等。青狐城（日韩免税城）项目则创新“互联网+外贸”形式，打造国内综合性进出口贸易新零售平台服务基地，拟引入国际免税商品、特色餐饮、明星博物馆等。（宁　鉴）

南京牛首山文化旅游区

概　况 2016年，牛首山文化旅游区以管理体制机制改革创新为动力，一手抓景区建设运营，一手抓园区规划开发，经济社会发展各项事业开创新局面、呈现新气象、取得新成绩。

体制创新。厘清管委会和集团公司的职能，明确管委会在规划、管理和保护等方面的职责和工作内容，发挥集团公司在开发建设、招商引资、运营管理方面的主体作用。推行政企分开，南京牛首山文化旅游发展有限公司于6月更名为南京牛首山文化旅游集团有限公司，并逐步建立健全集团公司架构，下设20个内设机构。

工程建设。加快佛顶宫内尚未开放空间的装修装饰，宫内多功能厅、学术报告厅、大小会议厅等功能空间已具备使用条件，进一步丰富了旅游、会务、展览等综合功能。围绕二期工程推进的西峰摩崖石刻、牛头禅文化园、佛顶尊胜道等项目，发扬“工匠”精神，注重精细化打造和阶段性推出，其中牛头禅文化园将于2017年春节正式开放。同时，对北入口原施工便道按照旅游景区要求实施整修改造，对东入口区域进行全面景观整治，新建2.5万平方米的生态智能型停车场，“十一”黄金周前已投入使用。

招商引资。集团公司设立招商一部、招商二部及企业服务部，强化招商引资队伍建设，构建由集团主要负责人亲自抓、分管领导协同配合的招商工作体系。相继接洽13家优质项目资源，与无锡灵山文旅集团等单位签订多项

2016年12月23日，“慧行牛首 从心开始”——牛首山佛教文化音乐会在牛首山文化旅游区举行　　牛首山文化旅游区　供稿

重点项目战略合作协议，致力于打造牛首山佛禅文化旅游小镇等项目，总投资250亿元。

营销推广。全年策划开展各类营销活动48场，在全国主流媒体发布信息2000多条，与江苏中旅等1000余家旅行社，携程、途牛等8家知名网络旅游分销平台建立深度合作关系。先后组团参加中国国际旅展、上海国际旅博会、西安旅展、北美入境游客接待专题会、台北和高雄两岸旅展等30余场大型推介活动，游客覆盖面涵盖全国各省、市、自治区及港、澳、台地区。

品牌建设。加大旅游资源包装策划、整合提升和宣传推介力度，多途径推广旅游品牌、形象和路线。是年，牛首山文化旅游区相继被评为“江苏省十大新景区”“江苏省旅游产业创新发展优秀项目”“江苏省对台交流基地”，并于12月获评国家AAAA级旅游景区。2016年除夕“牛首新年俗·南京新民俗”活动在中央电视台“新闻联播”播出，“来江宁织造幸福·牛首山文化旅游区”形象宣传片已在央视一套、十三套持续播出；春牛首国际马拉松赛吸引近万名爱好者参与；世界老式汽车中国巡礼牵手牛首山、牛首山—黄山24小时自行车耐力赛、“一带一路”沿线国家《心经》文化论坛等品牌活动获得广泛好评。

第六届金陵礼佛文化月　2016年6月22日—7月22日，第六届金陵礼佛文化月在牛首山文化旅游区举办，佛顶骨舍利公开对外瞻礼。此外，还举办了丰富多彩的佛教文化活动和学术研讨活动，包括供佛书画展、佛教文化收藏品展、“佛顶·艺海”佛教文化艺术作品联展暨义拍，以及佛学讲座、佛教禅修、金陵刻经处与近现代佛教义学研讨会等。

牛首山开园一周年系列纪念活动　2016年10月，牛首山文化旅游区开园一周年之际，牛首山文化旅游区举办系列纪念活动，包括第六届世界老式汽车中国巡礼、“2016首届单车24H耐力赛南京—黄山”以及“首届‘一带一路’沿线国家《心经》文化论坛”活动等。其中，《心经》文化论坛由中国外文出版发行事业局担任指导单位，人民中国杂志社和江苏省佛教协会主办，牛首山文化旅游集团有限公司承办，南京市佛教协会与南京市佛教文化研究院协办。论坛以文化为纽带，以佛教为平台，以《心经》为载体，以“一带一路”建设为阵地，为国家推进“一带一路”倡议服务。省政协主席张连珍，中国外文出版发行局局长周明伟，国家宗教事务局副局长蒋坚永，中央政策研究室原副主任、中国国际经济交流中心副理事长郑新立，全国人大常委、中国社科院世界宗教所所长卓新平，国际佛光会会长星云大师，中国佛教协会副会长、江苏省佛教协会会长心澄出席论坛，世界各地的佛教界、文化界、学术界人士240人参加盛会。

（毛素莹）

诸圣舍利供奉庆典　2016年2月4日，由南京市佛教协会主办，南京佛顶寺、南京博物总馆、牛首山文化旅游区承办的诸圣舍利供奉庆典在牛首山文化旅游区举行，近1000名法师、居士、观礼嘉宾等参加佛缘盛事。上午10点半，由南京市佛教协会会长隆相法师带领的迎请团，从南京博物总馆朝天宫分馆护送诸圣舍利到达牛首山，市佛教协会副会长、佛顶寺住持曙光法师于佛顶广场迎接，随后，在众法师、居士的护送下，诸圣舍利被迎请至佛顶宫千佛殿。春节期间，游客在牛首山即可同时瞻礼佛顶骨舍利与诸圣舍利，祈福迎新，共沾法喜。此外，牛首山佛顶塔、佛顶宫禅境大观于除夕亮相，信众游客可前往撞钟、观看献花礼佛仪式表演等，春节7天还有舞狮、非遗展售会、素食品鉴汇等活动。

首届南京国际赏樱节 2016年3月25日，由南京友好樱花园主办的首届南京国际赏樱节拉开帷幕，经过10多年建设的南京友好樱花园正式对外试营业。首届南京国际赏樱节开放时间为3月25日至4月30日。此时，位于谷里街道大周村牛首山风景区的南京友好樱花园内18个品种、8000株樱花次第开放。南京友好樱花园内现有早樱、晚樱、山樱、吉野樱、八重樱等多个品种，其中以晚樱数量居多，有近6000株，每年花期约45天。除樱花外，园区内还种植了由社会各界捐赠的梅花、桃花、桂花、蝴蝶兰等上千颗观赏花木，使得樱花园一年四季花开不断、景色宜人。首届南京国际赏樱节期间，园内还陆续举办“刘洪友个人书法展”“手岛右卿艺术展”“樱花书法小品展”等艺术展览。同时，还举办以“花香墨香”为主题的书法现场展，以及茶道、香道、花道等艺术表演。樱花园内除配有观樱亭、祈福台、墨香楼、竹樱堂、写经阁等景观外，还巧妙设计中、日、韩等国家的著名书法家作品的太湖石碑刻共80基，市民置身其中即可欣赏国际书法名家作品展。景点内还放大制作从春秋战国至现代的名家篆刻90方石印，摆放从历代帝王、书法大家的书法作品中集字制作的122基“百家姓”太湖石石刻，市民在赏樱花之际，可以直观感受中国传统文化的魅力。

5个重大项目签约落户 2016年10月27日，牛首山文化旅游区重点项目签约仪式举行，总投资250亿元的牛首山佛禅文化旅游小镇、未来媒体文化产业园、体育文化产业园、三胞文化创意产业园、凤凰文化教育基金5个重点项目集中签约落户。省宗教局、旅游局领导出席活动。此次签约的牛首山佛禅文化旅游小镇项目将按照AAAAA级景区标准，打造集文化、休闲、禅修、养生、旅游等为一体的旅游特色小镇；牛首山未来媒体文化产业园由华人文化控股集团（CMC）投资建设，该项目总投资80亿～100亿元，拟将以VR、人工智能等先导技术为引领，打造独具产业特色、文化内涵、生态魅力的产业园；牛首山体育文化产业园将再现古老丝绸之路，展示异域文化，建设集体育运动、生态旅游、民俗体验相结合的集聚区和产业园；牛首山三胞文化创意产业园由三胞集团打造，将提供文创产品研发设计、营销推广及经营管理，后续将重点发展文创产业、旅游产业、健康养生产业；凤凰文化教育基金一期规模1.5亿元，该基金通过实施儿童早期发展家庭指导等项目，宣传推广佛禅文化及中国传统文化。

牛首山入选“中国厕所革命十大典型景区” 2016年12月，“世界厕所日暨中国厕所革命宣传日”活动举行，牛首山文化旅游区被评选为“中国厕所革命十大典型景区”。此次获奖之前，牛首山文化旅游区“牛首捌厕”就曾入选“全球最美公厕榜单”，其设计匠心独运，用简约的设计，环保且价格低廉的材料，为游客呈现出8个蕴含东方禅意的公厕。“牛首捌厕”只是统称，8个厕所各自拥有文艺感十足的名称，分别为眺望、垭口、隐匿、地衣、竹吟、驻足、谦卑、平静，以厕为景点，或隐于竹林，或掀地而起，成为牛首山一道独特的风景。（宁　鉴）

乡村旅游

概　况 2016年，江宁区休闲农业围绕休闲农业示范村提档升级，开展各级项目申报，承办农业部休闲农业产业扶贫学习交流活动，组织黄龙岘景区开展全国休闲农业与乡村旅游五星级企业创建等重点工作，推动整体产业发展再上新台阶。全区休闲农业年接待各类游客840万人次，实现综合收入14亿元。在市委农工委（市美丽办）等单位联合主办的“魅力南京・最美乡村”全媒体行动暨评介宣推活动之“十大最美乡村・十大特色乡村”评选中，江宁区世凹桃源、黄龙岘、石塘人家3家入选十大最美乡村，大塘金、汤家家、马场山、杨柳村4家入选十大特色乡村；黄龙岘旅游开发有限公司创建为全国休闲农业与乡村旅游五星企业，并获评江苏省休闲农业与乡村旅游十佳精品线路；汤山七坊获评江苏省农家乐聚集村示范村。在2016南京休闲农业与最美乡村游颁奖庆典上，汤山七坊、世凹桃源被评为“最佳美食地”，谷里大塘金被评为“最佳赏花地”。在2016南京休闲农业创意大赛中，江宁台创园、白鹭田园及秣陵杏花村分获最具创意项目（单位）一等奖和二等奖，秣陵杏花村获“最佳创意伴手礼”（单位）二等奖。

休闲农业提档升级 2016年3月，江宁区制定下发《关于2016年江宁区休闲农业加快发展与提档升级工作的实施方案》，经现场调研、筛选，引导禄口街道石埝社区水荆墅村和汤山街道孟墓社区插花村打造成为新的休闲农业示范村，其中插花村为汉酒历史文化村，水荆墅为伊斯兰民族宗教文化村。江宁黄龙岘童趣部落、谷里世凹桃源花嬉谷、淳化马场山环湖景观设施和汤山石地房车营地民宿等4个项目实施提档升级工程，至年末，4个项目均建成并通过验收。（于存勇）

休闲乡村建设论坛在江宁举行 2016年4月15日，“记住美丽江宁，乡伴最美田园”休闲乡村建设论坛在江宁区举办，全国各地乡村产业领导者、设计领域专家、运营管理机构负责人等汇聚一堂，就如何让美丽乡村变得更具魅力和发展潜力展开探讨。区委副书记刘玲、副区长李雁参加。论坛现场，多名专家学者发表主旨演讲，从乡村定位、设计改造、运营管理、人文文创等层面为全区乡村旅游建设建言献策。参与论坛交流的投资人表示，江宁在休闲旅游、民宿方面有着非常丰富的资源，潜藏着巨大的发展机遇，希望能促成乡村项目落地江宁，为江宁乡村旅游发展注入新活力。论坛期间，“乡伴苏家”新乡村生活示范区启动仪式同步举行。占地8公顷的“乡伴苏家”位于秣陵街道元山社区，未来将打造成以特色民宿体验为核心，集乡村文创、田园活动、自然教育为一体的乡村旅游综合体。

花嬉谷景区开园 2016年6月10日，位于牛首山脚下的花嬉谷景区开园，当天有近8000名游客到这里赏花、看演出、尝美食、体验娱乐项目。该项目由总部设在秣陵杏花村的南京花嬉谷文化旅游发展有限责任公司投资3000万元建设，占地面积20公顷，鲜花种植面积13.3公顷，冰岛虞美人6.7公顷。花嬉谷内春天有百合花、郁金香，夏天有醉碟、百日草，秋天有菊花等，一年四季花开不断。还设有骑马、射箭、山地车、卡丁车、滑草皮、户外拓展训练基地、迷宫、自主户外烧烤、树屋休闲吧等多种游玩体验项目和特色经典小吃美食。

农业部休闲农业扶贫培训现场会在江宁召开 2016年9月1日，农业部休闲农业扶贫培训现场会在江宁区举行，全国各地农业部门的近200名代表参加培训。副区长言明林，省、市农口相关负责人参加活动。农业部休闲农业扶贫培训现场会为期3天，在9月1日的培训中，横溪街道石塘人家相关负责人现场介绍休闲农业扶贫经验。9月2日，参会人员先后参观横溪石塘人家、江宁黄龙岘、汤山七坊、汤山汤家家等休闲旅游示范村，了解江宁区休闲农业发展现状，并向相关负责人询问休闲旅游示范村的管理和营运情况，学习如何发展乡村经济和带动农民致富。9月3日，学员们分成5组，分别前往石塘人家、黄龙岘、世凹桃源、汤山七坊和香樟园，走村入户体验，感受休闲农业发展成果。

“江宁农家赏春二日游”获全省精品线路第一名 2016年10月，在首届江苏名茶展销暨休闲观光农业博览会上，“江宁农家赏春二日游”在全省各市推荐的13条线路评选中脱颖而出，获“全省休闲农业与乡村旅游十佳精品线路”第一名。该旅游线路从南京市区出发，先到江宁台创园观光休闲、体验农趣，然后到石塘人家感受竹海魅力，接着到位于牛首山脚下的世凹桃源农家乐村接受佛教文化的熏陶，品尝素斋，静心养性后，最后在以茶文化为主题的黄龙岘茶文化旅游村赏最美风光、品优质绿茶。（宁 鉴）

2016年9月28日，位于秣陵街道胜家桥社区内的白鹭田园正式开园迎客。该园已开发面积33.3公顷，可供游客体验采摘、草坪婚礼、蒙古包露营等农事娱乐休闲项目　　区新闻中心　供稿

国企集团

江宁国有资产经营集团 2016年年末，江宁国资集团资产总额220亿元，净资产150亿元，资产负债率、融资成本均低于年度任务目标值。为区内17家单位提供担保，对外担保总规模380亿元，为全区重点工程项目以及园区开发建设提供保障。依托主体信用评级AA+的优势，推动理财直融、中期票据、公司债券、短期融资债券等工作，成功发行第二期非公开定向债务融资工具（PPN）10亿元，理财直接融资5亿元注册，第一期已发行1亿元，中期票据20亿元相关注册发行资料已报送至银行间交易商协会审批。土山机场迁建工作有序推进，启动跨秦淮河桥、天印大道北延等配套项目建设工程。加大国有资产开发利用，盘活闲置资产，做好东麒路加油加气站土地出让等系列工作，完成天云阁整体改造，并面对广大市民全面开放经营。优化利用原区委老干部局等闲置资产，成立壹培训文化创意主题园区，有效盘活原区中医院门面房闲置资产。（倪洪波）

江宁城市建设集团 2016年，江宁城建集团实现营业收入8.48亿元，净利润2.23亿元，国有资产总额384.44亿元，国有资产保值增值。围绕杨家圩、府前及城东三大片区更新改造，新建、续建投资项目34个，其中市城建项目11个。重点项目快速推进，江宁医疗服务中心全面进入装修、机电安装阶段，外港河综合整治工程完成迁拆总量的90%，秦淮河景观提升工程进场施工。实施安置房续建项目5个，建筑面积60万平方米，总投资27亿元。新河佳苑、晓里村、岗山村安置房一期分别完成工程总量的70%、80%和70%，岗山村安置房二期、知青楼公租房改造前期手续全面启动。实施基础设配套项目12个，水气工程项目4个，城市排涝工程1个。湖山中路、湖西路竣工通车；杨家圩片区社区北路、社区南路、文靖路东延跨宁杭项目按序时推进。加快生态江宁建设，南区污水处理厂、城

南区污水厂中控室　　高倩倩　供稿

北污水厂二期工程于6月全面完成，开发区污水厂一级A提标、高新园污水厂三期工程手续办理等工作启动。

（李明山　高倩倩）

江宁交通建设集团　江宁交建集团成立于2011年12月，主要从事道路、桥梁、市政等基础设施建设与投资、美丽乡村建设与开发、现代农业开发、汽车检测与租赁服务，以及交通配套产业的经营、投资与开发等业务。集团现有南京西部路桥集团、江宁交通物资贸易公司、南京江宁美丽乡村建设开发有限公司、南京一八八六汽车综合服务有限公司、南京溪田生态农业科技有限公司等7家全资子公司，南京江宁宁高城际二期项目建设有限公司、南京三四零建设投资有限公司2家控股子公司，以及南京黄龙岘建设开发有限责任公司等9家二级子公司，下辖江宁交通发展集团、江宁汽车综合性能检测站2家成员企业及南京宁杭交通投资发展有限公司等4家参股企业。2016年，完成社会固定资产投资20.15亿元，主营业务收入16.82亿元，总资产217.88亿元。

重点项目建设有序推进。完成正方大道东延工程、将军路南延工程、S002湖熟集镇段改扩建工程、江宁美丽乡村生态南延线与北延线工程、老104国道（淳化查报站—桂园南路）沥青路面出新工程、板霞线路面维修工程和九乡河加固工程建设等。

美丽乡村西部片区提档升级。先后完成童趣部落、梦想茶社、西部客栈改造、龟山十二景、陶器铺等一批项目工程建设。云水涧、红庙水库、龙乡·双范精品民宿村、美丽乡村西部文化展示中心、逢源客栈二期、茶乡星谷、朱门五福廊道等项目有序推进，西部片区旅游业态格局进一步完善。是年，黄龙岘景区获全国第三批美丽乡村宜居小镇、美丽宜居村庄，江苏省休闲农业与乡村旅游十大精品路线、2016年度省级创业示范基地，2016南京十大最美乡村等国家和省、市级奖项15个。

产业转型取得突破。南京一八八六汽车综合服务有限公司加快业务规模扩张和技术水平提升，品牌知名度和影响力进一步扩大。成立南京溪田生态农业科技公司，布局“农业＋旅游”新兴产业市场，并启动一期362.7公顷的现代农业示范区建设。启动检测站东善桥分站建设，检测站东站布点地块收购也已获审批，“一站三点”布局初步形成。耕浓文化传媒策划公司、云水涧管理公司等公司注册成立，助推全区美丽乡村建设提档和旅游文化内涵升级。

（张　凡　林喜妮）

公塘头民宿外景　　邢　然　摄

江宁科技创业投资集团　江宁科创投集团成立于2012年1月，定位为“有公益的金融组织”。2016年，该集团坚持政府主导、市场化运作、专业化管理，坚持服务科技创业、培育新兴产业、助推传统产业，以服务创新创业和提升自我发展能力为重点，攻坚克难，奋发有为，取得新业绩。

创新业务模式。以股权投资为龙头，债权融资为支撑，平台服务为亮色，形成以债权业务为体，以股权业务和平台服务为翼的“一体两翼”发展格局。在股权投资方面，充分发挥政府引导基金杠杆作用，引导国内外优秀投资机构落户江宁，形成资源集群效应。累计引进股权投资机构127家，资金280多亿元。用投资放大江宁产业优势，围绕主导产业进行投资，对处于“死亡谷”的早期科技人才项目，引导社会资本跟投。全年股权投资科技人才项目9个，规模2.08亿元。累计投资73家，直接投资3亿多元，引导社会资本跟投10亿元。年内，与南京银行签订投贷联动合作协议，在全市首推“创业投资＋贷款”融资新模式。在债权投资方面，依托担保、融资租赁、统贷、科贷等业务，创新风控模式，线上线下配套，解决中小微企业特别是传统企业融资难、融资贵问题，助力企业转型发展。全年为800多家企业提供资金50多亿元。在创投服务方面，立足为企业当“保姆”，为资本当“向导”，深入园区、街道，召开企业融资对接会、企业家培训会。同时，依托众创空间、科技金融超市、星空咖啡等线上线下平台，为科技人才项目和中小微企业提供创业咨询、融资方案设计、技术交流、设备调剂、人员招聘、法务、税务、财务、生活等一站式、全方位、全天候服务。

强化经营管理。坚持制度管人、流程管事、风控协同，打造高效、透明、规范的内部管理体制。建立一套包括业务办理、绩效考核、日常办公、内部监督、员工成长等较为完整的、“矩阵式”内部管理制度，防范操作风险和道德风险。

打造过硬团队。坚持“诚勤、创新、卓越”的企业文化，按照“看得懂、说得对、帮得准”的标准，不断引进人才。集团60余名员工中，“985”“211”院校研究生以上学历占70%，复合专业背景占50%。实行中层干部竞标上岗，全员绩效考核，努力打造一支具有“狼＋苹果”精神、“7×24”状态的高素质、专业化科技金融服务队伍。（王　迎）

江宁商务商贸发展集团　2016年，江宁商贸集团完成主营收入11.4亿元，比2015年增长12%；限额以上社会消费品零售总额4.15亿元，增长13.4%。巨诚超市东山店建成开业，谷里公塘头民宿一期项目如期建成运营，1家现代化粮库工程启动建设。完成夏粮、秋粮收购任务及各级储备粮任务，全年各级储备粮轮换17.4万吨，粮油经营总量80万吨；资产租赁收入5759万元，资产租赁收缴率100%；生猪屠宰量33.9万头，肉品出厂合格率及无害化处理率均为100%；新开民信药房零售门店1家，收购加盟店文康药店为直营店。

（邢　然）

南京农副产品物流中心　南京农副物流中心是立足南京、辐射周边，按照“华东一流、全国有影响”的发展定位，高起点、高标准规划建设的现代化农副产品物流基地。项目规划占地200公顷，总建筑面积150万平方米，总投资50亿元。2016年，实现市场交易额461亿元，比2015年增长12.58%；市场交易量850万吨，增长8.75%；市场经营收入3.67亿元，增长13.12%。是年，南京农副物流中心获“2016年度中国农产品供应链争创之星五十强市场”“2016—2017年度南京市电子商务示范企业”“南京市著名商标”“江苏省著名商标”“江苏服务业名牌”等荣誉称号。深化国有资产运行机制改革，制定经营资源资产管理办法，资产管理体系进一步完善；深化管理体制改革，完成12个职能部门、8家下属公司管理职责与业务范围划分，管理效能显著提升；深化薪酬分配制度改革，现代企业薪酬管理体系加快构建。全面推进资产证券化工作，完成公司相关资产价值评估、关联资产分割、众彩品牌价值评估、资产权证办理、人员劳动关系转签、组织架构调整、投资人尽职调查、注册资本调整等各项资产证券化准备工作，企业改革与发展动力不断增强。创新人力资源管理机制，打造众彩内部人才市场，通过岗位竞聘、挂职锻炼、基层锻炼等措施，为基层一线员工提供展示提升的平台，基层员工干事创业激情进一步激发。推进智慧化管理，以农产品交易大数据体系建设为引领，加快推进智慧化的物流管理系统、交易结算系统、运营管理系统、数据分析系统以及溯源管理系统建设。强化网格化管理，完善公司层级、市场层级、街区层级网格化管理组织架构，形成覆盖全域的60个管理网格，构建“执行、管理、督查”三位一体，信息化、数字化、复式化、扁平化的网格化管理体系。以国家食品安全城市、国家卫生城市创建为抓手，严把“进门关”，全年完成农产品定性检测100多万批次，实验室定量检测1610批次，组织开展专项整治督查30余次，未发生食品安全重大事故。加大安全基础投入，完成9万平方米消防喷淋标准化改造和美食广场47家商户天然气改造工程。按照道路及设施维养标准化要求，修复受损道路2万平方米，设置道路隔离护栏3公里。组织开展各类应急演练26次、安全生产培训6次，培训人员3000多人次。完善应急求助服务平台，规范突发事件处置措施及流程，及时处理各类不稳定事件30起。开展流动摊贩、违规犬只、管制刀具等40余类专项整治行动，处理违规车辆200余辆，整改安全隐患982处，下发整改通知书31份，发放《致商户的一封信》1.2万余封。

（严丽萍）

江宁公共交通集团　2016年年末，江宁公交集团有各型公交车辆1215辆，公交线路155条，公交线网总长2458.5公里，公交年营运里程7340.87万公里，公交出行分担率42.5%；出租汽车290辆，出租汽车年营运里程2748.02万公里，完成客运量615.98万人次；旅游客车79辆；公共自行车网点313个、公共自行车9000辆，日均使用6000余人车次；专用校车256辆，日均接送学生2.6万余人次。新建公交场站2座，出新改造10座，启用8座公交首末站和地铁接驳站，公交首末站55座，公交车辆晚间进场率85%，新建新能源公交车充电桩位40个、换电站1座。对天元路、双龙大道沿线智能公交站台恢复亮化和实时显示运行公交线路信息功能。新辟线路12条，优化调整线路23条。其中848路、875路、854路为区内环线公交，按照车型小、线路短、“微循环”的原则设计线路，衔接开发园区内各企业与地铁机场线、区内干线公交和交通枢纽。完成所有公共自行车服务网点改造和升级，实现全市公共自行车统一服务和收费标准。新建服务网点121个，安装车棚250垮，购置公共自行车4000辆，新增网点主要围绕地铁3号线、机场线沿线站点覆盖。全资成立南京江宁校车服务有限公司，购置256辆专用校车在全区全面推广校车服务，校车配备安全设备和具有行驶记录功能的卫星定位装置及监控系统，在秣陵街道校车服务试点的基础上，开辟校车线路242条，建设拥有自主知识产权的“江宁校车智慧远程监管平台”。加强车辆日常维护，严格驾驶人资质审查和教育培训，做好接送组织工作，提高校车安全保障水平。研发升级公共交通智能管理系统，自主开发公交智能监控等系统，取得3项软件注册权，2项发明专利，2项实用新型专利，全区公交实现智能调度、智能视频监控、部分公交站台智能显示、公交信息实时在线查询等功能，公交车实现免费4GWi-Fi全覆盖。全年承办人大代表建议、政协委员提案42件，面办率、办结率、办成率均为100%。办理“12345”工单4997件，作风满意率90.9%，结果满意率86.1%，按时办结率100%。办结“区长信箱”62件、网络问政110件、南京和谐信访领导信箱18件。全年签订各类安全责任书13896份，组织召开安委会12次、安全管理会议48次，开展从业人员安全教育培训586次。组织安全检查198次，参加检查588人次，检查车辆8500辆次，其中自查违章175起，考核罚款11万元。在重要节假日、特殊时段、重点部位进行重点检查，共检查消防灭火器5127具、随车灭火器3124具、各型车辆3045辆次，查出隐患全部整改到位。组织开展安全生产综合应急演练，检验应急预案的可操作性和执行力，完善各类应急预案。是年，江宁公交集团先后获“2016年度中国交通运输企业诚信建设先进单位”“2013—2015年省级文明单位”“2013—2015年市级文明单位”等荣誉称号。（白念维）

2016年，江宁区全面推广专用校车服务。根据24所学校分布，开辟校车线路242条，配备专用校车256辆，建设具有自主知识产权的“江宁校车智慧远程监管平台”，为全区12750名小学生提供服务

区新闻中心　供稿

上市公司

概　况　2016年，江宁区新增挂牌上市企业18家（IPO 2家、“新三板”16家），总数54家（IPO 22家、“新三板”32家），挂牌上市数位居全省县（区）级单位第三位。IPO首再募资金160亿元。全区拟上市动态储备库企业109家，IPO进入股改、上市辅导期以上和拟挂牌“新三板”纳入市培育企业90家。

政策引导和培育服务　2016年5月，区政府印发《江宁区进一步推动企业上市扶持办法》（江宁政发〔2016〕151号），进一步明确支持企业上市的政策。加大区域企业上市工作的指导和服务，帮助企业申报争取省、市扶持补

2016 年 12 月 20 日，南京奥联汽车电子电器股份有限公司首次公开发行股票并在创业板上市网上路演　　宁　鉴　供稿

贴1260万元，在江宁科创投集团、紫金（江宁）科创社区举办全区企业上市推介会，组织拟上市企业参加宏观经济与资本市场培训会，会同相关部门为拟上市企业办理合规证明、协调事项近30项。组织召开专题协调会10余次，帮助特气厂、沪江、泉峰集团等拟上市企业协调解决产权办理、规划、环评等问题，推进企业上市工作。年末，全区拟上市动态储备库企业109家，IPO进入股改、上市辅导期以上和拟挂牌“新三板”纳入市培育企业90家。

企业上市进程加快　2016年，全区“新三板”挂牌企业16家，享佳健康、天茂装饰等一批企业申报材料陆续报股转系统，腾亚精工、友西科技、龙冠新型材料等企业基本完成券商预内核申报，拟挂牌“新三板”企业申报纳入市培育库50多家。4月11日，多伦科技在上海主板市场挂牌；12月20日，奥联电子挂牌深圳创业板，全区境内外上市企业22家。12月30日，寒锐钴业过会，正办理年报报送和挂牌前有关手续；倍立达新材料、华脉科技、大烨电气、苏博特新材料、三超新材料、我乐家居、佳力图6家报会企业IPO申请材料报证监会审核，新世纪江南环保、金埔园林报会后处于中止审查阶段；已挂牌“新三板”的德邦装备已启动IPO申报工作。年末，全区进入股改、上市辅导期以上纳入市培育IPO企业近40家。

江宁区挂牌上市企业一览表

表6

序号	公司名称	证券类别
1	江苏金智科技股份有限公司	深交所中小板
2	南京科远自动化集团股份有限公司	深交所中小板
3	南京普天通信股份有限公司	深交所B股
4	国电南京自动化股份有限公司	上交所主板
5	航天晨光股份有限公司	上交所主板
6	中国中材国际工程股份有限公司	上交所主板
7	中材科技股份有限公司	深交所中小板
8	南京中电环保股份有限公司	深交所创业板
9	南京新联电子股份有限公司	深圳中小板
10	中圣集团	新加坡
11	中电电气（南京）光伏有限公司	美国纳斯达克
12	鸿国国际控股有限公司（千百度国际控股有限公司）	港交所
13	中国高速传动设备集团有限公司	港交所
14	金露服装	纽约国交所

续表

序号	公司名称	证券类别
15	协众国际控股有限公司	港交所
16	光一科技股份有限公司	深交所创业板
17	南京宝色股份公司	深交所创业板
18	南京埃斯顿自动化股份有限公司	深交所中小板
19	南京音飞储存设备股份有限公司	上交所主板
20	金斯瑞生物科技股份有限公司	港交所
21	南京多伦科技股份有限公司	上交所主板
22	南京奥联汽车电子电器股份公司	深交所创业板
23	南京大树智能科技股份有限公司	新三板
24	南京上元堂医药股份有限公司	新三板
25	南京德邦金属装备工程股份有限公司	新三板
26	南京宝泰特种材料股份有限公司	新三板
27	南京波长光电科技股份有限公司	新三板
28	南京光辉互动网络科技股份有限公司	新三板
29	南京斯迈柯特种金属装备股份有限公司	新三板
30	江苏金智教育信息股份有限公司	新三板
31	南京天梯自动化设备股份有限公司	新三板
32	南京新康达磁业股份有限公司	新三板
33	江苏宝美户外用品股份有限公司	新三板
34	南京茂莱光学科技股份有限公司	新三板
35	南京市滨江科技小额贷款股份有限公司	新三板
36	安澳智能系统（南京）股份有限公司	新三板
37	南京市江宁区恒沣农村小额贷款股份有限公司	新三板
38	江苏凯基生物技术股份有限公司	新三板
39	江苏谷峰电力科技股份有限公司	新三板
40	南京法宁格节能科技股份有限公司	新三板
41	江苏美特林科特殊合金股份有限公司	新三板
42	南京科润工业介质股份有限公司	新三板
43	南京生兴有害生物防治技术股份有限公司	新三板
44	金广恒环保技术（南京）股份有限公司	新三板
45	江苏汇特传媒股份有限公司	新三板
46	江苏南自通华电力自动化股份有限公司	新三板
47	江苏一夫科技股份有限公司	新三板
48	江苏南资环保股份有限公司	新三板
49	南京科思工贸有限公司	新三板
50	南京国电南思科技发展股份有限公司	新三板
51	南京灿能电力自动化有限公司	新三板
52	南京味洲航空食品股份有限公司	新三板
53	南京海融医药科技有限公司	新三板
54	南京沪江复合材料有限公司	新三板

（区发改局）

财税 金融

财 政

概 况 2016年，江宁区财政部门贯彻落实区委、区政府重点工作部署，以“项目攻坚突破年、社会治理创新年、作风建设提升年”为抓手，以促发展、惠民生、保运转为目标，坚持向征管强化要成绩，向民生保障要活力，向深化改革要红利，向规范管理要效益，不断开创财政改革和跨越发展新局面，为全区各项事业的健康发展提供财力保障。全年完成一般公共预算收入210.2亿元，比2015年增长9.7%，同口径增长5.2%，税收占比达到89.4%，完成全年收入目标，在全省继续保持前三位次。政府性基金收入161.5亿元，增长56.7%；入库国有资本经营收入8.8亿元，同口径增长10.7%；实现社会保险基金当年收入15.5亿元，增长2.5%。按征收部门分，国税部门87.9亿元，地税部门110.9亿元，财政部门11.4亿元。从区域结构看，开发园区（含麒麟科创园）实现一般财政预算收入127.2亿元，占全区的60.5%，增长14.6%，增收16.3亿元；街道实现一般财政预算收入54.8亿元，占全区的26.1%。全区实现一般财政预算支出180.6亿元，同口径增长6.2%，支出进度达96.1%；政府性基金支出154.9亿元；国有资本经营支出8.8亿元；社会保险基金支出15亿元。

稳定财政收入 2016年，区财政部门进一步健全增长征管体系，科学、合理地确定全年非税收入征收计划，重点加强1000万元以上非税收费项目审核。落实减负政策，推进建筑业、房地产业、金融业和生活性服务业“营改增”试点，实现增值税全面替代营业税。加强地方政府债务管理，将符合置换条件的政府存量债务全部置换为政府债券。推行收费目录清单管理，严格按照清单收费。贯彻执行国家和省取消、停征和免征收费项目规定，全年停征防洪保安等政府性基金

2016年12月31日，江宁区财税金融座谈会在区财政局召开。区领导李世贵、祁豫玮等出席会议，各街道和驻区银行代表参加会议。区财政局局长张会祺汇报2016年财政局在稳增长、惠民生、促改革等方面做出的努力
区财政局 供稿

35项。优化税源环境，落实科技成果转化风险补偿资金管理办法，安排企业资本市场融资补贴950万元，支持企业扩大融资渠道。鼓励企业直接上市融资，发展多层次资本市场。鼓励、支持符合政策条件的中小微企业积极争取省市“苏微贷”贷款，制定《江宁区中小企业转贷资金管理暂行办法》，安排3000万元资金作为首批启动资金，为中小企业转贷提供信用担保。

加大民生投入 2016年，区财政部门持续加大民生领域投入，推进重点工程建设，切实改善民生。投入5200万元，对纳入培育建设的特色小镇给予奖励。安排资金2.91亿元，实施农村公路提档升级230公里，完成绕越高速谷里互通工程建设，改造危桥10座，加强公路和桥梁日常养护。着力于“千百工程”及农村环境整治，安排7400万元用于奖补，将重点整治村补助标准提高到每户2.5万元，一般整治村补助提高到每村25万元。投入2500万元，启动“村村亮”工程，通过PPP项目实施对尚未安装路灯的自然村实现全覆盖。安排7.3亿元，实施秦淮河、外港河河堤加高、加宽改造工程，推进沿线雨污水分流、截污截流、污水处理设施等工程建设。安排污水处理设施及管网建设资金1.2亿元，确保城镇污水处理设施和污泥处置等工程建设。落实民生保障机制，基本公共卫生人均经费提高到72元，增幅达20%。安排基层医疗机构人员经费2亿元，医疗设备购置及培训专项1000万元，专户资金支出8237.6万元。投入资金近3亿元，对公立医院基本建设、大型设备（50万元以上）购置、重点专科发展、药品零差价等政策性亏损继续予以专项补助。提高全区城乡居民养老保险个人缴费标准至900元、1100元、1300元、1500元、2000元和2500元6个档次。基础养老金标准提高至370元/月。四类被征地人员的养老金标准每人每月增加70元，安排农村部分家庭计生养老扶助和独生子女伤残死亡家庭养老扶助金1015万元。全年安排专项资金25亿元，落实中小学校安工程。义务教育阶段春季免收学杂费806万元，81463名学生从中受益。执行幼儿助学券政策，享受政策的在园幼儿共22662人次，区财政落实补助资金4811万元。安排6300万元，购置248辆校车。加大文化投入力度，安排文化产业专项资金2000万元，重点扶持牛首山遗址公园等5个重大项目。落实“智慧交通”及优化调整公共交通线网等规划，安排地铁5号线建设资金4000万元，公交企业财政综合补贴1.2亿元，车辆采购资金5800万元，下达各级新能源汽车补贴5926万元，全区清洁能源公交车占比为51%。促进乡村旅游产业升级，2016—2018年，区财政安排不低于1亿元专项资金，用于全区旅游业转型发展。

加快扶贫进程 2016年7月1日起，江宁区将城乡低保标准由700元/月提高至750元/月，相关社会救助标准同步提高。全年累计发放低保金1.04亿元。将医疗救助个人自付比例提高到85%，全面实施门诊救助，全年医疗救助4.8万人次，发放救助金1514.55万元。安排再就业资金支出2000万元，通过购岗、安排务工、自主经营、股份分红等形式，带动低收入人群持续较快增收。全面增强欠发达村（社区）发展能力，安排资金6300万元，实行购置资产帮扶。继续执行自身稳定收入不足100万元的村（社区）由区级财政转移支付补足100万元政策，补差标准一定3年。

财政监管 2016年，区财政部门继续加强和规范财政监督管理，保证财政资金安全。全年办理国库集中支付业务4.6万笔，累计支付财政资金90.93亿元。其中，直接支付89.58亿元，授权支付1.35亿元，公务卡支付905.76万元，直接支付金额占比为98.52%。开展财政资金专项检查12次，下达整改通知书12份。拟定出台各类专项资金管理办法6项，财政资金管理体系进一步完善。提高预算信息透明度，报送区人大审查的一般公共预算、政府性基金预算、国有资本经营预算和社会保险基金预算“四本账”全部向社会公开。开展东山、麒麟街道预决算信息公开试点工作。完成70.3亿元的地方政府债券置换，债务成本由6.5%下降为3%以下，每年减少债务利息支出2.5亿元。完善金库代理程序，做好区金库上收工作。稳步推进街道国库集中支付改革，11月起，全区所有街道全部纳入改革范围。推广PPP模式，紫金（江宁）科技创业启动区、上秦淮湿地旅游文化建设和秣陵新市镇安置房等3个项目入选市财政局PPP项目库。做好财政资金保值增值工作，开展定期存款招标，净增利息收入6800万元。 （区财政局）

“一事一议”财政奖补资金1805万元 2016年11月，区财政局、农工委组成检查组，对全区2016年“一事一议”财政奖补工作进行验收，全区“一事一议”财政奖补资金1805万元。“一事一议”是指在农田水利建设、道路

2016 年 1 月，区财政会计学会在全区范围内开展优秀财会论文评选活动，并于 1 月 22 日召开 2015 年度江宁区财政会计学会总结暨优秀财会论文表彰会，对 31 篇获奖论文作者进行表彰　　区财政局　供稿

修建、植树造林、农业综合开发等有关土地治理项目和村民认为需要兴办的集体生产生活等其他公益事业项目所需资金，不再固定向农民收取，而是采取财政投入与农民投入相结合，每事单独讨论、民主议事的办法筹资。全年申报“一事一议”财政奖补项目86个，覆盖7个街道、82个涉农社区，财政奖补资金中，省补602万元、市补693万元、区补510万元。　（宁　鉴）

税　务

·国家税务·

概　况　南京市江宁区国家税务局有在职干部职工149人，辖区面积1333平方公里，负责全区9个街道，2个园区、75265户纳税户的国税征收管理工作。2016年，组织入库税收收入76.7亿元，比2015年增收14.51亿元，增长23.34%；组织地方公共财政一般预算收入32.49亿元，增收13.34亿元，增长69.66%。贯彻落实各项结构性减税政策，全年落实小微企业优惠23.96万户次，减免税额1.03亿元；办理出口审核免抵退税9亿元，落实增值税即征即退优惠435户次，办理退税额0.92亿元；落实增值税减免税额近1.5亿元。有5472户企业享受减免税优惠，减免税款8.04亿元，其中享受高新技术企业优惠67户，享受减免税4.13亿元。是年，区国税局获省国税局先进基层党组织称号，连续8年进入全市国税系统先进单位行列。

江宁开发区国税局管辖范围包括开发区（含空港工业园）和秣陵街道，辖区范围 240 平方公里，辖户 30820 户（含个体）。2016 年，江宁开发区国税局累计组织收入 152.67 亿元，比 2015 年下降 0.82%；完成公共预算收入 55.43 亿元，增长 30.58%；累计办理出口退税 28.3 亿元、其他各类政策性退税 11.06 亿元。

“营改增”试点　2016年，区国税局通过“六个强化”，全面推进营改增试点工作。强化认识，要求全局上下按照省、市国税局工作部署，步调一致地抓紧、抓好、抓实、抓牢营改增工作。强化组织，把营改增作为“一把手”工程，成立以主要负责人为组长，局领导全部参与的营改增工作领导小组，下设8个工作小组，要求各工作组通力配合，确保宣传服务、税户确认、税控发行、发票发售、纳税申报、政策落实“六到位”。强化责任，局领导分工负责，职能部门具体负责，各单位和工作组各司其职，并抽调业务骨干充实到营改增第一线。强化执行，挂图作战，对照项目和进度逐项推进；专题研究，第一时间贯彻落实上级要求；现场督察，发现问题及时纠正；完善预案，确保应急处置及时到位。强化服务，加大对内对外的辅导培训和宣传力度，在办税前台设立绿色通道，明晰窗口标识，整合流程，做到一次性告知、一次性办理，为纳税人提供便捷优质的服务。强化沟通，加强与市国税局职能处室的沟通，及时请示汇报；加强与政府部门的沟通，汇报实施情况、争取地方支持；加强与地税部门的沟通，落实征管要求，做好衔接协作；加强与街道（部门）的联系，在委托代征等方面争取支持，形成工作合力。（刘婧婷）

征税新系统启用　2016年10月8日起，根据国家税务总局统一安排，江苏国税、地税部门正式启用新的税收征管系统，即“金税三期”优化版。新旧系统切换期间（9月22日18:00至10月8日8:30），除少数业务外，全省各办税服务厅、房地产交易中心税务窗口、车辆购置税征收中心等对外办税场所将暂停办理有关办

2016年9月9日，江宁开发区国税局深入辖区企业宣传“金税三期”上线事项 张泽昆 摄

税业务。“金税三期”工程属国家级信息系统工程和电子政务工程，具有统一的全国征管数据标准和口径，实现全国征管数据应用大集中。“金税三期”将使税收征管和纳税服务通过信息技术实现完整链接，国地税两部门将使用统一的税收征管应用系统版本，实现纳税人多业务同时报送、简并办税资料、减轻纳税人负担等诸多创新，通过信息网络为纳税人提供便捷的税收服务，能够有效满足纳税人多元化、个性化的服务需求，最大限度减少“两头跑”“多头查”现象。

国地税试行联合稽查 2016年6月，根据《深化国税、地税征管体制改革方案》及《国家税务局、地方税务局联合稽查工作办法（试行）》，区国税、地税部门创新纳税服务，开始试行联合稽查，主要从共建协调机制、共享涉税信息、共同下达任务、联合实施检查、协同案件审理、协同案件执行、稽查结果利用和其他稽查执法合作等8个方面进行联合。在稽查对象选定后，国地税稽查部门按稽查规程要求制作税务检查通知书、出示税务检查证等，确定一个部门联络纳税人，同时到企业送达检查文书，拷贝电子账簿，整个查账过程均在稽查人员办公室完成，遇到涉税疑点一并记录讨论，需要核对时统一到企业调取相关会计凭证。尽量减少到企业的次数，减少调取资料的工作量和因检查给企业造成的不利影响。

（宁　鉴）

“营改增”新政落实 2016年5月起，建筑业、房地产业、金融业、生活服务业4个行业纳入营改增试点范围。江宁开发区国税局将其作为一项重要的政治任务，科学谋划、精心组织，发扬知难而进的改革精神、精益求精的工匠精神和越战越勇的担当精神，打好“开好票、报好税、分析好、改进好”四大关键战役，共接收转入纳税人6600余户，应对“三报叠加”和“双峰叠加”的挑战，确保新政策实施准确到位。

国地税征管体制改革 2016年，江宁开发区国税局会同江宁区国税局、江宁地税局制定联席会议制度，联合开展委托代征单位管理，做好建筑业营改增征管衔接，定期交换非正常户认定和注销户清算等信息，在纳税服务、税收征管等方面的常态化合作范围不断扩大。落实省、市国税局深化税收管理综合改革各项部署，被省国税局授予“税收管理改革综合示范点”。

（张泽昆）

·地方税务·

概　况 2016年，江宁地税局以干部能力素质提升工程和大数据治税工程建设为载体，聚力税制改革，大力组织收入，强化依法治税，优化作风行风，发挥职能作用，服务发展大局，各项工作取得新成绩。全年组织各项收入204.15亿元，比2015年增长48.2%。其中，区政府公共一般预算收入110.95亿元，区县级一般收入100.06亿元。为2336户次纳税人减免税收4.65亿元。

税收管理 2016年，江宁地税局完善“基础管理属地化、纳税服务规范化、征纳互动网络化、风险应对专业化”征管体系，构建起税收业务事项和任务统筹模式，建立“对口承接、统一下达、责任明晰、科学高效”的任务管理机制。通过制定试点工作方案、应急预案，建立工作领导机制，加强与国税合作联动等，使“营改增”和“金税三期”试点工作平稳过渡、高效推进。通过落实“互联网+税务”和“大数据治税”要求，实施风险应对全程跟踪管理，推送中等风险任务1595户次，应对税款4.55亿元。

通过落实随机抽查制度，加强与国税联合稽查。检查税户34户，查补收入4451.71万元，以查促收收入1570万元。

纳税服务 2016年，江宁地税局健全联动机制，加强谋划统筹，加快需求响应和制度改进优化，形成齐抓共管和共同推进纳税服务格局。通过增设窗口、增加人员、加强办税应急处理和重大事项应对，实现“一小时办结”目标。通过媒体、网络、手机APP等服务手段，加大涉税事项宣传。开通针对老年人、孕妇、残疾人等特殊群体“营改增”绿色通道。推进办税“标准化”建设，全面应用掌上办税平台，优化自助办税功能，构建多元化办税平台。开展网络化办学，与国税局和民生银行联合举办“纳税人之家”活动，与国税局联合举办纳税人学堂12期，培训纳税人1320人次。办理“12345”工单398件，满意率（含基本满意率）94.22%。

依法治税 2016年，江宁地税局依托省法宣办网上学法平台、“法宣在线”移动客户端，组织全员参与“万人学法”网上竞赛，年内在线学习时间900分钟、学分3000分。严格执行税务行政处罚权力清单和行政处罚实施办法及税务行政处罚自由裁量基准操作标准等制度，规范税务行政执法权和行政处罚自由裁量权，实施行政执法全程控制。落实税收执法督察规则，开展“三证合一”后续管理规范化工作、高新技术企业优惠政策落实情况、小微企业优惠政策落实情况、定率户开票数与申报数有差异问题等专项督察，核查相关信息491条，避免重大执法过错产生。

委托代征税收规范管理 2016年，江宁地税局从内部管理制度是否健全、专职代征人员是否明确、各项代征义务是否落实，以及税收政策是否正确执行和代征税款是否及时解缴等方面，对全区27家委托代征单位进行逐一审查。在此基础上，围绕委托代征范围和期限、委托代征税种及附加、计税依据及税率、票证及税款结报缴销期限和额度，以及违约需要承担的责任等内容，对所有代征单位全体代征人员进行技能培训，提升代征人员依法履行代征工作能力。同时，落实税款结报制度和代征税款管理及票证领发、保管、使用、缴销环节管理规定，全程跟踪监督票证领用，确保票证安全管理，规范代征行为。全年委托代征税款1050万元。

稽查“双随机”抽查机制落实 2016年1月起，江宁地税局按照税务执法阳光透明原则，落实国家税务总局对税务稽查工作的新要求，推行随机抽取稽查对象、随机选派执法检查人员的“双随机”抽查机制，改变过去“要查谁、谁去查”全由税务机关直接指定的方式。在机制落实中，该局从税务稽查管理流程和检查取证规范等执法基础知识入手，逐项梳理归类，组织集体学习。同时，针对税收政策热点和税收征管难点，举办专题讲座，并对重点税源企业和税务典型案件进行点评讲解，提升稽查人员管理重点税源企业、查办大案要案和典型案件的能力。全年检查税户34户，查补收入4510万元，以查促收收入1570万元。

“金税三期”试点 2016年7月1日起，江宁地税局作为全省地税系统“金税三期”上线首批双轨运行试点单位，通过制定双轨工作实施方案，成立“金税三期”双轨试运行工作领导小组、业务保障工作组、人力资源保障及后勤保障工作组，制定AB岗双轨试运行工作制度和考核办法，保障

2016年3月11日，江宁地税局组织税务人员深入企业开展纳税知识宣讲服务 李洪进 摄

双轨全量全业务运行，以及运行工作质量和数量。在双轨运行期间，该局共测试14个域138项和4个特色模块，累计测试19645户次。国庆节期间，组织173人次加班，对新系统单轨上线运行进行测试，重点对纳税人端业务组织175笔税收业务，涉及登记、税种认定、退税、行政处罚、纳税申报、契税征收、税务注销和电子税务局等业务领域，保障了“金税三期”新系统10月8日起正式单轨上线运行。

行政事业单位个人所得税扣缴自查自纠 2016年7月，江宁地税局在全区行政事业单位开展个人所得税自查自纠专项工作，查补税款496.87万元。首先通过税收征管系统导出2014—2015年64208条个人所得税记录，通过筛选对比分析，锁定应扣未扣、同比差异较大、同类单位人均税负差异较大、人均税负不符合常理等疑点信息，并安排管理分局对相关行政事业单位申报信息进行核实。随后，向全区228家行政事业单位发送个人所得税代扣代缴情况自查通知书，并规定在7月1—25日完成自查。根据自查反馈情况，对部分单位明显低于平均水平的，对相关单位进行约谈。在此基础上，以稽查或风险应对形式，开展重点抽查，推动行政事业单位自查自纠工作落实到位。

试行国地税联合稽查 2016年，江宁地税局落实《国家税务局、地方税务局联合稽查工作办法（试行）》，与区国税部门联合对8户共管税户进行稽查，查补税款48万元，平均每户检查时间较独立检查户缩短10天。搭建共享信息平台，建立联合稽查共享信息制度，定期维护随机稽查对象名录库，并从共管户名录库中选取联查对象，若稽查中发现涉及对方管辖税种，主动将疑点信息向对方推送。在接受协查任务时主动为对方提供发票查询、税款申报、历史稽查等信息，并定期召开日常联络会、情况通报会等。协商选定稽查案源，根据联合稽查管理要求，共同协商和分类确认，将检举案源、协查案源中同时涉及国税、地税共同管辖纳税人较为明显的违法行为线索，协商确定为联合进户稽查对象；将交办案源、督办案源、转办案源，根据案件需要，协商确定为联合进户稽查对象；将安排案源、自选案源、推送案源和其他案源，通过从共同管辖纳税人名录库中随机抽查方法确定联合进户稽查对象。抽调复合骨干联查，鉴于执法合作、执法互助需求，在确定联查人员名单时，将具有国税、地税全税种征管查业务的，优先确定为联查人员，保证联查工作质效。

权力清单标准化 2016年12月，江宁地税局根据全省政务服务“一张网”工作要求，对区级地税系统权力清单标准化工作进行梳理。梳理出行政许可、行政确认、行政处罚、行政征收等十大类共124项行政权力事项，并针对事项编制相应办事指南。在此基础上，区分梳理归类、合规审核、修改校对、上传入库等步骤，对权力事项涉及法规政策、征管流程、时间地点、咨询监督等内容进行全面审核与补充修改，把任务具体细化到人，设置时间节点稳步推进，确保权力清单各项内容按期入库。根据市地税局要求以及相关文件规定，在省设、市设“两项清单”以外，新增区县级“行政征收”事项一项。

（李洪进）

金融业

概　况 2016年年末，江宁区有驻区银行一级支行38家，经营网点161个；驻区保险公司一级支公司17家，经营网点91个；驻区证券公司9家。是年，全区金融业围绕区委、区政府“迈上新台阶，走在最前列”的战略目标，按照推进供给侧结构性改革的统一部署，全力推进金融服务经济发展，强化科技金融体系与金融服务创新，为全区重大项目建设、产业转型升级、经济提质增效提供金融支持。金融业全年完成增加值135.15亿元，比2015年增长14%，占地区生产总值比重为8%，占服务业增加值比重为18.9%，分别增加0.4个、2.1个百分点。据人行南京营管部统计，2016年全区驻区银行金融机构各项存款余额2290.63亿元，增长16.26%；各项贷款余额1404.77亿元，增长30.49%，当年新增贷款328.25亿元。

地方金融组织发展 2016年，全区新增双创科贷、银瑞农贷2家小额贷款公司，15家运营的小额贷款公司总资产35.2亿元，累计发放贷款9047笔，放贷金额186亿元。当年各项贷款2444笔，余额28.2亿元，其中农贷余额6.6亿元，科贷余额22.6亿元。全年争取省市涉农、涉科和融资性担保补贴1100万元。区金融办针对宏观经济下行，银行贷款利率下调，地方金融机构运行风险加大等，加强金融监管，促进小额贷款公司、融资性担保公司稳健运行。贯彻落实省、市关于地方金融机构监管政策和工作安排，开展小额贷款公司监管评级工作。3月，全面开展小额贷款公司年度检查和专项核查，重点检查非法吸储、利率超4倍等情况；12月初，配合市金融办开展辖区内小贷公司经营情况抽查。建立季度定期自查与不定期抽查、现场抽查和非现场检查机制，引导小额贷款公司和融资性担保公司合规经营，确保地方金融组织规范运作，稳健发展。

企业债券发行 2016年，区金融办结合供给侧结构性改革，拓宽企业融资渠道和降低融资成本，加强对双创孵化、城市停车场、城市地下综合管廊、养老产业、战略性新兴产业等专项债券的推介宣传。滨江投资公司、国资集团分别报送保障房建设、机场拆迁意向性债券。城建集团申报发行9亿元城建债（7年期，年利率3.48%），江宁开发区3月发行8亿元私募债（2年期，利率3.99%）。江宁开发区、江宁高新园和汤山旅游度假区发行的企业债券本息兑付资金已按期足额到位，风险可控。

股权融资 2016年，全区新增创业投资额19.8亿元，增长35.6%，78家企业享受股权融资支持。借助江宁科创投集团平台优势，区财政每年出资1.5亿元、园区出资1.5亿元共同组建定向创业投资基金。发挥政府性基金的引导作用，联合社会资本，成立TMT产业基金、生物医药与生命健康产业基金、高端装备产业基金、“互联网+”基金，引导建立3.6亿元的创业引导基金（区财政出资1亿元），通过股权投资方式，助推全区中小微企业科技创新创业发展。

金融改革与创新 2016年，区金融办贯彻落实中央经济工作会议精神和省、市推进供给侧结构性改革的决策部署，切实做好全区去杠杆工作，防范化解金融风险。5月，区政府印发《关于推进供给侧结构性改革去杠杆的实施方案》，明确去杠杆总体要求和工作目标、重点任务和政策举措、组织保障等内容。该“方案”在全区组织实施后，供给侧结构性改革去杠杆工作取得实质性进展。全力服务小微企业，参与协调中电电气等企业信贷融资事宜，协调服务味州食品、印加新能源等一批企业信贷融资事项。分别与驻区银行对接，就区级合作基金、小微企业融资等开展协调服务。全力支持中小企业发展，有效防止和化解中小企业资金链断裂风险，帮助中小企业及时获得金融机构转贷支持。起草并上报区政府印发《江宁区中小企业转贷应急资金暂行管理办法》，并通过与工商行、农行等10家银行具有信贷审批权限的分行签订合作协议，与财政部门制定印发实施细则，召开专题推介大会加以推进，使区级转贷应急资金于11月投入运行。

平安金融创建 2016年，区政府确定由常务副区长主导推进平安金融工作，区金融办牵头协调驻区银行、证券、保险等金融机构参与，研究出台供给侧改革去杠杆实施方案、扶持企业上市等支持金融业发展的一系列政策，发挥区金融办工作职能。对金融稳定发展工作中发生投诉和信息公开事项，拟定《区发改局（金融办）按照法定途径分类处理信访投诉请求清单》，进一步规范工作流程，形成处置区域金融稳定工作中的信访投诉行为规范。有序开展防范和处置非法集资各项工作，拟定并由区政府印发《进一步健全和完善江宁区处置非法集资工作机制若干要求》《江宁区处置非法集资工作防范预警制度》，通过完善各项工作机制，逐步形成“全区统筹、属地负责、部门协同、依法处置”的日常工作机制，及时处置“华越系”涉嫌企业南京雁南飞农业观光休闲有限公司、南京候鸟旅游管理股份有限公司、E租宝案等事件。按照省、市部署，组织开展互联网金融专项整治行动，完成八大领域各阶段整治任务。协调组织区市场监管局、维稳办、公安分局等部门开展执法检查，委托中介机构审计检查魔窗江苏股权众筹服务有限公司、南京车融网络科技有限公司、绿金在线电子商务有限公司等互联网金融企业。（区金融办）

科创投集团与南京银行启动投贷联动 2016年4月8日，江宁科创投集团与南京银行签订战略合作协议，并启动双方投贷联动业务。根据协议，科创投集团将发挥自身客户资源优势，建立科技型小微企业项目储备库，筛选出有投融资需求的客户，优先向南京银行推荐；针对科创投集团已进行股权投资的科技型小微企业，在符合投资及授信条件的基础上，南京银行优先提供投贷联动综合金融服务；对于南京银行已进行投贷联动综合金融服务的客户，科创投集团可在此基础上进一步跟投；对于一方挖掘的拟开展股权投资的新增科技型企业，可优先向另一方推荐，双方可采取联投方式，有效整合政府资源与金融资源，合力推动科技企业快速成长。签约仪式上，中港电力、海融医药、丰顿科技3家科技型企业分别与科创投集团旗下子公司——南京动平衡投资管理有限公司、南京银行下属基金公司——上海鑫沅股权投资管理有限公司签订投贷协议。

联合4家银行设立产业合作基金 2016年4月19日，区政府与中国银行、江苏银行、招商银行、徽商银行共同举行产业基金合作协议签约仪式，就产业基金政银合作建立长期稳定的战略合作关系，以百亿级规模基金助力“强富美高”新江宁建设。此次与4家银行共同发起设立的江宁区产业基金，首期签约资金规模均达100亿元，期限5年以上，主要用于基础设施建设和江宁产业结构调整，为江宁推进“一核、五城、八市镇”建设和企业转型升级注入新的动力。

应急资金推介暨融资对接会 2016年11月17日，江宁区中小企业应急资金推介暨项目融资对接会举行，区发改局就全区中小企业转贷应急资金设立运行和全区特色小镇建设项目、融资需求情况作推介。此次区政府先期投资3000万元成立中小企业转贷应急资金，各金融机构积极响应。其中，江苏银行率先和区内4家意向企业签订应急资金转贷协议，4家企业将通过银行的续贷支持获得政府转贷应急资金，有效缓解融资困难。会上，江宁区特色小镇建设项目引起参会金融机构关注，获得信贷融资支持。紫金（江宁）科创社区与建设银行、工商银行、南京银行签订未来网络小镇项目融资合作协议，授信额度300亿元；空港经济开发区与南京银行、杭州银行、宁波银行、中信银行签订空港枢纽小镇项目融资合作协议，授信额度60亿元。

2016年11月17日，区发改局召开全区中小企业应急资金推介暨项目融资对接会　　区新闻中心　供稿

浦发行百亿信贷投放江宁 2016年12月，上海浦发银行南京分行与江宁交建集团签订全面战略合作协议。浦发银行南京分行此次与江宁交建集团签订的全面战略合作协议，将发挥系统内银行、信托、金融租赁、投资银行等资源优势，在2016—2017年度为江宁交建集团直接融资与间接融资，意向授信金额100亿元，支持全区基础设施、美丽乡村、特色小镇建设和旅游产业开发等。

（宁　鉴）

2016年年末江宁区驻区银行机构存贷情况表

表7

序号	单位名称	各项贷款		各项存款		存贷比（%）
		余额（亿元）	新增	余额（亿元）	新增	
总计		1404.77	328.25	2290.63	320.40	61.33
1	农业发展银行	24.84	−4.21	8.07	−0.12	307.81
2	工商银行	154.20	14.49	166.44	−7.35	92.65
3	农业银行	133.83	40.96	214.58	20.61	62.37

续表

序号	单位名称	各项贷款		各项存款		存贷比（%）
		余额（亿元）	新增	余额（亿元）	新增	
4	中国银行	143.66	38.43	169.25	26.74	84.88
5	建设银行	104.85	35.88	165.74	28.96	63.26
6	交通银行	106.82	26.64	145.85	39.84	73.24
7	中信银行	39.65	−2.18	104.24	27.89	38.04
8	光大银行	43.82	18.84	91.85	20.41	47.71
9	华夏银行	0.22	−0.08	60.44	7.62	0.36
10	广东发展银行	20.85	−0.97	12.83	−8.28	162.51
11	平安银行	28.54	0.77	51.03	10.82	55.93
12	招商银行	60.31	7.92	85.11	8.90	70.86
13	上海浦东发展银行	50.88	20.64	86.90	21.54	58.55
14	兴业银行	9.79	−0.42	33.86	14.88	28.91
15	民生银行	58.01	11.84	93.08	4.37	62.32
16	恒丰银行	11.30	0.35	21.40	−2.14	52.80
17	浙商银行	19.03	1.95	53.69	18.99	35.44
18	渤海银行	0.95	−0.13	6.92	−0.31	13.73
19	北京银行	11.25	4.15	30.32	1.55	37.10
20	南京银行	97.75	28.94	100.49	27.18	97.27
21	江苏银行	39.18	13.93	80.42	19.59	48.72
22	宁波银行	15.82	−1.87	38.07	5.30	41.56
23	杭州银行	12.18	4.82	22.62	−3.44	53.85
24	浙江稠州银行	4.87	2.09	38.41	16.23	12.68
25	徽商银行	6.70	4.10	22.74	−3.98	29.46
26	广州银行	4.13	3.02	2.90	2.76	142.41
27	邮政储蓄银行	64.56	32.84	144.05	20.72	44.82
28	紫金农商行	133.26	25.48	220.54	18.00	60.42
29	上银村镇银行	3.52	0.03	4.20	0.18	83.81

数据来源：人民银行南京分行营业管理部

2016 年江宁区驻区银行一级支行一览表

表 8

序号	单位名称	地 址
1	农业发展银行	江宁区东山街道金箔路 589-1 号
2	工商银行江宁支行	江宁区东山上元大街 458 号
3	工商银行开发区支行	江宁区将军大道 99 号
4	农业银行	江宁开发区胜利路 102 号
5	中国银行	江宁区东山镇金箔路 698 号
6	建设银行	江宁区东山镇上元大街 578 号
7	交通银行	江宁开发区双龙大道 1202 号
8	中信银行江宁支行	江宁区东山街道上元大街 280 号
9	中信银行百家湖支行	江宁区秣陵街道天元西路 38 号
10	光大银行	江宁开发区胜太路 55 号
11	华夏银行江宁支行	江宁开发区胜太东路 8 号
12	华夏银行将军路支行	江宁区胜太西路 169 号
13	广东发展银行	江宁区新亭东路 81 号
14	平安银行江宁支行	江宁开发区将军大道 55 号
15	平安银行天元支行	江宁区天元东路 188 号
16	招商银行江宁支行	江宁区胜太路 18 号
17	招商银行万达支行	江宁区东山街道竹山路 53 号
18	招商银行科学园支行	江宁区天元东路 58 号致远大厦
19	浦发银行	江宁区东山街道大街东路 32 号
20	兴业银行	江宁区胜太路 8 号
21	民生银行	江宁区双龙大道 1355 号
22	恒丰银行	江宁开发区胜太东路 36 号
23	南京银行	江宁区金盛路 1 号
24	江苏银行	江宁区上元大街 395 号

续表

序号	单位名称	地 址
25	北京银行	江宁区东山街道上元大街238号
26	宁波银行江宁支行	江宁开发区胜太路109号
27	宁波银行科学园支行	江宁区天元东路391号
28	徽商银行	江宁开发区双龙大道1355号
29	邮政储蓄银行	江宁开发区胜太东路36号
30	紫金农商行江宁支行	江宁开发区胜太东路
31	紫金农商行开发区支行	江宁开发区将军大道20号
32	浙江稠州银行	江宁开发区胜太西路16号
33	浙商银行	江宁高新园天元东路188号
34	杭州银行	江宁区天元东路555号
35	上银村镇银行	江宁区将军大道109号
36	渤海银行	江宁高新园莱茵达路288号
37	广州银行	江宁开发区将军大道20号
38	渣打银行	江宁区将军大道109号

2016年江宁区驻区保险公司一级支公司一览表

表9

序号	企业名称	地 址
1	中华联合财产保险股份有限公司南京市江宁支公司	江宁开发区胜太西路59-11、59-12号
2	阳光人寿保险股份有限公司南京市江宁支公司	江宁区东山街道小龙湾32号
3	利安人寿保险股份有限公司江苏分公司江宁支公司	江宁区东山街道上元大街518号
4	永安财产保险股份有限公司江宁支公司	江宁区东山街道上元大街808号
5	长安责任保险股份有限公司南京市江宁支公司	江宁区东山街道上元大街1089号
6	中国人民财产保险股份有限公司南京市江宁支公司	江宁区东山街道文靖西路108号
7	中国平安财产保险股份有限公司南京市江宁支公司	江宁高新园天元东路521号
8	新华人寿保险股份有限公司江苏分公司江宁支公司	江宁区东山街道金箔路国贸大厦

续表

序号	企业名称	地 址
9	中国太平洋财产保险股份有限公司南京市江宁支公司	江宁开发区胜太西路28号B幢
10	中国平安人寿保险股份有限公司江苏分公司南京江宁支公司	江宁区天印大道700号
11	中国太平洋人寿保险股份有限公司南京新区中心支公司	江宁区上元大街529号1-5层
12	长安保险销售有限公司江苏分公司	江宁区东山街道上元大街1089号
13	紫金财产保险股份有限公司南京市江宁支公司	江宁区天印大道1299号
14	安诚财产保险股份有限公司南京市江宁支公司	江宁区东山街道金箔路182号
15	都邦财产保险股份有限公司江宁支公司	江宁区秣陵街道天印大道1369号
16	天安财产保险股份有限公司南京市江宁支公司	江宁区湖山路360-2号
17	中国人寿保险股份有限公司南京市江宁支公司	江宁区东山街道金箔路665号

2016年江宁区驻区证券公司一览表

表10

序号	企业名称	地 址
1	中国银河证券股份有限公司南京江宁竹山路证券营业部	江宁区竹山路136号
2	招商证券股份有限公司江宁天元东路证券营业部	江宁区天元东路56号
3	国泰君安证券股份有限公司南京天元东路证券营业部	江宁区天元东路391号
4	华泰证券股份有限公司南京江宁金箔路证券营业部	江宁区东山街道金箔路700号
5	南京证券股份有限公司南京新亭路证券营业部	江宁区新亭路9号
6	上海证券有限责任公司南京胜太路证券营业部	江宁开发区胜太路6号
7	中信建投证券股份有限公司南京江宁金箔路证券营业部	江宁区东山街道金箔路1039号
8	中信证券股份有限公司南京双龙大道证券营业部	江宁区双龙大道1351号
9	华安证券股份有限公司南京胜太西路证券营业部	江宁开发区利源中路20号

（区金融办）

农发行江宁支行 2016年，中国农业发展银行南京市江宁区支行在全省县级支行等级行管理考评中达二类行。全年累计投放贷款122899万元，其中粮食收购贷款26899万元，中长期贷款96000万元；累计收回贷款164978万元，其中粮食贷款26728万元，中长期贷款138250万元。年末，各类贷款余额241267万元，比2015年减少42079万元，其中，政策性贷款7409万元，增加521

万元；准政策性贷款16858万元，减少350万元；各类中长期贷款217000万元，减少42250万元。在粮食收购调销储备贷款方面，全年发放粮食收购贷款26899万元，收购入库粮食4626万公斤。在夏粮收购中，先后上报准政策性粮食收购贷款7080万元，发放粮食收购贷款3500万元，支持企业收购优质小麦1800万公斤。在秋粮收购中，根据企业储备计划和经营能力，做好秋粮贷款投放工作，投放收购贷款16590万元，支持企业收购入库粮食2826万公斤。发放省级储备粮贷款6809万元，有力支持省级储备。在新农村建设中长期贷款方面，全年投放中长期贷款96000万元，其中城镇化和人居建设项目贷款60000万元，土地收储项目贷款36000万元。年末，各项存款余额81423万元，增加12594万元。各项存款日均余额81286万元，增加12954万元，增长18.9%；人均存款4781万元，增加985万元，增长26%。全年实现考核利润3584万元，人均经营性考核利润211万元。是年，农发行江宁支行继续保持无不良贷款发生，无不良贷款余额，利息收回足额。

（黄志平）

工商银行江宁支行 2016年，中国工商银行股份有限公司南京江宁支行经营绩效和业务发展考评位列南京工行第一位，被省分行授予2016年度“精品城区支行”，为省分行系统唯一进入工商总行“全国城区支行经营40强”的一级支行；支行党委获南京工行、省工行及工商总行“先进基层党组织”称号；支行被市文明委评选为南京工行系统内唯一的“2013—2015年度南京市文明单位”。是年，工商银行江宁支行按照上级行部署，努力服务区域经济社会发展，在防范风险基础上促进金融创新，为实体经济发展营造良好金融环境。发挥政策性金融作用，推动供给侧结构性改革，把信贷投放的重点着力于惠及民生和文化产业工程上，先后完成S337省道、江宁市民中心项目等一批重点民生工程融资的审批和投放。同时通过工行的资金体系，吸引和运用资金参与扩大地区的公共产品和服务供给，灵活运用信托和租赁等不同形式，为牛首山宗教文化旅游集聚区等项目建设提供资金支持。加强信贷分类指导，坚持有扶有控，支持先进制造业等新兴产业发展和高端产业集聚区建设，分别向农副物流、东山研发园“宁东智能电网”项目投放项目融资，支持现代物流业和高端智能电网产业发展，培育经济新动能。以有效需求为导向，继续加大对小微企业的金融支持力度，全年累计对全区170家小微企业投放贷款26亿元，其中500万元以下创业微型企业客户90家，贷款总额4.3亿元。在消费金融投入上，围绕居民住房、消费需求，发展个贷和分期业务。全年个人贷款累计投放超过30亿元，余额58亿元，比年初净增22亿元；分期交易额1.62亿元，继续保持南京工商行辖内领先位次。推进经营网点软、硬件建设，已实现辖内所有网点智能设备全覆盖，3分钟即可完成自助办卡，90%以上的非现金业务可自助完成。借助以“工行南京”微信公众号为代表的新媒体，广泛宣传最新政策、产品、服务及体验活动，关注客户1万多户。3月，联合团区委、“金陵之声”广播电台、江宁电视台、区中医院等单位开展向环卫工人献爱心、送温暖活动，并现场为社区居民讲解反假币和防诈骗金融知识，践行社会责任。

2016年工商银行江宁支行营业网点一览表

表11

网点名称	地址	网点名称	地址
支行营业部	江宁区上元大街458号	胜太路支行	江宁区胜太路胜泰华府
天井支行	江宁区上元大街645号	宏运大道支行	江宁区宏运大道1779号
岗山支行	江宁区金箔路2号	天元支行	江宁区莱茵达路288号
竹山路支行	江宁区竹山路384号	东麒路分理处	江宁区宏运大道4666号
上元支行	江宁区天印大道1218号	—	—

（江宁工商行）

农业银行江宁支行 2016年年末，中国农业银行股份有限公司南京江宁支行各项存款余额218亿元，比年初增加18亿元；各项贷款余额136亿元，比年初增加40亿元；实现拨备前利润4.6亿元，中间业务收入1.4亿元。全年个人贷款累计投放45亿元，是2015年全年投放量的242%；成功发放全市首笔“苏微贷”，牵头组建全省首笔PPP百亿银团贷款，成功营销南京地区进出口排名第一的客户，为2家房地产企业办理境外放款业务，实现跨境人民币结算18亿元；签订紫金（江宁）上秦淮产业基金意向性协议。在全市农行首家推出“双大堂”模式，即每个网点设2个大堂经理，大堂经理在加强客户引导和业务分流的同时，有更多时间和精力服务客户。成立超级柜台推广调研小组，对超级柜台业务开展现场指导、优化改进。同时，利用微信群、邮件等对超级柜台业务量实时排名通报，超级柜台日台均业务量140笔，列全市系统第一。创新员工培训方式，首次利用微信平台，开展客户营销技能“微信直播”教学，在线讨论和解答产品营销疑难点，增强培训的互动性和实用性。10月30日，与江宁公安分局内保大队联合走进美丽乡村——石塘人家，开展防范电信网络诈骗宣传活动，针对老年人、妇女等易受骗人群，定制防范电信网络诈骗宣传展板，印制防范电信网络诈骗宣传折页，银行员工与民警结合真实案例，向村民及游客讲解中奖诈骗、网络购物等诈骗手法，解答群众提出的疑问，进一步增强群众的自身安全防范意识。是年，农业银行江宁支行获省分行第二届精神文明建设先进单位和文明单位称号。

2016年农业银行江宁支行营业网点一览表

表12

网点类型	序号	网点名称	地 址
营业网点	1	江宁分理处	江宁区江宁街道府前路10号
	2	梅山支行	雨花台区板桥街道雄风路488号
	3	禄口支行	江宁区禄口街道蓝天路1号
	4	秣陵分理处	江宁区秣陵街道桥北大街8号
	5	九龙湖支行	江宁开发区诚信大道699号
	6	百家湖支行	江宁开发区胜太西路19号
	7	支行营业部	江宁开发区胜利路102号
	8	商城支行	江宁区东山街道金箔路1037号
	9	竹山路支行	江宁区东山街道金箔路776号
	10	科学园支行	江宁区天印路388号书香名苑22幢106室
	11	上元路分理处	江宁区东山街道上元大街739号
	12	新亭东路分理处	江宁区湖山路388号
	13	淳化分理处	江宁区淳化街道淳关路52号
	14	汤山支行	江宁区汤山街道汤泉路38号

续表

网点类型	序号	网点名称	地 址
营业网点	15	麒麟分理处	江宁区麒麟街道悦民路3号
	16	卡子门支行	雨花台区卡子门大街2号
	17	双龙路支行	江宁区双龙大道570号
	18	东麒路分理处	江宁区东山街道宏运大道4601号
离行式自助区	1	众彩物流自助区	江宁区农副产品物流配送中心有限公司内
	2	竹山路自助区	江宁区东山街道竹山路大市口广场
	3	东峰路自助区	江宁区汤山街道东峰路2号
	4	东新南路自助区	江宁区东山街道东新南路399号
	5	金盛路自助区	江宁区东山街道岔路口金盛商住楼1-101
	6	宝山路自助区	江宁区麒麟街道宝山路1号
	7	竹山南路自助区	江宁区东山街道竹山路31号
	8	禄口永欣邻里自助区	江宁区禄口街道正阳路永欣邻里中心内

（唐家锦　戴家忠）

中国银行江宁支行　中国银行股份有限公司南京江宁支行设综合管理部、营销中心、个人金融部、营业部4个部门，10个经营性支行，有员工266人。截至2016年12月末，本外币存款余额186.22亿元，比年初增加30.73亿元；人民币贷款余额145.4亿元，比年初增加39.97亿元。全年实现中间业务收入1.29亿元，拨备前利润5.14亿元，净利润3.48亿元。中国银行江宁支行在江宁区金融机构的人民币存款市场份额排名第三，人民币贷款的市场份额排名第二。（江宁中行）

建设银行江宁支行　2016年年末，中国建设银行股份有限公司南京江宁支行一般性存款余额169亿元，较年初增加25.61亿元；各项贷款余额106.5亿元，较年初增加35.99亿元；完成中间业务收入1.55亿元；归集公积金16.89亿元，发放公积金贷款5.41亿元；实现拨备前利润3.9亿元。负债业务方面，对公存款采取在工商驻点等方式，抢抓基本户份额，努力争取结算资金；推进银校银医项目合作，拓展营销机构类客户存款；抓好信贷投放与结算资金的承接，争取房地产项目监管资金，利用国际业务套利产品吸收外币保证金存款。个人存款抢抓代发工资、拆迁市场、教育市场等代发资金，利用外汇价格优势增加外币存款，加强个人金融生态圈建设，营销各类专业市场与个人高端客户。资产业务方面，对公资产业务结合全区“十三五”规划，围绕“一轴三带四片区”产业布局规划，紧扣“3+3+3”现代产业体系，加强全区重大项目营销，重点跟踪园区基础设施项目和流动资金需求，推进江宁开发区债务置换基金和全区一、二、三类债务置换，推进平台公司境内外发债，加强与区内各PPP项目对接；突出制造业及战略性新兴产业，促进园街联动。个人贷款业务加大楼盘营销，拓展一手房市场；采用驻点和分片包干相结合的营销模式，做大二手房市场；不断丰富贷款品种，推广个人消费贷款、个人助业贷款和快贷等品种，个人贷款业务取得跨越式发展。中间业务方面，发挥公司业务、国际业务和投行业务在创中间业务收入的龙头作用，利用新型融资工具拓宽中间业务收入渠道，提高对公业务创中间业务收入能力，优化个金中间业务收入结构，注重提高信用卡、电子银行和零售业务在创中间业务收入的能力；不断提高房金业务产品覆盖度，以此促进中间业务收入稳步增长。服务民生方面，为全区社保人员提供代发代扣服务，方便其领取退休金与社保缴费；全力做好租房、购房、还贷等客户支取公积金的服务工作；加强电信网络诈骗案件堵截，为客户挽回资金损失；走进博爱中心开展关爱残疾人活动等，充分展现建行良好的企业形象。

2016 年建设银行江宁支行营业网点一览表

表 13

网点名称	地址	网点名称	地址
支行营业部	江宁区上元大街 578 号	竹山路分理处	江宁区新亭西路 79 号
开发区支行	江宁区胜太路 39 号	翠屏国际分理处	江宁区将军大道 20 号
禄口支行	江宁区禄口茅亭路 63 号	岔路口分理处	江宁区双龙大道瑞阳居
汤山支行	江宁区汤山镇汤泉东路 11 号	天元东路支行	江宁区天元东路 388 号义乌商品城
科学园支行	江宁区天印大道 1218 号	麒麟科创园分理处	江宁区东麒路 277 号富力城
九龙湖支行	江宁区诚信大道 999 号华庭广场 2 栋	—	—

（孙拥君　王伯泉）

交通银行江宁支行　2016 年年末，交通银行股份有限公司南京江宁支行各项存款余额 176 亿元，比年初增加 66 亿元；贷款余额 107 亿元，增加 24 亿元，经营业绩位居交通银行南京全辖第三。全年支持区重点项目 10 个，累计投放信贷、非信贷资金 26 亿元，实现江宁区首单 PPP 项目贷款投放，融资额度 100 亿元，融资额度位居省分行第一；支持中小企业发展，通过科技贷、产业链融资等累计发放小企业贷款 2.7 亿元。参与区内主流楼盘的按揭合作，累计发放个人按揭贷款 20 亿元。是年，交通银行江宁支行获交通银行省行级先进集体、交通银行总行级文明单位、江苏金融五一劳动奖、全国五一劳动奖等荣誉称号。

2016 年交通银行江宁支行营业网点一览表

表 14

网点名称	地址	网点名称	地址
江宁支行	江宁开发区双龙大道 1202 号	将军大道支行	江宁开发区胜太西路 189 号
东山支行	江宁区东山街道金箔路 700 号	利源路支行	江宁开发区利源中路 88 号
上元支行	江宁区东山街道上元大街 712 号	杨家圩支行	江宁区东山街道杨家圩路 2 号
竹山路支行	江宁区天元中路 1 号瑞沨名苑 1 号楼	—	—

（夏贞宝）

光大银行江宁支行 2016年年末，中国光大银行南京分行江宁支行各项存款余额85.49亿元，其中对公存款76.96亿元，对私存款8.53亿元，人均存款2.59亿元，在分行营业网点中人均存款第一；各项贷款余额43.82亿元，创历史新高。是年，光大银行江宁支行被评为“平安金融示范单位”，并被江苏省银行业协会授予“江苏银行业星级营业网点（四星）”称号。

（李智国）

紫金农商银行江宁区支行 2016年年末，紫金农商银行在江宁区下辖35个网点，其中江宁支行下辖18个，江宁开发区支行下辖17个。是年，江宁紫金农商银行江宁区支行围绕支持地方建设、推进支农支小、践行普惠金融开展工作,各项业务取得长足发展。年末，各项存款余额221亿元，比年初增加18亿元；各项贷款余额133亿元，比年初增加25亿元。累计投放平台贷款39笔，总额45亿元，其中当年新增平台贷款10笔，金额15亿元。围绕城乡统筹发展，投身“美丽乡村”建设，把“金陵惠农贷”作为支农支小的拳头产品，努力解决“三农”融资难、融资贵问题。年末，小微企业贷款余额21.95亿元，比年初增加4.53亿元；涉农贷款余额11.94亿元，比年初增加3.88亿元；完成“金陵惠农贷”投放52户、3609万元。继续发挥“网点金融服务最广的银行”优势，打通普惠金融服务工作“最后一公里”，为新农村、新农业、新农民提供金融支持，全年新增代缴费签约客户2.5万户，新增电子银行客户3.8万户。以保障客户资金安全为己任，成立金融知识宣传小分队，在部分社区开展宣讲活动，传递金融知识和正确的理财观念，提高广大群众的防诈骗、反假币，防非法集资的能力。年内，紫金农商银行江宁区支行获全国职工书屋示范点、省级职工书屋示范点、省级书香企业、省级普惠金融五星示范网点、市级优秀阅读组织、市级“工人先锋号”、市级“青年文明号”、市内保系统先进单位以及市2014—2016年度平安金融示范单位等荣誉称号。

2016年紫金农商银行江宁区支行营业网点一览表

表15

网点名称	地址	网点名称	地址
江宁支行营业部	江宁开发区胜太东路9号	淳化支行	淳化街道中市北街1号
秣陵支行	秣陵街道正方路78号	七里岗支行	淳化街道七里岗34号
方山支行	江宁区天元中路1号	土桥支行	湖熟街道桂园南路18号
成山支行	江宁区莱茵达路27号	汤山支行	汤山街道汤泉东路61号
百家湖支行	秣陵街道诚信大道699号	阳山支行	汤山街道汤山新城汤水雅居北苑
滨江支行	江宁街道宁芜大道1202号	上峰支行	汤山街道宁峰路6号
陆郎支行	江宁街道陆郎集镇神山路136号	麒麟支行	麒麟街道悦民路128号
铜井支行	江宁街道铜井大街19号	金箔路支行	东山街道金箔路636号
东善支行	谷里街道东虹路84号	东新北路支行	东山街道东新北路10号
谷里支行	谷里街道金谷东街17号	上元支行	江宁区天元东路865号

续表

网点名称	地址	网点名称	地址
横溪支行	横溪街道横云南路 38 号	上坊支行	东山街道上元大街 1088 号
陶吴支行	横溪街道狮山路 1 号	东城支行	东山街道上元大街 879 号
丹阳支行	横溪街道秦城街 5 号	高桥支行	江宁区东麒路 33 号
禄口支行	禄口街道大街 1 号	城镇支行	东山街道上元大街 518 号
铜山支行	禄口街道横峰街 1 号	岔路支行	宏运大道 1813 号
湖熟支行	湖熟街道梁台街 11 号	东山支行	东山街道竹山路 330 号
周岗支行	湖熟街道周岗镇长干路 83 号	江宁开发区支行营业部	秣陵街道将军大道 20 号
龙都支行	湖熟街道陵园路 23 号	太平支行	江宁开发区湖滨世纪花园

（紫金农商银行江宁区支行）

中国人寿保险江宁支公司 2016 年，中国人寿保险股份有限公司南京市江宁支公司实现总保费 6.3 亿元，比 2015 年增长 16.2%。其中，长险首年保费 2.2 亿元，下降 2.73%；首年标保 6284.3 万元，增长 29.7%；首年期交保费 1.43 亿元，增长 31.6%；短险保费 5759 万元，增长 26.1%。成功承保1家全国统保法人客户单位，新增保费 1600 多万元。队伍实现大扩张，三大销售渠道销售人员近 2000 人，不仅为业务发展增添新活力，也为全区创造就业岗位 2000 个。加强与政府合作，再次中标全区新农合大病保险、惠民保险等业务，保障范围实现 10 个街道全覆盖，为 41 万多人提供保险保障。服务品质大提升，全年办理各类保全 10 万多件，受理新单 1.8 万多件，宽限期回访 5700 多人次，开展各类生调和理调 2100 多件，办理并上报各类赔案 5500 多件，接待客户咨询 3000 多人次，带客户体检 300 多人次。公司连续 4 年被评为全省系统先进单位，连续 4 年入选全省系统“TOP30 实力强、管理好”综合经营单位行列。（王礼跃）

中国人保财险江宁支公司 2016 年，中国人民财产保险股份有限公司南京市江宁支公司实现保费收入 12.87 亿元，比 2015 年增长 9.95%。其中，车险保费收入 120828 万元，非车非农险保费收入 5827 万元，农险保费收入 2065 万元。实现报表利润 10672 万元。年末，全险种累计市场份额 71.85%，其中车险累计市场份额 72.88%；全险种综合成本率 90.88%，精细化管理能力进一步提升。把办好“政策性农险”作为事关国计民生的大事，不断增强“三农”服务能力，积极服务社会主义新农村建设，努力做到农民、政府、社会三方满意。全年种植险承保 47827.7 公顷，其中大棚 9090.3 公顷，小麦 13301.1 公顷，水稻 20383.5 公顷，油菜籽 5052.8 公顷；养殖险承保蛋鸡 121500 只，能繁母猪 358 头。全年农险理赔赔款总额 1864.5 万元。8 月底，中国人保财险江宁支公司被评定为 2015 年度 B1 类重点城市分公司，是全国 38 家 B1 类重点城市分公司中唯一一家区县支公司；10 月，被总公司授予 2015 年度“中国人保财险先进集体”荣誉称号。（胡胜男）

发展计划管理

概　况　2016年，江宁区发展和改革部门贯彻中共十八大和十八届三中、四中、五中、六中全会精神以及习近平总书记系列重要讲话精神，紧紧围绕“走在最前列、建设新江宁”目标，充分发挥综合部门的职能作用，积极编制规划，协调推进项目，加强综合服务和监督考核，采取预测、预警和监控手段，不断推动经济转型升级和深化综合改革等重点工作，促进全区经济保持平稳较快发展。（宁　鉴）

发展目标管理　2016年，区发展和改革部门按照“创新、协调、绿色、开放、共享”五大理念，结合江宁实际，编排江宁区2016年经济社会发展目标及编制说明，提出分解下达年度经济社会发展目标的建议。全年经济社会发展目标一级分解为七大类38项305个子目标。至年末，完成目标任务299个，占目标总数的98%。同时，牵头对地区生产总值、服务业增加值、社会消费品零售额、全社会固定资产投资等综合目标进行二级分解。每季度按时对全区目标执行情况进行全面梳理，确保各责任单位加快目标推进。根据市对区2016年综合考核目标分解方案，及时制定分解方案，强化责任落实、目标推进和对上沟通。牵头制定《关于区领导挂钩推进市下达2016年综合考核目标的通知》。年末，年度目标任务基本完成。

经济预测预警　2016年，区发展和改革部门建立经济运行监测分析报告制度，年初由区政府下文，明确监测内容和各部门职责。分月度牵头区统计、经信、财政、商务等部门，建立47家企业参加的经济运行监测体系，对全区经济运行情况进行总体监测，密切跟踪重点园区、街道发展态势，紧盯规模以上工业产值、全社会固定资产投资等薄弱指标走势，强化经济运行监测分析，全年向区委常委会和区政府常务会汇报经济运行情况5次。通过经济预测预警工作的开展，为区重大决策提供参考和依据，确保经济平稳健康运行。（区发改局）

全面深化改革接受市督察　2016年1月25日，市专项督察组到江宁区开展改革工作情况督察，通过现场视察、听取汇报、与有关人员交流，深入了解全区推进全面深化改革进展情况，对相关工作给予肯定。区领导刘玲、高德臣、刘维新参加。督察组一行首先到谷里街道柏树和石坝社区拆迁、复垦现场，看到成片用防虫网覆盖的复垦土地正在建设现代农业示范区，督察组成员详细询问土地流转后的使用情况及农民生活、工作现状。在J6软件园，督察组与企业创业者面对面交流，了解创业者对文化体制改革的意见和建议。实地视察新启用的江宁市民中心后，督察组对江宁区模拟审批制度改革给予关注，深入了解模拟审批流程及其成效。全区按照中央和省、市委关于全面深化改革的决策部署，不断完善改革工作的组织架构，健全运行机制，梳理明确七大类33项、187条具体改革任务，挂图作战、分类推进。在改革工作推进中，按照市部署，结合区情实际，把握改革重点关键，围绕市场化改革、农业农村改革、生态文明体制改革、文化体制改革等工作先行先试，创新开展模拟审批制度改革、科技和人才管理体制综合改革等试点工作，并及时总结相关改革做法和经验，着力打造具有江宁特色的改革品牌。

6个项目入选省重大项目 2016年2月，省发改委公布全省2016年重大项目名单，江宁区有6个重大产业项目入选，其中实施项目5个，前期工作项目1个。被列入省重大项目名单的项目，按照相关规定，将给予新增建设土地计划“点供”，有助于破解重大项目建设土地要素制约。全区列入全省2016年重大项目名单的6个重大产业项目，总体呈现投资体量大、项目质量高、产业带动性强等特点。总投资583.3亿元，当年计划投资37亿元。其中，正大天晴生物制药、南京世茂梦工厂动漫文化基地、中船江苏海工装备、江苏有线三网融合枢纽中心等4个项目为2015年结转的省重大项目；年度新增2个项目，分别为中航大飞机零配件项目和南京南航大航空飞行器项目。总投资17亿元的中航大飞机零配件项目由中航工业南京机电液压工程研究中心、中国航空科技工业股份有限公司和中航工业机电系统股份公司共同投资，打造大飞机关键部件的重要供应基地，填补国家民用大客飞机空白，同时也是中航机电民用航空产品主要研制基地。总投资40亿元的南京南航大航空飞行器项目为前期工作项目，由南京航空航天大学资产经营有限公司与中航集团共同投资，建设无人机研发制造基地，并与中航直升机合作共建直升机研发中心、小微型飞机发动机研究所，最终建设成为国家级大学科技园和协同创新中心。

全区转型升级重大产业项目排定 2016年2月，全区2016年转型升级重大产业项目确定，转型升级重大产业项目同时编排实施类项目和储备类项目。其中，实施类项目168个，包括新型工业化和先进制造业项目、现代服务业项目、现代农业项目，投资总额1763亿元，当年计划投资299亿元；储备类项目53个，包括先进制造业项目和现代服务业项目，投资总额452亿元。确定的重大产业项目，高度符合国家、省、市产业转型升级导向要求，尤其是全区正着力构建的“3+3+3”现代产业体系。以区委十二届九次全会提出大力发展的文化休旅产业为例，这一类型项目共有22个，其中世茂梦工厂动漫文化基地项目跻身省重大项目，沣麟广场、景枫中心商业综合体、龙湖地产天街综合体等7个项目被列入市级重大项目统一管理。为促进资源要素效率提升和存量盘活，加快人才项目产业化，年度转型升级重大产业项目中，优先考虑安排技术创新和改造、低效用地再开发、“腾笼换凤”和科技人才产业化项目，在221个重大产业项目中，安排此类项目30个，以推动全区产业结构调整优化和发展内涵延伸。与往年相比，2016年全区转型升级重大产业项目投资体量，特别是当年投资量较大，项目成熟度较高。在全部实施类项目中，技术改造、人才产业化和现代农业类项目当年计划投资分别在3000万元、500万元和8000万元左右，其他项目当年投资均达1亿元左右。

2016年3月，江宁区召开全区项目攻坚突破年动员大会

区新闻中心 供稿

2016年全区深化改革工作要点确定 2016年4月，江宁区2016年全面深化改革工作要点确定，将实施七大类35项192条具体改革事项，涉及“五位一体”建设和党的建设各领域。全区改革工作要点，突出供给侧结构性改革、生态文明、民主政治、文化软实力、社会治理创新、党内民主制度建设和党风廉政“两个责任”落实等7个领域，立足上级精神和江宁实际，围绕全区发展大局展开。对一些重要改革任务，“要点”进一步明确推进落实的着力点和方向，减少出台文件意见方面的安排，增加具体推进实施方面的要求，力促改革事项落细、落小、落实。其中，在推进生态文明工作改革、狠抓重点环境工程建设

中，提出加强黑臭河流整治，规划建设“两河两山（外港、秦淮河，竹山、东山）”环境提升工程，2年完成秦淮河、外港河等重点生态水利工程建设，3年完成主城南部中心区域截污纳管“四全（污水管网全覆盖、全贯通，污水全收集、全处理）”。在推进供给侧结构性改革方面，将启动南京主城南部中心规划战略研究，深入推进低效用地再开发，深化农村土地综合整治，提升重点产业核心竞争力，打造重点区域创新发展新业态，构建重大项目工程建设新模式，实施美丽乡村升级版“四变”工程，着力突破创新链阻断瓶颈，加强供给侧创新制度支撑，开展9项45条具体改革事项，适应和引领经济发展新常态。其中，在打造重点区域创新发展新业态工作中，将制定实施江宁区特色小镇建设的指导意见，开辟“特色小镇”式转型创新的新空间，打造未来网络小镇、吉山软件小镇、空港枢纽小镇、石塘互联网联想小镇等一批建设试点。为加快全面深化改革步伐，在制定实施改革工作要点的同时，还详细制定改革工作要点季度推进计划和25项重点督办的改革任务，强化改革执行层面的力量统筹，形成推进改革的联动合力。

国务院第八督查组督查江宁 2016年9月21日，国务院第八督查组到江宁区督查经济社会发展情况，市、区领导缪瑞林、祁豫玮、王爱军参加活动。督查组一行首先走访江宁区无线谷·未来网络小镇，在未来网络总控制中心，相关负责人汇报了未来网络研究院情况，围绕未来网络新一轮变革，中国在未来网络领域的发展布局，该研究院的概况、主要创新成果及工作重点等内容与督查组专家进行深入交流。督查组希望该院不断提高网络功能性，加强网络安全性，努力打造未来网络领域的技术高地。在南京埃斯顿自动化股份有限公司，督查组一行参观了工业机器人展厅，观看相关产品演示，对公司先进的智能装备制造技术给予肯定，鼓励企业继续先行先试，开拓创新，为中国智造贡献一分力量。

新一轮国资国企改革启动 2016年12月，江宁区印发《关于深化国有资本运营和国有资产管理改革的实施意见》，拉开全区新一轮国资国企改革序幕。根据该“意见”，全区将按照业务相近、功能相同、优势互补的原则，推进国企优化整合和功能性重组。在此基础上，根据企业职责、业务特征、市场属性、资源配置方式差异，将企业分为竞争类、功能类、公共服务类3个类型，实行分类管理。其中，竞争类企业主要考核经济增加值，功能类企业主要考核重点任务完成情况、债务平衡能力，公共服务类企业主要考核管理绩效和服务质量。还将按照国企业务性质、功能定位和发展目标，合理确定国有股权比例，适当引入社会资本、民间资本，全面推进股权多元化，放大国有资本带动功能。同时，通过组织国有资本从缺乏市场竞争活力的低效领域退出、允许混合所有制企业员工持股、推动国企改制上市等方式，提升国有资本活力和效益。探索实行混合所有制企业员工持股，目的在于留住人才、调动员工工作积极性，员工持股不搞平均分配，按照自愿原则，并根据持股人对企业的影响和贡献程度决定。围绕加快国有资本证券化，将推进农副物流、水务集团、公交集团等具备条件的企业抓紧落实股改方案，启动上市工作步骤，力争3年内实现整体上市或核心业务资产上市。此外，“意见”在创新政府性投资项目市场化运作机制方面，明确提出引入社会资本、推行PPP合作模式以及建立政府公共服务建设专项基金等。在推进国资国企改革过程中，还将建立健全现代企业制度，完善国有资产监督管理体制，确保国资保值增值。（宁　鉴）

统　计

概　况 2016年，江宁区统计部门聚焦经济新常态和供给侧结构性改革，加强对经济形势的分析研判，建立完善月度经济运行监测预警制度和重点园区、重点产业及重点企业跟踪调查制度等，按月开展江宁区主要指标占全市比重及与苏南先进市区横向比较工作，按季召开各专业经济运行分析会议，把脉经济运行情况。围绕“3+3+3”现代产业体系，按月开展汽车、电子信息、智能电网等主导产业生产经营情况动态监测和分析，提高预警及时性、针对性。以全区“转方式、调结构、稳增长、惠民生”为主线，深入开展统计分析研判。以高度的政治责任感，做好全面小康社会、全域旅游示范区、农业现代化、文化产业等各类统计监测工作，客观真实反映全区经济社会发展成效。以统计快报、统计分析、统计专报等形式，为各级领导和社会各界提供经济社会发展信息，免费提供《统计年鉴》《年度简明资料》《统计月报》等各类统计产品。

统计改革 2016年，区统计部门深化以“企业一套表”为核心的统计四大工程建设，按季做好统计单位名录库新增工作，不断提高联网直报企业数据质量。继续推进核算、服务业、投资、劳动力等重点领域统计改革，建立分街道、园区全社会社会消费品零售总额数据统计公布制度。围绕“三新”（新产业、新业态、新商业模式）统计调查工作，组织开展新兴产业人才统计监测调查、“四众”（众创、众包、众扶、众筹）平台单位专项调查等工作。

统计调查 2016年，区统计部门按照上级统一部署，完成第三次全国农业普查机构组建、经费落实、人员选调、综合试点、业务培训、小区划分、清查摸底、宣传发动、入户登记等各项工作。此次农业普查全区选聘普查指导员387人、普查员1892人；划分普查区173个、普查小区1465个。组织开展农业、工业、建筑业、批零住餐业、房地产业、人口、能源、投资等常规性统计调查，确保统计数据客观反映江宁实际。

统计规范化建设 2016年，区统计部门结合统计调查工作和实施重点方法制度改革，采取以会代训方式，对基层统计人员培训29场，培训1100余人次；组织98名街道和村（社区）统计人员参加市统计局组织的专题培训。建立统计实践导师制度，9名区统计局业务骨干与17名街道（园区）年轻统计人员结对，开展业务指导，帮助基层年轻业务人员快速成长，形成人才梯队。经区统计局验收，全区有7个街道、11个村（社区）获规范化建设示范单位称号。是年，区统计局连续第5年被评为全省规范化建设示范单位，村居规范化建设获全市创新项目一等奖。

统计法制建设 2016年，区统计部门深入开展统计法制宣传，强化统计执法监督，为经济新常态下深化统计改革与发展提供法治保障。3月，开展“数据造假、以数谋私”专项治理工作，重点查处制造假数字、虚报工作业绩的问题。5月，在全区范围内开展统计法贯彻执行情况大检查，严肃查处统计违法违纪行为，坚决遏制在统计上弄虚作假现象，切实提高统计数据质量。5—7月，组织工业、能源等8个专业对36家企事业单位进行统计监督检查，重点对“四条红线”（坚持“先进库、再有数”，绝不自行修改名录库；坚持由企业独立报送真实的统计数据，绝不干预企业独立报送真实数据；坚持由企业自己上报联网直报数据，绝不代填代报企业数据；坚持由企业修改差错或补填不完整报表的原始数据，绝不自行修改企业任何数据）执行情况、非法代填代报、干预企业独立上报以及编造统计数据等弄虚作假行为进行查处。6月，协助市统计局完成对江宁开发区的统计督查工作，统计工作和数据质量得到市统计局肯定。8月，完成对横溪街道的统计督查工作。（许成明）

市场监督管理

概　况 2016年，江宁区市场监管部门围绕区委、区政府工作部署和安排，以服务地方经济发展为主线，严守食品、药品、特种设备三大安全底线，聚焦“五个创建”工作重点，履行市场监管职责，凝心聚力、服务大局，多项工作走在全市前列。是年，区市场监管局先后被国家工商总局表彰为全市唯一的“商事制度改革登记工作成绩突出窗口单位”，被省文明委评为“江苏省文明单位”，全年获省、市、区各级表彰13次。

商事制度改革 2016年，区市场监管部门深入推进商事制度改革，继“三证合一”“多证合一、一照一码”改革落地后，率先在全市启动企业名称网上预核准、全程电子化登记等改革举措，12月1日又启动个体工商户“两证整合”工作。全年新增私营企业11835家，注册资本508.01亿元，分别比2015年增长33.01%和28.22%；新增内资企业1064家，注册资本244.46亿元，分别增长95.95%和304.87%；新增外资企业144家，注册资本6.26亿美元；新增个体工商户17347户，资金总额19.5亿元；新发展农民专业合作社97个。同时，围绕“项目攻坚突破年”要求，先后为280个省、市、区重大项目落地提供支持。

助推企业转型升级 2016年，区市场监管部门实施品牌兴区战略，编写《江宁区商标发展指标报告》白皮书，全年新增注册商标3564件，新认定驰名商标1件、省著名商标18件、市著名商标31件，“横溪西瓜”地理标志商标成功获批，实现江宁地理标志证明商标零的突破；新增省名牌6个、市名牌24个；获省政府质量奖企业2家、市长质量奖企业1家、市长质量奖个人奖1个，持续保持全市领先。加大合同指导力度，起草《南京市江宁区乡村

2016年2月，区市场监管部门对辖区内食品生产、流通和餐饮经营户进行专项检查　　区新闻中心　供稿

旅游示范合同》，引导符合条件的46家企业申报市级“守合同重信用企业”。致力于企业转型升级，拓宽融资渠道，通过动产抵押、股权质押为企业融资6685.59万元。

消费者权益保护　2016年，区市场监管部门深入开展放心消费“五进”（进商场超市、进市场、进企业、进景区、进学校）工作，先后组织“基层行”活动16次，并以此为载体树立创建先进典型。开展行政约谈，先后对大型商圈、商超等重点对象负责人进行约谈。加大消费投诉调处，全年受理各类申（投）诉、咨询14024件，为消费者挽回经济损失161.5万元。增加商品抽检频次，全年抽检各类商品205批次，并申请40个机动批次对大型物流仓库进行突击抽检，货值超过100万元。

标准计量服务　2016年，区市场监管部门申报的“国家智能电网（电力自动化）装备制造业标准化试点”获得国家标准委和工信部联合立项。组织区内企业申报国家标准、行业标准12项，1家企业参与国际电工委员会的国际标准起草；212项企业产品标准在标准公共服务平台公示；台湾农民创业园农业标准化示范区通过省级验收。对全区13个街道（园区）、192个村（社区）卫生室、10个计生服务站的630台件计量器具免费检定，完成全区集贸市场1186台件计量器具免费检定，申报省级诚信计量示范餐饮店4家、诚信计量眼镜店1家、诚信计量超市2家、诚信计量医疗机构3家。全区大型超市计量器具受检率100%，眼镜配制场所计量器具受检率100%，加油机检定率100%。

特种设备安全保障　2016年，区市场监管部门切实加强特种设备安全监管，于7月成立江宁区特种设备安全工作领导小组，研究制定特种设备工作考核方案。全年出动特种设备检查人员1000余人次，检查特种设备使用单位600余家，发现安全隐患136条，并全部进行督促整改。完成152家特种设备使用单位的日常监督检查，组织开展大型游乐设施、叉车、电梯、液化气充装和节假日、重大活动专项检查等16项特种设备专项整治工作，妥善处理特种设备投诉举报事项156件，全区未发生特种设备安全事故。推进电梯责任保险，“像驾照一样对电梯违法违规行为进行记分—电梯安全管理人员‘累积记分’案例”，入选国家质监总局法治典型案例。内部试行特种设备“负面清单”管理模式，电梯和压力容器定期检验率分别达到99.7%和100%。

市场监管执法　2016年，区市场监管部门加大网络交易监管力度，完善并落实“以网管网”新机制，开展网络交易商品质量监测、“红盾网剑”等一系列专项行动，查办各类网络案件10件，构建线上线下一体化监管新格局，净化网络市场环境。树立依法行政履职权威，着力办大案、办新案、办铁案、办有影响的案件，先后开展“利剑”执法行动等专项行动20余次，立案查处商标侵权、不正当竞争、产品质量不合格等各类案件222件，移送案件15件。一直保持打击传销的高压态势，捣毁传销窝点301个，劝返传销人员570人。

（范　炜）

全市首张保险个体户营业执照颁发
2016年2月，江宁市民董德娇从区市场监管局禄口分局工作人员手中接过南京市江宁区华泰保险宁动专属代理店个体工商户营业执照，这是全市首张保险个体工商户营业执照，意味着个体工商户也可经营保险业。为鼓励万众创业，鼓励保险公司提供更加专业便捷的保险服务，2015年12月，保监会下发《关于华泰财产保险有限公司专属代理门店试点有关事项的通知》，鼓励个人开办专属保险代理门店，促进保险业快速发展。华泰财险在辽宁、山东等5地试点专属代理门店后，获准在全国范围内开展专属代理门店试点。在通过华泰财险考核并与该公司签署专属代理合同后，董德娇拿着华泰公司的授权和保监会的通知，赶在春节前到江宁区市场监管局禄口分局办理营业执照。

新增4家省质量信用AA级企业

2016年3月，省质监局和省社会信用体系建设领导小组办公室发布2015年度全省质量信用AA级以上企业名单，江宁区有4家企业名列其中，新增数量连续3年居全市各区首位。此次获评该荣誉的4家企业分别是南京大全电气有限公司、南京大全变压器有限公司、南京音飞储存设备股份有限公司和南京海尔曼斯集团有限公司。至此，全区已累计创成质量信用AA级企业10家、AAA级企业2家。企业质量信用等级从高到低分为A、B、C、D4个等级，每个等级之间用字母的数量细分，字母数量越大，表明信用等级越高。

企业名称自主选择系统上线

2016年4月26日，江宁区大二学生夷成飞通过“南京市企业名称自主选择系统”，2分钟在线完成企业选名，并于当天领到营业执照，成为全市首位尝鲜该系统的创业者。此次启用的“南京市企业名称自主选择系统”，利用互联网等技术手段，将名称登记负面清单、名称核准规则融入系统，实现企业名称的网上自主选择使用，将原来的“面对面名称预先核准”改为“键对键名称自主选择”，省时省力，同时减轻登记窗口压力。除网页版，该系统还推出手机版本，申请人可以下载“我的南京”APP，点击“企业选名称”选项，在线完成申请。新设企业住所在南京市行政区域内，名称冠“南京”的内资有限责任公司、股份有限公司和名称中使用“南京”作为行政区划的外商投资有限责任公司、股份有限公司的企业，都可以使用该系统为企业起名。该系统主要适用于新注册的内、外资有限公司，随着系统开发完善，还将面向个体工商户等申请人群开放。

2016年12月1日，在区市场监管局东山分局，个体经营户李卫卫领到全区第一张加载统一社会信用代码的营业执照

区新闻中心　供稿

首张全程电子化登记营业执照核发

2016年8月18日，全市第一家全程网上注册的公司在江宁区成立。申请人仅需办理银行EID卡并激活电子签名账户，便可直接通过网络完成企业注册登记，领取到电子执照。推进企业注册全程电子化登记工作是工商登记制度改革的重要内容之一，市场监管部门将逐渐搭建、完善网上登记平台，实现网上申请、受理、审核、公示、发照等。8月起，开始推动公司制企业全程电子化登记试点工作，申请人可按照登记提交材料规范要求，在银行网点或自行进入全程电子化登录系统，根据提示上传附有电子签名的相关文件。进行网上受理、核准，确认申请材料齐全、符合法定形式后，向申请人颁发营业执照。实行工商登记全程电子化后，办理公司制企业的注册登记将从原来的10个工作日缩短为半天，申请人可在线申请到无介质的电子营业执照，如需领取纸质营业执照或有介质的电子营业执照的，只需凭网上下载打印的登记核准通知书便能直接至登记机关窗口领取。　（宁　鉴）

2016年江宁区获江苏名牌产品企业一览表

表16

序号	企业名称	序号	企业名称
1	江苏南瑞帕威尔电气有限公司	10	江苏宏源电气有限责任公司
2	南京南瑞继保电气有限公司	11	南京倍立达新材料系统工程股份有限公司
3	江苏金智科技股份有限公司	12	南京中电环保股份有限公司
4	江苏六维物流设备实业有限公司	13	光一科技股份有限公司
5	南京消防器材股份有限公司	14	菲尼克斯亚太电气（南京）有限公司
6	南京五洲制冷集团有限公司	15	江苏奥赛康药业股份有限公司
7	南京卫岗乳业有限公司	16	南京可莱威饲料有限公司
8	南京斯迈柯特种金属装备股份有限公司	17	南京宏亚建设集团有限公司
9	南京华脉科技股份有限公司	—	—

2016年江宁区获南京名牌产品企业一览表

表17

序号	企业名称	序号	企业名称
1	南京红森林食品有限公司	17	江苏顺力冷弯型钢实业有限公司
2	江苏苏芽食品有限公司	18	南京尚爱机械制造有限公司
3	南京宁粮生物工程有限公司	19	南京五洲制冷集团有限公司
4	南京郁氏生物科技有限公司	20	南京多伦科技股份有限公司
5	南京天环食品（集团）有限公司	21	江苏奥赛康药业股份有限公司
6	南京甘汁园糖业有限公司	22	江苏宏源电气有限责任公司
7	南京五城水产品专业合作社	23	南京普爱医疗设备股份有限公司
8	南京市江宁区荣健茶场	24	南京华德仓储设备制造有限公司
9	南京金陵优质米公司	25	南京南瑞继保电气有限公司
10	南京友邦菊花有限责任公司	26	航天晨光股份有限公司
11	南京新一棉纺织印染有限公司	27	南京宝泰特种材料股份有限公司
12	菲尼克斯亚太电气（南京）有限公司	28	江苏金智科技股份有限公司
13	南京国电南自电网自动化有限公司	29	南京法宁格节能科技股份有限公司
14	南京韩威南冷制冷集团有限公司	30	南京德邦金属装备工程股份有限公司
15	南京麦驰钛业有限公司	31	南京倍立达新材料系统工程股份有限公司
16	南京北路自动化系统有限责任公司	32	南京友西科技股份有限公司
33	南京高立工程机械有限公司	42	南京国旅联合汤山温泉开发有限公司颐尚温泉酒店
34	南京德朔实业有限公司	43	润盛建设集团有限公司
35	江苏苏博特新材料股份有限公司	44	南京美奇科技发展有限公司
36	江苏南瑞帕威尔电气有限公司	45	中国中材国际工程股份有限公司

续表

序号	企业名称	序号	企业名称
37	中材科技股份有限公司	46	南京杨柳湖文化发展有限公司
38	江苏英诺华医疗技术有限公司	47	南京万德斯环保科技股份有限公司
39	江苏九州通医药有限公司	48	南京新农科创投资有限责任公司
40	南京和善园餐饮管理有限公司	49	江苏省一夫新材料科技有限公司
41	南京金埔园林股份有限公司	50	江苏英诺华医疗技术有限公司

（范　炜）

审　计

概　况　2016年，江宁区审计部门落实全国审计工作、省委巡视组和省、市审计工作要求，依法履行审计监督职责，推进对公共资金、国有资产、国有资源和领导干部履行经济责任情况的审计全覆盖，着力提高履职能力和工作水平，努力做好新形势下审计工作，为全区改革发展发挥审计监督和服务保障作用。全年完成各类审计项目746项。其中，工程竣工决（结）算审计590项，审计总额36.2亿元，核减5.47亿元，核减率15.1%；预算执行审计1项，专项资金审计24项，经济责任审计4项，村社区审计9项，查出管理不规范金额2.5亿元；对全区8家国企集团及其下属110家企业开展审计调查；完成土地收储成本审计8项，审计总额16.7亿元，核减5亿元，核减率30%。提交审计报告、审计结果报告和专项审计调查报告191篇，提出审计建议200多条。

财政审计　2016年，区审计部门在财政预算执行审计方面，以促进健全政府预算体系，发挥政策导向、提高预算绩效为目标，推进公共财政预算全覆盖。深化本级预算执行和其他财政收支情况审计，紧扣预算执行主题，围绕财政资金分配、使用和管理情况，审查财政收支的真实性、合法性和效益性。创新工作方法，充分运用联网大数据分析，通过平台大数据分析掌握部门预算支出总体情况，建立数据分析模型，对全区所有一级预算单位预算支出结构进行分析，审查支出预算执行的合规性。拓宽专项资金覆盖面，按本级财政预算安排的专项资金总量不低于20%纳入年度同级审计划，重点突出民生保障改善、城乡统筹发展、社会事业发展等项目和资金审计。狠抓审计整改工作，严格落实《市政府关于进一步加强审计整改工作的意见》，确保审计监督效果。

固定资产投资审计　2016年，区审计部门在政府投资项目和征地拆迁审计中，严格落实国家规定和《南京市政府投资建设项目审计监督条例》，按照全面规范工作程序、完善审查内容的要求，依法依规推进政府投资建设项目审计全覆盖。加强协调联系，与各建设、施工和协审机构对接，提高审计工作介入的深度。对重大项目审计过程中暴露出的问题，征询上级审计机关和审计专家以及造价咨询行业管理部门的意见、建议，寻求解决重大事项（问题）应当适用规则、法规与方法，努力做到政府投资审计监督的内容更加全面，工作更加规范，反映问题更加深刻，审计成效更加明显。加强工程财务审计，重点对工程资金来源及使用情况进行审计，查证建设资金是否超付、多付，付款票据及凭证是否真实有效，工程财务管理是否单独核实等情况，确保建设资金安全、合理使用。紧贴城市建设工作重点，规范服务外包采购，做好旧城改造拆迁项目跟踪审计和土地收储（经营性土地出让）成本审计，争取工作的前瞻性、主动性，确保重点建设项目全过程跟踪审计。完成援疆审计等省市区同步建设“一条鞭”项目和区委、区政府交办的审计任务。

经济责任审计　2016年，区审计部门落实中纪委《党政主要领导干部和国有企业领导人员经济责任审计规定实施细则》等文件精神，加强领导干部经济责任审计，全面提高审计质量和审计成果利用率。健全经济责任审计制度，提高责任意识。在抓好离任审计的同时，把重点放在任期审计上，加大任期审计力度，变事后监督为事前和事中监督，促进领导干部提高责任意识。加强部门之间的协调配合，形成工作合力。加强与区委组织部、区编办的协调联系，扎实开展领导干部“三责联审”工作，形成监督管理叠加效应。加大审计决定落实与反馈工作，采取与纪委、组织等部门联合进点等办法，对经济责任审计意见和建议落实情况进行跟踪检查，形成跟踪问效制度，从制度、监督、行为上加以规范，从而推进党风廉政建设，预防职务犯罪。以社区审计为重点，主动服务基层建设，全年完成9个村（社区）审计。

国有企业审计 2016年，区审计部门在国有企业审计中，严格程序，确保审计工作质量。组织审计人员学习研究有关企业最新政策法规，严格按照《中华人民共和国审计法》规定的审计程序和审计法赋予审计人员的权限以及审计质量控制要求开展审计工作。建立组织协调机制，适时巡查，定期召开审计例会。成立八大国企集团审计工作领导小组，下设办公室、项目审理组和督查组，把握审计总体情况，不断调整和优化审计实施，保证各小组项目有序推进。充分利用区政务平台，实现与区属国有企业“国资监管信息化系统”的联网，采集国有企业基本信息，建立国有企业单位基本信息台账，对区属国有企业8家集团、110家国有企业实现财务运行动态远程在线实时监管，进一步提高企业审计效率。通过审计，摸清企业2015年年末的资产、负债及盈亏情况，并提出审计整改建议16条。（王　斌）

民营经济管理

概　况 2016年，江宁区新增私营企业11835家，注册资本508.01亿元，比2015年分别增长33.01%和28.22%，新设立私营企业中注册资本超亿元企业51家，增长10.87%。全区累计有私营企业51255家。其中，从事第一产业的101家、注册资本5.24亿元，分别增长83.64%、114.75%；从事第二产业的1902家、注册资本91.69亿元，分别增长14.99%、58.61%；从事第三产业的9832家、注册资本411.08亿元，分别增长36.75%、22.33%。全年新增个体工商户17347户，资金总额19.5亿元，户数增长45.42%，资金数额减少23.19%。全区累计有个体工商户81930户，从业人员52万人。其中，从事第一产业的468户、资金数额1.37亿元，分别增长9.35%、1.48%；从事第二产业的1027户、资金数额1.29亿元，分别减少10.62%、21.34%；从事第三产业的15852户、资金数额16.39亿元，户数增长69.5%，资金数额减少24.85%。

服务民营经济发展 2016年，全区倡导和组织个体工商户、私营企业参加社会公益事业和慈善活动，为社会和贫困家庭献爱心、送温暖。区民营经济协会组织开展“五好”民企关工委创建活动，搭建关爱平台，畅通关爱渠道，组织个私企业开展“关爱青年就业，营造育人环境”“心系困难群体，开展帮困助学”“净化文化环境、维护合法权益”活动。个私企业捐助款物720余万元，捐资助学特困学生610余人。结合3月5日学雷锋纪念日和3月15日消费者权益日，组织个体工商户开展各类为民服务活动，捐赠食品、日用品等价值1万余元，走访慰问敬老院6家，开展理发、打扫卫生、上门验照等义务服务630余人次。根据国家工商总局要求，开展“百县万家新设小微企业周年活跃度调查”工作，问卷调查新设小微企业754家，调查成功率98.15%，调查完成率100%。联合市工商局、市私营企业党委、秣陵街道办事处等部门，在秣陵街道家园社区广场举办一场主题为“创建无传销社区、打造幸福新秣陵”的公益活动，组织企业结对困难学生开展帮困助学。组织企业开展“青年文明号”、“光彩之星”、“全国民营企业双创活动中突出成绩的个人”、全国先进个体工商户、江苏省“百名诚信之星”等创建评选活动，南京泉水农庄餐饮休闲有限公司被评为第三届江苏省“百名诚信之星”，东山小秦淮酒楼被评选为“全国先进个体工商户”，小秦淮酒楼负责人殷爱华在北京人民大会堂接受国家工商总局表彰并受到李克强总理接见。（范　炜）

价格管理

概　况 2016年，江宁区价格管理部门以中共中央、国务院《关于推进价格机制改革的若干意见》为指导，以省政府《关于进一步深化价格改革切实加强价格监管的意见》和《江苏省价格条例》为主线，贯彻落实区委、区政府“稳增长、控物价、调结构、惠民生、促和谐”各项决策部署，推进价格改革，完善价格调控，增强服务能力，提升管理水平，各项工作取得新成效。是年，区物价局先后获得“省文明单位”“市文明单位”“全市价格工作先进单位”及“全市价格系统举报办理奖”等荣誉称号。

价格调控 2016年，区价格管理部门从打造全面、准确、灵敏、高效的价格监测调控平台入手，强化价格监测体系建设，努力提高价格调控能力和管理水平。根据省、市物价局监测工作相关要求，对担任监测任务的30多个监测点进行重新梳理，查漏补缺，完善措施。对新调整的采报价人员进行上门培训，切实提高业务技能。协同相关部门健全粮油、猪肉、蔬菜等“稳价保供”制度，发挥储备吞吐调节作用，稳定市场供应和价格。全年新建农副产品平价直销店24家，平价集贸市场1家，平价直销区5个，平价配送店11家；发放农产品平价补贴资金440多万元；农产品平价店销售平价蔬菜631万公斤，平价食用油38万余公斤，平价鸡蛋42万余公斤，节省群众生活开支230余万元。

价格检查 2016年，区价格管理部门相继开展涉企、涉农、医疗、教育、农资、电信、旅游等价格专项检查，进一步规范相关领域价格行为。针对元旦、春节等节日消费高峰，粮油、猪肉、禽蛋、蔬菜、日用品等价格容易波动的情况，组织320多人次，深入商场超市、酒店宾馆、农贸市场、客运市场、旅游景区等开展不间断的检查巡查。严肃查处不按规定明码标价、先提价再打折、虚假优惠折扣、误导性价格标示、不履行价格承诺、随意哄抬价格等损害群众利益的违法行为。完善“12358”价格投诉举报处理工作机制，加强价格异动和突发事件应急执法力量，发现苗头性、倾向性问题，快速反应、及时处置，切实维护广大群众的合法权益。全年受理各类价格投诉举报1112件，咨询420多件；退还消费者多收价款15万余元，行政处罚3.8万元。

收费管理 2016年，区价格管理部门以全面实行收费清单制度和收费报告制度为重点，对全区43个收费部门、170个收费单位开展监督检查。对照国家有关政策规定，开展行政事业和服务性收费清理规范，对涉企收费减免政策落实情况进行专项检查，对所有行政事业性收费开展动态监测和调整。根据国家和省、市收费政策变化，及时编制新的《收费目录清单》。经过清理规范，全区取消行政事业收费项目15项，部分取消行政事业性收费项目4项；暂停征收行政事业性收费项目9项，部分暂停征收行政事业性收费项目2项；降低收费标准行政事业性收费项目5项；免征行政事业性收费项目7项，部分免征行政事业性收费项目25项。

价格服务 2016年，区价格管理部门面对宏观经济下行压力，以“优化价费环境、服务经济发展”为主题，联合区相关部门深入开展“价格服务进园区、进企业”等服务活动，努力减轻企业缴费负担，帮助企业减负增效。对全区小微企业免征行政事业性收费43项，直接为企业节省开支650万元。针对制造业比较发达、大型企业较多、用电量大的特点，宣传并帮助企业参与全省电力直接交易试点工作，降低企业用电成本，对一般工商业及其他用电类别销售电价实行每千瓦时下调3.12分钱优惠。落实国家“绿色通道”相关政策，规范机场、公路经营服务性收费；推进城市配送车辆进城、通行、停靠便利化，优化车辆通行环境，降低企业运输成本，减轻物流缴费负担。

价格认证 2016年，区价格管理部门以“服务司法、服务政府、服务群众、服务社会”为主线，通过加强教育、岗位培训、个人自学等方式，着力提高认证人员政治素质和专业技能，强化涉案财产价格鉴定、涉税财物价格认定、商品和服务价格认证等专业知识学习，不断提高认证服务的科学化、规范化、制度化水平，努力打造一支政治强、业务精、作风实、效率高的服务团队和品牌机构。结合认证工作实际，进一步修改完善认证人员采价制度、认证工作流程、集体审议决定等一系列制度，巩固原有成果，拓展新的领域，开创价格认证工作新特色。全年开展各类价格认证鉴证335件，认证总额1.35亿元。

（薛正江）

民用水气实施阶梯价 2016年1月1日起，根据南京市民用自来水和天然气价格改革方案，江宁区民用水、气实施新的“阶梯价”。民用自来水的3个阶梯的年用水量分别下降至180立方米、180～300立方米、300立方米以上，3人以上的居民家庭，每户每增加1人，各阶梯年用水量分别增加60立方米，各阶梯到户价格不变。新方案实行后，第一阶梯和第二阶梯的价格维持不变，分别为3.1元/立方米和3.81元/立方米，第三阶梯的水价则从原4.52元/立方米上调至5.94元/立方米。全区民用自来水用户主要集中在第一和第二阶段，实施阶梯水价后，近88%用户家中水费不会增加。此轮气价调整后，各阶梯气价涨幅较大。根据新的气价方案，民用天然气的三级阶梯价格分别为2.5元/立方米、3元/立方米和3.5元/立方米，分别上涨0.3元/立方米、0.4元/立方米和0.5元/立方米。而三级阶梯的用气量也分别作出调增，调整后，第一阶梯年用气量为300立方米，第二阶梯为300～600立方米，第三阶梯为600立方米以上。3人以上的用户，每户每增加1人，各阶梯气量每年分别增加100立方米，各阶梯天然气价格不变。

物价监管受国家发改委肯定 2016年5月27日，国家发改委价监局局长张汉东一行到江宁区，围绕价格监管工作开展专题调研。副市长孙建友，区领导张会祺陪同。在牛首山文化旅游区，调研组检查了景点价格制定及政策执行情况。全区通过有效配置价格监管力量、排实重点监管内容、完成各项监管任务，不断规范经营者价格行为，维护消费者合法价格权益。张汉东对江宁区价格监管工作给予肯定，希望进一步加强价格信用体系建设，建立健全价格信用档案，整合力量，实施有效监管，力求民生领域的价格监管不留死角。（宁 鉴）

食品药品监督管理

概　况 2016年，江宁区食品药品监督管理部门以“保障公众饮食用药安全”为中心，围绕创建国家食品安全城市主线，以实施“餐饮业明厨亮灶”和“小作坊规范提升”为抓手，探索创新监督机制，构建监管新合力，进一步提升食品药品安全保障水平，确保广大群众饮食用药安全，促进辖区内餐饮医药经济健康发展。

强化创建食品安全城市组织领导 2016年，江宁区成立以区主要领导为组长，区相关部门负责人为成员的创建国家食品安全城市工作领导小组，负责创建工作的组织领导，指导、协调、督查、督办相关工作。创建工作由区政府负总责、各街道（园区）、食品药品监管部门负责具体实施，并明确分工、责任到人。根据《2016年全市创建国家食品安全城市工作重点任务计划推进表》，结合全区食品安全监管现状，制定《江宁区创建国家食品安全城市工作实施方案》，明确创建主要任务、基本目标，以及创建内容、责任分工、实施步骤和工作要求，印发《江宁区创建国家食品安全城市工作责任分解表》《江宁区重点任务挂图推进表》。同时，制定并印发《江宁区创建国家食品安全城市工作领导小组及办公室主要职责与工作制度》《江宁区2016年食品药品安全工作和创建国家食品安全城市重点工作安排》《江宁区2016年度创建国家食品安全城市重点计划任务推进表》，为推进全区创建工作全面开展奠定基础。

“明厨亮灶”“学校食堂提升”工程实施 2016年，区食药监部门以“明厨亮灶”和“学校食堂提升”两大工程为抓手，按照“试点先行、重点突破、因地制宜、逐步推进”的原则，实现特大型、大型餐饮服务单位和学校食堂食品加工制作的阳光操作、透明化管理。全区特大型、大型社会餐饮单位和学校食堂的明厨亮灶率85%，学校食堂“A”级率64%。落实“双提升”要求，结合辖区实际制定创建标准，对示范企业创建和生产企业电子追溯系统创建工作进行部署和规划。全年有13家规模以上食品生产企业获得HACCP或ISO 22000的体系认证，有28家食品生产企业在省食药监局开发的系统中建立电子追溯。确定汤山七坊为全市食品小作坊规范提升试点后，投入130多万元，改造提升各手工作坊内外环境，严格按照“三清四能”基本要求，倡导守法诚信经营，全面提升七坊手工作坊标准化和规范化，打造一流传统手工坊示范点。

食品药品安全专项整治行动 2016年，区食药监部门结合辖区监管实际，采取日常监管与专项整治相结合的办法，突出重点时

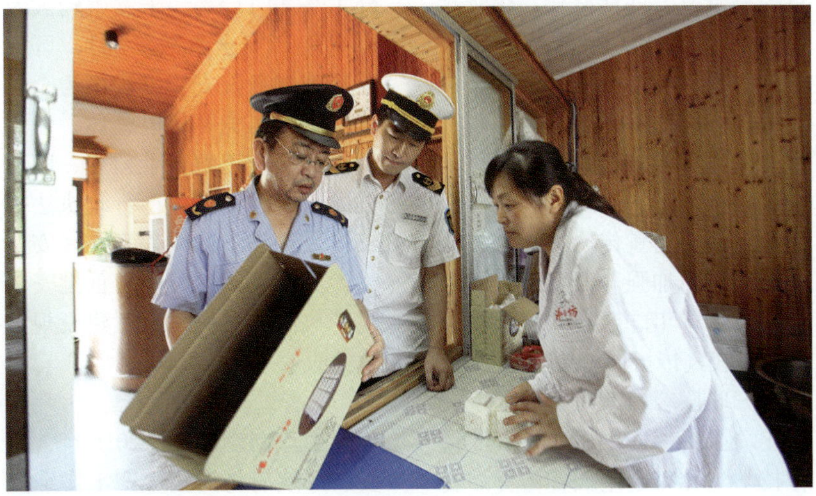

2016年9月，区食品药品监管局到汤山七坊开展食品小作坊提档升级工作，指导汤山七坊创成南京市小作坊改造示范点

区新闻中心　供稿

段、重点区域、重点品种的食品药品监管，严厉打击制售假劣食品药品违法行为。在餐饮服务领域，组织开展火锅、汤类食品添加非食用物质、呕吐毒素专项检查，春季学校食堂专项检查，敬老院食品安全及中央厨房和集体用餐配送单位隐患检查，检查单位8640家次。在食品生产及流通领域，先后开展元旦和春节专项检查、食品添加剂紧急专项检查、食用植物油塑化剂专项检查、端午节食品检查、复原乳标签标识检查、“五一”节日食品检查、豆制品专项检查、食品添加剂专项检查、小麦粉生产企业检查、肉制品兽药残留专项检查、蜂蜜产品专项检查、中秋食品生产环节专项检查、食用明胶专项检查、月饼飞行检查、超期储存稻谷专项治理共16项专项检查。在药械领域，按照2016年药械监管要点，结合日常监管、GSP认证、许可现场检查等开展药品零售药店飞行检查，零售药店飞行检查覆盖率50%以上。在保健品、化妆品领域，开展美容院使用注射用透明质酸钠、保健食品非法添加、化妆品标签标识和美白化妆品、冬虫夏草保健食品、非法会销、化妆品违法使用禁限用物质等专项整治，共检查保健食品化妆品经营企业469家次，出动检查人员1407人次，出动执法车辆469台次。

食品药品安全宣传 2016年，区食药监部门加强与群团组织的联合，组织青年志愿者到群众饮食用药一线宣传指导食品安全知识；与区妇联联合，组织女干部走进企业、校园和家庭，向企业女职工、在校学生和家庭主妇宣传食品安全、药械鉴别使用方法等知识，全年开展食品药品安全宣传进社区、进企业、进学校活动55场次。不断拓展宣传的途径和方式，通过电视、广播、微媒体等途径，定期发布食品安全知识和食品安全城市创建情况。在《江宁新闻》开设“创建国家食品安全城市”专栏，发布创建新闻信息60多条，实现全区201个村（社区）食品药品科普宣传站全覆盖。在区内大型广场电子显示屏每天滚动播放创建宣传标语，设置公交站台宣传创建广告40处，悬挂宣传横幅600多条，张贴户外创建宣传广告1万多份，给全区各食品生产经营业主发送宣传海报1万多张，进一步营造全民参与创建的氛围。（范　炜）

安全生产监督管理

概　况 2016年，江宁区安全生产工作坚守“人命关天，发展决不能以牺牲人的生命为代价”这一不可逾越的红线，立制度、强责任，上一线、守阵地，查隐患、盯整改，深入扎实开展各阶段、各专项安全生产大检查，消除一批事故隐患。全年生产安全事故起数和死亡人数比2015年分别下降12%和11.5%，未发生较大及以上生产安全事故。7月，区安监局被国务院安委办表彰为全国“安康杯”竞赛优胜集体；非煤矿山及冶金工贸行业监管、职业健康监管、安全生产行政执法等工作受到省安监局表彰；区安全生产监察大队通过全省首批安全生产执法监察机构队伍建设规范化验收。

安全生产制度建设 2016年，区委、区政府将安全生产工作纳入街道、园区和国企集团“2016年综合绩效千分考核”的基础项，将基层安监队伍建设、隐患自查自报、安全生产标准化、作业场所职业病危害监管等具体工作列为重点考核项，以是否发生生产安全事故作为刚性约束考核项。区安委办分别针对安委会成员单位和街道、园区制定年度考核细则，实行每年2次安委会成员单位述职和街道、园区安全生产考核，有效推动行业监管和属地监管责任的落实。强化安全生产“党政同责、一岗双责”，年初，区政府及区长分别与各责任单位及各分管副区长签订安全生产责任书，各街道、园区与相关单位层层签订责任状，把责任体系延伸落实至村（社区）、企业。及时调整区安全生产委员会组织成员，由区长担任安委会主任，充实成员单位和领导力量，先后出台《江宁区安全生产巡查工作制度》《关于加强安全生产监管执法工作的实施意见》《江宁区有关部门和单位安全生产工作职责规定》和《江宁区安全生产委员会工作规则》等制度文件。推进企业主体责任落实。印发《落实企业安全生产主体责任专项行动工作方案》，加强对企业“五落实”进展情况的跟踪督促，2202家企业上报年度工作报告书；加大企业安全隐患自查自报自改力度，3895家企业通过“智慧安监”信息平台上报自查隐患10115条，投入整改经费1009万元，整改率97.9%。在67家危险化学品、非煤矿山、液氨制冷、金属冶炼、粉尘涉爆、交通运输、建筑施工企业中试点安全总监制度。

安全生产行政执法 2016年，区安监部门结合全区行政审批制度改革工作，梳理制定安全生产方面行政审批项目图表，非煤矿山行政许可延期、危险化学品企业许可换领证、现场供气评价报告备案、建设工程和职业健康“三同时”备案、烟花爆竹零售点许可换证等事项均按照法定程序办理，严把全区生产经营项目的安全准入关。针对不同监管类型企业采取不同执法检查方式，有针对性地打击违法行为，同时加大事前处罚力度，提高立案查处率，做到隐患不整改案件不结案。全年检查危险化学品、烟花爆竹零售（批发）点、非煤矿山（含尾矿库）、冶金铸造、液氨粉尘、存在职业危害等直接监管对象1080家次，排查治理安全隐患2342条，查处举报120起，立案72件，罚款547.76万元。延续“分区域执法”，在全省首推“零口供”办案模式，以法律为准绳、多方搜集违法行为证据，以“零口供”方式查处一批生产违法案件。全年检查生产经营单位511家次，发现隐患152处，闭环111处，下达询问通知书62份、整改指令22份、现场处置措施决定书67份，办理行政处罚案件48起，行政处罚金额77.5万元。6月起，开展第二次105家重点企业的“技术外包”检查，查出并消除隐患659处，对第二期查出的叉车未上牌、氧气瓶压力表损坏、储氨罐压力表和安全阀未检测、缺少防雷检测等隐患，以“安全隐患移送书”形式移交行业主管部门，实施跟踪督查直至整改闭环。制定《江宁区工贸企业安全生产属地分级监管工作意见》，以标准化、危险因素、特种设备等内容为评估标准，将3016家工业企业分为A级44家、B级122家、C级918家、D级1932家，由各街道、园区实行差别化监管。对A、B级企业减少一般性检查，对基础薄弱的C、D等级企业采用聘请专业机构和专家、增加检查次数等形式加大检查力度，及时整治安全隐患，取得较好效果。全年对事故单位行政处罚445.06万元，追究刑事责任3人。定期对事故发生的企业类型、生产工段、部位特点和事故原因进行分析，通过“以案释法”、事故单位“回头看”、同类型企业专项检查、事故单位检讨发言等活动，防止类似事故发生。

安全生产专项整治 2016年，区安监部门继续牵头组织开展夏季高温汛期安全生产大检查、危险化学品安全生产整治行动、餐饮场所燃气安全专项整治、岁末年初安全生产大检查等时段性、专项性检查，消除一批事故隐患，有效遏制各类事故的发生。靖江“4·22”火灾事故及夏季高温汛期安全生产大检查的两周内，全区共检查企业1057家，排查并消除隐患1272处。7月，区委、区政府制定下发《区领导督查夏季高温汛期安全生产工作方案》，区四套班子29名领导率队，对全区各级各部门的安全生产属地监管、行业监管责任落实、安全生产监管体系建设，以及危险化学品专项整治等夏季、汛期安全生产重点落实情况进行为期1个月的督促检查。8月，针对发生的燃气爆燃事故，区安委办下发《关于进一步加强燃气安全工作的通知》，专题部署燃气安全监管工作。6—10月，全区将危险化学品专项整治行动与化工企业转型相结合，严格落实“三单一表”制度，共检查涉及危险化学品生产、储存、使用的企事业单位、场所2952家次，发现隐患1501条，并全部整改完毕。11月初，全区380家烟花爆竹零售点许可证换证，经培训考核审查，关闭174家经整改仍不符合要求的经营户，次年不予颁发烟花爆竹销售许可证。10月下旬起，各街道、园区和区安委会相关成员单位严格按照国家和省、市对岁末年初安全生产大检查要求，扎实开展各行业领域专项检查督查，突出重点行业、重点企业、重点部位，对检查出的隐患逐一实行“零容忍”

2016年6月30日，江宁区代区长祁豫玮（前右一）带队开展夏季高温安全生产检查，区安监局、住建局、公安分局等部门及相关园区、街道主要负责人，相关行业领域安全生产专家参加检查　宁　鉴　供稿

的“闭环管理”，现场能整改的现场进行整改，暂时不能整改到位的，依法下发“责令限期整改指令”，做到隐患整改措施、责任、资金、时限和预案“五落实”，并逐一进行复查，将事故消除在萌芽状态。“12·13”国家公祭日和省、市党代会期间，实行领导带队督查、全员在岗值守、执法检查日报制度，1个月内区政府主要领导和8名区领导带队督查11次，督查化工、机械制造、在建工地、楼宇电梯、城市燃气、公共交通、商贸市场、旅游景点及游乐设施等高危企业和重点部位，推动全区大检查行动和隐患整改落实。

安全生产基层基础建设 2016年，区安监部门下发《关于持续推进企业安全生产标准化建设工作的通知》，组织5场宣传培训活动，372家小微企业完成安全生产标准化创建，长安马自达汽车有限公司标准化由二级升至一级，南京光明乳业有限公司、南京金城精密机械有限公司、中储粮南京直属库和南京奥特佳祥云冷机有限公司标准化由三级升至二级。全区累计完成创建2392家，其中一级13家、二级60家、三级1057家、小微企业1262家。加强职业危害有效防治工作，全区累计完成用人单位申报2757家，开展定期检测用人单位2220家，参加体检员工31789人次，有481家用人单位职业卫生现状评价和职业卫生“三同时”，建立职业健康监护档案的用人单位338家，涉及职业卫生专项治理用人单位266家，完成职业卫生基础建设用人单位338家。全年举办企业主要负责人、安全管理人员培训班29期，5502人参加培训；特种作业培训班17期，1673人参加培训。区安全生产考核点举行考试51场，2851人参加考试。（谷汶谦）

全区安全生产工作会议 2016年4月29日，全区安全生产工作会议召开，市委常委、区委书记李世贵作出批示，要求认真吸取泰州靖江市德桥仓储有限公司“4·22”火灾事故教训，时刻绷紧安全生产弦，克服麻痹思想和侥幸心理，遏制安全生产事故发生，促进全区安全生产形势平稳和经济社会持续健康发展。区领导陈发喜、于茂高、赵立宏参加会议。区长陈发喜要求全区各级各部门强化安全生产措施落实，全面排查安全生产隐患，坚决整改到位，同时健全应急处置预案，筑牢安全生产保障网。强化责任联动，主要领导要亲自过问，严格落实部门综合监管和行业监管责任、属地监管责任和企业主体责任，确保全区安全生产形势持续稳定。会议传达国家和省、市安全生产工作会议精神，通报全区安全生产形势，并部署即日启动的全区安全生产大检查工作。此次大检查覆盖全区所有行业领域、生产经营单位、人员密集场所，区安委会还成立8个巡查组，对各街道、园区和单位安全生产大检查和重点工作推进情况进行随机巡查。会后，市委常委、区委书记李世贵，区长陈发喜等区领导兵分8路，分别率队深入企业和人员密集场所等地，开展安全生产大检查，确保节日期间社会安全和谐稳定。

试点企业安全总监制度 2016年，江宁区在重点工业企业先行试点，建立企业安全总监制度。安全总监直接向企业董事长、总经理和安全生产委员会负责，考核督查企业各部门、各岗位安全生产责任制履行情况。安全总监制度要求从业人员100人及以上或年主营业务收入2000万元及以上的矿山、建筑、交通运输、危险化学品、金属冶炼等行业，以及粉尘涉爆、涉氨制冷、船舶修造等领域的企业都应设立安全总监。此外，化工类企业也应赋予分管安全生产负责人安全总监职责。截至9月末，全区共排出符合设立条件企业80家，先行试点的企业有72家，已有67家企业落实安全总监制度。

安全生产巡查机制建立 2016年9月，《江宁区安全生产巡查工作制度》出台。该制度不同于一般性的安全生产检查督查和工作调研，主要根据区安委会每年度确定的专题，深入巡查了解，掌握真实情况，提出意见建议，从根本上推动安全责任、安全措施和安全监管落实。区安委会及专业安全生产委员会每年将根据年度巡查主题成立若干个巡查组，巡查范围覆盖全区所有街道、园区、行业主管部门和国企集团，主要采取听取汇报、座谈讨论、个别谈话、明察暗访、约谈反馈等方式开展工作。巡查期间发现影响安全生产的突出问题和重大隐患，应当及时责成相关部门处理。巡查结束后，巡查小组在10天内向区安委办提交书面巡查报告经安委会主要领导审核同意后，及时向被巡查单位反馈有关情况和问题，提出改进意见。被巡查单位自收到巡查组反馈意见之日起15日内将整改方案报送区安委办，并及时报告整改落实情况。

（宁　鉴）

中共南京市江宁区委员会

·综 述·

概 况 中共南京市江宁区第十三届委员会由33名委员、7名候补委员组成；常委会由11人组成。区委下设8个工作部门，1个纪律检查机关，3个部门管理机构，2个直属事业单位，2个合署办公机构；47个直属党组织（包括直属党委9个、直属党工委37个、直属党总支1个），36个基层党委（包括非公企业党委14个、社区党委3个），270个党总支，2519个党支部，有党员61866人。2016年，区委贯彻中央和省、市决策部署，团结带领全区人民，紧扣“五位一体”总体布局和“四个全面”战略布局，狠抓项目攻坚突破、社会治理创新、作风建设提升“三大主题年”活动，在坚定推进改革中，展开新布局、落实新举措、开拓新境界，各方面工作取得新成绩，展现出经济稳中有进、民生福祉改善、社会和谐稳定的良好局面，实现“十三五”规划精彩开局。

区第十三次党代会 2016年7月29—31日，中国共产党南京市江宁区第十三次代表大会在区人民大会堂举行，全区各条战线的300多名党代表出席会议。市委常委、区委书记李世贵代表十二届区委常委会作《践行新理念 引领新发展 为建设“强富美高”新江宁而努力奋斗》的报告，杨彬代表十二届区纪委作纪委工作报告，大会审议通过了这两个报告的决议。大会选举产生33名区委委员、7名区委候补委员、15名区纪委委员，以及35名出席市第十四次党代会代表。在7月31日举行的区委十三届一次全会上，选举产生新一届区委常委会，由李世贵、祁豫玮、严应骏、李滨、梁爱国、杨彬、陆蓉、张会祺、于茂高、张思明、张荣等11人组成，李世贵为区委书记，祁豫玮、严应骏为区委副书记。在区十三届纪委第一次全体会议上，选举杨彬为区纪委书记，杨蓉、薛松为区纪委副书记。

全区科学发展观摩点评会 2016年1月27日，区委、区政府召开“走在最前列、建设新江宁”观摩点评会，对全区各园区、街道2015年统筹“五位一体”建设进行“检阅”。会议要求全区上下进一步明确发展目标、更新理念思路、昂扬激情干劲，全力以赴夺取“十三五”发展开局之胜，为“走在最前列、建设新江宁”做出新的更大贡献。会议充分肯定过去一年各园区、街道转型发展取得的成绩，并要求切实把思想和行动统一到践行新理念、引领新常态上来，强化使命担当、提升目标追求，强化创新突破、转变发展方式，强化机遇意识、推动特色发展，创造出更多可复制可推广的典型经验，形成推动江宁整体提升的良好态势。会议强调，要奋力在新起点上开创园街转型发展新局面。重点园区要牢牢把握“三个重点”，即重点建设、重点支持、重点考核，在“当先锋作示范、走在最前列”进程中发挥引领作用；各街道要突出“三个抓手”，即抓好新城、新市镇和美丽乡村建设，抓好社会治理创新，抓好民生改善，在推进城乡协调发展中发挥支撑性作用；科创社区要紧扣“三个提升”，即提升运营管理水平、提升产业孵化能力、提升资源资本吸聚力，在构筑产业孵化和人才创业高地上发挥引擎作用。会议通报了2015年各街道、开发园区主要考核指标完成情况，对当年全区党政主要领导及领导班子统筹“五位一体”推动科学发展综合绩效考核情况进行评价。

全区机关作风建设大会 2016年2月14日，区委、区政府召开2016年全区机关作风建设大会，启动“作风建设提升年”主题活动。区四套班子全体领导，麒麟科创园、开发区全体市管干部等参加会议。会议要求，全区上下以高度的政治责任感、饱满的工作热情和强有力的工作举措，把“作风建设提升年”活动抓实抓好抓出成效，着力打造有担当、重实干、善创新、扬正气的服务型机关和干部队伍，为“走在最前列、建设新江宁”提供保障，确保实现“十三五”发展精彩开篇。围绕提升作风建设水平，会议强调，必须突出“担当”这个首要着力点，全区上下要进一步强化“敢于为创新担风险、勇于为发展尽责任、甘于为群众做奉献”的使命意识，把“敢于担当”放在首要位置，自觉肩负起新时期建设发展重任；必须突出“实干”这个关键抓手，要提升标杆力行实干，继续以昂扬进取的锐气抓发展，努力使江宁各方面工作走在最前列，谱写“当先锋作示范”的新业绩；必须突出“创新”这个核心动力，要在创新中解放思想，把工作放到更大范围来审视谋划，善于学习借鉴，努力集他人之长、创江宁之新；必须突出“正气”这个根本要求，坚持实处着手、严处着力，深化“两个责任”落实，以最坚决的态度祛除“四风”，切实强化干部作风常态化长效建设。区委副书记刘玲作全区机关作风建设工作报告，江宁开发区、住建局、卫生局、公安分局、区行政服务中心、东山街道等6家单位负责人作交流发言。

2016 年 2 月 14 日，区委、区政府召开 2016 年全区机关作风建设大会
姚秀荣 摄

全区农村工作暨扶贫开发会议 2016年3月4日，江宁区召开农村工作暨扶贫开发会议，研究部署推进农业现代化、美丽乡村建设和扶贫开发工作。市委常委、区委书记李世贵，区四套班子主要领导陈发喜、王国亮、孙桂明等参加会议，区委副书记刘玲主持会议。会议要求，认识再深化、重点再聚焦、组织再强化，着力发展现代农业、建设美丽乡村、打赢扶贫攻坚战，奋力开创“三农”工作新局面，为“走在最前列、建设新江宁”注入新动力、彰显新内涵。会议分别就《打造美丽乡村升级版五年行动计划（讨论稿）》和《实施精准扶贫、精准脱贫工程的意见（征求意见稿）》作说明，还书面通报2015年度农村工作获奖（评价）情况，横溪街道、谷里街道、区农业局等6家街道、部门作书面交流。

全区推进供给侧结构性改革工作会议 2016年5月18日，区委、区政府召开全区推进供给侧结构性改革工作会议，全面深入贯彻落实中央和省、市推进供给侧结构性改革部署要求，动员全区上下瞄准主攻方向，突出重点、扭住关键，坚决打赢供给侧结构性改革攻坚战，为建设“强富美高”新江宁注入强大动能。市委常委、区委书记李世贵讲话，区领导李万平、刘玲、陆蓉、言明林、张会祺、于茂高出席会议。会议指出，推进供给侧结构性改革，是中央着眼全国发展全局提出的重大战略思想，是适应和引领经济发展新常态的重大战略部署。全区上下要深刻领会推进供给侧结构性改革的重要意义，准确把握推进供给侧结构性改革的内涵要求，自觉担当推进供给侧结构性改革的江宁责任，抓住事关全局的核心环节和重点领域，率先改革、率先突破，推动供给侧结构性改革走在省市前列。会议强调，打赢供给侧结构性改革硬仗，要紧密结合区情实际，创造性地开展工作，真正解决江宁最突出的供给侧结构性问题。把“去”的文章做足，全力为创新、协调、绿色、开放、共享发展拓宽空间。把“降”的工作做实，全力提升政府政策和服务供给的质量效益。把“缺”的短板补长，全力筑牢经济健康持续发展的保障支撑。把“新”的动能放大，全力加快推动江宁经济迈向中高端。会议要求，全区上下要加强组织领导，深入学习研究，坚持因地制宜，强化督查推进，切实汇聚供给侧结构性改革整体合力，为完成全年目标任务和“十三五”规划良好开局奠定坚实基础。会议出台《区委区政府关于推进供给侧结构性改革的意见》等文件。

区委十三届二次全体（扩大）会议 2016年8月12日，中国共产党南京市江宁区第十三届委员会第二次全体（扩大）会议召开。会议深入贯彻落实中共十八大和十八届三中、四中、五中全会及习近平总书记系列重要讲话特别是视察江苏重要讲话精神，听取审议李世贵所作的《全面贯彻落实区党代会精神，奋力夺取江宁“十三五”发展开局之胜》的报告。会议认为，2016年以来，在省、市委坚强领导下，区委坚持以习近平总书记系列重要讲话特别是视察江苏重要讲话精神为指引，围绕“五位一体”总体布局和“四个全面”战略布局，践行新发展理念，狠抓作风建设提升、项目攻坚突破、社会治理创新“三个主题年”活动，进一步加大稳增长、调结构、抓创新、促改革、惠民生统筹力度，各项事业发展取得新成绩，全区经济运行质效提升，创新动能加快释放，深化改革成效凸显，城乡统筹有力推进，民生建设力度加大，党的建设全面加强。全会强调，抓好下半年工作，要认真领会和把握省委书记李强在首期县委书记工作讲坛上对党委班子提出的“五点要求”，立足大局把方向、拧紧责任抓落实、因地制宜创特色、精准发力补短板、上下齐心聚合力，进一步夯实“稳”的基础，更大力度迈开“进”的步伐。要紧紧扭住“三大主题年”活动不松劲，着力抓好“项目攻坚突破年”活动、抓实“作风建设提升年”活动、抓深“社会治理创新年”活动，扎实抓好完成全年各项目标任务、提高人才科技创业水平、创建国家全域旅游示范区、推进特色小镇建设、保障和改善民生、推进改革攻坚突破、全面加强党的建设7个方面的重点工作。（黄　川）

区委常委会听取各直属党组织书记述职 2016年1月12日，区委常委会专题听取区委直属党组织书记抓基层党建和履行党风廉政建设主体责任述职。市委常委、区委书记李世贵主持会议。会议要求各级党组织坚持党建工作和中心工作一起谋划、一起部署、一起考核，结合实际找准党建工作的着力点和突破点，更好地把党建优势转化为发展优势，把组织活力转化为发展活力，扎实推进基层党建和党风廉政建设，为“走在最前列、建设新江宁”提供坚强有力的政治保证。市委副秘书长、研究室主任、改革办常务副主任、社建工委书记孙惟勤到会听取述职并讲话，市委组织部有关人员到会听取述职。会上，有关部门、街道、园区、国资集团的12家区委直属党组织书记分别汇报2015年度加强基层党建工作、履行党风廉政建设主体责任情况，并进行现场评议。

全区党建工作会议 2016年4月12日，区委召开党建工作会议，市委常委、区委书记李世贵，区领导陈升、李滨等参加会议。区委副书记刘玲主持会议。会议听取全区组织、宣传、统战工作报告。会议指出，全区组织、宣传、统战工作必须主动适应新形势新变化，进一步增强政治意识、大局意识、核心意识、看齐意识，不断提高党的建设科学化水平，切实为建设“强富美高”新江宁提供坚强的组织保证、强大的精神动力和广泛的力量支持。会议要求，抓队伍、强基础，向组织工作要战斗力；鼓干劲、造氛围，向宣传工作要号召力；搭桥梁、增共识，向统战工作要凝聚力。会议强调，开创组织、宣传、统战工作新局面，必须压实各级党组织主体责任。全区各级党组织要以高度的政治责任感，加强对组织、宣传、统战工作的领导，不断探索新规律、研究新举措、解决新问题，努力打造品牌、创造特色。组织、宣传、统战系统要强化责任意识，以作风建设提升年活动为契机，进一步加强自身队伍建设，努力锻造一支政治可靠、业务精通、作风过硬的干部队伍。

全区生态文明建设推进大会 2016年9月1日，江宁区召开生态文明建设推进大会。区领导李世贵、祁豫玮、王国亮、孙桂明等参加会议。会议强调，要以铁的决心、高的标准、严的措施、实的状态，深入实施生态文明建设工程，奋力打造美丽中国典范区，为人民群众创造良好的生产生活环境，让江宁的天更蓝、水更清、地更绿、城乡更美。要用绿色共识引导共建，充分激发社会组织和公众的创造性和主人翁意识，传播弘扬生态文化，营造全民自觉参与的“生态文化”，推动绿色文明理念在江宁蔚然成风。当天，李世贵一行还到秦淮河边，详细了解断面水质状况。深入彩虹桥空气自动监测站，了解监测站检测情况，并走进中电环保股份有限公司，听取企业情况介绍。会议表彰了全区“十二五”时期生态文明建设先进单位和先进个人。各街道、园区及部门向区委递交2016年生态文明建设目标责任书。环保局、谷里街道等5家单位作交流发言。

全省供给侧改革工作会议到江宁观摩 2016年4月7日，在省委书记罗志军和省长石泰峰的带领下，参加全省供给侧改革工作会议的省领导和与会代表到江宁区考察。江宁积极推进供给侧结构性改革，企业展现蓬勃发展活力，产业不断向高端攀升，给与会代表留下深刻印象。位于江宁开发区的南京南瑞继保电气有限公司已成为国际市场上能与ABB、西门子同台竞争的电力控制保护设备供应商。近年，该公司每年都有新技术突破和新产品面市，服务领域也不断扩大，2016年将冲刺产值100亿元的目标。南京埃斯顿自动化股份有限公司坚持走完全自主研发道路，不仅发展成为国内高端智能装备核心控制功能部件领军企业之一，而且强势进入工业机器人产业，成为具有自主技术和核心零部件的国产机器人主力军企业和国际机器人联合会工业机器人领域唯一中国会员。与会代表参观了南瑞继保和埃斯顿展厅，深入企业生产车间察看生产经营情况，听取企业科技研发、技术创新等工作情况介绍，盛赞企业发展和江宁产业结构调整取得的成绩。罗志军希望南瑞继保和埃斯顿两家企业切实按照中央提出的推进供给侧结构性改革的相关要求，深入实施创新驱动战略，不断提升创新能力，着力在保持企业持续发展上狠下功夫，努力为区域经济发展做出更大贡献。市、区领导缪瑞林、李世贵、陈勇、黄澜、高德臣、张会祺参加考察。

全区防汛抗洪总结表彰大会 2016年9月14日，区委、区政府召开全区水利工程建设推进暨防汛抗洪总结表彰大会，总结防汛抗洪工作经验，表彰在抗洪抢险斗争中涌现出的先进集体和先进个人。区领导李世贵、祁豫玮、王国亮、孙桂明、陈升、李滨、言明林、李雁等参加会议。会议强调，全区人民要学习先进事迹，弘扬英勇的抗洪精神，更高标准大兴水利工程，奋力把江宁“五位一体”各项事业发展进一步推向前进。2016年入汛以后，江宁区遭遇到持续性强降雨侵袭，雨情、水情、汛情叠加，上游洪水、长江洪峰、天文大潮交汇，呈现出“四超历史”的现象，防汛形势极其严峻。全区按照省、市部署，迅速启动应急机制，把防汛抗洪工作作为压倒一切的头等大事，科学应对，周密部署，精准调度；全区各级党组织和广大党员干部团结一心、不屈不挠、顽强拼搏，形成众志成城的抗洪合力，既打赢暴雨突袭的遭遇战，也打赢高水位持续的持久战。代区长祁豫玮就冬春水利建设作出部署，要求以《2016—2018年水利建设任务计划》为统揽，早干快干、大干实干。会议通报表彰了2016年度防汛抗洪有功集体、有功个人、先进集体、先进个人，各街道向区政府递交水利工程建设责任状，区水务局、住建局、江宁开发区、横溪街道等作交流发言。

全区扶贫开发推进会 2016年10月17日是第三个国家扶贫日，江宁区专门召开扶贫开发推进会，对扶贫工作进行再部署、再推进。市委常委、区委书记李世贵，区领导严应骏、言明林、谢从军等参加会议。会议强调，市委、市政府确定新一轮扶贫帮扶对象和具体标准，必须坚持靶向施策、精准发力，实现扶真贫、真扶贫、真脱贫。要聚焦建档立卡低收入农户，坚持因人因地施策、因贫因原因施策、因贫因类型施策，确保全面脱贫致富；聚焦经济薄弱村，大力实施开发式帮扶，推动扶贫开发由“输血”向“造血”转变，形成可持续的长效帮扶机制，确保村级能力提升；聚焦欠发达片区，结合新市镇、特色小镇和美丽乡村建设，大力实施关键性基础工程，切实改善农民生产生活条件和片区环境面貌，确保夯实发展基础。会上，区委副书记严应骏就全面推进“精准扶贫、精准脱贫”工程进行布置。各街道向区委递交脱贫致富奔小康责任书，区委农工委、区级机关工委、横溪街道、湖熟街道和平社区、科远自动化集团股份有限公司、横溪街道官长社区等作交流发言。

·组 织·

概 况 2016年，江宁区委组织部门紧紧围绕大局，聚焦主责主业，从严处要求，向实处发力，较好完成各项目标任务。开展“两学一做”学习教育，推行“三层六类”学习模式，扎实开展“三入”微宣讲、

“十百千万”走访活动以及村（社区）党组织“四个一对一”活动，引导党员“学在先、让党性更坚强；做在实，让党徽更闪亮；走在前，让党旗更鲜艳”。配合做好区委、人大、政府、政协有关干部人事安排、会务保障等工作，制定实施“七强化”换届风气监督工作方案，确保换届工作风清气正。坚持党管干部原则，落实好干部标准，严把政治关、廉洁关。着力按事业需要选干部配班子，注重选优配强党政正职，注重优化班子结构功能，提高专业素养，注重有序推进干部交流。制定出台《关于进一步规范区级机关中层干部选拔和管理意见》以及《区管单位中层干部调整预报制度》，选派36名年轻干部到“四个一线”挂职锻炼，20名年轻干部到经济薄弱、欠发达村（社区）担任“第一书记”。从严从实加强干部教育监督管理，举办区管正职干部培训班、“五大发展理念”能力提升进修班等主体班次10个，培训干部1132人次。组织开展领导干部个人有关事项集中填报和随机抽查工作，并强化结果运用。牵头开展综合绩效千分考核，发挥好考核导向作用。推进基层党建工作全面进步全面过硬，完成200个村（社区）党组织换届工作，制定下发《关于激励保障村（社区）党组织书记干事创业的指导意见》，通过政治上激励、工作上支持、待遇上保障、心理上关怀，鼓励和支持村（社区）书记勇于担当、奋发有为，不断开创村（社区）发展新境界。深入实施党建“强优”工程，构筑基层党建“1+5+7”责任落实体系，分类推进各领域党建工作。健全完善“江宁党建e家”智慧管理平台系统，实现党建工作“五全一提升”。着力提升人才工作质效，研究制定全区“十三五”人才发展规划，实施“创聚江宁”人才工程，配套出台6个专项计划、考核办法及专项资金管理办法，形成从个体到团队、从顶尖到草根、从创业到创新的全周期政策扶持体系。新引进领军型科技创业人才92人，入选国家“千人计划”4人、“万人计划”7人，均位列全市各区之首。

（组织部）

区管正职领导干部学习培训班 2016年3月19日，为期3天的区管正职领导干部学习培训班开班。市委常委、区委书记李世贵作开班动员，要求区管领导干部切实增强“四个意识”，进一步提升践行“五大发展理念”能力及水平，做政治上的“明白人”、实践中的“战斗者”、有闯劲的“探索者”、老百姓的“贴心人”、过得硬的“好干部”，为建设“强富美高”新江宁做出新的更大贡献。区委副书记刘玲，区委常委、组织部部长陈升参加。此次培训，全区在职区管正职及正处级干部180人参加，重点是深入学习贯彻中共十八届五中全会和习近平总书记系列重要讲话精神，全面落实区委十二届十次全会各项决策部署。国家信息中心、省委组织部、省委党校等相关专家就理论知识、党章党规、相关政策开展专题辅导和专题讲座。

区管领导干部学习“五大发展理念” 2016年4月18日，全区区管领导干部践行“五大发展理念”能力提升进修班开班。此次培训旨在深入学习贯彻中共十八届五中全会精神，深刻领会“五大发展理念”内涵要义。培训分为4月18—21日、26—28日两期举办，在职区管副职干部100人参加。区委党校和相关单位围绕研修班主题，对培训内容、师资力量、教学方式进行了筹备和安排，既有专家教授专题辅导，又有行业主管部门案例教学和现场教学，同时还组织学员到浦口区观摩，学习美丽乡村建设的经验做法。

第九批科技镇长团成员抵江宁 2016年9月9日，市委常委、区委书记李世贵会见省第九批科技镇长团江宁团成员，并赠送《美丽江宁》丛书。区委常委、组织部部长梁爱国主持座谈会。李世贵希望科技镇长团成员充分施展才华，一方面联系各方汇聚资源，着力推动江宁重点产业园区和骨干企业发展、新兴产业和现代服务业培育等；另一方面当好政产学研合作的桥梁，把高校的人才优势、科技优势与江宁的机制优势、产业优势、环境优势紧密结合起来，努力促成高校与全区新兴产业发展、高新技术企业成长的更多合作项目，为江宁转型创新发展增添动力。省第九批“科技镇长团”江宁团继续保持12人规模，成员中，除国家部属院所和省级机关各1人外，其余均为高校骨干教师，90%具有博士学位或副高以上职称，所学专业涉及文化旅游、智能电网、通信技术等领域，在挂职前都有跨地域、跨岗位学习工作的经历。

党建e家智慧管理系统上线 2016年9月，“江宁党建e家”智慧管理平台正式上线，覆盖全区6万多名党员和2700多个基层党组织，每天访问量超过5000人次。“江宁党建e家”设10个功能子平台，包括江宁党建网、党建3D地图、有困难找党员、党代表工作室、党员e家、党务管理系统等，每个子平台功能不同。其中，通过江宁党建网，党员可以“按需点单”“自由选学”，根据自身需求，在线获取有关党建资讯。党建地图是一幅三维地图，每个党员可以准确查找到全区任何一个党组织所在的具体位置，了解其新近开展的相关活动，获得“零距离”的活动信息服务。系统通过党员身份证采集党员参加“三会一课”、统一活动日、组织生活会等活动信息，从而实时掌握党支部“8+X”制度执行情况。在党务管理系统中，党员发展、组织关系转接、党费缴纳等党建业务可在线办理，流程在线展示。“网上党代表工作室”板块，不仅有每名党代表的联系方式，还能在线咨询。点开“有困难找党员”板块，便民利民、扶贫帮困、治安维稳等各类需求信息一目了然，只要将需要帮助的信息发布出来，有能力的党员和党组织都可以认领爱心任务，实现爱心接力。

区管干部集中研讨绿色发展 2016年9月20日，全区区管领导干部“绿色发展与生态文明建设”专题研讨班在区委党校开班。区委常委、组织部部长梁爱国作开班动员。此次研讨班为期4天，为确保培训取得实效，区委组织部、区委党校围绕培训主题，对培训内容、课程设置、师资配备、教学方式进行精心筹备和安排，不仅有专题辅导、影片教学，并组织学员们参观滨江开发区环保产业园，让大家对环保产业有更加直观的了解。此外，还组织学员围绕环保热点问题进行分组讨论。

20名中青年干部赴贫困村任“第一书记” 2016年10月14日，江宁区召开选派村（社区）扶贫脱贫“第一书记”送岗会，全区新一批20名中青年干部将奔赴部分欠发达村（社区）担任“第一书记”。区委常委、组织部部长梁爱国参加送岗会并提出要求。

全区村（社区）党组织书记专题培训 2016年11月14日，全区村（社区）党组织书记专题培训班在区委党校举行。市委常委、区委书记李世贵作开班动员，区领导严应骏、梁爱国参加。培训为期4天，培训内容涉及中共十八届六中全会和市、区党代会精神、精准扶贫脱贫、现代农业发展和美丽乡村建设、特色小镇建设、社会治理创新和社区管理服务等，既有宏观政策的深度解读，也有村（社区）建设发展的新鲜经验。除在党校集中授课，此次培训还特别安排两天半时间，按照脱贫攻坚、美丽乡村和社会治理3种类型，分别组织学员到先进地区进行现场教学。

（宁 鉴）

2016年11月14日，全区村（社区）党组织书记专题培训班在江宁区委党校举行 胡 倩 摄

·宣 传·

概 况 2016年，江宁区宣传思想文化工作深入贯彻中共十八大和十八届三中、四中、五中、六中全会精神和习近平总书记系列重要讲话特别是有关宣传思想文化工作的重要讲话精神，着力把牢方向导向、服务中心大局、推进改革创新、夯实基层基础、抓好自身建设，各方面工作取得新进展、新成效。

理论武装深入扎实。以学习型党组织、学习型领导班子建设为抓手，以中心组学习、“文化与文明讲坛”、党员冬训、学习节和“阅读·悦读”为平台，以受众需求为导向，分层分类开展“干部讲政策、专家讲理论、典型讲事迹、群众讲感受”等宣讲。“互动式、民语式、体验式”宣讲活动的做法，受到《人民日报》关注和报道；“三个融合”冬训做法被市委评为“全市十大党建创新案例”，并在全省基层党员冬训工作部署会上作经验介绍。

舆论引导主动有力。依托央视黄金栏目投放“来江宁织造幸福”城市形象公益宣传，并借助央视“走遍中国”品牌栏目播出江宁专题片，在航空杂志等广受众的媒介上传播江宁声音，推出的《江宁：代言城市未来》宣传片获得广泛好评，《追梦之旅》数字动漫微电影获釜山国际环境艺术节金奖。全年在中央、省、市主流媒体发稿1350篇，其中《人民日报》、央视《新闻联播》分别刊播6篇、3条，《新华日报》《南京日报》头版分别刊发6篇、66篇。用心经营新媒体矩阵，积极应对引导舆情，“网约车与出租车利益冲突”舆情事件的有效处置得到人民日报评论点赞。

核心价值引领风尚。实施市民文明素质提升三年行动计划，打造宣传教育百里示范走廊，创新开展“与经典同行”“幸福社区行”“我们的村规民约”等贴近群众的活动载体，选树宣传“美丽江宁人”等先进典型100余人。深化文明城区、文明单位（行业）、美丽家庭等创建活动，推进区域共建、城乡共建。创建成全国文明村2个、省级文明单位和村（社区）65个、市级文明单位和村（社区）157个。承办省级“好人颂”专场活动，为江宁建设道德风尚高地正向助力。

文化实力不断增强。推进国家公共文化服务体系示范区创建，开展“菜单服务进家庭、文化年货进社区、文化超市进广场”等惠民活动1000余场。扶持助力骨干文化企业，引导特色园区创新聚合，世茂梦工厂加快建设，紫清湖综合体等项目建成运营。新增文化产业企业1000多家，占比由3.5%提高到5%。实施文艺创作表演奖励机制，舞蹈《厨房的味道》《“熊”霸天下》一批文艺精品获得全国奖项。区委宣传部被评为全省文化科技卫生“三下乡”先进集体，区文联被表彰为“全省基层文联工作先进单位”。

基层基础更加牢固。以开展“两学一做”主题教育为契机，加强宣传文化干部的思想建设、作风建设，增强重视基层工作、致力基础建设意识。壮大基层干部队伍，配齐街道宣传委员，培养锻造文化人才，入选市“五个一批”人才3人、青年文化人才2人。聚合人力、物力、财力，推进“432”基础设施建设，建成省级村（社区）综合文化服务中心50个，基层基础工作全面提升。

基层党员干部冬训“四个交汇” 2016年1月17日，区委召开党员干部冬训动员工作部署暨骨干培训会，启动2016—2017年度全区党员干部冬训工作。会议要求各级党组织把冬训工作作为加强理论武装、建设学习型党组织、巩固“两学一做”学习教育成果的重要内容，抓紧抓实，抓出实效，为建设“强富美高”新江宁提供坚实的思想基础和组织保障。会前，与会人员参观了各单位冬训工作展板，东山街道、湖熟街道、江宁街道、汤山街道作交流发言。部署会后，冬训骨干培训班随即开班，省委宣传部相关负责人对与会的基层骨干党员进行集中培训。冬训期间，全区深入实施主题、内容、手段和人员“四个交汇”教学活动，努力增强基层党员干部的道路自信、理论自信、制度自信、文化自信。“主题交汇”。延伸拓展冬训内容，注重与理论宣讲、作风建设、扶贫帮困等主题交汇融合。组织成立宣讲团、小分队，开展理论宣讲活动280场。围绕“作风建设提升年”主题，通过领导带头讲、党员示范学、督查层层推等形式，广泛开展互动式、民语式、体验式巡讲活动，让“严谨细实”成为参训共识。“内容交汇”。坚持教学培训与全区中心工作同部署、同推进、同落实，采取内容优化、配套宣传、教学合一等方法，把学习贯彻中共十八届五中全会精神、“四个全面”战略布局、省市区委全会精神等内容与江宁实际相融合，编写印发《2015—2016年度南京市江宁区党员冬训示范课堂》辅导材料，共冬训党员骨干7万多人，吸引村（社区）群众20多万人参与。“手段交汇”。通过现场观摩、现场教学、现身说法、多媒体教学、志愿服务等手段，将冬训理论寓教于学、寓学于练、寓练于做。用足用活全区远程教学电视平台、江宁广电台、江宁新闻（工作简报）、手机“微课堂”、“江宁发布”微信（微博）等媒介资源，及时宣传理论知识、大政方针，实现冬训教学多维开展、立体传播。“人员交汇”。按照就近原则，做到人员集中、交流互动、互助互学，及时将各级党组织的流动骨干、体弱党员、先进群众等人员纳入冬训，做到不让任何一个党组织、任何一个党员在冬训中“掉队”，分层分类分众开展园区与街道、园区与机关、社区与企业、社区与社区、党员与群众、国企与国企联合教学，提高冬训针对性、实效性和有效性。

“三下乡”集中服务活动 2016年1月26日，2016年全区文化科技卫生“三下乡”首场集中活动在汤山街道举行，拉开“三下乡”活动序幕。活动中，由区委宣传部等34家单位组成100多人服务队，现场为老百姓提供健康义诊、食品安全、计划生育、农业生产、结婚登记等便民服务。农工委、科技局、供销社等涉农部门，把数万份科技资料和书籍免费发放给现场群众，并详细解答农业科技方面难题；卫生计生、文联等部门也结合群众诉求，提供丰富多彩的惠民服务。在当天举行的捐赠仪式上，区委宣传部、教育局、民政局等13家单位捐赠各类帮扶资金和物资65万元。

文化与文明讲坛 2016年3月3日，2016年首场“文化与文明讲坛”走进汤山高新技术产业园，邀请复旦大学博士后、东南大学教授、硕士研究生导师薛德余，作题为《战略新兴产业的创新、创业和创投》的辅导，从新兴产业的特点、创新的规律、创业的内容，以及创投的模式等角度，全面阐释“创客”精神，宣传创新理念，吸引园区企业近100名员工入场听课。此外，全区还围绕中共十八届五中全会提出的“创新、协调、绿色、开放、共享”五大发展理念及江宁“六个走在最前列”等要求，将课堂搬进东山街道、谷里街道等地的企业、学校、社区，围绕“培育和践行社会主义核心价值观”“农家乐的经营与发展”等主题，有针对性地组织多场讲坛活动。

央视《走遍中国》聚焦“江宁故事” 2016年3—4月，中央电视台《走遍中国》摄制组到江宁区，围绕美丽乡村、创新创业、城市管理等特色主题进行专题拍摄，用镜头聚焦美丽江宁建设。5—7月，《走遍中国》栏目高密度、高频率聚焦江宁，陆续推出8期专题节目，分别以《幸福照相馆》《3D打印显神通》《科教孩子王》《噪声清洁工》《“九仙过海”变村貌》《“乡间新风”——零污染的村庄》《海归的“保姆”》《一起到乡村当老板》为题，通过“连续剧”的方式，集中报道江宁区改革创新发展进程中涌现出的典型人物和精彩故事，生动展示当代中国的新成就、新变化。

2016年1月26日，全区文化科技卫生“三下乡”首场集中活动在汤山街道举行。图为“三下乡”文艺演出现场　　张　俊　摄

“阅读·悦读”系列读书活动 2016年4月27日，江宁区第四届“阅读·悦读”系列读书活动在牛首山文化旅游区弘觉讲堂启动。活动紧扣“快乐阅读·文明做人”主题，拓展终身教育和全民阅读活动，推进学习型城区和书香江宁建设，营造“爱读书、读好书、多读书、善读书”的浓厚氛围。启动仪式上，还推出江宁区首批全民阅读推广人，“全民阅读推广人”代表上台接受聘书，分享读书推广经验和感想，激发参会人员读书兴趣。同时邀请南京牛首山文化研究中心主任胡勇在“文化与文明讲坛”和弘觉讲堂联合开设《春寻天阙，一味牛头禅》主题讲座。

江宁·特克斯书法作品交流展 2016年9月8日，江宁区文联与新疆特克斯县文联联合举办的“笔情墨韵——江宁·特克斯书法作品交流展”在新疆特克斯县八卦公园开幕。特克斯县委副书记焦龙、县文联主席谷明江和江宁区人大常委会副主任、区文联主席高吉祥参加开幕式。书展展出歌颂江宁、特克斯两地国泰民安、民族团结、社会祥和的书法作品65幅。（易　扬）

“美丽江宁”获最具区域影响力政务头条号 2016年1月，“美丽江宁”头条号在“端·政——数说政务新媒体”大会上获最具区域影响力政务头条号。2015年，区委宣传部紧跟潮流，继与新华社江苏分社合作共建“美丽江宁”客户端后，又在“今日头条”平台上入驻今日头条“美丽江宁”头条号，促进全区新媒体融合发展。“美丽江宁”头条号每日发布区内新闻、生活热点资讯、便民服务等内容，借助“今日头条”的前沿推荐技术平台，实现信息的精准推送，更有效地传播美丽江宁建设成效。截至2015年年底，“美丽江宁”政务头条号发布信息2900余条，总阅读量超过369万，并多次在“今日头条”政务头条号影响力周榜排名前十。

“融合法”党员冬训获评市创新案例 2016年2月，江宁区以“融合法”提升基层党员干部冬训实效的做法，经层层推选、联合评审、广泛征求各方意见，被评选为“全市基层党建十大创新案例”。区委宣传部创新打造基层党员干部冬训新常态，党员干部冬训扩大到全区所有党组织，形成富有特色、成效明显的工作品牌。以坚持顶层设计与优质服务紧密融合、探索创新与全面推进紧密融合、理论教学与工作实践紧密融合的“融合法”新思路，锤炼党员干部作风、提升服务群众能力。冬训过程中，开展10个不同类型的冬训试点，创建14个不同特点的现场教学点，创立10支“580”冬训志愿服务队和20个“诚信议事堂”，为群众办实事1083件。全区党员冬训参训率年均达到98%以上，党员干部和基层群众对冬训工作的满意度98.5%，江宁区连续两年被评为全省冬训示范区。

城市旅游宣传片在央视播出 2016年3月，由区委宣传部打造的国家全域旅游示范区的“来江宁织造幸福”宣传推广片登陆央视“新闻30分”“朝闻天下”栏目，面向全国观众推介美丽江宁的丰富山水自然资源和历史人文底蕴，通过展现江宁悠久丰富的历史人文、典故传说、宗教文化、红色文化等，塑造江宁良好的城市形象。牛首胜景、阳山碑材、美丽乡村等，伴随着音乐声，江宁著名景区、景点依次亮相，精心选取的实景视频浓缩了江宁独特自然禀赋、人文历史资源及优美生态环境，也展示了江宁争创国家全域旅游示范区的信心。

第九届江宁学习节启动 2016年10月21日，江宁区第九届学习节在淳化街道科苑社区启动，区委常委、宣传部部长张思明出席。全区已举办8届学习节和4届“阅读·悦读”系列活动，在营造“全民学习、终身学习”氛围的同时，有力提升“学习型江宁”建设品质。与往年相比，此届学习节涉及范围广、实用性强并更关注群众文化需求，先后开展区级机关“强素质当先锋”悦读活动、女大学生创业领导力培训、新型职业农民培训等43项群众喜闻乐见的活动，将学习触角伸入基层。启动仪式上，与会人员参观了科苑社区有声读物展示台、健康知识流动讲堂，倾听了“声动为你”诗歌朗诵，区委宣传部及新华书店还共同为科苑社区图书室捐赠图书。

李世贵宣讲六中全会和省市党代会精神 2016年12月6日，区委中心组召开学习贯彻中共十八届六中全会和省、市党代会精神宣讲会，市委常委、区委书记李世贵以市委宣讲团和区委宣讲团成员的身份作首场宣讲。区委常委、组织部部长梁爱国主持宣讲会。宣讲会上，李世贵深入阐述六中全会和省、市党代会的背景、内容和最新部署，紧扣江宁实际谋划未来发展。他表示，在聚力创新方面，江宁已进入由要素驱动向创新驱动转变的发展阶段，必须以只争朝夕的紧迫感，快马加鞭推进科技创新；聚焦富民方面，江宁的主战场在农村，重点难点在农村，下一步全区要以美丽乡村建设和现代农业发展为抓手，以精准扶贫为突破口，坚持不懈地强农、惠农、富农，带领群众实现共同富裕。就贯彻落实好十八届六中全会和省、市党代会精神，李世贵要求用会议精神统一思想和行动，认真落实管党治党责任，更大力度抓好江宁改革发展，统筹做好当前各项工作。当天的中心组学习会是全区首场宣讲，区委宣讲团成员还深入全区各机关部门、企（事）业单位、国企集团（平台）、街道（园区）以及村（社区）开展宣讲。

（宁　鉴）

·统一战线·

概　况 2016年，江宁区统一战线部门加强协商民主建设，多党合作事业开拓新局面。区委统战部获“中国统一战线宣传工作先进单位”称号，区工商联获全省、全国“五好县级工商联”称号。

贯彻中央统战工作会议精神和《中国共产党统一战线工作条例（试行）》，结合江宁实际，落实区委《关于加强党外代表人士队伍建设的实施意见》《关于加强社会主义协商民主建设的实施意见》，发挥座谈会、通报会、视察调研等平台作用，支持民主党派和无党派人士开展参政议政、民主监督、建言献策，并对其意见和建议及时进行办理反馈，真正发挥党外智库作用，全年有20多条意见、建议得到领导批示或相关媒体采用。把握人大、政协换届契机，做好党外人大代表候选人和党外政协委员人选提名推荐等工作，有240名党外代表人士得到政治安排和实职安排。配合市委统战部完成第四批10名党外干部在江宁挂职锻炼工作。支持民主党派、区知识分子联谊会加强自身建设，在活动经费、场所建设等方面给予帮助；支持民主党派、无党派发挥自身优势，开展结对共建，服务社会民生。民革江宁总支出钱出人出物，支持禄口街道结对社区开展抗洪救灾，主办纪念孙中山诞辰150周年专题音乐会；民进江宁总支参与江宁特殊学校捐助、乡村支教等活动，党派独特优势得到发挥。

组织参加非公经济人士井冈山革命传统培训班、第一期“重走抗联路”爱国主义教育培训班、上海交通大学—南京市民营企业“双创”专题研修班、“金陵工商”大讲堂等系列活动。开展调查研究和参政议政，充分发挥工商联会员中人大代表、政协委员建言献策作用，民营企业界全年撰写议案28件、提案67件。建立全国民营企业信息直报点，组织会员参加省、市专题培训班，完成注册登记民营企业25家。区委常委会专题听取区工商联党组工作汇报；召开十届五次执委会，邀请区领导通报全区经济社会发展情况。组织会员企业参加南京第九届“留交会”和“昆山电子电机暨设备博览会”，组织多场银企对接会以及30多场劳动力招聘会，有1000多家民营企业参加招聘，提供工种100多个、岗位5万多个，多措并举帮助企业解决融资、招工等难题。协助中央人民广播电台，举办3场蓝领励志演讲会。开展以法治文化为特征的企业文化建设，近1/3会员企业聘请法律顾问。推荐100多名非公有制经济代表人士作为区人大代表候选人、政协委员推荐人选。全年发展会员210家，会员总数2149家，推荐15名企业家加入市青年企业家协会。先后组织街道（园区）商会赴宁波、泰州、吉林、重庆等地进行考察交流，接待黄冈市、吉林市、重庆潼南区等地工商联组织到江宁考察。组织区内51家企业结对帮扶区内经济薄弱村，区内民营企业挂钩帮扶淮安市淮阴区高堰村、学田村。开展“光彩助学圆梦行动”，资助20名大学新生每学年5000元，4年资助金额40万元。

先后组织海外华侨华人高层次人才参加中国留学人员南京国际交流与合作大会、“众侨创新、才聚金陵”专场活动、2016海外侨商南京洽谈会，接待九州日中民间文化交流协会、香港澳门南京青年联合会、中山大学港澳台大学生、美国华人生物医药科技协会、海外华文媒体、江宁旅港同乡会皮草非物质文化遗产等考察团到江宁参观交流。为生活困难的企业退休归侨申请生活补助，为老归侨购买人身保险，并开展节日走访慰问活动。组织街道(园区）参加2016中国侨联创新创业成果展，协助举办市科技人才政策专场解读会，组织侨资企业申报“中国侨界贡献奖”、国侨办“重点华侨华人创业团队”。加强涉侨信访工作，受理涉侨投诉和信访10余件，妥善处理涉侨殡葬、拆迁补偿、土地规划等问题。利用“江苏侨网”“南京侨网”“华人时刊”等载体，上报侨务信息200多篇。扎实推进社区侨务，定期开展调研，参观社区“侨之家”“侨法宣传角”等，先后有4个社区分别获国家级“侨法宣传角”“全国社区侨务工作示范单位”“江苏省社区侨务工作示范点”称号。

2016年，区委常委会2次听取统战工作汇报，研究解决统战领域重大问题，邀请省社会主义学院领导为全区统战系统干部、民主党派成员作统战工作条例专题辅导；以“作风建设提升年”活动为抓手，组织开展“党组织固定活动日”“十百千万”“四解四促”和“万名党员干部带万户”活动。加强部门领导班子、机关干部队伍建设，落实党风廉政建设责任制，多措并举打造一支“政治坚定、业务精通、作风过硬”的统战干部队伍。强化街道（园区）统战工作，推进创新实践，一批优秀成果和创新做法在中央、省、市媒体上刊载，并先后在《中国统一战线》《挚友》《南京统战》等刊物发表稿件300多篇。

全区党建工作会议 2016年4月12日，全区党建工作会议召开，区委副书记刘玲在会上作统战工作报告，全面总结2015年全区统一战线工作，科学分析统一战线面临的形势任务，并就2016年统战重点工作作部署安排。市委常委、区委书记李世贵对2015年全区统战工作给予肯定，对2016年统战工作提出要求。李世贵强调，统战部门要以习近平总书记重要讲话精神为根本遵循，在凝聚共识上展现新作为，在服务发展上展现新作为，在构建和谐上展现新作为，奋力画出“走在最前列、建设新江宁”的“同心圆”。

第四批党外代表人士到江宁挂职锻炼 2016年4月29日，市委统战部在江宁区召开南京市第四批党外干部江宁实践基地挂职锻炼动员对接会，民革、民建、民进、农工党、九三学社、台盟等民主党派、无党派的10名中青年干部在区发改局、财政局、卫生计生局、司法局、江宁开发区、高新园、江宁街道、江宁高级中学等单位，开展为期6个月的挂职锻炼。市委统战部副部长、市工商联党组书记毛卫华，区委副书记刘玲等参加对接会。11月9日，南京市第四批党外干部赴江宁实践基地挂职锻炼总结会在区委统战部召开，市委统战部副部长、市社会主义学院党组书记孙绿叶，市委统战部副巡视员李永胜，市各民主党派驻会负责人，区委常委、统战部部长陆蓉等出席会议。

统一战线工作交流 2016年7月5日，河北省唐山市委统战部副部长张凤宏一行17人，在市委统战部部务委员张忠武和区委统战部相关负责人陪同下，赴江宁街道黄龙岘参观考察。6月16日，盐城市委常委、统战部部长倪峰一行8人，到牛首山文化旅游区参观考察，市委常委、统战部部长徐锦辉陪同。8月24日，广州市委统战部副部长、广州欧美同学会常务副会长梁龄之一行11人，到江宁区考察欧美同学会留学人员报国江宁基地建设情况。10月27日，河南省登封市委统战部副部长刘爱玉、登封市侨联主席李庆林一行到江宁区考察交流统战及侨务工作。11月15日，铜陵市委统战部副调研员刘海，铜陵市铜官区委常委、统战部部长都斌一行11人，到江宁区考察统战工作。

（李国余）

2016年11月9日，南京市第四批党外干部挂职锻炼工作总结会在江宁区召开　汤其友　摄

·农村工作·

概　况 2016年，江宁区委农工委围绕做强农业、繁荣农村、富裕农民这一工作主线，加快建设美丽乡村升级版，全面实施“精准扶贫、精准脱贫”工程，不断深化农村综合改革，积极探索统筹城乡试点，切实加强农村经营管理，推动全区“三农”工作不断迈上新台阶。

精准扶贫工作 2016年，区委农工委按照“对象确定精准、路径设计精准、措施安排精准、结对挂钩精准、资源投向精准、脱贫成效显著”的工作要求，研究出台《关于全面实施精准扶贫、精准脱贫工程的意见》《两个“全覆盖”挂钩帮扶意见》《“百企帮百村”活动方案》《2016年扶贫工作计划》《扶贫项目及资金管理办法》等一系列政策文件，对全区“十三五”扶贫开发工作作出全面部署。将家庭人均收入9000元以下的10161户（21306人）农村低收入农户和自身稳定收入100万元以下的132个经济薄弱村（欠发达村）以及横溪、周岗等5个欠发达片区确定为扶贫开发对象，下达“2332”的分年度脱贫目标任务。统筹安排37名区领导、87个区级部门、17所高校和科研院所、23家金融机构、103家民营企业和9228名机关党员干部与132个经济薄弱村（欠发达村）和有劳动能力的4216户低收入农户挂钩结对，形成五方共建的扶贫开发工作网络和体系。瞄准低收入农户、经济薄弱村、欠发达片区3个“靶向”，明确因人因地施策、因贫因原因施策、因贫因类型施策的脱贫举措和方法，统筹资源，组织实施一批以就业、创业和入股为主要路径的低收入农户帮扶项目，以异地发展和资产经营为主要路径的经济薄弱村帮扶项目，以改善基础设施和发展特色产业为主要路径的欠发达片区关键性项目。并将“开发式”扶贫与“救助式”保障有机结合，完善兜住低收入农户基本生活的社会安全网，继续实行村（社区）财政转移支付托底政策，真正扶到点上、扶到根上，顺利完成市规定的20%脱贫目标任务。

美丽乡村建设 2016年，全区不断推进西部美丽乡村示范区和“千村整治、百村示范”工程建设，实施盆景变百花园、农村变大景区、大学生变创业者、农民变富裕户升级版“四变”工程，美丽乡村建设逐步走出一条生态保护和适度利用有机统一、产业发展和富民强村全面推进、乡土文化和现代文明相互融合、基层建设和依法治理同步提升的内涵式发展道路。累计完成示范村和重点整治村（规划布点村）建设147个、一般整治村（非保留村）287个，全区美丽乡村覆盖率47%，创建市级以上示范村41个，西部430平方公里美丽乡村示范村基本建成。石塘人家、黄龙岘、大塘金、世凹桃源等一批美丽乡村分别获中国十大美丽乡村、中国最美休闲乡村、中国乡村旅游模范村、中国乡村旅游金牌农家乐、中国最美村镇典范等国家级荣誉称号。美丽乡村建设形成年接待量840万人次、旅游综合收入14亿元的乡村休旅新格局。国庆长假接待游客44万人次，位居全国乡村旅游热点目的地第三。已建成的41个示范村农村产业总产值和利润是建成前的3.1倍和8倍，一、二、三产比重从建成前的36.2∶39.6∶24.2调整为15.5∶13.8∶70.7，以乡村休旅经济为主干，现代农业、农产品精深加工、文化创意等业态融合发展的新型产业链和价值链基本形成。41个示范村集体经营性资产总量和集体经营性收入分别是建成前的3.6倍和2.8倍，是全区平均年增速的14.8倍、9.6倍。41个示范村农民人均可支配收入是全区农民人均可支配收入的1.47倍，比全区平均年增速高出4个百分点。41个示范村创业农户590户，年户均经营收入和利润分别为28万元、14.75万元，带动就业900余人，就业工资收入是当年农民人均可支配收入的1.53倍。此外，示范村内的农村居民通过房屋、土地租赁等取得的财产净收入增加绝对值和增速均高于全区平均水平。与此同时，农村生态及人居环境得到改善，农村治理和公共服务实现转型提升。

淳化街道2016年重点打造的示范村——青山社区上堰村

区新闻中心　供稿

农村综合改革　2016年，按照全市“1年扩大试点、2年全面推进、3年基本完成”的总体部署和2016年“90%的应确权村完成颁证，60%的应确权村通过验收”的目标任务，全区各街道加快推进土地确权颁证工作，到11月底基本完成10个街道、143个村、12.33万农户、面积3.16万公顷的农村承包地权属调查、登记发证以及数据录入等工作，达到市确定的预期目标。深入推进农村集体产权股份合作改革试验试点工作，东山街道泥塘、谷里街道荆刘、秣陵街道太平、麒麟街道泉水等8个股改试点村（社区）完成“固化股权”“村社分设”等改革，200个村（社区）清产核资工作全部完成，为2017年全面推进股改奠定了基础。规范区街两级农村产权流转交易市场运转，将农村承包地流转、村集体小型工程建设、集体所有的经营性资产和资源性资产的承包、租赁、转让等交易行为纳入农村产权交易市场，采取公开招投标方式进行，实现区街交易市场和市级规定完成的交易行为全覆盖、全达成。发展农民专业合作社和农地股份合作社等新型经营主体，坚持质、量并举，不断提升合作组织带动效能。全年进入省级名录的农民专业合作社和农地股份合作社分别为260家、126家，占合作社总数的40%、80%。引导土地向新型经营主体集中，有序发展农地股份、专业合作、统一服务等农业适度规模经营。到年末，全区新型经营主体适度规模经营比重达到79%。

统筹城乡试点　2016年，区委农工委会同相关部门，协调推进以土地综合整治为切入点的谷里、横溪统筹城乡试点工作。谷里街道累计完成21个村庄、1390户农户拆迁和18个地块、93.3公顷土地复垦；横溪街道累计完成25个村庄、1423户农户拆迁和25个地块、120公顷土地复垦，全部达到省级项目验收标准。与此同时，加快启动安置房建设，谷里街道通过土地利用方式创新试点和捆绑纳入340省道建设项目，协调解决23.3公顷用地指标，对不符合规划的10公顷用地结合利用规划修编进行调整，待用地指标调整到位后启动；横溪街道办理27.7公顷用地的报批手续，其中5.4公顷用地结合地利用规划修编进行调整。

农民增收 2016年，全区面对复杂多变的宏观经济环境，狠抓重大产业项目增强发展动能，优化调整结构促进产业转型升级，“3+3+3”现代产业体系逐渐完善，经济发展质效不断提升，居民收入保持平稳增长的态势，实现“十三五”规划良好开局。全年居民人均可支配收入46063元，比2015年增长9%，与经济增长基本保持同步。其中农村常住居民人均可支配收入21699元，增长8.5%。农村居民人均转移性净收入1717元，增长6.6%，拉动农村居民人均可支配收入增长0.5个百分点。全区完成一般公共预算支出180.6亿元，同口径增长6.2%，全年投入民生资金127亿元，占支出的70%以上。 （王义荣）

首批新版农村土地承包经营权证发放 2016年8月10日，江宁区召开农村土地承包经营权确权登记颁证工作推进会议，全区农地确权工作取得阶段性进展，截至7月底，全区农村承包地权属调查已全部完成，淳化、禄口两个先行试点街道全面进入发证阶段，首批2.3万册新版农村土地承包经营权证将陆续发放到农民手中。代区长祁豫玮、区委副书记严应骏参加会议。农村土地承包经营权确权登记颁证，是通过土地登记申请、地籍调查、权属审核、登记注册、颁发证书等环节，最终确认每块土地的权利归属，让农民的土地有了“身份证”，土地权利有了保障。过去，农民外出打工挣钱，家里的田荒着可惜，把田地流转出去又怕收不回。现在有证在手，再也不用担心了，只要不买卖和变更用途，可以对自己的土地行使各种权利。

全市农村集体产权股份合作制改革推进会在江宁召开 2016年9月30日，全市农村集体产权股份合作制改革现场推进会在江宁区召开。市委副书记龙翔要求全市上下发力攻坚，创新突破，狠抓落实，加快推进农村集体产权股份合作制改革，力争为全国探索积累可推广、可复制的改革经验。市、区领导华静、祁豫玮、严应骏等参加会议。龙翔一行现场调研东山街道泥塘社区农村集体产权股份合作制改革及股权固化试点情况。江宁区根据8个不同类型试点村具体情况，差别化地确定股改内容。城镇型的泥塘社区以9月15日为股权固化时间节点，将个人股权量化到人、固化到户，以户为单位“生不增、死不减”。量化给股民的经营性资产仍属集体所有，由集体统一经营、管理和分配，股权仅作为股金分红的计算依据，实现股民持股进城。

省委调研组考察江宁“三农”工作 2016年12月10日，省委副秘书长胥爱贵率调研组到江宁区调研“三农”工作。市区领导龙翔、华静、严应骏陪同。胥爱贵一行参观了汤山街道汤家家温泉村，风格各异的温泉民宿以及融合科技和多元文化的营销方式受到调研组点赞。在东山街道泥塘社区，胥爱贵详细了解该社区股份合作改革推进情况，希望社区管好、盘活集体资产，在实践中进一步深化改革。在谷里街道大塘金香草小镇，调研组通过实地参观和听取介绍等，了解小镇婚庆产业发展情况。座谈会上，在听取江宁区“三农”工作和美丽乡村建设等情况汇报后，调研组希望江宁坚持发展都市生态休闲农业这一定位，通过体制机制改革、城乡统筹、产业融合、要素整合、精细化管理等手段，确保农业、农村发展及农民生活提质，城镇和农村百姓、集体经济组织增收。 （宁 鉴）

·信 访·

概 况 2016年，江宁区信访工作立足事要解决、推进矛盾化解，坚持机制创新，强化依法逐级走访，规范信访行为，充分发挥党和政府联系群众的桥梁纽带作用。完成全国“两会”、G20杭州峰会、十八届六中全会等重点时期信访保障工作，全区信访形势继续保持平稳可控态势。全年受理群众信访件696件，办理省市区“领导信箱”网络来信4323件，受理复查复核和领导批示69件。

畅通信访渠道 2016年，区信访部门以作风建设为抓手，不断完善信、访、电和网上信访“四位一体”工作模式，形成群众诉求受理的主体桥梁，不断拓宽民意表达渠道，确保受理的信访事项，全部交办责任单位限期处理，登记率、交办率、回复率100%。坚持用群众工作的方法统揽信访工作，耐心细致地宣传政策法规，细心真挚地沟通交流，初信初访质量不断提高。严格落实国务院《信访工作条例》，全面推行诉访分离和依法逐级走访制度，加大受理、转办、交办、督办力度，联合区法院、司法局等部门，在提供法律援助上下功夫，做好政策宣传和法制教育工作，疏导群众情绪，防止矛盾激化。24名区级领导全年接待信访群众152批743人次，解决信访问题152件，有效化解了一批历史积案和新增矛盾。

积案化解 2016年，国家和省、市交办江宁区信访积案49件，区信访部门紧扣难点问题，促进信访积案化解任务按时完成。区委、区政府领导严格按照交办案件要求以及进京上访重点人员，22名区领导带头包案化解，促其息诉停访。区信访联席办进行重点交办，要求相关单位限期化解。按照“五个一”要求，坚持一案一策、一人一策，制定详细的“路线图”和“时间表”，及时解决、救助、解释、终结和稳控到位。运用人民调解、司法调解、访调对接等方法，通过心理疏导、宣传教育、困难帮扶等手段，攻坚破难。各责任单位“一把手”挂帅，专门抽出时间，参与会办，召开分析研讨会和化解推进会，采用切实可行、持续稳妥的工作方法，倒排时间，全面推进重点积案化解。年初上级交办的49件重点信访事项全部结案，其中国家、省、市重点交办的17件信访积案，化解16件（1件为涉法涉诉信访案件），化解率94.1%。

社会稳定维护 2016年，区信访部门严格按照排查、保障、稳控和应急处置“四到位”的工作要求，扎实开展信访工作，维护社会稳定。全国“两会”、G20杭州峰会和中共十八届六中全会等重点时期，全区各级各部门按照“属地管理、分级负责”和“谁主管、谁负责”的原则，坚持集中排查与滚动排查相结合，不留空白、不留死角，及时发现问题，做到底数清、情况明。全年集中开展矛盾纠纷排查10次，排查出各类矛盾纠纷637件，涉及2853人次，95%以上的初始矛盾得到有效化解。落实稳控责任和措施，确保把重点人员吸附在当地，重点敏感时期，针对排查出的信访突出问题，责任落实到位，工作方案细致，有效将重点信访人员稳控在当地。强化值班备勤和应急处置工作，根据重点时期信访工作特点，及时制定和完善工作预案。选派专门人员赴京参加劝返值班工作，及时妥善处置进京上访事项。同时，组织相关单位到火车站值班，劝回可能进京上访人员。坚持“零报告”制度，落实专人值班、领导带班制度，防止重点人员失控。

（张　兵）

·对台工作·

概　况 2016年，江宁区对台工作主动适应经济发展新常态，扎实推进全区对台工作，对台服务、交流实现新提升。充分发挥台商权益保障联席会议制度优势，对区内台企全程跟踪，提供全方位服务。前移涉台服务阵地，建立台商微信群，让台企、台商有困难能在第一时间反映诉求，使台企矛盾纠纷在一线得以解决，全年协调解决台商投诉案件20起。至年末，全区有台资企业210家，占全市台企总量的40%，逐步形成以群志光电、华宝通讯、英华达为代表的电子信息产业；以东阳事业集团、全兴集团为代表的汽车零部件制造业；以旺旺、康师傅、克莉丝汀为代表的食品加工业；以溢泰环保、士兴钢构为代表的先进制造业；以银杏湖、薰衣草为代表的生态休旅等五大产业集群。年内，海协会会长陈德铭两次调研考察区内台资企业，台资企业溢泰（南京）环保科技有限公司与南京银杏湖农业观光休闲有限公司获江苏省政府“紫峰奖”；牛首山文化旅游区被省台办授牌为“江苏省对台交流基地”。台企中鑫国际集团投资1亿美元建设世界生态谷项目签约；区台办与秣陵街道共同出资建设宁台青创驿站，为宁台交流提供新平台。全年到江宁探亲、旅游、经商、交流的台胞10余万人次，有常住台胞500多人。办理区委、区政府经贸科技文化合作团组、农业团组等4批次赴台开展各项交流考察；接待台湾新北市议长、台东县县长、新北里长及妇女、大学生交流团等10批次、500人次到区参观交流。举办基层对台交流活动“南京·新北智慧社区论坛”，江宁区横溪街道石塘社区等6个社区与新北市中和区宜安里等6个里分别签署社区（里）交流合作备忘录。

省台胞投资权益保障协调委员会成员单位联络员会议在江宁召开 2016年5月17日，江苏省台湾同胞投资权益保障协调委员会成员单位联络员会议在江宁区召开，省台办副主任王鲁平，江宁区副区长李雁参加会议，全省22家省级机关成员单位代表列席会议。会前，与会代表考察了江宁区台企英华达科技有限公司、克莉丝汀食品有限公司，了解企业生产经营情况和遇到的问题及困难。会上，副区长李雁简要介绍江宁区概况及台商服务工作经验，省台商服务中心主任尹伟林报告台湾同胞投资权益保障委员会有关情况，各成员单位还就台企生产经营中遇到的困难进行交流分析，并对相关台企提出的问题作解答。省台办副主任王鲁平希望各成员单位充分发挥部门优势，依法妥善处理重大涉台投诉案件，共同营造台商投资的良好环境，为两岸和平发展做出应有的贡献。

牛首山文化旅游区获批省对台交流基地 2016年7月23日，牛首山文化旅游区被授牌为“江苏省对台交流基地”。省台办副主任张为，江宁区委副书记严应骏共同为基地揭牌，市台办主任曹劲松、市民宗局副局长纪勤、市佛教协会会长隆相等佛教界人士和区内部分台商代表参加活动。此次牛首山文化旅游区获批成为江苏省对台交流基地，为两岸佛教文化交流提供长期稳定的平台，牛首山文化旅游区作为宗教、文化、旅游等资源成为对台交流，打造两岸佛教文化交流特色品牌，为苏台两地同胞在交流交往中回顾共同历史、品味佛教文化、畅叙友谊乡情提供更多机会，为扩大苏台两地交流合作，密切两地民众联系与情感，促进两岸和平发展发挥示范作用。

两家台企获省政府“紫峰奖” 2016年10月30日江苏省首届“紫峰奖”揭晓，全省有64家台企获得“紫峰奖”表彰，江宁区银杏湖农业观光休闲有限公司获得“现代服务业领军企业”奖项，溢泰环保科技有限公司获得“成长型企业”奖项。区内华宝通讯（仁宝电脑集团）、群志光电（鸿海集团）分别获得“出口贸易领军企业”奖项，旺旺食品（旺旺集团）获得“纳税贡献领军企业”奖项。“紫峰奖”是江苏省内台资企业的最高奖励，评选活动经国务院批准，由省人民政府主办。

南京·新北智慧社区论坛在江宁举行 2016年12月9日，“南京·新北智慧社区论坛”在江宁会展中心举办，这是南京与台湾新北市第一次举办社区论坛，在苏台交流中也是首次。市、区领导黄澜、陆蓉、谢从军参加活动。此次论坛聚焦智慧社区建设，包括主题演讲和专题对话两个环节。主题演讲环节，江宁街道牌坊社区党总支书记张庆围绕智慧让乡村更美丽，畅谈如何建设社区美好未来；新北市中和区顶南里里长谢森儒则从志愿者服务、治安防范、社区关怀等方面介绍顶南里的发展现状；新北市中和区锦盛里里长林素娥交流增强里民安全感和打造美丽环境的有效措施及方法。专题对话环节中，横溪街道石塘社区党总支副书记束珊珊通过短片向与会嘉宾介绍社区在移动客户端运用方面的经验和做法；秣陵街道东南社区互助中心理事长郑毅飞则围绕社区志愿者队伍建设，讲述社区充分发挥志愿者作用，传播“社区是我家，建设靠大家”的社区建设理念。论坛上，东山街道泥塘社区、秣陵街道东南社区等6个社区与新北市6个里签署友好合作协议。当日,与会嘉宾还参观牛首山文化旅游区和江宁街道牌坊社区黄龙岘。（周　勇）

海协会会长陈德铭到江宁调研 2016年12月20日，海峡两岸关系协会会长陈德铭一行到江宁区调研台资企业经营发展情况。市、区领导李世贵、黄澜、鲁跃东及省市台办领导陪同。陈德铭一行首先到南京群志光电有限公司，详细了解企业经营、市场前景、员工就业等情况，赞赏该公司工厂自动化、智能化、无人化等成功转型之举。在南京克莉丝汀食品有限公司，整齐干净的作业环境、严格控制的检测系统，以及中央工厂集中生产、配送的运营模式等受到称赞，调研人员还参观海威公司精密木工台锯系列产品。陈德铭希望台资企业加强与驻区学校和“创客”间的交流合作，不断提升科技竞争力，并表示海协会将一如既往做好台资企业服务工作，促进台企在江宁更好更快发展。（宁　鉴）

·区级机关党建·

概　况 2016年，江宁区委区级机关工委围绕区委、区政府中心工作，紧扣年初制定的各项目标任务，坚持以“五大发展理念”为引领，以落实全面从严治党要求为主线，以开展“作风建设提升年”为抓手，加强机关党的思想、组织、作风、反腐倡廉和制度建设，促进机关各项工作任务的完成。

机关思想建设 2016年，区级机关工委按照区委统一部署，组织开展“两学一做”学习教育，综合运用“机关讲坛”、“书香机关”、机关“微党课”等载体和“群众满意”窗口创建、“十百千万”走访等实践活动，切实做到学在先、走在前、作表率。落实领导班子成员联系点制度，采取现场抽查、专项调研、参加学习讨论等方式做好检查指导工作。坚持以上率下，机关各级党组织书记、副书记和委员带头先学细学，弄清“两学一做”学习教育抓什么、怎么抓，主体责任扛什么、怎么扛；带头真学深学，自觉坚定理想信念，着力增强“四个意识”；带头讨论剖析，带头整改践诺，为普通党员立标立言立行。逐级抓好落实，各单位研究制定本单位、本系统的实施方案，制订月计划，层层有序推进；建立机关工委、机关党组织、基层党支部、党员的四级责任体系，层层分解落实责任，做到学习教育不漏一人、不漏一项。把深入学习贯彻中共十八届五中全会和习近平总书记系列重要讲话精神与省、市、区委全会精神相结合，作为机关党建首要政治任务抓紧抓实。清明节，依托红色教育资源，组织机关党员开展革命传统教育。邀请区内外专家，通过宣讲中共十八届五中全会和省委十二届十一次全会精神，开展机关党员冬训、“强素质当先锋”读书月、机关学习节等活动，举办2期“机关讲坛”，发放“机关党员最喜爱的十本书”和“纪念建党95周年”主题活动光盘，引导党员干部牢固树立“创新、协调、绿色、开放、共享”五大发展理念，真正以思想认识领先推动改革发展率先。结合建党95周年，推进机关党组织“两学一做”学习教育，开展“强党性、转作风、当先锋、促发展”微党课逐级评选、联合宣讲、层层赛课活动，有71个部门党组织推选136名选手报名参加。突出领导干部带头上党课，支部书记率先讲党课，普通党员参与讲党课，教育引导和激励机关党员深入学习党章党规、学习系列讲话，做合格党员，自觉按照党员标准规范言行，不断增强微党课效果，增强广大党员的党性意识和先锋模范观念，自觉锤炼党性修养、树立清风正气、勇于担当作为，努力营造区级机关广大党员履职尽责当先锋、立足岗位争优秀的浓厚氛围。

机关组织建设 2016年，区级机关工委建立健全区级机关党建责任体系，制定区级机关党组织责任清单和目标责任书，以制度推动管党责任落实。落实“两级联述联评联考”要求，推进机关党组织书记抓党建工作述职评议工作，修订完善《区级机关党建工作考核细则》，把机关党建责任立起来、严起来、落下去。开展建党95周年纪念活动和创先争优活动，表彰一批机关先进党组织、优秀共产党员、优秀党务工作者，发挥好先进典型的示范带动作用。组织机关党员干部开展重温入党誓词、主题党日、微党课评比、机关党建创新创优项目评选和“党旗在机关飘扬、党徽在岗位闪光”主题征文等建党95周年活动，增强机关党员干部的光荣感、责任感和使命感。召开区级机关党代表会议，推选区级机关出席区第十三次党代会代表。贯彻中央《机关基层组织工作条例》和省、市委《实施办法》，强化督促检查，推动基层组织建设更加规范。抓好机关党组织班子建设，选好配强基层党组织班子，严格换届选举工作程序，1—10月完成党组织换届改选41个。处置失联和不合格党员各1人，保证党的活动正常开展。制定和落实发展党员规划，采取集中授课、参观教学、个人自学、撰写心得、考试测学等形式，开展入党积极分子和发展对象培训，严格工作程序，确保党员发展工作高质高效。对照中央、省委巡视组巡视反馈意见，逐条逐项采取措施狠抓整改，开展“不作为、乱作为”专项督查，坚决防治为官不为。强化机关党风廉政建设的主体责任，抓好五项“责任清单”落实。深化《廉洁自律准则》《纪律处分条例》《党内监督条例》学习教育，组织党员干部到南京大会堂观看话剧

2016年6月28日，区级机关工委在区广电台演播大厅举行区级机关纪念建党95周年主题党日活动　　王　忠　摄

和京剧《胭脂河》，赴汤山参观警示教育基地，到区法院旁听法庭庭审，增强廉洁自律意识。健全区纪委区级机关工委组织，确保所属机关党员纪检监督全覆盖。强化春节、中秋、国庆等重大节日期间纪检作风督查，先后组织4批12人次开展党风廉政及作风建设督查暗访，始终保持高压态势。建立联席工作会议制度和双月报制度，加强专项督查，发出3期督查专报。

机关作风建设 2016年，区级机关工委组织开展“优作风优环境、新形象新业绩”主题大讨论和“五查（查精神状态是否饱满、查能力素质是否提高、查履职服务是否优质、查重点工作是否落实、查规章制度是否遵守）”活动，组织干部职工参与“我为机关作风建设献一策”活动，确保作风建设永远在路上。将《“作风建设提升年”活动实施意见》中明确的“六强化六提升”20条目标任务，逐条细化分解为218条具体措施，印发《江宁区“作风建设提升年”活动目标责任汇编》，统筹谋划推进的重点工作和专项活动。区作风办全年组织机关作风监督员开展集中检查3次，随机暗访多次，对存在较突出问题的13家单位发出作风监督督办件，对多家存在问题单位进行提醒，督促整改落实；对涉及区内部分单位的2起媒体监督，进行跟踪核实和分析研判。召开机关作风监督工作会议，邀请市监督四组组长胡乐涛和全体监督员参加，建立“部门—区—市”三级联动监督机制，推动作风监督工作再强化。组织多次专题调研与随机走访，及时收集市、区作风监督、媒体监督中发现的作风建设问题，定期获取《舆情信息》、“12345”机关作风类工单受理情况，通过多种途径，加强对“提升年”活动推进情况和作风建设动态情况的研判。加大宣传报道，《江宁新闻》“作风建设提升在行动”专栏编发信息22篇，南京新风网站、市机关作风建设工作简报、江宁区委区政府网站、江宁机关党建网站等发布信息120余篇。切实把“马上就办，办就办好”理念转化为提升工作效能、服务科学发展的自觉行动，为群众和企业提供更加优质高效的服务。区发改局、开发园区等单位强执行，抓成效，重点项目建设推进有力。区卫生计生局、江宁公安分局、科创投集团、滨江开发区等优服务，转作风，面对面服务赢得群众（企业）满意。江宁规划分局、区安监局压时限、减环节，全力提高办事效率。完善政务服务体系建设，构建“一办三中心”运行新体制，逐步形成区、街道、村（社区）三级联动体系。打造“智能化、便利化、标准化”政务服务新模式。区政府办启动江宁区社会管理平台、市民中心审批事项对外查询系统建设；区市民中心逐步实现“互联网+政务”模式。全面推行基本建设项目模拟审批，精简优化审批事项和流程，审批提速率达75%以上。修订完善和推广运用《江宁区窗口服务规范》，开展服务窗口作风专项整治活动，深化窗口服务标准化、规范化、优质化建设，考核评选表彰19个“优质服务窗口”和11个“标兵科室”。按照区委《关于全面实施精准扶贫、精准脱贫工程的意见》，各级领导干部发挥带头表率作用，各部门单位发挥各自职能和资源优势，深入一线广泛开展调查研究，常态开展“四解四促”下基层和“十百千万”走访活动。第三个“全国扶贫日”期间，组织7个机关部门的党员干部，走进湖熟街道和平社区，开展“连心利民”送政策、送温暖、送服务活动。各单位结合实际组织“乡情民意微调研”“连心利民微服务”活动，着力推进结对帮扶、促进精准扶贫。全区70多个部门、街道、园区捐款捐物500万元，发放宣传资料2.5万份（册），开展送服务650余场次，政策知识宣传近1.4万人次；帮助低收入农户就业2000余人，帮扶共建项目36个，帮助扶持实现创业139人，实现微心愿353个。加大作风建设工作考核力度，制定机关作风建设年度考核细则，落实作风建设群众评议意见的整改。将2015年群众评议结果反馈到各参评单位，各单位结合评议结果和群众意见建议，查找本单位及工作人员在作风建设上存在的薄弱环节与突出问题，及时做好整改，使群众意见建议件件有落实、事事见成效。考察学习连云港、徐州、太仓、张家港市作风评议与考核工作的先进经验，制定全区机关作风建设“满意街道”“先进单位”“先进个人”评选方案和综合评议方案。

机关群团工作 2016年，区级机关工委贯彻落实中央和省、市、区委关于加强和改进群团工作的意见和实施意见，支持群团组织依照法律和各自章程开展工作。结合“3·5”学雷锋日、“三八”妇女节、“五一”劳动节、“五四”青年节等节日，开展形式多样的庆祝活动。持续深化“职工之家”“巾帼文明岗”“青年文明号”等创建活动，充分发挥群团组织联系服务群众的桥梁纽带作用，选树2名区文明职工。开展机关志愿者交通文明劝导活动。举办机关法治讲座，组织机关干部职工参加“春牛首”马拉松活动和登山活动，市区联动开展“忆征程、看发展”书画摄影大赛，向上级工委报送作品33幅，不断丰富机关精神文化生活。

2016年度区级机关党组织、党员情况表

表18

基层党组织（个）				党员（人）	发展党员（人）	女党员（人）
合计	党委	总支	支部			
192	3	21	168	3555	20	944

（姚秀荣）

一批群众满意窗口（科室）受表彰 2016年10月28日，江宁区召开加强机关作风建设创建“群众满意窗口（科室）”交流推进会，东山街道便民服务中心等19个服务窗口（大厅）获评全区机关作风建设“优质服务窗口”，江宁新闻信息中心等11个一线科室（基层站所）获评机关作风建设“标兵科室”。全区67家单位参与创建评选，经区作风办组织区政务办等第三方考评，结合作风监督员明察暗访，以及运用“12345”工单、媒体监督、办事群众现场评议等结果，综合评定出一批“优质服务窗口”“标兵科室”。此次评选出的30家窗口（科室）为一星级，以后每年将开展新一轮“优质窗口”“标兵科室”评选活动，已获得表彰的窗口（科室）不重复申报，实施动态管理、定期复查，次年复查合格评二星，逐年复查加星。（宁 鉴）

·机构编制·

概 况 2016年，江宁区机构编制工作围绕区委、区政府工作大局，结合“两学一做”专题教育，突出改革创新、从严管理和服务保障，深入推动各项改革工作进程，继续强化机构编制严控和配置优化，为建设“强富美高”新江宁提供机构编制保障。

政府职能转变和机构改革 2016年，区机构编制部门根据《南京市江宁区人民政府职能转变和机构改革实施意见》，在维持现有25个政府工作部门数量基础上，进一步优化机构设置，整合组建区卫生和计划生育局、市场监督管理局和商务局，单独设置区国资办和民宗局，组建区政府派出机构政务办。同步对区委部分工作机构进行优化调整，整合组建区委研究室，设立区委教育工作委员会，同时明确相关挂牌机构，还对部分部门予以更名。此外，制定“三定”规定10家，优化“三定”规定12家，完成涉改单位4748名在职及离退休人员划转工作，并推动部门“四单一图一机制”编制进程。

行政审批制度改革 2016年，区机构编制部门根据上级审改工作统一部署，完成权力清单标准化工作，实现省市县三级政府部门权力事项名称、类型、依据、编码统一的“三级四同”。明确全区县级行政权力事项5869项，编制办事指南5949项；需转报市级部门事项40项，编制转报事项办事指南48项，并按规定时限全部录入省政务服务网络系统。此外，梳理公共服务事项，简化优化公共服务流程，制定公共服务清单；清理规范中介服务事项，优化中介评估环节，建立中介机构库，推进“中介机构超市”试点；深入推进模拟审批，开辟基本建设项目模拟审批提速通道，按照“提前介入、平行推进、垂直衔接、及时转换”十六字方针，将模拟审批转换为正式审批，着力解决审批“一长四多”问题。是年，基本建设项目模拟审批改革获得中央编办创新奖，被省编办列为全省行政审批制度改革典型案例，江宁区还被列为“全省市县简政放权创业创新环境试评价工作”参评区县。

行政管理体制改革 2016年，区机构编制部门根据上级统一部署，优化调整人大机构设置及区人大相关机构工作职责和领导职数，设置专门委员会2个、办事机构2个、工作机构7个，并明确机构职责和领导职数。推进巡察工作机构设置，根据省、市开展党委巡察工作要求，经过深入调研，拟定区委巡察工作办公室设置方案，明确机构规格、主要职责、内设机构及领导职数，并报请市编委审批。调整区委部门机构设置，根据市委、市政府要求，将区委保密委员会办公室调整为区委部门管理机构，规格为区副局级，挂“区国家保密局”牌子；区委机要局与区委保密委员会办公室合署办公，挂“区国家密码管理局”牌子；撤销区督察工作办公室，在区委办挂“区督查工作办公室”牌子；区委台办调整为与区委统战部合署办公。

区编委会议 2016年，区机构编制部门坚持重大议题编委会集体研究决定原则，围绕经济建设和社会管理需要，完成相关机构编制调整服务工作。全年召开编委会2次，制定牛首山管委会等3家单位“三定”规定，对不动产登记职责和公共资源交易管理体制予以明确，设立区邮政发展中心等15家事业单位，增设区旅游局等3家单位内设机构，调整区环保局等4家单位编制，并对区经信局下属中小企业服务中心予以更名。

机构编制控制 2016年，区机构编制部门按照《关于进一步加强机构编制管理工作的意见》和《南京市江宁区机关事业单位工作人员流动管理办法》等规定，从严控制新增机构编制审批，确保编制总量不突破2012年度基数。此外，根据省、市控编减编工作要求，对比2012年底数，经过对机构、编制和实有人员汇总分析，全区机构严格按照上级要求规范设置，行政事业编制在上级明确的总额范围内规范合理分配，实有人员（政策指令性安置除外）逐步减少，事业单位超编数由303名减少到245名。

机构编制实名制管理 2016年，区机构编制部门根据机构编制实名制管理“四清两对应”要求，按照实名制管理程序，对全区机关和事业单位1.7万多名实有人员情况进行动态管理。针对单位人员信息变化，严格核准手续，及时调整人员变动数据，确保现有机构与按规定审批的机构相一致、实有人员与批准的编制和领导职数相对应，确保系统数据准确和资料完整。同时，根据全市区级处级机构和领导职数审核工作及建立区管领导职数目录库要求，对全区69家按照规定审批权限设置、3家超越权限批准的处级行政机构和19家副处级以上事业单位及其处级领导职数情况进行全面梳理，并上报市编办审核。

机构编制考核督查 2016年，区机构编制部门根据年度综合绩效考核实施方案，将“三定”规定履责情况、机构编制日常管理等纳入全区综合绩效考核区级部门共性指标和街道、园区政治建设指标，细化考评标准，明确分值比重，形成推进全区机构编制工作开展的重要抓手。同时，根据区委组织部统一部署，配合完成原区政府主要领导三责联审机构编制审核报告起草工作和禄口街道等3家单位党政主要领导三责联审机构编制责任审核工作。

事业单位登记管理 2016年，区机构编制部门根据国家《事业单位登记管理暂行条例实施细则》的规定，及时受理事业单位网上登记、变更、注销、补领和网下纸质材料的复核、审批及证书发放工作。全年办理事业单位设立登记20家，注销登记7家，变更登记66家，变更事项72项。9月，举办针对教育系统新批准成立的学校、幼儿园拟任法人代表专题培训班，解读办理流程。此外，还对部分新成立事业单位进行实地核查。

机关事业单位统一社会信用代码赋码和事业单位法人年度报告公开 2016年，区机构编制部门根据上级编办要求，印发《关于实施事业单位统一社会信用代码制度改革及2015年度全区事业单位法人年度报告公开工作的通知》，明确统一社会信用代码证换发及年度报告公示的时间、具体步骤和注意事项。对下属事业单位较多的教育局、卫生局等主管部门，采取“集中预约、上门办理”的方法，做到审核、受理一站式服务，新办理机关单位统一社会信用代码证书59本，换发事业单位统一社会信用代码证书394本，并在编办网站上对全区事业单位法人年度报告事项予以公开。

机构编制日常管理 2016年，区机构编制部门下达部门公开招聘、人员调动编制使用计划复函112件，对政府办等16家单位核拨科级领导干部职数使用计划，对1272名军转、招聘、调动和组织任命人员开具“列编通知单”。按照财政统发工资机构编制审核要求，按时开展全区1.7万余名人员工资信息审核，完成10件建议提案和30余件领导批示件办理。报送工作信息30余篇，被省、市编办网站录用10余篇。落实档案管理各项规定，并做好机构编制文件、列编通知单等资料归档建账工作。（陶　金）

中央编办调研江宁模拟审批工作 2016年9月20日，中央编办副主任吴知论到江宁区调研基本建设项目模拟审批试点工作，市、区领导缪瑞林、李世贵、祁豫玮等参加。吴知论说，江宁模拟审批工作通过提前介入、平行推进、垂直衔接、及时转化等方式，大幅度缩短建设审批时间，让项目审批告别了“万里长征”，使企业项目真正受益。特别是“提前介入”阶段，与项目业主及时沟通，把工作做在前面，大大压缩了时间；代办员制度变企业跑为代办员跑，让服务跟着项目转；督查考核力度大，使审批更快更便捷。吴知论指出，江宁模拟审批工作走在了全国前列，值得学习和推广，希望江宁持之以恒抓好模拟审批工作，优化流程，制定完善绩效考核机制，以精准、细致的服务换来项目建设的“加速度”。江宁区自2015年7月实施模拟审批工作以后，共有34个项目被列入试点，总投资额超过300亿元，项目在完成土地手续办理后，一般50天，最快20天可完成全部审批流程，通过模拟审批再到正式审批提速率达75%以上。迄今已有14个项目完成模拟审批阶段待转换，1个项目通过模拟审批完成正式转换，试点的13个待转换项目部门平均审批用时为43天。（宁　鉴）

·党校教研·

概　况 2016年，江宁区委党校以服务区委、区政府中心工作为根本，较好完成干部培训、理论宣讲、咨政服务等工作。全年举办主体班12期，培训1226人次；非主体班137期，培训各类对象18000多人次；开展各类宣讲150多场，受众11000人次；现场教学50次；选派2名教师参加区纪委组织的“百村巡讲”勤廉教育活动，到10个街道巡讲10场，受众500多人次；选派7名教学人员赴新疆特克斯县开展教学交流，受众包括县管党政干部及基层党员600余人。完成南京市参照管理公务员登记工作，全校24人经过南京市委组织部批准登记为参公人员。

课题研究 2016年，区委党校秉承“强研兴教，提质升档”的理念，以科研为抓手，不断提升干部培训质量。全年有7项课题结项，6项课题立项。在全省党校系统第八次科研评奖活动中获优秀科研成果二等奖1项、优秀决策咨询成果三等奖1项，第四届“宁镇扬同城化发展战略”研讨会优秀论文奖1篇，南京市党校优秀重点课题1项、重点课题1项；在相关学术期刊发表论文4篇，在区政府《调研通讯》上刊载调研报告2篇。组织教师参加各类学术交流活动10余次。

李世贵调研区委党校 2016年10月21日，市委常委、区委书记李世贵对区委党校进行专题调研，在进行实地考察后主持召开专题会议，听取党校工作情况汇报，研究讨论今后一个阶段江宁区党校事业发展工作及《中共南京市江宁区委关于加强和改进新形势下党校工作的实施意见（讨论稿）》，并就优化领导班子结构、规范主体班班次与学制、党校整体功能提档及形象提升、完善师资结构等相关工作提出要求。

与新疆特克斯县开展教学交流 2016年6月18—23日，区委党校一行9人赴新疆特克斯县开展“江特名家大讲堂”系列讲座活动。区委党校根据特克斯县课程需要，选派7名教学人员筹备6个专题，赴新疆特克斯县进行教学交流，受众包括特克斯县四套班子领导、科级领导干部、“访惠聚”（访民情、惠民生、聚民心）工作组

2016年10月21日，市委常委、区委书记李世贵（左排左四）到区委党校调研　　胡　倩　摄

成员及基层党员600余人。7月26日，区委党校应特克斯县委党校邀请赴特克斯县委党校开展调研工作，本着“同是党校人，两校一家亲”的理念，立足优势互补、资源共享、相互学习、共同发展的原则，江宁区委党校与特克斯县委党校签订共建“友好党校”协议。

“传播党校声音”系列活动 2016年，区委党校扎实推进党建项目创新，着力打造党校党建项目品牌——“传播党校声音”，服务“两学一做”学习教育，提升党员党性修养。通过讲述党的优良传统、身边优秀共产党员事迹等形式，在全校党员中开展“传播党校声音，讲好党的故事”活动；通过送党课进基层形式，在全区党员中开展“传播党校声音，送党课进基层”活动；通过让社区党员走进党校学习形式，在社区党员中开展“社区党员进党校，补钙壮骨到基层”活动。全年开展“传播党校声音，讲好党的故事”活动4次，涵盖党校全体党员；开展“传播党校声音，送党课进基层”宣讲94场，受众10000余人次；开展“社区党员进党校，补钙壮骨到基层”活动19场，受众1896人次。是年，区委党校“传播党校声音”系列活动成果在南京市党校系统（区县组）教学竞赛中获一等奖，在2016年度南京市思想政治工作“精品课堂”比赛中获“示范课堂”，在江宁区级机关微党课比赛中获一等奖。

（胡　倩）

·党史与地方志编研·

概　况 2016年，江宁区党史和地方志工作部门继续贯彻落实《中共中央关于加强和改进新形势下党史工作的意见》和国务院《地方志工作条例》以及《江苏省实施〈地方志工作条例〉办法》，坚持围绕中心、服务大局，不断拓展史志工作新领域，努力发挥史志资政育人作用。党史工作方面，编辑出版《中国共产党南京市江宁区历史（1978—2008）》《中国共产党江宁区历史大事记（1996—2015）》，开展“雨花台烈士传丛书”之《邓振询传》《陶家齐传》编写工作。地方志工作方面，编辑出版《江宁年鉴（2016）》，启动《江宁区志》资料长编工作。是年11月，《江宁区志》获南京市“十二五”时期地方志优秀成果奖。

江宁区党史“三卷本”出版 2016年4月，由区委党史办组织编纂的《中国共产党南京市江宁区历史（1978—2008）》（简称党史“三卷本”）由中共党史出版社出版。该书是继《江宁人民革命斗争史（1919—1949）》《中共南京市江宁地方史(1949—1978）》后，江宁区出版的第三部地方党史专著。自2007年7月开始，区委党史办根据上级党史部门的要求，启动了1978—2008年党史资料征集、整理和编研工作，先后编写1978—2008年期间的党史大事记以及党史专题等近200万字；开展历任区（县）党政主要领导采访工作，有16名老领导接受采访，整理口述文字资料10多万字；还征集利用一批志书、年鉴、档案和文献资料。同时，通过选派相关人员参加省、市党史部门举办的业务培训班，举办区地方党史编写业务培训研讨活动等形式，加强党史工作者的思想和业务培训。2011年年底，区委党史办拟订编写方案和编写纲目（初稿），并成立编纂工作委员会。2012年，主要对纲目进行打磨，先后多次召开纲目编写研讨会和区相关部门负责人座谈会，广泛征求意见和建议，经过6次修改，最后确定纲目并通过审定。同年底，成立编写小组，确定主笔，2013年年底完成初稿编写。初稿形成后，几经增删，数易其稿，于2014年5月形成征求意见稿，报送市地方史编审指导委员会的专家和区四套班子领导、历任区（县）主要领导，区相关部门负责人征求意见。同年9月，编写小组对书稿进行了较大幅度的修改，形成送审稿，分别报请中共江宁区委和市委党史工办审定，后又经中共党史出版社审核定稿。该书记事时限自1978年12月至2008年12月，即从中共十一届三中全会召开到江宁全面建成小康社会、开启基本实现现代化建设新征程时期，分为4编17章，共43万字。

《邓振询传》《陶家齐传》发行 2016年6月29日，由区委党史办张新贵、濮潇分别编著的“雨花台烈士传丛书”之《邓振询传》《陶家齐传》在省广电总台一楼大厅“雨花台烈士传丛书”发布仪式上首发。根据省委宣传部统一安排，由省委党史工办、市委宣传部、市委党史工办和雨花台烈士陵园管理局等单位联合编纂的“雨花台烈士传丛书”首批出版共27本，其中《邓振询传》《陶家齐传》由江宁区委党史办负责撰写。该项工作于2015年6月启动，区委党史办成立由主要领导挂帅的编写领导小组，并明确作者，落实任务。同时，组织作者和相关人员分赴烈士生活、工作、战斗过的地方，通过查资料、看遗址、走访相关人员、座谈交流等形式，广泛细致地征集资料。在此基础上，还多次召开协调会、研讨会，分别对烈士传记纲目、初稿、送审稿等进行座谈研讨，征求意见及建议。《邓振询传》《陶家齐传》资料充分、文笔流畅、客观真实，具有思想性和文学性并重、图文并茂的特征，两本书各为12.2万字，由江苏人民出版社出版。

《中共江宁区历史大事记（1996—2015）》编成 2016年11月，由区委党史办编写的《中共江宁区历史大事记（1996—2015）》编印成书。该书以江宁区党的组织及其活动为主线，客观系统记述江宁人民在党的领导下所进行的社会主义现代化建设的历史进程，重点记述全区各级党组织在进行经济建设、政治建设、文化建设、社会建设、生态文明建设等方面形成的重要决议、决定，举行的重要会议，开展的重大政治活动和实施的重要改革措施等。全书采用编年体与纪事本末体相结合的方式，以5年规划分期为依据，共分为“九五”计划时期（1996—2000）、“十五”计划时期（2001—2005）、“十一五”规划时期（2006—2010）、“十二五”规划时期（2011—2015）4个时期，共35.7万字。

《江宁年鉴（2016）》出版 2016年8月，由区委、区政府主办，区委党史办、区地方志办承编的《江宁年鉴（2016）》，由方志出版社出版。该卷年鉴是《江宁年鉴》2001年创刊出版后的第15卷，以马克思列宁主义、毛泽东思想、邓小平理论、“三个代表”重要思想和科学发展观为指导，深入贯彻习近平总书记系列重要讲话精神，全面系统、准确翔实地记载2015年全区自然、政治、经济、文化和社会等方面的基本情况，反映建设“经济强、百姓富、环境美、社会文明程度高”新江宁的进程，记录率先全面建成小康社会、率先开启基本实现现代化的最新成果，旨在为各级领导提供决策参考，为全区经济社会发展服务，为中外人士了解和研究江宁提供权威信息，也为编史修志积累资料。《江宁年鉴（2016）》主要采用类目、分目、条目三级层次结构，按平列式共设特载、大事记、区情概览等24个类目，类目下按行业或事业设59个分目和30个副分目，收录条目1413条，共104.6万字。全书刊发画页78页，随文插图162张，表格68幅。《江宁年鉴（2016）》为大16开本，全彩印刷。

2016年6月29日，由区委党史办张新贵、濮潇分别编著的“雨花台烈士传丛书”之《邓振询传》《陶家齐传》在省广电总台一楼大厅“雨花台烈士传丛书”发布仪式上首发　　濮　潇　摄

区志资料长编工作启动 2016年5月20日，江宁区召开《江宁区志》资料长编编纂工作动员会，详细解读区志资料长编工作实施方案，对各部门单位编纂工作任务安排进行分类部署。副区长于茂高出席会议。此次资料长编的开展是为下一轮修志工作搜集资料、汇集素材、做足准备。区地方志办结合实际，创新制订分类实施的方案，把涉及编纂工作的97家单位分为4类，根据各类单位具体情况，确定不同的编纂任务和时间节点。东山街道等29家单位，在二轮修志中已出版志书，此次资料长编任务是按照已出版志书的纲目，从已出版志书的下限开始搜集至2015年的各类原始资料，并进行整理和编纂；江宁高新园等13家单位，在二轮修志中完成初稿，已具备出版的基本条件，此次资料长编的任务是对原稿内容进行修改并续编到2015年，经评审验收后出版志书；江宁台创园等29家单位，成立时间较短或职能相对单一，此次资料长编的任务是按照统一的目录和格式，搜集2008—2015年各类资料，交由区志办编纂；区纪委等26家单位，此次资料长编的任务是按照区志办下发的纲目，搜集2008—2015年各类原始资料，并进行初步整理和编纂。该次资料长编工作计划在“十三五”期末全部完成。会议要求各单位按照

类别和任务，从紧安排，尽早实施；坚持“依法编修、求真务实、质量第一”的原则，积极探索编纂工作新路径，努力推出思想性、科学性、资料性相统一，时代特色、区域特色鲜明，具有重要存史价值和应用价值，经得起历史检验的编纂成果。同年10月20日，区地方志办在区委党校召开区志资料长编编纂工作培训会，省、市地方志办专家应邀作资料长编编纂业务辅导，全区各街道、园区、部门及有关企事业单位130多人参加培训。

（张新贵）

·老干部工作·

概　况　2016年，江宁区因病去世离休干部17人。至年末，全区有离休干部142人。其中，享受副省级医疗待遇2人，享受地市级待遇2人，享受地市级医疗乘车待遇7人，享受副司局级医疗待遇14人，享受县（处）级待遇34人，其他76人，外省市易地安置离休干部7人。市管退休干部36人。是年，全区老干部工作围绕区委、区政府统筹推进“五位一体”建设、“三个主题年”活动等中心工作，贯彻中办发《关于进一步加强和改进离退休干部工作的意见》，以为党的事业增添正能量和主动服务管理老干部为重点，落实离退休干部政治生活待遇，创新离退休干部服务管理，发挥离退休干部独特优势，为建设“强富美高”新江宁做出新贡献。是年，区委老干部局获“2016年度全市老干部工作部门信息工作先进集体”等称号；调研文章《整合社会力量和资源做好老干部工作》获全省老干部工作优秀调研成果奖，《运用老干部工作经验推动老龄事业发展研究》和《重视发挥老干部作用，为党的事业增添正能量的实践与思考》获全市老干部工作优秀调研成果奖。

落实老干部政治待遇　2016年，区委老干部局坚持老干部学习制度，4月中旬，举办全区离退休干部学习班，邀请有关专家教授为离休干部、区（县）管及以上退休干部作全国“两会”精神、国内外经济形势、老干部如何为党的事业增添正能量，以及如何保持阳光心态等方面的专题辅导和讲座，加深老干部对党的决策部署和习近平总书记系列重要讲话精神的理解和认识；11月下旬，举办中共十八届六中全会专题学习会，邀请市委党校教授为老干部解读十八届六中全会精神。坚持通报情况制度，1月30日，区委召开老干部情况通报会，市委常委、区委书记李世贵向老干部通报全区2015年经济社会发展情况、“十三五”发展规划和2016年工作安排。坚持走访慰问老干部制度，春节前，区委老干部局组成5个走访小组重点对生病住院、子女不在身边的老干部和2015年去世老干部的遗孀进行走访慰问；重阳节前夕，对全区老干部进行走访慰问，并帮助有特殊困难的老干部及老干部遗孀解决实际困难。加强离退休干部党组织建设，3月下旬，区委老干部局对全区离退休干部党支部书记和老干部工作人员进行集中培训，交流横溪街道、区教育局、国税局等单位老干部工作先进经验；5月上旬，组织东山街道和外港社区相关工作人员赴扬州邗江学习“一方隶属，多重管理”工作经验，做好社区离退休干部党员调查摸底工作；9月下旬，指导外港社区完善社区内离退休干部党员基本档案，有计划开展服务管理工作。全年为老干部活动中心阅览室征订报纸杂志40多种，为区四套班子离退休干部每人征订《南京日报》《新华日报》各1份，为全区近150名离休干部每人征订《江宁新闻》《江苏广播电视报》各1份，各单位为每名离退休干部征订《银潮》杂志、《中国老年报》各500多份。

改善老干部生活待遇　2016年1月，根据上级有关文件精神，调整企业离休干部提租补贴标准，并协调区财政局、人社局做好经费发放工作；3月下旬和8月上旬，测算出企业离休干部一次性生活补贴金额，并为全区50多名企业离休干部发放一次性生活补贴近24万元；5月中旬，利用3天时间，分批组织全区100多名老干部在江宁医院进行健康体检。开展温暖夕阳活动，1月上旬，会同区财政局对17名离休干部和离休干部遗孀因患大病、重病承担医疗费自付情况进行审核，并启用老干部及老干部遗孀专项解困基金24万余元进行帮扶；继续开展为90岁老干部上门祝寿等活动，全年为20名90岁老干部进行上门祝寿，为他们送上生日蛋糕和礼品。健全联系走访老干部制度，建立“一对多”联系机制，要求工作人员每月与老干部电话联系一次，每季度上门走访一次，及时了解老干部的政治、生活待遇落实情况，身体、生活状况及服务需求，实行跟踪服务。全年联系走访老干部600人次，为老干部提供个性化服务等60余件。

丰富老干部精神文化生活　2016年，区老干部活动中心在规范服务管理的基础上经常组织开展各类主题活动，丰富老干部精神文化生活。春节期间，举办灯谜竞猜和党建知识竞赛等活动，有近80人次老干部参加活动；3月7日，组织离退休女干部开展夹乒乓球、迷你高尔夫球比赛，共度第106个国际妇女节；4月上旬，举办老干部春季游园活动，有100多名离休干部、区四套班子退休干部以及区（县）管退休干部报名参加投球、抛沙包、吹乒乓球、定点投篮、运球快走、掷飞镖等6个娱乐项目的比赛；4月下旬，邀请宁波银行科学园支行工作人员为老干部作“防金融诈骗”专题讲座，近100名老干部参加；5月底，邀请区老年大学教师为老干部作电脑基础知识讲座；7月上旬，先后举办建党95周年老干部书画摄影集邮巡回展、老干部诗歌吟诵会、老干部座谈会、“我的峥嵘岁月”专访等系列活动，并选送5幅书画作品参加全市老干部庆祝建党95周年书画展；9月下旬，开展“红色电影周”活动，组织老干部观看《长征》《百团大战》《建党伟业》《建国大业》等红色影片；为纪念长征胜利80周年，编排男女生小合唱《毛委员和我们在一起》，参加全市老干部纪念红军长征胜利80周年“弘扬长征魂，同筑中国梦”主题歌咏会会演。

发挥老干部作用　2016年5月下旬，区委老干部局制定下发《关于深入推进离退休干部为党的事业增添正能量实施方案》，各部门、各单位紧扣“展示阳光心态、体验美好生活、畅谈发展变化”主题，开展参观学习、理论宣传、传统教育、建言献策、牵手结对等活动，让老干部感受发展变化，讲好中国故事、弘扬中国精神、传播中国好声音，向社会传递正能量。3月、5月、11月，分别组织区级以上离退休老干部到汤山新城、江宁金鹰、埃斯顿公司、横溪七仙大福村等地参观，了解企业发展变化，实地感受美丽乡村建设成果，为江宁的建设发展建言献策。组织全区离退休干部参加“诚信南京·2016”新春网络寄语活动，先后有400多名离退休干部和“五老”志愿者通过诗歌、楹联等形式，宣传社会主义核心价值观，抒发对江宁城乡新变化、新发展和新风尚的感受。组织离退休干部进机关讲党史、讲作风，开展传帮带；进学校讲传统、讲故事、谈人生，传播党和政府好声音，宣传社会主义核心价值观；进社区为群众提供文化、法律、医疗等志愿服务，推进和谐社区建设；进企业特别是民营企业，为供给侧结构性改革提建议。全年组织离退休干部理论宣传和传统教育350场次，为社区群众提供各类服务50余次，为企业提出建议和意见20余条。

区老年教育协会　2016年年末，全区有各类老年学校227所，入学老年学员44578人，比2015年增加5458人，入学率27.3%，区、街道、村（社区）三级老年教育经费投入1487万元。是年，区老年教育协会以《中国老年教育发展规划（2016—2020）》为指导，坚持政治立校，紧扣中心大局，把握老教特点，着力创新发展，取得新成绩。规范化创建取得新成效，区老年大学入选全国市区级老年大学“五个十工程”项目，19所街道（集镇）老年大学（分校）全部达到市区规范化标准，其中6所获“江苏省示范老年大学”称号，村（社区）学校规范化创建率79%。区老年大学迁入3500平方米的新校舍，淳化、禄口、江宁、麒麟等街道新建教学大楼，横溪街道调整出原陶吴政府办公楼给老年大学使用。探索开发适合老年人的教学软件，区老年大学开办网站，制定教师合同聘用制度；麒麟老年大学开办“麒麟微信课堂”；东山老年大学实行“四个一”学籍管理；汤山街道

2016年5月，区委老干部局组织区级以上离退休老干部到汤山新城、江宁金鹰等地参观，为江宁建设发展建言献策　　赵定顺　供稿

老年大学自编教材获“江苏省老年大学教材建设先进集体”称号；江宁街道老年大学制定教学安全工作制度。特色化办学得到新发展，区福利中心开办养医教结合办学点，汤山街道古泉社区的泉欣家园和高庄社区的银龄乐馆等开启教养文医一体养老模式，淳化街道科苑社区与鼎博士教育培训机构合作办学，秣陵街道江南文枢苑、江南青年城等创办居住小区教学点，提升老年教育新内涵。品牌化打造迈上新台阶，上半年，中国老年大学协会常务副会长袁新立及学术委员会主任陆剑杰等到江宁区湖熟、谷里、汤山等地调研老年教育开展情况；6月中旬，全国老年教育学科体系研究工作会议在谷里街道召开，38名来自全国老年教育学术委员会的专家及知名老年大学校长听取介绍并参观江宁区老年教育成果展；省委研究室《调查与研究》刊物以《把握新常态、谋求新发展、打通终身教育最后一公里》为题，对江宁区老年教育工作发展予以报道；11月3日，省老年大学协会会长张建平及《凤凰网》记者到区老年大学调研，提出打造“江宁标杆”的新要求，并在《凤凰江苏》《老年周报》等多家媒体进行宣传；老年大学学员王恭丽在东山街道外港社区开办的“幸福照相馆”，免费为老年人服务的事迹在中央电视台中文国际频道播出。全区老年学员中有老年志愿者队伍391支、文艺团体317个，全年参加各类演出600多场次。

区老年大学 2016年年末，区老年大学有9个系、37个专业、80个教学班、40名教师，参加学习2400人次，新增瑜伽、葫芦丝等课程；校舍面积3500平方米。是年，区老年大学成功入选全国老年大学协会开展的“五个十工程”项目。学校成立网站，建立80人的信息员队伍，并举办培训班，还与区老年教育协会联办《江宁老年教育》简报，《凤凰江苏》《老年周报》《南京日报》《南京晨报》等媒体也多次对学校进行报道。重新组建学校艺术团，6月和10月，分别代表区委老干部局参加南京市老干部庆祝建党95周年和纪念长征胜利80周年文艺演出；11月，赴湖南参加全国老年大学协会组织的文艺会演并获奖；校合唱队参加南京市纪念长征胜利80周年歌咏大赛获二等奖；学校门球队参加市级比赛捧回“功德杯”和“会员杯”两个奖项。

区老年书画联谊会 2016年年末，区老年书画联谊会有会员80人。是年，区老年书画联谊会坚持“开门办会，服务社会”的宗旨，做到活动时间制度化，活动内容具体化，活动形式多样化，会员出勤率85%以上。全年举办书画展16期，展出作品560幅，有38名会员参加联展或个展。参加区委老干部局举办的“庆祝抗战胜利70周年”书画展，有52幅作品入展，其中，韦昌富、刘翠祥获一等奖，王惠英、陈邦铜获二等奖，郑维友获三等奖。参加区文联举办的“永远的丰碑”庆祝建党95周年书画展，送展作品44幅。组织参加江苏省老年书画研究会举办的全国第四届“贝彩杯”书画作品大赛，韦昌富、姜耀忠获二等奖，陈建芳获三等奖，侯雨修获优秀奖。组织参加省老年书画协会举办的工笔画展，侯雨修、陈建芳、丁公环的作品参展，均获优秀奖。在南京市中老年艺术节书画大赛中，韦昌富获一等奖，吴华新获二等奖，姜耀忠获三等奖。“五四”前夕，组织姜耀忠、韦昌富、姜林桢、陆一平、刘风台、陈振肖、王宏大、吕祥裕、庞秀玲、许良松等10名会员到临江中学举办笔会，现场创作书画作品150余幅。9月，组织会员20人到东善桥白鹭园举办笔会，创作书画作品20余幅。

东山诗社 2016年年末，东山诗社（区诗词楹联学会）有在册社员（会员）208人，其中新发展会员10人。是年，东山诗社坚持服务全区中心工作，开展采风活动，繁荣诗词创作，在写江宁、唱江宁、宣传江宁中迈出新步伐，取得新成果。定期出版《东山诗苑》，每年4期，已累计出版112期。《东山诗苑》全彩印刷，内有彩页、彩照和书画插图，容量80多版，全年刊登近1000人的2000多首诗词作品。组织会员开展采风活动，先后到汤山小学、六合区金牛湖风景区、六合实验小学、白鹭田园等地采风，创作一批歌颂江宁美丽乡村的诗词作品。与区作家协会、湖熟红枫诗社、杨柳湖文化发展公司联合举办江宁区第四届杨柳湖端午诗会。举办“纪念中国共产党成立95周年”征诗、诗歌吟诵活动，评选出一等奖1名，二等奖2名，三等奖3名，特别奖2名。组织参加省、市开展的诗歌征集活动，参加“诚信南京·2016新春网络寄语”并获奖项15个，其中一等奖5个，二等奖6个，三等奖4个；参加“信仰之歌·纪念中国共产党成立95周年暨弘扬雨花英烈精神”诗歌征集活动，区诗联会、横溪街道和6所学校获优秀组织奖，获个人奖项90个；参加南京市“纪念孙中山诞辰150周年”诗歌吟诵会和南京市“纪念红军长征胜利

80周年”诗词征集及吟诵会，有4人获优秀作品奖，1人被选送参加江苏省“纪念红军长征胜利80周年”诗词朗诵会。（邓 平）

南京市江宁区人民代表大会

概 况 2016年年末，江宁区第十六届人民代表大会有代表325人，有省人大代表4人、市人大代表60人。区人大常委会组成人员33人，内设机构有办公室、研究室、内务司法工作委员会、预算工作委员会、教育科学文化卫生委员会、环境资源城乡建设委员会、人事代表联络委员会、民族宗教侨务台湾事务委员会、农业和农村委员会，派出机构有10个街道工作委员会和3个开发园区工作委员会。2016年，区人大常委会主动融入中心、服务大局，履行法律赋予的职责，推进“责任人大、规范人大、实效人大”建设，完成区十六届人大五次会议确定的各项任务。

区人大常委会会议 2016年，区十六届人大常委会共召开常委会会议9次，开展执法检查4次、专题询问1次，依法任免国家机关工作人员101人次，开展履职评议6人次，作出审议意见12项，对5项审议意见落实情况进行评议和测评。

1月10日，区十六届人大常委会第三十二次会议通过关于接受魏克、曾建华辞去南京市第十五届人民代表大会代表职务请求的决定，补选林克勤、陈学荣为南京市第十五届人民代表大会代表。

2月29日，区十六届人大常委会第三十三次会议听取和审议区人大常委会执法检查组关于《南京市养犬管理条例》实施情况的执法检查报告。

3月30日，区十六届人大常委会第三十四次会议听取和审议区人大常委会执法检查组关于《南京市动物重大疫病免疫条例》实施情况的执法检查报告；听取区政府落实《关于贯彻实施〈南京市紫金科技人才创业特别社区条例〉工作的审议意见》《关于推进义务教育优质均衡发展工作的审议意见》情况的报告，并进行测评；通过《南京市江宁区人大常委会关于审计查出问题整改工作的监督办法》。

6月7日，区十六届人大常委会第三十五次会议听取和审议区人大常委会执法检查组关于《南京市少数民族权益保障条例》实施情况的执法检查报告；通过《南京市江宁区人民代表大会常务委员会信访工作办法（修订案）》；听取部分市十五届人大代表履职情况报告。

8月2日，区十六届人大常委会第三十六次会议听取区政府关于2016年上半年工作情况的报告，关于2016年上半年国民经济和社会发展计划执行情况、财政预算执行情况的书面报告；听取和审议区政府关于区十六届人大五次会议代表建议、批评和意见办理情况的报告，并进行专题询问。

9月20日，区十六届人大常委会第三十七次会议听取和审议区政府关于2015年度财政决算（草案）的报告、关于2016年市转贷新增地方政府债券安排及预算调整方案（草案）和地方政府债务限额的报告、关于2015年度区本级预算执行情况和其他财政收支的审计工作报告，审查批准2015年财政决算、2016年市转贷新增地方政府债券安排及预算调整方案和地方政府债务限额；听取和审议区政府关于“六五”普法工作完成情况和“七五”普法规划制定情况的报告、关于开展第七个五年法治宣传教育的决议（草案）的说明，作出关于开展第七个五年法治宣传教育的决议；听取和审议区政府关于新型合作医疗（居民医疗保险）实施情况的报告；讨论通过关于南京市江宁区人民代表大会换届选举问题的决定、关于调整南京市江宁区第十六届人大常委会代表资格审查委员会组成人员的决定。

11月30日，区十六届人大常委会第三十八次会议听取和审议区人大常委会执法检查组关于《南京市汤山旅游资源保护条例》实施情况的执法检查报告；听取和审议区法院、检察院有关负责人和区经信局、科技局、住建局、水务局主要负责人的履职情况报告；听取区政府落实《关于〈南京市养犬管理条例〉实施情况执法检查报告的审议意见》《关于〈南京市动物重大疫病免疫条例〉实施情况执法检查报告的审议意见》《关于〈南京市少数民族权益保障条例〉实施情况执法检查报告的审议意见》情况的报告，并进行测评；讨论通过关于区人大常委会有关工作机构设置调整的决定、关于召开区十七届人大一次会议的决定。

12月19日，区十六届人大常委会第三十九次会议听取区第十七届人大换届选举工作情况的报告；通过关于接受史兆祥、张玉力辞去南京市第十五届人民代表大会代表职务请求的决定，补选祁豫玮为南京市第十五届人民代表大会代表。

12月26日，区十六届人大常委会第四十次会议听取区政府关于2016年国民经济和社会发展计划执行情况与2017年计划草案的报告、关于2016年财政预算执行情况与2017年预算草案的报告、关于2015年度审计查出问题整改情况的报告；听取区十七届人大一次会议筹备工作情况汇报；讨论并原则通过区人大常委会工作报告；通过区十七届人大一次会议议程草案、日程草案和主席团、秘书长等人员建议名单；通过区十七届人大一次会议特邀人员和列席人员名单；通过关于接受黄敏、柳莉辞去南京市第十五届人民代表大会代表职务请求的决定，补选孔令才、徐翠华为南京市第十五届人民代表大会代表。

专题视察 2016年，区十六届人大常委会开展专题视察4次，分别视察生态红线区域保护、防汛应急消险工程建设、重点建议办理和枢纽型经济发展情况，提出专题视察意见4项。主任会议听取7项专题视察意见落实情况的报告。

职责履行 2016年，区人大常委会讨论决定重大事项，就开展第七个五年法治宣传教育作出决议。对加强生态红线区域保护决定的执行情况进行跟踪监督。依法任免区政府及其组成部门负责人23人次，区法院、检察院有关人员41人次，常委会工作机构组成人员37人次。加强对安全生产、防汛抢险等重要工作的检查督查，融入“四解四促”、结对帮扶等活动。

监督实施 2016年，区人大常委会全程跟踪国民经济和社会发展计划、财政预算执行情况，依法审查批准市转贷新增地方政府债券安排及预算调整方案和地方政府债务限额、财政决算。听取审计工作报告、审计查出问题整改情况报告。关注推进枢纽型经济发展、政府采购工作。专题审议新型合作医疗（居民医疗保险）实施情况，专题视察防汛应急消险工程建设，专题调研0～3岁婴幼儿保育市场监管、公交都市、律师工作、智慧农业建设，对社区警务室建设、重大产业项目推进、小区物业管理、牛首山佛教文化项目建设、中小河流综合治理工作进行跟踪监督。对《南京市养犬管理条例》《南京市动物重大疫病免疫条例》《南京市少数民族权益保障条例》《南京市汤山旅游资源保护条例》开展执法检查。对《南京市江宁区小型农田水利工程管理办法》等规范性文件进行备案审查。邀请50名市民旁听常委会会议，扩大公民有序政治参与。做好人大信访工作，全年受理来信23件，接待来访17批24人次。对区法院、检察院有关负责人，区经信局、科技局、住建局、水务局主要负责人履职情况进行评议，提出整改意见，进行满意度测评并将结果向区委报告，向区政府和组织、纪检部门通报，向社会公开。

代表建议办理 2016年，区人大常委会领导分赴4个街道、园区接待代表19人次，将代表提出的27条建议汇总整理后按规定进行处理。强化代表建议办理，专题审议、询问代表建议办理情况，专题视察重点建议办理。加强代表履职管理，推进代表履职登记工作。将“代表之家”向基层延伸覆盖，56个“代表之家”中有43个设在片区、社区或行政服务中心。

代表换届选举 2016年，区人大常委会在换届选举工作中坚持党的领导、严格依法办事、充分发扬民主，作出区人大换届选举问题的决定，研究制定工作意见、实施方案等指导文件。依法召开选举委员会会议，做好代表名额分配、选区划分、选民登记、提名确定代表候选人、投票选举等工作，329名新一届区人大代表全部一次选举成功。

2016年10月21日，市人大常委会副主任林克勤（前右一）到江宁区检查区人大换届选举工作　　宁　鉴　供稿

全国人大调研组考察江宁经济社会发展情况 2016年7月14日，全国人大常委会委员、财经委副主任委员尹中卿率调研组到江宁区考察经济社会发展情况。市、区领导李世贵、李琦、黄澜、张会祺、王登华、鲁跃东等参加调研。调研组视察了江宁规划展览馆，并深入江宁开发区重点企业走访调研。

市人大代表江宁组定向定点视察市公安局工作 2016年4月7日，市人大代表江宁组到市公安局开展定向定点视察和检查活动。代表们实地视察玄武公安分局梅园新村警务工作服务站、市公安局“民意110”，观摩指挥中心情指综合资源和智能调度平台演示，观看市公安局改革成果汇报短片，并听取全市公安工作和队伍建设情况汇报。在肯定工作成效的基础上，代表们积极建言献策。12月7日，市人大代表江宁组围绕“推动南京市立体化现代化治安防控体系建设”主题，对市公安局开展定向定点视察和检查活动。代表们视察警犬训练基地，参观警务飞行大队及警用直升机、反恐处突高精尖装备，观摩龙虎突击队员实战科目演练，并听取市公安局相关工作报告。（王锴程）

全区人大工作座谈会 2016年8月26日，区人大常委会召开上半年全区人大工作座谈会，总结交流人大工作开展情况，谋划安排下半年工作任务。区人大常委会主任王国亮、党组书记刘玲，以及蒋戈木、刘维新、高吉祥、孟向前、梁六生、王登华等参加会议。是年上半年，区人大常委会围绕实现“十三五”规划良好开局、本届人大工作圆满收官、人大换届选举顺利完成的工作目标，务实履行法定职责，不断巩固和深化“责任人大、规范人大、实效人大”建设成效。同时，强化责任担当，助力重大项目攻坚突破，参与社会治理创新工作，深化人大机关作风建设；增强监督实效，直击区域发展的重点、热点和难点问题，形成完善的监督落实办理制度；统筹抓好代表工作，加强常规性代表工作，稳步实施换届选举准备；保持积极精神状态，持续推进实践创新，继续完善制度体系。会议要求，抓好党代会精神的贯彻落实，切实保障区委部署落实落地，持续助推“十三五”规划实现良好开局，全面完成年度各项目标任务；及早进入状态，注重加强引导，凝聚工作合力，依法完成人大换届选举任务，为下届人大工作奠定坚实基础；深入落实中央和省、市委文件精神，稳妥有序实施新机构设置方案，逐步配齐配强工作力量，不断提高工作能力和专业化水平。区人大常委会各工作机构和各街道、园区人大工委主要负责人出席会议并作交流发言。

市人大常委会视察江宁区生态红线区域保护工作 2016年10月13日，市人大常委会对江宁区生态红线区域保护工作进行视察，市、区领导李世贵、单景南、谢志成、祁豫玮、王国亮、陆蓉、张会祺参加。调研组一行实地察看了牛首祖堂风景区等地，了解生态红线区域保护工作情况。该风景区包括牛首山、将军山、翠屏山、祖堂山等，内含世凹村、大塘金村等54个自然村，有郑和水库等10多个水库，红线管控总面积24.29平方公里，拥有中华虎凤蝶等丰富珍稀动植物资源。江宁区在国家一、二级红线划定基础上，设定三级生态红线，生态红线总面积占全区国土空间的1/3，同时还构建长江水生态廊道、牛首山—云台山廊道、秦淮河生态廊道、安基山—青龙山—祖堂山生态廊道、横山—云台山—马头山生态廊道等“三纵二横”生态网架，保护江宁的好山好水，形成可持续发展的生态格局。市人大常委会副主任、党组副书记单景南对江宁区相关工作给予肯定，并要求树立红线意识，强化底线思维，坚持问题导向，加强多规融合，坚决禁止违规审批行为，落实生态补偿政策破解管控难题，同时应尽快出台并实施生态红线区域保护领导干部责任追究办法，对逾越红线或监管不力的责任单位，要严格予以问责。

新当选区人大代表接受履职培训 2016年12月12日，区人大常委会组织新当选的区十七届人大代表进行履职培训，220余名新任代表参加培训。培训会上，市人大常委会人事代表联络委员会主任李建作题为《人大代表与执行代表职务》的专题讲座，系统阐述人民代表大会制度的优越性、人民代表大会及其常委会的性质和职责，介绍人大代表的法律地位和职务性质、权利和义务，以及当好人大代表应处理的几个关系，加深参训代表对人大制度、人大工作和代表职务的理解，增强代表意识和履职意识。（宁　鉴）

南京市江宁区人民政府

·综　述·

概　况 南京市江宁区人民政府由22个工作部门、4个列入政府序列不计入政府机关工作部门、7个派出机构、1个事业局、4个直属事业单位、6个相对独立运行机构1个集体经济组织组成；有区长1名、副区长11名、副巡视员1名。2016年，区政府及其组成部门坚持以习近平总书记系列重要讲话特别是视察江苏重要讲话精神为根本遵循，紧紧围绕中央和省、市、区委工作要求，主动适应经济新常态，积极把握发展新走向，努力探索江宁新实践，在“迈上新台阶，建设新江宁”的征程上取得重大进展，完成区十六届人大五次会议确定的各项目标任务，为率先高水平全面建成小康社会奠定了坚实基础。

区政府常务会议 2016年，区政府召开常务会议12次。

1月13日，研究《关于深化实施“创聚江宁”人才工程打造产业科技人才高地的意见（讨论稿）》《江宁区创建国家食品安全城市工作实施方案（讨论稿）》《中国制造2025江宁区行动纲要（讨论稿）》，以及区医疗服务中心建设相关事宜。

2月5日，听取全区安全生产情况通报和江宁市民中心运行情况汇报，签订安全生产责任状，研究《关于开展“项目攻坚突破年”活动的实施方案（讨论稿）》《关于促进旅游业改革与发展的若干意见（讨论稿）》。

2月25日，研究《关于打造美丽乡村升级版的五年行动计划（讨论稿）》《关于实施精准扶贫、精准脱贫工程的意见（讨论稿）》，以及2016年南京·江宁春牛首国际马拉松赛事活动有关事宜。

3月25日，研究《江宁区关于推进“互联网+”实施方案（讨论稿）》《关于加快推进生态文明建设的实施意见（讨论稿）》和2015年土地综合整治项目工程招投标相关事宜。

5月4日，研究《关于贯彻落实〈加强环境监管执法的实施意见〉的实施方案（讨论稿）》《关于加强全区校车安全工作的意见（讨论稿）》，研究拟纳入“三重一大”决策管理项目、新档案馆建设相关事宜。

6月27日，对区政府领导班子“两学一做”学习教育进行动员部署，研究《江宁区秦淮河、外港河工程建设组织实施方案（讨论稿）》《江宁区新市镇建设项目（淳化、江宁、湖熟、横溪）PPP合作模式实施意见（讨论稿）》相关事宜。

8月9日，研究拟纳入“三重一大”决策管理项目、《江宁区中小企业转贷应急资金管理暂行办法（讨论稿）》、《可销售型科技研发用地及地上房屋分割转让、销售办理办法（讨论稿）》、2015年度江宁区本级预算执行情况和其他财政收支的审计结果报告、2016年市转贷新增地方政府债券安排和地方政府债务限额工作、江宁区2015年度财政决算报告（讨论稿）等相关事宜。

10月29日，研究《江宁区关于推行重点投资建设项目审批代办制实施意见（讨论稿）》《江宁街道和湖熟街道新市镇建设PPP项目实施方案（讨论稿）》《江宁区贯彻国家创新驱动发展战略纲要实施方案（讨论稿）》《江宁区促进科技成果转移转化行动方案（讨论稿）》《关于深化区级财政科研项目和资金管理改革的意见（讨论稿）》及拟纳入“三重一大”项目等事宜。

11月19日，研究《关于加快发展乡村民宿的指导意见（讨论稿）》《2017年“千百工程”建设任务计划（讨论稿）》《江宁区三年水利建设行动计划（2016—2018年）（讨论稿）》《江宁区创建慢性病综合防控示范区工作实施方案（讨论稿）》《南京市江宁区2017年新型合作医疗（居民医疗保险）工作实施意见（讨论稿）》《关于建设国家级汤山温泉旅游度假区、加快打造世界著名温泉小镇的资金扶持办法（试行）（讨论稿）》。

12月9日，研究《江宁区2017年城乡建设行动计划（讨论稿）》《江宁区生态文明建设工程三年行动计划（2017—2019）（讨论稿）》《江宁区生态保护补偿实施意见（讨论稿）》《江宁区地表水断面水质考核生态补偿工作方案（试行）》《加快推进江宁区残疾人更高水平小康进程实施办法（讨论稿）》《深化供销合作社综合改革的实施意见（讨论稿）》，以及支持空港经济开发区（江宁片区）建设发展若干政策、横溪街道和淳化街道新市镇PPP合作开发建设项目实施方案和相关资格预审情况等相关事宜。

12月19日，部署全区安全生产大检查工作，研究政府工作报告（讨论稿）、江宁区2017年度经济社会发展目标（含经济社会发展目标，富裕百姓、改善民生行动计划，重点产业项目建设行动计划）、2016年预算执行情况和2017年预算（草案）报告、《江宁区2017年生态文明建设工作目标（讨论稿）》、2017年度全区融资计划方案、2016年财政预算调整方案报告等相关事宜。

12月28日，研究《江宁区贯彻落实中央环保督察要求促进“两减六治三提升”专项行动的实施意见（讨论稿）》《江宁区贯彻落实中央环境保护督察组督察反馈意见整改方案（讨论稿）》《关于贯彻落实省市生态环境保护工作责任规定（试行）的意见（讨论稿）》《江宁区贯彻落实深化行政审批制度改革加快简政放权激发市场活力重点任务分解（讨论稿）》和淳化街道新市镇PPP合作开发建设项目实施方案和相关资格预审情况、农村宅基地和房屋统一登记试点工作相关问题的处理意见（讨论稿）等相关事宜。

调查研究工作 2016年，区政府办公室围绕全区中心工作，组织开展调研活动，取得成果。全年刊发《调查与研究》45期，依次分别为《关于全区城乡土地开发与交通协调发展的调查与思考》《行政审批制度改革下交通基层执法的困扰与对策浅析》《关于东山街道社区服务能力建设的实践与思考》《关于汤山现代农业发展路径与思考》《江宁机器人产业发展情况分析》《关于建设江宁区域医疗联合体工作的调查和思考》《江宁区民宿发展状况调查报告》《探索发展混合所有制经济的有效途径》《江宁打造工业4.0示范基地 发展先进制造业研究》《江宁新市民社区融入问题研究》《安置房小区物业管理问题刍议——以麒麟街道安置房小区为例》《深化环境整治 铁腕治理污染 推动农村生态文明迈上新台阶走在最前列》《全区违建管控工作现状的调查与思考》《在全域美丽乡村建设中引领农民收入不断增长的调研报告》《全区消费市场现状及发展思考》《新常态下全区乡村旅游转型升级》《以市场化战略推动全区物管工作迈上新台阶》《浅谈如何做好全区国土资源综合动态智能监管系统建设》《强化五大导向引领 提升打防管控效能》《强化收费专项治理 助推全区经济发展》《挖掘整合精心打造秦淮河历史文化之旅》《江宁水生动物防疫思路与对策》《新常态下做好全区粮食工作的几点思考》《上坊中心区PPP项目的实践探索与思考》《完善物业管理构建幸福小区 对东山街道物业管理工作的若干思考》《落实五大发展理念 提升农路服务效能——关于完善全区农村公路“建管养运”体系的探索与思考》《降本效应初步显现 政策实效有待提高——江宁工业企业降成本调查报告》《政府性科技金融服务机构“江宁模式”的主要做法》《以农村电子商务为支撑 努力搭建为民服务新平台》《强化设备闭环管理 保障群众生命安全》《集聚创新发展新动能 着力推进南京主城南部中心建设》《培育引导社会租住 推进司法行政创新发展》《优布局 提业态 加快发展现代化国际性商务区》《加快推进全区特色小镇培育创建的几点思考》《实行国家机关“谁执法谁普法”责任制的实践与思考》《推进“十三五”时期滨江开发区检验检测产业发展战略研究》《强化“四众发展”实现“四创联动”大力推动全区众创空间建设与发展》《在转型升级中推进新型农产品流通服务载体建设的思考与研究》《关于进一步推进全区社会工作人才队伍建设的思考》《加强农业园区建设引领现代农业发展》《关于做好征地拆迁工作的实践与思考》。

全区文化产业发展工作推进会 2016年10月25日，区政府召开文化产业发展工作推进会。会议要求，切实把发展文化产业摆上重要议事日程，加快文化资源优势向文化产业优势转化，努力把江宁建设成为特色文化大区。会议指出，江宁文化资源优势明显、文化人才支撑有力、文化市场主体培育取得了成效，发展的潜力还没得到充分挖掘。要依托文化产业发展空间载体，进一步加快重点文化产业园区、重点文化产业项目建设，加快文化企业发展，不断提高文化产业规模化、集约化、专业化水平；深刻把握文化产业发展的方向趋势和内在规律，促进文化与科技、教育、金融、旅游、体育等跨界融合，引导文化创意设计服务从原有的企业中分离，进一步探索新的文化产业发展路径；抓好政府服务、社会服务、自我服务等关键环节，为产业发展营造良好环境。会议强调，推动江宁文化产业跨越发展、建设特色文化大区是一项长期性的战略任务，要加强组织领导，加大招商力度，强化考核，打造江宁文化品牌。

全国农村社区建设示范区创建工作启动 2016年11月22日，江宁区召开创建全国农村社区建设示范区工作动员大会。会议要求，全区上下按照区委、区政府部署要求，全力抓好示范区创建各项工作，深入推进城乡社会一体化建设，全面提升全区农村社区建设水平。会议指出，开展全国农村社区建设示范区创建是深入推进基层社会治理创新的重要平台，是有效适应农村社会发展形势的必要举措，是不断提升美丽乡村建设内涵的主要抓手。全区上下要立足实际，重点做到“两个突出”，即在发展方向上，要突出提升农村社区治理现代化水平，提升农村社区服务规范化水平，提升农村社区建设协商民主化水平；在工作导向上，要突出“着眼全国、着力示范”，并将这一导向贯穿创建全过程和各层级。要着重把握好“四个方面”，即坚持以人为本，在完善农村社区公共服务体系上取得新突破；坚持问题导向，在提升农村社区建设整体水平上取得新突破；坚持因地制宜，在打造农村社区建设特色亮点上取得新突破；坚持协同推进，在优化农村社区资源配置上取得新突破。

（刘　畅）

全区推进政府职能转变工作会议 2016年3月12日，全区推进政府职能转变工作会议召开，区领导李世贵、陈发喜、王国亮、孙桂明等参加会议。区长陈发喜对推进政府职能转变和机构改革工作作全面部署。会议要求，贯彻落实中央和省、市有关要求，深入推进政府职能转变和机构改革，提升政府工作效能和服务水平，以更加优化的行政体制和工作机制，为“走在最前列、建设新江宁”提供内生动力。会议强调，持续推进简政放权，进一步放手放开放活相关权力和事项，要持续加大监管力度，加强权力运行监管，开展综合执法试点，推动市场监管重心下移，切实提升执法能力和执法水平。要持续提升服务效能，加强政策支持，搭建高效服务平台，提升审批效率，真正让群众感受到实实在在的变化。围绕推进政府职能转变，2016年江宁区将进一步放开政策法规允许、基层群众期盼的权力事项，建立权责统一、权威高效的综合行政执法体制，研究出台一批扶持创业创新的政策措施，建立健全政务服务中心与公共资源交易中心一体化管理模式。

全区项目攻坚突破年动员大会 2016年3月17日，全区项目攻坚突破年动员大会召开，李世贵、陈发喜、王国亮、孙桂明、刘玲等区四套班子领导参加会议。会议号召全区上下，切实以优质项目投入为江宁产业转型升级增添后劲，为城乡功能品质提升增创优势，为民生事业改善增强动力，奋力谱写“十三五”时期发展的精彩开篇。会议强调，在加快项目建设上时不我待，狠抓有效投入、组织协调、质量安全等关键环节，一着不让地加快推进。在招商引资上只争朝夕，突出全产业链招商，主攻重大项目招商，有的放矢精准招商，组织专业队伍招商，不折不扣完成全年招商引资目标任务。在打造最优环境上追求卓越，进一步完善硬环境、提升软环境，努力打造程序最简、手续最省、效率最高、成本最低的政务生态环境。在破解瓶颈上全力攻坚，推动土地、资金等生产要素向产业项目集聚，为项目突破提供可靠保障。陈发喜强调，各责任单位要继续弘扬“马上就办、真抓实干”的作风，把项目建设工作抓紧抓实，全力推进各项工作落实，确保目标任务按照序时进度推进。会议介绍了全区集中开工项目总体情况，部署了项目攻坚突破年活动具体工作，并印发《关于开展“项目攻坚突破年”活动的意见》和《关于开展“项目攻坚突破年”活动的实施办法》等相关文件。区发改局、经信局、汤山街道、高新园、空港经济开发区在会上作表态发言。

全区城建城管工作动员大会 2016年4月13日，全区城建城管工作动员大会召开。市委常委、区委书记李世贵，副区长陆蓉、李雁参加会议。区长陈发喜出席会议并作工作部署。会议指出，“十三五”发展已全面开篇，站在新的历史起点，全区上下要充分认清新一轮城市发展面临的新形势、新要求、新任务，切实增强更好更快推动城市建设与管理的责任感和使命感。他强调，要以打造“南京主城南部中心”为引领，牢固树立全局意识、科学意识、系统意识，紧扣市民期盼和民生需求，深入践行共享发展理念，不断增强城乡居民的归属感、幸福感和获得感。会议强调，坚持高标准规划，增强城市规划的科学性，提高规划设计水平，强化规划权威性，引领城市科学发展；坚持高效率建设，严格按序时推进，抓牢重点项目，突破难点项目，加强工程组织建设，不断完善城市功能；坚持高水平管理，深化改革创新，推进重心下移，创新智慧管理，推动共治共管，全面提升城市形象；坚持高效益经营，重视项目争取，拓展融资渠道，科学运作土地，促进城市高效发展。会议总结了2015年城管和城建工作，并对2016年工作进行部署。重点开发园区和10个街道向区委、区政府主要领导递交城建、城管工作责任状。

苏商创新创业发展高峰论坛在江宁举办 2016年4月22日，“2016苏商创新创业发展高峰论坛暨首届苏商金茉莉奖”颁奖典礼活动在江宁区举行。省委常委、市委书记黄莉新会见企业家代表并参观企业展区。市、区领导李世贵、陈勇、黄澜、陈发喜、刘玲等参加。珠海格力电器股份有限公司董事长董明珠出席。市委常委、区委书记李世贵在致辞中重点介绍江宁经济社会发展情况，并希望苏商领袖将企业的雄图伟业与江宁的发展蓝图相衔接，将“厚德、崇文、实业、创新”的苏商精神与江宁人民的火热实践相融合，在更广范围、更宽领域与江宁开展深层次合作，更多地将区域总部、研发设计、高端制造、品牌服务等核心环节布局江宁，使江宁成为新时期苏商投资兴业的首选地。此次大会首次发布苏商“金茉莉”奖榜单，颁发金茉莉创业奖、传承奖、杰出奖、卓越奖以及特别奖等奖项。董明珠获评首届苏商“金茉莉”终身成就奖，并发表“让世界爱上中国造”主题演讲。当天活动中，江宁高新园作了投资环境推介。紫金（江宁）科创特区与省经济和信息化研究院、苏商发展促进会，就江苏智能制造研究院落户江宁进行签约。论坛活动期间，董明珠等企业家代表参观考察江宁规划展览馆、九龙湖国际企业总部园等，深入了解江宁创新创业环境和经济社会发展情况。

全市美丽乡村建设现场推进会在江宁区召开 2016年5月4日，全市美丽乡村建设现场推进会在江宁区召开，省委常委、市委书记黄莉新盛赞江宁区美丽乡村建设成就，要求做好“美丽乡村+”文章，积极打造美丽乡村升级版，努力把农村建成都市美丽乡村、农民幸福家园。市、区领导龙翔、刘以安、李世贵、陈发喜、刘玲参加会议。市委副书记龙翔对全市美丽乡村建设进行总结部署，强调要围绕“全域化、标准化、特色化、品牌化”，积极统筹谋划，明确定位，盘活资源，创新模式，多方联动，合力推进，努力打造美丽乡村升级版。会前，与会人员先后考察谷里街道大塘金香草谷、双塘社区寻蜜小镇、公塘头民宿。江宁区区长陈发喜在会上作交流发言，介绍全区美丽乡村建设经验。

全市重大项目和工业投资现场推进会在江宁召开 2016年6月21日，全市重大项目、工业投资现场推进会在江宁区召开，省委常委、市委书记黄莉新强调，要在项目引进、项目建设、要素保障、承载能力、投资环境等方面下功夫，扎扎实实抓好重大项目和工业投资推进工作，大力培育新的经济增长点，为实现“十三五”时期发展良好开局奠定基础。市长缪瑞林作工作部署，市、区领导刘以安、李世贵、陈勇、黄澜、祁豫玮等参加。与会者参观中民筑友绿色建筑科技园、中国传动齿轮科技产业园、正大天晴创新药物研发生产基地等项目。3个项目投资体量大、科技含量高、建设速度快，为江宁经济转型发展注入了强劲动力。黄莉新对全区项目建设和投资工作取得的成果给予肯定。

全省“国家全域旅游示范区”创建工作推进会在江宁召开 2016年7月13日，全省“全域旅游示范区”暨“旅游业改革创新先行区”创建工作推进会在江宁区召开。省旅游局局长秦景安，市委常委、区委书记李世贵，区领导祁豫玮、于茂高参加会议。李世贵在会上致辞。代区长祁豫玮从全景式谋划全域旅游创建、全要素配置全域旅游资源、全链条提升旅游产品业态、全行业开展创建达标试点、全媒体打造全域旅游品牌、全方位推动创建取得实效等6个方面，介绍江宁区开展“国家全域旅游示范区”创建情况。会上，苏州市、秦淮区、贾汪区、金湖县、句容市、兴化市、大丰区作“国家全域旅游示范区”创建工作交流发言，淮安市、连云港市作“旅游业改革创新先行区”工作交流发言，北京大学教授吴必虎为与会人员作发展全域旅游专题讲座，并高度评价江宁已基本形成机器人工业、农业、文创艺术等相互融合旅游全产业链。会前，与会人员观摩了江宁区牛首山文化旅游区、银杏湖主题乐园和黄龙岘茶文化旅游村。

江宁与东大开展全面战略合作 2016年9月23日，江宁区与东南大学签署全面战略合作协议。省委常委、市委书记黄莉新，东南大学党委书记易红出席签约仪式并讲话。市、区领导刘以安、李世贵、陈勇、祁豫玮、王国亮、孙桂明、李万平、李滨、梁爱国、张思明、周育刚、王爱军等出席。根据协议，江宁区与东南大学将在加强协同科技创新、推进科技成果转化、共建国家大学科技园和“双创”示范基地、促进人才培养、支持国际合作交流、加大人才引进支持力度等方面开展战略合作。签约仪式上，东南大学还与江宁开发区管委会签署共建江苏省高档数控机床及智能装备制造业创新中心、东南大学幼儿园江宁分园项目建设及运营协议。

全区“五个行动计划”推进会 2016年9月30日，江宁区召开环境综合整治、城市品质提升、交通秩序治理、市民文明素质提升、城市精细化管理“五个行动计划”推进会，区领导李世贵、祁豫玮、王国亮、孙桂明、李万平、李滨、陆蓉、于茂高、张思明等参加会议。会议强调，要提高认识、重在落实、贵在坚持、强化督导、严格考评，高标准、高质量、高效率地打一场城市环境整治大会战，推动城市形象再上新台阶、城市管理再上新水平，为建设“强富美高”新江宁提供良好的环境支撑。会议要求，准确把握新形势下城市工作新要求，注重内外融合、注重产城融合、注重建管融合、注重表里融合、注重新旧融合、注重城乡融合，全力以赴开展新一轮整治提升行动，打造整洁干净、文明有序的城市环境，不断增强区域发展竞争力。把握关键，突出重点，创新规划理念、科学编制规划、严格执行规划，加快补齐基础设施、生态环境和优质公共服务短板，突出重点区域整治，加快解决一批城市管理顽疾，进一步理顺城市治理机制，因地制宜，分类施策，促进全区城市环境、面貌、品质快速提升。加强统筹，强化工作组织、督查考核和全员发动，严格落实各项责任，加快构建“政府部门主导、社会力量协同、群众广泛参与”的工作格局，确保“五个行动计划”落到实处。

（宁　鉴）

·行政审批·

概　况　2016年，随着新址搬迁、机构调整的相继完成，江宁区行政审批部门将入驻窗口单位按照服务事项进行分类布局，分设窗口266个，受理行政审批事项138项、民生服务事项33项。其中，民生服务大厅6个，即不动产登记中心大厅、房产大厅、契税大厅、婚姻登记大厅、社保中心大厅和公安出入境大厅；综合服务综合服务大厅1个；项目投资建设大厅1个。全年窗口总办件量95.8万件，工作日日均办件3815件，服务对象满意率98%。2月组建江宁区政务服务管理办公室，为区政府派出机构，挂区政务服务中心牌子。按照深化行政审批制度改革要求，分别于6月和9月成立南京市公共资源交易中心江宁分中心和江宁区投资建设代办服务中心，完成区政务办、区政务服务中心、“12345”政府服务呼叫中心、公共资源交易中心江宁分中心、区投资建设代办服务中心“一办四中心”的机构调整。

行政审批制度改革　2016年，区政务办按照《关于转变职能提高行政审批效率实施方案》《江宁区行政审批事项时限对照一览表》要求，全面压缩审批事项办理时限，压缩后的138项行政审批事项平均时限为6.71天，提速40.57%。开展流程再造，优化审批环节，简化申报材料，压缩审批时限，力推“马上就办”，对梳理的138项行政审批清单进行流程再造，从根本上缩短审批流程周期。一般事项控制在3个环节内，特殊事项不超过4个环节。基本建设模拟审批已纳入试点项目41个，投资额度320亿元，其中重点产业投资项目29个，政府投资项目11个，重大服务业项目1个。结合模拟审批试点，全面压缩投资建设项目审批事项办理时限，压缩后的投资建设项目平均审批用时43天。5月，市政府办公厅发文总结江宁区模拟审批试点经验；7月14日，全市行政审批制度改革暨江宁区模拟审批现场会在区政务中心召开，为全市深化改革工作提供创新样本。9月20日，中央编办副主任吴知论调研江宁区基本建设项目模拟审批试点工作，对模拟审批工作取得的成绩给予肯定，并要求进一步巩固成果、优化流程，形成成熟的改革创新经验，向全国推广。同年，省编办（省审改办）下发《关于转发南京市〈江宁区基本建设项目模拟审批试行办法〉等文件的通知》（苏审改办〔2016〕40号），向全省推广江宁区改革经验。

政务中心建设　2016年，区政务办围绕“作风建设提升年”活动，牢固树立政府第一窗口形象，在落实“三集中三到位”改革的同时，在窗口组织实施“三减一优”提速工程，开展减环节、减材料、减时限、优流程专项整改，简化办事环节，明确标准时限，让群众少排队、少跑腿、少等待。打造开放式全科窗口，开展“5+5”增值服务（“五个一样”：受理、咨询一样热情，生人、熟人一样和气，干部、群众一样尊重，忙时、闲时一样耐心，来早、来晚一样接待。“五心服务”：一句问候让群众暖心，一个微笑让群众赏心，一串提醒让群众省心，一份真诚让群众放心，一腔热忱让群众贴心。对群众的事真心办、马上办）。组织开展“最美窗口人”“星级服务窗口”“星级服务标兵”评比活动，倾力打造“政务第一窗口”服务品牌。

“12345”热线工作　2016年，区政务办突出热线问题导向，完善与各部门之间的协同会办、快速协调、考核激励等机制，切实解决群众反映强烈的推诿扯皮、庸懒散慢、服务不优等问题，按时办结率100%，综合满意率90%以上，成为一条心系百姓的亲民热线、为民办事的连心热线、务实高效的政务热线，持续走在全市前列。全年“12345”政府服务呼叫中心受理群众诉求工单122125件，比2015年增长37.38%。

（顾　馨）

市民中心微信公众号上线　2016年3月，由区政务办打造的“江宁市民中心”微信公众号上线运营，江宁市民可以通过公众号，及时了解各类便民信息、办事流程、公益服务等。开通“江宁市民中心”微信公众号，将市民中心工作动态、办事流程、服务标准、便民信息等内容陆续推送，探索“互联网+政务”新模式。“江宁市民中心”将增加政策咨询、信息发布、公益服务等功能，部分窗口办理事项所需材料、办理流程、办理时限等信息制作成系列专栏推送，市民中心便民信息、各类考试信息、公益活动或培训信息等内容将通过微信公众号向社会发布，在互联网领域充分实现“市民中心政务服务组团”内涵，为打造全省一流政务服务中心提供信息化保障。

“模拟审批”获国家创新奖 2016年5月，在中央编办开展的“接地气·一招鲜·见实效”创新做法征集活动中，江宁区实施的基本建设项目模拟审批获得创新奖，是全市唯一获奖者。此前，这一改革还入选省委改革办面向基层遴选的优秀改革案例。模拟审批过程中，江宁区把审批权向一个科室集中、审批事项向网上集中、部门审批科室向区政务服务中心集中，实现审批事项进驻中心到位、授权到位、电子监察到位，切实加快项目推进速度。

全市深化行政审批制度改革现场会在江宁召开 2016年7月14日，全市深化行政审批制度改革暨江宁区模拟审批现场会在区政务中心召开，市委常委、常务副市长刘以安，代区长祁豫玮参加会议。祁豫玮在会上介绍江宁区模拟审批试点工作经验。2015年4月，江宁区在全市率先提出并启动模拟审批改革试点，7月开始实施，全区有28个项目被列入模拟审批试点，总投资额280亿元，其中，1个项目通过模拟审批完成正式转化，9个项目完成模拟审批阶段待转化。模拟审批项目在完成土地手续办理后，一般50天、最快20天就可完成全部审批流程，审批提速率75%以上。刘以安在讲话中要求，全市各区及相关部门要进一步统一思想，明确责任，实化、细化行政审批制度改革实施方案，形成可操作的“路线图”和“施工图”，市区联动，协同推进，并加强督查，确保将行政审批制度改革各项任务不折不扣落到实处。会前，与会人员实地参观了区政务中心，并详细了解项目模拟审批流程。

市公共资源交易中心江宁分中心迁入新址 2016年10月9日，南京市公共资源交易中心江宁分中心迁入江宁市民中心B区4楼，当天完成空港经济开发区凌霄路等道路维保工程、岔路口片区雨污水改建、空港经开区凌霄路等道路维保工程监理共5个项目招投标，总投资额1723.54万元。自6月23日区编办下发《关于设立南京市公共资源交易中心江宁分中心的通知》后，经过3个月的紧张筹备，分中心工作人员按照时间节点完成14个机构组建、5项建章立制、12项业务整合以及8项延伸平台和系统任务，实现原区级政府采购系统、工程建设交易系统与市政务平台的网络对接。

（宁　鉴）

·侨务与港澳事务·

概　况 2016年年末，江宁区有归侨侨眷、台胞台属近1万人，区内常住老归侨14人，海外华侨华人及港澳同胞600多人，归国留学创业人员228人。是年，全区侨务工作围绕区委、区政府中心工作，以习近平总书记视察江苏重要讲话和省、市全委会精神为指导，以维护海外侨胞及归侨侨眷的根本利益为出发点和落脚点，以凝聚侨心、汇集侨智、发挥侨力、维护侨益为目标，扎实推进侨务工作。

坚持以侨为“桥”，不断强化引资引智工作。全年组织街道、开发园区的海外华侨华人高层次人才参加“中国留学人员南京国

2016年7月14日，全市深化行政审批制度改革暨江宁区模拟审批现场会在区政务中心召开

区政务办　供稿

际交流与合作大会”“众侨创新、才聚金陵”专场活动及2016“海外侨商南京洽谈会”等人才项目对接活动6场次；邀请12批次海内外宾客到区参观考察，其中海外侨领60人，外籍专家35人，海外高层次人才200余人，为推荐江宁、引才引智牵线搭桥。先后接待九州日中民间文化交流协会、中国驻日本大使馆、香港澳门南京青年联合会交流考察团、中山大学港澳台大学生考察团、美国华人生物医药科技协会代表团、海外华文媒体高层考察团、江宁旅港同乡会皮草非物质文化遗产考察团对江宁区考察，以及中国侨联系统领导对紫金（江宁）科创社区、中国侨商会新能源、新材料专委会成员对中电光伏公司参观交流。

坚持以侨为“家”，不断强化为侨服务工作。年初对区内2名生活困难的企业退休归侨给予生活补助，发放生活补助金每人每月100元，并为12名老归侨购买人身意外伤害综合险。组织街道（园区）参加2016中国侨联创新创业成果展，协助市侨办与江宁开发区人才局举办“科技人才政策专场解读会”，组织5家企业申报“中国侨界贡献奖”，推荐优秀华侨华人创业团队参加国侨办“重点华侨华人创业团队”评比。侨资企业南京金斯瑞生物科技有限公司、江苏奥赛康药业股份有限公司获第三届“江苏省优秀侨资企业”称号，侨眷胡歙眉获“江苏省优秀企业家”称号。开展对侨界人士走访调查，及时受理涉侨投诉和信访，解决侨胞反映的热点难点问题，妥善解决各类涉侨投诉纠纷10余件。

坚持以侨为“媒”，不断强化侨务文宣工作。拓展宣传渠道，延伸宣传触角，充分利用“江苏侨网”“南京侨网”《华人时刊》等内部载体刊登涉侨信息，推荐江宁引智引才的优惠政策和投资环境、创业平台。全年上报各类侨务信息200多篇，被新闻媒体采用30多篇，《中国侨企进军康复机器人领域》等16篇信息刊登在省级刊物《华人时刊》上。

坚持以侨为“基”，不断强化社区侨务工作。开展全区海外统战资源调研，建立健全街道、社区侨务工作网络，做到有专人分管，有专人负责为归侨侨眷办实事、维侨益。定期走访调研社区侨务工作及社区“侨之家”“侨法宣传角”等宣传场所活动开展情况。加强社区侨务干部队伍建设，组织侨务干部参加侨务系统侨务干部培训班，通过理论学习和参观考察，提升基层社区侨务干部的工作积极性。推进社区侨务工作品牌建设，引导社区开展侨与社区双向服务工作，遴选、指导基层社区参与侨务创建活动。东山街道邵圣、中前社区获国家级“侨法宣传角”，秣陵街道太平社区获“全国社区侨务工作示范单位”称号，淳化街道科苑社区获“江苏省社区侨务工作示范点”称号。

2016年6月30日，区委统战部召开“同心·1+8工程”暨统战工作推进会

区委统战部　供稿

国侨办领导考察麒麟“侨梦苑”

2016年1月16日，国务院侨务办公室主任裘援平率全国相关省（市）侨办负责人、各“侨梦苑”所属园区负责人、海内外侨商代表、归国创业华侨华人代表等约300人到麒麟科创园，考察园区建设的江苏南京“侨梦苑”。市委常委、区委书记，麒麟科创园管委会主任、党组书记李世贵，麒麟科创园领导金政权、李振楚、田斌、韦斌陪同考察。裘援平一行先后考察了麒麟科创园江苏南京侨梦苑华侨华人创新中心、华侨华人创业社区、麒麟生态公园和正在建设的科技文化展览馆，并与南京“侨梦苑”部分入驻企业负责人交谈，了解他们在这里的创业和生活情况。考察过程中，裘援平表示，广大华侨华人是中国实施创新驱动战略的骨干力量，江苏南京“侨梦苑”的建立符合广大华侨华人创新创业和侨资企业扩大发展规模、实现转型升级的现实需求。她希望江苏南京“侨梦苑”能打好“侨”牌，努力打造成侨商的圆梦之所，并全力发

挥侨胞在原始创新和自主创新方面的潜能，积极追逐世界科研领域的尖端成就，通过不断创新让更多“中国制造”从江苏南京“侨梦苑”走向世界。

港澳南京青年联合会到江宁区参观交流 2016年8月6日，南京市政协委员、香港南京总会会长、广豪国际控股有限公司主席王建陵，香港澳门南京青年联合会主席牟翔率香港澳门南京青年联合会交流考察团一行40人，到江宁区参观交流。区委常委、统战部部长陆蓉等陪同参观。代表团一行专题考察了牛首山佛教文化建设，实地参观了佛顶寺、佛顶宫、景区服务中心等地，详细了解牛首山项目推进和景区运营情况，代表团对牛首山项目的高标准规划、高质量建设和高水准管理给予肯定。陆蓉介绍了江宁区基本情况和“十三五”时期的发展商机，希望代表团能成为两地交流沟通的桥梁，共同为促进两地文化旅游交流、弘扬中华文化作出贡献。

开发区千人基地园获批省级留学回国人员创新创业园 2016年11月，省人社厅公布江苏省留学回国人员创新创业园入选名单，全省有5家单位入围，江宁开发区千人基地园成为全市唯一入选平台。留学回国人员创新创业园是吸引留学人员回国服务的优质载体，鼓励和吸引留学人员以知识、技术、专利等回国创业。开发区千人基地园创业企业创办人多为硕士博士以上高端人才，超过90%为海归精英，其中“千人计划”和“万人计划”专家74人，省“双创”人才74人，市“321计划”领军人才302人，科技创业家22人，技术研发人员占企业从业人员的80%以上。

市人大民宗侨委专题调研江宁区海外人才工作 2016年11月22日，市人大常委会民宗侨外委主任朱晓煜对江宁区海外人才工作进行专题调研，区委常委、统战部部长陆蓉等参加调研。朱晓煜一行参观了江宁开发区“千人计划”展厅，并与海外高层次人才代表进行座谈。南京矽望电子科技有限公司董事长吴薇、丰盛医疗科技有限公司总经理吴小页、南京志绿声学科技有限公司董事长陈天蛋等8名在江宁开发区落户的海归创业人员就江宁房价、子女就读、企业融资、健身场所等提出意见和建议。（薛　琼）

中侨联到江宁区考察创新创业工作 2016年10月26日，参加“新侨创新创业成果展”的中侨联和全国各省（区、市）侨联、侨商会的领导，到江宁区参观考察。考察组一行到紫金（江宁）悠谷孵化器，先后参观南京物联传感技术有限公司和南京增材制造（3D打印）研究院。在南京物联传感技术有限公司，考察组成员被智能化家居生活所吸引，纷纷和企业工作人员进行交流，询问产品的应用、企业自主研发能力等。在3D打印产品展示厅内，精美的工艺品和钛合金的飞机零配件等给参观者留下深刻印象。自悠谷孵化器开园以后，吸引一批未来网络项目以及高层次人才与科技创新合作集体签约，并为入驻企业提供一站式服务，成为全区激励创业、鼓励创新、培育产业的活力源头。（宁　鉴）

·档　案·

概　况 2016年，江宁区档案局完成2016年档案利用预测分析，编制2015年档案利用事例汇编及2015年度各项档案统计台账。全年接待查档4600多人次，调卷7695余卷次，复印5412份。加强馆藏档案资料管理，整理资料242册，整理2004—2006年区委、区政府双套制文件5786件，录入目录1780条，更换不锈钢订书钉5786件。馆藏档案数字化加工调还9687卷、11546件。接收全区建筑工程档案7000多盒，接收民政局婚姻档案，撤并单位原区投促局、计生局及区政府办、组织部等单位档案491卷、104472件，并全部整理、编目、上架。全员签订安全保密责任书，严格执行值班制度，确保全天24小时有人在岗。

区综合档案馆新建项目获批立项 2016年，区发改局以江宁发投字〔2016〕69号文批准江宁区综合档案馆（含区城建档案馆）工程项目投资建设并立项（项目代码：2016-320115-47-01-502525）。新馆占地面积1.27公顷，建筑面积3.78万平方米，其中区城建档案馆1.3万平方米，投资3.6亿元。区综合档案馆大楼初步设计9层，与区城建档案馆相对独立。项目由区财政投资，由城建集团代建。

档案信息化建设 2017年，区政府将智慧档案建设列入智慧江宁总体规划，区编委批复区档案局增设信息技术科，保证档案信息化工作的正常运转。区档案局与中信公司相继签订电子文件管理系统、多媒体系统和江宁档案网站开发合同，共同推进档案管理信息化进程。加快区政务网档案管理系统平台建设，对全区各单位虚拟档案室系统的功能使用进行指导。继续开展馆藏档案数字化工作，完成纸质档案全文扫描260余万页，并生成双层PDF格

2016 年 11 月 2 日，区档案局召开江宁区档案宣传工作会议

区档案局 供稿

式。开展 2013 年、2014 年区民政局婚姻档案数据转换与合并工作，并将全部婚姻档案约 3 万条挂接至区档案馆档案管理系统，馆内所有婚姻档案已实现全文电子调档。指导区住建局、审计局、湖熟街道、淳化街道、禄口街道 5 家单位通过省 AAAA 级数字档案室验收。

规范档案管理 2016 年，区档案局对区水务局、民政局、江宁街道等 26 家单位进行档案管理行政执法检查，并对 2015 年执法检查要求整改的单位进行复检。同时通过宣传档案法律法规，举办档案业务培训，加强对基层档案管理工作指导，促进各基层档案室档案管理规范化建设。开展档案工作等级创建、规范化建档工作，指导江宁高级中学、区疾控中心、区卫生监督所档案工作创建省三星级；对区财政局、区检察院档案工作省五星级进行复查；对江宁开发区、东山街道、区委办、区住建局等 50 多家区管单位年度归档工作及归档范围、保管期限表的审核、档案库房规划等进行指导。根据全区农村土地承包经营权确权登记颁证工作推进会精神和省、市相关工作要求，主动对接区委农工委，开展土地确权材料规范建档指导工作，并联合江苏皓盘软件科技有限公司、江苏省地质调查研究院、江苏省地质测绘院等单位，进行农村土地承包经营权确权登记颁证档案的整理、数字化、归档、移交及档案信息化等工作。

家庭建档工作 2016 年，区档案局按照省、市档案管理部门出台的系列分类方案和建设规范，加强对家庭档案建立工作的指导。“6·9”国际档案日前夕，组织专业人员分别到东山街道邵圣、中前社区和秣陵街道青源社区，举办家庭档案规范化管理培训，3 个社区的 100 多名居民参加家庭档案建档实际操作和培训，并免费提供 100 套家庭档案管理的装具和软件。年内，还选择 2 户家庭参加市档案局组织的全市家庭建档专题展览。 （谢伟春）

政协南京市江宁区委员会

概 况 政协南京市江宁区第十一届委员会有 288 名委员，由中共、民主党派、社会科学、经济、民族宗教等 16 个界别组成，其中主席 1 名，副主席 5 名，副巡视员 1 名，秘书长 1 名、常务委员 26 名。设办公室和提案委员会、经济科技委员会、教卫文体和文史委员会、人口资源环境（城市建设）委员会、社会法制和民族宗教委员会、委员工作委员会 6 个专门委员会，东山、秣陵、汤山、淳化、禄口、江宁、谷里、湖熟、横溪、麒麟 10 个街道政协工委和江宁开发区、高新园、滨江开发区 3 个园区政协工委。2016 年，围绕全区未来 5 年高水平全面建成小康社会的决胜期，创新发展、转型出关的关键期的目标任务，团结依靠全区政协组织和广大委员切实履行职能、践行协商民主，在服务大局中助推转型发展，在关注民生中促进社会和谐，在传承创新中发展政协事业，为全区勇当省市高水平全面建成小康社会排头兵做出新的更大贡献。

区政协全体委员会议 2016 年 1 月 7—9 日，区政协召开十一届五次会议。会议听取和讨论市委常委、区委书记李世贵在开幕式上的讲话；听取和审议十一届区政协常务委员会工作报告和提案工作报告；列席区十六届人大五次会议，听取并讨论政府工作报告及其他报告；审议通过大会决议。委员们通过大会发言、联组讨论、提交提案等形式，围绕“走在最前列、建设新江宁”总体要求和全区“十三五”规划目标任务，紧扣“创新、协调、绿色、开放、共享”五大发展理念和“创新型、服务型、枢纽型、开放型、生态型”经济建设的重点议题，认真协商议政，坦诚建言献策，提出许多具有建设性的意见、建议，努力在全面开启“十三五”发展新征程中发挥作用。

区政协常务委员会议 2016年，区政协共召开常委会议4次。

2月26日，区政协召开十一届常委会第十八次会议，传达学习省、市政协工作会议精神，讨论通过区政协2016年工作要点，视察牛首山文化旅游区。

8月5日，区政协召开十一届常委会第十九次会议，听取代区长祁豫玮所作的区政府关于上半年全区经济社会发展情况通报。会议围绕江宁高新技术企业发展、工业经济以及开发园区发展等方面提出具体意见、建议，传达学习区十三次党代会精神。会议讨论通过部分政协委员调整和有关人事任免事项。

10月28日，区政协召开十一届常委会第二十次会议，专题听取区政府关于2016年提案办理情况的通报，对2016年度优秀提案进行表彰。会前，区政协常委会集体视察江宁市民中心和江宁公交集团提案办理现场。

12月19日，区政协召开十一届常委会第二十一次会议，听取区政府关于2016年全区经济社会发展情况通报；讨论通过关于召开政协南京市江宁区第十二届委员会第一次会议有关事项；讨论通过有关人事任免事项。

全区政协工作会议 2016年9月14日，全区政协工作会议召开。会议深入学习贯彻习近平总书记系列重要讲话、特别是关于政协工作的系列重要讲话精神，落实中央、省、市加强和改进政协工作的新部署新要求，研究部署今后一个时期的政协工作，为“走在最前列、建设新江宁”凝心聚力多做贡献。市委常委、区委书记李世贵，区领导祁豫玮、王国亮、孙桂明、李万平、陈升等参加会议。区委书记李世贵充分肯定区政协工作，并对政协牢牢把握正确的政治方向、围绕中心服务大局、团结联合各界促进和谐、发挥在协商民主中的重要作用等方面提出要求。代区长祁豫玮要求各级政府贯彻落实此次会议精神，主动地开展民主协商，自觉地接受民主监督，协助委员更好地了解重点工作，为委员履职做好相关服务保障工作。

政协提案工作 2016年，区政协注重提案征集、提案审立，把好提案质量关，着力在“提得好”和“办得好”上下功夫。开展提案办理工作培训，推进提案办理规范和协商督办，进一步提高提案办理的实际成效，发挥提案在推动民生问题解决中的作用。全年218件提案面办率、办结率、满意率均为100%，办成率82.1%，有效解决了公交出行、便民服务、城市环境美化等一批群众关心关注的焦点、热点和难点问题。

政协调研活动 2016年，区政协常委会围绕进一步加快商贸流通业发展议题开展专题调研，先后召开多次调研座谈会，在了解把握全区发展现状及面临的制约和不足，学习先进地区经验做法的基础上，形成专题调研报告。建议区委、区政府充分发挥商贸流通业在打造“南京主城南部中心”中的重要作用，推进全区商贸流通业转型升级发展；提升服务保障水平，不断优化商贸流通业发展环境。各委组结合实际，围绕群众关心、社会关注的热点问题，组织委员开展调研，形成调研报告26篇，提出一些有针对性的意见和建议。

政协委员视察 2016年，区政协组织委员开展了4次视察活动。

2016年5月31日，区政协委员视察全区电子商务发展情况
区政协　供稿

4月12日，组织委员视察水利防洪消险工程，先后视察机场高速牛首山河大桥段、胜利圩凤凰村段，观看全区抗洪抢险、水利建设展板。5月31日，围绕现代物流业发展议题开展委员视察活动，先后视察九州通医药集团、中邮航速递物流集散中心及空港跨境电子商务物流园，并与相关负责人进行交流。9月28日，区政协组织委员视察市场监管工作，委员们先后视察南京克莉丝汀食品有限公司、南京农副产品物流中心，了解企业在生产加工和销售流通环节相关情况。11月25日，区政协组织委员视察全区重大产业项目推进工作，先后视察福特汽车工程研发中心、国家电网智能电网科研产业基地、正大天晴创新药物生产基地3个重大项目现场，为全区项目推进工作建言献策。

反映社情民意 2016年，区政协发挥政协委组基础作用和委员主体作用，围绕事关改革发展、民生改善、社会稳定方面，加强社情民意信息的收集、整理、编报工作。全年整理上报社情民意信息近200篇，有30余篇被市政协录用（其中市领导批示1篇），一些意见、建议得到采纳。是年，区政协获市政协社情民意信息评比三等奖。

协商民主建设 2016年2月，中共中央《关于加强社会主义协商民主建设的意见》颁布后，区政协高度重视，认真学习贯彻、领会把握“意见”精神，以实际行动推进协商民主建设。充分发挥政协全体会议、常委会议、主席会议以及街道（园区）政协工委会议等协商主渠道作用，围绕“五位一体”建设重要方面广泛深入开展协商，努力提升协商质量和水平。坚持“少而精”，通过调研、视察等活动载体，扎实推进专题协商，不断提升建言质量。深入开展主席重点督办与委组全面督办提案，深化提案办理协商四方推进工作机制，多轮协商并召开专题主席会议协商督办重点提案，推动提案办理协商工作扎实有效开展。在10个街道、3个园区全面开展“协商民主在基层”活动，街道决策型协商、社区议事型协商成效显著。

文史工作 2016年，区政协编辑出版《江宁春秋》第15辑专辑，编纂《江宁历代碑刻》，挖掘弘扬本土历史文化，发挥其存史资政育人作用。以政协江宁书画院为载体，搭建政协委员和文艺界人士书画才艺展示和交流平台，举办政协委员摄影、书画、雕刻艺术展。（孟庆仁）

协商民主工作推进会 2016年9月27日，区政协召开协商民主工作推进会，区领导孙桂明、蔡正英、程德玉参加会议。委员们观摩了汤山街道召开的关于“实施老城改造提升城市品质”专题协商民主座谈会，参会代表们围绕科学实施老城改造、建设特色温泉养生小镇畅所欲言。座谈会讨论热烈，充满民主协商的气氛。委员们对该街道协商民主专题座谈会给予肯定，认为议题选得好，发言质量高，提出了许多建设性意见，对推进协商民主工作起到较好借鉴作用。区政协主席孙桂明对全区协商民主工作提出要求，希望各街道、园区结合单位实际，在议题选择、课题调研、协商方式、协商成果转化等方面多下功夫，科学谋划、严格程序、扎实推进，规范而活跃地开展好协商民主各环节工作，切实提升政协协商民主的质量和效果，唱出政协议政建言好声音。

全区政协换届工作会议 2016年9月30日，区委召开全区政协换届工作会议，市委常委、区委书记李世贵要求全区上下深入贯彻落实中央和省、市关于换届工作的指示精神，统一思想认识，严格依法按章办事，确保换届选举风清气正。区领导祁豫玮、王国亮、孙桂明、陈升、梁爱国等出席会议。就扎实做好政协换届选举各项工作，李世贵要求具体做到“四个要”：要把牢换届选举标准这道“防火墙”；要抓好委员协商推荐这个“关键点”；要落实选优配强班子这个“硬任务”；要严守换届纪律要求这条“高压线”。会上，区政协主席孙桂明对区政协换届选举工作作具体部署。区委常委、组织部部长梁爱国，区委常委、统战部部长陆蓉，区委常委、宣传部部长张思明分别对换届选举的组织、人事安排和宣传工作提出要求。（宁 鉴）

中共南京市江宁区纪律检查委员会

概　况 中共南京市江宁区纪委机关、监察局设办公室、纪检监察干部管理监督室、宣传教育室、党风政风监督室（区政府纠正行业不正之风办公室）、信访室、案件监督管理室、纪检监察一室、纪检监察二室、纪检监察三室、案件审理室等10个，并设有3个正处级纪检监察工作室，分别为第一工作室、第二工作室、第三工作室。区纪委、监察局有工作人员53人，其中行政编制47人，行政附属2人，事业编制4人。

2016年7月31日，中共南京市江宁区第十三次代表大会选举产生中共南京市江宁区第十三届纪律检查委员会，产生区纪委委员15人。同日，中共江宁区第十三届纪律检查委员会召开第一次全体会议，选举产生中共南京市江宁区第十三届纪律检查委员会常委7人，其中书记1人、副书记2人。杨彬当选区纪委书记。区监察局有局长1人（区纪委副书记兼任）、副局长1人（区纪委常委兼任）。是年，全区纪检监察部门贯彻区委和上级纪委的决策部署，坚定维护党的政治纪律，层层压实管党治党责任，强化监督问责，持续纠正“四风”，加强廉政教育和纪检队伍建设，推进全区党风廉政建设和反腐败工作深入开展。

党的政治纪律维护 2016年，区纪委（监察局）忠实履行党章赋予的职责，把严明政治纪律摆在首要位置，牢固树立“四个意识”，坚定维护中央权威。对中共十八届六中全会和省、市、区党代会精神贯彻落实情况开展监督检查，确保令行禁止，全力推动全区“十三五”规划实现良好开局。扎实推进中央、省委巡视组反馈意见的整改落实，组织对全区96家任务单位开展5轮督查，82件省巡视组交办件按期办结。严明换届纪律，畅通举报渠道，为党委、人大、政府、政协换届提供保障。把好“党风廉政意见”回复关，全年核查回复1261人次。在防汛抗洪工作中，第一时间发布纪律规定，开展一线督查，坚决维护群众纪律，切实保护群众利益。

管党治党责任落实 2016年，区纪委（监察局）抓住全面从严治党主体责任这个“牛鼻子”，全过程加固“责任链条”，层层压实管党治党责任。区纪委认真履行监督责任，主动听取基层履责情况汇报，开展新提拔干部廉政谈话55人次，组织季度巡查2轮，重点检查单位46家，延伸检查90家，反馈问题140余条，倒逼各级责任落实。贯彻《中国共产党问责条例》，强化责任追究，全年实施党内问责7人次，通报曝光履行“两个责任”不力的典型问题1起，持续释放有责必问、问责必严的强烈信号。

“四风”反弹回潮防止 2016年，区纪委（监察局）以钉钉子的精神抓好中央“八项规定”落实，结合区委“作风建设提升年”活动，紧盯“四风”隐形变异问题，保持韧劲，挨个节日查，挨个问题纠，组织多轮次明察暗访，全年查处违反“八项规定”问题14件，给予党政纪处分18人。突出专项治理，严查顶风违纪，重点对全区办公用房清理、公务接待、违规吃请和公款吃喝问题开展专项整治，公开通报1起违规吃请案例。督促整改和推动长效监督相结合，专门发文重申单位内部食堂管理纪律，督促整改苗头性、倾向性问题；坚持每周向全区各级干部发送廉政短信，以不间断提醒，促进党员干部持续改进作风。

腐败蔓延势头遏制 2016年，区纪委（监察局）以零容忍态度惩治腐败，使不敢腐的震慑作用充分发挥，不能腐、不想腐的效应进一步显现。严肃查处群众身边的不正之风和腐败问题，对扶贫惠农、土地征收、集体“三资”管理等领域的问题，发现一起查处一起。全年立案224件，比2015年增长40%，纪律审查工作实现新突破。以纪律为尺子，将“四种形态”要求贯穿监督执纪全过程，综合运用批评教育、诫勉谈话、组织调整、党纪处分等各种手段，推动线索处置、执纪审查、执纪审理等各环节深度转型。全年给予党纪政纪处分和组织处理213人，涉及区管干部16人，其中党纪轻处分和组织处理118人，重处分和重大职务调整95人，移送司法机关4人，较好体现“四种形态”要求，切实做到用纪律管住大多数。

教育监督延伸 2016年，区纪委（监察局）针对全区点多面广的实际，会同相关职能部门，综合运用宣教、信访、派驻、审计等多种手段，推动教育监督不断向基层延伸。借力主流媒体，发挥区纪委“一网一微”作用，主动发声强化引导；开展“百村巡讲”廉政教育月活动，召开全区领导干部警示教育大会，以身边事警醒身边人。倡导家风建设，联合区检察院、文广局举办省内首个“传家训，树家风”传统文化文物展，累计接待参观2万余人次，中央和省、市多家媒体给予报道，廉洁向善的社会效应持续放大。不断强化工作室的监督职能，加大信访调查力度，全年受理信访举报982件次，组织信访监督“双公开”7件，实施信访函询16件，开展信访监督28件。

（张益波）

全面从严治党专题培训班 2016年8月23日，江宁区“落实全面从严治党，推动作风建设”专题培训班开班，区委常委、组织部部长梁爱国作开班动员。此次专题培训班为期4天，各街道、园区和职能部门的纪检、组工干部参加培训。培训班通过开设专题辅导、专题讲座、现场观摩等方式，提高学员党性修养、政治素质、工作作风和能力水平，以更严的标准、更实的举措，推进全区全面从严治党各项工作。

全区纪检监察工作会议 2016年9月5日，江宁区召开纪检监察工作会议，区委常委、纪委书记杨彬出席会议并讲话。会议在总结前阶段区纪委、监察局工作后强调，要深入学习贯彻习近平总书记“七一”重要讲话精神，深入了解和掌握讲话中提出的新观点、新论断、新要求，切实增强纪检监察干部的光荣感和责任感，不断提升全区反腐倡廉建设水平。要服务保障好区第十三次党代会各项目标任务顺利实施，一方面围绕建设“强富美高”新江宁的总要求，把党要管党、从严治党方针落实到全区“五位一体”建设的各方面和全过程，确保党代会提出的经济社会发展各项目标任务得到有效落实；另一方面围绕区委全面从严治党各项要求，坚决贯彻落实好区纪委作出的各项决策部署和庄严承诺。就做好下阶段纪检监察工作，会议要求，紧贴全年目标任务，进一步加强党的纪律建设、夯实管党治党责任、抓细抓实作风建设、加大纪律审查工作力度、统筹推进源头治理，以更加昂扬的精神风貌、更加扎实的工作举措、更加务实的工作作风，推动各项目标任务全面完成。会议传达了全市纪检监察负责干部会议精神。秣陵街道、禄口街道、滨江开发区、区教育局等4家单位作交流发言。

纪检干部“实岗轮训”启动 2016年10月13日，区纪委召开全区纪律审查“实岗轮训”活动动员部署会，全区纪检监察干部将集中开展以纪律法规、办案程序、笔录制作、谈话突破、卷宗装订、成案意识培养、办案安全规范为主要内容的“实岗轮训”。区委常委、纪委书记杨彬参加会议。此次轮训对象主要是街道纪工委、区属部门纪检监察组织、委局机关相关内设室（含派驻工作室）等3个层面纪检监察干部，以6个月为一个轮训周期，通过“跟班”培训、“一带一”指导、典型案情分析讲评等方式，由业务骨干手把手进行“传、帮、带”，全程实战参与案件查办工作，不断提升参训人员调查分析和案件查办、突破能力。为确保轮训取得实效，区纪委还成立效果评估小组，对参训人作考核评定，凡评定为“不合格”的，必须重新进行新一轮“跟班”培训和考核评定。

2016年8月23日，江宁区“落实全面从严治党，推动作风建设“专题培训班开班，区委常委、组织部部长梁爱国作开班动员　胡倩　摄

全省首个家风主题文物展开展 2016年10月18日，由区纪委主办的传统文化文物展在区博物馆举行。展览以“传家训、树家风”为主题，通过文物展形式开展传统勤廉教育，在全省尚属首次。区领导严应骏、杨彬、金波出席活动。此次展览以“修身—齐家—治政”为主线，分为“立德修身”“家风传承”“勤廉从政”“今日江宁”4个单元，展出文物30件（套）。展览对江宁地区历史上优秀家风家训及相关历史人物和勤廉故事进行集中展示，除将军山沐氏、杨柳村朱氏等9个世居江宁大家族的家谱、家风家训，以及王安石、邓廷桢等历史名人的勤廉事迹，展览还通过文字、图片、视频相结合的方式，立体展示近年全区涌现出的当代道德模范和勤廉楷模的先进事迹，展现当代江宁人“修德守廉、向善向上”的价值追求。此次展览自即日起在区博物馆对公众开放，为期半年。同时主办方还利用3D成像技术将展览搬上网络，广大市民不仅可以实地参观，还可以通过网络及手机客户端，足不出户接受传统家风教育。

“百村巡讲”活动启动 2016年10月，全区“百村巡讲”勤廉主题教育活动启动。该活动重点围绕“树家风、强纪律、促勤廉”主题，通过解读新修订的《中国共产党纪律处分条例》和“加强家风建设”两大内容，以大量与

2016年10月18日，江宁区“传家训、树家风”传统文化文物展开展暨媒体开放日活动在区博物馆举行　　侯　雷　摄

广大村（社区）干部工作生活密切相关的纪律条文、家风民风建设事例，促使村（社区）做到廉洁修身、廉洁齐家，也为居委会换届选举营造风清气正的政治环境。自2012年起，区纪委每年都要集中开展“百村巡讲”勤廉主题教育活动，并已成为加强村（社区）“两委”干部勤廉教育的常态化课题。通过设计特点鲜明的教育主题、丰富多样的教育形式以及紧贴实际的教育内容，做到早提醒、常督促，使广大村（社区）干部在提高勤廉意识、遵章守纪干事等方面，取得较好效果。《中国共产党纪律处分条例》是党中央结合“全面从严治党”的要求，围绕党纪戒尺，开列负面清单，为各级党组织和所有党员划出不可触碰的底线，是外在的行为约束。而注重家风建设，是党中央对党员干部提出的新要求，要求每名党员干部要重视家庭建设，注重家教、注重家风，通过培育良好的家风，使其成为党员砥砺品行的“磨刀石”和抵御贪腐的“防火墙”，是内部的精神约束。

吴政隆检查区委及开发区党工委党风廉政建设责任制落实情况　2016年12月26日，省委副书记、市委书记吴政隆带领第一检查考核组，对江宁区委及江宁开发区党工委领导班子落实党风廉政建设责任制情况开展检查考核。市委常委、市纪委书记沈文祖出席。吴政隆在讲话中肯定江宁区委、江宁开发区党工委在党风廉政建设和反腐败工作中取得的成绩，同时明确指出存在的问题和不足。吴政隆强调，要高度重视党风廉政建设和反腐败工作，充分认清形势，保持清醒头脑，保持政治定力，坚持全面从严治党永远在路上、党风廉政建设永远在路上、作风建设永远在路上，突出问题导向，强化整改落实，以铁的决心、铁的纪律、铁的行动，坚决打赢党风廉政建设和反腐败斗争这场硬仗。市委常委、区委书记、江宁开发区党工委书记李世贵，区委常委、纪委书记、江宁开发区纪工委书记杨彬分别汇报区委、党工委和纪委、纪工委履行党风廉政建设主体责任和监督责任情况，区委、党工委班子成员作述责述廉。　　（宁　鉴）

民主党派

概　况　2016年，江宁区委统战部围绕全区中心工作，支持各民主党派根据自身特点开展调查研究，各党派提交提案、议案、建议100多项，其中民进会员宋萍的《关于制定“南京市农村教师支持计划条例”的建议》得到副市长胡万进批示。协助各民主党派基层组织发挥自身优势，开展各类社会服务活动，各党派在社会服务活动中捐款捐物200万元。支持各党派加强思想建设，全年参加各级各类培训和讲座32场次，参加人员300余人次。

民主党派人士政治安排　2016年，区委统战部严格执行“非中共党员在人大代表候选人中应占35%左右”的规定，做好宣传引导和候选人资格审查工作，完成区人大、政协换届党外人士政治安排工作。区第十七届人民代表大会有代表329人，其中无党派代表49人、民主党派代表21人。开展政协委员中党外委员的协商、推荐、考察、审查工作，区第十二届政协委员299人，其中民主党派政协委员59人、无党派政协委员121人。　　（房文钦）

民革江宁总支与河海大学支部结对共建　2016年1月，民革江宁总支2015年度工作总结联谊暨与民革河海大学支部结对共建签字仪式举行。会上，江宁民革总支主委鲁宏振与民革江苏省委副主委、河海大学副校长、民革河海大学支部主委陈星莺教授签订结对共建协议。2015年，民革江宁总支在汤山515艺术公社成立“党员之家”，先后开展纪念中国人民抗日战争胜利70周年展演、慰问禄口街道张桥社区留守儿童等系列活动，得到社会各界肯定。

（宁　鉴）

民革总支举办“歌唱孙中山”专题音乐会　2016年11月10日，民革江宁总支举办纪念孙中山诞辰150周年“歌唱孙中山”专题音乐会。省市黄埔军校同学会、民革南京市委、江宁区委统战部、民革江宁总支等400余人参加。音乐会由张伟教授担任策划，南京艺术学院音乐学院男高音歌唱家谢琨教授主持。演出通过《孙中山诗作》朗诵和《黄埔军校校歌》《伟人孙中山》《国父纪念歌》《中山陵随想曲》组歌等歌曲演唱，表达黄埔后代、民革党员、院校师生以及社会各界人士对孙中山先生的敬仰之情与对革命历史的追思。

民进南师附中江宁分校支部换届　2016年4月11日，民进南师附中江宁分校支部在民进南京市委机关会议室召开换届会议。会议一致推选戴有平连任支部主委，成中余担任副主委，路永宁担任组织委员，李焱担任宣传委员。

民进江宁综合支部换届　2016年5月11日，民进江宁区综合支部召开换届工作会议。与会全体会员选举产生新一届支部委员会，李巧娣担任主任委员，谢美华担任副主任委员，汤福生担任组织委员，蔡辉担任宣传委员。

民进开展助学活动　2016年5月30日，民进江宁总支到江宁特殊教育学校，为150多名孩子送上“六一”儿童节礼物和“学生手工作坊”资助款，并和孩子们一起玩游戏，开展交流互动。民进江宁总支自2012年开展与江宁特殊教育学校共建“学生手工作坊”以后，每年组织会员到该校开展助学交流活动，并持续资助“学生手工作坊”建设。

民进江宁开发园区支部换届　2016年6月24日，民进江宁开发园区支部换届工作会议在江宁开发区管委会举行。民进南京市委驻会副主委陶琪、组织处处长李建富，民进江宁开发园区支部全体会员出席会议。会议审议通过支部第一届工作报告，选举产生第二届支部班子，孙光荣担任支部主委，徐止誉担任副主委，刘新男担任组织委员，易志兴担任宣传委员。

民进江宁经济二支部成立　2016年10月18日，民进南京江宁经济二支部召开成立大会。二支部有会员6人，大会选举金芬为支部主委。民进南京市委驻会副主委于玛莉、副主委白元龙出席成立大会。

农工党江宁总支换届　2016年8月20日，农工党江宁总支在区委统战部四楼会议室召开换届会议，农工党南京市委秘书长庞玉梅参加会议。按照选举程序，与会代表以举手表决形式选举产生新一届农工党总支主委1人（黄朝霞）、副主委4人及各支部委员会主委1人、副主委各2人。黄朝霞代表新一届班子作表态发言。

致公党江宁区综合支部换届　2016年7月22日，致公党江宁综合支部在区委统战部“党派之家”召开换届会议。经过选举，区司法局副局长王钢当选为致公党江宁区综合支部主委，施永钢当选为副主委，孙锦平、柴维娜、张明、薛飞当选为支部委员。

（房文钦）

2016年11月10日，民革江宁区总支举行纪念孙中山诞辰150周年音乐会

区委统战部　供稿

江宁区工商业联合会

概　况　2016年年末，江宁区有基层商会13家，行业商会14

家，社区商会28家，异地商会1家，专业商会2家，友好商会75家，有会员2437家，其中企业会员2319家，占会员总数的95.16%。是年，区工商联深入贯彻中央统战工作会议精神及《中国共产党统一战线工作条例（试行）》，发挥人民团体和商会组织的职能优势，紧扣发展第一要务，创新思路，构建载体，拓展渠道，千方百计促进非公有制经济健康发展。加大教育培训、政治引导、参政议政力度，组织新阶层人士参加各类培训学习，帮助中小企业解决融资难题。开展招商引资引智引才工作，推动经贸交流和协作，加快民营企业结构调整和转型升级。开展民营企业上规模情况调研和代际传承问题专项调研，组织街道、园区举办春秋季劳动力招聘会，帮助企业解决招工难，架设服务民生"连心桥"。组织区内51家企业结对帮扶经济薄弱村（社区）。落实江苏顺源集团帮扶淮安市淮阴区高堰村、南京协众汽车空调集团帮扶淮安市淮阴区学田村工作，组织江苏同曦集团、南京德朔实业有限公司、江苏金东城集团、江苏大才集团参加市委统战部确定的帮扶项目。是年，区工商联被全国工商联认定为全国"五好"工商联。

2016年8月3日，区工商联组织"百企帮百村"精准扶贫企村结对帮扶签约仪式
区委统战部 供稿

工商教育引导活动 2016年，区工商联协助市工商联举办非公有制经济人士井冈山第七期革命传统培训班、第一期"重走抗联路"爱国主义教育培训班、上海交通大学—南京市民营企业双创专题研修班和第四、五、六、七期"金陵工商"大讲堂活动，组织开展各类民营企业家培训和"直属会员培训日"活动。全区有18家"同心·万家民企帮万户工程"民营企业受到市委统战部表彰。此外，还在商会会员中组织学习习近平总书记在全国政协十二届四次会议民建、工商联界委员联组会上的重要讲话，在商会党组织中开展"两学一做"学习教育。

工商调研活动 2016年，区工商联在全区范围内开展上规模民营企业调研，22家民营会员企业参加调研，列全市各区之首。调研内容包括企业基本情况，2015年度企业发展与管理情况，企业投资、发展战略情况，企业知识产权和技术创新情况，企业走出去情况，企业转型升级情况，企业遵法、守法、用法情况和2015年影响企业发展的主要因素及企业应对措施等。在民营企业履行社会责任情况调研中，对区工商联执委以上、光彩会理事单位，行业商会副会长等单位进行调研，对参加调研单位2015年纳税贡献、公益慈善、吸纳就业、人才培训、关爱员工、节能环保等方面的履责情况整理上报上级工商联。此外，还开展了民营企业"走出去"情况调研、苏商回乡投资情况调研、民营科技企业情况调研、新生代非公有制经济代表人士情况调研以及民营企业知识产权情况调研等。

组织蓝领励志活动 2016年10月30—31日，区工商联邀请中央人民广播电台主持人乐惜牵头发起、多名知名媒体人共同参与的互联网社区，组织区内部分蓝领群体代表人物，举办3场讲演活动，讲述平凡人的情感、困惑和战胜困难的经历与感受，弘扬主旋律，激发正能量。通过活动，帮助广大蓝领建立自信，规划生活新目标，以积极向上的姿态参与改革发展，融入城市生活，激发建设"强富美高"新江宁的热情。

区工商联第十一次会员代表大会召开 2016年1月21日，区工商联（总商会）第十一次会员代表大会在区人民大会堂召开。市委常委、区委书记李世贵，市委统战部副部长、市工商联党组书记毛卫华，区领导祁豫玮、孔令才、刘玲、梁爱国、陆蓉、张会祺等出席会议，各街道、园区（行业）商会及新经济组织会员代表，各街道、园区、区有关部门和人民团体负责人等260人参加大会。会议审议并通过区工商联第十届执行委员会工作报告，选举产生区工商联（总商会）第十一届领导班子和出席南京市工商联（总商会）第十五次会员代表大会的代表，白元龙当选为区工商联（总商会）第十一届执行委员会主席。会议还为马宁等30名“江宁区优秀中国特色社会主义事业建设者”荣誉称号获得者颁奖。区委常委、副区长张会祺代表区委、区政府向大会致开幕词；区总工会副主席谢桂明代表区总工会、团区委、区妇联、区科协、区残联和区红十字会向大会致贺词。

工商联交友联谊活动 2016年，区工商联组织部分会员企业参加市工商联在南京举办的相关国家、地区和国内投资环境说明会及各类招商会，助力企业走出去发展。3月15—16日，区工商联参加市工商联组织的到宁波市工商联镇海区、奉化市等工商联考察学习。4月17—19日，区工商联参加市工商联组织的到泰州市海陵区工商联考察学习，专题学习民营企业直报点工作经验。8月，区工商联参加吉林市组织的企业家经贸交流活动，并与吉林市蛟河市签订友好商会协议。10月25—27日，区工商联参加市工商联组织的到重庆市潼南区经贸考察和交流活动，并与重庆市潼南区缔结友好商会。3月7日，吉林省吉林市工商联考察团到江宁区考察交流。6月7日，湖北省黄冈市浠水县工商联考察交流团到区考察交流，双方工商联缔结友好商会。9月28日，重庆潼南区工商联到区考察交流。

（魏仁海）

江宁区总工会

概　况 2016年年末，江宁区有工会组织8686家，其中独立工会2958家，会员38.79万人。是年，全区各级工会在区委和上级工会的领导下，紧紧围绕区委“五位一体”总体布局和“四个全面”战略布局及“作风建设提升、项目攻坚突破、社会治理创新”3个主题年活动，着力实施改革创新、着力转变工作方式、着力改进思想作风，紧盯制约工会工作创新发展的难点问题，激发活力、增强内力、精准发力，工会组织政治性、先进性、群众性，引领力、凝聚力、服务力、创新力进一步增强，团结和带领广大职工为建设新江宁做出新贡献。

工会组织建设 2016年，区委办转发区总工会《关于进一步加强全区街道工会建设的相关意见》，对街道工会的组织体制设置、职能定位、保障措施等方面作出制度性安排，推动人财物等资源向街道工会倾斜。按照“一名主席、一名专职副主席、一名工会干事、一名社会化职业化工会工作者”的要求，年底前，全区10个街道全部成立总工会，履行地方总工会领导职能。全区各级工会加强组织建设，工会组织覆盖面进一步扩大，工会在参与社会管理中切实发挥作用。全年新组建单独基层工会152家，新发展会员8200余人。加强“职工之家”建设，规范会员评议职工之家程序、扩大会员评家覆盖面、创新会员评议职工之家的内容和形式，评选产生区级模范职工之（小）家52个，被市总工会命名市级模范职工之（小）家12个。

职工素质培育 2016年，全区各级工会始终把学习宣传习近平总书记重要讲话精神作为职工思想政治工作的根本，广泛开展各种形式的形势任务教育，引导职工群众树立中国特色社会主义共同理想，践行社会主义核心价值观。深化“中国梦·劳动美”主题活动，培育典型，选树全区“十佳文明职工”10人、“文明职工”30人、“最美女职工”10人、“优秀女职工”30人、区“五一巾帼标兵”和“五一巾帼标兵岗”各52人。坚持先进性、时代性、代表性，全年受表彰江苏省劳动模范6人。大张旗鼓宣传劳模精神，引导广大职工见贤思齐、赶学先进，在全区营造劳动光荣、创造伟大的良好氛围。按照区委提出的“项目攻坚突破年”要求，会同有关部门制定《关于开展“大众创业、万众创新”立功竞赛的通知》，对职工创新平台、环境、动力、机制和支撑服务等方面提出具体措施。深化“工人先锋号”创建活动，指导江宁公交集团、滨江开发区环卫所等单位开展“工人先锋号”创建活动，实现全员挂牌和亮牌上岗。全区评选命名区级“工人先锋号”先进集体34家，其中被全国总工会命名为国家级“工人先锋号”称号1家。深化职工科技创新，联合区委组织部、区人社局、江宁电视台在全区开展“江宁工匠”推荐和评选活动，为职工创新创效搭建新平台。继续推进“十万职工大练兵、万名职工大比武”劳动竞赛，建立劳动竞赛评估制度，促进职工为实现“十三五”规划建功立业。

职工维权机制建设 2016年，全区各级工会高举维护职工权益旗帜，加强工会组建、职代会和集体协商建制等基础工作。深化厂务公开和民主管理，把职代会制度、民主管理机制建设和模范职工之家评选相结合，推动职代会制度规范运行、发挥作用。完善集体协商工作，探索建立集体协商工作评价标准，促进集体协商提质增效。全区单独建会企业签订集体合同6491家，签订区域性工资集体协议195份，覆盖企业4230家，签约率96%以上。按照女职工新“特别规定”要求，在女职工专项合同中对“四期”保护的内容及时进行调整，女职工专项合同签订率98%以上。全区规模以上企业职代会及厂（事）务公开制度建制面98%，“和谐劳动关系企业（园区）”创建面96%以上，独立工会“双亮”工作建制面86%。健全工会干部走访联系制度，组织开展职工思想动态和职工需求调查，维权机制进一步完善。继续开展就业、创业帮扶工作，筹集工作岗位1130个，举办招聘会14场。借助市总工会小额贷款，扶持小型创业者，为63名有创业需求职工提供小额创业贷款近600万元，以创业带动就业。配合市总工会开展职工普惠服务活动，提供优质职工普惠服务单位3家，普惠内容涉及餐饮、零售和乡村旅游等。按照市总工会要求，组织38名基层一线优秀职工进行疗（休）养。加快推进“会、站、家”一体化建设，做好困难职工帮扶工作，“双节”期间区总工会筹集送温暖慰问款物63.1万元，慰问困难职工家庭744户。“金秋助学”活动资助困难职工子女390余人，资助金额43万余元。向全区市级以上劳模发放津贴68.7万元，慰问困难劳模26人，发放慰问金4.3万元。

工会服务能力提升 2016年，区总工会制定出台《开展工会工作创新成果评选活动的实施方案》，要求各级工会积极探索工会工作的新思路和新方法，总结推广工会工作的新举措和新经验，切实增强基层工会组织的吸引力、凝聚力和影响力，在新的起点上不断提升工会工作整体水平。运用互联网、大数据等现代信息技术，发挥工会组织优势，有效整合社会资源，拓展网上宣传引导、网上技能培训、网上维权帮扶、网上就业婚恋等相互结合、互为补充的服务形式，发挥“工会会员卡”集身份标识、金融服务、消费优惠、工会帮扶等功能为一体的优势，探索工会会员卡“一卡多用”服务平台，建立普惠职工新模式。加强工会枢纽型社会组织建设，在建立职工维权服务点、职工文化活动服务点的基础上，制定建立公益创投实施办法。坚持需求导向、突出品质提升、强化项目管理，吸纳南京市公益创投协会参与，对区总工会2016年公益创投项目进行公开招投标，并邀请相关专家对项目进行评标，同时接受社会监督。项目实施过程中，定期召开项目协调会、建立项目管理信息平台、组织开展能力建设和进行项目验收评估，做到社会参与广泛、形式公开公平、管理科学有效，充分发挥公益创投在工会公益服务领域创新创业创优的制度平台作用。按照区委“作风建设提升年”要求，区总工会制定出台《关于加强“服务能力提升年”建设的实施意见》，不断完善联系点制度，经常性开展“进企业、当工人、同劳动”活动。结合开展“两学一做”专题教育，各级工会深入基层，沉到一线，把解决自身问题和解决职工身边问题有机结合，实现专题教育和工会工作两手抓、两促进。

（徐　静）

2016年10月14日，谷里街道总工会成立　　谷里街道　供稿

开发区污水处理厂获全国“工人先锋号” 2016年6月，江宁水务集团开发区污水处理厂获全国“工人先锋号”称号，在全省建设系统仅此一家。自开展“工人先锋号”创建活动以后，开发区污水处理厂针对污水处理实际问题，开展技术改造和技术革新，增强生产工艺流程的稳定性，累计节约电费和维修费用数百万元。同时，通过开展“一法三卡”“安康杯”“岗位大练兵”等富有成效的活动，涌现出一大批岗位标兵和技术能手，为污水处理厂的

建设和运行提供人才保障，实现以创建促生产的目标。此外，还建立员工学习机制，通过组织参观、培训等多种学习方式调动员工积极性，培养员工的团队凝聚力，提高污水处理的工作效率。

奥赛康获“全国五一劳动奖状” 2016年6月，江宁高新园辖区企业江苏奥赛康药业股份有限公司获“全国五一劳动奖状”，成为全市和全省医药行业中唯一获得“全国五一劳动奖状”的单位。“全国五一劳动奖状”是中华全国总工会授予企事业单位的最高荣誉，旨在表彰为全国“五位一体”建设和党的建设做出突出贡献的先进单位。自1997年成功研发上市国产第一支质子泵抑制剂注射剂（静脉滴注）以后，江苏奥赛康药业股份有限公司秉承质量源于设计的质量理念，依靠全体员工，从研发开始起加强质量管控，确保每一支产品稳定、安全、有效、均一、持久。该公司主导产品奥西康、奥维加替代进口药物，公司先后被评为国家重点高新技术企业、全国医药工业百强企业。2015年，公司实现销售收入27.5亿元、利税10.4亿元，位列中国化学制药工业企业综合实力第28位。

全市首个社会组织工会联合会成立 2016年9月13日，东山街道社会组织培育发展中心工会联合会第一次代表大会召开，大会选举产生东山街道社会组织培育发展中心工会联合会第一届三委委员，标志着全市第一个社会组织工会联合会正式成立，东山街道67家各类社会组织的180余名职工成为首批成员。该街道社会组织工会联合会的成立将进一步扩大工会在社会组织的覆盖面，有利于维护社会组织职工的合法权益，促进社会组织的规范化发展。街道社会组织培育发展中心联合会作为枢纽平台，发挥社会组织自身的专业优势，整合社会力量，为社会组织提供培育扶持、信息服务、培训交流等服务，让工会联合会“依法建会、依法管会、依法履职、依法维权”，努力使工会改革落到实处，取得实效，充分发挥工会组织联系和服务职工的桥梁纽带作用。（宁　鉴）

共青团江宁区委员会

概　况 2016年年末，江宁区共青团组织有基层团(工)委200个，团总支88个，团支部1098个，共青团员40287人。是年，团区委凝聚新组织工作力量，借力新媒体工作抓手，进一步增强引领力、凝聚力、服务力、创新力，不断推动共青团工作取得新突破。团区委获得2016年度江苏省手拉手援疆优秀组织奖、江苏省少年儿童书信文化活动优秀组织奖、南京市少先队活动课银奖。全区创建省级“青年文明号”1家、市级“青年文明号”3家，4个集体被表彰为市级“青年安全生产示范岗”。1个团组织获省级“五四红旗团委”，4个团组织获市级“五四红旗团委”，6个团支部获市级“五四红旗团支部”称号。1人被评为全国优秀团干部，1人获省“五四奖章”提名奖，1人被评为省优秀团干部，6人被评为市优秀团干部，7人被评为市优秀团员；89名少先队员获“江苏好少年”称号，11名少先队员获市优秀少先队员称号。

青少年思想引领 2016年，团区委围绕“中国梦”和社会主义核心价值观主题，开展“我为社会主义核心价值观代言”“红领巾相约中国梦”等系列分享活动10余场，筑牢青少年紧跟党走、实现中国梦的思想基础。“五四”青年文化节等品牌文化活动生动演绎，“寻找青春的榜样”十佳青年评选在全区刮起青春旋风，集中展现了当代江宁青年向上向善的新形象，受到中央电视台、《中国青年报》、人民网等国家级媒体报道10余次。借力“互联网+”影响“网生代”，完善网络宣传员工作机制，组建1699名青年网络文明志愿者队伍，着力培养、凝聚一支敢发声、能战斗、靠得住的核心骨干网评队伍，深化网络舆论引导和舆论斗争，不断壮大网络宣传和舆论斗争的正面群众基础。

服务青年创业创新 2016年，团区委围绕全区转型发展中心任务，全面助力青年创业创新。持续深化“江宁合伙人”青年创业联盟，建成1500平方米的“江宁合伙人”众创空间，为创业者提供办公场地、公司注册、融资对接等一站式服务。推进实施社工、社会组织、社会公益项目“三社合一”改革举措，服务江苏省暨南京市青年社会组织创新中心建设，打造青少年综合服务平台3家。举办第二届志愿服务“双选会”，志愿者学院试运营，全年培养专业志愿者200余人，完成“春牛首”国际马拉松等大型赛会志愿服务工作。建成江宁区青少年活动中心，打造阅读空间、科创实验室和主题文化街区，为青少年提供阅读学习、科技培训、文化娱乐等一站式服务，服务青年群众近万人。

“网上共青团”建设 2016年，团区委重点推进“智慧团建”，加强团属新媒体平台建设，升级“江宁青年”微信公众平台，形成“江宁青年”新媒体工作矩阵，探索青少年事务的集成化、信息化、个性化路径，打造“网上共青团”。“江宁青年”微信公众号发布原创微刊168期，总阅读量突破30万，全年增加粉丝3.2万人，多次进入全省团组织新媒体影响力榜单。“在南京”版块上架共青团产品57个，“青年之声”互动社交平台有专家196人，问题总数1569条，回答率100%。深入实施共青团宣传思想工作产品化战略，打造“光合家”全媒体创客盒子，作为新媒体人才培训、管理和输出的重要基地以及全媒体项目的交流推广平台，形成新媒体“生态圈”良性循环。

青春扶贫工作　2016年，团区委深入开展暖冬行动，坚持靶向施策、精准发力，“滴灌”式帮扶建档立卡低收入农户家庭，助力精准扶贫。把农村低收入青年和贫困大学生作为农村青年电商创业和大学生返乡创业的重点扶持对象，提供农村电商、现代农业等相关培训3次。倡导各级团干部以及青联委员、青商会员、各类青年社会组织等力量开展多种形式公益帮扶活动，动员广大青年志愿者为贫困留守儿童提供亲情陪伴、学业辅导等服务，培养留守儿童自我保护意识和守法意识。

青少年权益维护　2016年，团区委不断加强未成年人权益保护，深化“共青团与人大代表、政协委员面对面”“小青说法”等品牌项目，畅通青少年利益诉求表达渠道。切实履行预防青少年违法犯罪的职责，加强重点青少年群体服务管理和预防犯罪工作，组织开展帮教涉罪和不良行为青少年“阳光行动”，为青少年成长创造良好社会环境。依托“麦田守望”青少年成长护航中心，完善社区矫正和社工帮教制度，构建社会化维权工作体系，培育专业化维权工作团队，切实为青少年健康成长“挡风遮雨”。

区二十次团代会召开　2016年12月25日，共青团南京市江宁区第二十次代表大会召开，全区各条战线的200多名青年代表参加大会。市委常委、区委书记李世贵，区领导祁豫玮、王国亮、严应骏、蔡正英，团市委书记林武平等参加会议。会议回顾总结十九届团区委的工作，明确和部署今后3年的目标任务，并选举产生新一届团区委常委和委员。李世贵在开幕式上发表讲话，号召全区广大团员青年牢记使命、勇挑重担、开拓创新、奋发作为，为高水平建成全面小康社会和“强富美高”新江宁建设做出更大贡献。

（张　莉）

国内首家青少年创客实验室启用　2016年3月，位于市民中心的江宁青少年创客实验室对外开放。作为国内首家青少年创客实验室，江宁青少年创客实验室是专门为4～16岁青少年儿童设计打造的具备创新创意参观、体验、实践、培训、成果展示及知识产权建立的综合性科普场所。室内包含韩博士机器人实验室、小小科学家实验室、小小工程师实验室、3D打印体验区、航空模拟体验区、韩博士机器人体验区。江宁青少年创客实验室由南京韩博士青少年综合素质发展中心和团区委共同打造，首次建立“政府、高校、社会组织”互推互帮三角模式，具有公益性、创新性、专业性和多样性。南京韩博士青少年综合素质发展中心是2015年5月成立的一家社会组织，中标江宁区公益创投项目后，先后承接东山、秣陵、淳化等街道的青少年科技项目，通过每周一课程、一日一主题、一季一疯狂、一年一讲座的形式，开展青少年科技创新教育。成立后的江宁青少年创客实验室免费为困境儿童、外来工子女提供培训指导服务，定期开展“玩具总动员”“科教中国公益行”等大型科教活动，同时通过义卖闲置玩具等筹集善款，捐赠西部希望小学，培养孩子的公益意识。

新一届“江宁十佳青年”受表彰　2016年5月12日，第12届“江宁十佳青年”评选活动颁奖仪式在江宁电视台演播室举行。市委常委、区委书记李世贵及区领导陈发喜、孙桂明、刘玲、孟向前出席颁奖典礼。颁奖典礼上，平安江宁的忠诚守护者人民警察戚明亮、不抛弃不放弃带领企业成功上市的80后刘伯敏、立志打破盾构机制造技术国外垄断的青年才俊苏延奇、为国防事业奉献青春和家庭的最可爱的人亓文君分别作为敬业类、创业类、创新类、奉献类十佳青年代表，与观众们分享自己的故事和感悟，赢得现场阵阵掌声。该届“江宁十佳青年”评选活动于3月启动，得到全区各类青年的广泛关注与积极参与，经过组委会评审、现场评审及网络投票3个环节，最终产生“江宁十佳青年”10人、“江宁十佳青年”提名奖10人。（宁　鉴）

江宁区妇女联合会

概　况　2016年年末，江宁区有各级妇联组织224个，其中街道妇联10个，园区及机关妇委会

14个，村（社区）妇联200个。是年，区妇联结合“两学一做”学习教育，服务妇女，服务家庭，服务基层，着力提升妇联组织的引领力、凝聚力、服务力、创新力，为建设“强富美高”新江宁做出新贡献。年内，区妇联被评为全省平安家庭创建活动先进集体。

“巾帼建功”活动 2016年，区妇联加强女性创业就业技能培训和综合素质提升教育，开展岗位建功、“春风送岗位”等活动，引领各行各业妇女岗位创新创优。全年开展各类技能培训22场，举办专场招聘会15场，帮助769名女性实现就业。创建成省级巾帼示范基地6个，市级巾帼示范基地3个，市级“巾帼文明岗”7个，表彰区级“巾帼文明岗”40个，区级“巾帼岗位明星”40人，优秀巾帼志愿者80人。汤山七坊电商李永梅、横溪石塘束姗姗入选省百名电商创业女能手，横溪张静入选省十大农业创业女状元。

妇女儿童权益维护 2016年，区妇联与司法、教育、民政等相关部门联动，组建成立反家暴律师志愿者团队和家庭教育指导团队，不断夯实普法队伍。联合举办《中华人民共和国反家庭暴力法》论坛、《南京市未成年人保护条例》解读、《万家学法》知识竞赛、“幸福之旅”婚姻家庭知识讲座等活动，努力提升广大女性的法律意识和自我保护能力。继续深化婚姻家庭矛盾预防化解干预机制建设，做好妇女儿童信访接待和离婚前调解工作。全年接待信访168件，办结率95%，参与民政离婚调解336对，调成242对，调成率72.2%，办理“12345”工单13件，办结率100%。

为妇女儿童办实事 2016年，区妇联按期完成“十二五”终期监测评估工作，起草江宁区“十三五”妇女儿童发展规划，不断推进妇女儿童事业发展。开展“巾帼助困”、贫困母亲“两癌”救助等活动，慰问单亲贫困母亲48人，困难老妇女干部12人，患“两癌”农村贫困妇女19人，发放慰问金4万余元、“两癌”救助金19万元。举办2016南京江宁“粉红丝带”公益健身跑和“关注成长，筑梦明天”儿童安全守护论坛等活动，努力营造全社会共同关注女性健康、关爱儿童保护的氛围。

村（社区）妇联换届 2016年，全区扎实推进群团改革，以全区村（居）委会换届选举为契机，同步完成村（社区）妇联换届。全区200个村（社区）换届后改名为妇联，共有妇联主席200人，专兼职副主席604人，执委653人，执委中基层一线优秀女性代表占84%，妇联主席全部进村（社区）“两委”班子。

女性社会组织建设 2016年，区妇联推进区级女性社会组织服务中心实体化建设，引进“友旭”“快乐芯”“东方岱彦”等女性社会组织入驻区妇女儿童活动中心，为全区妇女儿童提供全方位服务。据统计，全区有女性社会组织57个，利用政府创投及各级妇联开展服务妇女儿童项目21个，投入资金100万元。（范 俊）

“三八”妇女节庆祝活动 2016年3月8日，江宁区举行“巾帼建功、花开江宁”纪念“三八”妇女节106周年暨庆祝活动，一批在各自岗位建功立业的妇女先进代表受到表彰。市妇联主席宋晓辉，区领导刘玲、高吉祥、周勇、蔡正英等参加活动。活动现场的大屏幕上，分“奋斗之美”“创新之美”“敬业之美”3个篇章播放一个个身边的有理想有创新的巾帼英雄。随着全区现代农业的快速发展，一批由女性为主体的现代农业基地在推动农业转型、增收致富上创优创新、大显身手，种粮大户周翠红、葡萄“大王”黄林、鸡“司令”房锁珍等。一个个女性致富带头人用勤劳智慧创造奇迹，用质朴和务实实现梦想，成为依靠科技增收致富的女能手，撑起农村经济发展的半边天。在科技创新领域，新时代的江宁女性用智慧创造一项项科技发明，涌现出2名省巾帼科技创新领军人物。南京科润董事长聂晓霖打破国外垄断，创建能与国外知名品牌相抗衡的淬火介质民族品牌；澳博阳射频技术有限公司总经理刘英自主研发出4G天线，抢夺通讯发展制高点。大会表彰的40个区级“巾帼文明岗”和40名“巾帼岗位明星”，都在平凡的岗位上书写出不平凡的人生。会上，区级“巾帼文明岗”和“巾帼岗位明星”代表还向全区妇女发出“巾帼建新功，建设新江宁”倡议。

“国际家庭日”纪念活动 2016年5月15日，由区妇联、区文明办主办的“5·15”国际家庭日纪念活动在市民中心举行。活动对全区“最美家庭”和“优秀巾帼志愿者”代表进行表彰，并举行“爱心储蓄罐，传承好家风”启动仪式。全区有近1000个家庭参加“寻找最美家庭”评选活动，经过层层推荐、选拔，有66户家庭获区级“最美家庭”称号，11户家庭获南京市“最美家庭”称号。“爱心储蓄罐，传承好家风”活动启动仪式上，表彰80名优秀巾帼志愿者，现场

6户爱心家庭代表上台认领“爱心储蓄罐”，今后他们每天将节省1元钱，每年奉献365元，募集爱心款用于资助需要帮助的留守儿童和困境儿童，为他们提供更多的社会支持和适需服务。

区妇联第十七届四次执委（扩大）会 2016年8月31日，区妇联第十七届四次执委（扩大）会召开，对区妇联第十七届执委、常委进行增替补，并选举产生新一届区妇联主席。区委副书记严应骏参加会议。会上，新当选的区妇联主席宋洋作工作报告，对2016年下半年工作进行部署。严应骏在讲话中要求，新形势下妇女工作要提高思想认识，把握工作方向，切实把思想和行动统一到区委决策部署上来；强化服务意识，有效履行职责，努力开创江宁妇联工作新局面；坚持改革创新，加强自身建设，不断提升妇联工作整体水平。充分发挥联系妇女、服务妇女、反映民意等方面的积极作用，团结带领广大妇女群众不断开拓进取、奋发作为，为建设“强富美高”新江宁做出新的贡献。

市农村妇女骨干培育首场活动在江宁举行 2016年9月，南京市2016年农村妇女骨干培育工作首场活动走进江宁区，全区省、市级巾帼示范基地负责人、种养殖女能手、农业合作社和乡村休闲旅游女经纪人在横溪街道石塘社区集中参加活动。此次培训旨在培养一支有文化、善经营、会管理、守法制、适应现代化农业发展需求的农村妇女骨干队伍。活动中，市农业技术推广站的专家现场专题讲解有关农业方面的技术与创业政策。

全区首家社会组织妇联成立 2016年9月，东山街道召开成立社会组织妇联暨社会组织妇女第一次代表大会，选举产生社会组织妇联第一届委员会，正式成立全区首家社会组织妇联。东山街道社会组织妇联成立后，将发挥桥梁纽带作用，关注妇女儿童面临的就业、教育、健康以及婚姻家庭等方面问题，努力探索符合时代特征、富有东山社会治理特色、具有妇女特点的妇女工作新路子，为东山经济社会发展做出应有贡献。

“粉红丝带”健身跑举行 2016年10月25日，全区各街道、机关部门、企事业单位和爱心企业的500多名女性参加“为她而跑”2016年南京·江宁“粉红丝带”公益健身跑活动。每年的10月为“乳腺癌防治月”，此次开展健身跑是希望通过这种形式践行“粉红丝带”的“及早预防、及早发现、及早治疗”健康理念。区委常委、统战部部长、区妇儿工委主任陆蓉参加启动仪式。启动仪式上，市妇儿工委向区妇儿工委发放农村贫困妇女“两癌”救助金，爱心企业还捐赠健康内衣，推动更多人关注女性乳腺健康。活动现场，区妇联、区妇幼保健所的工作人员还开展了婚姻家庭知识宣传、爱心义诊等活动，专家们现场解疑释惑，普及乳腺疾病知识。

全国妇联主席到江宁调研 2016年11月29日，全国人大常委会副委员长、全国妇联主席沈跃跃一行到江宁区调研网格化妇联和妇女创业工作。省妇联主席缪志红，区领导祁豫玮、严应骏陪同。在东山街道家庭服务中心，沈跃跃听取了区妇联推进改革情况介绍，对东山街道构筑网格化妇联，服务妇女并促进社会治理的做法给予肯定。她表示，妇联组织要找准妇女所急、党政所需、妇联所能的工作结合点，发挥好党和政府联系妇女群众的桥梁纽带作用。在江宁街道黄龙岘村，沈跃跃详细了解黄龙岘巾帼电商服务站带动周边妇女通过电商平台创业的情况，要求把更多优秀妇女吸纳到妇联队伍中，变“倒金字塔”为“正金字塔”，形成“妇女群众工作妇女做”的生动局面。

（宁　鉴）

2016年10月25日，区妇联举行“为她而跑”2016年南京·江宁“粉红丝带”公益健身跑活动，全区各街道、机关部门、企事业单位和爱心企业的500多名女性参加活动　区妇联　供稿

2016 年 9 月 22 日，全国人大常委会副委员长严隽琪（前左三）率队到江宁开发区开展安全生产法执法检查　　陈　晓　摄

2016 年 11 月 29 日，全国人大常委会副委员长、全国妇联主席沈跃跃（右四）调研东山网格化妇联工作　　龚　元　供稿

2016 年 2 月 19 日，江苏省委书记罗志军（前中）到谷里街道调研生态文明建设

区新闻中心　供稿

2016 年 8 月 24 日，江苏省委书记李强（前中）到江宁开发区调研高校、科研院所发展情况，先后考察中国无线谷（未来网络谷）和国网电科院

陈　晓　摄

2016 年 4 月 7 日，江苏省委书记罗志军（左二）、省长石泰峰（右一）率参加全省供给侧改革工作会议的与会代表一行，到江宁开发区考察　　陈　晓　摄

2016 年 11 月 7 日，江苏省委副书记、南京市委书记吴政隆（右三）到江宁开发区开展调研工作
陈　晓　摄

2016年9月2日，江苏省委常委、南京市委书记黄莉新（左一）一行对江苏软件园南京软博会展区进行视察指导
邹　川　摄

2016年9月1日，南京市市长缪瑞林（右一）专题调研空港经济开发区建设和发展情况
陈　晓　摄

2016 年 5 月，南京市委常委、江宁区委书记李世贵（前中）到湖熟街道晶明社区三陵桥开展防汛调研工作　　陈旭雯　摄

2016 年 6 月 1 日，江宁区区长祁豫玮（右二）到江苏软件园开展调研工作　　邹　川　摄

2016 年 7 月 27 日，区城管局开展“门前三包”宣讲工作。图为城管局工作人员对店员进行宣讲
范有邦　摄

2016 年 10 月 12 日，区法院首批 82 名员额法官身着法袍，右手举拳，面向国旗，作出庄严宣誓，标志着区法院首批员额法官入额工作基本完成，同时标志着区法院司法体制改革迈出具有里程碑意义的一步　张定生　摄

2016 年 1 月 12 日，江宁公安干警整装待发，开展武装巡逻　　区委政法委　供稿

2016 年 12 月 8 日，区检察院举行首批员额检察官颁证暨宪法宣誓仪式　　区新闻中心　供稿

2016 年 5 月 26 日，区司法局举办以“服务基层、注重实务”为主题的调解工作讲堂，旨在提升人民调解员实战能力。图为全区各司法所所长，街道、村（社区）专职人民调解员共 220 余人参加培训

区司法局　供稿

2016 年 5 月 17 日，区纪委召开“两学一做”学习教育工作座谈会，委局办机关全体在职干部、离退休老干部参加会议

宁　鉴　供稿

2016 年，区市民中心针对窗口多、服务对象多的情况，窗口工作人员自加压力，提出更高工作要求，在服务中做到热情和气、尊重耐心，以诚恳的态度和良好的形象面对广大服务对象　　区新闻中心　供稿

2016 年 4 月 19 日，区环保局工作人员向到访的外籍专家介绍江宁区生态环境建设情况
区新闻中心　供稿

2016 年 4 月 22 日，区地税局在江宁高新园科创平台开展“优化纳税服务 助力创新创业”主题活动。图为地税局工作人员为园区工组人员讲解地税服务政策　　李洪进　摄

2016 年 8 月 11 日，江宁开发区国税局工作人员在区劳务派遣与人力资源外包行业协会开展百姓税收意识调查活动　　张泽昆　摄

2016 年 12 月 20 日，区粮食局在江宁街道陆郎社区举行“保护农民利益 切实为农服务”座谈会

邹　巍　摄

2016 年 7 月 22 日，区委统战部组织全体党员干部赴雨花台接受革命传统教育　　区委统战部　供稿

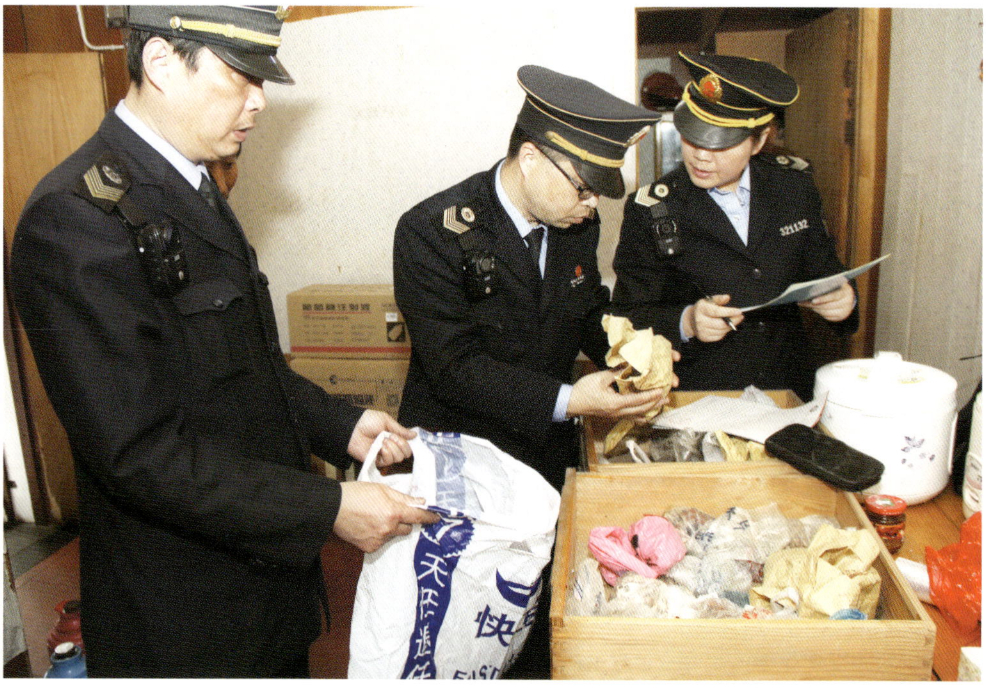

2016 年 9 月，区卫生监督所对辖区内非法行医开展专项整顿，严厉打击无证无照等非法行医行为，净化辖区医疗卫生环境

区新闻中心　供稿

2016 年 2 月，区文广局组织文化市场综合执法大队工作人员分赴全区各网吧、娱乐场所和印刷企业进行安全大检查，对出现的安全隐患及时进行整改，为消费者营造安全的娱乐环境

区新闻中心　供稿

2016 年 6 月 13 日，区人社局劳保所开展普法行动进万家活动。图为工作人员现场为群众答疑解惑

王先玲等　供稿

2016 年 4 月，区人武部与区民政局联合中国银行江宁支行，在全市率先试点制作推行“拥军卡”，方便入伍士兵领取优抚金，并提供低息创业贷款等福利。图为江宁区“拥军卡”项目合作签约仪式现场

鲁豪杰　供稿

2016 年 7 月 5 日，江宁商务商贸集团开展向新疆伊犁哈萨克自治州特克斯县少先队员捐赠活动

邢 然 摄

2016 年 6 月 23 日，上坊建设开发公司党员结合“两学一做”学习教育参观茅山新四军纪念馆

杨 彬 摄

2016 年 9 月 27 日，区残联党支部在王荷波纪念馆开展党员活动　　　王　珊　摄

2016 年 10 月 20 日，区民政局开展访贫问苦调研走访活动，并向贫困户发放慰问金　　　李　佳　供稿

2016 年 3 月 24 日，区水务局召开全区水利工程建设暨防汛抗旱动员大会　　区新闻中心　供稿

2016 年 1 月 13 日，区建工局接受省住建厅工程质量监督水平检查。图为区建工局工作人员向省建工局专家组作相关工作汇报　　王　娟　摄

2016 年 1 月 25 日，区级机关工委召开 2015 年度区级机关党组织书记抓党建工作和履行党风廉政建主体责任述职会　　姚秀荣　摄

2016 年 4 月 13 日，区委组织部在浙江大学举办江宁区人才工作者专题研修班，邀请中央人才工作协调小组特聘专家、研究员沈荣华作“新常态下中国人才发展十大趋势”专题培训　　区委组织部　供稿

2016 年 5 月，区人防办开展人防队形演练　　余银月　摄

2016 年 5 月 15 日，区妇联举行江宁区“5·15”国际家庭日活动暨“爱心储蓄罐，传承好家风”活动启动仪式。图为受表彰人员集体合影　　范　俊　供稿

2016 年 11 月 11 日，江宁规划分局集体参观汤山廉政警示教育基地　　戚建江　摄

2017 年 3 月 15 日，区财政局组织团员青年到江宁区特殊教育学校看望残障儿童　　区财政局　供稿

江宁区街道村（社区）现状图

南京市国土资源局江宁分局提供　2016年8月

2016年，东山街道结合“精准扶贫”“四解四促”等活动，开展党政领导下社区、进企业活动106次，走访群众900余人次，帮助群众解决现实困难76个。图为10月17日，东山街道党工委书记倪忠生（左一）走访困难户并倾听其难处　　龚　元　供稿

2016年4月18日，秣陵街道与火炬旗下O’Park创业中国携手，投入1000万元创业券扶持创业者与中小微企业　　区新闻中心　供稿

2016 年，汤山街道开展“城市治理 党员先行”活动。图为汤山街道工作人员清理路边行道树中的杂草　　李明珠　摄

2016 年 10 月 9 日，淳化街道青龙社区为 60 周岁以上老人发放生活补助金　　区新闻中心　供稿

江宁街道牧龙社区依托205国道改造契机和滨江开发区发展优势，在建设社会主义新农村上狠下功夫，实现水泥路村村通，并完成村级绿化、村容整治和污水处理等民生工程建设　　区新闻中心　供稿

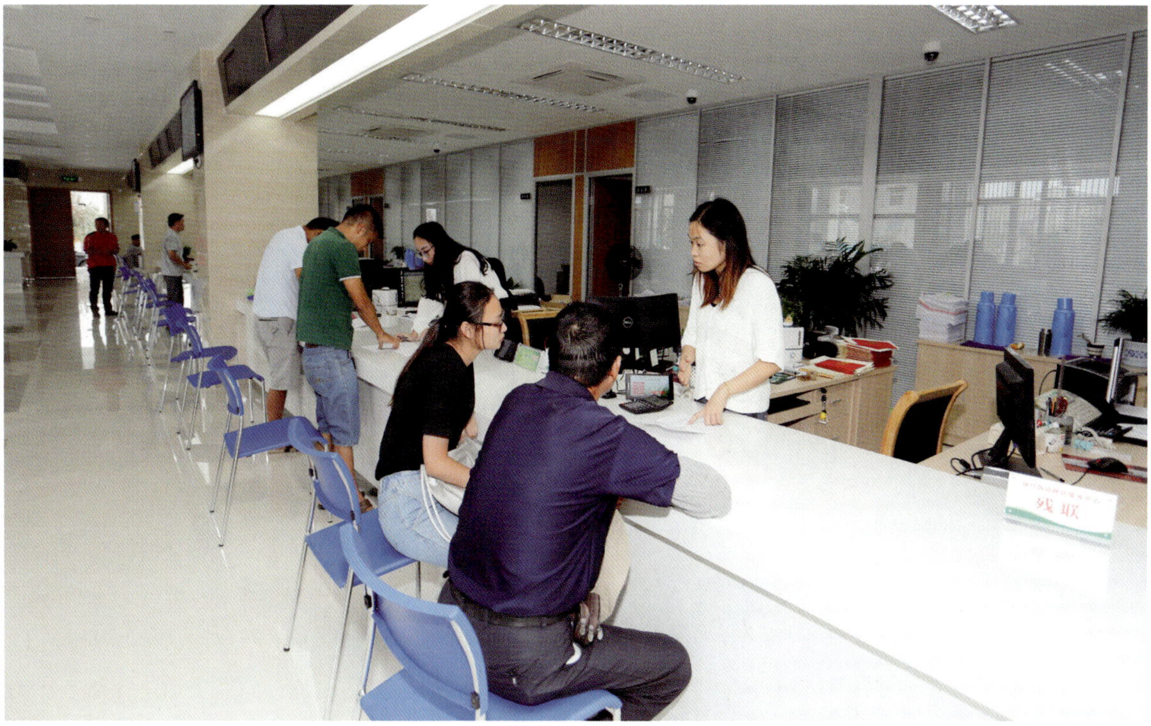

2016年，禄口街道便民服务大厅落成并投入使用。图为工作人员为群众办理业务　　熊金陵　摄

谷里街道开展城乡统筹规划，重点打造南京近郊生态农业示范区，不断提升农业现代化水平。谷里现代农业示范区规划总面积超过 1333 公顷，已成为南京近郊最大的菜篮子基地。图为谷里现代化蔬菜大棚

区新闻中心　供稿

2016 年，湖熟街道在建设省级历史文化名镇的同时，利用丰厚的历史文化底蕴，结合新城镇建设，打造一批民生工程。图为湖熟街道宝塔山遗址公园

区新闻中心　供稿

2016 年，横溪街道举行 2016 江宁乡村休闲文化旅游节暨第 15 届中国·江宁横溪西瓜节

区新闻中心　供稿

2016 年 9 月，麒麟街道举办“庆国庆、迎重阳”首届广场舞大赛，各社区的 8 支参赛队伍以优美的舞姿展示了群众健康向上的精神风貌

区新闻中心　供稿

江宁区文联会员艺术作品选登

转 场　　　　庞 勇 作

太行铁壁 周奇峰 作

映日荷花别样红　　蔡　宁　作

春　韵　　　　张光仙　作

晨　曦　　　　　　　　　　　　　　陶定亮　作

太行人家　　　　　　　　　　　　　胡恒军　作

我们的高速时代　　　　李晓林　作

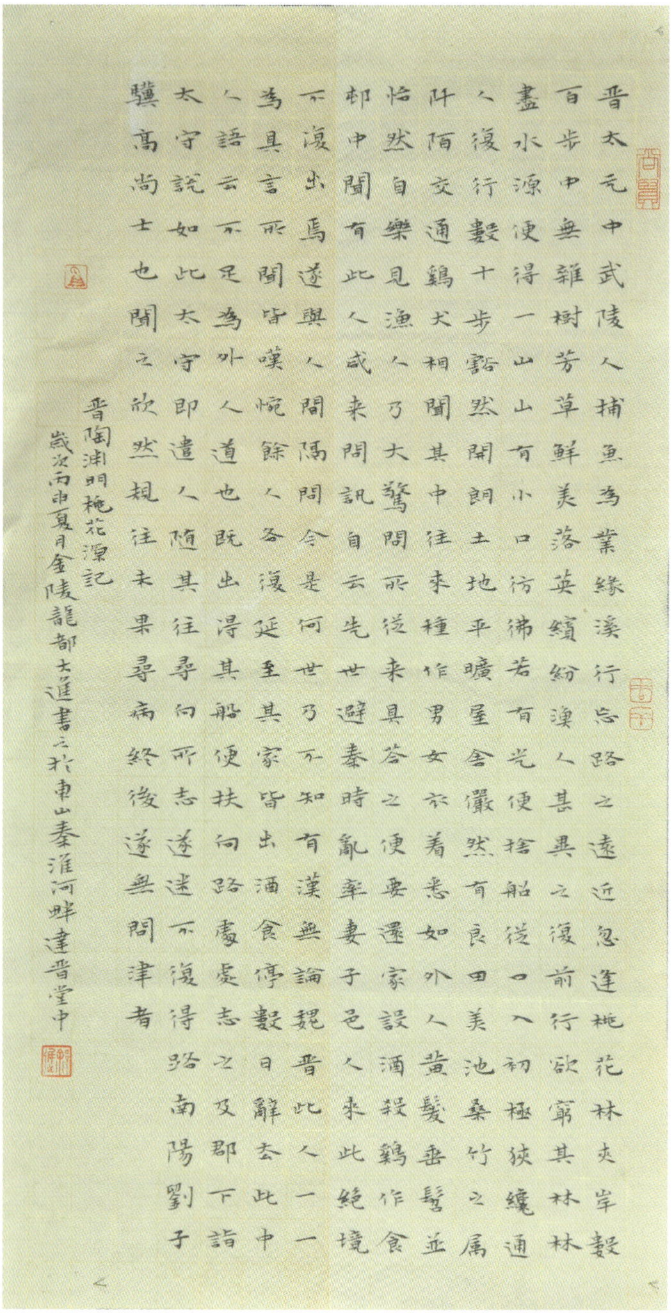

桃花源记　　徐进　作

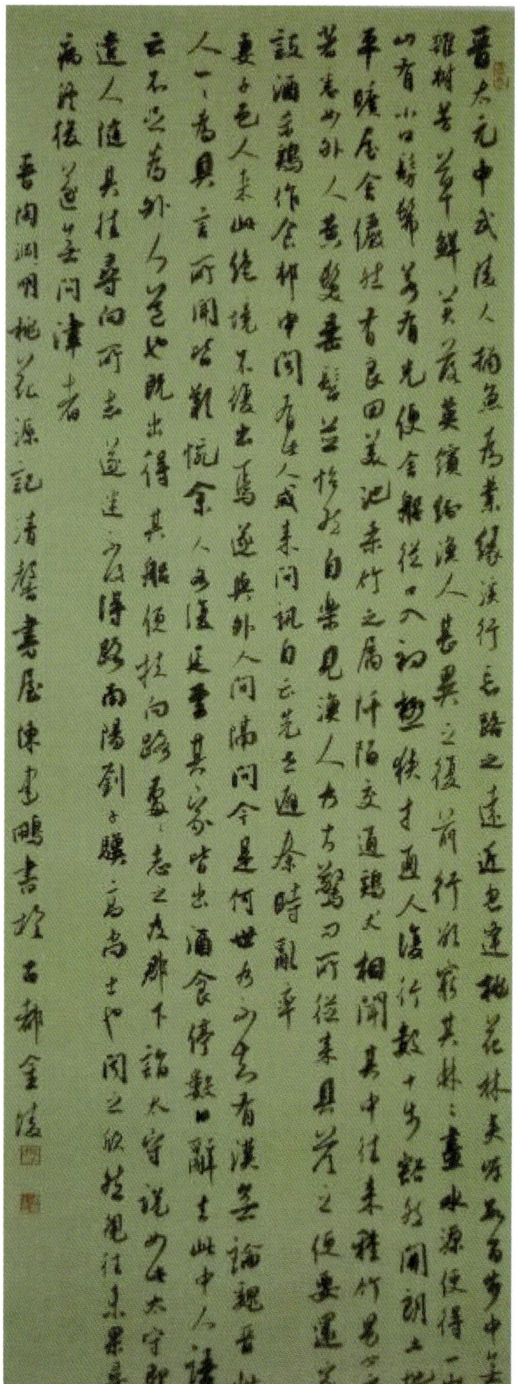

桃花源记　　陈建鹏　作

群鸿戏水　　赵洪军　书

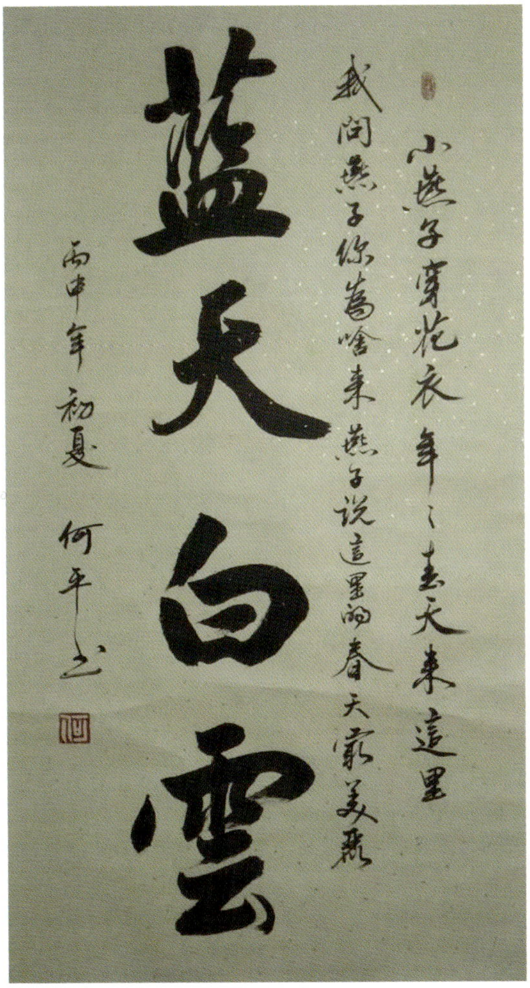

蓝天白云　　何　平　书

灿若繁星明城色

胡德文　摄

江南贡院灯火明　　　　王官文　摄

格桑花开幸福来　　邵天武　摄

古城扫秋　　张　俊　摄

情缘驿站　　　　张　明　摄

葛志文获奖雕刻作品选登

老竹砚系列之一：风骨犹存

老竹砚系列之二：虚心有节

老竹砚系列之三：岁月留痕

木亦有情系列之一

木亦有情系列之二

木亦有情系列之三

张清雷获奖玉雕作品选登

雄霸天下

抱朴守一

政法与社会治安

概　况　2016年，江宁区政法综治战线紧扣建设“强富美高”新江宁总体目标，主动防控风险、服务发展，破解难题、补齐短板，以维护国家安全和社会稳定、创新社会治理、深化司法体制改革、加强思想政治和作风建设为着力点，不断深化平安江宁、法治江宁和政法队伍建设，提升政法工作能力，为全区经济社会建设创造安全稳定的社会环境、公平正义的法治环境、优质高效的服务环境。2016年8月31日，江宁区被省综治委表彰为“2015年度综治工作（平安建设）先进县（市、区）”，同时，被省综治委命名为“2015年度平安县（市、区）”。

社会稳定维护　2016年，区委政法委加强国家安全工作体系建设，全面开展国家安全法律法规宣传活动，织牢人民防线网络，凝聚国家安全工作合力，严厉打击防范涉军、涉密、渗透等非法活动，依法严密防控打击恐怖活动、民族分裂活动、极端宗教活动。综合运用行政、经济、法律等手段，妥善做好部分网约车和出租车司机聚集、麒麟轿子山垃圾场复址启用、民办教师维权、高考减招、保利兰台公园民工到南京新街口聚集讨薪、招商方山里业主串联维权等敏感事件、突出问题的应对处置工作。加大矛盾纠纷排查调处力度，深入开展涉企、涉农、涉外来务工人员矛盾纠纷专项排查调处，集中消除各类隐患109起（重大矛盾隐患43起）。加强医患、交通、物业等专业性行业性调解组织建设，完善公调、诉调、检调、访调等对接机制，加强对全区478名专职调解员的业务指导和培训工作，街道、村（社区）规范化调委会分别达100%、92%。全区各类调解组织受理调解纠纷22777件，调解成功22394件，调解率100%，成功率98.3%。坚持把稳评作为“前置程序”和“刚性门槛”，规范稳评专家论证会流程，重点加强情况介绍、专家质疑、责任方辩解、专家论证、专家建议等关键环节，扎实推进社会稳定风险评估规范化建设。创新开展稳评专家库建设，提升稳评工作的专业性、权威性和实效性。筹划引入、培育第三方社会专业机构参与稳评，探索创建社会专业机构与政府职能部门相结合的稳评工作业态，逐步实现稳评工作的社会化、专业化和科学化。突出重大活动、重大改革、重大工程开展稳评，全年完成稳评项目49个，排查化解矛盾208个，预防群体性涉稳事件47起，有效化解和缓解江南禽类加工基地建设、垃圾填埋场建设、江南垃圾焚烧发电厂二期工程等一批项目的推进难题。切实履行维稳责任，健全属地和责任主体等相关单位的协作联动机制，全面排查梳理可能影响重要时期和重大活动的不稳定因素，加强重点群体化解稳控和重点人教育管控，运用面上掌握和重点跟踪相结合方法，及时掌握深层次、内幕性、行动性情报信息，每月对突出矛盾、相关群体、重点人员等不稳定因素和事端进行综合研判，在重大活动和重要节点，启动每日维稳研判机制，提高滚动排查的频率、密度。在征地拆迁、互联网金融、环保、涉军、工资待遇等重点领域，排查出各类涉众型矛盾群体28个，化解不稳定事端11起、稳控30起，涉稳矛盾化解稳控率94.7%。

平安江宁建设 2016年，区委政法委以提升群众安全感为主线，加强组织、创新形式、丰富内容，全面开展综治和平安建设宣传月活动，印制1200套宣传挂图、20万份宣传单页下发到各街道、园区和有关单位，以集中宣传、进村入户宣传、回访当事人、悬挂横幅、布置展板、发放资料等形式，开展“送法下乡”“法律六进”“街头法律咨询”等政法综治宣传活动200余场次，广大群众对政法综治工作的知晓率、支持率和参与率进一步提高。组织召开全区系列平安创建推进会及各领域平安创建会议，协调区综治委各成员单位结合自身职能，深入开展平安校园、平安景区、平安家庭、平安寄递等系列平安创建活动，健全创建机制，推动平安创建全民参与、全面覆盖，促进共建共享。全区群众安全感为97%，位列全市第一。切实加强上坊保障房片区实有人口管理工作，区级工作组先后3次现场调研指导，推动保障房片区以实有人口管理工作为重点的平安创建工作，完善“属地为主、部门联动，网格管理、多元参与，信息支撑、数据共享，政社互补、精细服务”的实有人口管理服务机制，夯实保障房片区平安建设根基。围绕群众反映强烈的突出问题开展排查整治，对谷里街道荆刘社区等10个治安重点地区和涉众型经济犯罪等11个突出治安问题，因案施策、逐个攻破，整治工作取得初步成效。深化集中整治突出治安问题“百日专项行动”，全力侦破社会关注、群众反映强烈的多发性侵财案件，强化“民生五案”综合治理，有效落实“平安护民十项举措”，为实现“双下降双提升”目标打下坚实基础。全面推行多警种合成作战、多侦查手段同步上案、多轨迹联合侦控的破案模式，坚持严打快破，及时破获“4·14”绑架杀人案、“9·24”故意杀人案等6起命案及一批大要案件。全年侵财性刑事案件立案1.03万起，比2015年下降20%；破案2242起，破案率21.6%，提高2.4%。侦破“盗抢骗”案件69串408起，扒窃案件222起，捣毁扒窃团伙15个。深化网格化服务管理，科学规划网格布局、合理划分网格职责、择优配齐网格队员，加强园街联动、推进多网合一、规范运行机制，织密社会服务管理网络，改进基层社会治理方式，提升社会治理精细化水平。强化综治信息平台实战能力，建立基层综治信息平台使用情况和每日必办工作检查通报机制，村（社区）综治信息平台PC终端覆盖率94%，移动端100%。是年，江宁区在全市综治信息化实战应用技能比武大赛中获二等奖。加强群防群治队伍建设，健全平安志愿者协会常态化运行机制，拓展规范平安志愿者服务功能，努力提升参与群防群治工作能力，发挥平安志愿者“五大员”优势，提高社区“五进”实效。在16个平安志愿者分会、282个工作站的基础上，全年新建工作站47个，吸纳新会员1800余人。以健全人防物防技防相结合的立体化现代化社会治安防控体系为目标，推进全区60个涉农村（社区）视频监控“村村通”工程的勘测、布点工作，建成“技防村”33个，完成17个老旧小区和复建房小区技防建设改造升级，安装防盗锁芯、家庭报警器、电动车防盗系统等“三小技防”设施8100余台（套）。推进老旧小区物防建设，印发《关于进一步加强全区老旧小区出新改造治安防范设施建设的意见》，确保老旧小区出新改造与治安防控设施建设“三同步”。创新群防群治体系，落实社区治安责任承包制，构建社区警民共建治安防控新模式，提升治安源头打防管控能力。推进公安系统“三级巡防圈”建设，以专带群、专群结合，实现巡防力量全域覆盖。加强“两抢”、盗窃、扒窃等侵财类案件监测，执行四色预警、四级响应，每周发布预警指令推送一线巡逻力量。全年巡防抓获违法犯罪嫌疑人1641人，社会治安状况持续好转。

法治江宁建设 2016年，区委政法委印发《2016年法治江宁建设工作责任分解表》，落实年度法治建设工作任务和责任单位，实行目标管理、责任管理和绩效管理。制定《法治江宁建设监测指标（试行）》，建立法治江宁建设监测指标动态监测系统。出台《关于开展“文明执法”活动的实施意见》，完善国家机关“谁执法谁普法”责任制和情况通报制度，以及法官、检察官、行政执法人员、律师等以案释法制度，推进全民法治宣传教育。深化“民主法治村（社区）”创建机制，对已命名的“民主法治示范村（社区）”实行动态管理，巩固创建成果，省级“民主法治村（社区）”创建率42.5%。开展刑事案件速裁程序试点，探索建立繁简得当的审理程序、保障人权的审判规范、以审判为中心的工作机制，适用速裁程序案件新收500件，审结490件，占全部刑事案件数的30%，有关工作受到最高人民法院肯定。探索陪审员大合议庭改革和公益诉讼改革，突出司法公正。创新法律服务路径，培育司法行政领域社会组织24个、备案服务站点70个，调处各类纠纷130余件。培育普法新载体，开辟《江宁新闻》“12348”在线专栏，帮助群众解决日常生活中常见的涉法问题。开通“江宁普法”“江宁司法”微博微信，定期推出法治宣传专题信息。开展“一区一品”法治创建品牌建设活动，确立社会治理法治化、“平安·法治——社区行”主题活动以及完善“诉调对接”机制、加强“非讼化解”工作等3个创建品牌，并在汤山街道打造全省首家“法治小镇”品牌。深入开展平安法治融合发展重点课题调研，紧扣综治法治工作总要求，构建互融互促、覆盖城乡的“双创”组织网络。推进社会治理法治化进程，健全机制，明确序时节点，推动39个社会治理法治化重点项目快落地、早见效。建立健全社会治理法治化绩效评估指标体系，将八大类、46项考评指标纳入全区综合绩效千分考核，保障各项工作落到实处。

综合服务管理　2016年，区委政法委组织开展易肇事肇祸等严重精神障碍患者排查管控专项行动，完善跟踪管理、帮扶救助、强制医疗等制度，建立健康档案，健康管理率100%，病情稳定率98.04%。开展司法救助，全年救助17件，发放救助金45.26万元。强化特殊人群教育监管，开展“安宁”扫毒专项行动、社区服刑人员“双严”集中整治等活动，抓获毒品犯罪嫌疑人91人，查获吸毒人员336人，强制隔离戒毒入所67人，惩处违规社区服刑人员11人。严格刑满释放人员衔接管理，执行必接必控制度，落实预防刑释解教人员重新违法犯罪定期分析制度、安置帮教信息报告制度，衔接率、帮教率、安置率均达100%。开展流动人口基础信息采集摸排，新登记流动人口7.6万余人，出租房屋1.4万余户，抓获“三逃”人员63人，破获各类案件173起，打掉重大影响团伙2个，并破获外省命案积案1起。健全信、访、电和网上信访“四位一体”工作模式，畅通民意诉求表达渠道，全年受理群众信访件696件。搭建区领导接访平台，24名区级领导接待信访群众152批、743人次，解决信访问题152件。深入开展信访案件化解“百日攻坚行动”和越级进京访专项整治“百日会战”，维护信访群众合法权益，规范信访秩序。推进涉法涉诉信访案件化解工作，接待涉法涉诉信访35人次，转办涉法涉诉案件14件。严格落实领导包案制度，一案一策，细化措施，倒排时间，促进重点积案化解，上级交办的49件重点信访事项全部结案。组织矛盾纠纷排查10次，排查出各类矛盾纠纷637件，涉及2853人次，95%以上的初始矛盾得到有效化解。严肃处置进京非访问题，对进京非访、不听劝阻滞留人员，坚决采取强带离、实交接、抓训诫、硬管控、明责任等工作措施，依法依规处置。全区进京非访被登记3人次，比2015年下降94.5%。加大对金融、危险化学品、交通运输、寄递物流等行业的安全监管力度，做好风险隐患预知、预警、预防、预控工作。强化供给侧结构性改革政法保障，严厉打击破坏市场经济秩序犯罪，办结周梅28.8亿元非法吸收公众存款案等涉众涉企类经济案件91件、123人。严格落实公共安全责任制，深入开展夏季高温和汛期安全生产大检查，督促并指导2098家企业单位进行安全生产、防火防爆隐患自查自纠自报，严肃整改，全区工矿商贸企业事故总起数和死亡人数明显下降。加强食品安全监管，对全区128家食品生产销售单位、69家餐饮服务企业进行监督抽查，确保食品安全。严厉打击娱乐场所黄赌娼违法犯罪，对全区857家旅馆、146家桑拿浴室等场所进行不间断地明察暗访，发现整改各类隐患174处，处罚行业场所33家，抓获黄赌娼违法犯罪人员360人。开展涉危单位安全大检查，全年检查涉危单位300余家次，发现并整改各类安全隐患56处、处罚6起。　（区委政法委）

“谁执法谁普法”责任制推行　2016年1月，区依法治区领导小组、区委宣传部、区法治宣传教育领导小组、司法局、法制办等部门联合发布江宁区国家机关“谁执法谁普法”责任制的有关内容，明确规定各项执法工作的责任制主体、目的、原则、职责和义务、落实两备案制度以及普法考核责任等，推进责任制落实。为推进任务落实，区委宣传部、区依法治区办、法宣办、司法局、法制办等部门将牵头定期组织开展普法检查，及时通报检查结果，采取问题倒逼方式，促进基层普法依法治理工作落到实处。此外，还将对措施不得力、工作不到位、目标未完成的单位予以通报，并与单位和个人评先评优工作挂钩。实行国家机关“谁执法谁普法”责任制，旨在构建分工负责、各司其职、齐抓共管的普法工作格局，进一步推动全区形成办事依法、遇事找法、解决问题用法、化解矛盾靠法的法治环境。

区法学会成立　2016年2月，江宁区法学会第一次会员大会召开，社会各界的51名法学会会员代表参加会议。区第一届法学会会员由全区各法学工作者与法律工作者组成，会上投票选出第一届理事会成员26人。学会的主要任务包括开展各类法治实践活动；推荐法律顾问，做好政策解读，配合有关部门参与调解、仲裁和诉讼服务等。同时，开展多层次、多形式的平安创建和法治创建活动，真正发挥法学会的引导、服务、监督作用，普及法律知识，提高社会治理法治化水平。

综治和平安建设宣传进社区 2016年5月，区综治办联合秣陵街道、江宁公安分局、消防大队、市场监管局、司法局等16家单位走进秣陵街道家园社区，围绕“平安江宁人人参与，平安成果人人共享”主题，为居民开展综治和平安建设宣传活动。广场上，各部门印制的36块展板图文并茂地介绍有关群众生活的各项新政策、新举措。活动现场，各部门都有专人为百姓答疑解惑，提供法律援助和健康、低保政策等方面的咨询服务。现场发放宣传资料3000余份，接待群众咨询200余人，招募平安志愿者30余人。当月，区综治办还在全区范围内组织平安志愿者开展“平安志愿社区行”，综治委成员单位“走访联系点，综治面对面”，综治宣传经验交流等形式多样的宣传活动，扩大综治及平安建设宣传教育的影响面和覆盖率。

社区治安责任承包制全面推行 2016年6月21日，江宁区召开深化网格化服务管理暨推进社区治安责任承包制现场会，在总结推广东山和淳化街道相关经验的基础上，全面推开社区治安责任承包制工作。围绕贯彻落实“社会治理创新年”活动要求，全区以深化网格化服务管理和社区治安责任承包制两项工作为抓手，通过加强园街联动、推行多网合一、科学设置网格任务等方法，优化简化各类事项的办理流程，切实做到人在“格”中走，事在“网”上办。同时，以社区治安承包制提升治安源头防控能力，通过人员巡逻与监控巡查相结合、公安专业巡防与群防群治力量相融合，实现优势互补，全面有效地压降社区发案，为群众营造更加良好的生活环境。其中，全区107个社区警务室与200个村（社区）全面融合，执行治安责任承包制工作部署，细化到个人、落实到点位。

青少年法治宣传教育实施意见出台 2016年8月，区委宣传部、区法治宣传教育领导小组、团区委、司法局与教育局联合印发《关于青少年法治宣传教育工作的实施意见》，旨在推动构建学校、家庭、社会“三位一体”的法治宣传教育体系，为青少年健康成长护航。按照该“意见”，在“七五”普法期间，将建立以学校、社区、家庭为依托，全社会各行各业广泛参与的青少年法治教育体系，要求相关部门加强青少年法治宣传教育工作的总体协调、检查和指导，根据工作职能，充分发挥各自资源优势，加强部门联动，全力构建学校、家庭、社会“三位一体”的教育体系。同时，全区将建立健全青少年法治宣传教育联席会议制度，适时组织进行专项检查。坚持从青少年思想实际和生活实际出发，用鲜活通俗的语言、生动典型的事例、喜闻乐见的形式开展宣传教育。联合全区各有关部门，扎实推进青少年法律素质教育，引导青少年从小养成遵纪守法的习惯，提高明辨是非、依法自我保护和抵御社会不良影响的能力。

全区“七五”普法启动 2016年11月1日，江宁区召开“六五”普法总结表彰暨“七五”普法动员大会，要求深入实施“七五”普法规划，建设更高水平法治江宁。2011—2015年，全区上下深入开展法治宣传教育，完成“六五”普法目标任务。2016年是“七五”普法开局之年，根据会议部署，全区各街道（园区）、各部门将坚持法治引领与时代要求相结合、关键少数与重点对象相结合、法治教育与法治实践相结合、法治文化与道德教育相结合、机制改革与工作创新相结合，推动法治教育精准有效实施，开创全区法治宣传教育新局面。

江宁区获全国创新社会治理优秀城市称号 2016年12月，在北京召开的“2016创新社会治理优秀城市发布仪式暨第二届全国创新社会治理经验交流会”上，江宁区获“2016全国创新社会治理优秀城市”称号，区司法局就司法行政类社会组织建设进行书面经验交流。该届全国创新社会治理经验交流会围绕“共建幸福新家园”主题，共同探讨新经济形势下社会治理的客观现状和未来方向。2015年12月，作为南京地区唯一试点单位，江宁区将培育和发展司法行政领域社会组织作为“社会治理创新年”的重要内容加以推进。在梳理出司法行政领域六大类34个可由社会组织承接的非执法类服务项目清单的基础上，首先明确一批特色鲜明、服务民生的法律服务项目。其后，各类社会组织结合各自特点，差别化发展，承接服务项目，在自身“造血”和政府“输血”中快速发展壮大，初步形成具有江宁特色的培育试点经验。全区司法行政领域社会组织通过政府购买、公益创投、签约服务，承接区级各部门、街道19个项目，获得创投资金64万元，街道扶持资金30万元，上级引导资金8.5万元。全区各类社会组织深入社区、学校、企业、单位，开展法治讲座90余场次，调处各类纠纷130件，受益群众近万人，逐渐成为提供法律服务、传播法律知识、教育转化罪犯、维护基层稳定的有效力量。

（宁　鉴）

法治政府建设

概　况　2016年，江宁区政府法制工作深入贯彻落实中共十八大和十八届三中、四中、五中、六中全会精神，围绕区委建设“江苏高端产业集聚区、长三角自主创新引领区、美丽中国典范区和现代化国际性南京主城南部中心”目标，不断完善执法监督机制，扎实推进依法行政和法治政府建设，充分发挥参谋助手和法律顾问作用。

文件备案审查　2016年，区政府法制办继续加大政府规范性文件审查力度，严格落实备案审查的程序和要求，从严控制规范性文件的数量和质量，定期清理并及时更新规范性文件基础数据库。对《江宁区食品安全举报奖励办法》的实施情况开展第三方评估，对全区规范性文件进行全面清理，对已过实效、不适用区域经济社会发展要求及被新的上位政策所取代的12份规范性文件予以废止。完善信息公开制度，坚持以信息公开保证执法公正，维护民众的知情权，并接受媒体监督。在东山街道、禄口街道、江宁街道进行试点，开展综合执法机制改革工作。会同区编办、区城管局、东山街道、禄口街道、江宁街道，赴天津、青岛、常熟等地考察学习综合行政执法改革，就机构设置、人员编制、职能划分、管理运行机制和综合执法工作开展情况等进行交流，为街道综合执法机制改革借鉴经验和做法。

行政裁决和仲裁　2016年，区政府法制办围绕全区中心工作，主动为经济建设、民生工程、征地拆迁、城市管理等重点工程提供法律服务，发挥参谋助手和法律顾问作用，依法保障重点项目的顺利推进。多次到江宁国土分局等部门召开法律服务座谈会，协调解决土地出让金等遗留问题。依法裁决房屋拆迁案件40件，为政府依法科学决策把好法律关，确保重大决策的合法性。

行政复议受理中心建设　2016年，区政府法制办按照省、市行政复议规范化建设标准和要求，筹建区行政复议受理中心，基本实现“四室一庭”（办公室、档案室、阅卷室、接待室和听证庭）规范化建设，做到制度上墙、人员在岗、服务在前。指导行政复议基层联系点加强行政复议案件的登记、统计和档案管理，为分析研判、归口管理提供科学合理的参考依据。探索法制机构与专业律所协作机制，遴选优秀律师挂职锻炼。

（陶尚全）

公　安

概　况　2016年，江宁区公安机关立足深化“四项建设”和公安体制机制改革，围绕夺取“十三五”规划开局之胜总体目标，全力做好社会稳定维护、重大活动安保、警务机制调整、短板弱项排查、队伍建设管理等各项重点工作，努力为建设“强富美高”新江宁创造良好社会治安环境。是年，区看守所被公安部评定为“全国一级看守所”，区车管所获“全国优秀县级车管所”称号，出入境窗口获评全省“优精美高”窗口。

社会治安稳定维护　2016年，江宁公安分局加强涉众型矛盾群体、涉军群体、宗教地下教会等教育管控，坚决打压非法活动；以创建新一轮“无邪教地区”为目标，侦破系列专案，维护全区政治大局稳定。做好关注对象管理、重点目标管控、涉恐基础排查、敏感警情处置等工作，定期开展反恐知识培训和应急演练，增强全社会反恐意识。加强信访维稳工作，驻京工作组常态化运作，保持5名警力常驻，重要节点由分管领导率队赴京增援，全力开展重点人员查找、劝返工作。强化信息分析研判、重点稳控评估、票务联查核报、非访教育打击等工作机制，全年拦截劝返进京非访人员226人次，行政拘留7人次，警告6人次，实现全国“两会”、十八届六中全会及省十三次党代会等期间进京非访“零登记”。组织开展情报信息、重点人员管控、治安整治、公共安全监管、社会面管控攻坚战，完成G20峰会、十八届六中全会、全国“两会”、省十三次党代会等重大政治活动安保。搭建“1+2+12+28”安保指挥体系和“3+3+3+25+28+22”框架安保措施，建立城市社会面安保圈、赛道现场周边安保圈和马拉松赛道核心安保圈三道防线，确保“春牛首”马拉松赛安全无事故。同时，还先后承担全国足球、篮球职业联赛，太阳城、景枫KINGMO大型商业综合体开业等140余次大型活动安保工作，完成中央、省、市领导警卫任务36起。落实区政府防汛应急响应要求，分局领导分片深入抢险一线现场指挥，全局4000多名民警和保安特勤队员全力投入灾情抢险救援、汛情巡查上报、点位看护值守、灾民转移安置等工作，维护群众生命财产安全。围绕“五一”“十一”等节日和各重要时间节点，做好交通疏导、应急处置、重点稳控等各项工作，及时处置网约车和出租车司机聚集、麒麟轿子山垃圾场重新启用、民办教师维权、高考减招等事件，搜集掌握行动性、内幕性情报信息，强化网上舆情引导和线索落地查证，加大对网上编造、传播谣言违法人员的依法打击，确保全区社会面治安总体平稳。

巡防调整 2016年，江宁公安分局科学调整巡防布局，完善分局、派出所和社区三级巡防架构，实现巡防力量全域覆盖。巡特警大队、警务工作服务站主要承担城区主干道巡防，派出所巡防接处警中队主要负责辖区次干道、街巷巡逻防范，社区民警带领社区保安并组织发动平安志愿者，做好社区内巡防。同时，固化巡线巡区和巡逻力量，提升巡防效能。全区“两抢”、入室盗窃、扒窃发案比2015年分别下降62.5%、23.4%、16.2%，巡防抓获各类犯罪嫌疑人1641人。建立和完善“两抢”、盗窃、扒窃等刑事警情的四色预警、四级响应机制，每周发布预警指令推送一线巡逻力量。健全教育培训机制，对分局1440名巡防接处警和420名维稳处突专业力量定期集中培训，提高岗位技能。固化派出所领导接处警，机关民警参与安保执勤、突发事件处置和重要节假日等时间节点增援基层工作机制，切实减轻基层工作负担。出台《巡防奖励实施办法》《巡逻保安队员考核奖励实施意见》，与区见义勇为基金会合作，对巡防工作中抓获嫌疑人、破获案件的保安人员给予奖励，全年奖励567人、29万元。每月评选10名巡防接处警标兵、能手，每月对优秀警务工作服务站、优秀警组进行评比表彰。为各派出所配备手持数字电台1085部、车载台251部、专用警务通371台、3G和4G视频传输车57辆，新建通讯基站2个，“数字警务”建设视频监控2443个。

基层建设 2016年，江宁公安分局贯彻落实省公安厅、市公安局文件要求，制定细化方案，围绕人员装备保障、警情分流处置、所队考核捆绑、夯实社区警务、强化表彰奖励等制定20大项79小项工作措施，逐一明确责任领导、责任部门、任务目标和序时进度，分局领导定期检查督导。在分局网页开设专栏，定期汇总通报各单位工作进展，确保任务指标按序时进度完成。深入开展基础信息采集会战，成立9个推进组，抽调33名机关部门警力和各派出所结对捆绑。划拨50万元用于专项考核奖励，在各村（社区）确定信息员1253人参与各项工作。基础信息采集会战中，新登记流动人口7.6万余人，出租房屋1.4万余户，抓获“三逃”人员63人，破获各类案件173起，带破外省命案积案1起，会战考核成绩在全市排名第一。优化公调对接机制，贯彻全市公调对接现场会精神，总结固化经费保障、卷宗评审、考核奖励、能手评选等机制做法。全年驻所调解员共调解纠纷2.1万起，兑现奖励金54.6万元。实行派出所领导参与接处警机制，累计接警1.22万起。创新街面调

2016年8月19日，江宁区看守所获“全国优秀县级车管所”称号
区新闻中心　供稿

解员运行机制，在城区7个派出所选聘158名街面调解员，对矛盾纠纷、噪音扰民、移车警情、捡拾物品和群众生活求助及其他简易类可现场处置纠纷等非执法性警情先期处置。全年街面调解员参与处置警情5.1万余起，自处率85%以上，占所在派出所警情量的1/3。夯实警务工作保障，完成横溪、禄口交警中队营房改造、看守所智能化改造、刑警大队一级技术室创建工作，建成分局室内靶场和汤山派出所、汤山交警中队、横溪派出所业务用房，启动交警大队业务技术用房、特勤大队办公用房等项目建设。为基层所队购置价值430余万元的执法记录仪、警用盾牌、盘查通等警用装备，在刑警、治安、巡特警大队建设应急装备库并补充35个大类防护、救生器材和执法勤务、反恐处突装备。完善执法办案积分管理机制，对民警办案数量、质量和时限设定分值并与考核奖惩、评先评优挂钩。分局案件管理中心和25个派出所案件管理室常态化运行，强化执法问题常态整改查纠和执法过错问责追究。健全公检联系会议制度和驻所检察官机制，完善警检一体化合作办案模式。鼓励民警参加高等级法律考试，提高民警法律素质，已有20人通过国家司法考试，113人通过高级执法资格考试。

民意导向引领　2016年，江宁公安分局深化网格化服务管理，依托全区108个标准化警务室和110名社区民警，固化“1+4+6+X”（城镇“1+2+4+X”）力量配备，为每名社区民警每年提供不少于2万元工作经费，切实做好服务群众、治安巡逻、提线打处等工作。推进社区警务和社区工作深度融合，利用社区民警在社区任职的条件，密切警社（村）协作，共享社区信息、人力等资源，突出治安管理、打击防范、源头信息采集、重点人员管控，为打防管控提供支撑。创新服务内容与载体，拓展“江宁公安在线”辐射影响力，持续推广“南京公安”微信公众号，做精做细微信服务平台；做优全国优秀县级车辆管理所工作品牌，推进全国一级看守所建设。推进出入境业务进派出所，并在高新园派出所设立出入境办理点。创新车驾管业务进派出所举措，市民可就近在派出所和交警中队办理机动车非现场违法处理等10项车驾管业务。开展居民身份证异地受理、挂失申报和丢失招领，创新驾驶人培训考试、机动车号牌管理、异地缴纳交通违法罚款等工作，推进轻微交通事故微信快处模式，开通网上办证预约服务，努力为群众提供快速便捷服务。深入开展“作风建设提升年”活动，聚焦工作节奏、办事效率、窗口环境、规范服务等关键环节，细化工作方案，推行“马上就办”，提升服务品牌形象。健全“民意110”民意监测、投诉受理、分析研判、整改督办、考核评估、作风建设等机制，每月编发民意跟踪监测情况通报。全年办理“12345”政府热线诉求工单1.5万余件，满意率90%以上，办理领导批示件、督办件、“网上公安局”1200余件，及时办结率100%。

社会管理　2016年，江宁公安分局结合“防风险、补短板、抓规范、提能力、转作风”集中攻坚行动，全面排查梳理重点人员稳控、公共安全监管、基层基础工作、队伍管理建设等方面的风险隐患，逐一列出清单、建立台账、明确责任，做到底数清、情况明。贯彻落实交通秩序治理三年行动计划，深入推进“百日整治”行动，持续做好文明劝导、设施规范、秩序管控、安全宣传、督查整改，提升城市交通文明指数。分局领导每日带头上路参加早晚高峰时段交通执勤工作，在加强交警执勤警力投入的同时，每天安排22名机关民警参加城区11个重点路口（路段）执勤，开展疏堵保畅、秩序管控和违法整治等。完善交通隐患动态排查治理机制和恶劣天气、交通大流量应急处置机制，严查严治高危违法行为，加大不规范车辆整治力度，提升城市管理水平。落实消防安全主体责任，建立健全重大火灾隐患分级治理机制，开展重大火灾隐患和区域性隐患集中攻坚，全区消防安全形势持续平稳。加强场所阵地控制管理和危险物品管控，深入开展严厉打击娱乐场所黄赌娼违法犯罪“百日行动”，有效净化社会风气。强化虚拟社会管控，严密24小时网上巡查处置工作机制，依托网络舆情监测平台，实现网上发现、信息预警和落地查证全覆盖，对违法有害网络信息第一时间处置，对网上编造、传播谣言违法人员进行依法打击。根据市、区统一部署，组织开展“美丽江宁·文明养犬”主题宣传咨询服务活动，开展文明养犬宣传37场次，张贴宣传标语2200余条张、宣传图1.8万张，发送短信119万条，办理犬证4729张，抓捕流浪犬652条。

刑事犯罪打击　2016年，江宁公安分局进一步完善合成作战机制，健全多侦联动、合成研判、串并侦查和案后倒查剖析等机制，采取情报、技术、技侦、网侦、图侦“五侦合一”手段，全面推行多警种合成作战、多侦查手段同步上案、多轨迹联合侦控的破案模式，提升打击犯罪综合效能。通过合成作战，快速破获“4·14”绑架杀人案、“9·24”故意杀人案等一批大要案件。9月13日，远赴柬埔寨抓获境外“三逃”人员周某。7月8日，抓获“漂白”身份潜逃20余年的“三逃”人员陈某。将侦破社会关注、群众反映强烈的多发性侵财案件作为打击重点，不断提高破案率、挽损率。全年刑事立案1.15万起，比2015年下降18.8%，破案率28.8%，上升2.9%。侵财立案1.03万起，下降20%，破案2242起，破案率21.6%，上升2.4%。年内6起命案全破。全年公诉1570人，上升12.1%，侵财公诉508人，上升17.1%。抓获历年逃犯79人，抓获境外逃犯2人，综合考核位居市局同单元第一名。开展扫毒“安宁”专项行动，缴获毒品3200余克，抓获毒品犯罪嫌疑人91人，查获吸毒人员336人，强制隔离戒毒入所67人。11月8日，会同市公安局禁毒、技侦支队，成功斩断一条由湖北省荆州市到南京市的毒品贩运通道，抓获吸贩毒嫌疑人12人，收缴毒品K粉1.1公斤、运毒汽车3辆。深入开展打击“盗抢骗”专项行动和打击扒窃犯罪专项行动，侦破“盗抢骗”案件69串408起，扒窃案件222起，捣毁扒窃团伙15个。

（俞　亮）

“江宁经验”被收录《中华人民共和国反家庭暴力法》　2016年3月1日，《中华人民共和国反家庭暴力法》施行，这部首个反对家庭暴力的国家法律收录了“江宁经验”，即对家暴情节较轻者由公安机关出具告诫书。2013年10月，江宁公安分局、区妇联联合在东山派出所开展制止家庭暴力法律告诫书试点工作，2014年市公安局、市妇联在全市总结推广江宁经验，引起全省乃至全国的关注。2014年年底，家庭暴力告诫制度被写入《中华人民共和国反家庭暴力法》（征求意见稿）。在正式实施的《中华人民共和国反家庭暴力法》中，第十六条、第十七条将告诫书制度收录。家庭暴力情节较轻，依法不给予治安管理处罚的，由公安机关对加害人给予批评教育或者出具告诫书。告诫书不仅能对施暴者起到威慑作用，在法院判案时也是认定实施家暴的有力证据。告诫书包括加害人的身份信息、家庭暴力的事实陈述、禁止加害人实施家庭暴力等内容。江宁区自试点反家暴告诫书以后，发放60余份告诫书，有效制止家庭暴力的持续和升级。

交通秩序“百日整治”　2016年8月，根据“江宁区交通秩序治理三年行动计划”，全区启动交通秩序百日专项整治行动，重点解决行人和非机动车闯红灯、走快道、逆行，以及机动车和非机动车乱停乱放、“三小车”违法上路等交通违法行为，规范道路交通秩序和交通安全设施，改善道路通行环境。此次百日专项整治行动主要实施安全宣传、秩序管控、规范设施、文明劝导和督查整改等五大攻坚战。其中，安全宣传攻坚战依托媒体，拓宽文明交通宣传的覆盖面和辐射力，并发挥舆论引导作用，在区内媒体定期曝光不礼让斑马线、随意闯红灯等不文明交通行为，推动实现“人人皆知、人人支持、人人参与”文明交通的局面。秩序管控攻坚战大力整治非机动车、行人不文明交通陋习，查处机动车闯红灯、加塞变道、不礼让斑马线等严重影响交通形象的违法行为。规范设施攻坚战通过排查整改，进一步完善交通标志、信号灯、隔离护栏等设施，增强市民群众出行的舒适感和满意度。文明劝导攻坚战组织机关单位、各街、道园区工作人员作为交通文明志愿者，协助交警加强对路口交通秩序的管控，劝导、教育、制止不文明的交通行为。督查整改攻坚战将对前4个攻坚战进行专项督查，提升人员、措施的到位率，确保责任的落实。在百日专项整治行动期间，将加大警力投入，严查金箔竹山路口等重点路口非机动车、行人闯红灯、走快道，机动车不礼让斑马线等违法行为；严查竹山路、上元大街等重点路段，行人随意横穿马路、机动车违停等现象，提升主城区交通文明水平，展示江宁良好城市形象。

（宁　鉴）

检　察

概　况　2016年，江宁区人民检察院围绕全区中心工作，立足职能，坚持以司法办案为中心，以检察体制改革为推动力，服务地方发展大局，维护社会和谐稳定，努力促进检察工作水平不断提升，各项工作取得新成效。全年立案查处各类职务犯罪案件10件17人，其中渎职犯罪2件3人、要案5件6人。针对职务犯罪案件查办中发现的问题，开展有针对性的职务犯罪预防工作，发出预防检察建议5件，开展职务犯罪警示教育59次，受教育1万余人。开展工程专项预防项目6个，行贿犯罪档案查询3723次。

刑事检察 2016年，区检察院受理提请批准逮捕各类犯罪554件724人，经审查批准逮捕431件547人，受理移送审查起诉947件1197人，经审查提起公诉916件1166人，无超期羁押，无无罪判决，起诉正确率100%。注重运用法治方式化解矛盾纠纷、促进和谐稳定，全年受理各类信访案件46件，受理举报线索24件，控告申诉案件21件，提出风险评估案件预警17件，向2名刑事被害人发放司法救助资金6万元，为新江宁建设营造和谐稳定的发展环境。

诉讼监督 2016年，区检察院强化对司法、执法活动监督，努力提升基层法治水平。全年提前介入重大刑事案件19件，开展撤案监督1件，纠正违法行为10件次，追捕、追诉6人次。监督1名违法社区矫正人员收监执行。推进公益诉讼改革试点工作，向市检察院移送民事公益诉讼案件线索1件，办理行政公益诉讼诉前督促履职检察建议2件。

社会稳定维护 2016年，区检察院积极应对维稳形势新变化，切实维护社会平安稳定。针对征地拆迁矛盾、涉众型金融以及涉及网络炒作等案件高发现象，在与公安机关建立“重大疑难案件公安机关听取检察机关意见”工作机制的基础上，把该项工作与重大案件快报工作相结合，确保重大案件迅速掌握情况并及时上报。在嵇仁兵杀害女童案、江宁万达广场出租车司机与滴滴快车司机聚众斗殴传谣案等重大案件发生后，提前介入，与公安机关一道快速化解社会风险。

检察服务经济 2016年，区检察院发挥刑事检察职能，维护公平有序的市场经济秩序。着力提升涉企类案件办理质效，遵循“细、准、勤”三原则，即阅卷仔细、讯问详细、研判精细，办案时机准、定性分析准、运用刑事政策准，接访勤、协调勤、调研勤，优先办结涉企案件91件123人，其中成功办理涉案金额28.8亿元的周梅非法吸收公众存款案等涉众型经济案件，为稳定经济秩序提供司法保护。强化平等保护意识，加大对非公有制经济司法保护力度，依托全市首家“非公企业检察预防服务中心”平台，探索建立健全企业反映问题线索及时分流、处理与反馈机制。通过加强与重点非公企业以及工商、民政等部门联系，定期召开会议，通报工作情况，及时了解非公企业发展状况和面临问题，共同研究解决企业遇到的法律风险与法律问题，提升服务非公企业发展的整体效果。

社会治理参与 2016年，区检察院加强新常态下经济领域犯罪活动的分析研判，针对在办案中发现的民间融资引发刑事犯罪、非公经济保护、知识产权保护等问题，撰写多篇信息供上级部门决策。同时，向涉案企业发出检察建议，促进企业完善商标注册和财务管理制度，提升案件办理的社会效果。针对社会热点问题，与行政执法部门联合开展知识产权保护、水环境保护及食品安全等法治宣传，深入推进“零犯罪学校”“零犯罪社区”创建活动，全年在青少年学生和基层群众中开展各类法治宣传活动31次，受教育人数1.5万余人次。对办案中发现的不良行为学生，通过召开帮教会议、落实帮教措施，教育引导6名学生纠正不良行为。

监督体系建设 2016年，区检察院加强对公安派出所监督工作，综合多种方式促进形成立体监督网络，提升监督刚性，保证证据合法性和指控犯罪效果。加强与公安机关沟通合作，与江宁公安分局会签《干警岗位交流工作办法》，促进检察干警和公安民警

2016年3月24日，《南京市预防职务犯罪条例》代表议案办理工作座谈会在区检察院召开　区新闻中心　供稿

法律素养与侦查素能的双提升。定期组织公安民警旁听观摩庭，推动侦查人员、鉴定人出庭。以立足监督、分工协作，实现法律统一正确适用。

检察改革 2016年，区检察院按照上级检察机关的统一部署，全面推进司法责任制改革。坚持公开公平公正原则，开展检察官入额工作，组织并完成入额检察官的报名、考核考试工作，上报拟入额检察官人选37人。在初步完成检察官遴选的同时，探索完善检察权运行机制，明确不同层次检察人员职权。按照责权利相统一原则和改革方案要求，完善检察官职业保障机制，并协调区相关部门，推进检察官职业保障措施的落实。深入推进刑事速裁改革试点工作，坚持问题导向，总结案件繁简分流的经验，梳理存在的问题，进一步简化办案流程。与公安、法院、司法行政部门沟通协调，着力提高轻微刑案件集中办理和刑拘案件直诉工作效率。全年办理刑事速裁案件514件520人，占全部案件的24.26%，在办案人员减少的情况下，办案效率进一步提高。承办全市检察机关刑事速裁试点总结座谈会，现场观摩刑事速裁案件庭审活动，扩大刑事速裁工作的影响力，初步形成刑事速裁的江宁品牌。（区检察院）

最高检调研江宁检察工作 2016年11月29日，最高人民检察院党组成员、副检察长孙谦一行到江宁区检察院调研。市委常委、政法委书记徐锦辉和区领导祁豫玮、于茂高参加调研。孙谦一行首先到区检察院新投入使用的检察为民服务中心，察看刑事检察办案区、接待区等地，并逐一了解相关情况。区检察院以全市1/10的办案力量承担着全市近1/5的案件数量。近3年，办理审查逮捕案件2057件2262人，审查起诉案件3424件4357人，年人均办案量超过120件。区检察院以司法办案为中心，强化法律监督、队伍建设，及时介入引导侦查，精准定性成功诉讼，职务犯罪案件查办数量持续位居全市前列，未成年人司法保护、刑事速裁程序试点、对公安派出所执法监督、职务犯罪预防等工作获得上级肯定推广。孙谦对区检察院信息化建设、未成年人检察等工作予以肯定。他指出，在当前诉讼制度改革新形势下，公诉工作面临着前所未有的压力和挑战。公诉人应当不辱使命、勇担责任，以积极心态适应改革发展，以创新精神突破司法难题。他要求检察机关进一步提升公诉人素质，提高信息化水平，改善工作机制与办案模式，适应司法改革需求，营造公正文明司法氛围，更好地服务经济社会发展。

首批员额检察官宣誓上岗 2016年12月8日，区检察院首批员额检察官从检察长金波手中，依次接过检察官证书后，手持宪法手册，面向国旗庄严宣誓。“员额检察官”，是指从现具有助检员以上法律职务的人员中，经过统一遴选标准和程序择优选任，依法行使检察权的检察人员。是年7月，全省检察机关全面推行司法责任制改革试点，区检察院按照《江苏省检察官遴选办法》，经过严格考试考核，共遴选37名员额检察官。建立检察官员额制度之后，检察人员将被分成检察官、检察辅助人员和司法行政人员3类进行管理。进入员额的检察官将按照相关规定承担司法责任，依法独立行使职权并对案件质量负责终身，这标志着江宁区检察机关司法体制改革迈入新的阶段，按照“谁办案、谁决定、谁负责”的规定开始正式运行。（宁　鉴）

法　院

概　况 2016年，江宁区人民法院紧紧围绕“努力让人民群众在每一个司法案件中感受到公平正义”目标，牢牢把握司法为民、公正司法工作主线，狠抓执法办案第一要务，主动回应人民群众对建设法治国家、维护社会公平正义的期待，忠实履行宪法和法律赋予的职责，各项工作取得长足进步。全年新收案件26138件，比2015年上升10.25%，审执结24504件，上升7.2%，新收案件数、审执结案件数均位居全市基层法院前列。

刑事审判 2016年，区法院新收刑事案件1208件，比2015年上升5.5%；审结1218件，上升4.37%。严厉打击严重危及人民群众生命财产安全的犯罪，公开审理故意杀人、故意伤害、强奸、抢劫、盗窃等案件。依法严惩“醉驾”行为和交通肇事犯罪，并对一批被告人集中宣判。依法惩治扰乱社会秩序犯罪，加大对寻衅滋事、聚众斗殴、“黄赌毒”等案件审理力度。依法打击征地拆迁等领域职务犯罪，审理贪污、受贿、渎职等案件。贯彻“教育、感化、挽救”方针，推行圆桌审判、犯罪记录封存、回访帮教和犯罪预防、矫正感化等制度，帮扶未成年人罪犯改过自新。

民商事审判 2016年，区法院新收民商事案件17534件，比2015年上升8.93%；审结16599件，上升3.47%。有效化解家事矛盾，公开审理婚姻家庭、继承类纠纷案件。着力保障群众人身权益，对机动车交通事故、人身损害等侵权类纠纷实行专门审理。妥善调节劳资双方利益，加大对劳动争议案件审理力度。依法维护市场秩序，对买卖、房地产开发、建设工程、租赁等合同纠纷案件实行专业化审理。注重维护金融安全和金融秩序，审结一批金融借款、民间借贷等纠纷。妥善化解群体性劳动争议，依法保护各方合法权益。审结“虐童案”关联民事案件，基于儿童利益最大化原则，对于网络举报未成年人受伤害真实信息的行为，认定不侵犯肖像权、名誉权、隐私权，案例被最高院公报刊载。

行政审判　2016年4月1日起，江宁区行政诉讼案件统一移交南京铁路运输法院管辖，使行政案件新收量大幅下降。全年新收58件，结案89件，分别比2015年下降70.85%和50.83%。

执行工作　2016年，区法院新收各类执行案件7179件，执结6451件，比2015年分别上升9.6%和6.28%。优化资源配置，推进执行“警务化”改革，成立6个执行团队，每个团队分若干个执行小组，按照“1名执行员+1名法警+1名书记员”或者“1名执行员+1名法警或书记员”模式配备人员，提升威慑力和执行效率。健全执行机制，建立具备网络查控、远程指挥、快速反应、信息公开等功能的执行指挥中心，执行“110”快速反应机制全天候24小时值班，被纳入2016年法治江宁建设十件实事。发挥“点对点”网络查控功能，初步实现快速查控被执行人及其财产。实行夜间执行、节假日集中执行常态化。入驻淘宝网司法拍卖平台，对依法查封土地、房产、车辆进行网络拍卖，节约执行成本。加大惩戒力度，对拒不履行法院生效判决的被执行人施行拘传、拘留、罚款等措施，将部分被执行人纳入失信被执行人名单。规范执行行为，配备执法记录仪，保证执行实施行为全程留痕。建立纳入失信被执行人名单的“反向审批”制度，规范确无财产可供执行的终结本次执行案件管理，完善动态管理和恢复执行机制。

服务发展大局　2016年，区法院自觉融入全区工作大局，为经济社会发展提供优质高效的司法服务和司法保障。依法参与旧城改造、南京南站等重点项目建设拆迁、“三高两低”企业环保专项整治、河道堤防工程占用补偿费征收等执法工作。依法服务经济转型升级，受理南京起重机械总厂有限公司等企业破产、公司清算案件，推动南京天印置业有限公司破产重组，成为南京市基层法院第一例成功的司法重整案件。

社会矛盾化解　2016年，区法院按照“党委领导、政府支持、多方参与、法院主导、司法推动”的要求，不断完善“五位一体”劳动争议化解机制，与司法、劳动仲裁、劳动监察、工会等部门建立常态化对接机制，促进劳动争议有效化解。改进涉诉信访工作，推行预约接访与实时接访相结合、信访工作每周通报、重点信访领导包案等信访工作机制，确保信访渠道畅通、信访化解责任落实到位和社会和谐稳定。实施诉访分离改革，依法把涉诉信访引入诉讼程序解决，对当事人信访、申请再审和申诉，凡是符合法定条件的，一律依法立案复查。

服务社会治理创新　2016年，区法院发挥司法引领作用，发布《审判工作白皮书》，分析研判经济社会运行中的突出性、苗头性问题。对全区涉及征地拆迁的审判和执行情况开展调查研究，受到区委、区政府主要领导的批示和肯定。加强司法宣传引导，开展法治教育活动，建立青少年法制教育基地。是年，汤山法庭被列为南京市首批社会主义核心价值观建设示范基地。

2016年12月14日，江苏省首例网约车引发的交通事故赔偿案在区法院宣判。图为庭审现场　张定生　摄

诉讼服务 2016年，区法院继续打造诉讼服务大厅、诉讼服务网、“12368”诉讼服务热线“三位一体”的诉讼服务中心，建立线上线下同步运行、实体虚拟协调配合的诉讼服务工作机制。全面落实立案登记制改革，实行“有案必立、有诉必理”。全年办理网上立案2798件，“12368”热线接听和办理服务事项4817件。

司法责任制改革 2016年，区法院在江宁开发区法庭被确定为全省试点法庭后，出台实施方案，明确规定院庭长不得对未参加审理案件的裁判文书进行签发，10月实现员额法官自审自签裁判文书。深化审委会改革，修订《审判委员会工作规则》，完善审委会议事规则，依法合理确定审委会议事范围，明确规定审委会对于案件事实认定问题不予研究。健全院庭长办案机制，按照业务分工和专业特长，将其编入审判团队参与办案，使优质审判资源重归审判一线。改进审判管理和监督方式，推进网上办案，实现“全程留痕”。落实中央文件要求，运行电子信息登记系统，全面如实记录法院内部人员和外部领导干部干预、插手案件情况，健全防范干扰的独立办案机制。明确责任追究办法，规定法官承办案件经审委会讨论认定为不合格等次的，根据过错程度、后果确定应当承担的审判责任。

诉讼制度改革 2016年，区法院组织开展刑事速裁改革试点，在全省率先探索出以保障人权为核心、以简化程序为导向、以案件质量为基础、以协调对接为重点的刑事速裁工作机制，审判效率大幅提高，得到最高院领导肯定。推进民事小额诉讼工作，建立健全“强制适用、简化程序、大力保障”工作机制，发挥简化程序和一审终审在提升民事审判效率中的作用。累计适用刑事速裁程序审结案件、适用小额诉讼程序审分别占全部刑事、民事案件的23.77%和12.43%。探索要素式审判方式改革，提升劳动争议、民间借贷、建设工程等纠纷的审判质效。

人民陪审员制度改革 2016年，区法院落实人民陪审员“倍增计划”，选任240名政治过硬、工作热情较高且具有一定专业特长的公民担任陪审员。改革人民陪审员参审机制，对敏感性强、关注度高、矛盾冲突大、与群众关系密切的重大民商事案件，探索由人民陪审员与法官共同组成5人以上的陪审制大合议庭进行审理，相关经验做法在最高院人民陪审员改革座谈会上作专题汇报。规范人民陪审员参审方式和流程，启用人民陪审员随机抽取参审软件，全年一审案件陪审率96.16%。

社会监督 2016年，区法院自觉接受区人大、区政协的监督，贯彻《中华人民共和国监督法》，严格落实全面工作定期报告、主要工作专题报告、人事任免事先报告、重大案件及时报告等工作制度。认真听取人大代表、政协委员的意见和建议，不断完善交办、督办、反馈机制。加强代表、委员联络，配合开展专题调研和执法检查，邀请代表、委员视察座谈、旁听庭审、见证执行。依法接受检察机关监督，配合检察机关履行法律监督职责，办理检察建议，共同维护司法公正。广泛接受社会各界监督，着力打造阳光司法工程，全面推进审判流程、裁判文书、执行信息和庭审四大平台建设，增进公众对司法的了解和信任，网上公布裁判文书。加强官方网站、微博、微信建设，运用自媒体向社会公开法院工作。开展“万名群众进法院”活动，让各界群众走进法院，零距离感受法院工作。

（张定生）

区法院与竹山中学结对共建 2016年2月，区法院与竹山中学举行“院校共建”启动仪式。共建双方将联合开展法制讲座、案例展览、结对帮扶、模拟法庭等一系列形式多样的法制教育活动，提高青少年学生的法律意识，从源头上预防和减少校园矛盾纠纷以及在校学生违法犯罪行为，为学校师生的工作、学习和生活营造良好的法制环境。

首批82名法官“入额” 2016年10月，区法院首批员额制法官入额工作基本完成。所谓“法官员额制”是指法院在编制内根据办案数量、辖区人口、经济发展水平等因素确定的法院法官人员限额。员额一旦确定，在一定时期内不能改变，没有缺额就不能递补。法官入额工作是司法改革的一项重要内容，全面实施法官员额制后，只有入额法官才有权办案，并对办案质量终身负责。此次区法院入额的82名员额制法官，是在省法院的统一组织下，经过岗位承诺、资格审查、考试、业绩考核考评等程序，经省法官遴选委员会遴选，省高院党组审议决定，最终纳入法官员额管理人选。（宁 鉴）

司法行政

概　况　2016年，江宁区司法局推进法制宣传教育、人民调解、安置帮教、社区矫正、法律援助、法律服务司法行政工作体系建设，全力打造人民满意的服务型司法行政机关，各项工作取得新进展。在“六五”普法终期验收中，江宁区被省政府评为“六五”普法工作先进区，区司法局连续7年在全市系统综合绩效考核中名列第一，全省排名第四。

法治宣传教育　2016年，区司法局以增强全民法治观念、推进法治社会建设为目标，坚持整体谋划、重点突破、创新实践、务求实效的思路，深入开展法治宣传教育，完成“六五”普法目标任务，在推进法治江宁建设、促进民生保障、维护社会稳定中发挥了积极作用，获“全省‘六五’普法中期先进单位”称号，并被省政府表彰为“全省普法工作先进区”。年初，全面启动“七五”普法工作，区委、区政府转发“七五”普法工作规划，召开“六五”普法总结表彰暨“七五”普法动员大会。突出重点对象精准普法，抓好领导干部“关键少数”，在全区推广应用“网络学法系统”，领导干部和公务员网上培训率100%；抓好青少年“关键时期”，开设法治课堂，为10万名中小学生发放“学法笔记本”；推进法治文化建设，东山章村石羊法治公园、禄口法治文化广场等6家阵地入选全省法治文化示范点。继续推进基层民主法治创建，全区省级民主法治示范村（社区）94个，创建率47%。在年轻干警中开展法治宣传“创客”行动，激发青年干部创新智慧和活力，该局选送的《宽频时代普法“网红”新媒体应用模式》在全省司法行政青年“创客行动”优秀成果评选活动中获三等奖；司法行政“双微”成功入驻“今日头条”号，成为首批入驻头条号的全省区（县）级司法行政官微。联合多部门制定《关于青少年法治宣传教育工作的实施意见》，完善青少年法治宣传教育长效机制，拓展校园法治教育第二课堂空间，打造生动、直观的学校法治教育课堂。与区妇联等部门共同开展第九届“万家学法”系列活动，将礼义孝悌传统道德规范和反家庭暴力法、未成年人保护法等相关法律知识送进千家万户，在全区形成“家家学法”氛围。12月1日，组织开展“12·4”国家宪法日系列宣传活动，主会场东山文化休闲广场与各街道分会场，同步开展主题为“不忘初心，尊崇宪法，共筑共享法治江宁”大型广场法律服务活动，宣传宪法权威，弘扬法治精神，现场为市民解答法律问题。全年开展普法服务活动428场次，发放法治宣传资料20余万份，受益群众超过10万人次。

2016年3月7日，区司法局牵头举办江宁区机关干部反家暴法学习沙龙　区司法局　供稿

人民调解　2016年，区司法局围绕维护社会发展稳定大局重点任务，化解各类社会矛盾纠纷，全区各类调解组织受理纠纷22777件，比2015年增长127.5%，调解成功22394件，调解成功率98.3%。加强调解组织和规范化调委会建设，全区村（社区）规范化调委会建成率95%；推进专业性、行业性调解组织建设，联合区住建局成立区物业纠纷调处中心；全区500人以上企业调解委员会建成43家，覆盖率80%；江宁电视台“多大事啊”栏目组电视调解纠纷47起，提升人民调解的社会影响力。加大矛盾纠纷排查调处力度，在重大活动和节假日期间进行重点摸排，消除涉企、涉农民工等各类隐患109起、重大矛盾隐患43起。参与多元化解矛盾纠纷机制建设，加强公调、访调、诉调对接。与江宁公安分局联合出台《关于进一步深化“公调对接”工作的实施意见》，明确调解员配置标准、工作职责、对接形式、受理范围、保障机制、日常管理等工作制度。深化“访调对接”机制，在全省范围内率先成立区“访调对接”办公室，在湖熟、横溪街道建立访调对接平台，区访调办和司法所累计参与信访接待480余起，参加信访案件会办25起，劝

阻集体上访68批、1499人次，将269起信访矛盾稳控在街道和村（社区）层面。11月15日，全区深化“访调对接”工作现场会在湖熟街道召开，为推行“访调对接”打牢基础。

社区矫正 2016年，全区累计接收社区服刑人员504人，比2015年增长40%。推进社区矫正规范化建设，贯彻落实全省社区矫正工作队伍“三检查、三规范”专项整改要求，提升社区矫正队伍实战化水平，为依法矫正、科学矫正、精准矫正奠定基础。开展社区服刑人员“双严”集中整治活动，全年实施警告51人次，撤销缓刑3人，对新入矫和重点人员实施24小时手机定位监控，重新违法犯罪“零发生”，区司法局获省社区矫正“双严”工作先进集体。加强社区服刑人员不假外出专项整治行动，分析研判社区服刑人员数据信息，及时掌握社区服刑人员活动范围，扩大收集不假外出信息渠道，研究出台《江宁区社区服刑人员外出请销假工作规范》，活动期间查处不假外出社区服刑人员20人，全部给予警告处分，不假外出人员比例大幅下降。突出人文教育的引导作用，以“119”消防宣传月为契机，邀请南京市安居消防中心安全教员对80余名社区服刑人员进行消防安全知识科普集中教育，强化矫正对象消防安全意识和法治观念。12月13日南京大屠杀死难者“国家公祭日”当天，组织40名新入矫的社区服刑人员开展“国家公祭日”爱国主义集中教育，增强其国家观念和责任意识。

安置帮教 2016年，全区回归安置帮教对象643人，无“三无”和“三假”人员，未发生脱漏管现象。区司法局按照“安置多元化、帮教科学化、管理信息化、工作规范化”的要求，围绕破解衔接难、教育监管难、就业安置难等，加强安置帮教对象衔接管理和动态监管，严格落实必接必控制度，从源头上杜绝刑释人员脱管漏管，衔接率、帮教率、安置率均达100%；与监所“无缝对接”，接回46名监狱评定的高危人员，协调相关部门进行妥善安置。推进安置帮教工作信息化建设，强化安置帮教工作平台的管理和应用，抓好安置帮教对象核实和衔接工作，核实率100%，衔接率99.6%。组织开展帮扶教育行动，向江宁籍服刑人员寄送“特别家书”，对10名服刑人员子女进行帮扶救助，建立社会企业安置基地24个，解决部分“三无”人员和特殊困难刑释人员就业安置问题。

法律援助 2016年，区司法局以保障群众合法权益为己任，完善法律援助工作机制，提升法律援助质效。全年受理法律援助案件1056件，接待群众法律咨询12415人次。加大对公益性法律服务的投入力度，取消对低保户等困难群众的门槛限制和对低保户等“五类人员”申请法律援助受理范围限制，并将劳动保障、食品药品、教育医疗等民生大事纳入法律援助补充事项。开展“法润春风”农民工维权专项行动，畅通农民工维权“绿色通道”，先后帮助800余名工人讨回工资700余万元。与区妇联联合下发《江宁区妇女儿童法律援助实施意见》，为遭受家庭暴力妇女开设维权绿色通道，快速办理，对于寻求法律帮助的妇女，安排女性律师接待、承办妇女维权案件，对符合条件并提出申请的女性当事人提供法律援助比例100%。开展“法律援助案件质量提升年”活动，严格案件考评制度，推行案件回访制，将考评结果与法律援助案件补贴挂钩，办案质量和群众满意度提升。8月，区法律援助中心获“2013—2015年度南京市文明单位”称号。

法律服务 2016年，区司法局全面落实法律顾问制度，建立健全党委、政府法律顾问工作机制，对全区机关部门、街道（园区）、国企集团法律顾问开展备案工作，区政府部门法律顾问聘请率91.4%，区内园区、国企集团、街道法律顾问聘请率100%。区总工会在全区分片建立了3个企业职工法律服务枢纽点，组建企业法律顾问律师资源库，吸收专业律师40人。引导顾问律师参与区政府法律事务和周三信访接待日工作，在服务政府科学决策、重点工程与项目建设、风险防范等方面发挥作用。推进一村（社区）一法律顾问全覆盖，全区200个村（社区）都聘请了法律顾问。依托村（社区）人民调解室，在全区200个村（社区）建立司法行政工作站，在全区“金花村”和“美丽乡村”建立法律服务点，由各街道司法所指导站点建设和日常管理，派律师、基层法律服务者进驻，为基层群众提供专业法律服务，打通法律服务最后“一公里”障碍。

公证工作 2016年，区公证处办理经济、民事、涉外、涉港澳台等各类公证4553件，其中办理国内民事公证3619件，国内经济公证426件，涉外、涉港澳台公证508件，公证收费532万元。参与全区安置房“两证”办理，为各街道（园区）现场公证安置房分房9949户。开展困难群众权益保护活动，为残疾人、老年人、病人等弱势群体减免公证费用。开展反家庭暴力法、“法润江苏·2016春风行动”等普法宣传活动，深入区内敬（养）老院，发放宣传资料、现场解答群众法律问题，普及公证法律知识。

律师工作　2016年年末，全区有律师事务所20家，注册律师176人，基层法律服务工作者63人。区司法局继续加强法律服务队伍建设，全年组织律师思想教育和业务技能培训5次。推进规范化管理，走访督查全区律师事务所，针对薄弱环节进行重点督查，对1家律师事务所下发整改通知书，给予1家律师事务所暂缓注册。建立律师事务所主任微信群和律师微信群，打通律管信息上情下达“秒通道”；利用律师管理、律师服务两个网络平台，推行“律所管理网上同步巡查制”，实现实地考核“精准出击”。开辟党外律师参与社会公益新渠道，联合区委统战部共同组建由11名律师参与的江宁“同心·律师服务团”，构建律师参与政治建设、社会建设和表达政治主张、参政议政新平台。打造律师专业化服务模式，推进法律服务产品研发工作，研发法律服务产品22个，包含产品内容、服务流程、精细化提示等规范事项，为当事人提供精准法律服务。

基层基础建设　2016年，区司法局加强基层基础建设，推进以信息化为核心的“实战化”进程，参与省司法厅县乡平台研发试点工作，推广应用“2+1+N”智能平台。优化“12348”司法行政公共服务平台功能，实施千兆光纤改造工程，为功能升级奠定基础。围绕“365工程”达标年活动，开展司法所和司法站基本保障规范化建设，对全区司法所实施分批次功能化改造，完善司法站标识、运行机制，以规范化提升基层司法行政服务效能。扎实开展“两学一做”学习教育、“微型党课”比赛、“万名党员干部带万户”等活动，实行日常监督、主题教育和警示教育“三结合”，在全系统形成“比学赶超”的氛围，先后有26人次获得省、市、区表彰。

司法特色服务　2016年，区司法局在全省率先开展社会组织培育发展试点工作，探索社会治理创新新路子，初步形成具有江宁特色的培育试点经验。梳理出司法行政领域六大类34个可由社会组织承接的非执法类服务项目清单，明确一批特色鲜明、服务民生的法律服务项目，各型各类社会组织结合各自特色，差别化发展，承接服务项目。全区登记法律服务社24家，备案服务站点70个，通过政府购买、公益创投和签约服务，先后承接区级各部门、街道项目25个，获各方资金110余万元，开展法治讲座108余场次，调处各类纠纷280多件，受益群众近万人。5月，全省系统内社会组织建设现场推进会在江宁召开。12月，在法制日报、法治周末报、民主与法制、中国互联网新闻中心和中国网等部门联合举办的“2016创新社会治理优秀城市发布仪式暨第二届全国创新社会治理经验交流会”上，江宁区被评为“全国创新社会治理优秀城市”。（司法局）

向青少年发放10万册学法笔记本　2016年9月1日，区司法局联合区教育局面向全区中小学生发放青少年学法笔记本10万册。该笔记本作为全区中小学生法治课堂配套笔记本，由区法宣办、司法局牵头设计，前期设计过程中广泛征集青少年学生意见，从贴近青少年学生成长特点出发，基本满足中小学生不同层次法治需求。学法笔记本在第一页醒目位置印制“12348”“110”“119”等专线电话，内页则采用左侧图说普法、右侧笔记形式，便于学生一边学法、一边做笔记。“图说普法”部分设计宪法、法制沿革、法治故事、法治成长之路4个篇章，在法治故事中选取约法三章、叔向论罪等8个历史法治故事，在法治成长之路中突出青少年人身安全防卫、消防安全防护、远离毒品等重点内容。

司法局“双微”入驻“今日头条号”　2016年10月，区司法局微信、微博“双微”被省市推荐入驻“今日头条”号，成为首批入驻头条号的江苏省区县级司法行政官微。为加强新媒体、新技术在普法中的运用，切实提高普法实效，激发青年干部的创新智慧和活力，打造“创客智汇”普法专栏，该局加大对“双微”原创作品的开发力度，一批优秀的原创普法作品图文并茂，语言生动，寓教于乐，深受广大网友欢迎，其中有不少原创稿件多次被省司法厅微信公众账号采用及转发，有效扩大了普法受众面。入驻“今日头条”号后，将借助“今日头条”的大数据分析平台，运用其对特定人群精准推送的技术特点，做好普法内容的传播，从“广撒网”转变为“精聚焦”，进一步提升普法的针对性和实效性。（宁　鉴）

军事

人民武装

概　况　2016年，江宁区人民武装工作坚持稳中求进、固强补弱、能力至上、求真务实，以提升完成多样化军事任务能力为目标，加强思想政治建设，拓展和深化军事斗争准备，国防后备力量建设取得新进步，各项工作取得新进展。是年，区人武部被江苏省军区表彰为“军事训练先进单位”，被南京警备区表彰为“后勤管理先进单位”“征兵宣传工作先进单位”，被南京市人民政府和南京警备区表彰为“创建全国双拥模范城有功单位”。

战备训练　2016年，区人武部按照警备区军事工作指示要求，坚持把军事斗争准备工作抓紧抓实。围绕“平时服务、急时应急、战时应战”目标，突出重点，优化结构，将整组工作落实到位。按照能打仗、打胜仗的要求，开展全市80名民兵通信专业分队骨干进行跨区联训；组织全区110名应急分队骨干进行“打得准”比武竞赛；完成警备区赋予江宁区的民兵高炮分队组建和训练任务，并先后3次组织高炮分队参加省军区、警备区开展的高炮分队集训，训练业务骨干，累计训练50天。其中，赴连云港白塔埠机场参加的省军区民兵骨干与现役部队挂钩训练，是一次动用装备远程机动实战化训练，集训采取“嵌入式”训练模式，组训人员和参训民兵与现役部队一个标准，把所有课目训全、训实、训熟，全程组织严密、安全顺利，考核成绩优异。5月10日，省军区组织对全省3家参训单位进行基础训练考核，江宁区高炮分队所考课目是唯一全部达标单位。加强民兵应急队伍建设，区民兵应急分队在民兵训练争先创优和完成急难险重任务方面取得新成绩。上半年，参加警备区组织的“四会”教练员比武，获团体第一名。7月4日，鼓楼区树人学校长江段堤坝出现渗漏险情，根据警备区首长指示，区人武部出动民兵应急分队40人，动用车辆6台，机动30公里赶赴一线，在警备区首长机关的指挥下，展开构筑围堰、加固堤坝、处置管涌等抢险救灾行动，民兵应急分队反应速度、完成任务能力和精神风貌受到军地领导肯定。

征兵工作　2016年，区人武部巩固省、市兵役机关赋予的征兵“一站式”服务试点成果，建成全省唯一的兵役服务中心。服务中心参照地方行政服务大厅模式，实行窗口化服务，区人武部、公安分局、卫生计生局、民政局、教育局等部门联合办公，为广大应征青年提供便利。组织研发一套“征兵工作管理系统”，从在“全国征兵网”报名开始，应征青年数据信息就可以备份进入该系统，征兵办各组运用客户端登录，实时录入体检、政考、去向等信息，直至定兵交接，所有流程都在网上完成，征兵办负责人全程监管。建立常态化征兵体检站，选定区疾控中心作为常态化体检站，24小时出具体检结果，应征青年随到随检，为征兵体检开通“绿色通道”。是年，全区所征集新兵中，大学生占64.4%，创历年新高。

规范化建设　2016年，区人武部坚持以《警备区新一轮战备规范化建设方案》为标准，通过学习理解、调研摸底、反复论证，理清思路，全面推进战备规范化建设。专门召开党委会、任务部署会、专题研究会，学习领会上级党委首长的指示精神，认清战备规范化建设工作是深化大规模作战准备的重要抓手，是落实日常战备综合整治的具体举措，是提升战备“三化”建设水平的有效途径。为了解掌握前沿、实用、可借鉴的战备建设成果，组织人员赴扬州、句容等地参观见学，收集整理战备值班运行、信息系统运用、指挥手段建设、战备器材设施、快速反应能力等方面的经验做法，找准战备建设水平的现实差距，研究确立有系统方案计划、有完善信息系统、有规范建设标准、有配套物资器材、有常态落实举措的“五有”目标。

拥政爱民　2016年，区人武部深入开展为兵为民服务工作，努力发挥在服务部队、服务地方的桥梁纽带作用。根据战区统一部署，协调区民政、双拥等部门，组织对160个战区部队营连主官家庭走访慰问。继续开展“万名党员干部带万户”活动，主要领导深入扶贫点禄口街道马铺社区进行实地调研，研究制定扶贫方案，投入20万元帮助该社区加固哪吒河圩埂，解决洪涝问题，4名现役干部与该社区4户低保户实行结对帮扶。组织驻区部队官兵150人次和民兵预备役人员300人次，开展环境整治、敬老爱幼等学雷锋活动。联合区司法局、科技局、交通运输局等部门，走进军营上门为驻区部队提供各类服务。协助舟桥旅铺设国防光缆，做好驻宁部队随军家属就业培训和定向招聘协调工作。是年，区人武部被南京市委、市政府、南京警备区联合表彰为“创建双拥模范城有功单位”，并立集体三等功。

国防教育　2016年，区人武部努力适应新形势新任务新需要，紧扣“立足长远、全民参与、讲求实效”目标，狠抓长效机制的建立和完善，促进国防教育步入法制化、制度化、规范化轨道，确保国防教育工作稳步推进，为全区经济社会发展注入新的生机与活力。结合春节、“八一”慰问等，组织各级党政领导、企事业单位开展国防教育活动。通过邀请驻区部队英雄楷模、先进人物进机关、进企业、进社区、进学校举办事迹报告和国防知识讲座等，组织有关部门、单位、团体到驻区部队实地开展国防教育，增强“国无防不立、民无防不安”的国防观念。　（鲁豪杰）

试点推行“拥军卡”　2016年4月，区人武部与区民政局联合中国银行江宁支行，在全市率先试点制作推行“拥军卡”，方便入伍士兵领取优抚金，并提供低息创业贷款等福利。以前入伍家庭要跑很多部门、办理很多手续才能拿到义务兵家庭优待金、退伍士兵一次性经济补助金、大学生入伍奖励金和大学生学费补偿经费等4项经费，而现在统一制作发放的“拥军卡”彻底解决领取优抚金的难题。持有“江宁区拥军卡”的入伍青年，无论身处何地，都可以前往银行自助领取，不仅可免收开卡、转账、异地交易等手续费，退役后还可享受一次性5万～10万元的低息创业贷款。　（宁　鉴）

2016年6月24日，军地领导调研区人武部征兵一站式服务工作
鲁豪杰　供稿

人民防空

概　况　2016年，江宁区人民防空工作紧紧围绕实现党在新形势下的强军目标，紧密联系实际，抓落实、求实效，全面提升履行战时防空、平时服务、应急支援使命任务的能力，将人防事业推上一个新台阶。是年，江宁区被省国防动员委员会表彰为“人民防空先进城市”。

人防工程管理　2016年，区人防部门编制年度经费预算，筹集资金投入竹山路地铁换乘中心、城区中心花园地下停车场建设，确保专款专用。结合新建民用建筑修建人防地下室，先后办理行政许可、审图和竣工备案等，均按省、市人防办要求，超额完成任务。定期或不定期组织专业人员对人防工程维护管理的计划进度和维护质量以及人防工程内部防护设施、各种设备运行使用情况进行检查，全区人防工程维护合格率96%，优良率92%，人防工程管理开放利用率92%。全年2次组织全区人防工程维管人员在区委党校进行集中培训。

2016年9月18日，区人防部门结合“9·18”警报试鸣日活动在区内学校开展火灾紧急疏散演练　　余银月　摄

人防应急准备　2016年，区人防部门组织有关人员按照省、市人防部门有关要求，修订完善《江宁区人民防空袭预案》《人员疏散预案》《灯火管控预案》和《人民防空应急行动预案》等。对人防专业分队进行整组，注重训、管、教相结合，促进训练质量提高，经考核验收，合格率100%。完成机动指挥通信系统建设试点，为防空防灾应急救援行动实施快速、稳定指挥。建立警报试鸣组织程序和指挥程序以及防空警报数据库系统和培训考核检查机制，制定《江宁区防空警报设施管理规定》，举办2期防空警报维护管理培训班，300余人次参加培训，警报设备完好率和警报鸣响率均为100%，多媒体警报器安装实现全覆盖。

人防宣传教育　2016年，区人防部门继续开展人防知识教育“五进”活动，投入10万余元，为全区初级中学免费配备人防知识教材，在初级中学全面开展人防知识教育。在驻区东南大学、河海大学、经贸学院等院校先行试点的基础上，人防宣传教育在所有驻区高等院校开展，受教育大学生8万人次。注重收集人防工作信息，充分利用广播电视、报纸杂志和网络等媒介，广泛宣传《中华人民共和国人民防空法》《中共中央、国务院、中央军委关于加强人民防空工作的决定》以及《江苏省实施〈人民防空法〉办法》等法律法规，及时报道人防工作动态。全年发布人防工作信息30条，组织2.21万余名社区居民观看电影《居安思危，备战人防》，免费向全区市民发放人防应急救援包1万个。

防灾减灾演练　2016年5月，区人防部门在麒麟街道麒麟中心小学举办一场主题为“消除空袭后果，确保社会稳定”的治安防空演练。结合区“三下乡”活动、“5·12”防灾减灾日、“9·18”警报试鸣日和“12·13”国家公祭日，先后在湖熟街道湖熟社区、禄口街道马铺社区、横溪街道甘泉湖社区、江宁街道河西社区、东山街道大里社区及淳化敬老院等地和科学园小学、东山小学开展疏散演练活动。11月24日，在某粮库组织代号为“宁防—2016”重要经济目标防护演习，获得国家人防办及省、市、区军地领导高度评价。　（姜炬南）

新装200多台新型多媒体警报器　2016年6月起，全区陆续在各街道（社区）及中小学安装200多台新型多媒体警报器，年底前实现全覆盖。新型多媒体警报器由电声防空警报器、LED电子屏、警示灯等部分组成。与传统警报器相比，新设备除具备战时防空警报信号发放的功能外，还能发布音频防空警报声，并通过LED电子屏图文显示，更好地帮助市民及时了解战况，防护、隐蔽和疏散的方法以及注意事项。一旦有空袭等危险，警报器能通过无线和3G网络强制性地以声音、图像等形式对外发出警报，确保警报覆盖率。此外，新型多媒体警报器还是各种信息发布的载体。警报器平时可以发布气象信息，社区居民每天进出大门，就可以看到当天的气象报告和预报；宣传部门还能够借助大屏幕，发布一些便民信息。

防空疏散演练　2016年9月18日，江宁区举行防空疏散演练，南京工程学院15个班级800余名军训中的大一新生按照制定的防空隐蔽疏散方案和路线，有序疏散撤离。当天上午10:00，“呜——呜——”刺耳的防空警报声在江宁大地上骤然响起，同学们在区人防办工作人员指导下，有条不紊地冲出教室，在楼下的广场上排成整齐的队伍。伴随着“开始疏散”的指挥声，新生们兵分3路进行紧急疏散，整个疏散集合过程用时不到2分钟。其中，200人登车前往区隐蔽工程，由工作人员为其发放应急食品；300人疏散至足球场开阔地域，由区人防办按战时预案组织撤离；300人有序隐蔽至大操场东侧树林，由人防志愿者现场为其讲解应急避难常识。10:08，当空袭警报响起时，疏散在学校大操场西侧树林里的新生，立即双手抱头，蹲坐在草地上，等待防空警报的解除，整个过程规范、有序。演练过程中，区人防办医疗救护专业队对“伤病员”及时进行救护，并组织学生观看防空防灾知识图片展和《居安思危、备战人防》专题教育片等，免费发放《民防知识教材》800多份。

重要经济目标防护演习　2016年11月24日，区人防办在某粮库组织代号为“宁防—2016”重要经济目标防护演习，检验全区重要经济目标防护预案和防空袭行动对策，规范抢险救援程序，增强防空防灾意识，提高全区人防专业队伍快速反应能力和处置突发事件能力。此次演练采取雷达侦查、炸点显示、伪真防护、烟雾隐蔽等手段对重要经济目标进行防护。通过市人防指挥部现场组织指挥、专业队伍联动、信息保障等措施，演练重要经济目标遭受空袭后怎么做、如何防的程序和方法，探索重要目标防护要领和战时组织指挥能力。演练出动指挥通信等特种保障车辆20多台、专业力量400多人，完成演练任务。（宁　鉴）

武警消防

概　况　武警南京市消防支队江宁区大队位于江宁区通淮街126号，营区占地面积1.1万平方米。全区有消防安全重点单位533家，其中市消防支队列管一级重点单位5家、江宁消防大队列管二级重点单位328家、公安派出所列管三级重点单位205家。江宁消防大队现有204人，其中现役官兵58人（干部23人、战士35人），合同制消防员89人（文职雇员51人、战斗员38人）。下设东山、江宁开发区2个现役执勤中队和汤山、滨江、高新园3个政府专职消防队，配备各类执勤消防车25辆。2016年，全区消防部队接警出动1134起，出动警力2354车次、16118人次，其中火灾扑救824起、抢险救援267起、社会救助43起。成功处置“2·2”中电光伏、“4·22”靖江德桥化工等重大火灾事故，完成“9·3”纪念活动、G20峰会等重大消防安保任务。消防大队及各派出所全年出动警力3.4万人次，检查单位4281家，发现并督促整改隐患5764处，办理行政处罚案件527起，临时查封单位57家，责令停产停业单位71家。夏季，联合民政、安监、文化、住建等行业部门，先后开展养老机构、儿童活动场所、易燃易爆场所、文物古建筑、建筑工地等专项整治行动，出动3.4万人次，检查单位1.85万家次，督改火灾隐患1.88万处；实施消防行政处罚1053起，责令停产停业单位62家，临时查封75家。年内，汤山消防站投入日常执勤备战，空港经济开发区消防站工程于10月18日主体封顶，先后采购1辆进口

2016年11月，江宁区“119消防宣传月”启动仪式在东山街道泥塘社区举行。图为消防官兵向市民展示消防装备和产品　区新闻中心　供稿

18米高喷消防车、1辆进口城市主战车、4辆泡沫水罐车、2辆抢险救援车、1辆消防宣传车。

（俞　亮）

双拥共建

概　况　2016年，江宁区双拥共建工作以服务军队改革、巩固军政军民团结为重点，加强与驻区部队配合沟通，采取措施落实双拥、推进双拥，全区双拥工作取得新成效。是年，在南京创建“全国双拥模范城”活动中，全区有14个单位和12名个人受到市委、市政府、南京警备区通报表扬。

双拥宣传　2016年年初，区双拥办开通江宁双拥微信公众号，充分运用主流媒体和网络、微信等新兴媒体，大力宣传全区涌现出的“最美拥军人物”“情系国防好家庭”等先进典型。“八一”期间，以“全国双拥模范城”命名活动为契机，组织开展双拥图片展进军营、进社区活动，掀起军地双拥共建热潮。双拥宣传片《舍小家为国家的驻江宁军人》，在江宁主城区户外大屏及区内各媒体播放，并迅速在微信等各类新媒体平台上引起关注。“全民国防教育日”期间，区委宣传部利用主城区LED显示屏，滚动播放国防宣传标语，各街道结合征兵工作邀请驻区高校教师为应征青年进行国防知识宣讲。

拥军工作　2016年，区双拥办向家庭困难，在边疆、海岛等艰苦地区服役的部分江宁籍战士家庭和驻区部队家庭困难官兵进行救助，发放救助金20万元。为丰富驻区部队官兵业余文化生活，区图书馆向驻区73602部队赠送图书3000余册；区科技局走访驻区73097部队，介绍江宁科技创新创业发展形势；区司法局深入驻区73017部队开展“送法进军营”活动。区国资集团、电力公司投入300多万元，为73602部队铺设塑胶跑道，实施电力扩容。区文广局全年送文艺进军营20多场次。为促进官兵成长和军地融合发展，成立“江宁区双拥共建人才培训基地”。

爱民活动　2016年，驻区部队累计出动600多名官兵，为江宁人民开展学雷锋志愿服务活动，将拥政爱民正能量传送到千家万户。中考期间，驻区部队选派精兵良将配合区教育局对全区初三学生体育考试进行监考。江宁消防大队联合相关社区、街道利用消防站开放日，每周与辖区重点单位、学校开展消防知识宣传及灭火救援实战演练。解放军汤山疗养区每月组织医疗专家赴汤山新城益乐家园为社区居民提供义诊服务、为小朋友们开展口腔义诊活动，走进汤山敬老院为孤寡老人献爱心，提供医疗服务，还在汤山设立南京城东唯一的“120”急救点，为汤山及周边居民提供便利的医疗服务。驻区73602部队深入科苑社区开展爱心志愿义诊活动，为孤寡老人、贫困家庭送医送药。73097、73017等部队组织精准扶贫进社区、进校园活动，向学校捐赠助学金20万元。

（许剑龙）

2016年11月24日，江宁驻区部队开展助学帮扶活动　许剑龙　供稿

人才工作

概　况　2016年，江宁区人才工作紧扣质效导向，以人才政策创新和服务环境优化为抓手，大力引进培养高层次创业创新人才，呈现出提质增效、加速转型态势，人才集聚质量和创新创业综合效益指标持续保持省市领先位次，实现“十三五”规划良好开局。全年新培育国家“千人”“万人”和省“双创”人才26人，入选市“创业南京”129人，均名列全市各区第一；依托“创聚江宁”人才工程新引进195名高层次人才，402名青年大学生创客到区创业创新，比2015年增长26%，集中分布于软件及信息服务、生命科学、高端装备和节能环保等领域，与全区“3+3+3”主导产业发展方向紧密契合。与此同时，人才发展效益加速增长，人才创办企业全年销售总额38亿元，增长135%，超过60%的企业已有税收贡献，缴纳税收7.6亿元，相当一部分人才企业成长为行业领军企业和细分领域“隐形冠军”，其中年销售超1000万元企业53家、超1亿元企业7家，先后有41家企业晋升为国家高新技术企业，13家企业在境内外挂牌。

全区“十三五”人才发展规划发布
2016年，区委组织部（人才办）在对接落实中央、省、市关于人才工作最新部署要求的基础上，以深化人才发展体制机制改革为统揽，编制发布《江宁区“十三五”人才发展规划纲要》。该“规划”整体分为6个部分，包括发展现状和面临形势，指导思想、总体部署和战略目标，主要任务，深化人才发展体制机制改革，构建人才创业创新生态系统以及组织实施等。“规划”主动策应全区“三区一中心”建设，提出打造江苏“人才强区”的总体目标，同时突破6支人才队伍建设传统格局，对接经济发展、文化建设、民生建设、现代农业、从严治党5个“迈上新台阶”，逐一明确各领域人才队伍建设的主要任务，确立“十三五”期间江宁人才发展的路线图。

首个“党管人才”专项意见出台
2016年，区委组织部（人才办）围绕贯彻落实中央和省、市关于进一步加强党管人才工作的决策部署，结合区域实际，研究出台《关于进一步加强和改进党管人才工作的贯彻实施意见》，成为全区首个“党管人才”专项意见。该“意见”把推进改革与加强制度集成衔接相结合，突出强化党对人才工作的集中统一领导，进一步理顺人才工作职能部门权责关系，从领导体制和运行机制、重点任务和主要抓手、支撑保障机制等3个方面，明确新形势下健全完善党管人才体制机制的12项具体举措，形成更加全面系统规范，具有统揽管总作用的党管人才制度文件。

“创聚江宁”人才工程启动
2016年，区委组织部（人才办）顺应大众创业、万众创新发展形势，深度对接“创业南京”26条人才新政，对区级人才政策进行优化升级，制定出台《关于深化实施“创聚江宁”人才工程，打造产业科技人才高地的意见》。“创聚江宁”人才工程分类推出顶尖专家特支、高端团队引进、创新型企业家培育、高层次创业人才引进、创新人才引进和青年创客扶持等6项计划，构筑起从顶尖到草根、从创业到创新、从个体到团队“全覆盖”式政策支撑体系，形成具有区域特色的聚才竞争优势。同时，结合该工程实施，起草制定6个专项人才计划实施细则、资金管理办法及目标任务考核办法等文件，以此推进人才项目遴选评审、资金投入和目标考核等重点环节改革。

人才多元评价体系建立 2016年，区委组织部（人才办）打破人才评价政府“一言堂”、标准“一杆尺”模式，按照“谁使用谁评价”的原则，建立分类评才体系。对于高层次创业人才，赋予开发园区更大的引才自主权，建立未来网络、生命科学、文化体旅等产业引才专项“精准揽才”，园区认定的人才项目可直接给予项目启动扶持；对企业急需紧缺创新人才，不简单以学历、职称画线，根据业绩和贡献发放安家费补贴和薪酬补助；对大学生创客，联合在宁高校举办江宁首届青年大学生创业大赛，以赛选才、以赛促才，实现人才评价主体和标准多元化。

人才创业项目梯度分层培育机制实行 2016年，区委组织部（人才办）遵循人才经济发展规律，创新建立人才创业项目梯度分层培育机制。在人才落户创业给予启动资助的基础上，一改传统“大水漫灌”式初创扶持为后续“精心滴灌”式培育，强化对人才项目的再跟踪、再激励。在全市率先实施领军型科技企业家培育工程，遴选100家成长性较好的人才企业，分3个层次实施“一企一策”个性化培育措施，提供“成果转化—产业运营—市场开发—品牌建设”的全周期扶持，构建梯度扶持、滚动发展、优胜劣汰的人才激励体系。全年成功培育挂牌上市企业7家，初步在资本市场上形成了“江宁人才”板块。

人才创业创新在线云服务平台开通 2016年，区委组织部（人才办）顺应“互联网+”新形势，在人才服务路径上作出探索创新，开通运行江宁人才创业创新在线云服务平台。该平台运用互联网技术，将政务服务资源与社会服务资源进行在线集成，分类设置政策申报、载体对接、网上服务大厅、创客讲坛、创业评估等八大功能板块，每个板块优选专业服务机构作为“后台服务商”，以线上线下无缝对接，为人才提供创业辅导、项目落户、融资对接、活动交流等“一站式”服务，实现人才拎包创业，推动引进人才本土化发展。

创响江宁人才工作品牌 2016年，区委组织部（人才办）在聚力推动人才工作提质增效转型发展的同时，及时总结提炼创新做法和特色举措，进一步加大宣传力度，创响人才工作品牌。其中，柔性开放引才聚才的做法得到中组部部长赵乐际、省委组织部部长王炯“点赞”，并在全国组织部长会议上获得肯定和推广。此外，人才改革发展经验还相继被央视“新闻联播”“走遍中国”栏目和《中国组织人事报》《江苏组工信息》《新华日报》等媒体报道，“江宁人才”知名度和影响力不断提升。

自主培育国家“万人计划”专家7人 2016年，全区自主培育国家“万人计划”专家实现零的突破，全年入选7人，占全市入选总数的1/3强，名列各区之首。至此，全区“万人计划”专家集聚总数升至21人，位居全省区县前列。作为全省唯一拥有国家“千人计划”“万人计划”和欧美同学会留学报国三大人才基地的区县，江宁区聚力开发“万人计划”等顶尖人才，构建了一条从引才到育才的“梯次发展链”。在人才引进之初，为其量身定制“成长路线图”和累进政策支持体系；在人才发展过程中，针对不同层次的人才分类聚焦、精准施策，打通“区级—市级—省级—国家级”的人才进阶通道，形成人才培养“自我供血”的良性循环。

省“双创计划”入选数蝉联全省四连冠 2016年，在江苏省“双创计划”评选中，江宁区入选15人，占全市入选总数的35%，年度入选数第四次蝉联全省区县首位。全区“双创计划”人才自主培育总数达到103人，成为全省首个培育数超百区。全区累计集聚国家“千人计划”和“万人计划”专家125人、省“双创计划”人才139人，均居全省区县第一；入选市“321计划”“创业南京”英才计划802人，入选总数连续5年领跑全市。引进留学归国人才超过5600人，占全市总量的1/4，人才国际化程度不断提升。

江宁人才发展绩效考核全省第一 2016年3月，江苏省人才工作领导小组公布全省各县（市、区）2013—2014年度人才工作考核结果，江宁区以综合得分第一名列榜首。全省人才工作考核每两年举行一次，此次考核以人才产出效益为重点，从人才引进、培养、投入、使用、载体、效能6个方面，分为62项指标对全省各县（市、区）人才发展绩效进行全面评估。全区从政策创新、载体建设、人才金融、多元服务等方面切入，在人才工作体制机制上大胆探索、锐意创新，不拘形式广纳各方英才，加速发展人才与科技、产业紧密融合的“人才经济”，实现人才发展质态全面提升。

全区人才工作者专题研修班举办 2016年4月12—15日，全区人才工作者专题研修班在浙江大学举办。研修班由区委组织部（人才办）主办，是江宁区首次异地办班对一线人才工作业务骨干开展集中培训，相关职能部门、园区（平台）、街道的50余人参加培训。此次培训内容上突出“三新”，即人才工作新形势、人才引育新政策和人才服务新观念。培训采用传授式、引导式、体验式等多种教学方法，实行专家讲座与领导交流相结合，课堂教学与参观考察相结合，集中授课与交流研讨相结合，其中包括邀请全国著名人才学专家沈荣华授课，实地参观杭州梦想小镇、海创园等地。通过培训，全区人才工作者对先进地区的人才服务、创业孵化、众创空间等有了更直观的认识，专业素养和服务能力得到提升。

省促进会双创人才分会在江宁成立 2016年5月26日，省委组织部（人才办）在江宁区举办江苏人才创新创业促进会双创人才分会成立大会。市委常委、区委书记李世贵，区委常委、组织部部长陈升参加会议。同时，省促进会双创人才分会秘书处工作机构落户江宁。分会将为全省各地双创人才交流思想、汇聚智慧、分享资源提供新的支撑载体，通过整合人才和项目资源，加强双创人才和各地开发园区特色产业对接，充分发挥双创人才群体的作用，为全省“一中心一基地”建设做出贡献。

第二届“科技人才创业创新奖”评选 2016年10—11月，江宁区开展第二届“科技人才创业创新奖”评选活动。此次评选面向在江宁创业创新的各类人才，分为创业典范奖、创业先锋奖、创新达人奖、创客新秀奖4类奖项。其中，创业典范奖针对所创企业近两年在境内外挂牌上市的科技企业家，创业先锋奖从入选国家和省市区人才计划的创业领军人才中遴选，创新达人奖主要从企业一线从事技术创新的高层次人才中产生，创客新秀奖则从创业青年大学生中进行选拔。评选过程坚持绩效为先和成长性强原则，历经园区推荐、资格初审、专家评审和部门会商程序，最终从103名申报人才中择优产生45名获奖候选人，包括创业典范奖13人、创业先锋奖11人、创新达人奖11人、创客新秀奖10人。

首届“创聚江宁”青年大学生创业大赛 2016年10—12月，江宁区举办首届“创聚江宁”青年大学生创业大赛。大赛以“创青春、创未来”为主题，重点面向有创业意向或已经在区创业的全日制普通高校在校学生及毕业5年内的青年大学生。大赛流程分为初赛和决赛两个环节，其中初赛吸引省内的26所高校、318支创业团队参与角逐，有10个团队进入决赛。决赛通过项目路演、成果展示和现场答辩，最终产生一等奖2名、二等奖3名、三等奖5名。对于获奖项目，除给予3万～5万元不等的奖金外，凡3个月内在江宁区注册成立企业的，可再获得1万～5万元不等的项目资助，还可享受免费办理工商注册、免费账务代理1年等服务。

2016江苏人才发展专家峰会在江宁举办 2016年12月1日，江苏人才发展专家峰会在江宁区举办，会议由省委党建办副主任朱劲松主持，省委组织部、省发改委、经信委、科技厅、人社厅、教育厅、商务厅有关领导，全省44家国家级开发区、部分省级开发区

2016年12月1日，全省开发区人才工作交流推进会暨2016江苏人才发展专家峰会在江宁区召开

陶 程 供稿

分管领导，各设区市市委组织部人才处处长，江苏人才发展研究院有关负责人等160余人参加会议。此次峰会以“优化人才供给、打造创新园区”为主题，发布了2016江苏开发园区人才发展竞争力报告，邀请浙江省发改委、上海市张江高新区领导分别介绍特色小镇、创新园区建设先进经验，苏州工业园区、江宁开发区等6家园区作交流发言。（陶　程）

省人才创新创业服务中心落户 2016年3月3日，省人才创新创业促进会秘书长会议在江宁科创投集团召开，省人才创新创业服务中心同时落户该集团。省人才创新创业服务中心依托江宁科创投集团投资建立的国内首家融人才创业、中小企业“众创、众包、众扶、众筹、众赢”为一体的“五众”服务平台——天开金服运行。天开金服集PC端、APP、微信公众号和线下服务为一体，运营团队50多人，集聚32所高校、26家银行、13家保险公司、119家专业机构及一大批创业园区和政府部门，还聘请国内外50多名优秀企业家、知名专家学者任创业导师。其服务内容包括创业辅导、政务服务、融资保险、跑腿事务、企业合作、创业培训、众创空间、创业评估等8个方面，涵盖从创业“胎教”到企业成长壮大的全过程。在天开金服的专家队伍对创业项目评估后，人才无需担保就可享受到股权、担保、融资租赁等服务，找到上下游、技术、原材料、并购方等。人才不擅长的跑腿杂事，诸如工商注册、财税事务、人员招聘、厂房租卖、起名策划、可研报告等，可交给天开金服团队办理。天开金服已服务人才企业7000多家，运营资金20多亿元。

“才市之春、才聚江宁”招聘会举行 2016年4月9日，“才市之春·才聚江宁”专场招聘会在江宁大学城文鼎广场举行。216家企业为26所驻区高校的大学生提供4000多个岗位，近万名应届大学生进场应聘，近3000人达成就业意向。区领导陈发喜、高德臣、孟向前、周育刚、蔡正英参加。2016年是“才市之春·才聚江宁”专场活动举办的第六年，为江宁高校毕业生和企业搭建了对接交流平台，成为辐射江宁驻区高校和市内外高校的品牌活动。与往年专场活动相比，此次“才市之春·才聚江宁”专场招聘会，组织规格高、企业层次高、提供岗位多、应聘学生多。参会企业中，中圣科技、东百电子、宝泰特种材料、熊猫电子等高新企业160家，4000多个岗位涉及电子信息、汽车制造、智能电网、生物医药、环保、建筑、经济等20多个专业，供求双方“双向选择”空间更大。（宁　鉴）

人事

概　况 2016年，江宁区人事工作紧扣区委、区政府中心工作，主动适应区域经济社会发展需求，牢固树立“人才是第一资源”工作理念，加大人才引进和培养力度，突出人才服务，着力集聚和优化高层次人才，推进人才交流合作。加强公务员管理，做好军转安置、高校毕业生就业、事业单位招聘、工资福利审核发放等工作，人事工作成效明显。

“321人才计划”实施 2016年，区人社部门深化“人才＋项目”引进模式，入选“321人才计划”633人，总量居全市之首，584名“321人才”落户江宁，落户率92.3%；引进“高端团队”12支，集聚省“双创计划”人才124人，列全省各区县第一；“创业南京”计划有87人进入市级评审，占全市的15.9%。主导实施“创聚江宁”人才计划，230个人才项目进入综合评审，博士学历达到54%，70%的创业人才具有海外留学背景，42%的人才具有世界500强、中国500强企业工作经历，中国工程院院士1人。加强人才服务，打通政策落实“最后一公里”，首次将持有南京人才居住证副证的非南京户籍人员纳入居民医保参保对象。

促进高校毕业生就业 2016年，区人社部门加强大学生创业政策宣传，深入驻区东南大学、河海大学、南京航空航天大学、南京工程学院等12所高校进行创业政策解读、创业培训课程辅导，开展校园宣讲会13场次，直接覆盖1200人次。拓宽大学生创业“绿色通道”，鼓励和引导大学生自主创业，先后为582名青年大学生办理创业证，扶持大学生创业企业402家，接受大学生创业企业场地租金补贴申请218家，创业成功奖励申请6家，发放大学生创业贷款32笔，累计金额610万元。严格落实高校毕业生就业优惠政策，扎实开展灵活就业高校毕业生社保补贴和小微企业录用高校毕业生岗位补贴、社保补贴工作。全年受理24家企业141名学生，补贴金额53万元。

专业技术人员管理 2016年，全区通过评审和确认各类专业技术职称3953人，其中初级职称2169人，中、高级职称1784人。组织36人申报江苏省“六大人才高峰”第13批高层次人才选拔培养人选，15人申报成功；组织重点企业9名专家申报第八批南京市有突出贡献中青年专家，2人入选；组织1家单位申报国家级专家服务基地，3个项目申报国家级重点项目，最终1个项目入选国家级重点项目；组织3家重点企业申报2016年度博士后科研工作站。

公务员管理 2016年，区人社部门完成区政府机关江宁国土分局、财政局、司法局3家单位11名工作人员考察及录用工作。对2015年度17家单位、23名军转干部在部队任职情况进行审核，确定1名主任科员、2名副主任科员、20名科员职级。为2015年度招录试用期满的1名副主任科员、6名科员确定相应职级。为江宁公安分局6名三级警长、15名四级警长、49名一级警员进行职务职级晋升套改。对新批复参公的3家事业单位20名工作人员职务职级予以确认。

公务员培训 2016年，区人社部门制定印发《江宁区公务员全员培训实施方案》，集中组织机关、街道、园区以及处级、科级及科级以下300名工作人员开展培训；组织新提拔的100名科级干部，开展为期5天的科级干部任职培训。选派12家单位的12名科级干部分别参加南财、南邮、晓庄学院开展的“公务员心理健康与压力应对”等3门课程的学习。加强网上学习的检查督促和管理，全区80家单位、3521人累计完成2.3万个学时学分，2018人超额完成学时学分。

机关事业单位年度考核 2016年，全区按照相关政策规定，对区政府机关、街道、园区及参照公务员法管理的52家单位2224名工作人员进行考核，其中优秀389人，优秀率17.5%。全区事业单位实际参加考核14122人。其中，优秀2181人，占15.44%；合格11472人，占81.23%；基本合格5人，占0.035%；不合格9人，占0.064%；不定等次455人，占3.22%。参照公务员考核奖励办法，根据年度考核情况，对各主管部门申报的事业人员拟授奖情况逐一进行审核，审核通过522人，其中记功71人，嘉奖451人。

事业单位招聘管理 2016年，区人社部门根据《江苏省事业单位公开招聘人员办法》，全程指导、督促和检查全区事业单位招聘活动。完成教育系统349名新教师、其他事业单位66名公开招聘工作人员及1名公开招聘高层次人才的聘用审批及相关手续。全年审核办理区内调动手续26人，区外调入手续29人，调出手续8人。

军队转业干部安置 2016年，区人社部门将人才引进纳入军转干部的选择、接收过程，深入推进军转干部“人岗互选”安置。全年接收安置军转干部95人，随调家属1人。对2015年度17家单位、23名军转干部进行定级，为53名军转干部进行工资套改审核。

企业军转干部解困 2016年年末，全区有企业军转干部326人（含退休301人）。区人社部门继续实施企业军转干部4项工作制度，即每月一次与主管部门通报制度、每两月一次企业军转干部座谈会、每半年一次老五县沟通交流制度、企业军转干部重大疾病救助制度，先后为企业军转干部发放慰问金400多万元，工资性补贴420多万元，增发退休养老金和生活补贴875万元。

自主择业军转干部管理服务 2016年年末，全区有自主择业军转干部53人。区人社部门坚持每月联系一次制度，及时了解掌握自主择业军转干部生活、工作和家庭情况。组织开展调研活动，探索建立区、街道、村（社区）三级管理服务网络，督促街道、村（社区）加强对自主择业军转干部的管理和服务，组织“八一”、春节走访慰问，开展“发一条短信、寄一张贺卡、打一个问候电话”活动，帮助5名自主择业军转干部实现再就业。

（王先玲　周春明　谷昊　赵久荣）

劳　动

概　况 2016年，江宁区劳动工作围绕城乡就业稳定、劳动关系和谐思路，创新举措，主动作为，推进劳动就业、技能培训、劳动仲裁、监察执法和退休人员社会化管理等工作，着力促进劳动关系和谐。是年9月，区人社局被中共南京市委、南京市人民政府、南京警备区表彰为“创建全国双拥模范城有功单位”，记集体三等功1次。

创业就业 2016年，区人社部门以建设“大众创业”新江宁为目标，先后出台《“创业江宁”实施细则》和《青年创客扶持计划实施细则》；与区委组织部（人才办）、省人才创新创业服务中心共同举办江宁区第一届青年大学生创业大赛，收获参赛项目318个，项目涉及新能源、新技术、信息技术、互联网+、环保科技等领域。针对“招工难、就业难”，整合市场资源，落实帮扶优惠政策，提供“一条龙、一站式”服务。全年新增城镇就业33341人，实现再就业14485人，援助困难人员就业795人；培育自主创业1432人，创业带动就业4420人，动态消除零就业、零转移家庭，实现劳动者充分就业。

就业援助送春风行动　2016年，区人社部门在全区广泛开展“春风行动”就业服务专项活动，缓解企业“用工难”。全年举办人力资源招聘会103场，组织用人单位986家，提供就业岗位275621个，涉及机械、电子、服装纺织、食品加工、物业管理等行业，达成就业意向9935人，发放“春风记事本”“维权扑克牌”等宣传资料等近万份。

职业技能培训　2016年，区人社部门按照“先培训，后就业”“先培训，后上岗”的要求，规范职业培训机构办学行为，落实民办职业培训学校评估年检工作，全区有30家民办职业培训学校，纳入统一管理。突出高技能人才培养，走基层、进企业，广泛宣传发动。全年开展各类技能培训39486人。其中，在职职工培训24056人次，创业培训4184人次，再就业培训3114人次，新生劳动力培训506人次，农村劳动力转移培训7626人次。新增高技能人才757人，开展职业技能鉴定18272人，取得职业资格证书15174人。

农村劳动力培训与转移　2016年，区人社部门利用市、区、街道、村（社区）就业服务网络全覆盖优势，组织开展农村劳动力就业服务专题活动。在所有劳动保障所专门设置农民工就业服务窗口，免费为农民工提供就业咨询、培训咨询、求职登记等一条龙服务，为农村劳动者提供多层次、全方位的就业服务。开展“春风行动”就业服务、秋季招聘专项活动，转移农村劳动力就业2363人，扶持农村劳动力自主创业454人。

劳动监察　2016年，区人社部门继续完善劳动保障两网化管理体系建设，实现对全区劳动用工情况动态监控和细化管理，及时、就近化解矛盾纠纷，使劳动监察实现由被动为主动、变局部为全面、变静态为动态转变，切实维护劳资双方合法权益。全年巡查用人单位1230家，书面审查6798家，立案受理各类案件2006件。通过专项执法检查，督促用人单位补签劳动合同475份，为3213名劳动者追回工资、社会保险等待遇3921万元。

劳动争议仲裁　2016年，区人社部门不断推进区、街道、园区劳动争议仲裁机构建设，按照“快立、快审、快结”和“基层为主、调解为主”原则，采取“一委十办、一院十三庭”处理模式，就近、及时处理基层劳动争议案件，保障用人单位和劳动者合法权益，促进区域经济健康发展。全年受理劳动争议案件2661件，涉及劳动者3608人，结案标的2720万元；结案2487件，其中裁决497件，调解1492件，撤诉125件，终结373件；上报案件2178件，结案率、信息输入率100%。

企业工资集体协商　2016年，区人社部门深化工资集体协商工作，扩大工资集体协商覆盖面，建会企业集体合同签订率95%以上。与区总工会联合开展工资集体协商“春季要约行动”，向企业行业发放《工资集体协商要约提示函》1万份，要求区内所有建会企业按规定开展工资集体协商工作。全年完成工资集体协商、集体合同审查2832家，涉及职工123058人；发放企业工资总额使用手册351家；实行特殊工时工作制新审批企业11家，复审企业78家；核发“劳务派遣经营许可证”17家。

（王先玲　周春明　谷昊　赵久荣）

2016年11月26日，区人社局与区委组织部（人才办）、省人才创新创业服务中心共同举办江宁区第一届青年大学生创业大赛。图为获得优胜奖人员合影
区人社局　供稿

综 述

概　况　2016年，江宁区科技部门围绕供给侧结构性改革，大力实施创新驱动战略，深化科技体制改革创新，努力形成以自主创新为基础的经济增长点和核心竞争力，科技创新与经济社会发展紧密结合，完成年度各项科技工作目标任务，科技创新综合指标争先进位，推动了经济结构优化和产业转型升级。成功创建国家火炬计划节能环保特色产业基地，知识产权创造运用、作风建设、建议提案办理、科技政务信息宣传、地震监测等工作获得省市科技、知识产权、地震主管部门及区委、区政府表彰。

区域创新能力建设　2016年，区科技部门深化科技体制改革创新，实施创新驱动战略，引导和鼓励企业加大研发机构建设力度，培育新增各级企业研发机构69家，累计600家，规模以上工业企业研发机构246家，环保产业创新科技公共技术服务平台被认定为市级公共技术服务平台。鼓励各类研发机构加大研发经费投入，全社会研发投入占地区生产总值比重3.5%以上。实施省重大科技成果转化项目6项，一批具有自主知识产权的核心技术和新产品取得突破。全年引进培育各类科技创新创业人才178人、“双创”团队2个。评选区级科技进步奖29项，入选省市级科技进步奖13项、市科技功臣奖2人。全省创新型企业100强中有12家企业总部或主导产业在江宁。

（李智军）

科技金融服务体系建设　2016年，区科技部门加强科技金融服务，促进与科技银行、科技担保、科技小贷公司、创业投资等金融机构的联系与合作，多次组织“苏科贷”工作培训会、科技金融推介及对接活动，推动科技型企业快速健康成长。全年受理“苏科贷”“市科贷”361笔，近200家科技型企业获科技贷款超过10亿元，其中38家企业获“苏科贷”10420万元，有效缓解了科技型中小微企业融资压力。开展“鑫智力杯”第二届江苏省科技型中小企业“创新创业200强”评选活动，江苏买卖网电子商务有限公司等15家企业入围“创新创业200强”，江苏汇维特新材料科技有限公司等4家企业入围60强，占全市总量的1/3，南京茂莱光学科技股份有限公司入围20强，占全市的1/4。

科技项目规范化管理　2016年，区科技部门在广泛征集项目需求的基础上，突出科技创新和经济发展重点，编制并发布2016年科技发展计划项目申报指南，征集科技计划项目200多项，涉及科技初创型企业培育、自主知识产权开发、城乡科技发展、软科学研究等领域。修改科技项目评审标准，完善科研资金绩效目标和指标，邀请科技、经济等领域专家，会同监察室组织召开全区科技发展计划项目评审会，分别对项目进行评审和实地考察，规范科技项目立项管理，逐步推行政策制定、项目评审、资金分配、财政决算和绩效评价公开，提升资金使用绩效和透明度。

软科学研究　2016年，区科技部门面向全区发布软科学研究计划项目征集通知，并赴东南大学等

2016年4月14日，区科技局组织中层以上干部赴先进地区学习科技创新创业载体建设经验　李智军　摄

驻区高校深入调研，交流软科学研究工作，征集研究课题。在项目征集、深入调研基础上，研究发布2016年软科学研究计划项目申报指南，立足实践、面向决策，开展软科学研究计划项目征集工作，鼓励区属单位与高校、科研机构合作，为区域经济创新转型发展提供决策参考。共征集项目27项，通过组织专家评审和实地考察并提出立项建议，立项实施18项。同时，对2015年软科学研究计划项目进行总结验收并颁发验收证书，各项目均按时间进度结题。（王文娟　李智军）

科技创新创业人才队伍建设　2016年，区科技部门深入各街道和开发园区宣传创新型企业家、科技顶尖专家申报条件及扶持政策，组织企业开展各类人才申报工作。全年入选南京创新型企业家12人、科技顶尖专家7人、省“双创计划”人才15人、“双创”团队2个、科技创新领军人才3人、科技创业领军人才4人，帮助21家创业家企业落实贷款贴息、企业所得税补贴及创新券485万元。实施“创聚江宁”人才工程，入选“顶尖专家特支计划”6项、“创新型企业家培育计划”27项、“高层次创新人才引进计划（企业创新类）”104人。

科技成果管理　2016年，区科技部门组织申报省重大科技成果转化专项资金项目，对基本符合申报条件企业进行有针对性的辅导，组织相关企业参加市科委组织的培训会。全年组织区内24家企业申报省科技成果转化资金项目，有7个项目进入现场考察程序，6个项目获批立项，获项目资助资金5400万元。此外，配合省科技厅、市科委完成4项2015年度省科技成果转化资金项目中期验收。

一批科技人员和成果获奖　2016年，区科技部门组织开展省、市科技进步奖项申报和区评审工作会，全区获评2015年度市级科技进步奖15项，其中江苏中圣高科技产业有限公司和江苏中圣压力容器装备制造有限公司的“大型偶联反应器研制”获南京市科学技术进步奖一等奖，有14项科技成果分获二、三等奖。江苏苏博特新材料股份有限公司总工程师冉千平、江苏奥赛康药业股份有限公司董事长陈庆财获评“南京市科技功臣”。获奖单位和个人均为区重点扶持企业，涉及通信与网络、生物医药、智能电网、节能环保、新材料等领域。此外，经区科学技术进步奖评审委员会评审，全区有29项科技成果获区科学技术进步奖，其中一等奖4项、二等奖7项、三等奖18项。

科普宣传活动及科普教育示范基地建设　2016年，区科技部门组织参加全区文化科技卫生“三下乡”活动，组织区科普联席会议成员单位开展2016年全国科技活动周暨江宁区第28届科普宣传周活动，举办各类科普宣传、讲座和培训等活动38场次，内容涉及中小学校科普、市民广场科普以及社区科普活动，发放各类科普宣传书籍、资料5000余份（册），受众7000多人。持续推进科普教育示范基地创建工作，全年创建各级科普教育示范基地11个，其中省级3个、市级7个、区级1个。

农村科技服务超市建设　2016年，区科技部门针对农村科技服务资源相对分散的状况，与省、市科技主管部门沟通联系，以科技总店及科研单位为支撑，以服务当地特色产业为主线，以设施蔬菜、苗木花卉、稻米等产业为平台，开展农村科技服务工作。在原有2家分店和4家分店的基础上，组织湖熟街道申报农作物农村科技服务超市，于10月通过省科技厅、市科委以及相关专家的现场考察，获批成立三界稻米产业便利店和东阳稻米产业便利店。

（吴宁扬　李智军）

科创投与其子公司分获省级荣誉 2016年1月，江宁科创投集团及其下属子公司南京天元租赁有限公司凭借出色的经营业绩，创新的服务理念和业务模式，分别获得2015年“江苏省科技金融特色机构”称号和“江苏省融资租赁创新奖”。“江苏省科技金融特色机构”评选活动由省金融办、省科技厅、省经信委、省商务厅、江苏银监局等7家单位发起，对全省在金融行业管理运营机制创新，对科技金融做出突出贡献的金融机构的分支机构或新型金融组织进行奖励。“江苏省融资租赁创新奖”由省融资租赁行业协会评选产生。江宁科创投集团自成立以后，不断创新业务模式，已形成以股权投资为龙头，包括股权投资、科技贷款、担保、融资租赁、资产管理、保险等业务相联动的完整科技金融产业链，服务全区“大众创业、万众创新”，助推新兴产业发展和传统产业转型升级。该集团旗下子公司南京天元租赁公司被商务部列为全国内资租赁公司试点单位，业务形式包括直接租赁、售后回租、厂商租赁等。科创投集团年服务企业1000多家，投放资金80多亿元，其中租赁业务年服务企业200多家，投放资金近9亿元。

6个科创载体获国家级认定 2016年1月，科技部火炬中心先后对2015年度国家级科技企业孵化器、第二批国家级众创空间名单进行公示，江宁区南京科瑞创业服务有限公司、江宁开发区科技创业服务中心、南京江宁（大学）科教创新园有限公司3家科技企业孵化器获国家级科技企业孵化器认定，NLSP创新驿站、启迪之星南京众创空间、金科创客汇3家众创空间获国家级众创空间认定，获认定数分别占全市入选总量的60%和30%。至此，全区国家级科创载体累计达8家，其中国家级科技企业孵化器5家，国家级众创空间3家。2010年以后，江宁区在全市各区率先设立载体建设专项资金，启动“三创”载体建设计划，推进以科技企业孵化器和众创空间为重点的科技创业孵化链条建设，取得成效。全区经认定的市级以上科技企业孵化器、众创空间累计50家，其中省级以上24家，在孵企业和众创项目超过1700家，全区区域孵化能力跻身全国20强和全省前三甲，创新创业载体建设内涵品质不断提升。

2016年4月26日，区科技局赴金陵科技学院开展知识产权周主题活动　　潘慧莉　摄

6家众创空间入选国家级 2016年9月，科技部火炬中心公布第三批纳入国家级科技企业孵化器管理服务体系的众创空间名单，江宁区南京321创智咖啡、未来网络众创空间、天印梦工场等6家省级众创空间榜上有名，正式进入国家级行列，入围数占省、市入围总数比例分别达9.8%、35.3%。自此，全区经认定的国家级众创空间达9家。全区现有经认定的市级以上众创空间39家，众创空间面积总规模19万多平方米，集聚众创团队和在孵企业累计超过800家，其中注册众创企业545家，近1/4注册企业已获创业投资，获得投资总规模逾3亿元。

江宁区新增2个国家级特色产业基地 2016年12月，科技部火炬中心公布2016第二批国家火炬特色产业基地名单，江宁区未来网络特色产业基地、节能环保技术与装备特色产业基地同时获批。至此，全区国家级特色产业基地数升至6家，累计占全市总量的一半。该批次科技部火炬中心共核定20家国家火炬特色产业基地，江苏省、南京市分别有5家和2家入选，作为区县级行政单位，江宁区在同一年度、同一批次中有2个产业基地同时获批，创造了火炬特色产业基地认定史上新纪录。全区聚焦“3+3+3”现代产业体系，实施创新驱动战略，培育打造一批具有国际竞争力的特色产业集群，智能电网、可再生能源、生物医药、通信与网络、节能环保、未来网络等6个产业先后荣膺国家火炬特色产业基地称号，其中智能电网产业同时获批国家高新技术产业化基地和国家创新型产业集群。

（陈　涛　李智军）

2016 年度江宁区列入省、市科技发展计划项目一览表

表 19

序号	项目编号	项目名称	承担单位	资助经费（万元）	项目类别
1	2016 省 517	科技服务骨干机构	江苏禾正企业管理有限公司	50	2016 省创新能力建设（科技服务骨干机构）
2	—	省知识产权专利资助专项国内专利	区科技局	119	省知识产权专利资助专项国内专利
3	—	飞行时间质谱技术在唐氏综合征筛查中的应用与开发的合作研究	江苏凯基生物技术股份有限公司	—	省政策引导类计划（国际科技合作）
4	—	南高齿欧洲传动研发中心建设	南京高速齿轮制造有限公司	—	省政策引导类计划（国际科技合作）
5	—	江苏省手性药物研究重点实验室	江苏奥赛康药业股份有限公司	—	省创新能力建设计划—企业重点实验室
6	—	赵旦	江苏苏博特新材料股份有限公司	—	省自然科学青年基金
7	—	经济型三维电催化耦合生物强化废水深度处理集成技术及装备研发	南京万德斯环保科技股份有限公司	—	省重点研发计划（产业前瞻与共性关键技术）—开发应用项目
8	—	基于云计算和大数据的互联网医疗平台关键技术与应用	江苏省产业技术研究院生物材料与医疗器械研究所（东南大学－南京生物材料医疗器械研究所）	—	省重点研发计划（产业前瞻与共性关键技术）—开发应用项目
9	—	健康大数据互联网医疗平台的构建和应用	江苏省产业技术研究院生物材料与医疗器械研究所（东南大学－南京生物材料医疗器械研究所）	—	省重点研发计划（产业前瞻与共性关键技术）—开发应用项目
10	—	“工业来淘”－工业产品线上设计交易系统开发	南京天洑软件有限公司	30	省科技型创业企业孵育计划 -2015 年第三届江苏科技创业大赛获奖项目
11	—	无人化水面水下一体化的通讯导航控制系统与装置	中船重工鹏力（南京）大气海洋信息系统有限公司	—	省重点研发计划（产业前瞻与共性关键技术）—重点研发项目
12	—	一二次设备融合、模块化配送式智能变电站集成技术研发及产业化	南京国电南自电网自动人有限公司	—	省科技成果转化专项资金项目
13	—	运用碳纳米球管的低剂量 X 射线摄影系统的研发与产业化	南京普爱医疗设备股份有限公司	—	省科技成果转化专项资金项目
14	—	血栓疾病精准防治快速检测核心技术及产品研发与产业化	江苏英诺华医疗技术有限公司	—	省科技成果转化专项资金项目

续表 19–1

序号	项目编号	项目名称	承担单位	资助经费（万元）	项目类别
15	—	大型装配式多功能化建筑装饰围护材料的研发与产业化	南京倍立达新材料系统工程股份有限公司	—	省科技成果转化专项资金项目
16	—	高精度智能式低排放发动机电子节气门的研发及产业化	南京奥联汽车电子电器股份有限公司	—	省科技成果转化专项资金项目
17	—	超薄两面网点挤出导光膜的研发生产工艺	南京贝迪电子有限公司	—	省科技成果转化专项资金项目
18	—	核用特种金属材料研发及产业化	南京佑天金属科技有限公司	—	省科技成果转化专项资金项目
19	—	省企业知识产权战略推进计划	南京高速齿轮制造有限公司	—	省企业知识产权战略推进计划一般项目
20	201604015	用电信息采集系统专利应用开发及产业化	光一科技股份有限公司	50	市自主知识产权开发计划（专利技术产业化专项）
21	201604016	一种中药免疫增强剂的专利技术产业化	南京日升昌生物技术有限公司	20	市自主知识产权开发计划（专利技术产业化专项）
22	201604017	0.1mm 极细硅切片金刚石线专利产品产业化	南京三超新材料股份有限公司	50	市自主知识产权开发计划（专利技术产业化专项）
23	201604018	南京世都科技有限公司知识产权战略推进计划	南京世都科技有限公司	20	市自主知识产权开发计划（专利技术产业化专项）
24	201604027	智能高效水质软化净化系统	南京福碧源环境技术有限公司	50	市自主知识产权开发计划（专利技术产业化专项）
25	201604028	市政污水综合处理节能关键技术研发及产业化	中电环保股份有限公司	50	市自主知识产权开发计划（专利技术产业化专项）
26	2016 平台 01008	江苏省轻量化汽车零件成型工程技术研究中心	南京星乔威泰克零部件有限公司	30	2016 年度认定省级工程技术研究中心
27	2016 平台 01009	江苏省合成生物学工程技术研究中心	南京金斯瑞生物科技有限公司	30	2016 年度认定省级工程技术研究中心
28	2016 平台 01013	江苏省冶金节能减排工程技术研究中心	大峘集团有限公司	30	2016 年度认定省级工程技术研究中心
29	2016 平台 01014	江苏省新能源工具工程技术研究中心	南京德朔实业有限公司	30	2016 年度认定省级工程技术研究中心
30	2016 平台 01015	江苏省智能运维服务工程技术中心	南京因泰莱电气股份有限公司	30	2016 年度认定省级工程技术研究中心

续表 19–2

序号	项目编号	项目名称	承担单位	资助经费（万元）	项目类别
31	2016 平台 01016	江苏省电动车辆充 / 换电设备工程技术研究中心	菲尼克斯亚太电气（南京）有限公司	30	2016 年度认定省级工程技术研究中心
32	2016 平台 01031	江苏省道路驾驶智能培训与考试系统工程技术研究中心	南京多伦科技有限公司	20	2016 年度省级工程技术研究中心绩效考评优秀后补助
33	2016 平台 01032	江苏省高效工业节能装备工程技术研究中心	江苏中圣高科技产业有限公司	20	2016 年度省级工程技术研究中心绩效考评优秀后补助
34	2016 平台 01033	江苏省抗消化道溃疡药物工程技术研究中心	江苏奥赛康药业有限公司	20	2016 年度省级工程技术研究中心绩效考评优秀后补助
35	2016 平台 01042	江苏省数字视频监控平台工程技术研究中心	江苏东大金智信息系统有限公司	20	2016 年度省级工程技术研究中心绩效考评优秀后补助
36	2016 平台 01043	江苏省电力监控与节能工程技术研究中心	国电南京自动化股份有限公司	20	2016 年度省级工程技术研究中心绩效考评优秀后补助
37	2016 平台 01044	电力系统控制和保护工程技术研究中心	南京南瑞继保电气有限公司	20	2016 年度省级工程技术研究中心绩效考评优秀后补助
38	2016 平台 01045	江苏省电网数据智能采集工程中心	南京新联电子股份有限公司	20	2016 年度省级工程技术研究中心绩效考评优秀后补助
39	2016 平台 01062	南京市高浓度有机废水处理工程技术研究中心	江苏南资环保股份有限公司	15	2016 年度新认定市级工程技术研究中心优秀后补助
40	2016 平台 01076	南京市智慧能源工程技术研究中心	国电南京自动化股份有限公司	20	2016 年度新认定市级工程技术研究中心优秀后补助
41	2016 平台 01077	南京市高温耐蚀膨胀节工程技术研究中心	南京晨光东螺波纹管有限公司	20	2016 年度新认定市级工程技术研究中心优秀后补助
42	2016 平台 01078	南京市改良工程塑料工程技术研究中心	南京立汉化学有限公司	20	2016 年度新认定市级工程技术研究中心优秀后补助

续表 19-3

序号	项目编号	项目名称	承担单位	资助经费（万元）	项目类别
43	2016 平台 01081	江苏省手性药物研究重点实验室	江苏奥赛康药业股份有限公司	30	2016 年度省级企业重点实验室
44	2016 平台 01082	江苏省电力电子与新能源技术重点实验室	国电南京自动化股份有限公司	30	2016 年度省级企业重点实验室
45	—	江宁开发区科技创业服务中心	江宁开发区科技创业服务中心	50	市 2016 年度科技企业孵化器升级奖励
46	—	南京生命科技创新园生物医药孵化器	南京江宁（大学）科教创新园有限公司	50	市 2016 年度科技企业孵化器升级奖励
47	—	南京生态智造创业园	南京科瑞创业服务有限公司	50	市 2016 年度科技企业孵化器升级奖励
48	—	江宁开发区科技创业服务中心	江宁开发区科技创业服务中心	50	市 2016 年度科技企业孵化器绩效评价奖励
49	—	南京江宁高新技术创业服务中心	南京江宁高新技术创业服务中心	50	市 2016 年度科技企业孵化器绩效评价奖励
50	—	南京生命科技创新园生物医药孵化器	南京江宁（大学）科教创新园有限公司	50	市 2016 年度科技企业孵化器绩效评价奖励
51	—	南京市麒麟高新技术创业服务中心	南京市科技创新投资有限责任公司	50	市 2016 年度科技企业孵化器绩效评价奖励
52	—	南京紫金（吉山）科技创业服务中心	南京紫金（吉山）科技创业特别社区建设发展有限公司	50	市 2016 年度科技企业孵化器绩效评价奖励
53	—	南京 J6 软件创意园	江苏博济堂科技创业服务有限公司	50	市 2016 年度科技企业孵化器绩效评价奖励
54	—	南京秣陵科技创业园	南京秣陵科技投资有限公司	20	市 2016 年度科技企业孵化器绩效评价奖励
55	—	南京江宁滨江科技创业园	南京滨江科创投资有限公司	20	市 2016 年度科技企业孵化器绩效评价奖励
56	—	南京江宁经济技术开发区无线谷科技园创业服务中心	南京无线谷科技园发展有限公司	20	市 2016 年度科技企业孵化器绩效评价奖励
57	—	南京江宁高新园科技创业服务中心	江宁高新园科技创业服务管理有限公司	20	市 2016 年度科技企业孵化器绩效评价奖励
58	—	南京紫金研发创业中心创新广场	南京紫金资产管理有限公司	20	市 2016 年度科技企业孵化器绩效评价奖励

续表 19–4

序号	项目编号	项目名称	承担单位	资助经费（万元）	项目类别
59	—	江苏启迪科技企业孵化器	江苏启迪科技园发展有限公司	20	市 2016 年度科技企业孵化器绩效评价奖励
60	—	南京紫金（江宁）科技创业特别社区悠谷孵化器	南京紫金（江宁）科技创业特别社区建设发展有限公司	20	市 2016 年度科技企业孵化器绩效评价奖励
61	—	禄口创智科技企业孵化器	南京市江宁区禄口经济技术开发公司	20	市 2016 年度科技企业孵化器绩效评价奖励
62	—	江苏国创环保科技孵化器	江苏国创环保科技孵化器有限公司	20	市 2016 年度科技企业孵化器绩效评价奖励
63	—	金科创客汇	南京金科院大学科技园管理有限公司	40	市 2016 年度众创空间升级奖励
64	—	NLSP 创新驿站	南京江宁（大学）科教创新园有限公司	40	市 2016 年度众创空间升级奖励
65	—	启迪之星南京众创空间	南京启迪科技园资产管理有限公司	40	市 2016 年度众创空间升级奖励
66	—	U 谷创客	南京科瑞创业服务有限公司	40	市 2016 年度众创空间升级奖励
67	—	博济 J6 · 创客邦	江苏博济堂科技创业服务有限公司	40	市 2016 年度众创空间升级奖励
68	—	未来网络众创空间	南京未来网络产业创新有限公司	40	市 2016 年度众创空间升级奖励
69	—	九龙 5G 创业谷	江苏东大江宁科技园发展有限公司	40	市 2016 年度众创空间升级奖励
70	—	天印梦工场	南京工程学院技术服务有限责任公司	40	市 2016 年度众创空间升级奖励
71	—	南京 321 创智咖啡	南京三二一创智咖啡有限公司	40	市 2016 年度众创空间升级奖励
72	—	180 众创空间	江苏经贸职业技术学院资产管理有限公司	15	市 2016 年度众创空间升级奖励
73	—	蓝鲸创业空间	同方科技园有限公司南京分公司	15	市 2016 年度众创空间升级奖励
74	—	F 空间	南京网新沣德科技文化产业有限公司	15	市 2016 年度众创空间升级奖励
75	—	悠创汇	南京紫金（江宁）科技创业服务中心	15	市 2016 年度众创空间升级奖励
76	—	FIT 国际	南京动平衡投资管理有限公司	15	市 2016 年度众创空间升级奖励

续表 19-5

序号	项目编号	项目名称	承担单位	资助经费（万元）	项目类别
77	—	南京“环保创客谷”	南京环保产业创新中心有限公司	15	市 2016 年度众创空间升级奖励
78	—	江宁高新园众创集聚区	南京江宁高新技术产业园管理委员会	25	市 2016 年度众创空间升级奖励
79	—	南京 321 创智咖啡	南京三二一创智咖啡有限公司	20	市 2016 年度众创空间绩效评价奖励
80	—	天印梦工场	南京工程学院技术服务有限责任公司	20	市 2016 年度众创空间绩效评价奖励
81	—	金科创客汇	南京金科院大学科技园管理有限公司	20	市 2016 年度众创空间绩效评价奖励
82	—	未来网络众创空间	南京未来网络产业创新有限公司	20	市 2016 年度众创空间绩效评价奖励
83	—	启迪之星南京众创空间	南京启迪科技园资产管理有限公司	10	市 2016 年度众创空间绩效评价奖励
84	—	NLSP 创新驿站	南京江宁（大学）科教创新园有限公司	10	市 2016 年度众创空间绩效评价奖励
85	—	南京航空航天大学大学生创业孵化中心	南京紫金立莘创业投资有限公司	10	市 2016 年度众创空间绩效评价奖励
86	—	九龙 5G 创业谷	江苏东大江宁科技园发展有限公司	10	市 2016 年度众创空间绩效评价奖励
87	—	材智汇	江苏博特新材料科技有限公司	10	市 2016 年度众创空间绩效评价奖励
88	—	博济 J6·创客邦	江苏博济堂科技创业服务有限公司	10	市 2016 年度众创空间绩效评价奖励
89	—	F 空间	南京网新沣德科技文化产业有限公司	10	市 2016 年度众创空间绩效评价奖励
90	—	南京“环保创客谷”	南京环保产业创新中心有限公司	10	市 2016 年度众创空间绩效评价奖励
91	201605065	益肾活血汤预防股骨颈骨折术后骨折不愈合及股骨头坏死的实验研究	南京市江宁区中医院	10	市 2016 年度科技发展计划（第五批）
92	201605066	单切口无特殊器械辅助关节镜下微创治疗腕管综合症	南京医科大学附属逸夫医院	5	市 2016 年度科技发展计划（第五批）
93	201605067	PI3K/Akt 信号通路在应力介导的成肌细胞增殖中的作用及其机制	南京同仁医院	5	市 2016 年度科技发展计划（第五批）
94	201605068	不同深度声带损伤修复的形态和功能检测及 hAEC 在修复中的作用研究	南京同仁医院	5	市 2016 年度科技发展计划（第五批）

续表 19-6

序号	项目编号	项目名称	承担单位	资助经费（万元）	项目类别
95	201605084	1 型糖尿病的分型诊断和早期预测	南京医科大学附属逸夫医院	5	市 2016 年度科技发展计划（第五批）
96	2016 苏南 202	基于 SDN 的网络大数据流量监控分析系统	南京优速网络科技有限公司	50	2016 年度苏南国家自主创新示范区专项资金（通信与网络产业发展专项）
97	—	多媒体无线融合通信网络	江苏正赫通信息科技有限公司	50	2016 年度苏南国家自主创新示范区专项资金（通信与网络产业发展专项）
98	—	面向毫米波无线通信的高性能集成电路芯片与系统	南京米乐为微电子科技有限公司	50	2016 年度苏南国家自主创新示范区专项资金（通信与网络产业发展专项）
99	—	基于闪存优化存储技术的超融合基础架构	南京道熵信息技术有限公司	50	2016 年度苏南国家自主创新示范区专项资金（通信与网络产业发展专项）
100	—	NB—LOT 基站信号模拟、空口信号分析综合测试系统	南京创远信息科技有限公司	50	2016 年度苏南国家自主创新示范区专项资金（通信与网络产业发展专项）
101	—	汽车无人驾驶关键技术——77G 毫米波雷达技术研究与实现	南京隼眼电子科技有限公司	50	2016 年度苏南国家自主创新示范区专项资金（通信与网络产业发展专项）
102	—	面向智能电网的广域测量及状态评估技术研究与应用	南京亿江信息科技有限公司	50	2016 年度苏南国家自主创新示范区专项资金（通信与网络产业发展专项）
103	—	新一代高集成相控阵列卫星天线的研发与产业化	南京肯微弗通信技术有限公司	50	2016 年度苏南国家自主创新示范区专项资金（通信与网络产业发展专项）
104	—	“互联网＋新能源汽车”物联网系统研发及产业化	南京骑骄通信技术有限公司	50	2016 年度苏南国家自主创新示范区专项资金（通信与网络产业发展专项）
105	—	LTE 宽频带天线及相关设备研发与产业化	南京濠暻通讯科技有限公司	50	2016 年度苏南国家自主创新示范区专项资金（通信与网络产业发展专项）
106	—	江宁经济技术开发区管理委员会	江宁经济技术开发区管理委员会	300	市 2016 年度苏南国家自主创新示范区专项资金（高新区奖补资金）
107	—	南京市麒麟科技创新园（生态科技城）开发建设管理委员会	南京市麒麟科技创新园（生态科技城）开发建设管理委员会	100	市 2016 年度苏南国家自主创新示范区专项资金（高新区奖补资金）
108	201606012	创客校园科普特色活动创建	南京机电职业技术学院	5	市 2016 年度科技发展计划及科技经费（第六批科普示范基地）

续表 19–7

序号	项目编号	项目名称	承担单位	资助经费（万元）	项目类别
109	201606013	科普基地常年开放与科技周活动专题	江苏海事职业技术学院	5	市 2016 年度科技发展计划及科技经费（第六批科普示范基地）
110	201606019	“打天下·印未来”3D 打印科普大赛	南京增材制造研究院发展有限公司	5	市 2016 年度科技发展计划及科技经费（第六批科普示范基地）
111	—	—	紫金（江宁）科技人才创业特别社区	400	市 2016 科技人才创业特别社区建设与发展专项资金
112	—	—	紫金（方山）科技人才创业特别社区	400	市 2016 科技人才创业特别社区建设与发展专项资金
113	—	—	紫金（麒麟）科技人才创业特别社区	300	市 2016 科技人才创业特别社区建设与发展专项资金
114	—	—	紫金（吉山）科技人才创业特别社区	100	市 2016 科技人才创业特别社区建设与发展专项资金
115	—	专利资助	区科技局	176	市 2016 年度科技发展计划（知识产权战略专项第七批）
116	2016 平台 202	南京环保产业创新科技公共技术服务平台	南京中创科技投资有限公司	300	市 2016 年科技公共平台（新建重大公共技术服务平台）
117	2016 平台 203	南京环保产业创新科技公共技术服务平台	南京环保产业创新中心有限公司	—	市 2016 年科技公共平台（新建重大公共技术服务平台）
118	2016 平台 204	南京环保产业创新科技公共技术服务平台	中电环保股份有限公司	—	市 2016 年科技公共平台（新建重大公共技术服务平台）
119	2016 平台 226	特变电工南京智能电气研发中心	特变电工南京智能电气有限公司	50	市 2016 年科技公共平台（新建重大公共技术服务平台）
120	2016 省 1309	南京高速齿轮制造有限公司欧洲传动研发中心建设	南京高速齿轮制造有限公司	70	市 2016 省政策引导类专项（国际科技合作）
121	—	2016 市正版正货工组奖励	南京江宁金鹰购物中心有限公司	10	市科技发展计划（第九批）
122	—	市 2016 年度苏南国家自主创新示范区专项（新培育规上高企补助）	江苏六维物流设备实业有限公司	15	市 2016 年度苏南国家自主创新示范区专项
123	—	市 2016 年度苏南国家自主创新示范区专项（新培育规上高企补助）	江苏印加新能源科技发展有限公司	15	市 2016 年度苏南国家自主创新示范区专项
124	—	市 2016 年度苏南国家自主创新示范区专项（新培育规上高企补助）	江苏意航汽车部件技术有限公司	15	市 2016 年度苏南国家自主创新示范区专项

续表 19-8

序号	项目编号	项目名称	承担单位	资助经费（万元）	项目类别
125	—	市2016年度苏南国家自主创新示范区专项（新培育规上高企补助）	南京利华工程塑料有限公司	15	市2016年度苏南国家自主创新示范区专项
126	—	市2016年度苏南国家自主创新示范区专项（新培育规上高企补助）	南京华鼎电子有限公司	15	市2016年度苏南国家自主创新示范区专项
127	—	市2016年度苏南国家自主创新示范区专项（新培育规上高企补助）	爱邦（南京）包装印刷有限公司	15	市2016年度苏南国家自主创新示范区专项
128	—	市2016年度苏南国家自主创新示范区专项（新培育规上高企补助）	南京枫叶能源设备有限公司	15	市2016年度苏南国家自主创新示范区专项
129	—	市2016年度苏南国家自主创新示范区专项（新培育规上高企补助）	南京万德斯环保科技有限公司	15	市2016年度苏南国家自主创新示范区专项
130	—	市2016年度苏南国家自主创新示范区专项（新培育规上高企补助）	江苏中圣管道工程技术有限公司	15	市2016年度苏南国家自主创新示范区专项
131	—	市2016年度苏南国家自主创新示范区专项（新培育规上高企补助）	南京三邦新材料科技有限公司	15	市2016年度苏南国家自主创新示范区专项
132	—	市2016年度苏南国家自主创新示范区专项（新培育规上高企补助）	标优美生态工程股份有限公司	15	市2016年度苏南国家自主创新示范区专项
133	—	市2016年度苏南国家自主创新示范区专项（新培育规上高企补助）	南京新立讯电器有限责任公司	15	市2016年度苏南国家自主创新示范区专项
134	—	市2016年度苏南国家自主创新示范区专项（新培育规上高企补助）	南京鹏迪幕墙工程有限公司	15	市2016年度苏南国家自主创新示范区专项
135	—	市2016年度苏南国家自主创新示范区专项（新培育规上高企补助）	南京坦道信息科技有限公司	15	市2016年度苏南国家自主创新示范区专项
136	—	市2016年度苏南国家自主创新示范区专项（新培育规上高企补助）	南京中材水泥备件有限公司	15	市2016年度苏南国家自主创新示范区专项

续表 19–9

序号	项目编号	项目名称	承担单位	资助经费（万元）	项目类别
137	—	市 2016 年度苏南国家自主创新示范区专项（新培育规上高企补助）	南京宁粮生物工程有限公司	15	市 2016 年度苏南国家自主创新示范区专项
138	—	市 2016 年度苏南国家自主创新示范区专项（新培育规上高企补助）	江苏省协同医药生物工程有限责任公司	15	市 2016 年度苏南国家自主创新示范区专项
139	—	市 2016 年度苏南国家自主创新示范区专项（新培育规上高企补助）	南京泉峰汽车精密技术有限公司	15	市 2016 年度苏南国家自主创新示范区专项
140	—	市 2016 年度苏南国家自主创新示范区专项（新培育规上高企补助）	南京法雷奥离合器有限公司	15	市 2016 年度苏南国家自主创新示范区专项
141	—	市 2016 年度苏南国家自主创新示范区专项（新培育规上高企补助）	南京我乐家居股份有限公司	15	市 2016 年度苏南国家自主创新示范区专项
142	—	市 2016 年度苏南国家自主创新示范区专项（新培育规上高企补助）	南京市嘉隆电气科技有限公司	15	市 2016 年度苏南国家自主创新示范区专项
143	—	市 2016 年度苏南国家自主创新示范区专项（新培育规上高企补助）	南京亚博联新材料科技股份有限公司	15	市 2016 年度苏南国家自主创新示范区专项
144	—	市 2016 年度苏南国家自主创新示范区专项（新培育规上高企补助）	中船重工鹏力（南京）大气海洋信息系统有限公司	15	市 2016 年度苏南国家自主创新示范区专项
145	—	市 2016 年度苏南国家自主创新示范区专项（新培育规上高企补助）	桑德斯微电子器件（南京）有限公司	15	市 2016 年度苏南国家自主创新示范区专项
146	—	市 2016 年度苏南国家自主创新示范区专项（新培育规上高企补助）	南京保立隆包装机械有限公司	15	市 2016 年度苏南国家自主创新示范区专项
147	—	市 2016 年度苏南国家自主创新示范区专项（新培育规上高企补助）	南京志达电力科技有限责任公司	15	市 2016 年度苏南国家自主创新示范区专项
148	—	市 2016 年度苏南国家自主创新示范区专项（新培育规上高企补助）	南京美乐威电子科技有限公司	15	市 2016 年度苏南国家自主创新示范区专项

续表 19–10

序号	项目编号	项目名称	承担单位	资助经费（万元）	项目类别
149	—	市 2016 年度苏南国家自主创新示范区专项（新培育规上高企补助）	南京林城亿轮轨道交通技术有限公司	15	市 2016 年度苏南国家自主创新示范区专项
150	201608022	基于 CASCADE 技术的黑臭水体治理微生物菌剂开发及示范应用	江苏加德绿色能源有限公司	20	市科技发展计划（第八批）
151	201608023	黑臭河道水体生态修复模块化技术研究与应用示范	江苏龙腾工程设计股份有限公司	50	市科技发展计划（第八批）
152	201608024	畜禽养殖废水（粪便）高效集成处理技术研究与示范	南京万德斯环保科技股份有限公司	20	市科技发展计划（第八批）
153	201608025	节能型绿色能源汽车智能驱动控制技术应用及推广	江苏谷峰电力科技股份有限公司	20	市科技发展计划（第八批）
154	201608026	应急布控侦察飞行吸附两栖机器人研发及应用	南京赫曼机器人自动化有限公司	20	市科技发展计划（第八批）
155	201608031	节能型平板膜－膜生物反应器重大环保装备在黑臭河治理中的研究与示范	南京瑞洁特膜分离科技有限公司	20	市科技发展计划（第八批）
156	201608032	高效鼓风机节电关键技术研究与应用示范	南京磁谷科技有限公司	30	市科技发展计划（第八批）
157	201608033	国 V 超低排放柴油车后处理关键技术研究	南京依柯卡特排放技术股份有限公司	30	市科技发展计划（第八批）
158	201608034	现代有轨电车智能运营决策支持软件开发	南京轨道交通系统工程有限公司	20	市科技发展计划（第八批）
159	201608043	智能电动植保无人机的应用及其产业化	南京衡创天伟无人机技术有限公司	20	市科技发展计划（第八批）
160	201608044	基于隧道发酵的机插稻育秧基质研发及产品推广	南京军辉生物科技有限公司	20	市科技发展计划（第八批）
161	201608045	高效新型水溶肥料的研发与推广示范	南京宁粮生物肥料有限公司	20	市科技发展计划（第八批）
162	201608046	防治畜禽呼吸道疾病的纯中药制剂的研发及产业化	南京日升昌生物技术有限公司	20	市科技发展计划（第八批）
163	201608047	基于改性 PAL 坡缕石土壤修复制剂的研发	南京远齐环保科技有限公司	20	市科技发展计划（第八批）
164	201608048	年产 50 万斤甜瓜标准化科技种植配套设施基础建设	南京大生现代农业控股有限公司	20	市科技发展计划（第八批）

续表 19–11

序号	项目编号	项目名称	承担单位	资助经费（万元）	项目类别
165	201608049	南京新农“星创天地”项目建设	南京新农科创投资有限责任公司	20	市科技发展计划（第八批）
166	201608050	科技服务超市服务功能的完善	江宁苗木花卉产业分店	20	市科技发展计划（第八批）
167	201608051	优质果树新品种新技术示范推广	江宁设施蔬菜产业分店	20	市科技发展计划（第八批）
168	—	—	南京中钞长城金融设备有限公司	4	市 2016 年度知识产权贯标企业奖励名单（第十批）
169	—	—	南京中纽科技有限公司	4	市 2016 年度知识产权贯标企业奖励名单（第十批）
170	—	—	南京磁谷科技有限公司	4	市 2016 年度知识产权贯标企业奖励名单（第十批）
171	—	—	光一科技股份有限公司	4	市 2016 年度知识产权贯标企业奖励名单（第十批）
172	—	—	菲尼克斯亚太电气（南京）有限公司	4	市 2016 年度知识产权贯标企业奖励名单（第十批）
173	2016CX01155	—	南京灿能电力自动化股份有限公司	9	市 2016 年度科技创新券
174	2016CX01156	—	南京原觉信息科技有限公司	10	市 2016 年度科技创新券
175	2016CX01157	—	南京因泰莱电器股份有限公司	10	市 2016 年度科技创新券
176	2016CX01158	—	江苏景古环境建设股份有限公司	7	市 2016 年度科技创新券
177	2016CX01159	—	江苏南资环保股份有限公司	10	市 2016 年度科技创新券
178	2016CX01160	—	南京波瑞自动化科技有限公司	10	市 2016 年度科技创新券
179	2016CX01161	—	南京凯地生物科技有限公司	10	市 2016 年度科技创新券
180	2016CX01162	—	南京海融医药科技股份有限公司	10	市 2016 年度科技创新券
181	2016CX01163	—	南京广方生物科技有限公司	10	市 2016 年度科技创新券
182	2016CX01164	—	南京睿鹰润泽生物医药科技有限公司	10	市 2016 年度科技创新券
183	2016CX01165	—	南京济群医药科技股份有限公司	10	市 2016 年度科技创新券
184	2016CX01166	—	南京高精船用设备有限公司	10	市 2016 年度科技创新券
185	2016CX01167	—	南京工艺装备制造有限公司	10	市 2016 年度科技创新券
186	2016CX01168	—	南京碧泽环境科技有限公司	8	市 2016 年度科技创新券

续表 19-12

序号	项目编号	项目名称	承担单位	资助经费（万元）	项目类别
187	2016CX01169	—	江苏博睿光电有限公司	10	市 2016 年度科技创新券
188	2016CX01170	—	江苏诚睿达光电有限公司	10	市 2016 年度科技创新券
189	2016CX01171	—	南京华电节能环保设备有限公司	3	市 2016 年度科技创新券
190	2016CX01172	—	南京万德斯环保科技股份有限公司	10	市 2016 年度科技创新券
191	2016CX01173	—	江苏威宝仕科技有限公司	20	市 2016 年度科技创新券
192	2016CX01174	—	南京微小宝信息技术有限公司	7	市 2016 年度科技创新券
193	2016CX01175	—	江苏科旭蓝深网络科技有限公司	10	市 2016 年度科技创新券
194	2016CX01176	—	南京肯微弗通信技术有限公司	10	市 2016 年度科技创新券
195	2016CX01177	—	南京三迭纪医药科技有限公司	10	市 2016 年度科技创新券
196	2016CX01178	—	江苏爱思普医疗科技有限公司	10	市 2016 年度科技创新券
197	2016CX01179	—	南京起重电机总厂	10	市 2016 年度科技创新券
198	2016CX01180	—	江苏大全高压开关有限公司	10	市 2016 年度科技创新券
199	2016CX01181	—	江苏意航汽车部件技术有限公司	10	市 2016 年度科技创新券
200	2016CX01182	—	南京三超新材料股份有限公司	10	市 2016 年度科技创新券
201	2016CX01183	—	南京中港电力股份有限公司	10	市 2016 年度科技创新券
202	2016CX01184	—	江苏卧牛山保温防水技术有限公司	10	市 2016 年度科技创新券
203	2016CX01331	—	南京邻动网络科技有限公司	5.1	市 2016 年度科技创新券
204	2016CX01332	—	南京茂毓通软件科技有限公司	6.4	市 2016 年度科技创新券
205	2016CX01333	—	江苏曙光信息技术有限公司	10	市 2016 年度科技创新券
206	2016CX01334	—	光一科技股份有限公司	10	市 2016 年度科技创新券

续表 19–13

序号	项目编号	项目名称	承担单位	资助经费（万元）	项目类别
207	2016CX01335	—	延锋伟世通电子科技（南京）有限公司	10	市 2016 年度科技创新券
208	2016CX01336	—	南京日新科技有限公司	10	市 2016 年度科技创新券
209	2016CX01337	—	南京优速网络科技有限公司	10	市 2016 年度科技创新券
210	2016CX01338	—	南京汇吉递特网络科技有限公司	10	市 2016 年度科技创新券
211	2016CX01339	—	南京闵良信息科技有限公司	10	市 2016 年度科技创新券
212	2016CX01340	—	南京点触智能科技有限公司	10	市 2016 年度科技创新券
213	2016CX01341	—	江苏航天信息有限公司	10	市 2016 年度科技创新券
214	2016CX01342	—	南京泛盈信息科技有限公司	10	市 2016 年度科技创新券
215	2016CX01343	—	南京依柯卡特排放技术股份有限公司	10	市 2016 年度科技创新券
216	2016CX01344	—	南京中科药业有限公司	10	市 2016 年度科技创新券
217	2016CX01345	—	南京乐惠轻工装备制造有限公司	10	市 2016 年度科技创新券
218	2016CX01346	—	南京埃斯顿自动化股份有限公司	10	市 2016 年度科技创新券
219	2016CX01347	—	南京科润工业介质股份有限公司	10	市 2016 年度科技创新券
220	2016CX01348	—	南京悠阔电气科技有限公司	10	市 2016 年度科技创新券
221	2016CX01349	—	南京磁谷科技有限公司	10	市 2016 年度科技创新券
222	2016CX01350	—	南京环印防伪科技有限公司	10	市 2016 年度科技创新券
223	2016CX01351	—	南京磁晨医疗技术有限公司	10	市 2016 年度科技创新券
224	2016CX01352	—	南京达迈科技实业有限公司	1.2	市 2016 年度科技创新券
225	2016CX01353	—	南京宝泰特种材料股份有限公司	10	市 2016 年度科技创新券
226	2016CX01354	—	南京立汉化学有限公司	10	市 2016 年度科技创新券

续表 19–14

序号	项目编号	项目名称	承担单位	资助经费（万元）	项目类别
227	2016CX01362	—	南京赛宝工业技术研究院	10	市 2016 年度科技创新券
228	2016CX01363	—	南京坦道信息科技有限公司	10	市 2016 年度科技创新券
229	2016CX01364	—	南京汇川图像视觉技术有限公司	10	市 2016 年度科技创新券
230	2016CX01365	—	南京华清智能科技有限公司	10	市 2016 年度科技创新券
231	2016CX01366	—	江苏万维艾斯网络智能产业创新中心有限公司	10	市 2016 年度科技创新券
232	2016CX01367	—	南京关拉尼电子科技有限公司	4	市 2016 年度科技创新券

2016 年度江宁区获科技进步奖情况一览表

表 20

序号	项目名称	承担单位	奖次			
			国家级	省级	市级	区级
1	高可靠性弧光保护装置研制及应用	南京南瑞继保电气有限公司、南京南瑞继保工程技术有限公司	—	—	—	一等奖
2	PPI 新药注射用雷贝拉唑钠的研发及产业化	江苏奥赛康药业股份有限公司	—	—	—	一等奖
3	10 万吨乙二醇大型偶联反应器研究及工业应用	江苏中圣高科技产业有限公司、江苏省（中圣）工业节能技术研究院、江苏中圣压力容器装备制造有限公司	—	—	—	一等奖
4	南粳系列优良粳稻品种及配套技术研究与推广	南京市江宁区种子管理站、南京星根农作物种子专业合作社、江苏省农科院粮食作物研究所	—	—	—	一等奖
5	电力设备在线状态监测主站系统的研究及应用	南京南瑞继保电气有限公司、南京南瑞继保工程技术有限公司	—	—	—	二等奖
6	固定式全淹没高压细水雾灭火系统	南京消防器材股份有限公司	—	—	—	二等奖

续表 20–1

序号	项目名称	承担单位	奖次			
			国家级	省级	市级	区级
7	高频移动式 C 形臂 X 射线机的研究及产业化	南京普爱医疗设备股份有限公司	—	—	—	二等奖
8	石化废水浓盐水回用及零排放集成技术产业化	中电环保股份有限公司、南京中电自动化有限公司	—	—	—	二等奖
9	大功率可调螺距侧向推进系统的研发及产业化	南京高精船用设备有限公司	—	—	—	二等奖
10	超纯净低偏析高温合金熔炼技术研究及产业化	江苏美特林科特殊合金股份有限公司	—	—	—	二等奖
11	难熔金属整体多层包扎容器在醋酸行业的应用	南京德邦金属装备工程股份有限公司、江苏德邦工程有限公司	—	—	—	二等奖
12	带阻尼电子油门踏板	南京奥联汽车电子电器股份有限公司	—	—	—	三等奖
13	通用平面关节型机器人（SCARA 机器人）	南京埃斯顿机器人工程有限公司	—	—	—	三等奖
14	采砂综合执法无线视频监控系统	南京市江宁区水政监察大队	—	—	—	三等奖
15	智能传感器在智能家居系统的应用及产业化	南京物联传感技术有限公司	—	—	—	三等奖
16	耐腐蚀高强度玻璃纤维布及生产技术	中材科技股份有限公司	—	—	—	三等奖
17	NRKJ9300 非车载整车直流充电机	南京能瑞电力科技有限公司	—	—	—	三等奖
18	网络化家用智能三维打印机	江苏威宝仕科技有限公司	—	—	—	三等奖
19	基于数字水印的隐形码防伪防窜技术	南京环印防伪科技有限公司	—	—	—	三等奖
20	高强度铅酸蓄电池玻纤隔膜 HS–AGM 隔膜的研制	中材科技股份有限公司	—	—	—	三等奖
21	PPH 结合补中升提汤治疗环状混合痔的研究	江宁中医院	—	—	—	三等奖
22	架空远传型故障指示器	光一科技股份有限公司	—	—	—	三等奖
23	分体式小包综合外观质量在线检测系统	南京大树智能科技股份有限公司	—	—	—	三等奖
24	HyBase 8300/8500 电动综合手术床	南京迈瑞生物医疗电子有限公司	—	—	—	三等奖

续表 20-2

序号	项目名称	承担单位	奖次			
			国家级	省级	市级	区级
25	面向智能制造的工业大数据安全存储	江苏龙睿物联网科技有限公司、南京龙渊众创空间股份有限公司、南京云天致信信息科技有限公司	—	—	—	三等奖
26	毫米波微带隔离器环行器	南京广顺电子技术研究所	—	—	—	三等奖
27	递增运动负荷技术在心脑血管疾病康复中应用	南京市江宁医院	—	—	—	三等奖
28	磁悬浮节能冷水机组研发	南京佳力图机房环境技术股份有限公司	—	—	—	三等奖
29	基于云服务的能源环保集团智能化管控系统	南京科远自动化集团股份有限公司、南京科远软件技术有限公司	—	—	—	三等奖
30	大型偶联反应器研制	江苏中圣高科技产业有限公司、江苏中圣压力容器装备制造有限公司	—	—	一等奖	—
31	基于龙芯和自主协议的物联网平台系统及应用产品	南京龙渊微电子科技有限公司、南京龙渊众创空间股份有限公司、东南大学、南京市水产科技学院研究所、南京骞翮物联网科技有限公司	—	—	二等奖	—
32	高性能大容量静止无功发生装置的研发与产业化	南京国电南自新能源科技有限公、国电南京自动化股份有限公司	—	—	二等奖	—
33	智能经济环保型发电机组	江苏苏美达机电有限公司、江苏苏美达机电产业有限公司	—	—	三等奖	—
34	大功率可调螺距侧向推进系统的研发及产业化	南京高精船用设备有限公司	—	—	三等奖	—
35	智能制造车间管理技术及其教研实训系统	南京龙渊微电子科技有限公司、南京航天航空大学、南京龙渊众创空间股份有限公司、南京工业职业技术学院、南京云天致信信息科技有限公司	—	—	三等奖	—
36	超纯净低偏析高温合金熔炼技术研究及产业化	江苏美特林科特殊合金股份有限公司	—	—	三等奖	—
37	大型城市配电网系统调度关键技术研究与示范应用	国电南瑞科技股份有限公司、国网江苏省电力公司	—	—	三等奖	—
38	PDS6100 智能微电网能量管理与控制系统	国电南京自动化股份有限公司、南京国电南自城乡电网自动化工程有限公司	—	—	三等奖	—

续表 20–3

序号	项目名称	承担单位	奖次			
			国家级	省级	市级	区级
39	面向智能制造的工业大数据安全存储及应用系统	江苏龙睿物联网科技有限公司、南京邮电大学、南京龙渊众创空间股份有限公司、南京龙渊微电子科技有限公司、南京燚霆物联网科技有限公司	—	—	三等奖	—
40	氯碱工业副产盐石膏制备 α 型高强石膏的关键技术及产业化	江苏一夫科技股份有限公司	—	—	三等奖	—
41	有源配电网协调控制系统及终端	南京国网电瑞继保科技股份有限公司	—	—	三等奖	—
42	智能变电站关键技术研究及用用	南京南瑞继保电气有限公司、南京南瑞继保工程技术有限公司	—	—	三等奖	—
43	智能变电站二次系统新技术及建设新模式的研究与应用	南京国电南自电网自动化有限公司	—	—	三等奖	—
44	次同步振荡及扭振保护监测系统关键技术	南京南瑞继保电气有限公司、南京南瑞继保工程技术有限公司	—	—	三等奖	—
45	特高压交直流混合电网建模、分析和控制关键技术研究与应用	国电南瑞科技股份有限公司	—	—	三等奖	—
46	冉千平	江苏苏博特新材料股份有限公司	—	—	市科技功臣奖	—
47	陈庆财	江苏奥赛康药业股份有限公司	—	—	市科技功臣奖	—

（王文娟　吴宁扬　李智军）

工业科技

概　况　2016年，江宁区深入实施创新驱动战略，以发展高新技术优势主导产业为重点，强化企业创新主体地位，加快企业研发机构建设，大力发展具有自主知识产权及产业特色的高新技术企业和产品群，加大民营科技企业的服务力度，高新技术产业产值实现持续稳步增长。推进创业创新载体建设，着力构建具有竞争力的现代产业体系，科技创业孵化链条日趋完善，已基本形成智能电网、汽车、电子信息、新一代通信、智能制造、生命科学、航空海洋装备和软件研发为主体的高新技术产业集群。

高新技术产业发展　2016年，区科技部门加大科技服务力度，大力培育具有自主知识产权和产业特色的高新技术企业及特色产业集群。全年新增省民营科技企业160家，新增高新技术企业149家，高新技术企业累计415家，占全市总数的27%。高新技术产业产值占规模以上工业总产值的比例为64.7%，居全省前列，高出全市20个百分点。高新技术产业的集聚发展，推动了产业结构调整和转型升级，为构建“3+3+3”现代产业体系，抢占战略性新兴产业发展制高点，建设江苏高端产业集聚区、长三角自主创新引领区发挥了支撑作用。

企业研发机构建设　2016年，全区新增各级企业研发机构66家，其中省级企业重点实验室2家，省工程技术研究中心6家，省企业研究生工作站13家，市工程技术研究中心18家，区级企业研发中心27家；新引进500强企业研发机构3家，规模以上工业企业研发机构累计246家。南京环保产业创新科技公共技术服务平台被认定为市级公共技术服务平台。鼓励各类研发机构加大研发经费投入，全社会研发投入占地区生产总值比重为3.5%以上，一批具有自主知识产权的核心技术和新产品取得突破。

科技创业创新载体建设　2016年，区科技部门加快推动科技创业创新载体由综合型向特色化、专业型、开放式转型。全年新认定市级以上众创空间、科技企业孵化器40家，其中国家级15家。市级以上科技企业孵化器和众创空间累计72家，其中国家级17家。充分发挥科创载体专项资金的绩效引导作用，全年新引进入驻创业孵化企业336家，孵化毕业45家，在孵企业累计2147家，产业覆盖无线通信、软件与未来网络、生命科学等领域，创新载体建设内涵品质不断提升。驻区高校院所共建科技创业载体取得进展，金科院大学科技园已建成封顶，南京工程学院大学科技园、江苏海事学院大学科技园、南京大学大学科技园等校地共建载体已启动规划建设。

（陈　涛　李智军）

2016年10月28日，区科技局深入区内科技型企业开展走访调研活动　陈　涛　摄

2016年度江宁区获认定高新技术企业一览表

表 21

序号	企业名称	区域
1	南京三埃工控有限公司	滨江开发区
2	江苏迈拓智能仪表有限公司	滨江开发区
3	江苏一夫科技股份有限公司	滨江开发区
4	南京迪纳科光电材料有限公司	滨江开发区
5	南京英斯瑞德高分子材料股份有限公司	滨江开发区
6	南京开关厂有限公司	滨江开发区
7	南京卓胜自动化设备有限公司	滨江开发区
8	徐工集团凯宫重工南京有限公司	滨江开发区
9	南京锐豹科技发展有限公司	滨江开发区
10	南京三超新材料股份有限公司	淳化街道
11	江苏尚宽智能科技发展有限公司	淳化街道
12	江苏龙冠新型材料科技有限公司	淳化街道
13	南京正隆顺达高分子材料有限公司	淳化街道
14	南京华创包装机械设备有限公司	东山街道
15	南京金瑞立丰硬质材料科技有限公司	东山街道
16	南京睿实消防安全设备有限公司	东山街道
17	南京协宏软件技术有限公司	东山街道
18	南京苏弘科技有限公司	东山街道
19	南京华脉科技股份有限公司	东山研发园
20	南京紫薇精密机械有限公司	东山研发园
21	南京腾亚精工科技有限公司	东山研发园
22	江苏德林环保技术有限公司	东山研发园
23	南京欧泰物联网科技有限公司	东山研发园
24	南京龙超金属制造科技有限公司	东山研发园
25	江苏苏源光一科技有限公司	东山研发园
26	南京必福斯技术有限公司	东山科创中心
27	南京顿恩电气有限公司	东山科创中心
28	南京中钞长城金融设备有限公司	江宁高新园
29	南京金陵金箔股份有限公司	江宁高新园
30	南京消防器材股份有限公司	江宁高新园

续表 21–1

序号	企业名称	区域
31	南京斯凯汽车设备制造有限责任公司	江宁高新园
32	江苏苏美达机电有限公司	江宁高新园
33	江苏科工科技有限公司	江宁高新园
34	南京瑞康资讯有限公司	江宁高新园
35	南京加林系统工程技术有限公司	江宁高新园
36	蓝舰信息科技南京有限公司	江宁高新园
37	米度（南京）生物技术有限公司	江宁高新园
38	南京济群医药科技有限公司	江宁高新园
39	特变电工南京智能电气有限公司	江宁高新园
40	南京北客纺织品有限公司	江宁高新园
41	南京浩宁达电气有限公司	江宁高新园
42	南京牧信科技有限公司	江宁高新园
43	江苏和泽干细胞基因工程有限公司	江宁高新园
44	南京生兴有害生物防治技术股份有限公司	江宁高新园
45	南京兰埔成新材料有限公司	江宁高新园
46	南京世海声学科技有限公司	江宁高新园
47	西尼尔（南京）过程控制有限公司	谷里街道
48	南京特种汽车制配厂有限公司	谷里街道
49	南京德丰机械有限公司	谷里街道
50	南京利德盛机械有限公司	谷里街道
51	南京爱丽斯包装有限公司	谷里街道
52	江苏金三力电力器材实业有限公司	谷里街道
53	南京帝鼎数控科技有限公司	谷里街道
54	南京艾尔康威物料输送系统有限公司	横溪街道
55	南京儒一航空机械装备有限公司	横溪街道
56	南京理工科技化工有限责任公司	横溪街道
57	南京斯坦福机械有限公司	横溪街道
58	南京时恒电子科技有限公司	湖熟街道
59	南京东恒计量实业有限公司	湖熟街道
60	南京金城轨道交通设备有限公司	湖熟街道

续表 21-2

序号	企业名称	区域
61	南京中竞科电子科技有限公司	湖熟街道
62	南京肯特复合材料有限公司	江宁街道
63	南京高立工程机械有限公司	江宁街道
64	南京国电南思科技发展有限公司	江宁开发区
65	南京迈瑞生物医疗电子有限公司	江宁开发区
66	江苏科能电力工程咨询有限公司	江宁开发区
67	南京大全电气有限公司	江宁开发区
68	南京柏康机电科技有限公司	江宁开发区
69	南京东富石油自动化设备有限公司	江宁开发区
70	南京德朔实业有限公司	江宁开发区
71	南京飞洋汽车电子有限责任公司	江宁开发区
72	江苏南自通华电力自动化股份有限公司	江宁开发区
73	南京永能新材料有限公司	江宁开发区
74	南京航天银山电气有限公司	江宁开发区
75	大唐南京环保科技有限责任公司	江宁开发区
76	南京福碧源环境技术有限公司	江宁开发区
77	南京恒昌轻工机械有限公司	江宁开发区
78	南京城建环保水务股份有限公司	江宁开发区
79	南京晨光汉森柔性管有限公司	江宁开发区
80	南京陈唱交通器材有限公司	江宁开发区
81	南京丹恒科技有限公司	江宁开发区
82	江苏汇鑫融智软件科技有限公司	江宁开发区
83	南京淼孚自动化有限公司	江宁开发区
84	南京优速网络科技有限公司	江宁开发区
85	江苏正桥影像科技股份有限公司	江宁开发区
86	南京茂毓通软件科技有限公司	江宁开发区
87	南京濠暻通讯科技有限公司	江宁开发区
88	江苏华章物流科技股份有限公司	江宁开发区
89	江苏中顺节能科技有限公司	江宁开发区
90	江苏蓝天光伏科技有限公司	江宁开发区

续表 21-3

序号	企业名称	区域
91	江苏智通交通科技有限公司	江宁开发区
92	南京北方慧华光电有限公司	江宁开发区
93	南京晟芯半导体有限公司	江宁开发区
94	南京肯微弗通信技术有限公司	江宁开发区
95	南京南瑞信息通信科技有限公司	江宁开发区
96	南京未来网络产业创新有限公司	江宁开发区
97	南京朗劲风能设备制造有限公司	江宁开发区
98	南京同尔电子科技有限公司	江宁开发区
99	南京天梯自动化设备股份有限公司	江宁开发区
100	南京协辰电子科技有限公司	江宁开发区
101	上美塑胶（南京）有限公司	江宁开发区
102	江苏揽山环境科技股份有限公司	江宁开发区
103	江苏方建质量鉴定检测有限公司	江宁开发区
104	江苏华奥科自动化技术有限公司	江宁开发区
105	南京祥源动力供应有限公司	江宁开发区
106	南京天淞软件有限公司	江宁开发区
107	南京仓颉信息科技有限公司	江宁开发区
108	中船重工鹏力（南京）超低温技术有限公司	江宁开发区
109	南京佰能唯医疗科技有限公司	江宁开发区
110	南京紫鑫汇萃环境科技有限公司	江宁开发区
111	南京大全新能源有限公司	江宁开发区
112	南京云麒汇据信息技术有限公司	江宁开发区
113	南京恒拓精测科技有限公司	江宁开发区
114	北方信息控制集团有限公司	江宁开发区
115	南京邻动网络科技有限公司	江宁开发区
116	南京科唯信过程控制有限公司	江宁开发区
117	南京曼奈柯斯电器有限公司	江宁开发区
118	南京点触智能科技有限公司	江宁开发区
119	南京新联能源技术有限责任公司	江宁开发区
120	南京麦驰钛业有限公司	禄口街道

续表 21-4

序号	企业名称	区域
121	南京赛达机械制造有限公司	禄口街道
122	罗保盛科技（南京）有限公司	禄口街道
123	南京金美镓业有限公司	秣陵街道
124	南京科朗分析仪器有限公司	秣陵街道
125	南京灿能电力自动化股份有限公司	秣陵街道
126	南京依盛信息技术有限公司	秣陵街道
127	南京德邦智能存储系统有限公司	秣陵街道
128	南京艾科美热能科技有限公司	秣陵街道
129	南京帝华光电有限公司	秣陵街道
130	富技腾机电科技南京有限公司	秣陵街道
131	江苏凯龙宝顿动力科技有限公司	秣陵街道
132	南京麦格安倍电气科技有限公司	秣陵街道
133	南京诚达运动控制系统有限公司	秣陵街道
134	江苏一清环保科技有限公司	秣陵街道
135	南京奥特电气股份有限公司	秣陵街道
136	江苏英诺华医疗技术有限公司	麒麟街道
137	南京南方联成汽车零部件有限公司	麒麟街道
138	南京中港电力股份有限公司	麒麟科创园
139	南京丰顿科技股份有限公司	麒麟科创园
140	南京赛宝工业技术研究院	麒麟科创园
141	江苏有线技术研究院有限公司	麒麟科创园
142	南京贝尔电气设备有限公司	汤山街道
143	南京国荣环保科技有限公司	汤山街道
144	南京中广华夏影视科技有限公司	汤山街道
145	春龙马丁工业技术南京有限公司	紫金（江宁）
146	南京戎光软件科技有限公司	紫金（江宁）
147	南京物联传感技术有限公司	紫金（江宁）
148	南京神舟航天智能科技有限公司	紫金（江宁）
149	南京海之感信息技术有限公司	紫金（江宁）

2016年度江宁区获认定企业研发机构一览表

表 22

序号	研发机构名称	依托单位	级别	类别	区域
1	江苏省电动车辆充／换电设备工程技术研究中心	菲尼克斯亚太电气（南京）有限公司	省级	工程技术研究中心	江宁开发区
2	江苏省新能源动力机械工程技术研究中心	南京德朔实业有限公司	省级	工程技术研究中心	江宁开发区
3	江苏省智能运维服务工程技术中心	南京因泰莱电器股份有限公司	省级	工程技术研究中心	江宁高新园
4	江苏省合成生物学工程技术研究中心	南京金斯瑞生物科技有限公司	省级	工程技术研究中心	江宁高新园
5	江苏省轻量化汽车零件成型工程技术研究中心	南京星乔威泰克汽车零部件有限公司	省级	工程技术研究中心	江宁高新园
6	江苏省冶金节能减排工程技术研究中心	大峘集团有限公司	省级	工程技术研究中心	东山街道
7	南京市无线远距低耗物联网应用工程技术研究中心	南京龙渊微电子科技有限公司	市级	工程技术研究中心	江宁开发区
8	南京市汽车电子零部件工程技术研究中心	延锋伟世通电子科技（南京）有限公司	市级	工程技术研究中心	江宁开发区
9	南京市高分子新材料工程技术研究中心	南京贝迪电子有限公司	市级	工程技术研究中心	江宁高新园
10	南京市道桥新材料工程技术研究中心	江苏燕宁新材料科技发展有限公司	市级	工程技术研究中心	江宁高新园
11	南京市垃圾渗滤液深度处理与资源化应用工程技术研究中心	南京万德斯环保科技股份有限公司	市级	工程技术研究中心	江宁高新园
12	南京市高分子含氟材料工程技术研究中心	南京英斯瑞德高分子材料股份有限公司	市级	工程技术研究中心	滨江开发区
13	南京市华创包装机械装备工程技术研究中心	南京华创包装机械设备有限公司	市级	工程技术研究中心	东山街道
14	南京市通信接入技术工程技术研究中心	南京华脉科技股份有限公司	市级	工程技术研究中心	东山街道
15	南京市创力高速齿轮传动工程技术研究中心	南京创力传动机械有限公司	市级	工程技术研究中心	淳化街道
16	南京市航空器部附件维修工程工程技术研究中心	南京王行航空附件维修工程有限公司	市级	工程技术研究中心	秣陵街道
17	南京市电能质量工程技术研究中心	南京灿能电力自动化股份有限公司	市级	工程技术研究中心	秣陵街道
18	南京市双金属复合钢管工程技术研究中心	江苏众信绿色管业科技有限公司	市级	工程技术研究中心	湖熟街道

续表 22-1

序号	研发机构名称	依托单位	级别	类别	区域
19	南京市高浓度有机废水处理工程技术研究中心	江苏南资环保股份有限公司	市级	工程技术研究中心	汤山街道
20	南京市智慧能源工程技术研究中心	国电南京自动化股份有限公司	市级	工程技术研究中心	江宁开发区
21	南京市高温耐蚀膨胀节工程技术研究中心	南京晨光东螺波纹管有限公司	市级	工程技术研究中心	江宁开发区
22	南京市精细木工机械及工业粉尘处理工程技术研究中心	南京海威机械有限公司	市级	工程技术研究中心	江宁开发区
23	南京市改良工程塑料工程技术研究中心	南京立汉化学有限公司	市级	工程技术研究中心	江宁开发区
24	南京市智能手术室设备工程技术研究中心	南京迈瑞生物医疗电子有限公司	市级	工程技术研究中心	江宁开发区
25	南京磁谷科技有限公司工程技术研发中心	南京磁谷科技有限公司	区级	工程技术研究中心	江宁开发区
26	南京迈瑞生物医疗电子有限公司工程技术研发中心	南京迈瑞生物医疗电子有限公司	区级	工程技术研究中心	江宁开发区
27	南京立汉化学有限公司工程技术研发中心	南京立汉化学有限公司	区级	工程技术研究中心	江宁开发区
28	江苏龙睿物联网科技有限公司工程技术研发中心	江苏龙睿物联网科技有限公司	区级	工程技术研究中心	江宁开发区
29	南京海威机械有限公司工程技术研发中心	南京海威机械有限公司	区级	工程技术研究中心	江宁开发区
30	南京仓颉信息科技有限公司工程技术研发中心	南京仓颉信息科技有限公司	区级	工程技术研究中心	江宁开发区
31	南京高传四开数控装备制造有限公司工程技术研发中心	南京高传四开数控装备制造有限公司	区级	工程技术研究中心	江宁开发区
32	南京远达信息技术有限公司工程技术研发中心	南京远达信息技术有限公司	区级	工程技术研究中心	江宁开发区
33	江苏美特林科特殊合金股份有限公司工程技术研发中心	江苏美特林科特殊合金股份有限公司	区级	工程技术研究中心	江宁开发区
34	新天林科技实业（南京）有限公司工程技术研发中心	新天林科技实业（南京）有限公司	区级	工程技术研究中心	江宁开发区
35	江苏曙光信息技术有限公司工程技术研发中心	江苏曙光信息技术有限公司	区级	工程技术研究中心	江宁开发区
36	南京中科药业有限公司工程技术研发中心	南京中科药业有限公司	区级	工程技术研究中心	江宁开发区

续表 22-2

序号	研发机构名称	依托单位	级别	类别	区域
37	特变电工南京智能电气有限公司工程技术研发中心	特变电工南京智能电气有限公司	区级	工程技术研究中心	江宁高新园
38	江苏燕宁新材料科技发展有限公司工程技术研发中心	江苏燕宁新材料科技发展有限公司	区级	工程技术研究中心	江宁高新园
39	南京金城三国机械电子有限公司工程技术研发中心	南京金城三国机械电子有限公司	区级	工程技术研究中心	江宁高新园
40	南京盛业达电子有限公司工程技术研发中心	南京盛业达电子有限公司	区级	工程技术研究中心	滨江开发区
41	南京兰叶建设集团有限公司工程技术研发中心	南京兰叶建设集团有限公司	区级	工程技术研究中心	东山街道
42	江苏苏源光一科技有限公司工程技术研发中心	江苏苏源光一科技有限公司	区级	工程技术研究中心	东山街道
43	南京鹏迪幕墙工程有限公司工程技术研发中心	南京鹏迪幕墙工程有限公司	区级	工程技术研究中心	秣陵街道
44	江苏新蓝天钢结构有限公司工程技术研发中心	江苏新蓝天钢结构有限公司	区级	工程技术研究中心	秣陵街道
45	南京中港电力股份有限公司工程技术研发中心	南京中港电力股份有限公司	区级	工程技术研究中心	麒麟街道
46	南京博士朗电子技术有限公司工程技术研发中心	南京博士朗电子技术有限公司	区级	工程技术研究中心	谷里街道
47	标优美生态工程股份有限公司工程技术研发中心	标优美生态工程股份有限公司	区级	工程技术研究中心	谷里街道
48	南京特种汽车制配厂有限公司工程技术研发中心	南京特种汽车制配厂有限公司	区级	工程技术研究中心	谷里街道
49	南京晨锐腾晶激光科技有限公司工程技术研发中心	南京晨锐腾晶激光科技有限公司	区级	工程技术研究中心	淳化街道
50	南京敬邺达新型建筑材料有限公司工程技术研发中心	南京敬邺达新型建筑材料有限公司	区级	工程技术研究中心	汤山街道
51	南京志凌汽车电器实业有限公司工程技术研发中心	南京志凌汽车电器实业有限公司	区级	工程技术研究中心	禄口街道
52	江苏省新能源电力电子技术重点实验室	国电南京自动化股份有限公司	省级	重点实验室	江宁开发区
53	江苏省手性药物重点实验室	江苏奥赛康药业股份有限公司	省级	重点实验室	江宁高新园
54	—	南京国博电子有限公司	省级	研究生工作站	江宁开发区

续表 22-3

序号	研发机构名称	依托单位	级别	类别	区域
55	—	南京瑞洁特膜分离科技有限公司	省级	研究生工作站	江宁开发区
56	—	江苏曙光信息技术有限公司	省级	研究生工作站	江宁开发区
57	—	米度（南京）生物技术有限公司	省级	研究生工作站	江宁高新园
58	—	江苏省交通节能减排工程技术研究中心	省级	研究生工作站	江宁高新园
59	—	南京万德斯环保科技股份有限公司	省级	研究生工作站	江宁高新园
60	—	南京能瑞电力科技有限公司	省级	研究生工作站	江宁高新园
61	—	江苏省交通节能减排工程技术研究中心	省级	研究生工作站	江宁高新园
62	—	江苏科工科技有限公司	省级	研究生工作站	江宁高新园
63	—	南京苏曼等离子科技有限公司	省级	研究生工作站	滨江开发区
64	—	南京贝尔电气设备有限公司	省级	研究生工作站	汤山街道
65	—	南京凤源新材料科技有限公司	省级	研究生工作站	禄口街道
66	—	南京友西科技股份有限公司	省级	研究生工作站	淳化街道

（陈　涛　李智军）

知识产权

概　况　2016年，江宁区知识产权部门以建设国家知识产权强县工程示范区为中心，实施知识产权强区战略，推动全区知识产权创造、运用、保护、管理和服务创新发展。全年申请专利18575件，其中发明专利申请量7671件；专利授权量8300件，其中发明专利授权量1694件，申请量和授权量分别比2015年增长31%和36.3%。专利申请超50件的企业33家，其中超百件企业14家，万人发明专利拥有量38件，PCT国际专利申请100件，创建市级“正版正货”示范街区1家。

专利创造运用　2016年，区知识产权部门加大知识产权创造运用力度，组织区内企业申报省、市知识产权计划44项，获批省知识产权计划2项。其中，苏博特新材料有限公司获批企业高价值专利培育计划，扶持资金400万元；高速齿轮制造有限公司获批省知识产权战略推进计划项目。南京世都科技公司等6家企业获市知识产权专项，累计获省、市扶持资金710万元；14家企业获批区自主产权企业专利产业化项目。是年，全区获第18届中国专利奖3项，获市优秀专利奖14项；27家企业被列为南京市示范企业培育单位，认定区知识产权示范企业12家，专利二次开发和产业化水平不断提升。（潘慧莉　李智军）

知识产权行政执法　2016年，区知识产权部门按照省、市知识产

2016年4月25日，"正版正货"示范街区创建启动仪式暨"专利日"宣传活动在江宁万达广场举行　　周建华　摄

权主管部门统一部署，开展专利行政执法工作。累计出动8次26人次，对金箔路苏宁、五星、苏果及女人街北京华联、苏宁易购等22家商户进行专利行政执法检查，拍照1200余张，检查商品2800余件，查处涉案专利153件，配合市知识产权局处置专利纠纷案件2起，有效保护专利权人和消费者合法权益。充分发挥开发园区在知识产权保护方面的作用，协助江宁开发区组织一场50多家企业参加的知识产权侵权案件现场庭审活动，相关专家就知识产权保护问题与企业代表进行互动，激发区内企业增强知识产权保护意识。

（周建华　李智军）

知识产权宣传培训　2016年，区知识产权部门利用"中国专利周"等活动，发布"江宁区2015年知识产权工作年报"，持续开展以企业点题、政府服务、中介参与相结合的知识产权"百企千人"培训活动92场，培训人员3000多人次。按照省、市知识产权部门要求，组织规模以上工业企业负责人知识产权培训4次，开展规模以上企业无专利"灭零计划"，对全区493家规模以上工业企业负责人进行培训。组织企业参加省知识产权工程师培训、知识产权管理内审员培训、市知识产权总监培训、企业高研班培训等，形成省、市、区相衔接的具有江宁特色的培训体系。

（潘慧莉　李智军）

地震监测

概　况　2016年，江宁区地震监测部门加强地震监测、应急管理、建设工程抗震设防核准、防震减灾宣传和演练、地震观测环境保护等工作，数字测震、钻孔测斜、钻孔应变、地电数据观测、专用传输网络运行良好，禄口地震台3套地电仪24小时不间断连续测试，全年观测数据连续率98%以上。创建地震安全社区1家，钻孔应变观测项目资料评比名列全省第一，获评全省地震监测预报工作效能考核先进区。

（赵庆福　李智军）

震情监测　2016年，全球发生7级以上大震17次，6.0～6.9级地震93次。中国内陆发生3.0级以上6.7级以下地震72次，主要发生在新疆（最大6.7级）、云南、西藏等西部地区。江苏省内陆发生4.4级以下地震138次，主要在盐城（大丰—射阳）发生一个震群，最大4.4级；南京地区发生6次地震，最大1.9级，没有人员财产损失。

（赵庆福）

地震预警台站、应急装备及救援队伍建设　2016年，区地震监测部门按照南京市地震局要求，开展国家地震烈度速报与预警工程选建工作，落实安装地点并协助省地震局进行场地背景噪声测试，至年末，完成第一阶段任务。加大对地震应急装备投入，装配应用流动地震监测仪，为开展地震应急工作提供技术装备保障。与区人武部合作，成立江宁区地震应急救援队，并配发部分应急救援装备。　（赵庆福　李智军）

地震观测环境保护工程实施及新项目试验　2016年，区地震监测部门组织实施的"江宁地电阻率抗干扰建设保护工程"通过专家验收。通过试运行，观测系统建设达到地电规范要求，观测数据质量达到预期观测效果。江宁地电观测环境保护工程，是国内具备"大极距（1000米）、超深井（－200米）、有地铁轻轨干扰背景（1号线、3号线、机场线）"的唯一观测场地。中国地震局有关部门利用此观测场地开展项目研究，以应对城市建设发展对地震观测环境的干扰和破坏。区地震监测部门参与国家地震局地壳研究所开展的"地电交流观测试验"取得进展，拟进入实用化试观测阶段。（赵庆福）

防震减灾宣传 2016年，区地震监测部门利用第八个“防灾减灾日”，与区民政、教育、消防、气象、人防、保险部门合作，先后在湖熟街道湖熟社区、禄口街道马甫社区、横溪街道甘泉湖社区、江宁街道河西社区、东山街道大里社区和泥塘社区、汤山街道阜庄社区、淳化街道青龙社区、湖熟中心小学、东山文化休闲公园开展广场宣传、市民防震手册发放、讲座、展板、咨询、地震疏散演练等活动。发放PVC扇片3000多只、防灾减灾读本3000册、应急避震口袋书3000多册，展出展板58块次。组织各街道科技助理员及相关人员参加地震灾情速报、地震知识宣传员培训；组织学校老师和学生参加市防震减灾知识宣讲和小学生手抄报（绘画）比赛，手抄报参选5幅作品，其中4幅获二等奖、1幅获三等奖，并获比赛组织奖。

（赵庆福　李智军）

科协工作

概　况 2016年年末，江宁区有区属科技学会、协会组织45个。是年，区科协坚持“创新、协调、绿色、开放、共享”的发展理念，以贯彻实施《全民科学素质行动计划纲要》为主线，以提高全民科学素质和深入开展科技人才服务为重点，以精品活动开展和重点工程实施为抓手，切实履行工作职能，各项工作取得新成效。江宁区被命名为“2016—2020年全国科普示范区”，区科协获江苏省《全民科学素质行动计划纲要》“十二五”实施工作先进集体，并被评为南京市“全国科普日”活动优秀组织单位。

科普宣传 2016年，区科协继续推进科普信息化建设，努力构建电视、网络、电子屏、微信“四位一体”科普传播信息平台。6月，开通“江宁科普”微信公众平台，每日推出2～3条图文并茂的科普知识。7月1日起，在原有电视科普栏目“科技与生活”基础上增设“每日科普提示”，采用游走字幕方式，每日为观众滚动播出3～4条科普知识。把科普电子阅览屏作为向村（社区）和农民提供科普信息服务的主渠道，全区配置科普电子阅览屏172台，其中村（社区）140台，社区覆盖率70%。会同技术开发公司深入村（社区）了解管理使用情况，征询基层意见和需求，探索功能应用二次开发。

科技服务 2016年，区科协推进海智特色基地建设，取得新进展。紫金（江宁）科创社区以“两谷”（中国无线谷和未来网络谷）、“两核”（南京通信技术国家实验室和未来网络产业创新中心）为依托，致力建成国际领先的通信与网络工业化产业基地和创新型产业集群，省科协已将紫金（江宁）科创社区列为2017年度省级海智基地考察对象。至年末，全区已建立南京智能电网、未来通信网络、先进装备制造业和高端研发中心4个各具特色的省级海智基地。协同区服务企业创新专家工作站、江宁开发区科协，开展国外科技信息推广应用活动，全年注册安装国外科技信息专利数据库100家，区科协被列为中科协、市科协科技信息服务工作站子站。围绕专利申请、加计扣除等新政，为部分驻区高新技术企业培训专利信息工程师100人，组织专家与10家企业实行“一对一”重点帮扶。全年组织申报“金桥工程”项目39项，其中22项被市科协立项；周岗虾业协会和汤山街道青林社区被列入2016年江苏省“基层科普行动计划”。与中国旅美科技协会共同签署战略合作框架协议，将通过组织开展高层次人才和学术高峰论坛、人才项目结对、创新创业大赛等活动，促进海外科技人才、项目等科技资源聚集江宁。12月5日，中国旅美科协南京联络处在紫金（江宁）科创社区挂牌。

2016年6月，美国北佛罗里达大学教育学院终身教授、孔子学院院长欧阳荣华博士到江宁区，对全区中小学教育技术室主任70多人开展培训　　宁　鉴　供稿

2016年6月27日，江宁区科协组织召开2016年度科技信息推广应用服务培训暨科协半年工作会议，会议邀请市科协科普服务中心就科技信息企业推广服务做专题讲座和培训　　宁　鉴　供稿

科普活动　2016年，区科协组织开展科普宣传周、全国科普日活动，围绕“创新引领，共享发展”主题，举办各类科普活动85场。推进社区科普大学建设，申报市科协社区科普大学教学计划94项，申报并获批市科协大讲堂5期、承办1期。充分利用高校、产业及科研院所聚集优势，整合优质科普资源，发挥科普基础设施在提升全民科学素质中的功能和作用，对全区各类科普教育基地、科技创新基地（场馆）进行全面调查登记，为编制“江宁区科普基地（场馆）地图”积累第一手资料。

科协组织建设　2016年，区科协会同各街道、企事业单位和园区科协及学会团体，整理统计驻区科技工作者基本信息，按照高校和科研院所科技人员、企业经营管理人员以及专业技术人才等类型，启动建立江宁区科技类社会团体和科技工作者信息数据库，逐步实现团体及个人会员动态化、精细化管理。联合区委组织部印发《关于以党建带动科协组织建设的意见》，加强基层科协组织建设和工作指导。年内，紫金（江宁）科创社区成立园区科协组织，德邦设备有限公司、深科博业有限公司、南京机电学院等5家单位相继成立企业和高校科协组织，园区企业科协组织总数为18个。江宁区第四届青年科技论坛作为市科协第11届青年学术年会分会场，以“推动大众创业、助力万众创新”为主题，面向全区青年科技工作者广泛宣传发动。期间，举办“大学生如何融入地方大众创业万众创新”专题报告会，评选表彰100篇优秀学术论文，并设立3个分会场，组织区属学会、园区科协开展各类学术交流活动。“江宁区第一届青年农业科技论坛”等6个项目列入2016年度学术交流重点委托项目。　（张达文）

科普宣传周活动启动　2015年5月13日，第28届科普宣传周活动在秣陵街道家园社区广场拉开帷幕。区科协、计生、司法等20多个部门联合设台，为社区居民提供丰富多彩的科普服务。活动现场，近2000名居民就各自关心的科普问题向工作人员进行咨询。除横幅标语、展板、电子宣传屏等方式，现场还通过发放宣传手册3000余份，赠送环保购物袋、避孕用品，开展各类咨询和健康义诊服务。此届科普宣传周活动持续到5月21日。活动期间，全区以“大众创业、万众创新”为主题，开展科普讲座、广场咨询以及科普知识进社区、进校园、进企业等37项50多场专题活动。同时，通过电视科普栏目、科普阅览屏等为广大市民普及形式多样、内容丰富、贴近生活的科普知识，提高公众科学素质，倡导科学健康的生活方式。

新增7家市级科普教育示范基地　2016年6月，市科委公布入选第11批“南京市科普教育示范基地”的15家单位名单，并予以授牌。其中，江宁区有7家单位名列其中。此次新增的7家市级科普教育示范基地分别是南京增材制造科普馆、航海仿真训练中心科普基地、金陵科技学院动漫科普馆、南京国门生物安全科普馆、南京机电职业技术学院科普基地、卓越青少年创客实验室科普基地和南京九龙旅游科普基地。科普教育示范基地定期或不定期对外开放，每年还组织形式多样的科普宣传教育活动，基地认定有效期限为5年。

（宁　鉴）

综 述

概 况 2016年，江宁区教育部门紧紧围绕区委、区政府统筹推进"五位一体"建设目标和年度教育发展任务，贯彻省、市教育工作会议精神，以开展"三个主题年"活动为抓手，以补短板促发展为重点，更加注重资源调优、内涵建设、质量提高、贴近民意，不断提升人民群众的教育获得感。

2015 年与 2016 年江宁区教育经费投入情况比照表

表 23　　单位：万元

年度	国家财政性教育经费				社会捐集资办学	事业费收入	其他收入	合计
	预算内经费	各级政府征收用于教育的税费 教育费附加	地方基金	合计				
2015	209406	99093	6930	315429	549	33577	2775	352330
2016	251772	85813	0	337585	1194	36218	897	375894

"教育资源布局优化提升三年行动计划"启动 2016年，区教育部门全面启动"江宁区教育资源布局优化提升三年行动计划"，推进全域教育资源满足，努力实现全区教育资源提档升级。制定《江宁区教育资源布局优化提升三年行动计划》，明确所有建设项目、建设规模、实施时间、投入金额等。按照一年启动、一年建设、一年扫尾的行动时间表，区教育局成立教育资源优化提升三年行动领导小组，下设办公室、区管学校和街道学校工作小组。按照教育资源配置适度超前，现有教育资源旧貌换新颜的原则，三年行动计划确定总投入近60亿元，新建、改扩建面积近50万平方米。其中，新建中小学（幼儿园）42所，加固、拆建、改扩建70所。

教师流动 2016年8月，区教育局下发《2016年义务教育学校教师流动工作意见》，通过个人定期流动、教育集团内流动、团队型流动、"骨干教师"送教型流动、跨学段流动等形式，推进由城到乡、由优到薄、集团到分校的流动支教，促进教师流动。全年义务教育学校流动教师503人，占符合流动教师条件总数的14.8%，其中骨干教师254人，占流动教师总数的50.4%。

各项惠民政策落实 2016年，全区继续完善家庭困难学生助学机制，在义务教育全免费的基础上，扩大非义务教育阶段中学覆盖，构筑从幼儿园到高等教育的助学体系，确保9类家庭经济困难学生享受政府助学，做到应补尽补、应贷尽贷。全年兑现学前教育一年基本免费补助金3837万元，惠及幼儿近1.3万人；发放各类教育困难补助465万元，减免各类教育费用322万元，惠及5622人；发放高校生源地助学贷款64.5万元，惠及880人。

合作办学 2016年，江宁区与琅琊路小学、南京外国语学校2所学校签订合作办学协议，包括前期引入的力学小学、北京东路小学、游府西街小学等，全区合作办学学校已达10所。其中，晓庄学院实验小学、东郊小镇小学、文靖东路小学、诚信小学、禄口二小等5所学校已经开始办学。

省市全民终身学习活动周在江宁启动 2016年10月11日，以“推动全民终身学习，建设学习型江苏”为主题的2016年江苏省暨南京市全民终身学习活动周在江宁区启动。省政府副秘书长陈少军、省教育厅厅长沈健、副市长胡万进、代区长祁豫玮和区委常委、统战部部长陆蓉等参加活动。活动周期间，全区各街道以社区教育中心为主阵地，依托各自资源优势，面向广大市民开展130场特色鲜明、形式多样、内容丰富的学习教育活动，包括法律咨询、知识讲座、技能培训、健康义诊、艺体培训、书画交流、免费赠书、文艺演出等，可满足不同年龄层次的人学习需求，同时向市民免费发放各类学习资料。会议表彰了江苏省“百姓学习之星”和“终身学习品牌项目”及南京市“优秀社区教育工作者”和“百姓喜爱的终身学习活动品牌”。会场外，全市11个区通过现场演示、图片展板等不同形式呈现社区教育特色亮点。江宁区艺术教育、亲子教育、自然与生活、插花编织等多个优秀课堂集中亮相，为市民答疑解惑、传递终身学习的理念。

全国中小学生创客教育年会在江宁举行 2016年5月20—21日，以“技术、创新、实践”为主题的2016年全国中小学生创客教育年会在江宁区举行，全国各地创客教育的专家、教师、学校领导近400人参加此次活动。与会代表和专家观摩了江宁区创客教育成果展示和3D打印技术、各类机器人和原创小发明等，全国各地的创客教育专家以专题汇报形式与大家交流各自的教育经验，还观摩了东山小学、永泰路小学等6所学校课堂教学。

2016年10月11日，以“推动全民终身学习，建设学习型江苏”为主题的2016年江苏省暨南京市全民终身学习活动周在江宁区启动

宁 鉴 供稿

“江宁创客教育联盟”世界青少年发明展上获佳绩 2016年7月15—20日，2016世界青少年发明展（IEYI）首次登陆中国，新加坡、泰国、日本、印度、马来西亚等国家和中国台湾、香港、澳门等地区的300多名青少年的近百件原创发明亮相发明展。“江宁创客教育联盟”秘书长赵凯指导的《动感篮球场》等3件作品分别获得2个特别奖和1枚铜牌。看篮球比赛时，计时、计分系统如何工作，如何用现场的DJ调动气氛，《动感篮球场》一套模拟控制篮球计时、计分功能的系统，吸引众多参赛和参观者目光。该作品的创意源自3个喜欢篮球的小创客——东山小学的曾子恒、陈天浩和方子炎，他们利用Scratch 2.0编写了3个程序分别用于计时、计分和DJ播放音乐，并用硬件搭建一个模拟的篮球场，利用数码管、按键实现计时和计分功能，让喜爱篮球的小朋友们也能进行实际操作体验。（高 原）

“儒雅少年”评选启动仪式举行 2016年4月29日，2016南京市百万未成年人“儒雅少年”评选系列活动启动仪式在江宁实验小学拉开帷幕。市委常委、宣传部部长徐宁出席活动。活动现场，江宁实小的学生代表身着汉服，齐声吟诵《弟子规》《大学》《岳阳楼记》《满江红》《少年中国说》等经典国学作品，让大家感

年龄可视不同情况放宽到7周岁或8周岁。原则上应随父母（或其法定监护人）在同一户籍，且应在2015年12月31日前取得所在施教区家庭正式常住户籍，户籍与实际居住地、产权证（产权证是指房屋所有权证，持有者为适龄儿童的法定监护人）三者一致。是年，东山城区小学继续实行网上报名，东山城区初中首次试行网上报名。 （高 原）

麒中原创歌曲获全国最佳 2016年3月，由麒麟中学初三学生马昌倩创作的儿童歌曲《小羊跪乳》被推荐参加全国首届“童声里的中国·成长的歌谣”创作大赛，并从全国32039件参赛作品中脱颖而出，获得“最佳校园歌曲奖”。自2012年以后，麒麟中学将童谣创作纳入语文和音乐课程的日常教学，创作了《小羊跪乳》《老师的脚步》《城乡魂》等在全国范围内有一定影响的歌曲作品。

铜小学生获宋庆龄奖学金 2016年4月，在教育部、中国福利会、中国宋庆龄基金会联合举办的第12届宋庆龄奖学金评选工作中，铜山中心小学学生周洲凭借突出的科技发明成绩入选。同时，该校学生陶紫妍的发明创意作品“可移动窗沿挂钩”也通过省级和国家级初评，入选宋庆龄少年儿童发明奖。12岁的周洲三年级时，就曾发明了“易发现油渍污垢节约清洁液的清洗器”。

两所学校获评市“德育基地示范学校” 2016年10月，由市教育局组织的首届南京市德育基地示范校的评选揭晓，铜山中心小学和百家湖中学在全市40余所参评学校中脱颖而出，获得“南京市德育基地示范学校”称号。此次活动旨在完善学校德育工作长效机制，总结学校德育工作有效经验，促进学校德育工作特色形成。自是年4月起，市教育局开展“德育示范基地学校”创建工作，从学生发展、教师发展和学校发展三大模块，共12项评估指标进行评分，经过区级评选、现场考核和答辩等环节得出最后结果。

科小获省级机器人大赛冠军 2016年11月，在2016年江苏省凤凰EQ教育机器人大赛上，科学园小学机器人代表队经过激烈争夺，战胜省内的60多支代表队，最终获得冠军。机器人一直是该校特色项目，此次比赛中，该校选手们针对项目主题，进行研究、策划、设计、组装和测试，让每个机器人都能完成指令任务，最终凭借出色的表现夺得冠军。 （宁 鉴）

2016年江宁区中考录取分数线情况表

表 24　　单位：分

学校名称	第一志愿	第二志愿
江宁高级中学	593	—
秦淮中学	550	550
秦淮中学美术	624（含专业成绩）	—
东山外校	615	—
南师附中江宁分校	614	—
临江高级中学	512	—
天印高级中学	567	—
秣陵中学	480	480
宇通学校	550	—
江宁职教中心（综合高中）	440	—
普通高中指标生	575	
南通幼儿师范	511	
3+4 分段培养	560	

续表

学校名称	第一志愿	第二志愿
3+3 分段培养	420	
五年制高职	455	

（高　原）

中等教育

概　况　2016年年末，江宁区有普通高级中学5所，班级213个，在校生8761人，毕业班2815人；专任教师931人。中等职业学校1所，班级105个，在校学生3968人，其中招生1209人；教职工330人，其中专任教师281人，学历达标率100%。是年，临江高级中学创建成省四星级高中，江宁高级中学建成省级高中课程基地和市级校长培训基地，秦淮中学通过市级体艺特色学校复检，天印高级中学申报市级学科课程基地。

高校招生　2016年，全区有2882人参加高考，比2015年减少608人。设江宁高级中学、秦淮中学、天印高级中学、南师附中分校等4个考点、104个考场。全区文化类本科达线1327人，本二以上达线1596人，达线率55%，比2015年提高8.8%。全区本、专科录取考生3310人，总录取率95.47%，比2015年增长0.68%。其中，录取本科生2167人，占考生数的62.5%；录取专科生1143人，占考生数的37.5%。

中等学校招生　2016年，全区中考报名7332人，比2015年增加265人。录取高一新生7010人，升学率95.6%，比2015年提高0.1%。其中，普通高中3743人，综合高中233人，师范80人，普通中专高职1185人（含“3+3”“3+4”），普通中专52人，职业中专968人，技工学校749人，职教类录取3267人，普职比例为53.4∶46.6。（高　原）

首批“3+4”职校生升入本科　2016年9月，位于江宁区的南京工程高等职业技术学校首届77名“3+4”项目毕业生经过“转段考试”升入本科，合格率95%以上。根据省教育厅试点要求，2013年，南京中考新出现中职与普通本科“3+4”分段培养专业的招生计划，启动中职生直接上本科的全新尝试。南京工程高等职业技术学校等4所职业学校招生300多人，对接高校为南京晓庄学院和南京金陵科技学院。当时的录取分数线不得低于南京中考总分的80%，与四星级高中在同一批次录取。“3+4”课程体系按照中职和本科对接的七年一贯制设计，很多专业课程是把本科阶段上的一些专业基础课程和专业基本技能课程融入中职课程体系，有助于学生从中职教育到本科教育阶段的快速衔接。“3+4”模式重点培养学生的职业兴趣、专业技能和就业创业能力，为培养高技术高技能人才提供新思路，也为文化成绩不拔尖、但动手实践能力强的学生提供新的升学渠道。

（宁　鉴）

2016年3月，觅秀街中学数十名学生到东山街道大里社区居家养老中心，给老人们送礼物，表演小品、歌曲等节目，做一些力所能及的事情

区新闻中心　供稿

2016年江宁区高考录取情况表

表 25

学校	参考人数	统计人数	保送	文理类本科				体育本科		艺术本科		本科合计	本科录取率（%）	高职专科						专科合计	录取总数	录取率（%）
				提前本科	一本	二本	三本	公办	民办	公办	民办			自主招生	直招士官	专科	注册	体育专科	艺术专科			
江宁高中	845	863	—	10	130	437	179	3	1	14	1	775	89.80	18	—	39	—	1	1	59	834	96.64
秦淮中学	523	674	—	2	6	57	144	13	5	55	55	337	50.00	151	—	121	—	6	11	289	626	92.88
临江中学	307	563	—	1	—	12	43	2	3	17	18	96	17.05	256	—	164	—	—	9	429	525	93.25
天印中学	539	667	—	1	11	130	178	15	—	17	19	371	55.62	128	1	120	—	6	4	259	630	94.45
秣陵中学	15	46	—	—	—	—	3	1	2	1	—	7	15.22	31	—	2	—	—	2	35	42	91.30
附中分校	448	446	—	16	129	161	61	—	—	24	5	396	88.79	1	—	18	—	—	—	19	415	93.05
东山外校	164	164	—	5	112	45	—	—	—	1	—	163	99.39	—	—	—	—	—	—	0	163	99.39
区报生	41	44	—	—	2	6	5	—	—	8	1	22	50.00	3	—	4	—	—	1	8	30	68.18
总计	2882	3467	—	35	390	848	613	34	11	137	99	2167	62.50	588	1	468	0	13	28	1098	3265	94.17
2015 年	3490	3993	—	33	368	904	724	13	8	123	131	2304	57.70	503	2	779	76	10	111	1481	3785	94.79

（高 原）

教师队伍

概　况　2016年年末，江宁区教育系统有在职教职工14247人。其中，幼儿园5704人，小学3637人，初中（含九年一贯制学校）2856人，高中（含完全中学、十二年一贯制学校）2007人，特殊学校43人；中等职业学校330人；区教育局及其直属单位66人。教师学历达标率均为100%。

名师团队建设　2016年，全区有2名教师获评省特级教师，19名教师获评南京市学科带头人，17名教师获评南京市首届德育带头人。是年，区教育部门实施高层次人才引进计划，引进省级特级教师3人。至此，全区拥有省"人民教育家"培养对象2人、正高级教师4人，省特级教师26人，市学科带头人、市优秀青年教师230人，区学科带头人、教学骨干2641人。

一批教师论文发表和获奖　2016年，全区教师发表论文、获奖论文7000多篇，其中省、市一等奖190篇，核心期刊发表论文100多篇，出版专著5部。有1篇论文获省"教海探航"一等奖，2篇论文获省"师陶杯"特等奖，13篇论文获一等奖。有40多名教师获省"教育管理""新世纪园丁""行知杯"等竞赛一等奖。有2项成果获南京市第四届教育科研成果奖一等奖，区教育局获"教海探航"征文比赛先进集体奖、省教育管理征文评选优秀组织奖；区教科室被评为省教科研工作先进集体。

班主任队伍建设　2016年2月，全区有3名班主任获"南京市五一劳动奖章"，7名班主任获"南京市技术能手"称号，7名班主任获"南京市五一创新能手"称号，6名班主任获"南京市青年岗位能手"称号。8月，1名班主任获江苏省中小学班主任基本功大赛一等奖，2名班主任获南京市中小学班主任基本功大赛一等奖，1名班主任获第五届长三角地区中小学班主任基本功大赛二等奖。

（高　原）

进修学校获两项省级表彰　2016年3月，江苏省教师培训中心对省中小学教师班主任知识网络竞赛活动和省级教师网络培训工作给予表彰，江宁区教师进修学校名列其中，分获优秀组织奖和优秀培训机构称号。2015年，根据省、市教师培训主管部门相关文件通知，区教师进修学校组织全区650名中、小、幼教师参加6个省级培训项目。为使培训达到预期效果，学校选派优秀教师担任培训管理员与辅导员，帮助全体学员在两周内完成各项学习活动，取得良好学习效果。

（宁　鉴）

2016年3月，区幼教科学中心教研组举办"探索—发现—绽放"之旅活动，全区30多名幼教科教老师代表参观位于市民中心的江宁青少年创客实验室，并在竹山幼儿园观摩探索实验活动、交流感受、商讨学期活动计划等

区新闻中心　供稿

高等教育

·江宁大学城·

概　况　2016年，江宁大学城管理办公室按照区第十三次党代会提出的做强大学科教创新园实力的总体要求，围绕江宁高新园建设苏南国家自主创新区核心区的战略部署，加快推进校地、校企、院校间合作，不断释放高校创新资源，助力全区转型升级、创新发展。

深入挖掘高校资源，促进产学研合作。围绕学校科技成果及高端人才储备、公共技术平台及产学研合作、大学科技园及众创空间建设开展调研梳理，不断夯实产学研合作基础。开展多种形式的校企对接活动，搭建院校和企业之间的技术成果供需对接平台，制定产学研转化项目奖励政策，促进各方资源有效整合，校企间累计共建国家重点实验室8个，省部级重点实验室50个，工程技术中心37个，公共技术服务平台11个，全年新增产学研合作项目100多项。推动大学科技园建设，一方面加快金陵科技学院大学科技园建设网络空间安全研究院、大数据研究院和软件技术研究院等；另一方面，加快新大学科技园筹建，全力推进南京工程学院建设大学科技园，打造智能电网、电子信息等领域的产业集聚区。

组织开展创业活动，提升就业成功率。组织26所驻区高校和200多家企业参加“才市之春·才聚江宁”专场招聘会，提供就业岗位4000多个；配合中国药科大学、晓庄学院、金陵科技学院先后组织毕业生专场招聘会；协助开展“南京市第五届文化人才专场招聘会”等。推动创业带动就业，江宁大学城4家众创空间在孵项目100多个，新增大学生创业注册公司75家，办理“青年大学生创业证”138个，获批市优创项目2个，参加市级以上大赛获奖31次，累计带动大学生就业3000多人。提升高校平台内涵建设，指导“科技创业创新载体服务标准”、省科技厅“科技40条”、市科委“科技36条”等政策在高校落地，不断推动高校做优创新创业环境，提升服务品质。

做好安全稳定工作，营造平安和谐环境。加强责任落实，完善安全应急突发事件预案，与各高校签订安全责任书，确保安全管理目标责任制落实到位。深入督促检查，联合区市场监管局、食安委召开高校食品安全工作会议，开展高校食品安全培训活动，对存在重大隐患的责令立即整改，严防恶性事件发生。主动协调对接，妥善处理各类矛盾，一批高校建设、环保等方面的历史遗留和疑难问题得到有效解决，受到各高校好评。

“金科创客汇”入选国家级众创空间　2016年2月15日，金陵科技学院“金科创客汇”入选第二批国家级“众创空间”，成为江苏省第三家、南京市首家获得科技部认定的高校大学生众创空间。该众创空间拥有1800平方米的大学生创业实践场所，为大学生创客提供创业指导、投融资、企业注册和法律咨询等一条龙服务。同年，“金科创客汇”获批为江苏省首批众创空间知识产权保护项目承担单位、江苏省科协创新创业服务示范基地，在南京市众创空间绩效评价中获优秀等次。校地企合作成立的“众创空间”天使投资基金500余万元。

“才市之春·才聚江宁”招聘会　2016年4月9日，由区政府和市人社局联合举办，江宁高新园承办的“才市之春·才聚江宁”大学生就业专场招聘会在江宁大学城文鼎广场举办。此次招聘会有200多家企业参会，提供4000多个岗位，涉及电子信息、汽车制造、智能电网、生物医药、建筑等行业。参会企业既有熊猫电子、中圣高科等高新技术企业，也有中国人民解放军第三三零四工厂和一〇〇二工厂等大型军工企业，所涉岗位层次高、针对性强、覆盖领域广。

第七届全国高等医学院校大学生临床技能竞赛华东分赛区比赛在南医大举行　2016年4月15日，第七届全国高等医学院校大学生临床技能竞赛华东分区赛在南京医科大学江宁校区举行，华东六省一市33所高校的132名大学生参加比赛，最终有11支队伍晋级全国比赛，南京医科大学获大赛二等奖。全国高等医学院校大学生临床技能竞赛是临床医学专业唯一的国家级竞赛项目，旨在培养临床医学专业学生临床操作技能、临床思维、医患沟通等临床能力。竞赛项目通过医学模型、标准化病人（SP）、医疗器械等的充分使用，营造贴近临床实景的考核场景，注重在临床情境中考察学生的综合能力，全面考核

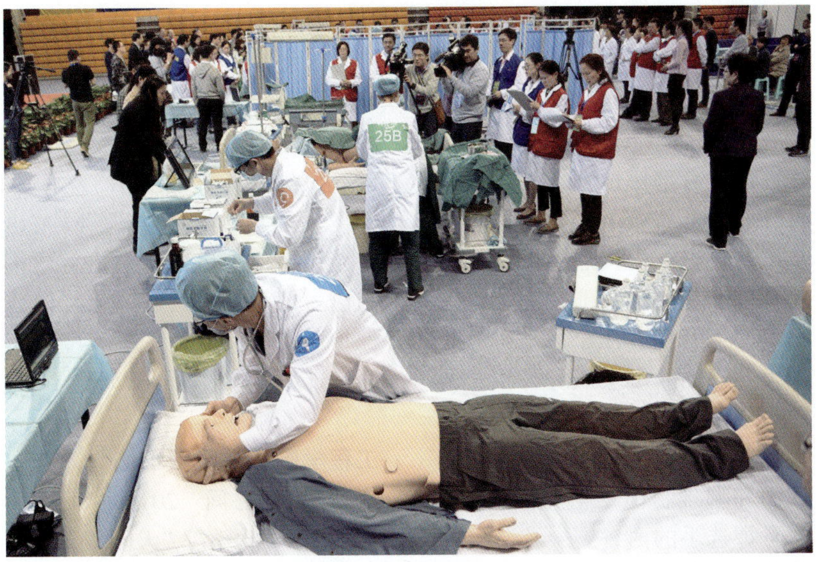

2016年4月15日，第七届全国高等医学院校大学生临床技能竞赛华东分赛区比赛在南京医科大学江宁校区举行　　张海洋　郭　芳　摄

学生临床思维、人文伦理、临床技能、团队精神、沟通能力、职业精神、心理素质、批判性思维以及法律法规意识。2016 年是大赛举办的第七届，也是华东赛区首次由省属医学院校承办分区赛，南京医科大学以“竞技、交流、提高，实践、创新、争先”为办赛宗旨，搭建大赛平台，促进各院校间的沟通交流。

苏台两地高职教育（南京地区）校企产学合作交流大会在江苏经贸举行 2016 年 4 月 26 日，苏台两地高职教育（南京地区）校企产学合作交流大会在江苏经贸职业技术学院举行。会议就搭建产教融合平台，实现人力资源匹配衔接等内容进行交流与研讨，苏台两地高职院校和在宁台资企业代表 100 多人参会。作为海峡两岸高等职业教育校长联席会议大陆地区的发起院校，江苏经贸职业技术学院积极推动两岸高职教育交流合作，充分发挥平台桥梁纽带作用拓宽合作领域，在教师双向交流、依托台企实施“订单式”人才培养、深化产学研合作、探索两岸职校与台企三方合作办学等方面进行创新尝试和大胆实践。

全国职业院校西餐宴会服务技能大赛在江宁举行 2016 年 5 月 17 日，由教育部职成司、江苏省教育厅、江苏省旅游局等承办，南京旅游职业技术学院协办的“2016 年全国职业院校技能大赛”西餐宴会服务赛项在江宁区举行。此次大赛以西餐宴会服务为主，调酒服务为辅，包括西餐宴会摆台、菜单制作、英语台面设计介绍、调酒和咖啡制作等 4 项内容，全面考评选手的西餐宴会综合服务能力。大赛吸引全国 27 个省区市、66 所院校的 91 名选手参赛。

首届全国部委省共建高校改革与发展研讨会在南医大举行 2016 年 5 月 27 日，首届全国部委省共建高校改革与发展研讨会在南京医科大学举行，全国 15 所部委省共建高校以及省内外医学院校代表出席研讨会。天津医科大学、南京医科大学、首都医科大学、温州医科大学、中国医科大学、哈尔滨医科大学、安徽医科大学、重庆医科大学、南方医科大学等 9 所共建高校发言，围绕医教协同、医学人才培养模式改革、医学课程建设、深化校地合作等内容进行主题交流。会议决定成立部委省共建高校协作组，由南京医科大学担任首届轮值组长，并对协作组的职责义务、运行机制等内容进行细化，达成共识，最终形成“部委省共建高校协作组南京会议共识”。

晓庄学院举办城市语言调查国际学术研讨会 2016 年 8 月 10—12 日，由南京晓庄学院与南京大学中国语言战略研究中心联合主办、南京晓庄学院文学院承办的“第十四届城市语言调查国际学术研讨会”在南京晓庄学院举行。中国内地和港澳台地区以及荷兰、日本、加拿大、以色列、马来西亚等国家的近 70 名城市语言研究界的专家学者参加会议。研讨会以“语言技术与语言生活”为主题，围绕“语言技术与语言服务”“语言使用与语言生活”“语言政策与语言规划”“民族语言与语言保护”“城市语言变异”“城市语言景观”等话题开展研讨。

工程学院“天印梦工场”入选国家级众创空间 2016 年 9 月 12 日，南京工程学院“天印梦工场”入选第三批国家级“众创空间”。该众创空间是依托南京江宁高新园与南京工程学院国家级技术转移中心、创新学院与省级大学生创新创业园等多个创新创业平台建设的“培训辅导型”众创空间。“天印梦工场”有在孵项目 200 余个，创业团队 62 个，正式注册成立公司的 43 家，年提供就业岗位 600 余个，年产值 6640.3 万元。该空间企业中，国家高新技术企业 1 家，江苏省民营科技企业 7 家，江苏省双软认证企业 1 家，江苏省青年大学生优秀项目 1 家，南京市青年大学生优秀项目 4 家。

南医大与东大签订战略合作协议 2016 年 9 月 13 日，南京医科大学与东南大学签订战略合作协议。此次战略合作将提升两校综合实力，发挥各自特色与优势，凸显医工结合的新亮点和新增长点，提升合作的广度和深度，促进“双一流”大学和江苏高水平大学建设，更好地服务地方经济社会发展，助推“健康江苏”和“健康中国”建设。双方将本着“优势互补、互联互信、互利共赢”的目标和宗旨，在人才培养、科学研究、资源共享等方面加强合作。

金陵科技学院农科教讲师团获全国“特别受百姓喜爱的终身学习品牌项目” 2016 年 10 月 8 日，金陵科技学院组建的江苏省南京市农科教讲师团获得中国成人教育协会授予的全国“特别受百姓喜爱的终身学习品牌项目”。农科教讲师团于 2002 年 7 月组建，以服务“三农”为宗旨，按照“农民出菜单，街镇成校编菜单，区县教育局汇总单，讲师团接单，政府埋单”的工作流程，持之以恒深入农村开展服务。2016 年共组织培训 118 场次，惠及农民 10440 人次。紧贴地方产业结构调整，开展茶叶、肉鸽等 30 个项

2016年9月13日，南京医科大学与东南大学签订战略合作协议
张海洋　郭　芳　摄

目的技能培训，上门提供技术服务28场次。承接全市植保类农技推广人员高级研修班，培训100人；对接南京市农委，与溧水区农委、六合区农委合作，开展农业职业技能培训，3000余人获得农民技术资格证书，2000余人次接受农民创业培训。

药科大学承办首届全球药学教育会议　2016年11月7日，由国际药学联合会（FIP）、中国药学会（CPA）联合主办，中国药科大学、美国药学院协会承办的首届全球药学教育会议在南京举行，美国、加拿大、日本、澳大利亚、法国、印度等47个国家和地区的500多名代表参加会议。会议围绕“为全球药学从业人员建立全球视野”的主题展开讨论，制定并达成“理想的药学教育”线路图及克服困难的策略。大会讨论通过“全球药学教育南京专家共识”“药学从业人员及其发展的FIP全球愿景”和“药学从业人员发展目标”3个文件，作为在全球范围内指导和推动药学教育改革的纲领性文件。

晓庄学院王承昊教授被授予“塔吉克斯坦艺术科学院荣誉院士”　2016年11月11日，南京晓庄学院王承昊教授被授予“塔吉克斯坦艺术科学院荣誉院士”称号，以表彰他对丝绸之路文化交流做出的突出贡献。塔吉克斯坦文化部长阿鲁姆别克佐达·夏幕西金、艺术科学院院长奥里姆宏·拉比耶夫共同为王承昊颁发院士荣誉证书。王承昊的作品坚持走现实主义道路，以写实油画的方法表现各地域的风土人情，题材广泛，作品深刻。同时，他还致力于用中国传统文化的意象表达，以体现中国的艺术精神世界。王承昊通过艺术作品促进中外文化交流，多次受邀参加北京“和平之旅”文化交流中心的艺术交流活动，曾被文化部、外交部、北京市政府授予“和平艺术大使”称号。

免疫治疗高层论坛在药科大学举行　2016年11月17日，2016年免疫治疗高层论坛在中国药科大学江宁校区召开，奥地利、以色列、德国、瑞士、中国内地和中国香港等国家及地区的10名专家学者齐聚一堂，共同就免疫治疗领域的前沿动态和热点问题展开探讨。重点聚焦细胞免疫治疗最新热点，针对免疫治疗在癌症治疗领域的应用和实践，就该领域政策环境、市场前景、中外技术的最新趋势、临床应用等关注点进行深入探讨。

海事学院“一带一路”应用型海事人才研究院成立　2016年11月20日，“一带一路”应用型海事人才研究院成立大会在江苏海事职业技术学院举行。该研究院是基于江苏海事职业技术学院海事类专业优势，由江苏海事职业技术学院发起，聘任原交通运输部副部长、国际海事组织海事大使徐祖远为研究会专家咨询委员会主任委员，是集聚全国“一带一路”知名学者、研究专家组建的为“一带一路”建设提供高素质应用型海事人才服务的研究、交流与咨询平台。研究院秉持“开放、合作、联通、共享”的理念，努力形成具有影响力和实践性强的研究成果，推动跨院校和机构的多元合作，共同促进相关学科专业建设、人才培养质量和科研水平的整体提升，为“一带一路”建设的实施提供大批高素质的应用型海事人才。

晓庄学院学前弱势儿童教育研究所成立　2016年12月16日，南京晓庄学院举行学前弱势儿童教育研究所成立暨江苏省学前教育学会健康教育专委会签字仪式。学前弱势儿童教育研究所立足于留守幼儿、城市流动幼儿、特殊需要幼儿等社会处境不利幼儿群体的教育，主要开展学前弱势儿童教育史、学前弱势儿童教育政策、学前弱势儿童心理发展与干

预的理论与实践研究，致力于推动弱势幼儿群体学前教育的改革与发展。（王志鑫　王世杰）

·江宁高等职业学校（筹）·

概　况　2016年，江宁高等职业学校（筹）按照区委、区政府《关于江宁区理顺体制、改革创新、加快发展现代职业教育工作的实施方案》要求，继续推进职培中心、技师学院和中专校三校整合，有序开展高职校各项筹建工作。学校在构建和谐校园的同时，抓住省联院分院和省高水平现代职业学校创建契机，坚持把规范管理摆在学校发展的重要位置，深化内涵建设，努力提高人才培养质量和办学水平，学校基础设施建设、内涵建设、办学质量全面提升，服务经济社会发展能力进一步提高。

专业拓展　2016年，江宁高等职业学校(筹)围绕“办好五年高职，办精综合高中，办活职业中专，办优国际合作”的专业建设思路，着力构建现代职教体系，提升专业内涵建设。学校专业设置与区域产业结构相匹配，机电、机械加工、现代服务业专业特色鲜明、优势明显，与江宁现代制造业、现代服务业为主的产业结构吻合度高。拥有机电工程、机械工程、信息工程、经贸与服务四大专业群，设有机电、电子信息、计算机、财经商贸、现代服务业、园林技术、文化艺术等20多个专业，有数控技术应用、机电一体化、电子信息工程、财务管理、计算机网络技术、物流管理、电气自动化技术、模具设计与制造8个省联院五年高职专业。与南京旅游职业技术学院、南京交通职业技术学院、江苏海事职业技术学院、江苏经贸职业技术学院、南京信息职业技术学院分别开展旅游服务与管理、机电一体化、物联网应用技术、汽车技术服务与营销、会计、检测技术专业共6个中高职“3+3”分段培养试点项目。依托专业建设指导委员会和骨干教师，不断进行专业设置调研和动态调整。努力提升专业内涵，按照省教育厅现代化专业群建设要求和思路，逐步推进现代化专业群建设。在成功创建机电省现代化专业群的基础上，又创建数控技术五年高职现代化专业群和电子与信息技术中职省现代化专业群。学校全年招生1210人，招生规模位居全市职业学校前列。学籍管理工作严谨规范，在校生信息与江苏省中职学籍管理系统、全国中职学籍管理系统一致，无重复学籍、错误信息，系统查重率为零；及时完成2016级新生网上学籍注册工作，严格学生转专业、休学、退学等异动管理。

2016年，江宁高等职业学校（筹）突出职业教育特色，注重培养学生的创新精神和动手能力，以适应社会和企业需求。图为该校学生正在参与学生技能展示活动　　区新闻中心　供稿

办学条件优化　江宁高等职业学校（筹）占地面积近30公顷，建筑面积15万多平方米，校园功能齐全，布局科学，设施配套，建有数控、机电、电子信息实训基地，实验、实习设备总值近7000万元，先后建成国家、省级数控实训基地，电子省级实训基地，南京市软件人才培训基地，国家仿真实训基地。按照江苏省高水平实训基地建设的要求，学校正按照生均不低于1万元的标准，对现有实训基地进行重新布局和升级改造。已投入2000多万元用于更新钳工、数控机床、电子、汽车组装与维修等实训基地设备和数字化校园建设。与联想集团合作共建的IT实训中心、与中兴公司合作共建的互联网技术实训中心已通过招标，原行政楼改造为现代服务业实训大楼建设方案和新建机电教学实训中心建设方案也经过专家论证。同时，还与江苏经贸职业技术学院、南京交通职业技术学院分别建立会计、汽车和物流专业的实训基地共建共享机制。

智慧校园建设　2016年，江宁高等职业学校（筹）制定智慧校园建设方案，计划投入3200多万元，分3年时间完成。当年规划及基础建设项目已完成招标，并投入1200多万元，用于学校信息化硬件基础设施建设。学校教学多媒体设备配备齐全，已实现班班通目标。按照人手一台更新教师办公电脑200台，建有计算机多媒体机房28间，全校教学用电脑共1600台。改版学校网站，搭建创意仿真实训平台，实现视频监控系统无盲点、全覆盖。按照省级数字化示范校标准异地新建中心机房，实现千兆网络、百兆到桌面，百兆因特网电信接入，并新建录播教室1间。投入200多万元，新建公共数据平台、统一身份认证平台、信息门户平台、基础数据中心、学生综合管理平台、教务综合管理平台、教师综合管理系统等10多个平台。是年，学校创建为南京市数字化校园。

教育教学改革　2016年，江宁高等职业学校（筹）进一步规范和完善教学管理工作制度，以教学常规为切入点，以规范教学管理为着力点，以提升教育教学质量为归结点，扎扎实实做好教学工作。在抓好常规工作的同时，力求在技能大赛、创新大赛、信息化大赛、“两课”评比、对口升学、微课评比等重点项目上寻求突破。强化教学常规管理，建立健全一系列教学管理制度，形成《关于进一步加强和改进教学工作的意见》《学分制实施方案》《校本课程的管理制度》等系列教学文件汇编。规范教研活动，继续实施教研活动月上报汇总制度，多次承办市级教研活动。全年开设校级公开课400多节、区级公开课100节、市级公开课25节。推荐58名教师参加省市教学大赛、技能大赛等，获奖数量创历史新高，学校被市教育局授予对口单招“本科达标奖”“特别成就奖”“学科贡献奖”“学科优胜奖”等荣誉称号。以专业（学科）中心组和教学团队为主导，以课程改革为突破点，推动课堂教学和人才培养模式改革。围绕人才培养目标，发挥教学团队的力量和智慧，逐步构建“以任务驱动、问题导学”为模式的项目化教学、案例教学等理实一体化课程体系。同时，把第二课堂纳入教学计划，加大校本课程的开发力度。借助数字化教学资源库平台建设，加快微课等信息化教学资源建设，提升信息化教学应用能力，逐步实现集数字化教学、数字化学习、数字化管理为一体的新型数字化学习空间，真正实现国家课程校本化、校本课程特色化、教学手段现代化。在2015级学生中实行学分制管理，允许学生跨专业选课，实现学分互通。通过深化考试改革，推进教考分离，加强考试质量管理，建立学生成绩管理平台，严格学生成绩管理和严把学生毕业关。

教师队伍建设　2016年，江宁高等职业学校（筹）通过实施教师学历技能双提升工程、青蓝工程、专业带头人提升工程、名师工程等，努力改善师资队伍的结构和水平，造就骨干名师教师群体、高水平专业教师群体和充满活力的青年教师群体，满足高等职业教育要求。全年安排教师参加市级培训11人，省级以上培训37人，出国培训2人。制定名师工作室制度，建成白秉旭、夏开云、殷学宏、贡海旭、奚小平、陈智荣“教师专业工作室”，白秉旭成为省职教名师工作室培育对象。加强与企业、高校的合作，聘请一批高技能人才担任兼职教师，通过技能指导、讲座、授课等形式参与学校教学工作。暑期，全面开展专业教师企业实践，进一步提升专业技能和专业水平。全年教师发表论文81篇，参编教材9本，主持或参加区级以上课题研究11项。年末，学校有专任教师268人，其中具有副高以上职称103人，高级技师、技师和高级工比例占专业教师的87%；有国家级名师1人，省特级教师1人，省职教名师工作室培育对象1人，省级兼职教研员3人，市中心组

2016年4月，江宁高等职业学校（筹）学生在舍弗勒培训中心实习

区新闻中心　供稿

成员8人，市学科带头人11人，市优秀青年教师10人，区学科带头人55人，区教学骨干、青年教学标兵78人。

合作办学 2016年，江宁高等职业学校（筹）围绕学校发展和江宁产业结构特点，挖掘江宁丰厚的企业和高校资源，深度推进多种形式的合作办学。学校现有合作企业150家，其中新增5家，深度合作企业40家，校外实训基地50家，已形成“一校百企”格局。实行“1+2+2+X”合作办学模式（即1个系部要与2所高校、2家规模企业形成深度合作关系，与若干个学校和企业形成紧密合作关系），加强与开发园区规模企业和国内外高等院校合作办学，先后探索并实践订单培养“冠名班”“校中企、企中校”“工学交替”“产教结合一体化”“嵌入式”等5种校企合作人才培养模式。与舍弗勒公司“双元制”人才培养规模不断扩大，并开展现代学徒制本土化教学实践。与长安马自达公司开展深度合作，共同组建校企共享汽车实训中心。还先后与台湾吴凤科技大学、台湾环球科技大学、新加坡博伟国际教育学院等高校开展合作与交流，实行师生交流互访、学分互认。利用师资和办学资源，开展形式多样的钳工、电工、焊工等职业技能以及危险化学品企业安全生产等社会培训，服务产业结构调整升级和新农村建设，全年开展社会培训8621人次、职业技能鉴定1435人。

2016年学历教育招生情况一览表

表26

招生类别	招生数（人）	招生类别	招生数（人）
综合高中	214	成人本专科	1240
五年高职	456	非学历培训	8621
职业中专	343	合计	11067
3+3	193	—	—

（高职校）

42名学生获知名高校学士学位 2016年12月，江宁高等职业学校（筹）举行开放教育及成人本专科毕业典礼，为42名获得北京交通大学、武汉大学等知名高校学士学位的学生颁发学位证书。该校2016年毕业的开放教育与成人本、专科毕业生近1000人，有400多人获得本科毕业证书。其中，42人获中国政法大学法学、北京交通大学工学、武汉大学管理学等国内知名高校学士学位。实施开放教育，是区委、区政府赋予该校的一项重要的办学职能。该校现已拓展开放教育本专科、成人专科、远程教育本专科、“一村一名大学生计划”等多种本、专科学历教育，开设有法学、行政管理、会计学等7个开放本科专业和10余个专科专业，与南开大学、东北师范大学、东北大学等知名高校开展远程教育，确立了学历教育与非学历教育并重的办学新格局。（宁　鉴）

·驻区高等院校简介·

东南大学九龙湖校区 东南大学九龙湖校区位于江宁开发区南部。2016年，学校全日制在校生31710人，其中研究生15210人。专任教师2700余人，具有博士学位的教师2222人，占教师总数的80.3%，正、副高级职称1900余人，博士生指导教师833人，硕士生指导教师1875人，“两院”院士13人，国务院学位委员第七届学科评议组成员13人，入选国家“万人计划”专家16人、国家“千人计划”专家43人，“长江学者奖励计划”特聘教授、讲座教授43人，长江学者青年项目5人，国家级教学名师奖获得者5人，“万人计划”教学名师3人，国家杰出青年科学基金获得者43人，国家“十二五”863计划主题专家3人、国家科技计划专项专家1人、国家重大专项专家2

东南大学九龙湖校区外景　　宁　鉴　供稿

人，人事部“百千万人才工程”国家级人选22人，全国十大青年法学家2人。是年，9名专家入选第七届教育部科学技术委员会学部委员，4名教授获第七届“全国优秀科技工作者”称号。学校设29个院（系），有76个本科专业，30个博士学位一级学科授权点，50个硕士学位一级学科授权点，5个国家一级重点学科（涵盖15个二级学科），5个国家二级重点学科，1个国家重点（培育）学科，13个江苏高校优势学科建设工程二期项目立项学科（群），1个江苏省重点序列学科，14个“十二五”时期江苏省一级学科重点学科，30个博士后科研流动站。有3个国家重点实验室，3个国家工程研究中心，2个国家工程技术研究中心，11个教育部重点实验室，5个教育部工程研究中心，并以此为依托形成一批重点科研基地。全年获26项国家社会科学基金项目、2项江苏省社科基金重大项目、16项江苏省社会科学基金项目（总项目数在全省排名第三）。在江苏省科学技术奖励大会评奖中，牵头获省科学技术一等奖4项，一等奖获奖数位列全省第一；牵头获省科学技术二等奖2项、三等奖1项。此外，学校获省科学技术二等奖5项、三等奖7项。学校重点学科、课程、教材成果丰硕，获批17个“十三五”时期江苏省重点学科；34门课程入选首批“国家级精品资源共享课”，入选总数位列全国高校第六位；入选2016年江苏省重点教材14部，入选数位居全省第一。服务地方经济建设成效显著，创新创业载体20余万平方米，在园企业300余家，毕业企业1000余家，培育以江苏金智科技股份有限公司、途牛旅游网等为代表的一批高新技术企业。入选“国防科工局—教育部共建高校”，被评为2016年全国学生资助诚信教育主题活动优秀单位、省高校档案工作先进集体。

河海大学江宁校区　河海大学江宁校区位于江宁开发区。2016年12月，江宁校区学生生活组团二、三期项目正式开工建设，总建筑面积约12万平方米，项目可容纳学生约6500人。各类学历教育在校学生50344人，其中研究生15895人，普通本科生19917人，成人教育学生13948人，留学生584人。有教职工3258人，具有高级职称教师1187人，博士生导师400人；中国工程院院士2人，“双聘”院士15人。“中组部海外高层次人才引进计划（千人计划）”入选者11人，教育部“长江学者奖励计划”特聘教授6人、讲座教授1人，国家杰出青年科学基金获得者8人，国家优秀青年科学基金获得者3人，“国家级教学名师奖”获得者3人，国家级有突出贡献的中青年专家9人，“百千万人才工程”国家级人选9人，教育部“新世纪优秀人才支持计划”入选者23人，江苏省有突出贡献中青年专家9人，入选江苏省“333高层次人才培养工程”、江苏省高校“青蓝工程”等省级人才计划培养对象近300人次。“长江学者和创新团队发展计划”创新团队5个、“江苏高等学校优秀科技创新团队”4个、“青蓝工程”科技创新团队7个。设23个学院，拥有省优势立项学科4个，省重点序列学科群2个，省一级重点学科5个，涉及一级学科15个。同时，拥有原国家一级重点学科1个，国家二级重点学科7个，国家重点培育学科2个和校级重点学科13个，校级重点培育学科7个。是年，获国家科学技术奖项目2项，牵头年度国家重点研发计划重点专项项目2项、课题16个。获第三届中国青年志愿服务项目大赛金奖，被评为江苏省学习型党组织建设工作先进单位、江苏省文明单位。

南京航空航天大学将军路校区　南京航空航天大学将军路校区位于江宁区将军大道29号。2016年，学校有全日制在校生2.7万余人，其中本科生1.8万余人，研究生8000余人，学位留学生890余人，成人教育学生5000余人。教职工3058人，其中专任教师1819人。专任教师中，高级职称1234人，博士生导师486人，院士及双聘院士8人，“千人计划”9人，“长江学者”14人，杰出青年基金获得者6人，全国教学名师2人，国家级、省部级有突出贡献的中青年专家21人，入选国家和省部级各类人才计划600余人次，享受国务院政府特殊津贴专家147人。设有16个学院和147个科研机构，建有国家重点实验室1个、国防科技重点实验室1个、国防科技工业技术研究应用中心1个、国家文化产业研究中心1个、国家工科基础课程教学基地2个、国家级实验教学示范中心4个。设本科专业54个、硕士一级学科授权点34个、博士一级学科授权点16个、博士后流动站16个。有国家重点学科2个、二级学科国家重点学科9个、国家重点（培育）学科2个、国防特色学科7个。全年获江苏省第十四届哲学社会科学优秀成果奖项目12个，作为第一完成单位的11个。其中，一等奖1个，二等奖3个，三等奖8个。入选2016年度国家社会科学基金重大项目1个，教育部2016年全国高校辅导员工作精品项目1个。入选2016年江苏省“十三五”时期高等学校重点教材10本。是年，学校首次获评全国学生资助工作绩效考评优秀，被评为江苏省文明单位。

中国药科大学江宁校区 中国药科大学江宁校区位于江宁区龙眠大道639号，是中国药科大学的中心校区，占地面积133.3公顷。有全日制在校生15449人，其中本专科生11749人，研究生3491人，留学生209人。教职员工1558人，其中教师910人、行政人员227人、其他专业技术人员246人。教师队伍中，正高级专业技术职务占15.4%，副高级以上专业技术职务占52.5%，具有博士学位比例为53.3%。博士生导师176人，硕士生导师202人。有中国工程院院士2人、德国科学院院士1人，“长江学者”6人、“国家杰出青年科学基金”获得者5人、“国家优秀青年科学基金”获得者2人、“千人计划”2人、“万人计划”3人、“百千万人才工程”国家级培养人选4人、教育部新世纪优秀人才支持计划34人、江苏省有突出贡献中青年专家6人、享受国家政府特殊津贴55人，“国家级教学名师”2人、“全国优秀教师”1人、“江苏省教学名师”5人；国家自然科学基金创新研究群体1个、教育部创新团队3个、江苏省“双创”团队3个、江苏省青蓝工程优秀创新团队5个，国家级教学团队3个、省级教学团队3个。辖12个院部系，设25个本科专业，5个专科（高职）专业。有一级学科博士点2个，二级学科博士点24个；一级学科硕士点5个，二级学科硕士点37个。2016年，获2015年度国家科技进步二等奖成果1个，2015年度省科学技术一等奖项目1个。在“2016广报大学一流学科”排行榜上，中国药科大学的药学学科位列全国第一位。在“2016自然指数”排行榜上，中国药科大学位居中国内地高校综合排名第54位（较上期上升3位）。是年，学校获2016年中国学位与研究生教育学会研究生教育成果奖，被评为2016年全国大学生暑期社会实践活动优秀单位。

中国药科大学江宁校区教学楼　　宁　鉴　供稿

南京医科大学江宁校区 南京医科大学江宁校区位于江宁区龙眠大道101号，占地面积86.7公顷。2016年，在校生总数1.4万多人。在职教职工1700多人，其中学校编制专任教师853人。有教授188人、副教授252人，有博士生导师587人、硕士生导师2014人（含附属医院）。有中国工程院院士1人，美国国家医学院外籍院士1人，“长江学者”特聘教授3人，“长江学者奖励计划”青年学者2人，国家“万人计划”百千万工程领军人才1人，国家

“千人计划”9人，国家杰出青年科学基金获得者7人，优秀青年基金获得者8人，国家级教学名师1人，入选“教育部新世纪优秀人才支持计划”7人，“国家级教学团队”3个，教育部“创新团队”1个。设23个学院（部）和1个独立学院——康达学院。在江苏、上海、浙江、山东等地有24所附属医院和50多所教学医院。有一级学科博士学位授权点8个、二级学科博士学位授权点50个；一级学科硕士学位授权点11个、二级学科硕士学位授权点73个；博士后科研流动站7个，学位授权点覆盖医学、理学、工学、管理学、法学、教育学和文学等7个学科门类；有国家重点学科3个、国家重点培育学科1个、国家临床重点专科28个、省一级学科重点学科2个、省一级学科重点培育学科3个。5个学科进入ESI全球排名前1%，4个学科是省高校优势学科。有20个本科专业和3个“5+3”本硕一体化专业。建成国家级精品课程5门、国家级精品资源共享课4门；有国家级特色专业5个、省级特色专业5个、省级品牌专业4个、国家级双语教学示范课程2个；建成国家级实验教学示范中心2个、国家级虚拟仿真实验教学中心1个、省级实验教学示范中心12个、中央和地方财政共建高校教学实验室19个、国家级人才培养模式创新试验区1个。在英国《泰晤士高等教育》2016—2017世界大学排行榜中，排名601～800位，位居全国高校第30位，全省第五位。在上海软科2016年“世界大学学术排名”中，连续3年入围世界大学排名500强。获2016年国家自然科学基金项目资助271项，位居全国第23位和独立设置医科大学第一位，合同经费1.4亿元。获国家重点研发计划项目3项、课题11项，教育部高等学校科学研究优秀成果奖（科学技术）项目5个，中华医学科技奖项目2个。

南京工程学院　南京工程学院位于江宁高新园弘景大道1号。2016年，学校有全日制在校生2.5万多人，其中工程硕士专业研究生近300人。教职员工1800多人，其中专任教师1200多人，具有高级职务的教师占比50.9%。有享受国务院政府特殊津贴专家2人，江苏省有突出贡献的中青年专家6人，江苏省教学名师4人，江苏省“333工程”“青蓝工程”“六大人才高峰”等47人；获批省高校科技创新团队和“青蓝工程”科技创新团队3个，省高等学校优秀教学团队1个、学术创新团队1个、优秀学科梯队4个。有教育教学单位18个、继续教育学院1个和公有民办二级学院1个。有本科专业及方向83个。其中，建有国家级特色专业3个，省级特色专业9个，省级重点专业建设点16个；入选教育部首批“卓越计划”专业6个。有实验中心43个，各类实验室224个；国家级大学生实践教学基地1个，国家级工程教育实践中心8个；省级实验教学示范中心12个。先后与10家世界500强企业、30多家国内龙头企业、100多家行业骨干企业合作共建实验室和实践教学基地，合作资金近3亿元。建设行业先进技术水平的大型工业中心和创新学院6万多平方米，高水平实验室和实习实践基地197个。建有专业硕士学位培养领域2个，省级重点学科7个，校级研究院3个。有国家级技术转移示范机构1个，国家级众创空间1个，省首批协同创新中心建设点1个，省高校重点（建设）实验室3个，省级工程技术研究中心10个。2014—2016年，完成国家自然科学基金等科研项目100余项，企业产学研合作项目400余项，获省部级科技成果奖励6项，年均技术转移项目200余项，服务企业300多家，合作经费近5000万元。

南京晓庄学院方山校区　南京晓庄学院方山校区位于江宁区弘景大道3601号。2016年，学校有全日制在籍学生1.65万余人，各类成人教育在籍学员7600人，留学生400多人。在职教职工1200人，具有高级职称教师300多人，其中正高职称近100人，享受国务院政府津贴专家2人，教育部高等学校金融学类专业教学指导委员会委员、高等学校小学教师培养教学指导委员会委员和中小学心理健康教育专家指导委员会委员各1人，全国模范教师1人，全国高校优秀思想政治工作者1人，省有突出贡献中青年专家2人，省高校“教学名师”1人，省优秀教育工作者1人，省“333工程”第三层次培养对象11人，省高校“青蓝工程”中青年学术带头人培养对象6人，省高校“青蓝工程”优秀青年骨干教师培养对象12人，外籍教师20人。设15个专业学院、1个研究中心、1个研究院，另设继续教育学院、海外教育学院。有本、科专业52个，涵盖经济学、法学、教育学、文学、历史学、理学、工学、管理学、艺术学等九大学科门类。有国家“十二五”时期专业综合改革试点项目2个，省级品牌专业1个，省级重点专业（类）5个；省卓越教师培养计划项目2个，省卓越工程师教育培养计划试点专业3个；省工程技术研究中心

1个；首批“江苏省非物质文化遗产研究基地”；省基础课实验教学示范中心或建设点5个、省级实验教学与实践教育中心3个；一级学科省级重点建设学科4个，市级重点建设（培育）学科9个。全年获省哲学社会科学研究成果奖项目7个，省第十四届哲学社会科学优秀成果奖项目4个，首届江苏志愿服务展示交流会“特别荣誉奖”项目1个，全市第13次哲学社会科学优秀成奖项目19个。入选教育部人文社科研究一般项目2个，国家社科基金项目4个，实现历史性突破，江苏省社科应用研究精品工程立项课题12个，2016年度省社科基金项目立项数跃居全省前十位。是年，学校第四次获全国高校校园文化建设优秀成果一等奖，被评为2015年度江苏省教育宣传工作先进单位。

金陵协和神学院 金陵协和神学院位于江宁大学城樵歌路100号。2016年，学院有专职教师18人，其中博士学位4人，全日制本科和研究科学生374人，圣经函授班在读学员2700多人。是年，学院开始招收博士研究生，学制为全日制4年，招收博士研究生3人。学院课程以神学专业课为主，文化课为辅。专业课包括圣经研究、神学研究、教会历史及实践神学。全年组织各种形式的研讨会、邀请国内外知名学者到院演讲，鼓励、支持教师积极参加学术研讨会。承办第12届“基督宗教在当代中国的社会作用及其影响”高级论坛，促进香港和大陆政界、学界和教界对中国基督教现况的了解，增进彼此之间的共识和理解。开展对外交往，接待世界各地基督教知名领袖、学者和各级领导到访。是年，中共中央统战部常务副部长张裔炯率调研组到院检查工作，国家宗教事务局副局长张彦通到院指导工作。

江苏海事职业技术学院江宁校区 江苏海事职业技术学院江宁校区位于江宁区格致路309号。2016年，学院有全日制在校生1.2万人。有教职员工700余人，其中正高职称24人、副高职称113人，各类省部级教学名师等高层次人才30人，“双师”素质教师占专任教师90%，航海类教师持高级船员适任证书101人，其中远洋船长、轮机长25人。设8院3部，有42个专业。其中，中央财政支持的重点建设专业3个、省重点专业4个、省品牌专业1个、省特色专业3个、省重点建设专业群4个。有中央财政支持建设的实训基地3个、省级实训基地3个、国家海事局海事联合调查实验室1个、省级大学科技园1个、省级工程技术中心1个、国家级教学资源库1个，以轮机智能化机舱和航海大型操纵模拟器为代表的教学实验实训设备在全国航海高职院校中处于领先水平。依托15个校企合作共建技术研发中心、省级大学科技园和省级工程技术研究开发中心等各类技术服务平台，开展技术服务394项，技术服务到账经费累计超过2000万元。学院船员终身教育体系逐步形成品牌，社会培训项目86项，涵盖国家海事局核定的所有培训项目。2014—2016年，学院获省教育教学成果一等奖3项、全国交通教育研究会教育教学成果一等奖3项；学生获省级（含行业协会、学会）以上各类技能大赛奖励254项。

金陵科技学院江宁校区 金陵科技学院江宁校区位于江宁区弘景大道99号。江宁校区是其主校区。2016年，学院有全日制在校本科生近2万人，联合培养硕士研究生近50人。在职教职工1300余人，其中专任教师1000余人，具有高级职称的教师占比42%。其中，正高级职称120人，双聘院士1人，另有一批国务院特殊津贴获得者、全国优秀教师、“江苏省教学名师”、“江苏省有突出贡献中青年专家”、江苏省“333高层次人才培养工程”培养对象、江苏省“青蓝工程”培养对象、江苏省“六大人才高峰”高层次人才培养对象、江苏省“双创计划”

江苏海事职业技术学院江宁校区半霞湖　　　　宁　鉴　供稿

金陵科技学院江宁校区图书馆外景　　宁　鉴　供稿

人才、南京市中青年拔尖人才、南京市“紫金人才计划”、南京市劳模等优秀人才。学院设16个二级学院，7个教学科研单位。开设经济学、文学、工学、农学、管理学、艺术学等六大学科门类的53个本科专业。其中，省重点建设学科5个，市重点建设学科10个。建有国家级特色专业1个，省级品牌专业4个，省级特色专业4个，省级重点专业类4个，教育部卓越工程师教育培训计划试点专业1个，省级卓越工程师（软件类）教育培养计划试点专业2个。全年获国家级教学成果奖二等奖项目1个，省级教学成果奖一等奖、二等奖项目8个。4门慕课在教育部爱课程网上线，成为在教育部爱课程网上线慕课的首个非“211”高校。学校扶持师生创业实践，“金科创客汇”被科技部认定为国家级众创空间。近年，学校就业率始终保持在95%以上，累计为社会输送9.6万余名应用型人才。2015—2016年，获授权专利2000余件，承担国家自然科学基金、国家社科基金等各类纵向项目600余项、各类横向项目近500项，多项科技成果获得省市级科技进步奖。建设江苏省信息分析工程实验室等市级以上产学研合作科技平台45个，一批科技成果实现产业化，取得较好的经济效益和社会效益。学校被评为江苏省挂县强农富民工程先进单位，获全国农牧渔业丰收奖——农业技术推广合作奖，农科教讲师团获2016年全国“特别受百姓喜爱的终身学习品牌项目”。

南京交通职业技术学院江宁校区

南京交通职业技术学院江宁校区位于江宁高新园龙眠大道629号。2016年，学院全日制在校生规模1万人，继续教育规模4000余人。有教职工616人，其中专任教师413人，教授、副教授等高级职称215人，博士、硕士学位教职工367人，专业教师“双师”素质比例达92%。入选“333工程”“青蓝工程”“六大人才高峰”和交通运输“100人才工程”等省部级人才工程31人，交通运输部高职教育专业带头人3人，省高等学校教学名师、省交通系统教学名师13人，“双师结构”教学团队13个，获国家级、省级教学成果一、二等奖9项。学院设6院1系和3部1院，设置专业38个。建有国家服务能力提升专业2个、省级品牌专业建设一期工程项目2个、省级品牌（特色）专业6个，省级示范重点建设专业5个，省级重点专业群4个等一批特色品牌和示范重点建设项目。建有央财、省财支持实训基地6个，交通运输部和省交通运输厅支持实训基地7个；校企共建校内理实一体化教室188个，生产性、仿真性实训基地面积8万余平方米，近200个校外实训基地。建有国家级精品课程、资源共享课程、省部级精品课程17门，国家职业教育“十二五”规划立项教材、省级精品教材38部，江苏省“十二五”时期重点教材8部。学院牵头组建江苏交通运输职教集团和江苏汽车职教联盟，成员覆盖近300家政府部门、院校、企业、科研院所等，形成具有一定规模和交通特色的区域集团化办学模式。牵头组建“南京交通高职教育联合体”，在全国首创“公铁水游学制”人才培养模式，被多家国家级、省级媒体关注报道。学院毕业生年终协议就业率稳定在98%以上，用人单位满意度99%。建有5个省部级和地方科技研发中心，获科研经费投入1000余万元；校企协同创新平台3个，校办技术咨询服务机构3个，校级工程技术应用中心7个，校企混编科技服务团队6个。学院还建有1个博士后科研工作站、1个研究生培养工作站、1个研究生联合培养基地，与南京大学、东南大学、河海大学等多所高校联合培养人才。近年，面向行业企业和地方开展应用技术研发服务、工程方案设计、政策决策咨询、新技术推广服务项目250余项，累计技术服务到款总额2739万元，新增专利130件、计算机软件著作权11项、实用新型专利53项。先后参与苏通大桥、润扬大桥、宁淮高速公路、沿江高速公路等交通工程建设重点项目60多项，年均技术服务产值5000万元以上，连续多年位居全省高职院第二名。依托专业优势，建有全国首家省级机动车驾驶培训教练员考核中心、省机动车驾驶员考核中心、省退役士兵教育培训基地等3个省级培训中心，建有长安福特华东培训中心、苏宁培训中心、江苏交通控股培训中心等10个区域性行业培训中心，校企共建国家职业技能鉴定所、行业特有工种培训工作站等15个职业培训和鉴定站（所），面向全国开展19个种类、覆盖交通运输44个职业（工种）的职业培训、技能鉴定，年职业技能鉴定、培训2万人次以上。

江苏经贸职业技术学院江宁校区 江苏经贸职业技术学院江宁校区位于江宁大学城龙眠大道180号。2016年，学校全日制在校生1.2万余人。有教职工700余人，其中高级职称人员220余人，专任教师中高级职称比例达37%，“双师”素质教师比例达92%。有国家级优秀教学团队1个，省级优秀教学团队3个。省“333”高层次人才工程培养对象14人，省“青蓝工程”中青年学术带头人培养对象9人，省“青蓝工程”优秀骨干教师培养对象24人。学校设13个教学机构，有13个专业群。其中，国家示范（骨干）高职院校重点建设专业4个，中央财政支持重点建设专业2个，“江苏省品牌专业一期工程”立项建设专业2个，省财政支持重点建设专业群4个，省级品牌特色专业8个。学校获国家级教学成果二等奖2项，省级高等教育教学成果特等奖1项、一等奖3项。牵头建设国家职业教育“连锁经营管理专业”“移动商务专业”教学资源库项目，承担或完成国家专业教学资源库建设课程9门，现有国家精品资源共享课2门，教育部“十二五”规划教材26部，省精品及重点教材22部。建有2个中央财政支持建设实训基地，3个省级实训基地，3个大型校内生产性实训基地，2个企业投入设备共建实训基地和2个省级工程技术研发中心。学校构建“专转本、专接本、专升本、“3+2”高职与本科分阶段培养、出国深造”的学生成长成才的立交桥。人才培养工作成效显著，毕业生就业率连续多年保持在98%以上。

南京工程高等职业学校 南京工程高等职业学校在江宁境内有两个校区，麒麟校区和百家湖校区，分别位于江宁区麒西路68号和庄排路159号。2016年，学校有全日制在校生11000余人；有专任教师300余人，高级职称教师占31.16%，“双师型”教师占96%，硕士及以上教师占40.6%，行业企业聘任教师占36.4%。有省级专业带头人11人、省级“青蓝工程”骨干教师1人、江苏省职业教育领军人才培养对象2人，江苏省“333”人才1人，省级“教学能手”5人，省级金牌教练17人，国家级金牌教练4人，全国及江苏省德育先进个人2人，全国及江苏省职业教育先进个人2人，全国技术能手1人，省级优秀教学团队2个，省级名师工作室1个。学校设五大教学系部，涵盖五大专业群，其中五年制高职专业15个，中职专业13个。建成省级品牌专业7个，省级特色专业2个，省课程改革专业试验点2个，国家改革发展示范学校重点建设专业4个。有国家级建设行业技能型紧缺人才培养培训基地1个，中央财支持的实训基地1个，省级实训基地3个，校外专业实训基地142个。内设职业学校成人教育教学点3个。是年，学校2项课题获团省委2016年度江苏省学校共青团研究课题立项，5项课题获第三期江苏省职业教育教学改革研究课题立项，3项课题获2016年度江苏联合职业技术学院课题立项。先后与江苏省地质矿产勘查局、南京建工集团、新纪元大酒店、索尼电子（无锡）有限公司、中山陵园管理局导游服务中心等中外知名企事业单位紧密合作，实现企业对人才的要求与学校培养目标的无缝链接。依托江苏地质职业教育集团、江苏省科学教育特色学校、江苏国际预科学院国际化优质生源基地等平台，突出职业技能和职业素养培养。毕业生就业对口率95%以上，为地方经济社会发展输送数以万计的高素质技术技能人才。先后与英国、新西兰、澳大利亚、瑞士、印度、新加坡、韩国等国家和地区开展多种形式的合作交流，进一步拓展技能型人才的培养途径。

正德职业技术学院 正德职业技术学院位于江宁开发区将军大道18号。学院有教职工496人，其中专任教师312人，教授、副教授比例超过35%。学院设7个系（部）和1个职业技能培训中心，建成6个以重点专业为龙头、相关专业为支撑的专业群，设置31个专业（方向），其中飞行技术专业是省内高职院校中唯一设置的专业。建成江苏省高等学校特色专业2个，省高等学校实验教学示范中心1个。高标准高起点建设9个实验实训中心共90多个实验实训室。获教育部“十二五”职业教育国家规划教材选题立项

1项，省教学成果奖3项，获省高等学校精品课程立项2门，省立项建设精品教材2部，获省级大学生职业规划大赛“职业规划之星”称号7人次，省教改立项课题13项，省高等职业院校技能大赛奖17项，省优秀毕设（论文）奖23项。2015年毕业生就业率95%。是年，学院先后获2015年度全省高校共青团团建创新三等奖、江苏省教育工作先进集体等荣誉。

南京金肯职业技术学院　南京金肯职业技术学院位于江宁区铜山金铜路2号。有在校生6000多人。专兼职教师400多人，其中高级职称占34.18%，“双师”资格占71.3%。设5个教学系部、1个继续教育学院及1个国际教育交流中心，有31个专业，形成“以工科类专业为主导，汽车、建筑、机械类专业为特色，经、管、理、文类专业协调发展”的专业布局，建有省级机械制造与自动化特色专业1个，省级建筑工程技术专业群建设项目1个，省级数控高职实训基地1个，省级汽车专业人才培养模式创新实验基地1个，建筑工程技术专业是江苏省高校品牌专业建设工程一期项目立项专业；拥有校级重点专业5个，校级特色专业5个；校级实训中心8个，校外实训就业基地70多个；拥有省级精品教材2部，校级精品课程12门；建有金肯国家职业技能鉴定所、南京市高技能人才培训基地，拥有数控、机械、汽车、电子、信息、服务等六大类17个职业的95项职业技能培训与认证资质，历届学生获证率均超过90%。学院实验实习用房3.7万平方米，生均教学仪器设备值7590元。按不同专业类别建成11个教学实验实训中心，下设30个功能教学模块，覆盖31个专业教学内容。毕业生就业率始终保持在98%以上，“双证书”的获取率90%以上。为学生深造开通“专转本”渠道，达线通过率90%左右，在省内同类高职院校中转本绝对数和通过率均名列前茅。与京东集团、百世物流、南京（雨花）国际外包产业园、南京数控机床有限公司、熊猫电子集团、南京南瑞继保电气有限公司、麦瑞克科技发展（集团）有限公司、金陵装饰有限公司、南京园林规划设计院、南京三联会计事务所等近百家行业领先、实力雄厚的企业合作，共建校外实训和就业基地，实现校企合作班学生100%对口实习、有偿实习，实习和就业岗位“零”对接，确保高质量就业，经省教育厅核定的就业率98%以上。2016年，学院科研项目成果丰硕，入选江苏省社会科学应用精品工程项目立项1个，省高校哲学与社会科学研究项目13个。

南京航空航天大学金城学院　南京航空航天大学金城学院位于江宁区禄口街道航金大道88号。学校有在校生1.3万余人。有专兼职教师600余人，其中南京航空航天大学资深教师300余人，自有教师中拥有硕士、博士学位教师占总人数的90%以上。学院60%以上课程均由南航资深教师讲授。学院设11个系（部）和教学实验中心、继续教育学院13个教学单位，30个本科专业及专业方向。学院基础与专业教学实验设备先进，工、经、管、文各类实验室功能齐全，各专业依托南航，办学基础雄厚。重视国际学术交流和教学合作，与美国、英国及澳大利亚等国家的大学长期开展校际交流。学院以区域发展和行业发展需求为导向，创新育人模式，强化实践教学环节，推动教学改革，培养高素质应用型人才。实施因材施教、分层次（机类、电类工科基础强化班、高等数学和大学英语分级教学）、多渠道的人才培养模式，为学生丰富知识、培养才干、锻炼能力提供充分的空间和舞台。学院教育教学质量高，针对优秀生的各种培养措施得力，学生在各类国家、省级学科专业竞赛与创新制作大赛中成绩优秀，获奖人数和奖项等级，以及毕业生的就业率、考研率、出国深造率均在同类院校

南京航空航天大学金城学院教学楼　　宁　鉴　供稿

中名列前茅。2015 年 2 月，学院获省民政厅授予的“AAAAA 级社会组织”牌匾，是唯一一家获得 AAAAA 级全省性民办非企业单位，也是全省第一所获此殊荣的独立学院。2016 年 5 月，被授予“江苏省五一劳动奖状”。

中国传媒大学南广学院 中国传媒大学南广学院位于江宁区弘景大道 3666 号。2016 年，全日制在校本科生已超 1.2 万人，其中艺术类生源约占 70%。有教职工 900 余人，其中专任教师 750 余人。拥有一批国内外传媒与艺术领域的知名专家、学者担任兼职和客座教授。学院设 10 个二级学院和 1 个思政与基础教学部。开设与文化传媒业态紧密对接的 47 个本科专业。其中，江苏省“十二五”时期重点建设专业 1 个。至 2016 年，学校基本设施和教学实验设备等固定资产总值累计 10 亿元，建设全媒体演播馆、江苏高校首家三网融合实验室等一批专业级实验室，实现所有多媒体教室网络化覆盖。累计为社会输送 8 届 2 万多名毕业生，年均就业率达 98% 以上，毕业生受到用人单位好评。据教育部所属中国高等教育学生信息网实名调查结果显示，南广学院获评“全国本科生综合满意度 50 强高校”“全国校园环境满意度 50 强高校”。连续 2 年蝉联新浪网中国教育盛典“全国十大品牌独立学院”榜首；获评中国校友网《中国大学综合评价报告》全国艺术类独立学院综合实力之首。

中国传媒大学南广学院地标建筑——钟楼　　宁　鉴　供稿

南京旅游职业学院江宁校区 南京旅游职业学院江宁校区位于江宁区月华西路 1 号。有在校生 6300 余人。专任教师中，硕、博士学历占 67%、“双师型”教师超过 80%。有国家级、省级饭店星评员和 A 级旅游景点评审专家等 36 人、国家旅游局“旅游业青年专家培养计划”2 人、国家旅游局“万名旅游英才计划‘双师型’教师培养项目”10 人、省“有突出贡献中青年专家”1 人、省“333 工程”培养对象 2 人、省“青蓝工程”学术带头人和骨干教师 7 人。设 4 院 2 系 3 部，开设专业 25 个，其中省级重点建设专业群 2 个、省 A 类品牌专业 1 个、省级特色专业计 2 个。近年，学校获国家教学成果二等奖 1 项、省高等教育教学成果一等奖 2 项、二等奖 1 项，有省级精品课程 3 门、省级精品教材 3 部、省级重点教材 2 部、国家“十一五”规划教材和“十二五”职业教育国家规划教材 20 余部。学校实训基地建设不断强化，有中央财政支持的职业教育实训基地 1 个、省级高职示范实训基地 2 个。承担纵横向科研项目 120 余项，其中国家社科基金项目 1 项、省部级课题 14 项，获得省市级及以上科研成果奖 8 项、专利 10 项；参与行业、技术工种的技术等级标准制定 20 项。依托产学研合作基地、中心旅馆咨询公司、职业技能鉴定所、江苏紫金旅游规划设计研究院等，为 23 个省、市、区近 100 家高星级饭店提供咨询、管理服务，培训中高级酒店管理人员近 6 万人次，完成旅游企业技能鉴定 2 万余人，连续 5 年被评为省先进技能鉴定所。学校还是全省旅游中职教育骨干教师培训基地和全国旅游服务与管理高职骨干教师国培基地。2016 年，获国家社科基金艺术学项目立项 1 个、省教育厅高校哲学社会科学基金项目 10 个、省高校自然科学研究面上项目立项 2 个。

（宁　鉴）

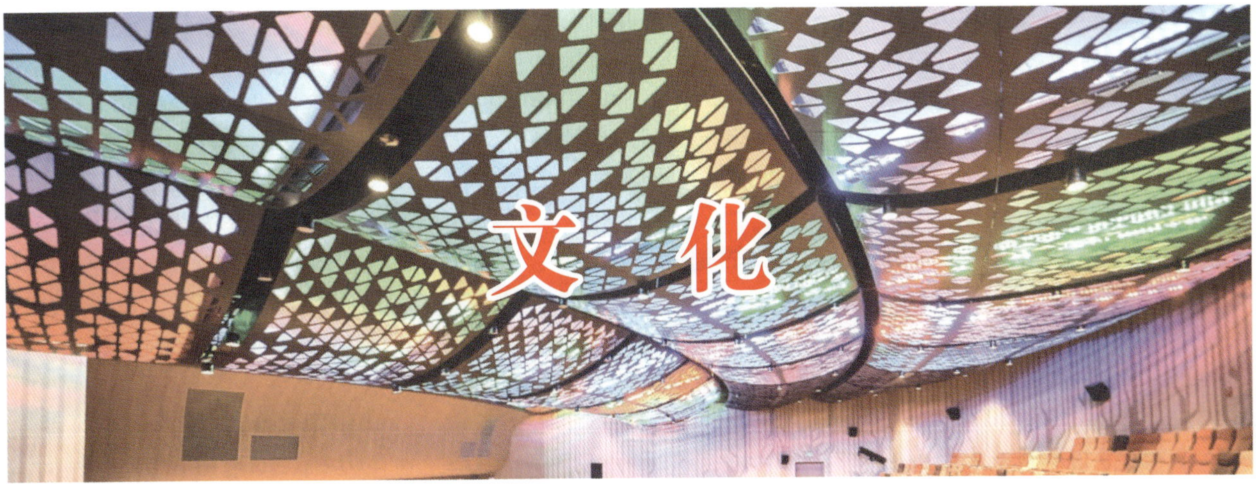

文 化

公共文化

概　况　2016年，江宁区文化部门围绕区委、区政府中心工作，推进国家公共文化服务体系示范区创建工作，以改革创新精神推动文化建设科学发展、和谐发展、跨越发展，不断增强文化事业发展的生机和活力。是年，区文广局获“南京市创建全国双拥模范城有功单位”等省、市、区表彰13项，有59件作品获省、市大奖，舞蹈《厨房的味道》入围全国第17届群星奖。（宁　鉴）

国家公共文化服务体系示范区创建　2016年，全区不断推进国家公共文化服务体系示范区创建工作，重点实施“432”工程建设（江宁、横溪、禄口、麒麟4个街道文体中心，东山街道大理社区、江宁开发区、高新园3个图书阅读分中心和开发区片区、上坊片区2个文化分中心），创建50个省级村（社区）综合文化服务中心。建设区、街道、村（社区）三级公共文化服务网络，公共文化覆盖率100%，每万人拥有公共文化设施面积1800平方米。实施文化惠民“三送工程”，全年送书价值20万元，送戏100场、送电影2500场，举办第16届“江宁之春”系列群众文化活动11640场次。通过网络、报纸、微信、微博、条幅、宣传栏等多媒体、多形式、多层次的社会宣传方式，对创建国家公共文化服务体系示范区进行宣传发动，着力提高示范区创建工作的群众知晓率和社会参与度，营造良好的创建舆论氛围，形成“人人参与文化、人人建设文化”的工作格局。

群众文化活动　2016年，区文化馆共完成演出任务50场，其中春节慰问敬老院10场，“江宁之春”群众文化节和送文化下乡40场；文化艺术人才到村（社区）、部门、学校辅导800人次，创作文艺作品80件。组织公益培训学习6次，开展各类培训100余班次，组织布展、巡展23次。区群艺馆策划第16届“江宁之春”群众文化节开幕式和系列活动，组织开展文化惠民基层演出等系列活动，全年组织“送戏下乡”100场，市文化惠民“幸福畅想”百场公益演出和送演出进军营6场。举办汤山街道、秣陵街道、淳化街道、麒麟街道、江宁街道、东山街道第16届“江宁之春”群众文化节专场文艺晚会。组织区第三届戏曲爱好者大赛、首届器乐大赛、“美在乡村”文艺作品会演和南京市15届农业嘉年华系列文化活动。

文艺创作　2016年，区文化馆组织参加省、市各类新作品创作赛事，共获得国家优秀机构认证1个，三等奖17项（国家级1项、市级16项），二等奖10项（省级1项、市级8项、区级1项），一等奖4项（市级），创作奖6项（市级），优秀奖8项（市级），全能奖7项（市级），其他奖7项（国家2项、市级5项），舞蹈《厨房的味道》入围国家群星奖。区群艺馆与市越剧团合作排练红色越剧现代戏《丁香》，全年对外演出60场；与区司法局联合创作法制文艺节目4个，“崇德尚法　和谐平安”平安法制社区行等系列专场演出6场。创作以乡村美德建设为主线的小锡剧《赡养风波》，并被列入南京市重点文艺作品创作资助项目。创作排练反映司法工作者的女声独唱《房子》，反映司法公证的相声《公证员的那些事儿》，反映江宁法律援助的小品《法律援助的那些事儿》，反映精神文明建设的小品《看不下去》、天津快板《携手文明行》，以及音舞快板《人人走正道 好人有好报》《司法局里的那些事儿》《全民阅读掀高潮》和小品《大爱》《孝心》《爹的生日》，舞蹈《共筑中国梦》《阳光路上》等20多个不同风格的文艺节目。排练大型传统锡剧《绣花女传奇》和小锡剧《家家都有一本难念的经》，并在全区巡回演出。

文化产业发展 2016年，区文化部门组织调研区内创意类文化企业，座谈了解企业发展情况，帮助企业解决实际问题。组织飞麟影视、海龙红木等文创企业，开展文化创意业务培训活动。组织相关企业参加第12届深圳文博会、市文交会，张清雷的灵璧石雕刻作品《雄霸天下》获第12届深圳文博会特别金奖。组织百家湖文化集团、同曦艺术馆2家企业申报国家类贴息贷款；J6文化创意园、金箔集团、百家湖文化集团、同曦艺术馆和爱德印刷公司等10个项目申报文化产业引导资金，有4家企业获资助540万元。

书香城市建设 2016年，区文化部门把全民阅读作为践行社会主义核心价值观、提高社会文明程度、推进文化建设再上新台阶的重要举措和有力抓手，着力打造书香城市和推进全民阅读，全区居民综合阅读率93.8%，江宁区创建成为全省首批书香城市建设示范区。加大对创建星级农家书屋的扶持力度，安排专业人员指导基层管理员分编图书、排架上书、操作系统，提升星级书屋软硬件条件和管理水平。全年为基层送书15298册，创建五星级示范农家书屋2个、四星级示范农家书屋14个、三星级示范农家书屋8个。

区图书馆 2016年，区图书馆接待读者751871人次，借还图书1119288册次，办理借阅证10268个，完成250931册图书的采购、分编和著录，接待读者各类查询1600人次。新增24小时自助图书馆和读报机各10台，10个街道全部建有“不关灯”的书屋。新建南书房等5处图书馆分馆，增设区会展中心、区妇幼保健院、交通大厦等3处书香驿站。全年组织开展阅读活动90多场，参与群众10多万人次。

2016年6月16日，文化部调研组到江宁区调研国家公共文化服务体系示范区创建工作。图为调研组在区图书馆调研

张 俊 摄

文化市场安全与“扫黄打非” 2016年，区文化部门组织开展全区文化场馆和娱乐场所拉网式检查，落实安全防范措施，现场监督整改和限期整改安全隐患31处，通报消防大队安全隐患10起。对文保单位、施工现场进行不定期检查，及时发现和整改隐患，依法打击文物犯罪活动，保障文物安全。加强文化市场执法检查，开展“扫黄打非”系列专项行动，维护文化市场秩序，坚决抵制“三俗”之风，制止和杜绝色情迷信活动。全年开展“清源”“秋风”“净网”“扫黄打非”进基层和娱乐场所、演出市场专项整治行动等20次，累计出动执法检查人员10538人次，涉及场所5264家，行政处罚56件，罚没款20多万元。

（刘 武）

市民中心图书分馆开放 2016年4月23日是世界读书日，区图书馆市民中心分馆当天对读者开放。该馆尝试用民间力量介入图书馆建设，由区图书馆和二楼南书房共同打造。与传统图书馆不同，市民中心分馆是一个具有“艺术范儿”的阅读空间，温馨的空间体验和完美的服务质量，让阅读更为舒适。这里可供100名读者同时阅读，可开展规模150人左右的活动，计划藏书1万册。除人文社科类，还有互联网思维、科技创新等书籍。市民中心分馆与区图书馆实现一卡通，通借通还。

“美在乡村”欢乐汇首站走进江宁　2016年6月6日，南京市农村群众文化原创作品评选表彰会暨“美在乡村”欢乐汇活动启动仪式在江宁区举行。市委常委、宣传部部长徐宁，区领导祁豫玮、李滨参加仪式。活动现场既有精彩的表演，也有丰富的农产品展销，让江宁市民在家门口畅享“吃喝玩乐游”。江宁区专门设立26个展台，横溪西瓜、谷里薰衣草、睿汐蓝莓等优质安全农副产品现场“叫卖”；展示江宁各街道美丽乡村建设新成就的《诗意新江宁》读本，以及江宁乡村旅游路线图引得市民争相围观；《农家四嫂比绝活》《菜篮子》等农村群众原创作品精彩上演，博得观众阵阵掌声。“美在乡村”欢乐汇活动是南京推进城乡资源互动共享和一体化发展的新探索，江宁是该活动的第一站。活动现场还表彰了农村群众文化原创作品，江宁区选送的舞蹈《厨房的味道》获一等奖，表演唱《石塘好风光》等3件作品获三等奖。

百家湖文投与云南文投合作签约　2016年6月，南京百家湖文投集团和云南文投集团举行战略合作签约仪式，双方将携手整合优质文化资源，进一步发挥特色文化产业优势，为两地城市文化旅游发展创造更多产业价值。百家湖国际文化投资集团自2013年转型后，专营艺术文化项目，为当代艺术家提供专业的增值服务、扶持艺术家成长、促进国际间文化艺术交流。该集团已在江宁区建成凤凰山艺术园、百家湖博物馆等总面积超过5万平方米的艺术场馆。响应国家“一带一路”建设的布局，百家湖和云南文投将从艺术家培养、艺术品创作及衍生品开发、艺术教育、艺术交易等多方面展开合作，通过多领域的文化产业运营，丰富文化产业业态，进一步培养大众文化消费理念，打造文化产业领域新的消费增长点。

新添两家书店开业　2016年9月28日，大众书局江宁景枫店与江宁21世纪太阳城店开门营业。其中，景枫店营业面积570平方米，除琳琅满目的图书，闲坐咖啡吧可以俯瞰江宁百家湖风景，还有别出心裁的“悬空知识阅览库”。21世纪太阳城店营业面积1100平方米，该店主打特色是亲子教育，亲子、教育类图书占总图书量的60%。该店整个平面布局以圆形为主，打破了大众对传统书架的印象。两家书店开业后还将定期举办亲子空间、文化沙龙、读书会等活动。

2016年6月6日，南京市农村群众文化原创作品评选表彰会暨“美在乡村”欢乐汇活动启动仪式在江宁区举行。图为农村群众表演原创作品《菜篮子》　　张　俊　摄

全区文化产业发展工作推进会　2016年10月24日，江宁区召开文化产业发展工作推进会，代区长祁豫玮出席会议，区委常委、宣传部部长张思明主持会议。祁豫玮在讲话中强调，要依托文化产业发展空间载体，进一步加快重点文化产业园区、重点文化产业项目建设，加快文化企业发展，不断提高文化产业规模化、集约化、专业化水平；深刻把握文化产业发展的方向趋势和内在规律，促进文化与科技、教育、金融、旅游、体育等跨界融合，引导文化创意设计服务从原有的企业中分离，进一步探索新的文化产业发展路径；抓好政府服务、社会服务、自我服务等关键环节，为产业发展营造良好环境。祁豫玮指出，推动江宁文化产业跨越发展、建设特色文化大区是一项长期性的战略任务，要加强组织领导，加大招商力度，强化考核，打造江宁文化品牌。全区文化产业发展着眼于文化强区建设战略，以文化产业园（基地）和市区“七个一批”重点项目为支撑，注重挖掘、传承和利用现有的文化资源，着力打造具有江宁特色的文化产业品牌。全区共有文化企业1102家，其中规模以上企业78家，上市文化企业3家。2015年，全区文化产业增加值30.82亿元。

方山艺术营与省文化产权交易所签订合作协议 2016年12月，江宁高新园方山艺术营与省文化产权交易所签订战略合作协议，双方将在人才培训、企业文化产权交易等方面开展深入合作。根据协议，方山艺术营与省文化产权交易所将按照社会效益和经济利益并重，以市场为导向，坚持资源共享、优势互补、平等互利的原则，充分利用有效政策资源及市场资源，开展灵活务实合作，推动方山艺术营文化产业全面发展。方山艺术营现已引进注册企业350家，其中文化企业120家。

（宁　鉴）

2016年10月29日，江宁票友会走进江宁高级中学，为师生们送上文化大餐　　张　俊　摄

文学艺术

概　况 2016年，江宁区文联坚持“二为”方向和“双百”方针，团结和带领全区广大文艺工作者，求真务实、开拓创新，以出作品、出人才、出影响、出形象为总目标，扎实做好文艺工作，推动全区文艺事业繁荣发展。是年，区文联在江苏省文联九届三次全委会上被表彰为“江苏省基层文联工作先进单位”。

完善优秀作品激励机制。全面贯彻执行《江宁区文艺创作表演奖励实施办法》（1+3）激励机制，提高文艺创作的组织程度，加大优秀文艺作品奖励和重点文艺题材创作扶持力度，努力推出一批思想精深、艺术精湛、制作精良的精品力作，使之既体现时代特色又代表江宁水平，产生良好社会影响。全年创作优秀文艺作品300余件，并斩获多项国家、省级大奖。其中，张清雷的《雄霸天下》获2016中国（深圳）国际文化产业博览交易会（文化部主办）特别金奖；愚木的文学签约作品《时间的韧性》正式出版。全区诗教工作和诗词创作也取得长足发展，一批诗歌散文作品在省市赛事中获奖，扩大了江宁文化影响和江宁形象，东山街道在市文联全委会上被表彰为“南京市基层文联工作先进单位”。

深入开展文化惠民服务。举办“金陵五月风”江宁主题系列文化惠民活动30余场，打造具有一定社会影响的江宁文艺品牌活动，推动江宁文艺走进街巷、走入人心。践行“深入生活、扎根人民”的文艺服务主旨，展示文艺工作者文化传承成果，体现文艺为人民服务、为社会服务的宗旨。组织策划“金陵五月风·江宁之春”、“舞动青春”江宁区首届校园集体舞大赛、“醉看樱花间·漫步杏花村”主题诗会、“童年日记—2016南京市江宁区麒麟初级中学师生原创校园歌曲大型演唱会”，创建淳化省级摄影创作培训基地，开展主题摄影展赛和知识讲座、2016南京六大民俗节庆之“孝行天下、杨柳寻根”系列文艺活动，进一步丰富基层群众精神文化生活。

大力打造文艺创新品牌。借助微信平台“声动为你”有声语言板块，以网络新媒体传递“诗意江宁”；举办“诗意江宁”江苏省青年书法家协会走进江宁系列文化活动，以书法艺术展示“诗意江宁”。组织开展“纪念建党95周年”主题文艺创作与展演活动、纪念长征胜利80周年红色主题大型诗歌朗诵会，艺术展现长征历史和英雄壮举。组织“中国诗歌万里行”走进江宁活动，出版诗集《百首诗歌吟咏江宁》，不断提升江宁影响力。举办“傲霜丽菊”国画作品展、“秋韵正浓”新人书法作品展及“田园杯”“周郎杯”摄影大赛，以美图美景展示江宁日新月异的发展变化。横溪街道毛文轩在“今日头条”开设诗歌自媒体，打造“土牛诗歌俱乐部”。麒麟街道葛志文的石雕工艺品多次在国家、省、市展演中获奖，并晋级江苏省工艺美术大师。

不断深化文艺创作交流。注重加强与省市文联、相关区县文联（文艺家协会）及在宁文艺名家间的文化交流，创新文化“走出去”和“引进来”的途径和方式方法。组织基层文联、文艺家协会与昆山、江阴、丹阳先进市县文联开展文化交流研讨，进行文艺主题实践互动。开创内地与边疆文化交流先河，与新疆特克斯县联合举办“笔情墨韵——南京江宁·新疆特克斯县书法作品交流展”。举办中韩、中荷文艺交流演出走进江宁活动，引进高雅艺术，促进江宁文化对外开放发展，增强江宁文化的影响力和知名度。组织省、市知名作家和区属媒体记者对江宁区援藏先进事迹、先进典型的实地采访和调研采风，创作反映援藏工作的纪实文学。

“声动为你”有声微信上线 2016年4月，“声动为你”有声语言板块正式上线。“声动为你”有声微信每逢周一、周四发布，利用区委宣传部的“江宁发布”官方微信、江宁艺术朗诵协会民间微信平台，围绕家乡之美、心灵之美，以及中国梦、社会主义核心价值观培育和践行等正能量主题，采取诗歌朗诵、散文通读、美文赏析等形式，展示全区文学爱好者原创力作，聚焦江宁发展、唱响江宁大美，丰富和拓展“江宁发布”微信平台。至年末，“声动为你”有声微信共发布白岚、张静杨、杨娟、马国哲等本土诗人的诗歌朗诵作品30期。

“江宁之春”群众文化活动 2016年4月22日，第16届“江宁之春”群众文化艺术节开幕式暨秣陵街道专场文艺演出在百家湖凤凰台广场拉开帷幕，此届群众文化艺术节以“美丽江宁、文化共享”为主题，首场活动为观众上演了歌舞、歌曲、器乐合奏、越剧表演等13个节目。第16届“江宁之春”群众文化艺术节历时7个多月，分为春天唱响、怡情广场、文化长廊、草根擂台等4个篇章。第一篇章“春天唱响”以街道专场文艺演出为特色，推动一街一品、一街一特文化建设；第二篇章“怡情广场”以社区广场展演为主要内容，整合本村乡土艺人、文化能人、业余文艺团队等文化资源，搭建群众自娱自乐的舞台；第三篇章“文化长廊”将相继开展颂党恩、跟党走诗歌散文朗诵比赛，纪念建党95周年书法、美术比赛暨巡展等活动；第四篇章“草根擂台”则是群众自娱自乐的平台，通过举办“舞动江宁”第二届广场舞大赛、戏曲爱好者大赛和器乐乐队大赛等，发现挖掘各类优秀文艺人才，繁荣乡村民间文化。活动期间共组织大型示范性文化活动50余场，社区特色文艺展演1000余场，免费送戏进村（社区）200场、送电影2500场以及各类艺术大赛10余场，满足了基层群众“求知、求乐、求美”的文化需求。活动还表彰了秣陵街道等6个“突出贡献奖”，横溪街道等4个“优秀组织奖”，区司法局等16个“先进部门奖”，外港社区等20个“先进社区奖”。

“田园杯”江宁美丽乡村摄影大赛 2016年5月12日，区委宣传部、区农业局联合主办“田园杯”江宁美丽乡村摄影大赛。此次大赛历时5个多月，要求围绕石塘人家、杨柳村、黄龙岘等近50个美丽乡村点，以自然景观融合人文特色和百姓生活的形式，拍摄参赛照片。活动期间，共征集社会各界各类作品1000多幅，经专家评审，评选出《古村遗韵》《花海》《八方来客》等一、二、三等奖和优秀奖作品77件。

“中国诗歌万里行”走进江宁 2016年5月22日，由全国诗歌报刊《星星》《诗选刊》《诗潮》《诗林》《诗歌月刊》《绿风》《扬子江诗刊》联合主办的“中国诗歌万里行”采风创作第80站活动在江宁区秣陵街道杏花村启动。中国作协诗歌委员会主任、中国诗歌万里行组委会常务副主任、《诗刊》原主编叶延滨宣布活动开幕，祁人、冯亦同、韦晓东、高翔、沙克、龚璇、张宗刚、龚学明等30多名诗人与区内100多名诗歌爱好者、民间诗社代表济济一堂，通过诗歌诵读、主题诗会、实地采风等活动，歌唱美好、交流感悟、抒发情感，吟唱最美江宁魅力，弘扬中华诗歌文化。此外，60多名诗歌爱好者、民间诗社代表还共同参与“赞美生活·热爱诗歌”诗歌宣言签名活动。此次“中国诗歌万里行”走进江宁活动的创作成果，还结集成《百首诗歌吟咏江宁》，并由团结出版社出版发行。

南京首家乡间诗社成立 2016年5月31日，作为“金陵五月风”活动之一的“官长杯”省市知名作家“深入生活、走进基层”文学讲座暨“家国情·端午诗会”在江宁区土牛诗歌俱乐部举行。省作家协会副主席、市作家协会常务副主席鲁敏，《青春》杂志主编育邦，南京理工大学教授、江苏诗歌研究所所长张宗刚，以及省作协和市作协部分会员，《扬子晚报》诗风周刊读者，南京理工大“二月兰”诗社成员、部分诗歌爱好者50多人齐聚一堂，共同为土牛诗歌俱乐部被授予“江宁区文联诗歌创研基地”“江宁区作协会员之家”“横溪街道文联文艺之家”及“江宁区新华书店图书赠阅点”揭牌，这标志着南京市首家“乡间诗社”在江宁区诞生。揭牌仪式后，举办了一场以端午为主题的诗歌朗诵会，南京理工大学教授张宗刚还围绕“诗歌艺术”作主题讲座。

纪念建党95周年书法、美术、摄影作品巡展 2016年7月8日，由区委宣传部、区文联联合主办的“光辉的历程，永远的丰碑”纪念建党95周年书法、美术、摄影作品巡展在区文化艺术中心展馆开展，此次巡展历时2个月，除在区文化艺术中心展览外，还深入各街道文体服务中心进行巡回展览。展出的300余件歌颂红色精神、颂扬爱国情怀的书法、美术和摄影作品，既有特邀参展的书协、美协、影协理事会成员的作品，又有从基层一线征集的30多件优秀艺术作品，征集活动从4月初开始到6月初结束，共收到各类投稿艺术作品241件，其中分类评选出一、二、三等奖作品18件。

“傲霜丽菊”国画作品展 2016年11月19—27日，由区委宣传部、区文联、省花鸟画研究会、市美术家协会、湖熟街道办事处联合主办的“傲霜丽菊”国画作品展在湖熟街道菊花园开展，区人大常委会副主任、区文联主席高吉祥出席开幕式。此次国画展邀请著名书画家徐培晨等20名在宁知名画家到湖熟菊花园采风，实地创作60幅风格各异的菊花图，并集中展出，以飨游客观赏。活动当天，展出的《悠然见南山》《秋竹图》《秋园小趣》等书画作品，让游客在水墨中感受到了菊花的趣味隽永与韵味十足。开幕式上，省朗诵艺术协会会员进行了声情并茂的配乐诗朗诵——《水墨菊》，赢得现场观众的阵阵掌声。活动最后，参展画家代表还向湖熟街道捐赠了艺术作品。（易 扬）

《季川诗集》出版 2016年1月，江宁区诗人季川的诗集《季川诗选》由中国文联出版社出版，全书收录季川诗歌200首，抒发了对祖国、对家乡的热爱，表达出一颗赤子之心。出生在禄口街道桑园村的季川，从青年时期爱上诗歌，一直心怀感恩，写下大量讴歌祖国、讴歌家乡的作品。此次出版的《季川诗选》，是从季川1000余篇作品中精选的佳作，分为祖国、故乡、生活、爱情、季节、路途6个篇章。

2016年7月8日，由区委宣传部、区文联联合主办的“光辉的历程，永远的丰碑”纪念建党95周年书法、美术、摄影作品巡展在区文化艺术中心展馆开展 张 俊 摄

“翰墨乡愁”书法美术作品展 2016年1月，由区委宣传部、区文联共同主办的“翰墨乡愁——深入生活、扎根人民”书法美术采风创作优秀作品展，在J6文化创意园微园美术馆开幕。展览的100余幅写生优秀作品主题鲜明、风格各异，用艺术语言记录时代风貌，是人民心声的生动写照。此次活动旨在让艺术走进基层、让文化成果惠及于民，加强广大文艺工作者与人民群众的沟通交流，向人民群众汇报文艺创作成果，为建设“强富美高”新江宁和“走在最前列、建设新江宁”增添新的文化内涵。此次画展持续至2月10日。

“芳菲人间四月天”主题诗会 2016年4月24日，区委宣传部、区文明办、区文联联合主办的“芳菲人间四月天”经典诵读活动在秣陵杏花村举行。此次经典诵读以秣陵“杏花”为主题，分为“三生三世、十里杏花”“红杏初开、倾国一梦”“杏花还落杏花村”3个篇章，除《蝶恋花·春景》《杏花雪》等经典古文、现代文朗诵，还加入《随想杏花村》《秣陵绝句二首》等本土作家原创诗歌的演绎。省、市、区的朗诵协会专家，电台、电视台主持人、播音员和朗诵爱好者们的深情朗诵赢得观众阵阵掌声。同时，现场还穿插诗歌接龙、方言朗诵等互动游戏，陶笛齐奏《杏花深处》、歌曲《杏花春雨》等精彩表演，给观众带来一场别开生面的视听盛宴。

春牛首国际马拉松摄影大赛落幕 2016年5月7日，“交建杯”2016南京·江宁春牛首国际马拉松摄影大赛颁奖暨展览开幕仪式在砂之船奥特莱斯举行。此次摄影大赛组委会共收到投稿作品2000余幅，经过评选，产生一等奖2名、二等奖4名、三等奖6名以及优秀奖22名。组委会精选出近百幅摄影作品共同参展入册。作为2016南京·江宁春牛首国际马拉松赛的主题活动之一，此次摄影大赛吸引众多跑友、摄影爱好者的参与，全方位记录赛事盛况。现场展出的马拉松摄影作品，或真实客观记录参赛者挑战自我超越极限的奔跑风采、志愿者温暖优质的服务、田园赛道的旖旎风光，或艺术化地表达对马拉松运动精神的认同和赞美、传播马拉松运动的特色文化、展现美丽江宁的新风貌。摄影展在砂之船一号中庭展览，到5月22日结束。

“艺术南京”国际艺博会开幕 2016年5月，“艺术南京”2016国际艺术品博览会在江宁区百家湖艺术公馆开幕。此次博览会有德国、美国、俄罗斯等10多个国家和地区的150多个艺术机构参展，涵盖水墨、油画、版画、雕塑、陶艺等艺术门类，从数千万元的国际艺术大师作品，到价值几百万元的当今西方大师和国内顶级艺术家作品，再到数百元的青年艺术才俊的小清新之作，现场有近5000件总估值超过20亿元的艺术品供展览和私洽。该届“艺术南京”借助酒店艺术博览会的形式将艺术品带进大众的视野，使艺术品不再局限于美术馆中。参观者既可以在放满艺术品的床前，即时向画廊的工作人员商酌床上某件艺术品的价格，又可以坐在咖啡桌前，在咖啡的醇香中，与家人商量艺术品的购买和摆放，人性化的展陈布置拉近了艺术与生活的距离。艺博会除作品展出外，还涉及新媒体与新投资、艺术电商、艺术金融、艺术论坛等多元主题，持续到5月29日结束。

省青年书协走进江宁文化系列活动开幕 2016年8月13日，由省青年书法家协会、区委宣传部、区文联共同举办的“诗意江宁”江苏省青年书法家协会走进江宁文化系列活动在J6微园美术馆开幕。省文联主席、党组书记章剑华，全国政协委员、著名书法家言恭达，区委常委、宣传部部长张思明，区人大常委会副主任、区文联主席高吉祥等出席开幕式。“拾步盘山道，鸣蛙绿水边。蟠龙翠相映，众客已陶然。”《赏横溪蟠龙湖》《春游石塘竹海》《过薰衣草园》……一篇篇描绘江宁好山好水好风光的诗歌佳作，在青年书法家笔下，或端庄娴雅，或雄强豪迈，或巧丽遒劲，让观展的市民大饱眼福。此次省青年书法家协会走进江宁，除书法主题展览外，还为市民举办“书法走进基层”公益讲坛、省第八届青年书法篆刻展、省青年书法家“五体五佳”评选活动等，让广大市民近距离感受书法艺术的魅力。

中秋诗会走进J6软件园 2016年9月14日晚，由区委宣传部、区文明办、区文联主办的“我们的节日”中华经典诵读中秋专场走进秣陵J6软件创意园微园美术馆，一首首优美隽永的诗词、一段段饱含深情的朗诵，让现场观众在诗情画意的氛围中喜迎中秋佳节。“人生得意须尽欢，莫使金樽空对月。”在悠扬的古筝声中，一首铿锵有力的《将进酒》拉开活动序幕。诗会以明月为主题，分为“望月怀古”“月夜思人”“月满江宁”3个篇章，既有《把酒问月》《水调歌头·明月几时有》等经典古诗词，还加入《中秋月是面青铜镜》《仲秋》等本土诗人原创诗歌。省、市、区朗诵协会名家，电台、电视台主持人，播音员和本土诗人齐聚一堂，声情并茂的演绎，尽情展现诗歌的艺术魅力，传递真挚动人的情感。最后，合诵《春江花月夜》和由江宁朗诵艺术协会的歌伴舞《一杯美酒》将诗会气氛推向高潮，现场观众掌声、欢呼声不断。

夏才和诗歌编入大学辅导教材 2016年9月，江宁区诗人夏才和创作的新诗《桃花潭》入编东南大学出版社出版的大学辅导教材《新诗现代性建设研究》一书。该诗是夏才和游览李白、汪伦友谊象征地安徽桃花潭后创作，作为中国当代旅游诗代表作之一，连同著名诗歌理论家王珂教授的评析入选该书。夏才和现为南京市作家协会会员，他从青年时代步入军营即开始爱好诗词，回到家乡单位供职后仍笔耕不辍，创作发表近千首诗作，曾在《诗歌月刊》发表过佳作及评论文章，他的部分诗歌还入选《中国新诗选》等书。

百家湖美术馆竣工开馆 2016年11月12日，位于江宁开发区的百家湖美术馆改造工程竣工并正式开馆。百家湖美术馆坐落于利源路33号，原为百家湖商业中心，是年7月底开始装修施工，是一家民营非营利性美术馆。美术馆为4层建筑，结构分为展览部、学术部、公教部、典藏部，室内总展示面积近1万平方米。4层楼之间空间相连但功能各自独立，多元化的空间不仅可为架上作品提供完美得当、有选择性的艺术展示平台，还能让音乐、戏剧、舞蹈等作品在此传达出最佳展演效果。百家湖美术馆开馆后，将通过展览、学术沟通等多种形式，推进国内外艺术家、艺术机构、艺术活动的良性互动，力争建成集展览、收藏、研究、公共教育为一体的公共文化服务平台，为公众提供感受艺术、思考艺术、创造艺术的场所。

（宁　鉴）

2016 年江宁区优秀文艺项目（集体）情况表

表 27

序号	获奖名称	获奖单位（个人）	序号	获奖名称	获奖单位（个人）
1	优秀基层文联	东山街道文联	2	优秀文艺人才	贾安民
2		谷里街道文联	3		葛志文
3		湖熟街道文联	1	文艺创新项目	土牛诗歌俱乐部
4		横溪街道文联	2		江宁诗歌万里行
5		高新园文联	3		“声动为你”颂江宁
1	优秀文艺家协会	区作家协会	4		麒麟中学校园童谣创作
2		区书法家协会	5		淳化省级摄影创作培训基地
3		区美术家协会	1	优秀艺术场馆	微园美术馆
4		区摄影家协会	2		中琅艺术馆
5		区音乐家协会	3		南京江宁牛首书院
6		区舞蹈家协会	1	优秀个人展览	李景
7		区民间艺术家协会	2		陈拥军
8		区戏剧家协会	3		丁楠
9		区朗诵艺术协会	4		杨萍
10		东山诗社	5		李晓林
1	优秀文艺人才	刘灿铭（贡献奖）	6		陈泽辉

2016 年江宁区表彰优秀文艺作品（作者）情况表

表 28

序号	作品名称（类别）	作　者	发表刊物名称（期数）、获得奖项（表彰）、入展名称
文　学			
1	新亭随想	南　音	“天降花雨·美在雨花”诗文大赛一等奖
2	梅山旷工	愚　木	“天降花雨·美在雨花”诗文大赛二等奖
3	邂逅竹林七贤（诗歌）	蔡　宁	“天降花雨·美在雨花”诗文大赛二等奖
4	一座桥的风骨	屏　子	“天降花雨·美在雨花”诗文大赛三等奖
5	让我多静默一会儿	毛文轩	“天降花雨·美在雨花”诗文大赛优秀奖

续表 28–1

序号	作品名称（类别）	作　者	发表刊物名称（期数）、获得奖项（表彰）、入展名称
6	在故乡的土地上等 3 首	毛文轩	《人民文艺家》第 2 期
7	风物江南等	毛文轩	《青春》第 8 期
8	地铁穿过雨花西路	孙拥君	“天降花雨 · 美在雨花”诗文大赛优秀奖
9	雨花礼赞	徐　泽	“天降花雨 · 美在雨花”诗文大赛优秀奖
10	—	曹敬辉	南京市“五个一批”人才
11	雪后寒	张其全	《扬子江诗刊》
12	人若青杏身浮沉	张其全	《江苏文艺》
13	朱门的绿色	马如金	《青春》
14	咏围棋等	秦和春	《江海诗词》
15	咏蜡梅等	尹国庆	《江海诗词》
16	远方的天空很蓝（中篇小说）	徐　泽	《雨花》第 1 期
17	诗七首	徐　泽	《钟山》第 5 期
18	更衣（外一首）	徐　泽	《扬子江诗刊》第 1 期
19	楹联二副	俞可森	《江苏楹联》
20	满江红 · 纪念九五党辰弘扬雨花英烈精神	俞可森	“信仰之歌—纪念中国共产党成立 95 周年暨弘扬雨花英烈精神”诗歌征集活动一等奖
21	采桑子 · 强渡大渡河	俞可森	《扬子江诗刊》增刊
22	临江仙 · 2016 新春等	俞可森	《江海诗词》第 1 期
23	信仰（长诗）	张泰霖	“信仰之歌—纪念中国共产党成立 95 周年暨弘扬雨花英烈精神”诗歌征集活动三等奖
24	体验水墨大埝	张泰霖	《江海诗词》
25	诗歌作品	李齐良	《扬子江诗刊》增刊
26	夜访大学城	元传青	《江海诗词》
27	游乐场	元传青	《青春》
28	纪念红军长征胜利 80 周年	黄顺道	《扬子江诗刊》增刊
29	长 征	刘　迪	《扬子江诗刊》增刊
30	妈妈（诗歌）	蔡　宁	《江海诗词》
31	我往哪里去（外二首）	蔡　宁	《扬子江诗刊》第 6 期
32	诗歌五首	屏　子	《江海诗词》第 1 期
33	七根火柴（外二首）	屏　子	《扬子江诗刊》第 5 期

续表 28–2

序号	作品名称（类别）	作　者	发表刊物名称（期数）、获得奖项（表彰）、入展名称
34	清明节，雨花台前祭丁香	屏　子	“信仰之歌”诗词征集二等奖
35	泪流满面地仰望（组诗）	屏　子	“诗颂长征”优秀奖
36	三人分鱼的故事	潘林安	南京市理论微故事大赛三等奖
37	春夜，那条河等	季　川	《江海诗词》第 2 期
38	流连、初冬的雪	季　川	《人民文艺家》第 2 期
39	金陵鸭肴	马　浩	《文化月刊》4 月刊
40	生活冷库，更需知趣	马　浩	《中国青年》第 20 期
41	乡间植物	马　浩	《青春》第 10 期
42	诗情是一粒春天的种子	陈　聪	《江苏作家》第 11 期
43	风雨文学生涯路	陈　聪	《江苏作家》第 3 期
44	城市咖啡	愚　木	《雨花》第 3 期

书　法

1	书法作品	贾安明	翰墨情韵·江苏省优秀青年书法家作品展
2	书法作品	贾安明	中国书画报年度十大人物
3	书法作品	贾安明	南京市纪念抗战胜利 71 周年书法作品展
4	书法作品	赵洪军	南京市纪念抗战胜利 71 周年书法作品展
5	书法作品	慎志杰	南京市纪念抗战胜利 71 周年书法作品展
6	书法作品	刘跃进	南京市纪念抗战胜利 71 周年书法作品展
7	书法作品	丁　楠	南京市纪念抗战胜利 71 周年书法作品展
8	书法作品	陈建鹏	南京市纪念抗战胜利 71 周年书法作品展
9	书法作品	陈建鹏	第三届全国大书法艺术册页手卷展
10	书法作品	陈建鹏	第四届林散之·江苏书法作品双年展
11	书法作品	陈建鹏	忆征程·看发展全市机关书画摄影大赛
12	书法作品	徐　明	忆征程·看发展全市机关书画摄影大赛二等奖
13	书法作品	陈建鹏	第 12 届江苏省“五星工程奖”优秀作品
14	书法作品	何　平	第三届全国大书法艺术册页手卷展
15	书法作品	慎志杰	纪念中国共产党成立 95 周年南京市书法篆刻作品展
16	书法作品	丁　楠	纪念中国共产党成立 95 周年南京市书法篆刻作品展

续表 28-3

序号	作品名称（类别）	作 者	发表刊物名称（期数）、获得奖项（表彰）、入展名称
17	书法作品	丁 楠	南京市群众文化美术书法摄影大赛三等奖
18	书法作品	丁 楠	中新书法交流展
19	诗抄五件	丁 楠	江苏省群星美术书法摄影作品提名展（一）
20	苏东坡句	丁 楠	江苏省群星美术书法摄影作品提名展（二）
21	对 联	丁 楠	江苏省群星美术书法摄影作品提名展（三）
22	书法作品	陈拥军	纪念中国共产党成立95周年南京市书法篆刻作品展
23	书法作品	陈建鹏	纪念中国共产党成立95周年南京市书法篆刻作品展
24	书法作品	刘跃进	纪念中国共产党成立95周年南京市书法篆刻作品展
25	书法作品	韦昌富	纪念中国共产党成立95周年南京市书法篆刻作品展
26	书法作品	杨厚亮	纪念中国共产党成立95周年南京市书法篆刻作品展
27	书法作品	吴新华	纪念中国共产党成立95周年南京市书法篆刻作品展
28	书法作品	张广立	纪念中国共产党成立95周年南京市书法篆刻作品展
29	书法作品	施未亮	纪念中国共产党成立95周年南京市书法篆刻作品展
30	书法作品	虞长来	纪念中国共产党成立95周年南京市书法篆刻作品展
31	书法作品	薛马宁	纪念中国共产党成立95周年南京市书法篆刻作品展
32	书法作品	薛马宁	南京市群众文化美术书法摄影大赛二等奖
33	书法作品	薛治洲	纪念中国共产党成立95周年南京市书法篆刻作品展
34	书法作品	江永新	纪念中国共产党成立95周年南京市书法篆刻作品展
35	书法作品	王兆隆	纪念中国共产党成立95周年南京市书法篆刻作品展
36	书法作品	徐 进	“光辉的历程，永远的丰碑”纪念建党95周年书法美术摄影赛一等奖
37	毛泽东诗七律	吴邦杰	“光辉的历程，永远的丰碑”纪念建党95周年书法美术摄影赛二等奖
38	对联	王大为	“光辉的历程，永远的丰碑”纪念建党95周年书法美术摄影赛二等奖
39	人民解放军占领南京	马明强	“光辉的历程，永远的丰碑”纪念建党95周年书法美术摄影赛三等奖
40	青海长望	王心隆	“光辉的历程，永远的丰碑”纪念建党95周年书法美术摄影赛三等奖
41	毛泽东诗词井冈山	诸兴生	“光辉的历程，永远的丰碑”纪念建党95周年书法美术摄影赛三等奖
42	书法作品	丁 楠	“光辉的历程，永远的丰碑”纪念建党95周年书法美术摄影赛特邀作品
43	书法作品	吴 刚	“光辉的历程，永远的丰碑”纪念建党95周年书法美术摄影赛特邀作品
44	书法作品	陈建鹏	“光辉的历程，永远的丰碑”纪念建党95周年书法美术摄影赛特邀作品

续表 28-4

序号	作品名称（类别）	作　者	发表刊物名称（期数）、获得奖项（表彰）、入展名称
44	书法作品	刘跃进	“光辉的历程，永远的丰碑”纪念建党95周年书法美术摄影赛特邀作品
45	书法作品	虞长来	“光辉的历程，永远的丰碑”纪念建党95周年书法美术摄影赛特邀作品
46	书法作品	翼叶银	“光辉的历程，永远的丰碑”纪念建党95周年书法美术摄影赛特邀作品
47	书法作品	何　平	“光辉的历程，永远的丰碑”纪念建党95周年书法美术摄影赛特邀作品
48	书法作品	冯晓华	第10届江苏省新人书法篆刻作品展
49	书法作品	陈建鹏	南京市群众文化美术书法摄影大赛二等奖
50	书法作品	陈拥军	南京市群众文化美术书法摄影大赛三等奖
51	书法作品	丁　楠	南京市群众文化美术书法摄影大赛三等奖
美　术			
1	乡愁屏山	蔡　宁	江苏省美术家协会2016年迎春美术作品展览
2	世四桃源	周奇峰	江苏省美术家协会2016年迎春美术作品展览
3	塔川秋韵	袁　喻	江苏省美术家协会2016年迎春美术作品展览
4	烟雨屏山	杨　萍	江苏省美术家协会2016年迎春美术作品展览
5	塔川秋林	王忠良	江苏省美术家协会2016年迎春美术作品展览
6	月亮下的海	沈晓丽	江苏省美术家协会2016年迎春美术作品展览
7	皖南人家	李晓林	江苏省美术家协会2016年迎春美术作品展览
8	水墨屏山	胡　杨	江苏省美术家协会2016年迎春美术作品展览
9	石塘人家	陈来如	江苏省美术家协会2016年迎春美术作品展览
10	横山秋色	李　景	江苏省美术家协会2016年迎春美术作品展览
11	绿萝	蔡崇冰	江苏省美术家协会2016年迎春美术作品展览
12	春意黄龙岘	陶定亮	江苏省美术家协会2016年迎春美术作品展览
13	屏山秋实	袁　喻	第12届江苏省“五星工程奖”
14	春江水暖	杨　萍	第12届江苏省“五星工程奖”
15	逝	杨　萍	南京市群众文化美术书法摄影大赛二等奖
16	春	杨　萍	江苏省第七届企业职工美术书法作品大赛
17	太行铁壁	周奇峰	第12届江苏省“五星工程奖”
18	山水	周奇峰	江苏省第七届企业职工美术书法作品大赛优秀作品
19	晨曦	陶定亮	忆征程·看发展全市机关书画摄影大赛三等奖

续表 28-5

序号	作品名称（类别）	作 者	发表刊物名称（期数）、获得奖项（表彰）、入展名称
20	春光	张光仙	2016 年江苏省花鸟画研究会成立 30 周年优秀作品展
21	十里香	张光仙	南京市群众文化美术书法摄影大赛二等奖
22	太行人家	胡恒军	南京市群众文化美术书法摄影大赛三等奖
23	五大书记	东 郭	“光辉的历程，永远的丰碑”纪念建党 95 周年书法美术摄影赛一等奖
24	美丽乡村	周为忠	“光辉的历程，永远的丰碑”纪念建党 95 周年书法美术摄影赛二等奖
25	荷卷	张 赟	“光辉的历程，永远的丰碑”纪念建党 95 周年书法美术摄影赛二等奖
26	美术作品	杨广龙	“光辉的历程，永远的丰碑”纪念建党 95 周年书法美术摄影赛三等奖
27	美术作品	袁 喻	“光辉的历程，永远的丰碑”纪念建党 95 周年书法美术摄影赛三等奖
28	美术作品	周奇峰	“光辉的历程，永远的丰碑”纪念建党 95 周年书法美术摄影赛三等奖
29	美术作品	蔡 宁	“光辉的历程，永远的丰碑”纪念建党 95 周年书法美术摄影赛特邀作品
30	映日荷花别样红	蔡 宁	2016 年江苏省花鸟画研究会成立 30 周年优秀作品展
31	美术作品	陈来如	“光辉的历程，永远的丰碑”纪念建党 95 周年书法美术摄影赛特邀作品
32	美术作品	陶定亮	“光辉的历程，永远的丰碑”纪念建党 95 周年书法美术摄影赛特邀作品
33	美术作品	胡 杨	“光辉的历程，永远的丰碑”纪念建党 95 周年书法美术摄影赛特邀作品
34	风起香随	钱 鹏	2016 年江苏省花鸟画研究会成立 30 周年优秀作品展
35	我们的高速时代	李晓林	首届江苏美术将作品展览提名奖
36	转场	庞 勇	第二届中国民族美术双年展
		民间工艺	
1	吉祥乾坤炉	张清雷	“启迪 · 苏艺杯”国际工艺美术精品博览会金奖
2	辟邪抱朴守	张清雷	“子冈杯”玉石雕作品展金奖
3	携子上朝	张清雷 喻 梅	2016“艺博杯”金奖
4	风骨犹存	葛志文	2016“艺博杯”金奖
5	江苏石锁	张为农 王道泉	第四届江苏省民间文艺“迎春花奖”著作奖
		工艺美术	
6	雄霸天下	张清雷	2016 中国（深圳）国际文化产业博览交易会特别金奖
7	—	葛志文	江苏省工艺美术大师

续表 28–6

序号	作品名称（类别）	作　者	发表刊物名称（期数）、获得奖项（表彰）、入展名称
8	—	葛志文	南京市“五个一批”人才
9	—	张清雷	南京市“五个一批”人才
10	—	潘　飞	江苏省工艺美术名人
11	人生如意	葛才金	2016 江苏省工艺美术精品博览会铜奖
12	辟邪	喻　梅	2016 中国（苏州）“启迪．苏艺杯”金奖
13	貔貅	喻　梅 高俊华 杨云峰	江苏省第二届艺术品博览会金奖
14	还我河山	王中邦 陶礼刚	江苏省工艺美术博览会银奖
15	独占鳌头	王中邦	江苏省工艺美术博览会铜奖
		摄　影	
1	田园之歌	王　俊	第二届淳化街道“周郎杯”梦想小镇摄影大赛二等奖
2	乐在马场三国村	许信圣	第二届淳化街道“周郎杯”梦想小镇摄影大赛二等奖
3	匠心手巧	王春凤	第二届淳化街道“周郎杯”梦想小镇摄影大赛二等奖
4	霞光映照梅龙湖	任照云	第二届淳化街道“周郎杯”梦想小镇摄影大赛二等奖
5	骏马奔驰在马场	李顺华	第二届淳化街道“周郎杯”梦想小镇摄影大赛二等奖
6	雨夜的坚守	周如海	第二届淳化街道“周郎杯”梦想小镇摄影大赛三等奖
7	登上翠洲芳谷顶	邵雅琦	第二届淳化街道“周郎杯”梦想小镇摄影大赛三等奖
8	放飞梦想	王心怡	第二届淳化街道“周郎杯”梦想小镇摄影大赛三等奖
9	马场飞人	陈　庆	第二届淳化街道“周郎杯”梦想小镇摄影大赛三等奖
10	妈咪的后坐力	邵天武	“田园杯”江宁美丽乡村摄影大赛三等奖
11	追光逐影的水鸡	韩迺义	第二届淳化街道“周郎杯”梦想小镇摄影大赛三等奖
12	周瑜窑址：窑头村	刘子妍	第二届淳化街道“周郎杯”梦想小镇摄影大赛优秀奖
13	水美乡村窑头村	熊宣文	第二届淳化街道“周郎杯”梦想小镇摄影大赛优秀奖
14	马上拿大奖	姜雅婕	第二届淳化街道“周郎杯”梦想小镇摄影大赛优秀奖
15	家游马场	吴　伟	第二届淳化街道“周郎杯”梦想小镇摄影大赛优秀奖
16	美丽乡村彭家边	吴春年	第二届淳化街道“周郎杯”梦想小镇摄影大赛优秀奖
17	欢迎您	陈雁峰	第二届淳化街道“周郎杯”梦想小镇摄影大赛优秀奖

续表 28-7

序号	作品名称（类别）	作　者	发表刊物名称（期数）、获得奖项（表彰）、入展名称
18	乐丰收	易粲琦	第二届淳化街道“周郎杯”梦想小镇摄影大赛优秀奖
19	马场三国村	张　翔	第二届淳化街道“周郎杯”梦想小镇摄影大赛优秀奖
20	食在乡村乐开怀	刘　滔	第二届淳化街道“周郎杯”梦想小镇摄影大赛优秀奖
21	品尝	陈　平	第二届淳化街道“周郎杯”梦想小镇摄影大赛优秀奖
22	青龙幸福人家	许再舜	第二届淳化街道“周郎杯”梦想小镇摄影大赛优秀奖
23	谁说女子不如男	许　峰	第二届淳化街道“周郎杯”梦想小镇摄影大赛优秀奖
24	喝彩	李　文	第二届淳化街道“周郎杯”梦想小镇摄影大赛优秀奖
25	淳化生态黄龙埝	邵昌涛	第二届淳化街道“周郎杯”梦想小镇摄影大赛优秀奖
26	百果园里的“玄武湖”	王从琦	第二届淳化街道“周郎杯”梦想小镇摄影大赛优秀奖
27	边采边尝	刘石惠	第二届淳化街道“周郎杯”梦想小镇摄影大赛优秀奖
28	花润倩影	王从琦	第二届淳化街道“周郎杯”梦想小镇摄影大赛优秀奖
29	马场的收获	叶乃俊	第二届淳化街道“周郎杯”梦想小镇摄影大赛优秀奖
30	假日在乡村	邵天武	第 29 届《金陵之春》摄影艺术展
31	格桑花开幸福来	邵天武	南京市“美丽乡村、缤纷四季”摄影大赛二等奖
32	舞动文化惠民的春天	张　俊	全市机关庆祝建党 95 周年书画摄影大赛
33	乐在炊中	徐元平	第二届淳化街道“周郎杯”梦想小镇摄影大赛优秀奖
34	牛首烟岚	徐元平	全市机关庆建党 95 周年书画摄影大赛优秀奖
35	淳化百果园大茶馆	黄德海	第二届淳化街道“周郎杯”梦想小镇摄影大赛优秀奖
36	翠洲芳谷花盛开	陈丽萍	第二届淳化街道“周郎杯”梦想小镇摄影大赛优秀奖
37	农家乐	曹明和	第二届淳化街道“周郎杯”梦想小镇摄影大赛优秀奖
38	吃水不忘挖井人	曹明和	纪念中国共产党成立 95 周年“光辉的旗帜”江苏省摄影作品展
39	晨光普照，乡色增辉	张为农	第二届淳化街道“周郎杯”梦想小镇摄影大赛优秀奖
40	仙界	张为农	2016“十里秦淮 灯彩金陵”摄影大赛
41	窑头村的游客们	戴典金	第二届淳化街道“周郎杯”梦想小镇摄影大赛优秀奖
42	秋栖霞	韩迺义	“美丽栖霞山 文化璀璨地”全国摄影大展
43	熏	韩迺义	南京市群众文化美术书法摄影大赛三等奖
44	牛车牛人	张　全	第二届淳化街道“周郎杯”梦想小镇摄影大赛三等奖
45	格山花开了	张　锐	第二届淳化街道“周郎杯”梦想小镇摄影大赛优秀奖

续表 28-8

序号	作品名称（类别）	作　者	发表刊物名称（期数）、获得奖项（表彰）、入展名称
46	村里的小飞侠	张　俊	第二届淳化街道“周郎杯”梦想小镇摄影大赛优秀奖
47	古城扫秋	张　俊	南京市群众文化美术书法摄影大赛三等奖
48	艺术之美	潘林安	第二届淳化街道“周郎杯”梦想小镇摄影大赛优秀奖
49	古韵金陵	蔡国宏	“yanny 雅尼国际家居”杯南京城墙摄影大赛
50	飞跃马场	蔡国宏	第二届淳化街道“周郎杯”梦想小镇摄影大赛优秀奖
51	独家记忆	张祖凤	第二届淳化街道“周郎杯”梦想小镇摄影大赛优秀奖
52	灿若繁星明城色	胡德文	“yanny 雅尼国际家居”杯南京城墙摄影大赛一等奖
53	茶山秀色	胡德文	“国际慢城闲静高淳”全国摄影邀请大赛
54	龙腾舞动喜庆色	胡德文	“政通置业杯”大美泗洪全国摄影作品征集优秀奖
55	漆桥老茶馆的天空	王官文	“国际慢城闲静高淳”全国摄影邀请大赛
56	江南贡院灯火明	王官文	“十里秦淮 灯彩金陵”全国摄影大展
57	枫华正茂	王官文	“美丽栖霞山 文化璀璨地”全国摄影大展
58	四通八达	王官文	“天降花雨 美丽雨花”摄影大赛二等奖
59	一抹烟红点亮晨曦	刘凤鸣	“金陵摄影公益大讲堂”迎新春摄影大赛
60	情缘驿站	张　明	“镜像涟水，梦缘小康”今世缘杯全国摄影大展
61	城墙谱新曲	张　明	“yanny 雅尼国际家居”杯南京城墙摄影大赛
62	特色文化魅力江宁	张　明	南京市群众文化美术书法摄影大赛
63	我们爱自拍	夏　皓	南京市群众文化美术书法摄影大赛三等奖
64	南京故事多	陶春霞	“十里秦淮 灯彩金陵”全国摄影大展
65	家庭钓鱼赛	陶春霞	第二届淳化街道“周郎杯”梦想小镇摄影大赛优秀奖
66	舞起双龙去拜年	陶　亮	国际慢城闲静高淳全国摄影大赛二等奖
67	留住红色记忆	赵定顺	“光辉的历程，永远的丰碑”纪念建党 95 周年书法美术摄影赛一等奖
68	敬老院里欢乐颂	张　俊	“光辉的历程，永远的丰碑”纪念建党 95 周年书法美术摄影赛二等奖
69	甜蜜欢喜团	王官文	“光辉的历程，永远的丰碑”纪念建党 95 周年书法美术摄影赛二等奖
70	静美	王　军	“光辉的历程，永远的丰碑”纪念建党 95 周年书法美术摄影赛三等奖
71	急速水上	周龙飞	“光辉的历程，永远的丰碑”纪念建党 95 周年书法美术摄影赛三等奖
72	蟠龙湖	罗玉龙	“光辉的历程，永远的丰碑”纪念建党 95 周年书法美术摄影赛三等奖
73	摄影作品	陶　亮	南京市群众文化美术书法摄影大赛

续表 28-9

序号	作品名称（类别）	作 者	发表刊物名称（期数）、获得奖项（表彰）、入展名称
74	摄影作品	张洁华	南京市群众文化美术书法摄影大赛
75	摄影作品	王官文	南京市群众文化美术书法摄影大赛
76	村边戏水	张 俊	江苏水利优秀身影图片展
77	自在既灵山	张 俊	《四季金陵》摄影大赛
音 乐			
1	徐州放歌	熊初保	《歌曲》第 1 期
2	寿比南山等	熊初保	《歌曲》第 3 期
3	水的情怀	熊初保	《歌曲》第 8 期
4	梦飞太湖畔等	熊初保	《歌曲》第 9 期
5	小花狗照镜子	熊初保	《儿童音乐》第 8 期
6	蚂蚁搬家	熊初保	《儿童音乐》第 6 期
7	小羊跪乳	熊初保	首届“童声里的中国·成长的歌谣”创作大赛最佳校园歌曲奖
8	器乐合奏	邵素芳	市级器乐技能大赛二等奖
9	打虎上山（京剧）	晏朝阳	全球网友戏迷大赛铜奖
10	春动江南	邵素芳	南京市群众文艺创作调演优秀创作奖
11	心跳的力量	左言宝	南京市群众文艺创作调演表演三等奖
12	新战马奔腾	雷建功	“江宁之春”新创作作品大赛一等奖
13	擦星星	邵素芳	“江宁之春”新创作作品大赛二等奖
14	你好 湖熟	张义平 张 震 邵素芳	“江宁之春”新创作作品大赛二等奖
15	过年	邵素芳 张 俊	“江宁之春”新创作作品大赛二等奖
16	纸飞机	熊初保	“江宁之春”新创作作品大赛二等奖
17	最美是水乡	潘小千	“江宁之春”新创作作品大赛三等奖
18	美丽的东山我家乡	丁梦然 常连祥	“江宁之春”新创作作品大赛三等奖
19	走淳化 爱淳化	张 燕 蒋 婴	“江宁之春”新创作作品大赛三等奖
戏 剧			
1	家家有本难念的经（小锡剧）	张为农	全区文艺创作演出二等奖

续表 28-10

序号	作品名称（类别）	作　者	发表刊物名称（期数）、获得奖项（表彰）、入展名称
2	花落谁家（小锡剧）	张为农	“美在乡村”文艺会演三等奖
3	人活一口气（小品）	赵　燕 邵素芳 陈宜娟	第七届全国小戏小品曲艺大赛银奖
4	戏曲作品	蒋亚敏	全国戏曲票友邀请赛一等奖
5	不速之客（小品）	张义平	南京市群众文艺创作调演创作奖
6	上有老 下有小（小品）	栾戈平	“江宁之春”新创作作品大赛一等奖
7	装蒜（小品）	张义平	“江宁之春”新创作作品大赛一等奖
8	蚁族（情景剧）	刘雪梅	“江宁之春”新创作作品大赛二等奖
9	拆迁风波（小品）	魏洪涛	“江宁之春”新创作作品大赛二等奖
10	相亲（小品）	许国生	“江宁之春”新创作作品大赛三等奖
11	人间第一情（小品）	汤成琪	“江宁之春”新创作作品大赛三等奖
12	家庭风波（小品）	张顺国	“江宁之春”新创作作品大赛三等奖
13	防汛一线（情景剧）	晏朝阳	“江宁之春”新创作作品大赛三等奖
14	为你守候（朗诵）	张晓静	“江宁之春”新创作作品大赛三等奖
		曲　艺	
1	除“四害”（双簧）	张义平	南京市群众文艺创作调演创作奖
2	幸福的歌声满天飞（快板）	栾戈平 张义平	“江宁之春”新创作作品大赛一等奖
3	携手文明行（快板）	李梦龙	“江宁之春”新创作作品大赛二等奖
4	招聘院长（相声）	张义平	“江宁之春”新创作作品大赛二等奖
5	美丽谷里是家乡（快板）	张义平	“江宁之春”新创作作品大赛三等奖
6	杨柳村的故事（快板）	赵阳春	“江宁之春”新创作作品大赛三等奖
7	夸咱汤山新气象（快板）	许国生	“江宁之春”新创作作品大赛三等奖
8	人人走正道 好人有好报（快板）	许　花	“江宁之春”新创作作品大赛三等奖
9	文明出行你我他（快板）	张　丽	“江宁之春”新创作作品大赛三等奖
		文艺论文	
1	文艺论文	赵洪军	《中华书画家》
2	留住乡音记住乡愁	张　俊	江苏省群众文化年会征文大赛征文集

续表 28-11

序号	作品名称（类别）	作　者	发表刊物名称（期数）、获得奖项（表彰）、入展名称
3	彰显区县群众刊物魅力的断想	张　俊	《群众文艺创作大家谈》群众文化理论研究成果评选二等奖
4	刍议文化馆人的情怀	张　俊	中国文化馆年会征文三等奖
		舞　蹈	
1	厨房的味道	赵　燕	第 17 届中国文化艺术政府奖－群星奖决赛群星奖、参加第 11 届中国艺术节演出
2	股海沉浮	田　迪	南京市群众文艺创作调演表演一等奖
3	金箔情	陈宜娟	南京市群众文艺创作调演优秀创作奖
4	找春天	吴　昊 周晓红	“江宁之春”新创作作品大赛一等奖
5	小小飞行梦	方　屹 田　迪	“江宁之春”新创作作品大赛二等奖
6	走在山水间	汪姗姗	“江宁之春”新创作作品大赛二等奖
7	湫韵	徐龙娣	“江宁之春”新创作作品大赛二等奖
8	斑斓霓璇	王梦雨	“江宁之春”新创作作品大赛三等奖
9	幸福快乐的一天	章　路	“江宁之春”新创作作品大赛三等奖
10	江南谣	杨　华	“江宁之春”新创作作品大赛三等奖
11	茶韵江南	陶国霞	“江宁之春”新创作作品大赛三等奖
12	人鱼	刘楠希	“江宁之春”新创作作品大赛三等奖
13	卓玛	余华琳	“江宁之春”新创作作品大赛三等奖
		文艺赛事	
1	文艺赛事	田　迪	南京市文化馆业务干部技能竞赛全能优秀奖
2	文艺赛事	赵　燕	南京市文化馆业务干部技能竞赛全能优秀奖
3	文艺赛事	张　俊	南京市文化馆业务干部技能竞赛全能奖
4	文艺赛事	杜京芳	南京市文化馆业务干部技能竞赛全能奖
5	文艺赛事	陈宜娟	南京市文化馆业务干部技能竞赛全能奖
6	文艺赛事	邵素芳	南京市文化馆业务干部技能竞赛全能奖
7	文艺赛事	何　瑶	南京市文化馆业务干部技能竞赛全能奖
8	文艺赛事	张义平	南京市文化馆业务干部技能竞赛戏剧、曲艺、戏曲类二等奖
9	文艺赛事	董金明	南京公共外交梧桐奖

（叶乃俊）

文物博物

文化遗产保护与考古发掘 2016年，江宁区文化部门编制上报南唐二陵遗址公园规划方案、杨柳村古建筑群和阳山碑材保护规划、孙家祠堂修缮方案等13项，推进18项年度文物修缮项目。实施文保单位文物解读工程（区级以上文保点115个），采取二维码解读、乡土教材解读和文化地图解读方式，讲解文物知识，增强文物保护意识。推进南唐、东吴博物馆建设，已完成保护规划编制报批，项目立项、环评、规划选址、土地预审、用地规划许可等手续同步推进。加快洪保墓、郑和墓2个海丝申遗江宁关联点建设，编制上报《洪保墓保护与环境整治方案》，根据洪保墓、郑和墓申报世界文化遗产近期工作任务清单，按照时间进度开展申遗各项工作。全年野外考古勘探40处，总勘探面积206.7公顷。对江宁街道盛江社区大山村宁桥南路以西、纬四路以北地块发现的遗迹、遗物进行清理，抢救性发掘古墓葬26座、灰坑2个、水井2座，清理出汉代、六朝文物300余件。与南京大学历史学院联合考古发掘船墩遗址。

博物馆展览陈列 2016年，区博物馆举办各类展览13场。其中，自办展览3场，即“笔墨永流传——江宁区博物馆馆藏捐赠书画作品展（二）”“金玉满堂——南京市江宁区博物馆藏古代金、银、玉器巡展”“南京市江宁区‘传家训、树家风’传统文化文物展”。引进外地展览10场，包括“崇文之盛 魁元如簇——清代苏州府属状元书箑特展”“丹彩墨香 源远流长——第二届江宁青年书画艺术联展”“瓷国明珠 海丝琨瑜——福建德化瓷展”等。“金玉满堂——南京市江宁区博物馆馆藏古代金、银、玉器精品展”入选2016年度江苏省文物巡展，赴福建民俗博物馆、海安博物馆、如皋博物馆、宿迁市博物馆、沛县博物馆、赣榆博物馆、吴江博物馆展出，并获省优秀展览陈列奖。“洗尽铅华是最美——南京市江宁区博物馆馆藏六朝青瓷精品展”展览被国家文物局列入全国博物馆展览季推介名录，并赴邯郸市博物馆、唐山博物馆、涿州博物馆、廊坊博物馆、包头博物馆、鄂尔多斯博物馆展出。

“传家训、树家风”传统文化文物展 2016年10月18日，“南京市江宁区‘传家训、树家风’传统文化文物展”在区博物馆开展。此次展览是全省首个以家风、家训为主题的文物展，展览分为“立德修身”“家风传承”“勤廉从政”“今日江宁”4个单元，以“修身—齐家—治政”为主线，共展出文物30件（套）。通过历史文物载体，讲述发生在江宁的家风家训故事，以古鉴今，引导党员干部领略历史先贤的勤廉事迹和风采，凝聚向上向善的强大精神力量，受众量达10万人次。同时，制作成网上视频展和廉政图片展，3D视频展在网站上播出，并在中央纪委网站播出。

民俗与非物质文化遗产展示 2016年，区文化部门加强非物质文化遗产保护基地建设，组织6次非遗展示活动。组织区传统非物质文化遗产金陵金箔、周岗红木雕刻、麻雀蹦、花船、剪纸、糖人参加“金陵神工 匠心传颂”2016年南京市非物质文化遗产精华展、江苏省“全域旅游示范区”暨“旅游业改革创新先行区”创建工作推进会、石山民俗文化节、江宁“遗”韵——江宁区非物质文化遗产保护成果展。组织44个项目以非遗展览进社区方式，走进谷里街道周村社

2016年10月12日，韩国公州博物馆工作人员到江宁博物馆进行交流、学习　　张　俊　摄

区（世凹桃源）与百姓零距离接触，普及非遗保护知识，让百姓更加了解身边熟悉的传统文化，推动非物质文化遗产的保护、传承和宣传。　（刘　武）

3项目入选第四批省级非遗名录　2016年1月，江苏省第四批非物质文化遗产代表性项目名录评选揭晓，江宁区皮毛制作技艺、南京金陵金箔锻造技艺、仿古牙雕3个项目榜上有名。2014年10月—2015年10月，省文化厅组织开展了第四批省级非物质文化遗产代表性项目名录项目推荐申报和评审工作，全省各地共上报419个项目。经条件审核、专家评审及评审委员会审议，有10类245个项目入选推荐名单，其中区文广局推荐申报6个项目，最终皮毛制作技艺、南京金陵金箔锻造技艺、仿古牙雕等3个项目入选。

直立人化石博物馆获国际设计大奖　2016年10月，2016年澳大利亚景观建筑学会颁奖仪式在堪培拉举行，位于汤山旅游度假区的南京直立人化石博物馆项目获最佳国际项目奖。南京直立人化石遗址博物馆原地为一处采石场，1993年在其古生代时期地质构造中发现重大人类遗址。博物馆项目依山而建，波纹形外观远远望去恰似一个地质剖面活化石。博物馆入口广场大范围的开阔轮廓展现出其地质特征，强化了历史感及设计者的现代诠释。项目设计灵感部分来自古生代各时期的地质特征，通过雕刻描绘了史前生物的进化。颁奖评委对南京直立人化石遗址博物馆作出如下特别评论：“在此次新的奖项类别中，评委一致认为南京直立人化石遗址博物馆的公共空间极具特色，具有国际影响力。”（宁　鉴）

广播电视

概　况　2016年，江宁广播电视台充分发挥党的喉舌作用，组织策划报道全区各项重点工作，服务发展大局。围绕供给侧结构性改革、重大项目建设、“三大主题年”、区第十三次党代会、“两学一做”学习教育、美丽乡村建设等全区中心工作、重大活动及鲜活典型，开办“关注党代会”“创新创业在江宁”“与文明同行”“美丽江宁”“防汛进行时”“曝光台”“走进直播间一把手访谈”等一系列专栏、专题，突出宣传报道“强富美高”新江宁建设取得的新成就。服务民生生活，开展“美丽江宁人”“最美劳动者”“十佳青年”“江宁好人颂”等系列宣传活动，围绕江宁援藏、援疆工作，采写播发系列报道和专题，传递正能量，提升舆论引导力。是年，江宁广播电视台获“南京市广播电视新闻报道先进单位”称号。

对外宣传　2016年，江宁广播电视台加强对外宣传工作，组织参加各级各类评比、评选，并取得成绩。全年组织报送参评作品26件，其中，获区一等奖6件、二等奖5件、三等奖11件；获市一等奖1件、二等奖4件、三等奖4件；“多大事啊”获2016年度南京市区级台电视优秀栏目；首次参赛的公益广告作品《你好！》获南京市2016年度广播电视公益广告三等奖。是年，江宁广播电视台被评为“2016年度南京广播电视公益广告播出优秀单位”。

节目改版创优　2016年，江宁广播电视台新开办“文化江宁”“江宁味道”“走进直播间”“广游天下”等电视栏目，还对“江宁新闻”“今晚630”“家住江宁”“我是小大人”等品牌节目进行调整和优化，改版后的栏目更加贴近百姓生活，凸显江宁特色，扩大和提升了江宁广电的品牌影响力。广播电台自办直播节目每天17小时，以“时尚经典音乐+时政及时资讯”为频率定位，打造“听

2016年12月3日，江宁广播电视台与横溪街道等单位举办2016南京江宁横溪·横山徒步越野大赛　区新闻中心　供稿

众爱听、市场欢迎”的超类型化电台，综合收听率在南京地区40多家电台中排名第八位。《凤凰台》杂志每期设置一个主题，并增加设计元素，增强了杂志的可读性。

融媒宣传 2016年，江宁广播电视台努力探索传统媒体与新媒体从内容到形式的融合，注重电视、广播、网络、微信等联动，推进全媒体新闻报道。“微·江宁”每天面向社会及时发布全区新闻信息，及其他涉及群众切身利益的全国性新闻热点资讯，除为用户提供新闻资讯、在线直播等多功能服务外，用户还可以通过微信随时随地观看江宁电视台节目，收听江宁人民广播电台，阅读《凤凰台》杂志。“微·江宁”还创新开办“阳光慈善”“书画拍卖”“诚信商城”3个全新的“微”电视栏目，全年阅读量“369万+”，2900多篇文章，粉丝量从5万人增加到10万人，首次进入全国县级台微信百强。

广电事业发展 2016年，广电网络公司以加速高清“云媒体”互动终端和宽带用户发展为主线，完成全年目标任务，实现有线电视数字化。年末，全区有高清互动终端9.2万户，有线电视用户31.4万户，宽带用户1.5万户。

安全播出管理 2016年，江宁广播电视台把广播电视安全优质播出作为工作重点，严格执行审片责任制，杜绝任何导向性失误和低俗广告、低俗娱乐节目的播出。同时，完善应急预案，落实播控防范和应急措施，中共十八届六中全会、区“两会”及重要节假日期间，坚持领导值班制度，随时应对可能出现的安全事故，确保全年广播电视播出安全优质无事故。是年，江宁广播电视台办公室获“2016年度南京市单位内部安全保卫先进集体”称号。

“广电+”产业发展 2016年，江宁广电网络公司加快营业门店连锁化、标准化建设，城区新旗舰店基本建成，农村门店标准化建设同步推进，新拓展移动手机业务，多功能视频监控业务不断扩大。江广文化传媒公司先后举办江宁新年音乐会、“幸福社区行”及江宁首届汽车嘉年华、首届婚博会、首届横山徒步越野大会等各类活动40余场，有效扩大江宁广电的影响力。红萍果公司组织千人相亲会、读书沙龙等各类活动20多场，并筹建“创艺工场”文化创意产业园项目。11月，成立江广视界旅游服务公司，推出数条具有广电特色的旅游线路和产品，受到广泛好评。

（沈奘恩）

区新闻信息中心

概　况 江宁区新闻信息中心是区委宣传部下属的全额拨款事业单位，于2012年7月19日在原区新闻中心的基础上，整合区委宣传部网络宣传管理科等部分职能而成立，主要负责区内工作简报《江宁新闻》的编辑、出版、发行，以及“江宁新闻网”和“江宁发布”政务微博的运行维护等工作。《江宁新闻》为4开4版，分别为要闻版、经济·社会版、民生·民声版和专题版，每周出版周一至周五共5期，每周三增加法治江宁、乐游江宁、网事在线、成长周刊4个版，每周五增加家园、读书、健康、文苑4个版。2016年，《江宁新闻》共出版256期。是年，区新闻信息中心紧扣习近平总书记系列重要讲话精神以及省、市、区决策部署，围绕全区重点任务和“十三五”发展规划，贯彻落实“五大发展理念”、开展“三个主题年”活动，以及深化供给侧结构性改革、宣传文化体制改革、“三大主题年”、“两学一做”学习教育等，加强新闻宣传服务和舆论引导，通过开展主题宣传策划，自觉转变作风、改进文风，为“强富美高”新江宁建设营造良好舆论氛围。

服务全区中心工作 2016年，区新闻信息中心围绕区委、区政府中心工作，就培育和践行社会主义核心价值观，贯彻落实“五大发展理念”，开展“三个主题年”活动等重点工作，加大主题宣传策划力度。在提前做好区委全会、区党代会、区“两会”和“两学一做”学习教育等重大专项策划基础上，连续推出“回眸‘十二五’”“开局‘十三五’”“我为‘十三五’建一言”等综合性主题宣传；围绕全区“三大主题年”活动部署，先后推出“作风建设在行动”“项目攻坚突破——重点项目巡礼”“找准突破口 发力供给侧”等主题栏目和系列报道。

做精做优专题报道 2016年，区新闻信息中心围绕深入推进“大众创业、万众创新”、“强富美高”新江宁建设、社会治理创新、建党95周年、党风廉政建设、防汛等重点，加大舆论宣传力度，精心组织新闻策划。面对区域遭遇历史罕见的强降雨，防汛形势严峻，全区上下紧急行动投入抗洪抢险，《江宁新闻》以图文专版形式对此进行全面报道，并对涌现出的先进人物和事迹进行重点宣传，共制作抗洪抢险专版6个，展现了暴风雨中的“江宁力量”。同时，加强对二、三版的策划。二版围绕创新创业、劳动节、廉政建设、美丽乡村建设等重点工作和节庆活动，开设“新春走基层”“江宁清风”“创新创业在江宁”等专栏，其中围绕“农村变大景区、盆景变百花园、大学生变创业者、农民变富裕户”，打造美丽乡村升级版，开设“走乡村，看‘四变’”栏目，展现全区美丽乡村建设取得的新变化、新成就，刊发稿件近10篇；围绕交通秩序百日整治行动，开设曝光台，刊登稿件10余篇。三版开设“吴仁宝式优秀村书记”“加强社会建设 创新社会治理”“省劳模风采”“百姓故事”等专栏，其中特别策划推出纪念建党95周年系列报道，分“永恒记忆”和“时代先锋”2个篇章，通过寻访解放前共产党人在江宁留下的英勇足迹，以及探访新时期全区优秀党组织、优秀党员和党务工作者的风采，展现江宁人不屈不挠和顽强奋斗的精神，共刊发稿件16篇；9月下旬开设“文明大家谈”栏目，围绕正在深入推进的“市民文明素质提升三年行动计划”，邀请各行各业人士围绕城市文明献计献策，引起市民热议。

媒体融合发展 2016年，区新闻信息中心在充实采编队伍的基础上，创新组建负责网络、微信、微博、手机报等新媒体平台的新媒体中心，加强传统纸质媒体与网络新媒体之间的融合，通过报网融合提升宣传时效性，丰富宣传形式。其中，对“看江宁”微信公众号进行提档升级，开设“今日头条”“热点追踪”“民生速递”“服务快车”“本地生活”“人文江宁”“新闻直通车”等紧贴市民生活、群众普遍关注的热点栏目，推送的新闻平均每天阅读量达200人次，最多的一条新闻阅读量近2000人次。

（周 剑）

一批作品获评省级好新闻 2016年5月，由江苏省县市报研究会、江苏省县市新闻（信息）中心工委组织的2015年度好新闻评选结果揭晓，《江宁新闻》有15篇（件）作品获奖，获奖数量和等次在全省名列前茅。在获奖作品中，消息《全国最大3D打印机器人在江宁诞生》（作者：詹艳娜）、通讯《汪龙干，“无腿斗士”踏上义工之路》（作者：陈敏）获一等奖。消息《“江宁智造”伴飞国产大飞机》（作者：沈安），通讯《谷里全民终身教育受联合国教科文组织关注》（作者：吴丹），图片《做群众的贴心人》（作者：戴典金）获二等奖。另外，《36小时打通爆炸核心区救援通道》（作者：陈敏）、《有一种力量叫信仰》（作者：俞金金）、《“文保达人”方青松，用影像记录城市历史与文化》（作者：林奇）等8篇作品获三等奖。纪念抗战胜利70周年专版（作者：李媛）获好版面奖，《政府部门做“减法”社会组织做“加法”群众幸福指数“倍增”》（作者：俞金金）获好标题奖。

现场短新闻竞赛结果揭晓 2016年8月，由区新闻信息中心组织开展的“高新园杯”现场短新闻竞赛活动落幕。经过评审，共有15篇稿件脱颖而出，其中《农忙里“悠闲”的种粮大户》获一等奖，《叉车能开啤酒瓶，牛！》等2篇稿件获二等奖，《抢心愿》等3篇稿件获三等奖，《创客集市秀创意》等9篇稿件获优秀奖。此次现场短新闻竞赛力求篇幅短小精悍，通过现场细致描写，反映全区改革发展中基层的创新实践、出现的生动变化，传递江宁发展好声音。

（宁 鉴）

2016年，区新闻中心出版的区“两会”专刊《向全区人民汇报》

宁 鉴 供稿

卫生　体育

卫　生

概　况　2016年，江宁区卫生计生工作以机构整合为新的起点，以“两学一做”学习教育和“作风建设提升年”为抓手，以转型发展为主线，全力推进资源配置、改革创新、服务水平和保障能力的提档升级，实现“十三五”规划良好开局，创成“江苏省妇幼健康优质服务示范区”，被省政府表彰为“十二五人口协调发展先进区”，被国家卫计委表彰为“全国计划生育优质服务先进单位”。至年末，全区有各级各类医疗卫生机构402个，开放床位5680张，拥有卫技人员7964人；每千人拥有执业（含助理）医师2.6人、注册护士3.3人。政府对卫生投入13.34亿元，比2015年下降2.27%，占公共财政预算支出的比例为7.39%。

医药卫生体制改革　2016年3月，江宁区整合原区卫生局、原区人口和计划生育局的管理及服务职责，成立江宁区卫生和计划生育局，全面履行卫生计生职能，基本形成1+1＞2的工作格局。成立区深化医改工作领导小组，初步探索建立江宁区现代医院管理制度和法人治理结构，区中医院异地新建债务2.4亿元经区政府常务会议化解，江宁医院通过三级甲等综合性医院评审。同步推进一级及其他类公立医疗机构医药价格综合改革，进一步降低群众看病就医负担。区公办医疗机构医联体建设全覆盖，省人民医院与江宁医院、省中西医结合医院与区中医院、市脑科医院与区二院、市中西医结合医院与汤山和上峰社区卫生服务中心建立医联体；江宁医院与23家社区卫生服务中心、区中医院与上坊社区卫生服务中心建立医疗技术联合体；南京同仁医院与禄口、汤山社区卫生服务中心建立医疗技术联合体，基层首诊、双向转诊、急慢分治、上下联动的分级诊疗机制逐步构建。

医疗机构建设与管理　2016年，全区新增军区总院汤山分院、逸夫医院2个院前急救站点。区医疗服务中心主体建设完工并进入

2016年12月13日，南京市中西医结合医院与汤山和上峰社区卫生服务中心签约建立医联体　　张　蕾　供稿

内外装修，启动滨江二级医院建设、麒麟社区卫生服务中心新建和禄口社区卫生服务中心门诊楼建设，区儿童自闭症康复中心和皮防所新址投入使用，新改扩建14个社区卫生服务（中心）站。加强基层医疗机构标准化建设，全区社区卫生服务中心通过省级标准化验收达标率95.6%，服务站达标率90.4%。放宽社会资本举办医疗机构的准入范围，新增15家民办机构重点投向东山主城以外的相对薄弱地区。全区26家养老机构有9家养老机构已设置对内部服务的医疗机构，其余17家均与周边社区卫生服务中心签订合作协议。

医学教育与科研 2016年，区卫生计生部门完善继续教育机制，创新教育培训模式，举办3个国家级、11个省级共14个Ⅰ类学分项目，培训3176人次。举办各类培训教育31班次，培训5236人，举办国家级“首届国际金陵泌尿系统结石研究高峰论坛”暨国家级继续教育项目“社区医院尿路结石诊治的规范化培训”学习班，获东南大学远程教育教学管理一等奖。完善学科建设，强化医院内涵，中医医院骨伤科1项科研课题获南京市科委立项；药剂科1项科研课题获南京药学会立项，获资助资金1万元。全年立项科研课题6项，其中区级科研课题4项。

疾病预防与控制 2016年，全区人均基本公共卫生项目补助标准72元，建立居民健康档案91.17万份，常住人口建档率76.52%。建立高血压患者档案6.98万份，健康管理率34.9%；建立糖尿病患者档案2.33万份，目标人群健康管理率30.3%；登记在册严重精神障碍患者档案4244例，规范管理率95.8%。区政府印发《江宁区创建慢性病综合防控示范区工作实施方案》，创建工作有序推进。传染病防控保持平稳态势，全年报告甲乙类传染病1547例，法定报告传染病总发病率控制在133.56/10万。指定江宁医院为区级艾滋病治疗定点医院，建立高校艾滋病疫情信息通报制度，动员社会组织参加艾滋病防治工作。区属3家二级及以上医院的慢性病网络直报工作有序开展，累计上报病例近7000条。全区报告、转诊疑似肺结核病350例，报告率和转诊率100%。全年为24354名适龄儿童新建立预防接种档案，以街道为单位接种率保持在98%，东山社区卫生服务中心被省卫计委表彰为“江苏省免疫规划（预防接种）工作先进集体”。完成查螺4200万平方米、药物灭螺1023.81万平方米、血吸虫病查病10894人次，通过血吸虫病传播阻断标准省级验收。调查处置学校等人群聚集场所聚集性疫情56起，及时报告率、及时处置率均为100%。

皮肤病与麻风病防治 2016年，区皮防所新门诊楼启用，在硬件、软件、人才配备、资源配置、运行机制上推陈出新，通过购置检验检测、医学美容、特色服务等仪器设备，不断拓展临床辅助诊疗项目。提供血尿常规、性病常规、真菌图文报告系统、单纯疱疹、人乳头瘤病毒、过敏源检测、伍德氏灯检查等实验室检测项目，开展痤疮治疗、光子嫩肤、激光脱毛、果酸换肤、肉毒毒素除皱、玻尿酸填充等医学美容项目。加强疫情监测，按时完成麻风病线索调查和康复需求调查任务。门诊提供医疗服务66956人次，业务收入1192万余元。

卫生应急 2016年，区卫生计生部门继续巩固卫生应急示范区建设成果，规范开展突发公共卫生事件相关信息应急处置工作。开展较大交通事故医疗救援7起，处置食源性疾患暴发事件12起，规范处置传染病预警信息257起，排除256起，发现1例预警病例并被诊断为人感染H7N9禽流感病例。调查处置学校聚集性疫情57起，及时报告率、及时处置率均为100%。区内4家二级以上综合性医疗机构全部纳入食源性疾病监测医院管理，监测调查病例185人，进行样品采集121份，检测出14份阳性样本。区疾控中心通过食品安全风险监测区级中心验收，完成食品安全风险监测63份，区食品安全城市创建食品抽检610份。作为省、市试点，开发食源性疾病报告调查处置系统APP，走在全省前列。与南京禄口机场检验检疫局签署应对突发公共卫生事件合作备忘录。全年出动卫生防疫队伍213支、专业人员751人次，发放宣传材料25349份，累计消杀面积198万平方米。在沿江重点地区设立的血防人防岗哨累计宣传劝阻395人、登记涉水人员562人（其中防汛涉水人员167人），发放血防宣传防护物资1170件。监测生活饮用水387份（包括实验室检测及现场快速检测），经检测均合格。全年未发生血吸虫病、出血热等汛期及洪涝灾害常见传染病，未发生传染病暴发疫情及其他突发公共卫生事件。

卫生监督 2016年，按照省、市权力清单目录，对区卫生计生局承担的201项行政权力清单标准化，并根据标准化清单编制相应的办事指南，明确办理依据、受理单位、基本流程、申请所需材料、示范文本、收费依据及标准、办理期限、咨询方式等，完善“全科式”窗口服务，实现“清单之外无审批”。相继开展医疗废弃物、集中式供水单位、预防接种专项检查等13次，行业单位覆盖率100%。卫生监督抽检样品323份，对84户次的卫生违法行为进行处罚。调查处理投诉举报42起，回复及时率、满意率100%。

妇幼保健　2016年，区卫生计生部门以省优质服务示范工程创建和生殖健康促进工程试点为抓手，强化服务和质量意识，开展孕产妇与儿童管理、爱婴医院评估、助产技术服务等质量评价，并创建为“江苏省妇幼健康优质服务示范区”。建立21123份孕产妇保健手册，辖区有孕产妇17232人，活产儿17492人，0～6岁儿童77296人，0～2岁儿童28579人，孕产妇健康管理率97.3%，系统管理率97.3%，孕产妇死亡率为0，5岁以下死亡率2.46‰，婴儿死亡率1.72‰，新生儿死亡率0.91‰。完成“两癌”检查2.59万人，项目任务完成率103.3%；农村妇女增补叶酸新增发放3335人，项目任务完成率133.4%。婚前医学检查率93.47%。

新型合作医疗　2016年，全区参加新型农村合作医疗（居民医保）41.3万人，年人基金标准880元，共筹集资金3.66亿元。区级大病补充保险上不封顶，社区覆盖率、群众参加率、基金到位率、报销及时率均为100%。全年新型农村合作医疗已报销265.84万人次，最高个人报销52.37万元，一级和二级定点医院住院报销比例分别为85%和73%，综合补偿率提升至56%，直接为患病群众减轻经济负担3.65亿元。

医政管理　2016年，区卫生计生部门运用信息化手段，对检验、放射、超声（心电）、病案、院感、护理等方面核心制度落实进行督查，加强医疗服务行为、质量安全和机构运行的监测监管，全面提升基层医疗服务能力和水平。建立医患纠纷人民调解制度，区级医疗机构均设置警务室，实行医疗纠纷警医联动机制。全区医疗机构均参加医疗责任保险制度。集中开展医疗废弃物专项检查，处理率100%。先后完成女子足球赛和春牛首马拉松赛等重大活动医疗保障任务33次，派出医护人员352人次、车辆130辆次。全区医疗单位门诊642.42万人次（基层439.21万人次），增长1.3%（基层增长1.4%）；住院8.23万人次（基层1.82万人次），增长9.8%（基层增长5.5%）；业务总收入18.69亿元（基层4.51亿元）。严格落实药品、医用耗材“集中采购、统一配送、合理使用”要求，签订廉洁购销合同264份，网上采购率100%，配送到位率99.6%，医用耗材及试剂网上采购覆盖率100%。全年基层医疗机构采购药品总额2.42亿元，下降5.5%，其中采购抗菌药物5636.44万元，抗菌药物输液处方占抗菌药物处方比例为38%，有效降低药占比，减轻患者负担。制定并完善急抢救、妇儿专科非专利药品及南京市基层医疗机构11种慢病治疗用药等目录，有效保障急抢救、妇儿专科、慢病治疗等药品质量和供应。同时，完善省市区联动、分级负责的监管工作机制，确保药品和高值医用耗材采购配送使用各环节工作规范有序。

2016年9月23日，江宁区召开迎接江苏省妇幼健康优质服务示范区评估汇报会　　张　蕾　供稿

中医药管理　2016年，区卫生计生部门深入实施基层中医药服务能力提升工程和“治未病”健康工程，启动区中医院三级创建和新建门诊医教研中医康复综合大楼的立项事宜。健全基层中医药服务网络，集中设置中医药综合服务区，打造中医堂，以横溪街道社区卫生服务中心为试点，各中心均设置中医科、中药房，配备中医诊疗设备率96.3%，社区卫生服务站提供中医药服务率95.2%（城区100%）。发挥中医药在健康服务、养老服务中的特色优势，组织开展第六届“中医药就在你身边”中医药文化科普巡讲和中医药文化科普宣传周活动，进一步推动中医药进乡村、

进社区、进家庭。全年为41549名老年人和20830名儿童提供中医药健康管理服务。

社区卫生服务 2016年，区卫生计生部门加强基层医疗机构标准化建设，全区社区卫生服务中心通过省级标准化验收达标率100%，服务站达标率90.4%。全力推进家庭医生制度，组织社区卫生服务中心负责人到省内先行地区学习，全区重点人群签约371694人，签约率73.3%。完善绩效考核办法，奖励性绩效按照绩效工资的40%核定，绩效增量按照绩效工资的30%核定，产生收支结余的可以提取40%～60%用于增加绩效，提升基层职工内动力。创建省、市社区卫生服务机构特色科室，东山、秣陵社区卫生服务中心重点打造的康复医学科、中医科，通过市级特色科室验收。

卫生信息化建设 2016年，区卫生计生部门实施“互联网+健康医疗”服务，研究并制定《江宁区卫生信息平台建设方案》，与市级卫生信息平台实现医疗卫生相关数据共享。完善以患者为中心、医院信息平台为核心的“智慧医院”服务系统，依托基层医疗信息系统、区域LIS、区域PACS系统、远程会议系统，通过音视频技术，实现专家在远程实时了解所有基层医疗机构相关患者基本情况、检验检查结果，基本实现对区域内居民全生命周期管理。

爱国卫生运动 2016年，全区推进《建设健康江宁行动计划（2015—2017）》实施，完成麒麟、湖熟、江宁、谷里、淳化、横溪6个省级卫生街道的创建和国家卫生城市复审。推广普及全民健康生活方式，全区健康支持性环境覆盖率100%。举办健康知识巡讲10次，新建健康小屋4个、健康主题公园1个、健康社区2个、健康步道4条，城乡健康素养水平16.8%，农村生活饮用水水质监测合格率100%。新建农村公厕90座，农村无害化户厕改厕率98.1%。（刘世福）

综合医改接受市督查 2016年1月26日，市督查组到江宁区开展综合医改督查，副区长陆蓉参加。督查组一行首先到江宁医院，详细了解医院基本建设、惠民医疗服务、药品零差价等情况，当得知医院在全市率先开展公立医院改革试点，在全省率先破除以药养医模式后，督查组给予肯定。在禄口社区卫生服务中心，督查组与医护人员、病患面对面交流，听取广大群众对医疗卫生改革的建议和意见。2015年，全区持续推进公立医院综合改革，积极探索公立医院管办分开的多种有效实现形式，逐步建立健全公立医院岗位管理和绩效考核机制，在全市率先建立具有江宁特色的区域卫生信息化平台，实现居民网上挂号、医疗信息查询和医保报销等便民功能。研究草拟《关于推进分级诊疗制度建设的实施意见》，启动分级诊疗制度建设试点，以江宁医院为纽带，建立健全区域四级医疗服务网络，让广大群众在家门口享受到优质医疗服务。

区儿童自闭症康复中心投运 2016年3月30日，全市首家区级公立儿童自闭症康复中心在江宁区正式投入运行。该康复中心由公立性医疗机构与残联合作运营，主要为自闭症儿童搭建一个专业的康复训练平台。区儿童自闭症康复中心位于区第二人民医院内，由区卫生计生局和残联联办，除对自闭症儿童开展一对一、团体训练以及多感官刺激外，还进行个性化教学，通过地板时光、音乐治疗、听筒治疗等项目，提高自闭症患儿人际沟通能力。

江宁医院建立国际多学科专家会诊平台 2016年4月，江宁医院与AME出版社、悉尼大学SAH医

2016年4月，江宁医院与AME出版社、悉尼大学SAH医院签订战略合作协议，整合三方各自资源优势，在临床、学术、教育方面展开合作

区新闻中心 供稿

院签订战略合作协议，将整合三方各自资源优势，在临床、学术、教育方面展开合作，并建立国际多学科专家会诊平台，通过国际交流全面提升江宁医院诊疗水平，为市民提供更优质的医疗服务。SAH创建于1903年，是悉尼大学临床医学院附属医院。而AME出版社是专注于国际医学类期刊、书籍的出版，推广医疗科研资讯成果的科研公司。江宁医院将与悉尼大学SAH医院建立广泛深入的合作，包括联合培养优秀医护人员，互派人员开展短期临床培训课程，依托AME期刊平台共同发表医学论文及专著，分享多学科病例，推动医学科研工作。签约当天，悉尼SAH医院代表们还参观了江宁医院的多个医疗科室、实验室，并就T细胞治疗项目进行交流。

南医大附属逸夫医院启用 2016年6月28日，经过两个多月的试运行，位于江宁高新园的南京医科大学附属逸夫医院正式启用。香港邵逸夫基金会主席邵方逸华，教育部港澳台办公室副主任余彬，省教育厅厅长沈健，省卫计委主任王咏红，市委常委、区委书记李世贵，副区长陆蓉、周育刚和南京医科大学相关领导出席启用仪式。南京医科大学附属逸夫医院由南京医科大学与江宁区合作共建，是经教育部批准，香港邵逸夫基金会捐资冠名的省属公立事业单位，也是全国第二家、江苏省首家邵逸夫医院。该院按三级甲等医院标准规划建设，是集医疗、教学、科研、服务管理于一体的综合性教学医院。医院设置床位1200张，已建成的一期工程建筑面积9.2万平方米，开放床位600张。作为全区“33518医疗服务体系”重点建设项目，南京医科大学附属逸夫医院科室设置和医疗设备门类齐全。该院包含综合性医院所必需的各类临床和医技科室，并在此基础上采用国际先进医疗模式，按照器官和疾病建立心血管与老年病、肾脏病、肿瘤等九大疾病诊治中心。该院还引进三级甲等医院的学科带头人，组建起各专业医疗、护理和后勤团队，同时与南京医科大学其他23家附属医院合作，努力为患者提供专业优质的诊疗服务。启用仪式上，邵方逸华为邵逸夫先生铜像揭幕，李世贵与嘉宾共同按动启动球。

南京脑科医院与区二院建立医疗联合体 2016年8月19日，南京脑科医院与区第二人民医院建立医疗联合体，南京脑科医院儿童心理卫生研究中心柯晓燕团队工作室同时挂牌成立。南京脑科医院承担着南京市、江苏省乃至全国神经、精神疾病的医疗、康复、预防、教学、科研、司法鉴定等任务，拥有像儿童心理卫生研究中心柯晓燕团队工作室等一批优秀专家队伍和雄厚技术力量。医联体内，区二院将充分利用南京脑科医院先进的医疗、教学、科研、技术优势，不断加强内部管理、提升综合实力，促进自身医疗技术水平和综合服务能力的提高。未来，双方将在健康宣教、疾病筛查、门诊服务、手术实施等多方面开展深入合作，进一步探索一体化诊疗服务的新模式，以更加优质的服务、更加精湛的技术，为江宁人民提供更优更好的医疗服务，争取在“十三五”期间通过市级重点专科的验收，争创一流区县级精神专科医院。

江宁医院接受三级医院评审 2016年10月13日，省卫计委评审组对江宁医院进行三级医院现场评审，评审员们对江宁医院的功能、设施条件、技术建设、医疗服务质量等综合水平进行为期3天的评审。区领导祁豫玮、陆蓉参加活动。江宁医院于2012年12月成功晋升三级综合医院后，瞄准三甲创建目标，立足新的发展平台，坚持三甲创建、医改试点和异地新建三大发展主题齐头并进，持续改进医疗质量与安全管理，全面加强业务技术和重点专科建设，加快人才队伍建设，打造医改“江宁模式”。经过3年的努力，该院已成为江宁基本医疗服务的龙头和主力军、全区医疗技术服务中心，推动了全区医疗卫生事业的发展。

区妇保所一科研项目获省重点资助 2016年11月，省卫计委公布2016年度江苏省妇幼健康科研项目和引进新技术评审结果。区妇保所申报的科研项目“江宁区早中孕期及计划妊娠妇女ID、IDA流行病学调查研究及其对甲状腺功能的影响”获重点资助，这也是全市唯一一家获重点资助的妇幼保健所。该项目研究主要围绕早中孕期及计划妊娠妇女甲状腺功能，评估江宁区早中孕期及计划妊娠妇女ID、IDA发病情况及对甲状腺功能的影响，将以研究成果进一步对早中孕期及计划妊娠妇女ID、IDA及甲状腺功能异常进行生活指导及医学干预性研究积累资料并提供循证依据。项目将于2017年1月启动，2018年12月完成。

南医大康达学院江宁临床医学院挂牌 2016年12月15日，南京医科大学康达学院江宁临床医学院正式成立并挂牌，区领导祁豫玮、陆蓉出席活动。自2007年起，江宁医院开始承担南京医科大学康达学院教学任务，院校双方在医学人才培养等方面进行深入合作。南京医科大学康达学院江宁临床医学院成立后，双方将继续在人才培养、科研及学科建设等方面加强合作，实现优势互补，合作共赢。为加强江宁临床医学院的师资队伍建设，提高医院教师教学水平，经过个人申报、医院审查、资格认定、专家委员会评审、公示等环节，江宁医院62名医护人员被聘为南京医科大学康达学院兼职教授、副教授。

“新国优”创建工作接受复查 2016年9月9日，市人口发展工作领导小组办公室到江宁区，对新一轮“全国计划生育优质服务先进单位”创建工作进行复查。复查组通过听取全区创建工作汇报，查阅相关文档资料，并实地考察区妇幼保健所、汤山街道人口和家庭公共服务中心等地，全面了解江宁人口计生工作落实情况。区委常委、统战部部长陆蓉陪同。“全国计划生育优质服务先进单位”创建3年一个周期，新一轮创建工作从2014年开始。全区各项人口计生工作指标已达到或超过“新国优”创建标准，相关部门综合治理人口问题机制形成，人口计生重点工作全面落实。特别是在以宣传倡导引导群众树立新型婚育观念、完善计划生育技术服务体系、推进流动人口基本公共卫生计生服务均等化、健全基层计划生育组织网络等方面，服务能力大幅提高。2016年上半年，江宁区被省政府表彰为“十二五”时期人口协调发展先进区。复查组对全区人口计生工作取得的成绩表示肯定，希望继续落实好“全面两孩”政策，健全相关服务配套、奖励补助政策，做大做强全国幸福家庭品牌，加强和完善各项计划生育服务管理，为“十三五”时期发展营造良好的人口环境。

（宁　鉴）

体　育

概　况 2016年，江宁区体育工作围绕推动科学发展、建设体育强区主题和创新体育发展方式主线，协调推进群众体育、竞技体育、体育产业快速发展，各项工作取得新成绩。推进公共文化体育服务体系建设，联合江宁城建集团在杨家圩片区启动含笼式足球、篮球、门球、室外器械、乒乓球场等5种项目在内的多功能运动场建设，并完成规划设计。全区拥有体育类协会25家，民办非企业体育俱乐部6家，上半年新成立江宁区足球协会。举办江宁春牛首马拉松系列活动、职工羽毛球比赛、老年人体育节系列活动、蟠龙湖山地越野赛、全国全民健身日等。贯彻《社会体育指导员管理办法》，充分发挥社会体育指导员协会作用，全面做好社会体育指导员培训、管理和服务工作，全年培训三级社会体育指导员200多人。继续实施《国民体质监测制度》，面向基层、深入一线，开展“体质测试下基层送健康”“全民健身志愿服务”等活动。新建市级国民体质测定站3个，完成体质测试1.3万人，受测样本合格率93%以上。强化全民健身工程（点）安全管理，研究制定完善全民健身路径器材更新维护办法，建立健全符合实际、运转有效的室外健身器材配建管理工作新机制。全年在全区范围内开展3次健身器材安全巡查，更新健身路径250套、篮球架20副。组队参加省、市级各类体育竞赛32项，共获奖牌198枚；培养国家健将级运动员1人、国家一级运动员12人、国家二级运动员28人，向省专业队输送运动员9人，向市体校输送运动员24人。承办2016年中国女足超级联赛（解放军主场）、2016年全国青少年“未来之星”阳光体育大会暨江苏省少儿羽毛球训练营比赛、2016年全国高中女子校园足球总决赛、“横溪杯”2016年全国汽车短道拉力锦标赛、2016江宁横溪中国青少年斯诺克系列赛南京公开赛。全年体彩销售3.27亿元，比2015年增长24.26%。同曦篮球俱乐部获省体育发展引导资金200万元，南京金陵马会、南京北客纺织品有限公司、南京中政软件、南京动起来健身有限公司分别获市级体育产业引导资金50万元。汤山旅游度假区申报成为江苏省首批体育特色小镇。是年，区体育局获江苏省体育部门考核第六名。

“春牛首”国际马拉松赛事上演 2016年4月10日上午8点，随着发令枪声响起，8020名参赛选手依次冲出起跑线，“牛首山杯”2016南京·江宁“春牛首”国际马拉松赛暨TOUR RUN南京站开赛。省体育局局长陈刚，市领导李世贵、胡万进，市体育局局长陈卫红，以及区领导陈发喜、孙桂明、高德臣、孟向前、梁六生、陆蓉、张会祺、王仕国等出席开赛仪式。首届江宁“春牛首”国际马拉松赛共设有全程马拉松、半程马拉松、6公里乐跑3个项目，吸引国内外8000余名跑友参赛。区长陈发喜为开幕式致辞，他希望通过赛事的圆满举办，展示江宁美丽乡村优美自然风光，感受江宁人文特色，让更多人在“体育+文化+旅游”的美好体验中，了解江宁、熟悉江宁、青睐江宁。比赛第12分16秒，乐跑项目的参赛选手吴本贵率先冲线，和妈妈一起参赛的上海选手李紫薇获女子组冠军。该项目共产生男、女各20名获奖者。在半程马拉松比赛中，省队的25岁名将程乾育以1小时5分的成绩夺得男子组冠军。省队另一名著名运动员魏小杰获得女子组冠军。经过2个多小时的角逐，肯尼亚的参赛选手穆戈以2小时20分05秒的成绩摘得全程男子组冠军，埃塞俄比亚的尼古瑟以2小时43分55秒的成绩获女子组冠军。围绕“带上跑鞋去旅行”主题，此次赛事在江宁美丽乡村核心区域举行，赛道覆盖江宁美丽乡村西部旅游生态长廊，途经有南京“普罗旺斯”之称的大塘金香草谷，清幽淡雅的“中国最美休闲乡村”、“金陵茶文化村”——黄龙岘，以及横溪、谷里、江宁等街道的“美丽乡村”，全程42.2公里。依山傍水的赛道旁不仅有迷人的自然风光，还有淳化方山大鼓、龙都娃娃鼓等33项非遗和特色文化展演，跑友们在享受竞技乐趣的同时，还可欣赏到一幅幅美丽的人文、自然画卷。赛事期间，全区各部门工作人员及900多名河海大学“小马达”大学生志愿者提供赛事服务保障工作。除起点、终点，赛道沿途每1公里都设有1个补给站和1个医疗救助点，每2.5公里设置1个医疗站，10多辆救护车随时待命，及时为参赛选手提供医疗服务。

“春牛首”国际马拉松系列活动 2016年3月12日，由区体育总会、南京牛首山文化旅游发展有限公司、江苏健和文化体育产业发展有限公司主办，南京市风筝协会承办的2016南京·江宁“春牛首”国际马拉松系列活动之一——风筝表演赛在牛首山文化旅游区举行，数百名风筝爱好者带着自己制作的风筝，参加此次活动。比赛项目设置龙串类、长串类、传统类、特色风筝和运动风筝表演赛5个组别。3月13日，由区体育总会、南京文化旅游发展有限公司、江苏健和文化体育产业发展有限公司主办，南京小鹿定向体育运动推广有限公司承办的2016南京·江宁“春牛首”国际马拉松活动之二——定向越野赛在牛首山文化旅游区举行。比赛设成年男子组、成年女子组和亲子组3个组别，参赛人数500人。定向越野运动作为一种新兴的野外活动方式起源于欧洲，是运动员利用地图和指南针找到地图上所指示的各个点标，以最短的时间到达所有点标者为胜。定向越野不仅是考验体力的运动，也是一项对综合素质考量的运动项目。3月20日，2016年南京·江宁“春牛首”国际马拉松系列活动之三——自行车山地赛在牛首山文化旅游区举行，该项赛事由区体育总会、南京牛首山文化旅游发展有限公司、江苏健和文化体育产业发展有限公司共同主办，南京奇酷体育文化推广有限公司独家承办。竞赛分为男子山地车A组（18～35周岁）、B组（35～55周岁），女子山地车组（18～50周岁）。男子A、B组的赛程都是18公里，女子组的赛程为11公里，省内外200多名骑友参加。3月26日，由区体育总会、南京牛首山文化旅游发展公司、江苏健和文化体育产业发展有限公司共同主办，南京冈拉梅朵体育承办的2016南京·江宁“春牛首”国际马拉松系列活动之四——千人登山徒步大会在牛首山文化旅游区进行，活动设男子竞速组（150人）、女子竞速组（150人）、健行组（100人），总人数1200人。

“汇添富”南京山地马拉松在江宁举行 2016年3月27日，2016“汇添富”南京山地马拉松在江宁区蟠龙湖举行。这项赛事由南京市户外运动协会、江宁区

2016年3月，南京江宁春牛首国际马拉松系列活动之一——风筝表演赛在牛首山文化旅游区举行，吸引各地约200人参赛

区新闻中心　供稿

2016年3月27日，由上海穹景体育发展有限公司主办，南京户外运动协会、江宁区体育总会、横溪街道协办的“2016汇添富南京山地马拉松”在蟠龙湖开跑　　薛峰 王俊 摄

体育总会、上海穹景体育文化发展有限公司主办。赛道设计融合山地、小径和林道，参与者沿着蟠龙湖奔跑，同时还可以饱览江南秀美的山水风光。此次在蟠龙湖举行的山地马拉松是该项赛事的第三届，参赛的1000多名选手来自22个国家和地区，其中12%的选手为外籍选手。比赛设42公里组、25公里组和12公里家庭组3个项目。经过激烈角逐，42公里组的男子冠军由樊文强获得，成绩为3小时33分17秒，女子冠军则归属越野名将东丽，成绩是3小时35分43秒；25公里组的男子冠军是姚光宇，用时1小时41分16秒，女子冠军是Hyacinthe Onillon，她以2小时20分52秒跑完全程。

区足球协会成立　2016年4月17日，江宁区足球协会成立大会在金元宝大酒店举行，省足管中心、市体育局、市足协、区体育局等单位相关领导出席大会。大会听取了区足球协会筹备工作报告，并选举产生协会第一届理事，时岱宁被选为区足球协会会长。江宁足球运动历史悠久，群众基础深厚，全区现有各类业余足球俱乐部和球队近200支，其中长期开展活动的业余足球俱乐部或球队有60余支。区足球协会成立后，将加强业余俱乐部建设和后备人才培养；组织教练员、裁判员的专业技术培训；整合场馆资源，为区内各级足球比赛合理安排比赛场地；打造江宁足球协会杯业余俱乐部赛事，并在各会员单位中挑选高水平球员组成区足球联队，由足协安排定期培训、指导，代表江宁区外出交流比赛。

2016南京及江宁“公交杯”乒乓球争霸赛举行　2016年6月18—19日，由江宁区体育总会主办、江宁公交集团承办，江宁通盛体育文化有限公司和江宁区卓越乒乓球俱乐部协办的2016南京、江宁“公交杯”乒乓球争霸赛在江宁公交集团举行。此次比赛吸引市、区200多名乒乓球爱好者参加，共设男、女单打和男、女双打4个项目。蔡宇、戴媛分获男、女单打冠军，蔡宇、陶鹏获男子双打冠军，戴媛、孙亚扬子获得女子双打冠军。

全国高中女子校园足球联赛总决赛在江宁举办　2016年7月15—22日，2015—2016年中国高中女子校园足球联赛总决赛在江宁高级中学举行。此次赛事由全国青少年校园足球工作领导小组办公室、中国中学生体育协会主办，由江苏省青少年校园足球工作领导小组办公室、南京市校园足球办公室、江宁区足球协会共同承办。中国高中女子校园足球联赛分南北两个赛区进行预赛，决出全国八强，最终四川成都十八中、重庆二十九中、湖南长沙十五中、四川江油一中、河北秦皇岛市第一中学、黑龙江鸡西市十九中学、河北邯郸一中、山东淄博五中共8支代表队进入全国总决赛。总决赛第一站在四川成都十八中和山东淄博五中之间进行。8支队伍通过小组赛、交叉赛、名次赛共24场比赛，争夺年度总冠军。最终河北秦皇岛市第一中学女子足球队夺得年度总冠军。

江宁垒球全国锦标赛再创佳绩　2016年7月30日，在大连市举行的2016年全国少年垒球锦标赛决赛中，代表南京市江宁区出战的天景山小学和江宁高级中学，在U13普校组、U16体校组的比赛中夺得冠军，在U16普校组中夺得亚军；在赛后评选的最佳阵容中，江宁球员占据半壁江山。

首届江宁区“足协杯”业余足球赛开赛 2016年9月11日，首届2016年江宁区足协杯业余足球赛在江宁秦淮中学开赛，这是由江宁区体育局主办、江宁区足球协会承办的区级足球赛，首次举办有40支球队参加。此次区业余足球赛参赛队伍、参赛队员数量均采用8人制，使用标准球的1/2场地，上下半场各30分钟。40支参赛队伍既有机关企事业单位球队，也有草根业余球队。比赛历时2个月，40支队伍分成5个小组，经过小组赛、淘汰赛、名次赛3个阶段共160场比赛决出前八名。

2016年“汤山温泉杯”马术公开赛在江宁举行 2016年11月12—13日，由南京市体育总会主办，南京金陵马汇文化发展有限公司承办，南京市玄武中等专业学校协办的2016年“汤山温泉杯”南京马术公开赛暨第一届南京青少年马术公开赛在位于汤山旅游度假区的南京金陵马汇国际马术俱乐部举行，上海、浙江和湖北以及江苏省内的10多家马术俱乐部、100余名马术选手参加角逐，江苏省体育局局长陈刚宣布比赛开幕。2016年“汤山温泉杯”南京马术公开赛分为青少年组和公开组。其中，青少年组要求参赛选手1998年9月1日以后出生，设初级马场马术个人赛、60厘米障碍赛个人赛和80厘米障碍赛个人赛3个小项；公开组设80厘米障碍个人赛、100厘米障碍个人赛和120厘米障碍个人赛3个小项。比赛总奖金7万余元，公开组120厘米障碍个人赛冠军可获得最高1.8万元奖金。

全国民间石锁邀请赛在江宁举行 2016年11月30日，由南京市文广局、市体育总会主办，区体育总会、文广局、秣陵街道办事处承办的第七届“秣陵杯”全国民间石锁邀请赛在秣陵街道杏花村举行，河南、河北、山东、江西等8个省和佳木斯、九江、蚌埠等20个城市的800多名石锁爱好者参加比赛。区委常委、统战部部长陆蓉致辞，省体育局副局长颜争鸣宣布比赛开始。江宁区石锁协会获该届邀请赛男子功力赛的前三名、女子功力赛第一名，并获总分第一；上海市、南京市、无锡市、泰州市、扬州市分别获优秀竞赛奖，开封市、九江市、济南市、淮安市和南京体育学院获优秀表演奖，江阴、宜兴市获优秀组织奖。

东外学生签约美国职业棒球联盟 2016年，东山外国语学校高三男生许桂源与MLB美国棒大联盟巴尔的摩金莺队正式签约，成为美国职业棒球联盟唯一现役的中国大陆选手。2015年，许桂源进入东山外国语学校学习和训练，经过自己不懈努力，迅速成长为一名出色的打击手，许桂源身材颀长且棒速极快，击落点经常位于外野手之间的空隙地带，偶尔还会将球拉到右外，这使他具备了出色的长打能力，在2012年和2014年全国青少年棒球联赛中曾获最有价值球员称号。

（许国生）

国家青年棒球队在江宁成立 2016年8月8日，中国国家青年棒球队成立暨备战2016年第11届亚洲青年棒球锦标赛集训营开营仪式在东山外国语学校举行，参加此次训练营的部分球员将有机会在4年之后代表中国国家棒球队冲击奥运。中国国家青年棒球队由北京、天津、上海、广东以及MLB棒球发展中心的18名年轻棒球英才组成，中国棒球协会训练主管易胜担任领队，北京猛虎队名将王伟担任主教练，四川蛟龙队名将陈坤及MLB棒球发展中心的John Foster、张晓天辅佐。他们将在MLB南京棒球发展中心——东山外国语学校进行为期3周的训练，备战于是年9月在台湾举行的第11届亚洲青年棒球锦标赛。此次联合组建中国青年棒球队将成为中国棒球协会与MLB美国职棒大联盟多年精诚合作的一个新的里程碑，双方的合作将从国家队层面扩展到青少年后备力量的培养，利用各自的渠道为国家队输送人才。

泥浆足球赛开赛 2016年8月26日，为期3天的2016泥浆足球中国赛南京站在汤山旅游度假区拉开帷幕，各行各业的16支队伍参与角逐。泥浆足球起源于芬兰，是一项男女混踢的时尚运动，风靡英国等足球发达国家，2011年首次登陆中国。因该项目规则简单、参与门槛低，受众广泛，热爱运动的人群都能参与。此次赛事除评选冠亚季军外，还设置“泥靴奖”，从进球最多的球员中选出，感兴趣的市民也可以加入体验。

（宁　鉴）

社会民生

人民生活

概　况　据农村住户抽样调查，2016年江宁区农村常住居民人均可支配收入21699元，比2015年增长8.5%；人均生活消费支出17847元，增长12.3%。工资性收入15858元，增长9.1%；财产性收入941元，增长7.1%。农村居民恩格尔系数为31.4%。年末，平均每百户农村居民耐用消费品拥有量：彩电193台，移动电话279部，家用空调187台，家用电脑99台，家用汽车66辆。农民人均住房使用面积59平方米，与2015年持平。据城镇住户抽样调查，2016年城镇常住居民人均可支配收入48526元，增长8.5%，人均生活消费支出31160元，增长8.6%。工资性收入35567元，增长9.1%；财产净收入2521元，增长8.5%。城镇居民恩格尔系数为24.4%。年末，平均每百户城镇居民耐用消费品拥有量：彩电152台，移动电话199部，家用空调205台，家用电脑99台，家用汽车65辆。城镇居民人均住房建筑面积44.2平方米，与2015年持平。　（许成明）

社会保障

概　况　2016年，江宁区社会保障工作围绕民生服务优质、保障体系完善的主线，创新思路举措，主动作为，推进社会保险、社会福利及医疗保障等工作，进一步完善社会保障体系。

社会保险扩面征缴　2016年，全区新增参保单位2187家，累计参保单位1.5万家，企业职工养老保险参保78万人、医保参保43万人。新增灵活就业人员续保1.7万人、单位养老保险净增缴费8698人。养老保险结余继续保持高速增长态势，工伤保险结余由负转正，养老保险当期节余23亿元，累计节余170亿元，工伤当期节余1315万元，累计节余3028万元。被征地、失地人员纳入社会保障范围20.23万人，城乡居保覆盖22.3万人，保险覆盖率99.9%，发放率100%，当年续保率99.03%。

节日送温暖活动　2016年，区人社部门组织开展元旦、春节慰问和日常慰问活动，对困难党员和淳化街道新兴社区72名帮扶对象进行慰问。其中，困难党员慰问金2万元，“万名党员干部带万户”帮扶资金25万元。为符合条件的8716名大龄失业人员发放慰问金523万元，为80名特困失业人员发放慰问金9.6万元，为2216名高龄、困难企业退休人员发放慰问金81.14万元，为126名工伤1~4级人员发放慰问金10.08万元，为813名高龄周岁退休人员发放生日慰问金10.8万元；为411名死亡退休人员遗属发放慰问金12.33万元。

社会保障待遇提高　2016年，江宁区为94203名城乡养老居民基础养老金标准进行调整，每人每月增加20元，调整后标准为370元/月，城乡居民养老保险缴费补贴标准为220元/人年。对42295名被征地、失地人员各项保障待遇标准进行调整，每人每月增加70元，调整后待遇标准为每月700～1040元。为22万人次的在领失业保险金人员划拨医保补贴4800万元。为5.8万人次的在领失业保险金人员发放物价补贴347万元。

企业退休人员社会化服务 2016年，区人社部门制定《关于开展2016年度江宁区企业退休人员社会化管理服务工作的通知》，完成第四轮健康体检36894人，养老金资格认证44851人，纳入社区管理的退休人员49664人，社区管理率99%以上。组织企业退休人员参加市社保中心“乐游新南京、社保伴我行”行动，组织开展端午包粽子比赛、棋牌比赛和“乡村一日游”等系列活动。

（王先玲 周春明 谷昊 赵久荣）

最低工资标准增加140元 2016年1月1日起，江宁区最低工资标准从1630元上调为1770元，增加140元；非全日制用工小时最低工资标准为15.5元/小时。最低工资标准不包括加班加点工资，以及中班、夜班、高温、低温、井下、有毒有害等特殊工作环境和条件下津贴；法律、法规和国家规定的劳动者福利待遇等。在剔除以上内容和个人按下限缴存住房公积金后，用人单位支付劳动者月工资不得低于最低工资标准。最低工资标准是强制性规定，是用人单位必须执行的“硬杠杠”，低于这个底线就是违法。

江宁医保纳入全市统一管理 2016年1月起，市政府将江宁等老五县的医保全面纳入南京市医保进行统一管理，全市职工医保参保范围、缴费基数、缴费比例、缴费办法等实行统一政策和标准，江宁区40万名参保职工可以享受与市区一样的同城医保待遇。江宁自撤县设区以后，一直实行独立的医疗保险体系，与南京市医保系统并不联网，给一些在市区参保但居住在江宁的退休人员，以及江宁参保人员在市区就诊造成诸多不便。市、区医保统一后，全市医保定点单位1421家，其中医疗机构769家、零售药店652家都对江宁区参保人员开放，全区参保人员可直接在定点医保单位刷卡就医、购药。同时，实施市级统筹后，全市医保统一实行以社区卫生服务机构为主的首诊、转诊制度，参保人员在三级综合医疗机构就医的，应按规定先在首诊医疗机构办理转诊手续，未按规定办理转诊所发生的门诊医疗费用，将不纳入门诊统筹支付范围（急诊、抢救除外）。而职工医保参保人员门诊统筹、门诊慢性病、门诊特定项目以及住院统一按市本级政策执行。对因登记病种住院的门诊特定项目、门诊艾滋病、门诊精神病以及血友病等患者，免除住院起付标准。 （宁 鉴）

民 政

概 况 2016年，江宁区民政工作筑牢民生保障基础，着力优化基层公共服务，致力规范专项事务管理，取得初步成效。是年，江宁区被评为“全国社会工作服务示范区”“全省社区治理创新实验区”和“全省现代民政示范区”。

最低生活保障与救助 2016年，全区城乡低保应保尽保，最低生活保障标准提高至750元/月，发放低保金1.27亿元，有效保障10650户、16807名困难群众基本生活。贯彻《南京市医疗救助办法》，提高医疗救助标准，扩大救助范围，在个人自付救助比例提高到85%、取消年度救助封顶线的基础上，全面实施门诊救助，全年救助50783人次、1662万元，着力解决“因病返贫”问题。规范开展临时救助工作，救助10069人次、585万元，充分发挥“救急难”作用。组织“两节”慰问活动，发放慰问金1534.34万元，切实让特殊困难群众感受到党和政府的温暖。及时启动物价上涨与困难群众生活补贴联动机制，发放补贴440.4万元，缓解物价上涨对困难群众生活造成的影响。完善社会救助体系，实施困难残疾人“两项补贴”制度，城镇“三无”人员保障实现全覆盖。加强防灾减灾工作，广泛开展防灾减灾宣传活动，继续为全区户籍居民免费办理自然灾害“惠民保险”，青龙社区、湖熟社区创建成“全国综合减灾示范社区”。

优抚安置 2016年，区民政部门以创建“现代民政示范区”为牵引，以提高服务质量为目标，落实各项优抚安置政策。全区有优抚对象5646人，老复员军人配偶599人，无军籍职工92人。全年发放抚恤金、慰问金、医疗补助金、临时救济救助金4400余万元，交纳住院医疗保险42万余元。全年新增涉核人员评残19人、调残4人，新增参战人员21人，新增带病回乡人员9人。接收退役士兵372人，发放慰问金81.4万元，发放自主就业补助金3438万元，发放家庭优待金及各种奖励金1934万元。广泛宣传教育培训政策，退役士兵教育培训报名人数稳步增长，形成退役士兵参加复学、学历教育、技能培训的格局。年末，参加培训人员328人，其中短期培训62人，中、高级培训126人，学历教育46人，复学94人。重视退役士兵再就业服务，通过短信、微信平台，为用人单位和退役士兵架起

2016年8月23日，区民政局举行“慈善助学·爱心圆梦”活动助学金发放仪式。图为活动现场　　区民政局　供稿

桥梁，先后为200余名退役士兵再就业提供帮助。结合2016年秋季征兵，为入伍新兵发放“拥军卡”375张。落实《南京市优抚对象医疗保障办法》，做好优抚对象进入新农合系统工作，为869名重点优抚对象办理农村合作医疗一站式医疗报销服务，简化重点优抚对象医疗报销手续。全年接收符合政府安排工作条件退役士兵14人，依据积分选岗政策，有10人安置工作，4人选择自主就业。

福利彩票销售　2016年，全区福利彩票销售总额3.56亿元，比2015年增长6.3%。其中，电脑票销量8659万元，刮刮乐销量1858万元，中福在线销售9154万元，“快三”销售15971万元。

婚姻与收养登记　2016年，区民政部门办理结婚登记11110对，离婚登记6436对，补领结婚证件2789对，补办结婚证377对，补领离婚证239件，出具（无）婚姻登记记录证明7件；办理收养登记1件。　（李　佳　张祖东）

人口和计划生育

“全面两孩”政策落实　2016年，区卫生计生部门通过人口计生宣传栏、公开栏、人口学校等阵地，举办宣传教育活动，印制5万份“全面两孩”政策知识折页发放给群众。落实生育服务登记制度，制定《南京市江宁区关于再生育子女审批的实施办法》和《南京市江宁区人口计生行政决策制度》，加强业务培训，实施社区代理、街道受理、局集体审批办证程序，全年完成生育登记8986例，录入率100%；再生育审批225例。8月，接受国家卫计委专题调研并得到好评。开展“挖掘先进经验破解难题，创新发展路径实现转型”基层经验总结和建言献策调研活动，通过示范引领，实现拓展思路、破解难题和创新发展。

计划生育家庭服务　2016年，全区按照“八位一体”功能，通过新改扩建，已建成1个区级、15个街道人口和家庭公共服务中心，统一名称、标识、功能和宣传内容，实现201个村（社区）人口和家庭公共服务站全覆盖，建成淳化青龙、谷里周村、江宁牌坊、秣陵秦淮等一批高标准的社区示范站。全面落实各项计生奖扶政策，做到条件严格审核、资料准确建档、信息全部入库、资金及时发放。全区发放独生子女父母奖励金842.4万元，农村部分计划生育家庭奖励金1119.7万元，计划生育特别扶助金568.3万元，一次性奖励金633.96万元。建成区级婴幼儿早期发展指导服务中心2个、街道级婴幼儿早期发展指导服务站9个，社区级亲子活动室76个，印发科学育儿知识折页4.5万份、《0～3岁婴幼儿早期发展家庭指导手册》3.3万册，开展亲子活动和免费体验，服务2.69万人次。开展幸福家庭建设推进月活动，举办“幸福家庭绽放汤山”专场文艺演出，新建成横溪西阳人口文化广场，汤山青林幸福家庭人口文化基地，是年，全区有9个家庭被表彰为“南京市幸福家庭”，淳化街道被表彰为“南京市幸福家庭建设示范街道”。

流动人口基本公共服务均等化　2016年，区卫生计生部门印发《江宁区流动人口基本公共卫生计生均等化服务工作实施意见》和《江宁区流动人口健康教育和促进行动计划实施方案》，开展以“人口流动，健康同行”为主题的江宁区流动人口健康教育和促进活动。完善区、街、村三级世代服务和医疗机构，向持有居住证和身份证的流动人口依法免费提供国家规定的计划生育基本项目技术服务，服务率95%以上。全区有4个街道16个村（社区）被抽中为国家流动人口动态监测样本点，调查流动人口320人，完成动态监测。关爱留守儿童，向流动人口赠送“家庭健康保险”223份。年末，全区流动人口个案信息入库30万例，比年初增长25%。（刘世福）

人口计生目标责任制工作获肯定 2016年12月，由市人口发展工作领导小组办公室组织的考评组一行，对江宁区2016年度人口和计划生育目标管理责任制完成情况进行考评。考评中，考评组听取全区2016年度人口和计划生育目标管理责任制完成情况和重点工作落实情况汇报，查看台账资料，并现场考察东山街道泥塘社区和秣陵街道人口和家庭公共服务中心。考评组对江宁区2016年度的人口和计划生育工作给予肯定，认为全区党政领导高度重视人口计生工作，幸福家庭建设成效显著，0～3岁婴幼儿早期发展工作走在全市前列，“全面两孩”政策平稳实施，计生奖励优惠政策落实到位。（宁　鉴）

基层民主自治与社区建设

概　况 2016年，江宁区民政部门大力推进全科服务模式，编制《江宁区全科社工操作手册（试用本）》，举办全科社工培训班，开展全科社工考核和职业技能大赛。建成3个街道综合服务中心，开展农村社区公共服务外包工作试点，探索具有江宁特色的农村社区建设路径和模式。依法规范开展社区村（居）委会换届选举工作，200个村（社区）全部采取“无候选人一次性直接投票选举”或居民直选。落实四类社会组织直接登记改革，全年新登记社会组织163个。开展新一年区级公益创投活动和小额资助项目，扶持94个专业社会组织以及专业社工人才进入社区参与治理，增加社区服务供给。（宁　鉴）

2016年8月23日，区民政局与江宁广播电台联合举办江宁区首届“全科社工”知识技能竞赛。图为颁奖领导与获奖人员合影

区民政局　供稿

和谐社区建设 2016年，区民政部门指导江宁、禄口、谷里等3个街道分别建立1000平方米以上的街道综合服务中心，促进基层公共服务关口前移。在湖熟街道三界社区开展社区服务外包试点，引导社会组织承接社区公共事务。制定出台《关于加强全区城乡社区协商的实施意见》，推广“和事佬工作室”“民主议事堂”等经验做法，提升基层群众民主议事能力。指导各街道因地制宜打造20个“三社联动”示范基地和20个社区服务项目品牌，引导社会组织和社工人才深入城乡社区提供专业服务。8月，江宁区被省民政厅确定为“全省现代社区治理创新实验区”，并先后在全省现代社区治理创新实验区推进会和全国街道管理服务示范交流会上作交流发言。

全科服务模式推广 2016年，区民政部门依托社区“一站式”服务平台，设立综合窗口，推行全科服务。牵头编制《江宁区全科社工操作手册（试用本）》，明确107项为民服务事项的政策依据、受理条件、办理程序、办结时限等内容，为基层社区开展为民服务提供指南。举办全区首届全科社工（社区骨干）业务培训班，以“全科服务技能、专业社工知识、社工职业素养”为重点，全区425名基层社工参加培训并通过考核。与江宁广电台联合举办全区首届全科社工知识技能竞赛，通过现场答题、技能比拼及电视录播等方式，普及全科服务理念，提升基层社工办事效率和服务能力。11月，在全市全科社工技能大赛决赛中，江宁区获得团体二等奖。

村（居）委会换届选举 2016年9月下旬，区委、区政府成立第11届社区村委会和第六届社区居委会换届选举工作指导小组，出台换届选举工作实施意见，召开换届选举工作推进会议，全面启动社区村（居）委会换届选举工作。编印社区村（居）委会换届选举业务指导手册，举办换届选举业务培训，切实加强对村（居）委会换届选举工作的业务指导，确保换届选举工作依法、规范、有序进行。全区72个村委会全部实行“无候选人一次性直接投票选举”；128个居委会中有15个实行“无候选人一次性直接投票选举”，113个实行居民直选。经过组织准备、选民登记、提名候选人、投票选举等规范程序，11月6日，全区200个村（社区）顺利选举产生新一届村（居）委会班子成员，选举一次成功率100%。

（李　佳）

社会组织管理　2016年年末，全区有社会团体110家，民办非企业单位1562家，基金会4家，每万人拥有社会组织14.3家。区民政部门依规对社会组织开展网上年检，应检1439家，实检1368家，年检率95%。同时，对社会组织开展等级评估，762家社会组织申报评估，382家社会组织获评估等级，全区累计有744家社会组织获评相应的评估等级，评估数占应评社会组织的63.9%。

社会组织服务购买　2016年，全区着力打造10个“三社联动”基地和10个社区服务项目品牌，取得成效。以公益创投活动为载体，推动政府购买社会组织服务，有3个项目被确定为省级公益创投项目，5个项目被确定为市级公益创投项目。实施50个区级公益创投项目，每个项目资助5万～10万元，68个项目给予小额资助，每个项目2万～4万元。

（陈荣洁）

购买社会组织公益服务现场推介会　2016年6月21日，全区购买社会组织公益服务现场推介会在秣陵街道社会组织发展中心举行。区领导刘玲、谢从军出席活动。推介会一开始，秣陵、东山等5个街道的社区代表率先提出老人精神慰藉，青少年教育辅导、心理关爱，伤残、大病居民康复保健等服务需求。社会组织纷纷通过PPT对自身基本情况、服务内容、服务对象及服务特色进行展示。随后，社区代表及居民纷纷向他们感兴趣的社会组织发问，对社会组织的服务规划、参加方式、收费情况作进一步了解，现场评审给出综合意见。经过社区、社会组织、居民、评审“四方会谈”，最终，秣陵街道东南社区等8个社区同智高科教等8家社会组织现场签订意向协议。此次举办的购买社会组织公益服务现场推介会，在原有公益创投评审的基础上，创新专家评审模式，采用公益项目“路演”推介形式，通过现场社区提诉求、居民提要求的方式，加强社会组织与服务对象的相互了解，精准对接社区群众实际需求，探索政府购买公益服务制度化、规范化、专业化路径，提升城乡社区居民的满意度和幸福感。

率先开展全科社工系统培训　2016年7月19日，江宁区率先在全市举行社区全科社工（社区骨干）培训班，标志着全科社工模式在江宁区启动。所谓全科社工，是指全面掌握各项社区工作职业技能的社区工作者，就像“全科医生”一样，具有一人多岗、一专多能的优势。此次培训班委托南京四月天社会工作服务中心承办，该机构是负责全市全科社工培训的专业机构。参加此次培训的基层社工425人。在为期4天的集中培训中，通过系统学习全科社工基本职责和工作规范，了解和掌握综合办事窗口的100多项具体事务，包括城乡居民最低生活保障办理流程、居民养老保险申请、残联服务事项及办事流程等。

创建全国农村社区建设示范区工作启动　2016年11月22日，江宁区召开创建全国农村社区建设示范区工作动员大会，代区长祁豫玮要求全区上下全力抓好示范区创建各项工作，深入推进城乡社会一体化建设，全面提升全区农村社区建设水平。区领导严应骏、于茂高、王登华、蔡正英、谢从军参加会议。会议指出，开展全国农村社区建设示范区创建是深入推进基层社会治理创新的重要平台，是有效适应农村社会发展形势的必要举措，是不断提升美丽乡村建设内涵的主要抓手。会议强调，全区上下要立足实际，重点做到“两个突出”，即在发展方向上，要突出提升农村社区治理现代化水平，提升农村社区服务规范化水平，提升农村社区建设协商民主化水平；在工作导向上，要突出“着眼全国、着力示范”，并将这一导向贯穿创建全过程和各层级。要着重把握好“四个方面”，即坚持以人为本，在完善农村社区公共服务体系上取得新突破；坚持问题导向，在提升农村社区建设整体水平上取得新突破；坚持因地制宜，在打造农村社区建设特色亮点上取得新突破；坚持协同推进，在优化农村社区资源配置上取得新突破。区委副书记严应骏对创建工作进行具体部署。

（宁　鉴）

红十字会

概　况　2016年，江宁区红十字会秉承“人道、博爱、奉献”的精神，在人道救助、应急救护、组织建设、志愿服务等方面发挥作用。是年，区红十字会获中国红十字总会报刊宣传先进集体二等奖、全国红十字防灾避险知识竞赛三等奖、江苏省无偿献血先进单位等荣誉称号。

募捐筹资　2016年6月23日，盐城市阜宁县、射阳县部分地区突遭龙卷风冰雹袭击，造成严重灾害。24日，区红十字会迅速行动，第一时间通过电视、网站等媒体向全区机关企事业单位和广大人民群众发布倡议书，希望大家伸出援手给灾区人民提供帮助。倡议书发布后，区委高度重视，并向广大党员干部发出号召。通过各种途径，接受盐城风灾捐款119.47万元，并及时在网站上予以公示。截至年末，区红十字会全年累计接受各类捐款1176.56万元，物资7.84万元。

博爱工程实施　2016年，区红十字会继续推进博爱送万家和博爱助学、助困、助医等救助工程，开展“春暖”系列爱心公益、关爱空巢老人和留守儿童、关爱“白血病”患者等活动，将募集款物用于救助社会最易受损害群体。各级红十字组织全年开展为弱势群体义诊、送医送药、免费电器修理、理发等活动600多次，参加活动的志愿者、会员5000余人次。通过开展“博爱送万家”活动，向全区重病患者家庭、贫困学生家庭、低保户等特困家庭发放救助金783万元，受益困难群众5000余人。

救护培训　2016年，区红十字会制定深入开展卫生救护培训工作的意见，明确全区初级卫生救护培训工作目标、培训内容和形式。完善应急预案，应急救援志愿服务水平和基础设施条件不断改善，在全区逐步实现应急救援工作网络化，成立应急救援志愿服务分队100支，注册志愿者1500人。率先在汤山街道建设标准化救护培训室，并在全区逐步推开，形成救护培训网络化布局。深入学校、企业、工地、城管、旅游、体育运动场所和高危行业，开展应急救护培训，全年培训初级救护员1800人，普及培训9601人，初步形成群众性应急救护体系。

无偿献血活动　2016年5月8日，区红十字会联合省血液中心、区文明办、区卫生计生局、东山街道办事处在大市口广场开展“处处为人人，大爱在江宁”公益活动，鼓励市民参与无偿捐献活动。当天参加无偿献血133人，献血量3.12万毫升，2人成功进行造血干细胞入库，1人自愿捐献身后遗体。现场还为群众发放防震减灾、自救自护宣传手册等相关材料。是年，全区参加自愿无偿献血9423人，献血量314.6万毫升；100名志愿者参加造血干细胞采样，并加入中华骨髓库；33人报名参加身后捐献遗体器官，2人成功捐献遗体。

红十字宣传　2016年，区红十字会围绕“5·8”世界红十字日等纪念日开展专题宣传活动，倡导“人人可公益”文明风尚，培育“人人可善举”良好习惯。通过发放宣传材料、播放宣传片、现场急救演练等形式，宣传红十字精神，努力营造全社会参与红十字事业的氛围。通过电视、报纸、网络、政务信息、简报等方式，广泛宣传红十字会工作，全年在市级以上网站、报纸等媒体刊发报道760篇，其中国家级222篇、省级15篇、市级523篇。

青少年红十字工作　2016年，区红十字会通过开展“博爱校园行”、“5·8”世界红十字日纪念、“我与红十字”征文、急救普及性训练及“红十字示范校”创建等活动，扩大红十字精神的影响力，不断增强青少年对“人道、博爱、奉献”的认同感。召开红十字青少年工作总结表彰会和现场推进会，推广学校红十字工作的先进经验，使学校之间形成红十字工作的良性互动。3月18日，联合市红十字会在上坊小学举行2016年“博爱校园行”启动仪式，该校1700余名师生参加活动。全区有63所学校开展“博爱校园行”活动，全年累计募集善款35.9万元，为困难家庭学生发放救助金10万元。　（经　祥）

东山研发园红十字会成立　2016年12月1日，东山研发园红十字会成立。该园区红十字会成立后，将在管委会及园区各企业开设“红十字家园”宣传栏，宣传红十字基本知识、健康保健及防病知识等，并设立“红十字互助箱”，接受捐赠款物，同时开通服务热线，义务提供健康保健咨询以及为企业职工提供其他相关服务；组建制度完善、管理规范的健康志愿服务队伍，定期组织各类志愿服务活动，启动红十字社会救助工程，开展企业困难群众救助工作和送温暖活动，形成

全社会关注弱势群体、奉献爱心的氛围。（宁 鉴）

老龄工作

概 况 2016年年末，江宁区有60周岁以上老年人口174633人，占户籍总人口的17.03%。其中，60～69周岁108261人，占老年人口的61.99%；70～79周岁43781人，占老年人口的25.07%；80～89周岁20322人，占老年人口的11.64%；90～99周岁2256人，占老年人口的1.29%；100周岁以上13人，占老年人口的0.01%。2016年，全区老龄工作围绕“居家为基础、社区为依托、机构为补充”的养老服务体系建设，让老人不出社区就能得到养老服务，立足为老年人办好事、办实事，不断提升老年人幸福指数。年内，东山敬老院被授予“全国敬老文明号”，区社会福利中心被评为AAAA级养老机构，金康护养院等3家养老院被评为AAA级养老机构。

养老设施提档升级 2016年，设置床位350张、具有医疗康复功能的淳化敬老院开工建设，2017年年底将投入使用。设置床位160张的禄口敬老院完成发改立项和审批。实施德康、三槐、金康等3家民办养老机构改扩建工程，新增民办养老机构床位90张。投入700万元，实施东山敬老院“三有三能六达标”、湖熟敬老院二期工程及秣陵敬老院消防管网改造等项目，为老年人提供更加舒适、安全的居住环境。落实养老机构安全监管职责，全区养老机构安全规范运营。全年为16家民办养老机构14120人次发放运营、护理等各类补贴205万元。

“医养融合”发展 2016年，区民政部门落实《江宁区“医养融合”健康养老服务工作实施方案》，对具有设置医疗机构条件的养老机构协助其申办医疗服务点，不具备设置医疗机构条件的单位协调其就近就便与周边医疗机构签订医疗服务协议。全区正常运营的18家民营养老机构和9家敬老院，已有11家自设医疗机构，16家与驻地签订医疗服务协议，实现医养融合全覆盖，让老人不出养老机构就能享受专业的医疗服务。引入省级机关医院组建南京江宁沐春园护理院运营区社会福利中心，实现养老与医疗资源优势互补和集养老、医疗、康复、护理为一体的深度融合。探索“旅游+”康体养老模式，开展德康护养院“康体养老旅游点”试点，并挂牌运作。

居家养老服务 2016年年末，全区建成居家养老服务中心204个，市AAA级社区居家养老服务中心27个，街道助餐中心10个、助餐点48个，提供助餐服务22.55万人次，实现居家养老服务网络全覆盖。委托专业社会组织对4781名“五类老人”开展能力评估，对符合政府购买服务要求的617名失能、半失能老人，根据老人及家属需求，委托专业社会组织提供助餐、助浴、助洁、助急、助医服务，发放政府购买居家养老服务经费243.53万元。落实老年优待政策，为户籍在江宁年龄满80周岁及以上老人发放尊老金，办理老年优待证3365张，发展居家养老服务志愿者1000余人。组织开展重阳节活动，通过悬挂宣传横幅、张贴标语等方式营造节日氛围，并提供上门走访、维权优待、慰问演出、志愿服务等。（李会霞）

残疾人扶助

概 况 2016年，江宁区残疾人事业贯彻落实国务院《关于加快推进残疾人小康进程的意见》，围绕实现残疾人全面小康、扶贫攻坚和普及服务三大目标，以推动就业增收、兜底保障两项任务为重点，扩大保障覆盖面，依法维护残疾人合法权益，着力提升服务能力和水平，促进残疾人事业转型升级、持续健康发展。是年，江宁区被确定为“创建全国残疾预防综合试验区”试点单位。

残疾人社会保障和生活救助 2016年，区政府出台《江宁区关于加快推进残疾人更高水平小康进程的实施办法》，将残疾人的就业服务、社会保障、康复服务、教育服务和无障碍环境建设纳入其中。制定《江宁区残疾人专职委员管理办法（试行）》和《江宁区促进残疾人就业创业暂行办法》。全年为8362名残疾人发放生活补贴5335万元，为1530名重度残疾人发放护理补贴117万元，为4057户4554名年收入低于9000元以下的残疾人建立精准扶贫卡。为78名残疾人学生发放教育补贴和助学奖励10.28万元，为2.3万名持证残疾人购买乘车意外伤害险。为160名困难残疾人家庭配发电视机100台、微波炉20台，电风扇20台、电饭煲20个。走访慰问残疾人困难户820户，发放慰问金42.5万元。

残疾人康复服务 2016年，区残联注重发挥医疗资源在残疾人社区康复服务中的作用，实现基层残疾人社区康复服务工作规范化、专业化、常态化。在全市首创与卫生计生部门联合开展基层残疾人社区康复工作，创新区、街、村（社区）、家庭“四位一体”的残疾人社区康复服务模式，为全区近5000名残疾人提供康复服务，为3700名残疾人免费进行健康体检，建立康复档案。开展康复服务“四进家庭”436户，免费配发轮椅200辆，拐（盲）杖175根，助听（视）器100副，假肢22副，矫形器41副。安排292名0～14周岁残疾儿童，在全市28家机构进行抢救性康复训练。是年4月，与区卫生计生局联合建立全省首家区级公立儿童自闭症康复中心，填补区级公办儿童康复机构的空白。

2016年5月12日，区残联围绕第26次全国助残日“关爱孤残儿童，让爱洒满人间”的活动主题，在汤山阜庄举办“爱在金陵”残疾人专场文艺演出　王　珊　摄

残疾人就业服务　2016年，区残联通过开展职业技能培训、推荐就业、按比例就业、建设扶贫基地、开展辅助性就业等多种方式，推进残疾人就业工作。全年推荐安置残疾人就业317人，开展职业技能培训300人，举办专场招聘会13场，组织87人参加省、市残联招聘活动。对2085家企事业单位按比例安置残疾人就业情况进行年审，对超比例安置残疾人就业的132家企业给予补贴和奖励。新建2个残疾人扶贫基地，带动安置残疾人就业77人，辐射残疾人家庭110户。创建6个残疾人之家，日托残疾人144人，辅助性就业99人。鼓励残疾人创业创收，对23名自主创业残疾人给予奖励，建立1个残疾人创业示范基地。

残疾人文体活动　2016年，区残联围绕第26次全国助残日“关爱孤残儿童，让爱洒满人间”活动主题，在汤山街道阜庄社区举办南京市“爱在金陵”2016残疾人文艺会演（江宁分会场）演出活动，选送8个残疾人文艺作品参加全市会演，并全部获奖，其中肇恒君的歌曲获一等奖。选送2名残疾人运动员参加江苏省第七届残疾人运动会，其中1人获田径200米比赛第三名。在“微·江宁”微信公众平台开设慈善捐赠项目，开启“互联网+公益”慈善公益。　（刘春峰）

残疾人社会保险实现全覆盖　2016年1月1日开始，江宁区持有第二代“残疾人证”的残疾人员，免费纳入居民基本养老保险和新型合作医疗保险。对户籍迁入江宁的持证残疾人员，在区残联完成登记入档后也可享受该待遇。城乡居民基本养老保险优惠对象为16～60周岁当期未参加企业职工基本养老保险、机关事业单位养老保险和被征地（失地）人员社会保障的非在校残疾居民。新型合作医疗保险优惠对象为除已参加城镇职工基本医疗保险之外的残疾居民。残疾居民按基本养老保险个人需缴纳费用实行“先缴后补、不缴不补”，每年6月或10月向残联提出补贴申请。对1年内有9个月以上参保记录，未享受其他部门社保补贴的灵活就业参保人员，残联也给予当年居民基本养老保险和新型合作医疗保险个人缴费最低档合计限额补贴，此类人员每年10月可向残联申请补贴。　（宁　鉴）

老区建设与扶贫开发

概　况　2016年，江宁区革命老区开发促进会、扶贫开发协会、扶贫基金会（简称区“三会”）新增扶贫资金411.5万元，累计2080万元；协调协助10个联系村（社区）争取项目资金1175万元；助学300人、30万元，助医26人，发放慰问金3.5万元；自办协办技术、技能培训班68期，培训4154人次；撰写调研文章12篇，其中市刊用稿2篇；自办《工作简讯》5期，其中省、市“三会”刊物用稿14篇，《江宁新闻》用稿4篇，江宁电视台用稿3篇。是年，江宁区“三会”工作在全市年度考核中名列第一，吴玉忠获省扶贫工作领导小组颁发的“扶贫攻坚奖（扶贫济困奖）”。

区扶贫基金会成立 2016年7月20日，江宁区扶贫基金会成立。该基金会成立后，通过扶贫机制、方式、对象及脱贫措施等方面的创新与转变，动员社会力量参与扶贫开发和老区建设。扶贫基金会第一期筹集原始基金650万元，对有脱贫志向、脱贫项目、社会信誉、帮扶对子的相对贫困户，贷款扶持额度2万元左右，对有开发项目、社会信誉、帮扶义务、偿还能力的民营企业、农民专业合作社、家庭农场等每户帮扶10万元。至年末，区扶贫基金可借贷规模1500万元，已借贷500万元。

编辑《情深义长又十年》 2016年是区革命老区开发促进会、区扶贫开发协会建会20周年。9月，区“三会”组织编印《情深义长又十年》一书。全书分10个部分，收录文稿116篇、30多万字。市委常委、区委书记李世贵为该书题词。 （刘广亮）

未成年人保护

概　况 2016年，江宁区各级关工委按照年初确定的关心下一代工作要点，发挥广大“五老”志愿者的优势和作用，积极向广大青少年讲历史讲传统、传思想传精神，教育引导他们听党话，跟党走，各项工作取得新成绩，整体工作水平得到新提升。

青少年主题教育活动 2016年，全区各级关工委联合、配合有关部门，结合江宁区实际和青少年教育特点，组织开展一系列主题教育实践活动。结合纪念中国共产党成立95周年和红军长征胜利80周年，区关工委以开展“学史明志，爱党报国”主题教育活动为抓手，组织“五老”志愿者讲好党的历史和故事，讲好中国特色社会主义的历史和故事，教育引导广大青少年学史明志，爱党报国，从小听党话，坚定跟党走。同时，推进主题教育入驻主阵地活动，与区教育局联系，将主题教育活动纳入学校教学计划，组织“五老”宣讲员进校宣讲。汤山街道关工委与街道妇联、团工委共同举办“童心向党”主题诗词朗诵比赛，受到孩子和家长们普遍欢迎。全区102个思想道德宣讲团、570名“五老”宣讲员参与各类主题教育宣讲活动，全年编写主题教育讲稿263篇，作报告612场次，听讲座36309人次。在“童心向党”诗词征集和朗诵比赛中，全区征集作品2700多篇，区关工委获最佳组织奖。在市金金网组织的“诚信南京·2016年新春网络寄语”大赛中，征稿44766件，获奖1349件，区关工委获最佳组织奖。在市关工委组织的“童心向党”诗词朗诵比赛中，推荐的2个参赛队均获二等奖。

校外教育辅导站建设 2016年，区关工委按照省、市关工委关于“推进创新发展，加强内涵建设，提升办站水平”的要求，提升校外教育辅导站建设水平。在全区范围内推广谷里街道校外教育中心站和秣陵双金社区“四点半学校”的成功经验，提档升级一批村（社区）校外教育辅导站。至年末，全区建有“四点半”学校12所。加大对部分村（社区）电子阅览室老旧电脑的更新和补充力度，及时为部分村（社区）电子阅览室更新补充电脑136台（市关工委支持60台，市科技基金会支持10台，区财政支持66台），全区村（社区）电子阅览室共有电脑1931台。

参与社会管理创新 2016年，全区各级关工委和广大“五老”志愿者，围绕预防和减少未成年人违法犯罪，以法制教育、结对帮教、社区矫正和网吧义务监督等为抓手，以实现未成年人零犯罪为目标，积极参与社会管理创新。在全区范围内组织开展“紧盯重点区域、狠抓重点环节、明确重点群体”活动，将未成年人社区矫正对象、“五失”青少年和服刑在教人员未成年人子女作为关爱服务的重点，动员组织19名“五老”志愿者与13名25岁以下的社区矫正对象结成帮教对子。同时，联合区司法局，发挥区社区矫正工作者协会作用，全区210个帮教小组的750名“五老”志愿者参加街道、村（社区）各类帮教、社区矫正工作，帮教97人，有效转化89人。组织法制宣讲团、关爱工作团等组织，开展对青少年进行法制宣传和警示教育，全年作法制报告186场，听讲座4.73万人次。继续组织开展未成年人“零犯罪”社区创建活动，全区201个村（社区）全部实现未成年人零犯罪。加强网吧义务监督工作，采取营业性网吧与所在村（社区）签订“共建文明网吧协议”等措施，为青少年健康成长营造良好的社会文化环境。

青少年科技教育 2016年，区关工委配合有关部门，组织引导老科技工作者发挥自身优势，利用农村政治科技学校、科技实践基地等平台，举办培训班、报告会、知识讲座等，向青年农民传授农业科技知识。全区拥有政治科技学校212所，老农技工作者65人，各级关工委全年举办培训班

196场次，培训12406人次。有3个基地被评选为市“青年农民创业示范基地”，3所政治科技学校被评为市先进政治科技学校。组织中小学生参加“智慧南京·我的科技梦”——南京市第八届社区科技“四个一”作品竞赛活动，征集各类科技作品2401件，获奖345件，其中一等奖15件、二等奖36件、三等奖53件、入选奖241件，区关工委获最佳组织奖。

家教幼教工作 2016年，区关工委继续配合区家长学校总校办好家长学校，探索家长学校工作新路径。市妇联、市教育局在江宁街道召开全市家长学校现场会，江宁区有7所家长学校受到表彰。开展“书香家庭”评选活动，试点以“家庭公约”为载体的互动式家教模式。全区拥有学校家长学校237所，社区家长学校195所，家长学校辅导内容也从单一化转变为多元化，整体办学水平进一步提高。横溪、淳化街道关工委针对离异家庭上升趋势，加大对单亲幼儿问题的探索和研究，并在3个社区开设0～3岁幼儿早教课堂，开展心理辅导和亲子活动，为单亲、留守幼儿提供更多的心理和亲情关怀。

帮困助学 2016年，区关工委组织和动员社会各界采取多种形式，帮助贫困学生完成学业。确定对116名品学兼优特困生进行资助，其中大学新生6人，资助金额17.4万元。全区各级关工委牵头民企以及社会各界资助特困学生940多人，资助金额170多万元。8月，联合南京金箔集团举行全区帮困助学金颁发仪式，对10名困难高中学生实施资助。暑期，谷里街道关工委组织开展“大手牵小手，帮扶一起走”慈善助学活动，为40名特困学生捐款17万多元。湖熟街道龙都中学创办校友基金会，募得善款19万多元，主要用于开展帮困助学。

（关工委）

慈善事业

概　况 2016年，江宁区慈善总会坚持以《中华人民共和国慈善法》为引领，以“慈善为民，服务为本，扶贫济困，乐善好施”为宗旨，积极筹募善款物资，着力规范运作流程，精心打造品牌项目，努力营造慈善氛围，为完善社会救助体系、改善区域民生做出新贡献。

善款募集 2016年，区慈善总会多措并举，拓展慈善资源，累计募集善款4260多万元。组织“一日捐”活动，接收机关部门、开发园区“一日捐”善款130万元。做好“定向募捐”，联合“肚包鸡”等区内小餐饮业主面向特困大病患者开展“点对点”式的募集活动，募得善款7万元。推进“慈善助孤”“爱心助学”项目化募捐，接收南京同仁医院、南京社区医疗集团、南京健晨信息科技有限公司用于救助孤残儿童、慈善助学善款135万元。

项目实施 2016年，区慈善总会按照“慈善救助项目化、项目救助品牌化”思路，坚持传统与创新相结合、输血与造血相结合，实施“情暖江宁”扶贫济困工程、“阳光励志”爱心助学工程、“呵护成长”儿童关爱工程、“救急解难”援助工程、“幸福生活”创业帮扶工程，发挥慈善救助拾遗补阙作用，累计救助特殊困难群众超过2万人次。

慈善组织建设 2016年，区慈善总会继续拓展慈善组织网络，在原有18个分会的基础上，新成立牛首山旅游开发公司、江宁城建集团、江宁交建集团、紫金（江宁）科创社区、江宁商贸集团、上坊建设开发公司等6个分会，实现国资平台慈善组织全覆盖。东山、秣陵等街道慈善组织进一步向居民小区延伸，通过建立“慈善之家”“慈善超市”，组织群众开展互帮互助活动。依托江宁“大手牵小手”爱心群，设立慈善分会，充分发挥网络传播快速的优势，组织网友开展定向募捐活动。（李　佳）

65名孤儿领到慈善慰问金 2016年1月28日，全区65名孤儿每人领到2000元的慰问金。区慈善总会在区人大、区政协支持下，动员人大代表、政协委员所在企业以及社会爱心人士与全区孤儿开展结对帮扶活动，结对时间为5年，每年资助每名孤儿2000元。这一倡议得到积极响应，全区有19家企业与区慈善总会签订捐助协议。当天，8家企业与65名孤儿结成帮扶对子，将解决孤儿在学习、生活方面的困难。

慈善法学习培训班开课 2016年6月21日，区慈善总会举办《中华人民共和国慈善法》学习培训班，南京大学教授陈友华、市慈善总会副秘书长蒋勇分别对相关问题进行解读，全区民政系统干部、慈善组织负责人290余人集中开展学习研讨。首部《中华人民共和国慈善法》于是年9月1日起施行，其中相关规定将民政部门的主管职责上升为法定职能。区民政部门打牢“学法”基础，突出“促善”核心，抓住“治善”关键，推进慈善组织监管制度改革，实施慈善组织登记认定制度，做好慈善组织公开募捐许可工作，完善经常性社会捐助体系，创新发展慈善超市，发展“微慈善”“微公益”等平民慈善活动，指导和督促慈善组织依法规范公开募捐，加强慈善信息公开，确保《中华人民共和国慈善法》落地生根。

慈善助学非义务教育阶段全覆盖 2016年8月23日，2016年“慈善助学·爱心圆梦”活动举行。当天，全区452名非义务教育阶段贫困学生得到慈善资助121万元。是年，区慈善总会在前期重点资助低保家庭在读本科大学生的基础上，将助学范围扩大到低保家庭在读的高中生、中专生以及大专生，给予每人每年2000元和3000元的资助，帮助贫困家庭孩子圆上学梦。（宁　鉴）

民族宗教事务

概　况 2016年9月30日，根据《关于印发〈南京市江宁区民族宗教事务局主要职责、内设机构和人员编制规定〉的通知》（江宁政办发〔2016〕161号），江宁区民族宗教事务局单独设置，为区政府工作部门，承担全区民族、宗教事务工作的责任，内设综合科、民族科、宗教科，编制8人。2016年年末，全区有43个少数民族族别，少数民族常住人口1.12万人。有3个相对集中的聚居地，其中2个民族社区（湖熟街道湖熟社区、禄口街道石埝社区），1个回民聚集自然村（汤山阜庄自然村）。2016年，禄口街道石埝民族社区水荆墅自然村被列入《第二批中国少数民族特色村寨命名挂牌名录》。有佛教、基督教、伊斯兰教、天主教、道教五大宗教，依法登记的宗教活动场所51处，其中佛教7处，道教1处，基督教41处，天主教1处，伊斯兰教1处。是年，区民宗局全面落实党的民族宗教工作基本方针，贯彻执行国家民族宗教工作法律法规，依法保障少数民族各项权益和宗教信仰自由，以法治思维和法治方式推进各项工作，在维护稳定大局、服务中心工作、推动和谐社会建设中发挥积极作用。

以政策法规教育为抓手，打牢民族宗教工作基础。定期召开工作会议，研究分析民族宗教工作形势，部署民族宗教工作，制定落实民族宗教政策措施。两次深入宗教活动场所，组织宗教界人士和广大信众学习习近平总书记在全国宗教工作会议上讲话，传达全国宗教工作会议精神。落实市、区文件精神和区领导批示要求，结合全区民族工作实际，起草《〈关于进一步加强和改进民族工作的实施意见〉责任分工方案》。组织区、街道民族宗教工作人员和宗教团体负责人及骨干参加省、市民族宗教培训班学习，提高理论素质和政策水平。组织“民族宗教政策法规学习月”活动，培训各类人员1000余人次，开展普法宣传和法律咨询，摆放宣传展板100余块。

以加大资金投入为途经，促进民族聚居地经济发展。争取国家对民贸企业的贷款扶持，重点支持金箔工艺、桃源清真食品、绿柳居、海锚电器等民贸企业发展。争取少数民族发展项目资金300多万元，支持少数民族村民创业，引导少数民族群众发展高效农业、养殖业、特色民族产品加工业等。加强与新疆、内蒙古、甘肃等地交流合作，促进金箔工艺等产品项目合作。支持南京鸿俐清真牛羊肉加工有限公司和江宁区陵风清真食品有限公司实施技术改造和环境治理项目。落实国家《关于做好少数民族特色村寨保护与发展试点工作的指导意见》，将石埝民族社区水荆墅纳入示范村建设，着力打造历史文化体验、民族特色展示、乡野观光旅游为一体的“魅力回民乡村”。

以提供服务保障为目标，维护少数民族合法权益。按照《关于印发对回族等10个少数民族居民发放牛羊肉补贴的实施意见的通知》，区财政发放回族等10个少数民族牛羊肉补贴近50万元。为尊重少数民族特殊丧葬习俗，主动服务于2个市级回民公墓的管理、矛盾纠纷协调，根据《江宁区免除殡葬基本服务费用实施细则》要求，为符合条件的回族等10个少数民族逝者发放殡葬补贴。协助江宁公安分局办理民族成份恢复、更改工作，核定中、高考学生民族身份，促进少数民族子女的中、高考加分政策落实。建立完善清真食品联合执法检查机制，配合市场监管局、卫生计生局、公安分局、相关街道等单位进行联合执法。

以星级场所评定为重点，规范宗教活动场所管理。按照上级民宗部门的统一部署，推进全区宗教团体和宗教活动场所档案规范化建设。继续开展星级宗教活动场所认定工作，鼓励各宗教活动场所参与，加强自身建设，完善各项制度，促进宗教活动场所“依法、依规、科学、有序”管理。按照《宗教事务条例》要求，对宗教场所进行规范整治，对宗教教职人员进行身份认定、任职登记等工作，基本实现宗教活动场所主要教职管理的制度化、规范化、民主化、系统化。举办《民间非营利组织会计制度》培训班，对各宗教组织和寺、观、教堂的会计、核算、报表实行规范化管理，督促指导宗教场所财务、资产等事务制度化管理。

以解决存在问题为牵引，确保宗教活动场所安全。按照“属地管理”的原则，切实解决辖区出现的宗教问题。建立信息员制度，协同公安、司法等部门依法打击宗教领域的违法犯罪活动。在全区范围内开展“平安宗教活动场所”创建活动，加强宗教活动场所规范化、制度化建设，保障宗教活动健康有序开展，切实维护宗教领域安全稳定。

以三支队伍建设为根本，提高民族宗教管理能力。组织宗教团体负责人、宗教教职人员学习党和国家的方针政策及法律法规，不断提高政治思想觉悟和爱国主义意识，引导宗教界人士在办好宗教的同时，遵守国家法律法规，为社会主义现代化建设发挥作用。举办民族宗教干部培训班，邀请专家学者、一线执法人员对各街道分管领导和民族宗教干部授课，并推荐基层民宗干部参加省、市组织的执法培训。

省民委领导调研江宁宗教工作 2016年5月27日，省委统战部副部长、省民委主任、省宗教局局长李国华一行到江宁区调研宗教工作，市、区领导李世贵、徐锦辉、胡万进、李雁、周育刚参加。在江宁高新园方山风景区，李国华一行先后调研洞玄观遗址和定林寺，察看洞玄观复建工程建设，了解定林寺游客接待等情况，并听取江宁区及高新园宗教工作情况汇报，充分肯定全区宗教工作取得的成绩。李国华希望江宁区贯彻落实全国宗教工作会议精神，把握新形势下宗教工作特点，拓宽思路，进一步提高宗教工作水平，全力维护民族宗教团结和谐的大好局面，促进全区经济社会持续健康发展。

省领导调研江宁宗教工作 2016年9月21日，省委常委、副省长杨岳到江宁区调研宗教工作。市、区领导李世贵、胡万进、张思明陪同。杨岳一行首先到爱德印刷有限公司，了解爱德基金会运营以及项目发展情况，并仔细询问基金会在开展教会社会服务方面的相关情况，希望爱德基金会在促进宗教界社会服务项目发展上搭建更多的桥梁和平台，不断推动不同宗教团体开展公益慈善活动。在牛首山文化旅游区，杨岳参观佛顶宫、佛顶寺，详细了解牛首山文化旅游区布局、建设构想、工程规划及进度等相关情况，听取牛首山文化旅游区佛教文化资源与开发的情况介绍，并瞻礼佛顶骨舍利。随后，杨岳一行拜谒郑和墓，参观郑和史料陈列馆，了解郑和与南京的渊源、郑和航海路线等。

（马立松）

省社区民族推进会与会人员考察江宁民族村建设 2016年11月2日，参加全省社区民族工作推进会的与会人员，实地考察禄口街道石埝社区水荆墅民族村，分别参观了水荆墅民族村的民居、游客服务中心以及社区活动中心。禄口街道大力实施“千百工程”，以回族文化特色村为依托，修复水荆墅村内回民礼拜寺，建设回民公墓和民族团结广场。该村还将继续打造成集回族文化展示、民俗体验、市民观光休闲以及农家乐、民宿于一体的特色村庄。观摩后，与会人员对江宁区在民族文化建设、生态文明建设、经济社会发展等方面取得的成绩表示赞赏，并对未来水荆墅民族村的发展表示期待。 （宁 鉴）

2016年9月21日，省委常委、副省长杨岳（右五）到江宁区调研宗教工作 马立松 摄

街　道

东山街道

概　况　东山街道是江宁区委、区政府所在地，东邻淳化，南毗秣陵，西交雨花台区、秦淮区，北接麒麟。禄口国际机场、南京南站两大交通枢纽分设南北，地铁1号线、3号线、5号线（在建）便利快捷，宁杭高速、绕越公路等大道通衢纵横如网，区位优势得天独厚。街道辖区面积73平方公里，下辖16个社区，总人口41万人，其中户籍人口17.48万人，常住人口25万人，流动人口16万人。2016年，东山街道紧扣“三争两创”目标，以“三大主题年”活动为主线，践行“五大发展理念”，努力建成人人共享美好生活的幸福东山。全年完成地区生产总值200.42亿元，公共财政预算收入20.74亿元，分别比2015年增长12.5%和4.1%，实现“十三五”规划良好开局。是年，东山街道被表彰为南京市镇街现代服务业考核一等奖，2013—2015年度省、市文明单位。

产业项目建设　2016年，东山街道以项目为抓手，加大攻坚突破力度，包括绿地之窗在内的6个重大产业项目全部开工，完成投入15.4亿元，其中华云软件科技等3个项目竣工投产。全年实际利用外资1409万美元，引进千万美元以上外资项目2个、亿元以上内资项目7个。作为全市重点产业项目，绿地之窗南京南站南广场项目完成建筑体量15.2万平方米，年度投资10亿元。该项目占地面积10公顷、建筑面积80万平方米，总投资60亿元，项目计划建成南部新城总部型和枢纽型经济新高地。

枢纽经济发展　2016年，东山街道紧扣枢纽型经济定位，加快南京南站江宁片区建设发展。建成南站项目服务中心并投入使用，推进项目“代办制”，项目审批时间普遍压缩3/4以上。开展南站片区项目招商宣传和项目推介，当年引进入驻高铁枢纽南广场、绿地之窗南广场等7个枢纽型项目，总投资200亿元。突出南站窗口地位，加大综合整治力度，先后投入3000多万元，实施形象品质提升工程，努力将南站江宁片区打造成现代化国际性南京主城南部中心的新名片。

汽车文化小镇启动建设　2016年，东山汽车文化小镇启动规划建设。小镇以东麒路东山汽车4S园为基础，规划面积2.88平方公里，其中核心区域1.25平方公里。围绕“千亿小镇、千亿产业”目标，按照产业、文化、旅游、社区“四位一体”的功能定位，坚持生产、生活、生态融合发展的理念，紧扣汽车研发设计、汽车销售服务、汽车科技创新创业以及汽车文化四大主导产业，着力打造“一带、一园、四中心”六大特色板块。当年完成小镇客厅建设，签订项目13个，总投资11.5亿元。

淘金创谷开园　2016年5月，位于东山总部商务园的电商专业型众创孵化基地“淘金创谷”开园。该基地是由东山街道委托淘金集团运营和管理的企业专业众创空间，是通过市场化机制、专业化服务和资本化途径，构建低成本、便利化、全要素、开放式的新型创业创新服务平台。东山街道依托“材智汇”“淘金创谷”

等一批特色众创空间，激发创新创业活力，全年申报国家“千人计划”项目1个，入选省“双创”计划1人，引入科技企业49家，孵化毕业7家。新增工程技术研发中心5家、高新技术企业10家，实施重点科技项目10个、产学研合作项目13个。

集体产权股份合作制改革 2016年，东山街道泥塘社区作为南京市集体产权股份合作制改革试点村探索和实践，完成集体资产资源清产核资、产权界定，并迅速推开股改工作。此次股改将个人股权量化到人，固化到户，不再因家庭成员户籍、人口发生变化而调整股权，并赋予集体成员继承权能，真正让农民持股进城。同时，提高股民持股份额和分红标准，将集体经营性净资产折股量化给集体成员，个人股由40%提高到70%，使群众享受到更多改革发展红利。该社区全年集体总收入2.46亿元，股金分红1700多万元。

社会治理创新 2016年，东山街道依托“1+16+N”便民服务体系，逐步探索出“榕树模式”。该模式包括两大服务、十大服务体系，以及“街道—社区—居民组”三级服务阵地建设，建成16个社区综合服务中心、20多个居民组便民服务阵地、40余个宣传公益角。街道投入1000多万元，用于完善基层服务，将养老、未成年人保护、慈善、法制、国学等服务送到小区、院落、楼栋。投入近500万元，设立社区慈善超市16个，整合政府救助、社会帮助、群众互助力量，重塑东山慈善救助体系。加大优质社会化服务供给，全年实施区级以上公益创投项目22个，当年开展活动项目52个、812场次，受益人群3.6万人次。

美丽乡村建设 2016年，东山街道以创建“国家级全域旅游示范区”为契机，全面启动佘村美丽乡村建设。该项目覆盖佘村全域，按照“金陵古风郊游村”和青龙山郊野公园定位，统一规划设计，既保留佘村悠久的历史文化及优美的自然山水，同时通过适度的旅游开发，改善当地老百姓的生活环境。当年完成自来水改造和污水管网建设，以及部分村庄景观建设，有2个自然村通过重点整治村验收。

2016年5月25日，东山街道泥塘社区召开股份合作社改革试验清产核资情况居民代表通报会　　东山街道　供稿

水环境治理 2016年，东山街道按照区域水质断面达标要求，打响黑臭河道治理攻坚战，在外港河、中心河、鞭鞍河三大流域相继启动并完成18个小区、近70万平方米雨污分流改造工程。同时，落实生态治理、控流截污等综合措施，完成鞭鞍河等4条黑臭河水生植物浮岛及河道环境综合整治，辖区水质明显改善。

安置保障房建设 2016年，东山街道建设安置保障房项目6个，竣工项目5个、建筑面积120万平方米，分别为东麒雅苑、瑞祥佳苑、圩村安置房、龙西安置房、邵圣安置房。实施分房121套、安置居民102户，完成11个安置房小区、5427套房屋的产权登记办理工作。

精准扶贫 2016年10月，东山街道结合全国第三个扶贫日，组织机关干部286人对9个社区179户低收入农户进行结对走访、问需问计。捐送钱物5万多元，资助困难家庭子女就学14人；开展送服务16场次，实现微心愿30个，解决就业4人，共建项目4个。全年完成116户低收入农户脱贫任务，占总数45%以上。

民生实事工程 2016年，东山街道加强公共服务阵地建设，相继打造大里医养融合中心、文体服务分中心、图书分中心，建设妇女维权中心、南站项目服务中心、残疾人生活体验中心、社会主义核心价值观教育基地等“六中心一基地”，获2013—2015年度江苏省文明单位荣誉称号。加大就业、创业培训力度，新增城镇就业8382人，培育自主创业299人。调整街道4个专项救助标准和范围，全年发放救助金83万元。

全科社工上门服务　2016年，东山街道在全市率先推出全科社工上门服务，需要帮助的困难人员只要拨打小区值班电话预约，全科社工就会上门服务。服务内容包括养老金领取资格认证，办理残疾证、老年人优待证，帮助行动不便的老党员每月定期送学习资料，还为困难户家庭代收水电费等。全年累计上门服务小区残疾、年迈、孤寡独居等困难人员逾万人次。

东山成为省广场舞示范街道　2016年10月，江苏省广场健身舞文化建设暨示范工作调研现场会在东山街道召开，东山街道被授予江苏省广场健身舞活动示范街道称号。是年，东山街道坚持将普及推广广场舞作为建设“强富美高”幸福东山的一个切入点和抓手，开设免费文化活动室和室外健身场地60处，并安排专项资金，提供协调、培训经费保障。同时发挥协会作用，加强秩序管理，对80余支舞队进行注册登记，实行个性化指导、精细化管理，并引入其他社会力量推进广场舞发展，派生互助组织，开展社会公益活动。

安全生产　2016年，东山街道始终保持安全生产监管高压态势，组织开展危险化学品企业、餐饮场所燃气安全等专项整治，以及夏季高温、汛期和特殊时期安全生产大检查，及时发现和消除一批安全隐患。率先试行安全生产服务外包，聘请有资质的安全评估中介机构组织专家检查指导企业安全生产，全年检查企业200家次，发现各类隐患727处，已整改714处。推广“智慧安监”系统应用，企业隐患自报整改率100%，完成小微企业安全标准化建设75家。全年未发生一起安全生产死亡事故。

邵圣志愿医疗公益示范点创办　2016年5月，东山街道邵圣社区联合南京医科大学附属江宁医院天地新城分院中医科共同创办南京首家志愿医疗公益示范点，以志愿服务形式，为社区居民尤其是失能半失能老人提供免费医疗，提高居民自我保健意识和健康水平。公益点面向全国招募具有医疗资质的志愿医护人员，志愿医疗项目还为在校大学生提供实习、培训机会，鼓励学生参与，形成长期、良性发展模式。至年末，示范点已为400多名居民提供免费诊疗服务，为解决“看病难”及居家养老进行了有益尝试。

章村发放养老金19年　2016年11月，东山街道章村社区举行一年一度的养老金发放大会，近400名老人聚首村会堂，每人领取4800元养老金，比2015年多出360元。章村依托城市搞三产，从标厂经济、门面房经济到总部经济，村里已拥有固定资产5.4亿元，全年完成入库税收2.1亿元，实现社区可支配收入4000万元。集体富裕后，章村不但通过集体资产股份制改造，让农民持股进城、按股分红，还每年为男60岁、女55岁以上老人发放养老金。从1998年起，这项制度已延续了19年。

（龚　元）

东山志愿服务总站挂牌　2016年1月，东山街道志愿者服务总站挂牌成立。东山街道志愿服务总站由街道党工委牵头建设，以“关爱他人、关爱社会、关爱自然”的理念引导服务项目建设，下设1个综合性志愿服务大队、27个专业性志愿服务分队，涵盖科普、普法、环保、助残等方面，登记志愿者3.5万余人。志愿服务总站成立后，将广泛开展“接地气、得民心、促和谐”的志愿服务，建立并不断完善长效工作机制和活动运行机制，促进志愿服务活动常态化。

东山社会治理网格化指挥中心运行　2016年3月16日，东山街道社会治理网格化指挥中心运行，该中心依托网格化管理模式，统一指挥、协调解决民生就业、社区建设、平安法治、矛盾调解、城市管理等数十个为民服务事项。这是全市首个街道层面的社会治理网格化指挥中心。在东山街道社会治理网格化指挥中心办公区，15块液晶显示屏组成的大屏24小时滚动播放重要路口的实时监控画面。中心已协调公安、交警、城管等部门，共享800多路高清探头画面，可实现对东山街道主要路口、部位开展实时视频巡查。除高清探头实时监控外，东山街道还将辖区划分为16个一级网格、95个二级网格、316个三级网格，每个网格逐级定岗、定人、定责，每名三级网格的网格员约承包300户居民。根据网格化管理要求，信息员需定期巡查及走访居民，发现问题及相关信息主动上报，由指挥中心分流、派单，并督促一、二、三级网格责任人按照规定时限协调解决。

东山物业行业联合工会成立　2016年4月16日，东山街道物业服务企业联合工会成立并召开第一次代表大会，这是全省首家街道层面的物业行业工会联合会。东山街道物业管理行业现有物业管理企业38家，拥有职工9000多人，管理着80多个住宅小区以及众多工业园、商务办公大楼、厂房等项目。物业服务企业联合工会成立后，将协助企业做好物业服务、安全管理、劳动保护等工作，深入开展困难职工帮扶、法律援助等，帮助职工解决实际困难和问题，维护物业职工合法权益，同时还将在物业职工中开展劳动竞赛、职工合理化建议等。

核心价值观教育基地揭牌 2016年4月，东山街道首个“社会主义核心价值观教育基地”揭牌仪式在章村社区诚明书院举行。该街道立足自身发展实际，把加强社会主义核心价值观建设与弘扬优秀传统文化相结合，依托章村社区国学堂，高标准打造礼乐文化中心、德武堂、书道堂、都市禅堂等功能区于一体的教育格局，摸索出一套以宣教部门为主导、企业无偿赞助、社会组织入驻共同参与公益教育模式。诚明书院开设经典大才教育、书道、武道、礼乐文化培训等课程，书院自2014年4月起，已组织社区群众、学校师生、驻区企业开展国学教育、健康培训、专业化培训60批次，发挥“小课堂大传播、小团队大作为、小平台大能量”作用。

“幸福照相馆”上央视 2016年4月，东山街道外港社区的“幸福照相馆”在央视“走遍中国”栏目播出，报道以王恭丽老人为代表的一群老年摄影爱好者多年如一日为群众提供免费拍照服务，刻录百姓幸福笑脸，传递邻里温情的故事。是年3月，外港社区成立“幸福照相馆”，81岁的摄影达人王恭丽出任馆长，社区4名老年摄影爱好者成为拍摄志愿者，义务为社区居民提供拍照服务。从此，市民身边的好人，金婚、银婚、钻石婚夫妻，社区老寿星，优秀志愿者以及幸福家庭、和谐楼栋居民等都成了照相馆里的明星。

东山街道总工会成立 2016年8月26日，东山街道总工会揭牌成立。同时，街道总工会召开了第一次会员代表大会，通过投票选举产生总工会第一届领导班子。新成立的东山街道总工会将围绕今后5年工会工作总体思路和奋斗目标，进一步加强基层工会建设，突出维权服务工作，突出工会干部队伍建设，突出职工素质提升，更好地为职工服务，引领职工为建设“强富美高”新东山做出新贡献。

（宁　鉴）

东山街道负责人名录

党工委书记　倪忠生
副　书　记　古德武（3月免）
　　　　　　庞志贵（3月任）
　　　　　　江开明（7月免）
　　　　　　纪华兵
　　　　　　钱晓斌（7月免）
　　　　　　陶君贤
　　　　　　郭开明（7月任）
　　　　　　吴仁飞（7月任）
人大工委主任
　　　　　　周开定
副　主　任　易明秀（女，6月免）
　　　　　　周桂林（女，6月任）
办事处主任　古德武（3月免）
　　　　　　庞志贵（3月任）
副　主　任　吴仁飞（7月免）
　　　　　　周桂林（女，7月免）
　　　　　　郭开明（7月免）
　　　　　　潘家林
　　　　　　蒋万龙
　　　　　　丁　玲（女）
　　　　　　张远斌
　　　　　　周跃平（7月任）
　　　　　　王纪荣（7月任）
政协工委主任
　　　　　　纪华兵

2016年东山街道主要经济社会指标表

表 29

指 标	单 位	数 值	比 2015 年（±%）
年末总户数	户	63450	2.65
年末总人口（户籍人口）	人	174814	2.37
人口出生率	‰	15.09	1.66
人口自然增长率	‰	12.03	8.47

续表

指　标	单　位	数　值	比 2015 年（±%）
耕地面积	公顷	450	—
地区生产总值	万元	2004202	12.50
规模企业工业总产值	万元	1323377	4.74
公共财政预算收入	万元	207380	4.10
固定资产投资	万元	800641	10.40
其中：工业投资	万元	290262	−0.86
实际利用外资	万美元	1409	40.62
年末企业数	家	4811	11.20
企业从业人员	人	101098	0.54
农民人均纯收入	元	32530	13.21
各类科技人员	人	3600	1.60
中小学校	所	17	—
公共体育设施面积	平方米	113000	0.44
公共文化设施面积	平方米	57000	3.64
互联网上网用户	户	67785	8.35
参加农村养老保险	人	42400	−2.73
参加农村新型合作医疗	人	42400	1.83
城镇建成区面积	公顷	476	14.20
城镇建成区绿化面积	公顷	86	25.00
城镇建成区总人口	人	25413	14.50
集贸市场成交额	万元	4563450	13.60

2016年东山街道村（社区）基本情况表

表 30

村（社区）	户数（户）	人口（人）	耕地面积（公顷）	人均纯收入（元）	党（总）支部书记	村（社区）委会主任
章村	6264	17332	—	37310	张文才	杨金成
中前	5200	17670	68	35177	戴玉梅	易　伟
东山	11897	31869	—	31000	芮义伟	陈建俊
骆村	6273	15683	—	34000	刘　宁	梅明霞
岔路	11000	16000	21	38200	孙礼林　王红旗	赵章勇　倪立浩
邵圣	7288	19202	15	33246	刘　云	李启东
龙西	947	2847	13	26000	王　宁	周　斌
晓里	11782	35215	13	29800	孙健梅	周兴宏　孙健梅
外港	4505	10754	—	30000	王东有	高兢兢
佘村	589	2144	10	32150	熊康生	王长贵
上坊	1892	6872	3	32658	王　铸	陈明国
泥塘	5068	15495	—	32786	王红旗　陈　燕	陈　燕　王　铭
永安	646	2520	—	29465	朱隆友	王　陈　朱隆友
大里	887	3295	—	28895	潘家林　吴星国	周　勇
高桥	1015	3869	5	29460	程　静	王志宝　朱存良
天云	1051	2426	—	30000	谢　成	朱存云　吴乐乐

（龚　元）

秣陵街道

概　况　秣陵街道地处江宁区中部，南靠禄口机场，北临南京南站，多条主干道和高速公路纵横交错，3条地铁线穿境而过。该街道由原秣陵、百家湖、东善桥三大片区构成，区域面积182平方公里，辖21个社区、4个村，户籍人口18.3万人。2016年，秣陵街道紧扣区委区政府提出的“三个主题年”工作主线，攻坚克难，锐意进取，经济社会发展水平稳步提升。全年完成公共财政预算收入10.88亿元，比2015年增长49.8%，首次迈入“10亿元俱乐部”行列；地区生产总值96.85亿元，增长12.2%；规模以上工业总产值110.3亿元，增长7.2%。是年，秣陵街道连续第6年获南京市先进制造业一等奖，在全区综合绩效考核中排名第一。

企业创新发展　2016年，秣陵街道不断强化企业技术创新主体地位，加大对企业创新的支持力度，鼓励企业开发具有自主知识产权的关键技术。全年新增市级企业技术中心2个、南京市“专精特新”企业11家、南京市“两化”融合试点企业1家、江苏省“专精特新”产品1个。全年纳税超1000万元企业23家，其中超5000万元企业5家。新增上市企业3家，其中南京灿能电力自动化股份有限公司和南京沪江复合材料股份有限公司在“新三板”上市，南京奥联汽车电子电器股份有限公司在创业板上市。

九车间文化创意园　2016年，秣陵街道强化创新引擎，塑造发展特色和优势，开启牛首工业园转型升级，以时尚创意和智能互联为产业主要发展方向，打造出全新的秣陵九车间文化创意园。该项目作为街道文创园区升级加强版，已有金智教育、南京读史文化传播有限公司等19家企业签约入驻，签约面积占总面积的90%，园区内南京网新·牛立方获2016年度省级众创空间称号。

苏家文创小镇启动建设　2016年，秣陵街道全面启动苏家文创小镇建设，重点打造乡村文旅及文化创意类特色小镇。该项目涉及范围7.56平方公里，规划面积3.3平方公里，核心面积1平方公里，包括7个功能板块。其中，乡伴苏家板块以民宿集群为主体，以民宿体验为核心，建设集乡村文创、田园活动、自然教育为一体的新乡村生活示范区；观音殿板块充分利用区域内观音庙历史文化资源，优化村内人文景观节点建设和文化商品开发，打造非物质文化遗产性乡村市集和特色美食文化乡村；银杏湖生态谷板块结合白鹭湖自然山水景观，突出绿色环保理念，结合新能源、装配式建筑等新技术，打造科普游乐区；上庄园和宜人假日庄园板块定位为南京首个以休闲、运动为主题的庄园，利用区域优质山水资源，打造乡野运动休闲示范区；蔡塘板块依据独具特色的村落格局，规划建成规模化中高端民宿，并结合无人机研发、操作体验等业态，打造幸福田园科技体验区；老茶场板块依托原有茶场，结合区域文化基底打造文化展示、商务会议、餐饮等业态，形成区域体验型配套业态的重要布局节点；曹塘板块依托周边自然风光，建设小而美、野而奢的高端度假酒店，形成山水田园野奢酒店区。

园区转型升级　2016年，秣陵街道加快开发园区转型发展，取得新进展。科创中心继续发挥孵化器效能，累计入驻科技型企业85家，全年完成税收1000万元，比2015年增长30%。新培育“双软”企业等各类科技企业8家。中节能环保产业园3栋20层的总部经济大厦建成并先期推进A栋的招商工作，20家企业已签约入驻。J6软件创意园深化二次转型，新引进和置换科技文化类企业21家，完成税收2000万元，增长30%，园区“博济J6·创客邦”获评国家级众创空间。

重点产业项目建设　2016年，秣陵街道紧扣“项目攻坚突破年”，推进重点产业项目建设。将重大产业项目统一划分为实施类和储备类，加快南京海晟建设集团有限公司保温节能新型建材研发项目等6个实施类和南京国网电瑞电力科技有限责任公司智能电网产品生产项目等7个储备类项目建设，全年完成计划投资5.55亿元。其中，6个实施类项目中，3个主体竣工并投产，2个主体封顶，1个“321”人才项目投产；储备类项目中，2个开工建设。

科技创新　2016年，秣陵街道全社会研发经费累计支出2亿元，新增工程技术研究中心5家、高新技术企业11家，实施重点科技项目20项，实现高新技术产业产值68亿元。专利申请总量854件，发明专利372件。年内申报区高层次创业人才引进计划6人，推荐3家企业、14名人才申报区高层次创新人才引进计划，并在全省率先尝试发放创业券，对优秀创业人才和创业企业给予奖励和扶持，首批100万元创业券精准落地，53家中小微企业受惠。

民生保障　2016年，秣陵街道紧扣民生需求，加强民生服务与保障工作。加大医疗救助力度，医疗救助自费部分报销比例提高

2015年9月，乐仁乐助社会创新机构进驻秣陵街道百家湖行政服务中心，主要为社会培育爱心服务队伍。图为工作人员正在为服务对象建立服务网络　　区新闻中心　供稿

到85%；开展“送岗位进社区”等招聘活动6场，提供就业岗位6000余个，新增城镇就业7300余人，实现再就业2600余人。累计开工建设安置房项目面积18.5万平方米，安置房分房2145套，并全面启动“两证”办理工作。开展校车运行试点工作，开辟专用校车线路12条。

社会治理 2016年，秣陵街道按照“社会治理创新年”要求，立足居民诉求，推动职能转变。街道社会诉求受理中心全年受理“12345”工单14122件，工单总量全区第一，综合考核排名第二。接待信访群众220批次，办结211批次，办结率96%；化解信访积案8件，进京上访下降88.5%。是年，秣陵街道群众满意度上升至全区第二位，并获江宁区“机关作风人民满意街道”称号。

城乡建设与管理 2016年，秣陵街道围绕城市精细化管理三年行动计划，完成11个重点单元、39个其他单元标准化建设，累计拆除违建10760平方米，拆迁扫尾6800平方米。有序推进老旧小区出新与复建小区停车位、自行车棚改造，累计出新面积6.4万平方米，完成4个小区改造。加大垃圾分类和道路保洁力度，新增3个垃圾分类示范小区，机械清扫率85%。实施5个一般整治村和1个示范村的整治，完成村庄绿化3个。为村（社区）配置120个密闭式垃圾箱，配套3辆垃圾运输车，实行密闭清运，农村生活垃圾无害化处理率100%。

社会服务体系建设 2016年，秣陵街道以社会组织发展中心为主要载体，采用“1+N”架构运营，引进和培育19家公益性社会服务型社会组织，开展为老、为少和为特殊群体服务等。设立200万元社会组织发展扶持专项资金，用于购买、奖励社会组织服务。便民服务中心按照“一门受理、全科办理”模式，现场接办扩展到12个部门、119项事务，全年受理各类服务事项29478件，办结28741件，接受咨询30720件，群众满意率100%。完善社会组织发展中心、三大片区“睦邻中心”、社区社会组织服务站三级平台，2000平方米的百家湖片区和1000平方米的秣陵片区“睦邻中心”完成建设，800平方米的东善桥片区“睦邻中心”开始筹建。

民主法治建设 2016年，秣陵街道整合村（社区）人民调解委员会、司法行政服务站和驻村（社区）律师服务站，建设“一委两站”法律服务体系，将法律服务延伸至村（社区）。构建涵盖百家湖、殷巷、秣陵、东善桥4个片区，25个村（社区）的“1+4+N”的三级法治文化宣传阵地，以法治文化元素为主导，融合社会主义核心价值观、廉政文化和中华传统道德文化元素，让居民在休闲娱乐的同时得到法律熏陶和道德传承。

精神文明建设 2016年，秣陵街道以社会主义核心价值体系建设为根本，以群众性精神文明建设活动为载体，深入开展讲文明树新风活动。加强各类文明先进典型选树宣传，获南京市“好人365”表彰3人，推荐“美丽江宁人”先进典型人物3人，推荐“中国好人榜”线索1700余人次，获评“美丽家庭”170户，火炬社区与家园社区获评省级文明村（社区）。全年在中央级主流媒体发表信息25条，省、市级主流媒体发表信息302条。

文化体育活动 2016年，秣陵街道立足群众文化体育需求，完成图书资源“一卡通”工程，为3000余名群众免费进行体质测试，组织开展送戏下乡20场，25个村（社区）开展各类特色文艺展演125场次。先后举办第16届“江宁之春”群众文化节秣陵专场文艺演出、“秣陵杯”第五届广场舞比赛、第七届全国民间石锁邀请赛等大型文化体育活动，丰富了居民的精神文化生活。

（李　鑫　徐　周）

秣陵戒毒工作成为省示范 2016年4月，秣陵街道社区戒毒办公室被省禁毒委评为“全省社区戒毒社区康复工作示范点”，这是江宁区唯一的获评示范点。该街道社区戒毒办自2010年7月成立以后，发挥动态管控、心理矫正、帮扶救助、就业扶助和宣传教育的作用，以人性化的服务、细微的关怀赢得戒毒（康复）对象及其家庭的信任，并通过签订协议、定期尿检、定期谈话等措施，不断推进社区戒毒（康复）工作，对纳入社区戒毒（康复）的123人进行登记建档、跟踪尿检、后续照管、心理矫治和救助帮扶，社区戒毒人员复吸率10%以下，戒毒执行率95%，康复执行率100%。街道社区戒毒办有专（兼）职禁毒社工7人，他们和街道下辖的25个村（社区）的禁毒志愿者、禁毒负责人一起，用专业知识和人性化管理，织就了一张“禁毒工作网”。除帮助吸毒者戒掉毒品，还努力帮助戒毒康复人员就业，避免他们因找不到工作而陷入“吸毒、强戒、复吸”的恶性循环。该街道社区戒毒办公室已帮助介绍10多人到劳动强度较低的岗位工作，并鼓励3人自主创业。

全省首张“创业券”诞生 2016年4月18日，秣陵街道与南京“创客邦”在J6软件园签订合作协议，投入1000万元采购火炬孵化旗下Opark创业服务，通过创业券的形式精准帮扶中小企业。此次秣陵街道推出的创业券，改变过去政府直接发放现金扶持中小企业的粗放模式，变现为券，让企业可以像淘宝购物一样，直接使用创业券在Opark创业服务平台上购买服务项目，而费用由政府买单。

一中澳合作智慧农业项目签约 2016年7月11日，南京花溪农业科技有限公司与澳大利亚泛农股份有限公司、哈尔滨工业大学创业校友联合会、北京大学创新产业研究院分别签订战略合作协议，携手打造“白鹭田园智慧农业”示范品牌。智慧农业利用物联网技术，能够实现灌溉、施肥与喷药等自动控制方式，有利于降低农业生产成本、提高效率，并保护农村生态环境。花溪公司已投资近1亿元，用于园区蔬果、绿化、路网、沟渠、灌溉等基础设施建设，以及休闲旅游园区打造，2016年下半年继续投入8000万元用于智慧农场产业化建设，对农产品生产智慧化、农产品加工智能一体化、物联网、电子商务、科普教育等方面开展国际科技合作、开发、运用，总体项目投资10亿～15亿元。未来花溪农业将启动智慧农场生产系统一体化、智慧农业模拟互动、农场智能化机器人等农业科技项目开发建设，游客可现场体验、互动、了解园区农产品生产全过程，增加农业观赏、体验附加值，走一条“种植、加工、物流、旅游、科研”全产业链条农业现代化道路。

苏家文创小镇菜塘项目启动 2016年7月，秣陵街道与江宁国资集团就苏家“文创小镇”菜塘项目共建达成合作意向。苏家文创小镇菜塘项目位于秣陵街道元山社区菜塘居民小组内，东邻白鹭湖，西邻银杏湖游主题乐园，旅游二线穿境而过。菜塘项目是苏家文创小镇的核心板块，建设面积14025平方米，投资规模3亿元。东部苏家村组的原舍民宿、文创市集、咖啡厅、树屋、集装箱营地、房车基地等项目有序推进，于10月开园。西部菜塘村组进行860米的道路建设。最终，通过“全域规划、分布开发”的改造方式，苏家文创小镇项目形成整体，延伸乡村旅游产业链，充分挖掘美丽乡村发展潜力。

首家社区电商服务中心运营 2016年9月，经过5个月的精心筹备，秣陵街道殷巷社区电商服务中心开始运营。殷巷社区电商服务中心货柜上整整齐齐地摆放着琳琅满目的各类产品，45平方米的空间里，还配设有视频互动展示、快件代收发及电商培训等功能区域。展示柜中的商品不仅可以在中心买到，也可以点点鼠标在赶超网专区购买，直接送货上门。电商中心还免费提供水电费代缴、快件收发及电商培训等服务，为社区居民提供生活便利的同时，帮助居民学习网上购物、产品网销等操作，引导、培育实现“互联网＋生活”新模式。

白鹭田园开园迎客 2016年9月28日，位于秣陵街道胜家桥社区内的白鹭田园开园迎客。该园区已开发33.3公顷，可供游客体验采摘、草坪婚礼、蒙古包露营等农事娱乐休闲，计划建成为集农趣体验、户外娱乐、田园餐饮等于一体的农耕乐园。

“世界生态谷”项目入驻苏家文创小镇 2016年10月29日，江宁世界生态谷暨共建宁台青创驿站签约仪式在银杏湖举行。签约的世界生态谷项目由台企中鑫国际集团投资1亿美元开发建设，分绿野仙境动物园、生态农业示范区、高端老人养生会馆3个功能区，将打造飞瀑流泉山谷娱乐区、水上娱乐区、自然跑马场大草原为基础的体验式项目，山林地为主的自然风光观光地，国际老人公寓及老人生活会馆，室内百鸟园、飞禽罩网及地下谷奇珍动物园区等新兴业态。宁台青创驿站由区台办和秣陵街道共同出资建设，计划打造全市首家两岸青年创业孵化基地。该驿站拟申请“海峡两岸作家创作基地”，组织两岸作家采风交流活动，并计划推出创客学院、青商沙龙、文创市集项目，为两岸青年创客、青商提供创业培训、资源对接、沙龙聚会、创意展示等一系列服务，促进两岸青年融合发展。

“百企帮百村”结对帮扶签约 2016年11月4日，秣陵街道举行“百企帮百村”结对帮扶签约仪式，江苏新蓝天钢结构有限公司等3家企业分别与胜家桥社区、双金社区、建东社区签订精准扶贫企村结对帮扶协议书，帮助贫困村（社区）群众增收致富。3家企业结合自身优势及乡村资源优势，围绕产业、智力、就业、创业扶贫等方面制定一系列切实可行的帮扶办法。致远交通公司将为村民提供免费名额，帮助他们学习驾驶技能；新蓝天公司将提供操作技能培训，帮助村民掌握新技能；德邦金属公司把企业需求和社区需求相结合，将提供岗位，解决村民就业问题。

秣陵街道总工会成立 2016年12月，秣陵街道总工会成立暨第一次会员代表大会召开。大会投票选举产生街道总工会新一届领导班子，明确今后5年的主要任务及发展目标。秣陵街道工会连续5年在全区年终考核中名列第一，逐级创建成市、省、全国级模范职工之家、职工书屋。全街道已建成独立工会291个，拥有会员30557人，25个村（社区）全部建立工会联合会，符合建会条件的非公企业、新建企业组建率97%。

首批百万创业券发放到位 2016年12月，秣陵街道首批100万元创业券已全部发放到位，创业券使用率95%以上，对点扶持57家企业，助推J6软件园、秣陵科创中心和苏家文创小镇建设。是年4月，秣陵街道和南京“创客邦”在J6软件园签订合作协议，将采购1000万元创业券发放给辖区内的中小微企业，为企业创业创新提供精准扶持。企业向街道申请获得创业券后，凭编码在“创客邦 Opark 创业中国平台”采购创业服务，服务类型有20多项。平均每家企业消费创业券金额1.5万元左右，需求的服务类型有3种以上。发放创业券可以让企业专“补”专用，根据自身发展需求直接采购创业服务。秣陵街道将针对首批创业券的发放和企业使用情况，细化2.0版创业券扶持方案，更加精准有效地助力科技型、文化创意类和技术行业领先的中小微企业的发展。

（宁　鉴）

秣陵街道负责人名录

党工委书记　谢从军（3月免）
　　　　　　焦珍山（3月任）
副　书　记　许世新
　　　　　　张金陵（10月免）
　　　　　　伍克平
　　　　　　王国庆
　　　　　　丁　雪（女，5月任）
　　　　　　王亚丽（女，挂职）
人大工委主任
　　　　　　尹家成（11月免）
　　　　　　伍克平（11月任）
副　主　任　俞夕忠（6月任）
办事处主任　许世新
副　主　任　邱金林（7月免）
　　　　　　王胜华（女）
　　　　　　杨家保（7月免）
　　　　　　王　敏
　　　　　　皮立保
　　　　　　周丽霞（女）
　　　　　　曹显东
　　　　　　陈　海（7月任）
　　　　　　王　强（7月任）
　　　　　　常　楠（女，7月任）
政协工委主任
　　　　　　张金陵（10月免）
　　　　　　王国庆（10月任）

2016年秣陵街道主要经济社会指标表

表31

指　标	单　位	数　值	比2015年（±%）
年末总户数	户	72895	3.39
年末总人口（户籍人口）	人	182847	8.37
人口出生率	‰	20.60	14.40
人口自然增长率	‰	16.80	20.00
耕地面积	公顷	1453	—
地区生产总值	万元	968501	12.20
规模企业工业总产值	万元	1102725	7.20
一般公共预算收入	万元	108812	49.80

续表

指 标	单 位	数 值	比 2015 年（±%）
固定资产投资	万元	400034	4.00
其中：工业投资	万元	325656	1.70
实际利用外资	万美元	408	−25.80
年末企业数	家	4751	25.80
企业从业人员	人	108082	35.80
农民人均纯收入	元	28368	13.00
各类科技人员	人	5800	38.30
中小学校	所	13	—
公共体育设施面积	平方米	660000	—
公共文化设施面积	平方米	28000	—
互联网上网用户	户	62098	10.00
参加农村养老保险	人	2873	—
参加农村新型合作医疗	人	49202	2.70
城镇建成区面积	公顷	626	—
城镇建成区绿化面积	公顷	81	7.30
城镇建成区总人口	人	9120	0.70
集贸市场成交额	万元	104008	13.60

2016年秣陵街道村（社区）基本情况表

表 32

村（社区）	户数（户）	人口（人）	耕地面积（公顷）	人均纯收入（元）	党（总）支部书记	村（社区）委会主任
殷巷	3007	7519	59	31404	殷德江	蔡道永
湖滨	5911	18023	—	32458	王祥富	邵家斌
秦淮	3684	9210	—	32621	刘　莉	张　惠
太平	9357	26896	34	34476	李金平	岳红伟

续表

村（社区）	户数（户）	人口（人）	耕地面积（公顷）	人均纯收入（元）	党（总）支部书记	村（社区）委会主任
胜太	7567	21615	1	32993	方立龙　唐良军	许松贵
长山	1162	3256	67	29516	罗忠星	孟金强
牛首	3326	8168	40	32246	马万发	陈卫明
下墟	7195	21482	92	27787	樊　志	刘业军
东南	1630	3922	119	28589	高　尚	牛周保
青源	2117	5931	20	35353	石元荣	石元荣　张家志
双金	2343	5582	313	27018	袁恭荣	陶大勇　王纪峰
东旺	1692	4321	164	30699	陶宏亮　崔吉安	张双刚
西旺	1915	5369	207	29914	贡春广	贡春广　俞祖建
家园	1718	4835	261	26414	赵章明	刘金顺　赵　云
周里	1325	3611	256	28893	马　钢	艾启斌　杨赠赠
建东	1272	3179	262	27580	芮伦才　陶　飞	韦　香　张　燕
火炬	1119	2934	250	29109	高吉晓	韦德忠　王德俊
凤凰	2351	5291	439	27129	杨春林	张桂兵
童前	1338	3427	172	28017	刘　明	刘　明　胡良俊
东善桥	1735	3963	66	27939	全永兵	周志兵
祖堂	796	1896	247	31467	江　雷	端木义宏　端木和健
吉山	1431	3412	316	27182	余志兵	余志兵　胡宗立
霞辉庙	1552	3705	363	28381	王兴龙	王兴龙
元山	1475	3496	313	27777	任　君	尤竹发　任　君
胜家桥	733	1804	198	28456	林长青	林长青

（李　鑫）

汤山街道

概　况　汤山是江南古镇、中国历史文化名城（镇）、著名的温泉之乡，是南京的东大门，与镇江句容市交接。辖区面积170平方公里，辖8个社区居委会、8个村委会，户籍人口6.47万人。汤山温泉被推崇为中国四大疗养温泉之首，有“圣汤”美誉，汤山温泉旅游度假区是国家级旅游度假区；汤山有载入吉尼斯纪录、被誉为“天下第一碑”的阳山碑材，并以此建成南京郊县首家国家AAAA级风景区——明文化村；汤山葫芦洞两具完整猿人头盖骨更是将南京的历史延伸到60万年前，被命名为“南京猿人”。2016年，汤山街道坚持稳中求进的总基调，以供给侧结构性改革为动力，以"三个主题年"活动为抓手，贯彻落实"四个全面"战略布局，深入践行"五大发展理念"，全面完成经济社会发展各项目标任务。全年实现地区生产总值48.48亿元，比2015年增长12.44%；全社会固定资产投资58.44亿元，增长11.38%；社会消费品零售总额13.38亿元，增长23.74%；规模以上工业总产值37.16亿元，增长4.26%。

现代农业建设　2016年，汤山街道继续推进以特色农业为重点的现代农业产业体系建设，新增高效设施农业种植面积106.7公顷，其中设施栽培面积70公顷，钢架大棚、连栋大棚、玻璃温室56.7公顷。建成农业废弃物资源化利用工程2处，农业面源污染防治率97%，主要农产品"三品"占农产品总产量比重为58%。加快农田基础设施建设，阜东、高庄、阜东3个村（社区）优质稻米基地面积666.7公顷，沟、渠、路、涵、闸全部配套完成，并已建成阜庄、上峰2个标准化蔬菜基地，面积66.7公顷。建成市级高标准机库、粮食烘干中心，汤南上峰片区休闲观光产业初见雏形。

汤山高新技术产业园　南京汤山高新技术产业园下辖汤山和上峰2个片区，规划面积10.89平方公里，入驻企业260多家，是南京市重点镇街工业集中区。2016年，园区实现产值75亿元，税收2.2亿元。上报区政府的7个实施类重大产业项目，年内全部建成投产并通过考核。全年盘活存量土地13.3公顷，引进5个亿元以上项目，园区初步形成光电、新材料、智能电网、食品等特色主导产业，承载汤山街道90%以上的工业项目。

工业转型升级　2016年，汤山街道持续推进产业转型升级，促进工业经济加快发展。全年新增高新技术企业1家（中广华夏），完成南资环保、邦禾2家企业上市，引进凯蒂斯、中中电子2个亿元内资项目。尚豪科技、天德微波等6个区级重点产业项目实现投资9.8亿元，杰耐电气、明舜科技等7个储备类重点产业项目前期手续基本完成。基本形成现代服务业为主导、高新技术产业为支撑、特色农业为基础的产业体系。

现代服务业发展　2016年，汤山街道突出"温泉+"的核心要素，以全域旅游示范街道和省级新型城镇化综合试点为契机，规划建设汤山温泉养生特色小镇，温泉房车营地、游客中心等工程已建成运营。苏豪健康养生养老产业园、金茂温泉养生文化旅游小镇等旅游旗舰型项目签约落户。全年实现第三产业增加值36.2亿元，增长16.85%，服务业增加值占地区生产总值比重为74.2%。

城乡基础设施建设　2016年，汤山街道不断完善城乡基础设施建设，启动路西万安村棚户区改造工程、汤山中学校安工程，上峰中学教学实验楼及鹤龄、阜东社区2所村级幼儿园交付使用。新建农村三级公路8公里、污水管网4公里，完成汤山老街水系、路网管网改造及窑湾水库、马山口水库等5个水库消险工程。新增省级和市级示范村各1个、重点整治村5个、一般整治村11个，新建绿化新村7个。

生态环境建设　2016年，汤山街道加大改善生态环境力度，严防整治秸秆焚烧、工地扬尘及黄标车。完成96个河塘、2条县乡河道67.08万立方米农村河塘疏浚以及东边河、马西河黑臭河整治扫尾工作。关停整治"三高两低"企业，完成清洁生产审核企业2家。启动5个"三年行动计划"，集中开展保洁、拆违、治乱、整新、增亮、添绿、清水等专项整治，57个单位实现城市治理标准化。清理"牛皮癣"2500余处，

2016年2月28日，汤山街道举行春季农村劳动力转移现场招聘会
王　庆　摄

整治卫生死角23处，取缔流动摊贩占道经营185起，拆除违建41起、面积6007平方米。实施并完成6.5公顷工矿废弃地、5.9公顷废坑塘复垦工程。

民生福祉改善 2016年，汤山街道实现农民人均纯收入31524元、居民人均可支配收入49200元。探索多元化参与、社会化服务的城市治理新模式，32个各类安置房小区、老旧小区物业管理市场化全覆盖。推行市容环卫责任包干、垃圾分类管理市场化、安全生产服务外包等购买服务工作，推进社会面监控体系建设，打造“天眼村落全覆盖、视频街巷无死角”社会面治安监控体系。打造街道老年人助餐“中心厨房”，为老年人提供专业化、便捷化的助餐服务。成立新南京人服务中心，提供就业咨询4200人次，实现就业1820人。拓展富民增收新渠道，实施精准扶贫、脱贫工程，建成阜庄石地市级残疾人扶贫基地，创成高庄、鹤龄、湖山区级低收入项目区，全街道20%低收入农户实现脱贫。

精神文明建设 2016年，汤山街道扎实推进精神文明建设，创建江苏省书香街道建设示范点，举办各类文体活动、培训、讲座45场次。组织街道专场演出1场、南京市百场公益演出1场、村（社区）广场展演16场，送书下乡5000多册，放映电影200余场，各村（社区）开展书画展、摄影展、文艺会演等各类特色文艺展演90场。（吴泉修）

两村庄成为省四星级乡村旅游点 2016年1月，汤山街道湖山和石地村获评江苏省四星级乡村旅游点。阜庄社区水系发达，清澈灵动的阜西河横穿而过，却在石地村蜿蜒回环。溪水顺着山势绕在农户门前，一座座石拱桥串联在村民出行道路上。河道清淤，改造驳岸、湿地，彰显当地水文化；绿化庭院，打造景观、小品，凸显乡村特色；开辟道路，打通围墙、栅栏，在汤山翠谷的辐射带动下借势发展。石地村史馆斑驳锈迹的煤油灯、手摇式粗布纺织机、具有时代背景的粮票，一个个老物件记录了这个村庄的巨变。2014年起，该社区正式面向村内及周边百姓公开征集具有历史痕迹、村民生活印记的老物件，并随后建设村史馆、民俗馆和家谱馆。馆内现有藏品1200多件，其中村史馆内藏有包括木船、陶器、农耕器具在内的展品330多件，民俗馆内藏有票据、钱币、证照等物品650多件，而家谱馆内的220件（册）家谱中包含阜庄社区各大姓家族的族谱、家规、地契等。位于汤山西北面的湖山社区则显得“小清新”。湖山小火车漫步公园2015年国庆期间开门迎客。湖山近半个世纪的铁路矿采历史让社区萌生打造观光小火车的想法，湖山把小火车和梧桐大道这些特色资源整合起来，因地制宜，打造了一条观光路线。沿着七乡河，观光小火车串联起啤酒公园、托马斯儿童乐园、动物之家、自行车慢骑车道、美食烧烤区等。此外，村中的百米瓜果走廊、千年古银杏、村口啤酒基地等也都成为游玩好去处。

汤山瓷刻油画产学研基地揭牌 2016年2月，南京工业大学浦江学院艺术学院、南京直立人化石遗址博物馆、南京515艺术公社联合举办的“民国岁月艺术作品展暨汤山瓷刻油画产学研基地”在南京直立人化石遗址博物馆揭幕。位于汤山国家地质公园的南京直立人化石遗址博物馆以地质研究、科普教育和文化旅游为主。入驻汤山的南京工业大学浦江学院艺术学院拥有视觉传达设计、环境设计、产品设计3个本科专业，学院建有长期合作的实习研究基地，形成良好的产学研体系和“创意策略到设计制作、项目驱动到工作体验、以赛促学提升创新力”的人才培养模式。汤山本土文创企业515艺术公社吸引大批国内艺术名家聚集研讨创作，企业内设有数十个专业工作室和艺术展厅，并拥有具备轨道航拍功能的摄影棚，硬件配套设施处于国内领先水平。

同仁医院眼科汤山分中心挂牌 2016年4月1日，南京同仁医院与汤山街道社区卫生服务中心举行医疗技术联合签约仪式，南京同仁医院眼科汤山分中心同时挂牌成立。与同仁医院开展合作后，白内障、青光眼等内眼手术以后在中心就能进行，因此成为全区基层医疗机构中第二家能够开展此类手术的社区卫生服务中心。同仁医院派出科室主治以上医生定期到中心坐诊、查房，派驻护理管理专家和护理技术能手，并开展医疗、护理人才培训合作，签署双向转诊协议，打造南京同仁医院眼科汤山分中心特色品牌专科。

湖山美食节开幕 2016年4月23日，首届湖山美食节在汤山街道湖山社区湖山小火车漫步公园开幕。麻辣小龙虾、酸菜猪蹄、沙司鲈鱼等，由湖山村民自制的20多道佳肴参与当天的美食评比。湖山美食节活动持续至“五一”小长假，活动期间还设有龙虾啤酒节等专场活动。此次举办美食节活动旨在让更多游客走进湖山领略美景、品味美食。活动开幕当天，湖山4个自然村的数十名村民端出各自“拿手菜”，一较高下，包括热菜、小吃、土特产等，种类丰富。最终，圣村村民自制的“珍珠肉圆”脱颖而出，获得美食PK赛的一等奖。

汤山获评全国先进计生单位 2016年6月，在中国计划生育协会第八届代表大会上，江宁区汤山街道获全国计划生育协会乡级先进单位，成为全市唯一获此荣誉的街道。汤山推进群众自治，提升服务能力，发挥计生协会的桥梁和纽带作用。该街道与12423名育龄妇女签订双向承诺书，建立422个诚信阳光计生小组，并专门打造人口和家庭公共服务中心，各村（社区）建立人口和家庭公共服务站，率先在全区实现全覆盖。此外，街道还实施计划生育家庭帮扶，先后在上峰、孟墓等社区建立生育关怀基地16个，帮助近2000户计生家庭户就业。计生协与街道劳保所每年对1500名群众进行劳动技能培训，帮助近600名群众找到就业岗位。

苏豪健康产业公司揭牌 2016年8月4日，苏豪健康产业公司在汤山街道揭牌。苏豪控股集团领导王正喜、周勇、周谦，区委常委、政法委书记于茂高共同出席揭牌仪式。苏豪健康产业公司是苏豪控股集团独资设立的二级子公司，承担苏豪控股四大主营业务之一“健康产业”的投资、开发、经营，主要负责苏豪健康养老产业园的投资开发。苏豪健康产业公司将全力打造“医疗康复+老年文体+老年服务+老年金融+互联网信息”的全产业链，实现医疗服务、定制服务、生活保障、专业服务、健身娱乐覆盖，努力将项目发展成江苏省医养结合试点示范园区、江苏省适老住区建设试点示范园区和长三角温泉疗养康复基地。

汤山温泉教育读本推出 2016年12月，由汤山街道社区教育中心等单位编写的《温泉汤山旅游养生天堂》教育读本出版发行，全书12万多字，并已陆续发放到街道16个村（社区）的市民学校，作为乡土读本使用。该读本主要介绍汤山优美的山水、重要旅游景点、历史名胜古迹、美丽乡村建设、生态特色旅游等，并对未来汤山旅游度假区的发展前景予以展望，内容翔实，图文并茂。编者旨在通过此书向世人介绍汤山、宣传汤山，让更多人了解汤山，让生在汤山、住在汤山的每一个居民热爱家乡、服务汤山。

（宁　鉴）

汤山街道负责人名录

党工委书记　缪秀梅（女）
副 书 记　朱晓进（3月免）
　朱茂胜（5月免）
　刘广富
　江　峰
　戎云宝（5月任）
　朱长云（女，5月任）
人大工委主任
　吴学松
副 主 任　兰慧荣
　皇甫润生（8月任）
办事处主任　朱晓进（5月免）
　刘广富（7月任）
副 主 任　张祥华（7月免）
　李　宁
　侯兴满
　叶　强
　朱长云（女，7月免）
　王　静
　陈治明（7月任）
　郝明亮（11月任）
政协工委主任
　朱茂胜（8月免）
　缪秀梅（女，7月任）

2016年汤山街道主要经济社会指标表

表33

指　标	单　位	数　值	比2015年（±%）
年末总户数	户	25454	0.23
年末总人口（户籍人口）	人	64670	0.84
人口出生率	‰	10.41	−0.27
人口自然增长率	‰	4.17	1.69

续表

指 标	单 位	数 值	比 2015 年（±%）
耕地面积	公顷	2745	4.02
地区生产总值	万元	484788	12.44
规模企业工业总产值	万元	371605	4.26
一般公共预算收入	万元	20000	−9.90
固定资产投资	万元	584433	11.38
其中：工业投资	万元	264042	0.34
实际利用外资	万美元	1037	82.80
年末企业数	家	1336	5.00
企业从业人员	人	32680	10.34
农民人均纯收入	元	31524	9.00
各类科技人员	人	2974	2.00
中小学校	所	4	—
公共体育设施面积	平方米	38000	—
公共文化设施面积	平方米	11880	—
互联网上网用户	户	16000	21.00
参加农村养老保险	人	11894	10.07
参加农村新型合作医疗	人	34524	-2.96
城镇建成区面积	公顷	940	—
城镇建成区绿化面积	公顷	230	—
城镇建成区总人口	人	53625	—
集贸市场成交额	万元	98114	3.00

2016年汤山街道村（社区）基本情况表

表 34

村（社区）	户数（户）	人口（人）	耕地面积（公顷）	人均纯收入（元）	党（总）支部书记	村（社区）委会主任
汤山	3167	10586	—	36867	庄明祥	侯锦伟
湖山	539	2041	132	26139	艾钱云	戴国胜
孟塘	838	2517	138	32424	周传庆	—
青林	935	2817	121	42882	庄　伟	闻相跃
古泉	1266	3702	119	38863	谌翠红	张瑞兵
作厂	1850	5276	111	28832	潘建华	陈　军
龙尚	1110	3088	205	28442	孔石峰	钱珠祥
建设	895	2746	80	26566	梁功伟	张　松
路西	880	2528	56	28295	王金广	芮一菲
高庄	1834	4830	280	37481	庞志平	徐毛毛
上峰	1837	4724	340	38273	时文通	雷广胜
鹤龄	1280	3390	242	27555	周大海	孙发强
孟墓	1439	4149	336	43849	陆　瑶	胡　腾
阜庄	1275	3475	231	28173	沈　荣	陈　义
宁西	899	2275	168	23182	梁　超	张文相
阜东	1124	3566	296	26108	黄福生	冯　敏

（吴泉修）

淳化街道

概　况　淳化街道东接镇江句容市，南连湖熟街道，西临东山副城，北与汤山街道接壤。辖区面积198平方公里，下辖30个村（社区），户籍人口16.6万人，常住人口28.1万人。2016年，淳化街道围绕区委、区政府“园街联动”战略部署及全年目标任务，坚持开拓思路促转型、迎难而上攻难点、埋头苦干抓落实，各项工作取得新进展。全年完成地区生产总值54.97亿元，比2015年增长8.22%。其中，第一产业7.3亿元，增长6.1%；第二产业27.9亿元，增长10.5%；第三产业19.8亿元，增长16.2%。全社会固定资产投入16亿元，增长3.2%。规模以上工业总产值21.96亿元，增长5.8%；规模以上工业销售收入19.5亿元，增长4.1%。一般公共预算收入2.6亿元，下降17.7%。农民人均纯收入2.99万元，增长13.7%。实际利用外资307万美元，外贸出口1200万美元。是年，淳化街道在全市分类考核中获三等奖。

党风廉政建设　2016年，淳化街道将党风廉政建设纳入“五位一体”统筹发展责任体系，制定“五项责任清单”，明确各党政领导的具体责任。印发《淳化街道落实党风廉政建设责任制检查考核办法》，与30个村（社区）签订党风廉政建设责任书，明确各单位一把手为党风廉政建设第一责任人，推动党风廉政建设责任制传导至基层神经末梢。围绕中心工作、攻坚难点和重要部署工作加强督查，尤其在防汛期间，安排专人进行夜间督查，确保防汛人员到岗到位；围绕机关作风建设，紧盯“四风”问题，开展办公用房、公车改革、食堂宾馆化、违规吃请和公款吃喝等专项整治。落实中心工作、攻坚难点、“12345”投诉热点“三督查”，针对骆家渡非访、安全生产、秸秆禁烧、违建管控等事项下发督查简报5期，诫勉谈话5人，问责7人。

村（社区）“两委”班子换届 2016年8月，淳化街道按照区委组织部统一部署，通过“两推一选”方式，由5000多名党员成功选举出29名村（社区）党总支书记、49名党总支副书记、110名党总支委员。11月，第六届社区居民委员会和第11届社区村民委员会换届选举同步进行，全街道20个社区居委会和9个社区村委会通过合法、公开、公正的选举程序，选举产生新一届社区居（村）委会领导班子。

重点产业项目建设 2016年，淳化街道确定重大产业项目5个，即科雄工贸、元润食品、宁供紫金、宝祺装饰和嘉美照明，其中宁供紫金建成投入试运营，宝祺装饰、嘉美照明主体竣工。联动项目万宇汽配、正大天晴均完成主体建设。金广恒（南京）环保科技股份有限公司成功在“新三板”上市，南京三超金刚石上市资料上报证监会。青龙社区和柏墅社区创建为“电子商务示范服务中心”。加快办理10个遗留项目的土地证手续，其中科雄工贸取得土地证。

现代农业发展 2016年，淳化街道新建渔文化农业观光项目，已完成龙虾养殖池、水生植物养殖区、游客接待中心建设。鑫淼龙锦园新增少儿拓展训练、亲子游戏、烧烤文化等农业旅游项目。休闲观光农业发展势头良好，马场山继格桑花后新增郁金香。以睿汐蓝莓、土桥大米、柏墅蔬菜、五城青虾、淳埝葡萄等为主的农副产品影响力不断加大，在七分田电子商务网站的销售额持续上升，蓝莓已销往上海、广东、北京等地。高标准良田和优质稻米基地基础建设日趋完善，新增市级家庭农场3家。完成省重点水利项目句容河除险加固并通过验收，秦淮河洋桥段、汤水河龙王庙段、汤水河西城圩等消险加固工程全部在汛期前完成，确保安全度汛。

2016年5月25日，第16届“江宁之春”群众文化节淳化街道专场文艺演出举行
张 俊 摄

美丽乡村建设 2016年，淳化街道按照美丽乡村升级版“三化、四变”总体要求，紧扣淳化东部美丽乡村建设定位，通过拆除披棚危房，新建文化活动室、停车场、公厕，改建农户房屋、门头、庭院，更换老旧管道，拓宽进村道路，河塘清淤，架设景观路灯等措施，完成3个示范村（青山社区上堰村、周郎社区周郎桥村、茶岗社区花二村）建设，村容村貌和村民生活条件得到改善。实施马场山景区升级工程，成功打造江苏省四星级乡村旅游区翠洲芳谷亲子文化园和江苏省三星级乡村旅游区南京景业百果园。全年旅游产业接待游客138.11万人次，实现旅游综合收入11.4亿元，分别增长17.04%和15.03%。中央电视台农业频道、江苏卫视、扬子晚报、江南时报等媒体对街道乡村旅游发展进行报道。

新便民服务中心投入使用 2016年8月，淳化街道便民服务中心大学城分中心投入使用。该中心建筑面积170平方米，内设全科综合、“12345”、水务缴费、燃气缴费、司法服务、义工服务等6类8个窗口，设立叫号系统，实现一键叫号，快速办理。12月，建筑面积260平方米的淳化街道便民服务中心新楼建成并投入使用，中心配备必要的服务设施，可办理劳保、计生、残联、民政、合疗、司法等事项，满足公共服务需要。

安置房工程建设 2016年4月，淳化街道二期拆迁安置房淳湖佳苑完成交付，该项目占地10.7公顷，总投资10亿元，共建安置房1728套，其中大套252套、中套972套、小套504套，同时配备物管用房、地下车库等配套设施。三期安置房相关手续均已办理，即将开工建设。

教育设施提档升级　2016年，淳化街道累计投入教育资金2800余万元，秋季开学后租用40辆专用校车接送学生，新建的周郎、周子、索墅、滨淮、茶岗幼儿园经验收后全部投入使用，建成土桥中学综合楼，完成淳化中学报告厅改造。是年，淳化中学创建为“南京市园林式校园”，淳化第二幼儿园创建为“南京市优质幼儿园”。

生态环境治理　2016年，淳化街道完成土地连片整治工程，新建污水处理设施38座，配套管网100.7公里，日处理量1132吨，惠及30个自然村1.1万人。淘汰南京安嵩立机电设备有限公司1条酸洗磷化池生产线。启动青龙社区污水处理厂项目，降低工业园内污水排放指标。办理国家环保督察组督办单8件（主办5件，协办3件），及时清理汤水河后桥头段蓝藻，并关闭不符合要求的养鸡场、养猪场。

城乡治理标准化　2016年，淳化街道新增广博苑、香江豪庭、融侨世家3个垃圾分类示范小区，每周开展1次“积分换物”专场活动。消除农村暴露垃圾堆放点，生活垃圾密闭化收集运输率100%。建成标准化公共空间50个单元，其中重点单元10个，非重点单元40个，并通过市级验收。8月开始，陆续对蓝天公寓、园林小区、土桥宿舍、天泰北区、明珠花园、工商联宿舍6个11.95万平方米的老旧小区进行出新改造，涉及雨污分流、铺设沥青道路、外墙立面出新、雨水管更换、楼顶防水、绿化维护、增设停车位等。举办《南京市住宅物业管理条例》培训会，通过培训各小区业委会成员，街道物管办、社区物管工作人员，物业公司代表，促使物业管理逐步向依法管理、规范管理转变。

就业保障服务　2016年，淳化街道对农民工推行“属地化管理、市民化管理、亲情化服务”，在科苑社区建立“新南京人”服务中心，为在宁务工人员提供公共服务。3月5日、10月22日，联合江宁高新园在成山社区居委会门前广场举办“春风行动”首场招聘会和秋季人才招聘季，快易洁家政、协众汽车空调、艾凌节能技术、上海大众合众、新华人寿等近40家单位进场招聘，提供叉车工、护理、家政服务员等1000余个岗位，进场应聘800多人，当场填写求职表550份，意向性录取320人。全年完成农村劳动力转移2529人。

安全生产　2016年，淳化街道在春节、清明、“五一”、中秋、国庆等节日期间，组织针对道路交通、消防、危险化学品、烟花爆竹、建筑施工、特种设备、学校等重点行业、领域的安全生产检查，检查企业单位283家次，发现安全隐患91处，并全部落实整改措施。开展餐饮场所燃气安全专项整治行动，完成305家餐饮场所燃气使用安全情况登记。在淳化建材市场、各中小学举行消防演练活动5次，召开安全生产教育培训会3次，培训近1000人。是年，淳化街道未发生重特大安全生产事故。

社会治安整治　2016年，淳化街道组织开展整治突出治安问题的“百日专项行动”，投入专业警力24人，群防群治人员482人，平安志愿者1674人，破获侵财性刑事案件30件，抓获犯罪分子17人，摧毁犯罪团伙2个，收缴赃款赃物4100元。查处各类违法行为659起，其中饮酒驾驶2起，醉酒驾驶1起，清拖车辆20起，违停276起，闯红灯1起，总记分279分，罚款33914元。同时，加强对流动人口、吸毒人员、邪教人员的管理，维护辖区社会治安，提升群众的公共安全感。

（李　亮　陶　静　陈银虎）

首家美丽乡村创业平台建立　2016年9月，淳化街道首家美丽乡村创业载体格桑众创公社成立。成立格桑众创公社是为给有志青年、草根创业者搭建一个平台，希望更多的人回到农村施展才华。格桑众创公社位于淳化街道窑头示范村，8个农村创业项目已运营。除多肉养殖项目，入驻公社的一米恬园、苏安优农等企业也陆续推出格桑寐、养生茶等特色养生农产品项目，不仅在美丽乡村实体店销售，还开通网络销售平台。此外，格桑众创公社还将定期举办创业培训、项目发布会、创客分享会，通过政策鼓励和要素支持，调动更多有志青年参与农村创业，把乡村旅游、农产品和市场资本有机结合，推动农村经济发展。

全区首家农业电商产业园落户　2016年12月，南京市（江宁）农业电商产业园落户淳化街道青龙社区。该产业园项目是按照“企业主体、政府推动、市场运作、合作共赢”原则，一方面通过引进知名电商，打造具有影响力的商务平台；另一方面，通过建设电商孵化基地体系，提供一系列专业综合电商服务，开发新的电商平台、孵化电商企业，构建政策扶持、人才培训、平台服务、孵化培育、公共物流等一体化的服务模块，补充电子商务生态链，带动全区农产品上行，打造江宁农产品品牌。产业园是一个集办公、仓储、物流及配送功能于一体的综合性园区，占地面积6000平方米。建成后不仅可容纳40余家电商企业，入驻园区企业还可以通过资源整合与信息分享，构建一个系统化的农产品电子商务销售网络，形成区域品牌，进行深度推广。（宁 鉴）

淳化街道负责人名录

党工委书记 张玉力（12月免）
副 书 记 端 俊（5月免）
　　王伟军
　　孙 军（5月免）
　　李善岭（7月任）
　　王学军
　　曹明圣（5月任）
人大工委主任
　　高运富
副 主 任 史昌才
　　陈 华（11月免）
办事处主任 端 俊（5月免）
　　王伟军（7月任）
副 主 任 谢 清
　　曹明圣（7月免）
　　秦 挺
　　何 勇
　　马明兰（女）
　　陈善超
　　张兴成（7月任）
政协工委主任
　　孙 军（8月免）
　　李善岭（7月任）

2016年淳化街道主要经济社会指标表

表35

指 标	单 位	数 值	比2015年（±%）
年末总户数	户	57457	0.06
年末总人口（户籍人口）	人	172297	0.02
人口出生率	‰	17.17	1.53
人口自然增长率	‰	12.86	2.36
耕地面积	公顷	4743	—
地区生产总值	万元	549724	8.22
规模企业工业总产值	万元	219604	5.81
一般公共预算收入	万元	26000	−17.70
固定资产投资	万元	160073	3.18
其中：工业投资	万元	60338	−20.37
实际利用外资	万美元	307	2.67
年末企业数	家	1851	8.39
企业从业人员	人	94277	4.77
农民人均纯收入	元	29900	13.68

续表

指 标	单 位	数 值	比 2015 年（±%）
各类科技人员	人	4326	3.99
中小学校	所	4	—
公共体育设施面积	平方米	5680	10.72
公共文化设施面积	平方米	3160	9.60
互联网上网用户	户	66540	4.68
参加农村养老保险	人	127749	−12.37
参加农村新型合作医疗	人	38265	−9.73
城镇建成区面积	公顷	650	—
城镇建成区绿化面积	公顷	267	5.24
城镇建成区总人口	人	39883	3.09
集贸市场成交额	万元	601200	8.38

2016年淳化街道村（社区）基本情况表

表 36

村（社区）	户数（户）	人口（人）	耕地面积（公顷）	人均纯收入（元）	党（总）支部书记	村（社区）委会主任
淳化	3401	8547	80	30239	毛卫东　陈荣胜	马玉虎　宫克勇
青龙	1086	3422	291	30427	张映怀	王春林
青山	1216	3940	305	30288	刘金萍	宋　明　刘金萍
索墅	1114	3325	281	30142	张德祥	李　龙
吴墅	927	2999	296	30260	赵　冬　周如海	梁民强
田园	766	2578	228	29243	陈　亮	李　勃
双岗	984	3341	224	28961	陈荣胜　李顺平	李　杰
土桥	1103	3920	84	29839	周建国	周建国　张　军

续表

村（社区）	户数（户）	人口（人）	耕地面积（公顷）	人均纯收入（元）	党（总）支部书记	村（社区）委会主任
新兴	1301	4186	334	29211	蔡正明	王巧生
周郎	743	2465	225	29332	刘义刚	许杭杭
滨淮	869	2802	260	29107	许信圣	许信圣
民主	1145	3884	516	26678	任华山　薛　伟	任华山　王本辉
周子	894	3071	292	28233	孙孝渊	孙孝渊　陶敬富
西埠	925	2510	234	28058	万兴跃	陈敏余
西城	1169	4108	449	29268	任照云　王　伟	朱从彬　许定贵
柏墅	901	2546	190	29217	王　伟　翁冬祥	王冬青　翁冬祥
茶岗	832	3107	244	30184	陈广庆　赵　冬	陈民泉　笪　进
横岭	2624	8625	—	35759	姚　为	王顺生　张昌龙
杨村	2396	6904	—	30671	姚　为　施　俊	杜文财　齐　平
方山	2401	7422	—	30981	叶正华　徐颂波	李正勇
成山	3395	10015	—	—	易兴华	王有军
桥头	3806	9956	—	—	杨　立	王　军
陵里	5679	16854	—	31218	段文亮　朱晓晨	朱晓晨　侯本俊
王墅	2634	9287	—	36716	严广忠　孔祥宝	汤长根　王以前
永宁	865	10130	—	31124	严广忠	王维生
解溪	1404	4007	—	30667	赵业宝	王家琪　吕荣宏
新华	532	1889	—	30360	李小彬　李存祥	李存祥　宫　明
科苑	7472	24430	—	—	王　澄	张　俊
新林	528	1880	209	30184	齐　林	邹文焕　李顺兵
大学城	—	—	—	—	—	杨　胜

（李　亮　陶　静　陈银虎）

禄口街道

概　况　禄口街道位处江宁区南部，南与溧水区接壤，东与湖熟、北与秣陵、西与横溪街道相邻，为南京禄口国际机场所在地、南京空港经济枢纽区核心区域。总面积164平方公里，下辖30个村（社区），户籍人口8.57万人。禄口街道山水相宜，环境优美，自然资源丰富，历史人文资源璀璨。交通便捷，得天独厚，机场高速、S1轻轨、宁马高速、汤铜公路、宁高公路、宁溧公路、243省道穿境而过。2016年，禄口街道紧扣区委、区政府决策部署，深入践行“五大发展理念”，紧扣“三大主题年”活动，抢抓托管联动机遇，着力调结构、抓转型、促改革、惠民生，推动经济社会发展实现“二次腾飞”，完成年度各项目标任务。全年完成地区生产总值70.57亿元，一般公共预算收入3.99亿元，规模以上工业总产值33.42亿元，全社会固定资产投资16.6亿元，地方外贸出口值1.3亿元。

产业质效提升　2016年，禄口街道围绕省党代会提出的“两聚一高”发展思路，聚焦重点项目，向创新要动力，向存量要效益。强化科技创新驱动，全年授权发明专利32件，企业参与制定国家行业标准2项；实施产学研合作项目5项，完成高新技术产业产值20亿元；新引进天固科技、永乐旅游2个亿元以上内资项目；禄口创智园创建成市级众创空间，入驻科创人才22人，其中“321”人才4人、“创聚工程”3人。聚焦重点项目拉动，6个区属重大产业项目全部开工，完成投资4.95亿元。其中，平安消防器材总部研发中心项目3栋研发楼、中试楼主体竣工；瑞金建设2万平方米住宅产业化生产线车间建成，部分设备到位；艾瑞斯、万港物流等3个总面积10公顷闲置地块实现嫁接盘活；赛达机械五轴航空叶片等重点项目加快二期扩建；新增清洁生产型企业2家，关闭落后产能企业2家。

“华龙一号”5t服务小车通过鉴定　2016年11月26日，中国核能行业协会在南京市组织召开由南京神天起重机械设备有限公司、大连华锐重工集团股份有限公司、中国中原对外工程有限公司合作研制的“华龙一号”反应堆厂房环吊5t服务小车（电动葫芦）样机研制技术成果鉴定会。鉴定委员会在听取研制单位研制报告，考察生产车间和试验台架，查看产品样机，查阅相关技术资料后认为，该成果拥有完全自主知识产权，填补国内空白，并达到国外同类产品先进水平，具有良好的社会效益和经济效益，还可推广到其他核工程，以及军工等安全性能要求高的行业，具有广阔的应用前景。

城市基础设施建设　2016年，禄口街道加大投入，加快城乡建设步伐。30个区重点城建项目完成投资2.2亿元，S340、将军大道、滨淮大道禄口段完成拆迁，拆迁面积2.2万平方米；完成12条24.8公里农路升级和1座危桥改造工程。3个社区卫生室建成并投入使用，禄口中学易址重建工程完成招投标，投资9000万元的禄口卫生服务中心门诊综合楼重建工程进入招标程序。成教中心、文体中心易址新建工程进场开工，投资1.3亿元。成功挂牌2个地块、出让面积4.4公顷；2个拟挂牌出让面积10.7公顷地块已在南京市土地市场网预公告。

水利工程建设与管理　2016年，禄口街道实施并完成区级团结河左岸尚洪段、石埝段堤防消险工程，坝车子涵、团结河中心沟控制涵、徒 老圩涵拆建工程，拆除废弃泵站2座等；实施并完成市级一干河小魏庄段、三干河石埝村至曹家湾段、三干河埂方段堤身防渗处理工程。启动驻驾山水库和排驾口水库大坝防渗处理工程建设，概算投资543.79万元。投资835.73万元，实施水利建设工程（第一批）项目，主要包括哪吒河堤防加固、堤顶道路工程，黄连涣撇洪沟整治工程，内官庄排水沟整治工程，西庄水库溢洪道维修工程等。全年清淤河塘98面、54.49万立方米，加强溧塘、驻驾山、排驾口、回龙坳4座小型水库杂草清除、管养和白蚁防治工作，累计清除杂草35.86万平方米，投放蚁药324包。开展一干河、团结河、溧水河和横溪河部分段堤防达标创建工作，23座外河穿堤涵闸进行维修，堤防累计清除杂草36.9公里、82.63万平方米。“中央财政统筹”用于农田水利设施日常维护支出项目驻驾山片区和彭福片区农田水利设施维护工程，完成总工程量的70%。

安全生产　2016年，禄口街道完善“党政同责、一岗双责”的安全管理组织架构，形成一把手负总责，一级抓一级，层层抓落实的安全生产工作格局。建立村（社区）、部门、企业安监

QQ管理平台，形成纵向到底、横向到边的网格化安全管理网络体系。完成技改企业职业健康基础建设3家、安全评价11家，小微企业安全生产标准化建设14家、二级标准化1家，企业安全生产标准化延期换证29家。组织开展安全隐患整治专项行动，组织检查266次，出动检查人员700人次，检查各类场所640家，发现安全隐患518处，完成整改501处，整改率97%。推行政府购买服务，60家重点企业分别与江苏三联安全评价咨询有限公司和江苏省安康安全技术服务有限公司签订服务协议，其他工业企业、网吧、餐饮场所和燃气等行业常年聘请专家参与安全检查，提高安全监管水平，降低安全事故发生。

环境整治　2016年，禄口街道实施17个自然村“千百工程”环境整治工程建设，完成投资1850万元，建成示范村2家、重点村3家。集镇11.47公里污水管网建设完成招投标并进场施工，累计铺设污水管网107公里，拥有污水处理设施26套。开展城乡环境综合整治百日行动和水质断面达标、畜禽养殖、黑臭河流等十大专项整治，拆除禁养区内养殖场3家，关闭非禁养区养殖场22家，整改养殖场6家，清理生猪1.3万头，围网养殖清理65户。水美乡村水荆墅被国家民委评为全国少数民族特色村寨，禄口街道通过南京国家卫生城市和国家卫生街道复审。

民生工作　2016年，禄口街道进一步优化社会治理方式，建成全区首家法治广场，完成143处电子监控“村村通”建设，实现集镇、村（社区）主要道口、重要场所治安监控全覆盖。实施街道便民服务中心改造升级工程，并创建为区“优质服务窗口”。办好民生实事，全年新增城镇就业1750人，农村劳动力转移1355人次；完成222户精准扶贫、精准脱贫任务，农村危房改造13户。40多个自然村新安装路灯1356盏，4122套拆迁安置房加快“两证”办理。推进200公顷高标准农田建设，创成省级家庭农场2家、市级家庭农场4家、区级家庭农场2家，完成土地确权登记颁证。禄口街道敬老院实有床位318张，集中供养五保老人252人，集中供养率58%；分散供养183人。投入142万元，实施禄口、铜山敬老院维修改造和配套设施建设。

社会救助　2016年，禄口街道对城乡最低生活保障人员入册、复核、退保等进行审核，对村（社区）公示情况定期开展摸底抽查和信息比对，不断完善动态管理机制。现有城乡居民最低保障户1101户，救助人口1769人，全年发放保障金1305.1万元。对低保户和低保边缘户两类特殊困难群体实行医疗再救助，救助156万元。4月起，在册的1755人次低保救助对象和54名低保边缘认定对象均可享受医疗二次救助，所有持农村合作医疗卡救助对象均可在区属医院直接刷卡报销医疗费用，报销比例由70%提高到85%，上不封顶。对城镇无生活来源、无劳动能力、无法定抚养义务人的“三无”人员进行救助，按低保标准的1.5倍发放。对因病、因灾、因学造成生活临时困难群体进行救助，发放救助金76.8万元，救助临时特困人员1369人次。春节期间，对各类民政对象进行慰问，发放慰问金227万元。

百利广场开业运营　2016年年初，禄口街道百利广场建成运营。该项目于禄口街道来凤路以东、茅亭路以北，用地面积18571平方米，建设用地16660平方米。百利广场定位为高品质社区，4栋现代风格建筑新颖时

2016年12月，禄口街道便民服务中心实施升级改造工程。图为工作人员指导群众操作服务系统　　区新闻中心　供稿

尚，集居住、办公、酒店、餐饮、购物等多种功能于一体，包括商业、办公、公寓住宅三大部分。百利广场采用全新商业经营模式，引入知名商超、酒店、连锁餐饮等品牌，华润苏果、肯德基、幸福蓝海影城、蓝湾咖啡、汉庭连锁酒店等大型知名品牌签约入驻。

（张庆祥）

首家街道法治文化广场建成

2016年3月，禄口街道法治文化广场建成，成为全区首个街道法治文化广场。该广场分为宪法与依法治国区、青少年法治互动区、市民学法区、法治文化大舞台、法治的脚步、法治长廊等6个区域。新建的法治文化广场，周边覆盖拆迁安置小区永新公寓、禄口第二小学、永新幼儿园等，人流量较大，是群众休闲聚集地。

南京综保区（江宁）与皮草小镇合作签约　2016年7月26日，南京综合保税区（江宁）管理局与南京禄口皮草小镇开发运营方南京中铁二局置业发展有限公司、四川出口创汇30强企业西澳集团签订战略合作协议。南京综保区（江宁）将充分利用综合保税区平台优势，助力禄口皮草小镇建立国际销售网络，推动与国际品牌快速接轨。南京禄口皮草小镇由中铁二局集团投资，南京中铁二局置业发展有限公司开发运营，总占地面积20.9公顷，一期建成。小镇定位为集批发零售、产品研发、文化休闲、旅游购物、美食餐饮、信息发布、物流配送、服装展示等多功能于一体的商业地产，并最终建设成集产品设计、产品展示、品牌体验、营销管理、产品销售等一条龙的总部基地，打造世界中高档裘皮产品的批发零售营销总部基地。根据协议，将合作成立皮草产业园，南京综保区（江宁）为入驻企业提供货物代理进出口、报关报检、保税仓配物流、电商代运营、电商营销等一站式服务，促进皮草小镇与国际皮草业合作，实现互利合作，共同发展。

“抽刀”技艺在敦煌文博会展演

2016年9月，在首届丝绸之路（敦煌）国际文化博览会上，禄口“伊斯特”皮草小镇作为大学生创新创业项目路演活动（敦煌站）的受邀单位，参加非物质文化遗产青少年展演活动，并选派第四届禄口国际皮草嘉年华“皮草文化创意大赛”的获奖选手参加表演。此次敦煌文博会分四大展区、33个专题展览，展示60多个国家8000多件展品，其中包括禄口皮草人的“抽刀”技艺。活动现场，选手们展示系列皮草创意生活产品，并演示禄口皮草精湛的“抽刀”制作技艺。“抽刀”就是将原皮依成衣的需要，切割成0.5厘米左右的毛条，拼接成片，长度增加，宽度缩小。完成后，成衣外观流畅自然，丝毫不见拼接痕迹。据悉，“抽刀”技艺是禄口皮草的工艺之魂，也是禄口皮草匠人立足于世界的最核心技术，2013年“抽刀”技艺被列为南京市非物质文化遗产代表性名录，2015年被列为江苏省非物质文化遗产代表性名录。

2016中国国际裘皮年会举行

2016年11月7日，由禄口街道等单位主办的“2016中国国际裘皮年会”举行，世界各地的皮草界专家聚首江宁，畅谈皮草行业发展，并“把脉”禄口皮草小镇建设。是年，禄口皮草加速融入世界皮草产业体系中，与日本、意大利、法国、美国、俄罗斯、韩国等国家的皮草服饰生产、销售商建立密切合作关系。该街道现有皮草从业人员约3万人，2015年皮草交易量35万件，交易额26亿元。

（宁　鉴）

禄口街道负责人名录

党工委书记　万振华
副 书 记　杨大鸿
　　　　　焦克双
　　　　　王才权（3月免）
　　　　　姚小荣（女）
　　　　　张晓华（5月任）
人大工委主任
　　　　　蔡中生（8月任）
副 主 任　谢能喜
办事处主任　杨大鸿
副 主 任　蔡中生（7月免）
　　　　　张晓冬（女）
　　　　　张　兵
　　　　　孙　兵
　　　　　高　敏（女）
　　　　　汪　强
　　　　　祁明春（8月免）
政协工委主任
　　　　　王才权（6月免）
　　　　　张晓华（6月任）

2016年禄口街道主要经济社会指标表

表 37

指 标	单 位	数 值	比 2015 年（±%）
年末总户数	户	31163	6.50
年末总人口（户籍人口）	人	85692	1.60
人口出生率	‰	13.78	29.40
人口自然增长率	‰	7.72	98.50
耕地面积	公顷	2667	−19.20
地区生产总值	万元	705731	12.30
规模企业工业总产值	万元	334213	1.00
一般公共预算收入	万元	39944	−14.60
固定资产投资	万元	166066	8.30
其中：工业投资	万元	80010	−0.20
实际利用外资	万美元	315	−38.00
年末企业数	家	1030	5.00
企业从业人员	人	33201	−24.10
农民人均纯收入	元	26862	13.00
各类科技人员	人	1766	2.00
中小学校	所	5	25.00
公共体育设施面积	平方米	22268	—
公共文化设施面积	平方米	20771	—
互联网上网用户	户	24805	7.40
参加农村养老保险	人	46066	−21.40
参加农村新型合作医疗	人	43870	−0.20
城镇建成区面积	公顷	1353	—
城镇建成区绿化面积	公顷	499	0.20
城镇建成区人口	人	67510	1.50
集贸市场成交额	万元	234000	42.70

2016年禄口街道村（社区）基本情况表

表 38

村（社区）	户数（户）	人口（人）	耕地面积（公顷）	人均纯收入（元）	党（总）支部书记	村（社区）委会主任
杨树湾	476	1265	113	26517	朱东海	朱东海（代）　周　杰
成功	806	2508	209	26575	徐建华	王贤海　李海云
张桥	1160	3171	250	26520	张　洋	朱　磊（代）　刘　钧
马铺	605	1735	133	26532	袁　璟	丁长保　朱大军
陆纲	1592	4087	—	26537	程传明	程传明　陶孝全
永兴	763	2142	—	26516	刘其斌	经小平
山塘	628	1947	—	26515	熊福胜　汪　强	周正权　陶象成
群力	792	2241	—	26543	陶文龙	张有云
陶东	1290	3750	—	26593	熊福胜　孙　兵	邢时富　王卫才
钟村	907	2529	—	26537	邓迎宝	邓迎宝
上穆	849	2576	150	26519	董明财	董明财　朱　祥
新生	665	2105	—	26542	张禄康	陶象东
高伏	711	2014	—	26545	陈金龙	王胜军
秦村	1167	3320	—	26538	王益强	陶崇山
黄桥	1484	4153	239	26531	俞有浩	张祥海
谢村	982	3216	194	26533	周敦勇	周心刚
桑园	736	2525	152	26628	业雪亮　陈　文	尹小海
陈巷	832	2626	221	26354	方泽林　张　兵	陈　文　方　雯
徒墶	749	2640	117	26526	王固文	陈元真　程本里
尚洪	1012	3130	144	26584	张大庆	迟家才
石埝	1130	3887	279	26616	张小宝	翟存宝
小彭	1302	4297	398	26619	周兴发　周龙宝	周龙宝　王化荣
彭福	424	1395	106	26639	沈庆喜	戈　彬
曹村	681	2268	195	26565	周向阳	王洽青
埂方	556	1861	136	26512	徐传亮	陈长盛
溧塘	704	2113	164	26524	阮灿树	袁本宽　潘浏昀
茅亭	3249	2783	—	26506	梅　俊　邵金荣	张金熬
白云路	774	2146	—	—	周文静	仇春喜　马　俊
机场	849	2576	—	—	徐世安　邓小国	邓小国
铜山	1032	2320	—	—	方在林	方在林　曹小龙

（张庆祥）

江宁街道

概　况　江宁街道位于南京西南部，地处皖江城市带交接处，北靠南京主城、西濒长江，南与马鞍山接壤，东临东山副城，是万里长江流经江苏境内的第一站。区域总面积262平方公里，下辖22个村（社区），户籍人口9.14万人，境内有省级滨江开发区和江南环保产业园，宝钢与马钢位依南北两侧，距禄口国际机场20公里，宁马高速、宁安城际、宁芜铁路、205国道、汤铜公路、旅游大道、牛首大道穿境而过，境内长江岸线20公里，其中深水岸线6公里，资源丰富。江宁街道生态腹地广阔，是南京市美丽乡村建设示范区，蒋门山、白头山、洪幕山郁郁葱葱，牛首云台生态廊道、皖南山脉两翼拥抱，江宁河穿境而过，黄龙岘茶文化村、朱门人家、南山湖旅游度假区、雁南飞生态观光园、六顺农业园、花塘红楼旅游特色村、神山头遗址公园，朵朵“金花”竞相开放。2016年，江宁街道围绕“四个全面”战略布局，扎实推进经济社会各项事业健康平稳发展。全年完成地区生产总值33.95亿元，比2015年增长9.2%；公共财政预算收入2.87亿元，下降4.22%；全社会固定资产投资21.68亿元，增长7.5%；规模以上工业总产值27.34亿元，增长7.4%；外贸出口3021万美元，增长19.4%。

重点产业项目建设　2016年，江宁街道有区级转型升级重大产业项目7个，其中实施类4个、储备类3个，3个建成投产，当年完成投资4亿元。激活转型企业4家、淘汰落后产能企业4家，盘活闲置用地5.4公顷。“金洽会”期间，成功与平安集团签约，投资30亿元的南京平安综合产业园项目落户。全国改革发展试点取得突破，出台《江宁街道全国改革发展试点小城镇建设实施方案》，与中铁集团合作，创新实施江宁集镇棚户区改造PPP合作项目，并签订投资36亿元的战略合作协议。率先启动大山伏来地块的整体开发，完成原香颂地产一期项目，该项目占地5.3万平方米，建筑面积13.9万平方米。

现代农业发展　2016年，江宁街道把确保农产品质量安全作为现代农业发展的重要抓手，协助上级相关部门取样11次、60个样，组织农资销售市场检查12次、豆芽加工点检查7次。认证无公害葡萄4公顷，“三品”认证总面积9958.3公顷，其中绿色食品23.3公顷，有机食品210.9公顷，无公害9724公顷，“三品”农产品总产量59893.15吨。先后组织开展和参加上级组织的新型职业农民培训（茶叶、蔬菜、经济林果、农作物栽培、植保员、水产畜禽养殖、农艺工、信息员）、专业技能培训等22场次，其中街道农业服务中心组织培训4场次，培训375人次。荷花、西宁、星辉社区200公顷高标准农田完成申报、设计、评审，并进行招投标，全年农业基础设施项目总投资近3000万元。实施成片造林、村庄绿化、森林抚育、低产林改造等工程，建成绿色通道18.4公顷，森林抚育166.7公顷，建设省级村庄绿化示范村3个、区级绿化新村5个。植树节期间，与江宁医院联合在朱门社区开展植树活动。

富民惠民工程　2016年，江宁街道实现农民人均纯收入20990元，比2015年增长8.49%。举办大型招聘会2场，提供就业岗位2500个。完成合作医疗筹资4259万元，参保率100%。创建花塘、牧龙、清修等省级卫生村5个，江宁街道创建成省级卫生街道。启动铜井卫生服务中心门诊楼改

2016年6月13日，南京市副市长华静（左三）等一行20多人，到江宁街道黄龙岘电商服务中心调研美丽乡村电子商务工作，江宁街道党工委书记李国忠（左四）等陪同调研　　宁　鉴　供稿

造工程。完成农村土地确权颁证工作，有序推进安置房不动产权证办理。面积近4000平方米的江宁街道文化及社区教育服务中心基本建成。

旅游业发展　2016年，江宁街道着力打造2家区级电商服务中心，取得进展。黄龙岘电商服务中心致力于整合全街道范围的农产品资源，生产的茶干等系列产品在区域内的知名度进一步扩大，与区旅游局合作打造的“江宁礼道”也已成型。朱门电商服务中心以社区超市为载体，提供上网购物、代缴水电、快递送收等服务。以“引进来”方式，邀请市餐饮协会秘书长上门指导，为农家乐经营户送厨艺、送思路、送服务；以“走出去”方式与全区各大餐饮单位相互学习、借鉴。新增3家为农服务社，改造5家农家店，新增3家电子商务服务点、1家专业合作社。与江宁交建集团共建的龟山十二景、朱门房车营地项目投入运营，朱门金和园盆景园获评江苏省三星级乡村旅游点。

基层党建　2016年，江宁街道在“两学一做”学习教育中，组织党员干部讲党课、集中学习研讨、现场教学参观、专题走访调研等学教活动360余场次，组织党务干部赴井冈山举办专题培训2期。党员干部问题清单普遍得到整改落实，其中街道领导班子成员查摆存在问题90余条。推进新铜社区“多维善治”、牌坊社区“村民自治”、南山湖社区党员经常性教育和牧龙社区“好家风示范户”评选等党建创新做法，开辟“江宁街道党员教育”微信公众号，各支部普遍建立党员QQ群、微信群等“两微一媒”互联宣传阵地，党员教育实现经常化、制度化。做好省、市相关人才项目申报工作，帮助企业解决注册运营中实际困难4件，1名人才企业主营业务收入1488万元，培养优质孵化企业1家，人才创办企业正常运营率100%。

生态文明建设　2016年，江宁街道对辖区内9家建设工地采取扬尘控制措施，并实行“一企一档”，达到区考核标准。全街道夏、秋两季农作物种植总面积1.1万公顷，实现秸秆禁烧“零火点”。1家佳洁化强制性企业实行清洁化生产，南京高立机械工程有限公司VOCs废气收集处理专项治理分别通过区级验收。投资120万元，对江宁北河采用微生物法治理。铜井、陆郎污水处理厂正常运转并实现达标排放，同时投入50万元对陆郎污水处理厂进行预处理工艺改造、在线监控安装、污泥处置设备安装及厂房维修改造。投资1500万元，铺设江宁集镇南部片区2.5公里污水主干管、陆郎集镇0.6公里污水主干管、铜井污水处理厂至滨江丽水大街1.2公里污水压力管道。投入1000余万元，分别在8个村（社区）的11个工业集中区实施污水管网和污水处理设施建设，连片整治建设村级污水处理设施39套，实现运维托管达标排放。

安全生产　2016年，江宁街道组织开展“安全生产月”活动，聘请安全中介机构对118家高危和相关行业企业实行安全生产专业技术检查服务外包工作。对280家企业安全管理人员进行安全技能培训，组织22个村（社区）和245家企业主要负责人参加安全生产知识教育培训。全年排查各类企业和单位276家，其中危险化学品生产企业2家、危险化学品经营（储存）企业1家、学校9家、餐饮场所32家、医院3家，港区码头1家、燃气经营单位1家，排查出安全隐患26处，并由主管部门责令停产停业、限期整改。督促企业落实智慧安监平台企业端责任人，及时在平台注册并登录使用平台，智慧安监已注册企业351家，登录使用率90%以上。

环境综合整治　2016年，江宁街道根据国家卫生城市复审迎检工作要求，对辖区内4家农贸市场进行改造提升，出新墙面和摊位立面，统一更换消防设施，对下水道进行疏通清淤，清除市场内各类乱牵乱挂39处、安全通道内乱堆乱放43处，清理卫生死角38处，清理垃圾4吨，并合理设置摊位，实行干湿分区、生熟分区等。对集镇6个公厕进行自查整改，出新内外墙面，检修冲洗设施，配足保洁人员，确保全天候保洁，实现干净整洁无异味。将网格化巡查机制与“门前三包”责任制执法相结合，以“门前三包”涉及路段为单元网格，以路段巡查管理人员为支点实行范围管控，通过日常巡查及时发现问题，并督促商户及时整改到位。全年办理违反“门前三包”责任规定一般程序案件8起，罚款130元，为新增商户补签“门前三包”责任书149份，“门前三包”责任书签订总数1593份。以背街小巷、学校周边、集镇农贸市场等地为重点，坚持疏堵结合，规范发展，引导小摊贩入市经营、规范经营，坚决取缔无证经营的流动摊点。清理占道经营39处，清除流动摊点76处，规范整治倚门出摊156处。根据“减量治乱、调整置换、出新提档、规范有序”的原则，对集镇范围内以及

205国道、正方大道、汤铜路等路段不符合户外广告、店招店牌设置规划和严重影响市容环境的各类户外广告、店招店牌进行综合整治，累计拆除、出新27处。在陆郎集镇主要道路增设6处监控探头，在神山路路段新增标线停车位99个，在农贸市场周边区域、重点密集路段等处加派管理人员，引导车辆有序规范停放，违章停车抓拍与人员现场管理双管齐下，缓解停车难。

依法治街 2016年，江宁街道根据全区统一部署和要求，实施百日专项整治行动。通过治安消防检查，强化流动人口服务管理和街面治安巡逻防范，深入开展治安防范宣传等，重点地区和突出治安问题得到改善。期间，共投入专业警力140人次，群防群治人员1140人次，平安志愿者3265人次，查处各类侵财性案件350起，破获129起。整治治安重点地区3处，排查整治各类治安突出问题76起。建立以交警管线、派出所管片、驻村民警管点、群防群治队伍看家护院协助治安防范的立体防控体系，辖区3个派出所均组建专门的治安巡防队伍，配备辅警，实行24小时一线巡逻。在每个巡区配备警摩，做到巡逻防范全时空、全覆盖、无死角，各派出所还在重点地区、单位、企业等位置设置必巡点50余处；治安所长和治安民警不定期开展监督检查，确保治安巡逻到位。全年调处各类矛盾纠纷540余起，接待群众来访10批次、100余人次，化解善龙服饰、青田家具、陆郎西山、洪幕河道污染等群体性矛盾纠纷10多起。定期开展综治和平安宣传活动，先后在陆郎集镇、盛江花苑、江宁农贸市场、新铜花苑等地开展宣传活动10余场，发放平安创建、防盗防诈骗等各类宣传册、宣传单5000余份，悬挂横幅20余条，展出展板20块，接受群众咨询1000余人次。

食品安全 2016年，江宁街道利用节假日对食品生产经营单位进行联合执法检查，出动检查人员90人次、执法车辆15车次，检查旅游景区4家，食品生产加工单位10家，大型超市12家，餐饮服务单位20家，大型农贸市场3家，重点检查企业生产经营场所卫生状况、从业人员健康证明、索证索票台账、原料进货及生产相关记录、销售等情况，对检查中发现的食品安全隐患落实整改措施。同时，对14所中小学、幼儿园食堂，校园周边超市、餐饮逐一进行检查，重点检查学校食堂食品原料索证索票、食品留样、食品贮存、食品加工过程、餐饮具清洗消毒、从业人员健康管理等关键环节，严控风险隐患。对检查中发现的一些饭店操作间环境卫生差、食品经营店台账不健全等问题，相关职能部门对其发出整改通知，要求限期整改。

生育服务 2016年，江宁街道落实区生育服务登记制度，生育登记信息系统正常运行，完成生育登记598人。做好拟孕对象的摸底调查以及出生缺陷与孕前优生健康检查，向群众发放指导手册2000册，为268对待孕夫妇提供免费孕前优生健康检查。依托街道、村（社区）两级人口家庭公共服务体系，开展健康知识普及活动，规范提供避孕节育技术服务，避孕节育知情选择率、随访服务率99%以上。规范药具不良反应监测工作，监测上报药具不良反应40例，避孕药具随访5394人次，免费发放避孕药具5417人次，在外来人口居住集中地投放智能避孕套发放机3台，计划生育药具服务率99%以上。全年发放0～14周岁独生子女父母奖励金90万元；享受独生子女农村奖励1468人，发放扶助金134.8万元；享受独生子女伤残、死亡扶助117人，发放扶助金73万元；享受独生子女疾病、残疾公益金67人，发放公益金12.6万元；享受城镇下岗待业独生子女父母奖励金1285人，发放奖励金7.71万元；享受企业职工一次性奖励70人，发放奖励金25万元；享受城镇非从业一次性奖励30人，发放奖励金10.8万元。作为全国流动人口卫生计生动态监测调查街道，叶村、南山湖2个社区作为属地具体监测点，完成国家流动人口动态检测样本点调查工作。通过举办培训班、主题讲座，制作和发放宣传品，开展关爱流动人口主题宣传服务活动等形式，普及政策法规以及优生优育、生殖健康科普知识，助推宣传教育服务均等化。关怀计划生育特殊困难家庭，落实计划生育特殊家庭联系人制度，建立街道、村（社区）两级联系人工作网络，为每个计生特殊家庭确定“双岗”联系人，及时了解联系对象的身体状况、精神状态和利益诉求，帮助协调解决联系对象的突出困难和问题。至年末，全街道105户计生特殊家庭的信息已全部录入“全国特殊家庭基本信息档案管理系统”。

法制宣传教育 2016年，江宁街道联合司法所定期开展送法进村（社区）、进企业、进校园活动，通过散发宣传单、悬挂横幅、橱窗以及法律咨询等形式，广泛开展法治宣传活动，增强群众的法治意识、法制观念。全年开展各类宣传活动12场次，散发各类宣传单、宣传册5000余份。街道及22个村（社区）设置固定宣传栏30余处，清修社区在创建国家级法治民主社区建设中，建立法治文化墙10面，并设立近100平方米的村级展览室。

（张　娟）

黄龙岘获3项市级荣誉　2016年1月，由市农委、文明办、旅游委、南京广播电视集团联合主办的“2015南京休闲农业与最美休闲村镇”活动评选结果揭晓，江宁街道黄龙岘茶文化旅游村入选“十大最具人气休闲农业景点”“十大原生态休闲农业景点”，生产的黄龙岘绿茶也入选“十大最受欢迎休闲农副产品”。自2013年5月开业以后，黄龙岘茶文化旅游村凭借优美的山水自然风光、丰厚的茶文化底蕴、完善的旅游配套设施、规范温馨的服务，成为南京及周边乡村和生态旅游首选地。不仅如此，还整合相关资源，将美丽乡村串点成线、由线到面地铺开，以黄龙岘茶文化旅游村为核心的110平方公里西部美丽乡村片区已建成，28.4公里的西部生态旅游循环线串联整个片区，沿途的14个主题突出、特色鲜明的驿站及6处景观节点为游客提供旅游途中全方位的服务，初步形成江宁西部片区“乡村游”慢度文化品牌集群。

黄龙岘入选全国美丽宜居示范村庄　2016年2月，住房和城乡建设部公布全国第三批美丽宜居小镇、美丽宜居村庄示范名单，江宁街道黄龙岘茶文化旅游村作为南京唯一入选村庄，在全国入选的79个美丽宜居示范村庄中名列前茅。这已是黄龙岘茶文化旅游村获得的第四个国家级荣誉，此前，该村还获得“中国最美休闲乡村”“中国乡村旅游模范村”“中国乡村旅游金牌农家乐”等荣誉。

黄龙岘糖画入围江苏最具特色年味元素　2016年1月，由省旅游局主办，各市旅游局（委）协办，江苏旅游新媒体平台执行并通过“畅游江苏”旅游资讯网、“江苏微旅游”官方微信和官方微博同时发布的江苏最具特色年味元素网络评选活动举办，江宁街道黄龙岘茶文化旅游村糖画入围，成为全区唯一入选的年味元素。糖画，也叫作糖作画，民间也有“倒糖饼儿”“糖等影”等称呼，起源于明代的“糖丞相”，距今已有400多年历史。除历史久远，糖画制作过程及丰富的展现形式，展示民间文化观念和民众的理想愿望。在黄龙岘茶文化风情街上，每逢节假日，就有糖画艺人制作糖画，游客可以通过转盘选择图案，十二生肖、鸟兽鱼虫、文字、龙凤呈祥等图案惟妙惟肖，选中后糖画艺人现场制作。

新铜打造全市首家社区健康城　2016年3月，江宁街道新铜社区与南京三槐养老投资有限公司签约，共同打造全市首家社区健康城，将养老院、居家养老中心、医疗康复、农副产品市场、培训健身等融入健康城，为辖区百姓提供全方位服务。健康城占地面积1.5万平方米，其中居家养老中心5000平方米，提供150个床位，采用公寓式养老模式，根据老人生命周期不同阶段需求，由专业人员提供康复、医疗、休闲等个性化服务，让老年人在家门口安享天年。

美丽乡村童趣部落建成　2016年6月1日，位于黄龙岘茶文化旅游村游客服务中心东北方向的童趣部落建成并对外开放。童趣部落园内开设项目有儿童碰碰车、儿童蹦床、过草涵洞，并将原有的儿童挖机、斗牛机移至场内，后期还将引进安装旋转木马项目，并设有卖品部、木桥、观景台，形成一个综合性小型游乐场所。园内布置了原木藤条昆虫地景、卡通人物塑像等，使得整个童趣部落色彩靓丽，增添趣味性。

全区首家街道总工会成立　2016年5月31日，江宁街道率先在全区成立街道总工会，区领导孟向前为江宁街道总工会揭牌。新成立的街道总工会健全组织机构，明确职责任务，并以“四个一”（即1名主席，1名专职副主席，1名工会干事，1名社会化职业化工会工作者）为基本模式配备干部，定人定岗，更好地为职工服务，帮助职工排忧解难。

“龟山十二景”开建　2016年9月，西部美丽乡村片区提档升级工程之一的“龟山十二景”开工建设。“龟山十二景”也称“晏湖十二景”，位于黄龙岘茶文化旅游村入口区，紧邻晏湖驿站。此次开工建设的“龟山十二景”整体面积32公顷，建设内容主要包括对晏湖周边12处景观以及景观亭、水中栈道、道路、景观绿化等。在工程建设过程中，将在构建环晏湖电瓶车游览道路，打造完整的晏湖景区环水观光体系的基础上，串联起先行改造完成的滨水景观，同时构筑龟山核心景观，重点打造晏公遗风、松林归隐、龟岛渔埠、杉林探秘、绿野仙踪径等12处景观节点，努力以最小的干预、最原生态的设计手法，保留龟山岛原生态风貌。

黄龙岘村成为十大年味元素景点 2016年9月，江宁街道黄龙岘茶文化旅游村从众多参赛单位中脱颖而出，成为江宁区唯一获评“2016年江苏十大年味元素”景点。省旅游局此次评比出10个具有代表性的“2016年江苏十大年味元素”，南京有4个景点获此荣誉。黄龙岘茶文化村在开发建设中，不仅保留当地原始的山水风貌，还大力挖掘和培养独具美丽乡村特色的一批手工艺制作文化传承，通过组织开展传统糖画表演、大红灯笼展示、各式年货展销等活动，吸引大批游客前往年味十足的黄龙岘过年，体会正宗的传统乡村年味。

黄龙岘接受国家星级示范创建验收 2016年9月，由国家发改委农经司、农业部农村社会事业发展中心等单位专家组成考察组，到江宁区考察验收黄龙岘茶文化旅游村景区“2016年全国休闲农业与乡村旅游星级示范”创建工作。考察组通过实地参观、听取汇报等形式，了解黄龙岘茶文化旅游村景区休闲农业发展，一致认为景区环境优美、农业产业发展扎实、带动作用明显、创意理念新颖，创建起点较高，符合国家级休闲农业与乡村旅游五星级企业创建标准。以黄龙岘茶文化旅游村景区为核心的江宁美丽乡村西部片区依托当地得天独厚的自然农业资源和农业主导产业，促进农业资源向旅游资源转变，推动一、二、三产业融合发展，引导当地农民就地就业和创业，年接待游客超过100万人次，实现年综合收入1500万元，直接带动200多人就业。

黄龙岘农家菜获省乡村美食大赛金奖 2016年10月，“2016年江苏省乡村美食大赛”在宜兴举行，黄龙岘茶文化村景区农家菜“娘娘鸭”从169个参赛菜品中脱颖而出，获得金奖。“娘娘鸭”与黄龙岘茶文化村颇有渊源，相传是当地的姑娘为明太祖朱元璋特制的。该道菜肴选材于黄龙岘当地猪的猪蹄和麻鸭，吃这道菜的同时，抿一口黄龙岘特产龙针茶，清新解腻。

市人大对口帮扶西宁社区 2016年11月10日，市人大常委会主任陈绍泽在江宁街道主持召开对口帮扶西宁社区工作现场推进会，市委常委、区委书记李世贵和区领导祁豫玮、严应骏、刘玲、张思明参加会议。陈绍泽强调，要积极主动、不拖不推，立足当前、着眼长远，增强社区“造血”功能，实现健康可持续发展，确保高水平全面建成小康社会路上“一个不少、一户不落”，让西宁社区老百姓共享发展成果。根据《南京市“十三五”时期脱贫致富奔小康行动计划》安排，2016—2018年，市人大常委会主任陈绍泽和市人大常委会办公厅、三胞集团有限公司，对西宁社区进行挂钩帮扶。经过一系列前期调研，市人大常委会办公厅制定下发了《关于帮扶西宁社区实施方案》，明确社区现代农业发展、民生基础设施建设、美丽乡村建设3个方面11条帮扶举措，涉及南门片53.3公顷优质稻米基地、溢洪道消险工程、西宁路拓宽改造等30个项目，现推进实施的有26个项目。

黄龙岘“茶文化小镇”上线“在南京”APP 2016年11月16日，黄龙岘“茶文化小镇”IN“在南京”APP上线启动仪式在黄龙岘茶文化旅游村举行，黄龙岘“茶文化小镇”互联网平台上线“在南京”APP并投入使用。作为黄龙岘茶文化旅游村打造的智慧景区的重点工程，黄龙岘“茶文化小镇”互联网平台是黄龙岘茶文化旅游村联合南京广电集团旗下的新媒体平台——“在南京”APP，打造网络专版“移动景区”，其内容涵盖黄龙岘茶文化旅游村及其周边特色美丽乡村展示介绍、驿站查询预订、特色农产品购物等功能，将为黄龙岘茶文化的传播发挥重要作用。今后，市民足不出户，只需下载“在南京”APP，通过“本地生活”——“美丽乡村”专区——黄龙岘“茶文化小镇”，就能全面了解黄龙岘茶文化旅游村及其周边特色美丽乡村的吃、住、行、游、购、娱等方面的信息。同时，该平台整合线上线下服务和商家数据，真正实现“一点接触、全面服务”。

黄龙岘获评“南京十大最美乡村” 2016年11月，由市委农工委、市建委、市城管局、市农委、市水务局、南京报业传媒集团联合主办的“魅力南京，最美乡村”全媒体行动暨评介宣传活动之“十大最美乡村、十大特色乡村”评选活动落幕，江宁街道黄龙岘茶文化旅游村获评“南京十大最美乡村”。此次评选活动中，江宁、浦口、六合、溧水等6个区共推荐46个乡村参评，评选主要通过网络投票、专家评审等方式进行。网络投票环节，黄龙岘茶文化旅游村在9月19日至10月8日期间，获得10万多票。第二轮评审中，由业内专家和知名人士、中央及省市媒体代表、市美丽乡村建设办公室核心成员单位负责人15人组成评审委员会，根据自然生态、人文精神、经济活力、历史文化、乡村建设等5项标准进行评分，最终选出2016年南京“十大美丽乡村、十大特色乡村”。

黄龙岘获评省级创业孵化示范基地　2016年12月，江宁街道黄龙岘茶文化村景区获评“江苏省创业孵化示范基地”。黄龙岘茶文化村景区通过“以奖代补”、组织餐饮技能培训等方式，鼓励当地茶农参与景区经营，就近创业就业，拓宽致富渠道。同时，景区成立小老板创业沙龙，邀请创业导师为村民进行培训，定期与村民交流，提供创业咨询服务。是年6月，黄龙岘茶文化村景区成立全区美丽乡村示范村首家众创空间——“梦想茶社”，定期举办创客经验分享会、项目发布会、创客培训等活动，重点为无经验、无市场、无资金、无支撑的“四无”创业者解决创业难题；另一方面，景区还打造黄龙岘农村电子商务服务中心，把乡村建设与电商有机结合，结合农民和大学生创业培训指导，大力发展农村电子商务，把先进理念引进来，让特色农副产品走出去。

（宁　鉴）

江宁街道负责人名录

党工委书记　李国忠
副　书　记　庞志贵（5月免）
　　　　　　张朋芳（女）
　　　　　　俞广保
　　　　　　祁明春（5月任）
　　　　　　魏　明（5月任）
人大工委主任
　　　　　　张庆宝
副　主　任　陶德喜
办事处主任　庞志贵（5月免）
　　　　　　张朋芳（女，7月任）
副　主　任　陶国才（7月免）
　　　　　　李学兰（女）
　　　　　　魏　明（7月免）
　　　　　　许益礼（女）
　　　　　　陶著兵
　　　　　　吕昌喜
　　　　　　吴骏昌
　　　　　　施德健（7月任）
政协工委主任
　　　　　　俞广保

2016年江宁街道主要经济社会指标表

表 39

指　标	单　位	数　值	比 2015 年（±%）
年末总户数	户	29682	2.10
年末总人口（户籍人口）	人	91359	0.81
人口出生率	‰	10.29	0.89
人口自然增长率	‰	3.64	2.11
耕地面积	公顷	4995	−5.31
地区生产总值	万元	339450	9.19
规模企业工业总产值	万元	273357	7.40
公共财政预算收入	万元	28738	−4.22
固定资产投资	万元	216820	7.61
其中：工业投资	万元	121512	5.58
实际利用外资	万美元	300	—
年末企业数	家	1828	15.00
企业从业人员	人	28216	2.00
农民人均纯收入	元	20990	8.49

续表

指 标	单 位	数 值	比 2015 年（±%）
各类科技人员	人	2010	12.00
中小学校	所	6	—
公共体育实施面积	平方米	80070	2.82
公共文化实施面积	平方米	34710	143.00
互联网上网用户	户	16500	15.96
参加农村养老保险	人	29303	1.89
参加农村新型合作医疗	人	48725	−2.60
城镇建成区面积	公顷	750	—
城镇建成区绿化面积	公顷	150	—
城镇建成区总人口	人	7039	0.92
集贸市场成交额	万元	49341	4.40

2016年江宁街道村（社区）基本情况表

表 40

村（社区）	户数（户）	人口（人）	耕地面积（公顷）	人均纯收入（元）	党（总）支部书记	村（社区）委会主任
清修	1042	3700	390	25866	张兴明	陈小明
上湖	1030	3849	384	19923	钱家承	陈宗生
盛江	1859	6335	101	25696	孙家银	王宝强
司家	1076	4091	267	23885	王远成	王远成
新洲	500	1680	135	23681	高慎富	高慎富
江宁	1229	4125	207	25561	沈厚美	沈厚美
陆郎	980	3098	228	24044	—	经德富
河西	758	2332	202	23670	秦礼军	秦礼军
西宁	900	2899	341	23874	吴家平	扬师欣
荷花	1300	4295	473	22312	吴书全	吴书全
朱门	1000	3306	274	21723	吕　琳	王寿荣
大庙	800	2496	229	19821	许　杰	王　勇
牌坊	678	2090	216	21893	张　庆	王国宝
花塘	1100	3300	397	22278	朱泉贵	朱泉贵

续表

村（社区）	户数（户）	人口（人）	耕地面积（公顷）	人均纯收入（元）	党（总）支部书记	村（社区）委会主任
庙庄	696	2340	262	19935	陶　勇	张有根
新铜	2343	7470	13	25504	曹兆龙	曹兆龙
星辉	2288	6100	618	20195	赵林卫	叶长华
天然	659	2030	126	20150	黄益红	黄益红
洪幕	600	2094	242	20591	徐文宝	王德荣
南山湖	1500	5290	384	25244	侯玉华	侯玉华
牧龙	1895	6600	363	24213	储　飞	储　飞
叶村	100	240	35	20467	李兴明	李兴明

（张　娟）

谷里街道

概　况　谷里街道地处江宁区西部，东接秣陵街道，西连江宁街道，南至横溪街道，北与雨花台区板桥新城、西善桥、铁心桥接壤。境内有牛首山文化旅游区、宏觉寺、南唐二陵、郑和墓、世凹桃源、大塘金、银杏湖游乐场等著名旅游景区。区域总面积91平方公里，下辖11个村（社区），户籍人口3.88万人。2016年，谷里街道紧扣“五大发展理念”，抢抓“三区一中心”建设机遇，努力走出一条“五位一体”建设融合发展的特色之路。全年实现地区生产总值24.97亿元，比2015年增长12.6%，其中第三产业12.44亿元；地方一般预算收入5.8亿元，增长97.5%；全社会固定资产投资22.8亿元，增长21.9%；社会消费品零售额1.31亿元；实际利用外资406万美元，地方外贸出口1400万美元；规模以上工业总产值17.46亿元，工业销售利税4974万元，工业销售利润2708万元。农民人均纯收入2.18万元，增长7.1%。是年，谷里街道在全市镇街分类考核现代农业主导型镇街中，连续第五年位居第一。

现代农业发展　2016年，谷里街道继续推进世界农业科技文化园一期工程建设，建成农业物联网4万平方米、连栋大棚2.4万平方米、单体大棚2万平方米。占地面积320公顷的五国农产品展示中心项目加快建设，生态餐厅、植物工厂、蔬菜加工配送中心和物料循环中心等配套设施建设有序推进。全年新增高效农业面积180公顷、设施农业面积93.3公顷。加大职业农民培训力度，完成水产养殖技术培训及休闲农业培训7期、783人次，实施农业科技入户和基层农业技术推广190人。建成省级示范家庭农场4家、市级示范家庭农场2家。

产业项目建设　2016年，谷里街道有重大产业实施类项目5个，分别为深圳大生农业集团、江苏中砼新材料科技有限公司、南京苏缆电缆制造有限公司、南京帝鼎数控科技有限公司和南京远阔科技实业有限公司，总投资35.1亿元。当年实际投入9亿元，完成年度投资计划。

城乡统筹发展　2016年，谷里街道完成柏树、石坝片21个村庄1382户33.2万平方米的拆迁任务。南京绕越高速三板桥立交于年底通车，新建5条总长20公里农村道路，5条工业园区道路建设工程加快推进，新板霞路雨污分流工程全线贯通。“12345”工单办理考核连续42个月名列全区第一。江宁实验小学碧桂园分校建设有序进行，计划2017年开班招生。省中医院谷里分院完成选址，柏树、双塘2个社区卫生服务站启动建设。新民花苑2440套安置房办证工作完成前期手续，待土地证下发后即可开始办证。省电台复建房二期和泉塘公寓一期1095套农民安置房建成，市电台复建房项目开工建设。抓好精准扶贫和精准脱贫工作，采取设立创业就业专项资金和临时救助基金、组织技能培训、开展结对帮扶等措施，确保“一个不少、一户不落”，力争到2018年使625户低收入农户和4个欠发达村（社区）达到市级脱贫标准。

美丽乡村打造　2016年，谷里街道深入实施“千百工程”，马府院、徐家院等2个示范村通过验收，并完成2个重点村和9个一般村的整治任务。在加强农路、环保、通信、休闲服务等基础设施建设的同时，保护好谷里农村生态本底和原始自然风貌，在全市率先建成首个全域美丽乡村示范街道。严格落实“河长制”，整治疏浚河道60公里。完成绿化造林73.3公顷，村庄绿化4个，森林抚育133.3公顷。全域秸秆100%集中收储，确保秸秆禁烧“零火点”。

特色小镇建设　2016年，谷里街道以婚庆产业、休闲度假、健康养生为重点，加快大塘金香草小镇建设。已完成部分室内摄影景观、四季阳光影城和森林教堂建设，吸引120余家摄影公司进驻，年接待7万余人。建成公塘头主题民宿二期和新塘“寻蜜小镇”乡村青年创业基地，在世凹桃源举办“中华春节符号首届南京春节动漫庙会”，与牛首山、银杏湖以及大塘金等示范村串联成线，形成年300万人次的全域乡村旅游市场，“全域旅游小镇”宜居宜业宜游的特色功能日益完善。

文化教育事业　2016年，谷里街道成功申报江苏省农家书屋提升工程示范街道，创成周村、柏树、谷里、箭塘4个南京市村级综合文化服务中心，创建双塘、荆刘省四星级农家书屋2个。开展“江宁之春”系列大型文艺活动23场，街道及村（社区）文化活动110余场，送数字电影下乡136场，新打造的“谷里鼓风”节目在江宁区第四届特色文艺团队大赛上获第一名。新建箭塘孝义、张溪马府院等活动场所9处，新配套体育健身设施150余套，提升整改健身路径77个和健身点70处，基本建成街道、社区居民点“10分钟健身圈”。实施“15分钟文化圈”提升工程，新增图书1万册，启动文体中心公园建设规划。开展群众体育活动16场，获第21届南京市运动会集体跳绳项目团体一等奖。全年组织文化市场检查12次，申报南京市“七个一批”重点文化产业项目2个。

2016年10月18日，谷里街道举行2016年度江苏大众创业万众创新活动周江苏分会场暨大塘金香草小镇婚庆产业发展峰会　蒋梦炎　供稿

基层党建工作　2016年，谷里街道成立“两学一做”学习教育协调领导小组，通过召开专题业务培训会、“谷里党员驿站”微信公众号、谷里党建网、电子屏和宣传栏推送学习内容，不断营造学习氛围。围绕“党员在行动，乡村更美丽”主题，向全街道34个党组织1976名党员发放“两学一做”小书包，把发挥党员示范作用、加强基层组织建设与建设美丽乡村融为一体，将党组织建设成为引领示范村建设、服务群众的“主心骨”，使群众对基层组织服务更加满意，对基层党员干部更加信赖。多措并举，完成11个村（社区）党组织和村（居）委会换届选举，选出务实肯干、清正廉洁的基层领导班子。

（蒋梦炎）

银杏湖生态乐园元旦游客超8万　2016年元旦期间，江苏省最大的主题乐园、位于谷里街道的南京银杏湖乐园内人流如潮，3天入园游客超过8万人。银杏湖生态主题乐园坐落于环绕越休旅经济带——江宁西部美丽乡村旅游线上，北靠牛首山文化旅游区，南抵黄龙岘最美乡村，毗邻银杏湖和世凹桃源，园内拥有云霄飞车、激流勇进、摩天飞碟以及恐龙谷等20多个国内一流大型游乐设施。游客深入其中，不但能亲身感受到惊险刺激的声、光、电等娱乐项目的高科技魅力，而且还能充分欣赏园区如诗如画的生态美丽园景，是一个集休闲、娱乐、度假于一体的综合性乐园。

自2015年10月21日开园营业后，吸引皖、浙、沪、苏等南京周边市民近30多万人入园游玩。

公塘头“恬原味”精品民宿运营

2016年3月24日，江宁商贸集团与谷里街道共同打造的公塘头民宿“恬原味”投入运营。这一“街企联动”打造的民宿项目位于谷里街道公塘村，紧邻银杏湖度假区，处于牛首山和银杏湖两个文化旅游组团的中间地带，市场空间和前景广阔。项目占地总面积8.1公顷，建筑面积700多平方米，另有8公顷的田园风光。整个庭院由大小3个院落组成，功能区分清晰，悦读茶吧、餐厅等功能室可满足游客感受乡村文化的需求。“恬原味”在设计中体现外部朴实的原生态和内部精致的现代味，以现有村庄环境为“背景板”，利用原有建筑外部形态和内部空间格局，通过改造、提升和重新设计装修，将田园文化融入建筑内部设计的各方面，彰显“自然、生态、和谐、恬静、古朴、文化”的特色，打造出功能完善、舒适安全、生态自然，并具有浓郁地域文化的主题民宿。

谷里获颁中华宝钢环境优秀奖

2016年11月15日，第九届中华宝钢环境奖颁奖典礼在北京人民大会堂举行，江宁区谷里街道获中华宝钢环境优秀奖（城镇环境类），成为全市唯一上榜的街道。第九届中华环境奖评选表彰工作由环保部联合全国人大环境与资源保护委员会、全国政协人口资源环境委员会、教育部、民政部、宝山钢铁股份有限公司等10家部门和单位共同开展，定位为中国环境保护领域最高的社会性奖励。组委会在此前的公示中表示，谷里街道通过多年探索实践，走出一条生态美与百姓富、环境好与经济兴并举共进的发展路子。谷里街道位于南京市30公里半径都市圈核心区的西南部，东接江宁开发区，南与禄口国际机场相邻，牛首山—云台山生态廊道纵贯其中。街道生态优良、山水资源丰富，人文历史积淀丰厚。该街道坚持“环保优先、生态引领、城乡一体、富民强街”方略，辖区已建成4平方公里产城融合发展的江宁开发区谷里生态重点产业园，建有牛首山文化旅游区、银杏湖生态游乐场两个拳头旅游项目，中国最美村镇谷里周村夺得2014年“人文环境奖”。此外，谷里街道还先后获全国环境优美街道、国家生态街道、国家安全示范社区等称号，2012—2015年，连续4年获得全市分类考核现代农业主导型镇街一等奖。（宁　鉴）

谷里街道负责人名录

党工委书记　焦珍山（3月免）
　　　　　　丁邦清（3月任）
副　书　记　汤小南（3月任）
　　　　　　董红霞（女）
　　　　　　周书全
　　　　　　宋清信
人大工委主任
　　　　　　贾安源
办事处主任　丁邦清（5月免）
　　　　　　汤小南（5月任）
办事处副主任
　　　　　　陶杰东
　　　　　　朱同顺
　　　　　　严华践
　　　　　　嵇世慧
　　　　　　章　毅
　　　　　　鲁礼军（7月任）
　　　　　　王　虎（7月免）
政协工委主任
　　　　　　董红霞（女）

2016年谷里街道主要经济社会指标表

表41

指　标	单　位	数　值	比2015年（±%）
年末总户数	户	14344	−8.30
年末总人口（户籍人口）	人	38800	0.90
人口出生率	‰	12.33	1.99
人口自然增长率	‰	5.21	2.02
耕地面积	公顷	2473	30.80
地区生产总值	万元	249715	12.58
规模企业工业总产值	万元	174576	4.70
一般公共预算收入	万元	58000	97.46

续表

指 标	单 位	数 值	比 2015 年（±%）
固定资产投资	万元	228000	21.93
其中：工业投资	万元	110800	-11.91
实际利用外资	万美元	406	-449.01
年末企业数	家	283	9.80
企业从业人员	人	10396	5.60
农民人均纯收入	元	21780	7.08
各类科技人员	人	802	5.10
中小学校	所	2	—
公共体育设施面积	平方米	116500	—
公共文化设施面积	平方米	6300	—
互联网上网用户	户	9600	7.50
参加农村养老保险	人	9870	26.00
参加农村新型合作医疗	人	30520	-2.10
城镇建成区面积	公顷	1150	—
城镇建成区绿化面积	公顷	210	—
城镇建成区总人口	人	11200	—
集贸市场成交额	万元	9800	5.00

2016年谷里街道村（社区）基本情况表

表 42

村（社区）	户数（户）	人口（人）	耕地面积（公顷）	人均纯收入（元）	党（总）支部书记	村（社区）委会主任
周村	872	2890	215	26815	幸义龙	蒲卫繁
荆刘	595	2016	198	25867	杨 春	王守海
柏树	1148	3204	363	25735	陈家龙	陈付俊
向阳	1401	3224	288	26206	张德荣	鲁茂荣
双塘	1119	3180	390	25918	翟 昊	金远明
公塘	1329	3233	220	25875	徐荣鑫	陈玉祥
箭塘	845	3617	302	26064	张 虎	王道福
亲见	834	2274	315	25464	朱家斌	汤 军
张溪	1030	2870	360	25432	姚小俊	彭德香
谷里	1910	5126	234	28132	周传林	杨 勇
石坝	1089	2822	229	26110	梅 凯	梅 凯

（蒋梦炎）

湖熟街道

概　况　湖熟街道地处江宁区东南部，位于江宁、句容、溧水三地交界，跨句容河两岸，宁杭高速铁路、宁杭高速公路、337省道穿境而过，距中华门20公里，是长江中下游“湖熟文化”发源地，也是江苏省百家历史名镇之一。境内有杨柳村古建筑群、回民一条街、台形遗址、青龙山人居森林公园等旅游景区和名胜古迹。湖熟历史文化底蕴深厚，人才辈出，报业巨子史量才、国医泰斗张栋梁等都是湖熟人。湖熟街道区域面积146平方公里，下辖22个村（社区），户籍人口8.56万人。2016年，湖熟街道紧扣历史文化名镇和现代农业主导型街道两大定位，科学发展谋跨越，克难攻坚促增长，经济和社会各项事业保持平稳较快发展。全年实现地区生产总值32.5亿元，比2015年增长12.5%；公共财政预算收入4.5亿元，增长52.3%；全社会固定资产投资13.4亿元，增长9.5%；规模以上工业总产值13.3亿元，下降9.3%。农民人均纯收入26434元，增长9.5%；城镇居民可支配收入46750元，增长8.5%。

湖熟工业集中区　湖熟工业集中区于1992年开发建设，属南京市重点工业集中区。集中区规划面积5.8平方公里，落户企业138家。其中，一期占地129公顷，落户企业92家；二期开发面积52公顷，落户企业63家；三期规划面积310公顷，落户企业3家。园区有规模以上企业12家，全年完成工业总产值16.37亿元，初步形成以机械制造、电子信息、新材料制造、现代物流为主导的产业集群。新增国家级高新技术企业3家、规模以上企业3家，股改企业1家。

企业转型升级　2016年，湖熟街道确定10家转型升级企业，主要为低效益制造业项目和闲置资产，实现“腾笼换凤”用地14.9公顷，已全部完成转型升级，投产后年新增利税900万元。其中1家企业获批高新技术企业，1家企业获批省互联网提升项目，培育市级名牌企业3家，按时间节点上报省级名牌1家，新增专利317项。

重点产业项目建设　2016年，湖熟街道有4个项目被确定为区重大产业项目，除1个项目因规划覆盖问题未按时开工外（宏亚建设新型模块化建筑构件生产基地项目），其余汇吉通、维邦、华星3个项目全部建成投产。投产后年增产值3.08亿元，新增税收1820万元。

现代农业产业园区建设　2016年，湖熟街道投入8000万元，建成9300平方米智慧农业展示馆异型玻璃温室展厅。投入1000万元，推进400公顷优质稻米基地及200公顷高标准农田建设。是年，在全省农业园区量化考核中，湖熟现代农业示范园获得全市A类园区第一名，位居全省前列。

防汛抗洪　2016年汛期，湖熟街道建立3000人的防汛应急队伍，聘请6名退休水利站工作人员进行指导，备齐备足防汛物资机械。汛前投入3000多万元，完成12处区级以上消险工程及84处街道自排消险工程。立足早发现、早处置、早报告，做好应急处置，及时化解险情13起。投入530万元，出动防汛应急巡查人员3万多人次、运输车辆50台，挖掘机32台、排涝机械118台（其中新购60台），消耗防汛土方1050立方米、编织袋1.94万只、木材25立方米、彩条布3560平方米，确保不溃堤、无伤亡。汛后及时启动新一轮水利规划建设，针对强降雨暴露出的问题，逐一制定整改方案，分级分类组织实施，提升区域防汛抗洪能力。

美丽乡村建设　2016年，湖熟街道以“千村整治、百村示范”工程为抓手，推进耀华吴家庄市级美丽乡村示范村，徐慕杨家村、河北方家庄、新跃邓府3个重点村及14个一般村建设。重点打造

湖熟街道2016年建成的现代农业示范园　　湖熟街道　供稿

徐慕杨家村"美丽乡村＋养老产业"项目，完成一期改造工程，实现5户共6名城市老人入住。

新市镇建设 2016年，湖熟街道推进以"PPP"模式开发湖熟新市镇项目，当年底已正式签约。该项目将按照先建后拆、先保护后开发的原则，统筹实施湖熟老集镇的建设、运营、管理及产业转型升级，打造具有深厚文化底蕴的江南文化古镇。投入6000万元，完成徐东路等7条、长度22.82公里农路三级路改造工程，337省道路面已经基本完成，青苗和房屋补偿款全部兑付。投入900万元，启动湖熟集镇污水处理厂改造，铺设污水管网3400米，确保对工业区污水进行处理并通过环保验收。投入15万元，完成5户特困户危房改造。推进省级卫生街道创建工作，新建垃圾中转站2座，清理河道46条，河塘清淤102万立方米。清理整顿黄砂码头14个，关停畜禽养殖场所17家。

精准扶贫 2016年，湖熟街道深入研讨扶贫资金的充分利用和现有资产的深度整合，形成详细脱贫计划，通过新市镇建设、大力发展现代农业等，努力改善欠发达地区群众生产生活条件，进一步提升村级经济水平和持续增收能力。按照"分类施策、标本兼治"的原则，建档立卡全面涵盖辖区内1459户2660人贫困人口，并分类实施脱贫方案，进行动态管理，接受社会监督，确保落实政策不走样，精准帮扶零遗漏。制定的5年脱贫计划，力争在3年内完成，后2年加以巩固。2016年已完成脱贫341户，占总任务进度的23%。

社会保障 2016年，湖熟街道新增就业1200人，农村劳动力转移就业250人，培养自主创业80人，创业带动就业300人；开展农村劳动力职业培训810人，再就业培训500人。投入200多万元，按照三星级标准改造湖熟敬老院，改善敬老院老人生活条件。完成湖熟社区国家级防灾减灾示范社区建设，建成晶明社区和河南社区2个省AAA级居家养老服务中心。投入400万元，建成晶明、万安2个村办幼儿园。投入200多万元，改造一站式便民服务中心。按序时进度要求，推进4个安置房小区不动产证办理工作和23960户农村承包地确权工作。

（陈旭雯）

海龙红木与南林大合作 2016年1月，位于湖熟街道的海龙红木制品有限公司与南京林业大学家具与工业设计学院举行产学研合作签约仪式。海龙红木是一家有着27年历史的湖熟传统红木企业，专业生产经营具有极高收藏价值的海南黄花梨、印度小叶紫檀、金丝楠木等高档红木家具及精雕艺术品。此次与南林大合作，双方将共建南京市唯一的红木家具研究中心，建立教学科研实习基地，开展红木家具产品设计研发、技术培训与人才推荐，聘任专家担任企业技术顾问等，真正将高校的人才优势融入红木家具的设计研发中，积蓄企业发展后劲，提升和扩大湖熟红木文化产业的影响力。

"孝行天下、杨柳寻根"民俗节庆活动举行 2016年10月10日，2016南京六大民俗节庆"孝行天下、杨柳寻根"活动在杨柳湖文化风景区举行。此次活动由市委宣传部、市文联、区委宣传部等联合主办，旨在让传统民俗走进百姓生活，在全社会营造尊老、敬老、爱老、助老的良好风气，全区400多名老人参加，共度重阳节。活动在歌舞表演《江宁是块热土》中拉开序幕，随后出场的《最美夕阳红》旗袍秀成为焦点，演员们曼妙的身姿，优雅的动作，将现场气氛推向高潮。除歌舞、小品等节目外，现场还举行湖熟街道"最美孝敬家庭"颁奖仪式。活动现场特设民间手工艺体验区，非遗民间艺人现场制作脸谱、剪纸、中国结，逸夫医院、上元堂的医务人员为市民免费提供保健咨询等健康服务，一些观众还获得书法家赠送的作品。

第四届"花漫湖熟·菊花大赏"开园迎客 2016年10月29日，第四届"花漫湖熟·菊花大赏"开园迎客。伴随着"龙都娃娃鼓"的鼓声，开幕式演出拉开帷幕，园区内颜色各异、品种繁多的26.7公顷菊花不仅有各种传统的秋菊，还有绿色大菊、草莓菊等少见品种，双色、绿色、间色等市场稀有品种菊花成为游客争相拍照的宠儿。园区不仅现场为游客准备了盆栽菊花以供选购，在休憩区还有菊花茶等菊系列产品售卖。此外湖熟板鸭、土鸡蛋、菜籽油、红木书签等土特产和文创产品也陈列销售。当天，现代农业科技展览馆同时开馆。展览馆占地1.1公顷，展区面积8000平方米，位于湖熟省级现代农业示范区内，主要展区分为传统农业展示区、现代农业展示区、科普教育区、儿童互动体验区、智慧农业展区等。菊花展期间，每周园区都安排不同的互动游戏，如花田汉服文化游园会、"花田园艺亲子沙龙"互动游戏、"现代创意行李箱市集"等。园区内专门设置美食休闲区，菊花水饺、菊花糕、菊花茶等不同风味小吃，让游客们不出园区就能尝遍湖熟当地的特色美食。菊花展期间，共接待游客50万人次，实现门票收入30万元，其他经营性收入100多万元。

“傲雪丽菊”国画展开幕　2016年11月19日，由区委宣传部、区文联、湖熟街道办事处联合江苏省花鸟画研究会、南京市美术家协会共同举办的“傲霜丽菊”国画作品展在湖熟菊花园开幕，区人大常委会副主任、区文联主席高吉祥出席开幕式。展厅里，《悠然见南山》《秋竹图》《秋园小趣》等书画作品趣味隽永与韵味十足。开幕式上，省朗诵艺术协会会员进行声情并茂的配乐诗朗诵——《水墨菊》。此次国画展邀请著名书画家徐培晨等20名在宁知名画家到湖熟菊花园采风，实地创作60幅风格各异的菊花图，集中展出，以飨游客观赏。活动最后，参展画家代表还向湖熟街道捐赠了作品。（宁　鉴）

湖熟街道负责人名录

党工委书记　董　涵
副　书　记　刘　群（5月免）
　　　　　　丁长俊（3月任）
　　　　　　李晓利
　　　　　　赵跃进
　　　　　　杜春泉（10月免）
　　　　　　周宗贵（10月任）
人大工委主任
　　　　　　焦业生
副　主　任　戴大庆（女）
　　　　　　庞春和
办事处主任　刘　群（5月免）
　　　　　　丁长俊（5月任）
副　主　任　管荣贵
　　　　　　纪孝俊（7月免）
　　　　　　张昌鸿
　　　　　　史道琪
　　　　　　常　楠（女，7月免）
　　　　　　尹家平
　　　　　　任忆洁（女，7月任）
　　　　　　宋国华（7月任）
政协工委主任
　　　　　　李晓利

2016年湖熟街道主要经济社会指标表

表43

指标	单位	数值	比2015年（±%）
年末总户数	户	32552	0.10
年末总人口（户籍人口）	人	85551	0.04
人口出生率	‰	9.04	0.49
人口自然增长率	‰	1.91	1.50
耕地面积	公顷	5912	—
地区生产总值	万元	325150	12.50
规模企业工业总产值	万元	133227	−9.30
一般公共预算收入	万元	44736	52.30
固定资产投资	万元	134400	9.50
其中：工业投资	万元	80790	−15.10
实际利用外资	万美元	300	—
年末企业数	家	499	1.45

续表

指 标	单 位	数 值	比 2015 年（±%）
企业从业人员	人	18570	1.58
农民人均纯收入	元	26434	12.90
各类科技人员	人	1699	7.88
中小学校	所	5	—
公共体育设施面积	平方米	121150	—
公共文化设施面积	平方米	13080	—
互联网上网用户	户	20210	27.81
参加农村养老保险	人	68775	−0.15
参加农村新型合作医疗	人	49315	−0.09
城镇建成区面积	公顷	700	—
城镇建成区绿化面积	公顷	205	—
城镇建成区总人口	人	19506	—
集贸市场成交额	万元	42110	15.06

2016年湖熟街道村（社区）基本情况表

表 44

村（社区）	户数（户）	人口（人）	耕地面积（公顷）	人均纯收入（元）	党（总）支部书记	村（社区）委会主任
河南	2140	5333	207	18000	李春海	徐德才
湖熟	2394	5669	204	25365	徐国才	—
和进	1398	4038	323	26470	张绪军	李伟伟
金桥	763	2327	224	24065	孙　治	杨大顺
三界	648	2137	257	22000	张　勇	董　静
丹桂	1018	3229	373	23000	李修军	茅昌顺
新跃	1002	3141	413	19300	戴加忠	薛祥娣
耀华	849	2851	367	23610	李成根	孔令平

续表

村（社区）	户数（户）	人口（人）	耕地面积（公顷）	人均纯收入（元）	党（总）支部书记	村（社区）委会主任
河北	1316	3542	452	24000	赵孔平	滕红巧
龙都	2135	4780	258	27857	窦志兔	印小勇
新农	1343	3285	307	19200	李　韦	郭孝峰
杨柳湖	1801	4534	385	22000	王婷婷	刘　晋
双新	2172	5207	445	23350	陈林芳	刘春香
晶明	1702	4088	358	18500	黄顺霖	蒋崇灯
东阳	1366	3457	319	22000	章文姝	王　勇
万安	2244	4947	415	24123	樊　竹	王叶刚
周岗	1435	4049	249	23480	张良根	—
尚桥	991	3133	318	24085	马更军	庞明祥
和平	1280	3800	341	23600	丁桂平	陈　武
钱家	1028	3015	330	19800	朱宜友	束庆丰
徐慕	1294	4281	522	23350	朱为国	王登宝
绿杨	1214	4130	389	23000	郑书德	庞自卫

（陈旭雯）

横溪街道

概　况　横溪街道地处江宁区西南部，距南京市中心30公里，南接安徽省马鞍山市博望区，东临禄口街道，西连谷里、江宁街道，北交江宁开发区。街道总面积215平方公里，其中耕地4741公顷，林地1265公顷，水面1772公顷，辖21个村（社区），户籍人口7.76万人。区域内交通便捷，将军南路、宁丹路等直达南京，横禄、横铜、汤铜、陶禄等区级公路连接八方，溧马高速贯穿境内，现代快速交通网络初步形成。2016年，横溪街道贯彻中央和省、市、区决策部署，紧扣现代农业主导型街道定位，着力谋划新战略、展开新布局、构筑新优势，树立并践行“五大发展理念”，各方面工作取得新进展。全年实现地区生产总值34.8亿元，比2015年增长9.1%；全社会固定资产投资11.5亿元，增长4.8%；农民人均纯收入26485元，增长13.1%。

城乡统筹与土地整理　2016年，横溪街道坚持把民生改善作为各项工作的出发点和落脚点，完成256户搬迁，总面积5.63万平方米，丹杨家园347套农民新寓分房。实施棚户区改造155户，总面积2.31万平方米，并开展大岘美丽乡村前期摸底、丈量及户籍情况统计等前期准备工作。根据全区统一部署，开展安置房不动产权证办理，建设所、复建办、规划办、土地所等职能部门联合办公、百日攻坚，完成1256套安置房手续办理、资料上报等工作。试点镇街土地整理666.7公顷和美丽乡村土地整理666.7公顷，为街道发展提供支撑。围绕“3+3+11”镇村空间布局，相继开展丹阳集镇和横溪集镇改造等民生项目，完成集镇道路绿化亮化、雨污分流，丹阳污水处理厂和集镇垃圾中转站等基础设施建设。

现代农业建设 2016年，横溪街道围绕全市农业主导型镇街建设，全面推进农业“1115”工程实施，新建高档设施基地200公顷，新增高效农业产业基地366.7公顷，发展精致农业基地80公顷，新建秸秆能源化利用项目1个，建设农业废弃物综合治理工程1处，培育新型农村社会化服务组织3家，新增重点农业龙头企业3家，发展家庭农场7家，培育“一村一品”专业村2个，发展订单农业面积1600公顷，发展农业创新示范基地133.3公顷，新建村级农业公共服务平台6个，农业信息服务体系健全率100%。实施横溪农技综合服务示范中心建设并通过市级验收，建成农技服务大厅80平方米、配套农残检测中心30平方米，建成农技示范基地10公顷，运行管理省、市级耕地质量监测跟踪基地9处，新建农业物联网基地146.7公顷，引进生物农业企业3家，生物农业生产总面积2666.7公顷。7月8日，西岗农田整治片区获得市政府第三批现代农业示范园区建设审批。

水利工程建设 2016年，横溪街道完成一批水利重点工程建设，主要包括县乡河道疏浚和村庄河塘清淤工程106.6万立方米；农村小泵站改造工程，更新改造草塘站，总经费32.21万元；姜林连环闸翻建工程，总投资1018万元，6月底全部竣工。加快汛后追加市级消险工程建设，基本完成马桥汊河除险加固工程，投资3100万元；完成横溪河铁家圩应急消险工程，总投资512.4万元；完成丹阳河涵洞拆除和250米长的砼挡墙堤防消险工程，总投资119.48万元；基本完成横溪河马桥段、夏家甸段、藕塘段消险工程，总投资518.54万元；基本完成云台山河凤云铁路段、王山咀段消险工程，总投资290.05万元。组织机械和人工对大岘、泗陇、安山等3座小型水库进行维修、加固，并通过省级水库创建复核验收。街道成立农田水利设施产权制度改革和创新运行管护机制工作领导小组，制定工作实施方案，对农田水利设施产权进行确权发证，与管护人员签订协议，做到分工明确，责任到人。

陶吴工业集中区建设 2016年，陶吴工业集中区引进与产业定位相配套项目，优化经济结构，完善基础设施，6个区重大产业项目完成投入4.12亿元。全年引进亿元以上内资项目2个，分别为南京儒一航空机械装备有限公司和南京溪田生态农业科技有限公司；新增规模以上企业3家，培育省级民营科技企业8家。入园企业涉及国际运输代理、无线电监测设备制造、智能电网产品加工制造、图书芯片和防伪标识加工制造、航空机械装备制造等产业。陶吴工业集中区全年实现销售收入97850万元，比2015年增长39%，其中主导产业销售收入55500万元，占园区总销售收入的56.7%；规模企业产值61000万元，其中高新技术企业产值19500万元，占园区规模企业产值的32%。

精准扶贫工作 2016年，横溪街道按照“2332”的年度工作进度，不断加大精准扶贫、精准脱贫力度，与结对帮扶单位沟通，结合市区两级联村方案、市级帮扶项目、区级购置资产、征迁挂账资金返还等，注重在特色产业发展、组团发展、绿色发展、旅游扶贫、农业社会化服务等自选动作上下功夫，不断提高村集体经济内生发展动力。结合地理位置、资源禀赋，以培育自身造血功能为重点，因村施策，提前谋划发展路径，制定个性化脱贫方案。同时，高度关注特困群体，开展“两个结对”帮扶慰问活动，全年发放低保金、特困及临时救助等各类帮扶资金2865.8万元。设立特困群众专项无息借款创业基金，为陶吴社区周万和、官长村孙统文、安民村韩光玉等3户有创业意向的特困户提供创业基金，通过创业实现基本脱贫。9月1日，农业部精准扶贫现场会在横溪街道石塘村召开，横溪街道被农业部作为精准扶贫典型在全国推广，并在《人民日报》作专题报道。

农业普查摸底 2016年，横溪街道完成第三次全国农业普查横溪农业普查区及普查小区划分和清查摸底等阶段性工作。街道成立农业普查专项领导小组，建立村（社区）普查小组21个，街道普查办有专业工作人员6人，选聘普查指导员43人、普查员244人。与21个村（社区）和7家相关涉农单位签订农业普查责任书，保证责任落实。此次农业普查清查摸底共涉及农户23254户，非本街道的555户，全家外出的1731户，确认普查对象18300户。其中，从事规模经营178户，农户确权耕地面积5696.9公顷，实际经营耕地面积3695.5公顷，当年粮食播种面积3174.9公顷（小麦688.9公顷，水稻2094.4公顷），设施农业面积277.7公顷，年内生猪出栏4572头，家禽出栏123085只。全年农林牧渔服务收入529.23万元。此次农业普查清查摸底确认登记对象单位203家（农业法人单位196家）。

美丽乡村“四变”工程实施 2016年，横溪街道践行绿色发展理念，把改善生态环境作为重大民生工程，努力让横溪的天更蓝、水更清、地更绿、空气更清新，深入实施美丽乡村“四变”工程，完成山景村泗泊塘、西阳社区上范、兴范等3个示范村、3个重点整治村和11个一般整治村建设。许呈村、西阳社区创成省级绿色社区。新建绿化新村9个，其中山景山坎、西阳郭村成为省级森林生态村。启动横山、红旗、许高、官长、许呈、山景等6个村（社区）农村环境连片整治示范项目，铺设管网6.3公里，新建污水处理设施19套。

街道政协换届 2016年1月初，横溪街道推荐产生江宁区第十二届政协委员13人。按界别分组，民主党派1人，港台侨界1人，共青团界1人，妇联界1人，工商联界1人，农业农村界2人，教育界1人，医卫界1人，经济界2人，特邀界2人。按政治面貌分，中共党员4人，无党派6人，民主党派3人。

第三届南京山地马拉松在横溪开赛 2016年3月27日，第三届南京山地马拉松在横溪街道蟠龙湖开赛，22个国家和地区900多名选手参加比赛。横溪蟠龙湖山地马拉松比赛场地设计融合山地、小径和林道，在考验选手自身素质的同时，也使得参赛者可以在途中饱览秀美风光。该届赛事设有42公里、25公里个人组和42公里团队公益组3个组别，42公里个人组和25公里个人组的爬升高度分别达到500米和1200米。此次参赛的42公里公益组的报名费和每队4000元以上的公益筹款将全部捐赠给西部贫困山区小学，用于学校的体育运动设施建设。

第15届中国·横溪西瓜节 2016年5月1日至6月30日，第15届中国·横溪西瓜节举行。该届西瓜节贯彻“创新、协调、绿色、开放、共享”的五大发展理念，以节庆为载体，以西瓜为媒介，节俭为先、务实为本、共享为重，提升横溪农业重镇的知名度和美誉度。第15届横溪西瓜节共推出横溪西瓜节新闻发布会、美丽乡村旅游节、“横溪村宴”美食节、夏日田园瓜果节、吴楚文化艺术节等20多项系列活动与西瓜节联动，注重群众参与性，把西瓜节办成瓜农与市民游客的狂欢节，让市民除到横溪品尝西瓜外，还可以参与相应的活动，感受瓜乡横溪的自然之美和亲情的温馨。是年，横溪街道西瓜种植面积3666.7公顷，其中设施栽培2800公顷，种植新品种49个，产出优质西瓜16万吨，总产值5亿元。全街道有1.2万户农民从事西甜瓜生产，西瓜人均纯收入7000元。

“横溪西瓜”获中国地理标志商标 2016年6月，由横溪街道农业服务中心申请的“横溪西瓜”地理标志商标获得国家工商总局商标局核准注册，成为继南京云锦织物装饰织品、南京云锦床单枕套、南京云锦服装帽、八卦洲芦蒿、南京雨花茶后，南京的第六件地理标志。“横溪西瓜”地理商标由横溪街道农业服务中心享有对其的专用权，当地的种植户或者合作社可以向农业服务中心申请使用，以形成对横溪西瓜产业的整体保护。在商标注册申请来源地内产出的西瓜，都可以使用“横溪西瓜”这一地理标志商标。“横溪西瓜”地理标志受《中华人民共和国商标法》、世界贸易组织《TRIPS协议》等法律保护。

防汛与抢险 2016年7月1日起，横溪普降大雨，雨势迅猛、降雨集中、降雨量大。安民社区和新杨社区马桥、双埂，西泉社区王山咀，丹阳社区丹阳河等地出现堤防漫堤、渗漏管涌等险情。横溪街道迅速组织机关干部、城管队员、民警、民兵、村（社区）干部等应急队伍和村民日夜投入抗洪抢险战斗。防汛期间，共投入抢险人员1.4万余人次、挖掘机等机械设备389台班、农用车等运输设备1949班次，使用编织袋7.9万条、编织布1.1万平方米、木材340立方米等。街道防汛防旱指挥部办公室24小时运作，党政主要负责人、分管负责人坚持24小时带队值班，并深入各村（社区）巡查督查。全体机关干部和村（社区）工作人员周六、周日正常上班，驻点参与防汛和巡查。通过落实一系列及时有效的防汛抢险举措，有效控制了险情。

选举产生区第十三次党代会代表 2016年7月17—18日，横溪街道组织基层党组织选举单位召开党员大会，选举区第十三次党代会代表。各单位在充分发扬民主、广泛酝酿讨论的基础上，采取无记名投票和差额选举办法，选举产生22名出席中共南京市江宁区第十三次代表大会代表。

配合做好中央环保督察工作 2016年8月，横溪街道环保所、动防站、城管办、企服中心、水利站等相关部门，配合做好中央环保督察工作，对督察组反馈的环境问题坚持即查即办、立行立改，着力化解突出环境矛盾和问题，淘汰落后产能企业2家，关停取缔大圣钢构、惠香木器厂、华宏特种玻纤厂等企业5家，整改突出环境问题25个。关停横溪庄头、红旗志营奶牛场等畜禽养殖场6家，化解一批村民投诉多年的环境问题。同时，开展“263”专项行动和地条钢排查、化工、铸造、砖瓦生产企业专项整治，启动2条黑臭河整治工程。

（虞长来 王兆平 毛文轩 罗玉龙）

校安工程建设 2016年9月，9000平方米的横溪允公小学教学楼建成并投入使用。2月，丹阳中学校安工程开工建设，该工程建筑面积1.6万平方米，总投资6400万元，办学规模4轨36个班。按照省优质幼儿园标准完成陶吴西阳社区、甘泉湖社区2个幼儿园村办点建设，并于秋季开学。丹阳幼儿园、陶吴小学、陶吴第二幼儿园校安工程已立项，正进行项目方案设计。区校车公司统一为横溪街道配置校车46辆（丹阳片14辆，横溪片19辆，陶吴片13辆），解决1533名中小学生上学、放学的交通问题。

横溪街道总工会成立 2016年9月29日，江宁区横溪街道总工会成立暨第一次会员代表大会召开。大会审议通过横溪街道工会联合会第二届委员会的工作报告、经费审查报告、女职工工作报告，明确今后5年横溪街道总工会工作的目标和主要任务，并选举产生横溪街道总工会第一届主席、副主席、委员及经费审查、女职工委员会委员、主任。周升长当选为街道总工会主席，周晓红、刘广友当选为街道总工会副主席。

村（社区）党组织换届选举 2016年9月24日，横溪街道村（社区）全部进行党组织集中换届，选举产生新一届党组织领导班子。此次换届选举工作涉及21个村（社区）党总支部、2799名党员，换届选举产生党总支委员123人，其中书记21人、副书记26人。

全国青少年斯诺克系列赛在横溪举办 2016年9月24—28日，2016江宁·横溪中国青少年斯诺克系列赛“石塘人家杯”南京公开赛在横溪街道石塘村学生阳光体育营地报告厅举行，这是横溪街道连续两年承办该项大赛。比赛设青年组21岁和少年组14岁两个组别，吸引全国的青少年斯诺克高手参赛。青年组(U-21)决赛中，袁思俊以4∶1轻取CBSA世界斯诺克学院同窗好友耿铭齐，第三次斩获中青赛冠军。陈小龙以3∶0完胜江俊，拿下少年组（U-14）冠军。国家体育总局小球运动管理中心三部部长王涛、中国台球协会副秘书长张景荣、江苏省台球协会秘书长宋枝平、世界职业斯诺克台球协会Jason Ferguson（福泽圣）、世界职业斯诺克有限公司商务总监Miles Pearce（彭万里）出席开幕式。

人大代表换届选举 2016年11月24日，横溪街道完成区第十七届人大代表换届选举工作，选举产生新一届区人大代表24人。此次换届选举，横溪街道共设置选民登记站42个，登记选民61765人，其中登记站登记57622人，单位登记4143人。街道建立换届工作微信群，时刻保持信息畅通，并多次召开党工委（扩大）会议，研究布置选举相关事宜，强调选举纪律要求。对10个选区、12个投票站、249个流动票箱，按“三合一”方式，

2016年9月24—28日，江宁·横溪中国青少年斯诺克系列赛“石塘人家杯”南京公开赛在横溪街道石塘村学生阳光体育营地报告厅举行。图为参赛选手合影 周世成 摄

即“村（社区）干部＋街道部门工作人员＋村民组长”三方共同负责，做到责任到箱，责任到人，确保区第十七届人大代表换届选举工作有序进行。

首届横山徒步越野大会举行 2016年12月3日，南京横溪·横山徒步越野大会在革命老区横山举行，1500多名徒步爱好者分别参加7公里、11公里、16公里3个不同里程的徒步越野。大赛由专业赛事机构策划执行，定位于大众户外运动，既能为选手提供专业的越野赛体验，又无需专业运动员的门槛，赛道设计包含游步道、山地小径、机耕路、林场防火道等。此次徒步越野大赛场地横山林场位于横溪境内，处于江苏省和安徽省分界线上，这里山地资源丰富，森林覆盖率高，是户外运动绝佳场所。

（虞长来 王兆平 毛文轩 罗玉龙）

西阳获评“全国综合减灾示范社区” 2016年3月，2015年度“全国综合减灾示范社区”名单公布，横溪街道西阳社区榜上有名。西阳社区属于涉农社区，有山林面积746.7公顷，水域面积134.7公顷。从2013年起，该社区成立防灾减灾工作领导小组和指挥部，结合社区实际情况，科学制定应急预案，广泛发动群众，加大对社区内存在的安全隐患进行排查梳理。针对发现的各类隐患，社区设立4个应急避难场所，及时购置更换防火防灾器材，并安排专人巡山守山预防。注重宣传教育也是西阳社区在防灾减灾工作中的重点，该社区在楼道、庭院、宣传栏等部位进行固定减灾知识宣传教育。在5月12日防灾减灾日和10月13日“国际减灾日”当天，社区每年都举办各类专题知识讲座，邀请专家授课，不断提高社区群众防灾减灾意识和应对灾害的技能。

云台山抗日烈士墓挂牌市党史教育基地 2016年9月8日，横溪街道举行云台山抗日烈士墓市党史教育基地挂牌仪式，区委党史办主要负责人为基地授牌，并向陈列馆捐赠党史书籍。是年6月，在全市党史工作会议上，云台山抗日烈士墓等8处场所被命名为第四批南京党史教育基地。云台山烈士陵园位于横溪街道云台山东南脚下的官塘山坡，是全区最大的爱国主义教育基地。陵园内安葬着87名新四军抗日烈士，每年都有大批机关、事业单位、社会团体和中小学生到此凭吊祭扫。烈士纪念碑旁建有陈列馆，馆内布局抗日铁军、挺进东南、江宁烽火、浩气长存、深切缅怀等5个篇章，展示江宁地区抗日战争时期可歌可泣的英勇人物和事迹。挂牌市党史教育基地后，横溪街道将加强对云台山抗日烈士墓和横山县抗日民主政府旧址的保护与利用，最大限度地发挥其社会教育功能，组织开展各种形式的教育活动，以史鉴今、资政育人，发挥党史教育基地教育人、引导人、鼓舞人、塑造人的作用。

石塘“互联网”会议中心落成 2016年10月23—25日，第二届“i创杯”互联网创新创业大赛总决赛在刚落成的石塘“互联网”会议中心举行，全国各地的100多支互联网创业创新团队在此展开路演PK。“互联网”会议中心位于石塘村以东，后石塘村以南，建筑整体与石塘山、竹、茶、水的生态景观融为一体。作为横溪街道建设石塘互联网小镇总体规划重要组成部分，该会议中心具备大型会议、表演、大数据中心、游客中心、创客办公等多项功能。中心建筑面积3000平方米，分为主厅与辅楼两部分，主厅主要举办大型会议，辅楼是互联网体验中心、大数据中心等。

与省经信委合作共建石塘互联网小镇 2016年10月25日，在第二届“i创杯”互联网创新创业大赛总决赛暨颁奖典礼上，省经信委与区政府签约共建互联网小镇，“i创杯”参赛项目落户江宁签约仪式和石塘互联网小镇落户项目签约仪式同时举行。市委常委、区委书记李世贵，代区长祁豫玮与省经信委、省广播电视总台负责人共同出席仪式。未来石塘互联网小镇将以互联网大数据收集为主导，构建数据产业体系，同时发展智慧农业、运动康体、影视传媒、科技孵化、艺术设计等相关配套产业，形成新型互联网创新产业基地和文化旅游示范地。同日，区相关部门特别针对“i创杯”参赛项目制定招才引智政策礼包，以江宁良好的创业创新环境吸引项目落户。其中，艾倍特智能服务机器人项目和“互联网＋人才服务”项目在江苏软件园落户，淘播播电子商务平台项目入驻江宁高新园，智慧互联楼房逃生系统项目与滨江开发区签约，《决战联盟》项目和凤凰健身“瑜伽＋轻生活”服务平台项目签约横溪街道。在石塘互联网小镇建设方面，诸多行业领军企业也和石塘签约合作。其中，联想集团与石塘互联网小镇将打造国内知名、省内有一定影响力、产业规模达百亿级的互联网产业集聚区。中国电信将以石塘互联网小镇为试点，建设全面覆盖的第四代移动通信网络，推进以云计算、物联网、大数据、下一代互联网技术为代表的新兴信息技术在石塘广泛应用。另有多家企业则将在智能信息化、软件开发、创客基地建设等方面，共同推进石塘互联网小镇全面发展。

（宁　鉴）

横溪街道负责人名录

党工委书记　俞旭东
副　书　记　汤小南（3月免）
　　　　　　王才权（3月任）
　　　　　　陈正平（5月任）
　　　　　　张晓华（5月免）
　　　　　　李善岭（7月免）
　　　　　　赵　虎（5月任）
　　　　　　马兴余（7月任）
人大工委主任
　　　　　　江忠玲（女）
办事处主任　王才权（5月任）
副　主　任　赵　虎（5月免）
　　　　　　陶象林
　　　　　　端木家宝（5月免）
　　　　　　业红涛
　　　　　　李万勇
　　　　　　陈　凤（女，7月免）
　　　　　　陈玉保（7月任）
　　　　　　杨川平（5月任）
政协工委主任
　　　　　　汤小南（6月免）
　　　　　　陈正平（6月任）

2016年横溪街道主要经济社会指标表

表 45

指　标	单　位	数　值	比 2015 年（±%）
年末总户数	户	29912	1.20
年末总人口（户籍人口）	人	77626	0.40
人口出生率	‰	11.79	0.15
人口自然增长率	‰	5.59	0.24
耕地面积	公顷	4739	—
地区生产总值	万元	348015	9.10
规模企业工业总产值	万元	152342	-6.70
一般公共预算收入	万元	28000	-4.20
固定资产投资	万元	115310	4.80
其中：工业投资	万元	60110	-14.10
实际利用外资	万美元	422	-19.19
年末企业数	家	1531	11.30
企业从业人员	人	29111	—
农民人均纯收入	元	26485	13.10
各类科技人员	人	958	0.20
中小学校	所	6	—

续表

指 标	单 位	数 值	比 2015 年（±%）
公共体育设施面积	平方米	164240	3.00
公共文化设施面积	平方米	14460	2.00
互联网上网用户	户	18260	11.30
参加农村养老保险	人	48615	0.20
参加农村新型合作医疗	人	48823	0.10
城镇建成区面积	公顷	900	—
城镇建成区绿化面积	公顷	102	—
城镇建成区总人口	人	32800	21.80
集贸市场成交额	万元	40000	11.20

2016年横溪街道村（社区）基本情况表

表 46

村（社区）	户数（户）	人口（人）	耕地面积（公顷）	人均纯收入（元）	党（总）支部书记	村（社区）委会主任
横溪	2957	6623	228	28501	潘顺国	徐大顺
新杨	1204	3326	237	24462	孙成平	唐　浩
丹阳	2801	7586	298	26391	刘学林	刘学林
西岗	1694	4982	351	28525	邹纪金	耿其海
陶吴	2158	5006	70	28601	刘春海	刘春海
新杭	1006	2517	147	27331	耿志兵	耿志兵
甘西	1152	2833	180	25479	魏世进	魏世进
西泉	1052	2614	200	25762	洪　俊	尚宗刚
西阳	1693	4048	280	27257	刘德安	王　超
甘泉湖	1818	4540	363	30251	高正敢	高正敢
官长	863	2319	177	24229	任　莉	任　莉
红旗	1282	3104	166	26852	昝　成	曹露璐

续表

村（社区）	户数（户）	人口（人）	耕地面积（公顷）	人均纯收入（元）	党（总）支部书记	村（社区）委会主任
云台	1290	3360	283	26077	龚　健	陈福军
安民	1471	3847	280	23813	韩　健	韩　健
许呈	1493	4159	305	25899	刘春阳	张小祥
横山	957	2800	159	23548	陈　兵	闵根盛
勇跃	976	2762	204	25446	夏有明	罗玉海
宁光	1107	3202	230	26352	于丹凤	王学龙
山景	1001	2936	227	24901	程　龙	左光银
许高	1322	3840	253	23866	刘　军	俞立凯
石塘	445	1223	101	35420	郑　涛	潘福林

（虞长来　王兆平　毛文轩　罗玉龙）

麒麟街道

概　况　麒麟街道地处南京东郊，距南京中山门9公里。区域总面积62平方公里，其中沪宁高速以南44平方公里纳入麒麟科创园规划范围。其行政区域西至江宁区与白下区、玄武区、栖霞区交界处，东至汤山街道，南至青龙山、十里长山山脊线和东山街道，北至江宁区与栖霞区交界处。辖8个村（社区），64个自然村，户籍人口5.16万人，流动人口7.22万人。麒麟地区拥有丰富的历史文化资源、地形地貌景观和优越的自然环境，群山环绕，水系丰富。有全国重点文物保护单位——1500多年前南朝宋武帝刘裕的初宁陵石刻，窦村古戏台市级保护文物，明都城外廓遗址——土城头路，明代古河道——运粮河，青龙山、十里长山生态主廊道。2016年，麒麟街道落实园区带街、园街一体新体制，突出服务科创园开发建设中心，重点做好征地拆迁、安置房建设分配、城市管理、社会建设等工作，完成全年目标任务。全年实现地区生产总值34.84亿元、一般公共预算收入10.7亿元、全社会固定资产投资88.01亿元、规模以上工业总产值16.8亿元，完成外贸出口2300万美元，合同利用外资3600万美元，实际利用外资3046万美元。是年，麒麟街道通过江苏省卫生街道创建验收，获南京市创建全国双拥模范城有功单位、江宁区“十二五”时期村庄环境综合整治先进单位称号。

征地拆迁　2015年，麒麟街道继续推进科创园二期安置房、122省道红线外新市镇及科创园区域拆迁扫尾工作，涉及住宅80户，签约住宅28户。组织开展青龙山变电站项目拆迁，涉及泉水社区5组村91户、4.3万平方米住宅，仅用1个月时间完成全部拆迁任务。

安置房交付分配　2016年，麒麟街道分4期组织交付拆迁安置房5406套、47.09万平方米。其中，科创园开发区域1186套、10.59万平方米；122省道区域3006套、26.1万平方米，地铁储备用地袁家边村1214套、10.4万平方米。

城市治理　2016年，麒麟街道加快城市治理标准化建设，按照区城市治理标准化工作要求，完成城市道路、背街小巷等11个标准化重点单元和39个其他单元的城市治理标准化创建，并通过初查验收。加大对集镇市容市貌、环境卫生等整治力度，与集镇单位、经营户签订“门前三包”责任书，所有垃圾日产日清。开展倚门出摊、占道经营、流动摊点、户外广告、停车秩序等整治行动。加强违规渣土车管控查处，在122省道麒麟山庄门口、开城路路口、绕城启迪大街路口和村（社区）主要路口设置看守卡点，实行全天候检查。全年盘查6120起，查扣车辆115台次，罚款额9万多元，遏制渣土车抛洒滴漏和乱倒渣土现象。

违建管控和违法用地整改 2016年，麒麟街道加大对区域内违法用地、非法石料生产线巡查力度，发现一起，查处一起。全年依法查处违建96起，拆除违建10589平方米，查处并整改2宗违法用地，涉及土地0.4公顷。

创卫和环保督查 2016年，麒麟街道成立相关领导小组，制定具体措施，明确工作重点和职责任务，将省级卫生街道创建、卫生城市迎复审、环保督查等相关工作统筹落实到具体单位、部门和人员，针对有关要求和发现的问题，及时落实整改措施。尤其对村街小巷、集贸市场、夜市排档、拆迁建设工地及“六小行业”进行专项重点整治。全年取缔食品黑作坊15家，立案查处无证从事餐饮服务单位4家，取缔不符合要求的“六小行业”36家，整改无证照经营户46家，查处制售假酒案3起。环境督察月期间，35件督办件全部整改到位。

防汛减灾 2016年，麒麟街道针对可能出现的汛情，按照区委、区政府和区防指要求，做好相关人员安排和物资准备。加强汛期值班巡查，严格执行24小时值班制度，密切关注天气变化和水雨工情，及时了解堤防、涵闸、泵站、沟塘等工程运行情况，确保通信畅通和信息及时准确上报。强化防汛物资储备及管理，做好编织袋、木材、土工布等防汛物资储备，安排专人实行动态管理，保证仓库物资储备齐全，随时调用。加大对区域内的九乡河、运粮河及重点塘坝、撇洪沟的巡查检查力度，对重点险工险段逐项整改。组织190人的防汛抢险队伍，以备抢险突击和区防指统一调配。

民生实事工程 2016年，麒麟街道在做好征地拆迁和环境整治等重点工作的同时，统筹开展就业、合作医疗、医保、民政、教育、计生等工作。举办就业招聘活动和技能培训，新增就业岗位1000多个。推进卫生、文化、教育等设施建设，社区卫生服务中心和敬老院已列入科创园建设规划，文体服务中心进入装修设计，竹山中学麒麟科创园分校招生开学，麒麟实验小学主体工程竣工，2017年秋季开学招生。加强安全生产工作，组织安全生产隐患排查及整改，排查出的安全隐患全部整改到位。重视社会稳定和信访工作，对发现的苗头性问题及时消化处理。全年接待处理各类上访111批次，其中群访30批次、近2000人次，有效化解启用轿子山垃圾场引发的群体事件，保证垃圾填埋处理场正常使用。

2016年3月28日，麒麟街道召开迎接国家卫生城市复审工作动员大会

麒麟街道　供稿

基层党建工作 2016年，麒麟街道组织学习中共十八大和十八届三中、四中、五中全会，习近平总书记系列重要讲话和省、市、区党代会精神，努力增强党员干部的政治意识、大局意识、核心意识和看齐意识。严格执行党的政治纪律和政治规矩，使党员干部言行始终与党中央保持高度一致。组织开展“两学一做”学习教育，制定学教活动方案，开展书记上党课，组织区管干部赴山东革命老区进行党性教育，组织“入党为什么、在党干什么、为党做什么”大讨论等活动，进一步增强党员宗旨意识。成立流动党员服务中心，组织拆迁过渡党员和流动党员学习，确保所有党员“学而不散、学而不孤、学而不乱”。加强基层组织建设，完成8个村（社区）党组织换届工作，基层党组织的战斗力、凝聚力得到加强；严格落实党要管党、全面从严治党责任，开展廉政建设“百村巡讲”教育活动，将党风廉政建设和廉洁自律教育落实到征地拆迁等重点工作中。

麒麟·荔枝广场项目开工建设 2016年11月13日，麒麟·荔枝广场项目开工建设。该项目由江苏广电旗下全资子公司南京云宝科技发展有限公司投资建设并运营，规划占地面积4.3公顷，总投资17亿元。项目作为集精品酒店、亲子娱乐教育、科技影城、文化美食等为一体的文化商业综合体，将引进国内外优秀家庭娱乐中心项目，包括冰雪主题乐园、室内水世界、IMAX科技影城、儿童剧场、美食中心等先进业态，并融入江苏广电传媒频道优势，嫁接文化产业资源，融合文化创意思维，联动线上线下媒体，进行持续性、特色化经营。（王 斌 臧瑞瑞）

麒麟中学专场演唱会开唱 2016年5月30日，区委宣传部、区文联、区教育局、麒麟初级中学等联合主办的“童年日记”师生原创校园歌曲大型演唱会快乐开唱。演唱会上，26首新童谣全部由麒麟初级中学师生原创，歌曲或源自国学经典寓意深刻，或贴近生活趣味盎然，真挚的感情搭配、活泼的表演，深受青年学生喜爱。麒麟初级中学的童谣创作特色教育，鼓励学生把“仁义礼智信”等优秀文化创作成优美的文字、清新的旋律，是全区特色教育、素质教育的一大亮点，此次集中展示开创了中学生原创校园歌曲专场演唱会的先河。原创歌曲的生命力源于学生的真实生活，表达留守孩子渴望关怀的《城乡魂》，讲述中学生毕业心情的《毕业班的日子》等新童谣获得在场观众的欢迎。（宁 鉴）

麒麟街道负责人名录

党工委书记 蒋时汉
副 书 记 易 强
吕金明
王克明
颜贵青（12月任）
人大工委主任
叶永胜
副 主 任 张家友
办事处主任 易 强
副 主 任 范长虎
高吉友
汪春华（女）
谢 明
贾吉勇
刘 群
李小静（7月任）

2016年麒麟街道主要经济社会指标表

表47

指 标	单 位	数 值	比2015年（±%）
年末总户数	户	19311	1.70
年末总人口（户籍人口）	人	51625	3.16
人口出生率	‰	21.72	3.14
人口自然增长率	‰	17.62	3.80
耕地面积	公顷	1617	—
地区生产总值	万元	348419	9.60
规模企业工业总产值	万元	168029	1.00
一般公共预算收入	万元	107037	48.80
固定资产投资	万元	880113	13.50
其中：工业投资	万元	40260	0.01
实际利用外资	万美元	3046	2.00
年末企业数	家	702	19.19

续表

指 标	单 位	数 值	比 2015 年（±%）
企业从业人员	人	29282	3.00
农民人均纯收入	元	29134	9.00
各类科技人员	人	787	3.00
中小学校	所	4	33.30
公共体育设施面积	平方米	4944	—
公共文化设施面积	平方米	3306	—
互联网上网用户	户	16444	5.00
参加农村养老保险	人	10035	4.98
参加农村新型合作医疗	人	33363	0.51
城镇建成区面积	公顷	650	—
城镇建成区绿化面积	公顷	75	2.20
城镇建成区总人口	人	38150	—
集贸市场成交额	万元	15000	0.50

2016年麒麟街道村（社区）基本情况表

表 48

村（社区）	户数（户）	人口（人）	耕地面积（公顷）	人均纯收入（元）	党（总）支部书记	村（社区）委会主任
麒麟门	5060	20850	108	39395	王熙根	王熙根
麒麟铺	2870	7977	104	34450	朱如泉	汪永彬
晨光	2895	9888	151	38225	王　敏	杨善勇
锁石	462	1832	78	52025	张双喜	张双喜
袁家边	851	2222	119	29662	张双兵	张双兵
东流	1721	5160	307	29457	邹五星	孙劲松
泉水	2041	6458	124	35262	陈金保	王　坤
建南	1895	5819	167	34341	王　杰	潘全武

（王　斌　臧瑞瑞）

人物

新任区领导

祁豫玮

祁豫玮，男，1969年7月生，河南通许人，中科院南京地理与湖泊研究所人文地理专业硕士研究生毕业，南京大学人文地理专业在职博士研究生毕业，1994年8月参加工作，1991年6月加入中国共产党。现任江宁区委副书记，区政府区长、党组书记。

1994年8月，任南京市计委中长期规划处科员、副主任科员、主任科员，综合处主任科员；2002年4月，任南京市发展计划委员会国民经济综合处副处长；2003年10月，任南京市发展计划委员会发展规划处处长；2006年2月，任南京市委办公厅（政研室）经济处处长；2008年9月，任南京市委办公厅（政研室）主任助理、经济处处长；2009年6月，任南京市委办公厅（政研室）主任助理、综合二处处长；2010年5月，任南京市委办公厅（政研室）副主任；2012年7月，任南京市委副秘书长；2014年2月，任南京市委副秘书长、市委社建工委书记；2015年10月，任南京市委副秘书长（正局）；2016年5月，任江宁区委副书记，副区长、代区长；2016年10月，任江宁区委副书记，副区长、代区长、党组书记；2017年1月任现职。

李　滨

李滨，男，1974年10月生，江苏宜兴人，复旦大学经济学专业本科毕业，南京大学经济学专业在职硕士研究生毕业，1997年8月参加工作，1997年4月加入中国共产党。现任江宁区委常委、常务副区长，滨江开发区工委书记。

1997年8月，任南京市建邺区商业网点建设办公室科员；1998年5月，任建邺区河西房地产开发公司科员；1999年8月，任建邺区河西办规划科科长、河西房地产开发公司办公室主任；2000年8月，任建邺区河西建设指挥部办公室主任助理；2002年9月，任建邺区团委副书记；2005年3月，任建邺区团委书记；2005年11月，任建邺区商务局局长、党工委副书记；2007年4月，任建邺区江心洲街道党工委副书记、办事处主任；2008年12月，任建邺区江心洲街道党工委书记、人大工委主任；2010年6月，任建邺区发展和改革局局长、招商中心主任；2011年6月，任江宁区委常委、副区长；2014年3月，任江宁区委常委、宣传部部长，滨江开发区工委书记；2016年7月任现职。

梁爱国

梁爱国，男，1967年10月生，江苏兴化人，江苏省委党校区域经济学专业在职硕士研究生毕业，1989年7月参加工作，1989年3月加入中国共产党。现任江宁区委常委、组织部部长。

1989年7月，交通部南京长江油运公司物资供应处核料员；1990年7月，任南京长江油运公司拖驳管理处党委办公室秘书；1993年6月，南京市委组织部干部培训处工作；1993年11月，任南京市委组织部干部培训处副科级组织员；1997年2月，任南京市委组织部干部培训处正科级组织员（期间1998年11月—2000年10月，调南京市委“三讲”办工作，任组织联络组组长）；2000年5月，任南京市委组织部办公室副处级组织员；2002年2月，任南京市委组织部办公室副主任；2004年5月，任南京市委组织部干部二处副处长；2008年2月，任南京市委组织部干部二处副处长（正处级）；2010年4月，任南京市委组织部青年干部处处长、干部一处副处长；2010年12月，任南京市委组织部干部一处处长；2012年2月，任鼓楼区委常委、组织部部长；2013年3月，任玄武区委常委、组织部部长；2016年7月任现职。

杨　彬

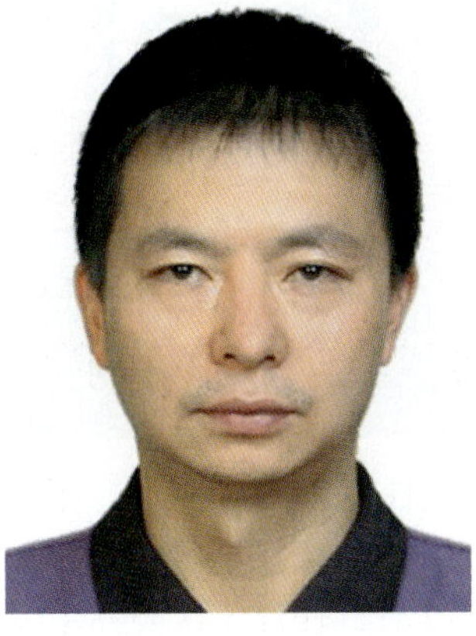

杨彬，男，1969年3月生，江苏句容人，中央党校函授学院行政管理专业本科毕业，1992年8月参加工作，1996年11月参加中国共产党。现任江宁区委常委、纪委书记，江宁开发区纪工委书记、工委委员，麒麟科创园纪检组长、党组成员。

1992年8月，任南京市大厂区葛塘镇政府办事员；1993年7月，任大厂区人民检察院见习书记员、书记员；1995年5月，任大厂区人民检察院助理检察员；1998年3月，任大厂区人民检察院检察员、反贪局侦一科副科长；2000年4月，任大厂区人民检察院反贪局副局长、侦一科科长；2001年5月，任大厂区人民检察院审查起诉科科长；2001年6月，任大厂区纪委纪检监察室副主任（正科级）；2003年12月，任南京市纪委沿江开发区工作委员会副处级纪检监察员；2006年3月，任南京市纪委纪检监察二室副处级纪检监察员；2007年10月，任南京市纪委（监察局）纪检监察二室副主任；2013年7月，任南京经济技术开发区纪工委书记、工委委员；2014年12月，任南京市纪委（监察局）纪检监察三室主任；2016年4月任现职。

陆　蓉

陆蓉，女，1965年2月生，江苏海门人，南京大学历史学专业大专毕业，江苏省委党校政治经济学专业在职硕士研究生毕业，1985年8月参加工作，1990年10月加入中国共产党。现任江宁区委常委、统战部部长。

1985年8月，任江宁县秦淮中学教师；1986年11月，任共青团江宁县委副书记；1996年10月，任上坊乡党委副书记；1999年2月，任上坊镇党委副书记、镇长；2002年6月，任上坊镇党委书记、镇长；2002年12月，任上坊镇党委书记兼江宁科学园党工委副书记（正处级）；2003年7月，任江宁区委宣传部常务副部长（正处级）；2004年12月，任江宁区政府区长助理；2006年5月，任江宁区副区长；2016年7月任现职。

张会祺

张会祺，男，1974年3月生，江苏南京人，南京工业学校财会专业中专毕业，中央党校经济管理专业在职硕士研究生毕业，1994年8月参加工作，1994年1月加入中国共产党。现任江宁区委常委、副区长。

1994年8月，任江宁开发区市政公司财务科会计；

1995年3月，任江宁开发区开发总公司财务部会计；1998年3月，任江宁开发区开发总公司财务部主任助理；1999年1月，江宁县第二期青干班学员；2000年3月，任江宁开发区开发总公司财务部副主任、主任；2003年3月，任江宁开发区财政分局局长（副处级）；2004年2月，任东善桥镇党委副书记、镇长，开发区管委会副主任（兼，正处级）；2004年8月，任东善桥街道党工委副书记、办事处主任，开发区管委会副主任（兼）；2005年12月，任东善桥街道工委副书记、办事处主任；2006年3月，任谷里街道党工委副书记、办事处主任；2008年12月，任谷里街道党工委书记；2010年7月，任江宁区副区长、援疆指挥组副组长，谷里街道党工委书记；2011年1月，任江宁区副区长，江宁区援疆指挥组副组长，特克斯县委常委、副县长，谷里街道工委书记；2011年5月，任江宁区副区长、援疆指挥组副组长、特克斯县委常委、副县长；2013年12月，任江宁区副区长、援疆指挥组副组长；2014年1月，任江宁区副区长，江宁开发区工委委员、管委会副主任；2016年3月，任江宁区副区长，江宁开发区工委委员、管委会副主任，江宁区财政局局长；2016年7月，任江宁区委常委、副区长、江宁开发区工委委员、管委会副主任，江宁区财政局局长；2017年1月，任江宁区委常委、副区长、江宁开发区工委委员、管委会副主任；2017年5月任现职。

于茂高

于茂高，男，1973年2月生，江苏淮安人，南京化工大学机械工程专业本科毕业，南京农业大学公共管理专业在职硕士研究生毕业，1996年8月参加工作，1996年1月加入中国共产党。现任江宁区委常委、政法委书记、法学会会长。

1996年8月，在江宁镇政府工作；1998年5月，任江宁县委组织部干部科科员；1999年10月，任县委组织部组织员；2000年10月，任县委组织员；2000年12月，任江宁区委组织员兼组织部办公室主任（副处级）；2004年1月，任东山街道党工委副书记；2004年4月，任东山街道党工委副书记、岔路社区党总支书记；2004年12月，任东山街道党工委副书记；2005年6月，任东山街道党工委副书记、政法委书记；2006年12月，任东山街道党工委副书记、办事处主任、政法委书记；2007年6月，任东山街道党工委副书记、办事处主任；2007年10月，任江宁区政府办公室副主任、党委副书记（正处级）；2008年8月，任江宁区政府党组成员，区政府办公室主任、党工委书记；2010年6月，任汤山街道党工委书记，汤山新城管委会常务副主任、董事长；2012年1月，任汤山街道党工委书记，汤山度假区管委会主任、工委副书记；2012年3月，任江宁区副区长、汤山街道党工委书记，汤山度假区管委会主任、工委副书记；2012年5月，任江宁区副区长、汤山街道党工委书记，汤山度假区管委会主任、工委副书记、牛首山文化旅游区工委书记、管委会主任、董事长；2013年3月，任江宁区副区长，汤山度假区工委书记、牛首山文化旅游区工委书记、管委会主任、董事长；2014年3月，任江宁区副区长，汤山度假区工委书记，牛首山文化旅游区工委书记、管委会主任；2016年3月，任江宁区副区长、牛首山文化旅游区工委书记、管委会主任；2016年5月，任江宁区副区长；2016年7月任现职。

张思明

张思明，男，1969年5月生，江苏南京人，本科学历，1991年8月参加工作，1998年1月加入中国共产党。现任江宁区委常委、宣传部部长。

1991年8月，任江宁县禄口镇中学教师；1995年9月，任禄口镇人民政府秘书；1999年12月，任禄口镇党政办副主任；2000年3月，任禄口镇党政办主任；2002年11月，任江宁区委办公室政策研究室主任；2002年12月，任江宁区委办主任助理；2004年1月，任江宁区委办副主任；2010年6月，任横溪街道党工委副书记、办事处主任；2011 年 12 月，任江宁区委宣传部常务副部长（正处级）；2013 年 3 月，任江宁区委宣传部常务副部长、江宁电视台台长；2013 年 7 月，任江宁区委办主任、机要局局长；2016 年 7 月任现职。

张　荣

张荣，男，江苏淮安人，1969 年 9 月生，南昌陆军学院步兵指挥专业大专毕业，江苏省委党校区域经济学专业在职硕士研究生毕业，1989 年 3 月参加工作，1993 年 4 月加入中国共产党。现任江宁区委常委、人武部部长。

1989 年 3 月，第六十五集团军步兵一九三师五七七团特务连战士；1991 年 9 月，南昌陆军学院二队学员；1994 年 7 月，先后任南京军区海防第三团排长、副连长、副连职参谋、连长；2001 年 6 月，任江苏省军区教导大队训练处副营职教员；2002 年 9 月，任江苏省军区南京市工作处副营职参谋；2004 年 6 月，任高淳县人民武装部军事科正营职参谋；2009 年 3 月，任南京市建邺区人民武装部副部长兼军事科科长；2009 年 6 月，任南京市国防动员委员会综合办公室专职副主任；2013 年，任南京市江宁区人民武装部部长；2016 年 7 月任现职。

刘维新

刘维新，男，1962 年 9 月生，江苏南京人，南京农业机械化学校中专毕业，中央党校函授学院本科毕业，1982 年 2 月参加工作，1989 年 1 月加入中国共产党。现任江宁区人大常委会副主任、党组副书记。

1982 年 2 月，江宁县运输公司当修理工；1982 年 12 月，任江宁县交通局人秘股办事员、文书兼团委书记；1987 年 12 月，任江宁县交通局淳化交管所副所长兼局团委书记；1991 年 2 月，任江宁县交通局湖熟交管所所长；1994 年 3 月，任江宁县交通局人秘股股长、横溪乡乡长助理；1995 年 8 月，任江宁县交通局副局长；2000 年 12 月，任江宁区交通局副局长；2002 年 6 月，任麒麟镇党委副书记（副处级）；2003 年 1 月，任麒麟镇党委副书记、镇长（副处级）；2004 年 9 月，任麒麟镇党委书记、镇长（副处级）；2005 年 2 月，任麒麟镇党委书记（副处级）；2006 年 3 月，任谷里街道党工委书记、人大工委主任；2008 年 12 月，任东山街道党工委书记；2010 年 6 月，任东山街道党工委书记，东山新市区管委会副主任、副董事长；2011 年 6 月，任江宁区委常委、政法委书记，东山街道党工委书记，东山新市区管委会副主任、副董事长；2011 年 7 月，任江宁区委常委、政法委书记；2016 年 7 月，任江宁区人大常委会党组副书记；2017 年 1 月任现职。

王登华

王登华，男，1962 年 5 月生，江苏句容人，中央党校函授学院经济管理专业本科毕业，1983 年 4 月参加工作，1985 年 8 月加入中国共产党。现任江宁区人大常委会副主任、党组成员。

1983 年 4 月，任江宁县周岗乡水利办工程员；1984 年 11 月，任周岗乡财政会计、秘书、办公室主任、党委委员、制笔厂厂长兼书记；1994 年 3 月，任周岗镇宣传委员；1996 年 1 月，任周岗镇副镇长；1997 年 11 月，任周岗镇党委副书记、纪委书记、副镇长；1998 年 4 月，任周岗镇党委副书记、纪委书记；1999 年 4 月，任周岗镇党委副书记；2001 年 12 月，任江宁开发区工委委员、殷巷办事处主任；2002 年 6 月，任江宁区百家湖街道党工委副书记、办事处主任；2003 年 6 月，任江宁区百家湖街道党工委书记；2006 年 3 月，任江宁区秣陵街道党工委书记；2008 年 12 月，任江宁区发改局局长、工委副书记；2010 年 6 月，任江宁区财政局局长、国资办主任；2013 年 3 月，任江宁区财政局局长；2016 年 1 月，任江宁区人大常委会副主任；2016 年 3 月任现职。

蒋戈木

蒋戈木，男，1958年5月生，江苏盱眙人，河海大学思想政治教育专业本科毕业，1976年11月参加工作，1979年8月加入中国共产党。现任江宁区人大常委会副主任、党组副书记。

1976年11月，湖北省南漳县沐浴公社插队知青；1977年1月，在部队历任战士、班长、参谋、干事；1983年9月，任中建八局安装公司保卫科干事；1984年9月，在江苏电大南京分校党政管理干部基础专修科学习；1986年7月，任中建八局安装公司纪委干事，团委副书记、书记；1992年10月，借调南京市委组织部党政干部处工作；1992年12月，任南京市委组织部党政干部处副科、正科，机关干部处正科；1999年6月，任南京市委组织部机关干部处副处级组织员，副处长；2002年2月，任南京市委组织部干部二处副处长（正处级，主持工作）、处长；2008年2月，任南京市委组织部干部三处处长；2009年6月，任江宁区委常委、组织部部长；2011年5月，任江宁区委常委、纪委书记；2014年10月，任江宁区委常委、纪委书记，江宁开发区工委委员、纪工委书记，麒麟科创园纪检组长、党组成员；2016年1月任现职。

米永强

米永强，男，1971年4月生，山西忻州人，1992年8月参加工作，1999年1月加入中国共产党。现任江宁区副区长（挂职）、党组成员。

1992年8月，任南京地质学校测绘科实验员；2000年4月，任东南大学交通学院实验室副主任；2002年3月，任东南大学军工办主任助理、军工科副科长（期间2004年2月—2005年5月，借调到教育部科学技术司工作）；2005年12月，任东南大学保密办公室秘书（正科级）；2007年12月，任东南大学科技处重大项目与基地建设办公室主任；2009年3月，任东南大学无锡分校副校长（副处级）；2014年1月，任东南大学驻京办事处主任（正处级）；2014年6月，任东南大学发展委员会副主任（正处级）；2016年11月任现职。

（组织部）

高端人才选介

弗里德·穆拉德

弗里德·穆拉德，男，1936年9月出生，美国国家科学院院士，中国科学院外籍院士，世界自然医学基金会名誉主席，美国分子医学会主席，美国德克萨斯州立大学休斯顿医学院教授。独立或合作撰写334部医学科学著作，创造性的发现一氧化氮能促进心血管扩张，揭开了硝酸甘油治疗心脏病的原理，这一研究成果也是“伟哥”发明的重要前提。在他的研究基础上，一氧化氮在细胞信号传导中作用的研究成为发展最快的生物学领域之一，他也因此获得诺贝尔奖，被称为“一氧化氮之父”。2017年3月23日，弗里德·穆拉德院士携其团队，签约落户江宁开发区诺奖小镇，注册成立南京深数信息科技有限公司。穆拉德院士引进的人工智能医疗项目，将基于人工智能技术，通过深度学习以及知识图谱技术基于大样本研究获得疾病分子机制的知识体系，打造智能医疗产业高地。

李立浧

李立浧，男，1941年7月出生，中国工程院院士，华南理工大学电力学院教授、博士生导师，中国电机工程学会理事、直流输电专委会主任委员、理论电工专委会和输电专委会委员。参与和组织建设了中国多条最前沿的交流、直流输电工程，其中包括中国第一条也是世界第一条±800千伏直流输电工程的技术研究、关键项目攻关和工程建设，被誉为“中国直流

输电第一人”。获部级科技进步奖5项，授权专利4项，负责的工程项目曾获得国家工程最高奖——鲁班奖和国家优秀工程银质奖。2016年获第11届光华工程科技奖工程奖，入选“创聚江宁”高层次创业人才引进计划。2017年1月创办南京正浩电气科技有限公司，注册资本120万元。公司以李立涅院士专利“架空输电线路舞动预警方法”等为核心，结合现有多旋翼无人机技术，解决高压输电线路带电作业电弧放电等关键技术问题，实现架空输电线路智能检测平台开发，填补了市场空白。

鄂维南

鄂维南，男，1963年9月出生，中国科学院院士，北京大学、普林斯顿大学教授，北京大数据研究院院长。近10年一直致力于中国大数据事业的发展，人称“大数据院士”。曾获国际工业与应用数学协会颁发的Collatz奖、首届美国青年科学家和工程师总统奖、冯唐科学计算奖及美国工业与应用数学协会颁发的R.E.Kleinman奖等。2016年入选“创业南京”科技顶尖专家集聚计划。2016年2月创办南京茗郦彦数据科技有限公司，注册资本1000万元。公司基于数学计算、建模及大数据技术，专业从事大数据建模与分析，为金融相关领域客户提供算法、系统支持和咨询服务。针对金融、交通、制药、互联网等领域，推出一站式人工智能大数据分析、服务自完善平台—“征信云”，涵盖终端销售分析、用户标签管理、舆情监控三大系统，已得到市场初步认可，并签订多家意向型服务订单。

鲁红兵

鲁红兵，男，1964年3月出生，美国德克萨斯大学达拉斯分校机械工程系教授、系副主任，俄罗斯工程院外籍院士，美国航空航天学会通信院士，国际实验力学学会会士、美国机械工程师学会会士。从事新一代高韧性气凝胶的制备及其改性研究10余年，作为主要项目负责人，已完成40多项NSF等资助的研究课题，获得项目经费超过1500万美元。曾获美国科学基金会杰出青年学者奖，2015年入选江苏省“双创计划”，2016年入选“创业南京”高层次创业人才引进计划。2014年2月创办南京纳世新材料有限责任公司，注册资本1020万元。公司致力于研发和生产具有历史突破性的环保型纳米新材料——高韧性有机气凝胶，并已发明低成本、高效、快速、大规模地生产高韧性气凝胶的方法，用于隔音、绝热等领域。

谢 东

谢东，男，1966年1月出生，美国约翰霍普金斯大学博士，现任南京前沿生物技术有限公司董事长。主要从事癌症、艾滋病等重大疾病药物开发，在国际性杂志上发表15篇论文，拥有5项生物技术发明专利。主持多项科技部863计划课题，建立完善了多肽药物的长效平台技术。首批国家“千人计划”入选专家，2016年入选江苏省“双创团队”。2013年1月创办南京前沿生物技术有限公司，注册资金1.75亿元。公司致力于开发、生产和销售具有重大临床需求、针对国际国内市场的新药产品。已拥有具有全球知识产权的长效多肽药物研发平台和多个在研产品，主要产品艾博卫泰是中国第一个治疗艾滋病的创新药，也是全球第一个长效抗艾药物，拥有全球自主知识产权。

卢建丰

卢建丰，男，1966年10月出生，中国药科大学药学博士，江南大学药学院客座教授，现任江苏奥赛康药业股份有限公司生物研究院院长。卢建丰博士曾在美国最大的两家生物药物公司（Genentech & Amgen）工作过11年，参与五大肿瘤药如阿瓦斯丁、特罗凯、赫赛汀等的研发和报批工作。2014年入选南京市“高端人才团队”引进计划，2015年入选第12批国家“千人计划”、江苏省“双创计划”。卢建丰博士担任江苏奥赛康药业股份有限公司生物研究院院长期间，聚力研发创新，驱动公司发展，在国内首次引进Fc-融合蛋白技术平台，并基于此平台开展治疗糖尿病生物药的研发。

冉千平

冉千平，男，1973年1月出生，南京大学博士，研究员级高级工程师，现任江苏苏博特新材料股份有限公司总工程师、化学建材研究所所长。在高性能混凝土外加剂开发、产业化和应用方面开展了大量富有成效的研究，主持或参与完成国家、部、省级项目8项。先后获得国家技术发明二等奖、国家科技进步二等奖、中国建材联合会技术发明一等奖、江苏省科技进步奖一等奖等奖项。2016年入选国家“万人计划”。2012年1月起担任江苏苏博特新材料股份有限公司总工程师，致力于提升现代混凝土性能和服役寿命，参与发明的各项技术已广泛运用于三峡大坝、田湾核电、京沪高铁、港珠澳大桥等国家工程。

何军晓

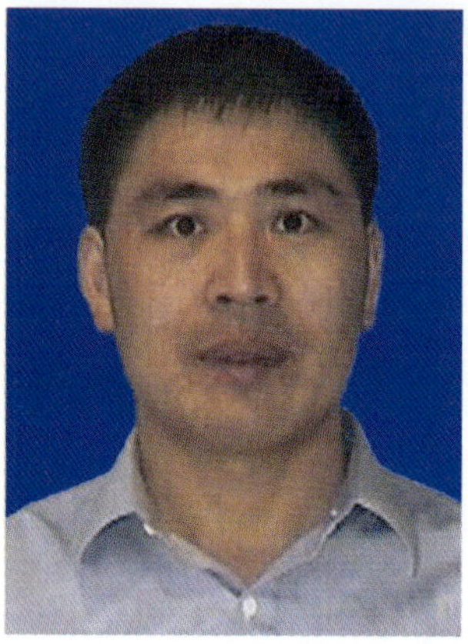

何军晓，男，1968年10月出生，美国普渡大学双硕士，现任南京智晓信息科技有限公司董事长。拥有发明专利11项，具有14年硅谷高科技创业公司工作经历，在美国期间曾经作为核心创业团队成员创办两家公司，分别被美国CITRIX和JUNIPER以3亿及1亿美元收购。先后入选江宁区“千百十”计划、南京市“紫金人才计划”、江苏省“双创计划”。2016年入选第12批国家“千人计划”。2011年2月，创办南京智晓信息科技有限公司，注册资本500万元。公司主要产品为网络安全基础设施，依据自主产权的超高速加密解密核心技术，创新地研发了网络信息传输加密系统、智能电网故障专家系统分析装置、办公自动化电子签名系统等高性能核心产品。公司已获得国家电网入网许可证、国家密码管理委员会销售许可、国家密码管理委员会定点生产单位、双软认定等资质。

尹 浩

尹浩，男，1974年10月出生，华中科技大学信息与通信工程专业博士，现任清华大学信息技术研究院研究员，江苏省未来网络创新研究员副院长，南京汇吉特网络科技公司CEO。拥有发明专利20余项，完成的“网络资源管理的随机模型与性能优化”获国家自然科学二等奖、“面向海量用户的新型视频分发网络”获国家技术发明二等奖，先后入选人社部“百千万人才工程”、江苏省“双创计划”、南京市“321引进计划”，2016年入选国家“万人计划”科技创新领军人才。2011年11月，作为刘韵洁院士团队的核心成员，参与创建了江苏省未来网络创新研究院。2012年11月，创办南京汇吉递特网络科技有限公司，注册资本1000万元。公司正建立以CENI项目为基础的大数据驱动的信息服务及检测平台，初步构建集成系统平台，形成“四位一体”的

新型商业模型。公司已完成发明专利13项，获得软件著作权11项，并在2014年获得软件产品及软件企业双软认证。
（区人才办）

黄秀旺

黄秀旺，男，1970年6月生，1990年8月工作，中学高级教师，南京市第六届学科教学带头人，南京市第三届优秀青年教师，江宁区第三届、第四届青年教学标兵，南京市初中阶段考试与评价中心组成员，南京市初中数学中心组成员。现任南京东山外国语学校初中部教务处主任，分管初中部教学管理工作。黄秀旺多次在全市开设讲座和公开课，参与南京市教研室组织的《南京市中考数学指导书》《初中数学学习评价手册》《南京市初中数学教学建议》编写工作，两次参加南京市中考数学命题，多次走进南京电视台少儿频道及南京教育信息网"名师课堂"。"关心每一位学生，关注学生的每一个细节"是他育人的追求，"为学生的终身发展奠基，让学生在获取知识的过程中发展数学思维能力"是他数学教学的不懈追求。在长期的教学实践中，形成了"以学生为主体，以问题解决为中心，促进学生生动活泼、主动参与、积极发展"的教学风格，有多篇论文、案例获省、市一等奖，有多篇论文发表在《中学数学教学参考》《中国数学教育》《数学教学通讯》等杂志上，辅导的学生多次在省级数学竞赛中获一等奖，并获"优秀指导教师奖"，曾被江宁区委、区政府记三等功1次，2008年被评为江苏省优秀中考指导教师、江宁区优秀教育工作者。

张　屹

张屹，男，1968年6月生，自1987年8月毕业至今一直在江宁实验小学从事美术教育工作，大学本科学历，中学高级职称，现任学校校务部主任。1999年被评为南京市优秀青年教师，江宁区特级教师后备人选，中国教育学会和江苏省教育学会美术专业委员会会员，江宁区教育学会美术专业秘书长，江宁区美术家协会理事。2001年被评为江苏省艺术教育先进个人，2次获南京市艺术教育先进个人称号，2004年被评为南京美术学科带头人，2011年被评为南京市教育系统优秀共产党员。张屹一直乐于美术学科的教科研和美术创作工作，2011年主编的《锦绣江宁映画屏》（美术校本课程）由江苏人民出版社正式出版，主持南京市承担的国家级《学习力的研究》子课题顺利结题。近年，参与编著美术类教育丛书3本，撰写论文40余篇，其中有8篇发表在《少儿美术》《上海教育科研》《江苏教育》《江苏学校美术教育》《特色教育探索》《科学与大众》《小学教师培训》《学习力研究》等刊物上，有30余篇获奖，其中江苏省一等奖3篇。辅导的学生作品有600幅在各级各类竞赛中获奖或发表，其中44幅出国展出，国家级138幅，省级40幅，市级90幅，多次在各级竞赛中获个人辅导奖。4幅个人美术作品入选江苏省和南京市美展，其作品曾在《江苏工人报》《南京日报》《江苏省美术教师优秀作品集》等报纸杂志发表。

（高　原）

先进人物

马明宏

江宁区公路管理站副站长，2016年被评为江苏省劳动模范。

马明宏，男，1967年10月出生，中共党员，本科学历，研究员级高级工程师。马明宏忠于党，认真贯彻落实中共十八大精神，勤政务实，创新创业，致力于道路科学管养和应急抢险，保障安全畅通，公路管养水平居全省前列，为江苏公路获交通部"十二五"国检全国第一名做出了贡献。坚持科技创新，倡导节能减排，建设环保工程，每年实施1～2项科技创新项目，其中1项获国际先进，2项获国家专利，多项技术处于国

内领先水平，曾获交通部科学技术三等奖，并多次获省、市、区科技创新奖项，每年科技创新获利约600万元。坚持文明创建，打造先进公路文化，区公路管理站先后获国家级“职工书屋”示范点、全国“安康杯”竞赛优胜单位、205国道全国文明示范路、省群众满意基层站所等荣誉。在《现代交通技术》等刊物多次发表论文，并获省公路系统先进工作者、市劳动模范等荣誉。

刘金萍

江宁区淳化街道青山社区党总支书记，2016年被评为江苏省劳动模范。

刘金萍，女，1965年9月出生，中共党员，大专学历。刘金萍自2011年担任青山社区党总支书记后，始终把社区当成家，把群众当亲人，舍小家为大家，聚精会神干事业，一心一意谋发展，社区经济一年上一个新台阶，环境面貌得到根本改变，居民幸福指数显著提高，成为深受群众信任和拥戴的当家人。虽然她是一名妇女，期间也因病做过大手术，但是从不服输的性格和刚毅，大病初愈就坚守在自己的工作岗位上。5年中，从未有过休息天和节假日，对她来说，社区就是家，事业就是责任，工作就是快乐，成就就是幸福。她的辛勤付出和敬业奉献，在群众中赢得了良好的口碑和很高的信誉。2012年被评为南京市劳动模范、区“优秀共产党员”。担任社区党总支书记期间，她为社区争取项目资金3800余万元，新建标准厂房5000平方米，盘活社区企业8家，改造老旧厂房2800平方米，改扩建社区公共服务中心1300多平方米，修建村中水泥路6条、8公里，架设路灯680多盏，建设居民休闲广场10个、停车场7个、公厕11座、垃圾屋120个，对11个自然村全部进行环境整治，并实施绿化美化亮化工程。邻里和睦相处，群众安居乐业，青山社区先后被评为市级和谐示范社区、市老年居家优秀社区、省级卫生村、省级生态村、省级绿化新村，连续5年获“南京市综合实力百强村”，并跻身全市“百强村”前50位。

孙　峰

江宁商贸集团有限公司经理，2016年被评为江苏省劳动模范。

孙峰，男，1959年8月出生，中共党员，本科学历，助理经济师。在他的带领下，企业2016年营业收入1.67亿元，比2015年增长45.2%；固定资产收益3000多万元，增长200%。他全力塑造巨诚品牌，陆续推出超市、早教、民宿等系列经营格局，2016年新开超市门店2家，提档升级店面7家，年销售额8000多万元，一举改变周边传统商业业态。同时，他借力乡村旅游，推出巨诚土特产品经营店2家，不断开拓了农村现代商业发展空间。他创新企业管理制度，健全财务、资产管理等系列制度10余项，尤其是2016年将租赁收入月报制纳入固定资产动态管理，做到资产收益“内统外分”，实现续签合同租赁收入720.62万元，比2015年增长27%。他勇于承担社会责任，先后拨付500余万元，用于困难职工帮扶及技能培训，先后举办各类专题培训班30期，1100人次参与培训，参训面达100%，为企业发展提供强有力的人才支持。

王盛伟

南京中联混凝土有限公司总经理、党委书记，兼中国联合水泥宁滁区管委会主任，南京中联水泥有限公司总经理、党委书记，南京混凝土协会会长，江宁区慈善总会副会长。2016年被评为江苏省劳动模范。

王盛伟，男，1964年9月出生，中共党员，硕士学历，高级工程师。他积极响应改革号召，落实“去产能”举措，主动关停5个站13条生产线，年产能580万立方米，并启动水泥窑协同处置危废转型项目。他注重内部管理和技术研发，公司在2015年获各项专利和技术革新奖15项，连续10年在全国水泥品质指标大对比中获“全优单位”。推进南京市混凝土交易中心建设，推动混凝土行业有序竞争、规范运营、健康发展。注重安全示范，南京中联水泥被国家安监总局列为全国水泥行业安全标准化示范企业。关心职工生活，职工收入保持年均10%的增长。自觉践行“三严三实”，恪尽职守，敬业勤业，2014年5月脚扭伤时仍连续两个月打着石膏每天坚持上班，他的忘我精神让职工感动，被职工亲切地称为最勤劳的“蜜蜂”。在他的带领下，公司连续多年取得良好的经济和社会效益，2012—2015年，南京中联混凝土实现销售收入105.53亿元，税收7.2亿元；2009—2015年，南京中联水泥实现销售收入35.39亿元，税收5.35亿元，两家企业各项经济指标一直名列中国建材集团前茅，先后获中国混凝土行业优秀企业家、南京市劳动模范等荣誉称号。

夏荣军

南京市公安局江宁分局教导员，2016年被评为江苏省劳动模范。

夏荣军，男，1972年12月出生，中共党员，大专学历。1993年8月参加公安工作，先后在刑警大队、派出所和经侦大队工作。2013年11月，经组织选派，赴新疆参加援疆工作，战斗在反暴恐的第一线。工作中他积极主动、认真负责、任劳任怨，在抓捕疑犯时，面对犯罪分子不怕流血牺牲。2000年年初，他在抓捕一名绑架勒索案犯罪嫌疑人时，身中3刀仍继续与犯罪分子搏斗。2003年，“非典”疫情肆虐全国，夏荣军冒着生命危险，深入患者病区审讯疑似携带SARS病毒的犯罪嫌疑人，为防止“非典”疫情扩散和传染以及政府做好应对决策部署做出贡献，被江苏省委授予“抗击非典先进个人”。夏军荣自参加工作后先后荣立三等功3次，2003年7月被公安部授予“全国优秀人民警察”，2003年5月被南京人民政府，南京市总工会授予“南京市劳动模范”，同年还被共青团南京市委授予“南京市十大杰出青年”。

朱家斌

江宁区谷里街道亲见社区党总支书记，2016年被评为江苏省劳动模范。

朱家斌，男，1967年2月出生，中共党员，大专学历，2014年被评为南京市劳动模范。他敬业诚信，创新求效，担任亲见社区党总支书记期间，带领社区全体党员干部拼搏奉献勇担当，尽责守职做贡献，为谷里街道获得全市镇街分类考核现代农业主导型“四连冠”做出了贡献。在建设谷里世界农业科技文化园项目中，朱家斌积极联系省农科院、农林大学等科研院所，主动对接街道农业服务部门，加快实现水稻南粳45号等8个新品种和6项标准化种植新技术在田间地头落地生根，为成立南京大生农业科技研究院奠定了基础。作为植保合作社董事长，朱家斌配合街道完成亲见片区356.7公顷的土地综合整治，并努力探索农业规模经营的新路径，带领合作社成员为附近群众提供政策支持、技术指导、小额贷款和植保服务，引导成立家庭农场4个，培育种植大户8个，带动群众就业56人。2014年合作社实现经营总收入102万元，农户收入人均增长4526元，分红达1080元，累计救助困难群众37人、12.8万元，捐资公益事业18万元。

（区总工会）

丁　雪

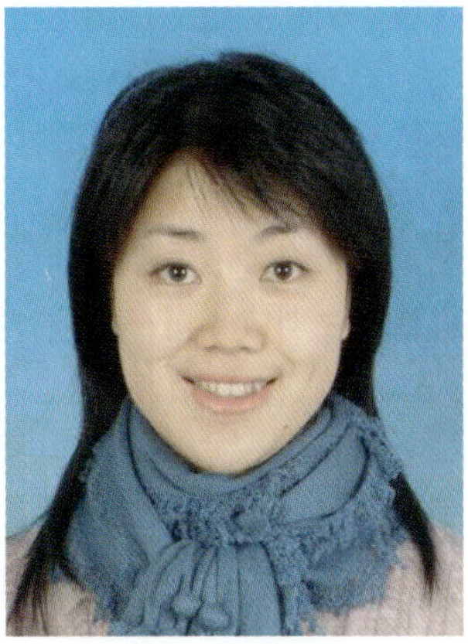

共青团江宁区委书记，2016年5月被共青团中央表彰为“2015年度全国优秀共青团干部”。

丁雪，女，1981年1月出生，中共党员，硕士。2003年参加工作，2007年到团区委任副书记，2012年任团区委书记。10年的共青团工作塑造了她善于思考、敏于发现、勇于实践的性格。工作中，丁雪一直坚持问题导向，结合江宁实际，积极思考和探索基层共青团工作的模式及规律，不断改革创新，付诸实践。为摆脱基层团组织在青年人中“弱”影响力的尴尬处境，她深入基层，开展“走基层、听建议、转作风、办实事”主题实践活动，以“基层团组织开放日”为活动主体，开出开放日“服务清单”，联系服务青年2000余人，将服务型团组织工作落到实处。针对全区初创型人才扶持的空白点，她推动成立“江宁合伙人”青年创业联盟，建成1500平方米的“江宁合伙人”众创空间，重点帮扶初创期的草根创客，支持他们抱团发展。经过3年引导扶持，“江宁合伙人”已经发展到拥有80多家会员企业、600多名会员的创业团队，规模逐年扩大。她始终坚信，改革创新是共青团的底色。她主动引入社会组织资源，丰富和完善共青团协助政府管理青少年事务的有效机制，争取江苏省暨南京市青年社会组织创业孵化园落地江宁，建成区青少年活动中心，打造清水西苑青年服务社区等6家青少年综合服务平台，盘活一批团建资源，走出一条具有江宁特色的青年工作路子。团区委先后获江苏省团属报刊宣传工作先进单位、江苏省共青团工作创新创优成果奖、江苏省优秀少先队工作项目、南京市团建工作标兵区县等荣誉。丁雪先后获第二届亚青会、青奥会先进个人，江苏省优秀团干部，南京市优秀团干部等荣誉称号。 （团区委）

新闻人物

·第15届南京好市民·

徐道海

徐道海，男，1968年1月生，中共党员，江宁区人民法院未成年人案件审判庭副庭长。他办理的5000多件案件都经得起历史的检验，赢得当事人的满意。他总是用法律维护正义，用道理化解矛盾，用责任创造社会和谐。他不计个人得失，不与人争功夺利，默默无闻，兢兢业业，无怨无悔，一度成为江宁法院劳动争议、婚姻家庭案件审理的专家。

夏梅萍

夏梅萍，女，1965年11月生，江宁区群艺馆老师。从艺30多年，能熟练地掌握京剧、锡剧、越剧、黄梅戏、豫剧等各种艺术形式的基本要领，她的作品多次在省、市获奖。坚持到最基层为百姓服务，每年参加送戏下乡约150场次，每场都担任主要角色，从不叫苦叫累。

黄　红

黄红，女，1965年1月生，中共党员，江宁区市场监管局行政审批科科长。作为派驻区行政服务中心的窗口负责人，5年始终工作在第一线，大胆创新，使窗口多年被区行政服务中心评为“红旗窗口”，被市总工会评为“工人先锋号”等；在市工商局注册条线考核中获得全市第一方阵第一名的好成绩；被评为“三争一创”先进集体、区局先进集体等。

王国梅

王国梅，女，1970年2月生，江宁区汤山街道孟塘村村民。王国梅是一位普通的家庭妇女，她却有着不平凡的人生经历。她靠一份真心、一份爱心十几年如一日悉心照顾优抚军人马友华老人，一直到为他送终。她的故事，已是家喻户晓，让周围的人都深受感动。2016年，王国梅被江苏省文明办评为“江苏好人”。

陈尚婷

陈尚婷，女，1984年3月生，南京市翠屏山小学教师。陈尚婷家里遭遇突发变故，年迈的婆婆不慎从楼梯上摔下，经医生抢救后确诊为植物人。陈尚婷的丈夫是军人，回家时间少，工作忙碌的她只得不断“压榨”自己的时间照顾婆婆。虽然家庭重担在肩，但陈尚婷从未懈怠过学校工作。

郑　海

（见本栏目“美丽江宁人简介”）

许长凤

（见本栏目“美丽江宁人简介”）

韩海燕

（见本栏目“美丽江宁人简介”）

王红凤

王红凤，女，1972年3月生，江宁区淳化街道吴墅社区居民。20年前，王红凤经人介绍嫁到了吴墅村最贫穷的李天保家，结婚后，王红凤主动和丈夫一起偿还结婚盖房子借的钱。1997年，丈夫李天保被查出心脏有问题，她借遍所有亲戚筹钱给丈夫做了手术。王红凤一边要照顾丈夫，一边要照顾孩子，无怨无悔。

刘　娟

刘娟，女，1981年6年生，南京华鼎电子有限公司文员。2009年1月刘娟的婆婆因丈夫去世忧思过度，在家突发中风晕倒。倔强的她不顾医院给出的“放弃治疗”建议，坚持抢救病重的婆婆。刘娟还咨询了许多医务人员，学习掌握了不少护理知识，每天坚持为婆婆推拿按摩，细心照料，终让年迈的婆婆重新拥有行走能力，谱写了一段“久病床前有孝媳”的美话。（宁　鉴）

·美丽江宁人·

李志鹏

李志鹏，男，江宁创益青少年事务发展中心工作人员，“美丽江宁人”2016年度人物。李志鹏是个“志愿达人”。2016年尼泊尔地震，他不顾当地复杂多变的险恶环境，也顾不上自己生病的身体，坚持奋战在赈灾前线派发大米、饮用水等物品，并进入当地学校做好服务。

谢学松

谢学松，男，区城市管理行政执法大队东山中队副中队长，“美丽江宁人”2016年度人物。谢学松长期奋战在城市管理工作第一线。在一次夜间执法遭遇违规经营的大排档摊主暴力抗法时，谢学松为保护同事被啤酒瓶砸中头部，当场失去意识被紧急送往医院救治。在10多年的一线执法工作中，他流过汗、受过伤，却依旧热爱这一份真真切切为百姓服务的城管职业。

韩海燕

韩海燕，女，东山外国语学校副校长，“美丽江宁人”2016年度人物。2006年，东山外国语学校创办高中部，担任分管副校长的韩海燕勇挑重担，带领13名新招聘的教师“白手起家”，经过3年拼搏，第一届学生本一达线率为45%，本二以上达线率80%，遥居全区第一、全市前列。由于长期身体透支，韩海燕曾因胸腔大面积积水住院治疗，但不等痊愈，她又回到讲台，带领学生投入期末复习中。

郑　海　钟丽莎

郑海，男，江宁公交集团866路公交司机；钟丽莎，女，江宁公交集团866路公交乘务员，“美丽江宁人”2016年度人物。2016年1月30日，郑海和钟丽莎在驾车途中，发现一辆私家车四轮朝上翻在池塘里。郑海毫不犹豫地跳进冰冷刺骨的水中，同车的乘务员钟丽莎借了根铁棍敲碎私家车后挡风玻璃，最后众人合力将车上3人全部救出。直到被救的赵女士多方打听，郑海、钟丽莎见义勇为的事迹才被众人知晓。

张秀伟

张秀伟，女，江宁医院呼吸科主任，“美丽江宁人”2016年度人物。从医14年来，张秀伟始终坚持“把每一位病人都当作家人”的工作理念。10年前，江宁医院呼吸科成立独立病区，她挑起重担，组建人才梯队、提升技术水平，实现江宁医院省级重点专科零的突破。她在磨炼医技的同时，始终不忘治病救人的初心，积极联系省市专家开展义诊，就近为病患提供咨询、诊疗服务。

孙艺轩

孙艺轩，女，湖熟街道耀华社区居民，“美丽江宁人”2016年度人物。大学毕业后，同学们都往大城市跑，而90后女孩孙艺轩却选择回到农村。她女承父业，与农田相伴，和蜜蜂同行，努力做好自己的“甜蜜事业”。她开拓网络销售平台，坚持诚信服务，再困难也会按时将货送到客户手中。坚持质量至上，生产、销售纯天然的蜂产品，不断扩大“西洋湖”蜂蜜品牌影响。

冯良辰

冯良辰，男，禄口派出所干警，“美丽江宁人”2016年度人物。从警11年来，冯良辰屡立战功，是公安系统的模范民警。近2年里，他累计加班600多个小时，是同事眼里爱岗敬业的典型。2015年年底，被确诊为甲状腺癌后，他不顾医生嘱咐坚守工作一线，并成功破案。手术治疗出院后，他放弃休息，又投入基础信息采集工作。其间，他带头走街串巷，清理门牌地址信息，登记流动人口等，并成功抓捕3名外省逃犯。

李丽敏

李丽敏，女，江宁区市场监管局市场科科长，“美丽江宁人”2016年度人物。李丽敏多年来坚守市场监管一线，在日常巡查之余，她主动利用休息时间到各家农贸市场“明察暗访”，给不规范的经营行为“挑刺”。夜间突击执法时，她冒着大雨彻夜坚守，及时阻截不合格食品流向市场，全力确保食品安全事故零发生。

许长凤

许长凤，女，东山街道章村新寓居民，“美丽江宁人”2016年度人物。许长凤婚后不久，丈夫被确诊为慢性肌肉萎缩症，渐渐失去了行动能力。37年来，她每晚帮丈夫翻身，从没睡过一个安稳觉。她写满18本丈夫日常生活记录簿，悉心照顾丈夫的起居。“医院3年前就下了病危通知书，说我活不过3天，但她从不放弃”，丈夫张宏宝说，“我后半辈子都是妻子给的！”

刘虹飞

刘虹飞，男，江宁中医院医生，“美丽江宁人”2016年度人物。2012年8月，刘虹飞响应号召，主动报名前往新疆特克斯县中医院开展为期一年半的医疗援疆工作，凭借过硬的专业技术，“神针刘”的称呼在边疆传播开来。2015年7月，刘虹飞克服重重困难，受邀再次援疆，一边参与医疗服务工作，一边前往基层普及针灸治疗技术，努力为特克斯县留下一支带不走的针灸队伍。

（宁　鉴）

·百姓之星·

王明根

王明根，男，江宁区东山清管所环卫工。2016年1月的一天，市民王女士激动地握着王明根的手连声道谢，原来，王师傅捡到了她丢失的包并及时归还，省去了她的很多麻烦事。

当天下午，王明根像往常一样清扫着文靖路、清理着路边的垃圾桶。当他路过一个路口拐角时，地上一个黑色的手提包引起了他的注意。打开一看，包里装着现金、银行卡、身份证等物品。

“当时我就猜测肯定是有人把包弄丢了，看到包里现金、银行卡、身份证件等物品都很齐全，我想失主丢了包一定很着急，就根据证件上的电话号码打电话联系对方。”王明根说，打完电话后，他没有细看包里到底有多少钱，就在原地守着，一心只想着失主赶紧过来，尽快交还手提包。

另一边，遗失手提包的王女士迅速往王明根所在地赶。“由于当天急着外出办事，我疏忽大意，将手提包遗失了，当时记不清是在哪儿丢的，骑着电动车在东山主城区附近的道路来回寻找，也没能找到，急得不知如何是好。”王女士说，钱虽不多，但想到补办各种证件的烦琐程序以及带来的麻烦，焦急不已。接到王明根打来的电话后，她心里悬着的石头终于落地了。赶到遗失地点取回手提包后，发现包内物品一件不少，她感动万分，当场拿出现金以示感谢，王明根非但分文未收，连名字都不曾透露就离开了。

王女士经过多方打听才知道做好事的是东山清管所的环卫工，于是登门道谢。王明根一个月工资也就2000元左右，当有人问他，当时捡到包，心里有没有挣扎过时，王明根回答说：“其实我只是做了应该做的，不是我自己的东西，我绝不能拿。”

（周　魁　侯思源）

孙大和

孙大和，男，南京西洋湖养蜂专业合作社理事长。作为养蜂专业合作社的理事长，孙大和始终以带领村民致富为目标，他说：“我是农民，农村就是我的家。”

为了养家糊口，孙大和自小便开始养蜜蜂。“刚开始养蜂的时候，我也吃了不少苦头，没少挨蜜蜂蜇，不过在创业初期谁没吃过亏呢。”孙大和回想刚开始养蜂时的情景，用一句玩笑带过了当年的艰辛。在供销社系统各级领导的关心支持和孙大和的不断努力下，他的蜂场不断发展壮大，并在2006年成立了南京西洋湖养蜂专业合作社，也是江宁区唯一一家由养蜂成员自愿参加，实现养蜂、生产、加工、销售一体化的专业合作社。截至目前，已有社员136户，相关从业人员近千人，蜂群2.36万群。合作社集养蜂生产原材料、产品加工、销售于一体，实行统一生产制度，确保原料品质和“西洋湖”蜂产品质量。

成立合作社之后，孙大和以高于市场价收购社员们的蜂蜜，让社员增收，但也要求社员们必须保证产品质量。孙大和还借债700万元，购买了生产和检验设备，形成了蜂蜜、王浆、花粉、蜂胶4条自动化生产线，且均以药品生产标准严格控制流程，这让他的蜂产品在市场同类产品中美誉度大增。“农民最不缺农产品，怎样解决深加工与销售的矛盾，是我们合作社一直在做的事情。”孙大和说，2015年开始，他在保证线下销售额不减的前提下，在淘宝、赶超网都开起直营店，“网上很多都是回头客，现在我们的产品已销往16个省。”

孙大和还不忘慈善公益事业，汶川、玉树、雅安地震发生后，他第一时间组织合作社成员献爱心，并定期捐助失学儿童和生病学生，近年已累计捐款10多万元。面对别人的夸赞，他说：“我的所有成功都来自社会，社会有需要时，我更应该义不容辞地回报社会。”

（刘雅婷）

祁顺英

祁顺英，女，淳化街道吴墅社区退休乡村医生。年过六旬的祁顺英从医40年，从当上乡村医生开始，不图名不图利，守护乡亲们的健康，是她每日奔波在乡间路上的动力。

“我以前在社区医疗站工作，村里人有个头疼脑热、小毛小病的都会来找我，那时候条件很艰苦，没有通讯设备和交通工具，只要有人来喊，不管刮风下雨，都会马上背起小药箱靠两条腿跑到村民家。”她在村里几乎是全科医生，感冒、肚子疼、跌打损伤等样样都能治，如果遇到病情严重的村民，她会一路陪同护送到大医院。

“行医几十年了，最让人印象深刻的还是曾经一天里连续接生了3个孩子。”祁顺英说，那天祁家边的村民许桂兰一早就喊肚子疼，丈夫赶紧请她去接生，她一边给产妇安慰打气，一边手法娴熟地接生，没多久就顺利产下一个小姑娘。还没来得及喝口水喘口气，严家边的张春生又来喊，他妻子也要临盆了！祁顺英立刻赶往春生家，顺利接生了一个小男婴。紧张忙碌了一整天，晚上8点多钟她刚打算躺下休息，村民陈忠贵的妻子也等着她去接生，背着药箱就往陈忠贵家赶，祁顺英一直忙到夜里11点多，产妇终于顺利产下一子。“那天晚上回到家，虽然累，但是很开心、很满足。”只要村民有需要，无论时间多晚、天气如何，她都随叫随到，40多年，从未间断。

前几年，祁顺英退休了，但仍受聘于淳化卫生院，从事产后护理工作，对全村新生儿进行产后3次访问，再把访问信息反馈给街道卫生院。在她好几本厚厚的笔记本里记载着无数个新生儿的情况。“这些小簿子我都一一保留着，闲暇时刻拿出来翻翻也是一种回忆。”祁顺英微笑着说，现在生活条件好了，家里的3个孩子都已成家立业，也很孝顺，自己感到很知足、很幸福。

（顾　丹　杨　甄　侯思源）

侯冬云

侯冬云，女，江宁街道牧龙社区居民。侯冬云的婆婆马文香已经90岁了。2012年10月，因突患脑梗塞导致半身不遂，侯冬云便悉心照料起她的饮食起居。由于老人年纪大了牙口不好，她烧饭菜都尽量软烂一些、清淡一些。马文香爱吃虾，侯冬云总会将剥好的虾仁端到婆婆面前，细心地照顾婆婆的每一顿饮食。看着儿媳忙里忙外，婆婆马文香很是心疼，生活不能自理的她，为了减轻儿媳的负担，提议晚上由吃稀饭改吃馒头，减少上厕所的次数，却遭到了侯冬云的反对。“婆婆不爱吃馒头，只要能把婆婆照顾好，我辛苦一点没什么。”侯冬云说。

走进婆婆马文香屋里，厕所、卧室都安装了扶手，床褥干净整洁，连轮椅都经过侯冬云的精心“改装”。轮椅的后背、坐垫上都放了很多海绵，既为了保暖，也防止老人家久坐不舒服。常言说“久病床前无孝子”，但婆婆生病瘫痪这3年里，侯冬云精心伺候，事无巨细。即使在丈夫患肝病、小孙子出生、儿媳坐月子时，她也将婆婆的衣食起居安排得妥妥当当。这一切婆婆马文香都看在眼里，逢人便说：“自己好福气，家里有个好儿媳！”

（杨　浩　陈　敏）

侯礼富

侯礼富，男，东山街道顺达佳苑小区居民。俗语云：清官难断家务事。而八旬老人侯礼富，却用“家规”巧管家务事。“国有国法、家有家规。家风好，出好人！”侯礼富说，侯家共有两条家训、14条家规，正是这些家训家规教育孩子们尊老爱幼、崇德向善，摒弃了生活中不少陋习。

翻开侯礼富老人家的家规，第11条规定：养成良好的生活习惯，抵制不健康的生活方式，不赌博、不抽烟、不喝酒。“经过几年的家教，家里人都养成了戒烟限酒的好习惯。”3个儿子步入工作岗位后，都染上了抽烟喝酒的坏习惯。孙子、孙女和儿媳纷纷检举揭发，家里立即立了这条“戒烟限酒”的家规，并连上了3次家教课，讲《烟酒伤身》《醉酒的八大危害》等。

一段时间后，3个儿子彻底把烟戒掉了，可是酒瘾仍难断。“有两个儿子是搞销售的，他们认为喝酒是业务需要，没办法限酒。”为了帮助儿子们改掉坏习惯，给孩子们做榜样，原本也好一口小酒的他带头戒酒，3年滴酒未沾。“常常家教，和他们讲熟悉的人被酒伤身的例子，告诉他们喝酒的危害。”侯礼富说，功夫不负有心人，3个儿媳和孙子孙女反映，一年来，儿子们“限酒”成绩显著，做到了在家不喝酒、陪客少喝酒、没醉过酒。

其实，不仅仅是戒烟限酒，侯礼富的家规还规定了禁放鞭炮、抵制迷信、自由恋爱和婚姻、尊老爱幼等方方面面的内容，通过一条条白纸黑字的家规巧妙地解决了不少家里的烦心事。如今，侯礼富家还设立了“家庭教育日”，每年上一次课，时间定在春节期间某一天。侯礼富老人也常常利用节假日或子女回家探亲的时间给子女、孙辈“补课”。在不断的家风教育中，侯礼富老人家里满是尊老爱幼、孝顺和睦的好风气，一家人幸福又美满。（陈　敏）

2016年度江宁区获市级以上表彰先进个人名录表

表49

姓名	工作单位	荣誉称号	命名单位	命名时间
姜洪雨	江宁开发区	创建全国双拥模范城有功个人	市委、市政府、南京警备区	2016年9月
陈　晓	江宁开发区	2016年度全省开发区信息工作先进个人	省开发区协会	2016年12月
阮宝洲	江宁开发区	2016年度全省非煤矿山及冶金等工贸行业安全生产工作先进个人	省安监局	2016年12月
张　欢	江宁开发区	2016年防汛抗洪有功个人、立三等功1次	市委、市政府	2016年8月
刘　念	江宁开发区	2016年度企事业（园区）科协工作先进个人	市科协	2016年12月
羿少云	东山街道泥塘社区	省优秀社区消防宣传大使	省公安消防总队	2016年12月
张文才	东山街道章村社区	南京市优秀党员	市委	2016年6月
孙礼林	东山街道	创建全国双拥模范城有功个人（个人三等功）	市委、市政府、南京警备区	2016年9月
高　原	东山街道泥塘社区	市第二届全科社工个人优胜奖	市民政局	2016年11月
吴　烨	东山街道泥塘社区	市第二届全科社工个人优秀奖	市民政局	2016年11月
张秋燕	秣陵街道统计科	南京市群众体育工作先进个人	省人口抽样调查领导小组办	2016年6月
孙金莲	秣陵街道妇联	省婚姻家庭纠纷优秀调解员	省妇联、省维护妇女儿童合法权益联席会议暨平安家庭创建活动领导小组	2016年10月
张爱红	秣陵街道关工委	先进个人	市关工委	2016年1月
马训昶	秣陵街道城管办	2016年度城市管理行政执法先进个人	市城市管理综合行政执法总队	2017年2月

续表 49-1

姓名	工作单位	荣誉称号	命名单位	命名时间
邵立祥	秣陵街道城管办	2016 年度城市治理标准化工作先进个人	市城治委	2017 年 2 月
林木祥	秣陵街道东善桥司法所	市公调对接工作优秀人民调解员	市司法局、市公安局	2016 年 4 月
张　冰	秣陵街道总工会	南京市“安康杯”竞赛组织工作先进个人	市总工会、市安监局	2016 年 5 月
张晓好	秣陵街道文体中心	南京市群众体育先进个人	市第 21 届运动会组委会	2016 年 5 月
周兴虎	秣陵水利站	防汛抗洪有功个人	市委、市政府	2016 年 8 月
王　丹	秣陵街道综治办	综治信息平台先进个人	市综治办	2016 年 9 月
佘维亮	秣陵街道人武部	优秀专武干部标兵	市警备区	2016 年 12 月
肖继明	秣陵街道动防站	动物疫病防控工作先进个人	市动物疫病预防控制中心	2016 年 12 月
张　寅	南京九龙旅游开发有限公司	南京全国科普日活动先进个人	市科委	2016 年
皇甫才兴	汤山街道阜庄社区	全省关心下一代工作先进个人	省关工委、省文明办	2016 年 6 月
韩　洁	汤山街道	2015 年度市“12345”政务热线群众诉求办理先进个人	市委、市政府	2016 年 3 月
林　宵	汤山街道	2015 年度南京市“安康杯”竞赛组织工作优秀个人	市总工会、市安监局	2016 年 5 月
谌翠红	汤山街道古泉社区	2016 年防汛抗洪三等功	市委、市政府	2016 年 8 月
吕玉平	淳化街道农业服务中心	2016 年渔业科技入户工作优秀指导员	省海洋与渔业局	2017 年 1 月
王　丹	淳化中心小学	南京好市民	市文明办	2016 年 1 月
高立军	淳化街道市容办	城市治理先进个人	市城市治理委员会	2017 年 2 月
卢卫红	谷里街道劳动保障所	2016 年度南京市机关作风建设先进个人	市委、市政府	2017 年
肖　钧	区法院	执行标兵	省高级人民法院	2016 年 7 月
朱同福	区法院	优秀院领导	市中级人民法院	2016 年 2 月
吕润进	区法院	优秀庭长	市中级人民法院	2016 年 2 月
陈　敏	区法院	优秀庭长	市中级人民法院	2016 年 2 月
霍　翔	区法院	优秀庭长	市中级人民法院	2016 年 2 月
胡晓明	区法院	个人三等功	市中级人民法院	2016 年 2 月
郭秋菊	区法院	个人三等功	市中级人民法院	2016 年 2 月
王宜贵	区法院	个人三等功	市中级人民法院	2016 年 2 月
谢海勇	区法院	个人三等功	市中级人民法院	2016 年 2 月
王　波	区法院	个人三等功	市中级人民法院	2016 年 2 月
王加骥	区法院	优秀法官	市中级人民法院	2016 年 2 月

续表 49-2

姓名	工作单位	荣誉称号	命名单位	命名时间
洪超兰	区法院	优秀法官	市中级人民法院	2016 年 2 月
王　参	区法院	优秀法官	市中级人民法院	2016 年 2 月
李　侠	区法院	优秀法官	市中级人民法院	2016 年 2 月
胡国玉	区法院	优秀法官	市中级人民法院	2016 年 2 月
张雨青	区法院	优秀法官	市中级人民法院	2016 年 2 月
张　赜	区法院	优秀法官	市中级人民法院	2016 年 2 月
陈志坤	区法院	优秀法官	市中级人民法院	2016 年 2 月
闫立海	区法院	优秀法官	市中级人民法院	2016 年 2 月
陈张明	区法院	优秀法官	市中级人民法院	2016 年 2 月
成　林	区法院	优秀法官	市中级人民法院	2016 年 2 月
林　莉	区法院	优秀法官	市中级人民法院	2016 年 2 月
倪　健	区法院	个人二等功	省高级人民法院	2016 年 2 月
孙　建	区法院	全省法院信息工作先进个人	省高级人民法院	2016 年 5 月
阮灿华	区法院	司法警察业务能手	市中级人民法院	2016 年 7 月
高　曝	区委宣传部	南京优秀政务微博博主	市委宣传部	2016 年 1 月
寿伟林	区委宣传部	2014—2015 年度省政研会系统先进个人	省思政工作研究会	2016 年 1 月
王元宝	区委宣传部	2015 年全市宣传信息先进个人	市委宣传部	2016 年 3 月
谢　秋	区委宣传部	2015 年全市社会舆情信息工作先进个人	市委宣传部	2016 年 3 月
阴社豪	区委宣传部	2015 年互联网舆情工作先进个人	市委宣传部	2016 年 3 月
郭志军	区委宣传部	2015 年度全市精神文明信息工作先进个人	市文明委	2016 年 3 月
陈春晴	区委宣传部	2015 年度十佳通讯员	新华日报编委会	2016 年 7 月
汤其友	区委统战部	中国统一战线学习宣传标兵	中央统战部宣传办	2016 年 6 月
李　强	区委统战部	中国统一战线学习宣传先进个人	中央统战部宣传办	2016 年 6 月
汤其友	区委统战部	全市统战信息工作优秀信息员	市委统战部	2016 年 2 月
赵定顺	区委老干部局	2016 年度全市老干部工作部门信息工作先进个人	市委老干部局	2017 年 3 月
丁　雪	团区委	优秀团干部	团中央	2016 年 5 月
夏　旸	团区委	优秀团干部	团省委	2016 年 5 月
刘伯敏	“江宁合伙人”青年创业联盟	“江苏青年五四奖章”提名奖	团省委、省青联	2016 年 5 月
徐　俊	区住建局	省白蚁防治协会 2016 年度先进个人	省白蚁防治协会	2016 年 12 月
冯　冠	区住建局	2015 年南京市白蚁防治管理先进个人	市住房保障和房产局	2016 年 3 月

续表 49–3

姓名	工作单位	荣誉称号	命名单位	命名时间
杨飞飞	区住建局	2015 年南京市白蚁防治管理先进个人	市住房保障和房产局	2016 年 3 月
梁　婷	区住建局	市工会优秀工作者	市总工会	2016 年 12 月
张　航	区建工局	全国建筑业先进工作者	中国建筑业协会	2016 年 10 月
金小冬	区建工局	省建设工程质量安全考核优秀个人	省住建厅	2016 年 8 月
毛文冉	区建工局	省建设工程质量安全考核优秀个人	省住建厅	2016 年 8 月
王晶星	区建工局	省建设工程质量安全考核优秀个人	省住建厅	2016 年 8 月
杨小冬	区建工局	省建设工程质量安全考核优秀个人	省住建厅	2016 年 8 月
王海龙	江宁中等专业学校	省优秀教育工作者	省教育厅	2016 年 9 月
程海龙	天印高级中学	省优秀教育工作者	省教育厅	2016 年 9 月
朱桂红	上元中学	省优秀教育工作者	省教育厅	2016 年 9 月
王　丹	淳化中心小学	江苏好人	省委宣传部	2016 年 12 月
赵月蓉	汤山初级中学	南京市第四届“陶行知奖”	市教育局	2016 年 9 月
张继安	翠屏山小学	南京市第四届“陶行知奖”	市教育局	2016 年 9 月
李　任	清水亭幼儿园	2016 年南京教师志愿者联盟 “优秀教师志愿者”	市教育局	2016 年 12 月
汤骅骅	百家湖幼儿园	2016 年南京教师志愿者联盟 “优秀教师志愿者”	市教育局	2016 年 12 月
王爱勤	东山小学	2016 年南京教师志愿者联盟 “优秀教师志愿者”	市教育局	2016 年 12 月
王　琴	江宁中心小学	2016 年南京教师志愿者联盟 “优秀教师志愿者”	市教育局	2016 年 12 月
吴　歌	东山外国语学校	2016 年南京教师志愿者联盟 “优秀教师志愿者”	市教育局	2016 年 12 月
韩海燕	东山外国语学校	第 15 届南京好市民	市委宣传部	2016 年 12 月
陈尚婷	翠屏山小学	第 15 届南京好市民	市委宣传部	2016 年 12 月
王　钢	区司法局	2011—2015 年全省普法工作先进个人	省委宣传部、省司法厅、省法宣办	2016 年 8 月
赵　伟	区司法局	2011—2015 年全省普法工作先进个人	省委宣传部、省司法厅、省法宣办	2016 年 8 月
倪忠生	区司法局	2011—2015 年全省普法工作先进个人	省委宣传部、省司法厅、省法宣办	2016 年 8 月
王　钢	区司法局	创建全国双拥模范城有功个人	市委、市政府、南京警备区	2016 年 9 月
李正萍	区司法局	全省社区矫正“严格执法、严格管理”集中整治活动先进个人	省司法厅	2016 年 10 月
张东升	区司法局	全省社区矫正“严格执法、严格管理”集中整治活动先进个人	省司法厅	2016 年 10 月

续表 49-4

姓名	工作单位	荣誉称号	命名单位	命名时间
谷　媛	区司法局	全省社区矫正“严格执法、严格管理”集中整治活动先进个人	省司法厅	2016 年 10 月
成建峰	区司法局	省司法厅办公室关于通报表扬“四个全覆盖”体系建设先进个人	省司法厅	2017 年 2 月
苏克刚	区司法局	2015 年度南京市平安建设先进个人	市社会治安综合治理委员会	2016 年 2 月
彭德华	区司法局	全市医患纠纷人民调解工作和医疗责任保险先进个人	市司法局、市卫计委	2016 年 3 月
周金顺	区司法局	全市医患纠纷人民调解工作和医疗责任保险先进个人	市司法局、市卫计委	2016 年 3 月
胡　静	区司法局	全市医患纠纷人民调解工作和医疗责任保险先进个人	市司法局、市卫计委	2016 年 3 月
苏克刚	区司法局	个人三等功	市司法局	2016 年 5 月
李丹宁	区司法局	个人三等功	市司法局	2016 年 5 月
吴玉和	区司法局	2015 年度全市公调对接工作优秀人民调解员	市司法局	2016 年 5 月
李　健	区司法局	2016 年度全市公调对接工作优秀人民调解员	市司法局	2016 年 5 月
王　健	区司法局	优秀律师党员	市律师协会	2016 年 6 月
周金顺	区司法局	优秀律师党员	市律师协会	2016 年 6 月
王　钢	区司法局	优秀党务工作者	市律师协会	2016 年 6 月
王　钢	区司法局	全省最美司法所长	省司法厅	2016 年 8 月
杜礼根	区司法局	南京市创建全国双拥模范城有功个人（三等功）	市委、市政府、南京警备区	2016 年 9 月
王双喜	区司法局	南京市优秀基层法律服务工作者	市司法局	2017 年 1 月
贾定保	区司法局	南京市优秀基层法律服务工作者	市司法局	2017 年 1 月
周　勇	区财政局	平安建设先进个人	市社会治安综合治理委员会	2016 年 3 月
张学强	区科技局	2015 年度知识产权工作先进个人	省科技厅、省知识产权局	2016 年 1 月
易笃芳	区科技局	江苏科技型中小企业“创新创业 200 强”评选活动 2016 年度先进工作者	省生产力促进中心、省生产力促进协会、南京银行股份有限公司	2016 年 12 月
潘慧莉	区科技局	2016 年度知识产权工作先进个人	省科技厅、省知识产权局	2017 年 1 月
李智军	区科技局	2016 年度科技政务信息工作先进个人	市科委	2017 年 2 月

续表 49-5

姓名	工作单位	荣誉称号	命名单位	命名时间
王志国	区环保局	忠诚环保卫士	省环保厅	2017 年 2 月
张　潇	区环保局	环境执法大练兵先进个人	市环保局	2017 年 1 月
崔　毅	区环保局	环境执法大练兵先进个人	市环保局	2017 年 1 月
侯玉东	区环保局	投诉监测技术能手	市环保局	2017 年 2 月
翁　亮	区城管局	南京市优秀执法队员	市城市管理综合行政执法总队	2016 年
滕　军	区城管局	防汛防台风工作城管执法队伍先进个人	市城市管理局	2016 年 1 月
张广兵	区城管局	2016 年防汛防台风工作城管执法队伍先进个人	市城市管理综合行政执法总队	2016 年 7 月
赵瑞琦	区城管局	2016 年防汛防台风工作城管执法队伍先进个人	市城市管理综合行政执法总队	2016 年 7 月
田　海	区城管局	2016 年防汛防台风工作城管执法队伍先进个人	市城市管理综合行政执法总队	2016 年 7 月
刘秦龙	区城管局	2016 年新招城管行政执法干部岗前培训优秀学员	市城市管理综合行政执法总队	2016 年 7 月
汪冰洋	区城管局	2016 年新招城管行政执法干部岗前培训优秀学员	市城市管理综合行政执法总队	2016 年 7 月
张梓琪	区城管局	2016 年新招城管行政执法干部岗前培训优秀学员	市城市管理综合行政执法总队	2016 年 7 月
王　靓	区城管局	2016 年新招城管行政执法干部岗前培训优秀学员	市城市管理综合行政执法总队	2016 年 7 月
宋　飏	区城管局	2016 年新招城管行政执法干部岗前培训优秀学员	市城市管理综合行政执法总队	2016 年 7 月
陈立佳	区城管局	2016 年新招城管行政执法干部岗前培训优秀学员	市城市管理综合行政执法总队	2016 年 7 月
邱正军	区城管局	2016 年新招城管行政执法干部岗前培训优秀学员	市城市管理综合行政执法总队	2016 年 7 月
赵　晨	区城管局	2016 年新招城管行政执法干部岗前培训优秀学员	市城市管理综合行政执法总队	2016 年 7 月
杨锐新	区城管局	2016 年新招城管行政执法干部岗前培训优秀学员	市城市管理综合行政执法总队	2016 年 7 月
李　绕	区城管局	南京市“六五”普法先进个人	市法制宣传教育领导小组	2016 年 8 月
赵大鹏	区城管局	先进个人	市城市管理综合行政执法总队	2017 年 1 月

续表 49–6

姓名	工作单位	荣誉称号	命名单位	命名时间
何　建	区城管局	先进个人	市城市管理综合行政执法总队	2017 年 1 月
陈吉震	区城管局	先进个人	市城市管理综合行政执法总队	2017 年 1 月
靳升莲	区城管局	先进个人	市城市管理综合行政执法总队	2017 年 1 月
范有邦	区城管局	最佳微博管理员	市城市管理局	2017 年 1 月
陈　亮	区城管局	执法先进个人	市城市管理综合行政执法总队	2017 年 2 月
田　海	区城管局	执法先进个人	市城市管理综合行政执法总队	2017 年 2 月
王　刚	区城管局	执法先进个人	市城市管理综合行政执法总队	2017 年 2 月
吴强国	区城管局	执法先进个人	市城市管理综合行政执法总队	2017 年 2 月
严　亮	区城管局	执法先进个人	市城市管理综合行政执法总队	2017 年 2 月
杨　军	区城管局	执法先进个人	市城市管理综合行政执法总队	2017 年 2 月
张　军	区城管局	执法先进个人	市城市管理综合行政执法总队	2017 年 2 月
赵瑞琦	区城管局	执法先进个人	市城市管理综合行政执法总队	2017 年 2 月
赵成云	区城管局	城市美容师	市城管局	2017 年 2 月
储欢欢	区城管局	城市美容师	市城管局	2017 年 2 月
蔡道荣	区城管局	城市美容师	市城管局	2017 年 2 月
李有军	区城管局	城市美容师	市城管局	2017 年 2 月
王　芳	区城管局	环卫管理先进个人	市城管局	2017 年 2 月
夏立忠	区城管局	环卫管理先进个人	市城管局	2017 年 2 月
吴　洁	区城管局	环卫管理先进个人	市城管局	2017 年 2 月
周　魁	区城管局	环卫管理先进个人	市城管局	2017 年 2 月
王　军	区城管局	南京市 2016 年度渣土管理先进个人	市渣土联合整治管理办公室	2017 年 2 月
王进峰	区城管局	南京市 2017 年度渣土管理先进个人	市渣土联合整治管理办公室	2017 年 2 月
郑卫东	区水务局	有功个人（二等功）	市委、市政府	2016 年 8 月
朱帮庆	区粮食局	2016 年度全省粮食系统安全生产先进个人	省粮食局	2016 年 10 月
余小海	区粮食局	2016 年度放心粮油先进个人	市粮食行业协会	2017 年 1 月
荆宏强	区粮食局	2016 年度放心粮油先进个人	市粮食行业协会	2017 年 1 月
王吉标	区供销社	2016 年度全省基层供销合作社建设标兵	省供销社	2017 年 2 月
毛　锐	区疾控中心	2015 年度江苏省城乡结合居民健康素养与烟草流行监测工作先进个人	省健教所	2016 年 1 月
陈　英	区图书馆	2016 年江苏省全民阅读先进个人	省全民阅读办	2016 年 4 月
陈　英	区图书馆	2016 年江苏省文化系统先进个人	省文化厅	2016 年 10 月

续表 49-7

姓名	工作单位	荣誉称号	命名单位	命名时间
杨李兵	区图书馆	省可移动文物普查先进个人	省文物局普查办	2016 年
汤福喜	区图书馆	单位内部安保先进个人	市公安局	2016 年 12 月
周　鹏	郑和墓园文保所	南京市第一次全国可移动文物普查先进个人	市政府	2016 年 12 月
戴建军	区卫生计生局	全省疾病预防控制工作先进个人	省卫计委	2016 年 2 月
魏代平	百家湖社区卫生服务中心	江苏省免疫规划（预防接种）工作先进个人	省卫计委	2016 年 9 月
黄　慧	区疾控中心	江苏省免疫规划工作先进个人	省卫计委	2016 年 9 月
丁　政	江宁医院	省优秀医院院长	省医院协会	2016 年 11 月
吴　祥	区卫生继续教育中心	优秀教学管理员	东南大学	2016 年 11 月
张　标	区疾控中心	2016 年五省联防联控血吸虫病防治先进个人	五省联防联控工作领导小组	2016 年 12 月
刘萍萍	江宁医院	第 14 届南京好市民	市文明办	2016 年 1 月
余　湛 马仲钦	江宁医院	2015 年度南京市院前急救卫生技能竞赛先进个人三等奖	市卫计委	2016 年 1 月
蒋　炜	区妇幼保健所	南京市巾帼岗位明星	市妇联	2016 年 3 月
赵维香	东善桥社区卫生服务中心	南京市“优秀接种医生”	市疾控中心、市预防医学会	2016 年 4 月
王　俊	区疾控中心	南京市优秀党务工作者	市委	2016 年 6 月
刘虹飞	区中医院	第三届南京地区人民满意的卫生工作者	市委宣传部、市总工会、市文明办	2016 年 6 月
牟俊华	区中医院	对口支援西藏表彰	市卫计委	2016 年 7 月
经正敏	区疾控中心	市传染病防治技术能手	市卫计局	2016 年 10 月
胡　炜	区中医院	内部安保先进个人	市公安局	2016 年 12 月
居　蓉	江宁医院	市优秀医院管理工作者	市医院协会	2016 年 12 月
刘虹飞	区中医院	伊犁卫生援疆优秀专家	伊犁哈萨克自治州卫计委	2016 年 12 月
刘虹飞	区中医院	省市援疆工作记功 1 次	中共新疆维吾尔自治区委员会、新疆维吾尔自治区人民政府	2016 年 12 月
牟俊华	区中医院	拉萨市优秀援藏干部	中共拉萨市委、拉萨市人民政府	2016 年 12 月
赵加林	江宁街道社区卫生服务中心	江苏省对口支援伊犁州第八批优秀援疆干部	伊犁哈萨克自治州人民政府	2016 年 12 月
朱海峰	谷里街道社区卫生服务中心	江苏省对口支援伊犁州第八批优秀援疆干部	伊犁哈萨克自治州委员会、伊犁哈萨克自治州人民政府	2016 年 12 月
徐庆芳	谷里街道社区卫生服务中心	江苏省对口支援伊犁州第八批优秀援疆干部	伊犁哈萨克自治州委员会、伊犁哈萨克自治州人民政府	2016 年 12 月
张学芳	区商业幼儿园	2016 年度全市内保系统保卫组织先进个人	市公安局	2016 年 12 月

续表 49-8

姓名	工作单位	荣誉称号	命名单位	命名时间
魏彬彬	江宁粮食投资发展有限公司	2016年度全市内保系统保卫组织先进个人	市公安局	2016年12月
王昌伟	江宁商贸投资发展有限公司	2016年度全市内保系统保卫组织先进个人	市公安局	2016年12月
龚星帜	南京民信药房连锁有限责任公司	2016年度全市内保系统保卫组织先进个人	市公安局	2016年12月
秦　露	农副物流中心消防队	南京市企业专职消防员先进个人	市公安消防局	2017年1月
许　飞	农副物流中心消防队	南京市企业专职消防员先进个人	市公安消防局	2017年1月
杨国强	农副物流中心消防队	南京市企业专职消防员先进个人	市公安消防局	2017年1月
余　晗	农副物流中心消防队	南京市企业专职消防员先进个人	市公安消防局	2017年1月

（综　合）

逝世人物

王正平

王正平（1930—2016），男，1930年4月生，汉族，江苏海门人，1945年8月参加革命工作，1945年12月加入中国共产党。历任华东第三野战军司令部情报处侦查员，南京军区财务处秘书，国防部第五研究院设计部秘书、人事助理、行政科长，江宁县青龙山水泥厂工会主席、资料室主任、思想政治研究室副主任。1987年12月经中共江宁县委组织部批准离休，2015年12月被批准享受副省级医疗待遇。2016年6月21日零时35分因病逝世。

闫明光

闫明光（1923—2016），男，1923年10月生，汉族，山东梁山人，1942年3月参加革命工作，1944年1月加入中国共产党。历任山东省岷山县八区联合会小区主任、民政干事、武委会政工干事、区委会组织干事，山东省军分区南下二区队区委会委员，山东省济宁县一区区委组织委员，南京市第十三区东流镇镇长，南京市第九区东流镇镇长、区委工作组组长，江宁县第八区副区长，江宁县手工业联社副主任、建筑公司经理，江宁县东山镇建筑合作社主任、建筑站站长、安装管理站站长、党支部书记。1986年4月经中共江宁县委组织部批准离休，2006年3月被批准享受厅司局级乘车医疗待遇。2016年3月4日21时因病逝世。

卞中元

卞中元（1920—2016），男，1920年7月生，汉族，江苏丹阳人，1945年6月参加革命，1948年10月加入中国共产党。历任新四军独立团一营三连二排一班副班长，苏北军区司令部管理员，镇江地委高干招待所所长，江宁县人民银行人事股长，江宁县人民政府交通科副科长，江宁县石油公司东山加油站站长。1981年2月经中共江宁县委组织部批准离休，2009年9月被批准享受副司局级医疗待遇。2016年5月2日14时30分因病逝世。

李裕祥

李裕祥（1925—2016），男，1925年8月生，汉族，江苏新沂人，1944年10月参加革命工作，1944年10月加入中国共产党。历任新沂县武装队队员、乡指导员，新沂县银行主任，江宁县银行副行长，江宁县东山公社副社长、党总支书记、工办主任。1979年7月经中共江宁县委组织部批准退休，1982年8

月改为离休，2009年9月被批准享受副司局级医疗待遇。2016年3月15日因病逝世。

沈　勇

沈勇（1927—2016），男，1927年12月生，汉族，江苏东台人，1944年6月参加革命工作，1944年12月加入中国共产党。历任江苏省东台县独立团联络部干事，泰州市港口财粮分局主任，大丰县人民银行党支部书记，江宁县汤山银行办事处主任、江宁支行副科长，江宁县水产科副科长、江宁县水产养殖场场长，江宁县食品公司东山食品站站长，江宁县东山粮站站长，江宁县粮食局副局长。1988年6月经中共江宁县委组织部批准离休，2009年9月被批准享受副司局级医疗待遇。2016年8月19日21时因病逝世。

石志诚

石志诚（1922—2016），男，1922年7月生，汉族，江苏如皋人，1941年2月参加革命工作。历任如皋县东子湖区游击队战士、通讯员、班长，如皋县团四连排长，华东警备九旅二十三团机务连排长，华东海军五大队二十二中队分队长，江宁县东善桥林场管理员。1982年8月经中共江宁县委组织部批准离休，2009年9月被批准享受副司局级医疗待遇。2016年4月26日零时20分因病逝世。

李德全

李德全（1920—2016），男，1920年9月生，汉族，江苏南京人，1940年2月参加革命工作，1942年2月加入中国共产党。经历了抗日战争、解放战争、抗美援朝，参加大小战役21次，荣立二等功3次、三等功3次，4次负伤，获荣誉证书、奖章数次，1954年转业至山东省淄博市矿务局，1982年2月离休后回原籍江宁定居。2009年9月被批准享受副司局级医疗待遇。2016年9月25日因病逝世。

程　冰

程冰（1929—2016），男，1929年9月生，汉族，河北省人，1948年1月参加革命，1949年10月加入中国共产党。先后在中国人民解放军第一野战军、空军第二航空技术学校、空八师、空军大校场基地、南空土山场站、南空独立运输大队等部队任职，1982年2月转业到江宁县，担任过江宁县人民检察院检察员、副科长、科长、副检察长等职务。1989年12月经中共江宁县委组织部批准离休并享受副县（处）级政治生活待遇。2016年5月20日15时30分因病逝世。

李　焰

李焰（1926—2016），男，1926年2月生，汉族，陕西西安人，1949年5月参加革命工作，1953年9月加入中国共产党，1952年参加抗美援朝战争。历任十二军三十四师一〇二团宣传干事，工兵团宣传股长，江宁县东山镇革命委员会副主任，东山镇副镇长。1987年8月经中共江宁县委组织部批准离休，同年12月被批准享受副县（处）级政治生活待遇。2016年7月16日因病逝世。

刘　旺

刘旺（1928—2016），男，1928年1月生，汉族，河南嵩县人，1948年1月参加革命工作，1949年4月加入中国共产党。历任十五军四十五师一三四团八连战士、班长、副排长，西南军区第六、第七步兵学校学员，第一航空学校学员，空军二十三师六十八团通讯员，空军八师二十三团通讯员，空军八师二十四团通讯员，空军大教场基地管理科管理员，空军土山场站管理股协理员，江宁县人民医院总务科办事员、事务长。1988年6月经中共江宁县委组织部批准离休，1993年12月被批准享受副县（处）级政治生活待遇。2016年5月15日2时因病逝世。

张星原

张星原（1932—2016），男，1932年4月生，汉族，江苏江宁人，1951年1月参加革命工作，1952年8月加入中国共产党。历任江宁县税务局干部，江宁县秣陵公社团委书记，江宁县人民检察院秘书、检察员，江宁县人民法院秘书、审判员、副院长、院长。1994年3月经中共江宁县委组织部批准退休。2016年8月22日因病逝世。

（邓　平）

2016年江宁区国民经济和社会发展统计公报

南京市江宁区统计局　国家统计局江宁调查队

2016 年，面对复杂严峻的内外环境和变化交织的各种挑战，全区上下紧紧围绕中央和省市区委工作要求，大力践行新发展理念，主动适应经济发展新常态，在“迈上新台阶，建设新江宁”的征程上取得重大进展，为率先高水平全面建成小康社会奠定了坚实基础。

一、综合

初步核算并经上级评估，全年实现地区生产总值 1680.52 亿元，可比价比上年增长 9.5%，其增幅比上年回落 0.8 个百分点。其中，第一产业增加值 60.88 亿元，增长 0.9%；第二产业增加值 892.56 亿元，增长 9.2%；第三产业增加值 727.08 亿元，增长 10.5%。人均地区生产总值（按公安户籍人口计算）16.4 万元，折合美元 2.36 万美元，按常住人口计算人均地区生产总值 13.82 万元，折合美元 1.99 万美元。三次产业结构进一步优化。地区生产总值中三次产业结构由上年的 3.7 : 54.0 : 42.3 调整为 3.6 : 53.1 : 43.3。第三产业增加值增长快于地区生产总值增幅 1 个百分点，其所占比重比上年提高 1 个百分点。

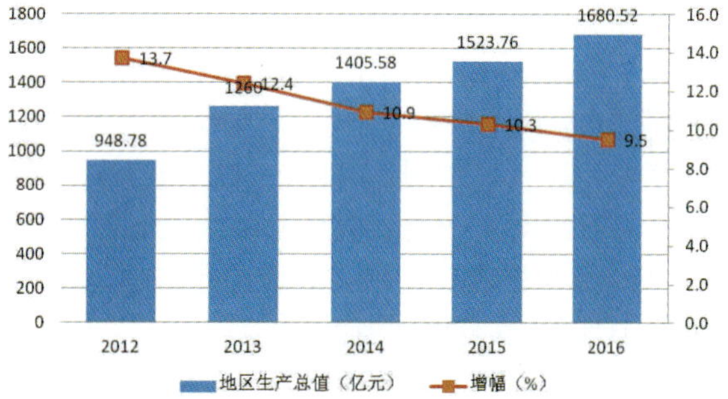

2012—2016年地区生产总值及增长速度

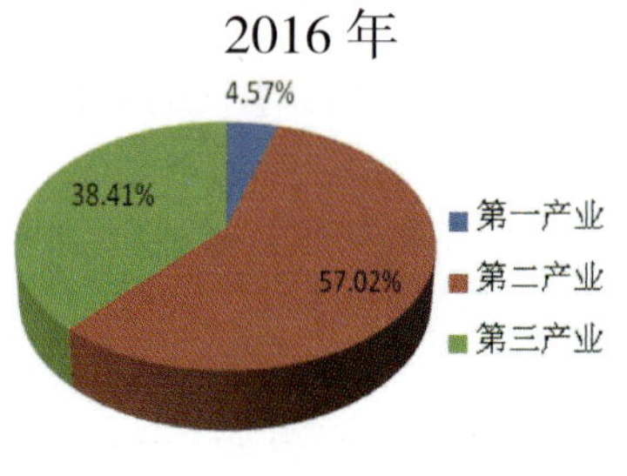

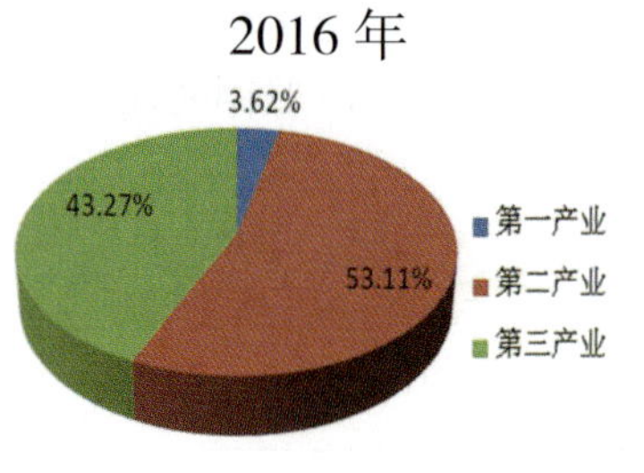

区域经济发展。开发园区经济总量主要指标增幅（现价计算）快于全区。三大开发园区的地区生产总值、一般公共预算收入增幅分别高于全区 0.8、3.1 个百分点。开发园区的地区生产总值占全区比重 55.9%，与上年持平；一般公共预算收入占全区比重 55.26%，比上年提高 1.53 个百分点；规模以上工业总产值占全区比重 85.9%，比上年减少 0.3 个百分点。街道经济实力继续不断提升。全区 10 个街道全年一般公共预算收入中有 5 个街道在 3 亿元左右，有 2 个街道在 4 亿 ~ 6 亿元之间，有 2 个街道突破 10 亿元，东山街道首次突破 20 亿元，达到 20.74 亿元；全区平均每个街道为 6.65 亿元，比上年增加 0.74 亿元，增长 12.52%。

二、农林牧渔业

农业。全年实现农林牧渔业总产值 106.45 亿元，比上年增长 8.53%，其中农业产值 63.82 亿元，增长 8.64%。农业综合生产能力平稳发展。稻谷亩产 595.2 公斤，因洪涝等因素影响，亩产下降；油菜籽亩产 152.47 公斤，比上年提高 1.54 公斤。主要农产品产量继续稳定在较好水平。全区粮食总产量 23.04 万吨，比上年减少 0.38 万吨；油料总产量 1.87 万吨，减少 0.1 万吨；蔬菜总产量 60.66 万吨，减少 0.65 万吨；瓜果产量 14 万吨，减少 1.2 万吨。

林业、畜牧业和渔业。全年林业产值达到 3.54 亿元，比上年增长 9.91%。全区完成造林 540.1 公顷，其中新造林 274.5 公顷，其中县乡公路绿色通道 30.3 公顷、高效产业林 244.13 公顷、更新造林 140.3 公顷。全区共完成村庄绿化 50 个，其中达省级村庄绿化示范村标准 10 个。全区林木覆盖面积为 43.9 千公顷，林木覆盖率 28.5%，比上年增加 0.2 个百分点。牧业产值实现 11.16 亿元，比上年增长 5.01%；渔业产值实现 24.23 亿元，增长 9.24%。全区生猪饲养量 22.27 万头，比上年减少 3.93 万头；家禽饲养量 449 万只，减少 79.27 万只；禽蛋产量 1.89 万吨、牛奶产量 4.41 万吨，都与上年基本持平。受畜禽规模养殖场所综合治理和畜牧转型影响，全区畜禽规模养殖适度比重有升有降，生猪 76.9%，比上年减少 10.6 个百分点；肉禽 80.24%，减少 1.95 个百分点；蛋禽 99.5%，增加 1.4 个百分点；奶牛 100%，与上年持平。百头以上奶牛养殖场 5 个，比上年减少 2 个；3000 头以上生猪养殖场 2 个，减少 3 个；5 万羽以上蛋鸡养殖场 3 个，比上年减少 3 个。渔业生产以高效渔业为主并平稳推进。全区放养总面积 11.99 千公顷，其中高效渔业 7.66 千公顷；实现水产品总产量 5.17 万吨，比上年下降 3.35%。

高效农业。全年新增省级农业龙头企业 2 家、市级 10 家、区级 1 家。全区农业龙头企业总量达 89 家，其中国家级 3 家，省级 12 家，市级 37 家，区级 37 家。全区新增高效设施农业面积 1.5 千公顷，高效设施农业总面积 16.3 千公顷；全区新增设施栽培面积 0.8 千公顷，设施栽培面积累计 11.3 千公顷。

休闲农业。在南京市“十大最美乡村 · 十大特色乡村”评选中，世凹桃源、黄龙岘、石塘人家等 3 家入选十大最美乡村，大塘金、汤家家、马场山、杨柳村等 4 家入选十大特色乡村。黄龙岘旅游开发有限公司成功创建全国休闲农业与乡村旅游五星企业，黄龙岘获首批 2016 年江苏省休闲观光农业示范村、江苏省休闲农业与乡村旅游十佳精品线路，汤山七坊获江苏省农家乐聚集村示范村。全区休闲农业年接待各类游客 840 万人次，实现综合收入 14 亿元。

农业生产条件。年底全区农业综合机械化水平达 91.09%，比上年提高 0.27 个百分点。全年完成机播面积 26.81 千公顷，完成机收面积 29.99 千公顷；机电灌溉和机械植保分别达到 46.1 千公顷和 43.89 千公顷。年末农业机械总动力 51.09 万千瓦，比上年增长 0.65%；拥有大型拖拉机 862 台，比上年增加 21 台；拥有联合收割机 480 台，增加 12 台。

三、工业和建筑业

工业。全区 661 家规模以上工业企业完成工业总产值 3002.72 亿元，比上年增长 1.8%，其增幅比上年回落 0.8 个百分点。分经济类型看，增幅排在前三位的依次是其他经济类型企业（67.1%）、外商及港澳台商投资企业（2%）和股份制企业（1.2%）；而总量排在前三位的分别是外商及港澳台商投资企业（2015.89 亿元）、股份制企业（929.49 亿元）和国有企业（15.97 亿元）。分行业看，全区规模工业涉及的 32 个行业大类中有 16 个行业工业总产值较上年增长，16 个行业下降；增速超过全区平均水平的有 12 个行业，增幅排在前三位的行业依次是金属制品、机械和设备修理业（31.7%）、家具制造业（22.5%）、印刷和记录媒介复制业（20.3%）；增长绝对额排在前三位的行业分别为汽车制造业（净增 86.16 亿元）、非金属矿物制品业（净增 11.72 亿元）、电气机械和器材制造业（净增 7.31 亿元）。全区规模以上工业企业完成产品销售收入 2341.96 亿元，下降 1%；实现工业利税总额 400.11 亿元，下降 5.6%；实现工业利润

268.54亿元，下降7.5%。

建筑业。全年共完成建筑施工产值500亿元，比上年增长11%；施工面积1900万平方米，下降10%；竣工面积700万平方米，下降7%；完成建筑业入库税收19亿元，比上年下降10.1%。全行业现有资质等级建筑业企业361家，其中一级资质企业27家，二级资质企业135家。当年获得市优质结构工程130项，比上年增加22项；金陵杯工程57项；获得省优工程15项，国优工程1项。全区建筑企业总产值突破60亿元的1家，40亿~60亿元的1家，20亿~40亿元的7家，10亿~20亿元的6家。在省住房城乡建设厅、省商务厅、省统计局联合开展的2015年度建筑业“百强企业”评定中，区南京宏亚建设集团有限公司、海通建设集团有限公司、久大建设集团有限公司、南京明麓建筑工程有限公司、南京润盛建设集团有限公司、南京金九建设集团有限公司、南京市第四建筑工程有限公司、南京永腾建设有限公司、南京绿野建设集团有限公司、南京华致建设有限公司、江苏大才建设集团有限公司、南京海晟建设集团有限公司、南京弘正建设发展有限公司、南京华宇建设股份有限公司14家企业分别获“最具竞争力百强企业”“最具成长性百强企业”“优秀企业”荣誉称号。

四、固定资产投资

全年全社会固定资产投资915.4亿元，比上年增长1.1%。其中，房地产投资253.2亿元，增长44.4%；民营投资504亿元，增长4.4%。

全年共实现商品房销售面积254.36万平方米，比上年增长50.8%，商品房销售额433.79亿元，增长96.4%。

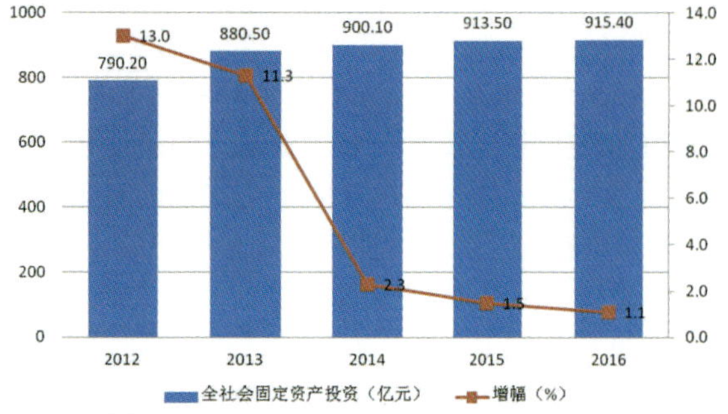

2012—2016年全社会固定资产投资及增长幅度

投资结构。在全社会固定资产投资中，第一产业投资10.8亿元，比上年增长1910.4%；第二产业投资387.1亿元，下降15.2%，其中工业投入382.6亿元，下降15.4%；第三产业投资517.5亿元，增长15.4%。三次产业投资比例为1.2∶42.3∶56.5。与上年相比，全区第一产业投资比重上升1.1个百分点，第二产业投资比重下降7.8个百分点，第三产业投资比重上升6.7个百分点。

基础设施不断完善。编制城乡规划125项，启动地铁5号线工程（江宁段），实施宁杭高速淳化互通、完成S338南京滨江公路江宁段、溧马高速连接线等干线公路建设，实施万安西路、文靖路跨宁杭高速桥等工程，加快湖山中路、外港河路等一批“断头路”接通工程，续建将军路、宁丹路公交停保场；新建东山小学地下人防停车场、地铁1号线和5号线竹山路站换乘中心停车场，开展新能源充电设施建设，新增供水管网工程8公里，建设青山供水加压泵站一座。新建及改造燃气管网65公里，建设高-中燃气站2座。全年完成230公里农路提档升级、10座危桥改造任务。

新城建设全面提升。以新型城镇化为抓手，继续开展“千百工程”建设，全年完成示范村建设10个以上、完成整治村建设100个以上，重点开展禄口、横溪农村环境连片整治。重点实施汤山、淳化、禄口、江宁、横溪等新市镇基础设施建设。重点推进生态循环线部分驿站及基础配套设施建设，打造江宁西部美丽乡村文化展示中心。加快秦淮河滨水景观工程、外港河综合整治，完成牛首山景区景观配套改造一期工程，续建麒麟生态公园等项目，建设一批街头游园、街头绿地，建成区绿化覆盖率47.3%。建成岔路圩村垃圾中转站。实施小区出新改造工程，全年完成出新面积34万平方米，推进全区老旧小区物业管理市场化率提升至60%。

五、交通运输和旅游业

交通运输业。全区全社会各种运输方式完成货运量1976万吨，增长20.78%；货运周转量31.62亿吨公里，增长28.95%；全年完成客运量4189万人次，增长3.89%；客运周转量15.6亿人公里，增长5.25%。年末全区境内公路里程2300公里，其中一级道路352公里，二级道路317公里。

旅游业。全区实现旅游收入320.08亿元，接待游客3002.56万人次，分别比上年增长14.3%和24.9%。江宁区被国家旅游局批准成为首批“国家全域旅游示范区”创建单位，获批首批江苏省乡村旅游创新发展示范区创建城市。2月，汤山紫清湖旅游区获批国家AAAA级旅游景区；11月，牛首山文化旅游区通过国家 AAAA 级旅游景区验收；石塘人家和大塘金香草谷获批全省首批 5 星级省级乡村旅游点创建资格；公塘头、翠洲芳谷被评为 4 星级省级乡村旅游点；汤山华宁温泉房车露营地 10 月被认定为江苏省房车露营地。

年末全区拥有国家 AAAA 级旅游景区 3 个、AAA 级旅游景区 4 个、AA 级旅游景区 8 个。

六、国内贸易、对外经济

消费品市场。全年实现社会消费品零售额 469.4 亿元，比上年增长 11.6%。其中，批发业实现零售额 194.4 亿元，增长 12.6%；零售业实现零售额 260.6 亿元，增长 10.9%；住宿业实现零售额 2.1 亿元，增长 9.5%；餐饮业实现零售额 12.4 亿元，增长 12.4%。

对外经济。全年新批注册外商投资企业 123 个，比上年增加 7 个；实际使用外资 7.88 亿美元，比上年增长 11.8%；当年注册协议外资 19.99 亿美元，增长 5.4%；出口创汇 74.5 亿美元，下降 6.1%。引进 1 亿美元以上外资项目 10 个。新签对外承包工程 4 个，比上年减少 8 个；对外承包工程完成营业额 6.69 亿美元，增长 11.7%。服务外包离岸执行额 35.37 亿美元，增长 12.8%。

七、财政、金融

财政。全区地方财政总收入 391 亿元，增长 2.1%；一般公共预算收入 210.2 亿元，同口径增长 9.7%。从一般公共预算收入主要税种看，完成增值税 60.7 亿元，比上年增长 55.7%；营业税 26.5 亿元，下降 38.2%；企业所得税 36.5 亿元，增长 23.6%；个人所得税 10.2 亿元，增长 11%。全年国税部门完成一般公共预算收入 87.9 亿元，比上年增长 42.7%；地税部门完成一般公共预算收入 111 亿元，下降 8.2%。

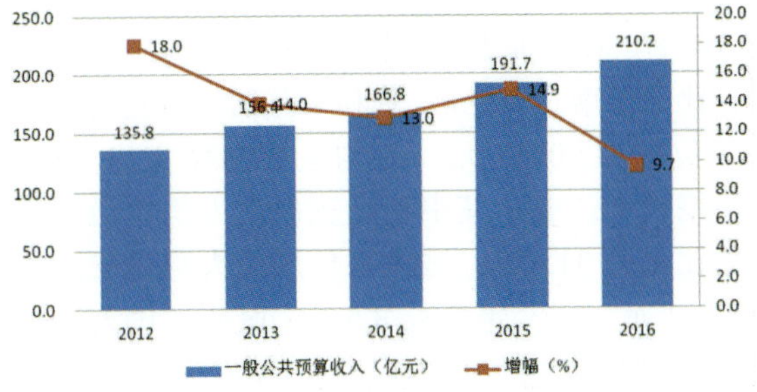

2012—2016年一般公共预算收入及增长幅度

全区一般财政预算支出 180.6 亿元，同口径增长 6.2%；社会保险基金支出 15 亿元，比上年增长 6.3%；政府性基金支出 154.9 亿元，增长 53.2%。

金融。年末，全区金融机构存款（本外币）余额 2290.63 亿元，比年初增加 320.43 亿元，增长 16.26%。其中，住户存款余额 718.77 亿元，比年初增加 56.47 亿元，增长 8.6%。全区金融机构贷款（本外币）余额 1404.77 亿元，比年初增加 328.27 亿元，增长 30.49%。

八、科学技术和教育

科技事业。全年共组织实施区级科技计划项目 231 项，组织实施省、市级计划项目 232 项，其中：省级 19 项，市级 213 项，比上年增加 68 项。新增各类研发机构 51 家，集聚企业研发机构总数突破 600 家，其中省级以上 192 家。全年引进培育顶尖科技人才、创新型企业家等 142 人。

创新载体建设内涵品质不断提升。新增众创空间和科技企业孵化器 17 家，市级以上科技企业孵化器和众创空间总数 68 家，其中国家级 17 家，名列全市第一。新引进入驻孵化企业达 300 家以上，在孵企业累计 2200 多家，产业覆盖无线通信、软件与未来网络、生命科学等多个领域。

全年完成专利申请量 18575 件，其中发明专利 7671 件，分别比上年增长 31%、36.3%。专利授权量 8300 件，比上年增长 0.9%；其中发明专利授权量 1694 件。全年新增省民营科技企业 160 家，新增高新技术企业 146 家，高新企业总数 415 家，占全市总数 27%，位列全市各区之首。

教育事业。全区义务教育均衡发展。年末全区拥有普通中学 33 所，在校学生 3.65 万人，比上年增加 0.19 万人；江宁中等职业学校 1 所，在校学生 0.4 万人；小学 35 所，增加 1 所，小学在校生 6.47 万人，增加 0.36 万人；幼儿园 117 所，增加 15 所，在园儿童 4.32 万人，增加 0.47 万人。全区小学入学率保持 100%。全年高中毕业参加录取人数 3467 人，被各类高校录取 3310 人，录取率 95.47%，比上年提高 0.68 个百分点。其中，专科录取 1143 人，减少 338 人；本科录取 2167 人，减少 137 人。

九、文化、卫生和体育

文化事业。开展以 16 届“江宁之春”为龙头的文化惠民活动。10 个街道的专场文艺演出节目 120 多个，平均受众 5 万人以上。完成南京市“百千万行动计划”惠民文化活动1577场。三送文化惠民工程、广场舞和特色团队大赛等常态化文化活动蓬勃开展。送戏下乡200场，送书15298册，送电影2500场，受惠群众90万人次。申报推荐湖熟街道创建江苏省公共文化服务体系示范街道；申报推荐淳化、横溪、江宁等3个街道创建南京市公共文化服务体系示范街道。实施村（社区）文化室提档升级，建设南京市村（社区）综合文化服务中心50家。

广播电视事业。年末，全区有线电视用户总数31.4万户，其中数字电视用户31.4万户。

卫生事业。全区拥有各类医疗卫生机构430个，卫生机构床位数6639张，分别比上年增长6.7%和17.23%。其中，医院29个，拥有床位5829张；卫生服务中心23个，拥有床位810张；其他卫生事业机构378个。卫生技术人员7964人，比上年增长25.7%。其中，执业医师、执业助理医师2897人，注册护士3251人。全区新型农村合作医疗（居民医保）参加人数41.3万人，每人基金标准880元；区级大病补充保险上不封顶，社区覆盖率、群众参加率、基金到位率、报销及时率均达到100%。全区新型农村合作医疗报销265.84万人次，一级和二级定点医院住院报销比例分别达到85%和73%，综合补偿率提升至56%。全区孕产妇健康管理率97.3%，系统管理率97.3%，孕产妇死亡率为0，5岁以下死亡率2.46‰，婴儿死亡率1.72‰，新生儿死亡率0.91‰，婚前医学检查率93.47%。江宁医院成功通过三甲医院评审。全区社区卫生服务中心通过省级标准化验收达标率95.6%，服务站达标率90.4%。

体育事业。江宁首个马拉松——“春牛首”国际马拉松赛于4月10日在美丽乡村沿线开跑。此次赛事共设全程马拉松（42.2公里）、半程马拉松（21.1公里）和“乐跑”（6公里）等3个项目，8000多名健儿领略到“最美赛道”的魅力。

全区组队参加省、市级各类体育竞赛32项，获得奖牌198枚，其中金牌88枚、银牌47枚、铜牌63枚。培养国家健将级运动员1名，国家一级运动员12名，国家二级运动员28名，向省专业队输送运动员9名，市体校24名。

全年体彩销售3.266亿元，全省销量排名第8位；增幅24.26%，排名第5名。

十、环境保护和安全生产

生态建设。全面推进实施控尘、治水、减排、清洁、增绿等一系列生态工程项目，建成淳化、禄口街道农村环境综合整治示范区，新建村级污水处理设施47套，铺设污水收集管网131公里。深化大气污染防治，区域空气质量优良天数达到265天，优良比例为72.4%。PM10浓度均值比2015年下降17.7%，PM2.5浓度均值比2015年下降8.3%，降尘浓度均值较2015年度下降20.3%。实施治水清水工程，建成城北污水处理厂二期、江宁开发区南区污水处理厂，新增日处理能力10万吨，污水收集管网35公里。淘汰落后产能项目15个，完成小区雨污分流改造11个，拆除流域码头16家，关闭禁养区养殖场36家，清淤疏浚河塘541面，整治重点黑臭河流5条，实施小流域综合整治项目1个和东山、九龙湖片区水循环工程2个。区域集中式饮用水源保持100%达标，全区41个考核断面水质较上年有所提升，无水质下降的断面。

安全生产。全年事故起数和死亡人数实现“双下降”，生产安全事故起数和死亡人数比上年分别下降12%和11.5%。全区亿元GDP生产安全事故死亡率0.0029。事故起数、死亡人数均控制在市政府考核指标范围内，全年未发生较大及以上生产安全事故。

十一、人民生活

人口。年末全区户籍总户数37.01万户，总人口为102.53万人，比上年增长3.19%，户籍人口首次突破100万人。其中：男性人口50.58万人，增加1.58万人；女性人口51.95万人，增加1.59万人。全年出生人口1.52万人，出生率为15.02‰；全年死亡人口0.5万人，死亡率为4.97‰；人口自然增长率为10.05‰。年末常住人口121.57万人，城镇人口比重为71.52%。

居民生活水平。全区居民人均可支配收入46063.3元，比上年增加3798.9元，比上年（名义，下同）增长9%。人均生活消费支出29424.2元，增长7.3%。农村常住居民人均可支配收入21698.6元，比上年增长8.5%。农村常住居民人均可支配收入中位数为20153元。人均生活消费支出17846.5元，增长12.3%；其中食品支出占人均生活消费支出的比重为31.4%。城镇常住居民人均可支配收入48526.2元，比上年增长8.5%；城镇居民人均可支配收入中位数为45061.12元。人均生活消费支出31160.1元，增长8.6%；其中食品支出占人均生活消费支出的比重为24.4%。

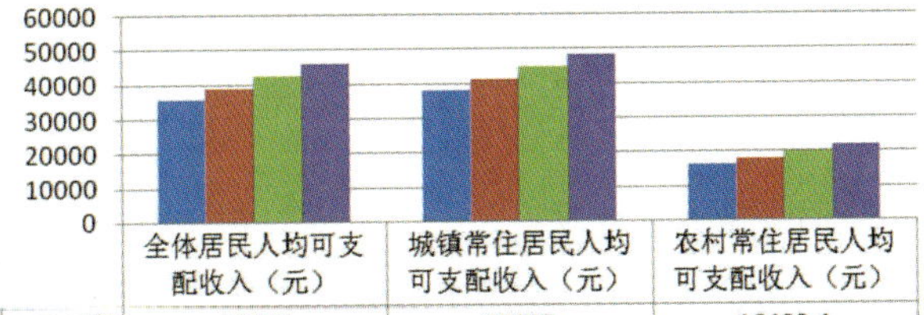

	全体居民人均可支配收入（元）	城镇常住居民人均可支配收入（元）	农村常住居民人均可支配收入（元）
2013年	35835	37988	16432.4
2014年	39011.4	41330.9	18108.3
2015年	42264.4	44734.9	20000.6
2016年	46063.3	48526.2	21698.6

2013—2016年居民人均可支配收入

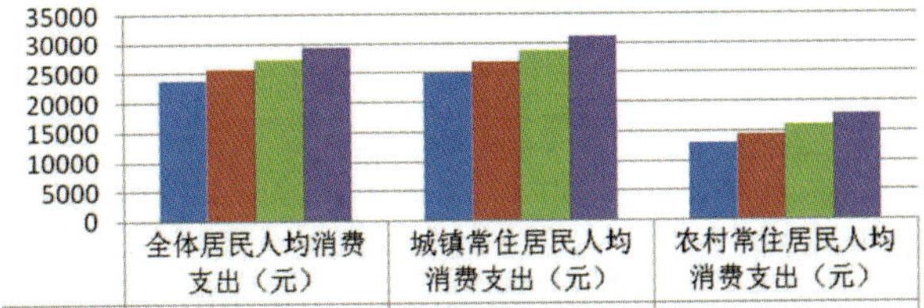

	全体居民人均消费支出（元）	城镇常住居民人均消费支出（元）	农村常住居民人均消费支出（元）
2013年	23772.4	24969	12988
2014年	25586	26816.7	14494.6
2015年	27413.6	28692.5	15888.3
2016年	29424.2	31160.1	17846.5

2013—2016年居民人均消费支出

家庭耐用消费品拥有量。据抽样调查，平均每百户城镇居民家庭耐用消费品拥有量：家用汽车 81 辆，家用空调 254 台，移动电话 247 部，家用电脑 121 台，彩电 188 台，淋浴热水器 118 台。平均每百户农村居民家庭耐用消费品拥有量：彩电 193 台，摩托车 38 辆，洗衣机 109 台，热水淋浴器 117 台，移动电话 279 部，家用空调 187 台，家用电脑 99 台，家用汽车 66 辆。

居民住房。农村居民人均居住建筑面积 59 平方米，与上年持平。城镇居民人均住房建筑面积 44.2 平方米，与上年持平。

就业。加强完善就业创业平台建设，区公共人力资源服务平台暨人力资源市场投入运营，在淳化街道、湖熟街道、禄口街道建立新南京人服务中心。开展“春风行动”，举办专场招聘会 27 场，提供就业岗位 2.2 万个。提高就业规模和质量，以街道劳动保障所与培训机构联合办学的培训模式开展非企业类培训，在街道推广“夜间课堂”“周末课堂”，开展各类培训 3.7 万人，新增高技能人才 757 人。突出大学生创业，为 582 名青年大学生办理南京市青年大学生创业证，扶持大学生创业企业 420 个，举办首届青年大学生创业大赛，318 支创业团队参与角逐。实现劳动者充分就业，城镇登记失业率保持在 2.7%。

社会保障。全区参保单位 15000 家，当年新增参保单位 2187 家；企业职工养老保险参保人数 50 万人、医保参保人数 43 万人，企业工伤参保缴费人数 27.34 万人、生育参保缴费人数 27.25 万人、失业保险参保缴费人数 28.3 万人，医保参保人数 42.9 万人，增长 5.7%。

社会保障体系实现由城镇社会保障向统筹城乡社会保障的转变。自 2016 年 1 月起，工伤保险平均费率由 0.76% 下降为 0.71%、生育保险费率由 1% 下降为 0.5%、失业保险费率由 2% 下降为 1.5%、企业养老保险费率由 20% 下降为 19%。养老金标准连续多年提升，4.38 万名企业退休人员和 9000 多名机关事业单位退休人员实现同步调整，企业人员退休金人均达到 2705 元 / 月；城乡居民基础养老金调至 370 元 / 月。实现医保市级统筹，参保人员可在全市 1200 多家医疗机构与药店联网刷卡就医购药；实施大病保险制度，1640 多名参保人员受益；推进两定点单位协议管理，12 家医疗机构、138 家零售药店纳入协议管理范围。

全区城乡低保标准统一提高至 750 元 / 月，实现城乡并轨、同城同标。全年累计发放低保对象 10650 户 16807 人，比上年增加 422 户 193 人，发放保障金 1.26 亿元，比上年增加 0.08 亿元。不断完善社区养老服务设施，建成市 AAA 级社区居家养老服务中心 23 个，街道中心厨房 8 个，助餐点 51 个，提供助餐服务 22.55 万人次。全区共有养老服务机构 237 个，养老床位总数达到 8063 张。

注：

1. 公报中部分数据为初步统计数，正式统计数据以《江宁统计年鉴》为准。部分数据因四舍五入的原因，存在着与分项合计不等的情况。

2. 地区生产总值、各产业增加值绝对数按现价计算，增长速度按不变价格计算。

3. 人均收入中位数是指将所有调查户按人均收入水平从低到高顺序排列，处于最中间位置的调查户的人均收入。

综 合

2015—2016 年江宁区人口、劳动力情况统计表

表 50

指标名称	2015 年	2016 年
年末总人口（万人）	99.36	102.53
其中：女性人口	50.36	51.95
出生率（‰）	13.29	15.02
死亡率（‰）	5.78	4.97
年末常住人口（万人）	119.14	121.57
土地总面积（平方公里）	1561.00	1561.00
社会劳动力（万人）	73.47	79.11
按经济类型分：	—	—
一、单位从业人员	30.62	31.09
其中：国有经济职工	3.77	3.83
城镇集体职工	0.35	0.33
其他经济职工	26.50	26.92
二、城镇个体劳动者	15.60	19.06
三、农村劳动者	27.25	28.97
按产业分：	—	—
第一产业	6.11	6.21
第二产业	38.43	38.13
第三产业	28.93	34.78

2015—2016 年江宁区地区生产总值统计表

表 51　　单位：亿元

指标名称	2015 年	2016 年
地区生产总值（现价）	1523.76	1680.52
其中：第一产业	56.10	60.88
第二产业	823.18	892.56
其中：工业	705.02	765.08
建筑业	118.26	127.49
第三产业	644.48	727.08
人均地区生产总值（元）	128392.00	139624.00

工 业

2015—2016年江宁区规模以上工业总产值与工业企业数量统计表

表52　　单位：万元

项　目	2015年	2016年
按年定报范围分	—	—
2000万元以上企业	29160672	29969038
2000万元以上工业按经济类型分	—	—
独资企业	5381979	5415381
合作合伙企业	160694	211577
股份有限公司	1693548	1838732
有限责任公司	21924451	22503348
2000万元以上工业按登记注册类型分	—	—
内资企业	9466359	9838553
国有企业	158984	82966
集体企业	29301	15788
股份合作企业	31780	25815
有限责任公司	4590941	5070689
股份有限公司	1165080	1293882
私营企业	3457575	3258766
其他企业	32698	90647
港澳台商投资企业	1282682	1357718
外商投资企业	18411631	18772767
2000万元以上工业企业（家）	669	658

农 业

2015—2016年江宁区农林牧渔业总产值统计表

表53　　单位：万元

项　目	2015年	2016年
农林牧渔业总产值	980887	1064583
其中：农业	587455	638224
林业	32196	35387
牧业	106292	111617
渔业	221787	242291
农林牧渔服务业	33157	37064

2015—2016年江宁区农村经济收益分配情况统计表

表 54　　单位：万元

项　目	2015年	2016年
一、农村经济总收入	9693456	9681465
出售产品收入	5212673	5226544
1. 农业收入	372593	387636
(1) 种植业收入	257431	269214
(2) 其他农业收入	115161	118422
2. 林业收入	61439	64257
3. 牧业收入	111246	115388
4. 渔业收入	106810	117884
5. 工业收入	4861058	4404813
6. 建筑业收入	952885	1256064
7. 运输业收入	559102	470756
8. 商业饮食业收入	1861230	1947888
9. 服务业收入	431664	553360
10. 其他收入	375430	363419
二、总费用	7652758	7481494
1. 生产费用	4622076	5129877
2. 管理费用	2013429	1636611
三、可分配净收入	2040698	2673391
1. 国家税金	660004	659034
2. 上交有关部门	20472	22364
3. 外来投资分利	63208	50205
4. 外来人员带走劳务收入	125473	134804
5. 企业各项留利	115039	116186
6. 乡村集体所得	96517	118843
7. 农民经营所得	1391326	1571955
四、农民所得	1509330	1707272
每人平均(元)	25373	28593

2015—2016 年江宁区主要农副产品产量统计表

表 55

项 目	2015 年	2016 年
粮食（吨）	234166.00	230416.00
棉花（吨）	1355.00	1293.00
油料（吨）	19709.00	18775.00
蔬菜（万吨）	61.31	60.66
茶叶（吨）	505.00	500.00
水果（吨）	20880.00	18000.00
年末大牧畜（万头）	0.99	—
年末生猪存栏（万头）	11.98	7.80
年内生猪出栏（万头）	14.22	22.00
年末羊存栏（万头）	1.21	—
年末家禽存栏（万只）	175.50	139.40
年内家禽出栏（万只）	353.00	480.00
水产品（万吨）	5.38	5.17
牛奶（万吨）	4.42	4.41

商业 外贸

2015—2016 年江宁区社会消费品零售总额统计表

表 56

单位：亿元

项 目	2015 年	2016 年
社会消费品零售总额	420.63	469.40
其中：限额以上单位社会消费品零售额	305.67	323.00
按行业分	—	—
批发业	110.60	194.40
零售业	288.20	260.40
住宿业	2.30	2.20
餐饮业	19.50	12.40

2015—2016 年江宁区外商及港澳台商投资情况统计表

表 57　　单位：万美元

项　目	2015 年	2016 年
批准外商及港澳台商投资企业（家）	117	123
合同利用外资及港澳台资	189614	199854
实际利用外资及港澳台资	70472	78755
外商及港澳台商投资企业实际出口创汇	761400	745000

固定资产投资

2015—2016 年江宁区固定资产投资情况统计表

表 58　　单位：万元

项　目	2015 年	2016 年
全社会固定资产投资	9134880	9153731
其中：工业投资	4532315	3825738
房地产投资	1753252	2532150
按产业分	—	—
第一产业	5380	108160
第二产业	4575215	3870627
第三产业	4554285	5174944

教育　卫生

2015—2016 年江宁区教育、卫生情况统计表

表 59

项　目	2015 年	2016 年
一、学校（所）	173	200
其中：普通中学	35	39
职业中学	1	1
小学	34	42
在校学生（人）	140939	151542
其中：普通中学	34559	36448
职业中学	3891	3968
小学	63881	67842
教育职工（人）	13490	11353
其中：普通中学	4056	3682
职业中学	342	281
小学	4024	4153

续表

项 目	2015 年	2016 年
二、卫生机构（个）	403	430
床位（张）	5663	6639
卫生技术人员（人）	7597	9761

人民生活

2015—2016 年江宁区人民生活情况统计表

表 60　　单位：万元

项 目	2015 年	2016 年
一、农村居民人均可支配收入	20001	21699
其中：工资性收入	14530	15858
经营性收入	2981	3182
农村居民生活消费支出（元）	15888	17847
1. 食品烟酒	5015	5610
2. 衣着	1627	1842
3. 居住	3622	4042
4. 生活用品及服务	783	895
5. 交通和通讯	1218	1345
6. 教育文化娱乐	2236	2550
7. 医疗保健	878	997
8. 其他商品和服务	509	565
农村居民年末人均住房建筑面积（平方米／人）	57	59
二、城镇居民人均可支配收入（元）	44735	48526
城镇居民生活消费支出（元）	28693	31160
1. 食品烟酒	6724	7616
2. 衣着	5005	5098
3. 居住	1876	1956
4. 生活用品及服务	2025	2162
5. 交通和通讯	1189	1250
6. 教育文化娱乐	4655	5150
7. 医疗保健	5792	6350
8. 其他商品和服务	1427	1579
城镇居民年末平均住房建筑面积（平方米）	44	44

（区统计局）

南京市江宁区 2016 年经济社会发展目标

（2016 年 2 月 29 日）

一、主要目标

经济综合实力进一步增强。地区生产总值增长 9%，力争增长 10%。一般公共预算收入增长 9%，力争增长 10%。全社会固定资产投资 900 亿元，力争 1050 亿元。社会消费品零售总额增长 9%，力争增长 10%。地方外贸出口和实际利用外资保持增长。服务业增加值占 GDP 比重提高 1 个百分点。文化产业增加值占 GDP 比重提高 0.3 个百分点。全社会研发经费支出占 GDP 比重 3.5% 以上。高新技术产业产值占规模工业经济比重提高 0.5 个百分点。科技创业投资增长 15%。

人民生活水平进一步提高。全体居民人均可支配收入增长与经济增长同步，农村居民人均可支配收入增速高于城镇居民人均可支配收入 1 个百分点，城乡居民收入达标人口比例达到 16%。新增城镇就业人员 2.17 万人，城镇登记失业率控制在 3.5% 以内。

生态环境质量进一步改善。燃煤消耗总量控制在 85 万吨以内。单位工业增加值能耗下降 2.5%。单位工业增加值用水量低于 14 立方米。单位 GDP 建设用地下降至 0.3 平方公里 / 亿元。PM2.5 年均浓度完成“国考”目标。单位 GDP 化学需氧量、氨氮、二氧化硫、氮氧化物排放强度分别控制在 1.2、0.16、0.2、0.25 千克以内。万元 GDP 二氧化碳排放下降 6% 左右。

社会文明程度进一步提升。文明城市创建综合测评得分达到 80 分以上。主要劳动年龄人口平均受教育年限达 12.5 年。人均期望寿命达 80.86 岁。公众安全感达 95%。法治建设满意度达 90% 以上。

二、重点任务

1. 推进经济转型升级，建设高端产业集聚区

（1）增强支柱产业竞争力。加快汽车、智能电网和新一代信息技术等产业发展，进一步做大做强。汽车产业加强与世界顶级汽车制造企业合资合作，逐步向智能化、混合动力及新能源方向发展，实现工业产值 1400 亿元。加快推进南京通信技术国家实验室、江苏省未来网络创新研究院和国家重大基础设施 CENI 平台的建设，新一代信息技术实现产值 650 亿元。智能电网加快“五大中心”建设，推进长园智能电网产品研发、大烨智能电气等项目建设，实现产值 1100 亿元。

（2）培育战略性新兴产业。高端装备制造围绕智能制造、航空与海洋装备、先进轨道交通装备等领域，突破一批关键核心技术，壮大产业规模。加快推进康宝莱保健研发等项目建设，生命科学产业实现产值 40 亿元。加快推进江南环保产业园二期、华电节能环保设备等项目建设，节能环保产业产值 300 亿元。

（3）加速现代服务业发展。服务业增加值增长 10% 以上。新增规上服务业（限上贸易）企业 20 家。发展智能物流，实现线上资源优化、线下仓储整合和高效配送，推进中国邮政速递物流南京总部、维邦仓储物流基地等项目建设，实现物流交易额 1050 亿元。软件和信息服务业务收入 900 亿元。紧扣环绕越文化休旅经济带建设，打造六大功能片区，实现旅游收

入320亿元，接待游客2800万人次，争创国家全域旅游示范区。培育高星级酒店1家，创建“平安景区”2家。大力发展文化产业，文化产业增加值占经济比重达4%。电子商务交易额增长20%，网络零售额增长30%。金融业增加值增长13%，占服务业增加值比重超过15%，新增境内外资本市场挂牌上市企业6家。

（4）加快产业升级步伐。制订实施“中国制造2025”江宁行动计划，规模以上工业产值增长8%。新增规模以上企业30家。新培育经济增长点50个。推进10家智能工厂创建。推进建筑产业现代化。实施中小企业技术改造推进计划，技改投资占工业投资比重提高2个百分点。新增私营企业数3800户。新培育省民营科技企业60家。培育军民融合企业5家。

（5）提升农业现代化水平。新增高标准农田1000公顷，发展高效农业1333.3公顷、设施农业533.3公顷。生物农业总产值达到100亿元。鼓励农产品生鲜“O2O”配送销售，力争网上销售额达2亿元。培育示范家庭农场10家。秸秆综合利用率达到90%以上。现代农业发展水平达93%。完成畜禽无害化处理设施建设。新济洲湿地公园创建国家级，完成轮渡及码头建设。推进大生世界农业科技文化园等项目建设。

（6）推进自主品牌建设。实施质量强区工程，推进江宁制造向江宁创造转变。新申请注册商标1500件，培育驰名商标2件、省著名商标10件、市著名商标20件。新增省级以上名牌产品5个、市级名牌产品12个。参与起草国家、行业标准10项。

2. 推进体制机制创新，建设自主创新引领区

（7）强化人才集聚度。落实创业南京人才政策，实施“创聚江宁”人才工程，集聚科技顶尖专家和高端人才团队4个、高层次创业创新人才150名，入选省“双创计划”12名，培育创新型企业家20名。注重人才企业落地孵化后的成长性与贡献度，人才创业企业初创成活率达80%以上。培养高技能人员400名。

（8）加强众创空间建设。以江宁开发区、麒麟科技创新园和江宁高新园为核心，完善运营模式和发展水平，加快构建东南部科技创新带。强化对创客空间、创新工场等新型孵化模式研究，建设低成本、全要素、开放式众创空间4家，引进入驻孵化科技型企业300家，孵化毕业企业30家。载体招商入住率提高5个百分点以上。推进众创空间与开发园区、街道以及重点产业园区的联动发展，构建完善的创业孵化链条。

（9）加速科技成果转化。加强技术创新和产品升级，建立覆盖国家、省市和区级的企业研发机构的梯队体系。新增工程技术研究中心15家、企业技术中心8家。新增世界500强和中国500强等高端企业研发机构3家。挂牌成立江苏省专利执法维权中心江宁分中心，推进正版正货承诺企业和示范街区建设。发明专利申请量4300件，授权量900件。新注册各类股权投资企业和管理企业5家。

（10）加快科技服务业发展。推进科技服务示范区暨知识产权服务业集聚区建设，集聚创业孵化、研究开发、科技金融、知识产权等服务机构，培育新型科技服务组织和服务业态，打造完整的科技服务链。引进科技服务机构15家，集聚科技服务从业人员600人。

（11）营造创新创业环境。实施“初创科技企业培育”“小升高”“科技型企业上市培育”计划，支持企业做大做强。新增高新技术企业30家。推行“科技创新券”“创业红包”特支计划，实施产学研合作项目120项。

3. 推进生态绿色发展，建设美丽中国典范区

（12）实施生态保护修复。严守生态红线，实行生态红线保护区域分级分类管理，加强生态红线区域环境整治。制定出台《江宁区生态补偿实施意见》，实施生态补偿和生态赔偿。推进东坑生态公益林、牛首—祖堂山片区生态修复工程，完成青龙山沿线废弃采石宕口环境综合整治。

（13）加快产业绿色转型。推进中心城区工业企业“退城进园”、园区企业“腾笼换凤”和产业布局“优二进三”，加快街道工业集中区企业污染整治。淘汰落后产能，重点淘汰电力、钢铁、建材等行业落后产能工艺，全面完成国家和省市下达的淘汰落后产能任务。推进协鑫电厂煤改气工程。完成强制类清洁生产企业10家，自愿清洁生产企业20家。推进滨江开发区循环化改造。创建省级散装水泥示范街道2家。

（14）促进资源集约节约利用。严格控制城乡建设用地规模，盘活存量建设用地，有序增加建设用地流量，提高建设用地效率。合理确定建设用地开发强度、促进用地功能混合、鼓励地下空间复合利用。完成各类追加用地计划80公顷，处置盘活存量低效闲置用地133.3公顷以上。

（15）改善生态环境质量。实施蓝天工程，加强工业废气、机动车尾气、施工扬尘、秸秆焚烧防控，空气质量持续改善。实施太湖流域治理项目28项，推进雨污分流、截污截源和污水集中处理，城北污水处理厂二期、南区污水处理厂试运行，新增污水管网35公里。地表水水质稳步提高。加快玉带圩、鞭鞍河等5条黑臭河道整治。岔路口垃圾中转站投入使用。购置新能源公交车80辆。完成淳化、禄口两街道覆

盖拉网式农村环境综合整治省级验收，启动横溪街道覆盖拉网式环境综合整治。农村环境连片整治示范区内村级污水处理设施实行第三方运行管理。

（16）实施绿色提升工程。完成绿化造林面积533.3公顷。创建生态村8个。建设绿化新村50个。抚育中幼林1000公顷，城镇绿化覆盖率达47.3%。新增绿色建筑76万平方米。林木覆盖率达28.5%。完成全区森林防火管控体系建设。推进10个街道创建国家生态文明街道。启动生态文明教育中心建设。

（17）开展美丽乡村建设。按照美丽乡村建设全覆盖和“三化五美”要求，有计划、有步骤地推进全域美丽乡村建设，完成第三批美丽乡村示范村规划。创建省市级美丽乡村示范村10个以上。加快推进“千百工程”，完成重点整治村和一般整治村100个。完成“村村亮”工程。建成休闲农业示范村2个，提档升级4个。完成美丽乡村生态环线及沿线部分驿站建设。启动美丽乡村文化展示中心建设。规划建设石塘人家、大塘金、汤家家、红楼稻香村等互联网梦想小镇。

4. 推进城乡协调发展，建设南京主城南部中心

（18）加速发展枢纽型经济。对接“一带一路”、长江经济带等建设，发挥综合交通枢纽优势。完成S340江宁段征迁。启动S246江宁段改扩建、宁杭高速淳化互通等工程，推进S002江宁东段（湖熟集镇段）、S338江宁段建设，绕越高速谷里互通、溧马高速连接线（S002至溧马高速将军路互通）、滨淮大道江宁段等建成通车，服务推进地铁5号线江宁段建设，加快推进铁路南站广场等重点片区开发。

（19）完善城市功能品质。推进景枫购物中心等商务商贸项目建设，提升城市综合形象。城镇化率达74%。实施外港河景观整治、秦淮河滨水风光带建设。完成东山、淳化、秣陵老旧小区出新工程。完成凌霄路、谭元路等征迁面积65万平方米。新增绿化面积30万平方米。启动东山公园、竹山公园景观整治工程。

（20）优化交通路网结构。完成湖山中路、泥塘西路、外港河南路等工程。推进杨家圩片区市政道路、上坊片区道路建设。完成农村公路提档升级230公里，完成危桥改造10座。

（21）加快市政基础设施建设。新建及改造燃气管段65公里，建成高—中压燃气站2座，新增供水管网8公里。完成紫金110千伏山景变电站。加快胜利雨水泵站扩建工程、阳山河泵站、城北泵站三期扩容等排涝泵站建设。

（22）加快重点水利工程建设。实施铁家圩、窑湾水库等51处应急消险工程建设，完成农村河道河塘疏浚土方500万立方米。启动句容南河、溧水河等堤防加固改造，加快推进下坝闸、姜林连环闸等中型水闸除险加固，完成中央财政小型农田水利重点县项目建设，15座重点泵站和10座农村小泵站完成提档升级，配合启动秦淮东河一期先导段九乡河治理应急加固工程。

（23）推进新城新市镇建设。加快建设禄口空港枢纽、麒麟、滨江、汤山、湖熟等新城。完成汤山老集镇改造。推进麒麟科创园二期保障房、麒麟地铁小镇等项目建设，建成麒麟有轨电车1号线。按照城镇化和特色新市镇要求，重点推进淳化、横溪、谷里等新市镇建设。支持淳化等有条件的新市镇引入社会资本，加快谷里、横溪城乡统筹试点，完成横溪、谷里城乡建设增减挂钩征迁，统筹推进土桥、丹阳、铜山等边贸小镇建设，加快发展特色“边界经济”。

（24）提升城市治理水平。加快“数字城市”建设，推进城市管理数字化、网格化全覆盖，实现二级平台三级管理的数字城管运行模式。亿元GDP事故死亡率、各类事故死亡人数和较大以上事故控制在市下达指标以内，杜绝特别重大事故和群体性职业病危害事件的发生。进一步健全调解组织网络，规范化调委会建成率达95%以上。实现药品经营企业电子监管覆盖率100%。流动人口管理服务率达95%。推进人口综合管理信息系统建设。智慧社区建设年度工作完成率达100%。综治信息系统覆盖率达100%。

5. 推进民生共享发展，增强人民幸福获得感

（25）推进教育现代化建设。优化教育资源布局，开工建设开发区初中等6所中小学，推进丹阳学校、金箔路小学等4所学校校安工程，启动月华路小学、紫金社区小学等名校分校建设，新增公办园8所，民办转民办惠民园2所以上，在公办园、民办惠民园就读幼儿比例达80%。改革招生、教师管理制度和教育评价机制，深入探索教师“区管校用”管理模式，深化职业教育改革，推进高等职业学校建设。实施教育人才引进计划，在资金、政策、人员等方面加大对名师、名校培育和引入工程的倾斜。着力推行课程改革，加强校本课程建设，促进学校走多样化发展之路。

（26）积极扩大就业创业。优化就业结构、创造公平环境，为劳动者提供更加充分和更高质量的就业机会。农村劳动力转移8000人次。培育自主创业700人，带动就业3200人。推荐安置残疾人就业100人。

（27）促进居民收入稳定增长。坚持居民收入增长和经济增长同步，健全职工工资稳定增长协调机制。适度提高企业职工最低工资标准。规模以上企业劳动合同签订率95%以上。启动新一轮贫困帮扶，

进一步向经济薄弱村和贫困农户倾斜。扎实抓好1.3万户低收入农户和132个自有稳定收入100万元以下的村（社区）的精准扶贫。

（28）提高社会保障水平。加快完善覆盖城乡、人人享有、保障更好的社会保障体系，城乡基本养老保险覆盖率、城乡基本医疗保险覆盖率、失业保险覆盖率均达98%以上。居民养老保险续保率95%以上。新增参保单位800家，退休人员纳入社区管理率达99%以上。政府购买居家养老服务应保尽保率100%。淳化敬老院、禄口敬老院三期等投入使用。新增民办养老机构床位200张。开展康复服务"四进家庭"300户。

（29）完善住房保障体系。加快拆迁安置房建设力度，缩短被拆迁户安置过渡时间。建成大里魏村安置房、湖西安置房等保障性住房。推进江苏软件园人才公寓、高新园人才公寓建设。当年建成各类保障性住房260万平方米。筹集公共租赁住房100套。商品住宅供地53.3公顷以上。新增商品住宅开工面积180万平方米，销售面积160万平方米，销售额220亿元。

（30）推进健康江宁建设。推进医药卫生综合改革，加快建立现代医院管理制度，巩固完善基层医疗卫生机构运行新机制，加快构建分级诊疗制度。新型合作医疗年人基金标准提高100元，达到880元，社区覆盖率100%。加强"智慧医疗"建设，推进居民健康卡与市民卡的深度融合。推进公共卫生服务均等化，2016年常住人口人均基本公共卫生服务经费达72元。加强基层医疗机构标准化建设，全区基层医疗单位建设达标率≥80%。争取区医疗服务中心投入使用，筹建滨江二级综合医院，建设麒麟社区卫生服务中心，置换改造方山社区卫生服务中心，禄口社区卫生服务中心门诊楼主体封顶，新改扩建15个社区卫生服务站（中心站）。婴幼儿接受育儿园或亲子园服务率80%以上。

（31）促进文化体育发展。全面推进国家公共文化服务体系示范区建设。加强文物、历史文化名镇名村、非物质文化遗产和自然遗产保护，建设东吴、南唐博物馆。完成胜太路等图书阅读服务中心3个。新发展有线电视用户1万户，新增高清互动电视用户2万户。参加国民体质测试人数1.2万人。新建、更新全民健身路径200套，配建健身路径标识牌10公里。全区参加国民体质测试人数递增20%，合格率达到93%以上。

（32）完善公共服务体系。建设地下停车场2座，新辟城市公共停车位800个。完成城区道路交叉路口公交车辆专用单车道信号优先60个，建成将军路站等11个公交首末站和地铁接驳站。东山城区空调公交车覆盖率100%。新增公交自行车3000辆、租赁网点100个。建成新能源充电桩500个。提档升级农贸市场5家。创建全国供销总社电子商务进农村示范县（区）。创建省级电子商务示范镇（街道）1个、示范村（社区）2个。创建区级电子商务服务中心20家。创建市级电子商务进行政村10个。建设为农服务社20个，改造农家店30个。新建村级公厕80座。完善村（社区）公共法律服务体系。千人食品抽检率达2批次。

6. 推进改革和开放，增强经济社会发展活力

（33）贯彻中央进一步深化改革精神，落实好国家、省市下达的各项改革任务。深化行政审批制度改革，强化"三集中三到位"，推进基本建设项目模拟审批。加快综合执法体制创新，推进东山、禄口、江宁3个街道试点，建立高效运行的城市综合执法机制。推进农村改革，完成农村土地承包经营权确权登记颁证，开展农村宅基地、集体建设用地使用权、村民房屋所有权确权试点工作，农村集体资产股份合作制改革试点6家。深化科技人才体制改革，强化企业主体地位，创新市场人才激励机制，推进科技、人才与产业、经济融合发展。加快诚信体系建设，运行区信用资源归集和使用平台，实现全区社会信用资源联网共享，全面推进信用惩戒机制。完成新一轮部门机构改革。

（34）提升开放型经济质量。加快利用外资步伐，着力加大战略性新兴产业和生产性服务业的引资力度。引进超亿美元外资项目8个，超亿元内资项目50个。转变对外贸易方式，全面实施科技兴贸战略。鼓励具有自主知识产权的企业开拓国际市场，推动产能走出去。服务外包执行额37.2亿美元，其中离岸执行额14.7亿美元。对外承包工程营业额5.6亿美元。

三、重点项目

按照推进结构调整、突出转型升级和惠及民生要求，2016年安排产业转型升级、城乡发展建设、社会民生保障三大类重点项目。

1. 转型升级产业项目。拟实施中航工业伺服控制系统等重点产业项目168个，当年计划投资299亿元。储备项目53个，计划总投资452亿元。

2. 城乡建设项目。着力实施城乡建设"五大提升工程"，全年共计划实施项目330个以上，总投资847亿元，2016年计划投资251.5亿元。

3. 民生实事项目。包括公共教育、医疗卫生、社会保障、公共环境、公共交通、生活服务等方面。

（摘自江宁委发〔2016〕12号文件）

中共南京市江宁区委员会　南京市江宁区人民政府

关于加快推进生态文明建设的实施意见

（2016 年 5 月 19 日）

为深入贯彻落实《中共中央国务院关于加快推进生态文明建设的意见》《生态文明体制改革总体方案》以及省市党委、政府《关于加快推进生态文明建设的实施方案》，加快落实区委、区政府推进国家生态文明示范区建设的各项决策部署，现就我区加快推进生态文明建设，提出如下实施意见。

一、统一思想和行动，从战略和全局的高度深刻领会生态文明建设的目标内涵

建设生态文明是发展中国特色社会主义的必然选择，是全面建设小康社会的客观要求，是促进社会和谐的基础和保障，是提高区域竞争力的重大举措。加强生态文明建设，关系人民福祉，关乎民族未来，事关江宁“两个率先”奋斗目标的实现。近年来，区委、区政府高度重视生态文明建设，摆在发展全局的突出位置，取得了重大进展和积极成效：在全国率先编制生态文明建设规划，扎实推进蓝天、清水、减排等“十大行动”；统筹城乡一体发展，环境综合整治、美丽乡村建设在全国产生了良好的示范效益；转型升级成为鲜明优势，高新技术产业比重在全省乃至全国处于领先地位。但总体上看，我区经济社会的快速发展与资源不足的矛盾还相对比较突出，环境质量与人民群众不断增长的环境需求还存在一定的差距，环境基础建设与城市化的快速推进和人口的急剧增长还不相适应，成为全面建成小康社会的突出短板。在新形势下，必须充分认识加快推进生态文明建设的极端重要性和紧迫性，认真落实省委“树好生态文明标杆，打造绿色发展标志，坚持人民满意标准”要求，以更新的理念、更大的决心、更高的标准、更实的举措，坚持不懈加快推进生态文明建设。

（一）总体要求

以邓小平理论、“三个代表”重要思想、科学发展观为指导，深入贯彻党的十八大和十八届三中、四中、五中全会精神，全面落实习近平总书记系列重要讲话尤其是视察江苏时重要指示精神，牢固树立和贯彻落实“创新、协调、绿色、开放、共享”的五大发展理念，按照“四个全面”战略布局和“五位一体”总体布局的要求，把生态文明建设融入经济、政治、文化和社会建设的各方面，把绿色发展贯穿于经济社会发展的全过程，坚持节约优先、保护优先，绿色发展、低碳发展，创新驱动、政策引导，典型示范、全民行动，重点突破、整体推进原则，协同推进新型工业化、信息化、城镇化、农业现代化和生活方式的绿色化，为建设“经济强、百姓富、环境美、社会文明程度高”的新江宁奠定坚实基础。

（二）主要目标

到 2020 年，率先建成国家生态文明示范区，跻身全国生态文明先行示范区行列，成为美丽中国典范区，全方位展现“生态环境美、生态产业美、生态人居美、生态文化美”新江宁的现实模样。

生态空间格局显著优化。严守生态、耕地和水资源红线，生态红线区域占国土面积 20.05%，受保护地区占国土面积比例≥ 22%，规划环评执行率达到 100%。

生态产业经济显著发展。“五型经济”优势更加彰显，服务业增加值占比提高到 47%，高新技术产业产值占比达 68%。单位地区生产总值能耗≤ 0.3 吨标煤 / 万元，单位地区生产总值用水量≤ 50 立方米 / 万元，单位工业用地工业增加值≥ 80 万元 / 亩。秸秆综合利用率≥ 95%，畜禽养殖场粪便综合利用率≥ 95%，一般工业固体废物处置利用率≥ 90%；主要农产品中有机、绿色、无公害农产品种植面积占比≥ 70%。

生态环境质量显著提升。空气质量优良率达到 90%，PM2.5 年均浓度下降到 50 微克 / 立方米左右，严重污染天数基本消除；集中式饮用水水源地水质达标率 100%，地表水水质达到或优于Ⅲ类比例≥ 80%，劣Ⅴ类水体基本消除；区域环境噪声优于功能区标准；土壤环境质量不降低且达到考核要求；化学需氧量、二氧化硫、氨氮、氮氧化物等 4 种主要污染物排放浓度达到国家考核要求；生态环境状况指数≥ 55%；重点保护物种受到严格保护，外来物种入侵不明显；环境风险得到有效防范，危险废物安全处置率100%，污染场地环境监管体系基本建立，无重、特大突发环境事件。

生态人居环境显著改善。村镇饮用水卫生合格率100%，城镇污水处理率≥95%，城镇生活垃圾无害化处理率100%，农村卫生厕所普及率≥95%，村庄环境综合整治率100%；推进生活方式绿色化，城镇新建绿色建筑比例≥50%，公众绿色出行率≥50%，节能、节水器具普及率≥80%，政府绿色采购比例≥80%；林木覆盖率≥28.5%，城镇绿化覆盖率达48%，城镇人均公共绿地面积15平方米。

生态环保制度显著完善。生态文明建设工作占党政实绩考核的比例≥20%，固定源排污许可证覆盖率100%，国家生态文明建设示范街道占比≥80%；编制自然资源资产负债表，自然资源资产产权和用途管制、生态损害责任追究等制度建立健全，生态空间管控、资源环境区域补偿等制度更加完善，绿色政绩考核、资源环境审计等制度建设取得进展。

生态文化氛围显著浓厚。党政领导干部参加生态文明培训比例100%，公众对生态文明知识知晓度≥80%，环境信息公开率≥80%，公众对生态文明建设的满意度≥80%。

二、把握重点和关键，以求真务实作风全面实施生态文明建设工程

（一）严格红线管控，优化国土空间布局

全面实施主体功能区战略，划定生态保护红线，划定城市发展边界，划定永久基本农田红线，科学合理布局，推动经济社会发展、城乡、土地利用、生态环境保护等规划“多规合一”，强化监督管理，促进结构的优化调整、产业的转型升级，实现均衡增长。

1. 严守生态保护红线。按照优化调整后省级生态红线区域规划，制定江宁区生态红线区域保护监督管理考核办法，明确管控责任，落实管控措施，不断提升生态红线区域的生态功能。到2017年，生态红线区域保护界桩栽设到位、管理责任标示牌竖立到位；开展生态红线区域专项执法检查，完成所有生态红线区域不符合环保要求的既有建设项目限期清理整治任务，取缔生态红线区域违法排污口；完善生态红线区域保护考核评估制度，强化补偿激励机制，把考核评估结果与补偿资金挂钩；完成子汇洲集中式饮用水源地、赵村水库备用水源地达标建设工程，2016年底关闭村级小型自备水厂，到2020年实现“双源供水”，推进自来水深度处理；开展生物多样性调查，对中华虎凤蝶、江豚等列入国家、省级重点保护名录中的野生动植物实施严格保护。实施生态修复工程，到2016年区内矿山宕口修复率达到60%；到2020年区内矿山宕口修复率达到70%。（责任单位：区环保局、区发改局、区住建局、区财政局、区审计局、区城管局、区农业局、区水务局、区国土分局、区规划分局、区林业局、各街道、园区）

2. 严控城镇开发边界。科学确定城镇开展强度，优化空间结构，划定城镇开发边界红线，推动城镇化发展由外延扩张式向内涵提升式转变。按照建设“现代化国际性南京主城南部中心”战略定位，深度统筹区域重大建设和布局，全力打造“一核、五城、八市镇”的城乡发展格局；实现开发区、高新园和东山副城“三位一体”的深度融合，高质建设南京主城南部中心核心区，加快建设禄口、滨江、汤山、湖熟5个综合性新城和秣陵、谷里等8个新市镇，大力推进边界城镇建设，发展特色“边界经济”；增强城镇绿色发展内涵，强化城镇化过程中的节能理念，大力发展绿色建筑和低碳、便捷的交通体系，推进绿色生态城区建设，提高城镇供水、防涝、雨水收集利用、供热、供气、环境等基础设施建设水平和运行管理水平，加快城乡绿地建设，构建平衡适宜的城乡建设空间体系；强化城乡规划建设管理，维护城乡规划的权威性、严肃性。（责任单位：区规划分局、区发改局、区住建局、区环保局、区国土分局、区水务局、区林业局、区城建集团、各街道、园区）

3. 严格基本农田保护。根据《江宁区土地利用总体规划》及《江宁区城乡总体规划（2010—2030）》要求，实行严格的耕地保护制度，衔接耕地与生态红线布局，强化耕地数量和质量占补平衡，加强土地节约集约利用。到2020年，区域基本农田保护面积保持在5.47万公顷以上，其中横溪、江宁、湖熟街道基本农田面积比例占全区基本农田总面积的比例达15%以上。大力实施土地整理，强化闲置土地清理处置，调整盘活低效闲置存量土地133.3公顷，到2017年底，完成盘活266.7公顷。（责任单位：区国土分局、区农业局、区规划分局、各街道、园区）

（二）提高发展质效，推动绿色发展

坚持农业基础地位，打造布局集中、产业集聚、发展集约的“3+3+3”现代产业体系，加快推动生产方式绿色化，下大决心化解过剩产能，构建科技含量高、资源消耗低、环境污染少的产业结构，有效减轻经济活动对资源环境带来的压力，提高经济增长质量和效益。

1. 推动科技创新。围绕建设“江苏高端产业集聚区”“长三角自主创新引领区”目标，深入实施创新驱动战略，不断提高科技进步对结构调整、绿色发展、环境保护和生态建设的贡献率。结合深化科技体制改革，大力推进产学研用协同，支持骨干企业与驻区科研机构、高等院校开展能源节约、资源循环利用、新能源开发、污染治理、生态修复等领域关键技术攻关，优先支持生态文明建设研究和成果转化项目。出台相关激励政策，鼓励中电环保、江南环保等环保生产型、服务型企业在园区生态化改造、污染治理等方面提供第三方服务。（责任单位：区发改局、区科技局、区经信局、区规划分局、区环保局、区商务局、各街道、园区）

2. 调整优化产业结构。按照加快“3+3+3”现代产业体系定位，大力培育高新技术企业，推动汽车、新一代信息技术、智能电网三大支柱产业和高端装备制造、生命科学、节能环保三大新兴产业健康发展，到2020年高新技术产业产值占比达68%。采用先进适用节能低碳环保技术改造提升传统产业，建立严格的环境准入制度，制定产业准入负面清单，严禁核准建材、家具、货架等产能严重过剩行业新上项目或新增产能；提高淘汰标准，加快淘汰铸造、水洗等落后产能，严禁新建资源型开采项目、重金属污染严重项目及化工项目。开展集中整治行动，坚决关停并转开发园区、工业集中区内高能耗、高排放的污染企业；制定《生态园区建设行动计划》，有序推进园区生态化改造，到2020年，全区所有国家和省级以上开发区全部完成生态化、循环化改造任务。（责任单位：区发改局、区经信局、区环保局、区城管局、区科技局、各街道、园区）

3. 发展绿色产业。规划建设江宁开发区环保产业集聚区，大力发展节能环保产业，推动节能环保技术、装备和服务水平显著提升，加快培育新的经济增长点。到2020年，培植各种类型环保企业15家，推动5家环保服务企业上市，节能环保产业增加值占GDP比重大于6%。发展现代生态农业，大力促进设施农业提档升级，构建布局合理、特色突出、产品安全的现代农业体系。到2017年申报水稻等无公害农产品108个、蔬菜等绿色食品71个、茶叶等有机食品20个。到2020年主要农产品中有机、绿色、无公害产品种植面积比值达70%。编制实施江宁区“十三五”旅游产业发展规划，争创“国家全域旅游示范区”。到2020年，全区吸纳旅游突破3800万人次，旅游业增加值占GDP比重16%。壮大现代物流，发展高端商务，更大力度调结构促转型。（责任单位：区旅游局、区商务局、区住建局、区环保局、区科技局、区规划分局、区经信局、各街道、园区）

（三）突出节约优先，高效利用资源

把节约资源作为破解环境资源约束、保护生态环境的首要之策，加快转变资源利用方式，推进全社会节能减排。大力发展循环经济，实现种类资源节约高效利用。

1. 突出抓好节能减排。制定“十三五”节能减排行动计划，控制煤炭消费总量，到2020年，煤炭消费总量控制在85万吨以内。调整能源消费结构，促进新能源和可再生能源开发利用。全面实行排污许可证制度，推行排污权有偿转让制度。培育循环经济，推行清洁生产，每年完成20家企业清洁生产审核任务，建立健全主要污染物监督管理制度、重点企业评估考核制度，完善重点污染企业排放达标或稳定达标管理措施，到2018年，全区重点排污单位全部纳入在线联网监控。加快现有污泥处理处置设施达标改造，到2020年，实现永久性区域污泥处理处置设施全覆盖，无害化处理处置率达到100%。推进农业污染源减排试点工程，制定畜禽养殖、水产养殖污染综合治理实施方案，对大中型规模养殖场粪便和污水进行综合治理，到2017年，规模养殖场粪便综合利用率达到98%，规模化养殖场污水处理率达到75%。（责任单位：区环保局、区发改局、区经信局、区住建局、区农业局、区林业局、各街道、园区）

2. 加强水资源节约集约利用。实施最严格的水资源管理制度，全面确立水资源开发利用控制、用水效率控制、水功能区限制纳污“三条红线”，合理调配有限的水资源，提高水资源的利用效率和效益。因地制宜推广、发展农业节水技术，到2017年，农业灌溉水有效利用系数达到0.655，到2020年达到0.66。发展节水型工业，推进中水回用技术，规划建设中水回用设施及配套管网，到2017年，城区中水回用率达到15%以上；到2020年，城区中水回用率达到35%以上。（责任单位：区水务局、区住建局、区农业局、区发改局、区经信局、区规划分局、区城建集团、各街道、园区）

3. 建设再生资源回收处置体系。制定垃圾资源化利用行动计划，推进再生资源和垃圾分类回收，大力推广生活垃圾分类收集和分类处理，到2017年，全区垃圾分类收集覆盖率达75%以上。积极实施餐厨废弃物无害化处理和资源化利用，推行建筑垃圾的资源化利用。加快江南环保产业园规划建设，推进可再生资源能源利用项目建设，2016年建成中联水泥危险废物处置项目（2万吨/年），2018年建成江南环保产业园垃圾焚烧发电厂二期项目、江南灰渣填埋场建设项目，2020年建成江南环保产业园危险废物处置中心项目。积极推进“智能回收箱”建设，主要品种回收率达 80%，开展废品回收站专项整治，75% 社区设立规范的回收站点。（责任单位：区商务局、区城管局、区住建局、区财政局、区市场监管局、相关街道、园区）

（四）强化污染防治，改善环境质量

按照以人为本、防治结合、标本兼治、综合施策的原则，以改善环境质量为核心，铁腕治污，打好大气、水和土壤污染防治“三大攻坚战”，防范和化解环境风险，到 2020 年，实现空气质量优良率 90%、地表水水质Ⅲ类比例 80% 的全面小康目标。

1. 全面提升水污染防治水平。对照国家《水十条》和省市工作方案，制定江宁区水污染防治工作方案，全面推进水环境整治。强化集中式饮用水源地保护和安全隐患排查，确保集中式饮用水水源地水质达标率稳定保持在 100%。持续推行“河长制”管理，加强黑臭河道整治，集中力量整治入河排污口，全面完成太湖流域治理任务。结合打造十里秦淮景观带，系统治理外港河、玉带河、鞭鞍河、开发区一纵沟、二纵沟等城市黑臭水体，全面提升秦淮河水质，到 2017 年，城区建成区基本消除黑臭现象，2020 年，全区完成黑臭河流整治任务。强化工业废水污染治理，重点加强化工、医药、食品加工等行业污水治理和重点工业企业治污设施提标改造，积极推动工艺废水的深度处理与回用，全面提高达标排放水平。着力加强园区、城区污水处理基础设施建设及现有污水处理设施的提标改造，加快创建排水达标区。今年上半年，开发区南区、城北二期污水处理厂建成运行，到 2017 年，开工建设高新园三期污水处理厂及横溪、陆郎、禄口二期污水处理厂，所有工业集中区必须完成污水收集管网及污水处理设施建设，开展城镇建成区污水管网贯通情况的全面探查和养护管理，确保城镇建成区基本实现污水管网全覆盖、全贯通，污水全收集、全处理。（责任单位：区环保局、区经信局、区住建局、区水务局、区农业局、区林业局、各街道、园区）

2. 深入推进大气污染防治。对照国家《大气十条》和省市工作方案，制定年度江宁区大气污染防治行动计划，开展大气环境整治，通过国家、省市大气考核。加强重点企业大气污染整治，加快推进印刷、包装、喷涂企业挥发性有机物治理。加强工地扬尘污染治理，全面推行绿色施工，建立“一企一档”，落实工地扬尘防控“9 个 100%”措施，完成降尘量考核目标。强化对市区道路和运输扬尘污染控制，到 2020 年，主城区、集镇主次干道清扫保洁全部机械化，全区机扫率达 90% 以上。加强餐饮油烟污染防治，推动规模餐饮企业强制安装油烟净化设施和在线监控装置，到 2020 年，规模以上餐饮企业油烟净化设施在线监控率达到 80% 以上，城镇建成区实现餐饮业污染控制示范街全覆盖。加强机动车尾气整治，全面淘汰黄标车，进一步巩固黄标车限行区域整治成效；推广新能源和混合动力汽车应用，加强车用天然气、液化石油气加气站建设；发展清洁能源公交，到 2020 年，全区清洁能源公交车辆比例提高到 60% 以上。加强秸秆禁烧管控，严格落实禁烧工作责任制，大力探索秸秆综合利用的新途径，实现“零火点”目标。（责任单位：区环保局、区发改局、区经信局、区住建局、区建工局、区城管局、区公安分局、区征收办、各街道、园区）

3. 积极开展土壤污染防治。对照国家即将出台的“土十条”和省市“土十条”工作方案，制订江宁区土壤污染防治三年行动方案，开展土壤污染调查，摸清区域土壤环境质量状况；建立土壤环境数据库，制定土壤污染治理计划；完善土壤环境监测网络，建立突发土壤环境事件应急制度。加强重点区域土壤保护，特别是江宁经济技术开发区、滨江经济开发区和空港经济开发区的土壤保护 。强化土壤环境监管，保障土壤环境安全，重点对污染重、风险高的污染场地采取适当措施进行综合治理与修复。防治农田土壤污染，合理控制化肥施用量，禁用高毒和高残留农药，鼓励土地休耕轮作制度，加强畜禽养殖污染控制，推广畜禽养殖业粪便综合利用，开展畜禽养殖污染、面源污染的综合防治示范。建立多元化投入机制，引导社会资金投入土壤污染治理项目。编制全区污染场地环境风险控制清单，加大财政资金投入，以耕地、工业污染场地和“三纵两横”生态廊道为重点，开展污染土壤修复试点，建设一批修复示范工程。（责任单位：区环保局、区农业局、区国土分局、区发改局、区经信局、各街道、园区）

4. 切实加强环境风险防控。强化完善环境风险防控体系建设，明确街道、园区及相关部门环境风险防控职责，落实环境风险全过程管理，健全生态环境保护联动执法司法机制，定期组织开展区域环境风险评估，健全突发环境事件应急响应体系。强化重污染天气、饮用水水源地、农产品产地、有毒有害气体等重点领域风险预警，建立健全预测预警制度。加强化学品、易燃易爆品及持久性有机污染物环境风险管控，完善并落实危险化学品环境管理制度，建立危化品储区环境应急监测预警体系。强化危险废物的规范化管理，加强跨区域转运风险防范，严厉打击危险废物非法转移和倾倒行为。建立电子废物回收利用体系，推进医疗废弃物安全处置全覆盖。2017年底前，工业固废处置利用率达到98%，城镇生活垃圾无害化处理率100%。加强核与辐射环境安全监管，健全事故预警和应急体系，确保核设施运行安全稳定，放射源有效安全控制，放射性废物和废放射源得到安全贮存处置，辐射环境质量控制在国家标准内。（责任单位：区环保局、区卫计局、区城管局、区发改局、区经信局、区住建局、区公安分局、区城建集团、各街道、园区）

（五）坚持城乡统筹，打造优美环境

秉承"山水林田湖海"是一个生命共同体的理念，坚持自然恢复与人工修复相结合、生物措施与工程措施相结合，全方位、多层次、宽领域地开展绿化造林，进一步美化城乡人居环境，打造南京生态涵养保护屏障，不断增强城乡居民对生态文明建设的获得感。

1. 打造绿色江宁。制定绿色江宁建设行动计划，大力实施城乡绿化美化、森林资源保护、林业产业提升工程，进一步加大植树造林力度，扩大森林面积，不断提升城乡绿色宜居品位。每年完成绿化造林133.3公顷，完成森林抚育1000公顷。积极构建沿江、河、道路防护林体系，重点加强荒山荒滩、重要水源地、长江、高速公路两侧等生态敏感区域的生态公益林建设，2016年完成东坑生态林、牛首—祖堂山片区生态修复工程和青龙山沿线淳化天宁等废弃采石宕口环境综合整治工程，2017年完成青龙山—紫金山重要生态廊道建设。合理规划城市绿地系统，优化城镇绿地布局，加强城镇公园绿地、防护绿地、城市绿廊、城市湿地等绿化建设，构建城乡一体化的绿色生态网络体系和"10分钟公园绿地服务圈"和"10分钟体育健身圈"，提升城镇功能品质。到2018年，全区林木覆盖率达到28.5%，城镇绿化覆盖率达到47.3%；到2020年，全区林木覆盖率达到28.5%以上，城镇绿化覆盖率达到48%。（责任单位：区林业局、区国土分局、区住建局、区城建集团、各街道、园区）

2. 打造品质新城。制定生态品质新城建设行动计划，深入推进"932""9322"环境综合整治，重点对城乡接合部、城中村、老旧小区、城市河道、低洼易淹易涝片区等进行综合整治和改造，不断提升长效管理水平。深入开展占道经营、户外广告、施工围挡、环境保障专项整治，营造干净、整洁、有序的市容环境。推进数字化网格化管理，完善"数字城管"信息化平台，到2017年实现市、区、街道三级互联互通、资源共享、网格监控目标。全面提高环卫机械化作业率，2018年城区机扫率达85%，主干道100%。按照系统治理、源头减排、过程控制、统筹建设、生态安全的原则，组织开展海绵城市省级试点示范工作，推进城镇地下综合管廊建设，推广先进雨水综合利用技术，构建健康的城市水生态系统，实现城市排水防涝能力综合提升、径流污染有效削减、雨水资源高效利用。（责任单位：区城管局、区住建局、区林业局、区环保局、区水务局、区城建集团、各街道、园区）

3. 加快美丽乡村建设。制定美丽乡村建设行动计划和农村环境综合整治行动计划，注重体现水乡风情、山村风貌等村庄特色，严格标准，突出重点，规范程序，跟踪督查，深化整治，提档升级，推动道路硬化、路灯亮化、沟渠净化、环境美化，努力打造一批美丽乡村，全面提升农村人居环境质量。2016年，完成淳化、禄口街道（禄口片）覆盖拉网式农村环境综合整治任务，并通过省级验收；2017年完成横溪、禄口（铜山片）街道覆盖拉网式农村环境综合整治任务，并通过省级验收；2018年，完成秣陵、湖熟等街道剩余村庄综合整治任务，到2020年，实现全区村庄环境整治提升工程全覆盖，形成江宁农村环境整治特色，在全市、全省乃至全国产生辐射示范效益。实施区域农村垃圾和污水治理设施统一规划、建设和管理，完善运行监管长效机制。科学编制畜牧业发展规划及其污染防治规划，引导畜牧业合理布局、适度规模发展。加强农业面源污染防治，实施农村清洁工程和生态家园工程，加快农村清洁能源发展。加强农村精神文明建设，以环境整治和民风建设为重点，扎实推进生态文明街道、生态文明村镇创建。（责任单位：区农工委、区规划分局、区住建局、区环保局、区城管局、区财政局、区水务局、区林业局、区交通建设集团、各街道、园区）

（六）弘扬生态文化，倡导绿色生活

推动生态文明建设与文化建设有机融合，广泛开展生态文明宣传与教育，弘扬传统文化，倡导绿色生活，努力形成全民参与生态文明建设的良好社会风尚。

1. 倡导绿色生活方式。推广低碳、循环的消费模式。深入开展厉行节约、反对浪费行动，限制一次性餐具的使用。鼓励绿色家装，推广节水器具、节能家电，引导企业生产并鼓励居民购买低毒无害家具、建材产品。倡导绿色出行，推进公交优先发展，加快发展城市公共交通、自行车专用道、行人步道等绿色交通基础设施和慢行系统，大力发展公共自行车。到2017年，公共交通出行分担率达63%;到2020年，公共交通出行分担率达65%。完善绿色建筑标准执行的机制，实现新增城镇民用建筑绿色标准执行率达100%。强化政府机关的率先垂范，健全政府绿色采购制度，加大能效标识产品、节水标识产品、环境标识产品和低碳标识产品的使用推广力度，到 2020 年政府绿色采购比例达 80% 以上。（责任单位：区发改局、区经信局、区环保局、区教育局、区商务局、区交通运输局、区住建局、区水务局、区财政局、区团委、区妇联、各街道、园区）

2. 提升全民生态文明意识。把绿色发展、生态文明知识作为素质教育的重要内容，纳入国民教育体系和干部教育培训体系，组织编写《党政领导干部生态文明读本》《中小学环境教育读本》，到 2018 年，党政领导干部参加生态文明培训比例 100%；2020 年，区域中小学生态环境教育课时比例≥ 10%。制定《市民生态文明公约》《市民环境保护行为准则》，积极培育生态文化、生态道德，大力开展绿色、生态和环保教育，引导市民从改变自己的价值理念和行为入手，着力养成生态自觉，形成爱护自然光荣、勤俭节约光荣、绿色低碳光荣的社会氛围。扩大生态文明宣传教育的阵地和领域，建设生态文明教育基地。充分发挥新闻媒体作用，利用各类新媒体，创新生态文明宣传教育形式，引导公众有序参与和有力监督环保工作，以环境共治促环境和谐。（责任单位：区委组织部、区委宣传部、区环保局、区教育局、区团委、区妇联、各街道、园区）

3. 强化生态文明共建共享。深入推进公众参与，健全信息公开、有奖举报等制度。建立社区、企业、公民、政府良性互动的环保协作机制，探索以社会共治促进环境良治的新模式，构建新型环境公共关系。培育壮大环保社会组织，引导公众有序参与环境事务。积极开展生态文明示范区、文明城区、循环经济示范区、低碳城区、生态园林城区、节水型城区、卫生城区、国家全域旅游示范区等创建活动，大力推动绿色企业、绿色社区、绿色学校、绿色饭店、绿色家庭等“细胞工程”建设。（责任单位：区委宣传部、区环保局、区发改局、区经信局、区教育局、区住建局、区卫计局、区水务局、区林业局、区旅游局、各街道、园区）

（七）深化改革创新，健全生态制度

坚持制度创新，制定全区生态文明体制改革总体方案，着力构建具有江宁特色、系统完整的生态文明制度体系，为生态文明建设提供坚实有力保障。

1. 健全考核评价和责任追究制度。制定和实施体现生态文明建设要求的评价体系、考核机制和激励办法。健全干部政绩考核体系，明确各相关部门在生态文明工作中的职责和权限，改进干部考核方法手段，把生态文明指标和实绩作为重要考核内容。根据主体功能区定位，实行差别化考核制度，对限制开发区和生态敏感区探索取消 GDP 考核。完善绿色发展评估制度，适时纳入经济社会发展综合评价体系。健全突发环境事件责任追究体系，组织开展突发环境事件调查和损害评估。开展党政领导环境保护离任审计试点。建立领导干部任期生态文明建设责任制，完善节能减排目标责任考核及问责制度。认真贯彻落实《党政领导干部生态环境损害责任追究实施细则》，实现督企向督政转变。（责任单位:区委办、区政府办、区纪委、区委组织部、区环保局、区督查办）

2. 健全生态补偿制度。科学界定生态保护者与受益者权利义务，加快形成生态损害者赔偿、受益者付费、保护者得到合理补偿的运行机制，制定江宁区生态补偿实施意见，在归并和规范省市现有生态保护补偿渠道资金的基础上，区财政每年安排配比资金，整合设立江宁区生态补偿专项资金，逐步加大对生态红线区域保护以及生态红线区域生态建设和生态修复项目的转移支付力度，确保生态资产保值增值。建立健全覆盖辖区主要流域的水环境上下游水质断面横向补偿与赔偿制度。（责任单位:区环保局、区发改局、区住建局、区财政局、区审计局、区城管局、区农业局、区水务局、区国土分局、区规划分局、区林业局）

3. 建立市场化治理制度。加快环境污染治理市场的全面开放，推行第三方治理。充分发挥财政资金的引导作用，引导鼓励社会资金以 PPP 等不同形式参与生态保护与建设，实现投资主体多元化。探索建立能源消费量、煤炭消费量交易制度，组织实施并推广节能量交易制度，完成重点排污单位的排污权核定，建立规范的交易平台。建立碳排放权交易制度、碳排放盘查和第三方核查制度，推行污染物排放许可证制度。制定环境污染第三方治理实施意见，逐步开放环保基础设施建设运营，鼓励社会资本参与生态文明建设，委托第三方在黑臭河道整治、“河长制”河道断面水质监测、开发园区的循环化与生态改造、工业集中区的专业化治理、村级污水处理设施运行管理等方面提供社会化服务。（责任单位:区发改局、区环保局、区财政局、区住建局）

4. 严格源头保护制度。开展自然资源资产调查摸底，建立相应数据采集机制。探索自然资源资产评价，对自然资源实行资产管理。对水流、森林、山岭、荒地、湿地等自然生态空间进行统一确权登记，明确国土空间的自然资源资产所有者、监管者及其责任，逐步建立自然资源资产产权管理制度体系。建立自然资源用途管制制度，明确各类国土空间开发、利用、保护边界，实现能源、水资源、矿产资源按质量分级、梯级利用。探索建立资源环境承载能力监测预警机制，探索编制自然资源资产负债表。（责任单位：区发改局、区国土分局、区统计局、区环保局、区林业局）

5. 完善执法监管制度。探索建立环境保护督察机制，加强法律监督、行政监察，对各类环境违法行为实行“零容忍”，加大查处力度，严厉惩处超排、偷排等违法行为。强化对浪费能源资源、违法排污、破坏生态环境等行为的执法检查和专项督查。建立生态保护修复和污染防治区域联动机制，加强部门协作，完善环保、住建、林业、国土、水务等部门联动执法机制。完善行政执法与刑事司法的衔接机制，健全环境保护行政执法与刑事司法信息共享、案情通报、案件移送制度，坚决克服有案不移、有案难移、以罚代刑现象，实现环境保护行政处罚和刑事处罚无缝对接。加强企业环境信用评价，建立健全信用分类、分级监管机制，出台环保“黑名单”制度，建立失信联合惩戒机制，加强事中、事后监管。完善环境问责及纠错、生态环境矛盾定期排查、重点环境问题后督察等制度，对环境违法行为严肃追究有关责任。加强环境保护法治宣传和法律援助工作，推进环境司法专门化建设，建立网格化环境监管长效机制。（责任单位：区环保局、区住建局、区水务局、区国土分局、区公安分局、区检察院、区法院、区司法局）

三、强化组织和保障，以强烈的责任担当确保生态文明建设各项工作扎实推进

健全生态文明建设领导体制和工作机制，强化资源环境监测监管能力建设，不断完善组织保障体系，推动生态文明建设任务落到实处。

1. 强化组织领导。成立由区委、区政府主要领导任组长的区生态文明建设领导小组，负责统筹协调、组织计划、推进实施，解决遇到的困难和问题。下设领导小组办公室，履行组织协调、任务分解、督促检查、评估考核等职能。建立“一个项目、一名领导、一个方案、一抓到底”的重大项目推进机制，加大项目建设的协调和督办力度，推动生态工程项目建设落到实处。各街道、园区、平台和各部门要把生态文明建设摆到更加重要的战略位置，主要领导负总责，切实抓紧抓实抓好。

2. 加强能力建设。一是强化执法队伍建设。按《市政府关于加强环境监管执法通知的实施意见》（宁政发〔2015〕263 号）的要求，充实区（园区）环保执法力量，增配与职责任务相适应的执法人员，重点加强国家级园区江宁开发区执法力量，在现有执法力量基础上增配至少 8 名执法人员。各街道采取单设或挂牌的方式明确环保机构，落实至少 2 名专职行政编人员。二是搭建区环保联合执法指挥中心平台。建立统一指挥协调、统一派单办理、统一督查考核的环保联合执法机制，形成完备的环保执法体系，推进环境监察、环境检测、环境应急机构标准化建设。三是落实网格化管理。按照《江苏省委办公厅、省政府办公厅关于建立网格化环境监管体系的指导意见》《南京市环境保护网格化监管实施意见》的要求，实施“分区、分层、分责、分类”的网格化环境监管，突出抓好基层生态文明能力建设，建立健全区、街、村三级环境管理网络，加强环保专业培训，全面提升环保、发改、经信、住建、农业、国土、水务、交通运输、林业等生态文明建设职能部门的能力水平。

3. 加大考核奖励。把生态文明建设工程作为公共财政支出的重点，推行以奖代补的激励政策，制定《生态文明建设考核奖励办法》（见附件），集中解决突出环境问题。特别在推进环境基础设施建设、推进城市黑臭河流整治、开展生态环境修复、关停高污染高能耗企业、开展生态系列创建等方面取得显著成效的街道、园区、平台、村社区等要进行奖励，提高方方面面的积极性。

附件：江宁区生态文明建设考核奖励办法

江宁区生态文明建设考核奖励办法

为加快推进生态文明建设，率先建成国家生态文明示范区，跻身全国生态文明先行示范区行列，根据国家、省、市《关于加快推进生态文明建设的意见》和区委区政府《关于加快推进生态文明建设的实施意见》等文件精神，结合江宁实际，特制定本生态文明建设考核奖励办法。

一、对象

积极开展生态文明建设，并取得显著成效的街道、园区、平台、村（社区）、学校。

二、范围

1. 建设整治类：新建或改建污水处理厂、铺设污水收集管网，开展城镇黑臭河流整治，淘汰高污染企业，整治规模畜禽养殖场污染。

2. 生态创建类：创建生态文明街道、生态工业园区，创建生态文明示范村、生态村、绿色社区、绿色学校，创建餐饮业示范街。

3. 规范管理类：开展工业集中区规划环评，安装污水处理厂在线监控。

三、办法

（一）建设整治类：

1. 新建或改建1座城镇污水处理厂，通过区级以上主管部门验收的，每3000吨/日处理能力奖励50万元；新建一个村级污水处理设施，通过区级主管部门验收的，奖励5万元/个；铺设污水收集主管网并贯通，通过区主管部门验收的，每公里奖励5万元。

2. 城镇污水处理厂正常运行且达标排放，通过环保部门监测认定的，视处理能力奖励20万元~50万元/年；村级污水处理设施正常运行且达标排放，通过环保部门监测认定的，奖励2万元/年。

3. 完成1条黑臭河流整治并通过区级以上验收的，奖励100万元。

4. 淘汰高污染企业并通过区级以上验收的，视规模大小奖励10万元~20万元/个。

5. 整治规模畜禽养殖场污染治的企业，并通过区级以上验收的，视规模大小奖励10万元~20万元/个。

（二）生态创建类：

6. 创成国家生态文明街道、国家生态工业园区的，奖励100万元/个。

7. 创成国家级生态文明示范村、国家级生态村的奖励20万元/个，创成国际生态学校、省级生态村、省级绿色社区的奖励10万元/个，创成省级绿色学校的奖励5万元/个；创成1条餐饮示范街的奖励15万元。

（三）规范管理类：

8. 工业集中区通过规划环评的奖励20万元/个。

9. 城镇污水处理厂安装在线监控，并通过区级以上（包括区级）验收的奖励20万元/个。

四、考核认定

1. 考核奖励由项目所在街道、园区、平台申报，申报时按规定填写相关申报表格，附主管部门验收证明、监测报告、专家评审文件等相关材料，经区生态文明建设领导小组办公室审核，确认后报区生态文明建设领导小组批准。

2. 奖励资金用于生态文明项目建设，不得挪作他用。

3. 考核奖励工作必须严格按规定、按流程执行，科学、阳光、规范操作，发现问题，一经查实，坚决依法依规追究相关责任。

（摘自江宁委发〔2016〕30号文件）

中共南京市江宁区委员会　南京市江宁区人民政府

关于推进供给侧结构性改革的意见

（2016年5月17日）

为深入贯彻落实中央和省、市关于推进供给侧结构性改革的部署，按照《中共江苏省委 江苏省人民政府关于推进供给侧结构性改革的意见》（苏发〔2016〕16号）《中共南京市委 南京市人民政府关于推进供给侧结构性改革的意见》（宁委发〔2016〕21号）文件精神，结合江宁实际，现就加快我区供给侧结构性改革，破解当前经济素质性、结构性、体制性矛盾，促进经济转型升级，提出以下意见。

一、总体要求

（一）指导思想

全面贯彻党的十八大和十八届三中、四中、五中全会以及中央经济工作会议精神，深入落实习近平总书记系列重要讲话特别是视察江苏重要讲话精神，牢固树立和践行创新、协调、绿色、开放、共享的发展理念，主动适应和引领经济发展新常态，在扩大有效需求的同时全面推进供给侧结构性改革，扎实做好去产能、去库存、去杠杆、降成本、补短板等各项工作，积极培育新的发展动能，改造提升传统动力，着力提高供给体系质量和效率、提高全要素生产率、提高投资有效性，努力实现更高质量、更有效率、更加公平、更可持续的发展，为“走在最前列、建设新江宁”提供有力支撑。

（二）基本原则

坚持重点突破。认真贯彻落实中央和省市关于推进供给侧结构性改革总体部署，加强系统谋划和总体设计，积极推进去产能、去库存、去杠杆、降成本、补短板，加快培育新的增长点，加大全面深化改革力度，确保各项工作稳妥有序推进。

坚持问题导向。针对当前我区经济存在的产品附加值低、创新能力弱、资源环境约束紧、高端优质产品和服务供给不足等突出问题，坚持供给侧改革和需求侧管理两端发力，正向激励与反向倒逼紧密结合，持之以恒打好转型升级组合拳，增强供给结构对需求变化的适应性和灵活性。

坚持创新驱动。把优化存量、引导增量、主动减量结合起来，大力实施创新驱动发展战略，大力推进企业创新、人才创业，大力加强企业技术改造，加大科技创新投入，加速科技成果转化，加快培育发展新产业、新技术、新业态、新模式，不断增强持续发展动力。

坚持改革统领。充分发挥市场在资源配置中的决定性作用，综合运用市场机制，着力解决产业层面的结构性问题、企业层面的效益问题。同时，更好地发挥政府的作用，优化完善制度供给，着力解决政府层面的政策问题、体制层面的要素配置问题，激发市场活力和社会创造力。

（三）主要目标

坚持分类指导、分步实施、统筹推进，经过3年努力，供给侧结构性改革取得重要进展，落实“三去一降一补”工作取得明显成效，全社会创新能力稳步提高，战略性新兴产业和现代服务业发展壮大，与供给侧结构性改革相适应的政策体系进一步健全。再经过2年努力，到“十三五”末，重点领域和关键环节改革取得实质性进展，供给结构对需求变化的适应性和灵活性显著提高，“三区一中心”建设取得重大突破，形成多层次、高质量、高效率的供给体系，成为南京发展“五型经济”、建设“四个城市”的先行区，江苏“一中心一基地”建设的排头兵。

市场出清机制加快形成。省市下达的去产能任务全面完成。按照主动关停、破产清算、兼并重组等方式，构建长效化市场退出机制，稳妥推进破僵尸企业、破围墙圈地、破低效工业、破既得利益“四破”专项行动，力争未来3年盘活低效闲置存量用地666.7公顷以上，完成农村土地综合整治666.7公顷以上，到“十三五”末，低端落后产能基本实现市场出清。

房地产业健康稳定发展。支持合理住房需求，科学统筹房地产开发用地供应，有力化解供需矛盾，促进房地产业健康发展。到2020年底，房地产市场运行效率效能显著提升，基本建立符合市场规律、购租并举的住房体系。

融资结构进一步优化。积极发展企业直接融资，提高企业股权、债券融资比重，企业贷款结构不断优化，力争5年内，非金融企业直接融资占社会融资规模的比重达到40%，新增上市企业30家以上，总数突破70家。到2018年，符合置换条件的政府存量债务全部置换为政府债券。

企业成本稳步下降。有效降低企业制度性交易、税费负担、社会保险、生产要素、人力、物流等成本，破解一批低效率、制约社会活力和发展的体制障碍，力争今明两年降低企业成本20亿元以上，企业生产经营环境明显改善，发展活力和盈利水平显著提升。

发展短板基本补齐。重点推进基础设施、民生服务、扶贫攻坚、农业农村、生态环境等领域的补短板工作，力争到2020年基本补齐短板，初步展现“强富美高”的现实模样。

二、重点任务

（一）积极推进市场出清

1. 加大低端落后产能淘汰力度。严格落实省、市下达的落后产能淘汰任务，积极推进“三高两低”企业关停整治。加快提升技术标准、环保标准、能耗标准，倒逼企业加快低效落后产能淘汰力度。强化产业发展导向，严把产业准入关，严格源头管控，确保低效落后产能零增长。

2. 加大“问题企业”分类处置力度。深入摸查企业情况，建立“问题企业”数据库，规范政府产业扶持政策，完善市场化出清机制，落实社会保障政策，坚持分类施策，针对性地关闭破产退出一批、资本运营做实一批、创新发展提升一批。各园区、街道要按照属地责任原则，加快制定处置方案，认真组织实施。

3. 加大低效用地再开发力度。组织实施破低效工业、破围墙圈地专项行动，加快建立低效闲置存量土地数据库，设立低效用地退出专项资金，完善工业园区盘活低效用地考核激励机制，鼓励企业主动腾退空闲、低效利用的土地、厂房，合理提高土地开发强度和综合承载力，构建低效工业退出及再开发长效机制。

（二）积极推进房地产健康发展

1. 加强房地产市场引导。积极开展房地产市场研判，有效增加住宅用地和中小户型住房供应，有力解决供需矛盾。研究实施外来人口积分落户办法，重点支持刚性住房需求，鼓励引导改善性住房需求，遏制投资性住房需求。加强房地产市场联动监管，加大对故意囤地、捂盘惜售等行为打击力度，有力防范市场风险、净化市场环境。

2. 完善多元化住房保障体系。加大棚户区、城中村改造力度，推进安置房建设由“先拆后建”向“边拆边建”“先建后拆”转型，推进棚户区改造货币化安置工作。鼓励引导租购并举的住房消费理念，加快租赁市场培育，规范租赁市场秩序。深化廉租房和公租房并轨运行制度改革，不断提高公租房等保障方式的普惠度和覆盖率。

3. 进一步优化地产结构。开展商办用房存量的系统性调查，掌握未售未用商办用房情况。鼓励各街道、园区、平台结合实际出台扶持政策，对商办库存多且去化周期长的区域，经区政府批准，通过调整土地用途、规划条件，引导未开发商办用地转型利用，用于国家和省市支持的战略性新兴产业项目建设。严格落实《江宁区商业网点规划（2013—2030）》，进一步推进商业综合体优化布局、调优结构，防止出现过剩。

（三）积极推进企业“去杠杆”

1. 合理控制金融机构杠杆率水平。落实省市相关规定，支持金融机构加大不良贷款核销和处置力度。通过减少风险资产、补充资本金等措施，有效降低杠杆偏高金融机构的杠杆水平。加强对小额贷款公司、融资性担保租赁公司等新型金融组织的监管，严控变相高杠杆、高风险融资行为，依法严厉打击逃废债务、非法集资等行为，切实维护全区金融环境。

2. 积极推进贷款结构优化。大力发展信用贷款、抵押质押贷款，支持企业在银行间发行企业债、知识产权资产证券化等产品直接融资，积极优化企业贷款结构。建立健全政府引导基金多渠道投入机制，支持各类种子基金、天使基金、创投基金加快发展，扩大股权投资基金供给。设立区级中小企业应急周转基金池，帮助小微企业缓解资金周转困难。支持通过增资扩股、并购重组、破产清算等方式，“一企一策”处置资不抵债企业，有效防范化解企业“资金链”“担保链”风险。加大政策扶持力度，支持驻区企业在境内外多层次资本市场挂牌上市。

3. 切实强化政府债务管理。严格执行政府债务余额限额制度，积极做好政府存量债务置换为政府债券工作。完善全口径政府债务管理，加强或有债务监控，划清政府与融资平台界限，推进融资平台公司市场化运作。推进政府和社会资本合作，积极争取省市PPP融资支持基金，完善我区PPP项目专项支持机制，引进长期债券投资基金等社会资本对重大基础设施和产业项目进行投资。

（四）切实降低企业成本

1. 降低企业税费成本。按照国家和省市都署，全面推开“营改增”试点。暂停征收防洪保安资金。落实劳动密集型企业、高新技术企业、企业研发费用及关键核心技术和材料进口等方面国家税费优惠政策。落实小微企业43项行政事业性收费免征工作。鼓励和支持各地以财政奖补方式，对科技创新、两化融合、企业技改给予支持，有效降低企业发展成本。清理和规范政府定价经营服务性收费，完善《江宁区行政事业性收费目录》，实施收费正面清单制度，提高收费透明度。

2. 降低企业生产要素成本。降低用电成本，落实电价调整政策，从2016年起一般工商业及其他用电类别价格下调3.12分/千瓦时，支持有条件的企业参与江苏省电力直接交易试点。降低用地成本，执行有保有控的产业用地政策，重点保障年度重大项目中的先进制造业和现代服务业等产业项目用地。推行工业用地弹性出让制度。对不改变工业用地用途提高容积率的，免征土地价款差额。降低物流成本，规范港口、机场、铁路经营服务性收费，落实国家“绿色通道”等相关政策，落实城市配送车辆进城、通行、停靠便利化政策。

3. 降低企业财务成本。鼓励商业银行按国家基准利率发放贷款，引导金融机构优化利率定价机制，降低企业筹资成本。鼓励金融机构为小微企业、“三农”及棚户区改造领域提供更多资金供给和优惠利率支持。指导金融机构合理确定收费项目和标准，取消各种不合理收费，降低金融交易成本。支持金融机构在有效管控风险的前提下，落实好无还本续贷、循环贷款等小微企业流动资金贷款还款方式创新，切实降低企业“过桥”融资成本。

4. 降低企业人工成本。落实省市有关政策，进一步降低社会保险费率，2016—2018年，失业保险费率按1%缴纳。按照省市统一部署，合理调整最低工资标准，落实“援企稳岗”等补贴政策，加大对企业职工培训的补贴力度。加大“机器换人”力度，提高劳动生产率，降低工资总额在企业成本或销售收入中的比重。

（五）努力补齐发展短板

1. 补齐基础设施短板优功能。优化城市交通通道网络，完善主干道系统，加快农村公路提档升级，推进微循环道路建设，着力破解“断头路”、瓶颈路和局部堵点问题，提升城市运行能力和交通荷载能力。加快信息、能源、水利、交通、地下管廊等市政公用基础设施建设，扎实推进文化、体育、教育、医疗等城市功能和社会公益项目的开发建设，特别是做好省市相关项目的承接，切实提升宜居宜业水平。

2. 补齐公共服务短板增福祉。深入开展社会治理创新，切实解决好群众最关注最直接最现实的收入、社保、养老、住房等实际问题，推进基本公共服务标准化均等化发展。创新公共服务提供方式，建立与经济发展和财力状况相适应的基本公共服务财政支出增长机制，合理降低个人承担服务费用。完善落实安全生产责任制，加快构建食品药品安全治理体系，创新安全生产监管机制，切实防止发生重特大安全事故，进一步提高群众安全感幸福感。

3．补齐农业农村短板促统筹。积极推进农业结构战略性调整，加强农田水利基础设施建设，加快构建现代农业生产经营体系，提高农业质量效益和竞争力。组织实施扶贫攻坚专项工程，推进低收入农户、欠发达村（社区）和欠发达地区精准扶贫、精准脱贫，力争到2020年，所有低收入人口人均年收入达到9000元的脱贫标准，中等收入群体比重提高到60%以上，城乡居民收入比接近2.1∶1，社区集体稳定性收入均达到100万元以上。深入实施打造美丽乡村升级版五年行动计划，扎实推进“千百”工程及美丽乡村“四变”工程，加大强农惠农力度，确保到2020年，建成省市级美丽乡村示范村100个以上，西部、中部、东部500平方公里的美丽乡村示范村全部建成。

4．补齐生态环境短板提品质。划定并严守生态红线，强化生态红线区域范围内生态补偿，围绕环绕越文化休旅经济带，规划建设森林公园、湿地公园、郊野公园为主体的公园体系。大力发展绿色环保产业，推进生态型园区创建，加快江宁环保产业园建设。统筹推进大气、水、土壤污染防治，加强黑臭河流整治，规划建设“两河两山”环境提升工程，两年完成秦淮河、外港河等重点生态水利工程，三年完成主城南部中心区域截污纳管。确保2017年底，基本消除黑臭水体。力争到2020年，新增城市公共绿地面积150万平方米，燃煤消费总量控制在85万吨以内，集中式饮用水源地达标率稳定保持100%。

三、加快培育发展新动能

（一）加快开发园区转型创新发展，打造更高层次开放型经济。积极推动江宁开发园区特色、高端、绿色发展，力争“十三五”开发区综合实力迈入全国十强，南京空港枢纽经济区进入省级开发区十强。推动麒麟科创园创成省级开发区和国家创新型经济示范区，高新园建成苏南国家自主创新示范区，滨江开发区跻身全国高端装备制造基地先进行列。“十三五”期间，重点园区每年引进10亿元人民币以上项目5个、1亿美元以上项目8个；到2020年，开发园区经济总量达到2400亿元以上。创新对外开放体制机制，主动对接江北新区国家服务贸易创新发展试点，复制可推广经验，提升现代服务业发展水平。参与“一带一路”、“长江经济带”建设，加大品牌、技术、人才、管理经验“走出去”力度。加快跨境电子商务产业园建设，推动加工贸易转型升级，提高高技术含量、高附加值产品出口比重，努力争当省市外贸发展的排头兵。

（二）全面推进大众创业、万众创新，打造全省一流的产业科技创新中心。从规划、功能、产业、环境等方面入手，努力打造苏南国家自主创新示范区和南京东南科技创新示范带。严格落实科技创业创新载体服务标准及绩效考核办法，进一步丰富科创载体发展内涵，补齐科技服务和成果转化短板，优化创新创业生态体系，力争到2020年，建成各类创新创业载体100家，其中市级以上众创空间50家，在孵企业（项目）达3000个以上，基本形成系统完备的科技创业孵化链条。着力提升源头创新和核心技术创新能力，培育发展新产业、新技术、新业态、新模式，力争到2020年，建成6个特色产业基地和创新性产业集群，高新技术产业比重占规上工业比重达到67%。依托国家级人才“三基地”品牌，建立健全“创聚江宁”人才工程政策体系，强化产业载体和创新型企业引才育才主体地位，加大人才综合服务保障，构筑人才创业创新最优生态。坚持企业创新主体地位，实施科技企业成长路线图行动计划，加快培育创新型领军企业，力争到2020年，经认定的高新技术企业超过500家，集聚科技型企业3000家，新增省级以上企业研发机构40家。

（三）着力壮大“3+3+3”现代产业体系，建设国内领先的先进制造业基地。落实争当全省先进制造业排头兵实施方案，实施中国制造2025江宁行动纲要，启动企业装备升级和互联网化提升两大计划，每年创建一批智能工厂，“十三五”末两化融合发展达到国内先进水平；大力培育“3+3+3”产业新的增长点，形成汽车、智能电网两个1500亿级产业集群，智能装备、新一代通信两个1000亿级产业集群，以及节能环保、生命科学两个500亿级产业集群，软件、物流、文化休旅等现代服务业发展能级显著壮大，力争“十三五”每个产业引育50家以上骨干龙头企业，全面跨入全省工业五强行列，成为全省先进制造业排头兵。

（四）切实优化产业空间布局，全面提升区域主导功能。科学统筹城乡空间结构和功能发展定位，深入推进园街局部整合、体制融合、发展联动、政策协同，构筑特色更鲜明、定位更清晰、产业更集聚、机制更高效的区域发展新格局。加快推进主城南部中心核心区老工业地块腾笼换鸟、“优二进三”，有序推动城乡产业梯度转移。扎实抓好空港枢纽小镇、未来网络小镇、吉山软件小镇、生命科技小镇等优质产业投入，支持有条件的新城、新市镇规划建设互联网联想小镇、温泉养生小镇、皮草小镇等，力争3年特色小镇有效投入达到500亿元以上，加快形成“一核五城八市镇”的城市空间新体系和“一轴三带四片区”生产力空间新布局。坚持以提高国资质量和运作水平为重点，支持有条件的国企核心业务上市，分层分类、积极稳妥推进市属国有企业混合所有制改革，提高国有资本配置和运行效率。

四、加强组织保障

（一）强化组织领导。把推进供给侧结构性改革作为全面深化改革重中之重的任务，区委常委会、区政府常务会要经常性研究结构性改革中的重大事项，领导同志要亲自协调解决工作中的矛盾和问题，推动各项改革举措落到实处。区发改局（金融办）、经信局、住建局、科技局、财政局、商务局等牵头部门，对落实相关实施意见负总责；有关参与单位要各司其职，主动配合牵头部门，全力落实各项工作任务。及时研究工作落实中的重点难点问题，主动加强与国家和省、市有关部门的沟通，制定支持配套政策。各园区、街道要加快研究制定具体实施方案和配套措施，发挥政策的协同效应。

（二）深化改革创新。深入推进行政审批制度改革，建立“权力清单”和“责任清单”动态调整机制，拓展模拟审批的领域，提高审批效率。积极推进网上办事并向基层延伸，为企业群众不受时间、地点限制，提供全方位、多内容的政务、社务、商务服务。建立健全土地、能源、环境容量、水资源、财政资金等要素配置机制，完善以“质量和效益”为导向的综合评价体系，倒逼资源向优质供给集中。

（三）严格督查考评。各牵头部门要逐项制定落实供给侧结构性改革有关文件的督查方案，对工作落实情况实行全过程跟踪督查。区委办、政府办、改革办、督察办要加强统筹协调，视情况采取实地督查、挂牌督办等方式推动工作落实。综合运用第三方评估、社会监督评价等多种方式，科学评估实施效果。将供给侧结构性改革任务完成情况纳入全区综合绩效千分考核，对在工作中取得显著成绩的，按有关规定予以表彰；对工作落实不到位的，按有关规定严格问责。

（四）加强宣传引导。坚持正确舆论导向，充分利用报刊、电视、互联网等各类媒体，广泛宣传供给侧结构性改革的重大意义、目标要求和政策措施，做好政策解读，总结推广经验做法，及时回应社会关切，合理引导社会预期，最大限度凝聚社会共识，调动全社会的积极性、主动性和创造性，为打赢供给侧结构性改革这场硬仗营造良好舆论氛围。

（摘自江宁委发〔2016〕31号文件）

中共南京市江宁区委员会　南京市江宁区人民政府

关于加快全区特色小镇规划建设的实施意见

（2016年7月30日）

为加快推进我区特色小镇规划建设工作，根据市委、市政府《关于推进我市特色小镇建设的意见》（宁委发〔2016〕30号）文件精神，结合我区实际，提出如下实施意见：

一、总体目标

按照“创新、协调、绿色、开放、共享”的发展理念和“五型经济”的决策部署，围绕“走在最前列、建设新江宁”和“三区一中心”的战略定位，整合美丽乡村、科创社区、重点产业园区等存量资源，实施分类指导，注重科学规划，扩大有效投资，深化改革创新，加大政策扶持，培育建设一批产业、文化、旅游和社区功能叠加的特色小镇，将特色小镇打造成为我区经济增长的新动能、美丽乡村的升级版、产业转型的新平台、新型城镇化的新标杆。力争到2020年，建成10个左右市级特色小镇，建成1至2个省级特色小镇。

二、主要原则

（一）规划引领。特色小镇规划区域面积一般控制在3平方公里左右，核心区域面积控制在1平方公里左右，文化创意、生态旅游类等特色小镇可适度放宽。各街道、园区统筹谋划本地区特色小镇布局，高起点、高标准编制特色小镇建设发展规划，支持以特色小镇理念改造提升产业集聚区、各类开发园区以及美丽乡村建设内涵。

（二）产城融合。每个特色小镇只选择一个具有地域特色和比较优势的产业作为主攻方向，使之成为特色小镇未来发展的重要支柱。对新引进的重大项目优先布局到相同产业类型的特色小镇，强化特色小镇的产业特色。优化特色小镇空间布局，将特色小镇建设成为生态园林式的新型产业社区。鼓励有条件的特色小镇按照国家等级景区、度假区等相关标准打造和提升。

（三）投资强度。每个特色小镇要结合自身实际，认真谋划一批新的建设项目，3 年内区级特色小镇固定资产投资一般应达到 20 亿元，市级特色小镇原则上 3 年内完成固定资产投资 30 亿元。金融、文创、科技创新、信息经济、旅游等产业以及茶叶、金箔等历史经典产业类特色小镇投资额可适当放宽。

（四）建设要求。特色小镇建设实行政府引导、企业主体、市场运作。每个特色小镇必须明确投资建设主体，吸引民营企业、社会资本参与建设。政府做好政策引导和服务保障，在规划建设、基础设施配套、资源要素整合、创业环境优化、文化内涵传承等方面发挥更好作用。

三、推进机制

（一）确定建设名单。按照“宽进严定、分级建设”原则统筹推进特色小镇建设，各街道、园区结合实际自愿申报，申报材料必须包括特色小镇建设方案和概念性规划。建设方案应明确建设范围、产业定位、特色内涵、投资主体、投资规模、建设计划等。区特色小镇规划建设领导小组分批审核，筛选确定特色小镇建设名单。

（二）制定实施计划。已确立的特色小镇，建设单位在每年 11 月底前向区领导小组办公室上报下一年度投资建设计划，明确项目名称、投资额度、建设规模内容、时间节点、进度要求、存在困难和管理责任人，经领导小组审议并综合平衡后，报区委、区政府批准后公布实施。

（三）落实推进责任。各街道、园区是特色小镇规划建设的责任主体，要分类建立项目库和年度实施计划，对照年度目标，严格落实项目管理主体责任制和领导包干推进机制，明确责任主体和时间节点，挂图作战，加快推进。

（四）及时破解难题。定期召开特色小镇项目建设分析会，把握推进节奏，总结工作得失。对于进展滞后和推进阻力大的项目，及时谋划方案，充分调动力量，确保各项工作有序推进。

（五）建立评估机制。建立特色小镇联络员工作交流制度、统计报送制度和监测评估机制，定期通报特色小镇建设工作进展和形象进度情况，组织各建设主体现场观摩、交流成果、借鉴经验，积极营造比学赶超、争先进位的良好氛围。

（六）强化检查考核。制定特色小镇考核管理办法，对列入建设名单的特色小镇，实行季度通报情况、年度考核评估。对考核合格的特色小镇兑现相应扶持政策，连续两年未完成年度目标任务和未达到考核要求的区级特色小镇，实行退出机制，不再享受相关扶持政策。将特色小镇建设工作纳入全区综合绩效千分考核体系。省市级特色小镇建设申报对象，原则上在区级特色小镇中择优产生。

四、保障举措

（一）加强组织领导。成立江宁区特色小镇规划建设工作领导小组，由区委、区政府主要领导担任组长，区相关领导担任副组长，区相关单位负责人为成员。领导小组下设办公室在区发改局，负责处理日常事务，及时协调解决问题。各街道、园区也应成立相应领导小组及办公室，切实增强对特色小镇培育建设工作的组织领导和统筹协调。

（二）强化用地保障。按照“多规合一”的要求，结合城乡规划修编和土地利用总体规划调整完善，将特色小镇建设用地有序纳入城镇建设用地扩展边界。区委、区政府每年从新增建设用地计划指标中安排建设用地指标支持“特色小镇”建设。推进低效用地再开发，调剂出的规划用地指标优先用于特色小镇建设。鼓励特色小镇盘活存量建设用地，促进土地集约高效利用，对转型升级项目优先安排土地指标。

（三）明确财政扶持。对列入区级建设名单的特色小镇，连续 3 年考核合格后，规划空间范围内新增财政收入上交区财政统筹部分，前 3 年全额返还、后 2 年返还一半。各区级部门牵头管理的现有各类专项资金（有明确用途和性质等限制的除外）应优先向特色小镇倾斜。优先支持特色小镇规划范围内的产业及项目申报国家及省市各类专项资金。

（四）加大奖励力度。设立特色小镇建设专项资金，对纳入培育建设的特色小镇，每家给予 500 万元奖励，其中 400 万元在市区相关《意见》印发后到位，余额 100 万元待验收合格后到位。

本《实施意见》相关规定由区发改局负责解释，并尽快牵头制定相关操作细则。

附件：2016年江宁区特色小镇建设名单

2016年江宁区特色小镇建设名单

（一）产业提升类

1. 未来网络小镇
2. 吉山软件小镇
3. 空港枢纽小镇
4. 生命科技小镇
5. 禄口皮草小镇
6. 东山汽车文化小镇

（二）文化创意类

7. 汤山温泉养生小镇
8. 牛首山文化小镇
9. 苏家文创小镇

（二）生态休旅类

10. 大塘金香草小镇
11. 石塘互联网联想小镇
12. 方山梦想小镇
13. 黄龙岘茶文化小镇

（摘自江宁委发〔2016〕58号文件）

中国制造2025江宁区行动纲要

（2016年1月22日）

为认真贯彻落实《中国制造2025》《中国制造2025江苏行动纲要》和《中国制造2025南京市实施方案（2015—2017）》等战略部署，根据《江宁区加快推动经济发展迈上新台阶行动计划》，特制定本纲要。

一、总体思路和发展目标

（一）总体思路

深入贯彻落实党的十八大、十八届三中四中五中全会精神和习近平总书记系列重要讲话精神，按照国家、省、市统一部署，紧紧围绕“迈上新台阶、走在最前列、建设新江宁”的目标，坚持走新型工业化道路，顺应“互联网+”的发展趋势，充分发挥江宁科教人才优势和产业比较优势，以产业高端化为导向，以提质增效为核心，以重大关键技术突破及产业化为切入点，以推动企业技术改造为关键举措，推进先进制造业高端化、国际化、智能化、绿色化发展，提升产业国际竞争力和可持续发展能力，打造成江苏省制造强区，全力推动江宁经济发展迈上新台阶。

（二）发展目标

创新能力显著提升。创新驱动发展体制机制基本建立，创新创业环境持续改善，大众创业、万众创新局面基本形成，拥有一批关键核心技术和知名自主品牌。到2020年，规模以上工业企业研发经费支出占主营业务收入比重达到2.1%，规模以上工业企业研发机构覆盖率达到86%，新增省级以上认定企业技术中心45家，新增省级以上认定工程中心100家，高新技术企业累计达到400家，全区专利授权量累计达17000件，全区发明专利授权量累计达到1000件，科技进步贡献率提高到65%，企业作为创新主体的地位和作用更加突出，把江宁打造成为南京国家级创新型城市重要的创新源头。

质量效益明显提升。到2020年，规模以上工业全员劳动生产率年均增速达到8%，规模以上工业增加值率达到24%，规模以上工业主营业务收入利税率达到18%。

产业结构持续优化。到2020年，战略性新兴产业占制造业比重较2014年提高7个百分点，民营经济增加值占地区生产总值的比重达到40%以上。培育一批行业龙头企业，主营业务收入超百亿元工业企业达到5家，超百亿工业企业主营业务收入占规上工业比重达到42%，“专精特新”中小企业数达到60家。

企业技改全面推进。到2020年，全区50%以上规模工业企业完成新一轮技术改造，工业技改投资占工业投资的比重达到55%。全区每年启动10家智能工厂创建工作，企业智能化水平不断提升，重点行业机器人密度达到国内先进水平。

绿色循环低碳发展。到2020年，单位工业增加值能耗比 2014 年下降 10% 以上，单位工业增加值用水量比 2014 年下降 22.3% 以上，工业主要污染物排放控制在市下达目标以下。

两化融合水平提高。到 2020 年，两化融合发展水平总指数达到 122，数字化研发设计工具普及率达到 77%，关键工序制造设备数控化率达到 46%，产供销财管理集成覆盖率达到 35%。

到 2025 年，建成国内领先、区域品牌效应明显的制造强区，自主创新能力显著增强、整体素质大幅提升，劳动生产率明显提高；重点行业单位增加值能耗物耗及污染物排放强度达到国内先进水平；形成一批具有国际竞争力的产业体系。

二、重点领域和主攻方向

围绕加快产业转型升级，构建现代产业体系，结合江宁产业基础，瞄准重点领域，明确主攻方向，集中力量突破一批关键技术和重大装备（产品），加快产业化步伐，引领制造业向中高端迈进。

智能电网。突破并推广高压特高压直流输变电技术、柔性交直流输变电技术、新一代智能变电站技术、智能配电一体化技术、储能与微电网协调控制与优化技术，提升发展输变配环节的二次高端设备水平，加快发展发电环节的大容量存储和用电环节的微电网接入、智能信息采集和新型配用电设备及调控一体化系统等，打造成国际、国内有影响力的区域品牌。

智能制造装备。加快高档数控机床整机及零部件、增材制造等前沿技术和装备的研发。突破智能控制系统、伺服系统、高精密减速器、驱动器等关键共性技术，重点发展工业机器人和专用服务机器人核心部件。瞄准传统工业转型升级，加快工业机器人集成创新，在焊接、物流与仓储、装配与检测等领域推出自动化解决方案；加快电力巡检、医疗康复等专用服务机器人产业化。

航空航天装备。以国产大飞机配套为重点，提升飞机机电系统综合控制和管理、液压操纵系统、环境控制系统、燃油系统、能源传动系统、第二动力系统等技术的研发能力。抓住国家发动机专业化整合契机，打造国家轻型航空发动机产业基地。优先发展无人机整机研发生产，以成熟整机带动制造产业链的形成。

信息通信设备。掌握"未来网络"核心技术和体系架构、核心路由交换技术、新型路由交换技术等，积极发展以 SDN（软件定义网络）为代表的网络通信设备及系统，带动新型智能终端、新一代基站、网络安全等设备发展，推动核心信息通信设备体系化产品、应用的大规模发展与推广，牵头国家重大基础设施 CENI 平台的建设，建成我国网络技术的革命性创新和演进式发展的技术融合平台。

云计算及大数据。重点开展虚拟化、云存储、云安全、数据存储和处理等关键技术的自主创新和产业化。推动云计算与大数据、移动互联网、智慧城区等领域的深度融合发展，创新和探索新的服务模式和商业模式。结合云计算特点，进一步强化数据安全管理和隐私保护，增强安全技术支撑和服务能力，建立健全安全防护体系，切实保障云计算信息安全。

集成电路。提升通信芯片、射频芯片等产品的设计开发能力，加快硅外延片、砷化镓、氮化镓等关键材料的研发与产业化，增强产业配套能力，努力实现集成电路产业的突破，整体技术实力达到国内先进水平。

基础软件及工业软件。发展自主研发的嵌入式操作系统、工业实时数据库。突破自主可控的制造业软件关键技术，建立工业研发设计平台和生产经营管理平台，开发面向汽车、电力、机器人、轨道交通等重点领域的研发设计类、数字控制类、智能生产类和管理类工业软件。

生命科学。重点发展抗肿瘤靶向新药、抗肿瘤天然产物及衍生物、抗肿瘤铂类药、抗肿瘤基因药物；用于发病率高、死亡率高、危害严重、有很高临床未满足需求的恶性肿瘤药物，如治疗肺癌的三代 EGFR 抑制剂创新药和治疗肝癌具有肿瘤靶向性的铂类技术改良药物等；发展消化领域用于患病率高，对人群健康危害严重的消化系统疾病药物，如可有效治疗难治性酸相关疾病、具有全新作用机制的抑酸创新药；可以有效逆转肝纤维化的药物；有效清除幽门螺杆菌改善耐药性的药物；加快对进口依存度高的高端医疗设备及配套试剂研发创新，大力发展大型可移动数字成像医疗设备、超声诊疗仪、数字化光学与微波医疗仪，开发一批便携式医疗诊断器械等。

节能环保。突破并推广能源管控技术、非金属、陶瓷变压器、加热炉节能和智能控制、陶瓷永久电机、高低压潜水电机、磁悬浮电机的关键技术，重点研究生物基材料合成技术、等离子体烟气脱硫脱硝技术与设备、有机废水检测处理技术等实用技术。发展主要耗能设备在线效率测试分析仪、大型燃煤电站锅炉和大中型燃煤工业锅炉及冶金行业烧结烟气脱硫脱硝、高效除尘技术及成套设备。

新材料。重点发展新型光电信息材料、特种金属与金属基复合材料、特种纤维复合材料、新型无机非金属材料、新型建材等前沿新材料，加快研发先进熔炼、凝固成型、气相沉积、型材加工、高效合成等新材料制备关键技术和装备。

三、主要任务

（一）增强自主创新能力，提升产业核心竞争力

1. 突破关键核心技术。紧紧围绕未来产业发展制高点和国家重大战略需求，结合江宁区重点发展领域，针对新一代信息技术、智能制造、生物医药等核心领域，组建产学研创新联盟，整合企业、大学、研究机构等资源，组织联合攻关，突破一批重大关键共性技术。到 2020 年，推动实施 20 项以上战略性新兴产业关键技术突破项目。到 2025 年，逐步形成大部分领域自主知识产权核心技术集聚区。

2. 完善产业技术创新体系。以企业为主导、以人才为支撑、以园区为载体，整合资源，采取政府支持、股权合作、成果分享的市场化运作新机制。支持具有自主知识产权和自主品牌、拥有市场前景和核心竞争力的创新型企业加速实现产业化。充分发挥现有研发平台的示范推动作用，大力支持建设企业技术中心、重点实验室、工程技术研究中心等研发载体。积极发展以市场化运作为主要方式，以技术中介、成果交易、专利检索、信息查询、检测检验等为主要内容的各类公共技术服务平台，大力推进原始创新、集成创新和引进消化吸收再创新，增强关键核心技术突破能力，促进科技成果向现实生产力转化。围绕产业发展需求，重点打造智能电网技术平台、生命科学技术平台等一批开放高效、专业化水准高的公共技术服务平台，为产业创新提供技术支撑。到 2020 年，力争建成 1 ~ 2 家省级以上制造业创新中心。到 2025 年，建成 1 ~ 2 家国家级制造业创新中心。

（二）实施工业互联网战略，拓展转型升级新路径

3. 制定并实施工业互联网推进计划。全面提升工业互联网发展水平，大数据、移动互联网、云计算、物联网深入应用，工业互联网与支柱产业、新兴产业、生产性服务业融合创新稳步推进，江苏软件园、智能电网产业园、未来网络谷、生物医药谷等互联网运用管理能力明显提升，支持生产企业与互联网企业实现跨界融合，并逐步推动全区及重点园区的特色产业错位布局。

4. 完善工业互联网支撑体系。完善“网 + 云 + 端”（工业宽带、工业云、工业智能终端）的工业信息基础设施，大力实施工业信息基础设施“企企通”工程，满足园区内企业高带宽专线服务需求，开发园区内企业基本实现高宽带专线全覆盖。组织开展大中型企业宽带专线服务。到 2020 年，50 家企业完成工业信息基础设施优化；到 2025 年，100 家企业完成工业信息基础设施优化。

5. 推进支柱产业和新兴产业工业互联网发展。利用互联网信息技术对我区汽车等支柱产业进行在线化、数据化、智能化改造，推动企业借助大数据等实现与用户精准互动，实现定制化、柔性化生产。结合我区战略性新兴产业发展目标和培育专精特新企业目标，推进互联网信息技术与下一代信息网络产业、生物医药产业、节能环保产业、智能制造装备、轨道交通、新能源产业、新能源汽车产业等战略性新兴产业的融合创新，进一步细分产业，挖掘和培育特色产业，大力推进智能化制造和制造业服务化。

6. 推动两化融合发展。推进企业将信息化全面融入企业发展战略，持续推进信息技术在产品和装备中的应用，实现产品、装备的提档升级，并形成综合的企业研发团队；通过不断优化业务流程，逐步建立覆盖全部业务管理的企业信息化系统，极大地提高企业的管理效率和管理水平，并形成稳定的信息化管理团队。到 2020 年，培育省级两化融合示范试点企业累计达 150 家；到 2025 年，培育省级两化融合示范试点企业累计达 350 家。

（三）推进企业技术改造，促进产业高端化发展

7. 制定企业技改推进计划。通过技术改造促进企业由小到大、由弱到强、由低端到高端、由传统产业到新兴产业的转变。鼓励企业采用新技术、新工艺、新设备、新材料对生产设施、工艺条件及生产服务等进行改造提升，推进产业转型升级，淘汰落后技术设备和落后产能。制定全区技术改造计划，明确工作目标、路径和举措，健全和完善技术改造投资统计、监测系统，做好技改投资分析和管理。

8. 促进产业高端化。围绕第三次工业革命等产业发展方向，积极推进电子信息产业向新一代信息技术产业转型，促进汽车产业向节能和新能源汽车产业转型，机械装备产业向智能制造装备转型。引导高科技企业、创新创业企业积极拓展未来网络、卫星应用、智能机器人、3D 打印等前沿领域。

9. 推动企业智能化改造。支持重点领域企业设备更新，通过购置先进适用设备，实施设备更新和升级换代，加快老旧设备淘汰，提升装备自动化水平。加快自动化、数字化、网络化等先进制造系统、智能制造设备及大型成套技术装备的应用推广，鼓励企业在生产中广泛应用工业机器人、数控机床、人机智能交互、自动识别、分布式控制等先进制造技术。重点在生物医药、汽车等产业实施智能化改造示范项目，每年启动 10 家智能工厂示范工程建设。

10. 推进重点项目建设。建立技术改造项目库制度，对重点企业进行全面梳理，建立技术改造、技术

攻关、两化融合、节能减排、兼并重组等重点项目库，实施动态管理，力争实现规模以上工业企业项目全覆盖。每年区政府确定一批区级产业转型升级重点项目和重点技术改造项目计划，建立重点项目推进机制，及时协调解决项目建设中的审批、规划、土地、环保等问题，加快推进项目建设。

（四）加强质量品牌建设，塑造江宁制造新优势

11. 完善质量技术标准体系。积极参与制定和实施与国际先进水平接轨、适合江宁制造发展要求的先进标准。鼓励和引导企业采用国际标准或国外先进标准组织生产，积极参与国际国内标准化活动，鼓励和支持企业主导或参与国际、国家和行业标准的制定修订，不断扩大产业技术标准话语权。到2020年，我区新增主导和参与制定国际标准5项以上，主导和参与制定国家标准40项以上。

12. 加强产品质量监督管理。推动企业严格落实质量首负责制、产品“三包”和缺陷产品强制召回等质量安全责任。加大对质量违法行为的打击惩处力度。加强对关系安全、卫生、环保、民生的重点行业和重点领域的行业准入和市场退出机制。完善质量投诉和消费维权机制。构建系统完备的质量诚信体系，健全质量信用信息征集共享制度，完善不良信用记录和失信行为惩戒制度，建立质量黑名单制度。到2020年，信用管理贯标企业达到600家，省级信用管理示范企业达到6家。

13. 实施工业品牌培育与创建。围绕战略性新兴产业制定和实施品牌培育计划，鼓励企业对产品设计、生产制造、市场营销、售后服务的全过程实行全面质量管理，组织争创工业品牌培育示范企业、江苏名牌产品、省市质量奖和中国质量奖等，全面提升江宁制造的品牌知名度。打造智能电网、机器人、压缩机、传动齿轮等一批区域品牌，并通过媒体加大对江宁品牌的宣传。到2020年，全区重点产品质量技术达到国内领先水平，培育争创中国质量奖1个，江苏省质量奖2个，南京市市长质量奖5个，江苏名牌产品达到100个，中国驰名商标总数40件，省著名商标达到180件。

（五）发展生产性服务业，创新产业发展新模式

14. 培育生产性服务业新业态。建立与国际接轨的专业化服务业体系，鼓励企业开展科技创新、产品创新、管理创新和商业模式创新。推动云计算、物联网服务、电子商务、互联网平台经济等新兴服务业态发展。

15. 提高工业设计能力。推广以绿色、智能、协同、和谐为特征的先进设计技术，支持开发自主知识产权的设计工具软件。鼓励科研机构、工业企业、设计单位、高等院校间加强合作，构建加快工业设计的资源共享和协同创新机制，鼓励企业加快工业设计中心建设。加快建设工业设计专业网络平台，实施一批投资规模大、科技含量高、产出效益好、拉动能力强的工业设计示范项目，着力开发工业设计服务市场，加快设计产品市场化步伐。

16. 推进服务型制造发展。加快制造与服务融合发展，推动制造企业向价值链高端攀升。在多领域推进服务型制造更快发展，推动总集成总承包、个性化定制、在线支持服务、全生命周期管理、专业化社会化服务等新兴服务业态水平提升。

（六）提升产业国际化水平，扩大产业全球影响力

17. 培育跨国企业集团。积极抢抓国家实施“一带一路”、长江经济带建设等战略机遇，充分挖掘我区电子信息、智能电网、装备制造、软件服务等行业企业走出去潜力。支持企业建立境外生产加工基地，适度转移有比较优势的生产环节及富余产能，利用境外生产要素实现原产地多元化。

18. 深化产业国际合作。充分发挥我区开放型经济已形成的优势，做好江宁战略性新兴产业对外推介活动，同美国、欧盟、日本、东盟、韩国、以色列及中国台湾等国家和地区加强合作对接，积极吸引外资优质项目落户。加强与国外技术合作，提升本地核心技术。进一步强化开放意识，坚持开放强区战略，进一步提升对外开放水平。

19. 提高利用外资水平。以产业链高端和技术创新环节作为招商引资重点，进一步加大对战略性新兴产业和生产性服务业的引资力度，完善各类产业扶持政策，引导外资更多地投向高端装备制造、生物医药、航空和海洋装备、新材料、节能环保等产业领域。促进引资与引技、引智相结合，进一步提升利用外资的综合效应与溢出效应。

20. 推进企业“走出去”“引进来”。积极引导江宁优势产业和富余产能“走出去”开拓国际市场，在全球范围内找资源、拓市场、谋发展，实现企业国际化经营，抢抓国外市场机遇，推动我区产业结构转型升级。鼓励高端装备、先进技术、优势产能向境外转移。加强政策引导，推动产业合作由加工制造环节为主向合作研发、联合设计、市场营销、品牌培育等高端环节延伸，鼓励服务外包产业发展，鼓励国际认证，提高国际合作水平。推进企业“引进来”。积极引进先进技术、设备与产品，促进传统产业转型升级，解决高品质消费品供给不足问题。鼓励海外建立研发机构，引进高端人才为产业提升助力服务。

（七）优化产业发展布局，推动区域协调发展

21. 推动产业错位集聚发展。按照“3+3+3”的新型现代产业体系架构，做强汽车制造、智能电网和新一代信息技术产业，培育高端装备、生命科学、节能环保产业，优先发展现代物流、文化旅游、软件研发产业，围绕产业重点发展方向，统筹全区产业布局，各开发园区围绕主导产业集聚发展，成链发展、关联发展，各街道工业集中区根据园街联动战略，围绕生产力的空间布局总体构型，做好相关产业的配套发展。

22. 加快中小企业特色集群发展。构建中小企业服务体系，降低市场准入门槛，推动大众创业、万众创新。依托现有的开发园区和工业集中区、先进制造业主导型镇街，以区域主导产业为核心，推动和引导中小企业产业集聚。打造一批公共服务配套完善的小企业创业示范基地，为小微企业创新创业提供发展载体。支持公共性、公益性专业服务平台建设，支持社会资源新建服务平台。到2020年，培育10家中小企业特色产业集聚区，培育20个小企业创业示范基地，建成50家中小企业公共（技术）服务平台。

23. 全面实施强基工程。针对重大工程和重点装备的关键技术和产品，积极扶持“四基”（基础材料、核心基础零部件（元器件）、先进基础工艺、产业技术基础）示范工程企业，支持优势企业突破关键技术，增强“四基”能力。主动对接国家工业强基发展目录，积极储备一批工业强基项目。发挥区内智能电网、工业机器人、电子信息、高端装备、生命医药等方面产业优势，努力形成一批国内具有较强影响力的“四基”龙头企业。培育壮大一批“专精特新”中小企业，全面提升全区中小企业核心竞争力。

（八）加快实施绿色制造，提高产业可持续发展能力

24. 进一步遏制“两高”行业发展。执行严格的环境准入制度，制定环境保护准入负面清单。推进大气污染物排污权有偿使用，今后新建、改建、扩建项目新增重点大气污染物排放总量的指标，应依照规定通过排污权交易取得。开展碳排放交易试点工作，实行碳排放统计制度，编制重点行业温室气体排放清单，建立健全碳排放权交易管理制度，完成碳排放交易试点工作任务。

25. 加快工业领域节能改造。组织实施工业锅炉（窑炉）、电机系统、余热余压利用、能源系统优化等重点节能工程，完善重点耗能企业能耗在线监测平台，实施能源动态监控和优化管理，每年实施一批重点节能减排项目，推进节能降耗。

26. 大力发展循环经济。鼓励企业开展“三废”循环利用与无害化处理技术应用，积极推进工程机械、机床、电机等旧工业产品再制造利用，努力推进制造业绿色化、低碳化发展。到2020年，工业固体废弃物综合利用率达99%。

27. 强化节能环保监管。严格落实新环保法和省大气污染防治条例等法律法规，不断提高耗能产品（设备）能耗限额和准入指标，严格实施项目能评和环评制度，提高耗能、高排放行业的准入门槛，大幅提高排污收费标准。强化绿色监管，健全节能环保法规、标准体系，加强节能环保监察，推行企业社会责任报告制度，开展绿色评价。

四、政策措施

1. 加强组织领导。区政府成立推进中国制造2025江宁区行动纲要工作领导小组，由区政府主要领导任组长，工信局、发改局、住建局、科技局、财政局、国土局、统计局、工商局、质监局、投促局、金融办、环保局、规划局、交通运输局、商务局、国税局、地税局、开发园区等有关单位负责人参加，统筹全区先进制造业发展，领导小组办公室设在区工信局。

2. 强化要素保障。在制造业企业投资建设重大项目审批立项、环境评估、资金筹措等环节开辟绿色通道，给予重点支持和优先安排。积极保障重大项目用地，探索建立工业用地供应服务平台，建立工业用地供应信息公开共享机制；用地计划指标优先支持优质工业技术改造项目和重大产业项目，逐步建立存量工业用地及闲置厂房流转机制，进一步优化资源利用方式，提高资源利用效率。支持企业集约节约用地，在存量工业用地范围内利用空地或对现有建筑拆除重建、加层等方式扩建来实施技改的企业，经批准后可以通过容积率奖励的形式，减免新增建筑面积部分的土地出让金。

3. 加大政策扶持。鼓励实体经济发展，贯彻落实国家、省支持制造业发展和技术改造的优惠政策。鼓励相关银行业及金融机构开展仓单质押、股权质押、过桥贷款等贷款业务，以风险可控、商业可持续为前提，对企业技术改造、先进装备制造业和智能制造等领域重大项目优先给予信贷支持。支持企业通过融资租赁实施技术改造，破解小微企业融资难问题。政府采购优先使用区内首台（套）企业产品，鼓励企业组建产业联盟。创新财政资金运作方式，设立区级产业转型发展基金，发挥财政性资金杠杆效应。

4. 营造良好环境。加快政府职能转变，推动简政放权；放宽市场准入，实施负面清单管理，消除民间资本依法进入相关战略重点领域的各种隐性壁垒。支

持工业领域高层次人才、紧缺型人才、创新创业人才、实用型人才和产业技师的引进和培养，实施企业家素质提升计划、职业经理人培养计划，加强高技能人才终身职业培训。建立《中国制造2025江宁行动纲要》第三方评价机制，重点对产业高端化发展情况、企业投资环境、要素保障等情况进行综合评估。完善统计监测、绩效评估、动态调整和监督考核机制。

各级、各部门要充分认识推动先进制造业发展的重大意义，加强组织领导，健全工作机制，强化部门协同和上下联动。各街道、开发园区要结合实际，研究制定具体实施方案，细化政策措施，确保各项任务落实到位。区工信局要会同相关部门，加强跟踪分析和督促指导，重大事项及时向区政府报告。

（摘自江宁政发〔2016〕35号文件）

2016年中共南京市江宁区委重要文件目录表

表61

文号	文件名
江宁委发9号	关于印发《关于开展“作风建设提升年”活动的实施意见》的通知
江宁委发12号	关于印发《南京市江宁区2016年经济社会发展目标》的通知
江宁委发13号	关于印发《南京市江宁区2016年政治建设工作目标》的通知
江宁委发14号	关于印发《南京市江宁区2016年文化建设工作目标》的通知
江宁委发15号	关于印发《南京市江宁区2016年社会建设工作目标》的通知
江宁委发16号	关于印发《南京市江宁区2016年生态文明建设工作目标》的通知
江宁委发17号	关于促进旅游业发展的若干意见
江宁委发18号	关于印发《关于深化实施“创聚江宁”人才工程 打造产业科技人才高地的意见》的通知
江宁委发19号	关于印发《关于开展“项目攻坚突破年”活动的意见》的通知
江宁委发20号	关于印发《关于实施“强优”工程推动全区基层党组织全面进步全面过硬的意见》的通知
江宁委发28号	关于印发《江宁区2016年综合绩效千分考核实施意见》的通知
江宁委发30号	关于加快推进生态文明建设的实施意见
江宁委发31号	关于推进供给侧结构性改革的意见
江宁委发32号	关于印发《关于加快全区开发园区转型升级的行动方案》的通知
江宁委发33号	关于印发《关于优化全区区域功能定位和产业布局的实施方案》的通知
江宁委发34号	关于印发《关于争当全省先进制造业排头兵的行动方案》的通知
江宁委发35号	关于印发《关于争当全省产业科技创新中心建设排头兵的行动方案》的通知
江宁委发46号	关于印发《关于开展“社会治理创新年”活动的实施意见》的通知
江宁委发58号	关于加快全区特色小镇规划建设的实施意见
江宁委发95号	关于印发《中共南京市江宁区委全体会议规则》《中共南京市江宁区委常委会会议规则》的通知

（黄　川）

2016年南京市江宁区人民政府重要文件目录表

表62

文号	文件名
江宁政发35号	关于印发《中国制造2025江宁区行动纲要》的通知
江宁政发82号	关于开展江宁区2016年群众文化活动的通知
江宁政发148号	关于印发《关于进一步降低企业成本促进经济平稳发展的实施方案》的通知
江宁政发151号	关于印发《江宁区进一步推动企业上市扶持办法》的通知
江宁政发155号	关于印发《南京市江宁区国民经济和社会发展第十三个五年规划纲要》的通知
江宁政发197号	关于公布第一批江宁区不可移动文物补充名录的通知
江宁政发199号	关于印发《江宁区水污染防治行动计划》的通知
江宁政发231号	关于公布江宁区第一批历史地名保护名录的通知
江宁政发238号	关于转发《市政府关于加快推进公租房货币化保障的实施意见》的通知
江宁政发404号	关于废止部分规范性文件的决定
江宁政发460号	关于明确征地补偿安置实施有关问题处理意见的通知
江宁政发479号	关于印发《江宁区关于加快发展乡村民宿的指导意见》的通知
江宁政发524号	关于印发《南京市江宁区公共文化设施运行管理规范》的通知
江宁政规发6号	关于印发《江宁区区长质量奖评定管理办法》的通知
江宁政办发14号	关于转发《南京市江宁区科学技术进步奖奖励办法》的通知
江宁政办发66号	关于进一步完善全区“122”社会求助服务工作机制的通知
江宁政办发106号	关于印发《关于在全区推行节地生态安葬的实施意见》的通知
江宁政办发145号	关于印发《江宁区关于购买公共体育服务的实施意见》的通知
江宁政办发148号	关于转发《“创业江宁”实施细则》的通知
江宁政办发165号	关于印发《南京市江宁区征收集体土地涉及房屋补偿安置实施细则》的通知
江宁政办发175号	关于印发《江宁区科技服务示范区和知识产权服务业集聚区建设与发展专项资金管理办法》的通知
江宁政办发187号	关于印发《南京市江宁区2017年新型合作医疗（居民医疗保险）工作实施意见》的通知
江宁政办发203号	关于印发《江宁区关于加快推进残疾人更高水平小康进程的实施办法》的通知
江宁政办发207号	关于印发南京市江宁区“十三五”教育发展规划的通知

（刘　畅）

2016年中央及省、市级媒体报道江宁区重要新闻题目表

表63

时间	媒体名称	报道标题
5月4日	央视新闻联播	人才自主权改革：破瓶颈 增活力
7月18日	央视新闻联播	主打环境牌 南京建设乡村游产业带（黄龙岘）
10月2日	央视新闻联播	欢哥笑语度国庆综合报道中关注南京农业嘉年华
9月28日	央视晚间新闻	重点报道南京农业嘉年华开幕盛况
5月13日	中央电视台4套	幸福照相馆
5月23日	中央电视台4套	3D打印显神通
6月8日	中央电视台4套	科教孩子王
6月14日	中央电视台4套	噪音清洁工
6月20日	中央电视台4套	九仙过海变村貌
6月28日	中央电视台4套	零污染的村庄
7月7日	中央电视台4套	海归的“保姆”
7月28日	中央电视台4套	一起到乡村当老板
6月9日	中央电视台13套	新闻追踪：网传江苏南京发生群体斗殴5名涉嫌散布谣言者被抓获
7月31日	《人民日报》	南京“科教城”变身“科技城”
8月1日	《人民日报》	南京变“轻”了（调结构转方式·长三角城市群调研行）
8月18日	《人民日报》	孙艺轩养蜂出了名
10月9日	《人民日报》	石塘村咋做休闲文章？
11月17日	《人民日报》	江苏山东福建广西深入基层多种形式宣讲六中全会精神 面对面解读精神 百分百深入人心

续表 63–1

时间	媒体名称	报道标题
12 月 20 日	《人民日报》	南京汤山街道村村都有司法服务站
11 月 25 日	《新华每日电讯》	我国或领跑全球长效抗艾药物研发
7 月 17 日	《光明日报》	内外变革中的南京（金斯瑞）
7 月 18 日	《光明日报》	“南京制造”转型正当时
8 月 11 日	《光明日报》	孙艺轩的“甜蜜事业”
11 月 30 日	《光明日报》	我自主研发抗艾新药有望获批
8 月 15 日	《经济日报》	最“甜蜜”的接班人
7 月 19 日	中央人民广播电台中国之声栏目	南京“智能制造”建设引领产业转型升级
7 月 15 日	新华社	南京打造“五型经济”布阵价值链高端（埃斯顿）
8 月 11 日	新华社	90 后孙艺轩：想要打造自己的蜜蜂文化产业园
11 月 23 日	新华社	我国自主研发新药有望成为世界首个长效注射抗艾药
1 月 2 日	《新华日报》	江宁建设南京“南部中心”
4 月 1 日	《新华日报》	江宁马拉松 4 月 10 日开跑
4 月 11 日	《新华日报》	春牛首马拉松图片新闻
4 月 11 日	《新华日报》	江宁春牛首国际马拉松鸣枪——宁马，带你跑进了“诗画江南”
4 月 24 日	《新华日报》	对得起良心，才能叫响“中国造”
4 月 27 日	《新华日报》	聚焦江宁环绕越文化休旅“金腰带”——借一双天眼定格“山水江宁”
4 月 28 日	《新华日报》	江宁环绕越“金腰带”文旅景点群星璀璨——人文江宁，深厚积淀绽放旅游华彩
4 月 29 日	《新华日报》	环绕越休旅带、城镇带、创新带“三带合一”——活力江宁，塑造南京主城南部中心
5 月 6 日	《新华日报》	年轻创客争相涌入美丽乡村
5 月 20 日	《新华日报》	江宁大塘金 紫花迎客来
5 月 21 日	《新华日报》	南京江宁打造美丽乡村“升级版”、从“五朵金花”到“百花齐放”
6 月 2 日	《新华日报》	和爸妈在一起，就是最好的礼物
6 月 23 日	《新华日报》	金陵礼佛文化月开幕 顶骨舍利供信众瞻礼
6 月 28 日	《新华日报》	医改，如何让医患双方都说好
7 月 14 日	《新华日报》	旅游开发，莫用西装料子剪裤衩
7 月 17 日	《新华日报》	发力供给侧，南京崛起“四个名城”
9 月 16 日	《新华日报》	从城郊垃圾场到“美丽田园”
9 月 22 日	《新华日报》	南京汤山：小镇做出“大文章”
9 月 25 日	《新华日报》	江宁“金花”迎来一批“养花人”

续表 63-2

时间	媒体名称	报道标题
9月29日	《新华日报》	一天新添两大综合体 江宁崛起南京“第二商圈”
10月11日	《新华日报》	江宁将建首个“诺奖小镇”
10月14日	《新华日报》	江宁区淳化街道举办第30个“老人节”广场展演活动
10月19日	《新华日报》	江宁小山村打造婚庆小镇
10月28日	《新华日报》	长三角广电联盟推介江宁旅游
10月31日	《新华日报》	新民宿，好山好水好安“家”
11月8日	《新华日报》	江宁区东山街道章村社区老支书张文才：“集体大灶”烧得旺，农民碗里滋味足
11月9日	《新华日报》	江宁开发区：“智造”培植发展新动能
11月14日	《新华日报》	马背上的精彩角逐
12月7日	《新华日报》	美丽乡村，淡季不淡
12月12日	《新华日报》	创赢“江宁版” 以赛选项目
12月13日	《新华日报》	三箭齐发，让江宁经济“行稳致远”
12月16日	《新华日报》	“创投+”添翼江宁“聚力创新”
12月17日	《新华日报》	江宁检察院状告江宁环保局
8月8日	江苏新时空	新业态新模式助力农业供给侧改革
8月30日	江苏新时空	江苏省道德楷模与身边好人现场交流活动在南京举行
8月30日	江苏新时空	迎接新学期 江苏各地准备开学“礼包”助学助成长
9月29日	江苏新时空	江苏旅游业：拉动经济发展绿色引擎
12月8日	江苏新时空	南京江宁：加快积聚高端要素 推进产业优化升级
8月16日	江苏公共新闻	“90后”姑娘归田园 担起一份甜蜜事业
10月27日	江苏城市	8家电视台联盟 搭建长三角旅游平台
1月7日	《南京日报》	宁企研发机器人 规格型号最齐全
1月8日	《南京日报》	市委常委、江宁区委书记李世贵：走在最前列 建设新江宁
1月20日	《南京日报》	江宁要在新南京建设中当先锋作示范
1月29日	《南京日报》	树标杆寻突破，力夺“十三五”开局之胜
1月30日	《南京日报》	南京空港枢纽经济区强势起飞
2月5日	《南京日报》	横溪打造首个互联网创业小镇
2月12日	《南京日报》	45口大家族 石塘人家过春节
3月12日	《南京日报》	3600万台小米手机“江宁造”
3月24日	《南京日报》	全省县市人才绩效考核 江宁夺第一

续表 63-3

时间	媒体名称	报道标题
3 月 25 日	《南京日报》	东山社会治理网格化指挥中心运行
3 月 27 日	《南京日报》	好丈夫照顾瘫痪妻子 50 年不离不弃
3 月 29 日	《南京日报》	“旅游 +”，江宁争创全域旅游全国范本
4 月 11 日	《南京日报》	江宁春牛首国际马拉松昨欢乐开跑 跑友盛赞“最美田园赛道”
4 月 20 日	《南京日报》	“南京智造”引领产业转型升级
4 月 26 日	《南京日报》	秣陵街道 1000 万创业券扶持“双创”
4 月 29 日	《南京日报》	汤山新添人才公寓（图片）
5 月 4 日	《南京日报》	拆围墙建环廊 石地村添美景（图片）
5 月 6 日	《南京日报》	“四变”引领江宁美丽乡村“百花齐放”
5 月 7 日	《南京日报》	禄口一小学生获宋庆龄奖学金
5 月 11 日	《南京日报》	市委常委、江宁区委书记李世贵：争当省市“一中心、一基地”建设排头兵
5 月 17 日	《南京日报》	江宁区资本市场培育体系渐入佳境
5 月 20 日	《南京日报》	江宁推出供给侧结构性改革系列举措
5 月 19 日	《南京日报》	三方力量激发秣陵科创载体新活力
5 月 18 日	《南京日报》	大塘金紫色花海迎客来
5 月 23 日	《南京日报》	横溪西瓜节甜了市民富了农民
5 月 26 日	《南京日报》	秣陵公共财政预算收入提前两月过半
5 月 30 日	《南京日报》	东山街道电商孵化器“淘金创谷”亮相
6 月 1 日	《南京日报》	江宁区推动“两学一做”扎实开展
6 月 3 日	《南京日报》	我市有座国家级绿色建筑
6 月 6 日	《南京日报》	江宁开发区“智能工厂”占全市半壁江山
6 月 9 日	《南京日报》	陈绍泽调研江宁街道西宁社区时要求突出重点精准扶贫提升社区“造血”功能
6 月 14 日	《南京日报》	东山街道连续 9 年蝉联“南京第一镇街”
6 月 15 日	《南京日报》	用“互联网 +”卖包子 3 年开店 200 多家
6 月 20 日	《南京日报》	江宁开发区招商引资逆势上扬
7 月 4 日	《南京日报》	谷里建成全市首个全域美丽乡村
7 月 4 日	《南京日报》	4 万人巡防固堤 众志成城防大汛
7 月 14 日	《南京日报》	工业机器人产销两旺
7 月 19 日	《南京日报》	高校专业资源成社区服务“第三力量”
7 月 26 日	《南京日报》	常住户新市民，都把她当贴心人

续表 63-4

时间	媒体名称	报道标题
8月1日	《南京日报》	江宁：建成更高水平小康社会标杆区域
8月5日	《南京日报》	江宁开发区人才指标创多个“全市第一”
8月9日	《南京日报》	精明增长，拓展产城融合新空间
8月12日	《南京日报》	江宁开发区签约项目总投资额将突破400亿元
8月14日	《南京日报》	江宁拉开新一轮城市建设框架
8月19日	《南京日报》	我市签发首张全程电子化登记营业执照
8月23日	《南京日报》	环保企业自建生态毒理实验室
8月24日	《南京日报》	我市家庭农场超3000家
8月24日	《南京日报》	宁企研发先进船用通讯导航设备
8月30日	《南京日报》	江宁开发区专注“高”“新”驱动产业提速
8月31日	《南京日报》	清垃圾控油烟护景区秩序
9月16日	《南京日报》	江宁党建e家智慧管理系统上线
9月18日	《南京日报》	千亿投资项目助江宁产业转型
10月11日	《南京日报》	全国首个“诺奖小镇”落户江宁开发区
10月11日	《南京日报》	麒麟科创园有轨电车调试
10月20日	《南京日报》	汤山智慧旅游启用大数据监测系统
10月27日	《南京日报》	全国108支创业团队石塘“论剑”
10月31日	《南京日报》	江宁开发区“诺奖小镇”揭牌
11月11日	《南京日报》	农村网点备战“双11”
11月15日	《南京日报》	江宁：提升标杆勇当发展“排头兵”
11月20日	《南京日报》	江宁谷里获颁“中华宝钢杯”环境优秀奖
11月26日	《南京日报》	科远智能工厂让工业管理变简单
11月28日	《南京日报》	800多户村民户均增收两万元
12月6日	《南京日报》	美丽乡村建设有面子还要有里子
12月7日	《南京日报》	一池温泉水激活一条富民产业链
12月7日	《南京日报》	翻篇归零再出发 建设强富美高新江宁
12月7日	《南京日报》	世界智能制造大会展览会昨开展
12月16日	《南京日报》	我市企业研发反应堆吊环小车
12月18日	《南京日报》	江宁开发区大力盘活低效用地
12月27日	《南京日报》	以永远在路上的恒心和韧劲深入推进正风反腐

（易　扬）

2016 年度江宁区获市级以上表彰先进集体名录表

表 64

单位名称	荣誉称号	命名单位	命名时间
江宁区	2015 年度平安铁路县（市、区）	省社会治安综合治理委员会铁路护路办公室	2016 年 6 月
江宁区	2015 年度平安县（市、区）	省社会治安综合治理委员会	2016 年 8 月
江宁区	全省法治建设示范县（市、区）	省委、省政府	2016 年 9 月
江宁区	2015 年度全市平安建设先进区	市社会治安综合治理委员会	2016 年 2 月
江宁区	2015 年度法治南京建设先进单位	市委、市政府	2016 年 5 月
江宁区	2011—2015 年全省普法工作先进城市和先进县（市、区）	省政府	2016 年 8 月
江宁开发区	国家生态工业示范园区	环保部、商务部、科技部	2016 年 8 月
江宁开发区商业街管理办	全国商旅文化产业先进集体	中国商旅文产业联盟	2016 年 5 月
江宁开发区胜太路商业街管理办	全国商业街先进集体	中国商业街区行业年会	2016 年 10 月
江宁开发区	2016 年度南京市众创空间绩效评价优秀等次	市科委	2016 年 10 月
江宁开发区	2016 年度南京市科技企业孵化器绩效评价优秀奖	市科委	2016 年 10 月
江宁开发区科协	2016 年南京全国科普日活动特色活动先进单位	市科委	2016 年 11 月
江宁开发区科协	2016 年度企事业（园区）科协工作先进集体	市科委	2016 年 12 月
汤山旅游度假区	2013—2015 年度市级文明单位	市精神文明建设指导委员会	2016 年 6 月
江宁台创园	中国会展业年度大奖	中国会展行业年会组委会	2016 年 12 月
江宁台创园	苏台农业合作园区优秀等次	省农委	2016 年 1 月
江宁台创园	2016 南京休闲农业创意大赛一等奖	市农委	2016 年 10 月
东山街道	2015 年度郊区街镇分类考核现代服务业主导型二等奖	市委、市政府	2016 年 2 月
东山街道	2015 年全市信访工作绩效考核先进街镇	市信访工作联席会议工作小组	2016 年 2 月
东山街道	2013—2015 年度市级文明单位	省精神文明建设指导委员会	2016 年 7 月
东山街道	市老年人体育节手杖操健身交流展示活动优胜奖	市老年体育协会	2016 年 9 月
东山街道	2013—2015 年度江苏省文明单位	省精神文明建设指导委员会	2016 年 9 月
东山街道	创建全国双拥模范城有功单位	市委	2016 年 9 月
东山街道人武部	基层建设标兵单位	南京警备区	2016 年 12 月
秣陵街道民政办	江苏省和谐社区建设示范社区	省民政厅	2016 年 3 月
秣陵街道青源社区	江苏省和谐社区建设示范社区	省民政厅	2016 年 3 月
秣陵街道总工会	工会干部教学实践基地	省总工会干部学校	2016 年 3 月
秣陵街道双金社区	先进集体	省关工委	2016 年 6 月

续表 64-1

单位名称	荣誉称号	命名单位	命名时间
秣陵街道城管办	2016 年度无偿献血先进单位	省献血办	2016 年 12 月
秣陵街道牛首社区	江苏省绿色社区	省环保厅	2016 年
秣陵街道青源社区	2013—2015 年度市级文明社区	市精神文明建设指导委员会	2016 年 7 月
秣陵街道关工委	金金网 2015 年度优秀通联集体	市关工委	2016 年 7 月
秣陵街道秦淮社区	南京市书香社区建设示范点	市全民阅读领导小组办	2016 年 8 月
秣陵街道	创建全国双拥模范城有功单位	市委、市政府、南京警备区	2016 年 9 月
秣陵街道动防站	2016 年度南京动物疫病防控工作先进集体	市动物疫病预防控制中心	2016 年 12 月
秣陵街道牛首社区	南京市城市文明示范点	市文明办	2016 年
汤山街道	2011—2015 年度全国计划生育协会工作先进单位	中国计划生育协会	2016 年 5 月
汤山街道	2015 年度镇街现代服务业发展一等奖	市委、市政府	2016 年 2 月
汤山街道	2015 年全市信访工作先进街镇	市信访工作联席会议	2016 年 2 月
汤山街道	2015 年度全市平安建设先进街镇	市社会治安综合治理委员会	2016 年 2 月
汤山街道	2015 年度南京市郊区综合实力“二十强镇街”	市统计局	2016 年 4 月
汤山街道	2015 年度南京市先进基层党组织	市委	2016 年 5 月
汤山街道	2015 年度法治南京建设先进单位	市委、市政府	2016 年 5 月
淳化街道青龙社区	全国综合减灾示范社区	国家减灾委员会、民政部	2016 年 12 月
淳化街道	2016 年度无偿献血先进单位	省献血办	2016 年 12 月
马场山旅游示范村游客服务中心	2015 年度南京市青年文明号	团市委	2016 年 4 月
淳化街道	南京市学前教育发展有功单位	市教育局、市托幼办	2016 年 5 月
淳化街道团工委	南京市五四红旗团委	团市委	2016 年 5 月
淳化中学团总支	南京市教育系统先进团总支	团市委教育工作委员会	2016 年 5 月
淳化街道团工委	2016 年先进单位	团省委	2016 年 7 月
淳化街道茶岗社区	市级和谐建设示范社区	市民政局	2016 年 12 月
淳化街道茶岗社区	市级协商民主建设示范社区	市民政局	2016 年 12 月
淳化街道	2016 年度现代农业主导型街镇发展三等奖	市委、市政府	2017 年 2 月
江宁街道水利站	2015—2016 年度南京市水利工程管理先进集体	市水利局	2017 年 3 月
谷里街道	第九届“中华宝钢杯”城镇环境类优秀奖	环保部	2016 年 9 月
谷里街道周村社区	江苏省文明村	省精神文明建设指导委员会	2016 年 9 月
谷里街道箭塘社区	省级绿色社区	省环保厅	2016 年 9 月
谷里街道箭塘社区	2013—2015 年度市级文明社区	市精神文明建设指导委员会	2016 年 7 月

续表 64-2

单位名称	荣誉称号	命名单位	命名时间
谷里街道科协	2016 特色活动先进单位	市科协	2016 年 11 月
谷里街道	2016 年度现代农业主导型街道一等奖	市委、市政府	2017 年 2 月
湖熟街道	江苏省发展散装水泥示范街道	省经信委	2016 年
湖熟街道	2015—2016 年度全省基层党员冬训工作示范街道	省委组织部、省委宣传部	2016 年
湖熟街道	2016 年无偿献血先进单位	省献血办公室、省输血协会、省血液中心	2016 年
麒麟街道	2016 年度省级卫生街道	省爱国卫生运动委员会	2016 年 12 月
麒麟街道	南京市创建全国双拥模范城有功单位	市委、市政府	2016 年 9 月
区委宣传部	2015 年度全省基层党员冬训工作示范县	省委组织部、省委宣传部	2016 年 7 月
区委宣传部	2015 年度全市优秀政务微博	市委宣传部	2016 年 1 月
区委宣传部	2015 年度全市宣传文化系统优秀调研成果三等奖	市委宣传部	2016 年 2 月
区委宣传部	2015 年全市宣传信息工作先进单位	市委宣传部	2016 年 3 月
区委宣传部	2015 年全市社会舆情信息工作先进单位	市委宣传部	2016 年 3 月
区委宣传部	2015 年互联网舆情工作先进单位	市委宣传部	2016 年 3 月
区委宣传部	2015 年度全市精神文明信息工作先进单位	市文明委	2016 年 3 月
区委宣传部	市工人先锋号	市总工会	2016 年 1 月
区委宣传部	全省基层文联工作先进单位	省文联	2016 年 11 月
区委宣传部	“我行我礼少年行”文明礼仪实践活动先进单位	市文明办、市教育局、市广电台	2016 年 12 月
区委统战部	中国统一战线宣传先进单位	中央统战部宣传办	2016 年 12 月
区委统战部	全市统战理论研究创新成果奖	市委统战部	2016 年 2 月
区委统战部	全市统战宣传工作先进单位	市委统战部	2016 年 2 月
区委统战部	全市统战信息工作先进单位	市委统战部	2016 年 2 月
区工商联	全国五好县级工商联	全国工商联	2016 年 5 月
区工商联	全省五好县级工商联	省工商联	2016 年 8 月
区委老干部局	2016 年度全市老干部工作部门信息工作先进集体	市委老干部局	2017 年 3 月
团区委	省共青团工作创新创优三等奖	团省委	2016 年 1 月
江宁区	2016—2020 年度全国科普示范区	中国科协	2016 年 2 月
区科协	创新发展综合示范县（区）级科协	省科协	2016 年 1 月
区科协	省科技工作者状况调查良好站点	省科协	2016 年 4 月

续表 64-3

单位名称	荣誉称号	命名单位	命名时间
区科协	省《全民科学素质行动计划纲要》“十二五”实施工作先进集体	省科协等	2016 年 8 月
区残联	市文明先进集体	市文明办	2016 年 11 月
区住建局园林所	省住建系统“工人先锋号”	省住建厅	2016 年 4 月
区住建局白蚁防治所	省白蚁防治协会 2016 年度先进单位	省白蚁防治协会	2016 年 12 月
区住建局	2015 年度南京市房屋安全管理先进单位	市住房保障和房产局	2016 年 3 月
区住建局	2016 年防汛抗洪有功集体	市委、市政府	2016 年 8 月
区住建局	市级“职工书屋”示范点	市总工会	2016 年 9 月
区住建局	2016 年度市级园林式单位	市绿化园林局、市绿化委员会	2016 年 11 月
区建工局	工程质量监督机构考核优秀单位	省住建厅	2016 年 8 月
区建工局	南京市工人先锋号	市总工会	2016 年 1 月
区知识产权局	2015 年度江苏省知识产权宣传培训工作、专利行政执法工作先进集体	省知识产权局	2016 年 1 月
区科技局	2015 年度“苏科贷”合作地区绩效评估 A 类合作地区	省生产力促进中心	2016 年 6 月
区地震办	2016 年度全省市县地震监测预报工作效能考核先进单位	省地震局	2016 年 11 月
区知识产权局	2016 年度知识产权工作先进集体	省科技厅、省知识产权局	2017 年 1 月
区知识产权局	2015 年度南京市知识产权工作先进单位	市知识产权局	2016 年 2 月
区科技局	创建全国双拥模范城有功单位，记集体三等功	市委、市政府、南京警备区	2016 年 9 月
区科技局	2016 年度科技政务信息工作先进集体	市科委	2017 年 2 月
区科技局地震办	2016 年度防震减灾工作目标管理先进单位	市防震减灾工作联席会议办	2017 年 2 月
区教育局	2014—2015 学年度南京市区域初中教育发展性评估二等奖	市教育局	2016 年 1 月
区教育局	2015 年度南京市五四红旗团工委	团市委	2016 年 5 月
区教育局	南京市学前教育改革创新“三项工程”贡献奖（增量工程、民办惠民园促进工程）	市学前教育联席会议、市托幼领导小组	2016 年 5 月
区教育局	2015—2016 年度“厅属教育报刊宣传联通工作先进集体”	江苏教育报刊总社	2016 年 6 月
区教育局	南京市第 13 届“税收、国家、文明”征文活动优秀组织奖	市地税局、市教育局	2016 年 6 月
区教育局	创建全国双拥模范城有功单位	市委、市政府、南京警备区	2016 年 9 月
区教育局	“瞻园杯”南京市中小学生书画大赛优秀组织奖	市文广局、市教育局	2016 年 8 月
区教育局	2015 年南京市教育宣传工作先进集体	市教育局	2016 年 5 月

续表 64–4

单位名称	荣誉称号	命名单位	命名时间
区教育局	2015 年“南京教育新闻奖”组织策划提名奖	市委宣传部、市教育局	2016 年 5 月
区教育局	2016 年南京市中小学生“食品安全与营养知识”手抄报比赛优秀组织奖	市中小学卫生保健所	2016 年 10 月
区教育局	“中国移动杯”南京市 2016 年中小学生主题征文活动优秀组织奖	市教育局	2016 年 12 月
区教育局	教学管理奖	市教育局	2016 年 10 月
江宁高级中学	省教育工作先进集体	省教育厅	2016 年 9 月
竹山中学	省教育工作先进集体	省教育厅	2016 年 9 月
江宁区淳化初级中学	省教育工作先进集体	省教育厅	2016 年 9 月
百家湖小学	省教育工作先进集体	省教育厅	2016 年 9 月
东山小学	省教育工作先进集体	省教育厅	2016 年 9 月
江宁区铜山中心小学	省教育工作先进集体	省教育厅	2016 年 9 月
江宁特殊教育学校	省教育工作先进集体	省教育厅	2016 年 9 月
湖熟街道社区教育中心	省教育工作先进集体	省教育厅	2016 年 9 月
区司法局	人民调解宣传工作先进集体	中华全国调解员协会	2016 年 7 月
区司法局	2015 年度全省司法行政宣传工作先进集体	省司法厅	2016 年 2 月
区司法局	2015 年度全省办公室工作先进集体	省司法厅	2016 年 4 月
区司法局	2015 年度绩效考核评价优秀单位	省司法厅	2016 年 6 月
区司法局	2015 年度省辖市、县（市、区）司法局创新创优项目	省司法厅	2016 年 6 月
区司法局	2014—2015 年度省优秀县（市、区）司法局	省司法厅	2016 年 6 月
东善桥司法所	2014—2015 年度省优秀司法所	省司法厅	2016 年 6 月
区司法局	创建全国双拥模范城有功单位	市委、市政府、南京警备区	2016 年 9 月
区司法局	创建全国双拥模范城集体三等功	市委、市政府、南京警备区	2016 年 9 月
东山司法所	全省社区矫正“严格执法、严格管理”集中整治活动先进集体	省司法厅	2016 年 10 月
区司法局	全省社区矫正“严格执法、严格管理”集中整治活动先进集体	省司法厅	2016 年 10 月
区法律援助中心	全省法律援助工作先进集体	省司法厅	2016 年 12 月
区司法局	2016 年度全省司法行政系统宣传工作优秀微信微博公众号	省司法厅	2017 年 1 月
区司法局	“四个全覆盖”体系建设先进单位	省司法厅	2017 年 2 月
区司法局	2015 年度绩效评价优秀单位	市司法局	2016 年 2 月
区司法局	2015 年度全市司法行政信息工作先进单位	市司法局	2016 年 2 月

续表 64-5

单位名称	荣誉称号	命名单位	命名时间
区司法局	2015 年度全市公调对接工作先进集体	市司法局	2016 年 5 月
区司法局	集体三等功	市司法局	2016 年 5 月
东山派出所人民调解工作室	2015 年度全市公调对接工作先进集体	市司法局	2016 年 5 月
开发区派出所人民调解工作室	2015 年度全市公调对接工作先进集体	市司法局	2016 年 5 月
上元律师事务所	红旗律师党支部	市律师协会	2016 年 6 月
秣陵司法所	2013—2015 年度南京市文明单位	市精神文明建设指导委员会	2016 年 7 月
区法律援助中心	2013—2015 年度南京市文明单位	市精神文明建设指导委员会	2016 年 7 月
江宁新纪元法律服务所	市优秀基层法律服务所	市司法局	2017 年 1 月
区公证处	2016 年全市公证行业工作创新奖	市公证协会	2017 年 2 月
区人社局	创建全国双拥模范城有功单位（集体三等功 1 次）	市委、市政府、南京警备区	2016 年 9 月
区物价局	2013—2015 年度省文明单位	省文明委	2016 年 9 月
区物价局	2015 年度全市价格工作先进单位及全市价格系统举报办理奖	市物价局	2016 年 3 月
区物价局	2013—2015 年度市级文明单位	市文明委	2016 年 7 月
区安监局	全国“安康杯”竞赛优胜集体	全国总工会、国家安监总局	2016 年 7 月
区安监局	全省安全生产执法工作先进集体	省安监局	2016 年 12 月
区安监局	全省职业健康监管工作先进集体	省安监局	2016 年 12 月
区安监局	全省非煤矿山及冶金等工贸行业安全生产工作先进集体	省安监局	2016 年 12 月
区环保局	江苏省 2013—2015 年度文明单位	省文明委	2016 年 9 月
区环保局	南京市 2013—2015 年度文明单位	市文明委	2016 年 7 月
区城管局	2013—2015 年度市级文明单位	市文明委	2016 年 7 月
区水务局	有功集体（二等功）	市委、市政府	2016 年 8 月
区粮食局	南京市放心粮油工作先进单位	市粮食行业协会	2017 年 1 月
区旅游局	第二届“乐购江苏”旅游商品创意设计大赛最佳组织奖	省旅游局	2016 年
区图书馆	先进基层图书馆	省新闻出版局	2016 年 5 月
区博物馆	2013—2015 年度省文明单位	省精神文明建设指导委员会	2016 年
区博物馆	江苏省第一次全国可移动文物普查先进集体	省第一次全国可移动文物普查领导小组	2016 年
区博物馆	2013—2015 年度市文明单位	市精神文明建设指导委员会	2016 年
区博物馆	单位内部安全保卫工作先进集体	市公安局	2016 年

续表 64-6

单位名称	荣誉称号	命名单位	命名时间
区博物馆	南京市第一次全国可移动文物普查先进集体	市文广局	2016 年
区图书馆	2013—2015 年度市级文明单位	市精神文明建设指导委员会	2016 年 6 月
郑和墓园文保所	安全保护先进集体	市公安局	2016 年 12 月
区卫生计生局	全国计划生育优质服务先进单位	国家卫计委	2016 年 12 月
区疾控中心	省重点职业病监测与职业健康风险评估工作先进单位	省疾控中心	2016 年 3 月
江宁区	省人口协调发展先进区	省政府	2016 年 4 月
江宁区	省妇幼健康优质服务示范区	省卫计委	2016 年 9 月
区卫生监督所	省文明单位	省精神文明建设指导委员会	2016 年 9 月
区卫生监督所	省 2016 年度基层卫生监督工作先进单位	省卫生监督所	2016 年 12 月
江宁医院	2015 年度南京市院前急救卫生技能竞赛先进单位一等奖	市卫计委	2016 年 1 月
区妇保所	市巾帼文明岗	市妇联	2016 年 3 月
江宁医院后勤团支部	2015 年度“南京市五四红旗团（总）支部”	团市委	2016 年 5 月
江宁医院	2013—2015 年度市级文明单位	市文明委	2016 年 7 月
区第二人民医院	2013—2015 年度南京市文明单位	市精神文明建设指导委员会	2016 年 7 月
区妇保所	2013—2015 年度南京市文明单位	市精神文明建设指导委员会	2016 年 7 月
区卫生监督所	市文明单位标兵	市委、市政府	2016 年 7 月
江宁街道社区卫生服务中心	2013—2015 年度南京市文明单位	市精神文明建设指导委员会	2016 年 7 月
东山街道社区卫生服务中心	2013—2015 年度南京市文明单位	市精神文明建设指导委员会	2016 年
江宁规划分局	测绘管理工作标兵单位	市规划局	2016 年 4 月
江宁规划分局团委	南京市五四红旗团（工）委	团市委	2016 年 5 月
江宁规划分局	2016 年度南京市规划系统先进集体	市规划局	2017 年 1 月
区档案局（馆）	全省档案系统先进集体	省档案局	2016 年 2 月
区档案局（馆）	全省档案宣传工作先进集体	省档案局	2016 年 8 月
区档案局（馆）	南京市档案宣传工作先进集体	市档案局	2016 年 12 月
区供销社	2016 年度农民专业合作社建设先进单位	省供销社	2017 年 2 月
横溪中心供销社	2016 年度千个乡镇基层社推进为农服务工作先进单位	省供销社	2017 年 2 月
区供销社	2016 年度全市供销合作社系统综合业绩考评一等奖、经济效益优胜单位、农村电子商务优胜单位	市供销社	2017 年 3 月
江宁高职校	2013—2015 年省国家司法考试优秀考点学校	省司法厅	2016 年

续表 64–7

单位名称	荣誉称号	命名单位	命名时间
江宁高职校	全省首批中学中职共青团工作“六个一”团建项目示范校	团省委	2016 年
江宁高职校	学校内部安全保卫工作先进集体	市公安局	2016 年
江宁高职校	2013—2015 年度南京市文明单位	市精神文明委	2016 年
江宁高职校团委	2015 年度南京市五四红旗团委	团市委	2016 年
江宁商贸集团	2016 年度全市内保系统保卫组织先进集体	市公安局	2016 年 12 月
江宁商贸有限公司	2016 年度全市内保系统保卫组织先进集体	市公安局	2016 年 12 月
汤山商店安全科	2016 年度全市内保系统保卫组织先进集体	市公安局	2016 年 12 月
区民爆化工有限公司安全科	2016 年度全市内保系统保卫组织先进集体	市公安局	2016 年 12 月
江宁商业大厦安全科	2016 年度全市内保系统保卫组织先进集体	市公安局	2016 年 12 月
江宁粮食投资发展集团有限公司	2016 年度全市内保系统保卫组织先进集体	市公安局	2016 年 12 月
南京元润食品有限公司办公室	2016 年度全市内保系统保卫组织先进集体	市公安局	2016 年 12 月
江宁建材市场管理服务有限公司	2016 年度全市内保系统保卫组织先进集体	市公安局	2016 年 12 月
农副物流中心	2015 年度全国商品交易市场系统转型升级示范市场	中国市场协会批发市场发展委员会	2016 年 4 月
农副物流中心	江苏省文明单位	省精神文明建设指导委员会	2016 年 9 月
农副物流中心	2015 年无偿献血先进单位	省献血办公室、省输血协会、省血液中心	2016 年 11 月
农副物流中心	2016 年无偿献血先进单位	省献血办公室、省输血协会、省血液中心	2016 年 12 月
农副物流中心	2015 年优秀统计企业	南京电子商务协会	2016 年 2 月
农副物流中心	2016—2017 年度南京市电子商务示范企业	市商务局	2016 年 12 月
农副物流中心	2013—2015 年度南京市文明单位标兵	市委、市政府	2016 年
江宁公交集团	2016 年度中国交通运输企业诚信建设先进单位	交通部中交企协	2016 年 7 月
江宁公交集团	2013—2015 年市级文明单位	市文明委	2016 年 11 月

（综　合）

2016年江宁区新增地名一览表

表65

序号	建设单位	标准地名	位 置	类别	备注
1	东山街道办事处	金明巷	位于东山街道，北起金箔路、南止明月新寓住宅区北围墙，长350米、宽6米	道路	—
2	东山街道办事处	敬师巷	位于东山街道，南起河滨路、北止敬师苑住宅小区，长200米、宽6米	道路	—
3	南京中嘉置业有限公司	嘉瑞山庄	位于秣陵街道，东至开元欣街，南至嘉瑞山庄（一期），西至韩府山，北至美仕别墅。调整命名后，嘉瑞山庄东至开元欣街、朱家营水库，南、西两面环翠屏山、韩府山，北至美仕别墅	居民区	调整命名
4	淳化街道办事处	淳湖佳苑	位于淳化街道，东至漆阁寺路，南至雁冲路，西至梨树园路，北至龙堰路	居民区	—
5	南京金梦都房地产开发有限责任公司	湖光山色街区	位于谷里街道，东至杜家坝村，南至谷里水库（璟玥湖），西至现状用地，北至正方西路	居民区	—
6	中粮祥云置业南京有限公司	祥云伴山居	位于淳化街道，东至文鼎广场，南至文鼎广场，西至知行路，北至鹏山路	居民区	—
7	南京万宇投资置业有限公司	金宸商贸园	位于淳化街道，东至龙凤路，南至梅龙路，西至凤云路，北至规划道路	建筑群	—
8	百胜麒麟（南京）建设发展有限公司	东郊小镇第九街区	位于麒麟街道，东至东郊小镇第十街区，南至现状山体，西至东郊小镇第十二街区，北至东郊小镇第十一街区	居民区	—
9	南京名万置业有限公司	龙湾春江郦城	位于东山街道，东至竹山路，南至小龙湾河、规划道路，西至秦淮河堤，北至新亭西路、骆村新寓	居民区	—
10	东山街道办事处	盛泰花园	位于东山街道，东至天地新城金竹花园，南至天地新城，西至邵圣工业园，北至双麒路	居民区	—
11	南京名万置业有限公司	悦湖路	位于谷里街道，西起谷里水库西北围堰，东止杜家坝村规划道路，长780米、宽18米	道路	—
12	南京名万置业有限公司	璟玥路	位于谷里街道，北起正方西路，南止悦湖路，长640米，宽18米	道路	—
13	南京名万置业有限公司	润谷北路	位于谷里街道，南起庆兴路，北止向阳路，长500米、宽18米	道路	—
14	南京名万置业有限公司	锦华北路	位于谷里街道，南起庆兴路，北止向阳路，长600米、宽18米	道路	—
15	南京名万置业有限公司	庆缘南街	位于谷里街道，北起庆缘东街，南止牛首大道，长800米、宽20米	道路	—
16	南京金梦都房地产开发有限责任公司	湖光山色街区畔山苑	位于谷里街道，东至杜家坝村，南至湖光山色街区美澜苑，西至悦湖路，北至正方西路	居民区	—
17	南京金梦都房地产开发有限责任公司	湖光山色街区美澜苑	位于谷里街道，东至杜家坝村，南至璟玥路，西至悦湖路，北至湖光山色街区畔山苑	居民区	—

续表 65-1

序号	建设单位	标准地名	位 置	类别	备注
18	南京金梦都房地产开发有限责任公司	湖光山色街区凌湖苑	位于谷里街道，东至杜家坝村，南至悦湖路，西至璟玥路，北至璟玥路	居民区	—
19	南京金梦都房地产开发有限责任公司	湖光山色街区瀚湖苑	位于谷里街道，东至杜家坝村，南至谷里水库（璟玥湖），西至谷里水库（璟玥湖），北至悦湖路	居民区	—
20	江苏启迪科技园发展有限公司	启迪城立业园	位于麒麟街道，东至天瑞路，南至智识路、天骄路，西至天兴路，北至智汇路	居民区	—
21	南京旭东房地产开发有限公司	临淮铂悦府	位于东山街道，东至农花路，南至映淮街，西至梅香路，北至宏运大道	居民区	—
22	南京中锐宏润置业有限公司	星湖名邸	位于秣陵街道，东至规划道路，南至颐心园，西至南京华锦生物制品有限公司，北至天元西路	居民区	—
23	南京新城广阔房地产有限公司	翔宇花园	位于禄口街道，东至普济路，南至越秀路，西至乾清路，北至扬江路	居民区	—
24	南京金宁天瑞置业投资有限公司	融创科研中心	位于淳化街道，东至规划道路，南至知行路，西至丽泽路，北至月华路	建筑群	—
25	南京名万置业有限公司	龙湾春江郦城天宸苑	位于东山街道，东至竹新路，南至小龙湾河，西至秦淮河堤，北至新亭西路	居民区	—
26	南京名万置业有限公司	龙湾春江郦城锦宸苑	位于东山街道，东至小龙湾路，南至小龙湾河，西至竹新路，北至新亭西路	居民区	—
27	南京名万置业有限公司	龙湾春江郦城郦宸苑	位于东山街道，东至兴宁路，南至小龙湾河，西至小龙湾路，北至新亭西路	居民区	—
28	南京名万置业有限公司	龙湾春江郦城紫宸苑	位于东山街道，东至竹山路，南至规划道路，西至兴宁路，北至骆村新寓	居民区	—
29	南京名万置业有限公司	龙湾春江郦城天街广场	位于东山街道，东至竹山路，南至规划道路，西至兴宁路，北至规划道路	建筑群	—
30	南京融新房地产开发有限公司	悦榕华府	位于东山街道，东至天云南街，南至园中路，西至万安南路，北至万安西路	居民区	—
31	南京嘉茂房地产开发有限公司	悦山名邸	位于东山街道，东至现状用地，南至规划道路，西至上高路，北至文靖东路（规划名）	居民区	—
32	南京市江宁区保障房建设发展有限公司	玉堂花园	位于东山街道，东至玉堂巷、区市场监督管理局，南至金箔路，西至志宁花园、中国银行江宁支行，北至鼓山路	居民区	—
33	南京恒裕房地产开发有限公司	龙珺花园	位于麒麟街道，东至东流路，南至三阳路，西至河清路，北至二象路	居民区	—
34	湖熟街道办事处	润灵路	位于湖熟街道，西北起润湖大道，南止灵汉东街，长 2000 米、宽 10 米	道路	—
35	南京江宁开发区现代置业服务有限公司	清水西苑	位于秣陵街道，东至民心公寓，南至绕越高速公路，西至机场高速公路，北至南京出口加工区（南区）	居民区	—

续表 65-2

序号	建设单位	标准地名	位 置	类别	备注
36	横溪街道办事处	二道电站路	位于横溪街道，西起宁丹大道，东止葫芦坝旅游垂钓中心，长 300 米、宽 3 米	道路	—
37	南京中南花城房地产开发有限公司	山锦花苑	位于麒麟街道，东至一帆路、美华路，南至二象路，西至东流路，北至龙王山大道	居民区	—
38	南京江宁上坊建设开发有限公司	上坊新城	位于东山街道，东至规划道路，南至宁杭高速公路、园中路、天宁雅居，西至天云南街，北至万安东路、万安西路	居民区	—
39	南京江宁上坊建设开发有限公司	上坊新城尚祈苑	位于东山街道，东至规划道路，南至园中路，西至天宁路，北至万安东路	居民区	—
40	江宁上坊建设开发有限公司	上坊新城尚泽苑	位于东山街道，东至规划道路，南至宁杭高速公路，西至天宁家园，北至园中路	居民区	—
41	江宁上坊建设开发有限公司	上坊新城尚福苑	位于东山街道，东至天宁路，南至天宁雅居，西至天云南街，北至万安东路、万安西路	居民区	—
42	南京汤山百联奥特莱斯商业有限公司	汤山百奥商业广场	位于汤山街道，东至规划道路，南至麒麟门大道，西至圣汤大道，北至规划道路	建筑群	—
43	南京乾景房地产开发有限公司	铭著雅苑	位于秣陵街道，东至规划道路，南至胜太东路，西至严柳街，北至规划道路	居民区	—
44	南京方山置业有限公司	格致名邸	位于淳化街道，东至弘景大道，南至规划道路，西至规划道路，北至格致西路	居民区	—
45	江宁经济技术开发区管理委员会	高龙路	位于秣陵街道，东起双龙大道，西止爱涛路，东西走向，长 1920 米、宽 18 米	道路	—
46	江宁经济技术开发区管理委员会	元嘉街	位于秣陵街道，北起天元西路，南止高湖路，南北走向，长 440 米、宽 24 米	道路	—
47	江宁上坊建设开发有限公司	文靖东路	位于东山街道，西起泉东路，东止临麒南路，长 2045 米、宽 45 米，调整后，文靖东路西起天印大道，东止临麒南路，长 3245 米、宽 45 米	道路	调整命名
48	江宁上坊建设开发有限公司	万安北路	位于东山街道，上高路南起万安北路，北止陈陵路、天宏路交叉路口，长 1400 米、宽 31 米的路段更名为万安北路，西起原上高路，东止新润路，长 1300 米、宽约 6 米的万安北路路段名称注销	道路	调整命名
49	江宁上坊建设开发有限公司	上高路	位于东山街道，陈陵路南起文靖东路，北止天宏路，长 600 米、宽 45 米的路段更名为上高路，调整后，上高路南起文靖东路，北止江宁、秦淮区界，长 3800 米、宽 45 米	道路	调整命名
50	江宁上坊建设开发有限公司	临麒南路	位于东山街道，北起文靖东路，南止环镇东路（暂定名），长 600 米、宽 24 米，调整后，临麒南路北起东麒路，南止环镇东路（暂定名），长 1659 米、宽 24 米	道路	调整命名
51	淳化街道办事处	福瑞路	位于淳化街道，西起福英路，东止瑞泽路，长 3200 米、宽 8 ~ 10 米	道路	—

续表 65-3

序号	建设单位	标准地名	位 置	类别	备注
52	淳化街道办事处	茶园路	位于淳化街道，北起润湖大道，南止湖土路，长 1800 米、宽 7 米	道路	—
53	汤山街道办事处	锦泉西苑	位于汤山街道，东至海泽路，南至汤泉村，西至山体，北至规划用地	居民区	—
54	南京禧轩置业有限公司	信义商业广场	位于禄口街道，东至规划道路，南至信诚大道，西至福禄路，北至禄口中心小学	居民区	—
55	南京弘灏房地产开发有限公司	竹水居	位于江宁街道，东至安居街，南至栖凤路，西至润寿北路，北至兴城路	居民区	—
56	南京滨江投资发展有限公司	盛江花苑	位于江宁街道，调整命名后，盛江花苑东至宁芜大道，南至盛江路、青莲路，西至景明北大街，北至宁芜大道	居民区	调整命名
57	南京滨江投资发展有限公司	盛江花苑金桂园	位于江宁街道，东至宁芜大道，南至盛江路，西至地秀路，北至宁芜大道	居民区	—
58	南京滨江投资发展有限公司	盛江花苑银杏园	位于江宁街道，东至地秀路，南至青莲路，西至安居街，北至如练路	居民区	—
59	南京滨江投资发展有限公司	盛江花苑玉兰园	位于江宁街道，东至宁芜大道、地秀路，南至如练路，西至安居街、宏远街，北至澄江路	居民区	—
60	南京滨江投资发展有限公司	盛江花苑石榴园	位于江宁街道，东至宁芜大道，南至澄江路，西至景明北大街，北至宁芜大道	居民区	—
61	南京滨江投资发展有限公司	盛江花苑樱花园	位于江宁街道，东至宏远街，南至安居街，西至润寿北路，北至澄江路	居民区	—
62	南京滨江投资发展有限公司	盛江花苑海棠园	位于江宁街道，东至润寿北路，南至青莲路，西至景明北大街，北至如练路	居民区	—
63	南京滨江投资发展有限公司	新铜花苑	位于江宁街道，调整命名后，范围东至宁芜大道，南至金港大道，西至景明大街，北至普惠路	居民区	调整命名
64	南京滨江投资发展有限公司	新铜花苑清风园	位于江宁街道，东至宁芜大道，南至金港大道，西至地秀路，北至昌顺路	居民区	—
65	南京滨江投资发展有限公司	新铜花苑龙吟园	位于江宁街道，东至地秀路，南至金港大道，西至景明大街，北至昌顺路	居民区	—
66	南京滨江投资发展有限公司	新铜花苑凤仪园	位于江宁街道，东至地秀路，南至昌顺路，西至源盛路，北至普惠路	居民区	—
67	南京滨江投资发展有限公司	新铜花苑朗月园	位于江宁街道，东至源盛路，南至昌顺路，西至规划用地，北至普惠路	居民区	—
68	谷里街道办事处	揽翠路	位于谷里街道，西起牛首大道、东止赵宕水库西岸，长 550 米、宽 6 米	道路	—
69	湖熟街道办事处	和谐路	位于湖熟街道，北起润湖大道、南止园丁巷，长 1000 米、宽 12 米	道路	—
70	湖熟街道办事处	园丁巷	位于湖熟街道，西起灵顺北路、东止和谐路，长 280 米、宽 6 米	道路	—
71	东山街道办事处	鞭鞍街	位于东山街道，北起金盛路、南止宏运大道，长 500 米、宽 8 米	道路	—

续表 65-4

序号	建设单位	标准地名	位 置	类别	备注
72	东山街道办事处	源聚街	位于东山街道，西起双龙大道、东止秦淮河河堤，长 600 米、宽 6 米	道路	—
73	南京金梦都房地产开发有限责任公司	丽华山苑	位于谷里街道，东至九岛梦都城，南至九岛梦都城，西至谷里社区用地，北至规划道路	居民区	—
74	麒麟街道办事处	悦民南苑	位于麒麟街道，东至规划道路，南至天麒路，西至运粮河东路，北至麒麟紫荆城建南苑	居民区	—
75	横溪街道办事处	宝霞路	位于横溪街道，西起宁丹大道、东止王山嘴村，长 2200 米、宽 6 米	道路	—
76	横溪街道办事处	陶村路	位于横溪街道，将陶村路起点由宁丹大道调整为宝霞路，调整后的陶村路南起宝霞路，北止陶村自然村内，长 150 米，宽 6 米	道路	调整命名
77	淳化街道办事处	淳新花园	位于淳化街道，东至梨树园路，南至雁冲路，西至东月桥路，北至龙堰路	居民区	—
78	湖熟街道办事处	西圩路	位于湖熟街道，北起友谊路、向南折东止于宝塔北路，长 720 米、宽 10 米	道路	—
79	湖熟街道办事处	瑞鑫路	位于湖熟街道，北起波光路、南止润湖大道，长 270 米、宽 12 米的“瑞鑫路”向南延伸至友谊路。调整后，瑞鑫路北起波光路、南止友谊路，长 660 米、宽 12 米	道路	调整命名
80	湖熟街道办事处	咸龙路	位于湖熟街道，南起润湖大道、北止淳湖路，长约 6000 米、宽 12 米的“咸周北路”、以及润湖大道至龙都桥的“咸周南路”路段调整更名为“咸龙路”。调整后，咸龙路北起淳湖路、南止龙都桥，长约 7300 米、宽 12 米	道路	调整命名
81	湖熟街道办事处	虹南路	位于湖熟街道，将咸周南路北起湖龙路、南至双市渡桥的路段更名为虹南路。调整后，虹南路北起龙都桥、南止双市渡桥，长 2420 米、宽 12 米	道路	调整命名
82	湖熟街道办事处	齐尚街	位于湖熟街道，将咸周南路北起双市渡桥、南止周岗集镇的路段更名为齐尚街。调整后，“齐尚街”东起永丰街、向西折北止双市渡桥，长约 3960 米、宽 12 米	道路	调整命名
83	湖熟街道办事处	瑞鑫苑	位于湖熟街道，东至瑞鑫路，南至湖熟敬老院，西至静林湾花园，北至润湖大道	居民区	—
84	湖熟街道办事处	虹南新寓	位于湖熟街道，东至虹南路，南至现状用地，西至陵园路，北至龙都菜场	居民区	—
85	湖熟街道办事处	灵顺小区	位于湖熟街道，东至西圩路，南至现状用地，西至湖熟社区南街、刘家庄自然村，北至友谊路	居民区	—
86	南京中南御锦城房地产开发有限公司	缇香漫花园	位于东山街道，东至天云北街，南至上方路，西至悦山名邸，北至文靖东路	居民区	—
87	江宁上坊建设开发有限公司	至德路	位于东山街道，北起天宏路，南止嘉茂路，长 2400 米、宽 18 米	道路	—

续表 65-5

序号	建设单位	标准地名	位 置	类别	备注
88	江宁上坊建设开发有限公司	诚正街	位于东山街道，南起瑞宁路，北止上方路，长 494 米、宽 12 米	道路	—
89	江宁上坊建设开发有限公司	武成路	位于东山街道，南起瑞宁路，北止文靖东路，长 1602 米、宽 18 米	道路	—
90	江宁上坊建设开发有限公司	嘉茂路	位于东山街道，南起至德路，北止临麒南路，长 2500 米、宽 18 米	道路	—
91	江宁上坊建设开发有限公司	上方路	位于东山街道，西起至德路，东止临麒南路，长 2321 米、宽 18 米	道路	—
92	江宁上坊建设开发有限公司	龙昌路	位于东山街道，西起至德路，东止嘉茂路，长 1547 米、宽 24 米	道路	—
93	江宁上坊建设开发有限公司	凤举路	位于东山街道，西起天云北街，东止嘉茂路，长 775 米、宽 12 米	道路	—
94	江宁上坊建设开发有限公司	石麟路	位于东山街道，西起万安北路，东止嘉茂路，长 1264 米、宽 24 米	道路	—
95	江宁上坊建设开发有限公司	瑞宁路	位于东山街道，西起至德路，东止嘉茂路，长 1377 米、宽 24 米	道路	—
96	江宁上坊建设开发有限公司	敏行街	位于东山街道，南起上方路，北止文靖东路，长 213 米、宽 12 米	道路	—
97	江宁上坊建设开发有限公司	涌金街	位于东山街道，南起凤举路，北止上方路，长 240 米、宽 12 米	道路	—
98	江宁上坊建设开发有限公司	迭玉街	位于东山街道，西起涌金街，东止润麒南路，长 140 米、宽 12 米	道路	—
99	江宁上坊建设开发有限公司	瞻高路	位于东山街道，西起武成路，东止积翠路，长 175 米、宽 24 米	道路	—
100	江宁上坊建设开发有限公司	积翠路	位于东山街道，南起嘉茂路，北止临麒南路，长 490 米、宽 12 米	道路	—
101	江宁上坊建设开发有限公司	万安东路	位于东山街道，将原西起陈陵路，东止天元东路的“万安东路”调整为西起天云北街，东止天元东路，长 2240 米、宽 45 米	道路	调整命名
102	江宁上坊建设开发有限公司	万安西路	位于东山街道，将原东起陈陵路，西止上元大街、同夏路交叉口的“万安西路”调整为东起天云北街，西止上元大街、同夏路交叉口，长 1840 米、宽 45 米	道路	调整命名
103	江宁上坊建设开发有限公司	万安南路	位于东山街道，将“万安南路”调整为北起万安西路，南止泉东路，长 520 米、宽 24 米	道路	调整命名
104	江宁上坊建设开发有限公司	园中路	位于东山街道，将“园中路”调整为西起至德路，东止嘉茂路，长 680 米，宽 18 米	道路	调整命名
105	江宁上坊建设开发有限公司	天云南街	位于东山街道，将“天云南街”调整为北起万安西路，南止泉东路，长 1050 米、宽 24 米	道路	调整命名
106	江宁上坊建设开发有限公司	天云北街	位于东山街道，将原陈陵路南起新塘街，北止文靖东路，长 817 米、宽 38 米的路段更名为“天云北街”。调整前，天云北街南起万安西路，北止新塘街，长 578 米；调整后，天云北街南起万安西路，北止文靖东路，长 1395 米	道路	调整命名

续表 65-6

序号	建设单位	标准地名	位置	类别	备注
107	江宁上坊建设开发有限公司	润麒南路	位于东山街道，将北起文靖东路，南止万安东路，长2010米、宽45米的规划新建道路命名为“润麒南路”。调整前，润麒南路北起东麒路，南止文靖东路，长966米宽、45米；调整后，润麒南路北起东麒路，南止万安东路，长2976米、宽45米	道路	调整命名
108	江宁上坊建设开发有限公司	天宁路	位于东山街道，调整为北起万安东路，南上泉东路，长1109米、宽45米	道路	调整命名
109	江宁上坊建设开发有限公司	陈陵石刻公园	位于东山街道，东至润麒南路，南至石麟路，西至天云北街，北至凤举路	公园	—
110	谷里街道办事处	向阳路	位于谷里街道，西起牛首大道、东止银杏湖大道，长约3400米、宽24米	道路	—
111	南京禄口国际机场建设开发有限公司	蓝天星港花园	位于禄口街道，东至艳阳路，南至百利广场，西至来凤路，北至规划道路	居民区	—
112	南京华麟置业有限公司	睿创新筑	位于麒麟街道，东至智汇路，南至南湾营街，西至智康路，北至天和路	居民区	—
113	横溪街道办事处	丹杨家园	位于横溪街道，东至崇文街，南至规划道路，西至丹阳河，北至丹阳社区窑上自然村	居民区	—
114	横溪街道办事处	吴峰新村	位于横溪街道，东至丹向公路，南至西岗社区村民集中安置小区，西至规划用地，北至农田	居民区	—
115	横溪街道办事处	山景新村	位于横溪街道，东至山景村茶厂，南至旱地，西至农田，北至东山路	居民区	—
116	横溪街道办事处	桃红小区	位于横溪街道，东至石坝路，南至陶吴工业园，西至宁丹大道，北至文理路	居民区	—
117	南京广林房地产开发有限公司	天琪福苑	位于东山街道，东至小龙湾路，南至竹新路，西至新亭西路，北至规划道路	居民区	—
118	秣陵街道办事处	周里新寓	位于秣陵街道，东至周里社区村民委员会办公楼，南至彭家自然村，西至爱陵路，北至新宁路	居民区	—
119	东山街道办事处	宋艾东苑	位于东山街道，东至三钢生活区，南至规划用地，西至中驰路，北至中驰汽车园	居民区	—

（吕　凡）

2016年江宁区法律服务机构一览表

表66

序号	机构名称	地 址	负责人	联系电话
1	江苏上元律师事务所	江宁区金箔路641号	周锦荣	13805199650
2	江苏苏南律师事务所	江宁区东山街道胜利路89号紫金研创中心4号	甘庆林	13805199278
3	江苏银创律师事务所	江宁区秣周东路11号	何震花	13611592161
4	江苏杨传圣律师事务所	江宁区东山街道上元大街327号	杨传圣	13301592995
5	江苏金政律师事务所	南京市鼓楼区建宁路61号	王式军	13913872731
6	江苏丰硕律师事务所	江宁区竹山路88号	柳国平	13182897840
7	江苏苏邦律师事务所	南京市中山东路319号	杨全志	18252045158
8	江苏宁通律师事务所	江宁区胜太路同曦鸣城A9栋704室	李 健	13951922042
9	江苏天左律师事务所	江宁区上元大街420号	王晓鹏	13805191859
10	江苏东银律师事务所	江宁区东山街道上元大街327号	汪小青	13382001666
11	江苏宁峰律师事务所	江宁区清水亭西路2号	谢德兵	13851950995
12	江苏天顶星律师事务所	江宁区秣周东路12号	王 勇	18112992016
13	江苏蔚蓝律师事务所	江宁区双龙大道322号	王继强	13770569548
14	江苏文本律师事务所	江宁区将军大道6号	张成明	13814051092
15	江苏苏晟律师事务所	江宁开发区菲尼克斯路70号	刘继祥	13605185166
16	北京市康达（南京）律师事务所	江宁区秣周东路12号	胡晓玲	13851661676
17	中伦文德（南京）律师事务所	江宁区东山街道骆村新寓A6栋	王长江	13905140990
18	江苏同安宁律师事务所	江宁区金箔路641号	马 玲	13905140138
19	江苏斯维斯律师事务所	南京市秦淮区明匙路108号	陈 勇	13851548018
20	江苏容熙律师事务所	江宁区东山街道上元大街518号	黄 萍	13357717118
21	江宁区东山法律服务所	江宁区东山街道金箔路632号	李金山	13805199531
22	江宁区禄口法律服务所	江宁区禄口街道茅亭路	张维君	13073497666
23	江宁区麒麟法律服务所	江宁区麒麟街道其西路8号	高从福	13951958123
24	江宁区秦淮法律事务所	江宁区东山街道金箔路637号	胡明龙	13382063528
25	江宁区上峰法律服务所	江宁区上峰集镇宁峰路27号	贾定保	13851989943
26	江宁区汤山法律服务所	江宁区汤山街道汤泉东路83-1号	杜礼根	13805199629
27	江宁区新纪元法律服务所	江宁区金箔路659号	袁宏祥	13301586896
28	江宁区江宁法律服务所	江宁区江宁集镇	柳 春	13851809277
29	江宁区周岗法律服务所	江宁区淳化街道淳关路207号	徐传祥	13218035108
30	江宁区秣陵法律服务所	江宁区秣陵街道东关口11号	王双喜	13770989766

（区司法局）

江宁公交首末站与运营时间一览表

表 67

线路号	首站	（运营时间）	末站	（运营时间）
754	雨花台南大门	（5：00—22：00）	林科院南	（5：15—22：00）
755	安德门	（6：00—19：15）	祖堂山站	（6：45—20：00）
701（原 101）	东山总站西门	（5：00—23：30）	军师巷	（5：00—24：00）
702（原 102）	江宁公交集团	（6：00—22：00）	雨花台南大门	（6：50—23：00）
703（原 103）	武夷花园东	（5：40—21：00）	所街	（6：30—21：50）
704（原 104）	文化名园	（5：30—20：00）	象房村	（6：10—20：40）
706（原 106）	陈家桥	（5：30—22：30）	军师巷	（6：00—23：00）
707（原宁井）	雨花台南大门	（5：40—19：00）	界牌	（6：00—19：00）
709（原安铜）	安德门	（5：30—20：30）	铜山站	（5：30—18：30）
710（原雨谷）	雨花台南大门	（5：20—20：00）	谷里总站	（6：00—20：40）
711（原清安）	出口加工区客运站	（6：30—21：10）	安德门	（7：20—22：00）
712（原安丹）	安德门	（5：20—18：30）	丹阳	（5：20—18：00）
718	麒麟科创园	（6：30—20：30）	小卫街	（7：00—21：00）
719（原 119）	南京南站	（5：00—21：00）	武夷绿洲	（5：30—21：00）
737（原 137）	江宁汽车客运站	（5：30—21：10）	安德门	（6：20—22：00）
743（原东上）	东山总站	（5：40—17：30）	经天路地铁站	（7：00—18：50）
764（原 164）	陈家桥	（5：30—21：00）	安德门	（6：05—21：30）
768（原 148）	宁杭高铁江宁站	（6：00—21：20）	安德门	（6：40—22：00）
769（原陆九）	陆郎	（5：30—18：00）	新建	（6：10—18：40）
780（原 180）	水阁路客运站	（5：40—20：00）	安德门	（6：20—20：40）
791（原 191）	南京南站	（5：00—20：20）	农副产品物流中心	（6：00—21：00）
792（原 192）	南京南站	（6：00—22：00）	出口加工区客运站	（6：30—22：00）
D6	油坊桥地铁站	（6：00—20：00）	滨江客运站	（6：00—20：00）
D8	东山总站西门	（5：00—20：20）	南京站南广场东	（6：00—21：30）
Y21（原 821）	东山总站西门	（21：20—4：20）	安德门	（22：00—5：00）
Y27（原 827）	东山总站西门	（21：40—6：00）	南京南站	（21：00—5：20）
Y30（原 830）	水阁路客运站	（19：30—22：30）	百家湖	（22：00—23：00）
Y36	盛泰桥	（21：00—5：30）	水阁路客运站	（21：45—6：15）
Y37	东山总站西门	（21：00—5：40）	方山艺术营	（21：45—6：20）
G70	百家湖	（7：45—17：00）	牛首山风景区东	（8：30—17：40）
801（原区 1）	清水亭东路千花溪	（6：35—22：35）	江宁公交集团	（6：00—21：50）
802（原区 2）	事故处理中心	（6：00—21：00）	河海大学江宁分校	（6：00—21：00）

续表 67-1

线路号	首站	（运营时间）	末站	（运营时间）
803（原区 3）	方山艺术营	（5：40—20：30）	供销商厦南	（6：25—21：15）
805（原区 5）	文化名园	（7：00—19：45）	胜太路	（7：15—20：00）
806（原区 6）	方山艺术营	（5：35—20：20）	商城	（6：25—21：10）
808（原区 8）	江宁建材市场	（6：00—20：00）	百家湖中学	（6：00—20：00）
811（原区 11）	文化名园	（7：15—20：00）	胜太路	（7：30—20：15）
812（原区 12）	陈家桥	（5：40—20：30）	方山	（6：00—21：00）
815（原区 15）	天印高级中学北门	（6：00—21：30）	同仁客运站	（6：00—21：30）
816（原区 16）	盛泰桥	（6：00—21：30）	出口加工区客运站	（6：40—21：30）
817（原区 17）	盛泰桥	（6：00—21：30）	方山艺术营	（6：30—21：00）
818（原区 18）	天印高级中学北门	（6：00—21：20）	水阁路客运站	（6：00—21：00）
819（原区 19）	盛泰桥	（6：00—20：30）	药科大学	（6：00—20：30）
820（原区 20）	天印高级中学北门	（6：00—22：00）	水阁路客运站	（6：00—21：30）
821（原区 21）	江宁开发区	（6：00—22：00）	同仁客运站	（6：00—22：00）
822（原区 22）	上坊保障房总站	（6：00—21：30）	机场村	（6：00—21：30）
823（原区 23）	同仁客运站	（6：00—18：00）	佘村	（6：00—18：00）
826	宁杭高铁江宁站	（5：30—19：30）	河南社区	（5：50—19：00）
827（原区 27）	江宁汽车客运站	（5：50—21：00）	方山艺术营	（6：20—21：50）
828（原广科）	南广学院北门	（6：30—22：20）	中国药科大学	（6：40—22：30）
829（原区 29）	河定桥客运站	（7：00—19：10）	宁杭高铁江宁站	（6：10—18：20）
830（原区 30）	中国药科大学	（6：10—19：10）	周岗	（5：45—18：30）
831（原 31）	宁高高铁江宁站	（6：40—19：40）	村西岗	（6：00—19：00）
832（原金湖）	江宁汽车客运站	（5：30—19：30）	前元街	（5：30—19：00）
833（原胜周）	东山总站	（5：30—19：00）	周岗	（5：30—18：30）
835（原东周）	东山总站西门	（5：30—18：30）	周岗	（5：30—18：30）
836（原东土）	东山总站	（5：30—19：30）	土桥东站	（5：30—19：30）
837（原金汤）	东山总站	（5：30—19：00）	汤山溶洞	（5：30—19：00）
838（原东旺）	东新北路	（6：30—20：30）	火炬客运站	（5：30—20：00）
839（原义旺）	欣旺花苑东	（6：30—18：00）	江宁汽车客运站	（7：20—18：45）
840（原广龙）	方山艺术营	（7：15—19：20）	火炬客运站	（6：30—18：30）
841（原东麒）	天旺路站	（5：30—19：30）	东山总站西门	（5：45—20：30）

续表 67-2

线路号	首站	（运营时间）	末站	（运营时间）
842（原金麒）	江宁汽车客运站	（6：00—18：10）	天旺路站	（6：30—18：30）
843	汤山溶洞	（6：30—17：30）	上峰	（7：00—18：00）
845	阳山碑材	（7：10—16：45）	阳山碑材	（7：30—17：00）
846	天旺路站	（8：00—16：30）	公共卫生医疗中心	（8：30—17：00）
848	百家湖小学	（7：00—17：00）	盛泰桥客运站	（7：30—17：30）
851（原东铜）	宁杭高铁江宁站	（5：40—18：00）	铜山站	（5：40—18：00）
852（原金秣）	百家湖	（6：00—18：00）	翔宇路南	（7：15—19：15）
853（原江宁游）	百家湖站	（8：00—15：00）	南唐二陵景区	（8：45—16：00）
854	诚信大道客运站	（7：00—9：30）	铺岗街南	（7：30—10：00，16：30—19：00）
861（原 61）	丹阳	（6：00—21：20，16：00—18：30）	翔宇路南	（6：50—22：10）
862（原 62）	铜山站	（6：00—21：20）	翔宇路北	（6：50—22：10）
864（原 64）	翔宇路北	（7：20—18：30）	水阁路客运站	（7：00—18：30）
865（原 65）	禄口客运站	（6：40—17：30）	陶吴	（7：10—18：10）
866（原金陆）	河定桥客运站	（5：30—18：30）	陆郎	（5：30—18：30）
867（原东井）	百家湖客运站	（6：00—18：00）	界牌	（6：00—17：40）
868（原金丹）	河定桥西	（5：30—19：00）	丹阳	（5：30—19：00）
869（原东谷）	河定桥西	（5：50—19：00）	谷里总站	（5：40—18：30）
870（原谷水）	谷里总站	（6：00—17：00）	水阁路客运站	（7：00—18：00）
871（原滨一）	江宁西站	（6：30—21：00）	江宁西站	（6：30—21：00）
872（原滨二）	江宁西站	（6：30—21：00）	江宁西站	（6：30—21：00）
873（原滨三）	江宁西站	（6：30—21：00）	江宁西站	（6：30—21：00）
874（原滨专）	滨江客运站	（6：45—18：00）	同仁客运站	（7：00—18：00）
875	吉印大道客运站	（7：30—21：30，16：00—18：30）	吉印大道客运站	（7：00—9：30，16：00—18：30）
876（原东禄）	宁杭高铁江宁站	（6：00—18：00）	禄口客运站	（6：00—18：00）
877	正方中路客运站	（6：50—17：50）	凤仪街	（7：10—18：10）
878	正方中路客运站	（6：00—18：00）	胜家桥社区	（6：00—18：00）
901（原麒西）	天旺路站	（6：00—17：30）	西岗村	（6：30—17：55）
902（原汤湖）	汤山	（7：30—15：30）	湖山	（8：00—16：30）
903（原汤桦）	汤山	（7：30—15：30）	下发兴	（8：00—16：30）
904（原汤尚）	汤山	（7：30—15：30）	尚庄	（8：00—16：30）

续表 67–3

线路号	首站	（运营时间）	末站	（运营时间）
905（原汤孟）	汤山	（7：30—15：30）	西岗	（8：00—16：30）
906（原上宁）	上峰车站	（7：30—14：00）	宁东	（7：50—14：20）
907（原上插）	上峰车站	（7：30—14：00）	插花	（8：00—14：30）
908（原土远）	土桥车站	（7：40—17：30）	远景	（8：10—18：00）
909（原土周）	土桥车站	（6：40—16：30）	周子车站	（7：10—17：00）
910（原土祝）	土桥车站	（6：40—16：30）	祝庄	（7：10—17：00）
911（原土中）	土桥车站	（6：40—16：30）	青赤路	（7：10—17：00）
912（原土湖）	土桥车站	（6：40—16：30）	湖熟金宝大市场	（7：10—17：00）
913（原淳青）	体育中心北门	（6：00—18：00）	青龙场站	（6：00—18：00）
915（原湖赤）	湖熟金宝大市场	（6：30—16：30）	徐相村	（7：00—17：00）
916（原湖河）	湖熟金宝大市场	（6：30—16：30）	晓春岗	（7：00—17：00）
917（原湖龙）	湖熟金宝大市场	（7：00—17：00）	西阳	（6：30—16：30）
918（原湖新）	湖熟金宝大市场	（6：30—16：30）	马盖	（7：00—17：00）
919（原龙西）	龙都	（7：00—17：10）	西北村	（6：30—16：30）
920（原周和）	周岗	（6：40—16：30）	和平	（7：00—16：50）
921（原周河）	周岗	（6：20—16：00）	河庄	（6：30—16：10）
922（原周东）	周岗	（6：40—16：30）	东释	（7：00—16：50）
923（原周石）	周岗	（6：40—16：30）	石辣	（6：50—16：50）
926	汤山集镇	（7：30—16：00）	青林	（8：00—16：30）
927	汤山集镇	（7：30—16：00）	安基山三队	（8：00—16：30）
930	建东社区	（7：30—16：30）	欣旺花苑东	（7：00—15：30）
939	铜山站	（6：30—16：30）	彭福	（7：00—17：00）
951（原秣凤）	新农村	（7：00—16：00）	凤凰村	（7：20—16：20）
952（原东凤）	东善桥菜场	（7：00—16：00）	凤坡坟	（7：20—16：20）
953（原禄马）	翔宇路南	（6：30—16：30）	马甫社区	（7：00—17：00）
955（原禄曹）	翔宇路南	（6：30—16：30）	彭福	（7：10—17：10）
956（原禄扬）	翔宇路南	（6：30—16：30）	杨树湾社区	（7：00—17：00）
957（原铜桑）	铜山	（6：30—16：30）	下湾塘	（7：00—17：00）
958（原铜横）	铜山	（6：30—16：30）	横溪	（7：00—17：00）
959（原铜曹）	铜山站	（6：30—16：30）	欢墩山	（7：00—17：00）

续表 67-4

线路号	首站	（运营时间）	末站	（运营时间）
960（原陶红）	陶吴小学	（调 7：00—16：00）	吴村上	（调 7：30—16：30）
961（原陶龙）	陶吴小学	（调 7：00—16：00）	西阳社区	（调 7：30—16：30）
962（原陶云）	陶吴总站	（7：10—17：00）	云台山硫铁矿	（7：40—17：30）
963（原横山）	横溪	（7：30—17：00）	横山	（8：00—17：20）
964（原横上）	横溪	（7：30—17：00）	上庄村	（8：00—17：20）
965（原横新）	横溪	（7：30—16：30）	邵家村	（8：00—17：20）
966（原横石）	横溪	（7：30—16：20）	石塘风景区	（8：00—16：50）
967（原丹泗）	丹阳	（调 7：30—16：30）	泗陇大队	（调 8：00—17：00）
968（原丹山）	丹阳	（调 7：30—16：30）	谷塘凹	（调 8：00—17：00）
969（原丹许）	丹阳	（调 7：30—15：30）	上盖	（调 8：00—16：00）
970（原丹高）	丹阳	（7：20—14：50）	高台寺	（7：40—15：10）
972（原丹蔡）	丹阳	（调 7：30—15：30）	涧北村	（调 8：00—16：00）
973（原谷柏）	谷里总站	（6：30—16：30）	砖墙村	（7：00—17：00）
975（原谷桃）	谷里总站	（6：30—16：30）	世凹桃源	（7：30—17：00）
976（原谷板）	谷里总站	（6：30—16：30）	板桥新村	（7：00—17：00）
977（原谷农）	谷里总站	（6：45—16：20）	谷里农业科技园	（7：20—17：00）
978（原谷西）	谷里总站	（6：45—16：00）	西山口	（7：20—16：30）
979（原谷金）	谷里总站	（6：45—16：20）	大塘金	（7：20—17：00）
980（原陆陶）	陆郎	（7：00—15：30）	陶吴小学	（8：00—16：30）
981（原陆铜）	陆郎	（7：40—15：30）	铜井开发区	（8：40—16：30）
982（原陆大）	陆郎	（7：30—15：30）	大庙	（8：00—16：00）
983（原陆朱）	陆郎	（8：30—16：30）	朱门	（9：00—17：00）
984（原南山）	铜井	（调 6：30—15：30）	炮台山	（调 6：45—15：45）
985（原天然）	铜井	（调 6：30—15：30）	吴家	（调 6：45—15：45）
986（原洪幕）	铜井	（调 6：30—15：30）	李大	（调 6：45—15：45）
987（原三兴）	铜井	（调 6：30—15：30）	严陡门	（调 6：45—15：45）
988（原共和）	铜井	（调 6：30—15：30）	陈庄	（调 6：45—15：45）
安凤	安德门	（6：40：00）	凤凰山	（16：00：00）
989	横溪集镇	（7：30—16：30）	云台社区	（7：50—16：50）
990	陆郎	（7：00—16：30）	西宁社区	（7：30—17：00）

（宁　鉴）

2016 年江宁区人力资源服务机构一览表

表 68

序号	机构名称	地 址	法定代表人（负责人）	机构性质	许可证编号	服务范围	联系电话
1	南京新航线船务有限公司	江宁区双龙大道 595 号	李世平	民营企业	320100100230	境内职业介绍	13776542259
2	南京睿智劳务服务有限公司	湖熟街道工业集中区	孙敬龙	民营企业	320100100108	境内职业介绍	13770309655
3	南京联安人力资源有限公司	江宁开发区平泰街 78 号	陈　明	民营企业	320100100281	境内职业介绍	13390772225
4	南京锦尚劳务咨询服务有限公司	江宁区莱茵达路 139 号	李建明	民营企业	320100100101	境内职业介绍	13705191289
5	南京自立劳务服务有限公司	东山大街东路 89 号	李银根	民营企业	320100100102	境内职业介绍	13739192639
6	南京百业劳务经纪有限公司	东山街道商城	杨翠保	民营企业	320100100107	境内职业介绍	52180589
7	南京广源人力资源有限公司	东山二街商住楼	李　国	民营企业	320100100103	境内职业介绍	18951085590
8	南京仁和人力资源有限公司	东山街道竹山路 15–101 室	郜世泽	民营企业	320100100115	境内职业介绍	51190886
9	南京市江宁区丹桂劳务输出有限公司	江宁区湖熟街道丹桂村	李帮生	民营企业	320100100100	境内职业介绍	13776408071
10	南京盛昌劳务服务有限公司	东山二街西路 33 号	曾冬生	民营企业	320100100105	境内职业介绍	13236531056
11	南京功成人力资源有限公司	殷巷振光路 108 号	于小明	民营企业	320100100106	境内职业介绍	13851807551
12	南京鹏达劳务咨询服务有限公司	江宁开发区胜太东路 36–2 号	熊开贵	民营企业	320100100112	境内职业介绍	52782372
13	南京盛江劳务有限公司	江宁街道盛江社区	孙家银	民营企业	320100100116	境内职业介绍	13851508054
14	南京中欣人力资源有限公司	东山街道土山路 17 号	梁　飞	民营企业	320100100119	境内职业介绍	52191478
15	南京舜坤人力资源咨询服务有限公司	江宁开发区胜太路 68 号	韩晓勤	民营企业	320100100266	境内职业介绍	83557186
16	南京龙瑞人力资源有限公司	秣陵街道双龙大道口	陈莉莉	民营企业	320115000007	境内人才中介	13301587808
17	南京盛力建筑劳务有限公司	江宁开发区九竹路 88 号	孙远军	民营企业	320100100109	境内职业介绍	52728078
18	南京市江宁区丽元劳务服务有限公司	东山街道河滨路 29–4 号	王　丽	民营企业	320100100268	境内职业介绍	52193789
19	南京明乐人力资源开发有限公司	江宁汤山银河湾花园 1–106 室	徐广宏	民营企业	320100100256	境内职业介绍	13813923777
20	南京旭堃辰人力资源有限公司	江宁区金箔路 997 号	朱莎莎	民营企业	320100200126	境内人才介绍	13770977070
21	南京顺众人力资源开发服务有限公司	秣陵街道殷巷街	刘红兵	民营企业	320115000001	境内职业介绍	13245293299
22	南京智航企业管理服务有限公司	江宁开发区胜太路 50 号	孙树成	民营企业	320115000002	境内职业介绍	13912902638

续表 68-1

序号	机构名称	地 址	法定代表人（负责人）	机构性质	许可证编号	服务范围	联系电话
23	南京众思人力资源服务有限公司	江宁开发区马浦街 6 号	丁后军	民营企业	320115000003	境内职业介绍	18013802300
24	南京远协人力资源管理有限公司	江宁同曦鸣城胜太东路 8 号	时立明	民营企业	320115000004	境内职业介绍	18851657788
25	南京业智欣人力资源有限公司	上元大街 395 号恒通大厦 111 号	王　燕	民营企业	320115000005	境内职业介绍	13776556936
26	南京益群人力资源开发服务有限公司江宁分公司	麒麟街道下街	高　利	民营企业	320115000028	境内职业介绍	83313117
27	南京紫旭人力资源开发服务有限公司	秣陵街道诚信大道 699 号	胡　军	民营企业	320115000009	境内职业介绍	15189800451
28	南京飞科人力资源有限公司	秣陵街道殷巷新寓 52 栋 403 室	马生科	民营企业	320115000010	境内职业介绍	18061606088
29	南京耀杰人力资源有限公司	汤山街道汤山社区	郭相杰	民营企业	320115000006	境内职业介绍	13851502747
30	南京友联人力资源有限公司	秣陵街道清水亭西路 2 号	孟俊汐	民营企业	320115000012	境内职业介绍	15205151168
31	南京顺通人力资源开发服务有限公司	秣陵街道百家湖西路 2 号	甘正阳	民营企业	320115000013	境内职业介绍	13814118561
32	南京大洋劳务有限公司	上元大街 88 号	赵德建	民营企业	320115000014	境内职业介绍	18952082345
33	南京莱宝人力资源有限公司	江宁区胜利路 28 号	朱　广	民营企业	320115000015	境内人才服务	13337815618
34	南京智投人力资源服务有限公司	江宁开发区胜太东路 8 号	汪道传	民营企业	320115000020	境内职业介绍	13057662333
35	南京润众人力资源有限公司	江宁区黄金海岸 1 栋 348 号	冯珺声	民营企业	320115000022	境内职业介绍	18994131313
36	南京顺华人力资源有限公司	东山街道东新南路日光广场	蔡六顺	民营企业	320115000023	境内职业介绍	13621585371
37	南京麟麒人力资源有限公司	麒麟街道排成路 60 号	吴德宝	民营企业	320115000024	境内职业介绍	13601580758
38	南京汇吉人力资源有限公司	江宁区竹山路尚景公寓 A 栋 902 室	朱倩茹	民营企业	320115000008	境内职业介绍	13951079735
39	南京宇轩劳务有限公司	江宁区秣陵街道 3-103 号	赵德军	民营企业	320115000021	境内职业介绍	15380779927
40	南京中企动力人力资源服务有限公司	东山金箔路银谷大厦 906 室	孙友俊	民营企业	320115000011	境内职业介绍	13905192080
41	南京兴昌企业管理咨询有限公司	江宁开发区将军大道 50 号	李广科	民营企业	320115000025	境内职业介绍	15335196677
42	宁波天坤人力资源服务有限公司南京分公司	江宁区秦淮路 100 号	彭　鹏	民营企业	320115000027	境内人才中介	18651853426
43	苏州智汇人力资源有限公司南京分公司	江宁开发区苏源大道 19 号	姚启龙	民营企业	320115000032	境内职业介绍	1891266602
44	南京艾德凯腾生物医药有限责任公司	江宁高新园芝兰路 18 号	何凌云	国有企业	320115000030	境内人才中介	18963646602

续表 68-2

序号	机构名称	地 址	法定代表人（负责人）	机构性质	许可证编号	服务范围	联系电话
45	南京恒立信人力资源有限公司	江宁区龙眠大道 180 号	王 磊	民营企业	320115000033	境内职业介绍	17715258889
46	南京明仕达企业管理咨询有限公司	秣陵街道天印大道 1369 号	冯 燕	民营企业	320115000029	境内职业介绍	15195879231
47	南京亿蓝集人力资源有限公司	江宁开发区双龙大道 1118 号	崔峥岩	民营企业	320115000035	境内职业介绍	18105165686
48	南京君合汇人力资源有限公司	秣陵街道清水亭西路 2 号	薛盘英	民营企业	320115000036	境内职业介绍	18952025442
49	南京友博人力资源服务有限公司	江宁开发区将军大道 20 号	唐子久	民营企业	320115000039	境内职业介绍	15335196677
50	南京中沃人力资源服务有限公司	秣陵街道天元中路总部基地	成维森	民营企业	320115000040	境内职业介绍	18502530352
51	南京云智信息科技有限公司	江宁区将军大道 100 号	郭 超	民营企业	320115000041	境内人才中介	13645199812
52	南京东旭劳务服务有限公司	麒麟街道悦民路悦民大酒店西侧	周海燕	民营企业	320115000042	境内职业介绍	13376054573
53	南京兰普经济信息咨询有限公司	秣陵街道秣周东路 12 号	胡远星	民营企业	320115000043	境内人才中介	15951879105
54	南京川苏人力资源有限公司江宁开发区分公司	江宁开发区胜太路 8 号	陈 晨	民营企业	320115000044	境内职业介绍	13913000802
55	江苏省川苏人才开发有限公司江宁开发区分公司	江宁开发区胜太路 8 号	陈 晨	民营企业	320115000047	境内人才中介	13770671020
56	苏州市合舰人力资源职介服务有限公司南京分公司	江宁开发区将军大道 55 号	杨 艳	民营企业	320115000048	境内职业介绍	15850258875
57	南京友盟企业管理有限公司	秣陵街道双龙大道 2889 号	马生科	民营企业	320115000050	境内人才中介	18061606088
58	南京远大人力资源有限公司	江宁区上元大街 707 号四楼	常家佳	民营企业	320115000051	境内职业介绍	13913017340
59	南京学仕企业管理服务有限公司	江宁区天元东路 228 号	潘 涛	民营企业	320115000052	境内职业介绍	13913346502
60	南京兵伟劳务服务有限公司	江宁区天印大道 1369 号	马小伟	民营企业	320115000053	境内人才中介	13851961380
61	南京榜鼎人力资源服务外包有限公司	江宁开发区将军大道 55 号	洪福顺	民营企业	320115000054	境内职业介绍	13515199555
62	南京长德人力资源有限公司	江宁区开源路 9 号	陆兰英	民营企业	320115000055	境内职业介绍	18115187545
63	南京德航企业管理有限公司	江宁区上元大街 88 号	张德林	民营企业	320115000056	境内人才中介	15195911915
64	南京潇辉人力资源有限公司	秣陵街道诚信大道 699 号	杨 静	民营企业	320115000057	境内职业介绍	13770309280
65	南京宏嘉人力资源有限公司	江宁区上元大街 395 号	李德骏	民营企业	320115000058	境内职业介绍	18251952214

（区人社局）

说　明

①本索引主体采用内容分析法提取，也有选用关键词；②本索引按首字汉语拼音字母顺序排列；③所有类目用小标宋体字标明，分目、副分目用黑体字标明，其余用宋体字标明；④索引名称后的数字表示内容所在的页码，数字后的 a、b、c、分别表示左、中、右栏；⑤索引标引词后第二个页码起为“参见”，同一内容“参见”只标页码。

条目索引

A

B

C

D

E

F

G

H

I

J

K

L

M

N

O

P

Q

R

S

T

W

X

表格索引

B

C

D

F

G

H

文中图片索引

B

C

D

E

G

H

I

J

K

L

M

N

O

Q

彩页索引

F

G

H

J

K

L

M

N

Q

R

S

T

W

X

Y

Z

图书在版编目（CIP）数据

江宁年鉴.2017/中共南京市江宁区委党史工作办公室，南京市江宁区地方志编纂委员会办公室，南京市江宁区档案局（档案馆）编.--北京：方志出版社，2017.9

ISBN 978-7-5144-2533-8

Ⅰ. ①江… Ⅱ. ①中… ②南… ③南… Ⅲ. ①江宁区—2017—年鉴 Ⅳ. ①Z525.31

中国版本图书馆CIP数据核字（2017）第235315号

江宁年鉴（2017）

编　　者：中共南京市江宁区委党史工作办公室
南京市江宁区地方志编纂委员会办公室
南京市江宁区档案局（档案馆）

责任编辑：刘方圆

出 版 人：冀祥德

出 版 者：方志出版社
地址　北京市朝阳区潘家园东里9号（国家方志馆4层）
邮编　100021
网址　http://www.fzph.org

发　　行：方志出版社图书经销中心
电话（010）67110500

经　　销：各地新华书店

印　　刷：南京鸿图印务有限公司

开　　本：889×1194　1/16

印　　张：42

字　　数：1124千字

版　　次：2017年9月第1版　2017年9月第1次印刷

印　　数：0001~1600册

ISBN 978-7-5144-2533-8　**定价：**210.00元